Logistik-Lotse 2005

Leitfaden für Logistik – eCommerce – KEP
Spedition – Land-, Luft- und Seeverkehre
Zoll – Außenwirtschaft

LOGISTIK LOTSE 2005

Herausgeber/Copyright:	© 2005 DHL Express Vertriebs GmbH & Co. OHG Kommunikation/Verkaufsförderung 53250 Bonn www.dhl.com
Hinweis:	Alle Rechte vorbehalten. Kein Teil dieses Buches darf in irgendeiner Form (Druck, Fotokopie, elektronische Vervielfältigung) ohne schriftliche Genehmigung der DHL Express Vertriebs GmbH & Co. OHG reproduziert, vervielfältigt oder verbreitet werden. Trotz größtmöglicher Sorgfalt kann keine Haftung für den Inhalt übernommen werden.
Stand:	September 2005
Erscheinungsdatum:	Oktober 2005, 13. überarbeitete Auflage
Titelfoto:	Gettyimages/Patrick Kalyanapu
Gesamtherstellung:	Verkehrs-Verlag J. Fischer, Düsseldorf

EINFÜHRUNG

Die Anforderungen, Aufgaben und Strukturen in der Logistik wandeln sich in einem immer schnelleren Tempo. Ein markantes Beispiel dafür ist die Integration aller Express- und Logistikaktivitäten des Konzerns Deutsche Post World Net unter der Marke DHL. Dieser und weiteren aktuellen Entwicklungen in der Branche trägt der vorliegende Logistik-Lotse von DHL Rechnung. Das bislang als „Danzas-Lotse" bekannte Nachschlagewerk erscheint in der 13. Auflage unter neuem Titel erheblich überarbeitet und aktualisiert. Neu aufgenommen wurden unter anderem die EU-Erweiterung und das neue Montrealer Abkommen für den Luftverkehr. Außerdem wurde der Inhalt um ein Teilkapitel zum KEP-Markt erweitert.

Wir freuen uns, dass wir mit dem Logistik-Lotsen allen Export-, Import-, Versand- und Logistikleitern sowie Studierenden, Auszubildenden und allen am internationalen Warenaustausch Interessierten eine aktualisierte Fortsetzung bieten können. Das übersichtliche und vor allem praxisnahe Nachschlagewerk hat sich seit vielen Jahren sowohl in Fachkreisen als auch für den allgemeinen Gebrauch bewährt und wird allen komplexen Anforderungen und Fragestellungen gerecht.

Unser Dank gilt allen, die zur Neufassung des Logistik-Lotsen beigetragen und als Autoren oder Korrektoren ihr Fachwissen eingebracht haben. Besonderer Dank gilt Prof. Peter Klaus, Leiter der Fraunhofer-Arbeitsgruppe für Technologien der Logistik-Dienstleistungswirtschaft und Ordinarius am Lehrstuhl für Logistik der Friedrich-Alexander-Universität Erlangen-Nürnberg. Prof. Klaus hat das umfangreiche Hauptkapitel Logistik überarbeitet. Dieses zeigt unter anderem Entwicklungen und Tendenzen im KEP-Markt auf, die Christof Riegert vom Bundesverband Deutscher Postdienstleister in dem neuen Teilkapitel zum Thema näher erläutert.

Sie finden den aktualisierten Logistik-Lotsen mit Volltextsuchfunktion auch unter www.dhl.de/Logistik-Lotse auf unserer Homepage.

– *VERFASSER* –

INHALTSVERZEICHNIS

I. Logistik ... 1

1. „PHÄNOMEN LOGISTIK": SPUREN IN DER WIRTSCHAFTSPRAXIS ... 1
2. MEGATRENDS IN DER WELTWIRTSCHAFT ALS IMPULSGEBER UND TREIBER MODERNER LOGISTIKENTWICKLUNGEN ... 2
   - 2.1 Erster Trend: Globalisierung der Produktion und des Wirtschaftsverkehrs ... 2
   - 2.2 Zweiter Trend: Übergang zur post-industriellen Gesellschaft – Marktsättigung, neue Demographie, Wertdichte-Steigerung und das Wachstum des Dienstleistungssektors ... 3
   - 2.3 Dritter Trend: „On Demand" Welt und beschleunigte Taktraten der „Zeit"-Gesellschaft ... 4
   - 2.4 Vierter Trend: Wachsende Umweltsensibilität – Recycling und die Vision von der Kreislaufwirtschaft ... 5
   - 2.5 Fünfter Trend: Die (Wieder)-Entdeckung von Struktur- und Prozessorganisation – ganzheitliches Management von „Supply Chains" als Stellhebel unternehmerischen Erfolgs ... 5
   - 2.6 Sechster Trend: Deregulierung und Privatisierung ehemals öffentlicher Dienste der Kommunikation und des Verkehrs ... 6
   - 2.7 Siebter Trend: Shareholder-Value-Denken, Konzentration auf Kernkompetenzen und Outsourcing ... 7
   - 2.8 Achter Trend: Die immer neuen Wunder der I&K Technologien ... 8
3. DER LOGISTIKBEGRIFF UND DIE DREI BEDEUTUNGEN DER LOGISTIK ... 9
   - 3.1 Zur Herkunft der Vokabel „Logistik" ... 9
   - 3.2 Die erste betriebswirtschaftliche Bedeutung von Logistik: „TUL"-Logistik (Transport, Umschlag und Lagerung) ... 9
   - 3.3 Die zweite Bedeutung „Koordinationslogistik" ... 10
   - 3.4 Zur dritten Bedeutung der Logistik: „Flow-Management" ... 11
4. ZU DEN ELEMENTAREN TUL-FUNKTIONEN DER LOGISTIK ... 16
   - 4.1 Transportieren, Güterverkehr und die Aufgaben der Transportlogistik ... 16
   - 4.2 Umschlagen, Ordnungen verändern und die Aufgaben der Lagerwirtschaft ... 28
   - 4.3 Auslösung, Planung, Steuerung, Koordinierung und Taktung logistischer Flüsse ... 32
5. ZUR ANALYSE, GESTALTUNG UND KONTINUIERLICHEN VERBESSERUNG LOGISTISCHER SYSTEME ... 36
   - 5.1 Der Prozess logistischer Systemverbesserung – von der Analyse zur „Solution" ... 36
   - 5.2 Kennzahlen für Analyse und Controlling logistischer Systeme ... 37
   - 5.3 Fließsystemoptimierung – Beste Praktiken und Prinzipien ... 38
6. MARKT UND VERMARKTUNG LOGISTISCHER DIENSTLEISTUNGEN ... 41
   - 6.1 Die Spezifika logistischer Dienstleistungen aus dienstleistungstheoretischer Sicht ... 41
   - 6.2 Ein Überblick zu den wichtigsten Teilmärkten der Logistik in Deutschland ... 41
   - 6.3 Prinzipielle Aufgaben, Strategien und Stellhebel des Logistik-Dienstleistungsmarketings ... 43
   - 6.4 Die Politiken des Transportmarketings: Produkt, Preis, Promotion, Platzierung ... 44
7. ZUKUNFT DER LOGISTIK: TRENDS UND PERSPEKTIVEN ... 46

II. eCommerce und eLogistics 49

1.	INTERNET-TECHNOLOGIE UND DIE ANFÄNGE DES „eCOMMERCE"	49
1.1	Anfänge des Internets und erste Kommerzialisierungen	49
1.2	Die eCommerce-Euphorie der späteren 90-er Jahre	49
1.3	Jahre der Ernüchterung: eCommerce im Abwind	50
1.4	Nach Konsolidierung: Langsameres aber solideres Wachstum	50
2.	„eCOMMERCE", „eBUSINESS" UND „eLOGISTICS": DIE ELEMENTAREN BEGRIFFLICHKEITEN	53
2.1	„eCommerce im engeren Sinne": Handeln über das Internet	53
2.2	„eBusiness": Die Restrukturierung und Abwicklung von Geschäftsprozessen mit Hilfe des Internets	53
2.3	„eLogistics": Worthülse, Vision und reale Bedeutungen für Logistik-Dienstleister	59
3.	„mBUSINESS": eCOMMERCE IN DER ZUKUNFT	60
3.1	Mobile Commerce	60

III. Spedition 61

1.	HAFTUNGSFRAGEN	61
1.1	Haftung der Frachtführer, Spediteure und Lagerhalter	61
2.	VERPACKUNG UND MARKIERUNG	84
2.1	Die Verpackung von Packgut	84
2.2	Die Markierung von Packstücken	92
2.3	Simpler Shipping Marks	98
2.4	Vereinfachte Versandmarkierungen	99
2.5	Der Einsatz von Barcodes	110
2.6	Kontrollierbare Gestaltung der Lieferkette durch den Logistik-Dienstleister DHL Solutions	112
2.7	Vorsichtsmarkierungen in fünf Fremdsprachen	119
2.8	Gefahrgut-Kennzeichnung	121
2.9	Verpackungsverordnung – VerpackV	121
2.10	Ausschnitte aus den CTU-Packrichtlinien	136
3.	TRANSPORT- UND LAGERVERSICHERUNG	165
3.1	Die Versicherung von Gütertransporten	165
3.2	DTV-Maschinenklausel 1995 (Zusatzbedingungen für die Transportversicherung von Maschinen an Apparaten Dezember 1994)	168
3.3	DTV-Export-Schutzklausel 1990	169
3.4	DTV-Import-Schutzklausel 1990	169
4.	DER SPEDITEUR	
4.1	Der Spediteur im Überblick	171
4.2	Der Spediteur als Mittler zwischen verladender Wirtschaft und Verkehrsträgern	172

4.3	Organisationen des Speditions- und Lagereigewerbes	173
5.	**ALLGEMEINE DEUTSCHE SPEDITEURBEDINGUNGEN (ADSP)**	**174**
5.1	Einleitung, Geltungsbereich, Unfreisendung	174
5.2	Allgemeine Deutsche Spediteurbedingungen (ADSp) in der Fassung 2003	176
5.3	German Forwarders' Standard Terms and Conditions ("ADSp Conditions")	177
5.4	Schnittstellenkontrolle, Organisationsverschulden	194
5.5	Aufrechnungsverbot, Pfandrechte	195
6.	**SPEDITIONSVERSICHERUNG**	**198**
6.1	Einleitung und Haftung	198
6.2	DTV-Verkehrshaftungsversicherungs-Bedingungen für Frachtführer, Spedition und Lagerhalter 2003 in der Fassung 2004	199
6.3	Vermutung des Versicherungswunsches des Auftraggebers	206
7.	**WEITERE BEDINGUNGEN DES SPEDITEURS**	**207**
7.1	Bedingungen für den deutschen Spediteursammelgutverkehr	207
7.2	Be- und Entladepflicht im Transportbereich	209
8.	**SPEZIALTRANSPORTE**	**211**
8.1	Allgemeine Geschäftsbedingungen der Bundesfachgruppe Schwertransporte und Kranarbeiten (BSK) 1998 (Stand 18.05.1999)	211
8.2	Internationale Verlade- und Transportbedingungen für die Binnenschiffahrt (IVTB)	216
8.3	Übereinkommen über internationale Beförderungen leicht verderblicher Lebensmittel und über die besonderen Beförderungsmittel, die für diese Beförderungen zu verwenden sind (ATP)	226
9.	**GEFAHRGUT**	**229**
9.1	Das Gefahrgutgesetz	229
9.2	Gefahrgutausnahme-Verordnung und Multilaterale Vereinbarungen	231
9.3	See- und Luftverkehr	231
9.4	Fährverkehre	231
9.5	Schlussbetrachtungen	232
9.6	Gefahrgut auf Straße und Schiene	232
9.7	Richtlinien	233

IV. Straßenverkehr 235

1.	**STRASSENGÜTERVERKEHR IM NATIONALEN BEREICH**	**235**
1.1	GüKG = Güterkraftverkehrgesetz	235
1.2	Vertragsbedingungen für den Güterkraftverkehrs-, Speditions- und Logistikunternehmer (VBGL)	239
1.3	Das Beladen und Entladen im nationalen Güterkraftverkehr	249
1.4	Was ist Werkverkehr	250

2.	STRASSENVERKEHR INTERNATIONAL	252
2.1	CMR = Übereinkommen über den Beförderungsvertrag im internationalen Straßengüterverkehr	252
2.2	CMR = Convention on the Contract for the International Carriage of Goods by Road	253
2.3	Was man über die CMR wissen muß	266
2.4	Wichtige Verordnungen der Europäischen Gemeinschaft	268
2.5	Lkw-Maße und Gewichte in Europa	270
2.6	Euro Paletten auf Nutzfahrzeugen	287

V. Bahnverkehr 289

1.	DER BAHNVERKEHR NATIONAL	289
1.1	Gesetz zur Neuregelung des Fracht-, Speditions- und Lagerrechts (Transportrechtsreformgesetz – TRG)	289
1.2	Abschluss des Frachtvertrags	289
1.3	Der Frachtbrief	289
1.4	Beweiskraft des Frachtbriefs	290
1.5	Begleitpapiere	290
1.6	Nachträgliche Weisungen	290
1.7	Lieferfrist	291
1.8	Allgemeine Leistungsbedingungen (ALB)	291
1.9	Das KundenServiceZentrum von Railion Deutschland	294
2.	DER BAHNVERKEHR INTERNATIONAL	295
2.1	Übereinkommen über den internationalen Eisenbahnverkehr (COTIF 1980)	295
2.2	CIM-Eisenbahnen	296
2.3.	Wagenladung im internationalen Bahnverkehr	297
2.4	Abschluss des Frachtvertrages	297
2.5	Der internationale Frachtbrief (CIM)	297
2.6	Änderung des Frachtvertrages	303
2.7	Zahlung der Kosten	304
2.8	Die Frachtzahlungsweisen im internationalen Verkehr	305
2.9	Lieferfristen	307
2.10	Warenbeförderungen mit der Bahn unter Zollüberwachung	309
2.11	Verzeichnis der Grenzbahnhöfe/Tarifschnittpunkte und der zuständigen Zollbahnhöfe	315
2.12	Verzeichnis der Waren, auf deren Vorführung bei den Zollstellen an den Außengrenzen der Europäischen Gemeinschaften im schienengebundenen Eisenbahnverkehr nicht verzichtet werden kann, VuB-Verzeichnis	317
3.	GÜTERWAGEN	319
3.1	Der optimale Güterwagen	319
3.2	Die Wagenbestellung	319
3.3	Privatgüterwagen	319

4.	**KOMBINIERTER VERKEHR**	**320**
4.1	Einführung und gesetzliche Grundlagen	320
4.2	Außenmaße und Gewichte von Wechselbehältern	321
4.3	Behandlung von gefährlichen Gütern im Kombinierten Verkehr	322
4.4	Neue Wege im Kombinierten Verkehr: Der Parcel InterCity	322
5.	**CONTAINERVERKEHR**	**324**
5.1	TFG Transfracht International	324
5.2	Maße und Lastgrenzen der gebräuchlisten Bahncontainer	325
5.3	Maße und Gewichte von ISO-genormten Containern	326
5.4	Fachausdrücke und Abkürzungen aus dem Containerverkehr	326
5.5	Allgemeine Geschäftsbedingungen der Transfracht Internationale Gesellschaft für kombinierten Güterverkehr mbH (TFG)	330
6.	**CONTAINERVERKEHR INTERNATIONAL**	**335**
6.1	Intercontainer-Interfrigo (ICF)	335
6.2	Allgemeine Geschäftsbedingungen für Kombinierte Verkehre (Intercontainer-Interfrigo)	335
6.3	Vereinfachtes gemeinschaftliches Versandverfahren für die Beförderung von Waren in Großcontainern	341
7.	**HUCKEPACKVERKEHR**	**344**
7.1	Die KOMBIVERKEHR KG	344
7.2	Geschäftsbedingungen der KOMBIVERKEHR KG	344
7.3	Die Huckepack-Techniken	354
7.4	Begleitpapiere im Huckepackverkehr	355

VI. Seeverkehr   359

1.	**RECHTSGRUNDLAGEN UND HAFTUNG IM SEEVERKEHR**	**359**
1.1	Rechtsgrundlagen des Seeverkehrs in Deutschland	359
1.2	Die Haftung des Verfrachters	359
1.3	Verladung auf Deck	360
1.4	Havarie-Grosse	361
1.5	Der Seefrachtvertrag	362
2.	**DAS KONNOSSEMENT**	**364**
2.1	Definitionen zum Konnossement	364
2.2	Englische B/L-Ausdrücke in deutscher Übersetzung	366
2.3	Unrichtige Konnossementausstellung	368
3.	**DER NON VESSEL COMMON CARRIER (NVOCC)**	**369**
3.1	Danmar Lines Ltd., der NVOCC der DHL Danzas Air&Ocean	369
3.2	Bill of Lading der Danmar Lines Ltd.	370
4.	**BEGRIFFE IM SEEVERKEHR**	**379**
4.1	Die Schifffahrtskonferenzen	379
4.2	Outsider (Außenseiter) – Trade Lane Agreements – Konsortien – Trampschifffahrt	380

5.		**FRACHTBERECHNUNG**	**381**
	5.1	Frachtberechnung im Seeverkehr	381
	5.2	Vermessung von Seefrachtgütern	384
6.		**FREIHAFEN**	**391**
	6.1	Der Freihafen – seine Funktionen	391
7.		**CONTAINERVERKEHR**	**392**
	7.1	Entwicklung des Containerverkehrs	392
	7.2	Container-Typen und wichtige Begriffe	392
	7.3	Klimatische Beanspruchung im Container	393
	7.4	Stand-/Liegegeldansprüche (Demurrage) gegen den Befrachter beim Containerverkehr	394
8.		**DELIVERY ORDER (D/O)**	**396**
	8.1	Ist eine Delivery Order (D/O) bei „Kasse gegen Dokumente" andienbar?	396

VII. Luftverkehr   399

1.		**EINFÜHRUNG**	**399**
	1.1	Entwicklung und Bedeutung des Luftfrachtverkehrs	399
2.		**DAS WARSCHAUER ABKOMMEN (WA)**	**400**
	2.1	Einführung	400
	2.2	Das Warschauer Abkommen in der Fassung von Den Haag 1955	402
	2.3	Warsaw Convention as amended at the Hague 1955	403
3.		**DAS MONTREALER ÜBEREINKOMMEN**	**418**
	3.1	Übereinkommen zur Vereinheitlichung bestimmter Vorschriften über die Beförderung im internationalen Luftverkehr	418
	3.2	Convention for the Unification of Certain Rules for International Carriage by Air	419
4.		**DIE IATA**	**446**
	4.1	Aufgaben und Ziele	446
5.		**DER LUFTFRACHTBRIEF (AWB)**	**447**
	5.1	Der Luftfrachtbrief als Begleitpapier	447
	5.2	IATA-Beförderungsbedingungen	448
	5.3	Wer den Luftfrachtbrief ausfüllt, haftet nach dem Montrealer Abkommen sowie dem Warschauer Abkommen	452
	5.4	Luftfrachtbrief des Consolidator's als Contracting Carrier	452
	5.5	Neue Richtlinien für Sendungen in die USA – AAMS	453
6.		**DIE FRACHTBERECHNUNG**	**455**
	6.1	Ermittlung der Frachtraten	455
7.		**LADEMITTEL IM LUFTVERKEHR**	**457**
	7.1	Flugzeugtypen	457
	7.2	Cargo Doors	459
	7.3	Abmessungen von Paletten und Containern	461

8.	**SEA/AIR-VERKEHRE**	**464**
8.1	Die Alternative zur reinen See-/Luftfracht	464
9.	**VERKEHRSRECHTE IM LUFTVERKEHR**	**465**
9.1	Die 5 Freiheiten der Luft	465

VIII. Zoll 467

1.	**GRUNDLAGEN**	**467**
1.1.	Internationale Zollabkommen	467
1.2.	Europäische Gemeinschaft / Europäische Union	468
1.3.	Assoziierungsabkommen	469
1.4.	Paneuropäischer Wirtschaftsraum	470
1.5.	Der Zollkodex der Gemeinschaften und seine Bedeutung	475
2.	**EXPORT**	**477**
2.1.	Ausfuhr in Drittlandsstaaten	477
2.2.	Gemeinschaftliches und gemeinsames Versandverfahren	479
2.3.	CARNET-TIR / CARNET-ATA	484
3.	**IMPORT**	**495**
3.1.	Einfuhr aus Drittländern	495
3.2.	Vereinfachungsverfahren, Nichterhebungsverfahren und Verfahren von wirtschaftlicher Bedeutung	501
3.3.	Rechtsbehelfe	505
4.	**ZOLL UND ELEKTRONIK**	**506**
4.1.	Einführung	506
4.2.	Binnenmarkt	506
4.3.	Export	506
4.4.	Import	506

IX. Außenwirtschaft 507

1.	**AUSSENWIRTSCHAFTLICHE GRUNDLAGEN**	**507**
1.1.	Außenwirtschaftsgesetz (AWG)	507
1.2.	Außenwirtschaftsverordnung (AWV)	524
1.3.	Aus- und Einfuhrliste	564
1.4.	Länderlisten	565
1.5.	Internationales Kaufrecht	572
1.6.	Übereinkommen der UN über Verträge über den internationalen Warenverkauf vom 11.4.1980	574
1.7.	United Nations Convention on Contracts for the International Sale of Goods (11.4.1980)	575
2.	**BERATUNGS- UND GENEHMIGUNGSSTELLEN**	**610**
2.1.	Deutsche Auslands-Handelskammern	610
2.2.	Genehmigungsstellen für den Außenhandel	645

3.	INTERNATIONALE AUSSCHREIBUNGEN	647
4.	INTERNATIONALE VERTRAGSGESTALTUNG	651
4.1.	Die Vertragsgestaltung im Auslandsgeschäft	651
4.2.	Incoterms 2000 – Deutsch	654
4.3	Incoterms 2000 – Englisch	655
4.4.	Der Gefahren- und Kostenübergang im Außenhandel	752
4.5.	Abkürzungen der INCOTERMS	752
4.6.	Trade Terms	752
5.	VERTRAGSGESTALTUNG NACH DEUTSCHEM RECHT	753
5.1.	Vertragsformen in Wirtschaft und Verkehr	753
5.2.	Allgemeine Geschäftsbedingungen	757
5.3.	Das Bestätigungsschreiben	767
5.4.	Der Eigentumsvorbehalt	768
5.5.	Liefervereinbarung „frei Haus"	768
6.	ABSICHERUNGEN VON AUSFUHRGESCHÄFTEN	770
6.1.	Absicherungen gegen Währungsrisiken	770
6.2.	Ausfuhrgarantien und -bürgschaften der Bundesrepublik Deutschland	771
6.3.	Andere Formen der Absicherung von Exportgeschäften	775
7.	FINANZIERUNG VON AUSLANDSGESCHÄFTEN	776
7.1.	Allgemeines zur Finanzierung	776
7.2.	Die kurzfristige Finanzierung von Ausfuhren	777
7.3.	Die mittel- und langfristige Finanzierung von Ausfuhren	780
8.	BANK- UND ZAHLUNGSVERKEHR	783
8.1.	Zahlungsbedingungen und Zahlungssicherungen	783
8.2.	Einheitliche Richtlinien und Gebräuche für Dokumenten-Akkreditive (ERA 500)	786
8.3.	Uniform Customs and Practice for Documentary Credits (UCP 500)	787
8.4.	Einheitliche Richtlinien für Inkassi (ERI 522)	828
8.5.	Uniform Rules or Collections (URS 522)	829
8.6.	Einheitliche Richtlinien für auf Anfordern zahlbarer Garantien	844
8.7.	Europa: Eine wirtschaftliche und monetäre Gemeinschaft	845
9.	BETEILIGTE AM WARENVERKEHR UND DOKUMENTATION	847
9.1.	Vom Abfertigungsspediteur über Frachtführer und shipper bis Zulieferer	847
9.2.	Die gebräuchlisten Dokumente im Export und Import	851
10.	DER EG-BINNENMARKT	857
10.1.	Mehrwertsteuerbehandlung innerhalb der EU (EG)	857
10.2.	INTRASTAT	864

X. Anhang 867

1.	BEGRIFFE IM AUSSENHANDEL NACH AWG/AWV, EWG, AUSSENHANDELSSTATISTIK UND ZOLLRECHT	867
2.	ZUSAMMENFASSUNG DER HAFTUNGSFRAGEN IN DEN EINZELNEN KAPITELN	876

I. Logistik

1. „PHÄNOMEN LOGISTIK": SPUREN IN DER WIRTSCHAFTSPRAXIS

Die Vokabel „LOGISTIK" tauchte in der Sprache der Wirtschaft seit den 1960-er und 1970-er Jahren auf – zunächst ganz vereinzelt. Im Verlauf der 1980-er Jahre ist sie zum festen Bestand der internationalen Wirtschafts-Fachsprache, im Tandem mit „Supply Chain Management" sogar zum aktuellen Modewort geworden. Offensichtlich ist aber „Logistik" mehr als nur ein neues Wort.

Abb. 1: Phänomen Logistik und dessen Spuren

Es ist ein Phänomen, mit dem sich hohe Erwartungen in den Köpfen der Unternehmer und Manager der Unternehmen verbinden, die in immer härterem weltweiten Wettbewerb stehen: Logistik verspricht Quantensprünge an Kostensenkung, beschleunigte Reaktionsfähigkeit auf Kundenwünsche, verbesserte Belieferungsqualität, Schlankheit. Und tatsächlich hinterlässt das Phänomen Logistik immer zahlreichere, tiefere und nachhaltigere Spuren in der Welt der Unternehmen und der globalen Wirtschaft, die sich mit Schlagworten wie „Just-in-Time", „Efficient Consumer Response (ECR)", „Cross-Docking", „Vendor Managed Inventory", „Mass-Customization", „Collaborative Planning, Forecasting and Replenishment (CPFR)" „Fourth Party Logistics(4PL)" und vielen anderen verbinden. Abb. 2 zeigt an US-amerikanischen Daten, welche dramatische Veränderung sich in einer logistisch aktiven Volkswirtschaft ergeben können am Beispiel der Höhe der Lagerbestände.

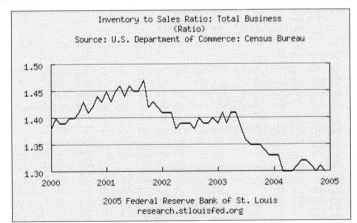

Abb. 2: Die Entwicklung des Verhältnisses von Lagerbeständen zu durchschnittlichen monatlichen Umsätzen am Beispiel der USA

Der folgende Übersichtsbeitrag will zwei Fragen beantworten helfen, die sich vor diesem Hintergrund für die Praxis moderner Dienstleistungsunternehmen der Transport-, Speditions-, und eben der Logistik- Wirtschaft stellen:
- Was ist es genau, das sich hinter dem „Phänomen Logistik" verbirgt?
- Wie können Dienstleistungsunternehmen sich „Logistik" zu Nutze machen, um ihre Kunden besser zu bedienen und ihren eigenen Geschäftserfolg zu sichern und zu steigern?

2. MEGATRENDS IN DER WELTWIRTSCHAFT ALS IMPULSGEBER UND TREIBER MODERNER LOGISTIKENTWICKLUNGEN

Zuerst geht es darum, sich Gedanken über die Ursachen und Treiber zu machen, die dazu führten, dass das „Phänomen Logistik" heute so viel Aufmerksamkeit auf sich zieht.

Acht weltweit wirkende Trends in der modernen Wirtschaft können als Gründe dafür benannt werden (Abb. 3): Die ersten vier verändern die Rahmenbedingungen des Handelns der Unternehmen im Wettbewerb und erklären damit die rapide wachsende Nachfrage nach professioneller Logistik und modernen Logistik-Dienstleistungen. Drei weitere zeigen, wie die Veränderungen des Angebots moderner Logistik-Dienstleister auf weltwirtschaftliche Entwicklungen zurückwirken und diese verstärken und beschleunigen.

Vier die Logistik-Anforderungen treibende Megatrends:
- Globalisierung der Produktion und des Wirtschaftsverkehrs
- Übergang zur post-industriellen Gesellschaft
- „On Demand" Welt und beschleunigte Taktraten der „Zeit"-Gesellschaft
- Umweltsensibilität

Vier die Logistik-Leistungspotenziale treibende Megatrends:
- (Wieder)-Entdeckung der Erfolgswirkungen optimierter Struktur- und Prozessorganisation
- Deregulierung und Privatisierung ehemals öffentlicher Dienste der Kommunikation, des Verkehrs, Verselbständigung ohne Inhouse-Logistikeinheiten
- Shareholder Value Denken, Konzentration auf Kernkompetenzen und Outsourcing
- Die immer neuen Wunder der I&K-Technologien

Abb. 3: Sieben weltwirtschaftliche „Megatrends" als Rahmenbedingungen, Impulsgeber und Treiber moderner Logistikentwicklungen

2.1 Erster Trend: Globalisierung der Produktion und des Wirtschaftsverkehrs

Im Verlauf der letzten zwanzig Jahre haben sich die Möglichkeiten für weltweiten Handel und Wirtschaftsverkehr dramatisch erweitert:

– Zuerst ist der *Fall alter politischer, ideologischer und zolltechnischer Grenzen* zwischen den Ländern und Regionen zu nennen, wie insbesondere der Fall des „Eisernen Vorhangs" und der Zusammenbruch der sozialistischen Wirtschaftsordnungen, die Fortschritte der Integration Europas, aber auch anderer Weltregionen wie z.B. Südamerikas (MERCOSUR) und Nordamerikas (NAFTA) und des pazifischen Raums (ASEAN). Schließlich schreiten weltweite Bemühungen um den Abbau von Handelsbarrieren durch das weltweite allgemeine Zoll- und Handelsabkommen GATT, die Organisation für ökonomische Kooperation und Entwicklung OECD zwar langsam, aber kontinuierlich fort.

– Zum anderen haben die *Fortschritte der Informations- und Kommunikationstechnologie* („I&K-TECHNOLOGIEN") seit den 1990-er Jahren – am prominentesten die „Vernetzung" der Welt bis in ihre letzten Winkel durch das kostengünstige INTERNET – aber auch Entwicklung weiterer weltweit akzeptierter faktischer STANDARDS, wie der WINDOWS-basierten PC-Systeme, des EDIFACT, der EAN-Codierung, nicht zuletzt der englischen Sprache als Weltsprache der Wirtschaft im Bereich der Kommunikation, dazu beigetragen, dass die Zeitbedarfe und Kosten des Suchens von Geschäftspartnern, wie der alltäglichen Abwicklung von Geschäftsvorfällen um Größenordnungen weit günstiger geworden sind als noch in den 1980-er Jahren. Ergänzt werden diese Bemühungen durch die fortschreitende Standardisierung auch im Bereich von Verpackungen und Ladegefäßen durch die International Standards Organization ISO. In der Spache der Ökonomen ist die Wirkung dieser Aktivitäten die kontinuierliche Senkung der TRANSAKTIONSKOSTEN im weltweiten Wirtschaftsverkehr.

– Es ist damit für die Unternehmen der Industrie und des Handels interessanter geworden, die Netzwerke ihrer Lieferanten und Kunden weiter und weiter – über den gesamten Globus – zu spannen. Sie können sich die Materialien, Arbeitskräfte, das Know-how und die Rahmenbedingungen für ihre Aktivitäten in denjenigen Ländern und Regionen der Welt suchen, die ihnen das günstigste Preis-/Leistungsverhältnis versprechen – und sie tun dies immer häufiger und immer mutiger. Die Transaktionskosten für solche weiträumigen *Verlagerungen von Wertschöpfungsaktivitäten* (in der Logistikersprache die „DISLOZIERUNG") wirken weit weniger als Barriere internationaler Wirtschaftszusammenarbeit wie in früheren Zeiten, die von hohen Zöllen, komplizierten Dokumentenabwicklungen, teuren, langsamen, unzuverlässigen Kommunikations- und Transportmöglichkeiten gekennzeichnet waren.

Globalisierung bringt aber auch andere, von den Unternehmen weniger geschätzte Effekte: Es ist eine für viele Branchen bisher ungekannte Verschärfung des weltwirtschaftlichen Wettbewerbs eingetreten. Unternehmen können nicht nur neue Kunden und Lieferanten in allen Teilen der Welt suchen und die Vorteile genießen, die sich damit erschließen. Sie müssen sich auch gefallen lassen, dass auf ihren angestammten Märkten *neuer Wettbewerb aus aller Welt* auftaucht, der nicht selten massive Kostenvorteile aus seinen Heimatländern mitbringt. Waren- und Kommunikationsströme verstärken und begegnen sich zwischen allen Kontinenten und Ländern, wie Abb. 4 illustriert.

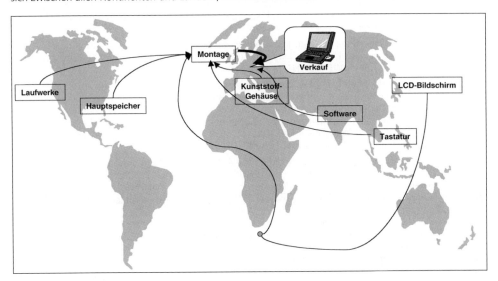

Abb. 4: Globaler Wirtschaftsverbund: Beispiel „Laptop"

→ Mit diesen Entwicklungen, die unter dem Schlagwort „GLOBALISIERUNG" zusammengefasst werden, steigt der Bedarf an Transport-, Lager-, Umschlags-, Kommunikations-, Planungs- und Steuerungsdienstleistungen kontinuierlich an. Zugleich verschärft sich der Druck auf die Unternehmen, die Qualität und die Kosten ihrer Leistungen zu optimieren. Logistik wird, wie sich zeigt, zu einem der wichtigsten Stellhebel für das Überleben und den Erfolg der Unternehmen im globalen Wettbewerb.

2.2 Zweiter Trend: Übergang zur post-industriellen Gesellschaft – Marktsättigung, neue Demographie, Wertdichte-Steigerung und das Wachstum des Dienstleistungssektors

Seitdem die Menschen sich systematisch mit den Fragen der Wirtschaft auseinandersetzen wurde als Schlüsselproblem erfolgreichen Wirtschaftens die vernünftige Verwaltung von Knappheit und Mangel gesehen: insbesondere die optimale Nutzung knappen Kapitals, knapper Arbeitskraft und knapper natürlicher Ressourcen.

In immer mehr Märkten der globalen Wirtschaft ist seit der Mitte des zwanzigsten Jahrhunderts der Schlüssel zum Erfolg aber nicht mehr der rationale Umgang mit Knappheit. Erfolgreich ist heute, wer es schafft, sich in einer Welt zu behaupten, die von Überangebot und Überfluss gekennzeichnet ist: von zu großen Angebotskapazitäten für stagnierende Gütermärkte, von zu vielen ähnlichen Produkten, die um die Kaufkraft der Kunden konkurrieren, von zu vielen Informationen, die die Aufmerksamkeit der Menschen suchen.

Wesentliche Gründe für diesen fundamentalen Wandel sind in dem Übergang der reifen, reichen Länder der Welt von der „industriellen" zur „POST-INDUSTRIELLEN GESELLSCHAFT", deren „neuer DEMOGRAPHIE" und neuen Material- und Servicetechnologien zu suchen:

− Die *Bevölkerungszahlen stagnieren*. Wo sie das nicht tun, basiert Wachstum auf Zuwanderung und damit auf Entwicklungen zu „multi-kulturellen", damit heterogeneren Gesellschaften.
− Das *Durchschnittsalter der Menschen steigt*. Die Haushalte werden kleiner und mobiler.
− Immer *mehr Geld* wird *für die „nicht-materiellen" Bedürfnisse* der Kommunikation, Unterhaltung, Gesundheit, und vieler weiterer Arten von „Services" ausgegeben. Relativ weniger Kaufkraft wird für die Befriedigung der materiellen Bedürfnisse des Essens und Trinkens, der Bekleidung, der Ausstattung der Haushalte mit „Hartwaren" und den Bau von Wohnungen benötigt.
− Selbst da, wo materielle, Güterflüsse auslösende Produkte weiter benötigt werden, führen neue Materialien und Technologien zu kleineren, leichteren („MINIATURISIERUNG") mit mehr Service angereicherten Produktion erhöhter WERTDICHTE.

Als Folge dieser Entwicklungen gelingt es den Unternehmen immer weniger, ihre Umsätze mit einheitlichen, standardisierten, massenhaft hergestellten materiellen Produkten zu erzielen. Die Bedürfnisse werden individueller, vielfältiger, immer wandelbarer und flüchtiger. Die Marktnischen, die mit einheitlichen Produkten über längere Zeit hinweg erfolgreich zu bedienen sind, werden kleiner und erfordern immer häufiger die Kombination mit Dienstleistungen. Dies gilt nicht nur für die Konsumgüter, sondern auch für die Bedarfe der industriellen Sektoren der Wirtschaft.

Eine Lösung, mit der die Unternehmen heute diese neue Aufgabenstellung zu bewältigen versuchen, heißt „Individualisierung" bzw. „MASSEN-INDIVIDUALISIERUNG (MASS-CUSTOMIZATION)" der Sortimente und Produkte, zumeist verbunden mit der Anreicherung oder dem Ersatz materieller Produkte durch Mehrwert-Dienste und verbesserte Qualitäten. Nicht mehr „Produkte"; sondern „Problemlösungen" („SOLUTIONS") sind gefragt. Beispiele aus den Branchen der Automobilwirtschaft, der Computerindustrie, der Modeunternehmen, aber auch von Maschinenbauern und Unternehmen vieler anderer Branchen erweisen, dass unter den Rahmenbedingungen der post-industriellen Gesellschaften besonders diejenigen Unternehmen erfolgreich sind, denen es gelingt, ihren Kunden situations- und bedarfsgerechte, deshalb hoch individualisierte und servicebetonte Lösungen anzubieten, ohne dabei an „explodierenden" Sortimenten, Lagerbeständen und Produktionskosten zu ersticken.

→ Antworten auf die Herausforderung wie die neuen Aufgabenstellungen der Massen-Individualisierung, sinkender Firmen- und Markentreue, geringer Prognostizierbarkeit und gewachsener Serviceanforderungen der Kunden ohne Kostensteigerungen zu bewältigen sind – solche Antworten werden von den Konzepten der modernen Logistik erwartet!

2.3 Dritter Trend: „On Demand" Welt und beschleunigte Taktraten der „Zeit"-Gesellschaft

Der amerikanische Unternehmensberater George Stalk von der Boston Consulting Group, hat vor über zehn Jahren den Übergang vom kosten- und preisbasierten Wettbewerb zum „ZEITBASIERTEN WETTBEWERB" verkündet. Er brachte damit eine sich schon längere Zeit andeutende Entwicklung auf den Punkt: dass Unternehmenserfolg immer häufiger von der Fähigkeit abhängt, sofort auf Kundenwünsche reagieren zu können. Zugleich führt die sich in vielen Bereichen beschleunigende Entwicklung neuer Technologien dazu, dass deren „Lebenszeit" und die Lebenszeit von Produktion – also die Zeit, während deren Technologien und Produkte wirtschaftlich erfolgreich eingesetzt werden können – sich beständig verkürzt. Ein viel zitiertes und besonders dramatische Beispiel dafür ist „MOORE'S GESETZ" für die Entwicklungen der Mikroelektronik-Industrie, Mit jeder Produktgeneration verdoppelt sich die Leistung der Prozessoren und halbiert sich der Preis dieser Leistung. Dies bedeutet, dass in immer kürzeren Abständen die Fabriken für die Herstellung einer bestimmten Generation von Mikrochips obsolet werden und mit Ihnen die PCs und die unzähligen anderen Produkte, die auf einer gegebenen Chip-Generation basieren.

In der PC-Branche, bei Handies, bei Modeartikeln, aber in abgeschwächtem Maße auch bei vielen anderen wichtigen Produkten der Wirtschaft, hat dies dazu geführt, dass die wirklich erfolgreichen Unternehmen nicht diejenigen sind, die in ihrem Markt am preisgünstigsten anbieten, sondern diejenigen, die zuerst eine neue Technologie, ein neues Produkt in ihrem Markt realisieren, die am schnellsten auf Bedürfnisse ihrer Kunden reagieren können.

→ Es sind wiederum die Konzepte und „Technologien" der modernen Logistik, die dazu beitragen, die Produktentwicklungs-, Auftragsabwicklungs- und Reaktionsschnelligkeit der Unternehmen (zusammenfassend oft als „AGILITÄT" der Unternehmen bezeichnet) in den Wertschöpfungsketten zu steigern

→ Als Experten für die Architektur intelligenter, modularer Versorgungs- und Wertschöpfungsketten (bzw. „Supply Chains") und der Steuerung und Mobilisierung solcher Ketten wächst den Logistikern damit ein neues, wichtiges Aufgabenfeld zu.

2.4 Vierter Trend: Wachsende Umweltsensibilität – Recycling und die Vision von der Kreislaufwirtschaft

Die Entwicklung der modernen Logistik wird auch von einem ganz anderen, nicht primär aus der Wirtschaft und aus unternehmerischen Interessen entstandenen Trend getrieben:

Seitdem am Anfang der 1970-er Jahre insbesondere durch den Club of Rome und die ersten weltweiten Öl-Energiekrisen die „Grenzen des Wachstums" moderner Wirtschaft in die Diskussion gerieten, hat sich ein neues Bewusstsein der Öffentlichkeit und der Politik entwickelt. Die Notwendigkeit zu „nachhaltigem", die natürlichen Ressourcen der Erde schonenden Wirtschaften ist erkannt worden. Dadurch entdeckten viele Unternehmen, dass sparsamer Umgang mit Rohstoffen, Energie, mit Wasser, Luft und Land in sehr vielen Fällen nicht nur ökologisch sinnvoll ist, sondern auch zu günstigeren betriebswirtschaftlichen Ergebnissen führt. STOFFSTROMANALYSEN in der industriellen Fertigung, die Konzepte des RECYCLING von Materialien, die Vermeidung von Verschwendung durch Verzicht auf Produktion „auf Halde" und „auf Vorrat", auch Ideen wie die Entlastung der Innenstädte durch „CITY-LOGISTIK", oder die kooperative, räumlich konzentrierte Wahrnehmung von Aufgaben der Distribution, der Güterbündelung und Nutzung umweltfreundlicher Verkehrsträger mit Hilfe von GÜTERVERKEHRSZENTREN (GVZ) und KOMBINIERTEN VERKEHREN, wurden seit den 1990-er Jahren populär.

→ Damit entstanden weitere neue Aufgaben der Konzeption von Systemen der KREISLAUFWIRTSCHAFT, der intelligenten Kanalisierung, Bündelung und Optimierung von Güter- und Personenverkehren, die die Notwendigkeit professioneller Logistik unterstreichen!

2.5 Fünfter Trend: Die (Wieder)-Entdeckung von Struktur- und Prozessorganisation – ganzheitliches Management von „Supply Chains" als Stellhebel unternehmerischen Erfolgs

Die vier „Makrotrends" der Weltwirtschaft, die bis hierher aufgezeigt wurden, machen deutlich, welche Veränderungen weltwirtschaftsweiter Rahmenbedingungen im Verlauf der letzten zwei Jahrzehnte einen drängenden Bedarf an Know-how für die optimale Gestaltung komplexer Versorgungs- und Wertschöpfungsketten, für die alltägliche Steuerung und Mobilisierung von Güter-, Informations- und Geldflüssen ausgelöst haben – einen Bedarf, den Logistik verspricht, befriedigen zu helfen.

Es sind aber noch drei weitere große Trends zu nennen, die aus der Logistikwirtschaft heraus als Impulsgeber und Verstärker auf die Gesamtwirtschaft wirken. Sie liefern weitere Erklärungen, warum erst jetzt – und gerade jetzt – die Logistik sich so stark entfaltet:

Im Hintergrund mehrerer der bisher genannten Entwicklungen ist ein letzter wichtiger Trend zu entdecken: Es bietet nicht nur die effizientere Nutzung von Material-, Finanz- und Personalressourcen, die Optimierung von Funktionen, auch nicht nur Forschung und Entwicklung und Produktinnovation Chancen für die Überlebens- und Erfolgssicherung von Unternehmen.

Viele Erfolgsrezepte und „beste Praktiken" der aktuellen Unternehmensführung beruhen auf der Einsicht, dass die Art und Weise, wie die Aktivitäten der Wirtschaft miteinander verknüpft werden, die der Befriedigung eines Kundenbedürfnisses dienen, entscheidenden Einfluss auf Produktionskosten, -Qualitäten, auf Reaktionsschnelligkeit der Unternehmen und Anpassungsfähigkeit an sich wandelnde Umfeld- und Marktanforderungen hat.

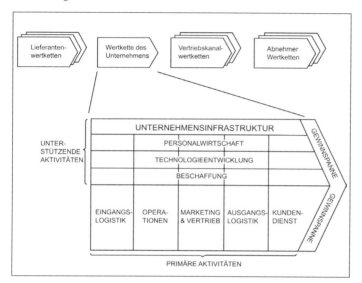

Abb. 5: Darstellung einer unternehmensübergreifenden Wertketten-Folge und einer innerbetrieblichen Aktivitäten-Kette (Quelle: Porter 1986)

Diese Entdeckung, die insbesondere durch die Veröffentlichungen des Harvard-Professors Michael Porter in den 1980-er Jahren weltweite Aufmerksamkeit fand (vgl. Abb. 5, die eigentlich eine Wiederentdeckung schon viel früher untersuchter Zusammenhänge ist, etwa von Norddieck 1934), beeinflusst als „PROZESS-ORIENTIERUNG", „SUPPLY-CHAIN-DENKEN" oder „VERSORGUNGSKETTENDENKEN" (bzw. auch „Prozessdenken", „Wertketten-Denken", „Fließsystemdenken") immer stärker die Sprache und das Handeln in den Unternehmen.

→ Logistik ist das Feld, wie unten noch deutlicher ausgeführt wird, in dem das Wissen und die Methoden ganzheitlicher, systematisch optimierter Prozess- und Supply-Chain-Gestaltung, Steuerung und Mobilisierung gesammelt und angewandt werden.

2.6 Sechster Trend: Deregulierung und Privatisierung ehemals öffentlicher Dienste der Kommunikation und des Verkehrs

Die letzten zwei Jahrzehnte in der Logistik-Dienstleistungswirtschaft waren gekennzeichnet von einem weltweiten Trend der DEREGULIERUNG ehemals öffentlicher Dienste in vielen Ländern, wie insbesondere auch der Kommunikations- und Verkehrsdienste. Für lange Perioden der modernen Wirtschafts- und Staatsentwicklung hatte gegolten, dass solche Dienste allen Bürgern und Unternehmen in gleicher Qualität und zu gleichen Preisen angeboten werden sollten – genau so wie die Versorgung mit Wasser und Elektrizität, Krankenhäusern und den „Sicherheitsdiensten" der Polizei und des Militärs. Die Einordnung von Kommunikations- und Verkehrsdiensten als Aufgaben der staatlichen Infrastruktur und Daseinsvorsorge rechtfertigte, dass der Staat Eigentümer und Monopolist, z.B. von Postdienst-, Eisenbahn- und Flugverkehrssystemen sein sollte, oder zumindest die öffentlichen Reglementierung von Tarifen, Zugangsrechten und Beförderungspflichten durch Konzessionen und Lizenzen.

Schon in den 1958 verabschiedeten Römischen Verträgen zur Schaffung der europäischen Gemeinschaft wurde festgelegt, dass solche Reglementierungen in der modernen Wirtschaft nicht erhalten bleiben sollten. Seit den 1980-er Jahren haben dann die amerikanischen und englischen Regierungen unter Carter, Reagan und Thatcher energisch begonnen, Prozesse der Deregulierung und LIBERALISIERUNG einzuleiten. Mit einiger Verzögerung folgten viele anderen Länder – nicht zuletzt auch Deutschland.

Die damit ausgelöste Abschaffung von öffentlich – nicht marktwirtschaftlich-wettbewerblich – festgelegten Preisen und Zugangsrechten im Bereich der Transportwirtschaft, der Post- und Telekommunikationsdienste hat seither eine Revolutionierung der Dienstleistungsbranchen eingeleitet. Dramatischen Reduzierungen der Preise für Paket- und andere Gütertransportleistungen führten zu hartem Rationalisierungsdruck in diesen Märkten. Die traditionellen Anbieter der Dienste begannen, sich neue Strukturen zu geben, neue Produkte in neuen Qualitäten zu kreieren und diese aggressiv zu vermarkten. Individualisierung und Innovation sind zu Überlebensnotwendigkeiten geworden. Neue Anbieter mit neuen Ideen – in den Jahren zwischen 1998 und 2002 oft beflügelt durch die neuen Möglichkeiten des eCommerce – dringen in die Märkte ein. Neue Geschäftsmodelle und Anbieterstrukturen, wie insbesondere der Kontraktlogistik und „3PL/4PL"-Dienstleistungen, die unten noch näher zu diskutieren sind, etablieren sich und schaffen neue Möglichkeiten der Rationalisierung, Qualitätsverbesserung und Flexibilisierung in den Unternehmen der Industrie und des Handels.

→ Die moderne Logistik wird nicht nur geformt und getrieben von den sich wandelnden Anforderungen der Weltwirtschaft, sondern sie beginnt durch die innovativen Vertreter der Logistik-Dienstleistungswirtschaft auch als Impulsgeber und „Ermöglicher" (ENABLER) für Innovation zu wirken.

2.7 Siebter Trend: Shareholder-Value-Denken, Konzentration auf Kernkompetenzen und Outsourcing

Der sechste weltwirtschaftsweite Trend, der entscheidende Impulse für die Entwicklung moderner Logistik vermittelte und hier zu diskutieren ist, basiert auf einer wichtigen Entdeckung des Managements und der wissenschaftlichen Betriebswirtschaftslehre der letzten Jahrzehnte: dass es nicht erfolgversprechend ist, den Herausforderungen der immer weiträumiger, stärker vernetzten globalen Wirtschaft, der Massen-Individualisierung, des zeitbasierten Wettbewerbs und der neuen ökologischen Anforderungen durch immer kompliziertere Systeme der Planung, Steuerung und Kontrolle in immer größeren Organisationseinheiten gerecht werden zu wollen. Solche Systeme verursachen rapide steigende „KOSTEN DER KOMPLEXITÄT" (z.B. in der Form hoher Planungs- und Steuerungsaufwendungen, häufiger Systemausfälle und Folgekosten von Systemstörungen), die in vielen Fällen den gewollten Nutzen aufzehren und sogar übersteigen.

Als Konsequenz dieser Einsicht verstärkt sich seit den 1990-er Jahren ein Trend zur KONZENTRATION AUF KERNKOMPETENZEN. Es werden überschaubare, schlanke, auf eine oder wenige Aufgaben fokussierte, möglichst weitgehend selbststeuernde Organisationseinheiten gegenüber sehr großen, komplexen, multifunktionalen Einheiten bevorzugt. Nicht als Kernkompetenz erkannte Aktivitäten werden ausgelagert per „OUTSOURCING": Durch Auslagerung und geschickte, einheitlichen Baumustern folgende Restrukturierung der verbleibenden Organisationszellen („FRAKTALE"), entstehen neue Organisationen aus kleineren, einfach und ähnlich aufgebauten Modulen, die flexibel untereinander verbunden werden können. Solche Organisationen dienen wiederum als belastbare, beherrschbare Bausteine von vielgliedrigen Wertschöpfungsketten, Konzernstrukturen und Volkswirtschaften der Zukunft.

Dieser Trend spiegelt sich auch in der Welt der Börsen und finanzwirtschaftlichen Aktivitäten wieder. Dort soll jede unternehmerische Aktivität, jede Investition, jede Geschäftseinheit im Sinne des „SHAREHOLDER-VALUE-DENKENS" an ihrem Beitrag zur Wertsteigerung der Produkte und anderen „Outputs" gemessen werden, für die die Kunden des Unternehmens bereit sind zu zahlen. Am Shareholder-Value-Denken orientierte Börsen und Anteilseigner bevorzugen deshalb fokussierte, einfache Unternehmensstrukturen, für die sich Einsätze und Erträge leicht und eindeutig messen lassen, gegenüber den oft verwucherten, überladenen, überkomplexen Konzern- und Kooperationsstrukturen der 1970-er und 1980-er Jahre.

→ Mit der Rückkehr zu bausteinartigen, modularen Organisationsstrukturen der Wirtschaft (in der Sprache der Organisationstheorie „LOSE GEKOPPELTEN SYSTEMEN") erhöht sich aber die Zahl der Schnittstellen und die Bedeutung der Koordination der Module in den Wertschöpfungsketten – damit die Bedeutung der Logistik.

2.8 Achter Trend: Die immer neuen Wunder der I&K Technologien

Nicht zuletzt erweitern sich die Möglichkeiten moderner Logistik in starkem Masse durch die Fortschritte der Informations- und Kommunikationstechnologien. Eine mächtige indirekte Wirkung dieser Fortschritte wurde schon oben angesprochen: I&K-Technologien sind eine Voraussetzung und ein Treiber der Globalisierung, weil dieser erst durch die umfassende, kostengünstige Verfügbarkeit des Internets und der Fähigkeiten zur Zusammenarbeit von Millionen von Computern durch standardisierte Datenstandards und Softwaresysteme ermöglicht wurde.

Die I&K-Technologien sind aber auch ein Werkzeug der Logistik-Dienstleistungswirtschaft, das es dieser erlaubt, neue, effizientere Logistikstrukturen für ihre internen Abläufe und ihre Kunden zu konstruieren und zu betreiben. Einige der einschlägigen Entwicklungen sind in dem separaten Beitrag „E-Commerce und Logistik" in diesem Band angesprochen. Einige weitere sollen – beispielhaft und nur in Stichworten – hier kurz erwähnt werden:

Ein Durchbruch für die Transport- und Logistik-Dienstleistungswirtschaft war der Einsatz von integrierten TRACKING- und TRACING bzw. Sendungsverfolgungssystemen, die zunächst von den internationalen Paket- und Expressfrachtdiensten, später von Stückgut-Netzwerken und nun auch in vielen anderen spezialisierten Logistikdiensten eingesetzt werden. Sie erlauben computergestützt die Wegebestimmung und Steuerung („Tracking"), Ortung und Verfolgung („Tracing") von Sendungen, damit zumeist verbunden auch die Abrechnung bzw. und die Produktivitätserfassung im Bereich der einzelnen Stationen, die eine Sendung durchläuft. Zum erfolgt diese Verfolgung durch Kennzeichnung von Gütern und Dokumenten mit BARCODES und deren wiederholte Scannung. Moderne Systeme erlauben den Kunden, auf den Status ihrer Sendungen jederzeit zuzugreifen. Die völlige „Schließung" solcher Systeme, z.B. durch Ausrüstung auch der Fahrer und Fahrzeuge mit mobilen Datenerfassungsgeräten und durch vollständig flächendeckenden Einsatz in europäischen und weltweiten Systemen ist eine Aufgabe, die die Unternehmen noch Jahre weiter beschäftigt.

Dabei zeichnen sich schon nächste Entwicklungsschritte ab. Der Einsatz von „RADIO FREQUENCY IDENTIFICATION (RFID)"-Technologie wird die Verfolgung von Sendungen noch schneller und durchgängiger machen, als dies bisher mit Hilfe von Barcodes und Scannern möglich war. Die RFID-Technik beruht auf der Anbringung von kostengünstigen „Labels" bzw. Etiketten auf Objekten, die die Fähigkeit haben, Radiowellen aus der Umgebung, die Daten übertragen, berührungslos und automatisch zu empfangen, zu speichern und weiterzusenden. Wenn Millionen solcher Labels auf Paketen und Frachtstücken, auf Tauschpaletten, Wechselbrücken und Containern angebracht sein werden, kann deren Standort, ihre „Geschichte" nach dem Durchlauf durch einen Prozess, jederzeit automatisch abgerufen und für andere Anwendungen nutzbar gemacht werden.

Eine andere Entwicklungsrichtung betrifft den Fortschritt von „SUPPLY CHAIN EVENT MANAGEMENT" („SCEM") Systemen. Die prinzipielle Idee solcher Systeme ist es, den Verantwortlichen für einen Versorgungsprozess (oder auch anderer Prozesse) zu ersparen, das „Tracking- und Tracing" für alle Sendungen oder alle Objekten (wie z.B. Fahrzeuge, Container), durchführen zu müssen, sondern dem Verantwortlichen automatisch nur dann Informationen zu liefern, wenn etwas durch ein ungeplantes Ereignis (das „Event") außerplanmäßig verläuft. Das SCEM-System kann evtl. sogar Vorschläge für die Bereinigung der außerplanmäßigen Situation vorschlagen und automatisch einleiten.

Mit den neuen Möglichkeiten der I&K-Technologien erweitern sich die Fähigkeiten der Logistiker, ihren Kunden Rationalisierung, Qualitätssicherung und neue Services anzubieten in einer Weise, die dazu führt, dass manche deren Bedeutung für die Zukunft der Branche noch höher einschätzen als die „alten" logistischen Technologien des Gütertransports, der Lagerung, Konsolidierung und Kommissionierung, über die noch ausführlich zu sprechen sein wird.

3. DER LOGISTIKBEGRIFF UND DIE DREI BEDEUTUNGEN DER LOGISTIK

Nach der Diskussion der Trends, die die dramatisch gewachsene Bedeutung der Logistik und des Supply - Chain-Denkens erklären können, ist nun die Frage präziser zu beantworten, was hinter dem Phänomen steckt, das wir als Logistik bezeichnen.

3.1 Zur Herkunft der Vokabel „Logistik"

Die meisten Experten gehen davon aus, dass der moderne betriebswirtschaftliche Begriff „Logistik" von dem französischen Verb „loger" – für „Quartier machen" – abzuleiten ist. Die erste ausführliche Diskussion des Begriffes wird dem französischen General Jomini in einem von ihm 1837 veröffentlichten Band zur Kriegskunst zugeschrieben. Die Funktion des militärischen Logistikers war es demnach, hinter den Frontlinien für die Versorgung der Truppen mit Unterkunft, Munition, Verpflegung, sowie für die Gefechtsbereitschaft der Waffen zu sorgen.

3.2 Die erste betriebswirtschaftliche Bedeutung von Logistik: „TUL"-Logistik (Transport, Umschlag und Lagerung)

Es ist wahrscheinlich, dass die ersten Verwendungen des Begriffes in eindeutig betriebswirtschaftlichem Zusammenhang, die erst 120 Jahre später, um die 1960-er Jahre erfolgten, in Analogie zu dem lange vorher etablierten militärischen Begriff gewählt wurden: Die frühen, in den USA erschienenen Veröffentlichungen zur betriebswirtschaftlichen Logistik von den amerikanischen Management- und Marketing-Experten Magee, Bowersox und Drucker, wie auch die seit etwa 1970 folgenden Veröffentlichungen der deutschen Professoren Pfohl, Kirsch und Ihde, erschienen im Zusammenhang mit der damals eingeleiteten „Marketing-Revolution": Man hatte das Marketing und deren wichtiges Element, die „PHYSISCHE DISTRIBUTION"; als kritische Faktoren unternehmerischen Erfolgs entdeckt. Damit entstand die Forderung, dass den bisher wenig beachteten Aufgaben der physischen Distribution ein gleichberechtigter Platz in Management- und Betriebswirtschaftslehre und Praxis verschafft werden müsste – neben den schon lange intensiv studierten Funktionen z.B. der Produktion und Finanzierung, auf deren Optimierung sich vorher die Bemühungen konzentriert hatten.

Dies führte zu wachsendem Interesse an der Entwicklung spezifischen Know-hows für die Aktivitäten des *Transports*, des *Umschlags*, der Kommissionierung und *Lagerung* von Produkten, sowie damit eng verknüpfter Funktionen, wie der Verpackung. Der Mannheimer Professor Ihde, einer der Väter des Feldes in Deutschland, hat diese als „TRANSFERFUNKTIONEN" in den volkswirtschaftlichen Wertketten diskutiert (vgl. Abb. 6). In der ehemaligen DDR wurden sie als „TUL"-Funktion bzw. TUL-Technologien bezeichnet.

Transferbedarfe, bedingt durch ...	werden befriedigt durch Transferleistungen der ...	die sich in der Praxis vollziehen als Aktivitäten des ...
räumliche Verteilung der wirtschaftlichen Aktivitäten („Dislozierung");	Raumüberwindung;	Transportierens, Förderns,
sachliche Verteilung wirtschaftlicher Aktivititäten („Arbeitsteilichkeit");	Güter-Ordnungs-und Zuordnungsveränderung nach Arten und Mengen;	Umschlagens, Kommissionierens, Bündelns, Portionierens, Abpackens;
zeitliche Verteilung wirtschaftlicher Aktivitäten („Zeitstrukturen");	des Zeitausgleichs;	Lagerns, Speicherns, Pufferns.

Abb. 6: Erläuterung der elementaren logistischen „Transferfunktionen" nach Ihde (2000)

Ihde unterscheidet die TUL-Funktionen von den TRANSFORMATIONSFUNKTIONEN, d.h. von der Veränderung von Produkten in ihrer Form und Zusammensetzung – also von der Produktion im engeren Sinne, wo Materialen zum Beispiel durch Schneiden, Formen, chemische Veränderung, Zusammenbau verändert werden.

In seiner „ersten betriebswirtschaftlichen Bedeutung" ist Logistik als „TUL-Logistik" demnach zu interpretieren als

> Feld der systematischen Auseinandersetzung mit den „Transferbedarfen" der Wirtschaft die in arbeitsteiligen Güterwirtschaftsprozessen zu erbringen sind – der Ordnungsveränderung, der Raumüberwindung und des Zeitausgleichs –, sowie der Optimierung dieser „Transferleistungen" des Transportierens, Umschlagens/Kommissionierens/Portionierens, und des Lagerns..

3.3 Die zweite Bedeutung: „Koordinationslogistik"

Bald nach den ersten Veröffentlichungen zur Logistik, die sich auf die systematische Auseinandersetzung mit Transferaktivitäten konzentrierten, begannen einzelne Autoren und Praktiker, unter dem Begriff Logistik Diskussionen mit deutlich anderen Inhalten zu führen. Die Bemühungen um die betriebswirtschaftliche und technische Optimierung des Transfers von Objekten führten zur Auseinandersetzung auch mit den dem Transfer vorgelagerten und nachgelagerten Stufen:

Es rückten Begriffe wie „Integration" und „Koordination", „Total Cost" und „Systems Approach" in das Zentrum der Diskussion. Logistik wurde mit dem Anspruch „ganzheitlicher", „Querschnitts"-bezogener Analyse und Gestaltung wirtschaftlicher Aktivitäten versehen. Der Horizont der Betrachtung erweiterte sich von der Teilmenge der Transferaktivitäten auf die Gesamtmenge *aller* Wertschöpfungsaktivitäten.

Das Hauptinteresse der Logistik verlagerte sich somit von den elementaren „TUL"-Funktionen auf die Analyse von Schnittstellen und Wechselbeziehungen der Funktionen im Wertschöpfungsprozess im Hinblick auf das Ziel der Befriedung von Kundenbedürfnissen. Im Mittelpunkt dieses Verständnisses der Logistik stehen die Aktivitäten des Planens, Steuerns, Koordinierens und Kontrollierens von Logistik-„Systemen":

> „Zur Logistik gehören alle Tätigkeiten, durch die die raum-zeitliche Gütertransformation ... geplant, gesteuert, realisiert und kontrolliert wird", und zwar „effizient" (Pfohl 1990);

oder

> *„Logistik ist die Gesamtheit der Aktivitäten zum Herstellen, Sichern und Verbessern der Verfügbarkeit aller Personen und Mittel, die Voraussetzung, begleitende Unterstützung oder Sicherung für Abläufe innerhalb eines Systems sind"* (Council of Logistics Management/CLM 1990).

In einer weiteren populären Variante dieses Logistikverständnisses, die ursprünglich von dem Amerikaner Plowman als „SEVEN-RIGHTS-DEFINITION" formuliert wurde, stehen nicht die Aktivitäten, sondern die Ziele der Integrations- und Koordinationsaktivitäten im Wirtschaftsprozess im Mittelpunkt:

> *„Logistik heißt, die Verfügbarkeit*
> *– des richtigen Produktes,*
> *– in der richtigen Menge,*
> *– im richtigen Zustand,*
> *– am richtigen Ort,*
> *– zur richtigen Zeit,*
> *– für den richtigen Kunden,*
> *– zu den richtigen Kosten*
> *zu sichern."*

Es ist dieses zweite „Koordinationslogistik"-Verständnis, das zur Anwendung kommt, wenn die Transportunternehmer und Spediteure von ihren Geschäftsaktivitäten als „Transport *und* Logistik" bzw. „Spedition *und* Logistik" sprechen – also einen separaten Aufgabenbereich des Durchführens von Integrations- und Koordinationsaufgaben *neben* den angestammten Transport- und Lagerei-Geschäften sehen.

3.4 Zur dritten Bedeutung der Logistik: „Flow-Management"

3.4.1 „Toyota-System" und Prozessdenken als Vorläufer des Flow Management

Seit den 1990-er Jahren lässt sich immer deutlicher das Vordringen eines dritten Verständnisses der Logistik beobachten (Abb. 7).

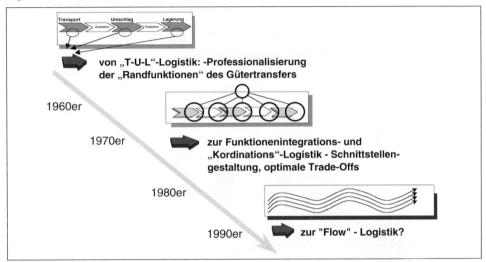

Abb. 7: Die Evolution der drei Bedeutungen der Logistik

Die Entstehung der dritten „FLOW MANAGEMENT"-Bedeutung der Logistik ist eng verbunden mit dem oben, im Abschnitt 2.7 beschriebenen siebten Makrotrend der „(Wieder)-Entdeckung von Struktur- und Prozessorganisation und des ganzheitlichen Managements von Supply Chains als Stellhebel unternehmerischen Erfolgs". Eine besondere Rolle haben dabei die in den 1980-er Jahren in der westlichen Welt entdeckten Praktiken des japanischen Managements, und insbesondere das von Taichi Ohno und Shigeo Shingo entwickelte und beschriebene „TOYOTA-PRODUKTIONSSYSTEM" gespielt:

- Im Zentrum des Toyota-Produktionssystems steht die Idee der „Eliminierung von Verschwendung" in der Produktion durch *Organisation fließender Arbeitsprozesse* (bzw. Umgestaltung diskontinuierlicher Prozesse durch kleine Auftragslose und kurze Arbeitstakte in nahezu kontinuierliche Flüsse).

Als Voraussetzung für die erfolgreiche Realisierung fließender Prozesse werden im Toyota-Produktionssystem (dessen wesentliche Elemente Anfang der 1990-er Jahre auch als „LEAN PRODUCTION" System heftig diskutiert wurden) genannt (und weiter unten in diesem Beitrag ausführlicher erläutert):

- „KANBAN" – ein für die industrielle Materialwirtschaft neues, Staus vermeidendes, die enge Integration aufeinanderfolgender Arbeitsschritte sicherndes System der *bedarfsgesteuerten Materialbereitstellung*,

- Fluss-„LEVELING" als gezielte Bemühung um *Glättung von Mengenfluktuationen* in den Prozessen und Vermeidung von Aufschaukelungseffekten,

- differenzierte *Analyse von Durchlaufzeiten* in Fertigungsprozessen nach technologisch bedingten, losgrößenbedingten und prozessbedingten Zeitbedarfen,

- vorbeugende *Qualitätssicherung* der Herstellungsprozesse für die Qualität der Erzeugnisse und Vermeidung von Nachbearbeitungs- und Reklamationsprozessen,

- ANDON-Signale, d. h. das sofortige Aufmerksamkeit auf sich ziehende sichtbar Machen von Qualitätsmängeln für die *Auslösung kontinuierlicher Verbesserungsideen*.

Die elementaren Ideen flussorientierten Produktions- und Distributions-Managements wurden seither von westlichen Autoren wie den amerikanischen Beratern und Professoren Goldratt, Schonberger, Clark/Fujimoto und dem Münchener Professor Wildemann adaptiert und erweitert um Ideen wie

- ENGPASSORIENTIERTE PROZESS-ZUGANGSKONTROLLE als Mittel des Flussmanagements,
- Teilung störanfälliger, langer Prozesse in modular aufgebaute kurze LIEFERANTEN-KUNDEN-BEZIEHUNGSKETTEN,
- Reorganisation komplexer, einstufiger Netze von Fertigungseinheiten in übersichtlichere, hierarchisch aufgebaute „Segmente" selbststeuernder „FERTIGUNGSINSELN".

3.4.2 Elemente der „Flow Management"- Logistik und Definition der „Dritten Bedeutung"

Aus der Zusammenführung der umrissenen Ideen und Entwicklungen der 1980-er Jahre entsteht eine nützliche neue logistikorientierte Art und Weise, Unternehmen und Unternehmensverkettungen zu betrachten: die „Fließsystem-" oder „Flow Management"-Perspektive. Wirtschaftliche Zusammenhänge werden als Ketten und Netzwerke aus „Knoten" und „Kanten" gesehen, durch die „Objekte" fließen. Solche Fließsysteme in der Praxis sind die Versorgungsketten bzw. „Supply Chains", wie sie am Beispiel der Waschmittel-Kette in Abb. 8 dargestellt sind.

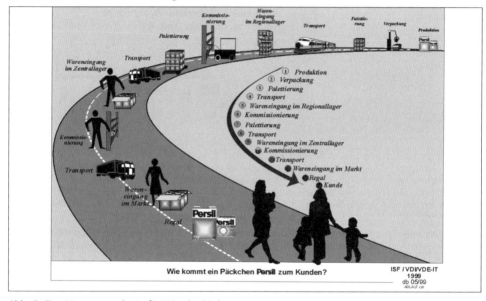

Abb. 8: Eine Versorgungskette für Waschmittel

Die Idee der Betrachtung wirtschaftlicher Zusammenhänge als logistische Fließsysteme ist sehr vielseitig anwendbar und führt, wie sich zeigt, zu überaus interessanten Möglichkeiten der Analyse und Verbesserung solcher Zusammenhänge:

Die OBJEKTE in Fließsystemen können Materialien und physische Güter sein, die einen industriellen Wertschöpfungsprozess durchlaufen. Objekte können aber auch Geldmittel sein (die z.B. in einem Bankensystem fließen), Menschen (die sich z.B. in einem Personenverkehrssystem bewegen), Daten (in einem Informationssystem), oder andere immaterielle Entitäten (wie Dienstleistungen in einem Servicesystem, Aufträge in einem Auftragsabwicklungssystem, Entscheidungen in einem Verwaltungssystem).

Die quantitativen und qualitativen Charakteristika der Flussobjekte, ihre Homogenität bzw. ihre Heterogenität, die zeitlichen und räumlichen Gegebenheiten ihres Eintritts und Austritts in das Fließsystem, bestimmen die Gleichmäßigkeit der Flüsse, den Belastungsgrad der Ressourcenknoten, damit auch die Dispositions- und Regelungsaufwendungen und die Beherrschbarkeit des Systems. Während Objekte sich im Fließsystem befinden, stiften sie normalerweise keinen Nutzen. Sie binden aber Kapital und verringern die Reaktionsfähigkeit des Systems. Je höher der Wert, je größer die Zahl und Vielfalt, und je länger die Durchlaufzeit der im System „verweilenden" Objekte ist, umso höher sind die Kosten.

In den KNOTEN der Netzwerke sind die Ressourcen für die Ausführung von Wertschöpfungsaktivitäten positioniert. Solche Knoten können Produktionsstätten für Rohstoffen, Halbfabrikate, Komponenten, Montagestätten, aber auch Lager, Fuhrparkdepots, Auftragsbearbeitungs- und Forschungs- und Entwicklungszentren sein.

Bei einer detaillierten „Mikro"-Betrachtung von Fließsystemen stellen sich die Knoten z.B. als Werkstätten, Bearbeitungszentren, Werkbänke, Kommissionierplätze, Material-Zwischenlager oder Prozessrechner *innerhalb* eines Betriebes dar (vgl. Abb. 9).

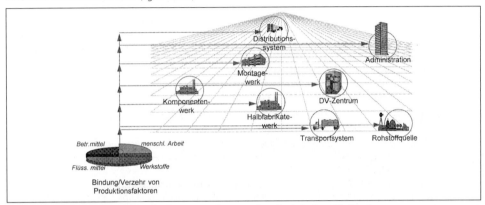

Abb. 9: Prinzipielle Darstellung der Ressourcenknoten eines logistischen Fließsystems

Die Knoten der Netzwerke sind durch KANTEN verbunden, die sich in der Praxis als Transportwege und Informationskanäle darstellen (vgl. die Pfeile in Abb. 10!).

Knoten und Kanten der Ressourcennetzwerke, zusammen mit den sich durch die Netzwerke bewegenden Objekten sind FLIESSSYSTEME, die dem Zweck dienen, Bedürfnisse von Menschen bzw. „Kunden" zu befriedigen. Insoweit als sie diesen Zweck erfüllen, stiften sie Nutzen, den die Kunden bereit sind zu entgelten.

- „*Primäre*", unmittelbar für Kunden nutzenstiftende Flüsse, sind die Flüsse von Materialien, Gütern oder Dienstleistungen durch Knoten, in denen sich „direkt wertschöpfende Aktivitäten" der Produktion wie Teilebearbeitung, Montage, Lackierung von Produkten, aber auch Transport, Umschlag, Lagerung vollziehen (vgl. die durchgehend gezeichneten Pfeile in Abb. 10!).

- „*Sekundäre*" bzw. „unterstützende" Flüsse sind solche, wo sich in den Knoten und Kanten „indirekt wertschöpfende, Wertschöpfung ermöglichende und qualitätssichernde Aktivitäten" vollziehen, wie z.B. die Maschineninstandhaltung auf der Fabrikebene, die papiermäßige Auftragsvorbereitung, Weitergabe von Planungs- und Steuerungsinformationen auf der Verwaltungsebene, Qualitätskontrollen, personalwirtschaftliche Aktivitäten, Forschung und Entwicklung (vgl. die punktierten Pfeile in Abbildung 10 und auch die sinngemäße, Darstellung der unterstützenden Aktivitäten von Porter in Abb. 5 oben!).

- „*Nicht-wertschöpfende*" Flüsse, wie z.B. Rückflüsse reklamierter, nicht verkaufter Waren, oder Hin- und Herbewegungen von Gütern zwischen Lagerknoten wegen schlechter Planung sind die ersten Ansatzpunkte für logistische Rationalisierungsmaßnahmen, wie weiter unten (vgl. Abschnitt 5 dieses Beitrages!) noch zu diskutieren sein wird.

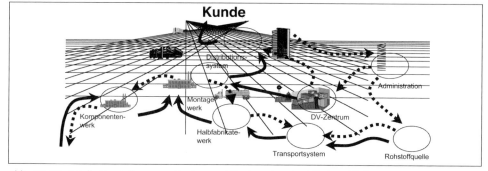

Abb. 10: Prinzipielle Darstellung von Knoten und Kanten eines logistischen Fließsystems

Mit dieser Art und Weise, wirtschaftliche Zusammenhänge als Fließsysteme zu betrachten, erschließen sich dem Logistiker Schwächen und Irrationalitäten solcher Systeme: Unnötige Schnittstellen und Medienbrüche, Umwege und Engpassstellen rücken ins Bewusstsein. Ein erweitertes Aufgabenfeld des Logistikmanagements, nämlich Fließsysteme einfach, direkt den Anforderungen des Umfelds und der Kunden entsprechend zu gestalten, kontinuierlich anzupassen und alltäglich für möglichst zügigen, staufreien und „versickerungsfreien" Fluss zu sorgen ergibt sich daraus ganz selbstverständlich.

Es kann nun eine „dritte Bedeutung" der Logistik definiert werden als

„Feld der angewandten Wirtschaftswissenschaft, in dem wirtschaftliche Zusammenhänge – wenn immer möglich – als Flüsse von Objekten durch Ressourcennetze (bzw. als „Fließsysteme") interpretiert werden.

Zentrale Aufgabe ist die Optimierung der Fließsysteme nach Gesichtspunkten der Kostensenkung und der Flussobjekt-Wertsteigerung, sowie der Verbesserung von deren Anpassungsfähigkeit an Bedarfs- und Umfeldveränderungen.

Dabei werden als Mittel der Fließsystemoptimierung und Rationalisierung insbesondere die Konfiguration der Ressourcennetz – und Prozessstrukturen, zeitliche, räumliche und objektbezogene Integration der Flüsse und Flussobjekte mit den Netzen, sowie die bewusste Wahl der Flussmobilisierungs-, Steuerungs- und Regelungsverfahren eingesetzt."

3.4.3 Im Zentrum praktischen Interesses: „Order-to-Payment"- und „Supply Chain"-Flüsse – aktuelle Ziele und primäre Ansatzpunkte logistischen Handelns

Die Ideen, die bis hierher als gedankliche Elemente der aktuellsten dritten Bedeutung der Logistik als „Flow Management" vorgestellt wurden, erweisen sich als ein mächtiger, für die Unternehmenspraxis enorm nützlicher Ansatz zur Realisierung der vier primären Ziele logistischen Handelns, nämlich der

– Senkung von *Kosten* in den Unternehmen und Wertschöpfungsketten
– Beschleunigung von *Reaktionszeiten* auf Kundenbedürfnisse und Verkürzung von Prozesszeiten, insbesondere durch Verkürzung, Vereinfachung und optimierte Koordination der Flüsse,
– Steigerung von *Kundennutzen* und damit von Umsatz-Erlöschancen insbesondere durch bedarfsgerechte Kombination und Bereitstellung von Produkten und Mehrwertdiensten,
– Verbesserung der *Anpassungsfähigkeit* der Unternehmen an sich wandelnde Umfeldbedingungen, insbesondere durch Eliminierung ruhender Bestände, durch Flexibilisierung, Standardisierung und Modularisierung der Objekte und Prozesse.

Praktisches Handeln in Fließsystemen fordert zuerst, nach den wichtigsten „Flüssen" im Unternehmensalltag zu fragen. Diese Frage führt zu den zentralen Auftragsabwicklungsprozessen, die sich in jedem Unternehmen Dutzende, Hunderte oder sogar Tausende Male täglich vollziehen. In jedem Unternehmen, ob Industriebetrieb, Handelsunternehmen, Dienstleister, ob Kleinbetrieb oder Großunternehmen, findet sich dieser Prozess (deshalb auch als generischer „ORDER-TO-PAYMENT"-Prozess bezeichnet, vgl. Abb. 11!) in irgendeiner praktischen Ausprägung. Typischerweise sind 50, 60, 70 und mehr Prozent aller Mitarbeiter in diesen Prozess eingebunden:

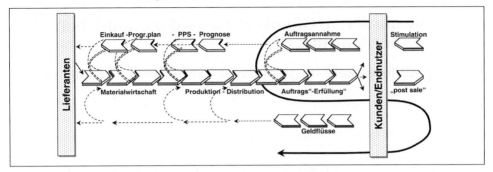

Abb. 11: Der generische „Order-to-Payment"-Prozess im Unternehmen

Es müssen Kundenaufträge ausgelöst („stimuliert"), angenommen und in den inneren Prozessen der Produktionsplanung und/oder Beschaffung weiterverarbeitet werden. Es sind – im Industriebetrieb – die physischen Prozesse der Materialwirtschaft, Produktion und Distribution bis hin zur Auslieferung an den Kunden und evtl. „post-sale"-Dienste zu erledigen. Und es müssen schließlich die administrativen Vorgänge der Rechnungsstellung und Geldeinhebung abgewickelt werden.

Nur wenn die Order-to-Payment-Prozesse kundengerecht und effizient abgewickelt werden, kann ein Unternehmen erfolgreich sein. Die Identifizierung, systematische Optimierung der Order-to-Payment-Prozesse im Hinblick auf die oben genannten Ziele der Kostensenkung, Kundennutzen-Steigerung, Beschleunigung und Flexibilisierung ist deshalb die häufigste Herausforderung an die Logistiker geworden.

Mit der aktuellen Diskussion um „SUPPLY CHAIN MANAGEMENT" hat sich diese prinzipielle Aufgabe noch erweitert. Supply-Chain-Management sucht die Integration und Optimierung nicht nur der unternehmensinternen Order-to-Payment-Prozesse, sondern auch die Integration und Optimierung *zwischen* mehreren in einer Wertschöpfungskette verbundenen Unternehmen. Diese Aufgabe ist in Abb. 12 prinzipiell dargestellt.

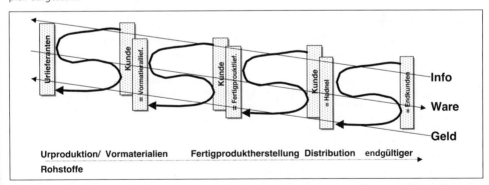

Abb. 12: Prinzipielle Darstellung einer Supply-Chain als Verkettung von mehreren Order-to-Payment-Prozessen

Bevor die aktuellen Lösungsansätze der Logistik zur Optimierung von Order-to-Payment-Prozessen und ganzen Supply-Chains noch detaillierter dargestellt werden, sollen zunächst aber die elementaren logistischen TUL-Aktivitäten des Transportierens („Transfer im Raum"), Umschlagens/Kommissionierens („Veränderung von Ordnungen") und des Lagerns („Transfer in der Zeit") näher diskutiert werden.

4. ZU DEN ELEMENTAREN TUL-FUNKTIONEN DER LOGISTIK

4.1 Transportieren, Güterverkehr und die Aufgaben der Transportlogistik

4.1.1 Der Güterverkehr im gesamtwirtschaftlichen Zusammenhang

Transport und Güterverkehr sind mit der Industrialisierung moderner Volkswirtschaften zu zentralen leistungsfördernden, zugleich aber auch problematischen Elementen des wirtschaftlichen Lebens der Nationen geworden.

In vorindustrieller Zeit vollzog sich der größte Teil des Wirtschaftens, also der Versorgung der Menschen mit knappen Gütern wie Nahrung, Kleidung, Unterkunft im engen Umfeld der Hauswirtschaft und dem dörflichen Lebensbereich. Die Masse der Transportbedarfe konnte ohne ausdifferenzierte Transportsysteme „händisch" und nahräumig bewältigt werden. Erst mit Entdeckung des arbeitsteiligen, massenhaften Produzierens als Mittel zur Vervielfachung der Produktivität, verbunden mit der Entwicklung von Technologien für leistungsfähigen, zuverlässigen Transport über große Distanzen, wie insbesondere der Eisenbahn und des Lastkraftwagens, sowie des Abbaus von politischen, kulturellen und kommunikationstechnischen Handelsbarrieren zwischen Regionen, Nationen und Kontinenten steigerten sich explosionsartig die Bedarfe nach Güterverkehrsleistungen. Die Schaffung und Erhaltung von Infrastrukturen und Techniken für leistungsfähige Güterverkehrssysteme, deren Einbettung in weitere Systeme des Personen- und Nachrichtenverkehrs und der vielgliedrigen Wertschöpfungsketten der Wirtschaft verbunden mit einer effizienten Operation, Steuerung und Sicherung der Nachhaltigkeit solcher Systeme – wurde zu einer der wichtigen Aufgabe der Politik, der öffentlichen Verwaltungen und des Managements in Unternehmen.

4.1.2 Begrifflichkeiten und primäre Aufgabenstellungen der Transportlogistik

Die prinzipielle Aufgabe moderner Gütertransportsysteme besteht also darin, die Transferbedarfe, die sich aus räumlich verteilten Beschaffungs-, Produktions- und Konsumtionsaktivitäten an geographisch immer weiter auseinanderliegenden (dislozierten) Orten vollziehen zu befriedigen.

- „TRANSPORT" ist – in abstrakter Sprache – die Veränderung der räumlichen Koordinaten eines Objekts zwischen einem Bereitstellungs- bzw. Versandpunkt („Quelle") und einem Bestimmungs- bzw. Empfangspunkt („Senke"). Im Falle des Gütertransports ist das Objekt eine physische, durch Gewicht, Volumen, eine diskrete Gestalt beschreibbare Einheit: die „Fracht".

- Güter-„VERKEHR", entsprechend einer nützlichen begrifflichen Systematik von Ihde, entsteht aus der Bündelung, Verkettung und wiederholten Abwicklung von Gütertransporten in Verkehrsnetzen und -systemen. Die Verkehrsleistung in einem derartigen Netz ist beschreibbar durch Zahl und Menge der transportierten Güter in einem Betrachtungszeitraum (z.B. „Tonnen"), die überbrückten Distanzen (z.B. „Tonnenkilometer"), die zeitlichen Merkmale der bewirkten räumlichen Veränderungen wie Schnelligkeit und Pünktlichkeit (z.B. „Übernacht-", „Garantie-"Transport), sowie von anderen qualitativen Merkmalen, wie der Abwesenheit von Verlusten und Beschädigungen an den Transportobjekten.

Die wichtigsten engeren Aufgaben der Transportlogistik bzw. des Güterverkehrsmanagements bestehen in der Konfiguration der Flotte von Transportmitteln – also im Landverkehr insbesondere des Fuhrparks. Auf den eher strategischen und taktischen Ebenen sind folgende Fragen zu beantworten:

1. *„Wie ist die Flotte in das erweiterte Verkehrs- und Logistiknetzwerk einzubinden?"*
    → Die Frage nach der prinzipiellen Aufgabenzuordnung des oder der Flotten im logistischen Netzwerk, z.B. als regionale Sammel- und Verteilflotten („PICK-UP AND DELIVERY") oder Fernverkehrsflotten („LINE-HAUL"), als Linienverkehrs- bzw. fahrplangebundenes oder als bedarfsgetriebenes „TRAMP"-System;

2. *„Wie ist die Flotte zu dimensionieren und zu strukturieren?"*
   → Die Frage nach der Zahl und Kapazität der Fahrzeugeinheiten und dem evtl. zu wählenden „Mix" an unterschiedlichen Fahrzeugen;
3. *„Wie sind die Fahrzeuge zu konfigurieren?"*
   → Die Fragen nach der Wahl von Antriebs-, Laderaum-, Ladegefäß-Ausstattungen, und weiteren Ausstattungen, z.B. für Be- und Entladehilfen und Mobilkommunikation („TELEMATIK-SYSTEME"), des optimalen Standardisierungs- oder Spezialisierungsgrades der Flotte;
4. *„In wessen Eigentum, im Rahmen welcher Kontrakt-Arrangements sind die Fahrzeuge zu beschaffen?"*
   → Die „MAKE-OR-BUY"-Frage, die die Möglichkeiten des Leasing und der Vergabe von Aufgaben an Subunternehmer einschließt.
5. *„Welche Fahrzeug-Ersatzpolitik, welche Servicepolitik ist optimal?"*
   → Die Fragen nach dem „optimalen Ersatzzeitpunkt", eigenem oder fremden Maintenance-Service und die verbundenen Fragen der Sicherung der Betriebsbereitschaft.

Auf der operativen Ebene ist alltäglich zu entscheiden:

6. *„Welche Zuordnungen von Aufträgen, Fahrpersonal und Fahrstrecken sind optimal?"*
   → Die Frage der „DISPOSITION" bzw. „TOURENPLANUNG", der Wahl der Wege und Träger der Waren im Kommissionierungsstadium.
7. *„Wie ist effizientes Controlling zu sichern?"*
   → Die Frage nach der kontinuierlichen Erfassung von Standorten, Betriebsstati und -Daten, die bei dem – notwendigerweise – dezentralen Einsatz von Transportmitteln schwieriger zu lösen ist, als z.B. bei „stationären" Betriebsmitteln der Industrie und des Handels.

4.1.3 Mengengerippe des Güterverkehrs in Deutschland und Europa

Für jeden der 82 Millionen Bürger Deutschlands werden im Durchschnitt eines Jahres 47 Tonnen an Fracht transportiert. Dies ergibt sich aus der Division der mit deutschen Fahrzeugen beförderten Transporttonnage für das Jahr 2000 von ca. 3,85 Mrd. mit der Einwohnerzahl von 82 Mio. (vgl. Abb. 13). Die mittlere Transportdistanz beträgt dabei ca. 105 km. Die genannte Transportmenge ist ein Vielfaches der „unmittelbar" von den Bürgern in einem Jahr verzehrten bzw. verbrauchten und gebrauchten Konsumgüter, deren jährliches Gewicht (einschließlich insbesondere der Nahrungsmittel, Getränke, Heizöl- und Treibstoffe, Hausratsgegenstände, anteiliges Bautransportvolumen, das auf einen Bürger entfällt) sich auf weniger als fünf Tonnen beläuft.

Transport-Leistungsart	Zahl Fahrzeuge (Tsd.)	Beförderte Tonnage in Mio. to (2000)	Beförderte Tonnage in Mio. to (2001)	Transportleistung in Mio. tokm (2001)	Durchschnittl. Entfernung (ca. km nur Land)	€-Wert pro Tonne	Wert absolut in Mio. € (2001)
Gewerblicher Güternahverkehr	81	1.139	1.066	40.579	38	4,1	4.359
Gewerblicher Güterfernverkehr Straße inkl. grenzüberschreitende Transporte	185	400	419	170.987	408	38,9	16.291
Sonstige gewerbliche Fahrzeuge insbes. < 6 Tonnen zul. Gesamtgewicht	70	17	17	n.a.	n.a.	144,1	2.450
Werknahverkehr Straße	101	1.193	1.262	37.436	26	3,7	4.716
Werkfernverkehr Straße	101	262	128	38.263	173	54,4	6.965
Sonstige Werkverkehrs- und Dienstleistungsfahrzeuge	1.365	560	563	14.075	25	23,9	13.470
Ausländische Fahrzeuge Versand (in Klammern Versand und Empfang)	n.a.	126 (253)	126 (253)	63.000	500	30,2	3.800
Zwischensumme Straßengüterverkehr	1.903	3.697	3.581	364.340	(gew. Mittel) 102	(gew. Mittel) 14,5	52.051
Güterverkehr Bahn	196	355	345	76.800	223	10,3	3.550
Rohrleitungen		89	86	15.000	174	4,5	390
Binnenschifffahrt (in Klammern dt. Schiffe)	2,4	242 (91)	236 (90)	64.900	275	5,1	1.200
Seeschifffahrt "outbound" (in Klammern dt. Schiffe)	0,9	86 (35)	75 (28)	n.a.	n.a.	56,0	4.200
Luftfracht "outbound" (in Klammern dt. Flugzeuge)	n.a.	2,4 (1,1)	2,4 (1,1)	n.a.	n.a.	687,5	1.650
Summe alle Transport-Leistungsarten	2.102	4.471	4.325	521.040	(Mittel o. S+L) 123	(gew. Mittel) 14,6	63.041
- davon gewerblich ca.		535	2.367	2.286	430.341		37.500,0
- davon Werkstransport Handel, Industrie, sonst. ca.		1.567	2.104	2.039	90.699		25.541,0

Abb.13; Übersicht zu Mengen- und Umsatzwert-Volumen für Gütertransportleistungen in Deutschland; Stand 2002, (Quelle: Klaus „Top 100" Ausgabe 2004)

Die große Differenz zwischen den Mengen konsumierter und insgesamt transportierter Güter ist aus der Vielzahl von Transportbewegungen zu erklären, die jedes „endverbrauchsfähige" Gut in der arbeitsteiligen Wirtschaft durchläuft, sowie aus der hohen Quote von „Veruststoffen", die in frühen Stufen der Wertschöpfung eingesetzt werden (wie z.B. Koks in der Stahlerzeugung). Die Verteilung dieses Güterverkehrsaufkommens auf zehn wichtige Güterarten ist in Abb. 14 dargestellt. Für die Bewegung ihres Transportaufkommens wendet die deutsche Wirtschaft derzeit jährlich etwa € 50 Mrd. bzw. ca. € zwölf an direkten Transportkosten pro Tonne auf.

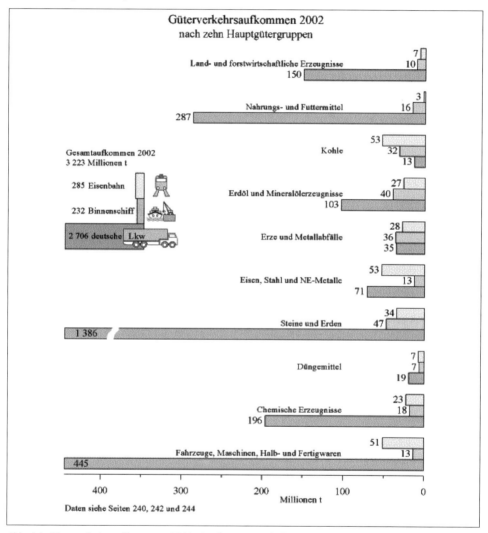

Abb. 14: Güterverkehrsaufkommen 2002, Quelle DIW, Verkehr in Zahlen Ausg. 2004

Für das Europa der EU-Länder zuzüglich der Schweiz und Norwegens („Europa der 17") ist die vergleichbare Menge etwa mehr als vier Mal so groß: Fast 17,8 Mrd. Tonnen an Gütern werden jährlich für 384 Mio. Bürger bewegt wie Abb. 15 ausweist.

	Einwohner in Mio	Straße (00) bewegte to in Mio.		Schiene (01) bewegte to in Mio.		Binnenschifffahrt (00) bewegte to in Mio.		See-/Küsten-Schifffahrt (00) bewegte to in Mio.	Anteil Tonnageleistungen outbound (Mittel 35%)	Rohrleitungen (00) bewegte to in Mio.		Luftfracht bewegte to in Mio.		Gesamt bewegte to in Mio	
1	2	3	4	5	6	7	8	9	10	11	12	13	14	15	16	17	18
Belgien	10,2	248	347,2	4,7	57,1	0,3	106,0	0,5	194,0	68		3,8	28,0	0,1	0,7	0,8	733	10,3
Dänemark	5,3	176	333,3	4,3	7,2	0,1	0,0	0,0	59,0	21		1,2	6,0	0,0	0,4	0,5	406	6,0
Deutschland	**82,2**	**2.026**	**3.581,0**	**52,1**	**345,0**	**3,6**	**236,0**	**1,2**	**243,0**	**75**		**4,2**	**86,0**	**0,4**	**2,4**	**1,7**	**4.493**	**63,0**
Finnland	5,2	132	501,8	6,0	41,7	0,3	2,0	0,0	61,0	28		1,8	0,0	0,0	0,1	0,1	627	8,0
Frankreich	59,2	1.405	2.656,1	32,2	126,3	1,8	62,0	0,3	254,0	89		5,0	79,0	0,4	1,3	1,6	3.179	41,2
Griechenland	10,5	123	205,8	1,5	2,8	0,0	0,0	0,0	62,0	22		1,2	0,0	0,0	0,1	0,1	271	2,8
Großbritannien	59,6	1.548	1.737,5	20,4	94,4	1,0	5,0	0,0	356,0	125		7,0	153,0	0,7	2,3	2,7	2.348	31,8
Irland	3,8	103	101,7	1,0	2,6	0,0	0,0	0,0	20,0	7		0,4	0,0	0,0	0,2	0,2	124	1,6
Italien	57,7	1.166	1.152,5	16,4	77,5	1,3	1,0	0,0	282,0	99		5,5	120,0	0,5	0,6	0,7	1.634	24,4
Luxemburg	0,4	21	164,3	2,1	17,0	0,1	10,0	0,1	0,0	0		0,0	0,0	0,0	0,5	0,6	192	2,8
Niederlande	15,9	401	867,9	9,9	24,6	0,2	317,0	1,6	397,0	139		7,8	44,0	0,2	1,2	1,5	1.652	21,1
Norwegen	4,5	176	124,9	2,0	8,2	0,2	0,0	0,0	183,0	64		3,6	91,0	0,4	0,0	0,1	407	6,3
Österreich	8,1	205	266,7	3,4	82,0	1,0	10,0	0,1	0,0	0		0,0	37,0	0,2	0,1	0,1	396	4,8
Portugal	10,0	115	141,0	0,9	9,1	0,2	0,0	0,0	38,0	13		0,7	0,0	0,0	0,2	0,2	188	2,1
Schweden	8,9	247	134,4	2,6	50,1	0,7	0,0	0,0	133,0	47		2,6	0,0	0,0	0,2	0,2	318	6,1
Schweiz	7,2	260	147,0	2,3	59,0	0,7	0,0	0,0	0,0	0		0,0	0,0	0,0	0,4	0,5	206	3,5
Spanien	39,4	609	382,8	5,9	25,2	0,4	0,0	0,0	226,0	79		4,4	29,0	0,1	0,5	0,6	663	11,5
Summe Europa	**388,1**	**8.959**	**12.845,8**	**167,5**	**1.029,8**	**11,9**	**749,0**	**3,8**	**2.528,0**	**875**		**49,0**	**673,0**	**3,0**	**11,1**	**12,1**	**17.836,7**	**247,4**
Japan	126,8	5.145																
USA	278,1	10.709																

Primäre Quellen: Eurostat 02 (Datenbasis 2000), ViZ: S. 296ff., Stat. Jb. 02 für das Ausland, S. 106f., 290

Abb. 15: Mengengerippe der Gütertransporte in Europa Schätzung auf der Basis von Daten 2002 (Quelle: Klaus „Top 100" Ausgabe 2004)

4.1.4 Elementares Modell eines Güterverkehrssystems

Jedes Güterverkehrssystem kann prinzipiell als ein „zirkuläres" Fließsystem dargestellt werden, wie dies in Abb. 16 skizziert ist.

Die prinzipiellen Aufgaben, Elemente und Aktivitäten in diesem System sind kurz zu beschreiben:

– Die Transportaufgabe besteht in der Ortsveränderung des Transportobjektes „1" von der QUELLE „6" zu der SENKE „7".

– Das VERKEHRSSYSTEM, das diese Aufgabe prinzipiell erfüllen kann, besteht aus der Verkehrswege-Infrastruktur „5", den Transportmitteln „3" und Ladungsträgern „2", sowie der Dispositionszentrale und Heimatbasis „4".

– Der Kernprozess der Transportauftrags-Abwicklung besteht in der Übermittlung der Transportaufgabe von Versender „6" oder Besteller „7" an die Dispositionszentrale „4", die Zuordnung eines Transportmittels „3" und häufig eines Ladungsträgers „2" zu dem Auftrag, sowie der Wahl des Transportweges oder Zuordnung zu einer Transportabwicklungs-Relation „5".

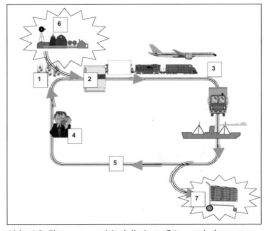

Abb. 16: Elementares Modell eines Güterverkehrssystems

– Die kreisförmige Darstellung des VERKEHRSWEGENETZES „5" verweist auf die Notwendigkeit der Bildung von „Umläufen" für Transportmittel „3" und Ladungsträger „4", die ein Spezifikum der Transportwirtschaft und besonderes Element der Komplexität des Managements von Verkehrssystemen darstellt: nur wenn Transportmittel und Ladungsträger in Umläufen operieren, kann das System auf Dauer funktionieren. Die Prozesse der Transport-Leistungserstellung werden dadurch Mehrwege-Prozesse, die zu Chancen der Mehrfach-Nutzung der Ressourcen, aber auch zu schwierigen Problemen der Systemauslastung und verursachungsgerechten Kostenzurechnung führen (das betriebswirtschaftliche Phänomen der „KUPPELPRODUKTION").

In den meisten Güterverkehrssystemen der Praxis überlagern und verbinden sich mehrere solcher elementaren Systemstrukturen zu komplexen Geflechten, wie sie beispielhaft für ein Stückgut-Transportsystem in Abb. 17 dargestellt ist.

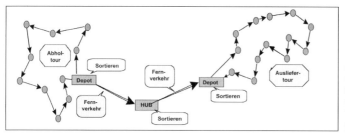

Abb. 17: Struktur eines viergliedrigen Stückgut-Verkehrssystems
(Quelle: Sheffi, MIT Center for Transportation Studies, Cambridge/Ma. 1998)

4.1.5 Güterverkehrsträger, Transporttechnologien und Güterverkehrsnetze

Eine weitere wichtige Strukturierungsmöglichkeit des Güterverkehrs ergibt sich aus der Ordnung nach Verkehrsträgern und damit den Technologien, mit deren Hilfe Transportleistungen „produziert" werden. Die vier prinzipiellen Verkehrsträger sind
- „Straße" mit dem primären VERKEHRSTRÄGER „LASTKRAFTWAGEN" und
- „Schiene" mit dem VERKEHRSTRÄGER „EISENBAHN",
- „Luft" mit dem primären VERKEHRSTRÄGER „FLUGZEUG",
- „Wasser" mit dem VERKEHRSTRÄGER „SCHIFF",

Als fünfter Verkehrsträger kann noch das System
- VERKEHRSTRÄGER „ROHRLEITUNG" bzw. Pipeline gesehen werden.

Für die Speditionspraxis wichtige Ausführungen sind in den weiteren Abschnitten dieses Bandes zu Straßenverkehr, Bahnverkehr, Luftverkehr und Seeverkehr zu finden. Einige für die aus logistischer Sicht optimale Bewertung und Wahl von Verkehrsträgern relevante Aspekte sind hier diskutiert:

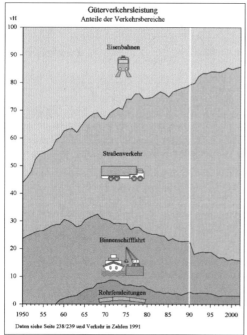

Abb. 18: Entwicklung der Modal-Mix-Anteile der Verkehrsträger an der gesamten Güterverkehrsleistung in Deutschland (Quelle: DIW, Verkehr in Zahlen 2004)

Die Abbildung macht deutlich, in wie starkem Maße der Verkehrsträger „Straße" den Güterverkehr moderner Volkswirtschaften dominiert.

Der Verkehrsökonom Voigt hat schon in den 1970er Jahren eine Liste von sieben Merkmalen der Verkehrsträger vorgelegt, aus denen sich die Wertigkeit von Verkehrssystemen für bestimmte wirtschaftliche Aufgabenstellungen erklären lässt:

- MASSENLEISTUNGSFÄHIGKEIT (ausgeprägt bei Schiff, Bahn)
- *Schnelligkeit* (am höchsten beim Flugzeug, Lkw)
- NETZBILDUNGSFÄHIGKEIT (Erreichbarkeit jeden Orts, Vorteil des Lkw)
- *Berechenbarkeit* (Unabhängigkeit von Jahreszeit, Wetter, Verkehrssituation, Nachteil insbes. für Binnenschifffahrt)
- *Frequenz* (Nachteile für die großvolumigen Verkehrsträger, insbes. Schiff)
- *Sicherheit* („statistische" Vorteile für die Bahn)
- *Bequemlichkeit* (bzw. Anpassbarkeit an spezifische Transportgut-Anforderungen, Vorteile Lkw)

Der entscheidende Grund für die Präferenz, die der Verkehrsträger „Straße" in den meisten modernen logistischen Aufgabenstellung genießt, liegt in der einzigartigen Netzbildungsfähigkeit. Nur auf der Straße kann jeder Ort in einer „dislozierten", hoch arbeitsteiligen Wirtschaft mit jedem anderen Ort, in beliebiger Frequenz, direkt und somit schnell, bequem ohne Verkehrsträgerwechsel verbunden werden. Die Überlegenheit der Netzbildungsfähigkeit des Lkw wirkt nicht nur auf der „Makro"-Ebene der Verbindungsmöglichkeiten zwischen den Orten der Landkarte, sondern auch auf der „Mikro"-Ebene unternehmens- und werksinterner Logistik. Nicht selten werden Entscheidungen zu Gunsten des Verkehrsträgers LKW selbst dann getroffen, wenn Schienen- oder Wasserstraßenverbindungen zwischen den Quellen- und Senkenorten bestehen. Nur der Lkw ist flexibel genug ohne Umladungen und zusätzliche Handlings-Aktivitäten Transporte „von Fertigungslinie zu Fertigungslinie" durchzuführen.

Die Gegebenheiten ihres Verkehrswegenetzes beschränken die Verkehrsträger „Binnenschiff" und „Schiene" weitgehend auf die Bildung von linienartigen Netzkonfigurationen, wie in Abb. 19 prinzipiell dargestellt. Der Verkehrsträger „Straße" (prinzipiell auch der See- und Luftverkehr) erlauben dagegen eine freiere Wahl von „HUB-AND-SPOKE"- und „FREE-FLOW"-Netzwerken.

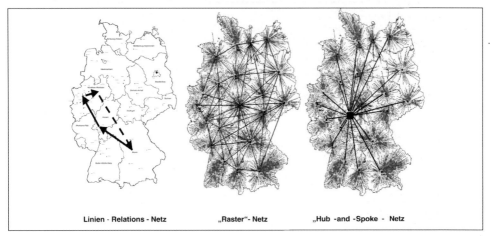

Abb. 19: Prinzipielle Verkehrsnetzstrukturen

Insbesondere „HUB-AND-SPOKE" (bzw. „Nabe-Speiche-" oder „Drehkreuz-") Netzwerke finden in der Praxis der großen, flächendeckend arbeitenden Straßen- und Luft-basierten Güterverkehrssysteme immer mehr Anwendungen. Praktisch alle Paketfrachtsysteme, viele Stückguttransport-, wie nationale und weltweite Expressfracht- und Kurierdienstsysteme nutzen die Vorteile von Hubs: Ein „Hub" kann eine große Zahl von regionalen Knoten („Depots") rationell verbinden. Eine Mindestauslastung der „Kanten"-Verbindungen im Netzwerk ist damit sehr viel leichter zu gewährleisten. So ist die Komplexität der systemweiten Frachtsortier- und Fahrzeug-Dispositionsvorgänge entscheidend geringer, wenn z.B. 50 Depots nicht rasterartig über 50*50=2500 „Relationen" verbunden werden müssen, sondern durch ein zentrales, mit hohen Mengenvolumen und Mechanisierungsmöglichkeiten versehenes „Hub" über nur 50 Relationen verknüpft sind.

4.1.6 Strukturen des Kombinierten Verkehrs und Güterverkehrszentren

In den Systemen des „kombinierten" bzw. „intermodalen" Verkehrs werden Netzwerke von mindestens zwei Verkehrsträgern so integriert, dass die Stärken des Straßentransports mit den Stärken der Massenleistungsfähigkeit und der unterstellten Umweltverträglichkeit des Schienen- und Wasserstraßenverkehrs ergänzt werden. Einige typische Ausprägungen von kombinierten Verkehrssystemen sind in Abb. 20 dargestellt.

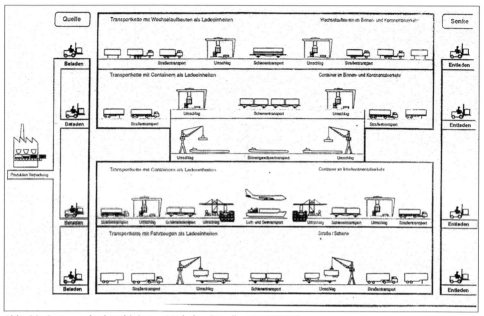

Abb. 20: Systeme des kombinierten Verkehrs (Quelle: DIN 30781)

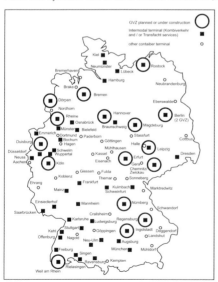

Abb. 21: Das GVZ-Netzwerk in Deutschland, Planungsstand 1998

Ergänzt werden die von Verkehrspolitikern während der letzten Jahre stark unterstützten Bemühungen des Ausbaus kombinierter Güterverkehrssysteme durch die Entwicklung eines Netzwerks von Güterverkehrszentren („GVZ"). GVZs sind Gewerbegebiete für die bevorzugte Nutzung durch Transport- und Logistikdienstleistungsunternehmen und andere Unternehmen, die besonders hohe Transportaufkommen generieren und über leistungsfähige öffentlich zugängliche Umschlagseinrichtungen und Netzzugänge zwischen mindestens zwei Verkehrsträgern verfügen. Der Stand der Entwicklung des GVZ-Netzes in Deutschland ist in Abb. 21 wiedergegeben.

Trotz der offensichtlichen Vorteile von Systemen des Kombinierten Verkehrs und von GVZ-Entwicklungen, hat deren tatsächliche Inanspruchnahme durch die Wirtschaft in Deutschland während der letzten Jahre auf relativ niedrigem Niveau nahezu stagniert. Mit etwa 30 Mio. Tonnen pro Jahr an Güteraufkommen im Rahmen Kombinierter Verkehre wird nur etwa 10% des Aufkommens der Deutschen Bahn – weniger als 1% des volkswirtschaftsweiten Gütertransportvolumens – abgewickelt. Die Gründe dafür liegen in den erhöhten Umschlags- und Handlingskosten für kombinierte, mehrfach „gebrochene" Verkehre, aktuellen Servicemängeln der Bahn und damit verbundenen Zusatzkosten, Zeitverlusten und Flexibilitätsnachteilen.

4.1.7 Güterarten und die Güterarten-orientierte Segmentierung der Güterverkehrsmärkte: Stückgut, Ladungsgut, Bulk und ein Exkurs zu den KEP-Märkten

Die Praxis der Gestaltung und alltäglichen Operation von Güterverkehrssystemen wird – neben der Wahl der Verkehrsträger – besonders stark von den Gegebenheiten und Anforderungen der Transportobjekte bestimmt. Deren Gewicht, Gestalt, Eiligkeit und mechanische Empfindlichkeit beeinflusst die Wahl der Transportmittel und -wege, deren Dimensionierung, und insbesondere auch die Techniken der Aktivitäten des Sortierens, Be- und Entladens, Stauens und Sicherns, die dem eigentlichen Transportvorgang vor- bzw. nachgelagert sind.

Die für die praktische Wahl und Ausgestaltung von Güterverkehrssystemen wichtigsten Güterarten-Merkmale sind „Objektgröße/Massenhaftigkeit" und "Wertdichte/Eiligkeit". Auf der Grundlage dieser beiden Merkmale haben sich spezielle Güterverkehrssysteme und Marktsegmente herausgebildet, wie

- der Systempaket-, Kurier- und Expressfrachtmarkt (oft als „KEP"-Markt bezeichnet),
- der STÜCKGUTMARKT,
- der Teilladungs- und LADUNGSVERKEHRSMARKT mit wichtigen Untersegmenten wie
  - Schwertransporte und Krandienste
  - Tank- und Silotransporte
  - Automobiltransport,
- die Massengut- bzw. „BULK"-TRANSPORTMÄRKTE.

Zum „KEP"-Markt folgt eine ausführliche Darstellung als Exkurs am Schluss dieses Abschnittes.

Der allgemeine *Stückgutmarkt* deckt den Gewichtsbereich für Transportobjekte oberhalb von ca. 20 bis 30 kg Frachtstück- („Kolli"-) Gewicht bis zu etwa 2.000 kg Sendungsgewicht ab. Im Gegensatz zum Paketfrachtmarkt ist die Gestalt der Stückgutobjekte sehr heterogen: es werden Paletten, Kisten und Kasten, Kartons und unverpackte Gegenstände aller Art befördert. Dadurch werden die Möglichkeiten des Einsatzes mechanisierter Sortier- und Be-/Entladetechniken sehr eingeschränkt. Auch dieses Segment ist durch relative Hochwertigkeit und Eiligkeit der Objekte bestimmt.

Die Systeme der Stückgutspeditionen und -Kooperationen sind, ähnlich wie im Paket- und Expressfrachtmarkt, durch Depotnetzwerke und Hub-Umschlagszentren zumeist flächendeckend verfügbar (vgl. oben Abb. 19). Sie arbeiten überwiegend in fahrplanmäßigen 24-Stunden-Takten. Das Volumen dieses Teilmarktes wird aktuell auf ca. € 5,0 Mrd. Umsatz im nationalen Bereich, zuzüglich eines schwer eingrenzbaren Milliarden-Marktes im internationalen Stückgutverkehr geschätzt. Ca. 140 Mio. Sendungen mit mittleren Gewichten von etwa 200 kg, bestehend aus ca. 400 bis 500 Mio. einzelnen Frachtstücken, werden in den allgemeinen Stückgut-Transportsystemen in Deutschland bewältigt. Hinzu kommen Transportvolumen in Sondermärkten und Abwicklungssystemen des Stückgutverkehrs, wie der Distribution von untemperierten und kühlungsbedürftigen Konsumgütern zum Einzelhandel, sowie hochempfindlichen „Hi-Tech"-Gütern. Auch in diesen Märkten ist eine Konzentration auf Großunternehmen als Anbieter festzustellen, (z.B. die Organisationen des Konzerns Deutsche Post World Net mit Danzas, der Stinnes-Schenker Gruppe, der Speditionen Dachser, ABX-Bahntrans und von Kooperationsgruppen wie IDS und System-Alliance).

In den *Ladungsverkehrsmärkten* werden größere Transportaufträge „Rampe-zu-Rampe" bzw. „Haus-zu-Haus" ohne zwischengeschaltete Umschlags- und Bündelungsvorgänge durchgeführt. Die Ladungsverkehrs-Auftragsgewichte an LKW-Unternehmer und Bahn liegen zwischen ca. 2 to („Teilladungsverkehr") bis zur Ladungskapazität eines Lastzuges von maximal 25 to oder Bahnwaggons. Das gesamte Umsatzvolumen der Ladungsverkehr-Marktsegmente, unter Einschluss der zahlreichen Spezialmärkte, die sich aus dem Einsatz von spezialisiertem Transport-Equipment (wie z.B. Tank- und Silofahrzeugen, Automobiltransportern, Schwertransportfahrzeugen) ergeben, kann in Deutschland auf € 24,0 Mrd. geschätzt werden. Ein hoher Anteil des gesamtwirtschaftlichen Straßen- und Schienenverkehrs-Tonnagevolumens von 3.400 Mio. to (vgl. Abb. 15) entfällt auf diesen Bereich, der in hohem Maße Güter von geringerer Wertdichte (wie Rohbau-Baustoffe, landwirtschaftliche Produkte, Eisen und Stahl) und im Bereich kurzer Entfernungen (Steine und Erden) einschließt. Dieser riesige Markt wird – abgesehen von dem auf ca. € 3,5 Mrd. geschätzten Anteil der Deutschen Bahn – noch von einer Vielzahl kleinerer und mittlerer Transportanbieter („Trucker") bedient.

Schließlich ist das Segment der *Massen- bzw. „Bulk"-Güter* zu nennen, in dem die Verkehrsträger „Schiff", „Schiene" und „Rohrleitung" dominieren. In diesem Bereich werden hohe Tonnagevolumen in einer Grössenordnung von 500 Mio. to jährlich, in Auftragseinheiten ab 25 to bis zu mehreren 1.000 to für Schiffs- und Ganzzugtransporte, bei relativ niedrigen €-Frachterlösen von ca. € 3,0 Mrd. p.a. abgewickelt.

4.1.8 Der KEP-Markt:
Exkurs zu einem besonders wichtigen Marktsegment
(Autor: Christof Riegert, Bundesverband Deutscher Postdienstleister)

Eine Kurze Historie KEP-Branche

Der Markt für Systempakete, Kurier- und Expressfracht – heute stets kurz als „KEP"-Markt (für „Kurier-, Expressfracht-, Paket (oder auch Post-)dienste" – verselbständigte sich erst in den 1970-er und 1980-er Jahren als ein eigenständiges, inzwischen außerordentlich wichtiges Segment der Logistik.

Das Wirtschaftswunder in den 1950er und 1960er Jahren hatte ein starkes Wachstum in der Transportwirtschaft ausgelöst. Die Wirtschaft verlangte verstärkt nach schnellen und präzisen, nach „industriellem" Vorbild produzierten Transportleistungen, die die damals tätigen Transportunternehmer, Spediteure und auch der damalige staatliche Postdienst nicht bieten konnten. In den siebziger Jahren entstanden deshalb erste Unternehmen, die Leistungen anboten, die den der heute bekannten Kurier- und Expressdienstleistungen nahe kommen.

Ab Mitte der siebziger Jahre beschleunigte sich die Entwicklung durch die Zulassung privater Paketdienstleister. Die ersten bekannten Dienstleister, die sich auf dem deutschen Markt in Konkurrenz zur Deutschen Bundespost etablierten waren das amerikanischen Unternehmen United Parcel Service und der Deutsche Paket Dienst. Dieser entwickelte sich aus dem Zusammenschluss mehrerer mittelständischer Spediteure. Es folgten bald die großen internationalen Expressdienste wie TNT, DHL, Federal Express, und weitere Kooperationen wie die damalige German Parcel.

Mittelständische Unternehmen entdeckten als weitere Marktlücke den Nachtexpress-Service, der extrem eilige Ersatzteile und ähnliche Güter in den Nachtstunden in die Kofferräume und Schließfächer von Kundendienst-Mitarbeitern und Werkstätten ablieferte.

Die steigende Nachfrage machte den KEP-Markt über eine lange Periode hinweg ein hohes wachstumsträchtigsten und innovativsten Segment der gesamten Logistikwirtschaft. Heute umfasst der KEP-Markt einen Umsatz von circa 8 Milliarden Euro, der von rund 210.000 Beschäftigten erwirtschaftet wird.

Eingrenzung des Marktes und seiner Segmente

Der KEP-Markt ist vor allem durch die eine Reihe von Merkmale von traditionellen Transportmärkten abzugrenzen:
- Besonders schnelle Beförderung von geringgewichtigen und hochwertigen Sendungen
- Bei sehr hohe Zuverlässigkeit und Servicequalität
- unter Nutzung moderner Instrumente des integrierten TRACKING und TRACING und standardisierter, zumeist industriell organisierter Prozesse.

Vor dem Hintergrund dieser allgemeinen Leistungsmerkmale heraus entwickelte sich über die Jahre weitere Differenzierung in mindestens drei Sub-Segmente des KEP-Marktes.

„Echte" Kurierdienste

Charakteristisch für die Leistung eines „echten" Kurierdienstes ist die persönliche Begleitung und Übergabe jeder einzelnen Sendung. Dies garantiert eine schnelle Beförderung und hohe Zuverlässigkeit in der Transportkette. Aufgrund des hohen Preises werden Kurierdienste vor allem für den Transport ganz besonders hochwertiger und besonders eiliger Sendungen genutzt. Es gibt in großen Städten ein breites Spektrum von „City"-Boten und -Kurieren, aber auch weiträumig arbeitende Kuriere. Ein großer Teil dieser Dienste wird noch non kleinen, z.t. in losen Kooperationen zusammengeschlossenen Unternehmen erbracht, ein anderer Teil als spezielles Produkt der großen Systempaket-Organisationen.

Expressdienste

Unter den Expressdienst-Bereich fallen Sendungen, die nicht direkt und persönlich begleitet werden, sondern über Umschlagzentren an den Empfänger gelangen. Expressdienste beruhen somit auf Sammeltransporten. In das Leistungsspektrum von Expressfrachtunternehmen können auch größere Stückgüter, Teil- oder sogar Komplettladungen gehören.

Das hauptsächliche Unterscheidungsmerkmal zu den allgemeinen Stückgutverkehrsdiensten besteht in einem garantierten („time definite") Zustelltermin, z.B, „vor 12.00 Uhr" oder „vor 10.00 Uhr". Solche Leistungen werden aber auch von den Standard-Systempaketen und –Stückgutsystemen angeboten, wodurch die Abgrenzung zu diesen unscharf ist.

System-Paketdienste

Das weitaus größte Marktsegment stellen die standardisierten System-Paketdienste. Sie befördern typischerweise einzelne Packstücke als Sendung (im Gegensatz zu Express- und Kurierdiensten, wo auch „multi-lot" Sendungen möglich sind) mit strikten Höchstabmessungen als Gewichten. Dies sind z.B. bei der Deutschen Post AG 31,5 kg Höchstgewicht und 1,2 m x 0,6 m x 0,6 m als maximale Abmessung. Paketdienste zielen somit auf eine hohe Standardisierung hinsichtlich des Transportgutes, was sich in vorgegeben Verpackungsformen und Sendungsarten ausdrückt. Durch die hohe Standardisierung, die sich auch auf die Etikettierung, Barcode-Standards und Abrechnungsformen bezieht, ist ein hoher Grad von Mechanisierung und Automatische der „Massen"-Prozesse in diesem Markt möglich, dessen Volumen in der Größenordnung von 1,5 Mrd. Paketen pro Jahr allein in Deutschland geschätzt wird.

Leistungsspektrum der KEP-Branche

Im KEP-Markt lässt sich im Allgemeinen das Leistungsspektrum nach Standard- und Zusatzleistung unterscheiden. Standardleistungen sind die Kernleistungen der KEP-Unternehmen. Zu den Zusatzleistungen, den so genannten Value-Added-Services, gehören Lösungen, die auf die Kunden maßgeschneidert sind und Integrations- und Koordinationsaufgaben umfassen.

Bei den Standardleistungen gelten in der Regel das Gewicht und die Größe als Merkmale zur Angebotsabgrenzung. Laufzeit und Geschwindigkeit der Transportabwicklung stellen ein weiteres wesentliches Merkmal der Leistungsdifferenzierung dar. Diese Leistungen lassen sich grob in vier Leistungsmerkmale unterteilen.

Same Day – Kennzeichnet die Transportabwicklung für extrem eilige Sendungen. Die Sendung erreicht den Empfänger noch am gleichen Tag. Bei überregional tätigen Kurieren werden Laufzeiten von vier bis sechs Stunden angeboten.

Next Day – Dieses Expressangebot zielt auf eine bundesweite Auslieferung innerhalb der nächsten 24 Stunden. Dabei existieren meist vorgegebene Zeitfenster, innerhalb derer die Sendung zugestellt sein muss.

Overnight – Eilsendungen, die zu festen Laufzeiten über Nacht zugestellt. Die Abholung erfolgt in den Abendstunden. Die bundesweite Auslieferung findet am folgenden Arbeitstag bis spätestens 10 statt. Auch international tätige Integratoren bieten diese Serviceform an.

Innight – Die Auslieferung findet noch innerhalb der Nacht statt. Die Lieferung erfolgt zum Beispiel über Packstationen oder Pick Points. Dieser Service wird für vor allem in der Ersatzteilbelieferung eingesetzt.

Da die Bereitschaft zum Outsourcing von Logistikdienstleistungen in allen Wirtschaftsbereichen wächst, bieten KEP-Dienstleister häufiger auch kundenspezifische Zusatzleistungen an. Diese werden von den Kunden immer mehr im Rahmen eines One-Stop-Shoppings nachgefragt. Dabei deckt ein einziger Dienstleister einen zusammenhängenden Teil der Wertschöpfungskette ab und bietet dafür eine Komplettlösung aus einer Hand.

Das Prinzip One-stop-shopping beruht auf der Erfahrung, dass es nicht genügt Teilprozesse wie Lagerung, Kommissionierung oder Distribution nur auszulagern und an einen Dienstleister zu geben. Der Dienstleister muss vielmehr dafür sorgen, dass er mit seiner Leistung sich in die Prozesskette seines Kunden integriert und diese somit optimiert.

One-Stop-Shopping-Lösungen setzen einen Dienstleister voraus, der global und branchenübergreifend tätig ist. Dieses Potenzial haben in der KEP-Branche nur die großen Integrators wie Deutsche Post World Net, FEDEX oder UPS. Denn diese können neben der branchespezifischen Logistik auch Services wie etwa die Bestellabwicklung oder Finanzierung anbieten.

Gesetzliche Regelungen und Markt

Der KEP-Markt fällt teilweise in den Anwendungsbereich des Deutschen Postgesetzes. Das Postgesetz definiert, welche Leistungen als Postdienstleistungen zu verstehen sind. Postdienstleistungen sind demgemäß gewerbsmäßig erbrachte Dienstleistungen, wie:

– die Beförderung von Briefsendungen,
– die Beförderung von adressierten Paketen, deren Einzelgewicht 20 Kilogramm nicht übersteigt,
– die Beförderung von Büchern, Katalogen, Zeitungen oder Zeitschriften, soweit sie durch Unternehmen erfolgt, die Postdienstleistungen nach Buchstabe a oder b erbringen.

Zur Sicherstellung einer flächendeckenden Grundversorgung schreibt das Postgesetz einen Universaldienst vor. Dieser sieht ein Mindestangebot an Postdienstleistungen und umfasst die oben genannten Postdienstleistungen. Für den Paketbereich heißt dies, dass der Universaldienstleister verpflichtet ist, Pakete flächendeckend zu zustellen. Eine Eingrenzung seines Leistungsspektrums auf spezifische Empfänger, wie Geschäftskunden, ist dem Universaldienstleister nicht gestattet. In Deutschland wird der Universaldienst von der Deutsche Post AG erbracht.

Für die Erbringung des Universaldienstes erhält die Deutsche Post AG die Exklusivlizenz, die ihr das ausschließliche Recht zugesteht, Briefsendungen und adressierte Kataloge mit einem Gewicht von weniger als 100 Gramm zu befördern. Ab 2006 fällt die Gewichtsgrenze auf 5O g.

Gemäß dem Postgesetz kann grundsätzlich jedermann Postdienstleistungen am Markt anbieten. Allerdings ist für die gewerbsmäßige Beförderung von Briefsendungen bis 1.000 Gramm eine Lizenz der Regulierungsbehörde für Telekommunikation und Post erforderlich. Die Anzahl der Lizenzen ist nicht beschränkt.

Zuständig für die Lizenzerteilung im Postbereich ist die Regulierungsbehörde für Telekommunikation und Post (Reg TP). Sie liegt als Bundesoberbehörde im Geschäftsbereich des Bundesministeriums für Wirtschaft und Arbeit und hat ihren Sitz in Bonn. Der Behörde kommen laut Postgesetz die Aufgaben zu, die Schritte der Liberalisierung und Deregulierung auf dem Post- und Telekommunikationsmarkt zu überwachen. Zur Durchsetzung der Regulierungsziele ist sie mit wirksamen Verfahren und Instrumenten ausgestattet worden, die auch Informations- und Untersuchungsrechte sowie abgestufte Sanktionsmöglichkeiten einschließen.

Die Beförderung von Paketen, die ebenfalls eine Postdienstleistung darstellt muss lediglich bei der Regulierungsbehörde angezeigt werden. Kurierdienste sind ausdrücklich von der von der Lizenzierungspflicht befreit.

Kennziffern des KEP-Marktes

Die aktuelle Studie „TOP 100 der Logistik" schätzt das Mengenvolumen des gesamten KEP-Marktes auf 1,76 Mrd. Versendungen pro Jahr. Das Umsatzvolumen liegt bei 8 Mrd. Euro. Unterstellt man ein durchschnittliches Gewicht von 10 kg pro Sendung, so ergibt dies ein Tonnagevolumen von 18 Mio. to. Der durchschnittliche Erlös pro Auftrag liegt bei 5,45 Euro.

Die größten Auftraggeber der KEP-Dienste sind Versandhäuser, die allein ca. 400 Mio. Pakete jährlich generieren. Stark wachsend in den letzten Jahren war der „b2b"-Versand durch Paketdienst-Belieferungen direkt ans Förderband: Diese Just-in-Time-Belieferung half, die Lagerbestände bei den Empfängern zu reduzieren. Insgesamt bleibt die Privatkundenzustellung einschließlich der „c2c"-Privatpakete aber weiterhin der größte Anteil in diesem Markt. Der Sendungsvolumenanteil dieses Teilsegments liegt bei über 60%.

Zu einem weiteren Erfolgsfaktor entwickelt sich das branchenspezifische Angebot von KEP-Dienstleistungen. Dadurch können sich auch kleinere Unternehmen mit neuen kundenoptimierten Systemen, die besonderen Branchenbedürfnissen angepasst sind, gegenüber den großen Anbietern mit ihrem hohen Grad an Automatisierung differenzieren

Das Gesamtmarktvolumen für die KEP-Dienste von 8 Mrd. Euro lässt sich aufteilen in:
Umsatz im Standardpaketmark ca. 5,0 Mrd.
davon international ca. 1,0 Mrd.
Umsatz im spezialisierten Expressmarkt ca. 2,5 Mrd.
davon international ca. 1,0 Mrd.
Umsatz im Kuriersendungsmarkt ca. 0,5 Mrd.

TOP-Akteure und Branchenstruktur

Die zehn größten Unternehmen haben in Deutschland zusammengefasst einen Umsatz von rund 5,5 Mrd. Euro. Die Deutsche Post AG hält trotz des wachsenden Konkurrenz- und Preiskampfes mit rund 35 Prozent den größten Marktanteil.

Insgesamt halten die fünf größten Unternehmen rund 70 Prozent des Paketmarkts.

Trotz dieser starken Position der großen Postdienstleistungsunternehmen wird die operative Abwicklung zu hohen Anteilen von den circa 46.000 Kleintransport-Unternehmern durchgeführt wird. Dies gilt insbesondere im Bereich der regionalen Sammel- und Verteildienste. Dabei ist der größere Teil als Subunternehmer an die Netze angebunden. Ein kleinerer Anteil von – geschätzt – ca. 20.000 ist eigenständig im Kuriergeschäft tätig.

Erfolgsfaktoren in der KEP-Branche

Die KEP-Branche hat in den letzten drei Jahrzehnten außergewöhnliche Wachstumsraten erzielt. Diese ergaben sich vor allem aus einem Leistungsangebot, das mit den Anforderungen einer modernen und flexiblen Volkswirtschaft korrespondierte.

Die wachsende Arbeitsteilung und die Konzentration der Unternehmen auf ihre Kernkompetenzen beschleunigte die Nachfrage nach schnellen, verlässlichen, und kundenspezifisch angepassten Logistikleistungen. Die KEP-Branche garantiert dabei den Unternehmen vor allem durch Geschwindigkeit und Zuverlässigkeit zwei Leistungsmerkmale, die sowohl beim Verarbeitenden Gewerbe als auch in der Dienstleistungsbranche von grundlegender Bedeutung sind.

Das Wachstum der KEP-Branche ergab sich auch aus einem sich wandelnden Güterstruktureffekt.. In einer modernen Volkswirtschaft wächst der Anteil von hochwertigen Gütern im Vergleich zu Massengütern. Kennzeichnend für diese Güter ist oftmals der hohe Warenwert zum transportierenden Gewicht. Diese Güter eignen sich deshalb besonders für den KEP-spezifischen Straßen- und Lufttransport.

Die Möglichkeit der kurzfristigen Lieferung setzt die Unternehmen zugleich in die Lage, direkt auf Änderungen in der Marktnachfrage reagieren zu können. Dies wirkt sich auf die Lagerhaltung aus. Die Optimierung der Lagerhaltung, die sich in der Reduzierung von Sicherheitsbeständen und der Erhöhung der Umschlagsgeschwindigkeit ausdrückt, berührt vielfach auf dem entwickelten Transportsystem der KEP-Dienstleister. Dieses macht sich besonders im Handel deutlich. Die wertvollen Flächen in den Innenstädten lassen keine großen und kostenintensiven Lagen mehr zu, was die Just-In-Time-Anlieferungen in kurzen Zeitrhythmen und mit kleinen Mengen zur Konsequenz hat.

Viele kleine und mittlere Unternehmen gaben ihren Fuhrpark auf, da die Leistungen der KEP-Branche betriebswirtschaftlich günstiger sind als die Finanzierung von Fahrer und eigenem Fuhrpark. Durch dieses Outsourcing von Transportfunkltionen an die KEP-Dienstleister können bedeutende Fixkostenfaktoren eingespart werden.

Entwicklungstendenzen im KEP-Markt

Der KEP Markt gilt heute als weitgehend ausgreift. Trotz positiver Wachstumsprognosen wird nicht mehr mit einem Fortschreiben der vergangenen hohen Wachstumszahlen gerechnet. Der intensive Wettbewerb hat insgesamt zu einer steigenden Qualität bei den Paketdiensten geführt, was wiederum Druck auf die teureren Kurier- und Expressdienste ausübt. Für die zukünftige Entwicklung lassen sich sowohl wachstumsbremsende als auch wachstumsfördernde Faktoren identifizieren.

Wachstumsbremsende Effekte ergeben sich vor allem aus der fortschreitenden Umwandlung der deutschen Wirtschaft in eine Dienstleistungswirtschaft. Dies führt zwangsläufig zu einer sinkenden Nachfrage nach Transportleistungen. Denn der Konsum verlagert sich weg von klassischen Handelswaren in Richtung nicht-materieller Dienste. Gleichzeitig ermöglicht das Internet, Dokumente, Fotos oder Dateien billiger und schneller zu versenden als mit einem KEP-Dienstleister.

Die Faktoren, die bisher das Wachstum der KEP-Branche positiv beeinflussten, werden auch zukünftig im KEP-Markt wirken. Dazu gehört, dass Industrie und Handel das „just-in-time-Prinzip" weiterverfolgen und ausbauen werden. Hinzu kommt, dass die KEP-Anbieter weiterhin vom Outsourcing im Bereich der Transport- und Logistikleistungen profitieren werden. Auch die Entwicklung im E-Commerce verspricht Wachstum. Dies gilt vor allem für das durch den Internethandel hervorgerufene C2C- und B2C-Geschäft.

Der Europäische Binnenmarkt verstärkt die Internationalisierung der logistischen Dienstleistungen. Bislang sind weniger als 20 Prozent aller Sendungen grenzüberschreitend. Von diesem Trend werden vor allem die großen Postdienstleister profitieren. Denn dieses verfügen über internationale Netze. Dies setzt allerdings voraus, dass die Netze der einzelnen Länder effektiv in die neuen, größeren und komplexeren Netze integriert sind.

Die Konzentration im Bereich der Standardsysteme wird neuen Raum für die Abspaltung von spezialisierten Branchen- und Nischengeschäften schaffen. Dies wird ein Markt sein, indem sich vor allem die mittelständischen Unternehmen profilieren können.

4.1.9 Rechtliche Rahmenbedingungen und institutionelle Strukturen des Gütertransports in Deutschland

Zuletzt ist noch auf die rechtlichen Rahmenbedingungen und institutionellen Strukturen einzugehen, die heute die Güterverkehrsmärkte Deutschlands bestimmen:

In der Vergangenheit wurde die Bereitstellung einer Infrastruktur für den Güterverkehr in der deutschen Wirtschaft – wie auch in vielen anderen Ländern – als eine Aufgabe der öffentlichen Hand, vergleichbar mit der Grundversorgung mit Trinkwasser, Elektrizität, Gesundheits-, Briefpost- und Polizeidiensten, gesehen. Deshalb wurden Transportleistungen von öffentlichen Institutionen, wie der staatlichen Eisenbahn angeboten und für privatwirtschaftlich erstellte Transportleistungen ein strenger Reglementierungsrahmen für Preisbildung und Kapazitäten gesetzt. Diese waren insbesondere im „GÜTERKRAFTVERKEHRSGESETZ (GüKG)", der „KRAFTVERKEHRSORDNUNG (KVO)" und „EISENBAHNVERKEHRSORDNUNG (EVO)" kodifiziert (vgl. die Ausführungen im Kapitel „Spedition" dieses Bandes!).

Bis zur Mitte der 1990-er Jahre wurden diese Reglementierungen jedoch schrittweise aufgegeben bzw. so modifiziert, dass heute im Güterverkehr weitgehend die Bedingungen einer freien Marktwirtschaft bestehen. Die traditionellen öffentlichen Verkehrsorganisationen der Bahn und Post sind somit gezwungen, sich wie ihre privatwirtschaftlichen Wettbewerber umzustrukturieren.

Allerdings haben die Verhaltensgewohnheiten und Teile der Tarifstrukturen aus der Zeit vor der Deregulierung noch Nachwirkungen. Bahn und Post trennen sich erst allmählich von den Privilegien ihrer früheren Monopolstellungen.

Auf der anderen Seite führen die Besorgnisse, dass eine ungeregelte Güterverkehrswirtschaft zu ungezügelt steigenden Umweltbelastungen führen könnte und die Notwendigkeiten der Vorhaltung der Verkehrswege-Infrastruktur dazu, dass die politische Diskussion um das „richtige" Maß an Reglementierung, öffentlicher Aufsicht und steuernden fiskalischen Eingriffen in die Güterverkehrswirtschaft nicht abebbt. Dafür stehen spezielle Behörden wie das Bundesamt für Güterverkehr (BAG), aktive Landes- und Bundesministerien für den Verkehr und auch private Initiativen wie das Deutsche Verkehrsforum und die Interessenvertretungen der Bahnen, der Straßentransportunternehmen, sowie der Binnenschifffahrt.

4.2 Umschlagen, Ordnungen verändern und die Aufgaben der Lagerwirtschaft

4.2.1 Die Lagerwirtschaft im gesamtwirtschaftlichen Zusammenhang

Die Zeittakte und Mengenerträge der Produktion in der Natur sind bestimmt von Jahreszeiten und Wetterbedingungen für die Landwirtschaft. Das gleiche gilt für die Gewinnung vieler Arten von natürlichen

Rohstoffen. Auch die Zeittakte und Fertigungslose industrieller Produktion sind – zumindest traditionell – von Überlegungen wie der kontinuierlichen Auslastung der Produktionsmaschinen und Systeme, der Minimierung von Rüstzeiten und Produktwechselkosten, dem gleichmäßigen Einsatz der verfügbaren Arbeitskräfte bestimmt.

Dies bedeutet, dass zur Anpassung an ganz anders gelagerte Zeittakte, Bedarfsmengen und -"Mixe" des Verbrauches von Produkten durch die Menschen Lagerwirtschaft betrieben werden muss:

- Viele massenhaft, zu bestimmten Jahreszeiten geerntete Produkte, bzw. in losgrößen- und produktionstechnisch optimierten Fertigungsläufen entstandene Güter müssen für die alltägliche Ernährung der Konsumenten in kleine und kleinste Mengen geteilt werden ("PORTIONIERUNG").
- In anderen Situationen ist Ansammeln von Vorräten, "BÜNDELUNG" und "KONSOLIDIERUNG" von Gegenständen nötig, um z.B. saisonale Spitzenbedarfe erfüllen, oder große Produktionskapazitäten effizient nutzen zu können – wie es u.a. die Sammelladungsspediteure und "CONSOLIDATORS" schon immer getan haben, um die Ladekapazitäten von Waggons, Schiffen, LKWs oder Flugzeugen effizient auszuschöpfen.
- Schließlich müssen unterschiedliche Materialien, Komponenten, Produkte, zu regal- und bedarfssituationsgerechten Sortimenten zusammengeführt werden, die in Supermärkten 10.000, 15.000, in Kaufhäusern und Großmärkten 50.000 und mehr einzelne Artikel umfassen können ("KOMMISSIONIERUNG"). Sinngemäß müssen in der Industrie Tausende, manchmal Zigtausende von Teilen und Komponenten montagegerecht zusammengeführt oder als Ersatzteile für Service und Reparaturfälle über lange Zeitperioden vorgehalten werden ("KIT-BILDUNG").

Aus solchen Anforderungen der modernen, arbeitsteiligen Wirtschaft ergibt sich der "Wertbeitrag" der logistischen Aktivitäten des Lagerns (bzw. der "Überbrückung von Zeitdifferenzen") und des Umschlagens und Kommissionierens, Portionierens und Bündelns (bzw. der "Veränderung von Ordnungen").

Lagern und Ordnungen verändern verursacht aber Kosten – der Kapitalbindung, des Lagerraums und -Handlings, oft des Schwundes und Wertverlustes während der Lagerzeit. Diese Kosten müssen gegen die Wertzuwächse, die aus bedarfsgerechter, also zeit- und mengenrichtiger "VERFÜGBARKEIT" von Gütern entstehen, abgewogen werden. In der Optimierung der gesamten Logistikkosten in einer Wertschöpfungskette durch das Finden des richtigen Niveaus von Lagerbeständen, der Wahl der best geeigneten Lager-, Umschlags- und Kommissioniersysteme und geeigneter Praktiken zu deren Nutzung liegen die zentralen Aufgaben der "WAREHOUSE-" bzw. Lagerlogistik.

4.2.2 Sechs Standardfragen des Warehouse-Managements und prinzipielle Lagersystem-Gestaltungsmöglichkeiten

Diese Aufgaben lassen sich als die sechs "Standardfragen des Warehouse-Managements" noch detaillierter darstellen:

1. *"Wo"* sind Lager in einem logistischen Netzwerk am Besten zu positionieren?
   → Die strategischen LAGERSTANDORT-, Technologiewahl-, Segmentierungs-, Funktionszuordnungs- und Netzintegrationsfragen, die bestimmen, welche Funktionen, z.B. der Bestandsführung für Kern- oder Randsortimente, der Vor- und/oder Feinkommissionierung, gewählten Lagerstandorten zuzuordnen sind, ob die Lageroperationen automatisiert, z.B. in Hochregallagern, mechanisiert mit Staplern oder "händisch" durchgeführt werden sollen.

2. *"Was"* ist in jedem Lager vorzuhalten?
   → Die Fragen des Sollbestands- und der Sortimentsbreite-Festlegung, die über das einzulagernde Spektrum an Artikeln ("STOCK-KEEPING-UNITS/SKUs"), über gewünschte Mindestbestände und BESTANDSREICHWEITEN (in Tagen durchschnittlichen Warenabflusses), damit über das Bestandsniveau und die Verfügbarkeit bestimmen.

3. *"Wann und wieviel"* wird nachbestellt/aufgefüllt?
   → Die Fragen der Warendisposition, die sich auf die Regelung der Nachbestell-Zeitpunkte (fest oder variabel nach Erreichen bestimmter Auslöse-Mengen), der Nachbestell-Mengen (fest oder variabel), gegebenenfalls unter Nutzung von Optimierungskalkülen ("ECONOMIC ORDER QUANTITY"/ EOQ-Regeln).

4. *„Wohin"* wird eingelagert?
   → Die Fragen der Lagerplatzzuordnung für jeden Artikel, z.B. als feste, zonenbezogene oder reihenbezogene, oder als „CHAOTISCHE LAGERPLATZZUORDNUNG", die den jeweils nächsten freien Platz nach dem Prinzip der kürzesten Wege wählt.
5. *„In welcher Ordnung"* wird Ware entnommen und zusammengeführt?
   → Die Fragen der Entnahme- und KOMMISSIONIERSTRATEGIEN bzw. („PICK-PACK"-Strategien), die bestimmen in welcher Reihenfolge und Bündelung Waren an einem Lagerplatz entnommen werden, z.B. nach dem Durchlauf-Lagerprinzip „FIRST-IN-FIRST-OUT/FIFO" oder dem stationären Lagerprinzip „LAST-IN-LAST-OUT/LIFO", als einstufige Kommissionierung jedes einzelnen Auftrags, oder mehrstufige „BATCH"-Kommissionierung.
6. *„Auf welchen Wegen"* werden die zu kommissionierenden Artikel zusammengeführt?
   → Die Frage der Wahl der Wege und Träger der Waren im Kommissionierungsprozess („MANN ZUR WARE", wie in der konventionellen Kommissionierung, oder „WARE ZUM MANN", wie in automatischen Hochregal- und Feinkommissionieranlagen).

Die prinzipiellen Lager-Gestaltungsmöglichkeiten, die sich aus dieser Übersicht ergeben, sind in Abb. 22 zusammengefasst.

Funktionen des Lagers		unmittelbar werschöpfend	Produktion	Transport	Kommissionierung/ Umschlag	Lagerung	
		mittelbar wertschöpfend	Bündelung	Entbündelung	Flussglättung	Reihenfolge-optimierung	Unsicherheits-reduzierung
Position im Wertschöpfungsprozess			Urproduktion	Vormaterial-/ Halbfabrikate	Montage-/ Fertigprodukte	Distribution	Recycling
Standortbezug im logistischen Netz		zentral	regional	lokal			
Lagerbautyp		nach Gebäudeart	Freilager	Silo-/Tanklager	Flachbaulager	Hochbaulager	
		nach Lagertechnik	Bodenlager	Regallager	statisches Lager	dynamisches Lager	
Lagerobjekttyp		nach Gestalt/ Konsistenz	Flüssiggut	Schütt-/ Rieselgut	anonymes Stückgut (neo bulk)	spezifiziertes Stückgut (nach) Auftrag/ Kunde)	
		nach Menge/Größe/ Funktion	Kleinmengen-lager	Massenlager	Betriebsmittel-lager	Werkstofflager	Hilfs- oder Betriebsstoff-lager
Lagerorganisation		Lagerplatzvergabe	chaotisch	systematisch	Greiflager	Reservelager	
		Wegeführung	Mann zur Ware	Ware zu Mann			
		Entnahmeprinzip	FIFO	LIFO			
		Stufigkeit der Kommissionierungs-aktivitäten	einstufig	zweistufig	mehrstufig		
Rechtliche Zuordnung		Lagergebäude und Aktivitäten	Eigenlager	Fremdlager			
		Lagerobjekte	Eigenlager	Kommissions-lager			

Abb. 22: Prinzipielle Lagergestaltungsmöglichkeiten

4.2.3 Elementare Struktur des Lager- und Kommissionierprozesses

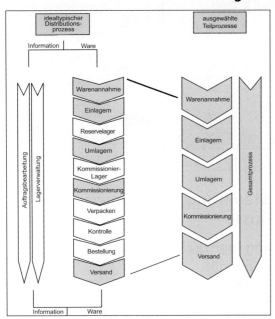

Die prinzipielle Abfolge von Aktivitäten, die sich in typischen Lagerprozessen vollziehen, ist in Abb. 23 dargestellt.

Abb. 23: Ein Standardprozess der Lagerwirtschaft

4.2.4 Mengengerippe der Lagerwirtschaft

Für ihre Material- und Güter-Lagereiaktivitäten mit den verbundenen Kommissionier-, Güterumschlags- und Transportverpackungsleistungen gaben die deutschen Unternehmen im Jahr 2000 volkswirtschaftsweit etwa € 40 Mrd. aus. Diese Summe umfasst die Mieten bzw. Zins-, Abschreibungs- und Unterhaltungskosten für die Lagergebäude und Einrichtungen, die Aufwendungen für das Personal in den Lagern sowie die unmittelbar dafür eingesetzten Betriebsmittel, Energie, etc. Dabei sind in dieser Zahl die Kapitalbindungs- und Warenschwundkosten weiterer ca. € 20 Mrd. noch nicht eingerechnet, ebenso wenig wie die Aufwendungen, die für Bestände innerhalb der Produktionslinien der Industrie und in den „Outlets" und Verkaufsregalen des Einzelhandels anfallen.

4.2.5 Entwicklungstendenzen der Lagerwirtschaft

Der aktuelle Wert der gesamten volkswirtschaftsweiten Lagerbestände in Deutschland kann, analog zu Schätzungen in den USA, auf eine Größenordnung 16% des Bruttoinlandsproduktes von ca. € 2.000 Mrd., also auf ca. € 320 Mrd. geschätzt werden, wofür jährlich die erwähnten ca. € 40 Mrd. an Lagereiaufwendungen zuzüglich € 20 Mrd. an Kapitalbindungs- und Schwundkosten anfallen. Tendenziell gehen diese Aufwendungen als Folge der logistischer Rationalisierungserfolge, insbesondere der wirtschaftsweiten, unten noch näher zu erläuternden „Just-in-Time"-, „Continuous Replenishment"- und „ECR"-Kampagnen zurück, wie Abb. 2 am Anfang dieses Beitrages gezeigt hat.

Als unmittelbare Folge dieser Tendenz steigen aber gleichzeitig die Leistungsanforderungen für „montagegerechte", „just-in-time" bereitgestellte industrielle Materialien, für die Bildung von bedarfsgerechten „Teilesätzen" und „Kits" in der Industrie, für kontinuierliche, kurz getaktete Auffüllprozesse und flussorientierte Sortierprozesse (wie „CROSS-DOCKING" vgl. Abb. 24!) in den Logistikketten der Konsumgüterwirtschaft. Dies bedeutet, dass die personal- und kapitalintensiven Kommissionier- und sonstigen Value-Added Dienstleistungen im Lagerhaus bzw. in den Logistikzentren in mindestens dem gleichen Maße zunehmen werden, wie die „ruhenden" Aktivitäten des Lagerns zurückgehen.

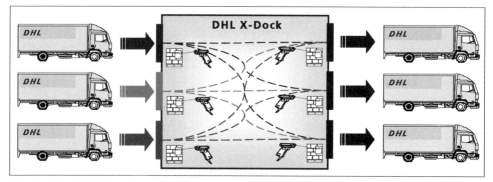

Abb. 24: Prinzipielle Darstellung eines Cross-Docking Prozesses

4.3 Auslösung, Planung, Steuerung, Koordinierung und Taktung logistischer Flüsse

4.3.1 Flussdynamik: Mobilisierung logistischer Aktivitäten als Schlüssel erfolgreicher Logistik

Eine der wichtigsten, erfolgsbestimmenden Aktivitäten der flussorientierten Logistik bzw. des „Flow Management" besteht in der situations- und bedarfsgerechten Mobilisierung der logistischen Flüsse: Um die logistischen Zielsetzungen der Kosteneffizienz, der Reaktionszeitverkürzung, der Steigerung von Kundennutzen und Anpassungsfähigkeit zu verwirklichen ist es kritisch, wie Aktivitäten der Auslösung, Planung, Steuerung, Koordinierung und Taktung logistischer Flüsse geschieht.

Gerade in der Auseinandersetzung mit diesen Aktivitäten, der Entdeckung innovativer Varianten der Mobilisierung und der bewussten Wahl der jeweils besten Flussmobilisierungs-Praktiken sind die Fortschritte der Logistik der letzten Jahre – und Erfolge weltweit beachteter Branchenführer im Handel (wie z.B. der weltgrößten Einzelhandelskette Wal*Mart, dem Mode-Bekleidungsunternehmen ZARA) und in der Industrie (wie z.B. des Automobilherstellers TOYOTA und des PC-Herstellers DELL) – begründet.

4.3.2 Traditionelle Distributions-, Produktions- und Beschaffungsplanung: „Push"-Mobilisierung

Traditionelle Systeme der Auslösung, Planung, Steuerung, Koordination und Taktung logistischer Flüsse folgen einer Logik der Produktionsauslösung, PRODUKTIONSPLANUNG UND -STEUERUNG („PPS"), wie sie in Abb. 25 dargestellt ist.

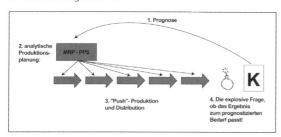

Abb. 25: Die Logik traditioneller industrieller Produktionsplanung und -steuerung (PPS)

– Im Mittelpunkt steht das „PPS-SYSTEM" (vgl. Nr. 2 in Abb. 25!), das in eine Software, wie z.B. SAP R3, eingebettet sein kann. Aber auch „händische", nicht Software-unterstützte traditionelle Produktionsplanungen folgen der gleichen „Manufacturing Resource Planning (MRP)" genannten Logik: Ausgangspunkt ist eine Planung des für die jeweils nächste Periode geforderten Produktionsprogammes (der „MASTER PRODUCTION PLAN"). Dieser ist nach Produkten und zu fertigenden Mengen jedes Produktes spezifiziert. Aufgrund von vorliegenden STÜCKLISTEN und ARBEITSPLÄNEN, die für jedes Produkt die benötigten Teile, Arbeitsverrichtungen und –Zeiten spezifizieren, können nun von der Software (oder händisch) für jeden Auftrag der Planperiode (zumeist im „Takt" von Wochen, Dekaden, Monaten oder Quartalen) die benötigten Materialien errechnet, mit vorhandenen Materialvorräten abgestimmt und daraus die Beschaffungsbedarfe ermittelt werden. Sinngemäß wird auch die sich ergebende Belastung von Produktionsmitarbeitern und -Maschinen errechnet, und unter Berücksichtigung von OPTIMALEN LOSGRÖSSEN mit den vorhandenen Kapazitäten („Ressourcen") abgestimmt.

- Das Ergebnis der Planung wird dann für jede Werkstatt, Fertigungsinsel, Bandposition oder Maschinengruppe in wochen-, tages- oder sogar schichtgenaue Aufträge verarbeitet, die die tatsächlichen Produktionsaktivitäten auslösen. Diese Umsetzungsplanung kann sich auch auf die anschließende Planung des Transports fertiger Produkte und deren Verteilung auf Lager und Cross-Docking-Stationen im Distributionssystem erstrecken (vgl. Nr. 3 in Abb. 25, „PUSH-PRODUKTION UND DISTRIBUTION"!).
- Im Vorfeld der Produktions- und Distributionsplanung ist jeweils eine BEDARFSPROGNOSE („FORECAST") der erwarteten Bedarfe von Seiten des Marktes (vgl. Nr. 1 in Abb. 25!) zu erstellen. Diese wird typischerweise von den Vertriebsmitarbeitern geliefert, oder aus Verkaufsdaten der Vergangenheit prognostiziert. Sie ist die Grundlage des gesamten Systems.

Abb. 26: Staus und Unregelmäßigkeiten in „Push"-gesteuerten Prozessen

Schlüssel des Erfolges und kritischer Punkt in einem derartigen „Push"-System ist die Übereinstimmung, die zwischen dem Forecast und dem tatsächlichen Ergebnis des Produktionsplanungs-Prozesses erreicht wird. Hat der Forecast nicht getroffen, oder sind ungeplante Störungen und Veränderungen im Produktions- und Distributionsprozess aufgetreten, dann können Kundenanforderungen nicht erfüllt werden, oder es kommt zu nicht abgesetzten Überbeständen. In der jeweils folgenden Planperiode muss dann versucht werden, solche Planungsfehler in „Push"-gesteuerten Flüssen wieder auszugleichen.

Je weniger prognostizierbar die Märkte sind, je empfindlicher und komplexer die Produktions- und Distributionssysteme, umso eher führen „Push"-Planungs- und Steuerungssysteme zu unbefriedigenden, von Produktions- und Versorgungs-„Abrissen" und „Staus" gekennzeichneten Flüssen (vgl. Abb. 26!).

4.3.3 Kanban, JIT, ECR: Die neuen Praktiken bedarfsgetriebener „Pull"-Mobilisierung

Weil die Entwicklungen der modernen Wirtschaft bewirken, dass die Vorhersagbarkeit von Marktbedarfen immer geringer, gleichzeitig die Komplexität und Empfindlichkeit arbeitsteiliger, dislozierter Wertschöpfungsketten immer grösser wird, gewinnt eine alternative Logik der Auslösung, Planung, Steuerung, Koordinierung und Taktung logistischer Flüsse immer mehr an Bedeutung: die bedarfsgetriebene „PULL"-MOBILISIERUNG. Die Realisierung dieser genial einfachen, neuen Logik, zunächst als das KANBAN-Konzept, wird dem langjährigen Produktionschef des japanischen Toyota-Konzerns, Taiichi Ohno, zugeschrieben (vgl. Abb. 27!).

Die wichtigsten Unterschiede einer „PULL"-MOBILISIERUNG logistischer Flüsse zur „Push"-Mobilisierung, wie sie oben skizziert wurden, lassen sich in vier Punkten zusammenfassen:

- Statt detaillierter, aufwändiger und fehleranfälliger Absatzprognosen aus der Vergangenheit in die Zukunft, basiert ein Pull-System auf der Fähigkeit, schnell und mengengenau *auf tatsächlich realisierte Aufträge* zu *reagieren*.
- Statt komplexer Verzahnung vielgliedriger Produktions- und Distributionsprozesse in einem zentralen Planungssystem, das in Wochen-, Dekaden-, Monats- oder Quartalstakten arbeitet, wird die tagesweise (sogar schichtweise oder sofort nach jeder Entnahme) *Wiederauffüllung* („REPLENISHMENT") von verkauften/entnommenen Mengen in jeder Produktions- und Distributionsstufe bevorzugt.

- Statt „optimaler Losgrößen", wie sie sich aus fertigungstechnischer und beschaffungswirtschaftlicher Sicht ergeben, wird die Produktion oder Nachbeschaffung der jeweils verkauften/entnommenen kleinen Mengen (oft: „LOSGRÖSSE EINS") ausgelöst. Das Pull-System operiert in *kurzen Takten und kleinen Mengen*, die geringe Lagerbestände und leichte Standardisierbarkeit und Automatisierbarkeit der Auslöse- und Übermittlungssignale an die jeweils vorgelagerten Knoten der Wertschöpfungsketten zulassen.
- Statt höchster, optimierter Auslastung der Produktions- und Distributionsressourcen werden *maßvolle Reservekapazitäten* für schnelle Reaktionsfähigkeit und „tagesfertige" Erledigung, sowie die *Effizienz der Bewältigung kleinerer, dafür regelmäßig „pulsierender" Durchflussmengen* betont.

Abb. 27: Entdeckung des Kanban-Systems durch Ohno

Den Anstoß zur Entwicklung des KANBAN-Systems gab die Idee von Tai-Chi Ohno, Vizepräsidenten der Toyota Motor Company, der vor etwa 35 Jahren äußerte: „Es müsste doch möglich sein, den Materialfluss in der Produktion nach dem Supermarktprinzip zu organisieren, das heißt, ein Verbraucher entnimmt aus dem Regal eine Ware bestimmter Spezifikation und Menge; die Lücke wird bemerkt und wieder aufgefüllt." Als grundlegendes Prinzip der Materialflusssteuerung wird dabei die Holpflicht herausgestellt. Das benötigte Material ist von der verbrauchenden Stufe aus der vorgelagerten Stufe abzuholen, bzw. der Auftrag zur Abholung an das Transportsystem selbstständig zu erteilen. Diese Holpflicht steht im Gegensatz zu dem Prinzip der Bringschuld, bei der jede Abteilung aufgrund eines Auftrages einer zentralen Produktionssteuerung eine bestimmte Menge und Art von Material zu einem festgelegten Zeitpunkt zur Verfügung zu stellen hat. Das „Supermarktprinzip" sollte mit möglichst einfachen organisatorischen Mitteln verwirklicht werden. Deshalb wurde als Informationsträger ein KANBAN (deutsch etwa „Karte" oder „Schild") gewählt; auf einer solchen Karte sind dann sämtliche Stammdaten aufgeführt.

Das Pull-System kann somit in vielen Situationen der Wirtschaftspraxis zu schlankerem, kundengerechterem und somit effizienterem Fließen der Güterströme beitragen.

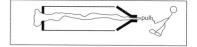

Abb. 28: Schlanker, vom Kundenauftrag „gezogener" Auftragsfluss

Dies hat sich seit den 1980-er Jahren zunächst in der Automobil-Industrie erwiesen, wo dieses System als „JUST-IN-TIME"-System die Produktions- und Beschaffungsprozesse revolutionierte. Heute arbeitet diese Industrie an der Vision vom „Fünf-Tage-Automobil" – der Idee, dass innerhalb von fünf Tagen nach der Bestellung eines Autos durch den Käufer das fertige, individuell nach dem Kundenauftrag gefertigte Fahrzeug ausgeliefert werden kann.

Inzwischen haben viele andere Wirtschaftsbranchen die prinzipiellen Ideen des Pull-Systems aufgenommen und ihre Wertschöpfungsflüsse entsprechend reorganisiert, wie insbesondere die Modewirtschaft unter dem Schlagwort „QUICK RESPONSE", die Computer- und andere Hi-Tech-Industrien und Konsumgüterwirtschaft „EFFICIENT CONSUMER RESPONSE (ECR)" und andere Wirtschaftsbereiche als „CONTINUOUS REPLENISHMENT (CRP)".

4.3.4 Zwischen „Push" und „Pull": der „Customer Order Penetration Point", Varianten der Taktung und des Warteschlangen-Managements

Kein System der Auslösung, Planung und Steuerung logistischer Flüsse kann den Anspruch erheben, in jeder Situation das Beste zu sein. Abhängig von der Regelmäßigkeit und Einheitlichkeit der logistischen Objekte (also der Güter, Materialien, Informationen, die fließen), von den Mengen, von den Technologien der Produktions- und Distributionsprozesse, die zur Anwendung kommen, ist es möglich, dass

- *starre Fließbandsysteme* und *technologisch vorbestimmte Prozesse* einzusetzen sind, die keine Freiräume und wesentliche Bedarfe für die Auslösung, Planung und Steuerung der Flüsse offen lassen, wenn einmal das System installiert ist (wie annäherungsweise in Grundstoffindustrien wie der Zementerzeugung oder der Papiererzeugung), oder
- individuelle, sich nicht wiederholende *Projektplanungen* erfolgen müssen, wie z.B. bei der Erstellung von Großbauvorhaben oder dem Großmaschinenbau, oder
- *„hybride" Kombinationen von Steuerungssystemen* nötig werden, wo grobe, mittelfristige Programm-, Kapazitäts- und Ressourcenplanungen gemäß der „Push"-Logik von Prognosen und zentraler Vorausplanung des Ressourceneinsatzes, die Steuerung der alltäglichen Produktions- und Distributionsaktivitäten auf der Basis von „Pull"-Systemen erfolgt.
- Sehr häufig ist zweckmäßig, dass die *Teilstrecken* der Wertschöpfungsketten in den Rohmaterial-, Standardkomponenten- und „Plattform"-phasen nach dem „Push"-System, die kundennahen Teilstrecken nach dem Pull-System ausgelöst und gesteuert werden.

In diesem Fall wird die richtige Platzierung der Bruch- und Übergangsstelle – des VORRATSENTKOPPELUNGSPUNKTES bzw. „CUSTOMER PENETRATION POINT" – zu einer kritischen Entscheidung für den Logistiker. Abb. 29 zeigt an Hand eines oft zitierten Schaubildes des Software-Entwicklers BAAN, welche unterschiedlichen Platzierungsmöglichkeiten entstehen.

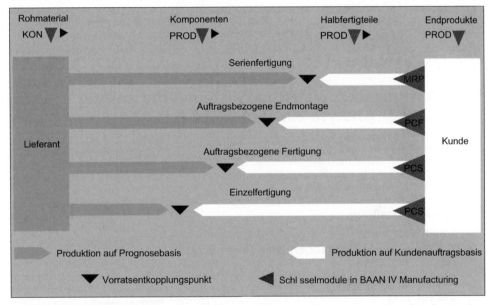

Abb. 29: Unterschiedliche Platzierungsmöglichkeiten des Vorratsentkoppelungspunktes (Quelle: Baan)

Der Fall der untersten Kette ist typisch z.B. für den Spezialmaschinenbau, wo weite Strecken des Produktions- und Distributionsprozesses auftragsspezifisch und kundenindividuell abgewickelt werden, und nur die Vorhaltung von Normmaterialien und einiger Komponenten auf relativ frühen Stufen der Fertigung Sinn macht.

An den Entkoppelungspunkten entstehen dann notwendigerweise Puffer, Lager und Warteschlangen, die für die Logistik die Herausforderung der Optimierung stellen, wie sie oben, im Abschnitt über die Lageraktivitäten umrissen wurden.

5. ZUR ANALYSE, GESTALTUNG UND KONTINUIERLICHEN VERBESSERUNG LOGISTISCHER SYSTEME

Die erste Frage, die am Anfang dieses Beitrages gestellt wurde, richtete sich auf die Frage, was sich hinter dem „Phänomen Logistik" verbirgt. Die vorangegangenen vier Abschnitte zu den
- *„Makrotrends"*, die als Impulsgeber und Treiber der Entwicklungen des Phänomens wirken, zu den
- aktuellen *drei Logistikbedeutungen*, zu den
- elementaren *„TUL"-Funktionen* und den
- besonders erfolgskritischen *Aktivitäten der Auslösung, Planung, Steuerung und Koordination* logistischer Flüsse

suchten in dem hier möglichen Umfang dazu Antworten.

In den verbleibenden zwei Abschnitten ist nun die zweite gestellte Frage zu beantworten: wie sich moderne Dienstleistungsunternehmen „Logistik" zu Nutze machen können, um ihre Kunden besser zu bedienen und ihren Geschäftserfolg zu sichern und zu steigern. In diesem fünften Abschnitt wird überblicksartig aufgezeigt, wie logistisches Know-how zur Analyse, Gestaltung und kontinuierlichen Verbesserung logistischer Systeme einzusetzen ist. Dabei wird es zumeist um die Systeme der Kunden und Auftraggeber gehen, von denen und für die der Dienstleister arbeitet und lebt. Das Logistik-Know-how kann – und sollte – aber auch auf die eigenen, internen Systeme des Dienstleisters angewandt werden.

Im abschliessenden sechsten Abschnitt wird diskutiert, wie die Angebote des Logistikdienstleister optimal auszugestalten und zu vermarkten sind.

5.1 Der Prozess logistischer Systemverbesserung – von der Analyse zur „Solution"

Jeder systematische Prozess der Verbesserung eines komplexen Systems – wie es ein typisches Distributionssystem eines Kunden aus der Konsumgüterwirtschaft, die Beschaffungslogistik, die Materialwirtschaft oder das Ersatzteil- und Kundendienst-Versorgungssystem eines Industrie-Unternehmens, oder ein „Multi-User" Lager- und Transportnetz des Dienstleisters ist – sollte einer Abfolge von Schritten folgen, wie sie in Abb. 30 prinzipiell dargestellt ist.

- ✓ **Aufgabenstellung**
- ✓ **Datensammlung**
- ✓ **Strukturierte, prozessorientierte Darstellung der IST-Situation**
- ✓ **Schwachstellenanalyse**
- ✓ **Zielsetzung**
- ✓ **„Kreative" Findung neuer, besserer Lösungen**
- ✓ **„Migrationspfad" bestimmen**
- ✓ **Umsetzung**
- ✓ **Kontrolle**
- ✓ **....kontinuierliche weitere Verbesserung**

Abb. 30: Zehn prinzipielle Schritte systematischer Systemanalyse und Verbesserung

Für die ersten Schritte der Definition und Hinterfragung der Aufgabenstellung kann die „Flow-Management"-Perspektive, wie sie oben in diesem Beitrag entwickelt wurde, sehr hilfreich sein. Sie lenkt die Aufmerksamkeit darauf, welche „Order-to-Payment"-Prozesse, welche „Supply-Chain-Verkettungen" in der gegebenen Situation relevant sind und fordert auf, deren IST-Teilaktivitäten, Verkettungen und Schnittstellen zu untersuchen und grafisch zu dokumentieren, wie dies in den Abb. 9–12 demonstriert wurde. Abb. 31 illustriert dies am Beispiel der Flussdarstellung einer Auftragsabwicklung in einem Konzernunternehmen.

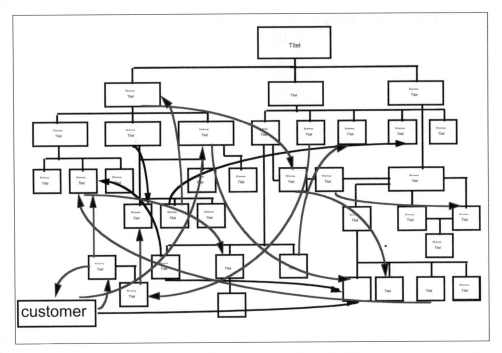

Abb. 31: Illustration eines „gewachsenen", verwucherten Auftragsabwicklungsprozesses im Organisationsplan eines Konzernunternehmens

Parallel dazu ist es notwendig, die Strukturen und Mengengerippe der Fließsysteme zahlenmäßig zu erfassen und – wo möglich – durch BENCHMARK-Abgleiche zu bewerten. Einige übliche Kennzahlen, die einer solchen Erfassung und solchen Vergleichen dienen, sind in Abb. 32 vorgestellt.

Auf der Basis solcher Darstellungen und Benchmark-Vergleiche können dann Schwachstellen identifiziert und in Bezug auf die gegebenen Zielsetzungen der Analyse in eine Reihenfolge der Wichtigkeit gebracht werden.

Die besondere Herausforderung und die besondere Kompetenz des Fachlogistikers liegt schließlich in der kreativen Findung neuer, besserer Lösungen – neuer „Architekturen" bzw. Konfigurationen der Supply-Chains und Prozesse, neuen Regeln und Praktiken der Mobilisierung, Programmierung und Taktung der Güter- und Informationsflüsse.

Wenn solche neuen Lösungen gefunden, die Übergangspfade von den alten zu den neuen Strukturen und Praktiken gefunden und erfolgreich begangen worden sind, dann ist die Lösung – „SOLUTION" – für das Problem realisiert.

5.2 Kennzahlen für Analyse und Controlling logistischer Systeme

Ergänzt und unterstützt werden sollten die grafischen, qualitativen Analysen von Fließsystemen durch geeignete Kennzahlen-Erfassungen und Vergleiche. Eine Auswahl typischer, praxisgerechter Logistik-Kennzahlen aus dem Bereich der Lager- und Transportaktivitäten ist in Abb. 32 wiedergegeben.

Strukturdaten für Lagerung und Distribution

- Belegte Palettenplätze
- Palettenhöhe
- Anteil zu kühlender Produkte
- Gesamttonnage
- Palettendurchsatz
- Anzahl der Sendungen
- Gewicht (kg) pro Sendung
- Gewicht pro Palette bzw. Stellplatz (Sperrigkeit)
- Kommissionieranteile an Gesamtmenge
- Anbruchkommissionierung
- Gewicht (kg) pro Versandeinheit (Karton)
- Gewicht (kg) pro Mischpalette
- Anzahl Positionen pro Mischpalette
- Anzahl Artikel
- Handlingsaufwand in Minuten pro Tonne
- Sachbearbeitungsaufwand
- Lkw-Auslastung (insbesondere Lagerversorgung)
- Anteile Transhipment / Direktsendungen
- Geographische Verteilung der Sendungen (Postleitzahlen)
- Vereinbarte Synergien in der Auslieferung

Ausgewählte operative Kennzahlen

Allgemein:
- € pro Tonne
- € pro Sendung
- € pro Palette oder cbm

Lager:
- € pro belegtem Palettenplatz
- € pro Tonne oder Palette
- Anteil sortenreine /Mischpaletten
- Kg pro Palette
- Anzahl Zugriffe (Picks) pro Mischpalette
- Anzahl Positionen pro Mischpalette
- Anzahl Artikel pro Mischpalette
- Anzahl Positionen pro Auftrag

Administration:
- € pro Sendung oder Auftrag
- Positionen pro Auftrag–
- Kg pro Auftrag

Transport:
- € pro Tonne
- € pro Palette, Stellplatz oder cbm
- € pro Sendung
- € pro Kilometer
- Kg pro Sendung
- Kg pro Palette

Qualität:
- Falsche Eingabe pro Auftrag (Kunde)
- Zahl nicht bevorrateter Artikel pro Auftrag
- Terminüberschreitung: zahl pro 1000 Sendungen
- Falschkommissionierte Sendungen pro 1000 Sendungen
- Schadhafte Sendungen pro 1000 Sendungen
- Annahmeverweigerungen pro 1000 Sendungen

Abb. 32: Ausgewählte Logistik-Kennzahlen

5.3 Fließsystemoptimierung – Beste Praktiken und Prinzipien

Ganz besonders kritisch für den Erfolg logistischer Systemverbesserung sind aber die inhaltlichen Ideen, die den Verbesserungsprozess leiten können. Im Verlauf der letzten zwanzig Jahre der Entwicklung des Feldes der Logistik hat sich ein Bestand an „Prinzipien" und „Besten Praktiken" herauskristallisiert, der Hilfen für den erfolgskritischen Schritt der kreativen Findung von neuen Fließsystem-Architekturen, Auslöse- und Steuerungsregeln bietet.

Diese beziehen sich auf mehrere Ebenen der Systemgestaltung und -verbesserung:

- die *„strategische"* Ebene der grundsätzlichen, langfristig bindenden und wirkenden Gestaltungsmaßnahmen der Systemarchitekturen; diese beziehen sich insbesondere auf die Optimierung der Zahl, Lage, Dimensionierung, und internen Strukturierung der Ressourcenknoten im logistischen Netzwerk, die evtl. Segmentierung des Netzes in modulare Teilbereiche und die Beherrschung der Komplexität und Steuerungsaufwände;

- die *„taktische"* Ebene Flüsse programmierender, rationalisierender Veränderungseingriffe; diese zielen auf die sinnvolle Nutzung von Bündelungsmöglichkeiten, die optimale Taktung, die harmonische, möglichst bruchfreie und nahtlose Integration der aufeinander folgenden Teilaktivitäten, somit auf die „Stau-Freiheit", die Vermeidung von „Verwirbelungen" und Versickerungen ab;

- der *„operativen"* Ebene der alltäglichen Mobilisierung, Steuerung und Regelung der Flüsse; diese zielen auf die Sicherung schneller Reaktionen auf Kundenwünsche bei sinnvoller Auslastung der verfügbaren Ressourcen, sowie auf die Mobilisierung des Engagements und der Lernfähigkeit der Akteure ab.

Noch konkreter sind wichtige logistische Erfahrungssätze und Prinzipien der Fließsystemoptimierung in Abb. 33 bis 35 zusammengefasst. In der ersten Spalte ist jeweils in Stichworten eine zu prüfende, evtl. zu empfehlende logistische Verbesserungsmaßnahme benannt. In der zweiten Spalte ist eine kurze Begründung des erwarteten Effektes gegeben.

Wenn... (potenzielle Empfehlung)	dann... (Effekt, Hebelwirkung)
Eng gezogene Systemgrenzen (Inselbindung, modulare hierarchische Architektur von Komplexität)	Gesteigerte Adaptionsfähigkeit, reduzierte Systemkomplexität, erhöhte Fehlerresistenz
Kurze Verkettung/Integration aufeinanderfolgender Aktivitäten	Kostenersparnis, Zeitersparnis, Übersichtlichkeitsgewinn, Qualitätsgewinn (z.B. niedrigere Wahrscheinlichkeit physischer Schäden)
Gerade, einfache Verkettungsmuster	Größere Übersichtlichkeit/reduzierte Systemkomplexität, kürzere Wege
Koppelung/Verschmelzung von physischen und Informationsflüssen	Fehler-/Diskrepanzvermeidung, Ersparnis ganzer „Schichten" von Prozessen/Aktivitäten
Bündelung verwandter, paralleler Flüsse	Economies of Scale, Flussbereinigung durch statische Stabilisierung/Ausgleichseffekte, reduzierte Systemkomplexität
Optimierung der Lage von Bruchstellen/Pufferlägern in der Kette	„upstream" (= Postponement): Reduzierung gebundener Werte, Beherrschbarkeit Bestände Beherrschung Variantenvielfalt; „downstream": Reduzierung von Logistikkosten bei „analytischen" Gütern; Schnelle Verfügbarkeit am Markt
Erhöhte Integration der Prozesse	Schnelligkeit durch Parallelisierung, verbesserte Abstimmung, gesteigerte Kreativität der Mitarbeiter

Abb. 33: Erfahrungssätze und Prinzipien der verbesserten „strategischen" Gestaltung von Fließsystem-Architekturen bzw. Netzkonfigurationen

Wenn... (Managementaktivität)	dann... (Effekt, Hebelwirkung)
fließende, abgestimmte Übergänge Zeitgewinne an Koppelungspunkten (optimiertes „Baton Passing")	Zeitgewinne
Keine „Medienbrüche"	Zeitgewinne, Ersparnis von Konversions- und Handlingsaktivitäten, keine Verwerfung („Knorpel"), reduzierte Fehlerpotentiale
Impulsreduktion/„Leveling"	Gleichmäßigere Systemauslastung, Vermeidung systemdynamischer „Forrester"-Aufschaukelungseffekte, erhöhte Ruhe und Qualität der Prozesse, leichtere Lernfortschritte, reduzierte Systemkomplexität
Beschleunigung des Flusses	Bestände-/Bindungskostenreduzierung, Servicequalitätssteigerung
Poka Yoke (vorbeugendes „narrensicher" Machen von Aktivitäten im Fluss}	Qualitätssteigerung, Qualitätskostensenkung, Schnelligkeit

Abb. 34: Erfahrungssätze und Prinzipien der Flussprogrammierung und -Rationalisierung

Wenn ... (Managementaktivität)	dann ... (Effekt, Hebelwirkung)
„reiche", stimulierende Aufgabenpakete und Verantwortlichkeit	erhöhte Mitarbeitermotivation
bedarfsorientierte Steuerung	Vermeidung von Verschwendung – Beständevermeidung, keine Warteschlangen, bessere terminliche Planbarkeit, Komplexitätsreduzierung
„Pull"- bzw. Holsysteme	Vermeidung von Verschwendung – Beständevermeidung, Vermeidung von Dispositions- und Transportaktivitäten, keine Warteschlangen, bessere terminliche Planbarkeit, Komplexitätsreduzierung
„Losgröße Eins"	Schnelligkeit, Anreiz zur Reduzierung von Los-Fixkosten und Loswechselzeiten
Selbstregelung	Ersparnis von Planungs- und Steuerungskosten; schnelle Selbstanpassung, Selbstlernfähigkeit
Andon, Anwendung des Taguchi-Prinzips, (Fehler „dramatisieren", Fehler „sprechend" machen!)	Qualitätssteigerung, Qualitätskostensenkung; Gesteigerte Selbstlernfähigkeit

Abb. 35: Erfahrungssätze und Prinzipien der alltäglichen Fluss-Operation – Mobilisierung, Steuerung und Regelung

Die aufgelisteten Erfahrungssätze und Prinzipien können wie eine Checkliste in einer konkreten logistischen Systemverbesserungsaufgabe genutzt werden, um die jeweils best geeigneten Empfehlungen auszuwählen und deren erwartete Wirkung zu bewerten.

6. MARKT UND VERMARKTUNG LOGISTISCHER DIENSTLEISTUNGEN

6.1 Die Spezifika logistischer Dienstleistungen aus dienstleistungstheoretischer Sicht

Die Produkte der Logistik-Serviceanbieter („THIRD PARTY LOGISTICS SERVICE PROVIDERS (3PLs)") sind Dienstleistungen. Sie teilen die Merkmale und Besonderheiten anderer Dienstleistungen, wie die

- IMMATERIALITÄT bzw. INTANGIBILITÄT;
- NICHT-LAGERBARKEIT bzw. Simultaneität von Leistungserstellung und -Leistungs-Inanspruchnahme;
- Notwendigkeit der engen Zusammenarbeit („KOPRODUKTION") mit dem Kunden, um eine effiziente, erfolgreiche Leistung zu bewirken;
- Nicht-Beherrschbarkeit des „Objektes" – der Güter und Frachten –, die im Eigentum des Aufttraggebers/Verladers, nicht des Dienstleisters, stehen;
- Notwendigkeit der VORHALTUNG VON LEISTUNGSBEREITSCHAFT für Bedarfsfälle, die für den Dienstleister nicht vollständig planbar sind.

Aus diesen Merkmalen ergibt sich, dass erfolgreiches Logistik-Dienstleistungsmarketing spezifische, erhöhte Anforderungen an das Marketing-Management stellt, Dienstleistungen zu charakterisieren.

Die Aktionsfelder des Marketings von Transportdienstleistungen sind folglich insbesondere in Ausbau und Ausgestaltung der „Business-to-Business"-Geschäftsbeziehungen des Dienstleisters, der Sicherung bedarfsgerechter Ergebnisse der Transportleistungen und der Herbeiführung eines bestmöglichen „Fit" zwischen den Systemen der Dienstleistungserstellung und den Objekten der Dienstleistungsprozesse zu erwarten.

6.2 Ein Überblick zu den wichtigsten Teilmärkten der Logistik in Deutschland

Systematische Forschung zu Marktgrößen und -Verteilungen in der deutschen Logistikwirtschaft – über die Veröffentlichung öffentlich zugänglicher Statistiken und Berichte hinaus, die z.T. noch aus den gesetzlich verankerten Berichtspflichten der Vor-Deregulierungszeit resultieren – ist bisher kaum betrieben worden. Deshalb ist die Transparenz der Märkte, insbesondere quantitatives Wissen über Umsätze, Marktanteile führender Wettbewerber, Elastizitäten der Teilmärkte gegenüber Preis- und Werbemaßnahmen, bisher gering. Die Gründe dafür ergeben sich aus der eingangs skizzierten Historie der Transportwirtschaft. Erst in jüngster Zeit wurden breit angelegte professionelle Studien zur absoluten Größe, zu Marktanteilen und Wettbewerbsbedingungen in den Transportmärkten veröffentlicht.

Diese Segmentbildungen sind pragmatische „Mischungen" prinzipieller Segmentierungsdimensionen nach:

- „Funktion" der Leistung in den Wertschöpfungsketten (Segmentierung z.B. in Transport-, Lagerungs-, Umschlagsleistungen; auf einer nächsten Differenzierungsebene z.B. in Beschaffungstransporte, innerbetriebliche Transporte, Distributionstransporte, oder in zeitsensible Transporte wie „Kurier-/Express-/Paketfracht";

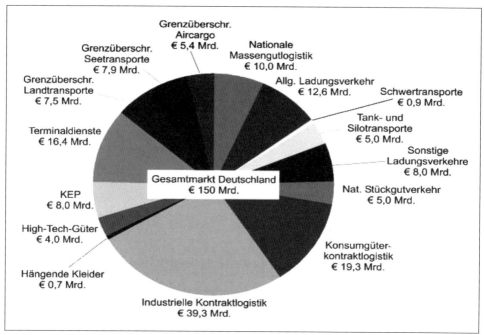

Abb. 36: € Aufwands-Umsatzvolumen des deutschen Logistikmarkts in 15 Segmenten, Quelle Klaus, Top 100, Ausgabe 2004.

- eingesetzten Leistungserstellungs-„Technologien" bzw. Spezialisierungsart der Leistungserstellungssysteme (Segmentierung z.B. nach den Verkehrsträgern Schiene, Straße, Binnenschifffahrt, auf einer nächsten Differenzierungsebene Segmentierung in „Tanktransporte", „Möbel-/Umzugtsransporte", „Hängende Kleider-Transporte");
- „Kundengruppen/Branchen" (Segmentierung z.B. nach „Konsumgüterdistribution", „Chemietransporten", „Baustofftransporten"), oder
- „geographischen" Gesichtspunkten (Segmentierung z.B. in „Nahverkehr" vs. „Fernverkehr", nationalen vs. internationalen Transport).

Aus der Perspektive des Marketings stellen die besonders hoch „industrialisierbaren" Teilmärkte des Transports von standardisierten Gütern in teil-mechanisierten, kontinuierlich für eine sehr große Zahl von Verladern aus der Wirtschaft arbeitenden, eng vernetzten „Massen"-produktionssystemen, wie im Stückgut- und insbesondere im „KEP"-Segment, einen Extremfall von besonderem Interesse dar. Ein anderer Extremfall ist der „Ladungsverkehrsmarkt", der als wenig „industrialisierbar" gilt, hingegen viele Möglichkeiten der Differenzierung und Spezialisierung auf spezifische Einzelkunden- und Branchenbedürfnisse bietet. Das primäre Produktionsmittel „Lkw" (im Extremfall in der Form des nicht ortsgebundenen, vagabundierenden „Truckers") ist relativ wenig systemgebunden. Ein dritter Extremfall ist der Markt für dedizierte „Kontraktlogistik"-Dienstleistungen, in dem eine logistische Verbundleistung, nicht der Transport im Vordergrund steht.

6.2.1 Im Mittelpunkt aktuellen Interesses: Kontraktlogistik

Nachdem im Rahmen des Überblicks zu den elementaren Logistikaktivitäten des Transportierens und Lagerns bereits oben einige Marktdaten benannt wurden, beschränkt sich der folgende Absatz auf den besonders aktuellen, als rasch wachsend und im Mittelpunkt des Brancheninteresses stehenden Markt für KONTRAKTLOGISTIK- (oder „Third-Party/Fourth-Party-Logistics"-) Dienstleistungen.

Eine Entwicklung der letzten Jahre ist der Markt für logistische Kontraktdienstleistung für Industrie und Handel, dessen Potential – vorbehaltlich großer Definitions- und Abgrenzungsunsicherheiten – auf insgesamt über € 22,0 Mrd. geschätzt werden kann.

Darin sind etwa zur Hälfte Transportdienstleistungen, etwa der Teilezuführung in die Montagewerke der Automobilindustrie, der Ersatzteilversorgung von Kundendienstwerkstätten und -Systemen, wie der Filialversorgung in „geschlossenen" logistischen Systemen der Industrie und des filialisierten Groß- und Einzelhandels enthalten. Die andere Hälfte dieses logistischen Geschäftsvolumens liegt in der Lagerhaltung, Kommissionierung, Verpackung und anderen Zusatzleistungen der Logistik. Ein, großer, noch nahe bei 50 % liegender Anteil des geschätzten Gesamtmarkt-Potentials von über € 22,0 Mrd. wird noch in industrie- bzw. handelseigenen Systemen mit eigenen Fahrzeugflotten abgewickelt.

Der Markt für Kontraktlogistik-Dienstleistungen, der sich für mittlere und größere, logistisch qualifizierte Unternehmen entwickelt, gilt für die nächsten Jahre als besonders dynamisch, da die Bereitschaft zum „Outsourcing" logistischer Leistungspakete bei Industrie und Handel rasch wächst und die Synergiepotentiale der Bündelung zusammenpassender Auftragspakete (Multi-User-Kontraktlogistiksysteme") hoch sind. In der Pharmaindustrie, der Belieferung der filialisierten Baumärkte und der Kaufhausketten, der Versorgung des Lebensmittelhandels mit Frischeprodukten, wie schon lange in der Automobilindustrie, haben sich Kontraktlogistik-Dienstleistungsspezialisten erfolgreich etabliert, die derzeit sprunghaft wachsen. Führende Anbieter in diesem Bereich sind Unternehmen und Kooperationen wie Fiege, Dachser, Danzas, Kühne und Nagel im Konsumgüterbereich, Schenker und Cotrans im industriellen (Automobil-) Bereich. Zahlreiche mittelständische Unternehmen sind erfolgreich in diesem hochdifferenzierten Marktsegment tätig, wie auch branchenfremde Anbieter aus Industrie, Handel und Finanzwirtschaft, sowie internationale Anbieter aus den Niederlanden, England und den USA.

Die Ertragsmöglichkeiten in diesem Segment, in dem sehr enge und langfristig angelegte „symbiotische" Beziehungen zwischen Verladern und Dienstleistern gefordert sind, gelten als relativ günstig und stabil. Häufig werden Kontraktlogistik-Beziehungen nach dem Prinzip „gläserner Taschen" gestaltet, in denen eine Offenlegung aller Kosten und Produktivitätsziffern und Teilen von Nutzen und Produktivitätsfortschritten vereinbart sind.

6.3 Prinzipielle Aufgaben, Strategien und Stellhebel des Logistik-Dienstleistungsmarketings

6.3.1 „Domänenwahl" und „Domänennavigation"

Aus der Diskussion der Historie, der Umfeldbedingungen und der Beschreibung der Spezifika einiger ausgewählter Transportmarkt-Segmente ergibt sich das Bild einer „Landschaft" höchst unterschiedlicher Wachstums-, Wettbewerbs- und Ertragschancen. Bedingungen für Überleben und Erfolg sind, nach den fundamentalen Veränderungen, die durch die Deregulierung verursacht wurden, noch nicht stabil. In einigen Bereichen, wie dem Stückgutverkehr und tendenziell auch dem KEP-Geschäft können selbst hervorragend geführte, „schlank" organisierte Unternehmen wegen der hohen Wettbewerbsintensität kaum Gewinne erwirtschaften.

In dieser Situation ist die strategische Marketingaufgabe der Domänenwahl – die Suche nach Marktfeldern und die Entwicklung von Kunden-Problemlösungen, die prinzipiell Ertrags- und Wachstumschancen überhaupt zulassen und die Beurteilung der „Passigkeit" der Ressourcen und Kompetenzen eines Unternehmens zu den spezifischen Anforderungen einer in Aussicht genommenen Domäne – von höchster Bedeutung.

Angesichts der Turbulenz der Umfeld- und Wettbewerbsbedingungen in der Transportwirtschaft muss die Domänenwahl-Frage kontinuierlich für alle bestehenden und in Aussicht genommenen Geschäfte überprüft werden.

Innerhalb einer gewählten Domäne ist dann der Kurs zu bestimmen, auf dem das Unternehmen den Wettbewerb konfrontieren – oder umschiffen – möchte: „Domänennavigation", bzw. die Entscheidung „How to compete": Mit welcher prinzipiellen Strategie möchte das Transportunternehmen sich eine gewisse Alleinstellung bei seinen Kunden sichern? Auf welche spezifischen Ressourcen und Kompetenzen will es sich stützen? Welche innerbetrieblichen Aufgaben der Ressourcen- und Kompetenzen-Beschaffung und -Entwickung ergeben sich daraus?

6.3.2 Die Disziplinen der „Operational Excellence", „Customer Intimacy" und „Innovation" im Transport

Für die prinzipielle Beantwortung dieser Fragen nach dem erfolgversprechenden Kurs in einem gegebenen Wettbewerbsumfeld haben die Professoren Michael Porter und Michael Wiersema generelle Antworten vorgezeichnet, die auch für die Transportwirtschaft Gültigkeit haben. In Wiersemas anschaulicher Formulierung sind die prinzipiell erfolgsversprechenden „Disziplinen", auf die das Management seine Anstrengungen fokussieren kann, „Operational Excellence", „Customer Intimacy" und „Product Leadership" bzw. „Innovation".

- Die Bemühung um „OPERATIONAL EXCELLENCE", wie sie erfolgreich die kosten- und qualitätsorientierten hoch „industrialisierten" Transport-Massenmarkt-Anbieter wie die großen Paketdienste und Stückgutorganisationen demonstrieren, entspricht etwa der Strategie der „COST LEADERSHIP".
- „CUSTOMER INTIMACY" ist die Strategie, die – ohne die Begriffe zu nutzen – viele mittelständische, lokal und regional verwurzelte Speditionsunternehmen schon in der Vergangenheit verfolgt haben: Mit dem Kunden leben, seine Anforderung in höchst spezifischer und personalisierter Weise erfüllen und dadurch ein Maß an Unentbehrlichkeit und Nicht-Austauschbarkeit herbeiführen, das vor dem Wettbewerb schützt. Customer Intimacy entspricht etwa Porters generischer Strategie der „Differentiation". Die „neuen" Geschäfte der Kontraktlogistik und der Entwicklung dedizierter Systeme des Transports für einzelne Kunden oder eng definierte Kundengruppen kann als eine moderne Variante der „Customer Intimacy Strategy" im Transport gesehen werden.
- „INNOVATION BZW. PRODUCT LEADERSHIP" ist eine Strategievariante, die sich eher in den industriellen Märkten der „High-Tech"-Industrien anbietet. Immer häufiger gelingt es internationalen Transport- und Logistik-Dienstleistungsunternehmen, durch kontinuierliche Service-Produktinnovationen auf der Basis hoher Investitionen in die Produktentwicklung – heute oft unter Nutzung der Möglichkeiten neuer Informations- und Kommunikationstechnologien, und der Bündelung der Logistikleistungen z.B. mit Finanzdienstleistungen – Alleinstellungspositionen in ihren Märkten zu erreichen bzw. neue Märkte zu erschließen.

6.4 Die Politiken des Transportmarketings: Produkt, Preis, Promotion, Platzierung

Im „Alltag" des Transportmarketings sind schließlich die Politiken der Produktausgestaltung, der Preisbildung, der Kommunikation bzw. Promotion und der Wahl der Distributionskanäle zu entscheiden. In vielen Punkten sind diese Entscheidungen und die zur Vorbereitung nötigen Aktivitäten nicht spezifsch für die Transportwirtschaft. Einige wenige Besonderheiten sollen aber hervorgehoben werden.

Abb. 37: Transportdienstleistung als „Quasi-Sachgut"

6.4.1 Produktpolitik

Eine prinzipielle Unterscheidung, die sich eng mit der Wahl der Strategie – „Operational Excellence" oder „Customer Intimacy" – verknüpft hat mit der Definition des Transport-"produktes" zu tun:
Wenn das Produkt ein quasi-industrielles, quasi-sachliches Produkt sein soll, wie es z.b. die Paket- und System-Stückgutdienste für ihre Standard-Serviceangebote versuchen, dann wird dieses durch prägnante Merkmale und Symbole (z.B. einen Produktnamen, eine Merkmalsbeschreibung wie den Slogan „absolutely, positively overnight", ein standardisiertes Barcode-Label, standardisierte Maß- und Gewichtsanforderungen, einheitliche Formulare [vgl. Abb. 36!]) sichtbar und anfassbar gemacht. Die Versachlichung und Quasi-Materialisierung des immateriellen Dienstleistungsproduktes kann schließlich durch konsequente Hervorhebung von Qualitätsmerkmalen, die z.B. auf den für die Kunden sichtbaren Fahrzeugen, den Uniformen der Mitarbeiter angebracht sind, unterstützt werden.

Wenn das Produkt im Rahmen einer „Customer Intimacy"-Strategie die „Bereitschaft zum Dienst", die „ständige Zugänglichkeit" des Dienstleisters für nicht generell definierte Aufgaben sein soll, dann wird die Person, die diesen Service repräsentiert, zum Produkt. Die Stellhebel der Produktausgestaltung sind dann die Ausbildung, die Verhaltensschulung, das Aussehen und die Ausstattung dieser Person mit Hilfsmitteln.

6.4.2 Preispolitik

In den systemorientierten Segmenten der Transportmärkte, wie insbesondere den vorgestellten KEP- und Stückgutmärkten, herrschen Kostenstrukturen, die durch hohe Fixkosten für das Depot- und Liniennetz und die vorzuhaltende Kommunikationstechnik, durch relativ geringe Grenzkosten für den zusätzlichen Auftrag bzw. den zusätzlichen Kunden gekennzeichnet sind. Im Standard-Paketgeschäft kann davon ausgegangen werden, das 80 % und mehr der Systemkosten „fix" sind. Daraus ergibt sich, dass der wirtschaftliche Erfolg solcher Unternehmen in extrem hohen Maße von der durchschnittlich erzielten Systemauslastung bestimmt wird. Für die Preispolitik in diesen Märkten bedeutet dies, dass eine ausgeprägte Dynamik der grenzkostenorientierten Preisentwicklung besteht:

Bemühungen um Gewinnung von Zusatzgeschäften werden fast immer durch defensive Preiszugeständnisse der „Besitzer" dieser Geschäfte konterkariert, da die Deckungsbeitragsverluste aus verlorenen Geschäften sehr hoch sind, selbst wenn die betreffenden Geschäfte nicht mehr vollkosten-deckend sind. Die Preispolitik der erfolgreichen Unternehmen ist deshalb sehr vorsichtig und muss die „Spielzüge" des Wettbewerbs antizipieren. Das preispolitische Instrumentarium des „Yield-Managements" kann einen prinzipiellen Beitrag zur Steigerung der Erlöse leisten, kann – bei unvorsichtigem Gebrauch – aber auch ruinöse Preisverfälle auslösen, wie sie periodisch z.B. in den Luftverkehrsmärkten, aber auch z.B. in den Ladungs- und Stückgutmärkten zu beobachten sind.

6.4.3 Kommunikations- und Distributionspolitik

Die Anwendungsmöglichkeiten der Kommunikations- und Distributionspolitik in den Transportmärkten sind wiederum stark davon geprägt, ob diese in einem flächigen Massenmarkt wie KEP und Stückgut, oder in den von „one-to-one"-Beziehungen geprägten Märkten, wie Kontraktlogistik und Teilen des Ladungsverkehrs einzusetzen sind. Auf die Massenmärkte der Transportwirtschaft sind die Erfahrungen aus den industriellen Massenmärkten (insbesondere der Markenartikelindustrie) für die Kommunikation weitgehend übertragbar. Markenbildung und Werbung durch breit streuende Medien, Nutzung mehrfacher Vertriebskanäle (insbesondere durch eigene Außendienstmitarbeiter, aber auch von „Mittlern" wie klassische Spediteure und Kontraktdienstleister für den Vertrieb elementaren Transportleistungen) sind in diesem Fall üblich. In den von „one-to-one"-Beziehungen geprägten Märkten spielen hingegen die Beziehungen auf oberer Management-Ebene und die Weiterempfehlung durch glaubwürdige Dritte eine entscheidende Rolle, eher vergleichbar der Situation bei der Vermarktung der Dienstleistungen der Freiberufler, der Berater oder auch der Spezialisten der Investitionsgüter- und Engineering-Industrie.

7. ZUKUNFT DER LOGISTIK: TRENDS UND PERSPEKTIVEN

Das Feld der Logistik ist ein modernes, sich qualitativ und quantitativ rasch entwickelndes Feld. Dies haben die voranstehenden Ausführungen deutlich gemacht. Für Logistik-Dienstleister ergeben sich daraus viele neue Chancen, ihre Umsatzvolumen zu steigern. Dies gilt selbst dann, wenn der „Basismarkt" der TUL-Leistungen wegen relativ geringer Wachstumsraten des güterwirtschaftlichen realen Sozialproduktes nicht wächst – womit gerechnet werden muss. Die Gründe dafür liegen

- in *stagnierenden Bevölkerungszahlen* und nur sehr gering wachsendem Konsum der Menschen in entwickelten Ländern wie Deutschland,
- in der allmählichen *Umschichtung des Sozialproduktes* aus der Güterproduktion in nicht-materielle Dienstleistungen der Kommunikation, Unterhaltung und Touristik, die keine oder nur sehr geringe Güterflüsse auslösen (der „Post-Industrialisierungs"-Trend, der im Eingangsabschnitt des Beitrages diskutiert wurde),
- auch in den *Wirkungen erfolgreicher logistischer Rationalisierung*, die dazu führen, dass weniger Lagerbedarfe und besser gesteuerte und gebündelte Transporte, weniger unproduktive Retouren für Güter anfallen, die tendenziell immer leichter und kleiner werden (der „Wertdichte"-Steigerungseffekt, der eingangs diskutiert wurde).

Dem stehen die Wachstumstendenzen der

- zunehmenden Globalisierung und Dislozierung und die damit verbundene Steigerung der Durchschnittsentfernungen der Transporte (also der Verteilung der Produktion von Produkten auf mehr Stufen in immer weiter entfernten Teilen der Welt, wie eingangs erläutert),
- der geforderten höheren Qualität und damit erzielbaren höheren Umsatzerlösen für schnelle, qualitativ hochwertige Logistikleistungen

gegenüber. Die entscheidenden Chancen für die Logistik-Dienstleister liegen aber in der Möglichkeit,

- immer größere Anteile der – noch – durch die Verlader als *„Werksverkehr" oder werks-/handelseigene Lagerung und Logistik-Systemsteuerung* selbst erstellten Logistikleistungen per „Oursourcing" in Kontraktlogistik-Paketen zu übernehmen, sowie
- immer *weitere Funktionen und Wertschöpfungsschritte* in den Versorgungsketten an sich zu binden, die den klassischen Logistik-TUL-Funktionen vor- und nachgelagert sind, wie Konfektionierungs- und Fertigungsarbeiten, Auftragsannahme- und Abwicklungsaufgaben, oder die Rechnungsstellung, Geldeinhebung und Dokumentenlogistik.

Die Chancen in diesem Bereich – verstärkt durch die Entwicklungen des eCOMMERCE, die in einem separaten Beitrag in diesem Band behandelt werden – sind fast unerschöpflich.

Wer logistisches Know-how beherrscht, so wie es auf den vorangegangenen Seiten beschrieben wurde, der braucht die Zukunft nicht zu fürchten.

AUSGEWÄHLTE LITERATUR- UND QUELLENHINWEISE ZUR LOGISTIK

I. Lexika und Nachschlagewerke

Bloech, Jürgen und Gösta B. Ihde (Hrsg.), Logistik Total – Vahlens Grosses Logistik Lexikon, München 1997
- Auf ca. 1300 Seiten ein sehr umfassendes Lexikon, das ca. 2000 Stichworte in – teilweise – akademischen, umfangreicheren Beiträgen erläutert.

Klaus, Peter und Winfried Krieger, Gabler Lexikon Logistik, 3. Aufl. Wiesbaden 2004.
- Ein kompaktes, primär an Praktiker gerichtetes Lexikon. Behandelt ca. 50 wichtige Themen in knappen Aufsätzen von Fachleuten aus Hochschulen und Praxis, ca. 1700 weitere Stichworte in Lexikon-Kurzabsätzen.

Weber, Jürgen und Helmut Baumgarten (Hrsg.), Handbuch Logistik. Management von Material- und Warenflussprozessen, Stuttgart 1999
- Ein Rundgang durch die Themen der Logistik in 70 ausführlichen Aufsätzen von Fachleuten und Wissenschaftlern aus der Logistik, ca. 1000 Seiten.

Bundesministerium für Verkehr, Bau- und Wohnungswesen (Hrsg., Verkehr in Zahlen 2004, Hamburg 2004.
- Die wichtigste Quelle für alle Transport- und Verkehrs-bezogenen statistischen Daten.

II. Ausgewählte Standard-Lehrbücher

Ihde, Gösta B., Transport, Verkehr, Logistik, 3. Auflage München 2000.
- Ein kompaktes und präzises Lehrbuch des Mannheimer Professors, dessen erste Auflage 1983 erschien. Ca. 350 Seiten.

Pfohl, Hans-Christian, Logistiksysteme. Betriebswirtschaftliche Grundlagen, 6. Aufl., Berlin-Heidelberg 2000.
- Wahrscheinlich das meistverkaufte deutschsprachige Lehrbuch. Geht auf die Dissertation des namhaften Darmstadter Professors von 1972 zum Thema „Marketing Logistik" zurück. ca. 450 Seiten.

Koether, Reinhard, Technische Logistik, 2. Aufl., München 2001.
- Behandelt die ingenieurtechnischen Logistikthemen der Förder-, Lager- und Fertigungstechnik in verständlicher, kompakter Form auf ca. 200 Seiten.

Coyle, John J., Eward J. Bardi, C. John Langley Jr., The Management of Business Logistics, 6th. Ed., Minneapolis1996
- Eines der renommierten amerikanischen Lehrbücher zur betriebswirtschaftlichen Logistik. Gut lesbar geschrieben und illustriert, ca. 600 Seiten.

III. Ausgewählte Veröffentlichungen zu speziellen Themen und Quellenhinweise

Aberle, Gerd, Transportwirtschaft, München 1999
- Eine sehr ausführliche und einsichtsvolle Darstellung der Transportwirtschaft aus volkswirtschaftlicher und betriebswirtschaftlicher Sicht.

Delaney,R. CASS Logistics, 10th Annual „State of Logistics Report" 2004, Washington D.C:,
- Ein viel zitierter, jährlich erscheinender Statusbericht der Beratungsfirma Cass zur Entwicklung der Logistik in den USA.

Goldratt, Eliayhu und Jeff Cox, Das Ziel. Höchstleistung in der Fertigung, Maidenhead UK 1990.
- Ein Roman, von dem gesagt wird, das er das weltweit meist gedruckte Logistik-Buch sei. Also kein Fachbuch, aber sehr interessant und spannend zu lesen. Besonders hilfreich zum Verständnis moderner Logistikkonzepte.

Klaus, Peter, Die Top 100 der Logistik Ausgabe 2004, Hamburg 2004
- Untersuchung der Märkte, Marktgrössen, Marktführer und Marktentwicklungen im Bereich der Logistik in Deutschland in Europa. Die nächste aktuelle Ausgabe erscheint 2005. Zahlreiche Datenangaben in diesem Beitrag basieren auf den „Top 100" Studien.

Klaus, Peter, Die Dritte Bedeutung der Logistik. Beiträge zur Evolution logistischen Denkens, Hamburg 2002.
- Eine kleine Sammlung von Aufsätzen, die die Entwicklung des modernen „Flow Management" Logistik-Denkens illustriert.

Nordsieck, Erich, Grundlagen der Organisationslehre, Stuttgart 1934.
- Ein fast vergessener „Klassiker" der deutschen Fachliteratur, in dem viele der aktuellen Ideen des Prozessmanagements schon einmal festgehalten waren.

Ohno, Taiichi, Toyota Production System. Beyond Large-Scale Production. Cambridge/Ma. 1988.
- Englische Ausgabe des 1978 in Japan erschienenen „Klassikers", in dem viele Gedanken der modernen „Just-in-Time" und „Pull"-Logistik erstmals niedergeschrieben wurden.

Porter, Michael, Wettbewerbsvorteile, Wettbewerbsvorteile, Frankfurt 1986.
- Zwar kein Logistik-Fachbuch, aber ein „Klassiker" und Weltbestseller der Managementliteratur, mit dessen amerikanischer Erstausgabe von 1985 das Denken in „Wertketten" und Prozessen einen entscheidenden Anstoss erhielt.

Schary, Philip B. und Tage Skjott-Larsen, Managing the Global Supply Chain, Copenhagen 1995.
- Eines der ersten Fachbücher zum Supply Chain Management von zwei renommierten Professoren den USA und Dänemark.

Shingo, Shigeo, Non-Stock Production: The Shingo System for Continuous Improvement, Cambridge/Ma. 1988.
- Eines der Bände des, neben Ohno, meist zitierten "Vaters" moderner japanischer Produktions- und Logistikmethoden.

Stalk, George Jr. „Time – The Next Source of Competitive Advantage" in Harvard Business Review, Vol. 66, July-August 1988, S. 41-51.
- Der "Klassiker", in dem die Idee des "zeitbasierten Managements" erstmals formuliert wurde.

Wiersema, Michael & Fred Tracy, The Discipline of Market Leaders: Choose your Customers, Narrow your Focus, Dominate Your Market, New York, 1995
- Ein Management-Bestseller zu den drei Schlüsseln strategischer Dominanz.

IV. Wichtige Fachzeitschriften und Journale

DEUTSCHE VERKEHRSZEITUNG (DVZ), Deutscher Verkehrs-Verlag Hamburg
- Die wichtigste aktuelle Informationsquelle zu Güterverkehr und Logistik, erscheint drei Mal wöchentlich

LOGISTIK HEUTE, Huss-Verlag, München
- Die meist verbreitete, monatlich erscheinende Praktiker-orientierte Zeitschrift zur Logistik

LOGISTIK Inside, Verlag Heinrich Vogel, München
- Neues, zweiwöchentlich erscheinendes Magazin für den Logistik-Manager

LOGISTIK MANAGEMENT, Aspecta Vertragsgesellschaft, Nürnberg
- Erstes deutschsprachiges Journal zur Logistik, das vierteljährlich zu neuen Konzepten und Forschungsergebnissen im Bereich der Logistik aus der Wissenschaft berichtet.

JOURNAL OF BUSINESS LOGISTICS, Council of Logistics Management, Oak Brooks/Ill.
- Das wissenschaftsbasierte Journal der führenden amerikanischen Logistik-Gesellschaft CLM.

II. „eCommerce und eLogistics"

1. INTERNET-TECHNOLOGIE UND DIE ANFÄNGE DES „eCOMMERCE"

„eCommerce" und die Chancen und Herausforderungen, die sich daraus für Logistik-Dienstleister ergeben, sind untrennbar mit den Entwicklungen des Internets verbunden.

1.1 Anfänge des Internets und erste Kommerzialisierungen

Erste Anstöße zum heutigen Internet erfolgten in den Zeiten des „Kalten Krieges" – lange bevor Steve Jobs den ersten Apple Computer in einer Garage in Kalifornien zusammenbaute, lange bevor Bill Gates' Windows-Software die Welt eroberte und mit Hilfe von preisgünstigen Modems jeder Telefonanschluss als elektronische Datenschnittstelle genutzt werden konnte: Als im Jahr 1957 die damalige Sowjetunion die Amerikaner mit dem Start des Sputnik schockiert hatte, wurde vom amerikanischen Verteidigungsministerium eine Forschungsagentur für die konzentrierte Entwicklung moderner Technologien eingerichtet (Advanced Research Projects Agency „ARPA"). 12 Jahre später, Ende der 60er Jahre, richtete diese das „ARPAnet" ein, mit dem erstmals militärische Stellen ihre Rechner untereinander verbinden konnten. Ein wichtiges Motiv dabei war, dass die Abhängigkeit des Militärs von den damals gerade im Aufbau befindlichen ersten Großrechner-Zentren durch deren Verbund in einem Netzwerk von Computern abgemildert werden sollte.

In den folgenden Jahren erlaubte das Militär auch ausgewählten Forschungsinstituten und Universitäten, sich diesem Netz anzuschließen und es als Kommunikationsmedium – eine frühe Form eines Intranets – zu nutzen. Etwa 1986 erfolgte die Abspaltung und Verselbstständigung eines Netzwerkes vom ARPAnet für die nicht-militärische Wissenschaftsorganisation „National Science Foundation/NSF" mit der Einrichtung des NSFnet. Seit Anfang der 1990-er Jahre erlaubte NSF auch ersten privaten Unternehmen die Mitbenutzung. Zur gleichen Zeit entwickelte sich ein Wettbewerb der Standards für die einheitliche Formatierung und Übertragung der Daten, die die Voraussetzung für eine wirklich breite, weltweite Nutzung war. Der „World-Wide-Web (WWW)"-Standard auf der Basis des „Hypertext Transfer Protocol (HTTP)" – eines einheitlichen Datenaustausch-Formats zwischen Servern und dezentralen Computern – setzte sich schließlich weltweit durch.

Die Jahre 1994/1995 brachten den Durchbruch des „Internet" als neuer Name eines für Jedermann offenen, weltweit verfügbaren Kommunikationssystems. Gleichzeitig starteten die ersten kommerziellen Online-Dienste wie America Online (AOL) und Compuserve. Komfortable Netz-Zugangssoftware („Browser"), die auch für private Nutzer geeignet war, wie damals insbesondere Netscape, erzielten millionenfache Verkaufserfolge. 1997 wurde erstmals die Zahl von 100 Millionen Anschlüssen an das Internet überschritten.

1.2 Die eCommerce-Euphorie der späteren 90-er Jahre

In den USA seit 1995/96, in Europa und Deutschland mit ein bis zweijähriger Verzögerung, setzte ein Boom des „eCommerce" ein. „eCommerce" bezeichnete zunächst einfach Geschäfte, die auf der Basis des Internets abgewickelt wurden. Die neuen Möglichkeiten des Internet führten zu einer Fülle von Unternehmensgründungen bzw. der Einrichtung von neuen Geschäftsfeldern etablierter Unternehmen, schließlich zu der Vision von einer „New Economy" und dem damit verbundenen Börsenboom. Man glaubte, dass die universelle Verfügbarkeit des Internets und die Möglichkeit, zu minimalen Kosten und in Echtzeit Daten austauschen, Dienste und Produkte vermarkten zu können, die Regeln der „alten" Knappheitswirtschaft revolutionieren würde. Die Pioniere und meist gefeierten Vorzeige-Fälle dieses Booms waren der Internet-Buchhändler Amazon.Com, das Internet-Auktionshaus ebay, der PC-Hersteller Dell und die Netzdienste-Anbieter wie AOL. Jedes dieser Unternehmen steht für die kommerzielle Ausnutzung einer wichtigen Idee des eCommerce, auf die unten noch eingezogen ist.

Die Wachstumserwartungen für eCommerce wurden bald differenziert zwischen internetbasierten Geschäften zwischen Unternehmen („Business to Business/B2B") und internetbasierten Geschäften mit privaten Endverbrauchern („Business to Consumer-/B2C"-Geschäft).

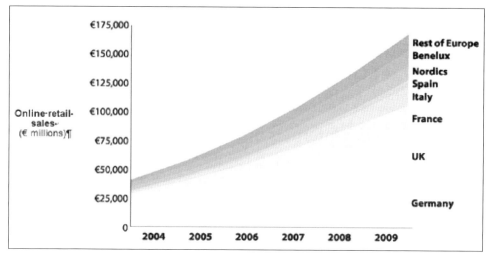

Abb. 1: Prognose der eBusiness-Umsätze im B2C-Geschäft des Marktforschungs-Unternehmens Forrester Research (Stand 2004).

Viele Erwartungen liefen darauf hinaus, dass künftig auch ein großer Teil aller „B2B"-Transaktionen zwischen den Unternehmen, insbesondere auch die Beschaffungs- und Belieferungstransaktionen, in neuen internetbasierten Prozessstrukturen abgewickelt würde. Es wurde weiterhin erwartet, dass 10, 20 und mehr Prozent des gesamten Einzelhandels-Umsatzvolumens als „B2C"-eCommerce künftig von den Bürgern und Haushalten per Internet bestellt, abgewickelt und in deren Häuser und Wohnungen direkt geliefert würden. Das Schlagwort von der „Neu-Erfindung" („Re-Invention") der Unternehmen auf der Basis der Internet-Technologie erlangte große Popularität. Daraus sollten sich – wenn auch zunächst noch sehr unbestimmt beschriebene – Veränderungen auch der Formen und Wege der physischen Logistik, also der Warenbewegungen und des Warenhandlings entwickeln.

1.3 Jahre der Ernüchterung: eCommerce im Abwind

Ab dem Jahr 2000 stellte sich heraus, dass die optimistischen Prognosen von 1998 und 1999 weit verfehlt wurden. Das hatte zur Folge, dass Anbieter von eCommerce-Systemen, z. B. Shoplösungen, Betreiber von Marktplätzen und Internet-Provider drastische Umsatzrückgänge hinnehmen mussten. Der „Neue Markt" brach praktisch zusammen, weil die „Dot-Com-Blase" geplatzt war. Auch viele Anbieter von Dienstleistungen und Produkten im Internet sahen ihre Erwartungen nicht erfüllt. Beispielsweise Verlage, die ihr Informationsangebot auf den Online-Bereich erweitert hatten, konnten für ihre Leistungen keinen wirtschaftlichen Gewinn erzielen, weil Internet-Surfer nicht bereit waren, dafür zu zahlen.

Zum schnellen Niedergang der Internetwirtschaft beigetragen hat darüber hinaus das gleichzeitig abgekühlte Konjunkturklima in Deutschland, das seit Anfang des neuen Jahrtausends von hoher Arbeitslosigkeit und zurückhaltendem Konsum gekennzeichnet ist. Das wiederum wirkte sich auch auf die Investitionsbereitschaft der Wirtschaft negativ aus.

1.4 Nach Konsolidierung: Langsameres, aber solideres Wachstum

Das Konsumverhalten in weiten Kreisen der Bevölkerung war in den letzten Jahren nicht nur durch Zurückhaltung geprägt. Es zeichnet sich aber inzwischen ab, dass es langsam sich zu Gunsten des Online-Handels verändert. Neue Handelsformen wie „Versteigerungen", die durch die Handelsplattform ebay populär geworden sind, oder Preisvergleichsmaschinen im Internet sorgen dafür, dass ein Kunde tatsächliche, manchmal aber auch nur vermeintliche Preisvorteile bei Online-Kauf nutzen kann.

Seit einiger Zeit verzeichnet auch der Einzelhandel eine Zunahme des Online-Geschäftes, die offensichtlich zu Lasten des stationären Handels geht. Inzwischen verfügen fast die Hälfte der Haushalte in Deutschland über Internetzugang. Dabei sind die einkommensstarken Käuferkreise sogar überproportional vertreten.

Weitere Argumente, die den Online-Handel in den letzten Jahren gefördert haben, sind:
- Das Internet kennt keine Ladenschlusszeit. Der Kunde kann 24 Std. am Tag und 365 Tage im Jahr einkaufen.
- Die Warenpräsentationen im Internet werden immer perfekter. Dreidimensionale Darstellung und ausführliche Zusatzinformationen sind mittlerweile Standard.
- Online-Handel wird sicherer. Transaktionen werden vor fremden Zugriffen geschützt, und der Gesetzgeber hat Regelungen getroffen, die auch das Internet einschließen.

Wie aus der in Bild 1 gezeigten Statistik hervorgeht, wird der Online-Umsatz in Deutschland von etwa 11 Mrd. € auf 43 Mrd. € im Jahr 2009 anwachsen. Dabei spielen nicht nur die traditionellen Versandhandelsunternehmen wie Otto, Quelle, Neckermann usw. eine Rolle, sondern auch Firmen, die bis vor wenigen Jahren nur im stationären Handel aktiv waren. Bestes Beispiel ist der Kaffeeröster Tchibo, dessen Online-Shop nach Nilesen NetRatings nach ebay und Amazon auf Platz 3 der Käufergunst, noch vor den traditionellen Versendern, rangiert.

Es ist naheliegend, dass Handelsunternehmen sich darauf konzentrieren, den Rückgang des stationären Geschäftes durch Zuwächse im Online-Handel zu kompensieren. Damit man im Internet erfolgreich verkaufen kann, müssen allerdings bestimmte Voraussetzungen erfüllt werden:
- Die Produkte müssen ein gutes Preis/Leistungsverhältnis bieten, denn im Internet sind Preise und Produktinformationen total transparent.
- Die Präsentation der Waren und Dienstleistungen muss optisch ansprechend und die Website einfach bedienbar sein. Die meisten Shops haben hier einen hohen Standard erreicht.
- Internet-Shops müssen zusätzliche Services bieten, z. B. kostenlose Hotline, Verfolgung der Bestellungen usw.
- Die Logistik, die hinter dem Shop steht, muss funktionieren. Ein Kunde, der schnell im Internet bestellt, will sein Waren auch so schnell wie möglich haben.

Im eCommerce-Geschäftsvolumen sind auch alle diejenigen „traditionellen" Geschäftstransaktionen einbezogen, bei denen zunächst nichts anderes als ein Wechsel des Kommunikationsmediums an einer Stelle der Prozessketten stattgefunden hat:

So wurden zum Beispiel in weiten Bereichen des Versandhandelsgeschäftes die früher durch Telefon, Postkarte oder Fax übermittelte Bestellungen durch Internet-Botschaften ersetzt. Umsatzvolumen, Warenmengen, Verpackung und die physische logistische Versandabwicklung dieser Bestellungen unterscheiden sich aus logistischer Sicht grundsätzlich erst einmal nicht von traditionellen Abwicklungen der „alten" Ökonomie (also in existierenden Versandzentren, mit existierenden Technologien, auf den „alten" Transportwegen der Post, Paketdienste und Speditionen abgewickelten). Transaktionen am eCommerce-Geschäftsvolumen betrugen bisher mindestens 80 %, wie ein Abgleich der von den größten deutschen Versandhandelsunternehmen erzielten „Online"- oder „eCommerce"-Umsatzvolumen mit den „B2C"-Umsatzwerten zeigt.

Hier liegt allerdings ein in vielen Unternehmen noch ungenutztes Rationalisierungspotential: Wenn die Prozesskette nahtlos integriert und optimal organisiert ist, lassen sich Personalaufwand und Kosten deutlich reduzieren. Dies ist insbesondere im Handel, der mit sinkenden Margen zu kämpfen hat, ein wichtiges Argument.

Im optimalen Prozessablauf eines Online-Versenders werden, wie an diesem Beispiel und im folgenden Kapitel gezeigt wird, viele traditionell erforderliche Bearbeitungsschritte überflüssig:
- Der Kunde füllt mit dem Online-Bestellformular automatisch gleichzeitig einen Packzettel, den Lieferschein, die Versandpapiere und seine Rechnung aus.
- Der Kunde löst mit seiner Bestellung die warenwirtschaftlichen Mechanismen der Supply-Chain aus, d. h. der Warenbestand im Lager wird zeitgleich abgeglichen. Bei Unterschreiten der vorgegebenen Mindest-Lagermenge wird vom Hersteller automatisch Ware geordert.
- Mit der Bestellung werden die für die Vorbereitung des Versandvorganges notwendigen Daten generiert, z. B. Lagerort der bestellten Artikel, Art und Größe der erforderlichen Verpackung, Art des Versandes (Post, Paketdienst, Spedition).

- Automatisch werden die Versanddaten auf elektronischem Wege dem Transporteur übergeben.
- Der Kunde löst die Transaktion der Bezahlung aus (Abbuchung, Kreditkarte).
- Die Daten, die in der Prozesskette bei einem Bestellvorgang anfallen, lassen sich problemlos zur Verfolgung des Bestellvorgangs nutzen (Order Tracking).

Voraussetzung für den Erfolg dieses Modells ist, wie schon erwähnt, eine nahtlose Integration der Prozesskette ohne Medienbrüche – auch über die Grenzen des jeweiligen Unternehmens hinaus. Wenn die Online-Bestellung des Kunden erst ausgedruckt werden muss und anschließend wieder in das Versandsystem eingetippt wird, lassen sich im Vergleich zum traditionellen Verfahren keine Kosten sparen. Auch das Lagersystem muss natürlich die Anforderungen eines solchen modernen Prozessablaufes erfüllen.

Führende Handelsunternehmen haben mittlerweile erkannt, dass die Verlagerung des Geschäftes von traditionellen stationären Handels-Vertriebskanälen in neue „Consumer Direct"-Kanäle im Internet einerseits Neugeschäft generiert, andererseits, wenn optimierte Prozessketten verwendet werden, Kosten einspart. Stationärer Handel ist im Vergleich dazu wesentlich teurer, weil
- Läden in guter Lage hohe Mietkosten verursachen,
- der dezentrale Lagerbestand in Filialen Kapital bindet,
- qualifiziertes Verkaufspersonal seinen Preis hat und
- der Schwund an Waren durch Ladendiebstahl nicht unerheblich ist.

Die Umschichtungs- und Wachstumswirkungen auf die Logistik- und Verkehrssysteme sind jetzt schon zu spüren und werden in Zukunft sicherlich deutlich zunehmen. Betreiber von Logistik- und Verkehrssystemen müssen sich allerdings darauf einstellen, integraler Bestandteil der Prozessketten zu werden.

Im B2B-Bereich existieren bereits seit einiger Zeit solche Prozessketten, z. B. die in der umsatzstarken Automobilindustrie oder in der Konsumgüterwirtschaft die seit vielen Jahren eingerichteten standardisierten Lieferabrufsysteme zwischen Lieferanten- und Kundenunternehmen.

Auch in anderen Wirtschaftszweigen haben sich Geschäftsmodelle, die erst durch eCommerce möglich wurden, immer mehr verbreitet. So ersetzen immer mehr Firmen ihre traditionellen Einkaufsabteilungen, durch E-Procurement-Lösungen, bei denen die Einkaufs- und Budgetverantwortung der jeweiligen Sachbearbeiterebene übertragen ist. Hier werden Beschaffungsprozesse wesentlich verkürzt und Kosten eingespart.

Der Einkauf erfolgt auf sogenannten virtuellen Marktplätzen, auf denen verschiedene Hersteller ihre Waren eingestellt haben. Die Auswahl der Produkte erfolgt aus elektronischen Katalogen. Für die Anbieter ergeben sich erhebliche Einsparungen, weil z. B. Handelsvertreter und teure Papierkataloge nicht mehr notwendig sind.

Auch ebay – ursprünglich als „elektronischer Flohmarkt" für Privatanbieter konzipiert, spielt im professionellen Handel eine immer wichtigere Rolle. Hier ist praktisch ein neuer Marktplatz z. B. für überzählige Lagerbestände und Rohmaterialien entstanden, dessen Preise sich nach Angebot und Nachfrage regeln.

Weil im Zusammenhang mit den hier angedeuteten Entwicklungen des eCommerce Logistik eine wichtige Rolle spielt, haben solche Trends Auswirkungen auf den Lager- und Transportbereich. Diese werden sich trotz langfristiger Volumensteigerungen nicht unbedingt als Umsatzwachstum bemerkbar machen. Logistikanbieter müssen dafür sorgen, die Effizienz ihrer Dienstleistungen zu steigern. Dafür ist die nahtlose Einbindung in die Prozessketten erforderlich.

2. „eCOMMERCE", „eBUSINESS" UND „eLOGISTICS": DIE ELEMENTAREN BEGRIFFLICHKEITEN

Eine wichtige begriffliche Präzisierung, die sich im Verlauf der „eCommerce"-Diskussion der letzten Jahre herauskristallisiert hat, besteht darin, dass unterschieden wird zwischen „eCommerce" im engeren Sinne als „Handel über das Internet" und „eBusiness" als Restrukturierung und Abwicklung von (jeglichen) geschäftlichen Transaktionen mit Hilfe des Internets.

Auf der Basis dieser Unterscheidung kann dann auch der sehr unscharf und uneinheitlich gebrauchte Begriff „eLogistics" diskutiert werden.

2.1 „eCommerce im engeren Sinne": Handel über das Internet

„eCommerce im engeren Sinne" fokussiert dabei auf den Handel mit Produkten und Diensten, die über das Internets verkauft bzw. gekauft werden. Für Anbieter ergeben sich neue, geographisch unbeschränkte, sofortige, kostengünstige Zugänge zu ihren Absatzmärkten, wie auch die Möglichkeit, attraktive neue Kombinationen von Produkten und Dienstleistungen zu kreieren. Die Nachfrager können nahezu unendliche Suchmöglichkeiten, Informationsmöglichkeiten und Preis-/Leistungsvergleichsmöglichkeiten des Internets nutzen. Damit verspricht eCommerce neue Nachfrage zu stimulieren. Es können sich zusätzliche volkswirtschaftsweite Aktivitäten, neue Wertschöpfung und höhere Gewinnchancen für die Unternehmen entwickeln.

2.2 „eBusiness": Die Restrukturierung und Abwicklung von Geschäftsprozessen mit Hilfe des Internets

„eBusiness" beschreibt ein Transaktions- und Organisationsmodell der Wirtschaft, in dem Geschäftsprozesse auf der Basis des Internets abgewickelt werden. eBusiness als Erweiterung des eCommerce umfasst also – jenseits internetbasierten Handels mit Produkten und Diensten – auch internetbasierte Prozesse innerhalb und zwischen den Unternehmen (die „Business-to-Business/B2B"-Prozesse), die den Einkaufs- und Verkaufstransaktionen zwischen Unternehmen und Endverbrauchern („Business-to-Consumer/B2C") vor-, über-, oder nachgelagert sind, wie Bedarfsprognosen und Beschaffung, Herstellung von Produktionsbereitschaft, Kundenbeziehungspflege, After-Sales-Kundendienst usw. eCommerce in diesem Sinne verspricht den Unternehmen Quantensprünge an Produktivitätssteigerung, Agilität, Flexibilität, damit gestärkte Wettbewerbs-, Wachstums- und Überlebensfähigkeit.

2.2.1 Internetbasierte Aktivitäten in den Geschäftsprozessen der Unternehmen

Die Vielfalt der Ansatzpunkte zur Veränderung und Verbesserung von Geschäftsprozessen in den Unternehmen und zwischen Unternehmen auf der Grundlage des Internets lässt sich gut mit Hilfe des „Order-to-Payment"-Prozessmodells beschreiben, welches im Beitrag „Logistik" in dieser Ausgabe des beschrieben ist (Abb. 2).

Dieses Modell beschreibt die alltäglichen Basisaktivitäten des Informationsflusses von der Auftragsauslösung und Abwicklung (obere Prozesskette), des Flusses von Materialien und „physischen" wertschöpfenden Verrichtungen (mittlere Prozesskette) und des Geldflusses von den Kunden „rückwärts" in den Unternehmen und zu dessen Lieferanten (untere Prozesskette). Jedes Unternehmen – ob Industriebetrieb, Handelsbetrieb oder Dienstleister – lebt davon, dass diese Prozesse täglich viele Male pulsieren. Die nummerierten Punkte deuten an, wo das Internet neue Möglichkeiten der Gestaltung der Aktivitäten ermöglicht.

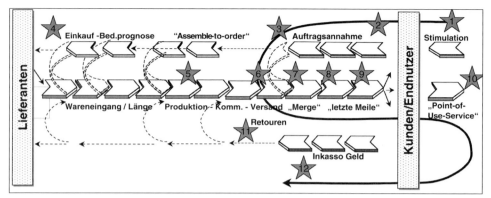

Abb. 2: Das Modell des „Order-to-Payment"-Prozesses und wichtige Ansatzpunkte zu dessen Veränderung und Verbesserung durch das Internet.

In dem „morphologischen Kasten" von Abb. 3 sind beispielhaft alternative Gestaltungsmöglichkeiten an den wichtigen Stationen der Prozessketten gezeigt. Die Internet-Optionen sind schattiert hervorgehoben.

Nr.	Prozeßschritt	Ausgestaltungsoptionen				
		(eher konventionell -> -> -> -> -> -> eher ECommercetypisch)				
1	Stimulation der Nachfrage	Autonom vom Nachfrager	Durch Medien Impulse, Print Katolog Modell (Versandhaus)	Individualisiertes Angebot– Fax, Internet-Angebot (Direktvertrieb)	Interaktive Internet Stimulation (Modell Amazon)	Automatisches Replenishment (Modell „Intell. Kühlschrank")
2	Auftragsannahme	Konvent. Medien Brief, Fax	Call-Center	persönlicher Auftrag	Email-Formular	Interaktives Internet-Formular
3	Interne Auftragsabw.	Nicht integriert		WorkflowIntegration		
4	Beschaffung/ Warennachschub -/ Einkaufsabwicklung	Manuelles Beschaffungssystem	Standardprozeß ERP System		Manuell ausgelöstes Replenishment	Automatisches Replenishment (VMI-Modell „Walmart")
5	Produktion (evtl. Vor -Prod. und Besch.)	Serienfertigung (Make-to-stock vorratsorientiert)	Flexible Losfertigung (Make-to-Stock bedarfsorientiert)	„Assembleto-order" dezentral (HP-Modell)		„Assembleto-Order" zentral PPS p. Internet (Dell-Modell)
6	Kommissionierung/ Versand	Einstufige Einzelkommiss.	Ein/mehrstufige Batch-Kommissionierg.	Mehrstufiges Wave-Picking mit Belegen	Belegloses halb automat.Komm., „pick-to-light"	Beleglose vollautomatische Kommissionierun-
7	Verpackung	Verlust-verpackung	Verpackung mit sep. Rückgabeoption		„Bag in Box" mit MTV Behälter	Nutzer-Fertige Bereitstellung
8	Zusammenführung von Teillieferungen	Unkoordinierte Anlieferung (Baustellen Modell))	durch Log.Denst leister in zentr. Sammellager („Abtrag"modell)	durch Log. Dienstleister im Transit („Merge-in-Transit")	Vor Ort beim Kunden– synchronisierte Anlieferung	durch lokalen Servicebeauftragt Internet-gesteuert („Le.Os"-Modell).
9	Letzte Meile/ Schnittstelle zum Konsumenten	Bereitstellung Kofferraum („Net"-Modell)	Shopping Box Zentral-Kund.nah	Home-Delivery konventionell (ohne/mit Avis, Vertrauensadr.).	„Streamline" Schnittstelle, Tower 24	Intelligenter. Kühlschrank „autom. Replenishment"
10	Point-of-Use Service	Nicht geboten/ Gebrauchsanweisung	Hotline–Service		Off-line Installations service	Internet Point of Use Service
11	Re-Integration Rücksendungen	Entsorgung		Dezentral– Offpreis Vertrieb		Zentral– Wiedereinlagerung Bestände, InternetAvis
12	Inkasso	Vorkasse/ Rechnungstellung	Nachnahme		Kreditkarte	Zertifizierte Elektron. Zahlung

Abb. 3: Ein „morphologischer Kasten" alternativer Ausgestaltungsmöglichkeiten typischer Aktivitäten im Order-to-Payment-Prozess

2.2.2 Wichtige eCommerce- und eBusiness-Funktionalitäten im Einzelnen

Es lassen sich nun ausgewählte, in bisherigen Umsetzungen des eCommerce besonders häufig genutzte Funktionalitäten beispielhaft erläutern, die auf der Grundlage des Internets effizienter, schneller, kundenfreundlicher und flexibler gestaltet werden können:

1. Stimulation von Kundenbedürfnissen und Aufträgen:

Das Internet bietet viele neue Möglichkeiten für Unternehmen, sich selbst und ihre Produkte und Leistungen den Kunden in neuer Weise zu präsentieren. Die einfachste, inzwischen zweifellos am weitesten verbreitete, besteht in der Selbstdarstellung von Unternehmen und Angeboten auf den WWW-Homepages. Diese kann den Kunden zu spezifischen Produkten und Leistungen, bis hin zu vieltausendseitigen Produktkatalogen führen. Das Internet erlaubt auch, die Kunden aktiv und gezielt auf vermutete Bedürfnisse hin anzusprechen und in Dialog mit ihm über Wünsche und Bewertungen zu treten. Der Internet-Buchhändler Amazon hat solche Formen der aktiven Stimulation von Kundenwünschen schon frühzeitig entwickelt, indem er Kunden bei der Suche und Wahl bestimmter Bücher im Internet durch Bekanntgabe aktueller Bestseller-Ranglisten, Kritiken und Kommentare anderer Kunden und durch Hinweise auf Bücher im Umfeld des Gesuchten unterstützt.

2. Teilautomatisierte Auftragsgenerierung, -annahme und -bestätigung:

Viele fortgeschrittenere eCommerce-Anwendungen verbinden nahtlos die internetbasierte Unterstützung des Kunden-Informations- und Suchprozesses mit einer teilautomatisierten Auftragsannahme. Der Kunde vermittelt im Verlauf des Suchprozesses die notwendigen Informationen der Auftragserteilung und Annahme. Damit wird dem auftragnehmenden Unternehmen der Arbeitsaufwand für eine separate Auftragsannahme erspart. Fehler und Missverständnisse und Zeitverluste der Auftragsübermittlung können vermieden und Bestätigungen automatisch generiert werden. Im „B2B"-Bereich können sogar voll automatisierte Auftragsübermittlungsprozesse realisiert werden, wenn z. B. im System des Versenders (z. B. durch dessen SAP-System) automatisch generierte Speditionsaufträge per Internet in die Auftragssysteme des Spediteurs geleitet und dort nahtlos weiterbehandelt werden.

3. Interne Auftragsabwicklung:

Die – mitunter – vielstufigen, arbeits- und zeitaufwändigen Prozesse der internen Auftragsabwicklung beim Auftragnehmer, die z. B. Kreditwürdigkeitsprüfungen, Anlegen von Auftrags-Stammsätzen, interne Zerlegung der Aufträge z. B. in Lager-, Beschaffungs- und Produktionsaufträge, Übermittlung der Auftragsdaten in Absatzprognose- und Kundenpflege-Datenbanken („Planning and Forecasting-", „Customer Relationship Management"-Systeme) umfassen, können mit Unterstützung des Internets integriert, in vieler Weise vereinfacht und beschleunigt werden. Alle Anbieter von standardisierter betriebswirtschaftlicher Software („Enterprise Ressource Planning ERP"-Software, wie insbesondere der Unternehmen SAP, Oracle) sind derzeit dabei, die Integration der Internet-Kommunikationsmöglichkeiten in ihre Systeme voranzutreiben.

4. Automatische Warennachschub-Auslösung bei Vorlieferanten:

Eine nächste Nutzung des Internets, die von Unternehmen erschlossen wird, besteht in der teilautomatischen oder vollautomatischen Auslösung von Warennachschub bei Vorlieferanten über das Internet. Im Rahmen integrierter Auftragsabwicklungsprozesse wird berechnet, welche Material- oder Lagerbestände durch die Ausführung des betreffenden Auftrags ersetzt werden müssen. Per Internet erfolgen die entsprechenden Nachschub-Abrufe kontinuierlich an Lieferanten („Continous Eplenishment Program CRP").

Diese Nachschub-Auslösungen können auch in der Weise erfolgen, dass der Lieferant per Internet Einblick in die Bestände des Kunden erhält und dann seinerseits die Verantwortung übernimmt, dass jeweils rechtzeitig Nachlieferungen ausgelöst werden („Vendor Managed Inventory VMI"). Pionier dieses Verfahrens war das weltgrößte Einzelhandelsunternehmen Wal*Mart. Eine besonders originelle, einfache, vielleicht zukunftsträchtige Variante dieses Verfahrens wird in einem Geschäftsfeld von Siemens angewandt. Dort hat man einfache und billige Digitalkameras an den Lagerpositionen angebracht, für deren Auffüllung der Lieferant verantwortlich gemacht wurde. Der Lieferant kann dann in Abständen per Internet die „Bilder" vom Lagerbestand seines Kunden abrufen und entsprechend reagieren. Neue Möglichkeiten werden in Zusammenhang mit der demnächst eingeführten RFID-Technik erwartet, bei der an der Ware von HF-Sensoren lesbare Etiketten (Tags) angebracht sind, die sich auch von Waren, die im Regal oder auf der Palette gestapelt sind, erfasst werden können. Diese Technik wird derzeit von Firmen wie IBM, Oracle, Intel und anderen entwickelt und von der Metro-Gruppe in der Praxis erprobt.

Auf die mögliche fundamentale Veränderung der Einkaufsprozesse durch Internet-Marktplätze und -Auktionen wird unten, im Abschnitt 2.2.1 eingegangen!

5. Produktionsplanung und -steuerung mit Internet-Unterstützung:

Das Internet erlaubt auch eine Integration aktueller Aufträge und der Produktionsplanung und -steuerung in Industrieunternehmen. Als Pionier und „Best Practice"-Fall dieser Art von Integration gilt der PC-Hersteller Dell. Dell hatte die Idee, in der schnelllebigen Welt der Computer nicht mehr in traditioneller Weise auf Vorrat zu produzieren und seine Geräte über den Handel abzusetzen, sondern mit Hilfe des Internet eine direkte Verbindung zwischen seinen Endkunden und der Montage der PC-Geräte herzustellen. Dell-Kunden wählen und bestellen ihre PCs wie oben (Zi. 1 und 2) beschrieben im Internet. Die Auftragsinformationen gehen dann direkt in die Produktionsplanung und -steuerung in den Dell-Montagefabriken ein, so dass die bestellten, individuell konfigurierten Computer innerhalb weniger Tage fertiggestellt und beim Kunden direkt angeliefert werden können. Auf der Basis dieses Geschäftsmodells ist Dell in wenigen Jahren zum erfolgreichsten Computerhersteller der Welt geworden. In ähnlicher Weise sind auch Automobilhersteller und viele andere Industrieunternehmen dabei, ihre Produktionsprozesse auf der Basis Internet-integrierter Prozesse in einem noch viel konsequenteren Sinne „Just-in-time" oder „on Demand" zu gestalten, als dies noch vor wenigen Jahren denkbar war.

6. Beleglose Kommissionierung und „Merge-in-Transit":

Das Internet hilft auch, die Prozesse der Kommissionierung in Lägern in neuer Weise in die Auftragsabwicklungsprozesse zu integrieren, zu automatisieren und in manchen Fällen mit Prozessen der Endmontage und Konfektionierung zu verschmelzen, die traditionell im Rahmen der Produktion erledigt werden mussten. Beispiele dafür sind in den Konsumgüter- und Elektronikindustrien zu finden. Es können zum einen die aus der internetbasierten Auftragsabwicklung gewonnenen Informationen direkt in die Lagerhaus-Abwicklungssysteme übertragen werden. Zum anderen können sie dort beleglose, eventuell teilautomatisierte Kommissioniersysteme steuern.

Die weltweite Verfügbarkeit des Internet erlaubt es auch, dass die Zusammenführung von Komponenten eines Produktes – wie z. B. der Bildschirme, Tastaturen, Zentraleinheiten und der landesspezifischen Software und Handbücher – nicht mehr an der zentralen Montagestätte erfolgen muss, sondern „auf dem Wege zum Kunden" oder im präzise koordinierten Zeitpunkt der Anlieferung beim Kunden durch die Logistik-Dienstleister erfolgt. Dieses Verfahren der Verlagerung von Endmontage- und End-Konfektionierungsaktivitäten in die Distributionsphase des Order-to-Payment-Prozesses, das häufig als „merge-in-transit" bezeichnet wird, bietet interessante neue Chancen und Herausforderungen für die Logistik-Dienstleister.

7. Internet und „letzte Meile" zum Kunden:

Ganz besondere Aufmerksamkeit – und hohe potenzielle Bedeutung für Logistik-Dienstleister – haben die Möglichkeiten der Neugestaltung der Übergabe-Schnittstellen von Produkten an die Kunden im Rahmen des eCommerce gefunden: die Gestaltung der „letzten Meile". Das Internet erlaubt, wie die Ausführungen zu Nachfragestimulation, Auftragsannahme und -abwicklung zeigten, den Endkunden näher mit den Lieferanten und Herstellern zu verbinden. Eine Konsequenz daraus ist die Bemühung, auch die Übergabe des Produktes oder Dienstes näher an den Kunden zu bringen, kundenfreundlicher und möglichst effizienter zu gestalten. Dies führte zunächst zu der Erwartung, dass im „B2C"-Geschäft in großer Zahl die bisher in stationären Ladengeschäften „selbstabholenden" und „selbst-kommissionierenden" Kunden nunmehr Heim-Lieferdienste („Home Delivery Services") in Anspruch nehmen würden. Zuwächse von Hunderten von Millionen von Paketsendungen und entsprechende Nachfrage nach B2C-Kommissionierleistungen für eCommerce-Dienstleister wurden prognostiziert. Inzwischen ist deutlich, dass viele relativ niederwertige Warenkategorien (wie insbesondere Lebensmittel und andere Alltags-Haushaltsverbrauchsgüter, auf deren Mengenvolumen die optimistischen Prognosen basierten) die Kosten solcher Dienstleistungen nicht vertragen. Deshalb richten sich jetzt die Erwartungen auf die Entwicklung von neuartigen Schnittstellen, die besonders rationelle, dennoch kundenfreundlich gebündelte Übergaben von eCommerce-Lieferungen an Kunden zulassen, wie z. B. den „TOWER 24" der Fraunhofer-Gesellschaft (Abb. 4) oder neue Formen der haushaltsnahen Übergabeschnittstelle (Abb. 4a). Weitere Postfach-ähnliche Systeme für die rationelle Übergabe von eCommerce Lieferungen wurden für Handwerker (z. B. „Würth Osimat") für die Versorgung von Mitarbeitern an den Arbeitsstätten (z. B. „Shopping Box") oder für die Mitnahme an Tankstellen und anderen Knotenpunkten des Verkehrs (z. B. „Pickpoint") entwickelt.

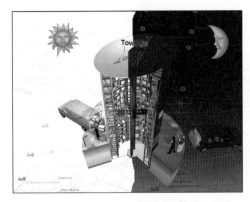

Abb. 4: Der „Tower 24" von Fraunhofer

Abb. 4a: Das „Packstation"-Konzept einer Haushalts-Logistikschnittstelle

8. „Point-of-Use"-Services:

Ein weiteres zukunftsträchtiges Feld ist die Integration von Dienstleistungen am Standort des Endkunden bzw. Nutzers eines Produktes, die durch das Internet erleichtert oder ermöglicht werden. Beispiele dafür sind die Vorbereitung von Retourensendungen an Versandhäuser durch Versandhauskunden oder von Recycling-Objekten mit Hilfe des Internets: Der Abholauftrag für einen Paketdienst wird per Internet erteilt („Virtuelle Postamt") und zugleich erfolgt die Information des Versenders, der damit die rücklaufende Ware wieder in sein Warenwirtschaftssystem integrieren kann. Ein anderes Beispiel besteht in der Möglichkeit, dass ein per Internet disponierter und vorbereiteter Service-Mitarbeiter die Ware überbringt und vor Ort beim Kunden kleinere Aufstell-, Einrichtungs- und Erklärungsaufgaben erledigt, die Protokolle und Abrechnungsinformationen dazu wiederum über einen mobilen Internetzugang an das Unternehmen zurückmeldet. Ein derartiger Service wurde von dem mittelständischen Bamberger Unternehmen Bilog als „Le.os" Service entwickelt.

9. Inkasso-Dienste, „Cash-Logistik" und „Vertrauensdienste":

Schließlich sind im Rahmen des eCommerce Rationalisierungspotenziale im Bereich des Zahlungsverkehrs und der „Vertrauensdienst" zu erschließen. Nach der einfachen internetbasierten Durchführung des Zahlungsverkehrs („Electronic Banking") wird an Systemen gearbeitet, die auch die sichere zertifizierte Identifizierung von Personen, z. B. bezüglich der Autorisierung von Quittungs-Unterschriften und sicheren Zahlungsverkehr gewährleisten.

Mit diesen Beispielen, die überwiegend den Bereich des B2C-eCommerce betreffen, sind die möglichen Funktionalitäten des eCommerce und eBusiness noch nicht erschöpft.

Einige weitere, die noch grundsätzlicher in die Prozesse der Wirtschaft eingreifen, werden im folgenden Abschnitt angesprochen.

2.2.3 Von der punktuellen Nutzung der eCommerce-Funktionen zum „eBusiness" Re-Engineering, neuen eCommerce-Strategien und Geschäftsmodellen

1. **Re-Engineering von Versorgungsketten:**
Aus der intelligenten Kombination mehrerer Funktionalitäten des eCommerce und eBusiness in neu konstruierten unternehmensinternen und unternehmensübergreifenden Prozessen mit Unterstützung des Internets („Prozess-Re-Engineering") sind Entwicklungen entstanden, die ganze Branchen revolutionieren. Ein prominentes Beispiel dafür ist die Bewegung des „Efficient Consumer Response/ECR" in der Konsumgüter- und Handelswirtschaft. Andere Beispiele sind die oben in diesem Beitrag skizzierten Geschäftsmodelle des „Dell"-Konzeptes der kundenindividuellen just-in-time-Produktion, oder die erfolgreiche Schaffung eines „elektronischen Flohmarktes" – die Vermittlung von Auktionen zwischen Privatpersonen durch ebay.

2. **„Collaborative Engineering":**
Eine weitere, noch wenig ausgeschöpfte Innovation des eBusiness besteht in der möglichen Zusammenarbeit von Entwicklungsingenieuren mehrerer Unternehmen in der Konzeption neuer Produkte durch das Internet: „Collaborative Engineering". Es können das Wissen und die Erfahrungen von Kunden, Herstellern und deren Zulieferern ohne Zeitverzug ausgetauscht und kombiniert werden, so dass bessere, individuellere Produkte in kürzerer Zeit entstehen.

3. **„Elektronische Marktplätze" und „Reverse Auctions" als neue Formen der Beschaffungswirtschaft:**
Schließlich bahnt sich ein fundamentaler Wandel der Prozesse und Verhaltensweisen der Beschaffungswirtschaft durch die neuen Möglichkeiten elektronischer Marktplätze an.

	Ohne E-Commerce	E-Einkauf u. E-Verkauf	E-Marktplatz
Käufer	• Kosten für durchschn. Transaktion: 70 - 213$ • Lagerkosten für MRO-Bestände betragen 20 - 30 % jährlich	• Reduzierung d. Transaktionskosten um 30 - 70 % • Reduzierung der Lager- und Produktionskosten um 25 - 40 % • Fehler und Reklamationen um ca. 50 % reduziert	• Preistransparenz • Dynamische Preise • Interaktion mit zahlreichen Lieferanten • Kooperation
Verkäufer		• Niedrigere Transaktionskosten bedeuten niedrigere Vertriebskosten • Katalogkosten 20 - 50 $ pro Artikelposition	• „Spot-Selling", Verkauf von Überbeständen • Größere Präsenz, niedrigere Vetriebskosten • Ausbau der Märkte
	Keine Integration	Integration zwischen 2 Unternehmen	Integration zwischen zahlreichen Unternehmen

Quelle: Vortrag E-Commerce-Starter Pack, e-commerce Information Day SAP, February 2000, S. 7.
Übernommen aus Vortrag: Horváth & Partner: BRAIN eMotion E-Business-Controlling, 19.10.00, S.13.

Abb. 5: Erwartete Rationalisierungspotenziale durch eEinkauf und eMarktplätze

Während über die letzten zwei Jahrzehnte in weiten Bereichen der Wirtschaft eine Tendenz zur Schaffung von festen, langlebigen Kunden-Lieferanten-Beziehungen festzustellen war, die auf „fest verdrahteten" Kommunikationskanälen basierte, verschafft das Internet die Möglichkeit zur breiten, weltweiten Ausschreibung von Bedarfen der Unternehmen und der rationellen Abwicklung der Beschaffungs-Transaktionen durch elektronische Marktplätze. Unternehmen und Kooperations-Organisationen wie Commerce One, der Verbund der Automobilunternehmen Covisint und viele andere versuchen damit Rationalisierungspotenziale zu erschließen, wie sie in Abb. 5 dargestellt sind.

Auf den Marktplätzen können rückwärtsgerichtete Auktionen („Reverse Auctions") stattfinden, mit denen die Bedarfe der Teilnehmer wie in den altbekannten Ausschreibungsverfahren öffentlich - nun aber über das weltweite Internet - ausgeschrieben und abgewickelt werden. Es wird in Einzelfällen über dramatische Effekte im Bereich der erzielten Preise, auf Dauer zugleich auch verringerte Transaktionskosten berichtet, die damit zu erzielen sind.

Es entwickelt sich dadurch eine neue Dynamik der Beziehungen zwischen Unternehmen und eine neue Aufteilung von Kunden-Lieferantenbeziehungen in festgefügte „single-source"- und „Systemlieferanten"-Partnerschaften einerseits, die offenen, wechselnden „Spotmarkt"- und „Electronic Community"-Beziehungen, die durch das Internet vermittelt werden andererseits.

2.3 „eLogistics": Worthülse, Vision und reale Bedeutungen für Logistik-Dienstleister

2.3.1 Vieldeutigkeit des „eLogistics" Begriffes

In den Werbeaussagen von Logistik-Dienstleistern und Fachliteratur-Beiträgen zur eCommerce-Diskussion taucht neben „eCommerce" und „eBusiness", die oben beschrieben wurden, häufiger auch des Schlagwort „eLogistics" auf. Es wird aber selten umschrieben und deutlich von den beiden anderen Schlagworten abgegrenzt.

Dabei könnten zwei prinzipielle Bedeutungen sinnvoll sein:

1. „eLogistics" als (jegliche) Logistik-Dienstleistung, die mit Unterstützung des Internets abgewickelt wird, oder
2. „eLogistics" als das Marktsegment logistischer Dienstleistungen, das durch die besonderen Notwendigkeiten des Transports, des Umschlags, der Kommissionier- und Lagervorgänge von Gütern und Aufträgen entstanden ist, die mit Internet-Unterstützung bzw. per eCommerce bestellt, produziert und distribuiert werden.

Im ersten Fall würde eLogistics nichts anderes bedeuten, als dass ausgewählte, oben im Abschnitt 2.2. beschriebene Funktionalitäten des eCommerce und eBusiness auch in den Prozessen der Logistik-Dienstleister angewandt werden. Faktisch geschieht dies in der Form internetbasierter Werbung, die Übertragung von Speditions-Auftragsdaten vom Verlader an den Dienstleister per Internet, von Tracking-Abfragen durch das Internet bereits in fast allen qualifizierten Logistik-Dienstleistungsorganisationen. Damit wird jeder dieser Dienstleister zum „eLogistiker".

Im zweiten Fall bedeutet „eLogistics" die Bereitstellung von logistischen Geschäftsabwicklungssystemen („Fulfilment"-Systemen), die speziell auf die Bedürfnisse von eCommerce-Händlern – wie z. B. die Bedürfnisse eines Amazon – zugeschnitten sind. Einige Logistik-Dienstleister haben solche Systeme konzipiert, wie z. B. die großen Paketdienste Deutsche Post (DHL) und UPS. Eine Reihe solcher Gründungen sind gescheitert. Die Grenzen zwischen solchen Systemen und eher traditionellen Versandhaus-Logistik- und allgemeinen Kontraktlogistik-Systemen (vgl. dazu den Beitrag „Logistik" in dieser Ausgabe) sind jedoch schwer zu ziehen.

Es scheint deshalb aus bisheriger Sicht zweckmäßig, den „eLogistics"-Begriff eher als eine Worthülse zu interpretieren, der seinen Platz im Bereich der Werbung hat, aber keinen neuen Ideenbeitrag zu den Entwicklungen des eCommerce und eBusiness liefern kann.

2.3.2 Die Herausforderung des „Materiellen Internets" als Basis der „eLogistics"-Visionen

Unberührt von dieser kritischen Wertung des Schlagwortes „eLogistik" bleibt die Herausforderung an die Logistik-Dienstleister, ihre Systeme der physischen, „materiellen" Logistik – also des Transports, des Umschlags, der Kommissionierung und Lagerung von Gütern – den Anforderungen der immer weiträumiger, immer schneller, immer anpassungsfähiger werdenden Welt des eCommerce anzupassen. Dieses Erfordernis der Schaffung eines „Materiellen Internets", das zu den Möglichkeiten des digitalen Internets weitgehend kompatibel ist und die volle Ausschöpfung aller Möglichkeiten des Internets erst zulassen wird, ist in der Forschung der Logistik-Wissenschaft und den Planungen der führenden Logistik-Dienstleister erst seit kurzem wahrgenommen.

3. „mBUSINESS": eCOMMERCE IN DER ZUKUNFT

Ein Blick in die Zukunft des Internets, so weit er aus heutiger Sicht möglich ist, lässt zwei Linien der Weiterentwicklung erkennen:

3.1 Mobile Commerce

Ein voraussehbarer Trend besteht in der weiteren „Mobilisierung" der Menschen als Nachfrager, der Hersteller und Handelsorganisationen als Anbieter und der Güter und Objekte, die in der Wirtschaft fließen. Der mobile Konsument will „auf dem Wege" an jedem Ort essen und trinken und anderweitig versorgt werden. Der mobile Manager und Telearbeiter will seine Arbeitsmittel, Daten und Informationen jederzeit an jedem Ort nutzen können, und die Produkte und Güter sollen für jeden Bedarfsfall individualisiert bereitgestellt, oft recycelt und wiederverwendet werden. Es entsteht dadurch eine dreifache Mobilität, deren Beherrschung neue, noch kaum zu übersehende Anforderung an die Logistik stellt. Mit dem Schlagwort „Mobile Commerce „ haben insbesondere die Anbieter von mobilen Telekommunikations- und Informationsdiensten versucht, dieser Entwicklung ein griffiges Etikett zu geben.

Mit mCommerce ist letzten Endes die Abwicklung von geschäftlichen Transaktionen über Mobiltelefone, drahtlos angebundene persönliche digitale Assistenten (PDAs) oder andere „mobile Endgeräte" gemeint. Die Transaktionen beziehen sich auf den Austausch von Dienstleistungen, physischen Waren und digitalen Gütern gleichermaßen.

Technischer Hintergrund für die aktuelle Diskussion zum mCommerce ist die Tatsache, dass die Vertreter der oben genannten Endgerätetypen inzwischen sehr viel weiter verbreitet sind als der klassische Home-PC. Schließlich steht mittlerweile nicht nur ein flächendeckend ausgebautes Mobilfunknetz, sondern an vielen Orten auch der drahtlose Zugang zu Datennetzen (Hotspots von WLANs) zur Verfügung. Wenn in den nächsten Jahren das UMTS-Netz aufgebaut sein wird, ist zu erwarten, dass die Kosten für den Datenverkehr über mobile Endgeräte sinken wird. Die Praxis hat erkannt, dass mit dem „leitungsgebundenen" eCommerce gerade wegen der nicht flächendeckenden Home-PC-Verbreitung nur ein Teil des potenziellen Marktes erreicht werden kann. mCommerce hingegen verspricht auf den ersten Blick einen sehr viel größeren Markterfolg. Die Dienstleistung soll nicht nur am Wohnort, Schreibtisch oder sonstigem stationären Arbeitsplatz, sondern „ubiquitär", d. h. überall im gleichen Maße und in der gleichen Qualität verfügbar sein. Die Möglichkeit der Positionsbestimmung in Mobilkommunikationsnetzen lässt die baldige Realisierung sogenannter „Location Based Services" mit deutlichem Mehrwert für den Konsumenten erwarten. Mobile Endgeräte sind „always online", d. h. der Nutzer ist ohne zusätzliche Kosten immer erreichbar, Informationen können auf einfache Art und Weise „gepusht" werden. Via Telefonrechnung werden Dienstleistungen und Produkte einfach, sicher und bequem bezahlt.

Logistik-Dienstleister bedienen sich bereits heute mobiler Lösungen, um ihre Transportaufgaben flexibler lösen zu können. Es ist nur noch eine Frage der Zeit, bis sie damit in die Prozesse des mCommerce nahtlos eingebunden sind.

Anhang: Ausgewählte Literatur- und Quellenhinweise

Kennedy, Angus J., The Internet. The Rough Guide. London 1999.
– Ein kleiner, handlicher Führer für Nicht-Experten zum Internet mit ausführlicher Darstellung der Historie.
Scheffler, Wolfram und K.-I. Voigt (Hrsg.), Entwicklungsperspektiven im Electronic Business. Wiesbaden 2000.
– Eine Aufsatzsammlung zu vielen Aspekten des eCommerce, das u.a. Beiträge des Autors zum „materiellen Internet" enthält.
Hans-Jürgen Warnecke (Hrsg.), Projekt Zukunft. Die Megatrends in Wissenschaft und Technik, Köln 1999.
– Eine weitere kompetente Aufsatzsammlung des Präsidenten der Fraunhofer-Gesellschaft zu den Megatrends, die die Zukunft der Wirtschaft und Gesellschaft bestimmen werden.
– Fachzeitschrift mit Berichten aus der Praxis: e-commerce Magazin, Win-Verlag GmbH & Co. KG, Vaterstetten, ISSN 1436-8021
– Dazu der Webauftritt mit aktuellen Informationen unter www.e-commerce-magazin.de

III. Spedition

1. HAFTUNGSFRAGEN

1.1 Haftung der Frachtführer, Spediteure und Lagerhalter

I. Frachtführer

1. Nationale Beförderungen

Mit der Neuregelung des Transportrechts findet das Frachtrecht des Handelsgesetzbuches Vierter Abschnitt Frachtgeschäft §§ 407–452 HGB ohne Unterscheidung zwischen den Verkehrsträgern Straße, Schiene, Binnenschiff und Luftfahrzeug Anwendung.

Das Frachtrecht findet Anwendung:
- für alle Verkehrsverträge, für die deutsches Recht gilt
- für alle im Inland zu erbringenden Leistungen
- für Leistungen im Ausland, soweit dem zwingendes Recht nicht entgegensteht
- für internationale Beförderungsleistungen, soweit dem zwingendes Recht nicht entgegensteht
- für Verträge nach ausländischem Recht, wenn die Beförderung im Inland erfolgt.

Vom Grundsatz her ist das Frachtrecht im Bereich Haftung zwingend ausgestaltet mit folgenden, in § 449 HGB geregelten Ausnahmen:
- es kann von **allen Regelungen** des HGB abgewichen werden, soweit eine Vereinbarung getroffen wird, die im einzelnen ausgehandelt wird (Individualvereinbarung),
- die **Haftungshöhe für Güterschäden** kann durch vorformulierte Vertragsbedingungen verändert werden, soweit
  - der Haftungsbetrag zwischen 2 und 40 Rechnungseinheiten (Sonderzeihungsrechte des Int. Währungsfonds) liegt
  - oder die gewählte Haftungshöhe für den Verwender ungünstiger ist als 2–40 Rechnungseinheiten allerdings müssen diese Änderungen in den vorformulierten Vertragsbedingungen dann besonders drucktechnisch hervorgehoben werden (siehe z. B. Ziffer 23 ADSP).

Im Einzelnen sehen Haftungsregelungen sehen wie folgt aus:

Nationale Beförderungen	
Rechtsgrundlage	§§ 407–450 HGB, zwingende Regelung der Haftung (§ 449 HGB)
Geltungsbereich	nationale Beförderungen internationale Beförderungen, soweit dem kein zwingndes Recht entgegesteht (z. B. CMR)
Haftungsgrundsatz	überwiegend Gefährdungshaftung
Haftungszeitraum	von der Übernahme zur Beförderung bis zur Ablieferung des Gutes
Haftungsumfang	Güterschäden, Lieferfristüberschreitung und sonstige Vermögensschäden
Haftungsgrenzen Güterschaden	Wertersatzprinzip; ersetzt wird der Wert des Gutes am Ort und zur Zeit der Übernahme zur Beförderung der Wert bestimmt sich nach dem Marktpreis, sonst nach dem gemeinen Wert von Gütern gleicher Art und Beschaffenheit max. werden jedoch 8,33 Rechnungseinheiten (SZR) je kg des Rohgewichtes (Bruttogewichtes) ersetzt

Güterfolgeschaden Vermögensschaden	keine Haftung **Lieferfristüberschreitung:** nachgewiesener Schaden, max. das 3-fache des Frachtengeltes **Nachnahmefehler:** nachgewiesener Schaden, max. bis zur Höhe der Nachnahme **Verlust/Beschädigung** bzw. unrichtige Verwendung von Begleiturkunden: **Verschuldenshaftung**, max. der Betrag, der bei Verlust zu zahlen wäre **sonstige Vermögensschäden (Verletzung einer vertraglichen Nebenpflicht):** nachgewiesener Schaden, max. das 3-fache des Betrages, der bei Verlust des Gutes zu zahlen wäre
Ersatz sonstiger Kosten	der Frachtführer hat, soweit er für Verlust oder Beschädigung haftet, zusätzlich die Fracht, öffentliche Abgaben und sonstige Kosten aus Anlass der Beförderung in der nachgewiesenen Höhe zu erstatten
Wegfall der Haftungsgrenzen	Vorsatz Leichtfertigkeit und in dem Bewußtsein, das ein Schaden mit Wahrscheinlichkeit eintreten werde
Verlustvermutung	der Anspruchberechtigte kann das Gut als verloren betrachten, wenn es nicht innerhalb von 20 Tagen bei nationalen Transporten oder 30 Tagen bei internationalen Transporten nach Ablauf der Lieferfrist abgeliefert wird
Haftungsausschluss § 426 HGB	unabwendbares Ereignis
Haftungsausschlüsse § 427 HGB	vereinbarte Verwendung offener Fahrzeug bzw. vereinbarte Verladung auf Deck ungenügende Verpackung durch den Absender Behandeln, Verladen oder Entladen des Gutes durch den Absender oder den Empfänger natürliche Beschaffenheit des Gutes ungenügende Kennzeichnung durch den Absender Beförderung lebender Tiere
Haftungserweiterung	nur vor Vertragsabschluss durch 1. Individualvereinbarung, 2. in AGB´s ist die Änderung der Haftungshöhe für Güterschäden zwischen 2 und 40 SZR möglich, 3. wenn die Vereinbarung für den Anwender ungünstiger ist als die gesetzliche Regelung. Bei Verträgen mit Verbrauchern ist keine Abweichung möglich.
Reklamationsfristen	
äußerlich erkennbare Schäden	spätestens bei Ablieferung des Gutes
äußerlich nicht erkennbare Schäden	unverzüglich schriftlich, spätestens innerhalb von 7 Tagen nach der Ablieferung
Lieferfristüberschreitung	bei der Ablieferung oder schriftlich innerhalb von 21 Tagen nach der Ablieferung
Verjährung	1 Jahr 3 Jahre bei Vorsatz oder Leichtfertigkeit
Beginn bei Auslieferung der Sendung	mit Ablauf des Tages, an dem das Gut abgeliefert wurde
Beginn bei gänzlichem Verlust	mit Ablauf des Tages, an dem das Gut hätte abgeliefert werden müssen

Berechnung der Frist	der Tag der Ablieferung bzw. der beabsichtigten Ablieferung wird nicht gezählt und ab dem nächsten Tag dann taggenau 1 Jahr bzw. 3 Jahre
Hemmung der Verjährung	schriftliche Haftbarhaltung hemmt die Verjährung
Versicherungspflicht § 7a Güterkraftverkehrsgesetz GüKG	Der Unternehmer ist verpflichtet, eine Haftpflichtversicherung abzuschließen und aufrechtzuerhalten, die die gesetzliche Haftung aus Güter- und Verspätungsschäden versichert. Die Mindestversicherungssumme beträgt 600.000 Euro je Schadensereignis. Die Vereinbarung einer Jahreshöchstersatzleistung, die nicht weniger als das 2-fache der Mindestversicherungssumme betragen darf, und eines Selbstbehalts sind zulässig

1.1 Nationaler Eisenbahnverkehr

Die DB hat neben den gesetzlichen Regelungen eigene Geschäftbedingungen, die ALB Allgemeine Leistungsbedingungen der DB Cargo AG entwickelt, die regelmäßig mit den Kunden vereinbart werden.

Im Prinzip übernehmen die ALB die Haftungsregelungen des HGB's, begrenzen diese aber pro Schadenfall. Zusätzlich enthalten die ALB spezifische Regelungen zum Wagenladungsverkehr wie z. B. Ladefristen, Ladevorschriften und ergänzend geltende Vorschriften der DB Cargo.

Zu besseren Übersicht finden sie nachstehend nur die abweichenden oder ergänzenden Haftungsregelungen zum HGB Frachtrecht.

ALB	
Geschäftsbedingungen	ALB Allgemeine Leistungsbedingungen der DB Cargo AG
Haftung nach ALB	die ALB übernehmen die Haftungsregelungen des HGB für Frachtverträge, Abweichungen siehe nachstehende Regelungen
Haftungshöchstgrenzen je Schadenfall	die Haftung pro Schadenfall ist auf einen Betrag von EUR 1 Mio. oder 2 Rechnungseinheiten begrenzt, je nachdem, welcher Betrag höher ist
Verlustvermutung	Abweichend von § 424 HGB tritt die Verlustvermutung sowohl für nationale als auch für internationale Transporte erst nach einem weiteren Zeitraum von 30 Tagen nach Ablauf der Lieferfrist ein
Weitere Ansprüche	sofern Schadenersatzansprüche nicht durch Vorsatz oder grob fahrlässigem Verhalten begründet sind und keine zwingende Haftung besteht, sind über die ALB hinausgehende Ansprüche jeder Art gegen DB Cargo ausgeschlossen. Dies gilt nicht für die Verletzung vertragswesentlicher Pflichten. In diesen Fällen ist die Haftung auf den vorhersehbaren typischen Schaden begrenzt
Recht zur Schadenbesichtigung	die ALB sehen vor, dass der Kunde der DB Cargo eine Gelegenheit zur Besichtigung des Schadens gibt
Speditionelle Leistungen	Für speditionelle Leistungen finden die ADSp in der jeweils neuesten Fassung Anwendung, soweit besonders vereinbart
Versicherungspflicht	Die ALB sehen keine zusätzliche Versicherungspflicht vor; diese ergibt sich aus § 7a Güterkraftverkehrsgesetz (GüKG)

1.2 Straßengüterverkehr

Der Bundesverband Güterkraftverkehr Logistik und Entsorgung (BGL) e. V., Frankfurt, hat Allgemeine Geschäftsbedingungen speziell für Frachtführer aber auch den selbsteintretenden Spediteur, die Vertragsbedingungen für den Güterkraftverkehrs- und Logistikunternehmer VBGL entwickelt und seinen Mitgliedsbetrieben unverbindlich zur Anwendung empfohlen.

Die VBGL übernehmen die zwingenden Haftungsregelungen des HGB´s für Frachtverträge, und präzisieren darüber hinaus die Leistung- und Vergütungsansprüche des Frachtführers insbesondere im Hinblick auf des Be- und Entladen, Be- und Entladezeiten sowie Tausch und Rückführung von Paletten.

Für die Haftung aus Speditions- und Lagergeschäft sind die Regelungen der Allgemeine Deutsche Spediteurbedingungen, ADSp, übernommen worden, weiterhin werden Haftungsregelungen für logistische Leistungen aufgestellt. Auch für das Speditions- und Lagergeschäft und für die logistischen Leistungen sind weitere, die Rechte und Pflichten der am Vertrag beteiligten Parteien präzisierende Regelungen in den VBGL enthalten.

Die VBGL finden als Allgemeine Geschäftsbedingung nur Anwendung, wenn Sie zwischen den Parteien spätestens bei Vertragsabschluss wirksam vereinbart worden sind, ansonsten finden die Regelungen des HGB (siehe nationale Beförderungen) Anwendung.

Nachstehend finden sie die vom HGB abweichenden Haftungsregelungen der VBGL in der Übersicht.

VBGL	
Geschäfts-bedingungen	Vertragsbedingungen für den Güterkraftverkehrs- und Logistikunternehmer (VBGL)
Haftung nach VBGL	die VBGL übernehmen die vollständigen Haftungsregelungen des HGB für Frachtverträge und machen in § 27 VBGL noch einmal deutlich, dass die Haftungsbegrenzung von 8,33 Sonderziehungsrechte durchgehend, d. h. auch im Falle einer transportbedingten Zwischenlagerung (z. B. Umschlag im Sammelgutverkehr) angewendet wird
Haftung bei Speditionsverträgen	die VBGL übernehmen für Speditions- und Lagerverträge die ADSp Haftungshöchstgrenzen (Ziffer 23 und 24 ADSp)
Haftung bei logistischen Dienstleistungen	Haftung nur für grob fahrlässige und vorsätzlich herbeigeführte Schadenfälle, soweit eine Schadenversicherung besteht und die entstandenen Schäden durch die Versicherung gedeckt sind. Ansonsten ist die Haftung für fahrlässig verursachte Schäden auf EUR 1 Mio. je Schadenfall begrenzt
Wegfall der Haftungsgrenzen	Vorsatz Leichtfertigkeit und in dem Bewußtsein, dass ein Schaden mit Wahrscheinlichkeit eintreten werde grobe Fahrlässigkeit Verletzung vertragswesentlicher Pflichten, allerdings ist die Haftung auf den vorhersehbaren, typischen Schaden begrenzt
Versicherungspflicht	Die VBGL sehen keine separate Versicherungspflicht vor. Diese ergibt sich aus § 7a Güterkraftverkehrsgesetz (GüKG)

1.3 Umzugstransporte

Das neue Frachtrecht sieht zwingende separate Regelungen für den Transport von Umzugsgut vor. Insbesondere die Haftungshöhe und der Haftungsumfang sind angepasst worden.

Da der Umzugsunternehmer auch Verträge mit Verbrauchern abschließt, kann der Frachtführer im Umzugsverkehr bei Verträgen mit Verbrauchern nicht zu ungunsten des Absenders von den Haftungsregelungen abweichen.

Anders sieht es bei Verträgen mit gewerblichen Auftraggebern aus; hier besteht die Möglichkeit zum einen von allen Regelungen durch Individualvereinbarungen abzuweichen oder in Allgemeinen Geschäftsbedingungen für Verlust oder Beschädigung eine abweichende Haftungshöhe festzulegen, soweit diese Abweichungen in den Geschäftsbedingungen besonders drucktechnisch hervorgehoben sind.

Die Haftungsbedingungen in der Übersicht:

Nationale Umzugsverkehre	
Rechtsgrundlage	§§ 451–451h HGB, zwingende Regelung der Haftung (§ 451h HGB)
Geltungsbereich	nationale Beförderungen von Umzugsgut internationale Beförderungen von Umzugsgut, soweit dem kein zwingendes Recht entgegesteht
Haftungsgrundsatz	überwiegend Gefährdungshaftung
Haftungszeitraum	der Frachtführer ist für das Auf- und Abbauen der Möbel und das Ver- und Entladen sowie für den Transport verantwortlich. Ist der Auftraggeber ein Verbraucher obliegt dem Frachtführer die Ausführung sonstiger auf den Umzug bezogener Leistungen wie z. B. die Verpackung und die Kennzeichnung
Haftungsumfang	Güterschäden, Lieferfristüberschreitung und sonstige Vermögensschäden
Haftungsgrenzen Güterschaden	Wertersatzprinzip; ersetzt wird der Wert des Gutes am Ort und zur Zeit der Übernahme zur Beförderung der Wert bestimmt sich nach dem Marktpreis, sonst nach dem gemeinen Wert von Gütern gleicher Art und Beschaffenheit zusätzlich müssen Schadenfeststellungskosten erstattet werden max. werden jedoch EUR 620,00 je cbm Laderaum, der zur Erfüllung des Vertrages benötigt wird, ersetzt
Güterfolgeschaden	keine Haftung
Vermögensschaden	**Lieferfristüberschreitung:** nachgewiesener Schaden, max. das 3 fache des Frachtengeltes **Nachnahmefehler:** nachgewiesener Schaden, max. bis zur Höhe der Nachnahme **Verlust/Beschädigung bzw. unrichtige Verwendung von Begleiturkunden:** Verschuldenshaftung, max. der Betrag, der bei Verlust zu zahlen wäre **sonstige Vermögensschäden:** nachgewiesener Schaden, max. das 3-fache des Betrages, der bei Verlust des Gutes zu zahlen wäre
Ersatz sonstiger Kosten	der Frachtführer hat, soweit er für Verlust oder Beschädigung haftet, zusätzlich die Fracht, öffentliche Abgaben und sonstige Kosten aus Anlass der Beförderung zu erstatten
Wegfall der Haftungsgrenzen	Vorsatz Leichtfertigkeit und in dem Bewußtsein, dass ein Schaden mit Wahrscheinlichkeit eintreten werde soweit es der Frachtführer bei Vertragsabschluss unterläßt, den Absender über die Haftungsbestimmungen, die Möglichkeiten der Vereinbarung einer weitergehenden Haftung oder über Versicherungsmöglichkeiten der Ware zu unterrichten
Verlustvermutung	der Anspruchberechtigte kann das Gut als verloren betrachten, wenn es nicht innerhalb von 20 Tagen bei nationalen Transporten oder 30 Tagen bei internationalen Transporten nach Ablauf der Lieferfrist abgeliefert wird
Haftungsausschluss § 426 HGB	unabwendbares Ereignis
Haftungsausschlüsse § 451d HGB	Beförderung von Edelmetallen, Juwelen, Edelsteinen, Geld, Briefmarken, Münzen, Wertpapiere, Urkunden ungenügende Verpackung und Kennzeichnung durch den Absender

		Behandeln, Verladen oder Entladen des Gutes durch den Absender oder den Empfänger
		Verladen und Entladen von Gut, soweit dessen Größe und Gewicht nicht den Raumverhältnissen an der Be- und Entladestellen entspricht, der Frachtführer darauf hingewiesen hat und der Absender trotzdem auf die Durchführung der Leistung besteht
		Beförderung lebender Tiere
		natürliche und mangelhafte Beschaffenheit des Gutes
Haftungs-erweiterung		nur vor Vertragsabschluss durch 1. Individualvereinbarung, 2. in AGB´s ist die Änderung der Haftungshöhe für Güterschäden möglich soweit sie in drucktechnisch deutlicher Gestaltung in den AGB´s hervorgehoben ist. Bei Verträgen mit Verbrauchern ist keine Abweichung möglich.
Reklamationsfristen		
äußerlich erkennbare Schäden		spätestens am Tage nach der Ablieferung des Gutes
äußerlich nicht erkennbare Schäden		unverzüglich schriftlich, spätestens innerhalb von 14 Tagen nach der Ablieferung
Lieferfrist-überschreitung		bei der Ablieferung oder schriftlich innerhalb von 21 Tagen nach der Ablieferung
Besonderheit		werden die Fristen vom Anspruchsteller nicht eingehalten, dann erlöschen die Ansprüche gegen den Frachtführer
		der Frachtführer kann sich auf die Fristen nur berufen, wenn er den Empfänger spätestesns bei der Ablieferung über die Form Frist der Schadenanzeige sowie deren Rechtsfolgen unterrichtet hat
Verjährung		1 Jahr
		3 Jahre bei Vorsatz oder Leichtfertigkeit
Beginn bei Auslieferung der Sendung		mit Ablauf des Tages, an dem das Gut abgeliefert wurde,
Beginn bei gänzlichem Verlust		mit Ablauf des Tages, an dem das Gut hätte abgeliefert werden müssen
Berechnung der Frist		der Tag der Ablieferung bzw. der beabsichtigten Ablieferung wird nicht gezählt und ab dem nächsten Tag dann taggenau 1 Jahr bzw. 3 Jahre
Hemmung der Verjährung		schriftliche Haftbarhaltung hemmt die Verjährung
Versicherungspflicht § 7a Güterkraftverkehrsgesetz GüKG		Der Unternehmer ist verpflichtet, eine Haftpflichtversicherung abzuschließen und aufrechtzuerhalten, die die gesetzliche Haftung aus Güter- und Verspätungsschäden versichert. Die Mindestversicherungssumme beträgt 600.000 Euro je Schadensereignis. Die Vereinbarung einer Jahreshöchstersatzleistung, die nicht weniger als das 2-fache der Mindestversicherungssumme betragen darf, und eines Selbstbehalts sind zulässig

1.4 Binnenschifffahrt

Da das Frachtrecht des HGB´s verkehrsträgerunabhängig ist, finden die frachtrechtlichen Bestimmungen des HGB´s auch für nationale Binnenschiffstransporte Anwendung. Das HGB lässt ja bewusst mit Rücksicht auf die starken Divergenzen beim Warenwert der transportierten Güter in §§ 449 HGB die am Anfang dieses Kapitels genannten Möglichkeiten, abweichende Regelungen zu treffen.

Hiervon wird in der Binnenschifffahrt gebrauch gemacht, aber nicht in Form von Geschäftsbedingungen, die von einem Wirtschaftsverband empfohlen werden sondern in Form von Verlade- und Transportbedingungen, die auf den von den Reedern verwendeten Ladescheinen (auch Konnossement genannt) abgedruckt sind und von Reeder zu Reeder unterschiedlich ausgestaltet sind.

Die Vielfalt der verwendeten reederspezifischen Ladescheine und den darin festgelegten Bedingungen lassen eine Übersicht nicht zu, in der Regel wird jedoch die Haftungsgrenze für Güterschäden mit einem geringeren Betrag als den gesetzlichen 8,33 Sonderziehungsrechte vereinbart und die Leistungs- und Vergütungsansprüche der am Vertrag beteiligten Parteien präzisiert.

Die Bundesregierung hat mit der Verordnung über die Lade- und Löschzeit sowie das Liegegeld in der Binnenschifffahrt (Lade- und Löschzeitverordnung – BinSchLV) aus dem Jahre 1999 Rahmenbedingungen vorgegeben, hierbei handelt es sich allerdings um dispositive Regelungen.

Abschließend sei anzumerken, dass die Bedingungen des Reeders Allgemeine Geschäftsbedingungen sind und zwischen den Vertragsparteien vereinbart werden müssen.

1.5 Luftfrachttransporte

Für nationale Luftfrachttransporte finden die frachtrechtlichen Bestimmungen der §§ 407 ff. HGB Anwendung Soweit die IATA Beförderungsbedingungen als Allgemeine Geschäftsbedingungen von der Fluggesellschaft verwendet werden, gelten diese ergänzend und präzisierend, soweit sie nicht gegen die zwingenden Regelungen des HGB Frachtrechtes verstoßen.

2. Internationale Beförderungen

2.1 Straßengüterverkehr

Im Internationalen Straßengüterverkehr findet das Übereinkommen über den Beförderungsvertrag im internationalen Straßengüterverkehr CMR (CMR ist die Abkürzung für „**C**onvention relative au Contract de transport international de **m**archandises par **r**oute") Anwendung, soweit entweder das Abgangs- oder das Empfangland einer Sendung die CMR ratifiziert hat.

Die CMR wurden im Rahmen der Wirtschaftkommission für Europa ausgearbeitet und anschließend zwischen den Vertragsstaaten der Wirtschaftkommission für Europa abschließend ausgehandelt und am 19. Mai 1956 in Genf unterzeichnet. Die Urform der CMR wurde in englischer und französischer Sprache verfasst, jeder weitere Vertragsstaat hat eine beglaubigte Übersetzung in der Landessprache erhalten.

Bei Auslegungsproblemen ist aber ausschließlich der englische und französische Wortlaut und nicht der Wortlaut der Übersetzung bindend. Am 31.08.1956 wurde die Urschrift der CMR beim Generalsekretär der Vereinten Nationen hinterlegt.

Im Unterzeichnungsprotokoll wurde hinterlegt, dass die CMR nicht für Transportleistungen zwischen dem **Vereinten Königreich von Großbritannien und Nordirland** gilt.

Die Anwendung ist zwingend, da Art. 41 CMR regelt, dass jede abweichende Vereinbarung nichtig und ohne Rechtswirkung ist.

Allerdings kann die CMR nicht alle Rechtsfälle regeln, sie regelt nur die wichtigsten frachtrechtlichen Fragen.

Soweit Lücken vorhanden sind, wird nach den Grundsätzen des internationalen Privatrechts das maßgebende nationale Recht des angerufenen Gerichtes ergänzend herangezogen.

Soweit auf deutsches Recht verwiesen werden kann, kommen ersatzweise die Allgemeinen Deutschen Spediteurbedingungen ADSp oder andere AGB´s (soweit diese vereinbart und nicht gegen zwingendes Recht verstoßen), ansonsten die frachtrechtlichen Regelungen des HGB und soweit dort keine abschließenden Regelungen enthalten sind das BGB zur Anwendung.

Die Haftungsregelungen der CMR in der Übersicht:

Internationaler Straßengüterverkehr	
Rechtsgrundlage	Übereinkommen über den Beförderungsvertrag im internationalen Straßengüterkehr CMR, zwingend anzuwenden (Art. 41 CMR)
Geltungsbereich	CMR ist auf grenzüberschreitende Straßengütertransporte anzuwenden, soweit entweder das Abgangs- oder das Empfangsland die CMR ratifiziert haben.
Geltung für kombinierten Transport	Die CMR finden auch durchgehend für kombinierte Transporte Anwendung, soweit das Gut nicht umgeladen wird oder während des Transportes mit dem anderen Transportmittel ein Schaden entsteht, der nur wegen der Beförderung mit dem anderen Transportmitel entstanden sein kann und nicht auf eine Handlung oder Unterlassung des Straßenfrachtfürers zurück zu führen ist.
Haftungsgrundsatz	überwiegend Gefährdungshaftung
Haftungszeitraum	von der Übernahme zur Beförderung bis zur Ablieferung des Gutes
Haftungsumfang	Güterschäden und Lieferfristüberschreitung
Haftungsgrenzen	
Güterschaden	Wertersatzprinzip; ersetzt wird der Wert des Gutes am Ort und zur Zeit der Übernahme zur Beförderung der Wert bestimmt sich nach dem Börsenpreis, mangels eines solchen nach dem Marktpreis, sonst nach dem gemeinen Wert von Gütern gleicher Art und Beschaffenheit max. werden jedoch 8,33 Rechnungseinheiten (SZR) je kg des Rohgewichtes (Bruttogewichtes) ersetzt
Güterfolgeschaden	keine Haftung
Vermögensschaden	**Lieferfristüberschreitung:** nachgewiesener Schaden, max. das einfache des Frachtengeltes **Nachnahmefehler:** nachgewiesener Schaden, max. bis zur Höhe der Nachnahme **Verlust/Beschädigung bzw. unrichtige Verwendung von Begleiturkunden:** Verschuldenshaftung, max. der Betrag, der bei Verlust zu zahlen wäre
Wegfall der Haftungsgrenzen	Vorsatz wenn nach dem Recht des angerufenen Gerichtes ein dem Vorsatz gleichstehendes Verschulden vorliegt nach deutschem Recht: Leichtfertigkeit und in dem Bewußtsein, das ein Schaden mit Wahrscheinlichkeit eintreten werde
Verlustvermutung	der Verfügungsberechtigte kann das Gut als verloren betrachten, wenn es nicht binnen 30 Tage nach Ablauf der Lieferfrist oder ohne Lieferfrist wenn es nicht binnen 60 Tagen nach Übernahme ausgeliefert ist.
Haftungsausschlüsse Art. 17.2 CMR	unabwendbares Ereignis Verschulden des Verfügungsberechtigten durch eine nicht vom Frachtführer verschuldete Weisung des Frachtführers besondere Mängel des Gutes
Haftungsausschlüsse Art. 17.4 CMR	vereinbarte Verwendung offener Fahrzeuge Fehlen oder Mängel der Verpackung Behandeln, Verladen oder Entladen des Gutes durch den Absender oder den Empfänger oder deren Erfüllungsgehilfen

	natürliche Beschaffenheit des Gutes ungenügende oder unzulängliche Kennzeichnung der Packstücke Beförderung lebender Tiere
Besonderheit Art. 17. 3 CMR	der Frachtführer haftet immer, soweit ein Schaden auf Mängel des verwendeten Fahrzeuges zurückzuführen ist
Haftungs- **erweiterungen**	
Erhöhung des Haftungshöchstbetrages (Art. 24 CMR) (Wertdeklaration)	der Absender kann in den Frachtbrief (Feld 20 besondere Vereinbarungen) einen Wert des Gutes angeben, der im Schadenfall an Stelle der Haftungsbegrenzung von 8,33 SZR zu zahlen ist (gegen Zahlung eines Zuschlages zur Fracht)
Interessendeklaration (Art. 26 CMR)	der Absender kann durch Eintragung eines Betrages in den Frachtbrief (Feld 20 besondere Vereinbarungen) ein besonderes Interesse an der Lieferung deklarieren. Im Schadenfall würde dann der nachgewiesene weitere Schaden bis zur Höhe des deklarierten Interessebetrages ersetzt werden müssen (gegen Zahlung eines Zuschlages zur Fracht).
Reklamationsfristen	
äußerlich erkenbare Schäden	spätestens bei Ablieferung des Gutes
äußerlich nicht erkennbare Schäden	unverzüglich schriftlich, spätestens innerhalb von 7 Tagen nach der Ablieferung
Schäden aus Lieferfristüberschreitung	bei der Ablieferung oder schriftlich innerhalb von 21 Tagen nach der Ablieferung
Berechnung der Frist	Werktage: Sonntage und gesetzliche Feiertage werden nicht mitgerechnet
Verjährung	1 Jahr 3 Jahre bei Vorsatz oder ein dem Vorsatz gleichstehendes Verschulden
Beginn bei Auslieferung der Sendung	Tag der Ablieferung
Beginn bei gänzlichem Verlust	mit dem 30. Tag nach Ablauf der Lieferfrist, ohne Lieferfristvereinbarung mit dem 60. Tag nach der Übernahme der Sendung
Sonstige	In allen anderen Fällen: 3 Monate nach Abschluss des Beförderungsvertrages
Berechnung der Frist	**Der Tag, an dem die Verjährung beginnt, wird bei der Fristberechnung nicht mitgerechnet**
Hemmung der Verjährung	schriftliche Haftbarhaltung hemmt die Verjährung
Versicherungspflicht	Die CMR sehen keine Versicherungspflicht des Frachtführers vor.

2.2 Eisenbahngüterverkehr

Der Internationale Eisenbahngüterverkehr unterliegt in der Regel den einheitlichen Rechtsvorschriften für den Vertrag über die internationale Eisenbahnbeförderung von Gütern, CIM (CIM ist die Abkürzung für Règles uniformes concernant le transport international ferroviaire des merchandises). Die CIM ist der Anhang B zum Übereinkommen über den Internationalen Eisenbahnverkehr COTIF (COTIF ist die Abkürzung für **Co**nvention relative au **t**ransports **i**nternationaux **f**erroviaires), der von der seit dem 01.05.1985 bestehenden **Zwischenstaatliche Organisation für den internationalen Eisenbahnverkehr (OTIF)** mit Sitz in Bern in der Schweiz weiter entwickelt wird.

Der OTIF gehören derzeit 42 Staaten an (alle Staaten in Europa, jedoch ohne die Nachfolgestaaten der Sowjetunion – mit Ausnahme Litauens, Lettlands und der Ukraine –, sowie vier Staaten im Nahen Osten und drei in Nordafrika). Dem einheitlichen Eisenbahntransportrecht CIM ist der Verkehr auf rund

240.000 km Eisenbahnlinien und auf rund 23.000 km Kraftwagenlinien und Schifffahrtslinien unterstellt. Neben der Weiterentwicklung der CIM hat die OTIF u. a. folgende Schwerpunkte:

- Ausweitung des Geltungsbereiches des COTIF, um langfristig durchgehende Eisenbahnbeförderungen vom Atlantik bis zum Pazifik unter einem einheitlichen Rechtsregime zu ermöglichen;
- Beseitigung von Hindernissen beim Grenzübertritt im internationalen Eisenbahnverkehr;
- Mitwirkung an der Ausarbeitung anderer internationaler Übereinkommen betreffend den Eisenbahnverkehr im Rahmen der ECE/UNO und des Unidroit;
- kontinuierliche Aktualisierung des Gefahrgutrechtes (RID).

Die CIM findet Anwendung, soweit das Abgangs- und das Empfangsland ein CIM Mitgliedsstaat ist.

In allen anderen Fällen können Eisenbahnfrachtführer für grenzüberschreitende Transporte eigene Regelungen aufstellen, soweit dem kein zwingendes Recht entgegensteht.

Die Regelungen in der Übersicht:

Internationaler Eisenbahngüterverkehr	
Rechtsgrundlage	Einheitliche Rechtsvorschriften für den Vertrag über die internationale Eisenbahnbeförderung von Gütern CIM Anhang B zum Übereinkommen über den Internationalen Eisenbahnverkehr COTIF
Geltungsbereich	CIM ist auf grenzüberschreitende Eisenbahngütertransporte anzuwenden, soweit das Abgangs- und das Empfangsland CIM Mitgliedsstaat ist und im Abkommen gelistete Linien befahren werden.
Haftungsgrundsatz	überwiegend Gefährdungshaftung
Haftungszeitraum	für die Ausführung der Beförderung auf der ganzen Strecke bis zur Ablieferung des Gutes
Haftungsumfang	Güterschäden und Lieferfristüberschreitung
Haftungsgrenzen	
Güterschaden	Wertersatzprinzip; ersetzt wird der Wert des Gutes am Ort und zur Zeit der Annahme zur Beförderung der Wert bestimmt sich nach dem Börsenpreis, andernfalls nach dem Marktpreis, sonst nach dem gemeinen Wert von Gütern gleicher Art und Beschaffenheit max. werden jedoch 17 Rechnungseinheiten (SZR) je kg der Bruttomasse (Bruttogewichtes) ersetzt
Güterfolgeschaden	keine Haftung
Vermögensschaden	**Lieferfristüberschreitung:** nachgewiesener Schaden, max. das 4-fache des Frachtengeltes **Verlust/Beschädigung bzw. unrichtige Verwendung von Begleiturkunden:** Verschuldenshaftung, max. der Betrag, der bei Verlust zu zahlen wäre
Haftungs-freigrenzen	soweit Güter infolge ihrer natürlichen Beschaffenheit durch die Beförderung einem Schwund ausgesetzt sind werden 2 % der Masse für die flüssigen oder in feuchtem Zustand übergebenen Güter und 1 % der Masse für Trockengüter nicht ersetzt
Wegfall der Haftungsgrenzen	Absicht Leichtfertig und in dem Bewusstsein, dass ein Schaden mit Wahrscheinlichkeit eintreten werde
Verlustvermutung	der Berechtigte kann die Güter als verloren betrachten, wenn diese nicht 30 Tage nach Ablauf der Lieferfrist abgeliefert oder zu seiner Verfügung bereitgestellt worden sind.

Haftungs-ausschlüsse Art. 36 § 2 CIM	unabwendbares Ereignis Verschulden des Berechtigten durch eine nicht von der Eisenbahn verschuldete Weisung des Frachtführers besondere Mängel des Gutes
Haftungs-ausschlüsse Art. 36 § 3 CIM	vereinbarte Verwendung offener Fahrzeuge Fehlen oder Mängel der Verpackung Verladen der Güter durch den Absender oder Entladen durch den Empfänger mangelhafte Verladung durch den Absender Erfüllung der zoll- und verwaltungsbehördlichen Vorschriften durch den Absender natürliche Beschaffenheit des Gutes unrichtige, ungenaue oder unvollständige Bezeichnung der Güter durch den Absender Beförderung lebender Tiere
Haftungs-erweiterungen	
Interessendeklaration (Art. 16 CIM)	Der Absender kann durch Eintragung eines Betrages in den Frachtbrief besonderes Interesse an der Lieferung deklarieren. Im Schadenfall würde dann der nachgewiesene weitere Schaden bis zur Höhe des deklarierten Interessebetrages ersetzt werden müssen.
Reklamationsfristen	
äußerlich erkennbare Schäden	schriftlich sofort vor Annahme des Gutes
äußerlich nicht erkennbare Schäden	unverzüglich schrftlich nach Entdecken, spätestens innerhalb von 7 Tagen nach Annahme des Gutes
Schäden aus Lieferfristüberschreitung	schriftlich innerhalb von 60 Tagen
Verjährung	1 Jahr 2 Jahre bei Absicht oder Leichtfertig und in dem Bewusstsein, das ein Schaden mit Wahrscheinlichkeit eintreten werde
Beginn bei Auslieferung der Sendung	Tag der Ablieferung
Beginn bei gänzlichem Verlust	mit dem 30. Tag nach Ablauf der Lieferfrist
Berechnung der Frist	**Der Tag, an dem die Verjährung beginnt, wird bei der Fristberechnung nicht mitgerechnet**
Hemmung der Verjährung	schriftliche Haftbarhaltung hemmt die Verjährung
Versicherungspflicht	Die CIM sehen keine Versicherungspflicht für den Frachtführer vor

2.3 Binnenschiffstransporte

Für internationale Binnenschiffstransporte gibt es zurzeit noch kein international einheitliches Frachtrecht. Soweit es sich bei dem auftragnehmenden Binnenschiffer um ein deutsches Unternehmend handelt, finden die frachtrechtlichen Bestimmungen des HGB´s Anwendung.

Üblich ist die Verwendung der Internationale Verlade- und Transportbedingungen für die Binnenschifffahrt (IVTB) erarbeitet vom Fachausschuss für Binnenschifffahrtsrecht und Herausgegeben vom Verein für europäische Binnenschifffahrt und Wasserstraßen e. v., Duisburg, als allgemeine Geschäftsbedingungen, die ergänzend zur Anwendung kommen.

Ein internationales Frachtrecht existiert bereits, das so genannte Budapester Übereinkommen über die Güterbeförderung in der Binnenschifffahrt CMNI, das, Stand Anfang 2005 von 5 Staaten gezeichnet worden ist. Mit der Ratifizierung von Deutschland ist zu rechnen, dann würde das Übereinkommen für internationale Binnenschifftransporte Anwendung finden.

2.4 Seeschiffahrt

Auch im Seefrachtbereich existieren internationale Abkommen, die einheitliche Regelungen vorsehen. Bereits 1924 wurden das Internationale Übereinkommen zur Vereinheitlichung von Regeln über Konnossemente, die so genannten Haager Regeln entwickelt. Modifiziert wurden die Haager Regeln mit den so genannten Haag-Visby Rules aus dem Jahre 1968.

Deutschland hatte die Haager Regeln 1937 in das Handelsgesetzbuch eingearbeitet. Auch die Haag-Vuisby-Rules wurden in das Fünfte Buch „Seehandel" §§ 476 ff. des HGB's übernommen, das Abkommen ist als solches aber nicht ratifiziert worden.

Erwähnenswert ist an dieser Stelle noch das UN-Übereinkommen über die Beförderung von Gütern auf See aus dem Jahre 1978, die so genannten Hamburg Rules, die die Haag-Visby Rules ablösen sollen, von Deutschland aber noch nicht ratifiziert sind.

Die gesetzlichen Regelungen des HGB lassen abweichende Regelungen zu, falls ein Konnossement ausgestellt worden ist, sind bestimmte Haftungsregelungen zwingend (§ 662 HGB). Von dieser Gestaltungsmöglichkeit machen die Reeder Gebrauch, in der Regel hat jeder Reeder eigene Konnossementsbedingungen, die auf der Seite 1 des Konnossements abgedruckt sind. Im Schadenfall würden dann die Konnossementsbedingungen gelten, soweit zwingendes Recht nicht vorgeht.

Die Regelungen des HGB im Einzelnen:

Seefrachttransporte	
Rechtsgrundlage	Fünftes Buch Seehandel §§ 476 ff. HGB
Geltungsbereich	Internationale Seefrachttransporte (in der Regel Stückguttransporte mit Konnossement)
Haftungsgrundsatz	Verschuldenshaftung mit umgekehrter Beweislast
Haftungszeitraum	von der Annahme bis zur Ablieferung des Gutes, aber das HGB regelt nur den Zeitraum von der Einladung in das Schiff bis zur Ausladung (tackle to tackle) zwingend. Einladung: wenn ausserbords die Güter an das Ladegeschirr angeschlagen (eingehakt) sind Ausladung: wenn das Ladegeschirr ausgehakt wird
Weitere zwingende Haftungsumstände	Haftung des Reeders für die angängliche See- und Ladungstüchtigkeit des Schiffes Seetüchtig = gehörig eingerichtet, ausgerüstet und bemannt mit der Vorhaltung ausreichender Vorräte Ladungstüchtig = Die Laderäume müssen für die Aufnahme, Beförderung und Erhaltung der Güter ausgestattet sein Haftung für die sachgerechte Behandlung der Güter beim Entladen, Stauen, Befördern, Behandeln und Ausladen (mit der Sorgfalt eines ordentlichen Verfrachters) Der Reeder haftet für das Verschulden seiner Gehilfen und der Schiffsbesatzung wie für eigenes Verschulden
Haftungsumfang	Güterschäden
Haftungsgrenzen	
Güterschaden	Wertersatzprinzip; ersetzt wird der gemeine Handelswert oder der gemeine Wert, den Güter derselben Art und Beschaffenheit am Bestimmungsort bei Beginn der Löschung des Schiffes abzüglich ersparter Kosten haben

		zusätzlich müssen Schadenfeststellungskosten ersattet werden, soweit ein Haftung des Reeders gegeben ist (§ 613 HGB)
		max. werden jedoch 666,67 Rechnungseinheiten (SZR) für das Stück oder die Einheit oder 2 Rechnungseinheiten (SZR) für das kg des Rohgewichtes der verlorenen oder beschädigten Güter ersetzt, je nachdem welcher Betrag höher ist
	Güterfolgeschaden	keine Haftung
	Wegfall der Haftungsgrenzen	Absicht Leichtfertigkeit und in dem Bewußtsein, das ein Schaden mit Wahrscheinlichkeit eintreten werde
	Haftungsausschlüsse § 607 HGB	Fehler bei der Führung oder der sonstigen Bedienung des Schiffes (nautisches und technisches Verschulden) Feuer
	Haftungsausschlüsse § 608 HGB	Gefahren oder Unfällen auf See oder anderer schiffbarer Gewässer kriegerische Ereignisse, Unruhen, Handlungen öffentlicher Feinde, Verfügung von hoher Hand, Quarantänebestimumungen gerichtliche Beschlagnahme Streik, Aussperrung oder sonstige Arbeitsbehinderung Handlungen oder Unterlassungen des Abladers oder Eigentümer des Gutes und seiner Vertreter Rettung oder dem Versuch der Rettung von Leben oder Eigentum zur See Schwund an Raumgehalt oder Gewicht, verborgenen Mängel, eigentümliche oder natürliche Beschaffenheit der Güter
	Haftungsfreizeichnungen	Der Verfrachter kann weitere Haftungsauschlüsse in Konnossementen aufnehmen: Transport lebender Tiere für Deckladungsgüter, wenn diese im Konnossement vermerkt und tatsächlich an Deck geladen werden für Leistungen, die der Reeder vor der Einladung und nach der Ausladung erbringt bei Charterpartien bei nicht handelsüblichen und nicht regelmäßigen Verschiffungen können wegen der Besonderheit der Verschiffung und wegen der Eigenart oder Beschaffenheit der Güter weitere Auschlüsse im Konnossement aufgenommen werden, soweit dieses nicht an to order ausgestellt ist
	Haftungserweiterung	
	Wertdeklaration	wenn Art und Wert der Güter vor der Einladungangegeben und in das Konnossement aufgenommen worden sind
	sonstige Haftungserweiterung	Eine Vereinbarung der Erweiterung der Haftung über die zwingende Haftung hinaus ist möglich, dies muss im Konnossement aufgenommen werden
	Reklamationsfristen	
	äußerlich erkennbare Schäden	schriftliche Anzeige, spätestens bei Ablieferung des Gutes
	äußerlich nicht erkennbare Schäden	unverzüglich schriftlich, spätestens innerhalb von 3 Tagen nach der Ablieferung
	Ausschlussfrist	1 Jahr
	Beginn bei Auslieferung der Sendung	Tag der Auslieferung der Güter

Beginn bei gänzlichem Verlust	Tag, an dem das Gut hätte abgeliefert werden müssen
Berechnung der Frist	Die Berechnung der Frist richtet sich nach dem Recht des angerufenen Gerichtes bei deutschem Gerichtsstand: der Tag der Ablieferung bzw. der beabsichtigten Ablieferung wird nicht gezählt und ab dem nächsten Tag dann taggenau 2 Jahre
Versicherungspflicht	keine Versicherungspflicht

2.4 Luftfrachtverkehr

Im internationalen Luftfrachtverkehr wurde bereits mit Mitte 1925 die Notwendigkeit erkannt, wesentliche Teile des Rechts der Luftbeförderung für Personen, Reisegepäck und Güter zu vereinheitlichen. Auf internationalen Konferenzen wurde das Warschauer Abkommen entwickelt und am 28.09.1929 in Warschau unterschrieben. Deutschland hat dieses Abkommen 1933 ratifiziert. Das WA stellt somit einen völkerrechtlichen Vertrag zwischen den ursprünglichen Vertragsstatten und den Staaten dar, die später beigetreten sind.

1955 wurde in Den Haag ein Zusatzprotokoll zum WA verabschiedet und von einigen der Vertragsstaaten ratifiziert. Insgesamt haben 151 Staaten das WA 1929 und 136 Staaten das Zusatzprotokoll ratifiziert. Das Warschauer Abkommen ist auch nach 1955 durch ein Vielzahl weiterer Zusatzabkommen, Protokolle und Zusatzprotokolle ergänzt und modifiziert worden, die einen unterschiedlichen Zeichnungsstand aufweisen.

Welche Regelungen finden Anwendung?

Als Grundsatz gilt: es findet grundsätzlich das WA inkl. der Zusatzprotokolle Anwendung, das sowohl das Abgangs- als auch das Empfangsland gezeichnet hat. Haben Beide das WA in der Fassung 1929 gezeichnet, dann gilt dieses, haben Beide das Zusatzprotokoll gezeichnet, dann gelten die Regelungen des WA in der Fassung von Den Haag 1955.

Nachstehend finden sie die Haftungsregelungen des WA in der Fassung von Den Haag 1955 in der Übersicht:

Internationale Luftfracht	
Rechtsgrundlage	Abkommen zur Vereinheitlichung von Regeln über die Beförderung im internationalen Luftverkehr WA Warschauer Abkommen in der Fassung von Den Haag 1955
Geltungsbereich	WA findet auf internationale Luftfrachtbeförderungen Anwendung, wenn der Staat des Abgangsortes und der Staat des Bestimmungsortes das WA ratifiziert haben
Haftungsgrundsatz	Verschuldenshaftung mit umgekehrter Beweislast
Haftungszeitraum	Zeitraum, während der Luftbeförderung, d. h. der Zeitraum, in dem sich die Güter auf einem Flughafen, an Bord des Flugzeuges oder bei Landung außerhalb des Flughafens unter der Obhut des Luftfrachtführers befinden
Haftungsumfang	Güterschäden und Verspätung (Vermögensschäden)
Haftungsgrenzen	
Güterschaden	Wertersatz, max. werden EUR 27,35 je kg (Bruttogewicht) der vom Schaden betroffenen Packstücke ersetzt
Güterfolgeschaden	keine Haftung da Wertersatz, soweit deutsches Recht ergänzend zur Anwendung kommt
Vermögensschaden	Lieferfristüberschreitung: nachgewiesener Schaden, max. EUR 27,35 pro kg sonstige immaterielle Schäden im Sinne von §§ 249 ff. BGB (strittig)

Wegfall der Haftungsgrenzen	Absicht Leichtfertig und in dem Bewusstsein, dass ein Schaden mit Wahrscheinlichkeit eintreten werde soweit kein Luftfrachtbrief ausgestellt wurde oder dieser einen Hinweis auf die Haftungsbeschränkungen des WA nicht enthält
Verlustvermutung	der Verfügungsberechtigte kann das Gut als verloren betrachten, wenn es nicht binnen 7 Tagen seit dem Tag, an dem sie hätten eintreffen sollen, nicht eingetroffen sind
Haftungsausschlüsse	mangelndes Verschulden
Haftungserweiterungen Erhöhung des Haftungshöchstbetrages und Interessendeklaration Art. 22.2 WA	Der Absender kann bei der Übergabe der Güter das Interesse an der Ablieferung betragsgemäß deklarieren und muss den verlangten Zuschlag entrichten. Im Schadenfall würde bis zur Höhe des deklarierten Interessebetrages Ersatz geleistet werden, es sei denn, der Frachtführer weißt nach, dass der Interessebetrag höher ist, als das tatsächliche Interesse des Absenders an der Ablieferung
Reklamationsfristen Verlustschäden (Teilverlust)	Ausschlussfrist: spätestens bei Ablieferung des Gutes, aber die Ablieferquittung ist widerlegbar
Beschädigungen	Ausschlussfrist: unverzüglich schriftlich nach Entdeckung, spätestens 14 Tage nach Annahme
Schäden aus Lieferfristüberschreitung	Ausschlussfrist: bei der Ablieferung oder schriftlich innerhalb von 21 Tagen nach der Ablieferung
Verjährung	Ausschlussfrist 2 Jahre
Beginn	Tag an dem das Luftfahrzeug am Bestimmungsort angekommen ist oder an dem es hätte ankommen sollen oder an dem Tag, an dem die Beförderung abgebrochen wurde.
Berechnung der Frist	Die Berechnung der Frist richtet sich nach dem Recht des angerufenen Gerichtes.
Versicherungspflicht	keine Versicherungspflicht

Montrealer Übereinkommen

1994 begann die Internationale Zivilluftfahrt-Organisation (ICAO) mit der Ausarbeitung eines neuen Zivilrechts, das mit dem „Übereinkommen zur Vereinheitlichung bestimmter Vorschriften über die Beförderung im internationalen Luftverkehr, dem so genannten Montrealer Übereinkommen (MÜ) im Jahre 1999 abgeschlossen wurde.

Derzeit haben 66 Länder, u. a. USA, China, Kanada und die Europäische Gemeinschaft das Übereinkommen ratifiziert, in Deutschland ist das MÜ seit dem 28.06.2004 anzuwenden. Es ist damit zu rechnen, dass das MÜ in absehbarer Zeit das WA komplett ablösen wird.

Das MÜ findet auf internationale Luftfrachtsendungen Anwendung, soweit der Abgangs- und der Empfangsstaat das MÜ ratifiziert haben.

Nachstehend die Haftungsregelungen des MÜ im Überblick

Internationale Luftfracht	
Rechtsgrundlage	Übereinkommen zur Vereinheitlichung bestimmter Vorschriften über die Beförderung im internationalen Luftverkehr MÜ zwingend anzuwenden – Gültig in Deutschland seit dem 02.06.2004 –

Geltungsbereich	MÜ findet Anwendung, wenn der Abgangs- und der Bestimmungsort einer internationalen Luftfrachtsendung innerhalb zweier Statten liegen, die das MÜ ratifiziert haben
Haftungsgrundsatz	Gefährdungshaftung, bei Verpätung Verschuldenshaftung mit umgekehrter Beweislast
Haftungszeitraum	Zeitraum, während sich die Güter in der Obhut des Luftfrachtführers befinden.
Haftungsumfang	Güterschäden und Verspätung
Haftungsgrenzen	
Güterschaden	Wertersatz (§ 2 MontÜG), max. werden 17 Sonderziehungsrechte je kg (Bruttogewicht) ersetzt
Güterfolgeschaden	keine Haftung (§ 2 MontÜG)
Vermögensschaden	**nur Lieferfristüberschreitung:** nachgewiesener Schaden, max. 17 Sonderziehungsrecht pro kg
Besonderheit MÜ Art. 24	die Haftungshöchstbeträge werden nach einem festgelegten Zeitraum von einem Depositar überprüft und ggf. angepaßt
Wegfall der Haftungsgrenzen	keine Haftungsdurchbrechung möglich, der Frachtführer haftet selbt bei Vorsatz begrenzt mit 17 Sonderziehungsrechte
Verlustvermutung	der Verfügungsberechtigte kann das Gut als verloren betrachten, wenn es nicht binnen 7 Tagen seit dem Tag, an dem sie hätten eintreffen sollen, nicht eingetroffen sind
Haftungsausschlüsse Art. 18.2 MÜ	Eigenart der Güter oder ihnen innewohnender Mangel mangelhafte Verpackung der Güter durch eine andere Person als den Luftfrachtführer Kriegshandlung oder ein bewaffneter Konflikt hoheitliches Handeln in Verbindung mit der Einfuhr, Ausfuhr oder Durchfuhr der Güter
Haftungserweiterungen	
Grundsätzlich	der Frachtführer kann über das MC hinausgehende Haftungssummen mit dem Kunden vereinbaren oder auch vollständig auf Haftungsbegrenzungen verzichten
Erhöhung des Haftungshöchstbetrages und Interessendeklaration (Art. 22.3 MÜ)	Der Absender kann bei der Übergabe der Güter das Interesse an der Ablieferung am Bestimmungsort betragsgemäß deklarieren und muss den verlangten Zuschlag entrichten. Im Schadenfall würde bis zur Höhe des deklarierten Interessebetrages Ersatz geleistet werden, es sei denn, der Frachtführer weißt nach, dass der Interessebetrag höher ist, als das tatsächliche Interesse des Absenders an der Ablieferung am Bestimmungsort
Reklamationsfristen	
Verlustschäden (Teilverlust)	Ausschlussfrist: spätestens bei Ablieferung des Gutes, aber die Ablieferquittung ist widerlegbar
Beschädigungen	Ausschlussfrist: unverzüglich schriftlich nach Entdeckung, spätestens 14 Tage nach Annahme
Schäden aus Lieferfristüberschreitung	Ausschlussfrist: bei der Ablieferung oder schriftlich innerhalb von 21 Tagen nach der Ablieferung
Verjährung	Ausschlussfrist 2 Jahre

Beginn	Tag an dem das Luftfahrzeug am Bestimmungsort angekommen ist oder an dem es hätte ankommen sollen oder an dem Tag, an dem die Beförderung abgebrochen wurde.
Berechnung der Frist	Die Berechnung der Frist richtet sich nach dem Recht des angerufenen Gerichtes.
Versicherungspflicht (§ 4 Abs. 2 MontÜG)	der vertragliche (Fixkostenspediteur) und der ausführende Frachtführer müssen für ihre Haftung nach dem MÜ für die Zerstörung, die Beschädigung, den Verlust und die verspätete Ablieferung eine Haftpflichtversicherung unterhalten

II. Spedition

Aufgabe des Spediteurs ist es, die Versendung von Gütern zu besorgen. Die grundsätzlichen Regelungen hierzu finden sie in den §§ 453 ff. HGB Speditionsgeschäft.

Diese Regelungen sind bis auf wenige Ausnahmen dispositiv ausgestaltet, der Spediteur kann z. B. in Allgemeinen Geschäftsbedingungen davon abweichen. Unterscheiden müssen wir hier aber grundsätzlich zwischen dem Spediteur der tatsächlich nur als Geschäftsbesorgungsspediteur tätig ist und dem Spediteur der Fixkosten-, Sammelladungspediteur oder selbsteintretender Spediteur ist oder wenn im Gewahrsam des Geschäftsbesogungsspediteurs ein Güterschaden entsteht.

Geschäftsbesorgungspediteur

Hierunter ist ein Spediteur zu verstehen, der (nur) die Versendung von Gütern besorgt, mit dem Kunden keinen festen Preis vereinbart, der sowohl das Speditionsentgelt als auch Kosten der Beförderung beinhaltet (Fixkostenspediteur), der die Versendung nicht mit Gütern anderer Auftraggeber zusammen bewirkt (Sammelladungspediteur) und nicht von seinem Recht gebrauch macht, Transporte mit eigenen Fahrzeugen durchzuführen (Selbsteintritt). Für den Fall, dass in der Obhut des Geschäftsbesorgungsspediteurs ein Güterschaden entsteht, gelten ebenfalls andere Haftungsbestimmungen.

Alleine durch diese Einschränkung ergeben sich heute nur wenige Anwendungsmöglichkeiten auf abgeschlossenen Speditionsaufträge, da der Spediteur in der Regel mit seinem Kunden einen festen Preis ausmacht. Aber für den Fall, dass der Spediteur z. B. ausschließlich die Verzollung durchführt, würden diese Regelungen greifen.

Haftet er als Geschäftsbesorgungsspediteur, sieht das HGB eine Verschuldenshaftung mit umgekehrter Beweislast in unbegrenzter Höhe vor. Die Haftungsregelungen im Detail:

Haftung des Geschäftsbersorgunsspediteurs nach HGB	
Rechtsgrundlage	§§ 453–466 HGB, zwingende Haftung für Güterschäden in seiner Obhut nach Frachtrecht (§ 466 HGB)
Haftungsgrundsatz	Verschuldenshaftung mit umgekehrter Beweislast
Haftungsumfang	Güterschäden, Vermögensschäden
Haftungsgrenzen Güterschaden	soweit der Güterschaden in der Obhut entsteht Haftung nach Frachtrecht §§ 407 HGB Schadenersatz (§§ 249 ff. BGB) für verursachte Güterschäden ausserhalb der Obhut ohne Begrenzung (strittig)
Güterfolgeschaden	Schadenersatz (§§ 249 ff. BGB) ohne Begrenzung
Vermögensschaden	Schadenersatz (§§ 249 ff. BGB) ohne Begrenzung
Haftungsausschluss	mangelndes Verschulden
Verjährung	1 Jahr 3 Jahre bei Vorsatz oder Leichtfertigkeit

Beginn bei Auslieferung der Sendung	mit Ablauf des Tages, an dem das Gut abgeliefert wurde
Beginn bei gänzlichem Verlust	mit Ablauf des Tages, an dem das Gut hätte abgeliefert werden müssen
Berechnung der Frist	der Tag der Ablieferung bzw. der beabsichtigten Ablieferung wird nicht gezählt und ab dem nächsten Tag dann taggenau 1 Jahr bzw. 3 Jahre
Hemmung der Verjährung	schriftliche Haftbarhaltung hemmt die Verjährung
Versicherungspflicht	keine Versicherungspflicht

Fixkosten-, Sammelladungsspediteur und selbsteintretender Spediteur

Fixkosten-, Sammelladungsspediteur und selbsteintretender Spediteur oder ein Güterschaden in der Obhut des Geschäftsbesorgungsspediteurs werden nach den anzuwendenden frachtrechtlichen Bestimmungen beurteilt, bei nationalen Güterbeförderungen nach den §§ 407 ff. HGB.

Das Speditionsrecht im HGB spricht hier von „der Spediteur hat hinsichtlich der Beförderung die Rechte und Pflichten eines Frachtführers" was die Anwendung des Frachtrechts wiederum wie folgt einschränkt:

Fixkostenspediteur: haftet von der Übernahme bis zur Ablieferung der Sendung nach Frachtrecht

Sammelladungsspediteur: haftet von der Zusammenstellung bis zur Auflösung der Sammelladung nach Frachtrecht, wobei strittig ist, ob die Vor- oder Nachläufe einer Sammelladung bereits unter diese Regelung fallen.

Selbsteintretender Spediteur: haftet nach Frachtrecht nur für den selbst durchgeführten Transport

Gechäftsbesorgungsspediteur: haftet nach Frachtrecht, falls ein Güterschaden in seiner Obhut entsteht.

Doch selbst wenn der Spediteur für diese Tätigkeiten nach Frachtrecht haftet, dann hat er immer die ursprünglichen speditionellen Leistungen gemäß dem abgeschlossenen Speditionsvertrag zu erbringen. Hierzu zählt u. a.

- die Auswahl der ausführenden Unternehmer
- den Abschluss der erforderlichen Verträge mit diesen Unternehmern
- die Sicherung von Schadenersatzansprüchen des Versenders
- Besorgung von Versicherungsschutz falls beauftragt

und weiterer vereinbarter Leistungen. Kommt es bei diesen speditionellen Leistungen zu einem Schaden, dann haftet der Spediteur, soweit der Schaden nicht schon von der Haftung nach Frachtrecht erfasst ist, nach den Regelungen der §§ 453 ff. HGB Speditionsgeschäft, also wie der Geschäftsbesorgungsspediteur. Oftmals ist es sehr schwierig die genaue Abgrenzung zwischen Haftung nach Frachtrecht oder Haftung nach Speditionsrecht zu finden.

Haftung nach den Allgemeine Deutsche Spediteurbedingungen ADSp

Da die speditionellen Regelungen des HGB dispositiv sind und auch die frachtrechtlichen Bestimmungen erlauben, für Güterschäden eine abweichende Haftungshöhe in einem Korridor von 2–40 SZR (Korridorlösung) zu vereinbaren, macht die ADSp von dieser Gestaltungsmöglichkeit gebrauch.

Die ADSp sind dem Rechtscharakter nach Allgemeine Geschäftsbedingungen, die aber eine Besonderheit aufweisen, sie sind mit den Verladerverbänden gemeinsam festgestellt also entwickelt worden. Sie werden durch stillschweigende Unterwerfung Bestandteil des Speditionsvertrages, obwohl dies rechtlich auch auf Widerstand stößt.

Die ADSp gelten für alle Tätigkeiten des Spediteurs, hierzu zählen Speditions-, Fracht-, Lagerverträge, sonstige üblicherweise zum Speditionsgewerbe gehörende Geschäfte und auch speditionsübliche logistische Leistungen, wenn sie mit der Beförderung oder Lagerung von Gütern in Zusammenhang stehen.

Die ADSp gelten nicht für:

- Verpackungsarbeiten
- die Beförderung von Umzugsgut oder dessen Lagerung

- Kran- und Montagearbeiten sowie Schwer- oder Großraumtransporte
- die Beförderung oder Lagerung von abzuschleppenden oder zu bergenden Güter
- Verkehrsverträge mit Verbrauchern.

Nachstehend finden sie die wesentlichen Haftungsregelungen im Überblick. Die Darstellung ist unterteilt in den Haftungsumfang, soweit der Spediteur nach Frachtrecht und soweit er für speditionelle Leistungen zu haften hat.

Haftung des Spediteurs nach ADSp	
Rechtsgrundlage	Allgemeine Deutsche Spediteurbedingungen ADSp 2003, zwingende Regelung der Haftung (§ 449 HGB) und als Fixkosten-, Sammelladungsspediteur oder selbsteintretender Spediteur sowie bei Verlusschäden in seiner Obhut
	Haftung für Schäden hinsichtlich der Beförderung als Fixkosten-, Sammelladungsspediteur oder bei Selbsteintritt
Haftungsgrundsatz	überwiegend Gefährdungshaftung
Haftungsumfang	Güterschäden, Lieferfristüberschreitung und sonstige Vermögensschäden
Haftungsgrenzen Güterschaden	Wertersatzprinzip; ersetzt wird der Wert des Gutes am Ort und zur Zeit der Übernahme zur Beförderung, der Wert bestimmt sich nach dem Marktpreis, sonst nach dem gemeinen Wert von Gütern gleicher Art und Beschaffenheit – EUR 5,00 je kg des Rohgewichtes der Sendung – bei einem Schaden während des Transportes mit einem Beförderungsmittel auf den gesetzlich festgelegten Haftungshöchstbetrag z. B. nationaler Transport 8,33 SZR je kg (§ 431 HGB), internationaler Straßengüterverkehr 8,33 SZR je kg (Art. 23 CMR) internationaler Lufttransport Warschauer Abkommen in der Fassung von Den Haag EUR 27,35 je kg (Art. 22 WA) oder Montrealer Übereinkommen 17 SZR je kg (Art. 22 MÜ), Seetransport Hague-Visby Rules 2 SZR je kg oder 666,67 SZR je Stück internationaler Schienentransport 17 SZR je kg – bei einem Verkehrsvertrag über einen multimodalen Transport incl. Seebeförderung max. 2 SZR für jedes kg
Güterfolgeschaden Vermögensschaden	keine Haftung **Lieferfristüberschreitung:** nachgewiesener Schaden, max. das 3-fache des Frachtengeltes **Nachnahmefehler:** nachgewiesener Schaden, max. bis zur Höhe der Nachnahme **Verlust/Beschädigung bzw. unrichtige Verwendung von Begleiturkunden:** Verschuldungshaftung, max. der Betrag, der bei Verlust zu zahlen wäre **sonstige Vermögensschäden (Verletzung einer vertraglichen Nebenpflicht):** nachgewiesener Schaden, max. das 3-fache des Betrages, der bei Verlust des Gutes zu zahlen wäre
Ersatz sonstiger Kosten	der Spediteur hat, soweit er für Verlust oder Beschädigung haftet, zusätzlich die Fracht, öffentliche Abgaben und sonstige Kosten aus Anlass der Beförderung in der nachgewiesenen Höhe zu erstatten
Haftung je Schadenfall	höchstens EUR 1 Mio. oder 2 SZR für jedes kg, je nachdem, welcher Betrag höher ist
Haftung je Schadensereignis	unabhängig von der Anzahl der Ansprüche höchstens EUR 2 Mio. oder 2 SZR für jedes kg, je nachdem, welcher Betrag höher ist

	bei mehreren Geschädigten wird der Betrag anteilig im Verhältnis ihrer Ansprüche aufgeteilt.
Wegfall der Haftungsgrenzen	Vorsatz Leichtfertigkeit und in dem Bewußtsein, das ein Schaden mit Wahrscheinlichkeit eintreten werde
Verlustvermutung	der Anspruchberechtigte kann das Gut als verloren betrachten, wenn es nicht innerhalb von 20 Tagen bei nationalen Transporten oder 30 Tagen bei internationalen Transporten nach Ablauf der Lieferfrist abgeliefert wird
Haftungsausschluss § 426 HGB	unabwendbares Ereignis
Haftungsausschlüsse § 427 HGB	vereinbarte Verwendung offener Fahrzeug bzw. vereinbarte Verladung auf Deck ungenügende Verpackung durch den Absender Behandeln, Verladen oder Entladen des Gutes durch den Absender oder den Empfänger natürliche Beschaffenheit des Gutes ungenügende Kennzeichnung durch den Absender Beförderung lebender Tiere

Haftung für speditionelle Leistungen nach ADSp	
Haftungsgrundsatz	Verschuldenshaftung mit umgekehrter Beweislast
Haftungszeitraum	Umfang des erteilten Speditionsauftrages soweit er nur den Abschluss der zur Erbringung der vertraglichen Leistungen erforderlichen Verträge schuldet, haftet er nur für die sorgfältige Auswahl der von ihm beauftragten Dritten
Haftungsumfang	Güterschäden und Vermögensschäden
Haftungsgrenzen	
Güterschaden	Wertersatzprinzip; ersetzt wird der Wert des Gutes am Ort und zur Zeit der Übernahme zur Beförderung der Wert bestimmt sich nach dem Marktpreis, sonst nach dem gemeinen Wert von Gütern gleicher Art und Beschaffenheit – EUR 5,00 je kg des Rohgewichtes der Sendung – bei einem Schaden während des Transportes mit einem Beförderungsmittel auf den gesetzlich festgelgten Haftungshöchstbetrag – bei einem Verkehrsvertrag über einen multimodalen Transport incl. Seebeförderung max. 2 SZR für jedes kg
Güterfolgeschaden	keine Haftung
Vermögensschaden	soweit es sich nicht um einen Personenschaden oder um einen Sachschaden am Drittgut handelt ist die Haftung begrenzt auf den dreifachen Betrag, der bei Verlust zu zahlen wäre, max jedoch EUR 100.000 je Schadenfall
Haftung je Schadensereignis	unabhängig von der Anzahl der Ansprüche höchstens EUR 2 Mio. oder 2 SZR für jedes kg, je nachdem, welcher Betrag höher ist bei mehreren Geschädigten wird der Betrag anteilig im Verhältnis ihrer Ansprüche aufgeteilt.
Haftungsbegrenzung bei der Verletzung einer vertragswesentlichen Pflicht	Begrenzung auf den vorhersehbaren, typischen Schaden

Haftungsausschlüsse Ziffer 22 ADSp	ungenügende Verpackung oder Kennzeichnung des Gutes durch den Auftraggeber oder Dritte vereinbarte oder der Übung entsprechende Aufbewahrung im Freien schwerer Diebstahl oder Raub höhere Gewalt Witterungseinflüsse Schadhaftwerden von Geräten oder Leitungen Einwirkungen anderer Güter Beschädigung durch Tiere natürliche Veränderung des Gutes
Wegfall der Haftungsgrenzen	durch Vorsatz grobe Fahrlässigkeit des Spediteurs oder seiner leitenden Angestellten Verletzung einer vertragswesentlichen Pflicht
Eindeckung einer Transport- oder Lagerversicherung	soweit der Auftraggeber den Spediteur vor Übergabe der Güter beauftragt, besorgt der Spediteur bei einem Versicherer seiner Wahl die Eindeckung einer Transport- oder Lagerversicherung. Ist dies nicht möglich, hat der Spediteur den Auftraggeber unverzüglich zu informieren Soweit die Eindeckung einer Transport- oder Lagerversicherung im Interesse des Auftraggebers liegt, kann der Spediteur das Interesse vermuten, wenn: – der Spediteur bei einem früheren Verkehrsvertrag des Auftraggebers eine Versicherung besorgt hat – der Auftraggeber im Auftraggeber im Auftrag einen Warenwert angegeben hat Diese Vermutung gilt insbesondere nicht, wenn: – der Auftraggeber die Eindeckung der Versicherung schriftlich untersat hat – der Auftraggeber ein Spediteur, Frachtführer oder Lagerhalter ist Die Prämie für die Versicherung erhebt der Spediteur mit der Abrechnung an seinen Kunden, weißt die Prämie separat in der Rechnung aus und führt diese an den Versicherer ab
Reklamationsfristen	
äußerlich erkennbare Schäden	spätestens bei Ablieferung des Gutes
äußerlich nicht erkennbare Schäden	unverzüglich schriftlich, spätestens innerhalb von 7 Tagen nach der Ablieferung
Lieferfristüberschreitung	bei der Ablieferung oder schriftlich innerhalb von 21 Tagen nach der Ablieferung
Verjährung	1 Jahr 3 Jahre bei Vorsatz oder Leichtfertigkeit
Beginn bei Auslieferung der Sendung	mit Ablauf des Tages, an dem das Gut abgeliefert wurde
Beginn bei gänzlichem Verlust	mit Ablauf des Tages, an dem das Gut hätte abgeliefert werden müssen
Berechnung der Frist	der Tag der Ablieferung bzw. der beabsichtigten Ablieferung wird nicht gezählt und ab dem nächsten Tag dann taggenau 1 Jahr bzw. 3 Jahre
Hemmung der Verjährung	schriftliche Haftbarhaltung hemmt die Verjährung
Versicherungspflicht	der Spediteur ist verpflichtet, eine Haftungsversicherung zu marktüblichen Bedingungen abzuschließen und aufrecht zu erhalten, die seine verkehrsver-

	tragliche Haftung nach den ADSp und nach dem Gesetz im Umfang der Regelhaftungssummen abdeckt die Vereinbarung von Höchstersatzleistungen je Schadenfall, je Schadenereignis und pro Jahr und die Vereinbarung einer Selbstbeteiligung ist zulässig. Deckt er die Versicherung nicht oder nicht ausreichend ein, kann er sich nicht auf die ADSp berufen.

III. Lagerung

Auf den Lagervertrag finden die Regelungen der §§ 467 ff. HGB Lagergeschäft Anwendung. Durch den Lagervertrag wird der Lagerhalter verpflichtet, das Gut zu lagern und aufzubewahren. Die Regelungen sind bis auf wenige Ausnahmen dispositiv gestaltet.

Die Haftung des Lagerhalters nach den rechtlichen Bestimmungen des HGB's finden sie nachstehend:

Haftung des Lagerhalters nach HGB	
Rechtsgrundlage	§§ 467–475 h HGB, zwingende Haftung bei Vertrag mit Verbraucher und ausgestelltem Lagerschein
Haftungsgrundsatz	Verschuldenshaftung mit umgekehrter Beweislast
Haftungsumfang	Güterschäden, Vermögensschäden
Haftungsgrenzen Güterschaden Güterfolgeschaden Vermögensschaden	Schadenersatz (§§ 249 ff. BGB) ohne Begrenzung Schadenersatz (§§ 249 ff. BGB) ohne Begrenzung Schadenersatz (§§ 249 ff. BGB) ohne Begrenzung
Haftungsausschluss	mangelndes Verschulden
Verjährung Beginn bei Auslieferung der Sendung Beginn bei gänzlichem Verlust Berechnung der Frist Hemmung der Verjährung	1 Jahr 3 Jahre bei Vorsatz oder Leichtfertigkeit mit Ablauf des Tages, an dem das Gut ausgeliefert wurde mit Ablauf des Tages an dem der Lagerhalter dem Einlagerer oder legitimierten Besitzer des Lagerscheins den Verlust anzeigt der Tag der Ablieferung bzw. der beabsichtigten Ablieferung wird nicht gezählt und ab dem nächsten Tag dann taggenau 1 Jahr bzw. 3 Jahre schriftliche Haftbarhaltung hemmt die Verjährung
Versicherungspflicht	keine Versicheurngspflicht

In der Regel arbeitet ein Lagerhalter jedoch nach den ADSp, durch die die unbegrenzte Verschuldenshaftung auf ein versicherbares Niveau reduziert wird. Durch die Vereinbarung der ADSp ergeben sich Veränderungen im Haftungsumfang, die sie nachstehender Übersicht entnehmen können.

Haftung des Lagerhalters nach ADSp	
Rechtsgrundlage	Allgemeine Deutsche Spediteurbedingungen ADSp
Geltungsbereich	für die Aufbewahrung und Lagerung von Waren
Haftungsgrundsatz	Verschuldenshaftung mit umgekehrter Beweislast
Haftungszeitraum	von der Übernahme zur Lagerung bis zur Auslieferung

Haftungsumfang	Güterschäden, Vermögensschäden
Haftungsgrenzen	
Güterschaden	Wertersatzprinzip; ersetzt wird der Wert des Gutes am Ort und zur Zeit der Übernahme zur Beförderung der Wert bestimmt sich nach dem Marktpreis, sonst nach dem gemeinen Wert von Gütern gleicher Art und Beschaffenheit
	ersetzt werden max. EUR 5,00 je kg des Rohgewichtes (Bruttogewichtes) höchstens jedoch EUR 5.000 je Schadenfall
Haftung bei Inventurdifferenzen	zunächst werden die Plus- und Minusmengen wertmäßig mit dem Einstandpreis saldiert (Ziffer 15.6 ADSp) max. wird EUR 25.000 je Inventur ersetzt
Güterfolgeschaden	kein Ersatz
Vermögensschaden	soweit es sich nicht um einen Personenschaden oder Sachschaden am Drittgut handelt, nachgewiesener Schaden, max. EUR 5.000 je Schadenfall
Haftung je Schadensereignis	max. EUR 2 Mio., bei mehreren Geschädigten wird die Summe anteilig im Verhältnis ihrer Ansprüche verteilt
Haftungsausschluss	mangelndes Verschulden
Beweislast	der Lagerhalter muss beweisen, dass ihn kein Verschulden trifft
Eindeckung einer Versicherung	ist der Einlagerer ein Verbraucher, so hat der Lagerhalter die Pflicht, ihn auf die Versicherung der Lagerware hinzuweisen bei gewerblichen Einlagerern muss der Lagerhalter nur versichern, soweit ihm ein Auftrag dazu erteilt wird
Besonderheit Lagerschein	Wird ein in den §§ 475c ff. HGB beschriebener Lagerschein bei der Einlagerung erstellt, darf der Lagerhalter nur an den legitimierten Besitzers des Lagerschein gegen Rückgabe des Original-Lagerscheins ausliefern. Der Lagerhalter haftet dem rechtmäßigen Besitzer, falls er Ware ohne Vorlage des Lagerscheins oder an einen nicht legitimierten Empfänger ausliefert.
Verjährung	1 Jahr 3 Jahre bei Vorsatz oder Leichtfertigkeit
Beginn bei Auslagerung der Sendung	mit Ablauf des Tages, an dem das Gut abgeliefert wurde
Beginn bei gänzlichem Verlust	mit Ablauf des Tages, an dem der Lagerhalter dem Einlagerer den Verlust angezeigt hat
Berechnung der Frist	der Tag der Auslagerung bzw. der Tag der Information über den Verlust wird nicht gezählt und ab dem nächsten Tag dann taggenau 1 Jahr bzw. 3 Jahre
Hemmung der Verjährung	schriftliche Haftbarhaltung hemmt die Verjährung
Versicherungspflicht	keine Versicherungspflicht

2. VERPACKUNG UND MARKIERUNG

Die Verpackung und ihre Kennzeichnung spielen im Warenhandel eine zentrale Rolle; sie haben Verkaufs-, Schutz- und Logistikfunktionen zu erfüllen, die ganzheitlich zu betrachten und aufeinander abzustimmen sind, damit die Ware unter ökonomischen und ökologischen Gesichtspunkten effizient und mit Blick auf die Kundenzufriedenheit ohne Schaden und termingerecht den Empfänger erreicht.

Primär hat die Verpackung folgende Aufgaben zu leisten:
- Güter gegen gänzlichen oder teilweisen Verlust und gegen Beschädigung zu schützen
- schädlichen Einfluss auf Personen, Betriebsmittel oder andere Güter zu verhindern
- hochgradig rationalisierte Transport-, Umschlag- und Lager-Prozesse (TUL-Prozesse) zu ermöglichen

Voraussetzung für die Sicherung und Erhaltung der Qualität eines zu verpackenden Gutes während der Beförderung sind Angaben und Kenntnisse über die Beschaffenheit des Gutes, Art des Transportmittels, Umschlaghäufigkeit und -technik, Dauer von Transport und (Zwischen-)Lagerung sowie Transportwege (Vor-, Haupt- und Nachreise). Ferner sind Verpackungsvorschriften sowie Einfuhrbestimmungen zu beachten.

Die sorgfältige Auswahl geeigneter Versandformen, Pack- und Packhilfsmittel und nicht zuletzt das fachgerechte Verpacken und Kennzeichnen haben wesentlichen Einfluss darauf, dass die Gefahr eines Schadens durch
- mechanische Beanspruchungen (Druck, Stoß, Vibrationen)
- klimatische Beanspruchungen (Feuchtigkeit, Strahlung, Temperatur)
- biotische Beanspruchungen (biochemische bzw. mikrobielle Zersetzungsprozesse, tierische Schädlinge)

nahezu ausgeschlossen werden kann.

Aufgrund der Individualität der einzelnen Transportrelationen muss die Korrelation aus ertragbaren und auftretenden Beanspruchungen während der TUL-Prozesse analysiert und bei der **Entwicklung und Herstellung einer beanspruchungsgerechten Verpackung** zugrunde gelegt werden.

Die nachfolgenden Abschnitte führen neben Grundlagen, die wesentlichen Rechtsvorschriften und Normen auf, die für die Verpackung von Bedeutung und von Verantwortlichen im Verpackungs- und Verkehrsgewerbe zu berücksichtigen sind.

Informationen zur konkreten Gestaltung einer Verpackung hinsichtlich Konstruktionsart, zu verwendender Materialien, Sicherungsmaßnahmen innerhalb der Verpackung und Korrosionsschutzmethoden können wegen ihrer Komplexität an dieser Stelle nicht dargestellt werden. Umfangreiche Hinweise zu den vorbezeichneten Themen stehen im Internet im Transport-Informations-Service des GDV unter www.tis-gdv.de zur Verfügung.

2.1 Die Verpackung von Packgut

2.1.1 Fachbegriffe

Normen, Verordnungen und Richtlinien (**siehe Abschnitt 2.1.4**) liefern Begriffsbestimmungen die im direkten oder näheren Zusammenhang mit dem Verpackungswesen stehen. Die wichtigsten sind nachstehend aufgeführt:

Verpackung: Gesamtheit aller eingesetzten Mittel und Verfahren zur Lösung der Verpackungsaufgabe.

Packgut: Ware bzw. Gut, das es zu verpacken gilt oder das verpackt ist.

Packstück/Packungen: Resultat der Verbindung von Packgut und Verpackung.

Packstücke im Sinne der ADSp 2003, Ziffer 6.3, und VBGL, §16 (3), sind Einzelstücke oder vom Auftraggeber zur Abwicklung des Auftrags gebildete Einheiten, z.B. Kisten, Gitterboxen, Paletten, Griffeinheiten, geschlossene Ladegefäße, wie gedeckt gebaute oder mit Planen versehene Waggons, Auflieger oder Wechselbrücken, Container, Iglus (Luftfrachtcontainer).

Packstoff: Material, aus dem Packmittel und Packhilfsmittel hergestellt werden. Hierzu gehören z.B. Papier, Karton, Vollpappe, Wellpappe, Holz, Blech, Kunststoff, Glas usw.

Packmittel: Vorgefertigtes Erzeugnis aus Packstoff, das zum teilweisen oder vollständigen Umhüllen von Gütern dient. Es werden z.b. folgende Packmittel unterschieden: Schachtel, Kiste, Verschlag, Sack, Dose, Tonne, Glas, Flasche, Kanister, Beutel, Schrumpfhaube usw.

Packhilfsmittel: Sammelbezeichnung für Erzeugnisse, die in Verbindung mit Packmitteln zum Verpacken eines Packstückes dienen; sie gewährleisten den Zusammenhalt von z.B. Kisten und Schachteln, sichern und schützen das Gut innerhalb der Verpackung oder kennzeichnen die Packstücke.

Beispiel für Packhilfsmittel sind Nägel, Klebebänder, Klammern und Umreifungen, Etiketten, Banderolen, Verschlüsse von Flaschen und Gläsern, Kennzeichnungsmittel (z.B. Warnzettel), Korrosionsschutzmittel, Sicherungsmittel (z.B. Plombe, Siegel) oder Polstermittel (Eckpolster, Luftkissen usw.).

Außenverpackung: Äußere Verpackung für ein Packgut.

Innenverpackung: Packmittel oder Packhilfsmittel, die im Inneren einer Verpackung unmittelbaren Kontakt zum Packgut haben (z.B. Korrosionsschutzmittel, Polstermittel).

Umverpackung: Bezeichnung für eine zusätzliche Verpackung von Packungen bzw. Packstücken.

Exportverpackung: Verpackung, die hinsichtlich ihrer Konstruktion und Kennzeichnung den Transportbeanspruchungen des Abgangs- und Empfangslandes sowie möglicher Durchgangsländer standhält.

Mehrwegverpackung: Für mehrere Umläufe und für den gleichen Zweck wiederverwendbare Verpackung.

Einwegverpackung: Für den einmaligen Gebrauch bestimmte Verpackung.

Gefahrgutverpackung: Verpackung, die den Rechtsvorschriften für die Beförderung von Gefahrgut entspricht (**siehe Abschnitt 2.1.4** Gefahrgutverordnungen).

Transportverpackung/Versandverpackung: Äußere Verpackung, die eine oder mehrere Packstücke bzw. Packungen zusammenfasst (z.B. Container, Behälter, Paletten) und den Transport von Waren erleichtern und vor Schäden bewahren soll.

Handelsübliche Verpackung – seemäßige Verpackung (Überseeverpackung) – beanspruchungsgerechte Verpackung: Die handelsübliche Verpackung orientiert sich an den Gepflogenheiten, die im Land des Exporteurs üblich sind, und die sich nach allgemeiner Auffassung bewährt haben. Dies bedeutet aber nicht, dass sie den Ansprüchen des Transportes entspricht. Die seemäßige Verpackung soll speziell den Beanspruchungen eines Seetransportes standhalten. Oft wird übersehen, dass die Beanspruchungen während des Umschlags oder der Nachreise wesentlich höher sein können, als die Belastungen der Seebeförderung. Beide Definitionen „handelsübliche Verpackung" und „seemäßige Verpackung" geben keine eindeutigen Begriffsinhalte wieder, die den Beanspruchungen des gesamten Transportverlaufs entsprechen. Daher wird immer häufiger von **beanspruchungsgerechter Verpackung** gesprochen, wodurch eine genauere Beschreibung der Verpackung erreicht wird.

2.1.2 Verpackungs- und Kennzeichnungspflichten

Im **Binnenverkehr** trifft die Pflicht zur Verpackung den Verkäufer. Nach Paragraph 447 **BGB** geht die Gefahr des Untergangs und einer Verschlechterung der Ware auf den Käufer über, sobald sie der Verkäufer dem Spediteur, dem Frachtführer oder der sonst zur Ausführung der Versendung bestimmten Person oder Anstalt ausgeliefert hat. Verletzt der Verkäufer oder einer seiner Erfüllungsgehilfen eine Nebenpflicht zur ordnungsgemäßen Versendung – sei es hinsichtlich der Verpackung, Verladung oder Adressierung – und geht die Ware infolgedessen unter, so kann der Verkäufer sich nicht auf die §§ 446, 447 BGB berufen.

Im **internationalen Warenverkehr** regeln die **Incoterms 2000**, welche Rechte und Pflichten die Vertragspartner eines Kaufvertrages haben. Die Incoterms 2000 legen fest, dass der Verkäufer die Ware transportgerecht zu verpacken hat, jedoch nur soweit die Umstände des Transports ihm vor Abschluss des Kaufvertrages bekannt sind. Die Verpackung ist in geeigneter Weise zu kennzeichnen.

Nach den **Rechtsvorschriften** der unterschiedlichen Verkehrsträger im **nationalen und internationalen Güterverkehr** werden die Verpackungs- und Kennzeichnungspflichten wie folgt geregelt:

Handelsgesetzbuch (HGB), Frachtgeschäft:
Die Regelungen des Frachtgeschäfts gelten für den nationalen Straßengüter-, Luft-, Eisenbahn- und Binnenschifffahrtsverkehr. Gemäß § 411 HGB, hat der Absender das Gut, soweit dessen Natur unter Berück-

sichtigung der vereinbarten Beförderung eine Verpackung erfordert, so zu verpacken, dass es vor Verlust und Beschädigung geschützt ist und dass auch dem Frachtführer keine Schäden entstehen. Der Absender hat das Gut ferner, soweit dessen vertragsmäßige Behandlung dies erfordert, zu kennzeichnen.

Handelsgesetzbuch (HGB), Speditionsgeschäft:
§ 455 Abs. 1 HGB, legt fest, dass der Versender verpflichtet ist, das Gut, soweit erforderlich, zu verpacken und zu kennzeichnen und Urkunden zur Verfügung zu stellen sowie alle Auskünfte zu erteilen, deren der Spediteur zur Erfüllung seiner Pflichten bedarf. Nach § 454 Abs. 2 kann die Ausführung sonstiger vereinbarter auf die Beförderung bezogener Leistungen wie die Versicherung und Verpackung des Gutes, seine Kennzeichnung und die Zollbehandlung zu den Pflichten des Spediteurs gehören, wenn sich dies aus der Vereinbarung ergibt. Der Spediteur schuldet jedoch nur den Abschluss der zur Erbringung dieser Leistungen erforderlichen Verträge.

Handelsgesetzbuch (HGB), Lagergeschäft:
In § 468 Abs.1 HGB, wird geregelt, dass der Einlagerer verpflichtet ist, das Gut, soweit erforderlich, zu verpacken und zu kennzeichnen und Urkunden zur Verfügung zu stellen sowie alle Auskünfte zu erteilen, die der Lagerhalter zur Erfüllung seiner Pflichten benötigt. Ist der Einlagerer ein Verbraucher (§ 414 Abs. 4 HGB) so ist der Lagerhalter nach § 468 Abs. 2 Ziffer 1 verpflichtet, das Gut, soweit erforderlich, zu verpacken und zu kennzeichnen.

Übereinkommen über den Beförderungsvertrag im internationalen Straßengüterverkehr (CMR):
Nach diesem Übereinkommen haftet der Absender gemäß Artikel 10 dem Frachtführer für alle durch mangelhafte Verpackung des Gutes verursachten Schäden an Personen, am Betriebsmaterial und an anderen Gütern sowie für alle durch mangelhafte Verpackung verursachten Kosten, es sei denn, dass der Mangel offensichtlich oder dem Frachtführer bei der Übernahme des Gutes bekannt war und er diesbezüglich keine Vorbehalte macht.

Einheitliche Rechtsvorschriften für den Vertrag über die internationale Eisenbahnbeförderung von Gütern (ER/CIM 1980):
Gemäß Artikel 19 § 2 hat der Absender das Gut, soweit dessen Natur eine Verpackung erfordert, so zu verpacken, dass es gegen gänzlichen oder teilweisen Verlust und gegen Beschädigung während der Beförderung geschützt ist und weder Personen verletzen noch Betriebsmittel oder andere Güter beschädigen kann. Im Übrigen muss die Verpackung den für den Versandbahnhof geltenden Vorschriften entsprechen.

Einheitliche Rechtsvorschriften für den Vertrag über die internationale Eisenbahnbeförderung von Gütern (ER/CIM 1999, voraussichtlich Ende 2005 in Kraft):
Laut Artikel 14 haftet der Absender dem Beförderer für alle durch das Fehlen oder die Mangelhaftigkeit der Verpackung des Gutes verursachten Schäden und Kosten, es sei denn, dass der Mangel offensichtlich oder dem Beförderer bei der Übernahme des Gutes bekannt war und er diesbezüglich keine Vorbehalte gemacht hat.

Regeln über die Beförderung im internationalen Luftverkehr – Warschauer Abkommen (WA) in der Fassung Haager Protokoll 1955:
Beweißt der Luftfrachtführer gemäß Artikel 21 des WA, dass ein eigenes Verschulden des Geschädigten den Schaden verursacht oder bei der Entstehung des Schadens mitgewirkt hat, so kann das Gericht nach Maßgabe seines heimischen Rechts entscheiden, dass der Luftfrachtführer nicht oder nur in vermindertem Umfang zum Schadenersatz verpflichtet ist. Verpackungsmängel oder unsachgerechte Kennzeichnung können als Tatbestände gewertet werden.
Seit Ende Juni 2004 ist in Deutschland das Montrealer Übereinkommen (MÜ) anzuwenden (Angaben zur Haftungsbefreiung **siehe Abschnitt 2.1.3** – MÜ).

Seeschifffahrt:
Dem Seeverkehr liegen die Konnossementbedingungen der Reedereien und die Vorschriften der §§ 556–663 b) HGB, basierend auf Haag-Visby-Regeln, zugrunde. Demnach werden bei ungenügender Verpackung keine „reinen Konnossemente" gezeichnet, sondern es wird ein entsprechender Verpackungsvorbehalt gemacht. Vermerke über äußerlich erkennbare Mängel einer Ware oder seiner Verpackung machen das Konnossement „unrein" (foul B/L). Als Erfüllungsnachweis für Außenhandelsgeschäfte (Incoterms) und als zahlungsauslösendes Dokument im Akkreditivgeschäft sind jedoch nur „reine" Konnossemente (clean B/L) zugelassen.

Budapester Übereinkommen über den Vertrag über die Güterbeförderung in der Binnenschifffahrt (CMNI):
Gemäß Artikel 6 Abs. 3 CMNI ist der Absender verpflichtet, die Güter, soweit deren Natur unter Berücksichtigung der vereinbarten Beförderung eine Verpackung erfordert, so zu verpacken, dass sie vor Verlust oder Beschädigung von der Übernahme bis zur Ablieferung durch den Frachtführer geschützt sind, und dass auch am Schiff oder an anderen Gütern keine Schäden entstehen können. Der Absender hat die Güter ferner unter Berücksichtigung der vereinbarten Beförderung mit einer Kennzeichnung gemäß den anwendbaren internationalen oder innerstaatlichen Vorschriften oder, mangels solcher Vorschriften, gemäß allgemein in der Binnenschifffahrt anerkannten Regeln und Gepflogenheiten zu versehen.

Allgemeinen Deutschen Spediteurbedingungen (ADSp 2003)
Die ADSp 2003 regeln in Ziffer 6 die Verpackungs- und Kennzeichnungspflichten des Auftraggebers. Gemäß Ziffer 6.1 sind die Packstücke vom Auftraggeber deutlich und haltbar mit den für ihre auftragsgemäße Behandlung erforderlichen Kennzeichen zu versehen, wie Adressen, Zeichen, Nummern, Symbolen für Handhabung und Eigenschaften; alte Kennzeichen müssen entfernt oder unkenntlich gemacht sein. Ziffer 6.2.5 fordert, dass auf Packstücken von mindestens 1.000 kg Rohgewicht die durch das Gesetz über die Gewichtsbezeichnung an schweren auf Schiffen beförderten Frachtstücken vorgeschriebene Gewichtsbezeichnung anzubringen sind.
In Ziffer 4.1.1 der ADSp 2003 heißt es ferner: Der dem Spediteur erteilte Auftrag umfasst mangels Vereinbarung nicht die Verpackung des Gutes.

Vertragsbedingungen für den Güterkraftverkehrs-, Speditions- und Logistikunternehmer (VBGL):
Verpackungs- und Kennzeichnungspflichten des Auftraggebers sind in § 16 Abs. 1 der VBGL geregelt; sie sind gleichlautend mit den ADSp 2003 Ziffer 6 (siehe oben).

2.1.3 Haftungsbeschränkungen/-befreiungen
Mangelhafte Verpackungen und ungenügende Kennzeichnung der Frachtstücke können zu Haftungsbeschränkungen bzw. -befreiungen der Verkehrsträger und Versicherer führen.

Handelsgesetzbuch (HGB), Frachtgeschäft:
Die Regelungen des Frachtgeschäfts gelten für den nationalen Straßengüter-, Luft-, Eisenbahn- und Binnenschifffahrtsverkehr. Gemäß § 427 Abs.1 Ziffer 2 und 5 HGB, ist der Frachtführer von der Haftung befreit, soweit der Verlust, die Beschädigung oder die Überschreitung der Lieferfrist auf ungenügende Verpackung oder Kennzeichnung der Frachtstücke durch den Absender zurückzuführen ist.

Handelsgesetzbuch (HGB), Speditionsgeschäft:
Bezüglich der Haftung für beim Spediteur in Obhut befindlicher Güter ist laut § 461 Abs. 1 HGB der § 427 HGB entsprechend anzuwenden (siehe oben).

Handelsgesetzbuch (HGB), Seehandel:
§ 608 Abs. 1 Nr. 5 HGB regelt, dass der Verfrachter nicht für Schäden haftet, die aus Handlungen oder Unterlassungen des Abladers oder Eigentümers des Gutes, seiner Agenten oder Vertreter entstehen.
Handlungen oder Unterlassungen des Abladers sind vor allem unzureichende Verpackung und Markierung der Güter. Die Verpackung muss zum Seetransport geeignet sein.

Übereinkommen über den Beförderungsvertrag im internationalen Straßengüterverkehr (CMR):
Artikel 17, Absatz 4 b) u. e) CMR, schließt Ersatz für Schäden aus, die auf Fehlen oder Mängel der Verpackung, wenn die Güter ihrer Natur nach bei fehlender oder mangelhafter Verpackung Verlusten oder Beschädigungen ausgesetzt sind oder ungenügende oder unzulängliche Bezeichnung oder Nummerierung der Frachtstücke beruhen.

Einheitliche Rechtsvorschriften für den Vertrag über die internationale Eisenbahnbeförderung von Gütern (ER/CIM 1980):
Artikel 36 § 3 b) CIM legt fest, dass die Eisenbahn von der Haftung befreit ist, wenn der Verlust oder die Beschädigung aus Fehlen oder Mängel der Verpackung bei Gütern, die ihrer Natur nach bei fehlender oder mangelhafter Verpackung Verlusten oder Beschädigungen ausgesetzt sind, beruht.

Einheitliche Rechtsvorschriften für den Vertrag über die internationale Eisenbahnbeförderung von Gütern (ER/CIM 1999, voraussichtlich Ende 2005 in Kraft):
Nach Artikel 23 § 3 b) CIM ist der Beförderer von der Haftung befreit, soweit der Verlust oder die Beschädigung aus Fehlen oder Mängel der Verpackung bei Gütern, die ihrer Natur nach bei fehlender oder mangelhafter Verpackung Verlusten oder Beschädigungen ausgesetzt sind, entstanden ist.

Übereinkommen zur Vereinheitlichung bestimmter Vorschriften über die Beförderung im internationalen Luftverkehr – Montrealer Übereinkommen 1999 (MÜ):
Artikel 18 Abs. 2 b) des MÜ besagt, dass der Luftfrachtführer nicht haftet, wenn und soweit er nachweist, dass die Zerstörung, der Verlust oder die Beschädigung der Güter durch den Umstand der mangelhaften Verpackung der Güter durch eine andere Person als den Frachtführer oder seine Leute verursacht wurde.

Budapester Übereinkommen über den Vertrag über die Güterbeförderung in der Binnenschifffahrt (CMNI):
Artikel 18 Abs. 1 e) und f) CMNI befreit den Frachtführer und den ausführenden Frachtführer von seiner Haftung, soweit der Verlust, die Beschädigung oder die Verspätung auf

e) Fehlen oder Mängel der Verpackung, wenn die Güter infolge ihrer natürlichen Beschaffenheit bei fehlender oder mangelhafter Verpackung Verlusten oder Beschädigungen ausgesetzt sind;
f) ungenügende oder unzulängliche Kennzeichnung der Güter; zurückzuführen ist.

Allgemeinen Deutschen Spediteurbedingungen (ADSp 2003):
Die ADSp 2003 regeln in Ziffer 22.4, dass, soweit die §§ 425 ff und 461 Abs. 1 HGB (Haftung des Spediteurs für in Obhut befindlicher Güter) nicht gelten, der Spediteur für Schäden haftet, die entstanden sind aus ungenügender Verpackung oder Kennzeichnung des Gutes durch den Auftraggeber oder Dritte, nur insoweit, als ihm eine schuldhafte Verursachung des Schadens nachgewiesen wird. Konnte ein Schaden aus einem der vorstehend aufgeführten Umständen entstehen, so wird vermutet, dass er aus diesem entstanden ist.

Vertragsbedingungen für den Güterkraftverkehrs-, Speditions- und Logistikunternehmer (VBGL):
In den VBGL ist die Haftungsbefreiung in § 28 geregelt; sie sind gleichlautend mit den ADSp 2003 Ziffer 22.4 (siehe oben).

DTV-Güterversicherungsbedingungen 2000/2004 (DTV-Güter 2000/2004):
Die Transportversicherer sehen bei Verpackungsfehlern Deckungseinschränkungen vor. Die DTV-Güter 2000/2004 führen unter Ziffer 2.5 „Nicht ersatzpflichtige Schäden" aus, dass der Versicherer keinen Ersatz für Schäden leistet, verursacht durch nicht beanspruchungsgerechte Verpackung oder unsachgemäße Verladeweise.

Größte Sorgfalt auf eine sachgemäße Verpackung sollte nicht nur im Hinblick auf die Haftungsbeschränkungen bei Verpackungsfehlern, sondern auch im Interesse der Erhaltung zufriedener Kunden gelegt werden.

2.1.4 Normen, Richtlinien, Verordnungen

Terminologie:

- **DIN 55405-1** – Begriffe für das Verpackungswesen; Systematische Übersichten, alphabetisches Gesamtverzeichnis und Begriffsbereich Verpackungswesen
- **DIN 55405-2** – Begriffe für das Verpackungswesen; Packstoff
- **DIN 55405-3** – Begriffe für das Verpackungswesen; Packmittel
- **DIN 55405-4** – Begriffe für das Verpackungswesen; Packhilfsmittel, Öffnungsmittel, Handhabungs- und Dosiermittel
- **DIN 55405-5** – Begriffe für das Verpackungswesen; Verpackung, Packgut, Packung, Packstück
- **DIN 55405-6** – Begriffe für das Verpackungswesen; Verpacken, Be- und Verarbeiten, Verschlussarten
- **DIN 55405-7** – Begriffe für das Verpackungswesen; Verpackungsprüfung; Merkmale und deren Prüfung
- **DIN 55 509:** Stellflächen im Verpackungswesen; Begriffe

Markierung/Kennzeichnung (siehe Abschnitt 2.1):

- **DIN EN ISO 780** – Verpackung; Bildzeichen für die Handhabung von Gütern (ISO 780:1997)
- **DIN 55402-1** – Markierung für den Versand von Packstücken; Bildzeichen für die Handhabungsmarkierung
- **DIN 55402-2** – Markierung für den Versand von Packstücken; Richtlinie für Exportverpackung

Packstoffe, Packmittel, Packhilfsmittel, Verpackung:

- **DIN 15158-1** – Verpackung; Paletten für den Warentransport – Teil 1: Anforderungen und Auswahl von Prüfungen für Flachpaletten
- **DIN 15158-2** – Verpackung; Paletten für den Warentransport – Teil 2: Nutzlasten
- **DIN 30823** – Großpackmittel; Starre IBC – Metallene, starre Kunststoff- und Kombinations-IBC; Maße, konstruktive Anforderungen, Kennzeichnung
- **DIN 50900-2** – Korrosion der Metalle – Begriffe – Teil 2: Elektrochemische Begriffe
- **DIN 55428-1** – Packstoffe; Vollpappe – Teil 1: Anforderungen, Prüfung
- **DIN 55428-2** – Packstoffe; Vollpappe – Teil 2: Nassfest; Anforderungen, Prüfung
- **DIN 55429-2** – Packmittel; Schachteln aus Karton, Vollpappe oder Wellpappe; Abmessungen, Grenzabmaße, Prüfung der Maße
- **DIN 55468-1** – Packstoffe; Wellpappe – Teil 1: Anforderungen, Prüfung
- **DIN 55468-2** – Packstoffe; Wellpappe – Teil 2: Nassfest, Anforderungen, Prüfung
- **DIN 55473** – Packhilfsmittel; Trockenmittelbeutel – Technische Lieferbedingungen
- **DIN 55474** – Packhilfsmittel; Trockenmittelbeutel – Anwendung, Berechnung der erforderlichen Anzahl Trockenmitteleinheiten
- **DIN 55479** – Verpackung; Verschlussarten von Schachteln mit Klebebändern und Klebestreifen
- **DIN 55499-1** – Packmittel; Kisten aus Vollholz; Bauformen, Maße, Güteklassen (vorr. Okt. 2005 zurückgezogen)
- **DIN 55 510** – Verpackung; Modulare Koordination im Verpackungswesen; Modulare Teilflächen des Flächenmoduls 600 mm x 400 mm
- **DIN 55511-1** – Packmittel; Schachteln aus Voll- oder Wellpappe abgestimmt auf 600 mm x 400 mm (Flächenmodul); Faltschachteln mit Boden- und Deckelverschlussklappen
- **DIN 55511-3** – Packmittel; Schachteln aus Voll- oder Wellpappe abgestimmt auf 600 mm x 400 mm (Flächenmodul); Stülpdeckelschachteln
- **DIN 55520** – Stellflächen für Versandverpackungen abgeleitet aus den Stellflächen 800 mm x 1200 mm und 1000 mm x 1200 mm
- **DIN 55521-1** – Packmittel; Schachteln aus Voll- oder Wellpappe, abgestimmt auf 800 mm x 1200 mm und 1000 mm x 1200 mm (Stellfläche); Faltschachtel mit Boden- und Deckelverschlussklappen
- **DIN 55521-2** – Packmittel; Schachteln aus Voll- oder Wellpappe, abgestimmt auf 800 mm x 1200 mm und 1000 mm x 1200 mm (Stellfläche); Stülpdeckelschachteln
- **DIN 55522** – Packmittel; Schachteln aus Karton; Faltschachteln mit Einsteckboden und Einsteckdeckel, Bestimmung der Maße von Schachteln
- **DIN 68705** – Sperrholz

Prüfnormen:

- **DIN EN ISO 16104** – Verpackung; Verpackungen zur Beförderung gefährlicher Güter – Prüfverfahren
- **DIN 30786-2** – Transportbelastungen; Datensammlung von mechanisch-dynamischen Belastungen – Teil 2: Wertesammlungen
- **DIN 55440-1** – Packmittelprüfung; Stauchprüfung; Prüfung mit konstanter Vorschubgeschwindigkeit
- **DIN 55445-1** – Verpackungsprüfung; Prüfung von Nähten an Säcken; Bestimmung der Bruchstandzeit von Nähten an Papiersäcken
- **DIN 55446** – Verpackung; Packmittel, Packungen und versandfertige Packstücke; Probenahme für die Prüfung
- **DIN 55533** – Verpackungsprüfung; Integrales Dichtheitsprüfverfahren für Folienverpackungen mit einer flexiblen Prüfkammer und Prüfgas
- **DIN 55543-4** – Verpackungsprüfung; Prüfverfahren für Kunststoffsäcke; Bestimmung der Schrumpfung von Folien aus Polyethylen (PE)

Gefahrgutverordnungen:
Die für die Beförderung gefährlicher Güter geltenden Vorschriften enthalten Prüf-, Zulassungsvorschriften für Gefahrgut-Packstücke (Angaben zur Gefahrgut-Kennzeichnung **siehe Abschnitt 2.8 und 9**):
- ADR – Europäisches Übereinkommen über die internationale Beförderung gefährlicher Güter auf der Straße
- ADN – Europäisches Übereinkommen über die Beförderung gefährlicher Güter auf Wasserstraßen
- ADNR – Europäisches Übereinkommen über die Beförderung gefährlicher Güter auf dem Rhein.
- RID – Internationale Ordnung für die Beförderung gefährlicher Güter mit der Eisenbahn.
- IMDG-Code – Internationaler Code für die Beförderung gefährlicher Güter mit Seeschiffen
- ICAO-TI – Technische Richtlinien für den sicheren Gefahrguttransport der Internationalen Organisation für Zivilluftfahrt
- IATA-DGR – Gefahrgutvorschriften der Internationalen Vereinigung von Luftverkehrsgesellschaften
- GGVSE – Gefahrgut-Verordnung Straße und Eisenbahn
- GGVSee – Gefahrgut-Verordnung See
- GGVBinSch – Gefahrgut-Verordnung Binnenschifffahrt

United Nations – Recommendation No. 15 „Simpler Shipping Marks":
In Zusammenarbeit mit internationalen Organisationen wurden Empfehlungen für vereinfachte Versandmarkierungen erstellt, die standardisierte Versandmarkierungen zur Markierung von Packstücken und Informationsmarkierungen zur Angabe notwendiger Zusatzinformationen auf Packstücken beinhalten (**siehe Abschnitt 2.3 und 2.4**).

Cargo-Transport-Unit (CTU) – Packrichtlinien:
Die CTU-Packrichtlinien sind Richtlinien für das Packen von Ladung außer Schüttgut in oder auf Beförderungseinheiten (CTUs) bei Beförderung mit allen Verkehrsträgern zu Wasser und zu Lande. Der Lufttransport ist nicht berücksichtigt worden. Die CTU-Packrichtlinien wurden im Februar 1999 veröffentlicht und lösen die Container-Packrichtlinien ab **(siehe Abschnitt 2.10)**.

Einfuhrvorschriften für Packmittel und Paletten aus Holz – IPPC-Standard (ISPM No.15):
Viele Länder haben zum Schutz der einheimischen Waldbestände gegen Einschleppung von Holzschädlingen entsprechende Quarantänebestimmungen. Die International Plant Protection Convention (IPPC), eine untergeordnete Organisation der Food and Agriculture Organisation (FAO) der UN, hat für den internationalen Versand von Verpackungen aus Vollholz die ISPM 15 (International Standards for Phytosanitary Measures) „Guidelines for Regulating Wood Packaging Material in International Trade" erlassen, die seit März 2005 von den EG-Mitgliedstaaten umzusetzen sind. Der Standard beschreibt die Anforderungen bei der Herstellung von Holzverpackungen. Danach sind Verpackungen aus Vollholz entsprechend zu behandeln (z.B. Begasung mit Methylbromid (MB) oder Hitzebehandlung (HT)) und als Nachweis der Einhaltung der Standardanforderungen entsprechend zu markieren. Die Markierung enthält Angaben über Behandlungsmethode, Ort und Durchführungsbetrieb (**siehe Abschnitt 2.4**). Die Biologische Bundesanstalt für Land- und Forstwirtschaft, Abteilung für nationale und internationale Angelegenheiten der Pflanzengesundheit, veröffentlicht im Internet unter www.bba.de eine Leitlinie zur Anwendung des IPPC-Standards.

Nach Auskunft der Pflanzenschutzdienste bestehen derzeit für nachstehende Länder Einfuhrbestimmungen für Packmittel und Paletten aus Holz: Argentinien, Australien, Brasilien, Bulgarien, Chile, China, Costa Rica, Elfenbeinküste, Indien, Iran/Irak, Kanada, Kasachstan, Kolumbien, Mexiko, Neuseeland, Nigeria, Philippinen, Senegal, Südafrika, Südkorea, Taiwan, Türkei, USA. Die Pflanzenschutzdienste geben Auskunft darüber, für welche Länder, ab welchem Zeitpunkt und in welchem Umfang der IPPC-Standard gilt. Bislang wird unterschieden zwischen Ländern, die die strenge Anwendung der ISPM fordern und Ländern, die die ISPM mit zusätzlichen Anforderungen (Pflanzengesundheitszeugnis, phytosanitäres Zertifikat) ganz oder teilweise akzeptieren.

International Ship and Port Facility Security Code (ISPS-Code):
Der ISPS-Code ist ein von der IMO beschlossenes Regelwerk zur Gefahrenabwehr. Im Zusammenhang mit dem ISPS-Code wird für die Containerabfertigung in den Seehäfen regelmäßig das Sicherheits-Siegel verlangt. Spezifikationen für mechanische Siegel (indikative Siegel, Sicherheits- und Hochsicherheits-Siegel) sind in der Norm ISO/PAS 17712, Freight containers – Mechanical seals, beschrieben. Hinsichtlich der elek-

tronischen Überwachung von Containern wird verwiesen auf die DIN ISO 10374, Container – Automatische Identifizierung, und die im Juli 2005 veröffentlichten Norm-Entwürfe ISO/DIS 18185-2 und -3, Freight containers – Electronic seals.

Verordnung über die Vermeidung von Verpackungsabfällen (Verpackungsverordnung – VerpackV) Seit Ende Mai 2005 ist die dritte Novelle der VerpackV in Kraft. Die Verordnung hat abfallwirtschaftliche Zielsetzungen (**siehe Abschnitt 2.9**).

Einheitliche Richtlinien und Gebräuche für Dokumenten Akkreditive (ERA 500)

Die ERA 500 regeln das Akkreditivgeschäft und bezeichnen in Artikel 32 „Reine Transportdokumente" (z.B. Konnossement) als solche, die keine Klauseln oder Vermerke enthalten, die ausdrücklich einen mangelhaften Zustand der Ware und/oder der Verpackung vermerken. Als zahlungsauslösende Dokumente im Akkreditivgeschäft sind nur reine Konnossemente zugelassen.

Lebensmittelhygieneverordnung (LMHV):

Die LMHV regelt den Umgang mit Lebensmitteln hinsichtlich Herstellung, Verarbeitung, Verpackung, Transport und Lagerung.

Verordnung über tiefgefrorene Lebensmittel (TLMV):

Nach dieser Verordnung dürfen tiefgekühlte Lebensmittel nur in Verpackungen geliefert werden, die das Lebensmittel vor Austrocknung und mikrobiellen Verderb schützen.

Konsulats- und Mustervorschriften (K und M):

Mit dem Handbuch Konsulats- und Mustervorschriften informiert die Handelkammer Hamburg über alle Vorschriften, die bei der Ausfuhr in alle Länder weltweit zu beachten sind. Das Buch enthält Angaben zu Warenkennzeichnungsvorschriften (u.a. Made in Germany), Kollimarkierungsvorschriften, Zollbehandlung nicht abgenommener Waren, Verpackungs-, Heu- und Strohbestimmungen, Inspektionszertifikate und Radioaktivitätsbescheinigungen.

Einfuhrzoll nach dem Bruttogewicht:

Einige Länder berechnen den Einfuhrzoll nach dem Bruttogewicht und setzen als Tara nur einen bestimmten Prozentsatz ab.

2.2 Markierung von Packstücken

Eine einwandfreie Markierung ist unverzichtbarer Bestandteil einer Verpackung, sie trägt erheblich zur Schadenverhütung bei. Fehlende oder ungenügende Markierung kann im Schadensfall den Haftungsausschluss der Verkehrsträger oder der Versicherer zur Folge haben (**siehe Abschnitt 2.1.3**).

Die Markierung muss vorschriftsmäßig, gut lesbar und dauerhaft sein, den Transportbeanspruchungen standhalten sowie die vom Einfuhrland vorgeschriebenen Bestimmungen berücksichtigen, damit

– jede Sendung während der Transport-, Umschlag- und Lager-Prozesse (TUL-Prozesse) sachgemäß behandelt werden kann;
– Unfälle vermieden werden;
– kein Packstück fehlgeleitet wird oder verloren geht;
– jede Sendung schadenfrei ihren Bestimmungsort erreicht;
– unrichtige/unvollständige Markierung nicht mit Zollstrafen belegt wird.

Ferner muss die Markierung mit den Angaben im Frachtbrief/Konnossement und den Warendokumenten übereinstimmen.

2.2.1 Markierung gemäß DIN 55402 und DIN EN ISO 780

Die DIN 55402 Teil 1 und 2 sowie die DIN EN ISO 780 beschreiben, wie eine ordnungsgemäße Markierung zu erfolgen hat. Die Beschriftung und Handhabungsmarkierung ist demnach folgendermaßen zu gestalten (vgl. Seite 93 Abbildung 1):

Leitmarke

– Kennmarke; z. B. Anfangsbuchstaben oder Firmenabkürzung des Empfängers oder Absenders.
– Kennnummer; z. B. Auftragsnummer oder Rechnungsnummer.
– Bestimmungsort und/oder Bestimmungshafen; wird die Ladung über den Bestimmungshafen zum Bestimmungsort befördert, so ist der Bestimmungsort via Bestimmungshafen anzuzeigen.
– Laufende Packstücknummer (Kollo-Nr) und Gesamtstückzahl der zu einer Sendung gehörenden Packstücke (Gesamtzahl der Kolli), z. B. 3/12.

Informationsmarkierung

– Ursprungsangabe (z. B. Made in Germany); die Angabe erfolgt nach den Vorschriften der Länder. Überwiegend ist diese Angabe vorgeschrieben, kann aber auch nicht erwünscht sein und wird gemäß vertraglichen Vereinbarungen weggelassen.
– Gewichtsangabe; das Gewicht eines Packstückes muss ab 1.000 kg brutto angegeben werden. Mit Hinblick auf einen reibungslosen TUL-Prozess sollten auch geringere Massen angegeben werden.
– Maßangabe; die Maße eines Packstückes sind in cm anzugeben, z. B. cm 200 x 60 x 50 (Länge x Breite x Höhe).

Handhabungsmarkierung

Für die Handhabungsmarkierung sind die Bildzeichen der DIN 55402 Teil 1 bzw. ISO 780 zu verwenden (siehe Seite 93). Die Norm empfiehlt, dass die Beschriftung und Handhabungsmarkierung nicht getrennt werden sollte und auf mindestens zwei aneinandergrenzenden Seiten anzubringen ist. Bildzeichen, die auf dem Packstück örtlich gebunden sind, sind hiervon ausgenommen (z. B. Schwerpunkt, Anschlagen hier). Die Leitmarke und die Ursprungsangabe sind untereinander anzuordnen. Angaben zu Gewicht und Abmessungen sind auf dem Packstück unten rechts anzubringen. Die Farbe ist vorzugsweise schwarz. Wichtig ist, dass sie sich in jedem Fall von der Farbe des Packstückes deutlich abhebt. Nicht zulässig sind Farben, die für die Markierung von Packstücken mit gefährlichen Gütern vorbehalten sind (Orange und Feuerrot).

In Abhängigkeit zu erwartender TUL-Prozesse kann es sinnvoll sein, die Markierungen nicht nur an zwei, sondern an allen vier Seiten eines Packstückes anzubringen.

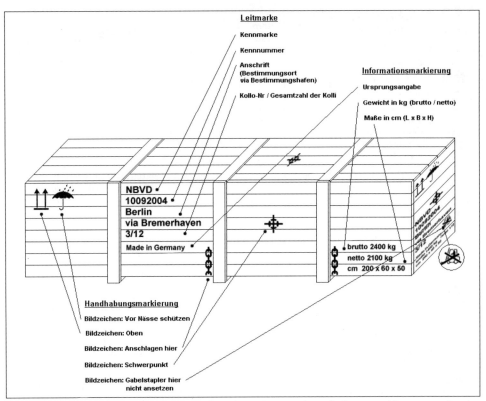

Abb. 1: Beispiel für eine Kiste, die mit Leitmarke, Informations- und Handhabungsmarkierung versehen ist. Bildzeichen und ihre Bedeutung nach DIN 55402 bzw. ISO 780 sowie Modifikationen der gängigen Praxis:

Symbol	Bezeichnung (deutsch/ englisch)	gem. DIN	gem. ISO	Erklärung
🍷	Zerbrechliches Packgut/ Fragile – Handle with care	x	x	Bildzeichen für leicht zerbrechliche Waren. Entsprechend gekennzeichnete Waren sind sorgfältig zu behandeln und keinesfalls zu stürzen oder zu schnüren.
⚓	Keine Handhaken verwenden/Use no hooks	x	x	Hand- bzw. Stauhaken dürfen beim Umschlag nicht verwendet werden, da sie punktförmige Belastungen verursachen und so zu Beschädigungen führen können. Ein automatisches Verbot für die Verwendung von Teller- bzw. Sackhaken für den Sackgutumschlag ist mit diesem Symbol nicht gegeben.
↑↑	Oben/This way up	x	x	Das Packstück ist so zu transportieren, umzuschlagen und zu lagern, dass die Pfeile stets nach oben zeigen. Rollen, Klappen, starkes Kippen oder Kanten sind nicht erlaubt.

Symbol	Bezeichnung (deutsch/ englisch)	gem. DIN	gem. ISO	Erklärung
	Do not roll		x	Rollen, Klappen, starkes Kippen oder Kanten sind nicht erlaubt.
	Vor Hitze (Sonnenstrahlen) schützen/Keep away from heat	x	x	Die Ware ist vor Wärmequellen zu schützen und sollte möglichst kühl gelagert oder gestaut werden.
	Vor Hitze und radioaktiven Strahlen schützen/ Protect from heat and radioactive sources	x	x	Stauung und Lagerung erfolgt wie beim vorherigen Symbol beschrieben. Zudem ist die Ware vor radioaktiven Strahlen zu schützen.
	Anschlagen hier/Sling here	x	x	Das Zeichen gibt lediglich einen Hinweis auf die Anschlagpunkte, über die Anschlagmethode wird nichts ausgesagt. Sind die Symbole symmetrisch vom Schwerpunkt angebracht, hängt das Packstück bei gleich langen Anschlagmitteln gerade. Ist das nicht der Fall, müssen die Anschlagmittel auf einer Seite gekürzt werden.
	Vor Nässe schützen/keep dry	x	x	Dieses Symbol kennzeichnet Waren, die vor zu hoher Luftfeuchtigkeit zu schützen sind, sie müssen daher gedeckt gelagert werden. Können besonders schwere oder sperrige Packstücke nicht in Hallen oder Schuppen gelagert werden, sind sie fachgerecht abzuplanen.
	Schwerpunkt/Centre of gravity	x	x	Die Lage des Schwerpunktes wird mit diesem Bildzeichen eindeutig gekennzeichnet. Es ist an Deckel, Seiten- und Stirnwand des Packstückes anzubringen.
	Stechkarre hier nicht ansetzen/No hand truck here	x	x	Dieses Symbol ist an den Seiten des Packstückes anzubringen, an denen nicht mit der Steckkarre angesetzt werden darf. Das Fehlen auf anderen Seiten kommt der Erlaubnis gleich, die Stechkarre dort ansetzen zu dürfen.
	Stechkarre hier ansetzen/hand truck here			Das Symbol ist weder nach DIN noch ISO vorgesehen, wird aber in der Praxis verwendet, um eindeutig klarzustellen, an welcher Seite des Packstückes eine Stechkarre angesetzt werden darf.
	Zulässige Stapellast/Stacking limitation	x	x	Eine derartige Markierung zeigt an, dass das Packstück bis zu einem bestimmten Gewicht belastbar ist. Wird das Gewicht mit null angegeben, sollte es in der obersten Lage gestaut werden.

Symbol	Bezeichnung (deutsch/ englisch)	gem. DIN	gem. ISO	Erklärung
	Klammern in Pfeilrichtung/Clamp here	x	x	Das Packstück darf an den angegebenen Stellen geklammert werden; logischerweise kommt es einem Verbot des Klammerns an anderer Stelle gleich.
Beispiele:	Zulässiger Temperaturbereich/ Temperature limitations	x	x	Das Bildzeichen ist entweder mit dem Zusatz „...°C" für einen bestimmten Temperaturbereich oder mit oberem („...°C max.") bzw. unterem („...°C min.") Temperaturgrenzwert zu versehen. Die entsprechenden Temperaturen sollten mit den Angaben im Frachtbrief übereinstimmen.
	Gabelstapler hier nicht ansetzen/Do not use fork lift truck here	x	x	Das Zeichen ist an den Seiten des Packstücks anzubringen, an denen nicht mit dem Gabelstapler angehoben werden darf. Das Fehlen an anderen Seiten kommt einer Erlaubnis zum Benutzen eines Gabelstaplers gleich.
	Gabelstapler hier ansetzen/use fork lift truck here			Das Symbol ist weder nach DIN noch ISO vorgesehen, wird aber in der Praxis verwendet, um eindeutig klarzustellen, an welcher Seite des Packstückes ein Gabelstapler eingesetzt werden darf.
	Elektrostatisch gefährdetes Bauelement/ Electrostatic sensitive device	x		Der Kontakt entsprechend markierter Packstücke ist zu vermeiden, wenn z. B. isolierendes Schuhwerk getragen wird oder Bodenbeläge nicht leitend sind; beides führt insbesondere bei niedrigen relativen Luftfeuchten zu hohen elektrostatischen Aufladungen.
	Sperrschicht nicht beschädigen/Do not destroy barrier	x		Die Innenverpackung besteht u. a. aus einer Sperrschicht, in die Trockenmittel zum Korrosionsschutz eingebracht sind. Diese Schutzwirkung wird hinfällig, wenn die Sperrschicht beschädigt wird. Gleiches gilt für Packstücke mit dem Aufdruck „Packed with desiccants".
	Aufreißen hier/Tear off here	x		Dieses Zeichen ist für den Empfänger der Ware bestimmt.
	Nur 5 Packstücke übereinander stapeln			Das Symbol ist weder nach DIN noch ISO vorgesehen, wird aber in der Praxis verwendet, um eindeutig anzuzeigen, welche Anzahl Packstücke gleicher Art übereinander gestapelt werden dürfen.

Die DIN 55402 und DIN EN ISO 780 können bezogen werden beim Beuth Verlag unter www.beuth.de.

2.2.2 Recommendation No.15 „Simpler Shipping Marks" („Vereinfachte Versandmarkierungen")

Die Recommendation No.15 der UN beinhalten Empfehlungen für vereinfachte Versandmarkierungen. Dargestellt werden u. a. vereinfachte Markierungen für verschiedene Transportarten und Markierungsmethoden für Dokumente und Ladungen. Die „Simpler Shipping Marks" sind nahezu vollständig in den nachfolgenden Abschnitten 2.3 (englische Fassung) und 2.4 (deutsche Übersetzung) nachzulesen.

2.2.3 Gefahrgutmarkierungen

Hinweise zur Markierung von Gefahrgut **siehe Abschnitt 2.8**.

2.2.4 IPPC-Kennzeichnung (ISPM No.15)

Für den internationalen Versand von Verpackungen aus Vollholz hat die International Plant Protection Convention (IPPC) die ISPM 15 (International Standards for Phytosanitary Measures) „Guidelines for Regulating Wood Packaging Material in International Trade" erlassen, die seit März 2005 von den EG-Mitgliedstaaten umzusetzen sind (**vgl. Abschnitt 2.1.4**). Gemäß diesem Standard sind Holzverpackungen, die gegen Schädlinge behandelt worden sind (z. B. Hitzebehandlung oder Begasung), wie in Abbildung 2 dargestellt, zu markieren:

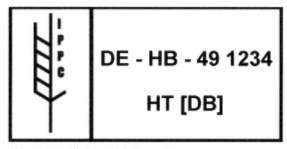

Abb. 2: Beispiel einer IPPC-Kennzeichnung
– IPPC-Symbol
– Länderkennung nach ISO 3166; z. B. DE für Deutschland
– Kennung der Region; z. B. HB für Hansestadt Bremen
– Registriernummer; einmalig vergebene Nummer beginnend mit 49; aus der Nummer ergeben sich Ort und Durchführungsbetrieb
– Behandlungsmethode; z. B. HT (heat treatment) ggf. [DB] (debarked), eine Begasung mit Methylbromid würde durch die Abkürzung MB angezeigt werden

2.2.5 CTU-Packrichtlinien

Die CTU-Packrichtlinien sind Richtlinien für das Packen von Ladung außer Schüttgut in oder auf Beförderungseinheiten (CTUs) bei Beförderung mit allen Verkehrsträgern zu Wasser und zu Lande. Kapitel 4.4.1 der CTU-Packrichtlinien beschreibt die Plakatierung von CTUs (**siehe Abschnitt 2.10**), und in Anlage 2 dieser Richtlinie werden Gefahrenkennzeichen und Placards dargestellt.

2.2.6 Herkunftsangabe „Made in Germany"

Innerhalb Deutschlands gibt es keine Verpflichtung, eine Ware mit „Made in Germany" zu kennzeichnen. Beim Export von Waren bestehen in verschiedenen Ländern Einfuhrvorschriften, nach denen eine solche Kennzeichnung, auch im Zusammenhang mit Zollbestimmungen, erforderlich ist. Einzelne Vorschriften der Empfangsländer werden in den Konsulats- und Mustervorschriften (K und M) der Handelskammer Hamburg dargestellt.

2.3 Simpler Shipping Marks

I. Background

1. The purpose of shipping marks is to identify cargo and help in moving it rapidly, smoothly and safely without delays or confusion to its final destination and to enable the checking of cargo against documents. However, in some instances marks have become so lengthy and detailed that the sides of packages can no longer hold them. It has been said that packages become documents. The result is unnecessary costs, mistakes, confusion and shipment delays, and the purpose of shipping marks is compromised.

2. Shipping marks differ widely between countries and between modes of transport. With the increasing volume of international trade, with the advent of multimodal and combined transport, with the growing need to manage such data for the best use in modern systems and automatic data processing facilities, and with increasing cost-consciousness, it is clear that simple and consistent standards for shipping marks should be established.

3. Some of the benefits of such standardization are:

Reduced cost. Each character eliminated from shipping marks saves time and money in marking goods, in typing documents, in transcribing information and in computer usage.

Quicker checking of cargoes and documents – for instance, in cargo tallying and checking of documentary credits.

Increased safety by using internationally-recognized symbols for handling instructions and danger warnings.

Trouble-free delivery of goods. The purpose of shipping marks is fulfilled; the delays and other difficulties caused through lengthy, complex marks are avoided.

Examples:

Complicated Shipping Mark	Simple Shipping Mark
ASSOCIATED BUYING CORPORATION LIMITED	ABC
MUMBAI INDIA	1234
CONTRACT NO. 1234	MUMBAI
IMPORT LICENCE NO. SA-100-77-35790	1/25
PACKAGE NO. 1 OF 25	
DESTINATION: MUMBAI INDIA	
NET WEIGHT: 401 KGS	
GROSS WEIGHT: 462 KGS	
DIMENSIONS: 105CMLx90CMWx62CMH	
CONTRACTOR: STANDARD TRADING CO LTD TOKYO JAPAN	
MADE IN THE UNITED KINGDOM	

4. In co-operation with international organizations such as the International Organization for Standardization (ISO) and the International Cargo Handling Co-ordination Association (ICHCA), it was agreed to put forward a recommendation setting out:

A Standard Shipping Mark for marking on packages and for reproduction in documents.

Information Marks for providing any necessary additional information on packages only.

2.4 Vereinfachte Versandmarkierungen

I. Hintergrund

1. Der Zweck der Versandmarkierungen besteht darin, das Frachtgut zu kennzeichnen und zu seiner schnellen, behutsamen und sicheren Beförderung an seinen Endbestimmungsort, ohne Verzögerungen oder Verwechselungen, beizutragen sowie die Prüfung der Übereinstimmung der Fracht mit den Dokumenten zu ermöglichen. Jedoch sind in einigen Fällen die Markierungen so lang und detailliert geworden, dass sie nicht mehr auf die Packstücke passen. Es wurde schon geäußert, dass die Packstücke zu Dokumenten werden. Das Ergebnis sind unnötige Kosten, Fehler, Verwechselungen und Versandverzögerungen, und der Zweck der Versandmarkierungen wird beeinträchtigt.

2. Die Versandmarkierungen sind je nach Land und Transportart sehr unterschiedlich. Mit dem Anwachsen des internationalen Handels, mit der Einführung des multimodalen und kombinierten Transports, mit der wachsenden Notwendigkeit, die optimale Verwendung dieser Daten in modernen Systemen und EDV-Anlagen zu gewährleisten, sowie angesichts des wachsenden Kostenbewusstseins ist es verständlich, dass einfache und miteinander zu vereinbarende Normen für Versandmarkierungen festgelegt werden müssen.

3. Einige Vorteile einer solchen Standardisierung sind folgende:

– **Verringerte Kosten.** Jedes aus Versandmarkierungen entfernte Zeichen erspart Zeit und Geld bei der Markierung von Gütern, beim Schreiben von Dokumenten, bei der Übertragung von Informationen und bei der EDV-Anwendung.

– **Schnellere Prüfung** von Frachtgütern und Dokumenten – beispielsweise bei der Ladungskontrolle und Prüfung der Dokumentenakkreditive.

– **Höhere Sicherheit** durch Verwendung international anerkannter Symbole für Ladeinstruktionen und Gefahrenwarnungen.

– **Problemlose Warenlieferung.** Der Zweck der Versandmarkierungen wird erfüllt; Verspätungen und andere Schwierigkeiten, die durch lange, komplexe Markierungen verursacht werden, werden vermieden.

Beispiele:

Komplizierte Versandmarkierung	Einfache Versandmarkierung
ASSOCIATED BUYING CORPORATION LIMITED	ABC
MUMBAI, INDIA	1234
CONTRACT NO. 1234	MUMBAI
IMPORT LICENCE-NO.SA-100-77-35790	1/25
PACKAGE NO.1 of 25	
DESTINATION: MUMBAI, INDIA	
NET WEIGHT: 401 KGS	
GROSS WEIGHT: 462 KGS	
DIMENSIONS: 105CMLx90CMWx62CMH	
CONTRACTOR: STANDARD TRADING CO LTD	
TOKYO, JAPAN	
MADE IN THE UNITED KINDGDOM	

4. In Zusammenarbeit mit internationalen Organisationen wie der Internationalen Organisation für Normung (ISO) und der Internationalen Vereinigung zur Koordinierung der Schiffsfrachten (ICHCA) wurden Empfehlungen erstellt, die folgendes beinhalten:

– **Eine Standardisierte Versandmarkierung** zur Markierung von Packstücken und zur Reproduktion in Dokumenten.

– **Informationsmarkierungen** zur Angabe etwaiger notwendiger Zusatzinformationen, nur auf Packstücken.

5. It was recognized that shipping marks are predominantly stipulated by importers. While this Recommendation is particularly directed at them – especially their purchase and documentary credit departments – it applies equally to others responsible for the marking, handling and documentation – for example, Government offices and agencies, international organizations, trading companies, manufacturers, export packers, warehousemen, freight forwarders, groupage and inland clearance depot operators, stevedores, port authorities, carriers by any mode of transport, as well as measuring and tallying institutions.

II. Scope

6. This Recommendation aims at establishing a standard consignment identifier in the form of a simplified and standardized shipping mark, for marking on packages and for reproduction in documents. It also aims at establishing rules for the use of information marks, although these are not part to this Recommendation.

III. Standardized Marks/The Standard Shipping Mark

7. This Recommendation establishes a Standard Shipping Mark and sets out information marks.

8. The Standard Shipping Mark is made up of the following four elements **in the sequence indicated** and should be shown both on packages and documents.

	Example
(1) Initials or Abbreviated Name	ABC
(2) Reference Number	1234
(3) Destination	MUMBAI
(4) Package Number	1/25

Any of the four elements which is considered unnecessary for a shipment may be omitted. Section IV below gives some examples of further simplified marks.

(1) **Initials or Abbreviated Name of Consignee or Buyer:** name/address should not be shown in full except for rail transport, where the CIM Convention requires full address on all packages; this is conventional practice also for road transport. Note: exporters and importers could usefully agree on a set of initials/abbreviations to be used for all shipments between them.

(2) **Reference Number:** should be as brief as possible to avoid confusion and mistranscription. Only the most important number of those available, e.g. shipment or order or invoice number as agreed between seller and buyer, should be shown. Such information as "Order No." and the year and date accompanying numbers should be avoided.

(3) **Destination:** The name of the port or place of ultimate destination of the goods (port of discharge, place of delivery, place of delivery by on-carrier) should always be shown.

In case of transshipment during the transport also the name of the port or place of transshipment can be indicated preceded by VIA, e.g. NEW DELHI VIA MUMBAI.

However, in multimodal/combined transport only the ultimate destination of the goods should be shown; this will permit the transport operator to send the goods by the preferred route (e.g. via Melbourne rather than Sydney) and will avoid interruption of the transport at the place of transshipment (e.g. goods marked CANBERRA VIA SYDNEY could be held for clearance at Sydney).

Example

ABC
1234
CANBERRA
1/25

5. Man erkannte, dass die Versandmarkierungen hauptsächlich durch die Importeure festgelegt werden. Obwohl sich diese Empfehlung insbesondere an sie richtet – vor allem an ihre Einkaufs- und Dokumentenakkreditivabteilungen – gilt sie ebenso für andere, die für die Markierung, Beförderung und Erstellung von Dokumenten zuständig sind – zum Beispiel staatliche Behörden und Organe, internationale Organisationen, Handelsgesellschaften, Hersteller, Verpacker von Exportwaren, Lagerhalter, Spediteure und Betreiber von Zollagern, Stauereien, Hafenbehörden, Frachtführer für alle Transportarten sowie Mess- und Tallierungsinstitutionen.

II. Geltungsbereich

6. Diese Empfehlung bezweckt die Einführung einer standardisierten Sendungskennzeichnung in Form einer vereinfachten, genormten Versandmarkierung, zur Markierung von Packstücken und zur Reproduktion in Dokumenten. Mit ihr wird ferner eine Festlegung von Regeln zur Verwendung von Informationsmarkierungen angestrebt.

III. Standardisierte Markierungen
Die Standardisierte Versandmarkierung

7. Diese Empfehlung definiert eine Standardisierte Versandmarkierung und legt die Informationsmarkierungen dar.

8. Die Standardisierte Versandmarkierung besteht aus folgenden vier Elementen in der angegebenen Reihenfolge und muß sowohl auf den Packstücken als auch in den Dokumenten angegeben werden.

		Beispiel
1.	Initialen oder abgekürzter Name	ABC
2.	Referenznummer	1234
3.	Bestimmungsort	MUMBAI
4.	Packstücknummer	1/25

Jedes der vier Elemente, die für einen Versand als unnötig angesehen werden, können ausgelassen werden. In Abschnitt IV. unten werden einige Beispiele weiterer vereinfachter Markierungen angegeben.

1. **Initialen oder Abgekürzter Name des Empfängers oder Käufers:** Name/Adresse sollen nicht vollständig angegeben werden, außer bei Bahntransport, wo die CIM-Konvention die vollständige Adresse auf allen Packstücken verlangt; dies ist auch beim Straßentransport übliche Praxis. Hinweis: Exporteure und Importeure könnten sich in zweckmäßiger Weise auf einen Satz von Initialen/Abkürzungen einigen, die für alle Sendungen zwischen ihnen zu verwenden wären.

2. **Referenznummer:** sie muß so kurz wie möglich sein, um Verwechselungen und Übertragungsfehler zu vermeiden. Nur die wichtigste der zur Verfügung stehenden Nummern, z.B. Versand- oder Auftrags- oder Rechnungsnummer, gemäß Vereinbarung zwischen Verkäufer und Käufer, ist anzugeben. Informationen wie „Auftragsnummer" und Jahreszahl und Datum sind zu vermeiden.

3. **Bestimmungsort:** Der Name des Hafens oder des Ortes der letztendlichen Warenbestimmung (Entladungshafen, Lieferort, Ort der Lieferung durch Weiterbeförderer) ist stets anzugeben.

Bei Umladung während des Transportes kann auch der Name des Hafens oder des Ortes, wo die Umladung erfolgt, angegeben werden; diesem geht dann „VIA" voraus, z.B. NEW DELHI VIA MUMBAI.

Jedoch ist bei multimodalem/kombiniertem Transport nur der letztendliche Bestimmungsort der Waren auszuweisen; dadurch wird es dem Transportunternehmer ermöglicht, die Waren über die bevorzugte Route zu senden (z.B. über Melbourne anstatt über Sydney), und Transportunterbrechungen am Umladungsort werden vermieden (z.B. könnten Waren, die mit CANBERRA VIA SYDNEY markiert sind, zur Verzollung in Sydney aufgehalten werden).

Beispiel:
ABC
1234
CANBERRA
1/25

(4) **Package Number:** The running and, where known, the total number of packages or pieces should be indicated as, for example, "1/25", "2/25", and so on to "25/25". This is shown on documents as "1/25", meaning "packages number 1 to 25". Such indications as "P/No." need not be given.

Information Marks

9. Information Marks are not essential for the delivery to destination; they are shown on packages (clearly separated from the Standard Shipping Mark), but do not form part of the shipping mark to be reproduced in documents.

10. The **Gross Weight,** shown in kilogrammes, should be marked whenever it assists safe handling or (as for airfreight) correct stowage. It should be marked below the Standard Shipping Mark but separated from it; example: "462 KG". Information such as "GROSS/TOTAL WEIGHT" need not be shown.

11. Other details such as **Country of Origin** or **Import Licence No.** are sometimes required by government regulations or might facilitate Customs clearance. Details can also be included at the buyer's request to facilitate sorting and redistribution of the goods. It is however not advisable to show the sender's name/address on packages if it increases the risk of pilferage. All such details should be well separated from the Standard Shipping Mark and be kept to an absolute minimum. They should be abbreviated as much as possible, for example "IL GG22455 17067 2" instead of "IMPORT LICENCE NUMBER. G/G22455-17067-2".

12. It is normally not necessary to show **Net Weight** and **Dimensions** on packages (although this is done conventionally on certain goods such as chemicals in drums or on very large packages); national and international regulations should, to the extent possible, not make such details mandatory. When required they can be abbreviated.

Special Notes on Standardized Marks

13.1. Shipping marks must not exceed ten lines of 17 characters per line. This is the maximum for documents and computer systems established in accordance with internationally-recommended standards.

13.2. Only letters, numerals and graphic characters should be used, which can be transmitted and used by systems all over the world. These are the letters A to Z, the numerals 0 to 9, the space character and the following graphic characters: full stop (.), hyphen or minus (-), parenthesis (), oblique stroke or slash (/) and comma (,). Certain other graphic characters may be used as control characters within the UN/ECE trade data interchange syntax rules and should be avoided in shipping marks; they are the following: plus (+), colon (:), apostrophe ('), equals sign (=), question mark (?) and asterisk (*).

13.3. Geometric or other figures (e.g. diamonds, triangles, squares) should not be used for the Standard Shipping Mark or Information Marks.

13.4. Where the Standard Shipping Mark is required in more than one alphabet or language (e.g. Cyrillic, Arabic, Chinese) at least one mark should be shown in the Roman alphabet. The other mark should be shown in brackets beside the first or on another side of the package (marks are shown on two sides of the individual packages of the shipment – see Section V). Only the mark in the Roman alphabet should be reproduced in documents. (These rules will not apply to Standard Shipping Marks shown on goods moving between countries where the Roman alphabet is not used.)

13.5. Colour coding – such as the marking of green stripes or crosses – should be avoided whenever possible, and no reference in documents to such coding should be required.

4. **Packstücknummer.** Die laufende Nummer und, falls bekannt, die Gesamtzahl der Packstücke ist anzugeben, zum Beispiel als „1/25", „2/25" usw. bis „25/25". Diese wird in den Dokumenten als „1/25" angegeben, was „Packstücke Nummer 1 bis 25" bedeutet. Hinweise wie „P/Nr." brauchen nicht zu erfolgen.

Informationsmarkierungen

9. Die Informationsmarkierungen sind für die Lieferung zum Bestimmungsort nicht wesentlich; sie werden auf den Packstücken angegeben (deutlich von der Standardisierten Versandmarkierung getrennt), gehören aber nicht zur Versandmarkierung, die in den Dokumenten wiederzugeben ist.

10. Das in Kilogramm angegebene Bruttogewicht ist anzubringen, wenn dies zu einer sicheren Handhabung oder (bei Luftfracht) zu einer korrekten Verstauung beiträgt. Es ist unter der Standardisierten Versandmarkierung, doch getrennt davon, anzubringen; Beispiel: „462 KG". Informationen wie „BRUTTO/GESAMTGEWICHT" brauchen nicht angegeben werden.

11. Sonstige Einzelheiten wie „Herkunftsland" oder „Importlizenz-Nr." sind bisweilen aufgrund staatlicher Vorschriften erforderlich oder könnten die Zollabfertigung erleichtern. Einzelheiten können auch auf das Gesuch des Käufers hin, die Sortierung und Umverteilung der Waren zu erleichtern, angegeben werden. Allerdings ist es nicht ratsam, den Namen/die Adresse des Absenders auf den Packstücken anzugeben, wenn dadurch das Diebstahlrisiko erhöht wird. Alle diese Details müssen deutlich von der Standardisierten Versandmarkierung getrennt und auf ein absolutes Minimum reduziert werden. Sie sind so weit wie möglich abzukürzen, zum Beispiel „IL GG22455 17067 2" anstelle von „IMPORTLIZENZNUMMER: G/G22455-17067-2".

12. Normalerweise ist es nicht notwendig, das Nettogewicht und die Abmessungen auf den Packstücken anzugeben (obwohl das üblicherweise bei bestimmten Waren wie Chemikalien in Fässern oder auf sehr großen Packstücken geschieht); die nationalen und internationalen Bestimmungen sollten, im Rahmen des Möglichen, diese Einzelheiten nicht zwingend vorschreiben. Wenn sie verlangt werden, können sie abgekürzt werden.

Besondere Hinweise zu Standardisierten Markierungen

13.1. Versandmarkierungen dürfen zehn Zeilen mit 17 Zeichen pro Zeile nicht überschreiten. Dies ist das Maximum für Dokumente und Computersysteme, das in Übereinstimmung mit den international empfohlenen Normen festgelegt ist.

13.2. Es sollten nur Buchstaben, Ziffern und Zeichen verwendet werden, die von den Systemen überall in der Welt verarbeitet werden können. Dies sind die Buchstaben A bis Z, die Ziffern 0 bis 9, das Leerzeichen und die folgenden graphischen Zeichen: Punkt (.), Bindestrich oder Minuszeichen (-), Klammer (), Querstrich oder Querbalken (/) und Komma (,).

Bestimmte andere graphische Zeichen können als Kontrollzeichen innerhalb der UN/ECE-Handelsdatenaustausch-Syntaxregeln verwendet werden und sind in Versandmarkierungen zu vermeiden; dabei handelt es sich um folgende: Plus (+), Doppelpunkt (:), Apostroph ('), Gleichheitszeichen (=), Fragezeichen (?) und Stern (*).

13.3. Geometrische oder sonstige Figuren (z.B. Rauten, Dreiecke, Vierecke) dürfen für die Standardisierte Versandmarkierung oder Informationsmarkierungen nicht verwendet werden.

13.4. Wenn die Standardisierte Versandmarkierung in mehr als einem Alphabet oder einer Sprache erforderlich ist (z.B. kyrillisch, arabisch, chinesisch), muß wenigstens eine Markierung im lateinischen Alphabet angebracht werden. Die andere Markierung muß in Klammern neben der ersten oder auf einer anderen Seite des Packstückes angegeben werden (die Markierungen werden auf zwei Seiten der einzelnen Packstücke der Sendungen angegeben - siehe Abschnitt V). In Dokumenten ist nur die Markierung im lateinischen Alphabet anzugeben. (Diese Regeln gelten nicht für die Standardisierten Versandmarkierungen, die auf Waren angegeben sind, die zwischen Ländern befördert werden, in denen das lateinische Alphabet nicht verwendet wird).

13.5. Farbkodierungen – wie beispielsweise die Markierung grüner Streifen oder Kreuze – müssen, wenn immer dies möglich ist, vermieden werden, und in den Dokumenten darf kein Hinweis auf diese Kodierungen verlangt werden.

IV. Simplified marking for different modes of transport

14. The Standard Shipping Mark can be simplified further for some modes of transport whereas Cargo Handling Marks - especially danger marks - must be shown in full.

Loose General Cargo in all modes of transport should be fully marked in accordance with Section III.

Groupage Cargo. Even if the groupage cargo makes the greater part of its journey in a container or a trailer, handling at various groupage depots is necessary and individual parts of the shipment should be fully marked in accordance with Section III. If a full container or trailer, consigned by one shipper is broken down during transit for split deliveries, all parts should likewise be fully marked.

Full Loads (i.e. full container loads (FCL), trailers, wagons or airline ULDs containing goods sent from one shipper to one consignee): the Standard Shipping mark can be simplified as follows:

(a) if the load is covered by a single set of documents and if packaging and contents are identical in every way – size, type, grade (for example, 50-Kg bags of rolled oats or refined sugar), the Standard Shipping Mark should not be at all necessary;

(b) if the load is covered by more than one set of documents (e.g. two sets of invoices for accounting purposes) or contains packages whose contents differ, only items 2 and 4 of the Standard Shipping Mark (Reference No. and Package No.) should be necessary to check goods against documents and for identification of the goods by Customs or consignee.

Example: 1234
          1/25

15. In any event, it must be possible to cross-reference packages to a comprehensive packing list for Customs examination and for purposes of sorting and redistribution.

16. It should be noted that containers and trailers containing dangerous goods must bear on the outside the danger labels and other mandatory data such as correct technical name/proper shipping name of the contents. Similar rules apply to radioactive material.

Air freight, loose or consolidated cargo.

17. IATA Resolution 606 sets out the mandatory and optional content of shipping marks for air freight:

(a) the Standard Shipping Mark. The Air Waybill No., as a unique reference, replaces items 1 and 2 of the Standard Shipping Mark (Abbreviated Name and Reference Number); the three-letter IATA code can be used to shorten item 3 (Destination); item 4 remains unchanged.

Example: 015-12345675
          DEL
          1/25

(b) for consolidated (groupage) cargo labels with House AWB No. and Master AWB No. are shown.

(c) Information Marks. IATA Regulations state that the gross weight may be shown below the shipping mark and the full consignee address must appear on at least one package.

IV. Vereinfachte Markierung für verschiedene Transportarten

14. Die Standardisierte Versandmarkierung kann für einige Transportarten weiter vereinfacht werden, während die Frachtbehandlungsmarkierungen – insbesondere Gefahrenmarkierungen – vollständig anzubringen sind.

Stückgutladungen müssen bei allen Transportarten vollständig gemäß Abschnitt III markiert werden.

Sammelladungen. Sogar wenn die Sammelladung den größten Teil ihrer Reise in einem Container oder auf einer Wechselbrücke/einem Sattelauflieger zurücklegt, ist an verschiedenen Sammelladungsdepots eine Abfertigung notwendig, und die einzelnen Bestandteile des Versands müssen vollständig gemäß Abschnitt III markiert werden. Wenn ein voller Container oder Anhänger, der durch einen Frachtführer versandt wird, während des Transportes zwecks Teillieferungen aufgespalten wird, müssen ebenfalls alle Teile vollständig markiert werden.

Bei vollen Ladungen (d.h. volle Containerladungen (FCL), Anhänger, Waggon- oder Luftfracht-ULD's, die Waren enthalten, die von einem Versender an einen Empfänger versandt werden) kann die Standardisierte Versandmarkierung folgendermaßen vereinfacht werden:

a) Wenn die Ladung durch einen einzigen Dokumentensatz abgedeckt ist und wenn Verpackung und Inhalt in jeder Weise gleich sind – Größe, Typ, Qualität (z.B. 50 kg Säcke Hafermehl oder Raffinadenzucker), ist die Standardisierte Versandmarkierung auf keinen Fall notwendig.

b) Wenn die Ladung durch mehr als einen Dokumentensatz abgedeckt ist (z.B. zwei Rechnungssätze zu Buchhaltungszwecken) oder Packstücke umfaßt, deren Inhalte verschieden sind, so sind nur die Positionen 2 und 4 der Standardisierten Versandmarkierung notwendig, um die Waren anhand der Dokumente zu überprüfen sowie zur Identifizierung der Waren für den Zoll oder Empfänger.
   Beispiel: 1234
              1/25

15. In jedem Fall muß zur Zolluntersuchung und zum Zwecke der Sortierung und Verteilung ein Querverweis zwischen den Packstücken und einer umfassenden Packliste vorliegen.

16. Es muss darauf hingewiesen werden, dass Container und Anhänger, die gefährliche Güter enthalten, auf der Außenseite die Gefahrenetiketten und sonstigen vorgeschriebenen Daten tragen müssen. Ähnliche Vorschriften gelten für radioaktive Stoffe.

Luftfracht, lose Ladung oder Sammelladung

17. Die IATA-Resolution 606 enthält die zwingenden und wahlweisen Angaben von Luftfracht-Versandmarkierungen;

a) die Standardisierte Versandmarkierung. Die Luftfrachtbriefnummer als eindeutige Referenz ersetzt die Positionen 1 und 2 der Standardisierten Versandmarkierung (abgekürzter Name und Referenznummer); der aus drei Buchstaben bestehende IATA-Code kann zur Abkürzung von Position 3 (Bestimmungsort) verwendet werden; Position 4 bleibt unverändert.
   Beispiel: 015-12345675
              DEL
              1/25

b) Auf Sendungen in Sammelladung werden neben Haus-AWB-Nr. auch Master-AWB-Nr. angebracht.

c) Informationsmarkierungen. In den IATA-Bestimmungen wird festgelegt, dass das Bruttogewicht unter der Versandmarkierung angegeben werden kann und dass die vollständige Empfängeradresse auf wenigstens einem Packstück angebracht sein muss.

V. Methods of marking

On documents

18. The United Nations Layout Key specifies a position for entering shipping marks, under the heading "Marks and Numbers", in the following way:

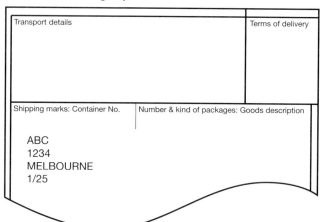

Only the Standard Shipping Mark should be shown and **buyers should ensure that documentation instructions (in particular those given in documentary credits) do not call for any additional details to be shown under "Marks and Numbers"** other than **the Standard Shipping Mark.** The "Special notes on standardized marks" under Section III should also be considered in this respect.

On cargo

19. The keywords for cargo marking are: Big, Bold and Brief.

The Standard Shipping Mark

(a) should be marked centrally on **two sides** of the package or pallet load; loose cargo by conventional seafreight should be marked on the top also;

(b) should be in characters **5 cm high,** but can be varied where necessary in proportion to the size of the package;

(c) should preferably be **stencilled** using black ink (or a colour contrasting with the background) which is water-proof, permanent and resistant to humidity and friction.

Note 1 – If a felt-tip is used, the ink must be water-proof and permanent, as indicated on the barrel of suitable pens. Writing should be large, clear and in capital letters.

Note 2 – Fluorescent colours might be considered. Red should only be used for dangerous cargo. Some colours might merge with the background under fluorescent, mercury or sodium vapour lighting.

Information Marks – should be well separated from the Standard Shipping Mark and should be shown in smaller characters or in different colour.

Special Notes on Methods of Marking

20. Unpacked items, e.g. ironwork should be marked with a metal tag, securely wired. Tie-on tags can be used for personal effects. Tags and tie-on labels should otherwise be avoided.

V. Markierungsmethoden
Auf Dokumenten
18. Das UN-Rahmenmuster spezifiziert eine Position zur Eingabe der Versandmarkierungen, unter der Überschrift „Markierungen und Nummern", in folgender Weise:

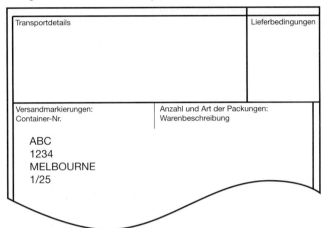

Nur die Standardisierte Versandmarkierung ist anzugeben, und die **Käufer müssen dafür sorgen, dass in den Instruktionen bezüglich der Dokumente (insbesondere denjenigen, die in Dokumentenakkreditiven gegeben werden) neben der Standardisierten Versandmarkierung keine zusätzlichen Einzelheiten unter der Rubrik „Markierungen und Nummern" verlangt werden.** Die „Besonderen Hinweise zu Standardisierten Markierungen" in Abschnitt III müssen in dieser Hinsicht ebenfalls berücksichtigt werden.

Auf der Ladung
19. Für die Markierung von Frachtgütern gilt: groß, kräftig und kurz.

Die Standardisierte Versandmarkierung
a) muss in der Mitte auf zwei Seiten des Packstückes oder Palettenladung markiert werden; lose Ladung im konventionellen Seefrachtverkehr ist auch auf der Oberseite zu markieren;
b) muss Zeichen mit einer Höhe von 5 cm haben, die aber, falls notwendig, im Verhältnis zur Packungsgröße variiert werden können;
c) ist vorzugsweise mit einer Schablone unter Verwendung schwarzer Tinte (oder einer Farbe, die einen Kontrast zum Hintergrund bildet) anzubringen; die Tinte muß wasserfest, dauerhaft sowie feuchtigkeits- und reibebeständig sein.

Hinweis 1 – Wird ein Filzschreiber verwendet, muss die Tinte wasserfest und dauerhaft sein, was auf dem Gehäuse geeigneter Stifte angegeben ist. Die Angaben müssen groß, klar und in Großbuchstaben angebracht werden.

Hinweis 2 – Die Verwendung fluoreszierender Farben kann in Betracht gezogen werden. Rot darf nur für gefährliche Güter verwendet werden. Einige Farben könnten sich bei Leuchtstoff-, Quecksilber- oder Natriumdampfbeleuchtungen mit dem Hintergrund vermischen.

Informationsmarkierungen müssen deutlich von der Standardisierten Versandmarkierung getrennt werden und sind in kleineren Zeichen oder in einer anderen Farbe anzubringen.

Besondere Hinweise zu den Markierungsmethoden
19. Unverpackte Artikel, z.B. Eisenkonstruktionen, müssen mit einem fest angebundenen Metallanhänger markiert werden. Anhängeetiketten können für persönliche Gebrauchsgegenstände verwendet werden. Ansonsten ist die Verwendung von Anhängern und Anhängeetiketten zu vermeiden.

Bales should be marked on both sides.

Bags and sacks should be marked on both sides with a marking fluid which impregnates the material. Where contents can sift through a material, such as hessian, marking should be done before filling.

Drums should be marked on the head (top) and side; the size of the characters on the head may be reduced because of the small area available for marking.

Carboys should be marked with self-adhesive labels on two opposite sides.

Areas which will be covered by straps or bands should not be marked.

Old marks should be completely obliterated.

ANNEX
SEA FREIGHT

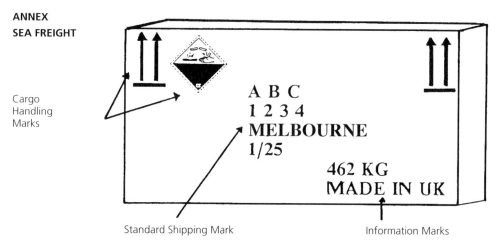

AIR FREIGHT

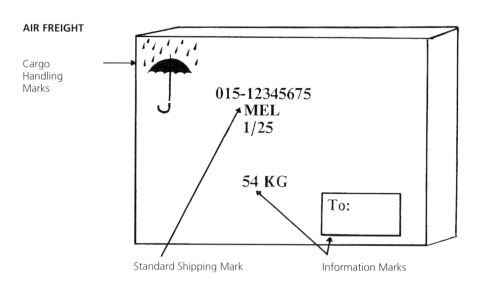

(© AWV-Schrift 10462, AWV-Arbeitsgemeinschaft für wirtschaftliche Verwaltung e.V., Eschborn)

Ballen sind auf beiden Seiten zu markieren. Beutel und Säcke sind auf beiden Seiten mit einer Markierungsflüssigkeit zu kennzeichnen, die das Material imprägniert. Wenn der Inhalt durch ein Material wie z.B. Juteleinen durchdringen kann, muß die Markierung vor der Befüllung erfolgen.

Fässer müssen auf der Oberseite und an der Seite markiert werden; die Größe der Zeichen auf der Oberseite kann aufgrund der kleinen Fläche, die zur Markierung zur Verfügung steht, verringert werden.

Korbflaschen müssen mit selbstklebenden Etiketten auf zwei gegenüberliegenden Seiten markiert werden.

Bereiche, die mit Bändern oder Riemen bedeckt werden, dürfen nicht markiert werden.

Alte Markierungen müssen vollständig ausgelöscht werden.

ANNEX
SEEFRACHT

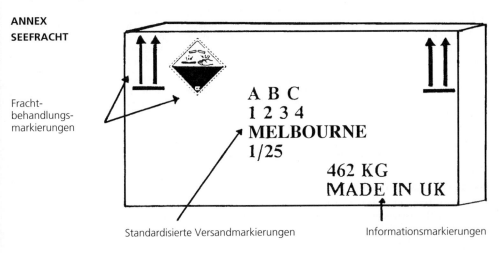

LUFTFRACHT

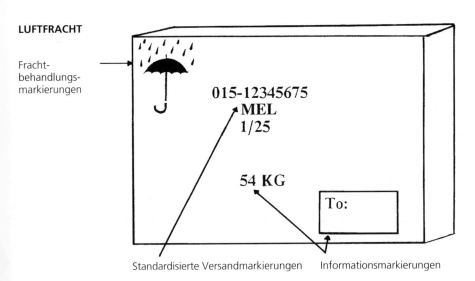

(© AWV-Schrift 10462, AWV-Arbeitsgemeinschaft für wirtschaftliche Verwaltung e.V., Eschborn)

2.5 Der Einsatz von Barcodes

Packstückidentifikation von der Abholung bis zur Auslieferung

Der Barcode-Technologie wurde in den vergangenen Jahren für die Gestaltung der Ablauforganisation in der Logistik immer mehr Aufmerksamkeit geschenkt. Nachdem sie großflächig in den Handelsmarkt implementiert wurde, wurden ihre Anwendungen auch in vielen anderen Applikationen benutzt. Ein Barcode ist ein Symbol, das aus einer Serie parallel laufender Streifen und offener Spalten unterschiedlicher Breite besteht. Definierte Muster von Linien und Spalten werden benutzt, um den Inhalt des Symbols wiederzugeben.

Um die verschlüsselte Information eines Barcodes auslesen zu können, muss der Lichtstrahl eines Scanners (ein Lesestift oder eine Scanpistole) über das Zeichen bewegt werden. Die Original-Daten können auf diese Weise erkannt und von dem Computersystem, das dem Scanner angeschlossen ist, angezeigt werden. Die Technologie des Leseapparates wurde jeweils für den Gebrauch in verschieden vorkommenden Situationen entwickelt. (z.B.: Scanpistole im Lager, Lesestift im Büro, eingebauter Scanner im Supermarkt).

Der Barcode ist eine automatische Identifikationstechnologie. Er ermöglicht es, bestehende Daten schnell und fehlerlos zu sammeln. Allerdings lösen Barcodes selbst keine Probleme. Die Kombination von eingelesenen Barcode-Daten mit entsprechenden Software-Applikationen ermöglicht zum Beispiel in der Logistik die Fähigkeit, Ware kontrollierbar leiten zu können, was die Erhöhung der Qualität der Arbeit, der Produktivität und schließlich des Gewinns bedeutet.

Es gibt verschiedene Barcode-Technologien, von denen nachfolgend zwei der bedeutendsten Technologien beschrieben werden. Ein erfolgreicher Barcode-Einsatz erfordert eine gute Druckqualität. Folglich ist die Wahl des Barcode-Druckers von großer Bedeutung.

Barcodierte Transport-Label

Barcodierte Transport-Label werden verstärkt im Bereich der weltweiten Logistik benutzt. Es gibt eine große Anzahl verschiedener Standards, wobei jeder nach den Anforderungen eines spezifischen Industriesektors entwickelt wurde. Für einen guten ökonomischen Gebrauch innerhalb und zwischen den verschiedenen Sektoren ist ein Multi-Industrie-Standard notwendig.

Ein barcodiertes Transport-Label, welches für den Gebrauch in Kombination mit den UN/EDIFACT-Berichten entwickelt wurde, ist der erste Schritt zu einem Standard barcodierter Transport-Label. Der Multi-Industrie-Transport-Label-Standard (MITL) mit Bezug auf DIN EN 1571 und 1572 unterstützt diese Möglichkeiten; er ist in DIN EN 1573, Branchenübergreifendes Transportetikett (entspricht ISO/IEC 15394) beschrieben.

Das barcodierte Transport-Label wurde entwickelt, um jedes Packstück eindeutig identifizieren und damit kontrollierbar, effizient und fehlerfrei leiten zu können. Die barcodierte Information auf dem Transport-Label wird benutzt, um die entsprechende Datenbank mit der aktuellen Packstücksituation (wo befindet sich die Ware in welchen Zustand gerade?) zu belegen. Damit können detaillierte Informationen für die Transporteinheit und vorauseilende Avise an den Empfänger erstellt werden.

Barcode Standards

Aus oben genannten Anforderungen haben sich besonders in Europa zwei Standards durchgesetzt. In den Branchen wie z.B. Automobil, Chemie oder Elektronik ist die ANSI/FACT-Codierung (Licence Plate) üblich, die in der DIN EN1571 (Datenkennzeichen) eingebunden ist. Die neue Bezeichnung dieses Standards lautet ASC MH10 Data Identifier und entspricht ISO/IEC 15418 (EAN/UCC Application Identifiers and ASC MH10 Data Identifiers).

Die Konsumgüterindustrie und der Handel setzen vorwiegend auf das EAN 128 Konzept.

- Der **License Plate Barcode** ist ein europäischer Standard, entwickelt durch CEN, Technical Comittee (TC 225-Strichcodierung), publiziert in dem Dokument DIN EN 1572, Identifikationsschlüssel für Transporteinheiten, Licence Plate (entspricht ISO/IEC 15459).

- Der **EAN 128 Barcode** wurde durch die EAN•UCC Organisation (Internationale Artikel-Nummer / Uniform Code Council) entwickelt. Die EAN Auszeichnung von Konsumenteneinheiten (EAN-13) ist inzwischen weltweit zur täglich genutzten Praxis geworden. Deshalb hat die EAN•UCC Organisation für seine EAN-Gesellschaften mehrere Codes für Datenelemente entwickelt, wie z.B. Packdatum, Packstücknummer, Chargennummer oder Empfängerpostleitzahl.

Markierung von Packstücken

Die Sendungsmarkierung auf Transportlabeln, mit der erforderlichen Barcode-Information (Packstück-ID), soll pro Packstück vorgenommen werden. Eine Packstück-Einheit kann jedes einzelne Kollo sein, aber auch eine versiegelte Palette, Gesamt-Verpackung oder Container, welche jeweils mit dem Kunden vereinbart ist. Paletten mit losen Kolli müssen immer separat pro Kollo gelabelt werden, weil sonst beim Abpacken der Zusammenhang verloren geht.

Auskunft über den Status von Waren- und Güterbewegungen kann durch Scannen des Barcodes vom Transportlabel (Packstück-ID Nummer) sofort und zuverlässig erteilt werden.

Ein weiterer wesentlicher Trend, nämlich die Veränderung des Bezugpunktes von Transportleistungen, kann damit unterstützt werden: Weg von der Sendung und hin zum Packstück. Dies wird erst durch den Einsatz von Barcodes in sinnvoller Weise ermöglicht.

Im Optimalfall kann so der gesamte logistische Prozess, von der Bestellung über Lagerung, Transport und Zollabwicklung bis hin zur Vereinnahmung der Ware, im Wege des Austausches elektronischer Nachrichten abgewickelt werden.

License Plate Packstück-ID (ANSI/FACT – neu: ASC MH10 DI's)

Eine License Plate wird einer Transporteinheit durch seinen Benutzer zugeschrieben. Jeder License Plate-Benutzer muss durch eine Issuing Agency (herausgebende Instanz), nach den Regeln, die durch die Agentur aufgestellt und im europäischen Standard (DIN EN1572) beschrieben sind, automatisiert werden. Herausgebende Instanzen sind durch die DIN EN1572-Registration Authority (NNI) autorisiert und registriert.

Eine License Plate-Nummer

- muss mit einer Kombination von Symbolen beginnen, dem Issuing Agency Code (IAC), welcher durch die Registration Authority an die Issuing Agency zugelassen ist. DHL ist beispielsweise mit dem Code „ND" registriert;
- muss einen durch die Issuing Agency spezifizierten Aufbau enthalten;
- muss auf die Art und Weise eindeutig sein, dass kein Benutzer eine Nummer während einer genügend langen Zeitperiode erneut benutzt, so dass die erste Nummer eine einzige Bedeutung hat für jeden Benutzer dieses Standards;
- darf nur Zahlen- oder Großbuchstaben-Symbole haben (keine kleinen Buchstaben oder Satzzeichen);
- darf nicht mehr als 35 Symbole enthalten (sollten nicht mehr als 22 sein, um der Praxis gerecht zu werden).

Die eindeutige Identifikation beginnt mit einem Data Identifier um anzugeben, dass es sich um einen License Plate-Code handelt. Es folgen der IAC-Code, die Versandleitgebietnummer, die Kundennummer und eine vom Kunden vergebene Referenznummer.

Inhaltsbeschreibung:

Data Identifier:	J	Packstück oder Palette, wobei die Optionen 1 bis 4 vor dem J folgende Information wiedergeben: 1J = unterste Versandeinheit 2J = Versandeinheit mit mehreren Untereinheiten 3J = unterste Versandeinheit mit verknüpfter EDI-Nachricht 4J = Versandeinheit mit mehreren Untereinheiten, verknüpft mit EDI-Nachricht
Issuing Agency Code:	**ND**	(Großbuchstaben), fester Teil des Codes; z.B. ND-Registrierungscode von DHL
Kennzeichen:		z.B. Betriebsnummer/-kennzeichen
Seriennummer/lfd. Nummer:		Eindeutige Nummer pro Versandeinheit z.B. eine Ordernummer oder Lieferscheinnummer mit Folgenummer oder eine Palettennummer.

Referenznummer

Dieser eindeutige Teil wird durch die Versender bestimmt und soll während einer Periode von mindestens zwölf Monaten eindeutig bleiben.

3J   N D   1 2 3 4 5 6 7   1 2 3 4 5 6 7 8 9

EAN-128 Packstück-ID (Nummer der Versandeinheit)

Unter den Mitgliedern von EAN und UCC kam die Frage auf, einen eindeutigen Identifikationsstandard individueller Versendungseinheiten zu erreichen. Hierfür wurde in erster Instanz der Serial Shipping Container Code (SSCC) entwickelt. Für diesen Standard wurde eine eindeutige Barcode-Technologie entwickelt (der EAN-128). Dies ist ein Subset des Codes 128 (DIN EN 799, Symbologiespezifikationen „Code 128" – inkl. EAN 128, entspricht ISO/IEC 15417, 15418), wobei ein spezieller EAN•UCC Application-Identifier-Standard genutzt wird. Diese Kodierung ist in Deutschland bekannt als NVE (= Nummer der Versandeinheit).

Inhaltsbeschreibung der NVE:

Ein EAN-128-Symbol beginnt immer mit dem Code 128-Zeichen, mit dem Wert ‚102' (das sogenannte FNC1-Symbol). Hiermit wird dem Barcode-Leser (Scanner) weitergegeben, dass es sich um einen EAN-128-Code handelt.

Der Leser gibt dieses Zeichen weiter als „]C1".

Versandeinheits-Identifikation:	**00**	Fester Wert, um anzugeben dass SSCC folgt, 18 Nummern lang
Kennzeichen Verpackung :	**3**	Packstück (eine in sich unveränderbare handelbare Einheit)
Internat. Standort Nummer:		EAN/ILN Internationale Lokations Nummer des Versenders (‚Kunden'-Nummer bei EAN), feste Länge von 7 Stellen
Referenznummer:		Folgenummer immer 9 Nummern, feste Länge
Prüfziffer:		Kontrollzahl. Diese Zahl ist eine Modul 10-Berechnung des vorangegangenen.

Die ILN (Internationale Lokationsnummer) ist bei der jeweiligen EAN•UCC-Landesorganisation zu beantragen. In Deutschland ist das die CCG – Centrale für Coorganisation GmbH, die ihren Sitz in Köln hat.

Der gesamte Teil ist vollständig numerisch und besteht aus einer festen Länge von 20 Stellen. In dem lesbaren Text unter dem Barcode wird der Application Identifier immer in Klammern gesetzt.

Referenznummer

Diese weltweit eindeutige NVE/SSCC-Nummer wird durch den Versender bestimmt und soll während einer Periode von mindestens zwölf Monaten eindeutig bleiben.

(00)   3   1 2 3 4 5 6 7   1 2 3 4 5 6 7 8 9   3

2.6 Kontrollierbare Gestaltung der Lieferkette durch den Logistik-Dienstleister DHL Solutions

Was ist ECR?

ECR – Efficient Consumer Response, ist eine weltweite Initiative zwischen Konsumgüterindustrie und Handel, die sich zum Ziel gesetzt hat, den Konsumenten auf Basis seines Nachfrageverhaltens mit dem richtigen Produkt zur richtigen Zeit am richtigen Ort und zum richtigen Preis zu begegnen. Sie wurde 1993 in den USA gestartet, und hat sich von dort ab 1995 in die ganze Welt – besonders aber auch nach Europa – ausgebreitet. Das oberste Ziel in der Umsetzung dieses Vorhabens ist die effiziente Gestaltung von Produkt-Kategorien, sowie der kompletten Lieferkette für alle Güter des täglichen Gebrauchs. Man spricht hier von FMCG-Produkten (Fast Moving Consumer Goods – schnell drehende Güter des täglichen Gebrauchs). Es wurde erkannt, dass gemeinsame Entwicklung zur Verbesserung der Zusammenarbeit nur dann zum Tragen kommt, wenn Vorteile gerecht weitergegeben werden. Man spricht vom Win-Win-Prinzip – jeder, der seinen aktiven Beitrag zur Verbesserung der Gesamtsituation leistet, soll auch einen Vorteil haben – also gewinnen.

Die verstärkte partnerschaftliche Zusammenarbeit hat dazu geführt, dass sich die Geschäftsbeziehung zwischen Industrie und Handel von einem aktiven Verkaufen durch die Industrie zu einem nachfragebestimmten Abrufen durch den Handel wandelt. Man spricht auch von einer Umkehr von Push zu Pull. Damit ist sichergestellt, dass dem Kundenwunsch auf Basis seines Kaufverhaltens im Bezug auf neue Produkte, Gestaltung von Produkt-Kategorien, und effizienten Nachschub, entsprochen wird.

Um dem Ziel der effizienten Nachfrageerfüllung gerecht werden zu können, wurden in der Vergangenheit von den beteiligten Unternehmen die zwei wichtigsten ECR-Felder separat bearbeitet:

1. Demand Side
   - CM (Category Management)
2. Supply Side
   - ER (Efficient Replenishment)
   - EUL (Efficient Unit Loads)

Dieses ist so gestaltet, dass es auf die bestehenden Basistechnologien und -standards fußt (die Enabling Technologies), um eine entsprechende Wertschöpfung sicher zu stellen.

Seit 2000 setzt sich allerdings aus Sicht der Ganzheitlichkeit eine integrierte Behandlung dieser zwei Bereiche durch. Es finden sich immer mehr Geschäftspartner, die ihre Planungs-, Prognose- und Nachbevorratungsprozesse gemeinsam steuern. Unter dem Begriff CPFR® (Collaborative Planning, Forecasting and Replenishment) werden verstärkt Demand- und Supply-Sied-übergreifende Projekte bearbeitet. Hier finden auch Kommunikationen auf Basis von eBusiness statt.

Alle ECR-Aktivitäten – einzeln betrachtet nach Demand und Supply Side, oder integriert nach CPFR® – können nur umgesetzt werden, wenn komplexe und übergreifende Datenkommunikationen existieren. In dem großen Fundament der Basistechnologien- und -standards sind die EDI-Nachrichten und Stammdaten-Beschreibungen in den EDIFACT-Formaten EANCOM® festgelegt. Dort setzen sich über die traditionellen EDI-Nachrichtenformate auch die Datenstrukturen WebEDI und XML zur Kommunikation über das Internet, immer mehr durch.

In Deutschland haben sich über 130 führende Unternehmen aus Industrie, Dienstleistung und Handel durch Unterschrift dazu verpflichtet, die Gestaltung ihrer Teilprozesse bzw. Schnittstellen, auf die von ECR beschriebenen Empfehlungen dahingehend auszurichten, dass unterschiedliche Beteiligte integriert an der

Lieferkette arbeiten können. Der erste Dienstleister, der sich zur eigenen Entwicklung auf Nutzung der Enabling Technologies verpflichtet hatte, war DHL Solutions.

Einbindung des Logistik-Dienstleisters in ECR-Prozesse

Da die Supply Side mit der effizienten Gestaltung der kompletten Lieferkette ein wesentlicher Bestandteil von ECR ist, ist es mehr als erforderlich, dass in der Definitions- und Umsetzungsarbeit der zukünftigen schlankeren Lieferkette, der Logistik-Dienstleister aktiv mit eingebunden werden muss. In der deutschen ECR-Initiative, die von der GS1 Germany GmbH (Global Standard One, vormals: CCG – Centrale für Coorganisation GmbH) in Köln vertreten wird, arbeiten seit 1998 – besonders auf Initiative von DHL Solutions – auch Logistik-Dienstleister-Vertreter mit Vertretern aus Industrie und Handel eng zusammen. Hier wurde der Logistik-Dienstleisterkreis gegründet, dem ca. 15 namhafte Speditionen, sowie drei Verbandsvertreter angehören. Der Sprecher dieses Kreises ist Christian Polscher von DHL Solutions.

ECR-gerechtes, kontrollierbares Gestalten der Lieferkette

Jeder Teilprozess und jede Schnittstelle zu Systemen anderer Beteiligter muss einer standardisierten Vorgabe unterliegen. Diese standardisierten „Werkzeuge" – die **Enabling Technologies** – werden von allen Beteiligten der ECR-Initiative definiert und festgelegt.

Um Ware im Sinne von ECR kontrollierbar, schnell, effektiv und effizient durch die komplette Lieferkette leiten zu können, ist besonders der kombinierte Einsatz von vorauseilenden Avisen im EANCOM®-Format mit dem Erkennen jeder einzelnen Versandeinheit durch Scannen der NVE (Nummer der Versandeinheit, auf Basis der Strichcodesymbologie EAN128 – international: SSCC Serial Shipping Container Code) erforderlich.

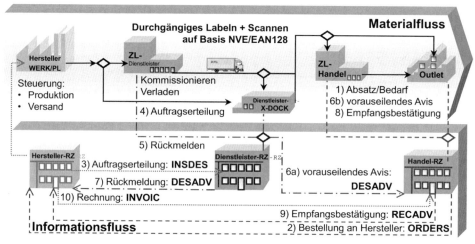

In dem gezeigten Diagramm und den anschließenden Detailbeschreibungen wird der physische Warenfluss und der jeweils vorauseilende Informationsfluss im Zusammenhang so dargestellt, wie DHL Solutions sich in Zusammenarbeit mit Industrie und Handel auf die effiziente Gestaltung der Lieferkette eingestellt hat (die Reihenfolge der einzelnen administrativen und datenkommunikativen Aktivitäten ist entsprechend von 1 bis 10 durchnummeriert).

2.6.1 Warenversand zum Zentrallager

- Nach der Warenproduktion wird jede Palette mit dem Transportetikett markiert. Hier sind artikelindividuelle Daten (z.B.: Bezeichnung, EAN, Charge, MHD, etc.) neben der NVE/SSCC enthalten. Sie sind auf diesem Etikett zusätzlich in dem international standardisierten Strichcodesymbologie EAN128 als Barcode verschlüsselt und können so durch Scannen von Computern verarbeitet werden.
- Im Zuge der Verladung wird die NVE/SSCC gescannt.

- Auf Basis der Scanndaten wird ein Avis mit allen warenindividuellen Daten im EANCOM®-Format DESADV (Despatch Advise – Liefermeldung) erstellt, und vorauseilend an das Zentrallager per EDI versandt.

2.6.2 Warenvereinnahmung im Zentrallager

- Mit dem DESADV-Avis plant das Zentrallager im Vorwege die zu erwartende Warenvereinnahmung.
- Während der Entladung wird die NVE/SSCC von jeder Versandeinheit gescannt und elektronisch gegen das vorliegende Avis abgeglichen.
- Das LMS (Lager-Management-System) legt den Einlagerungsort im Hochregallager fest und vergibt Fahrbefehle über Funk an die zuständigen FFZ (Flurförderfahrzeuge – Gabelstapler, Schnellläufer, etc.).
- Der Fahrer des Gabelstaplers scannt die Palette und bekommt auf seinem Display den Einlagerungsort angezeigt. Nach Einstellen in das Regalfach wird die Ware dem Lagerbestand automatisch zugebucht.
- Hiernach kann der Versender eine Empfangsbestätigung im EANCOM®-Format RECADV (Receiving Advice – Wareneingangsmeldung) bekommen. Durch Vergleich seines Avises zur Rückmeldung durch den Logistik-Dienstleister kann er erkennen, ob alles ordnungsgemäß vereinnahmt, eingelagert und dem verfügbaren Bestand zugebucht wurde.

2.6.3 Umlagerung auf den Kommissionierplatz

- Ist eine Palette auf den Kommissionierplatz zu verbringen, erhält der Staplerfahrer auf sein Terminal einen Fahrbefehl. Er fährt zu der auszulagernden Palette, scannt die NVE/SSCC auf dem Transportetikett, und das LMS teilt ihm den neuen Einlagerungsplatz in der Kommissionierzone mit.
- Automatisch werden mit der Ware alle individuellen Daten (EAN, Charge, MHD, etc.) auf diesen neuen Lagerort mit umgebucht.
- Nach Abstellen der Ware auf dem Kommi-Platz wird das Transportetikett sofort entfernt, weil durch Abpacken von dieser Palette die ursprüngliche Versandeinheit verändert wird.

2.6.4 Auslagerung

2.6.4.1 Um Ware an den Empfänger ausliefern zu können, bedarf es zuerst eines Auftrages:

- Auf Basis der Abverkaufsdaten ermittelt die Handel-Zentrale ihren Bedarf. Mit dem EANCOM®-Format ORDERS (Purchase Order – Bestellung) setzt sie ihre Bestellung an den Lieferanten ab.
- Nach entsprechender Freigabe- und Verfügbarkeitsberechnung übermittelt das Industrie-Unternehmen den Lieferauftrag im EANCOM®-Format INSDES (Instruction to Despatch – Lieferanweisung) an uns, seinem Lagerhalter.
- Wir planen die Warenzustellung, und beginnen mit der Auslagerung.

2.6.4.2 Wir unterscheiden in zwei verschiedene Formen der Auslagerung – die Abgabe von sortenreinen Paletten, und das Kommissionieren einzelner Artikel:

Auslagerung sortenreiner Paletten:

- Kommt eine Original-Palette direkt in den Versand, erhält der Staplerfahrer auf sein Terminal den Fahrbefehl. Durch Scannen der NVE/SSCC im Zuge der Palettenübernahme sagt ihm das System, auf welche Verladebahn die Ware zu verbringen ist.

- Das Verbringen von Ware in die Verladezone wird in der Regel durch Schnellläufer erledigt. Das sind Fahrzeuge, die große Entfernungen schnell überbrücken können – im Gegensatz zu Staplern, die Ware bevorzugt in der Vertikalen bewegen.

Kommissionierung einzelner Artikel:

Zur Erstellung von Versandeinheiten, die ECR-gerecht standardisiert und kontrollierbar in der kompletten Lieferkette geleitet werden können, hat sich DHL Solutions entschlossen, das System der beleglosen Kommissionierung zu entwickeln:

- Der Kommissionierer bekommt den Auftrag auf sein Terminal, das über Funk mit dem LMS verbunden ist, übermittelt. Der Dialog ist auf einem Touch-Screen dargestellt, und kann ohne Tasten – auch mit Handschuhen in der Kühlhalle – vom Kommissionierer bedient werden.

- Zum Start bekommt er einen Totalüberblick über den ganzen Auftrag, um seine Pickreihenfolge bestimmen zu können (z.B. zuerst alle Positionen mit sortenreinen Lagen, um danach die Einzel-Gebinde zu picken).
- Das System führt den Kommissionierer zum Kommi-Platz der entsprechenden Pick-Position. Durch Scannen der EAN von der ersten Einheit von diesem Kommissionierplatz kontrolliert das System den richtigen Ort. Hiernach bekommt der Mitarbeiter die zu pickende Totalmenge genannt.
- Die im Komm-Gerät eingebaute Präzisionswaage kontrolliert die exakte Totalmenge je Artikelposition. Damit stellen wir eine 100% richtige Kommissionierung sicher.
- Ist eine Misch-Palette (oder ein Rolli – bei direkter Filialbelieferung) fertig gestellt, fordert der Kommissionierer das Transportetikett mit der NVE/SSCC an. Er markiert hiermit die von ihm neu erstellte Versandeinheit.
- Im Zuge des Pickens kann das System für jede einzelne Position die Charge und das MHD ermitteln und diese Informationen in den Auftragsdatensatz schreiben. Dieses wird als Grundlage benötigt, um den gesetzlichen Vorgaben zur Lebensmittelsicherheit nach Rückverfolgbarkeit der Ware gerecht zu werden.

2.6.5 Versand

Der Kommissionierer stellt die Ware auf den vom System vorgegebenen Platz in der Bereitstellungszone ab. Mit Etikett versehen und transportgesichert, steht sie hier zur Verladung bereit:

- Vor Verladung wird durch Scannen kontrolliert, dass alle Sendungsteile eines Auftrages zusammengestellt wurden.
- Während der Verladung wird die NVE jeder Versandeinheit wieder gescannt.
- Befindet sich die Sendung komplett auf dem LKW, wird auf Basis der Scanndaten das vorauseilende Avis mit allen warenindividuellen Daten im EANCOM®-Format DESADV an den direkten Warenempfänger per EDI versandt (der Umschlagspunkt erhält zusätzlich ein Avis auf Packstückebene).
- Eine Kopie des DESADV bekommt auch der Auftraggeber – als Erledigungsanzeige auf seinen ursprünglichen Kommissionierauftrag INSDES.

2.6.6 Warenbehandlung am Umschlagspunkt

Wird Ware im Auftrage der Industrie an einem Umschlagspunkt gebündelt, handelt es sich um einen Transhipment Punkt (am TSP kann nur eine Zufallsbündelung realisiert werden).

Wird Ware unterschiedlicher Lieferanten an einem Umschlagspunkt konsolidiert, für den die Bündelung im Zuge der Auftragsgenerierung durch den Handel bereits im Vorwege geplant war, spricht man von einem Cross Docking Punkt (der Prozess der Bündelung am CDP war im Vorwege immer geplant).

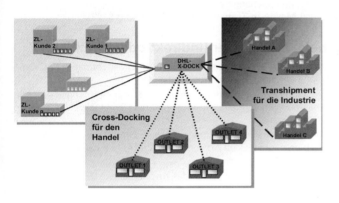

Da DHL im Auftrage sowohl für die Industrie, als auch für den Handel die Warenbündelung über ein und denselben Umschlagspunkt durchführt, haben wir uns für die Bezeichnung „X-DOCK" entschlossen.

- Die NVE/SSCC jeder Versandeinheit wird während der Entladung des anliefernden LKW gescannt und gegen das Avis vom Zentrallager abgeglichen.
- Auf Basis der zuvor durchgeführten Tourenplanung wird dem Entlader der Platz auf seinem Display angezeigt, wo er das Packstück abzustellen hat.

- Sind alle Versandeinheiten einer Ausliefertour auf die Verladebahnen verbracht worden, wird mit der kontrollierten Beladung des zustellenden LKW begonnen (Scannen jeder NVE/SSCC).

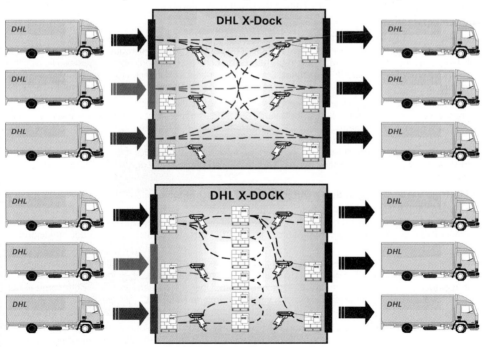

- Nachdem das Fahrzeug beladen wurde, wird auf Basis der Scanndaten ein vorauseilendes Avis an den Warenempfänger abgesetzt.

Diese Art des Bestandslosen Warenumschlages wird als **Einstufige Warenbündelung** bezeichnet (siehe 1. Darstellung **S. 91**).

Bei der zweiten X-DOCK-Form handelt es sich um den bestandslosen Umschlag mit **zweistufiger Warenbündelung**. Hier wird aus den angelieferten Waren eine „virtuelle" Kommissionierzone aufgebaut, von der die endgültigen Sendungen feinkommissioniert werden. Der Pickprozess kann exakt in gleicher Form gestaltet werden, wie die oben beschriebene Vorgehensweise der Kommissionierung im Zentrallager. Wir nennen diesen Prozess auch **Merge-in-Transit** (siehe 2. Darstellung **S. 91**).

2.6.7 Warenzustellung beim Empfänger (indirekt oder direkt)

- Für jeden Auftrag liegt dem Empfänger ein Avis vom Zentrallager im EANCOM®-Format DESADV vor. Auf Basis dieser Avise plant der Empfänger die Vereinnahmung seiner Ware.
- Trifft der LKW beim Empfänger ein, wird mit der Entladung begonnen. Hier geht man genauso vor, wie unter dem Punkt Warenvereinnahmung im Zentrallager, oder unter dem Punkt Warenbehandlung am Umschlagspunkt, beschrieben.
- Die empfangene Ware wird entweder eingelagert, weiter umgeschlagen, oder direkt in die Verkaufsfläche des Outlets verbracht – je nach dem, um welche Art von Empfänger es sich handelt.
- Sofort nach Vereinnahmung der Ware erstellt der Empfänger eine Empfangsbestätigung im EANCOM®-Format RECADV für den Lieferanten – als Antwort auf das zuvor erhaltene DESADV-Avis.

2.6.8 Fakturierung

Nach Erhalt der Empfangsbestätigung RECADV erstellt der Lieferant seine Rechnung und übermittelt diese ebenfalls per EDI im EANCOM®-Format INVOIC (Invoice-Rechnung).

Zusammenfassung

Damit ist die komplette Lieferkette von der Auftragserteilung bis zur Fakturierung abgeschlossen. Die hier beschriebene Ablaufdokumentation nach ECR-Gesichtspunkten bezieht sich auf die Supply Chain von FMCG-Fertigwaren – also für Güter des täglichen Gebrauchs ab Produktion bis ins Outlet. Dieses wird auch als **Downstream-Logistik** bezeichnet. Der gleiche Prozess ist natürlich entsprechend von der Rohwarenbeschaffung bis zur Produktion der Fertigware anwendbar. Dann spricht man von **Upstream-Logistik**.

Diese Beschreibung lehnt sich stark an die Prozessabwicklung der Lieferkette, wie sie in Deutschland durch die nationale ECR-Bewegung dokumentiert wurde, an. Es darf damit nicht der Eindruck erweckt werden, dass es sich um eine reine deutsche Abwicklungsform handelt. ECR ist eine „Weltbewegung", die sich – basierend auf die Konzentrationsprozesse aller an der Wirtschaft beteiligten Geschäftspartner – immer mehr durchsetzt, grenzüberschreitende Standards zu fordern. Besonders durch die Einführung des € und dem Verlust der innereuropäischen Grenzen wird sich eine europaweite Logistik im FMCG-Bereich mehr und mehr durchsetzen.

Zukünftige Veränderungen durch Nutzung der RFID-Technologie

Das kontrollierbare Leiten der Ware basiert heute – wie oben beschrieben – fast ausschließlich auf Scannen der NVE/SSCC, die sich auf dem Transportetikett befindet. Im Moment kann man an vielen Stellen auf der Welt Pilotprojekte erkennen, in denen der komplette Warenfluss durch Nutzung der Transpondertechnologie gesteuert wird.

Ein Transponder ist ein winzig kleiner Mikrochip, der auf jeder Verkaufseinheit, Versandeinheit, Palette, etc. angebracht werden kann. Wird dieser Chip mit einer bestimmten Funkfrequenz „angefunkt", entwickelt ein in ihm eingebauter Minitransformator elektrischen Strom. Über seine eigene Antenne ist er somit in der Lage, seine Kennung – zum Beispiel die in ihn einprogrammierte NVE/SSCC – an den Sender der Funkfrequenz zurück zu senden. Diese Technik wird als RFID-Technologie (Radiofrequency Identification) bezeichnet.

Mit bedeutenden Partnern von Handel und FMCG-Industrie testet DHL Solutions momentan die Nutzung der RFID-Technologie zur Umgestaltung der kompletten Lieferkette. Es ist davon auszugehen, dass sich diese Technologie zur Identifikation und zum kontrollierbaren Leiten von Ware innerhalb der nächsten 10 Jahre flächendeckend durchsetzen wird. Dazu ist es erforderlich, dass die Transponder einer weltweit einheitlichen Standardisierung unterliegen. Die Standards in der Konsumgüterbranche zur Warenidentifikation (EAN, NVE/SSCC, etc.) und zur elektronischen Datenkommunikation (EANCOM®-Nachrichten) werden in Deutschland – wie oben erwähnt – von GS1 Germany verwaltet. Ähnliche Gesellschaften gibt es in fast jedem Land der Erde. Alle diese weltweiten GS1-Standardisierungsgesellschaften haben das in Bosten/USA beheimatete Unternehmen EPCglobal gegründet, von dem momentan die Weltstandards für die RFID-Technologie festlegt werden (EPC steht für Electronic Product Code).

Die neueste von EPCglobal definierte Transponder-Generation2 wird ab Herbst 2005 für den globalen Masseneinsatz verfügbar sein. Ab dieser Zeit werden bedeutende Unternehmen von Industrie und Handel beginnen, die Identifikation der Packstücke (Paletten) und Versandeinheiten (Kartons) auf Markierung durch Transponder schrittweise umzustellen. In diesem Umstellungsprozess ist DHL Solutions in Deutschland aktiv mit beteiligt.

2.7 Vorsichtsmarkierungen in fünf Fremdsprachen

deutsch	englisch	französisch	spanisch	portugiesisch	italienisch
ätzend	caustic, corrosive	corrosif	corrosivo	corrosivo	acido, corrosivo
aufrecht transportieren	keep upright	à transporter débout	transportarlo de pie	transportar ao alto	trasportare in pidi
auf Rollen transportierten	use rollers	à transporter sur rouleaux	transportar sobre rollos	transportar sobre rôlos	trasportare su rulli
Bruttogewicht	gross weight	poids brut	peso bruto	pêso bruto	peso lordo
explosiv	explosive	explosif	explosivo	explosivo	esprosivo
feuergefährlich	inflammable	ınflammable	inflamable	inflamável	inflammabile
Flüssigkeiten	liquids	liquide	liquidos	liquido	liquido
Gift	poison	poison	veneno	veneno	veleno
Glas	glass	verre	vidrio	vidro	vetro
hier anheben	lift here	soulever par ici	levantar aquí	levantar aqui	sollevare qui
hier anschlagen	sling here	pour soulever fixer ici	apuntar aquí	apontar aqui	per sollevare attacare qui
hier öffnen	open here	ouvrir ici	abrir aquí	abrir aqui	aprire qui
kopflastig	heavy weight this end	le poids est à la partie supérieure	centro de gravedad aquí	centro de gravidade aqui	peso in testa
kühl aufbewahren	keep cool	garder en lieu frais	guardar en lugar fresco	guardar em lugar fresco	immagazzinare al fresco
Nettogewicht	net weight	poids net	peso neto	pêso liquido	peso netto
nicht mit Haken anheben	don't use hooks	à manipuler sans crochets	no levantar con ganchos	nao ganchos	non maneggiare con uncini

deutsch	englisch	französisch	spanisch	portugiesisch	italienisch
nicht kanten, sondern rollen	to be rolled, not tipped	rouler, ne pas culbuter	rodar, no volcar	rolar, nao virar	non spigolare ma trasportare su rulli
nicht stürzen	don't drop	ne pas laisser tomber	no tumbar	nao tombar	non lasciar cadere
nicht umlegen	keep upright	ne pas renverser	no volcar	nao deitar	non rovesicare
nicht werfen	don't throw	ne pas jeter	no tirarlo	nao atirar	non gettare
oben	top, this side up	haut	arriba	em cima	alto
radioaktiv	radio-active	radioactif	readioactivo	radio-activo	radioattivo
Stechkarre hier	blade of handtruck here	ici emplacement pour engin de levage	poner carretilla aquí	carrêta aqui	carello qui
trocken aufbewahren	keep dry	garder en lieu sec	guardar seco	manter sêco	immagazzinare al secco
unten	bottom	bas	abajo	em baixo	basso
vor Hitze schützen	keep cool	craint la chaleur	proteger contra el calor	proteger do calor	proteggere dal calore
vor Nässe schützen	keep dry	craint l'humidité	presérvese de la humedad	proteger da humidad	proteggere dall' umidatà
Vorsicht	handle with care	attention	cuidado	cuidado	attenzione
zerbrechlich	fragile	fragile	frágil	fragil	fragile

2.8 Gefahrgut-Kennzeichnung

Gefährliche Güter müssen nicht nur nach den einschlägigen Vorschriften verpackt, sondern auch als Gefahrgut gekennzeichnet sein. Die Bestimmungen hierfür sind unterschiedlich für die einzelnen Verkehrsträger geregelt.

Straßentransport	GGVSE/ADR
Bahntransport	GGVSE/RID
Binnenschiffahrt	ADN/ADNR
Seeschiffart	GGV See/IMDG
Luftverkehr	ICAO-TI/IATA-DGR

Bei Straßen- oder Bahntransporten im Vor- und Nachlauf zu See- oder Flughäfen, sowie bei Benutzung von Fähren oder Ro/Ro-Schiffen ist die Bezettelung nach der jeweiligen See- oder Lufttransport-Bedingung zulässig.

Packstücke sind grundsätzlich mit den vorgeschriebenen Gefahrzetteln zu versehen. Sie müssen die Form eines auf die Spitze gestellten Quadrates mit einer Seitenlänge von 100 mm haben.

In bestimmten Fällen müssen auch Fahrzeuge und Beförderungseinheiten mit den Gefahrzetteln versehen werden, die sich auf den enthaltenen Versandstücken befinden. Die Aufkleber werden „Placards" genannt und haben eine Seitenlänge von jeweils 25 x 25 cm. Dies gilt zum Beispiel für Stoffe der Klasse 1 und 7, sowie für Fahrzeuge oder Wechselbehälter, die in den Kombinierten Verkehr Strasse/Schiene gehen sollen.

Die Kennzeichnungspflicht der Fahrzeuge mit orangefarbenen Warntafeln u.ä. bleibt davon unberührt.

2.9 Verpackungsverordnung – VerpackV

Verpackungsverordnung

Verordnung über die Vermeidung und Verwertung von Verpackungsabfällen
(VerpackV)
vom 21. August 1998
(BGBl. I Nr. 56 vom 27.08.1998 S. 2379)
zuletzt geändert durch die Verordnung vom 24. Mai 2005
(BGBl. I S. 1407)

Auf Grund des § 6 Abs. 1 Satz 4, des § 23 Nr. 1, 2 und 6, des § 24 Abs. 1 Nr. 2, 3 und 4 und Abs. 2 Nr. 1 und des § 57, jeweils in Verbindung mit § 59, sowie des § 7 Abs. 1 Nr. 3 und des § 12 Abs. 1 des Kreislaufwirtschafts- und Abfallgesetzes vom 27. September 1994 (BGBl. I S. 2705) verordnet die Bundesregierung nach Anhörung der beteiligten Kreise unter Berücksichtigung der Rechte des Bundestages:

Abschnitt I Abfallwirtschaftliche Ziele, Anwendungsbereich und Begriffsbestimmungen [§§ 1–3]

§ 1 Abfallwirtschaftliche Ziele

Diese Verordnung bezweckt, die Auswirkungen von Abfällen aus Verpackungen auf die Umwelt zu vermeiden oder zu verringern. Verpackungsabfälle sind in erster Linie zu vermeiden; im übrigen wird der Wiederverwendung von Verpackungen, der stofflichen Verwertung sowie den anderen Formen der Verwertung Vorrang vor der Beseitigung von Verpackungsabfällen eingeräumt. Bis zum 30. Juni 2001 sollen von den gesamten Verpackungsabfällen 65 Masseprozent verwertet und 45 Masseprozent stofflich verwertet werden. Der Anteil der in Mehrwegverpackungen sowie in ökologisch vorteilhaften Einweggetränkeverpackungen abgefüllten Getränke soll durch diese Verordnung gestärkt werden mit dem Ziel, einen Anteil von mindestens 80 vom Hundert zu erreichen. Die Bundesregierung führt die notwendigen Erhebungen über die entsprechenden Anteile durch und gibt die Ergebnisse jährlich im Bundesanzeiger bekannt. Die Bundesregierung prüft die abfallwirtschaftlichen Auswirkungen der Regelungen der §§ 8 und 9 spätestens bis zum 1. Januar 2010. Die Bundesregierung berichtet über das Ergebnis ihrer Prüfung gegenüber dem Bundestag und dem Bundesrat.

§ 2 Anwendungsbereich

(1) Die Verordnung gilt für alle im Geltungsbereich des Kreislaufwirtschafts- und Abfallgesetzes in Verkehr gebrachten Verpackungen, unabhängig davon, ob sie in der Industrie, im Handel, in der Verwaltung, im Gewerbe, im Dienstleistungsbereich, in Haushaltungen oder anderswo anfallen und unabhängig von den Materialien, aus denen sie bestehen.

(2) Soweit auf Grund anderer Rechtsvorschriften besondere Anforderungen an Verpackungen oder die Entsorgung von Verpackungsabfällen oder die Beförderung von verpackten Erzeugnissen oder von Verpackungsabfällen bestehen, bleiben diese unberührt.

(3) Die Befugnis des Bundes, der Länder und Gemeinden, Dritte bei der Nutzung ihrer Einrichtungen oder Grundstücke sowie der Sondernutzung öffentlicher Straßen zur Vermeidung und Verwertung von Abfällen zu verpflichten, bleibt unberührt.

§ 3 Begriffsbestimmungen

(1) Im Sinne dieser Verordnung sind

1. Verpackungen:
Aus beliebigen Materialien hergestellte Produkte zur Aufnahme, zum Schutz, zur Handhabung, zur Lieferung oder zur Darbietung von Waren, die vom Rohstoff bis zum Verarbeitungserzeugnis reichen können und vom Hersteller an den Vertreiber oder Endverbraucher weitergegeben werden.

2. Verkaufsverpackungen:
Verpackungen, die als eine Verkaufseinheit angeboten werden und beim Endverbraucher anfallen. Verkaufsverpackungen im Sinne der Verordnung sind auch Verpackungen des Handels, der Gastronomie und anderer Dienstleister, die die Übergabe von Waren an den Endverbraucher ermöglichen oder unterstützen (Serviceverpackungen) sowie Einweggeschirr und Einwegbestecke.

3. Umverpackungen:
Verpackungen, die als zusätzliche Verpackungen zu Verkaufsverpackungen verwendet werden und nicht aus Gründen der Hygiene, der Haltbarkeit oder des Schutzes der Ware vor Beschädigung oder Verschmutzung für die Abgabe an den Endverbraucher erforderlich sind.

4. Transportverpackungen:
Verpackungen, die den Transport von Waren erleichtern, die Waren auf dem Transport vor Schäden bewahren oder die aus Gründen der Sicherheit des Transports verwendet werden und beim Vertreiber anfallen.

(2) Getränkeverpackungen im Sinne dieser Verordnung sind geschlossene oder überwiegend geschlossene Verpackungen für flüssige Lebensmittel im Sinne des § 1 Abs. 1 des Lebensmittel- und Bedarfsgegenständegesetzes, die zum Verzehr als Getränke bestimmt sind, ausgenommen Joghurt und Kefir.

(3) Mehrwegverpackungen im Sinne dieser Verordnung sind Verpackungen, die dazu bestimmt sind, nach Gebrauch mehrfach zum gleichen Zweck wiederverwendet zu werden. Einwegverpackungen im Sinne dieser Verordnung sind Verpackungen, die keine Mehrwegverpackungen sind.

(4) Ökologisch vorteilhafte Einwegverpackungen im Sinne dieser Verordnung sind:
– Getränkekartonverpackungen (Blockpackung, Giebelpackung),
– Getränke-Polyethylen-Schlauchbeutel-Verpackungen,
– Folien-Standbodenbeutel.

(5) Verbundverpackungen im Sinne dieser Verordnung sind Verpackungen aus unterschiedlichen, von Hand nicht trennbaren Materialien, von denen keines einen Masseanteil von 95 von Hundert überschreitet.

(6) Langlebige Verpackungen im Sinne dieser Verordnung sind Verpackungen, die dem dauerhaften Gebrauch eines Produktes dienen, das im statistischen Mittel eine Lebensdauer von mindestens fünf Jahren aufweist.

(7) Schadstoffhaltige Füllgüter im Sinne dieser Verordnung sind

1. Stoffe und Zubereitungen, die bei einem Vertrieb im Einzelhandel dem Selbstbedienungsverbot nach § 4 der Chemikalienverbotsverordnung unterliegen würden,

2. Pflanzenschutzmittel im Sinne des § 2 Nr. 9 des Pflanzenschutzgesetzes, die
   a) als sehr giftig, giftig, ätzend, Brand fördernd oder hoch entzündlich nach der Gefahrstoffverordnung oder
   b) als gesundheitsschädlich und mit dem R-Satz R 40, R 62 oder R 63 nach der Gefahrstoffverordnung gekennzeichnet sind,
3. Zubereitungen von Diphenylmethan-4,4´-diisocyanat (MDI), soweit diese als gesundheitsschädlich und mit dem R-Satz R 42 nach der Gefahrstoffverordnung zu kennzeichnen sind und in Druckgaspackungen in Verkehr gebracht werden.

(8) Hersteller im Sinne dieser Verordnung ist, wer Verpackungen, Packstoffe oder Erzeugnisse herstellt, aus denen unmittelbar Verpackungen hergestellt werden, und derjenige, der Verpackungen in den Geltungsbereich der Verordnung einführt.

(9) Vertreiber im Sinne dieser Verordnung ist, wer Verpackungen, Packstoffe oder Erzeugnisse, aus denen unmittelbar Verpackungen hergestellt werden, oder Waren in Verpackungen, gleichgültig auf welcher Handelsstufe, in Verkehr bringt. Vertreiber im Sinne dieser Verordnung ist auch der Versandhandel.

(10) Als Einzugsgebiet des Herstellers oder Vertreibers ist das Gebiet des Landes anzusehen, in dem die Waren in Verpackungen in Verkehr gebracht werden.

(11) Endverbraucher im Sinne dieser Verordnung ist derjenige, der die Waren in der an ihn gelieferten Form nicht mehr weiter veräußert. Private Endverbraucher im Sinne dieser Verordnung sind Haushaltungen und vergleichbare Anfallstellen von Verpackungen, insbesondere Gaststätten, Hotels, Kantinen, Verwaltungen, Kasernen, Krankenhäuser, Bildungseinrichtungen, karitative Einrichtungen und Freiberufler sowie landwirtschaftliche Betriebe und Handwerksbetriebe mit Ausnahme von Druckereien und sonstigen papierverarbeitenden Betrieben, die über haushaltsübliche Sammelgefäße für Papier, Pappe, Kartonagen und Glas hinaus mit nicht mehr als maximal je Stoffgruppe einem 1100-Liter-Umleerbehälter im haushaltsüblichen Abfuhrrhythmus entsorgt werden können.

(12) Restentleerte Verpackungen im Sinne dieser Verordnung sind Verpackungen, deren Inhalt bestimmungsgemäß ausgeschöpft worden ist.

Abschnitt 11 Rücknahme-, Pfanderhebungs- und Verwertungspflichten [§§ 4–11]

§ 4 Rücknahmepflichten für Transportverpackungen

(1) Hersteller und Vertreiber sind verpflichtet, Transportverpackungen nach Gebrauch zurückzunehmen. Im Rahmen wiederkehrender Belieferungen kann die Rücknahme auch bei einer der nächsten Anlieferungen erfolgen.

(2) Die zurückgenommenen Transportverpackungen sind einer erneuten Verwendung oder einer stofflichen Verwertung zuzuführen, soweit dies technisch möglich und wirtschaftlich zumutbar ist (§ 5 Abs. 4 des Kreislaufwirtschafts- und Abfallgesetzes), insbesondere für einen gewonnenen Stoff ein Markt vorhanden ist oder geschaffen werden kann. Bei Transportverpackungen, die unmittelbar aus nachwachsenden Rohstoffen hergestellt sind, ist die energetische Verwertung der stofflichen Verwertung gleichgestellt.

§ 5 Rücknahmepflichten für Umverpackungen

(1) Vertreiber, die Waren in Umverpackungen anbieten, sind verpflichtet, bei der Abgabe der Waren an Endverbraucher die Umverpackungen zu entfernen oder dem Endverbraucher in der Verkaufsstelle oder auf dem zur Verkaufsstelle gehörenden Gelände Gelegenheit zum Entfernen und zur unentgeltlichen Rückgabe der Umverpackung zu geben. Dies gilt nicht, wenn der Endverbraucher die Übergabe der Waren in der Umverpackung verlangt; in diesem Fall gelten die Vorschriften über die Rücknahme von Verkaufsverpackungen entsprechend.

(2) Soweit der Vertreiber die Umverpackung nicht selbst entfernt, muß er an der Kasse durch deutlich erkennbare und lesbare Schrifttafeln darauf hinweisen, daß der Endverbraucher in der Verkaufsstelle oder auf dem zur Verkaufsstelle gehörenden Gelände die Möglichkeit hat, die Umverpackungen von der erworbenen Ware zu entfernen und zurückzulassen.

(3) Der Vertreiber ist verpflichtet, in der Verkaufsstelle oder auf dem zur Verkaufsstelle gehörenden Gelände geeignete Sammelgefäße zur Aufnahme der Umverpackungen für den Endverbraucher gut sichtbar

und gut zugänglich bereitzustellen. Dabei ist eine Getrennthaltung einzelner Wertstoffgruppen sicherzustellen, soweit dies ohne Kennzeichnung möglich ist. Der Vertreiber ist verpflichtet, Umverpackungen einer erneuten Verwendung oder einer stofflichen Verwertung zuzuführen. § 4 Abs. 2 gilt entsprechend.

§ 6 Rücknahmepflichten für Verkaufsverpackungen

(1) Der Vertreiber ist verpflichtet, vom Endverbraucher gebrauchte, restentleerte Verkaufsverpackungen am Ort der tatsächlichen Übergabe oder in dessen unmittelbarer Nähe unentgeltlich zurückzunehmen, einer Verwertung entsprechend den Anforderungen in Nummer 1 des Anhangs 1 zuzuführen und die Anforderungen nach Nummer 2 des Anhangs 1 zu erfüllen. Die Anforderungen an die Verwertung können auch durch eine erneute Verwendung oder Weitergabe an Vertreiber oder Hersteller nach Absatz 2 erfüllt werden. Der Vertreiber muß den privaten Endverbraucher durch deutlich erkennbare und lesbare Schrifttafeln auf die Rückgabemöglichkeit nach Satz 1 hinweisen. Die Verpflichtung nach Satz 1 beschränkt sich auf Verpackungen der Art, Form und Größe und auf Verpackungen solcher Waren, die der Vertreiber in seinem Sortiment führt. Für Vertreiber mit einer Verkaufsfläche von weniger als 200 m^2 beschränkt sich die Rücknahmeverpflichtung auf die Verpackungen der Marken, die der Vertreiber in Verkehr bringt. Im Versandhandel ist die Rücknahme durch geeignete Rückgabemöglichkeiten in zumutbarer Entfernung zum Endverbraucher zu gewährleisten. In der Warensendung und in den Katalogen ist auf die Rückgabemöglichkeit hinzuweisen. Soweit Verkaufsverpackungen nicht bei privaten Endverbrauchern anfallen, können abweichende Vereinbarungen über den Ort der Rückgabe und die Kostenregelung getroffen werden. Soweit Vertreiber die Verpflichtungen nach Satz 1 nicht durch Rücknahme an der Abgabestelle erfüllen, haben sie diese durch ein System nach Absatz 3 sicherzustellen. Für Vertreiber von Verpackungen, für die die Möglichkeit einer Beteiligung an einem System nach Absatz 3 nicht besteht, gelten abweichend von Satz 1 die Verwertungsanforderungen nach § 4 Abs. 2 entsprechend.

(2) Hersteller und Vertreiber sind verpflichtet, die nach Absatz 1 von Vertreibern zurückgenommenen Verpackungen am Ort der tatsächlichen Übergabe unentgeltlich zurückzunehmen, einer Verwertung entsprechend den Anforderungen in Nummer 1 des Anhangs 1 zuzuführen und die Anforderungen nach Nummer 2 des Anhangs 1 zu erfüllen. Die Anforderungen an die Verwertung können auch durch eine erneute Verwendung erfüllt werden. Die Verpflichtungen nach Satz 1 beschränken sich auf Verpackungen der Art, Form und Größe sowie auf Verpackungen solcher Waren, welche die jeweiligen Hersteller und Vertreiber in Verkehr bringen. Absatz 1 Satz 8 bis 10 gilt entsprechend.

(3) Die Verpflichtungen nach den Absätzen 1 und 2 entfallen bei Verpackungen, für die sich der Hersteller oder Vertreiber an einem System beteiligt, das flächendeckend im Einzugsgebiet des nach Absatz 1 verpflichteten Vertreibers eine regelmäßige Abholung gebrauchter Verkaufsverpackungen beim privaten Endverbraucher oder in dessen Nähe in ausreichender Weise gewährleistet und die im Anhang 1 genannten Anforderungen erfüllt. Ein System (Systembetreiber, Antragsteller) nach Satz 1 hat die in sein System eingebrachten Verpackungen einer Verwertung entsprechend den Anforderungen in Nummer 1 des Anhangs 1 zuzuführen und die Anforderungen nach den Nummern 3 und 4 des Anhangs I zu erfüllen. Die Beteiligung an einem System nach Satz 1 ist der zuständigen Behörde auf Verlangen nachzuweisen. Das System nach Satz 1 ist auf vorhandene Sammel- und Verwertungssysteme der öffentlich-rechtlichen Entsorgungsträger, in deren Bereich es eingerichtet wird, abzustimmen. Die Abstimmung hat zwischen dem Systembetreiber und dem öffentlich-rechtlichen Entsorgungsträger schriftlich zu erfolgen. Die Abstimmung ist Voraussetzung für die Feststellung nach Satz 11. Die Belange der öffentlich-rechtlichen Entsorgungsträger sind dabei besonders zu berücksichtigen. Die öffentlich-rechtlichen Entsorgungsträger können die Übernahme oder Mitbenutzung der Einrichtungen, die für die Sammlung und Sortierung von Materialien der im Anhang zu dieser Verordnung genannten Art erforderlich sind, gegen ein angemessenes Entgelt verlangen. Die Abstimmung darf der Vergabe von Entsorgungsdienstleistungen im Wettbewerb (Anhang I Nr. 3 Abs. 3 Nr. 2) nicht entgegenstehen. Der Systembetreiber ist verpflichtet, sich an den Kosten der öffentlich-rechtlichen Entsorgungsträger zu beteiligen, die durch Abfallberatung für sein System und durch die Errichtung, Bereitstellung, Unterhaltung sowie Sauberhaltung von Flächen für die Aufstellung von Sammelgroßbehältern entstehen. Die für die Abfallwirtschaft zuständige oberste Landesbehörde oder die von ihr bestimmte Behörde stellt auf Antrag des Systembetreibers fest, daß ein System nach Satz 1 flächendeckend eingerichtet ist. Die Feststellung kann auch nachträglich mit Nebenbestimmungen versehen werden, die erforderlich sind, um die beim Erlaß der Feststellung vorliegenden Voraussetzungen auch während des Betriebs des Systems dauerhaft sicherzustellen. Sie ist öffentlich bekanntzugeben und vom Zeitpunkt der öffentlichen Bekanntgabe an wirksam.

(4) Die zuständige Behörde kann ihre Entscheidung nach Absatz 3 Satz 11 widerrufen, sobald und soweit sie feststellt, daß die in Absatz 3 Satz 1 genannten Anforderungen nicht eingehalten werden. Sie gibt den Widerruf ebenfalls öffentlich bekannt. Der Widerruf ist auf Verpackungen bestimmter Materialien zu beschränken, soweit nur für diese die im Anhangs I zu dieser Verordnung genannten Verwertungsquoten nicht erreicht werden. Die Absätze 1 und 2 finden am ersten Tage des auf die Bekanntgabe des Widerrufs folgenden 6. Kalendermonats Anwendung. Die zuständige Behörde kann ihre Entscheidung nach Absatz 3 Satz 11 ferner widerrufen, sobald und soweit sie feststellt, daß der Betrieb des Systems eingestellt ist. Die Absätze 1 und 2 finden in diesem Falle 2 Monate nach Bekanntgabe des Widerrufs Anwendung.

(5) Diese Vorschrift gilt für Vertreiber von Serviceverpackungen, die in Ladengeschäften des Lebensmittelhandwerks abgegeben werden, mit der Maßgabe, daß Nummer 2 Abs. 1 des Anhangs I keine Anwendung findet. Die Vorschrift gilt nicht für Verkaufsverpackungen schadstoffhaltiger Füllgüter. Nummer 4 Abs. 1 des Anhangs I bleibt unberührt.

(6) Hersteller und Vertreiber von langlebigen Verkaufsverpackungen haben bis zum 31. Dezember 1998 der zuständigen Behörde ein schlüssiges Konzept vorzulegen, in dem sie darstellen, welche Maßnahmen sie ergreifen werden, damit die von ihnen in Verkehr gebrachten Verpackungen nach Gebrauch ihnen oder einem beauftragten Dritten zurückgegeben werden.

§ 7 Rücknahmepflichten für Verkaufsverpackungen schadstoffhaltiger Füllgüter

(1) Hersteller und Vertreiber von Verkaufsverpackungen schadstoffhaltiger Füllgüter sind verpflichtet, bis zum 1. Januar 2000 durch geeignete Maßnahmen dafür zu sorgen, daß gebrauchte, restentleerte Verpackungen vom Endverbraucher in zumutbarer Entfernung unentgeltlich zurückgegeben werden können. Sie müssen den Endverbraucher durch deutlich erkennbare und lesbare Schrifttafeln in der Verkaufsstelle und im Versandhandel durch andere geeignete Maßnahmen auf die Rückgabemöglichkeit hinweisen. Soweit Verkaufsverpackungen nicht bei privaten Endverbrauchern anfallen, können abweichende Vereinbarungen über den Ort der Rückgabe und die Kostenregelung getroffen werden.

(2) Die zurückgenommenen Verpackungen sind einer erneuten Verwendung oder einer Verwertung zuzuführen, soweit dies technisch möglich und wirtschaftlich zumutbar ist.

(3) Hersteller und Vertreiber von Verkaufsverpackungen schadstoffhaltiger Füllgüter sind verpflichtet, die Anforderungen nach Nummer 2 Abs. 1 Satz 1 bis 5 des Anhangs I entsprechend zu erfüllen. Die Dokumentation ist der Behörde, auf deren Gebiet der Hersteller oder Vertreiber ansässig ist, auf Verlangen vorzulegen. Nummer 2 Abs. 1 Satz 11 und 12 des Anhangs I gelten entsprechend.

§ 8 Pfanderhebungs- und Rücknahmepflicht für Einweggetränkeverpackungen

(1) Vertreiber, die Getränke in Einweggetränkeverpackungen mit einem Füllvolumen von 0,1 l bis 3 l in Verkehr bringen, sind verpflichtet, von ihrem Abnehmer ein Pfand in Höhe von mindestens 0,25 Euro einschließlich Umsatzsteuer je Verpackung zu erheben. Satz 1 gilt nicht für Verpackungen, die nicht im Geltungsbereich der Verordnung an Endverbraucher abgegeben werden. Das Pfand ist von jedem weiteren Vertreiber auf allen Handelsstufen bis zur Abgabe an den Endverbraucher zu erheben. Das Pfand ist jeweils bei Rücknahme der Verpackungen nach § 6 Abs. 1 Satz 1 und 6 sowie § 6 Abs. 2 Satz 1 zu erstatten. Ohne eine Rücknahme der Verpackungen darf das Pfand nicht erstattet werden. Beim Verkauf aus Automaten hat der Vertreiber die Rücknahme und Pfanderstattung durch geeignete Rückgabemöglichkeiten in zumutbarer Entfernung zu den Verkaufsautomaten zu gewährleisten. Bei Verpackungen, die nach Satz 1 der Pfandpflicht unterliegen, gilt an Stelle des § 6 Abs. 1 Satz 4, dass sich die Rücknahmepflicht nach § 6 Abs. 1 Satz 1 auf Verpackungen der jeweiligen Materialarten Glas, Metalle, Papier/Pappe/Karton oder Kunststoffe einschließlich sämtlicher Verbundverpackungen mit diesen Hauptmaterialien beschränkt, die der Vertreiber in Verkehr bringt. § 6 Abs. 1 Satz 9 und 10 gelten nicht für die in Satz 1 genannten Verpackungen. Im Rahmen der Verwertung nach Anhang I Nr. 1 Abs. 5 Satz 1 sind die zurückgenommenen Verpackungen vorrangig einer stofflichen Verwertung zuzuführen.

(2) Absatz 1 findet nur Anwendung auf nicht ökologisch vorteilhafte Einweggetränkeverpackungen im Sinne von § 3 Abs. 4, die folgende Getränke enthalten:

1. Bier (einschließlich alkoholfreies Bier) und Biermischgetränke,
2. Mineral-, Quell-, Tafel- und Heilwässer,
3. Erfrischungsgetränke mit oder ohne Kohlensäure (insbesondere Limonaden einschließlich Cola-Getränke, Brausen, Bittergetränke und Eistee). Fruchtsäfte, Fruchtnektare, Gemüsesäfte, Gemüsenektare

Getränke mit einem Mindestanteil von 50 vom Hundert an Milch oder an Erzeugnissen, die aus Milch gewonnen werden, diätetische Getränke im Sinne des § 1 Abs. 1 der Diätverordnung, ausgenommen solche für intensive Muskelanstrengungen, vor allem für Sportler, im Sinne von Anlage 8 Nr. 7 dieser Verordnung, und Mischungen dieser Getränke sind keine Erfrischungsgetränke im Sinne von Satz 1,
4. alkoholhaltige Mischgetränke, die hergestellt wurden unter Verwendung von
   – Erzeugnissen, die nach § 130 Abs. 1 des Gesetzes über das Branntweinmonopol der Branntweinsteuer unterliegen, oder
   – von Fermentationsalkohol aus Bier, Wein oder weinähnlichen Erzeugnissen, auch in weiterverarbeiteter Form, der einer technischen Behandlung unterzogen wurde, die nicht mehr der guten Herstellungspraxis entspricht, und einen Alkoholgehalt von weniger als 15 vol. % aufweisen, oder
   – die einen Anteil an Wein oder weinähnlichen Erzeugnissen, auch in weiterverarbeiteter Form, von unter 50 vom Hundert enthalten.

In allen anderen Fällen findet Absatz 1 keine Anwendung, soweit sich Hersteller und Vertreiber an einem System nach § 6 Abs. 3 beteiligen. § 6 Abs. 4 gilt entsprechend.

§ 9 Pfanderhebungspflicht für Verpackungen von Wasch- und Reinigungsmitteln und von Dispersionsfarben

(1) § 8 Abs. 1 gilt entsprechend für an private Endverbraucher abgegebene Verpackungen
1. für Wasch und Reinigungsmittel im Sinne von § 2 Abs. 1 des Wasch- und Reinigungsmittelgesetzes,
2. für Dispersionsfarben mit einer Füllmasse ab zwei Kilogramm. In diesem Fall beträgt das Pfand ein Euro einschließlich Umsatzsteuer.

(2) Absatz 1 findet keine Anwendung für Verpackungen, für die sich der Hersteller oder Vertreiber an einem System nach § 6 Abs. 3 beteiligt. § 6 Abs. 4 gilt entsprechend.

§ 10 Beschränkung der Pfanderstattungspflichten

Vertreiber, die Verpackungen in Verkehr bringen, die nach § 8Abs. 1 oder § 9 Abs. 1 einer Pfandpflicht unterliegen, können die Pfanderstattung für solche Verpackungen verweigern, die nach § 8 Abs. 2 oder § 9 Abs. 2 in Verbindung mit § 6 Abs. 3 von der Pfandpflicht befreit sind.

§ 11 Beauftragung Dritter

Hersteller und Vertreiber können sich zur Erfüllung der in dieser Verordnung bestimmten Pflichten Dritter bedienen. Die Rücknahme von Verpackungen und die Erstattung von Pfandbeträgen kann auch über Automaten erfolgen.

Abschnitt III Herstellen, Inverkehrbringen und Kennzeichnen von Verpackungen [§§ 12–14]

§ 12 Allgemeine Anforderungen

Verpackungen sind so herzustellen und zu vertreiben, daß
1. Verpackungsvolumen und -masse auf das Mindestmaß begrenzt werden, das zur Erhaltung der erforderlichen Sicherheit und Hygiene des verpackten Produkts und zu dessen Akzeptanz für den Verbraucher angemessen ist;
2. ihre Wiederverwendung oder Verwertung möglich ist und die Umweltauswirkungen bei der Verwertung oder Beseitigung von Verpackungsabfällen auf ein Mindestmaß beschränkt sind;
3. schädliche und gefährliche Stoffe und Materialien bei der Beseitigung von Verpackungen oder Verpackungsbestandteilen in Emissionen, Asche oder Sickerwasser auf ein Mindestmaß beschränkt sind.

§ 13 Konzentration von Schwermetallen

(1) Verpackungen oder Verpackungsbestandteile dürfen nur in Verkehr gebracht werden, wenn die Konzentration von Blei, Cadmium, Quecksilber und Chrom VI kumulativ folgende Werte nicht überschreitet:
– 600 ppm nach dem 30. Juni 1998,
– 250 ppm nach dem 30. Juni 1999,
– 100 ppm nach dem 30. Juni 2001.

(2) Absatz 1 gilt nicht für
1. Verpackungen, die vollständig aus Bleikristallglas hergestellt sind,

2. Verpackungen in eingerichteten Systemen zur Wiederverwendung,
3. Kunststoffkästen und -paletten, die die Bedingungen des Anhangs II erfüllen.

(3) Absatz 1, 3. Anstrich gilt nicht für Verpackungen aus sonstigem Glas.

§ 14 Kennzeichnung

Verpackungen können zur Identifizierung des Materials mit den im Anhang IV festgelegten Nummern und Abkürzungen gekennzeichnet werden. Die Verwendung anderer Nummern und Abkürzungen zur Identifizierung der gleichen Materialien ist nicht zulässig.

Abschnitt IV Ordnungswidrigkeiten, Übergangs- und Schlußbestimmungen [§§ 15–17]

§ 15 Ordnungswidrigkeiten

Ordnungswidrig im Sinne des § 61 Abs. 1 Nr. 5 des Kreislaufwirtschafts- und Abfallgesetzes handelt, wer vorsätzlich oder fahrlässig

1. entgegen § 4 Abs. 1 Satz 1 oder Abs. 2 Satz 1, auch in Verbindung mit § 6 Abs. 1 Satz 10, dieser auch in Verbindung mit § 6 Abs. 2 Satz 4, Verpackungen nach Gebrauch nicht zurücknimmt oder einer erneuten Verwendung oder einer stofflichen Verwertung nicht zuführt,
2. entgegen § 5 Abs. 1 Satz 1 Umverpackungen nicht entfernt und dem Endverbraucher Gelegenheit zum Entfernen oder zur Rückgabe von Umverpackungen nicht gibt,
3. entgegen § 5 Abs. 2 oder § 6 Abs. 1 Satz 3 oder 7 einen Hinweis nicht, nicht richtig oder nicht vollständig gibt,
4. entgegen § 5 Abs. 3 Satz 1 Sammelgefäße nicht oder nicht in der vorgeschriebenen Weise bereitstellt,
5. entgegen § 5 Abs. 3 Satz 3 Umverpackungen einer erneuten Verwendung oder einer stofflichen Verwertung nicht zuführt,
6. entgegen § 6 Abs. 1 Satz 1 oder Abs. 2 Satz 1 Verkaufsverpackungen nicht zurücknimmt oder einer Verwertung nicht zuführt,
7. entgegen § 6 Abs. 1 Satz 1 oder Abs. 2 Satz 1, jeweils in Verbindung mit Nummer 2 Abs. 1 Satz 5 oder 6 des Anhangs I, Nummer 2 Abs. 1 Satz 5 auch in Verbindung mit Nummer 2 Abs. 2 des Anhangs I, eine Dokumentation oder ein Konzept nicht oder nicht rechtzeitig vorlegt oder eine Dokumentation durch einen Prüfbericht nicht oder nicht rechtzeitig bestätigt,
8. entgegen § 6 Abs. 1 Satz 6 oder 9, auch in Verbindung mit Abs. 2 Satz 4, die Rücknahme nicht gewährleistet oder nicht sicherstellt,
9. entgegen § 6 Abs. 3 Satz 3 einen Nachweis nicht, nicht richtig, nicht vollständig oder nicht rechtzeitig erbringt,
10. entgegen § 6 Abs. 3 Satz 2 in Verbindung mit Nummer 3 Abs. 1 oder 2 des Anhangs I die Erfassung beim privaten Endverbraucher nicht durch geeignete Sammelsysteme sicherstellt oder eine Erfassung an typischen Anfallstellen des Freizeitbereichs nicht sicherstellt,
11. entgegen § 6 Abs. 3 Satz 2 in Verbindung mit Nummer 3 Abs. 3 Nr. 3 des Anhangs I die Kosten für Erfassung, Sortierung sowie Verwertung oder Beseitigung für die einzelnen Verpackungsmaterialien nicht offenlegt,
12. entgegen § 6 Abs. 3 Satz 2 in Verbindung mit Nummer 3 Abs. 4 des Anhangs I einen Nachweis nicht, nicht fristgerecht oder nicht in der geforderten Art und Weise erbringt,
13. entgegen § 6 Abs. 3 Satz 2 in Verbindung mit Nummer 4 Abs. 3 des Anhangs I gegenüber der Antragsbehörde den entsprechenden Nachweis nicht, nicht fristgerecht oder nicht ordnungsgemäß führt,
14. entgegen § 7 Abs. 1 Satz 1 nicht dafür sorgt, daß Verpackungen zurückgegeben werden können,
15. entgegen § 7 Abs. 1 Satz 2 einen Hinweis nicht, nicht richtig oder nicht vollständig gibt,
16. entgegen § 7 Abs. 2 zurückgenommene Verpackungen einer erneuten Verwendung oder einer Verwertung nicht zuführt,
17. entgegen § 8 Abs. 1 Satz 1, 3 oder 4, jeweils auch in Verbindung mit § 9 Abs. 1, ein Pfand nicht erhebt oder nicht erstattet,
18. entgegen § 8 Abs. 1 Satz 5 ein Pfand ohne Rücknahme der Verpackung erstattet,
19. entgegen § 13 Abs. 1 Verpackungen oder Verpackungsbestandteile in Verkehr bringt oder
20. entgegen § 14 Satz 2 andere Nummern oder Abkürzungen verwendet.

§ 16 Übergangsvorschriften

(1) § 6 findet für Verpackungen von Füllgütern, die nach der Gefahrstoffverordnung zu kennzeichnen sind und nicht dem § 7 unterliegen, bis zum 31. Dezember 1999 keine Anwendung. Satz 1 gilt nicht, soweit die Verpackungen bei privaten Endverbrauchern anfallen. § 4 findet für Verpackungen, die mit Resten oder Anhaftungen von schadstoffhaltigen Füllgütern behaftet sind, bis zum 31. Dezember 1999 keine Anwendung.

(2) § 6 findet für Kunststoffverpackungen, die aus biologisch abbaubaren Werkstoffen hergestellt sind und deren sämtliche Bestandteile gemäß einer herstellerunabhängigen Zertifizierung nach anerkannten Prüfnormen kompostierbar sind, bis zum 31. Dezember 2012 keine Anwendung. Die Hersteller und Vertreiber haben sicherzustellen, dass ein möglichst hoher Anteil der Verpackungen einer Verwertung zugeführt wird.

(3) Verpackungen, die vor dem Inkrafttreten der Verordnung für eine Ware verwendet wurden, dürfen abweichend von den §§ 13 und 14 in Verkehr gebracht werden. Verpackungen, die vor dem Inkrafttreten der Verordnung hergestellt wurden, dürfen abweichend von den Vorschriften der §§ 13 und 14 bis zum 31. Dezember 2000 in Verkehr gebracht werden.

§ 17 Inkrafttreten[*]
Der Bundesrat hat zugestimmt.

Anhang 1 (zu § 6)

1 Anforderungen an die Verwertung von Verkaufsverpackungen

(1) Zur Rücknahme von Verpackungen gemäß § 6 Abs. 1 und 2 verpflichtete Hersteller und Vertreiber haben hinsichtlich der von ihnen im Kalenderjahr in Verkehr gebrachten Verpackungen die in den Absätzen 2 bis 5 enthaltenen Anforderungen an die Verwertung zu erfüllen. Antragsteller nach § 6 Abs. 3 haben hinsichtlich der Verpackungen, für die sich Hersteller oder Vertreiber an ihrem System beteiligen, die in den Absätzen 2, 4 und 5 enthaltenen Anforderungen an die Verwertung zu erfüllen.

(2) Im Jahresmittel müssen mindestens folgende Mengen an Verpackungen in Masseprozent einer stofflichen Verwertung zugeführt werden:

Material	ab 1. Januar 1996	ab. 1 Januar 1999
Glas	70 %	75 %
Weißblech	70 %	70 %
Aluminium	50 %	60 %
Papier, Pappe, Karton	60 %	70 %
Verbunde	50 %	60 %

Soweit Verbunde einem eigenen Verwertungsweg zugeführt werden, ist ein eigenständiger Nachweis der Quote nach Satz 1 zulässig. Für Verbunde, die in einem Strom eines der vorgenannten Hauptmaterialien erfaßt und einer Verwertung zugeführt werden, ist die Quote nach Satz 1 durch geeignete Stichprobenerhebungen nachzuweisen. Es ist sicherzustellen, daß Verbunde mit der Hauptmaterialkomponente stofflich verwertet werden, soweit nicht die stoffliche Verwertung einer anderen Materialkomponente den Zielen der Kreislaufwirtschaft näherkommt, und im übrigen verwertet werden.

Kunststoffverpackungen müssen mindestens in folgenden Mengen einer Verwertung zugeführt werden:
ab 1. Januar 1996:   50 %
ab 1. Januar 1999:   60 %

---

[*] Die Verordnung ist mit Ausnahme des § 15 Nr. 14 bis 16 am 28.08.1998 in Kraft getreten. § 15 Nr. 14 bis 16 ist am 01.01.1999 in Kraft getreten. Die Änderungen der Dritten Änderungsverordnung treten wie folgt in Kraft: § 8 Abs. 1 Satz 7, § 8 Abs. 2 Satz 1 Nr. 3, soweit er sich auf Erfrischungsgetränke ohne Kohlensäure bezieht, und § 8 Abs. 2 Satz 1 Nr. 4 treten am ersten Tag des zwölften auf die Verkündung folgenden Monats in Kraft. Im Übrigen treten die Änderungen am Tag nach der Verkündung in Kraft.

Dabei sind mindestens 60 vom Hundert dieser Verwertungsquote durch Verfahren sicherzustellen, bei denen stoffgleiches Neumaterial ersetzt wird oder der Kunststoff für eine weitere stoffliche Nutzung verfügbar bleibt (werkstoffliche Verfahren). Die Bundesregierung wird diese Anforderung an die Kunststoffverwertung bis zum 1. Januar 2000 im Lichte gewonnener Erkenntnisse überprüfen.

(3) Für gemäß § 6 Abs. 1 und 2 verpflichtete Hersteller und Vertreiber gelten die Anforderungen nach Absatz 2 erst ab dem Jahre 1998. In den Jahren 1998 und 1999 gelten die Anforderungen des Absatzes 2 als erfüllt, wenn mindestens 50 von Hundert der jeweiligen Quoten erreicht werden.

(4) Verpackungen aus Materialien, für die keine konkreten Verwertungsquoten vorgegeben sind, sind einer stofflichen Verwertung zuzuführen, soweit dies technisch möglich und wirtschaftlich zumutbar ist. Bei Verpackungen, die unmittelbar aus nachwachsenden Rohstoffen hergestellt sind, ist die energetische Verwertung der stofflichen Verwertung gleichgestellt.

(5) Die tatsächlich erfaßte Menge an Verpackungen ist unbeschadet des Absatzes 2 einer Verwertung zuzuführen, soweit dies technisch möglich und wirtschaftlich zumutbar ist. Ansonsten sind sie nach den Grundsätzen der gemeinwohlverträglichen Abfallbeseitigung gemäß §§ 10 und 11 des Kreislaufwirtschafts- und Abfallgesetzes zu beseitigen; dabei sind sie den öffentlich-rechtlichen Entsorgungsträgern zu überlassen, soweit sie nicht in eigenen Anlagen beseitigt werden oder überwiegende öffentliche Interessen eine Überlassung erfordern.

2 Allgemeine Anforderungen an Verpflichtete nach § 6 Abs. 1 und 2

(1) Zur Rücknahme von Verpackungen gemäß § 6 Abs. 1 und 2 verpflichtete Hersteller und Vertreiber haben über die Erfüllung der Rücknahme- und Verwertungsanforderungen Nachweis zu führen. Hierzu sind bis zum 1. Mai eines Jahres die im vorangegangenen Kalenderjahr in Verkehr gebrachten sowie zurückgenommenen und verwerteten Verkaufsverpackungen in nachprüfbarer Weise zu dokumentieren. Die Dokumentation ist in Masse, aufgeschlüsselt nach den einzelnen Verpackungsmaterialien, zu erstellen. Mehrwegverpackungen sind in die Dokumentation nicht aufzunehmen. Ein Zusammenwirken mehrerer Hersteller und Vertreiber ist zulässig. Die Erfüllung der Rücknahme- und Verwertungsanforderungen ist durch einen unabhängigen Sachverständigen nach Absatz 2 auf der Grundlage der Dokumentation zu bescheinigen. Die Bescheinigung ist von den verpflichteten Herstellern und Vertreibern bei der nach § 32 Abs. 2 des Umweltauditgesetzes errichteten Stelle zu hinterlegen. Die Bescheinigung ist der Behörde, auf deren Gebiet der Hersteller oder Vertreiber ansässig ist, auf Verlangen vorzulegen. Zur Rücknahme von Verpackungen gemäß § 6 Abs. 1 verpflichtete Vertreiber mit einer Verkaufsfläche von weniger als 200 m² können auf die Bescheinigung der vorgelagerten Vertreiberstufe verweisen. Als Verkaufsfläche zählt bei Herstellern und Vertreibern mit mehreren Filialbetrieben die Gesamtfläche aller Betriebe.

(2) Unabhängiger Sachverständiger nach Absatz 1 ist

1. wessen Befähigung durch ein Mitglied des Deutschen Akkreditierungsrates in einem allgemein anerkannten Verfahren festgestellt ist,
2. ein unabhängiger Umweltgutachter gemäß § 9 oder eine Umweltgutachterorganisation gemäß § 10 des Umweltauditgesetzes oder
3. wer nach § 36 der Gewerbeordnung öffentlich bestellt ist.

3 Allgemeine Anforderungen an Systeme nach § 6 Abs. 3

(1) Es ist mit Systemen nach § 6 Abs. 3 sicherzustellen, daß Verpackungen beim privaten Endverbraucher (Holsysteme) oder in dessen Nähe durch geeignete Sammelsysteme (Bringsysteme) oder durch eine Kombination beider Systeme erfaßt werden. Die Sammelsysteme müssen geeignet sein, alle am System beteiligten Verpackungen regelmäßig zu erfassen. Die Erfassung ist auf private Endverbraucher zu beschränken.

(2) Es ist mit Systemen nach § 6 Abs. 3 ferner sicherzustellen, daß eine Erfassung der Verpackungen auch an typischen Anfallstellen des Freizeitbereichs erfolgt. Typische Anfallstellen sind insbesondere Ferienanlagen, Freizeitparks, Sportstadien, Raststätten und vergleichbare Einrichtungen.

(3) Der Antragsteller hat sicherzustellen, daß

1. für die in das System aufgenommenen Verpackungen Verwertungskapazitäten tatsächlich vorhanden sind,
2. Entsorgungsleistungen (Erfassung, Sortierung, Verwertung) in einem Verfahren, das eine Vergabe im Wettbewerb sichert, ausgeschrieben werden,

3. die Kosten für Erfassung, Sortierung sowie Verwertung oder Beseitigung für die einzelnen Verpackungsmaterialien offengelegt werden,
4. die zur Verwertung bestimmten Verpackungen unter Wettbewerbsbedingungen abgegeben werden,
5. die nach Nummer 4 dieses Anhangs geforderten Nachweise über die Beteiligung am jeweiligen System vorgelegt werden,
6. die nach Nummer 1 dieses Anhangs festgelegten Anforderungen an die Wertstoffverwertung nachgewiesen werden und
7. im Falle der Einstellung des Systembetriebs die Entsorgung der in den Sammeleinrichtungen des Systems tatsächlich erfaßten Verpackungen gewährleistet wird.

(4) Der Antragsteller hat in überprüfbarer Form Nachweise über die erfaßten und die einer stofflichen und einer energetischen Verwertung zugeführten Mengen zu erbringen. Dabei ist in nachprüfbarer Weise darzustellen, welche Mengen in den einzelnen Ländern erfaßt wurden. Der Nachweis ist jeweils zum 1. Mai des darauffolgenden Jahres auf der Grundlage der vom Antragsteller nachgewiesenen Menge an Verpackungen, die in das System eingebracht sind, aufgeschlüsselt nach Verpackungsmaterialien zu erbringen. Auf Verlangen der Antragsbehörde ist der Nachweis durch einen Prüfbericht eines unabhängigen Sachverständigen zu bestätigen. Die Antragsbehörde kann auf Kosten des Antragstellers eine Überprüfung der Verwertungsnachweise selbst oder durch eine geeignete Einrichtung vornehmen.

(5) Der Systembetreiber kann Herstellern und Vertreibern, die sich an dem System nicht beteiligen, die Kosten für die Sortierung, Verwertung oder Beseitigung der von diesen in Verkehr gebrachten und vom System entsorgten Verpackungen in Rechnung stellen.

4 Beteiligung an Systemen nach § 6 Abs. 3

(1) Verpackungen von Füllgütern im Sinne des § 7 dürfen in Systeme nach § 6 Abs. 3 grundsätzlich nicht aufgenommen werden. Der Antragsteller kann solche Verpackungen in sein System aufnehmen, wenn Hersteller oder Vertreiber durch Gutachten eines unabhängigen Sachverständigen unter Berücksichtigung des gewöhnlichen Verbraucherverhaltens die Systemverträglichkeit glaubhaft machen. Verpackungen, die zum Zeitpunkt des Inkrafttretens dieser Verordnung in ein System nach § 6 Abs. 3 aufgenommen sind, dürfen in dem System verbleiben, wenn Hersteller oder Vertreiber bis spätestens zum 1. Januar 2000 die Systemverträglichkeit glaubhaft machen.

(2) Der Träger des Systems hat den beteiligten Herstellern und Vertreibern die Beteiligung am System zu bestätigen. Hersteller und Vertreiber haben die Beteiligung durch Kennzeichnung der Verpackung oder andere geeignete Maßnahmen kenntlich zu machen.

(3) Der Antragsteller hat jeweils zum 1. Mai eines Jahres gegenüber der Antragsbehörde Nachweis zu führen, in welchem Umfang Hersteller oder Vertreiber im Vorjahr im Geltungsbereich der Verordnung Verkaufsverpackungen in sein System eingebracht haben. Der Nachweis ist aufgeschlüsselt nach Verpackungsmaterialien durch Testat eines Wirtschaftsprüfers zu bestätigen. Als eingebracht gelten sämtliche Verpackungen, für die sich Hersteller oder Vertreiber an dem System beteiligen.

(4) Die Antragsbehörde kann auf Kosten des Antragstellers selbst oder durch eine geeignete Einrichtung eine Oberprüfung der Nachweise vornehmen. Soweit durch die Aufnahme von Verpackungen in das System Beeinträchtigungen des Wohls der Allgemeinheit, insbesondere der Gesundheit und des Wohlbefindens der Menschen, zu besorgen sind, kann die Antragsbehörde verlangen, daß der Antragsteller die Systemverträglichkeit der entsprechenden Verpackung glaubhaft macht. Die Antragsbehörde kann die Aufnahme der Verpackung im Einzelfall untersagen, wenn die Systemverträglichkeit nicht glaubhaft gemacht wird.

Anhang II (zu § 13 Abs. 2): Festlegung der Bedingungen, unter denen die in § 13 Abs. 1 festgelegten Schwermetallgrenzwerte nicht für Kunststoffkästen und -paletten gelten

Nr. 1 Anwendungsbereich

Die in § 13 Abs. 1 festgelegten Schwermetallgrenzwerte gelten nicht für Kunststoffkästen und -paletten, die in geschlossenen und kontrollierten Produktkreisläufen zirkulieren und die nachfolgend genannten Bedingungen erfüllen.

Nr. 2 Begriffsbestimmungen

Für die Zwecke dieser Festlegung sind

- „bewusste Zugabe":
  der beabsichtigte Einsatz eines Stoffes in der Formel einer Verpackung oder Verpackungskomponente mit dem Ziel, durch sein Vorhandensein in der Verpackung oder Verpackungskomponente ein bestimmtes Merkmal, Aussehen oder eine bestimmte Qualität zu erzielen. Nicht als „bewusste Zugabe" anzusehen ist, wenn bei der Herstellung neuer Verpackungsmaterialien Sekundärrohstoffe verwendet werden, die zum Teil Metalle enthalten können, die Konzentrationsgrenzwerten unterliegen,
- „zufällige Präsenz":
  das unbeabsichtigte Vorhandensein eines Stoffes in einer Verpackung oder Verpackungskomponente,
- „geschlossene und kontrollierte Produktkreisläufe":
  Kreisläufe, in denen Produkte auf Grund eines kontrollierten Vertriebs- und Mehrwegsystems zirkulieren und in denen die Sekundärrohstoffe nur aus im Kreislauf befindlichen Einheiten stammen, die Zugabe von Stoffen, die nicht aus dem Kreislauf stammen, auf das technisch geringst mögliche Maß beschränkt ist, und aus denen die Einheiten nur durch ein zu diesem Zweck zugelassenes Verfahren entnommen werden dürfen, um eine möglichst hohe Rückgabequote zu erzielen.

Nr. 3 Herstellung und Kennzeichnung

(1) Die Herstellung erfolgt in einem kontrollierten Verfahren der stofflichen Verwertung, bei dem der Sekundärrohstoff ausschließlich aus Kunststoffkästen und -paletten stammt und die Zugabe von Stoffen, die nicht aus dem Kreislauf stammen, auf das technisch geringst mögliche Maß, höchstens jedoch auf 20 Masseprozent beschränkt bleibt.

(2) Blei, Cadmium, Quecksilber und Chrom VI dürfen weder bei der Fertigung noch beim Vertrieb bewusst als Bestandteil zugegeben werden. Die zufällige Präsenz eines dieser Stoffe bleibt hiervon unberührt.

(3) Die Grenzwerte dürfen nur überschritten werden, wenn dies auf den Einsatz von Sekundärrohstoffen zurückzuführen ist.

(4) Neue Kunststoffkästen und -paletten, die Metalle enthalten, die Konzentrationsgrenzwerten unterliegen, sind dauerhaft und sichtbar gekennzeichnet.

Nr. 4 Systemanforderungen und sonstige Entsorgung

(1) Es besteht ein Bestandserfassungs- und -kontrollsystem, das auch über die rechtliche und finanzielle Rechenschaftspflicht Aufschluss gibt, um die Einhaltung der Anforderungen der Nummern 3 und 4, einschließlich der Rückgabequote, d.h. des prozentualen Anteils an Mehrwegverpackungen, die nach Gebrauch nicht ausgesondert, sondern an ihre Hersteller, ihre Abpacker/Abfüller oder einen bevollmächtigten Vertreter zurückgegeben werden, nachzuweisen; diese Quote soll so hoch wie möglich sein und darf über die Lebensdauer der Kunststoffkästen und -paletten insgesamt gerechnet keinesfalls unter 90 vom Hundert liegen. Dieses System soll alle in den Verkehr gebrachten und aus dem Verkehr gezogenen Mehrwegverpackungen erfassen.

(2) Alle zurückgegebenen Kunststoffkästen und -paletten, die nicht wieder verwendet werden können, werden entweder einem Verfahren der stofflichen Verwertung unterzogen bei dem Kunststoffkästen und -paletten gemäß Nummer 3 hergestellt werden oder gemeinwohlverträglich beseitigt.

Nr. 5 Konformitätserklärung und Jahresbericht

(1) Der Hersteller oder sein bevollmächtigter Vertreter stellt jährlich eine schriftliche Konformitätserklärung aus, daß die nach diesem Anhang hergestellten Kunststoffkästen und -paletten die hierin beschriebenen Anforderungen erfüllen. Er erstellt ferner einen Jahresbericht, aus dem hervorgeht, wie die Bedingungen des Anhangs eingehalten wurden. Darin sind insbesondere etwaige Veränderungen am System und jeder Wechsel bei den bevollmächtigten Vertretern anzugeben.

(2) Der Hersteller oder sein bevollmächtigter Vertreter haben diese Unterlagen mindestens vier Jahre lang aufzubewahren und der zuständigen Behörde auf Verlangen vorzulegen.

(3) Ist weder der Hersteller noch sein bevollmächtigter Vertreter im Geltungsbereich der Verordnung niedergelassen, so geht die Verpflichtung zur Bereithaltung dieser Unterlagen auf denjenigen über, der das Produkt im Geltungsbereich der Verordnung in Verkehr bringt.

Anhang III (zu § 13 Abs. 3): Festlegung der Bedingungen, unter denen die in § 13 Abs. 1 festgelegten Schwermetallgrenzwerte nicht für Glasverpackungen gelten

Nr. 1 Begriffsbestimmungen

Für die Zwecke dieser Festlegung gelten für die Begriffe „bewusste Zugabe" und „zufällige Präsenz" die Begriffsbestimmungen in Nr. 2 des Anhangs II zu § 13 Abs. 2.

Nr. 2 Herstellung

(1) Blei, Cadmium, Quecksilber und Chrom VI dürfen bei der Fertigung nicht bewusst als Bestandteil zugegeben werden.

(2) Die Grenzwerte dürfen nur überschritten werden, wenn dies auf den Einsatz von Sekundärrohstoffen zurückzuführen ist.

Nr. 3 Kontrolle

(1) Überschreitet die durchschnittliche Schwermetallkonzentration aus in zwölf aufeinanderfolgenden Monaten durchgeführten monatlichen Kontrollen der Produktion jedes einzelnen Glasofens, die repräsentativ für die normale und regelmäßige Produktionstätigkeit sind, den Grenzwert von 200 ppm, so hat der Hersteller oder sein bevollmächtigter Vertreter der zuständigen Behörde einen Bericht vorzulegen. Dieser Bericht muss mindestens folgende Angaben enthalten:

– Messwerte,
– Beschreibung der verwendeten Messmethode,
– mutmaßliche Quellen für die Präsenz der Schwermetallkonzentrationsgrenzwerte,
– eingehende Beschreibung der zur Verringerung der Konzentrationsgrenzwerte

getroffenen Maßnahmen.

(2) Die Messergebnisse aus Produktionsstätten und die verwendeten Messmethoden sind mindestens drei Jahre lang aufzubewahren und der zuständigen Behörde auf Verlangen vorzulegen.

(3) Ist weder der Hersteller noch sein bevollmächtigter Vertreter im Geltungsbereich der Verordnung niedergelassen, so gehen die Verpflichtungen aus den Absätzen 1 und 2 auf denjenigen über, der das Produkt im Geltungsbereich der Verordnung in Verkehr bringt.

Anhang IV (zu § 14)

1 Nummern und Abkürzungen* für Kunststoffe

Stoff	Abkürzung	Nummer
Polyethylenterephthalat	PET	1
Polyethylen hoher Dichte	HDPE	2
Polyvinylchlorid	PVC	3
Polyethylen niedriger Dichte	LDPE	4
Polypropylen	PP	5
Polystyrol	PS	6
		7
		8
		9
		10
		11
		12
		13

---

* Nur Großbuchstaben verwenden

Stoff	Abkürzung	Nummer
		14
		15
		16
		17
		18
		19

2 Nummern und Abkürzungen* für Papier und Pappe

Stoff	Abkürzung	Nummer
Wellpappe	PAP	20
Sonstige Pappe	PAP	21
Papier	PAP	22
		23
		24
		25
		26
		27
		28
		29
		30
		31
		32
		33
		34
		35
		36
		37
		38
		39

3 Nummern und Abkürzungen* für Metalle

Stoff	Abkürzung	Nummer
Stahl	FE	40
Aluminium	ALU	41
		42
		43
		44

* Nur Großbuchstaben verwenden

Stoff	Abkürzung	Nummer
		45
		46
		47
		48
		49

4 Nummern und Abkürzungen* für Holzmaterialien

Stoff	Abkürzung	Nummer
Holz	FOR	50
Kork	FOR	51
		52
		53
		54
		55
		56
		57
		58
		59

5 Nummern und Abkürzungen* für Textilien

Stoff	Abkürzung	Nummer
Baumwolle	TEX	60
Jute	TEX	61
		62
		63
		64
		65
		66
		67
		68
		69

6 Nummern und Abkürzungen* für Glas

Stoff	Abkürzung	Nummer
Farbloses Glas	GL	70
Grünes Glas	GL	71
Braunes Glas	GL	72
		73

---

* Nur Großbuchstaben verwenden

Stoff	Abkürzung	Nummer
		74
		75
		76
		77
		78
		79

7 Nummern und Abkürzungen* für Verbundstoffe

Stoff	Abkürzung**	Nummer
Papier und Pappe/verschiedene Metalle		80
Papier und Pappe/Kunststoff		81
Papier und Pappe/Aluminium		82
Papier und Pappe/Weißblech		83
Papier und Pappe/Kunststoff/Aluminium		84
Papier und Pappe/Kunststoff/Aluminium/Weißblech		85
		86
		87
		88
		89
Kunststoff/Aluminium		90
Kunststoff/Weißblech		91
Kunststoff/verschiedene Metalle		92
		93
		94
Glas/Kunststoff		95
Glas/Aluminium		96
Glas/Weißblech		97
Glas/verschiedene Metalle		98
		99

* Nur Großbuchstaben verwenden
** Bei Verbundstoffen C plus Abkürzung des Hauptbestandteils angeben (C/).

2.10 Ausschnitte aus den CTU-Packrichtlinien

Richtlinien für das Packen von Ladung außer Schüttgut in oder auf Beförderungseinheiten (CTUs) bei Beförderung mit allen Verkehrsträgern zu Wasser und zu Lande in der Fassung der Bekanntmachung vom 17. Februar 1999 (VkBl. Sonderdruck Nr. B 8087 – Vers. 02/99) Bundesministerium für Verkehr, Bau- und Wohnungswesen; Abteilung Luft- und Raumfahrt, Schiffahrt

1 Allgemeine Bedingungen

1.1 Seereisen werden unter ganz unterschiedlichen Wetterbedingungen durchgeführt, aufgrund derer oft gleichzeitig verschieden starke und in verschiedene Richtungen wirkende Kräfte längere Zeit auf das Schiff und seine Ladung einwirken. Diese Kräfte können ihren Ursprung im Stampfen, Rollen, Ein- und Austauchen, Gleiten in Längsrichtung, Gieren oder Gleiten in Querrichtung des Schiffes oder aber im Zusammenwirken zweier oder mehrerer dieser Arten von Schiffsbewegungen haben.

1.2 Beim Packen und Sichern von Ladung in/auf eine CTU muß dies stets bedacht werden. Nie darf von der Annahme ausgegangen werden, auf der Reise werde ruhiges Wetter herrschen und die See werde glatt sein, oder daß Sicherungsmethoden, die bei einer Beförderung über Land angewandt werden, auf See immer ausreichen.

1.3 Auf längeren Reisen können die herrschenden klimatischen Bedingungen (Temperatur, Feuchtigkeit etc.) erheblich schwanken. Dies kann sich auf die Innenraumbedingungen innerhalb einer CTU in der Weise auswirken, daß es auf der Ladung oder auf den Innenflächen zur Kondensation kommt (Schwitzwasserbildung). Besteht die Möglichkeit, daß durch Kondensation ein Schaden an der Ladung entstehen kann, so ist fachmännischer Rat einzuholen.

1.4 Bei Beförderungsvorgängen mit Straßenfahrzeugen können kurzzeitig in der Längsrichtung auf die Ladung und die CTU einwirkende Kräfte auftreten. Es können auch Vibrationen auftreten, die je nach dem Federungssystem des Fahrzeugs, dem Straßenzustand sowie der Fahrweise recht unterschiedlich ausfallen.

Abbildung 1: Beispiele für die Bewegungen eines Schiffes auf See

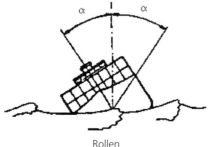

Rollen

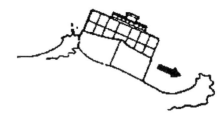

Gleiten in Querrichtung
(kurzzeitige Seitwärtsbewegung in der Neigungsachse der Wasseroberfläche

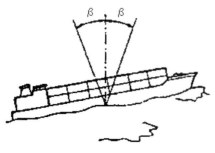

Stampfen

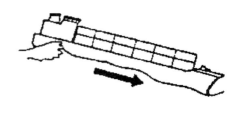

Gleiten in Längsrichtung
(kurzzeitige zusätzliche Vorwärtsbewegung in der Neigungsachse der Wasseroberfläche

 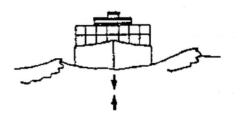

Gieren	Ein- und Austauschen
(vorübergehendes Abweichen von der abgesetzten Kurslinie)	(kurzzeitige Vertikalbewegung aufgrund des Steigens und fallens der Wasseroberfläche)

1.5 Bei Beförderungsvorgängen mit der Eisenbahn wird die Ladung nicht nur Vibrationen (16 Hertz), sondern möglicherweise auch heftigen Stößen aufgrund von Rangiervorgängen ausgesetzt. Viele Eisenbahnen haben ihre Güterzugläufe so organisiert, daß das Rangieren von Eisenbahnwaggons und das damit verbundene Freisetzen starker Kräfte vermieden wird (zum Beispiel dadurch, daß sie Ganzzüge fahren lassen) oder daß CTUs auf Waggons mit Langhub-Stoßdämpfern geladen werden, welche die normalerweise beim Rangieren freigesetzten Stoßkräfte verringern können. Es kann ratsam sein, sicherzustellen, daß die entsprechenden Voraussetzungen für den Eisenbahntransport vorhanden sind.

1.6 Die Beförderung auf Binnenwasserstraßen verläuft im allgemeinen in ruhigem Fahrwasser üblicherweise wirken dabei auf Ladung und CTU keine Kräfte, die stärker sind als diejenigen, die bei der Beförderung mit Straßenfahrzeugen auftreten. Die Dieselmotoren von Binnenschiffen können Vibrationen von niedriger Frequenz erzeugen, die jedoch unter normalen Umständen keinen Grund zur Besorgnis darstellen.

1.7 In der nachstehenden Tabelle werden Beispiele für Beschleunigungskräfte aufgeführt, die bei Beförderungsvorgängen auftreten können; es ist jedoch darauf hinzuweisen, daß innerstaatliche Bestimmungen verbindlichen oder empfehlenden Charakters vorschreiben können, daß andere Werte anzuwenden sind.

Beförderungsmittel	Vorwärts wirkende Kräfte	Rückwärts wirkende Kräfte	Seitwärts wirkende Kräfte
Straßenfahrzeug	1,0 g	0,5 g	0,5 g
Eisenbahn			
• Rangierverkehr[*]	4,0 g	4,0 g	0,5 g (a)
• Kombinierter Verkehr[**]	1,0 g	1,0 g	0,5 g (a)
Seeschiff			
• Ostsee	0,3 g (b)	0,3 g (b)	0,5 g
• Nordsee	0,3 g (c)	0,3 g (c)	0,7 g
• Weltweite Fahrt	0,4 g (d)	0,4 g (d)	0,8 g

– 1 g = 9,81 m/sec^2

Die obengenannten Werte sind mit der nach unten wirkenden Schwerkraft von 1,0 g sowie mit einer dynamischen Schwankung wie folgt zu verbinden:

(a) = ±0,3 g   (b) = ±0,5 g   (c) = ±0,7 g   (d) = ±0,8 g

[*] Der Einsatz besonders ausgerüsteten rollenden Materials ist ratsam (zum Beispiel Langhub-Stoßdämpfer; Beschriftung der Waggons mit Einschränkungen für den Rangierbetrieb);

[**] Der Ausdruck „Kombinierter Verkehr" steht hier als Kürzel für „Waggons mit Containern, Wechselbehältern, Sattelanhängern und Lastwagen sowie Ganzzüge (UIC und RIV)".

1.8 Beim Bewegen von Containern an Umschlagsanlagen durch anlageneigene Zugmaschinen können unterschiedliche Kräfte auftreten, da die an Umschlagsanlagen eingesetzten Sattelanhänger keine Federung haben. Außerdem können die Rampen sehr steil sein, was dazu führen kann, daß schlecht gestaute Ladung innerhalb von CTUs vorwärts oder rückwärts verschoben werden kann.

1.9 Auch beim Umsetzen von CTUs innerhalb einer Umschlagsanlage können erhebliche Kräfte auf CTUs und ihre Ladungen einwirken. Besonders in Seehäfen werden Container durch landseitige sogenannte »Containerbrücken« umgesetzt, die beim Anheben und Absetzen der Container erhebliche Beschleunigungskräfte auf sie ausüben, wodurch Druck auf die Versandstücke in den Containern erzeugt wird. Mobilkräne und Portalhubwagen nehmen Container auf, heben sie in die Höhe, setzen sie ab und bewegen sie durch das Gelände des Containerumschlagplatzes.

2 Visuelle Überprüfungen vor dem Packen

CTUs müssen gründlich überprüft werden, bevor sie mit Ladung bepackt werden. Die folgenden Ausführungen gelten als Leitfaden für die Überprüfung einer CTU vor dem Packen.

2.1 äußere Überprüfung

2.1.1 Die konstruktive Festigkeit eines Containers hängt zu einem großen Teil davon ab, daß sein Rahmen unversehrt ist; dieser besteht aus den Eckpfosten, den Eckbeschlägen, den Haupt-Längsträgern sowie den Dach- und Boden-Querträgern, die zusammen den Rahmen bilden. Gibt es Anzeichen dafür, daß der Container strukturell geschwächt ist, so darf er nicht benutzt werden.

2.1.2 Die Wände, der Boden und das Dach einer CTU müssen in gutem Zustand und dürfen nicht in nennenswertem Ausmaß verformt sein.

Abbildung 2: Kräfte, die bei einer Beförderung in einem Straßenfahrzeug auf die Ladung einwirken

Bremsen – vorwärts wirkende Kräfte

Kurvenfahrt – seitwärts wirkende Kräfte

Beschleunigung – rückwärts wirkende Kräfte

Abbildung 3: Kräfte, die bei einer Beförderung mit der Eisenbahn auf die Ladung einwirken

Rangiervorgang – vorwärts oder rückwärts wirkende Kräfte

Abbildung 4: Kräfte, die bei einer Beförderung mit einem Seeschiff auf die Ladung einwirken

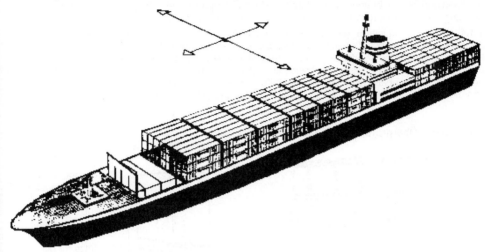

Vorwärts, rückwärts und seitwärts wirkende Kräfte
Die seitwärts wirkenden Kräfte sind normalerweise am problematischsten.

Abbildung 5: Überprüfung eines Containers

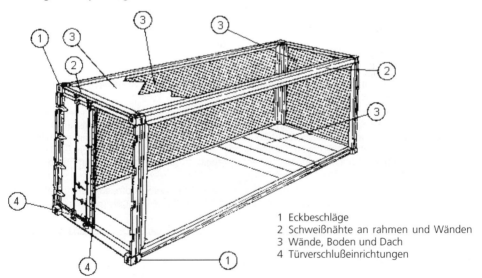

1 Eckbeschläge
2 Schweißnähte an rahmen und Wänden
3 Wände, Boden und Dach
4 Türverschlußeinrichtungen

2.1.3 Die Türen einer CTU müssen ordnungsgemäß zu bedienen sein, in der Verschlußstellung sicher verschlossen und verplombt und in der Öffnungsstellung ordnungsgemäß gesichert werden können. Die Türdichtungen und die Wetterschutzstreifen müssen in gutem Zustand sein.

2.1.4 Wird ein Container im grenzüberschreitenden Verkehr befördert, so muß er ein CSC-Sicherheits-Zulassungsschild tragen. Für einen Wechselbehälter kann eine an seiner Seitenwand zu befestigende gelbe Plakette mit einer Schlüsselkennzeichnung vorgeschrieben sein (Einzelheiten siehe UIC-Merkblatt Nr. 596), die als Nachweis gilt, daß dieser Wechselbehälter den Sicherheitsvorschriften der in der UIC zusammengeschlossenen europäischen Eisenbahnverwaltungen entspricht. Wechselbehälter mit dieser Plakette benötigen kein CSC-Schild; allerdings dürften viele das CSC-Schild zusätzlich zur gelben Plakette haben.

Abbildung 6: Überprüfung eines Sattelanhängers

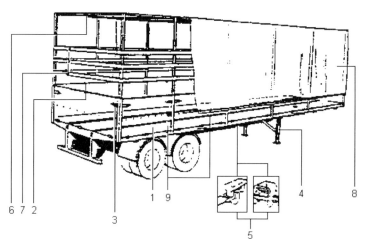

1 Ladefläche
2 Seitenbordwände
3 Verriegelungsvorrichtung
4 Stützbein
5 Ladungssicherungsvorrichtung
6 Stütze für die Führung der Abdeckung
7 Latten für die Führung der Abdeckung
8 Abdeckplane
9 Schließteil der Abdeckplane

2.1.5 Unzutreffende Gefahrenkennzeichen, Placards, Markierungen oder Warnzeichen sind zu entfernen oder unkenntlich zu machen.

2.1.6 Fahrzeuge müssen mit Laschpunkten zur Sicherung an Bord von Schiffen versehen sein (Bezugsdokumente: Europäische Norm EN 29367-1 (ISO 9367-1) „Zurr- und Befestigungseinrichtungen an Straßenfahrzeugen für den Seetransport auf Ro-Ro-Schiffen – Allgemeine Anforderungen – Teil 1: Nutzfahrzeuge und Fahrzeugkombinationen, Sattelanhänger ausgenommen" sowie EN 29367-2 (ISO 9367-2) „Zurr- und Befestigungseinrichtungen an Straßenfahrzeugen für den Seetransport auf Ro-Ro-Schiffen – Allgemeine Anforderungen – Teil 2: Sattelanhänger".)

2.1.7 Bei Benutzung von Planen ist zu prüfen, ob sich diese in einem einwandfreien Zustand befinden und sie gesichert werden können. Schlaufen oder Ösen, durch die Zurrleinen gezogen werden, und diese Leinen selbst müssen in gutem Zustand sein.

2.1.8 Bei der Beladung von Wechselbehältern ist zu bedenken, daß der Unterboden und die Ladefläche von Wechselbehältern die Hauptflächen ihrer strukturellen Festigkeit sind.

2.2 Innere Überprüfung

2.2.1 CTUs müssen wetterbeständig sein, es sei denn, sie sind so konstruiert, daß dies offensichtlich nicht möglich ist. Flick- und sonstige Reparaturstellen müssen sorgfältig auf ihre Dichtigkeit untersucht werden. Undichte Stellen können leicht entdeckt werden, indem beobachtet wird, ob bei geschlossener CTU Licht hineinfällt. Bei solchen Überprüfungen ist darauf zu achten, dass nicht jemand in eine CTU eingeschlossen wird.

2.2.2 CTUs müssen frei von größeren Beschädigungen sein und dürfen keinen gebrochenen Boden oder hervorstehende Nägel, Schrauben, besonderes Zubehör oder ähnliches aufweisen, durch die es zu Verletzungen von Personen oder zu Schäden an der Ladung kommen könnte.

2.2.3 Sind Laschaugen oder Laschringe vorhanden, so müssen diese in gutem Zustand und sicher verankert sein. Sollen schwere Ladungsstücke in einer CTU gesichert werden, so sind der Verlader oder der Schiffsmakler um Auskunft bezüglich der Festigkeit der Lascheinrichtung zu ersuchen und die geeigneten Maßnahmen zu treffen.

2.2.4 CTUs müssen sauber, trocken sowie frei von Rückständen und nachhaltigen Gerüchen von früherer Ladung sein.

2.2.5 Zusammenlegbare CTUs mit beweglichen oder abnehmbaren Hauptbestandteilen sind vorschriftsgemäß aufzubauen. Dabei ist darauf zu achten, daß nicht benutzte abnehmbare Teile in die CTU verladen und innerhalb der CTU gesichert werden.

3 Packen und Sichern der Ladung
3.1 Maßnahmen vor dem Packen

3.1.1 Vor dem Packen einer CTU ist genau zu berücksichtigen, wie sich die CTU während des Packvorgangs darstellen wird. Dasselbe gilt für das Auspacken. Eine CTU, die zu bepacken oder auszupacken ist, kann in folgender Art und Weise angedient werden:

- auf einem Sattelanhänger-Chassis mit angekuppelter Zugmaschine;
- auf einem Sattelanhänger-Chassis ohne angekuppelte Zugmaschine;
- auf einem Lastwagen oder einem Chassis;
- auf dem Erdboden stehend;
- auf ihren Stützbeinen stehend (gilt für Wechselbehälter vom Typ C);
- auf einem Eisenbahnwaggon;
- auf einem Binnenschiff oder
- auf einem Seeschiff.

Jede dieser Möglichkeiten ist denkbar. Die tatsächliche Pack- oder Auspacksituation hängt oft von den örtlichen Gegebenheiten und den vorhandenen Einrichtungen ab. Allerdings gilt generell, daß bei Andienung einer CTU auf einem Chassis oder auf Stützbeinen der Pack- oder Auspackvorgang mit besonderer Sorgfalt zu planen ist.

Abbildung 7: Ungenügende Abstützung eines Sattelanhängers beim Befahren des vorderen Teils des Sattelanhängers

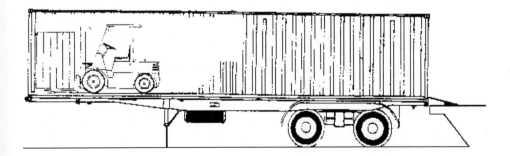

Abbildung 8: Nicht zu schnell mit Gabelstaplern den Wechselbehälter befahren!

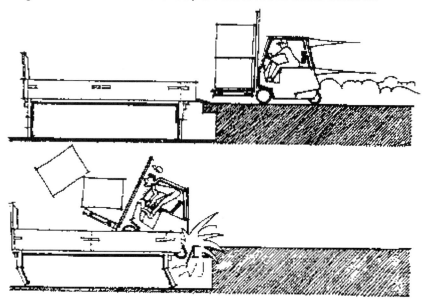

3.1.2 Die zu beladende CTU muß auf ebenem, festem Grund oder auf einem Sattelanhänger oder Güterwagen oder Straßenfahrzeug stehen. Befindet sich die CTU auf einem Sattelanhänger, muß der Sattelanhänger, besonders beim Beladen mit Gabelstaplern, gegen Kippen gesichert sein. Notfalls muß der Sattelanhänger abgestützt werden. Die Bremsen müssen angezogen und die Räder blockiert sein.

3.1.3 Beim Packen eines auf seinen Stützbeinen stehenden Wechselbehälters ist mit besonderer Sorgfalt darauf zu achten, daß der Wechselbehälter nicht kippen kann, wenn ein Gabelstapler zum Packen eingesetzt wird. Es muß überprüft werden, daß die Stützbeine des Wechselbehälters fest auf dem Untergrund stehen und nicht wegrutschen, einsinken oder sich bewegen können, wenn während des Packens Kräfte auf den Wechselbehälter einwirken.

3.1.4 Das Packen muß vor Beginn geplant werden. Dieses muß ermöglichen, daß die Ladung unter Berücksichtigung der Verträglichkeit aller einzelnen Ladungsteile sowie der Art und Festigkeit der Verpackungen und Versandstücke entweder fest oder gesichert gestaut sind.

Sowohl die Möglichkeit der gegenseitigen Kontaminierung durch Geruch oder Staub als auch die physikalische und chemische Verträglichkeit muß berücksichtigt werden.

3.1.5 Das Gewicht der geplanten Ladung darf die höchste zulässige Nutzlast der CTU nicht überschreiten. Bei Containern wird dadurch sichergestellt, daß das auf dem CSC-Sicherheits-Zulassungsschild angegebene höchste Bruttogewicht (das die höchste zulässige Nutzlast mit einschließt), auf keinen Fall überschritten wird (vergleiche hierzu auch Anlage 3). Bei CTUs, bei denen das höchste Bruttogewicht, das Eigengewicht (Tara) oder sonstige Kennwerte nicht angegeben sind, müssen diese Werte bekannt sein, bevor mit dem Packen begonnen wird. Nach den CEN-Normen hat ein Wechselbehälter vom Typ C (7,15 m bis 7,82 m) eine maximale Bruttomasse von 16000 kg, ein Wechselbehälter vom Typ A (12,20 m bis 13,60 m) eine Bruttomasse von bis zu 32000 kg.

3.1.6 Über die Regelung im vorstehenden Absatz hinaus sind alle auf dem geplanten Beförderungsweg aufgrund von Rechtsvorschriften oder von sonstigen Umständen (Hebezeug, Umschlagsgerät, Durchfahrtshöhen, Oberflächenbeschaffenheit der Beförderungswege) geltenden Höhen- und Gewichtsobergrenzen einzuhalten. Diese Gewichtsobergrenzen können deutlich unterhalb des oben erwähnten höchsten Bruttogewichts liegen.

3.1.7 Bei der Stauplanung muß auch berücksichtigt werden, daß CTUs im allgemeinen unter der Annahme konstruiert sind und umgeschlagen werden, daß die Ladung gleichmäßig über die gesamte Bodenfläche verteilt wird. Falls sich wesentliche Abweichungen von einer gleichmäßigen Beladung ergeben, muß fachmännischer Rat eingeholt werden, wie zu packen ist.

Abbildung 9: Kopflastiger Sattelanhänger

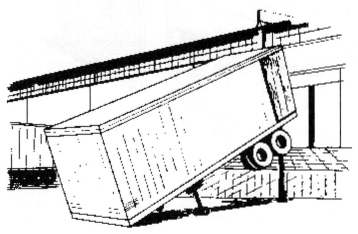

3.1.8 Wenn ein schweres, sperriges Ladungsteil mit einer CTU befördert werden soll, muß die zulässige Punktbelastung des Bodens beachtet werden. Falls erforderlich, muß die Belastung mit Hilfe von ausreichend gesicherten Kanthölzern über eine größere als die Auflagefläche des Ladungsteils verteilt werden.
In diesen Fällen müssen die Ladungssicherungsmaßnahmen vor Beginn der Beladung geplant und die notwendigen Vorbereitungen getroffen werden.

3.1.9 Wenn die vorgesehene Ladung die Außenmaße einer „Open Top"- oder „Open Side"-Einheit überschreitet, sind besondere Vorkehrungen zu treffen. Dabei ist zu berücksichtigen, daß nach den Straßenverkehrsvorschriften solche Ladungsüberstände unter Umständen nicht zulässig sind. Im übrigen werden Beförderungseinheiten häufig Tür an Tür und Seite an Seite gestaut, so daß es schon deswegen zu keinen Ladungsüberständen kommen darf.

3.1.10 Der Schwerpunkt der gepackten Ladung muß auf oder in unmittelbarer Nähe der Längsmittellinie der CTU und unter der halben Höhe des Laderaums der CTU liegen. (Siehe hierzu auch Punkt 3.2.5 und weitere einschlägige Abschnitte.)

3.1.11 Bei der Stauplanung einer CTU sind die Schwierigkeiten zu berücksichtigen, die für die Personen entstehen können, die sie auspacken, zum Beispiel dadurch, daß beim öffnen der Türen Ladung herausfällt.

Abbildung 10: Die Ladung so sichern, dass sie nicht beim Öffnen der Türen herausfällt

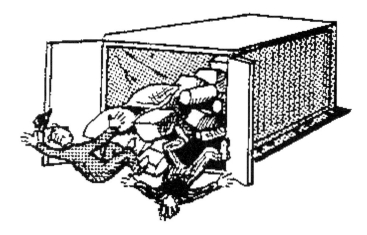

3.1.12 Vor dem Packen einer CTU ist sicherzustellen, daß die für das Packen Verantwortlichen über alle damit zusammenhängenden Gefahren und Risiken in vollem Umfang unterrichtet sind. Es müssen zumindest einige Zeichnungen vorliegen, anhand derer die Grundregeln des Packens von CTUs dargestellt werden. Die vorliegenden Richtlinien müssen ebenfalls ohne weiteres einzusehen sein. Erforderlichenfalls haben sich „Shipper" und Packpersonal bezüglich eventueller Besonderheiten der in die Beförderungseinheit zu packenden Ladung zu konsultieren. Insbesondere müssen Informationen über eventuelle gefährliche Güter sehr sorgfältig beachtet werden. Das mit dem Packen von CTUs betraute Personal ist entsprechend zu schulen.

3.1.13 Wenn eine CTU gepackt wird, müssen »Shipper« und für das Packen Verantwortliche bedenken, daß Unzulänglichkeiten beim Packen und bei der Ladungssicherung zusätzliche Kosten verursachen können, die sie zu tragen haben. Wird beispielsweise bei Beförderung mit der Eisenbahn festgestellt, daß eine CTU nicht ordnungsgemäß gepackt und gesichert ist, so kann der Eisenbahnwaggon aus dem Zug heraus auf ein Abstellgleis rangiert werden und der Beförderungsvorgang wird erst fortgesetzt, nachdem die Ladung ordnungsgemäß gesichert worden ist. Vom »Shipper« kann für diese Tätigkeiten ein besonderes Entgelt verlangt werden, insbesondere für erneute Pack- und Sicherungsarbeiten sowie für die zusätzliche Einsatzzeit des Eisenbahnwaggons. Außerdem kann er für eventuelle Verzögerungen im Beförderungsablauf haftbar gemacht werden.

3.1.14 Nicht jedes Umschlagsgerät ist für das Packen von Containern geeignet. Für das Packen oder Auspacken von Containern eingesetzte Gabelstapler müssen einen kurzen Hubmast und einen niedrigen Fahrerschutz haben. Wird ein Gabelstapler im Inneren eines Containers eingesetzt, so ist ein Typ mit elektrischem Antrieb zu verwenden. Containerböden sind so konstruiert, daß sie eine maximale Radlast aufnehmen können, die der Achslast eines Gabelstaplers von 5460 kg (= 2730 kg pro Rad) entspricht. Gabelstapler mit einer Hubkraft von 2,5 Tonnen sind üblicherweise für eine solche Achslast ausgelegt.

3.1.15 Befindet sich die Ladefläche einer CTU auf einer anderen Höhe als die Laderampe, so muß unter Umständen eine Ladebrücke benutzt werden. Daraus können sich steile Übergänge zwischen Laderampe und Ladebrücke sowie zwischen dieser und der Ladefläche der CTU ergeben. In solchen Fällen muß der eingesetzte Gabelstapler genügend Bodenfreiheit haben, damit sichergestellt ist, daß beim Überfahren dieser Stellen sein Fahrwerk nicht mit der Rampe in Berührung kommt.

3.2 Packen und Sichern

3.2.1 Es ist sehr wichtig, die Ladung in einer CTU so zu sichern, daß die Ladung sich innerhalb der CTU nicht bewegen kann. Dabei ist darauf zu achten, daß es nicht aufgrund der für die Ladungssicherung angewandten Methode zu einer Beschädigung oder sonstigen Beeinträchtigung der Ladung oder der CTU kommt.

3.2.2 Es darf nicht von der Annahme ausgegangen werden, eine Ladung werde sich allein deswegen, weil sie schwer ist, während der Beförderung nicht bewegen. Alle Ladungsteile müssen gesichert werden, damit sichergestellt ist, daß sie sich im Verlauf der Beförderung nicht bewegen können.

3.2.3 Güter von gleichartiger Form und Größe müssen fest von Wand zu Wand gepackt werden. Dennoch lassen sich Zwischenräume nicht immer vermeiden. Sind diese zu groß, muß mit Hilfe von Stauholz, gefalteter Pappe, mit Luftkissen oder anderen geeigneten Mitteln für Ladungssicherung gesorgt werden.

Abbildung 11: Festsetzen der Ladung gegen das Rahmenwerk in einem Container

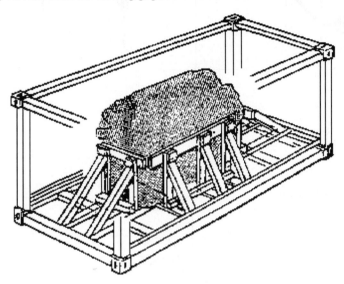

Abbildung 12: Festsetzen einer zweiten Lage von Ladung

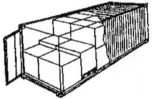

Anhebung von Ladungsteilen mit derselben Packhöhe wie benachbarte Ladungstelle

Feste Trennung
Trennscheiben oder Trennlatten

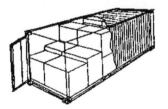

Ladung mit unterschiedlicher Packhöhe

Vertikale Rundum-Laschung
Vertikale Rundum-Laschung

Abbildung 13: Rundum-Laschung

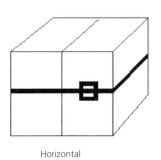
Horizontal

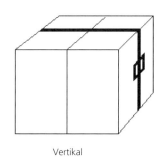
Vertikal

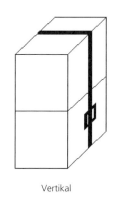
Vertikal

Abbildung 14: Buchtlaschung

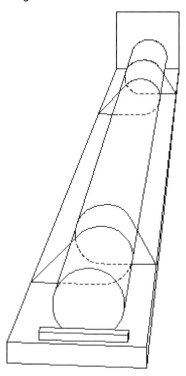

Abbildung 15: Festsetzen rollender Ladung durch Verkeilen

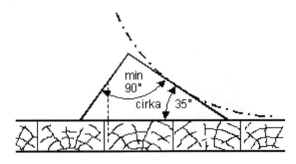

Abbildung 16: Festsetzen von Ladung durch Holzverpallungen

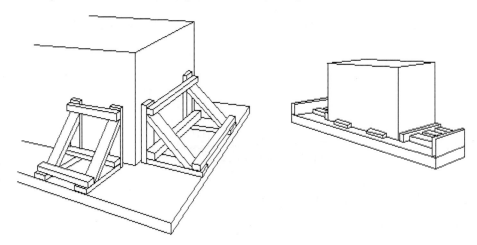

Abbildung 17: Spring-Laschung (Längszurrung zur Mitte)

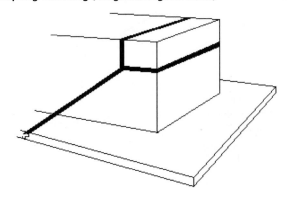

Abbildung 18: Überkreuz-Laschung

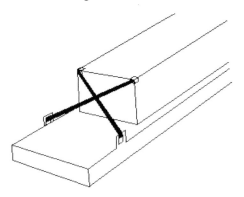

Abbildung 19: Festsetzen von Ladung durch Stauen gegen die Stirnwand eines Sattelanhängers

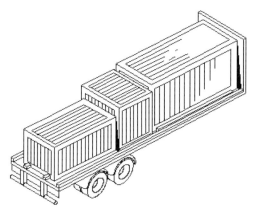

Abbildung 20: Festsetzen von Ladung mittels H-Blocks

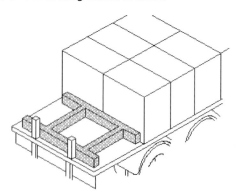

Abbildung 21: Festsetzen von Ladung mittels senkrecht stehender Leerpaletten

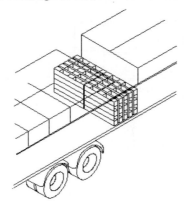

Abbildung 22: Festsetzen von Ladung mittels senkrecht stehender Leerpaletten

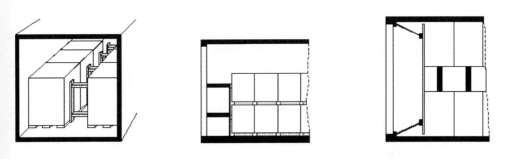

Abbildung 23: Alle Räume zwischen der Ladung und den Wänden der CTU sind durch Sicherungsmittel zu füllen

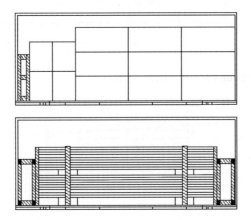

Abbildung 24: Packen von Ladungseinheiten mit Abmessungen von 1000 • 1200 mm in 20'- und 40'-Containern

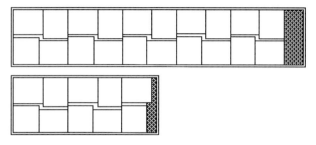

Alle Leeräume sind zu füllen

Abbildung 25: Packen von Ladungseinheiten mit Abmessungen von 800 • 1200 mm in 20'-Containern

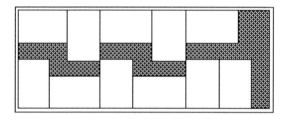

Alle Leeräume sind zu füllen

Abbildung 26: Packen von Ladungseinheiten mit Abmessungen von 800 • 1200 mm in 40'-Containern

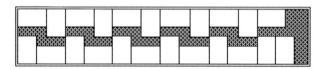

Alle Leeräume sind zu füllen

Abbildung 27: Festsetzen von Ladung mittels Luftkissen

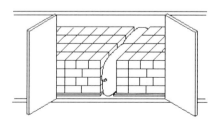

3.2.4 Bei der Verwendung von Luftkissen sind die Anweisungen des Herstellers bezüglich des Fülldrucks unbedingt zu beachten. Es ist die Möglichkeit in Betracht zu ziehen, daß die Innentemperatur der CTU erheblich über den Wert zur Zeit des Packens ansteigt. Dies kann dazu führen, daß die Luftkissen sich ausdehnen und unter Umständen platzen, wodurch sie als Hilfsmittel zur Ladungssicherung unwirksam werden. An der Türseite dürfen Luftkissen als Füllmaterial nicht verwendet werden, es sei denn, durch entsprechende Vorkehrungen ist sichergestellt, daß sie nicht die Türen heftig aufsprengen, wenn die Verschlussriegel gelöst werden (siehe auch Punkt 3.3.1).

3.2.5 Das Ladungsgewicht muß möglichst gleichmäßig auf dem Boden des Containers verteilt werden. Wenn Güter mit verschiedenen Gewichten in einen Container verladen werden oder wenn der Raum eines Containers nicht voll genutzt wird (sei es wegen fehlender Ladung oder weil die Nutzlastgrenze erreicht wurde, bevor der Raum ausgefüllt ist), müssen die Pack- und Sicherungsmaßnahmen so durchgeführt werden, daß der Gewichtsschwerpunkt der Ladung etwa auf der halben Länge des Containers liegt. Ist dies nicht der Fall, kann eine besondere Handhabung des Containers beim Umschlag erforderlich sein. Keinesfalls darf mehr als 60 % des Ladungsgewichts in weniger als der halben Länge, von einem Ende gemessen, konzentriert sein. Bei Straßenfahrzeugen ist besonders sorgfältig auf die Achslasten zu achten.

Abbildung 28: Gleichmäßige Verteilung der Ladung: Höchstens 60 Prozent der Ladung in eine Hälfte des Containers!

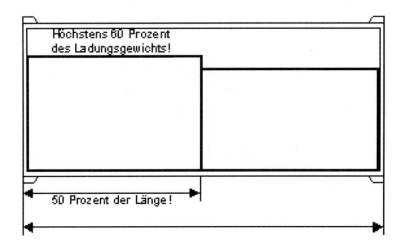

3.2.6 Schwere Güter dürfen nicht auf leichtere und Flüssigkeitsbehälter nicht auf feste Güter gepackt werden. Ist vorgesehen, daß Versandstücke aufeinander gestapelt werden, so ist auf die Festigkeit der Paletten sowie auf die Form und den Zustand der einzelnen Versandstücke zu achten. In diesem Zusammenhang wird auf die Bestimmungen über Stapeldruckprüfungen in Anhang I des IMDG-Code verwiesen. In manchen Fällen kann es erforderlich sein, die Stabilität eines solchen Stapels dadurch sicherzustellen, daß zwischen die einzelnen Lagen Stauholz oder ein fester Zwischenboden eingefügt wird. In Zweifelsfällen, insbesondere bei schwereren Packstücken wie zum Beispiel Großpackmitteln (IBC) für flüssige Stoffe, ist durch Erkundigung beim „Shipper" oder beim Hersteller der betreffenden Verpackung festzustellen, ob es von seiner Bauweise und Festigkeit her stapelfähig ist; dies gilt in besonderem Maße für Beförderungsfälle, in denen ein Teil der Strecke über See führt. Der Gewichtsschwerpunkt muß in der unteren Hälfte des Laderaums liegen.

Abbildung 29: Keine schweren Ladungen auf leichtere laden!

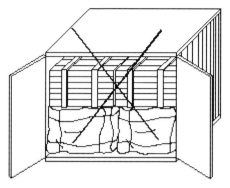

Abbildung 30: Leichtgewichtige Ladungen auf schwerere laden!

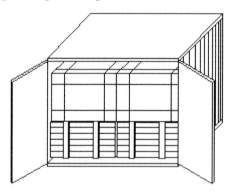

Abbildung 31: Sichern der Ladung durch senkrecht eingesetzte Trennmittel!

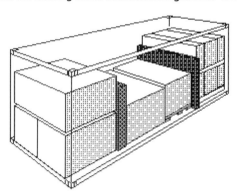

Abbildung 32: Sichern der Ladung durch Zwischenböden

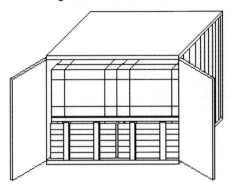

3.2.7 Um Feuchtigkeitsschäden zu vermeiden, darf nasse Ladung, Feuchtigkeit enthaltende Ladung oder zum Lecken neigende Ladung nicht mit feuchtigkeitsempfindlicher Ladung zusammengepackt werden. Feuchtes Stauholz, Paletten oder Verpackungen dürfen nicht verwendet werden. In gewissen Fällen können Schäden an Einrichtungen und Ladung durch Verwendung von Schutzmaterial, wie z.B. Kunststoffolien, verhindert werden.

3.2.8 Beschädigte Versandstücke dürfen nicht in CTUs verladen werden, es sei denn, es werden Vorkehrungen gegen Schäden durch Auslaufen oder Leckagen getroffen (für gefährliche Güter siehe Punkt 4.2.7 und 4.3.1).

3.2.9 In eine CTU fest eingebaute Vorrichtungen zur Ladungssicherung sind stets zu benutzen, um Bewegung der Ladung zu verhindern.

3.2.10 Bei offenen CTUs und bei CTUs ohne feste Seitenwände ist die Ladung mit besonderer Sorgfalt gegen Seitenkräfte zu sichern, wie sie durch Rollbewegungen des Schiffes oder im Straßenverkehr auftreten können. Durch Überprüfung ist sicherzustellen, daß an allen dafür vorgesehenen Stellen Einsecklatten angebracht beziehungsweise daß andere geeignete Vorkehrungen getroffen worden sind.

Abbildung 33: Laschung über die Oberseite

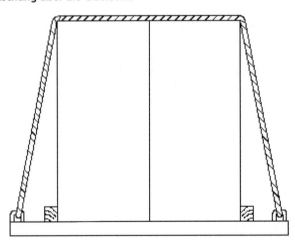

3.2.11 Eventuelle besondere Anweisungen auf Versandstücken oder anderswo sind zu befolgen; zum Beispiel:
- Ladungen mit der Markierung »Vor Kälte schützen!« dürfen nicht direkt an den Wänden einer CTU gepackt werden;
- Ladungen mit der Markierung „Hier oben!" müssen entsprechend gepackt werden;
- die angegebene maximale Stapelhöhe darf nicht überschritten werden; und darüber hinaus müssen, soweit dies möglich ist, Markierungen auf Versandstücken der ISO-Norm 780-1983 entsprechen.

3.2.12 Bei der Entscheidung über das Verpackungs- und Ladungssicherungsmaterial ist zu berücksichtigen, daß in manchen Ländern verbindliche Regelungen über die Vermeidung von Müll und Abfall bestehen. Dies kann zu Einschränkungen im Gebrauch bestimmter Materialien führen und kann Gebühren für die Rücknahme von Verpackungen am Bestimmungsort zur Folge haben; für den „Shipper" können ähnliche Probleme entstehen. In solchen Fällen ist wiederverwendbares Verpackungs- und Sicherungsmaterial zu verwenden. Die Anzahl der Länder nimmt zu, die vorschreiben, daß Stauholz und Verpackungsmaterial von Bord gegeben werden müssen.

Abbildung 34: Herkömmliche Methode der Ladungssicherung mittels Planen

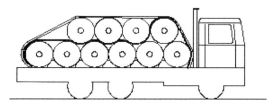

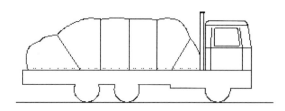

Abbildung 35: Festsetzen der Ladung gegen die Seitenbretter oder Seitenränder

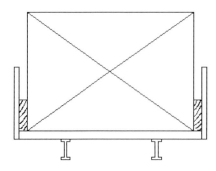 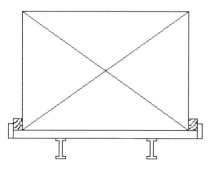

Abbildung 36: Festsetzen der Ladung mittels Rungen

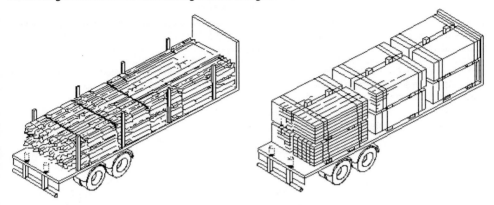

3.3 Maßnahmen nach Beendigung des Packens

3.3.1 Beim Packen einer CTU ist in der Abschlußphase so weit wie möglich dafür zu sorgen, daß eine in sich gefestigte Ladungsfront aufgebaut wird, um zu verhindern, daß beim Öffnen der Türen Ladungsteile herausfallen. Bestehen Zweifel daran, daß diese Ladungssicherungsmaßnahme ausreichend wirksam ist, so sind weitere Maßnahmen zu treffen, beispielsweise das netzartige Verspannen von Laschings zwischen einzelnen Anschlagpunkten oder das Abpallen mit Kanthölzern gegen die Eckpfosten. Zwei Punkte sind hierbei zu beachten:

- Ein auf einem Sattelanhänger beförderter Container ist normalerweise gegen die Türseite hin geneigt; und
- Ladung kann infolge von Stößen etc. beim Transport gegen die Türseite verrutschen.

3.3.2 Wenn eine CTU in ein Land versandt werden soll, in dem Quarantänebestimmungen für die Behandlung von Holz bestehen, muß darauf geachtet werden, daß alles Holz in der CTU sowie die Verpackung und die Ladung diesen Bestimmungen entsprechen. Es hat sich bewährt, eine Kopie der Holzbehandlungsbescheinigung an einem auffälligen Platz an der Innenseite der CTU sowie gegebenenfalls in einer wetterfesten Hülle an ihrer Aussenseite zu befestigen.

3.3.3 Nach dem Schließen der Türen muß überprüft werden, ob alle Verriegelungen ordnungsgemäß geschlossen und gesichert sind. Normalerweise werden Container verplombt. Es muß darauf geachtet werden, daß die Verplombung sorgfältig durchgeführt wird.

3.3.4 Hat eine CTU klappbare oder abnehmbare Teile, müssen diese auf eine ordnungsgemäße Befestigung hin überprüft werden, damit sich keine Teile lösen können und während der Beförderung Gefahren verursachen.

4 Zusätzliche Hinweise zum Packen und Sichern gefährlicher Güter finden sich auch in den Gefahrgutvorschriften der verschiedenen Verkehrsträger

4.1 Maßnahmen vor dem Packen gefährlicher Güter

4.1.1 Der „Shipper" hat Angaben über die Eigenschaften der umzuschlagenden gefährlichen Güter und über ihre Menge vorzulegen. Auf allen Verkehrsträgern sind für jeden gefährlichen Stoff oder Gegenstand die nachstehend aufgeführten grundlegenden Angaben erforderlich:

- der richtige technische Name;
- die Klasse und/oder die Unterklasse der Güter (sowie für Güter der Klasse 1 der Buchstabe der Verträglichkeitsgruppe);
- die UN-Nummer und die Verpackungsgruppe;

– die Gesamtmenge an gefährlichen Gütern (nach Volumen und Masse sowie bei explosiven Stoffen und Gegenständen mit Explosivstoff die Nettoexplosivstoffmasse).

Je nachdem, welcher Verkehrsträger zum Einsatz kommt, können noch weitere Angaben vorgeschrieben sein (zum Beispiel die des Flammpunkts bei der Beförderung auf dem Seeweg, Anweisungen für das richtige Vorgehen bei einem Unfall bei der Beförderung auf der Straße nach den ADR-Bestimmungen, besondere Zeugnisse (zum Beispiel für radioaktive Stoffe und so weiter)). Die unterschiedlichen Angaben, die nach der einen oder der anderen Regelung für eine Beförderung im kombinierten Verkehr vorgeschrieben sind, müssen vorgelegt werden, damit die für jedes einzelne Versandstück erforderlichen Beförderungspapiere erstellt werden können.

4.1.2 Der „Shipper" hat darüber hinaus sicherzustellen, daß gefährliche Güter nach den Bestimmungen der anzuwendenden Vorschriften verpackt, gepackt, markiert, beschriftet sowie mit Placards und Kennzeichen versehen werden. Üblicherweise wird eine Erklärung darüber verlangt, daß dies geschehen ist. Diese »Verantwortliche Erklärung« kann in die Beförderungspapiere integriert oder ihnen beigefügt werden.

4.1.3 Der „Shipper" hat darüber hinaus sicherzustellen, daß die zur Beförderung vorgesehenen Güter zur Beförderung mit den Verkehrsträgern zugelassen sind, deren Einsatz für den betreffenden Beförderungsfall vorgesehen ist. Zum Beispiel sind selbstzersetzliche Stoffe und organische Peroxide, für die eine temperaturgeführte Beförderung vorgeschrieben ist, nicht zur Beförderung mit der Eisenbahn nach den RID-Bestimmungen zugelassen. Bestimmte Kategorien gefährlicher Güter sind nicht zur Beförderung an Bord von Fahrgastschiffen zugelassen, deshalb sind die Vorschriften des IMDG-Code zu berücksichtigen; dies gilt in besonderem Maße für solche Beförderungsfälle, wo verschiedene Versandstücke mit gefährlichen Gütern, die nach den Stau- und Trennvorschriften des IMDG-Code „entfernt von" einander zu stauen sind, zusammen in eine CTU gepackt werden sollen. Diese Versandstücke dürfen nur mit Genehmigung der für den jeweiligen Fall zuständigen Behörde in derselben CTU befördert werden.

4.1.4 Die aktuellen Fassungen aller einschlägigen Regelwerke (IMDG-Code, ADR, RID, ADN und ADNR) müssen während des gesamten Packvorgangs ohne weiteres eingesehen werden können, damit ordnungsgemäße Überprüfung sichergestellt ist.

4.1.5 Umschlag, Packen und Sichern gefährlicher Güter dürfen nur unter direkter Aufsicht einer namentlich feststellbaren und mit der Zuständigkeit für diese Aufgabe betrauten Person stattfinden, die mit den einschlägigen rechtlichen Vorschriften und den möglichen Gefahren vertraut ist und die weiß, welche Maßnahmen in einem Notfall zu treffen sind.

4.1.6 Es sind geeignete Maßnahmen zur Brandverhütung zu treffen; einschließlich Rauchverbot in der Umgebung von gefährlichen Gütern.

4.1.7 Versandstücke mit gefährlichen Gütern sind auf ihre Unversehrtheit zu überprüfen; werden hierbei Beschädigungen, Leckagen oder Durchfeuchtungen festgestellt, so dürfen diese Versandstücke nicht in eine CTU gepackt werden. Versandstücke, die Farb- oder Feuchtigkeitsflecken oder ähnliches aufweisen, dürfen erst gepackt werden, wenn festgestellt worden ist, daß dies gefahrlos und unbedenklich möglich ist. Haften an Versandstücken Wasser-, Schnee-, Eis- oder sonstige Partikel, so sind diese vor dem Packen zu entfernen. Haben sich Flüssigkeiten auf Fassdeckeln angesammelt, so ist zunächst mit Vorsicht vorzugehen, da sie möglicherweise auf ein Auslaufen des Fassinhalts zurückzuführen sind. Sofern Paletten durch ausgelaufene gefährliche Güter verunreinigt worden sind, sind sie in geeigneter Weise unbrauchbar zu machen und aus dem Verkehr zu ziehen, um auszuschließen, daß sie zu einem späteren Zeitpunkt wieder verwendet werden.

4.1.8 Sind gefährliche Güter auf Paletten oder auf sonstigen Ladungseinheiten (Unit Loads) gepackt, so sind diese kompakt zu stauen, so daß sich ein regelmäßiges Staumuster mit möglichst senkrechten Seitenflächen und einer möglichst ebenen Oberfläche ergibt. Dies ist so zu sichern, daß eine Beschädigung der einzelnen Versandstücke, aus denen die Unit Load besteht, unwahrscheinlich ist. Die zum Zusammenhalten der Ladung auf der Unit Load verwendeten Materialien müssen mit den Stoffen, aus denen die Ladung besteht, verträglich sein und dürfen ihre Wirksamkeit auch unter Einwirkung von Feuchtigkeit, extremen Temperaturen und Sonneneinstrahlung nicht verlieren.

4.1.9 Das Stauen gefährlicher Güter in beziehungsweise auf CTUs sowie die Art der Ladungssicherung sind vor Beginn des Packens zu planen.

4.2 Packen und Sichern

4.2.1 Beim Ladungsumschlag muß besondere Sorgfalt darauf verwendet werden, eine Beschädigung von Versandstücken zu vermeiden. Falls jedoch ein gefährliche Güter enthaltendes Versandstück beim Umschlag so beschädigt wird, daß der Inhalt austritt, muß der unmittelbar benachbarte Bereich geräumt werden, bis die Gefahrensituation abgeschätzt werden kann. Das beschädigte Versandstück darf nicht verladen werden. Es muß vielmehr an einen sicheren Ort gebracht werden, wobei nach den Anweisungen einer Verantwortlichen Person vorzugehen ist, die über die damit verbundenen Gefahren unterrichtet ist und weiß, welche Maßnahmen in einem Notfall zu treffen sind.

4.2.2 Wenn austretende gefährliche Güter ein Sicherheits- oder Gesundheitsrisiko darstellen, zum Beispiel das Risiko einer Explosion, der Selbstentzündung, der Vergiftung oder einer ähnlichen Gefährdung, müssen Personen unverzüglich an einen sicheren Ort gebracht und die Stelle unterrichtet werden, die mit solchen Notfallsituationen sachgerecht umgehen kann.

4.2.3 Gefährliche Güter dürfen nicht mit unverträglichen Stoffen zusammen in dieselbe CTU gepackt werden. In manchen Fällen sind sogar Güter derselben Gefahrenklasse untereinander unverträglich und dürfen nicht in dieselbe CTU gepackt werden. Die Vorschriften des IMDG-Code über die Trennung von gefährlichen Gütern in CTUs sind in der Regel strenger als die Vorschriften, die für die Beförderung auf der Straße und mit der Eisenbahn gelten. Schließt ein Beförderungsfall im kombinierten Verkehr keine Teilbeförderung über See ein, so genügt möglicherweise die Erfüllung der jeweils einschlägigen Vorschriften für die Beförderung auf dem Landweg nach ADR, RID, ADN und ADNR. Kann jedoch nicht garantiert werden, daß keine Teilbeförderung über See stattfinden wird, so sind die Trennvorschriften des IMDG-Code strikt einzuhalten.

4.2.4 Während des Umschlags gefährlicher Güter ist der Verzehr von Nahrungsmitteln und Getränken zu verbieten.

4.2.5 Versandstücke mit Lüftungseinrichtungen müssen so gepackt werden, daß die Lüftungseinrichtungen nach oben zeigen und nicht blockiert sind.

4.2.6 Fässer, die gefährliche Güter enthalten, sind stets aufrechtstehend zu stauen, sofern nicht die zuständige Behörde etwas anderes genehmigt hat.

4.2.7 Machen gefährliche Güter nur einen Teil der Gesamtladung in einer CTU aus, so sind sie nach Möglichkeit in unmittelbare Nähe zu den Türen zu packen, wobei die Markierungen und die Gefahrenkennzeichen sichtbar sein müssen. Es wird besonders auf Punkt 3.3.1 bezüglich der Sicherung der Ladung in Nähe der Türen einer CTU hingewiesen.

4.3 Maßnahmen nach Beendigung des Packens

4.3.1 Plakatierung

4.3.1.1 Placards (Vergrößerte Gefahrenkennzeichen) (Mindestgröße von 250 mm x 250 mm) und, soweit dies bei einer Beförderung mit dem Seeschiff zutrifft, die Markierung für Meeresschadstoffe (MARINE POLLUTANT) (Seitenlänge von mindestens 250 mm) sowie gegebenenfalls weitere Kennzeichen sind an den Außenflächen der jeweiligen CTU, der Unit Load oder der Umverpackung anzubringen, um anzuzeigen, daß der Inhalt der betreffenden Einheit aus gefährlichen Gütern besteht und ein Gefahrenpotential in sich birgt. Auf diese Art der Kennzeichnung kann bei Unit Loads und Umverpackungen verzichtet werden, wenn die auf den einzelnen Versandstücken angebrachten Gefahrenkennzeichen, Markierungen oder Warnzeichen von außen deutlich erkennbar sind. Die Placards, Gefahrenkennzeichen, Markierungen oder Warnzeichen auf den Außenseiten der CTU dürfen nach Möglichkeit nicht verdeckt werden, wenn die CTU geöffnet ist.

4.3.1.2 An CTUs, die gefährliche Güter oder Rückstände von gefährlichen Gütern enthalten, müssen Placards und, soweit dies bei einer Beförderung mit dem Seeschiff zutrifft, die Markierung für Meeresschadstoffe (MARINE POLLUTANT) oder andere Warnzeichen an folgenden Stellen deutlich zu sehen sein:

1. bei einem Container je einmal auf beiden Seiten und bei Beförderung mit einem Seeschiff zusätzlich je einmal an beiden Stirnseiten der Einheit;
2. bei einem Eisenbahnwaggon mindestens je einmal auf jeder Seite;
3. bei jeder anderen CTU mindestens je einmal auf beiden Seiten und am hinteren Ende der CTU sowie im Falle eines Sattelanhängers zusätzlich einmal auf der Vorderseite der CTU.

Placards an den Seiten der CTU sind so anzubringen, daß sie durch die geöffneten Türen der CTU nicht verdeckt werden. (Bei der grenzüberschreitenden Beförderung mit Straßenfahrzeugen nach den Vorschriften des ADR ist das Führen vergrößerter Gefahrenkennzeichen an den Fahrzeugen nur bei Beförderung der Ladung in loser Schüttung erforderlich.)

4.3.1.3 Bergen gefährliche Güter verschiedene Risiken, so sind zusätzlich zum Hauptgefahrenkennzeichen die entsprechenden Zusatzgefahrenkennzeichen zu führen.

Allerdings brauchen CTUs mit Ladungen, die mehr als einer Gefahrgutklasse angehören, kein Zusatzgefahrenkennzeichen zu führen, wenn auf diese Gefahr bereits durch das Hauptgefahrenkennzeichen hingewiesen wird.

Abbildung 37: Placards auf einem Container

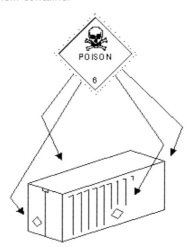

Abbildung 38: Placards auf einem Eisenbahnwaggon

Abbildung 39: Placards auf einem Sattelanhänger

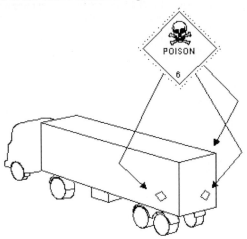

4.3.1.4 Ergibt sich aus den Stoffseiten im IMDG-Code, daß auf einzelnen Versandstücken kein Gefahrenkennzeichen beziehungsweise keine Gefahrgutklassenbezeichnung erforderlich ist, so ist auch auf der CTU kein Placard beziehungsweise keine Gefahrgutklassenbezeichnung erforderlich, vorausgesetzt, daß entsprechend Punkt 4.4.1.6 die UN-Nummer auf der CTU angegeben ist.

4.3.1.5 Bei einer Beförderung auf dem Seeweg muß jede CTU mit verpackten gefährlichen Gütern, die eine geschlossene Ladung bilden und für die kein Placard vorgeschrieben ist, dauerhaft mit dem richtigen technischen Namen des Inhalts bezeichnet sein.

4.3.1.6 Sendungen mit einem gefährlichen Gut mit Ausnahme von Gütern der Klasse 1, das eine geschlossene Ladung bildet, müssen mit der UN-Nummer für dieses Gut bezeichnet sein. Diese Nummer muß in schwarzen Ziffern von mindestens 65 mm Höhe entweder auf weißem Untergrund in der unteren Hälfte des Placards für die jeweilige Klasse oder auf einer orangefarbenen rechteckigen Tafel von mindestens 120 mm Höhe und 300 mm Breite sowie mit einem 10 mm breiten schwarzen Rand stehen, die unmittelbar neben dem Placard anzubringen ist (siehe Anlage 2). In diesen Fällen ist die UN-Nummer unmittelbar neben dem richtigen technischen Namen anzugeben.

4.3.1.7 Bei der grenzüberschreitenden Beförderung mit Straßenfahrzeugen nach den Vorschriften des ADR müssen Fahrzeuge, die gefährliche Güter befördern, zwei rechtwinkelige rückstrahlende orangefarbene Tafeln von 400 mm Länge und mindestens 300 mm Höhe führen, die senkrecht angebracht sein müssen und einen schwarzen Rand von höchstens 15 mm Breite haben (siehe Anlage 2). Eine dieser Tafeln ist an der Vorderseite, die andere an der Hinterseite des Fahrzeugs anzubringen, beide lotrecht zur Längsachse des Fahrzeugs. Sie müssen deutlich sichtbar sein.

4.3.1.8 Für radioaktive Stoffe gelten besondere Vorschriften (siehe hierzu beispielsweise Abschnitt 6.5 der Einleitung zu Klasse 7 im IMDG-Code).

4.3.1.9 Wird festes Kohlendioxid (CO_2-Trockeneis) oder ein anderes selbstverzehrendes Kühlmittel zum Kühlen verwendet, so ist an die Aussenseite der Türen ein Warnschild so anzubringen, daß es für jedermann, der die Türen öffnet, deutlich zu sehen ist. Dieses Schild muß die Warnung enthalten, daß sich möglicherweise eine erstickende Atmosphäre gebildet hat.

Ein Beispiel für ein solches Warnschild ist in Anlage 2 wiedergegeben.

4.3.1.10 Da für CTUs, die unter Begasung zur Beförderung angedient werden, besondere Vorsichtsmaßnahmen erforderlich sein können, dürfen solche CTUs nur mit Zustimmung des Beförderers zur Beförderung angenommen werden; deshalb sind sie ihm vor Beginn des Ladens zu benennen. CTUs unter Begasung sind nunmehr Güter der Klasse 9 des IMDG-Code.

4.3.1.11 Ist eine geschlossene CTU oder ihr Inhalt begast worden und soll unter Begasung versandt werden, so ist an die Aussenseite der Türen ein Warnschild so anzubringen, daß es für jedermann, der die Türen öffnet, deutlich zu sehen ist. Ein Beispiel für ein solches Warnschild ist in Anlage 2 wiedergegeben. Auf dem Schild müssen das eingesetzte Begasungsmittel, die angewandte Begasungsmethode sowie Ort und Zeit der Begasung angegeben sein. Das Schild darf erst dann entfernt werden, wenn durch Belüftung der CTU nach der Begasung sichergestellt ist, daß keine schädliche Gaskonzentration zurückbleibt.

4.3.2 Dokumentation

4.3.2.1 Bei Beförderung auf dem Seeweg schreibt Regel VII/5 des Internationalen Übereinkommens von 1974 zum Schutz des menschlichen Lebens auf See (SOLAS) in der jeweils geltenden Fassung vor, daß die für das Packen von gefährlichen Gütern in einen Container oder auf ein Straßenfahrzeug verantwortliche Person ein „Containerpackzertifikat" oder eine »Fahrzeugbeladeerklärung« auszustellen und zu unterzeichnen hat; darin ist zu bestätigen, daß die Ladung in der betreffenden CTU ordnungsgemäß gepackt und gesichert worden ist und daß alle einschlägigen Beförderungsvorschriften eingehalten sind.

4.3.2.2 Im IMDG-Code wird eine Erklärung mit nachstehenden Textelementen empfohlen:

Der Container/das Fahrzeug war sauber, trocken und offensichtlich für die Aufnahme der Güter geeignet.

Falls die Sendungen Güter der Klasse 1, außer Unterklasse 1.4 enthalten: Der Container/das Fahrzeug befindet sich in einem bautechnisch einwandfreien Zustand gemäß Abschnitt 12 der Einleitung zu Klasse 1 des IMDG-Code.

Güter, die voneinander getrennt werden müssen, sind nicht zusammen in den Container/das Fahrzeug gepackt worden (es sei denn, es ist von der betreffenden zuständigen Behörde gemäß Nr. 12.2.1 oder 17.6.3.1 der Allgemeinen Einleitung des IMDG-Code zugelassen).

Alle Versandstücke sind äußerlich auf Beschädigungen untersucht worden, und es sind nur unbeschädigte Versandstücke gepackt worden.

Alle Versandstücke sind ordnungsgemäß in den Container/das Fahrzeug gepackt und gesichert worden.

Fässer (Trommeln) sind aufrecht gestaut worden (es sei denn, die zuständige Behörde hat etwas anderes zugelassen).

Der Container/das Fahrzeug und die darin enthaltenen Versandstücke sind ordnungsgemäß beschriftet, markiert, gekennzeichnet und plakatiert.

Wenn festes Kohlendioxid (CO_2-Trockeneis) für Zwecke der Kühlung verwendet wird, ist der Container/das Fahrzeug außen gut sichtbar am Türende beschriftet oder gekennzeichnet, und zwar:

„DANGEROUS CO_2-GAS (DRY ICE) INSIDE.

VENTILATE THOROUGHLY BEFORE ENTERING.

ENTHÄLT GEFÄHRLICHES KOHLENDIOXIDGAS (TROCKENEIS).

VOR DEM BETRETEN GRÜNDLICH BELÜFTEN!"

Die nach Unterabschnitt 9.4 der Allgemeinen Einleitung zum IMDG-Code erforderliche Erklärung für gefährliche Güter liegt für jede in den Container/das Fahrzeug gepackte Sendung gefährlicher Güter vor.

4.3.2.3 Ein „Containerpackzertifikat"/eine „Fahrzeugbeladeerklärung" ist nach RID, ADR, ADN und ADNR nicht vorgeschrieben, auch wenn diese Papiere in manchen Ländern für Beförderungsfälle im Binnenverkehr vorgeschrieben sein können. Allerdings werden diese Papiere dann benötigt, wenn der Beförderungsfall eine Teilbeförderung über See mit einschließt.

In diesen Fällen ist damit zu rechnen, daß die in Betracht kommenden Hafenbehörden, Umschlagsbetriebe und Kapitäne diese Papiere (gegebenenfalls in Kopie) einzusehen wünschen, bevor sie zulassen, daß Container oder Fahrzeuge mit gefährlichen Gütern auf ihr Gelände beziehungsweise an Bord ihrer Schiffe gelangen.

4.3.2.4 Werden bei einer grenzüberschreitenden Beförderung mit einem Straßenfahrzeug nach den Vorschriften des ADR unterschiedliche Ladungen gefährlicher Güter zusammen in eine einzige CTU gepackt, so hat der „Shipper" eine Erklärung darüber abzugeben, daß diese Art der Zusammenpackung nicht verboten ist.

4.3.2.5 Der Inhalt der »Verantwortlichen Erklärung« (siehe Punkt 4.2.2) und der Inhalt des „Containerpackzertifikats"/der „Fahrzeugbeladeerklärung« können in einem Dokument zusammengefaßt werden, andernfalls sind die verschiedenen Papiere miteinander zu verbinden.

Sind die genannten Inhalte in einem einzelnen Dokument, zum Beispiel in einer „Verantwortlichen Erklärung« oder in einem »Beförderungspapier" zusammengefaßt, so genügt unter Umständen die Aufnahme eines Satzes mit folgendem Wortlaut: »Es wird hiermit erklärt, daß das Packen der Güter in den Container/in das Fahrzeug nach Maßgabe von Abschnitt 12 und 17 der Allgemeinen Einleitung des IMDG-Code erfolgt ist.« Werden beide Erklärungen in einem Dokument zusammengefaßt, so ist für jede der beiden Erklärungen eine gesonderte Unterschrift erforderlich.

4.3.3 Bei der Beförderung bestimmter gefährlicher Güter kann es erforderlich sein, geschlossene CTUs zu verschließen und zu verplomben. In solchen Fällen müssen die Schlüssel im Hafen ohne weiteres greifbar sein und an Bord des Schiffes zur Verfügung stehen.

4.3.4 Erfahren gefährliche Güter in einem Hafengebiet an einem Umschlagsplatz für den kombinierten Verkehr einen zeitweiligen Aufenthalt oder eine Zwischenlagerung, so sind die „IMO Recommendations on the Safe Transport of Dangerous Cargoes and Related Activities in Fort Areas" zu beachten.

4.3.5 Mit gefährlichen Gütern beladene CTUs dürfen von ihren Umschlagsplätzen nur von einem Fahrer abgeholt werden, der ordnungsgemäß ausgebildet und eingewiesen ist. Der Fahrer muß einen Fahrerausbildungsnachweis besitzen, aus dem hervorgeht, daß er die Erlaubnis zum Führen eines Fahrzeugs besitzt, mit dem gefährliche Güter der Klasse befördert werden, wie sie in der betreffenden CTU enthalten sind. Vor der Abfahrt ist er mit allen einschlägigen Unterlagen für diese gefährlichen Güter auszustatten sowie mit schriftlichen Weisungen bezüglich der Maßnahmen, die bei Zwischenfällen in Verbindung mit den gefährlichen Gütern zu treffen sind.

5 Hinweise für die Annahme von CTUs

5.1 Bei der Annahme einer CTU hat sich der Empfänger zu vergewissern, daß sich die CTU äußerlich in einwandfreiem Zustand befindet und unbeschädigt ist. Bei Beschädigungen hat der Empfänger dies in geeigneter Weise zu dokumentieren und zu melden. Es ist besonders auf Beschädigungen zu achten, die möglicherweise einen Einfluß auf den Zustand des Ladegutes innerhalb der CTU haben konnten. Sollte der Empfänger im Verlaufe des Entladens der CTU einen Schaden entdecken, so ist dieser in geeigneter Weise zu dokumentieren und zu melden. Wird festgestellt, daß ein gefährliche Güter enthaltendes Versandstück so beschädigt ist, daß der Inhalt austritt, so sind die unmittelbar benachbarten Bereiche zu räumen, bis die Gefahrensituation eingeschätzt werden kann.

5.2 Jeder der eine CTU öffnet, muß die Gefahr des Herausfallens von Ladung bedenken. Werden Türen geöffnet, so müssen sie in völlig geöffneter Stellung gesichert werden.

5.3 Eine CTU, in der gefährliche Güter befördert werden, in der selbstverzehrende Kühlmittel verwendet worden sind oder die unter Begasung befördert worden ist, stellt möglicherweise insofern ein besonderes Risiko dar, als eine gefährliche (zum Beispiel eine entzündbare, explosive, giftige oder erstickende) Atmosphäre entstanden sein kann. In einem solchen Fall ist die CTU in der Weise zu belüften, daß ihre Türen ausreichend lange Zeit offenstehen gelassen oder sonstige Maßnahmen getroffen werden, durch die sichergestellt wird, daß keine schädliche Gaskonzentration zurückbleibt, bevor der Zutritt gestattet wird. Ist die Ladung entzündbar, so dürfen in der Nähe keine Zündquellen vorhanden sein (siehe Anlage 2).

5.4 Liegen besondere Gründe dafür vor, eine Gefahr zu vermuten, zum Beispiel wegen der Beschädigung von Versandstücken oder wegen des Vorhandenseins von Begasungsmitteln, so ist fachmännischer Rat einzuholen, bevor mit dem Auspacken der CTU begonnen wird.

5.5 Nach dem Auspacken einer CTU mit gefährlichen Gütern muß mit besonderer Sorgfalt darauf geachtet werden, daß alle Gefahrenmomente beseitigt worden sind. Hierzu kann eine besondere Reinigung erforderlich sein, insbesondere falls eine Freisetzung von giftigen Stoffen erfolgt ist oder vermutet wird. Wenn von der CTU keine Gefahr mehr ausgeht, müssen die Gefahrenkennzeichen, die orangefarbenen Tafeln und die Markierung für Meeresschadstoffe (MARINE POLLUTANT) entfernt, überdeckt oder auf sonstige Weise unkenntlich gemacht werden.

5.6 Zeigen sich an einer CTU Anzeichen für aussergewöhnlich hohe Temperaturen, so muss sie an einen sicheren Ort gebracht und gleichzeitig die Feuerwehr benachrichtigt werden. Es muss darauf geachtet werden, daß die angewandten Brandbekämpfungsmaßnahmen für die Ladung in der CTU geeignet sind.

5.7 Es wird darauf hingewiesen, daß der Empfänger einer CTU üblicherweise dazu verpflichtet ist, diese nach dem Entladen sauber und in einem solchen Zustand zurückzugeben, daß sie für die Beförderung jeder Art von Ladung geeignet ist. Dies gilt in besonderem Maße für solche Fälle, wo gefährliche Güter oder Ladungen mit Schadstoffcharakter befördert worden sind. Zu diesem Themenbereich sind von der ICHCA und vom IICL Merkblätter herausgegeben worden.

5.8 Der Empfänger einer CTU hat zu bedenken, daß er für alle Schäden an der CTU haftbar gemacht werden kann, sofern diese nicht vor der Übergabe der CTU an den Empfänger förmlich festgestellt worden sind und der »Operator« diese Feststellung mitunterzeichnet hat.

3. TRANSPORT- UND LAGERVERSICHERUNG

3.1 Die Versicherung von Gütertransporten

Warentransportversicherung bedeutet die Übernahme von Gefahren, die mit dem Transport jeder Ware verbunden sind, durch ein Versicherungsunternehmen gegen Entrichtung einer Prämie. Je nach den vereinbarten Kaufvertragsbedingungen (z.B. Incoterms) schließt entweder der Verkäufer oder der Käufer eine Transportversicherung ab, um gegen das mit dem Transport verbundene Risiko abgesichert zu sein. Es genügt nicht, sich auf die Haftung des Frachtführers zu verlassen, denn deren Umfang erreicht in der Regel nicht den der Deckung durch eine Transportversicherung.

Wird die Abwicklung des Geschäftes einem Spediteur überlassen, so ist zu beachten, dass dieser die Transport oder Lagerversicherung gemäß § 21 ADSp bei einem Versicherer seiner Wahl und zu marktüblichen Konditionen nur besorgt, wenn ihm dazu ein Auftrag erteilt wird.

Er kann auch ohne Auftrag vermuten, dass ein Kunde eine Versicherung wünscht, nämlich dann, wenn er für den Auftraggeber bei bisherigen Transporten eine Versicherung besorgt hat oder der Auftraggeber den Sendungswert im Speditionsauftrag angibt. Diese Vermutung gilt nicht, soweit der Kunde schriftlich die Eindeckung einer Versicherung untersagt hat, oder der Auftraggeber des Spediteurs ein Spediteur, Frachtführer oder Lagerhalter ist. Allerdings besteht keine Verpflichtung für den Spediteur, die Versicherung zu besorgen; kann der Spediteur wegen der zu versichernden Güter oder aus einem eigenen Grund keinen Versicherungsschutz eindecken, so hat er dies dem Auftraggeber unverzüglich anzuzeigen.

Rechtsgrundlagen:

Die gesetzlichen Bestimmungen für das Transportversicherungsgeschäft sind im VVG (Versicherungsvertragsgesetz) enthalten.

ADS Allgemeine Deutsche Seeversicherungsbedingungen

Die ADS wurden in ihrer ursprünglichen Fassung bereits 1919 nach Beratung mit Reedern, Außenhandelsunternehmen, Versicherern etc. erstellt. Obwohl sie nur eine vertragliche Rechtsquelle sind, haben Sie sich mit gesetzesähnlichem Charakter durchgesetzt. Sie unterteilt sich in zwei Abschnitte. Der erste Abschnitt enthält allgemeine Bestimmungen und gilt für Kasko- und Güterversicherungen. Der zweite Abschnitt enthielt Spezialregelungen nur für die Kasko- und nur für die Güterversicherung. Allerdings ist der Abschnitt für die Güterversicherung weggefallen und durch die Besonderen Bestimmungen für die Güterversicherung (ADS Güterversicherung 1973 in der Fassung 1984) und durch die Bestimmungen für die laufende Versicherung ersetzt worden. Diese Bestimmungen sind heute noch Basis vieler abgeschlossener Transportversicherungsverträge.

Die ADS-Güterversicherung 1973 in der Fassung 1984 sieht zwei Deckungsformen zu:

- Volle Deckung,
- Strandungsfalldeckung.

Volle Deckung

Falls nichts anderes vereinbart wird, gilt stets diese. Die andere Deckungsform muss mit dem Versicherer besonders vereinbart werden. Bei „Voller Deckung" wird ohne Franchise Ersatz für Verlust oder Beschädigung der versicherten Güter als Folge einer versicherten Gefahr geleistet. Diese Versicherungsform entspricht im Wesentlichen der englischen Deckungsform des Institute Cargo Clause A.

Strandungsfalldeckung

Der Versicherer leistet ohne Franchise Ersatz für Verlust oder Beschädigung der versicherten Güter als Folge der nachstehenden Ereignisse:

a) Strandung: eine Strandung liegt vor, wenn das die Güter befördernde Schiff auf Grund stößt oder auf Grund festgerät, kentert, sinkt, scheitert, mit anderen Fahrzeugen oder Sachen zusammenstößt oder durch Eis beschädigt wird;
b) Unfall eines die Güter befördernden anderen Transportmittels;
c) Einsturz von Lagergebäuden;

d) Brand, Blitzschlag, Explosion; Erdbeben, Seebeben, vulkanische Ausbrüche und sonstige Naturkatastrophen; Anprall oder Absturz eines Flugkörpers, seiner Teile oder seiner Ladung;
e) Überbordwerfen, Überbordspülen oder Überbordgehen durch schweres Wetter;
f) Aufopferung der Güter;
g) Entladen, Zwischenlagern und Verladen von Gütern in einem Nothafen, der infolge des Eintritts einer versicherten Gefahr angelaufen wurde.

Bei keiner der Deckungsformen werden Schäden ersetzt durch
Verzögerung der Reise, inneren Verderb oder die natürliche Beschaffenheit der Güter; handelsübliche Mengen-, Maß- und Gewichtsdifferenzen oder -verluste, die jedoch als berücksichtigt gelten, sofern hierfür eine Abzugsfranchise vereinbart ist; normale Luftfeuchtigkeit oder gewöhnliche Temperaturschwankungen; durch fehlende und nicht handelsübliche Verpackung.

Die Versicherer leisten ferner keinen Ersatz für mittelbare Schäden aller Art. Nicht gedeckt sind die Gefahren der Zahlungsunfähigkeit und des Zahlungsverzuges des Reeders, Charterers oder Betreibers des Schiffes.

Große Havarie
Die Beiträge zur großen Havarie (Havarie grosse) werden bei jeder Deckungsform erstattet.

Die politischen Risiken:
Die zunächst ausgeschlossenen Gefahren des Krieges, Bürgerkrieges oder kriegsähnlicher Ereignisse und solcher, die sich unabhängig vom Kriegszustand aus der feindlichen Verwendung von Kriegswerkzeugen als Folge einer dieser Gefahren ergeben, können durch die DTV-Kriegsklauseln wieder eingeschlossen werden. Die Versicherer fordern hierfür Prämien aufgrund von Tagesnotierungen, die der jeweiligen politischen Situation Rechnung tragen. Kosten, die dadurch entstehen, dass infolge einer der versicherten politischen Gefahren die Reise nicht angetreten, unterbrochen oder nicht fortgesetzt wird, ein Hafen angelaufen wird, oder die Güter ausgeladen, gelagert oder mit einem anderen Transportmittel weiter befördert werden, ersetzt der Versicherer nur, insoweit sie nach den York-Antwerpener Regeln zur großen Havarie gehören.

Auch die zunächst ausgeschlossenen Gefahren von Streik, Aussperrung, Arbeitsunruhen, terroristischen oder politischen Gewalthandlungen, unabhängig von der Anzahl der daran beteiligten Personen, Aufruhr und sonstigen bürgerlichen Unruhen, können durch Vereinbarung der DTV-Streik- und Aufruhrklauseln 1984 wieder eingeschlossen werden.

Besonderheiten zur Seeversicherung:
a) Die ADS Güterversicherung 1973 in der Fassung 1994 enthalten eine von Haus-zu-Haus-Klausel. Der Versicherungsschutz beginnt, sobald die Güter am Absendungsort zur Beförderung von der Stelle entfernt werden, an der sie bisher aufbewahrt wurden. Er endet, wenn einer der nachstehenden Fälle eintritt:
  – sobald die Güter am Ablieferungsort an die Stelle verbracht sind, die der Empfänger bestimmt hat (Ablieferungsstelle);
  – sobald die Güter nach dem Ausladen im Bestimmungshafen an einen nicht im Versicherungsvertrag vereinbarten Ablieferungsort weiterbefördert werden, wenn durch die Änderung des Ablieferungsortes die Gefahr erhöht wird;
  – sobald vom Versicherungsnehmer veranlasste Zwischenlagerungen den vereinbarten Zeitraum überschreiten;
  – mit dem Ablauf des vereinbarten Zeitraums nach dem Ausladen aus dem Seeschiff im Bestimmungshafen;
  – mit dem Gefahrübergang, wenn die Güter wegen eines versicherten Ereignisses verkauft werden.

b) Deckverladung
  Güter, die mit Zustimmung des Versicherungsnehmers auf Deck verladen werden, sind nur gemäß der Strandungsfalldeckung versichert.

c) Güter in Containern und Seeschiffsleichtern an Deck sind zur gleichen Bedingung wie im Frachtraum versichert.

d) Auswahl des Reeders (bei laufender Versicherung)
Der Ausschluss der Gefahren der Zahlungsunfähigkeit und des Zahlungsverzuges des Reeders, Charterers oder Betreibers des Schiffes oder sonstiger finanzieller Auseinandersetzungen mit den genannten Parteien gemäß Ziffer 1.1.2.5 der ADS Güterversicherung 1973 in der Fassung 1994 findet keine Anwendung, wenn
   – der Versicherungsnehmer nachweist, dass er, bzw. seine bevollmächtigten Mitarbeiter, die genannten Parteien mit der Sorgfalt eines ordentlichen Kaufmannes ausgewählt bzw. dem Spediteur entsprechende Anweisungen erteilt haben;
   – der Versicherungsnehmer bzw. Versicherte Käufer ist und nach den Bedingungen des Kaufvertrages keinen Einfluss auf die Auswahl der am Transport beteiligten Parteien nehmen konnte.

Versicherungswert:
Wenn CIF-Bestimmungshafen versichert werden soll, so muss dem Versicherungswert der CIF-Wert zugrunde gelegt werden, der um einen imaginären Gewinn von in der Regel 10% erhöht werden kann. Soll allerdings von-Haus-zu-Haus versichert werden und liegt der Bestimmungsort im Hinterland, dann sind zur Vermeidung einer Unterversicherung über den CIF-Wert hinaus alle die für die Nachreise entstehenden Kosten einschließlich des Zolles zu versichern. Auch bei gebrauchten Maschinen und Apparaten stets den Neuwert versichern!

Schadensanmeldung und Schadensregulierung
Güter sofort auf Schäden untersuchen. Schon bei Verdacht eines Schadens den Empfang nur mit Abschreibung unter Angabe des festgestellten Schadens auf dem Frachtdokument schriftlich quittieren und vom ausliefernden Fahrer gegenzeichnen lassen.

- Bei Gütern in Containern sicherstellen, dass Container und Schlösser oder Siegel durch Verantwortliche der Reederei oder des Frachtführers geprüft werden;
- Falls Container beschädigt oder Schlösser oder Siegel aufgebrochen sind oder fehlen oder von Frachtdokumenten abweichen, Empfang nur unter Angabe des festgestellten Schadens bescheinigen und beschädigte oder falsche Schlösser und Siegel aufbewahren;
- Ersatzansprüche gegen Dritte sicherstellen;
- Reederei, Bahn, Lkw-Unternehmer, Lagerhalter, Zoll- und Hafenbehörden zu gemeinsamer Schadenbesichtigung auffordern;
- Bescheinigung des Schadens verlangen,
- schriftlich haftbar machen, und zwar
   – bei äußerlich erkennbaren Schäden vor oder bei Annahme des Gutes,
   – bei äußerlich nicht erkennbaren Schäden unverzüglich nach Entdeckung, spätestens jedoch vor Ablauf der Reklamationsfrist (z.B. Reederei 3 Tage nach Auslieferung);
- Für Minderung und Abwendung weiteren Schadens ist Sorge zu tragen.

Meldung an Versicherer
Bei einer voraussichtlichen Schadenshöhe über EUR 2.500 unverzüglich einen Havariekommissar hinzuziehen. Bei Nachweis wichtiger Gründe kann an Stelle des genannten Havariekommissars der nächste Lloyd's Agent hinzugezogen werden.
Zustand der Sendung und ihrer Verpackung bis zum Eintreffen des Havariekommissars nicht verändern, soweit nicht zur Schadenminderung erforderlich.
Unverzüglich dem Versicherer den Versicherungsfall anzeigen.
Dem Versicherer vollständige Schadenunterlagen einreichen, insbesondere
1. Schadenrechnung;
2. Versicherungszertifikat/Einzelpolice;

3. Havariezertifikat;
4. Konnossement, Frachtbrief, sonstige Transport- oder Lagerdokumente;
5. Handelsfaktura;
6. Unterlagen über Feststellung von Zahl, Maß oder Gewicht am Abgangs- und am Bestimmungsort;
7. bei Unfällen, Diebstählen, Brandstiftungen und sonstigen strafbaren Handlungen das Polizeiprotokoll;
8. bei Diebstahl, Manko- und Leckageschäden die amtlichen Abgangs- und Eingangs-Gewichtsnoten oder Zähllisten;
9. Bescheinigung des Schadens/Schriftwechsel über Ersatzansprüche gegen Dritte schriftliche Abtretungserklärung des aus dem Beförderungsvertrag Berechtigten an den Versicherer.

Zur schnellen und reibungslosen Schadenabwicklung diese Schadenunterlagen unverzüglich einreichen, spätestens jedoch rechtzeitig vor Ablauf eventueller Ausschluss- und/oder Verjährungsfristen für Ersatzansprüche gegen Dritte.

Außerdem sind beizubringen bei

a) Bahntransporten: Tatbestandsaufnahme beantragen. Bei äußerlich erkennbaren Schäden ist diese vor der Annahme der Ware zu beantragen, bei äußerlich nicht erkennbaren Schäden muss die Tatbestandsaufnahme spätestens 7 Tage nach Ablieferung der Ware bei der Bahn beantragt werden. In letzterem Fall ist außerdem eine eidesstattliche Erklärung abzugeben, wonach die Beschädigung nicht nach der Ablieferung des Frachtgutes eingetreten ist.

b) Lkw-Transporten: Bei äußerlich erkennbaren Schäden eine Bestätigung des Transportunternehmers oder Fahrers über Art und Umfang des Schadens, bei äußerlich nicht erkennbaren Schäden eine Kopie des Regress-Schreibens an den Transportunternehmer. Das Regress-Schreiben muss spätestens am 7. Tage nach Empfang der Ware beim Transportunternehmer eingetroffen, oder per Post auf den Weg gebracht worden sein.

c) Seetransporten: Havarie-Zertifikat des in der Police genannten Havarie-Kommissars. Außerdem eine Bestätigung der Reederei über Art und Umfang des Schadens, gegebenenfalls noch eine Havarie-grosse-Einschussquittung.

d) Lufttransporten: Schadensprotokoll des in der Police genannten Havarie-Kommissars und eine Bestätigung der Luftfrachtgesellschaft über den Schadensfall.

3.2 DTV-Maschinenklausel 1995 (Zusatzbedingungen für die Transportversicherung von Maschinen und Apparaten Dezember 1994)

1. Versicherungswert

1.1 Als Versicherungswert gilt der gemeine Handelswert oder in dessen Ermangelung der gemeine Wert der Güter am Absendegort bei Beginn der Versicherung, zuzüglich der Versicherungskosten, der Kosten, die bis zur Annahme der Güter durch den Beförderer entstehen, und der endgültig bezahlten Fracht.

1.2 Rabatte und Preiszugeständnisse bleiben bei der Bemessung des Versicherungswertes unberücksichtigt.

2. Entschädigung

2.1 Im Falle von Beschädigung oder Verlust von Teilen der Güter ersetzt der Versicherer die zum Zeitpunkt der Schadenfeststellung notwendigen Kosten der Wiederherstellung oder Wiederbeschaffung der beschädigten oder verlorenen Teile.

Falls nichts anderes vereinbart, wird von den Wiederherstellungskosten bei gebrauchten Maschinen und Apparaten ein Abzug „neu für alt" vorgenommen.

2.2 Ist die Versicherungssumme zum Zeitpunkt des Schadenfalles niedriger als der Versicherungswert gemäß Ziffer 1.1. so wird die Entschädigung nur im Verhältnis der Versicherungssumme zum Versicherungswert geleistet.

2.3 Höchstbetrag der Entschädigung ist – auch im Falle des Totalverlustes – in jedem Fall die Versicherungssumme.

2.4 Zoll und sonstige öffentliche Angaben werden nur insoweit ersetzt, als sie ausdrücklich mitversichert sind.

3. Besondere Ausschlüsse (falls nichts anderes vereinbart)

3.1 Ausgeschlossen sind in jedem Fall Schäden, die der Versicherungsnehmer durch mangelhafte oder unsachgemäße Verladeweise verschuldet hat.

3.2 Schäden durch Röhren- oder Fadenbruch werden nur ersetzt, wenn sie mit überwiegender Wahrscheinlichkeit die nächste Folge eines Strandungsfalles, eines Brandes, eines Blitzschlages, einer Explosion oder eines dem Transportmittel zugestoßenen Unfalles sind.

3.3 Schäden, die bei Inbetriebnahme nach dem versicherten Transport eintreten, werden auch dann nicht ersetzt, wenn sie die Folge eines während des Transportes entstandenen Schadens sind. Ebenfalls nicht ersetzt werden Wertminderungsansprüche aller Art, es sei denn, der frühere Gebrauchszustand konnte durch die Wiederherstellung nicht wieder erreicht werden.

3.3 DTV-Export-Schutzklausel 1990

1. Diese Versicherung ist eine Schutzversicherung (Subsidiärversicherung) bei folgenden Lieferungsvereinbarungen:

    EXW, FCA, FAS, FOB, CFR, CPT, DAF, DES, DEQ.

    Sie deckt lediglich das eigene Interesse des Versicherungsnehmers; sie kann für einen gemäß den Bedingungen der Police gedeckten Schaden (Verlust, Beschädigungen, Havarie-grosse) nur von ihm und nur insoweit in Anspruch genommen werden, als er hierfür die Zahlung des fälligen Kaufpreises oder die Vergütung der etwa von ihm geleisteten Havarie-grosse-Zahlung nicht erzwingen kann.

2. Versicherungswert ist der Netto-Fakturenwert.

3. Eine Abtretung der Rechte aus dieser Versicherung ist unzulässig, außer an diejenige Bank, welche den Kaufpreis für das versicherte Gut bevorschusst hat. In diesem Fall gelten die nachstehenden Verpflichtungen des Versicherungsnehmers in gleichem Umfang für die Bank.

4. Der Versicherungsnehmer ist verpflichtet, außer der bevorschussenden Bank keinem Dritten von dieser Versicherung Kenntnis zu geben; eine Verletzung dieser Bestimmung befreit den Versicherer von seiner Verpflichtung zur Leistung. Die auf den Versicherer infolge Schadenzahlung übergegangenen Rechte sind vom Versicherungsnehmer im eigenen Namen, aber im Einvernehmen mit dem Versicherer geltend zu machen.

3.4 DTV-Import-Schutzklausel 1990

1. Diese Versicherung deckt nach Maßgabe der Allgemeinen Deutschen Seeversicherungs-Bedingungen (ADS), Besondere Bestimmungen für die Güterversicherung (ADS Güterversicherung 1973 in der Fassung 1984), als Schutzversicherung lediglich das eigene Interesse des Versicherungsnehmers und ist von diesem nicht übertragbar mit Ausnahme an diejenige Bank, welche den Kaufpreis für das versicherte Gut bevorschusst hat, oder bei einer Veräußerung gemäß § 49 ADS.

2. Voraussetzung der Versicherung ist, dass die Güter, auf welche sich diese Schutzversicherung bezieht, gemäß CIF- oder CIP-Kaufvertrag bereits anderweitig versichert sind. Diese Schutzversicherung gilt nur hilfsweise (subsidiär), sodass Dritte (mit Ausnahme der in Ziffer 1 genannten Berechtigten) keine Rechte aus dieser Versicherung herleiten können.

3. Dem Versicherungsnehmer dieses Vertrages oder seinem Rechtsnachfolger im Sinne der Ziffer 1 gegenüber haben die Versicherer dieser Schutzversicherung im Falle von Verlust oder Beschädigung gemäß den Bedingungen dieser Police den Schaden so zu bezahlen, als ob die aufgrund des CIF oder CIP-Kaufvertrages anderweitig abgeschlossene Versicherung nicht bestünde. Der Versicherungsnehmer ist verpflichtet, alle Rechte gegenüber den Versicherern dieser anderweitigen CIF- oder CIP-Police nach deren Bestimmungen zu wahren und das Inkasso des unter CIF- oder CIP-Police zu zahlenden Scha-

denbetrages nach den Weisungen der Versicherer dieses Vertrages entweder selbst vorzunehmen oder durch Dritte vornehmen zu lassen. Kosten, die durch die notwendige und im Einverständnis mit den Versicherern erfolgte Einschaltung Dritter entstehen, werden von den Versicherern dieses Vertrages übernommen. Der von den CIF- oder CIP-Versicherern einkassierte Schadenbetrag ist den Versicherern dieser Import-Schutz-Police unverzüglich nach Eingang zur Verfügung zu stellen.

4. Für diese Schutzversicherung ist vorläufig die volle Prämie zu berechnen, als ob es sich um eine gewöhnliche Transportversicherung handele. Die Prämie kann bei Vorlage der gemäß Kaufvertrag abgeschlossenen Originalpolice (CIF- oder CIP-Police unter Berücksichtigung des hierdurch gewährten Deckungsumfangs und der Höhe der Versicherungssumme nach Billigkeit ermäßigt werden.

Auf die Kriegsprämie erfolgt keine Prämienrückgabe.

4. DER SPEDITEUR

4.1 Der Spediteur im Überblick

Wer ist Spediteur?

Während bis zum 1.7.1998 der Spediteurbegriff lt. HGB sich nach den Tätigkeitsmerkmalen richtete, wird nach dem TRG vom 25.6.1998 der Vertragstyp zur Definition herangezogen. § 453 HGB: Durch den Speditionsvertrag wird der Spediteur verpflichtet, die Versendung des Gutes zu besorgen. Also: Der Spediteur **besorgt** eine Versendung, er **befördert** nicht! Es wird keine Verpflichtung zur **Beförderung** der Ware übernommen, sondern zur **Versendung** der Ware. Beförderung ist Aufgabe des Frachtführers, das Versenden die des Spediteurs.

Der Spediteur bietet in seiner Leistungspalette auch Lagerei an und übernimmt dann gewerbsmäßig die Lagerung und Aufbewahrung von Gütern.

Selbsteintritt des Spediteurs – HGB § 458

Der Spediteur ist befugt, die Beförderung des Gutes selbst auszuführen. Macht er davon Gebrauch, so hat er hinsichtlich der Beförderung die Rechte und Pflichten eines Frachtführers oder Verfrachters.

Spedition zu festen Kosten – HGB § 459

Soweit als Vergütung ein bestimmter Vertrag vereinbart ist, der Kosten für die Beförderung einschließt, hat der Spediteur hinsichtlich der Beförderung die Rechte und Pflichten eines Frachtführers.

Sammelladung – HGB § 460

Der Spediteur ist befugt, die Versendung des Gutes zusammen mit Gut eines anderen Versenders aufgrund eines für seine Rechnung über eine Sammelladung geschlossenen Frachtvertrages zu bewirken. Macht der Spediteur von dieser Befugnis Gebrauch, so hat er hinsichtlich der Beförderung in Sammelladung die Rechte und Pflichten eines Frachtführers oder Verfrachters.

Wer ist Frachtführer?

§ 407 HGB besagt: Durch den Frachtvertrag wird der Frachtführer verpflichtet, das Gut zum Bestimmungsort zu befördern und dort an den Empfänger abzuliefern. Dies gilt für Beförderung zu Lande, auf Binnengewässern oder mit Luftfahrzeugen.

Was ist ein Logistikunternehmen?

Der Begriff ist nicht im HGB definiert. In den ADSp sind Logistik-Geschäfte einbezogen: Ziff. 2.1, wenn diese mit der Beförderung oder Lagerung von Gütern im Zusammenhang stehen. Die Grenze zwischen Speditions- und Logistik-Geschäften ist fließend. Eine zukunftsorientierte Entwicklung soll nicht behindert werden.

Wer ist Lagerhalter?

Nach § 467 HGB wird durch den Lagervertrag der Lagerhalter (die ADSp sprechen einheitlich vom Spediteur) verpflichtet, das Gut zu lagern und aufzubewahren.

Organisator von Güterbeförderungen im Land-See-Luftverkehr

Der Spediteur ist neutraler Sachwalter der Interessen seiner Auftraggeber. Er kennt alle Verkehrsmärkte im Land-See-Luftverkehr. Wendet sich der Verlader direkt an den Verkehrsträger, so bietet ihm dieser naturgemäß nur sein eigenes Produkt an; der Spediteur hingegen ist an keinen Verkehrsträger gebunden und bietet Transportalternativen, d.h. für jede Ware das am besten geeignete Verkehrsmittel, den rationellsten Versandweg, den optimalen Grenzübergang, den geeigneten Hafen etc. Man bezeichnet daher den Spediteur auch als den „Architekten des Verkehrs".

Vorteile, die der Spediteur der verladenden Wirtschaft bietet

- Arbeitsmäßige Entlastung des Auftraggebers.
- Transportalternativen – für jede Ware das am besten geeignete Verkehrsmittel und den optimalen Transportweg, denn der Spediteur ist an keinen Verkehrsträger gebunden.
- Niedrigere Transportkosten, denn als Kenner aller Verkehrsmärkte und als Betreiber von Sammelverkehren im Export und Import trägt der Spediteur zur Senkung der Frachtkosten bei.

- Marktnähe im Ausland. Durch Präsenz an den Knotenpunkten des Weltverkehrs
  a) kann für Exporte die durchgehende Transportkette Versender – Empfänger sichergestellt werden,
  b) können Importe bereits ab ausländischem Lieferanten überwacht werden.
- Weltweite Transportdisposition Werk – Baustelle für Verladungen kompletter Fabrikanlagen mit Zulieferern in vielen Ländern.
- Kenntnisse über die Kapazitäten und technischen Ausrüstungen der Häfen.
- Als prädestinierter MTO = Multimodal Transport Operator (Gesamtbeförderer) sichert der Spediteur trotz mehrmaligem Umladen (Bahn/Lkw/Schiff) bei internationalen Transporten die durchgehende Transportkette. Er erstellt dafür das bankfähige und von der Internationalen Handelskammer in Paris anerkannte FIATA Combined Transport Bill of Lading (FBL). Darüber hinaus ist der Spediteur in der Lage, auch weitere Dokumente wie z.B. das FCR und FCT dem Verlader zu erstellen, je nachdem, was er benötigt.
- Unterstützt Exporteure und Importeure bei der Erschließung neuer Märkte, z.B. in Übersee.
- Im Export die Verbindung und Koppelung der Vertriebslogistik des Versenders mit der Beschaffungslogistik des Warenempfängers, im Import die Vertriebslogistik des ausländischen Lieferanten mit der Beschaffungslogistik des deutschen Importeurs.

4.2 Der Spediteur als Mittler zwischen verladender Wirtschaft und Verkehrsträgern

Der Spediteur ist der Kaufmann des Güterverkehrs. Er berät, besorgt, organisiert, rationalisiert und vermittelt Dienstleistungen auf der ganzen Welt.

Die Spedition als Mittler zwischen verladender Wirtschaft und Verkehrsträgern hat die Verkehrsnachfrage der Verlader und das Leistungsangebot der Transportunternehmer bestmöglich aufeinander abzustimmen mit dem Ziel der rationellen Transportleistungserstellung. Ihre Kenntnis aller Verkehrswege, ihre ständige Suche nach Transportmöglichkeiten und die Einrichtung kostensparender Sammelverkehre ermöglicht es oft erst, neue Absatzmärkte zu erschließen.

Der Spediteur ist neutraler Sachwalter der Interessen seiner Kunden. Er bietet Transportalternativen und Kostenvergleiche zu den einzelnen Verkehrsträgern. Im Interesse seiner Kunden unterhält er Kontakte zu Reedereien, Schiffsmaklern, Hafenbehörden, Stauereien, Frachtführern, Fluggesellschaften, Konsulaten, Ausfuhrbanken, Zollämtern, Versicherungsgesellschaften. Der Spediteur bietet in seiner Vermittlerfunktion die durchgehende Transportkette vom Lieferwerk bis zum Verbraucher und beschafft alle für diese Operationen erforderlichen Dokumente oder er ist in ein Netzwerk eingebunden.

Immer wichtiger wird in der Palette der Dienstleistungen des Spediteurs die Logistik (siehe Kapitel I.). Man unterscheidet zwischen Beschaffungs-, Vertriebs- und Verteilungslogistik, die meist EDV gestützt sind und immer öfter papierlose Abwicklung vorsehen, z.T. durch Vernetzung der Anlagen von Auftraggeber, Spediteur und Empfänger. Betriebe lösen ihre Versandabteilung auf und Mitarbeiter des Spediteurs übernehmen deren Aufgaben im Werk (Outsourcing, siehe Kapitel I. 5.). Alle diese Tätigkeiten fallen unter die ADSp, da diese für alle Verrichtungen des Spediteurs (siehe Kapitel III. 5.2.) gelten. Die Grenze wird durch den Begriff der Üblichkeit gezogen. Als unüblich dürfte Rechnungserstellung und Inkasso mit Mahnverfahren gelten.

Die Arbeitsbereiche einer internationalen Spedition sind weit gespannt. Man befasst sich nicht nur mit der Vermittlung von Gütertransporten auf dem Land-See-Luftweg, sondern auch mit Lagerei, Warenverteilung, Verpackung, Transportversicherung, Messe- und Umzugstransporten, Container- und Huckepackverkehren, und die führenden Spediteure unterrichten ihre Kunden laufend durch einen Informationsdienst. Ein Spezialgebiet ist das Anlagengeschäft, d.h. der Transport kompletter Fabrikanlagen ins Ausland. Beim Verbringen solcher Anlagen bis zur Baustelle leistet der Spediteur oft echte Pionierarbeit, insbesondere bei Exporten in Entwicklungsländer mit schwach entwickelter Infrastruktur. Von einem Planungsstab sind Transportkonzeptionen Lieferwerke bis Baustelle zu erstellen, im Empfangsland sind Untersuchungen anzustellen über die Beschaffenheit der Straßen, über Tragfähigkeit von Brücken, über Abmessungen von Tunnel und Gerät für die Beförderung von Einzelstücken, die manchmal bis zu ca. 400 tons und mehr wiegen. Alle diese Dienstleistungen unterstützen den Export deutscher Anlagenbauer und haben damit volkswirtschaftlich einen hohen Stellenwert.

4.3 Organisationen des Speditions- und Lagereigewerbes

DSLV = Deutscher Speditions- und Logistikverband e.V.

Der DSLV, Weberstraße 77, 53113 Bonn, Tel. 0228-914400, Fax: 0228-9144099, www.spedition.de, vertritt die Spediteure und Lagerhalter der Bundesrepublik Deutschland als Spitzenorganisation in Fragen der gemeinsamen Gewerbepolitik und nimmt die Interessen des Berufsstandes wahr. Dem DSLV gehören die Landesverbände Spedition in den 16 Bundesländern an. Der DSLV ist Mitglied der FIATA.

FIATA = Fédération Internationale des Associations de Transitaires et Assimilés

FIATA, die internationale Föderation der Spediteurorganisationen (gegründet 1926 in Wien), hat ihren Sitz in CH-8152 Glattbrugg, Szwitzerland, Schaffhauserstr. 104, Tel. 0041/43/2116500, Fax: 0041/43/2116565, www.fiata.com, und vertritt die Spediteure in aller Welt. Die FIATA hat 92 Mitgliedsorganisationen und mehr als 3.000 individuelle Mitglieder in 150 Ländern. Sie umfasst mehr als 40.000 Speditionsunternehmen. Die Föderation hat konsultativen Status beim Wirtschafts- und Sozialrat der Vereinten Nationen und einer großen Anzahl staatlicher und privater Organisationen, die sich mit Transportfragen auf technischem, juristischem und kommerziellem Gebiet oder mit beruflicher Ausbildung befassen.

C.L.E.C.A.T. = Comité de Liaison Européen des Commissionnaires et Auxiliaires de Transports

C.L.E.C.A.T. hat ihren Sitz in B-1000 Brüssel, Rue Montoyer 31, Tel. 2-5034-705, Fax: 2-503-4752, www.clecat.org. Sie ist das Verbindungskomitee der europäischen Spediteurverbände zu den europäischen Behörden, insbesondere zu den einzelnen Kommissionen. Sie ist Mitgleid der FIATA.

5. ALLGEMEINE DEUTSCHE SPEDITEURBEDINGUNGEN (ADSp)

5.1 Einleitung, Geltungsbereich, Unfreisendung

Einleitung

Die ADSp sind gemeinsam von den Verladeverbänden und dem Spediteurverband 1927 unter der Moderation des Deutschen Industrie- und Handelstages (heute: Industrie- und Handelskammertag/DIHK) geschaffen worden. Sie gelten laut höchstrichterlicher Rechtsprechung als fertig bereitliegende Rechtsordnung oder allgemein geregelte Vertragsordnung mit der Folge, dass sie nicht wie Geschäftsbedingungen üblicher Art ausdrücklich vereinbart werden müssen, sondern durch stillschweigende Unterwerfung Vertragsinhalt werden (vgl. Urteil vom 9.10.1981 in BGHZ 127/275; bestätigt BGH vom 4.5.95 in TR 1/96 Seite 34).

Geltungsbereich der ADSp

Zum Geltungsbereich der ADSp hat der Bundesgerichtshof in seinem Urteil vom 10.5.1984 – IZR 52/82 – entschieden:

1. Die ADSp werden auch ohne Kenntnis ihres Inhalts und ohne besonderen Hinweis kraft stillschweigender Unterwerfung Vetragsinhalt, wenn der Vertragspartner weiß oder wissen muß, dass der Spediteur nach den ADSp arbeitet. Ein im Inland ansässiger Kaufmann muß wissen, daß deutsche Spediteure ausschließlich nach den ADSp arbeiten.

2. Die ADSp gelten auch für das mit der spezifisch speditionellen Aufgabe der Besorgung von Güterversendungen eng verknüpfte Lagergeschäft. Auch das muß einem inländischen Kaufmann bekannt sein, der die Dienste eines Speditions- und Lagerhauses in Anspruch nimmt.

3. Die stillschweigende Unterwerfung generell unter die ADSp gilt jedoch nicht für die Beschränkung der Haftung wie z. B. in Ziff. 23. Hier fordert der BGH in seinem Urteil vom 23.1.03 (TranspR 2003, 119 ff.) eine qualifizierte Unterrichtung des Auftraggebers. Um rechtliche Auseinandersetzungen zu vermeiden, sollte sich der Spediteur von seinem Auftraggeber bestätigen lassen – zumindest bei Erstaufträgen –, dass dieser von den Haftungsbeschränkungen in den Ziff. 23.1.1, 23.1.3, 23.1.4 und 23.4 ADSp zuverlässig Kenntnis hat. Als Fußzeile auf Geschäftspapieren empfiehlt sich folgender Text:

   Wir arbeiten ausschließlich auf Grundlage der Allgemeinen Deutschen Spediteurbedingungen, jeweils neueste Fassung. **Diese beschränken in Ziff. 23 ADSp die gesetzliche Haftung für Güterschäden nach § 431 HGB für Schäden im speditionellen Gewahrsam auf 5,- Euro/KG; bei multimodalen Transporten unter Einschluss einer Seebeförderung auf 2 SZR/KG sowie darüber hinaus je Schadensfall bzw. -ereignis auf 1 Mio. Euro bzw. 2 Mio. Euro oder 2 SZR/KG, je nachdem welcher Betrag höher ist.**

   All our business is exclusively transacted subject to the most recent edition of the German Forwarders' Standard Terms and Conditions. **According to § 23 ADSp, the legal liability for damage to goods as stated in § 431 HGB (German Commercial Code) is limited to 5,- Euros/KG whilst in the care of a forwarder to 2 SDR/KG for multimodal transports mcl. seatransports as well as to an additional 1 million Euros or 2 million Euros per damage or event or else 2 SDR/KG depending on which amount is higher.**

Bei einer Umfrage des DIHK im Herbst 1999 hat sich ergeben, dass 86 % aller Auftraggeber davon ausgehen, dass die ADSp in ihrem Verhältnis zum Spediteur gelten, und dass 94 % aller Spediteure die ADSp ihren Geschäften zu Grunde legen.

5.2 Allgemeine Deutsche Spediteurbedingungen (ADSp) in der Fassung 2003

Präambel

Diese Bedingungen werden zur Anwendung ab dem 1. Januar 2003 empfohlen vom Bundesverband der Deutschen Industrie, Bundesverband des Deutschen Groß- und Außenhandels, Bundesverband Spedition und Logistik, Deutschen Industrie- und Handelskammertag, Hauptverband des Deutschen Einzelhandels. Diese Empfehlung ist unverbindlich. Es bleibt den Vertragsparteien unbenommen, vom Inhalt dieser Empfehlung abweichende Vereinbarungen zu treffen.

1. Interessenwahrungs- und Sorgfaltspflicht

Der Spediteur hat das Interesse des Auftraggebers wahrzunehmen und seine Tätigkeiten mit der Sorgfalt eines ordentlichen Kaufmannes auszuführen.

2. Anwendungsbereich

2.1 Die ADSp gelten für Verkehrsverträge über alle Arten von Tätigkeiten, gleichgültig ob sie Speditions-, Fracht-, Lager- oder sonstige üblicherweise zum Speditionsgewerbe gehörende Geschäfte betreffen. Hierzu zählen auch speditionsübliche logistische Leistungen, wenn diese mit der Beförderung oder Lagerung von Gütern in Zusammenhang stehen.

2.2 Bei speditionsvertraglichen Tätigkeiten im Sinne der §§ 453 bis 466 HGB schuldet der Spediteur nur den Abschluß der zur Erbringung dieser Leistungen erforderlichen Verträge, soweit zwingende oder AGB-feste Rechtsvorschriften nichts anderes bestimmen.

2.3 Die ADSp gelten nicht für Geschäfte, die ausschließlich zum Gegenstand haben
- Verpackungsarbeiten,
- die Beförderung von Umzugsgut oder dessen Lagerung,
- Kran- oder Montagearbeiten sowie Schwer- oder Großraumtransporte mit Ausnahme der Umschlagstätigkeit des Spediteurs,
- die Beförderung und Lagerung von abzuschleppenden oder zu bergenden Gütern.

2.4 Die ADSp finden keine Anwendung auf Verkehrsverträge mit Verbrauchern. Verbraucher ist eine natürliche Person, die den Vertrag zu einem Zweck abschließt, der weder ihrer gewerblichen noch ihrer selbständigen beruflichen Tätigkeit zugerechnet werden kann.

2.5 Weichen Handelsbräuche oder gesetzliche Bestimmungen von den ADSp ab, so gehen die ADSp vor, es sei denn, dass die gesetzlichen Bestimmungen zwingend oder AGB-fest sind.

Bei Verkehrsverträgen über Luft-, See-, Binnenschiffs- oder multimodale Transporte können abweichende Vereinbarungen nach den dafür etwa aufgestellten besonderen Beförderungsbedingungen getroffen werden.

2.6 Der Spediteur ist zur Vereinbarung der üblichen Geschäftsbedingungen Dritter befugt.

2.7 Im Verhältnis zwischen Erst- und Zwischenspediteur gelten die ADSp als Allgemeine Geschäftsbedingungen des Zwischenspediteurs.

3. Auftrag, Übermittlungsfehler, Inhalt, besondere Güterarten

3.1 Aufträge, Weisungen, Erklärungen und Mitteilungen sind formlos gültig. Nachträgliche Änderungen sind als solche deutlich kenntlich zu machen.

5.3 German Forwarders' Standard Terms and Conditions ("ADSp Conditions")

Preamble

The present conditions are recommended for use as from January 1, 2003 onwards by the following:

Bundesverband der Deutschen Industrie (Federal Association of German Industry)
Bundesverband des Deutschen Gross- und Aussenhandels (Federal Association of the German Wholesale and Foreign Trade)
Bundesverband Spedition und Logistik (Federal Association of Forwarding and Warehousing Agents)
Deutscher Industrie- und Handelstag (Federation of German Chambers of Industry and Commerce)
Hauptverband des Deutschen Einzelhandels (General Association of the German Retail Trade).

All parties, of course, remain wholly free to agree conditions different from the contents of the present recommendations in individual cases.

1. Obligation to use due care and diligence

The forwarder shall protect the interests of his customer and use the due care and diligence of a reputable business man.

2. Field of application

2.1 The ADSp Conditions shall apply to contracts regarding all types of activities, irrespective of whether they concern forwarding, carriage business, storage and other services that customarily form part of the forwarding trade. They comprise also logistical services whenever these are associated with the transport or storage of goods.

2.2 In the case of forwarding services within the meaning of Articles 453 to 466 of HGB[1] the forwarder shall be obliged to conclude only such agreements as are necessary for the rendering of these services, always provided that mandatory provisions of AGB[2] do not otherwise require.

2.3 The ADSp Conditions shall not apply to transactions that have any one or more of the following as their exclusive object:
- packing work,
- transport of furniture and other chattels when moving house and the storage of such materials,
- cranage or assembly work or exceptionally heavy or bulky loads, but with the exception of the forwarder's domestic transshipment business,
- the conveying and storage of goods to be towed away and to be salvaged.

2.4 The ADSp Conditions shall not apply to contracts with private consumers, where private consumer is to be understood as a natural person who concludes the contract for a purpose that cannot be deemed to form part of that person's business or independent professional activity.

2.5 If trade customs or legal provisions differ from the ADSp Conditions, the ADSp Conditions shall take precedence, except where the said legal provisions are of a mandatory nature.

In the case of transportation contracts concerning air, sea, inland waterway or multimodal transports, terms differing from the ADSp Conditions may be agreed in accordance with the special conditions established for these types of transport.

2.6 The forwarder shall be authorized to agree the usual business terms and conditions of third parties.

2.7 In the relationship between a principal forwarder and an intermediate forwarder the business terms and conditions of the intermediate forwarder shall be deemed to be the ADSp Conditions.

3. Orders, transmission errors, contents, special types of goods

3.1 Orders, instructions, declarations and messages shall be valid independently of form. Any subsequent changes shall be rendered clearly recognizable as such.

---

[1] HGB = Handelsgesetzbuch (Federal German Commercial Code).
[2] Allgemeine Geschäftsbedingungen (General Conditions of Business).

Die Beweislast für den Inhalt sowie die richtige und vollständige Übermittlung trägt, wer sich darauf beruft.

3.2 Soweit für Erklärungen die Schriftform verlangt wird, steht ihr die Datenfernübertragung und jede sonst lesbare Form gleich, sofern sie den Aussteller erkennbar macht.

3.3 Der Auftraggeber hat dem Spediteur bei Auftragserteilung mitzuteilen, dass Gegenstand des Verkehrsvertrages sind:
- Gefährliche Güter
- Lebende Tiere und Pflanzen
- Leicht verderbliche Güter
- Besonders wertvolle und diebstahlgefährdete Güter

3.4 Der Auftraggeber hat im Auftrag Adressen, Zeichen, Nummern, Anzahl, Art und Inhalt der Packstücke, Eigenschaften des Gutes im Sinne von Ziffer 3.3, den Warenwert für eine Versicherung des Gutes und alle sonstigen erkennbar für die ordnungsgemäße Ausführung des Auftrags erheblichen Umstände anzugeben.

3.5 Bei gefährlichem Gut hat der Auftraggeber bei Auftragserteilung dem Spediteur schriftlich die genaue Art der Gefahr und – soweit erforderlich – die zu ergreifenden Vorsichtsmaßnahmen mitzuteilen. Handelt es sich um Gefahrgut im Sinne des Gesetzes über die Beförderung gefährlicher Güter oder um sonstige Güter, für deren Beförderung oder Lagerung besondere gefahrgut-, umgangs- oder abfallrechtliche Vorschriften bestehen, so hat der Auftraggeber alle für die ordnungsgemäße Durchführung des Auftrags erforderlichen Angaben, insbesondere die Klassifizierung nach dem einschlägigen Gefahrgutrecht, mitzuteilen.

3.6 Der Auftraggeber hat den Spediteur bei besonders wertvollen oder diebstahlsgefährdeten Gütern (z.B. Geld, Edelmetalle, Schmuck, Uhren, Edelsteine, Kunstgegenstände, Antiquitäten, Scheck-, Kreditkarten, gültige Telefonkarten oder andere Zahlungsmittel, Wertpapiere, Valoren, Dokumente, Spirituosen, Tabakwaren, Unterhaltungselektronik, Telekommunikationsgeräte, EDV-Geräte und -Zubehör) sowie bei Gütern mit einem tatsächlichen Wert von 50 Euro/kg und mehr so rechtzeitig vor Übernahme durch den Spediteur schriftlich zu informieren, dass der Spediteur die Möglichkeit hat, über die Annahme des Gutes zu entscheiden und Maßnahmen für eine sichere und schadenfreie Abwicklung des Auftrags zu treffen.

3.7 Entspricht ein dem Spediteur erteilter Auftrag nicht den in Ziffern 3.3–3.6 genannten Bedingungen, so steht es dem Spediteur frei,
- die Annahme des Gutes zu verweigern,
- bereits übernommenes Gut zurückzugeben bzw. zur Abholung bereitzuhalten,
- dieses ohne Benachrichtigung des Auftraggebers zu versenden, zu befördern oder einzulagern und eine zusätzliche, angemessene Vergütung zu verlangen, wenn eine sichere und schadenfreie Ausführung des Auftrags mit erhöhten Kosten verbunden ist.

3.8 Der Spediteur ist nicht verpflichtet, die nach Ziffer 3.3 bis 3.5 gemachten Angaben nachzuprüfen oder zu ergänzen.

3.9 Der Spediteur ist nicht verpflichtet, die Echtheit der Unterschriften auf irgendwelchen das Gut betreffenden Mitteilungen oder sonstigen Schriftstücken oder die Befugnis der Unterzeichner zu prüfen, es sei denn, dass an der Echtheit oder der Befugnis begründete Zweifel bestehen.

4. Verpackung, Gestellung von Ladehilfs- und Packmitteln, Verwiegung und Untersuchung des Gutes

4.1 Der dem Spediteur erteilte Auftrag umfaßt mangels Vereinbarung nicht

4.1.1 die Verpackung des Gutes,

4.1.2 die Verwiegung, Untersuchung, Maßnahmen zur Erhaltung oder Besserung des Gutes und seiner Verpackung, es sei denn, dies ist geschäftsüblich,

4.1.3 die Gestellung und den Tausch von Paletten oder sonstigen Ladehilfs- und Packmitteln.

Werden diese nicht Zug-um-Zug getauscht, erfolgt eine Abholung nur, wenn ein neuer Auftrag erteilt wird. Dies gilt nicht, wenn der Tausch auf Veranlassung des Spediteurs unterbleibt.

The burden of proof regarding the contents and the correct and complete transmission of such orders, instructions, declarations and messages shall lie with the party that appeals to them in support.

3.2 When statements have to be made in written form, the term shall be deemed to include electronic data transmission and any other readable form, always provided that it identifies the sender.

3.3 The customer shall always inform the forwarding agent at the time the order is given that the transaction concerns:
– dangerous goods
– live animals or plants
– readily perishable goods
– particularly valuable and endangered by theft goods

3.4 The customer's order shall specify the addresses, references, serial numbers, number, nature and contents of the parcels of freight, the properties of the goods within the meaning of paragraph 3.3 the value of the goods for insurance of the goods above and all other particulars necessary for proper and regular execution of the order.

3.5 In the case of dangerous goods, the customer shall inform the forwarding agent in writing and at the time the order is given of both the nature of the danger and any precautionary measures that are to be taken. Should the goods in question be dangerous goods within the meaning of the law about the transport of dangerous goods or other goods for the transport and/or storage of which either the law relating to dangerous goods or wastes or common practice call for the taking of special measures, the customer shall provide the forwarder with all the information, especially the classification of the goods in accordance with the relevant law, necessary for the proper and regular execution of the order.

3.6 The customer must, in the case of particularly valuable goods or those endangered by theft (e.g. money, precious metals, jewellery, watches and docks, gems, art objects, antiques, cheque and credit cards, valid telephone cards or other means of payment, stocks, securities including bank notes, documents, spirits, tobacco goods, entertainment electronics, telecommunications devices, DP devices and accessories) as well as in the case of goods with an actual value of 50 euros/kg and more, inform the forwarder in writing in such good time as possible before transfer that the forwarder is able to decide on the acceptance of the goods and to take measures to ensure a safe and damage-free handling of the order.

3.7 If an order placed with the forwarder does not correspond to the terms and conditions stated under paragraphs 3.3–3.6 the forwarder shall be free
– to refuse acceptance of the goods,
– to return goods already transferred and or to hold them in readiness for their collection,
– to despatch, convey or store them without notifying the customer and to demand additional, reasonable remuneration if safe and damage-free execution of the order involves increased costs.

3.8 The forwarder shall not be obliged to either check or integrate the information given to him in accordance with paragraphs 3.3 to 3.5 above.

3.9 The forwarder shall not be obliged to verify either the genuineness of the signatures on any communications concerning the goods and/or on other documents or the authority of the person who has appended that signature, unless it be that there exist reasonable doubts as to the lack of the said genuineness and/or authorization to sign.

4. Packing, provision of loading aids and packing means, weighing and inspection of the goods

4.1 In the absence of a specific agreement, the order given to the forwarder shall not be deemed to comprise

4.1.1 packing of the goods,

4.1.2 weighing or inspection of the goods or taking measures for their preservation or improvement, except where this is customary in the forwarding trade,

4.1.3 providing or replacing pallets or other loading aids or means of packaging.

If these are not exchanged move-by-move, they will be collected only if a new order is given. This shall not apply when exchange was omitted at the behest of the forwarder.

4.2 Die Tätigkeiten nach Ziffer 4.1 sind gesondert zu vergüten.

5. Zollamtliche Abwicklung

5.1 Der Auftrag zur Versendung nach einem Bestimmungsort im Ausland schließt den Auftrag zur zollamtlichen Abfertigung ein, wenn ohne sie die Beförderung bis zum Bestimmungsort nicht ausführbar ist.

5.2 Für die zollamtliche Abfertigung kann der Spediteur neben den tatsächlich auflaufenden Kosten eine besondere Vergütung berechnen.

5.3 Der Auftrag, unter Zollverschluß eingehende Sendungen zuzuführen oder frei Haus zu liefern, schließt die Ermächtigung für den Spediteur ein, über die Erledigung der erforderlichen Zollförmlichkeiten und die Auslegung der zollamtlich festgesetzten Abgaben zu entscheiden.

6. Verpackungs- und Kennzeichnungspflichten des Auftraggebers

6.1 Die Packstücke sind vom Auftraggeber deutlich und haltbar mit den für ihre auftragsgemäße Behandlung erforderlichen Kennzeichen zu versehen, wie Adressen, Zeichen, Nummern, Symbolen für Handhabung und Eigenschaften; alte Kennzeichen müssen entfernt oder unkenntlich gemacht sein.

6.2 Darüber hinaus ist der Auftraggeber verpflichtet,

6.2.1 zu einer Sendung gehörende Packstücke als zusammengehörig leicht erkennbar zu kennzeichnen;

6.2.2 Packstücke so herzurichten, dass ein Zugriff auf den Inhalt ohne Hinterlassen äußerlich sichtbarer Spuren nicht möglich ist (Klebeband, Umreifungen oder ähnliches sind nur ausreichend, wenn sie individuell gestaltet oder sonst schwer nachahmbar sind; eine Umwickelung mit Folie nur, wenn diese verschweißt ist);

6.2.3 bei einer im Spediteursammelgutverkehr abzufertigenden Sendung, die aus mehreren Stücken oder Einheiten mit einem Gurtmaß (größter Umfang zuzüglich längste Kante) von weniger als 1 m besteht, diese zu größeren Packstücken zusammenzufassen;

6.2.4 bei einer im Hängeversand abzufertigenden Sendung, die aus mehreren Stücken besteht, diese zu Griffeinheiten in geschlossenen Hüllen zusammenzufassen;

6.2.5 auf Packstücken von mindestens 1000 kg Rohgewicht, die durch das Gesetz über die Gewichtsbezeichnung an schweren auf Schiffen beförderten Frachtstücken vorgeschriebene Gewichtsbezeichnung anzubringen.

6.3 Packstücke sind Einzelstücke oder vom Auftraggeber zur Abwicklung des Auftrags gebildete Einheiten, z.B. Kisten, Gitterboxen, Paletten, Griffeinheiten, geschlossene Ladegefäße, wie gedeckt gebaute oder mit Planen versehene Waggons, Auflieger oder Wechselbrücken, Container, Iglus.

6.4 Entsprechen die Packstücke nicht den in Ziffern 6.1 und 6.2 genannten Bedingungen, findet Ziffer 3.7 entsprechende Anwendung.

7. Kontrollpflichten des Spediteurs

7.1 Der Spediteur ist verpflichtet, an Schnittstellen

7.1.1 die Packstücke auf Vollzähligkeit und Identität sowie äußerlich erkennbare Schäden und Unversehrtheit von Plomben und Verschlüssen zu überprüfen und

7.1.2 Unregelmäßigkeiten zu dokumentieren (z.B. in den Begleitpapieren oder durch besondere Benachrichtigung).

7.2 Schnittstelle ist jeder Übergang der Packstücke von einer Rechtsperson auf eine andere sowie die Ablieferung am Ende jeder Beförderungsstrecke.

8. Quittung

8.1 Auf Verlangen des Auftraggebers erteilt der Spediteur eine Empfangsbescheinigung.

In der Empfangsbescheinigung bestätigt der Spediteur nur die Anzahl und Art der Packstücke, nicht jedoch deren Inhalt, Wert oder Gewicht. Bei Massengütern, Wagenladungen und dergleichen enthält die Empfangsbescheinigung im Zweifel keine Bestätigung des Rohgewichts oder der anders angegebenen Menge des Gutes.

8.2 Als Ablieferungsnachweis hat der Spediteur vom Empfänger eine Empfangsbescheinigung über die im Auftrag oder in sonstigen Begleitpapieren genannten Packstücke zu verlangen. Weigert sich der Empfän-

4.2 All activities referred to in paragraph 4.1 are to be separately paid for.

5. Customs clearance

5.1 Orders for destinations abroad shall be deemed to comprise the order for obtaining customs clearance whenever transport to destination is not possible without such clearance.

5.2 In respect of the said customs clearance, the forwarder, over and above reimbursement of all costs effectively sustained, may also charge a special fee.

5.3 Any order for consigning imported goods arriving in bond or delivering them franco destination shall be deemed to comprise due authorization for the forwarder to decide all matters relating to the completion of the necessary customs formalities and payment on behalf of the customer of the charges imposed by the customs authorities.

6. Customer obligations regarding packing and marking of parcels

6.1 All parcels of freight shall be clearly and durably marked by the customer in such a manner as to permit their being handled in accordance with the order, including addresses, references, numbers, handling symbols, properties, etc.; any old markings are to be removed or rendered illegible.

6.2 Over and above this, the customer shall be obliged

6.2.1 to mark all parcels of freight making up a single consignment so that they are readily identifiable as such;

6.2.2 to pack all parcels in such a manner that access to their contents cannot be gained without this being clearly evident on their outside (adhesive tape, hoops or similar are adequate for this purpose only if they are of a particular character or otherwise rendered difficult to imitate; film wrappers shall be permissible only when they are sealed);

6.2.3 when a collective shipment consists of several parcels or units having a girth (largest circumference plus longest side) of less than 1 m, to combine these into a larger freight parcel;

6.2.4 when consignments that are to be forwarded on hangers are made up of several items, to combine these into single units contained in closed sheaths;

6.2.5 when parcels of freight have a gross weight exceeding 1000 kg, to affix to them the markings that the law prescribes for heavy items of freight that are to be transported by ship.

6.3 Parcels of freight are defined as individual items or units formed by the customer for the purposes of carrying out the order, such as crates, skeleton containers, pallets, handling units, enclosed freight containers, including roofed or tarpaulin-covered rail cars, semi-trailers or transfer platforms, containers, igloos.

6.4 If the packages for not correspond to the terms and conditions in paragraphs 6.1 and 6.2, Item 3.7 shall be appropriately applicable.

7. Checking obligations of the forwarder

7.1 At interfaces the forwarder shall be obliged

7.1.1 to check the parcels of freight for completeness and identity, as also for externally recognizable damage, and make sure that lead seals and other closures are intact; and further

7.1.2 to document any irregularities (in the accompanying documentation, for example, or to make a special report thereon).

7.2 An interface shall be defined as any point at which parcels of freight are transferred from one legal entity to another, as also delivery at the end of every transport section.

8. Receipt

8.1 The forwarder shall issue a receipt if so requested by the customer.

By means of this receipt the forwarder merely confirms the number and the type of the freight packages, but not their contents, value or weight. In the case of bulk freight, truckloads and the like, the said receipt – in case of doubt – shall not be deemed to confirm either the weight of the goods or their quantity stated in any other form.

8.2 As proof of delivery, the forwarder shall ask the consignee to sign a receipt identifying the parcels of freight mentioned in the order or other accompanying documentation. Should the consignee refuse to

ger, die Empfangsbescheinigung zu erteilen, so hat der Spediteur Weisung einzuholen. Ist das Gut beim Empfänger bereits ausgeladen, so ist der Spediteur berechtigt, es wieder an sich zu nehmen.

9. Weisungen

9.1 Eine über das Gut erteilte Weisung bleibt für den Spediteur bis zu einem Widerruf des Auftraggebers maßgebend.

9.2 Mangels ausreichender oder ausführbarer Weisung darf der Spediteur nach seinem pflichtgemäßen Ermessen handeln.

9.3 Ein Auftrag, das Gut zur Verfügung eines Dritten zu halten, kann nicht mehr widerrufen werden, sobald die Verfügung des Dritten beim Spediteur eingegangen ist.

10. Frachtüberweisung, Nachnahme

10.1 Die Mitteilung des Auftraggebers, der Auftrag sei unfrei abzufertigen oder der Auftrag sei für Rechnung des Empfängers oder eines Dritten auszuführen, berührt nicht die Verpflichtung des Auftraggebers gegenüber dem Spediteur, die Vergütung sowie die sonstigen Aufwendungen zu tragen.

10.2 Die Mitteilung nach Ziff. 10.1 enthält keine Nachnahmeweisung.

11. Fristen

11.1 Mangels Vereinbarung werden Verlade- und Lieferfristen nicht gewährleistet, ebensowenig eine bestimmte Reihenfolge in der Abfertigung von Gütern gleicher Beförderungsart.

11.2 Unberührt bleibt die gesetzliche Haftung des Spediteurs für eine Überschreitung der Lieferfrist.

12. Hindernisse

12.1 Leistungshindernisse, die nicht dem Risikobereich des Spediteurs zuzurechnen sind, befreien ihn für die Zeit ihrer Dauer von den Verpflichtungen, deren Erfüllung unmöglich geworden ist.

Im Falle der Befreiung nach Satz 1 sind der Spediteur und der Auftraggeber berechtigt, vom Vertrage zurückzutreten, auch wenn der Auftrag schon teilweise ausgeführt worden ist.

Tritt der Spediteur oder Auftraggeber zurück, so sind dem Spediteur die Kosten zu erstatten, die er für erforderlich halten durfte oder die für den Auftraggeber von Interesse sind.

12.2 Der Spediteur hat nur im Rahmen seiner Sorgfaltspflicht zu prüfen und den Auftraggeber darauf hinzuweisen, ob gesetzliche oder behördliche Hindernisse für die Versendung (z.B. Ein- und Ausfuhrbeschränkungen) vorliegen. Soweit der Spediteur jedoch durch öffentliche Bekanntmachungen oder in den Vertragsverhandlungen den Eindruck erweckt hat, über besondere Kenntnisse für bestimmte Arten von Geschäften zu verfügen, hat er vorstehende Prüfungs- und Hinweispflichten entsprechend zu erfüllen.

12.3 Vom Spediteur nicht zu vertretende öffentlich-rechtliche Akte berühren die Rechte des Spediteurs gegenüber dem Auftraggeber nicht; der Auftraggeber haftet dem Spediteur für alle aus solchen Ereignissen entstehenden Folgen. Etwaige Ansprüche des Spediteurs gegenüber dem Staat oder einem sonstigen Dritten werden hierdurch nicht berührt.

13. Ablieferung

Die Ablieferung erfolgt mit befreiender Wirkung an jede im Geschäft oder Haushalt des Empfängers anwesende Person, es sei denn, es bestehen begründete Zweifel an deren Empfangsberechtigung.

14. Auskunfts- und Herausgabepflicht des Spediteurs

14.1 Der Spediteur ist verpflichtet, dem Auftraggeber die erforderlichen Nachrichten zu geben, auf Verlangen über den Stand des Geschäftes Auskunft zu geben und nach dessen Ausführung Rechenschaft abzulegen; zur Offenlegung der Kosten ist er jedoch nur verpflichtet, wenn er für Rechnung des Auftraggebers tätig wird.

14.2 Der Spediteur ist verpflichtet, dem Auftraggeber alles, was er zur Ausführung des Geschäfts erhält und was er aus der Geschäftsführung erlangt, herauszugeben.

sign the said receipt, the forwarder is to consult the customer. If the goods have already been unloaded at the consignee's premises, the forwarder shall in such cases have the right to remove them.

9. Instructions

9.1 Any instruction relating to the goods shall be considered by the forwarder to remain valid until it is specifically revoked by the customer.

9.2 In the absence of adequate or executable instructions the forwarder may act in such manner as he deems fit to discharge his obligations while yet safeguarding the interests of the customer.

9.3 An order to keep goods at the disposal of a third party cannot be revoked after the forwarder has received the dispositions of the said third party.

10. Freight assignment, cash on delivery

10.1 Notification from the customer that the forwarding order is to be carried out subject to conditions or on behalf of a third party shall not in any manner or wise affect the customer's obligation to pay the forwarder's fees and to reimburse any expenses he may have incurred.

10.2 A notification as in 10.1 shall not contain instructions to collect cash on delivery.

11. Delivery deadlines

11.1 In the absence of a specific agreement, no particular deadline is guaranteed for either loading or delivery, nor can the forwarder guarantee any particular sequence in the handling of goods to be transported by the same means.

11.2 The above shall not affect the forwarder's liability for exceeding the delivery deadlines fixed by law.

12. Obstacles to execution of order

12.1 Performance obstacles not forming part of the risks customarily borne by the forwarder shall free him for as long as they persist from the obligations that they prevent from being discharged.

In the event of a liberation as above, both the customer and the forwarder shall be entitled to withdraw from the contract, and this even if it has already been partially discharged.

If either the customer or the forwarder withdraws from the contract, the forwarder shall receive reimbursement of the costs that he reasonably deemed necessary or sustained in the interest of the customer.

12.2 It is only within the limits of his obligation to use due care and diligence that the forwarder shall be required to check whether there exist legal or official obstacles to the proposed transport (import or export restrictions, for example) and to inform the customer accordingly. To the extent to which the forwarder, either by advertising or in the course of the contract negotiations, has aroused the impression of possessing special knowledge about particular types of business, he shall also appropriately discharge the said obligation to check and inform.

12.3 Public or legal acts for which the forwarder is not responsible shall not in any way affect the rights of the forwarder vis-à-vis the customer, and liability for the consequences deriving from such events shall remain wholly and exclusively with the customer. However, this shall not affect possible claims of the forwarder against the State or other third parties.

13. Delivery

Delivery may be made with full liberating effects to any person present at consignee's business premises or household, except when there are reasonable grounds for doubting that the said person is authorized to accept such delivery.

14. Forwarder's obligation of information and restitution

14.1 The forwarder shall be obliged to give the customer all necessary information, inform him on request about the state of the transaction and to give account thereof after it has been completed; but he shall be obliged to disclose his costs only when he is acting on behalf and for the account of the customer.

14.2 The forwarder shall be obliged to return to the customer everything he receives for carrying out the transaction and deliver to him whatever he obtains therefrom.

15. Lagerung

15.1 Die Lagerung erfolgt nach Wahl des Spediteurs in dessen eigenen oder fremden Lagerräumen. Lagert der Spediteur bei einem fremden Lagerhalter ein, so hat er dessen Namen und den Lagerort dem Auftraggeber unverzüglich schriftlich bekanntzugeben oder, falls ein Lagerschein ausgestellt ist, auf diesem zu vermerken.

15.2 Dem Auftraggeber steht es frei, die Lagerräume zu besichtigen oder besichtigen zu lassen. Einwände oder Beanstandungen gegen die Unterbringung des Gutes oder gegen die Wahl des Lagerraumes muss er unverzüglich vorbringen. Macht er von dem Besichtigungsrecht keinen Gebrauch, so begibt er sich aller Einwände gegen die Art und Weise der Unterbringung, soweit die Wahl des Lagerraumes und die Unterbringung unter Wahrung der Sorgfalt eines ordentlichen Spediteurs erfolgt ist.

15.3 Das Betreten des Lagers ist dem Auftraggeber nur in Begleitung des Spediteurs zu dessen Geschäftsstunden erlaubt.

15.4 Nimmt der Auftraggeber Handlungen mit dem Gut vor (z.B. Probeentnahme), so kann der Spediteur verlangen, dass Anzahl, Gewicht und Beschaffenheit des Gutes gemeinsam mit dem Auftraggeber festgestellt wird. Kommt der Auftraggeber diesem Verlangen nicht nach, ist die Haftung des Spediteurs für später festgestellte Schäden ausgeschlossen, es sei denn, der Schaden ist nicht auf die vorgenommenen Handlungen mit dem Gut zurückzuführen.

15.5 Der Auftraggeber haftet für alle Schäden, die er, seine Angestellten oder Beauftragten beim Betreten des Lagers oder beim Betreten oder Befahren des Lagergrundstückes dem Spediteur, anderen Einlagerern oder sonstigen Dritten zufügen, es sei denn, dass den Auftraggeber, seine Angestellten oder Beauftragten kein Verschulden trifft.

15.6 Bei Inventurdifferenzen kann der Spediteur bei gleichzeitigen Fehl- und Mehrbeständen desselben Auftraggebers eine wertmäßige Saldierung des Lagerbestandes vornehmen.

15.7 Entstehen dem Spediteur begründete Zweifel, ob seine Ansprüche durch den Wert des Gutes sichergestellt sind, so ist er berechtigt, dem Auftraggeber eine angemessene Frist zu setzen, in der dieser entweder für Sicherstellung der Ansprüche des Spediteurs oder für anderweitige Unterbringung des Gutes Sorge tragen kann. Kommt der Auftraggeber diesem Verlangen nicht nach, so ist der Spediteur zur Kündigung ohne Kündigungsfrist berechtigt.

16. Angebote und Vergütung

16.1 Angebote des Spediteurs und Vereinbarungen mit ihm über Preise und Leistungen beziehen sich stets nur auf die namentlich aufgeführten eigenen Leistungen oder Leistungen Dritter und nur auf Gut normalen Umfangs, normalen Gewichts und normaler Beschaffenheit; sie setzen normale unveränderte Beförderungsverhältnisse, ungehinderte Verbindungswege, Möglichkeit unmittelbarer sofortiger Weiterversendung sowie Weitergeltung der bisherigen Frachten, Valutaverhältnisse und Tarife, welche der Vereinbarung zugrunde lagen, voraus, es sei denn, die Veränderungen sind unter Berücksichtigung der Umstände vorhersehbar gewesen. Ein Vermerk, wie etwa „zuzüglich der üblichen Nebenspesen", berechtigt den Spediteur, Sondergebühren und Sonderauslagen zusätzlich zu berechnen.

16.2 Alle Angebote des Spediteurs gelten nur bei unverzüglicher Annahme zur sofortigen Ausführung des betreffenden Auftrages, sofern sich nichts Gegenteiliges aus dem Angebot ergibt, und nur, wenn bei Erteilung des Auftrages auf das Angebot Bezug genommen wird.

16.3 Wird ein Auftrag gekündigt oder entzogen, so stehen dem Spediteur die Ansprüche nach §§ 415, 417 HGB zu.

16.4 Wird ein Nachnahme- oder sonstiger Einziehungsauftrag nachträglich zurückgezogen, oder geht der Betrag nicht ein, kann der Spediteur dennoch Provision erheben.

16.5 Lehnt der Empfänger die Annahme einer ihm zugerollten Sendung ab, oder ist die Ablieferung aus Gründen, die der Spediteur nicht zu vertreten hat, nicht möglich, so steht dem Spediteur für die Rückbeförderung Rollgeld in gleicher Höhe wie für die Hinbeförderung zu.

17. Aufwendungen des Spediteurs, Freistellungsanspruch

17.1 Der Spediteur hat Anspruch auf Ersatz der Aufwendungen, die er den Umständen nach für erforderlich halten durfte.

15. Storage

15.1 At the option of the forwarder, storage may be effected either in his own or third-party warehouses. If he opts for a third-party warehouse, he must immediately inform the customer in writing of its name and address and, if a warehousing receipt is issued, endorse these particulars thereon.

15.2 The customer shall be free to inspect the warehouse or have it inspec-ted on his behalf. Any objections or complaints he may have as to the manner in which the goods are stored or the choice of the warehouse are to be made right away. If he does not avail himself of his inspection rights, he forfeits the right to object against the manner in which the goods are stored, always provided that the forwarder has used the due care and diligence of a reputable forwarder in selecting the warehouse and storing the goods therein.

15.3 The customer may enter the warehouse only if accompanied by the forwarder and during the latter's normal working hours.

15.4 If the customer wishes to perform some action on the goods (taking samples, for example), the forwarder may require that the number, weight and nature of the goods be ascertained jointly with the customer. If the customer fails to meet this request, the forwarder shall not be liable for any subsequently ascertained damage, except when the damage sustained by the goods cannot be attributed to the action performed on them.

15.5 The customer shall be liable for all damage that he, his employees or agents may cause to the forwarder, other depositors or any other third party on entering the warehouse or the plot on which it is built or driving a vehicle over the said plot, except when the customer, his employees or agents are free of all negligence or other culpable behaviour.

15.6 Should inventory differences bring out simultaneous shortfalls and excesses in the materials stored on behalf of the same customer, the forwarder may set off the value of the ones against that of the others.

15.7 Should the forwarder have reasonable grounds for fearing that his charges may not be covered by the value of the goods, he shall be entitled to set the customer an appropriate term within which he shall either guarantee coverage of the forwarder's claims or arrange for storage of the goods elsewhere. Should the customer fail to comply with this request, the forwarder shall be entitled to terminate the contract without notice.

16. Offers and remuneration

16.1 Offers made by the forwarder and agreements with him regarding prices and services shall always refer solely and exclusively to the named services to be rendered by him or by third parties and only to goods of normal size, normal weight and normal nature; they presuppose normal and unchanged transport conditions, unobstructed lines of communication, the possibility of direct and immediate redispatching, as also the continued validity of previous freight rates, currency exchange rate conditions and tariffs on which the offer or agreement were based, except where such changes could reasonably have been foreseen in view of the given circumstances. An endorsement of the type "subject to the customary accessory expenses" shall entitle the forwarder to make additional charges for special fees and special expenditures.

16.2 All offers made by the forwarder shall be valid only for immediate acceptance and immediate execution of the orders to which they relate, always provided that nothing to the contrary is contained in the offer, and only if the order, when given, makes specific reference to the offer.

16.3 When an order is terminated or cancelled, the forwarder shall be entitled to claim payment in accordance with Articles 415 and 417 HGB.

16.4 When an order for cash-on-delivery or some other form of collection is subsequently withdrawn, or if the amount involved is not received, the forwarder may still claim commission.

16.5 When a consignee refuses to accept goods sent to him or if delivery is not possible for reasons beyond the control of the forwarder, the forwarder shall be entitled to charge the same cartage for the return journey as was agreed for the outward transport.

17. Disbursements by the forwarder, entitlement to be relieved of such disbursements

17.1 The forwarder shall be entitled to reimbursement of any disbursements that it was reasonable for him to incur in the given circumstances.

17.2 Der Auftrag, ankommendes Gut in Empfang zu nehmen, ermächtigt den Spediteur, verpflichtet ihn aber nicht, auf dem Gut ruhende Frachten, Wertnachnahmen, Zölle, Steuern und sonstige Abgaben sowie Spesen auszulegen.

17.3 Von Frachtforderungen, Havarieeinschüssen oder -beiträgen, Zöllen, Steuern und sonstigen Abgaben, die an den Spediteur, insbesondere als Verfügungsberechtigten oder als Besitzer fremden Gutes gestellt werden, hat der Auftraggeber den Spediteur auf Aufforderung sofort zu befreien, wenn sie der Spediteur nicht zu vertreten hat. Der Spediteur ist berechtigt, nach pflichtgemäßem Ermessen die zu seiner Sicherung oder Befreiung geeigneten Maßnahmen zu ergreifen. Sofern nicht die Notwendigkeit sofortigen Handelns geboten ist, hat der Spediteur Weisung einzuholen.

17.4 Der Auftraggeber hat den Spediteur in geschäftsüblicher Weise rechtzeitig auf alle öffentlich-rechtlichen, z.B. zollrechtlichen oder Dritten gegenüber bestehenden, z.B. markenrechtlichen Verpflichtungen aufmerksam zu machen, die mit dem Besitz des Gutes verbunden sind, soweit nicht aufgrund des Angebots des Spediteurs davon auszugehen ist, dass diese Verpflichtungen ihm bekannt sind.

18. Rechnungen, fremde Währungen

18.1 Rechnungen des Spediteurs sind sofort zu begleichen.

18.2 Der Spediteur ist berechtigt, von ausländischen Auftraggebern oder Empfängern nach seiner Wahl Zahlung in ihrer Landeswährung oder in deutscher Währung zu verlangen.

18.3 Schuldet der Spediteur fremde Währung, oder legt er fremde Währung aus, so ist er berechtigt, entweder Zahlung in der fremden oder in deutscher Währung zu verlangen. Verlangt er deutsche Währung, so erfolgt die Umrechnung zu dem am Tage der Zahlung amtlich festgesetzten Kurs, es sei denn, dass nachweisbar ein anderer Kurs zu zahlen oder gezahlt worden ist.

19. Aufrechnung, Zurückbehaltung

Gegenüber Ansprüchen aus dem Verkehrsvertrag und damit zusammenhängenden außervertraglichen Ansprüchen ist eine Aufrechnung oder Zurückbehaltung nur mit fälligen Gegenansprüchen zulässig, denen ein Einwand nicht entgegensteht.

20. Pfand- und Zurückbehaltungsrecht

20.1 Der Spediteur hat wegen aller fälligen und nicht fälligen Forderungen, die ihm aus den in Ziffer 2.1 genannten Tätigkeiten an den Auftraggeber zustehen, ein Pfandrecht und ein Zurückbehaltungsrecht an den in seiner Verfügungsgewalt befindlichen Gütern oder sonstigen Werten. Das Pfand- und Zurückbehaltungsrecht geht nicht über das gesetzliche Pfand- und Zurückbehaltungsrecht hinaus.

20.2 Der Spediteur darf ein Pfand- oder Zurückbehaltungsrecht wegen Forderungen aus anderen mit dem Auftraggeber abgeschlossenen Verkehrsverträgen nur ausüben, soweit sie unbestritten sind oder wenn die Vermögenslage des Schuldners die Forderung des Spediteurs gefährdet.

20.3 An die Stelle der in § 1234 BGB bestimmten Frist von einem Monat tritt in allen Fällen eine solche von zwei Wochen.

20.4 Ist der Auftraggeber im Verzug, so kann der Spediteur nach erfolgter Verkaufsandrohung von den in seinem Besitz befindlichen Gütern und Werten eine solche Menge, wie nach seinem pflichtgemäßen Ermessen zur Befriedigung erforderlich ist, freihändig verkaufen.

20.5 Für den Pfand- oder Selbsthilfeverkauf kann der Spediteur in allen Fällen eine Verkaufsprovision vom Nettoerlös in Höhe von ortsüblichen Sätzen berechnen.

21. Versicherung des Gutes

21.1 Der Spediteur besorgt die Versicherung des Gutes (z.B. Transport- oder Lagerversicherung) bei einem Versicherer seiner Wahl, wenn der Auftraggeber ihn vor Übergabe der Guter beauftragt.

Kann der Spediteur wegen der Art der zu versichernden Güter oder aus einem anderen Grund keinen Versicherungsschutz eindecken, hat der Spediteur dies dem Auftraggeber unverzüglich mitzuteilen

21.2 Der Spediteur ist berechtigt, aber nicht verpflichtet, die Versicherung des Gutes zu besorgen, wenn dies im Interesse des Auftraggebers liegt. Der Spediteur darf vermuten, dass die Eindeckung einer Versicherung im Interesse des Auftraggebers liegt, insbesondere wenn

17.2 An order to accept incoming goods shall empower but not oblige the forwarder to pay freights, cash-on-delivery, customs duty, taxes and other charges and expenses associated with the said goods.

17.3 On request, the customer shall immediately liberate the forwarder of claims for freight, damage charges or contributions, customs duties, taxes and other charges asked of the forwarder, especially as the party disposing or in possession of the goods of others, whenever these are not part of the responsibilities of the forwarder. The forwarder shall be entitled to take any reasonable measures he deems necessary to protect himself against such claims and liberate himself therefrom. Always provided that immediate action is not essential, the forwarder shall be required to ask for instructions.

17.4 The customer shall be required to inform the forwarder in the manner customary in the trade and in good time of any obligations that are associated with possession of the goods, irrespective of whether these obligations are of a public character (customs duty, for example) or a private nature (trade mark rights, for example), always provided that it does not follow from the forwarder's offer that these obligations are already known to him.

18. Invoices, foreign currencies

18.1 Invoices issued by the forwarder shall be settled right away.

18.2 In the case of foreign customers or consignees, the forwarder shall be entitled to ask for payment to be made either in the foreign currency or in German currency.

18.3 When the forwarder owes foreign currency or has disbursed such currency, he shall be entitled to ask for payment to be made either in the foreign currency or in German currency. If he asks to be paid in German currency, the conversion shall be made at the official exchange rate in force on the day of payment, unless it can be demonstrated that the payment was or has to be made at some other exchange rate

19. Setting off, retention

Setting off or retention in the face of claims arising out of the transportation contract or extra-contractual claims connected with them shall be permissible only in the case of counterclaims that are due and against which no objections have been raised.

20. Lien and retention rights

20.1 In respect of any amounts that the forwarder is entitled to receive, irrespective of whether or not they are already due for payment, the forwarder shall have a right of lien and a right of retention over the goods or other effects within his possession or disposal. However, the said rights shall not exceed the right of lien and/or retention granted by law.

20.2 The forwarder may exercise a right of lien or retention in relation to claims arising out of other contracts concluded with the customer only when they are uncontested or when the asset situation of the debtor is such as to endanger the forwarder's claim.

20.3 The time limit of one month defined in Article 1234 BGB shall be replaced by a time limit of two weeks in all cases.

20.4 When the customer is in arrears, the forwarder, after having given due warning, may freely sell such a quantity of the goods and effects in his possession as in his opinion is reasonably necessary to satisfy his claim.

20.5 When selling goods in satisfaction of a lien or to obtain redress, the forwarder may in all cases charge a sales commission at the locally customary rate against the net proceeds from the sale.

21. Insurance of the goods

21.1 The forwarder takes out insurance for the goods (e.g. transport or warehouse insurance) with an insurer of his choice, if the customer places the order with him before transfer of the goods.

If the forwarder cannot obtain insurance cover because of the type of goods to be insured or for any other reason the forwarder must inform the custorner of this without delay.

21.2 The forwarder shall be entitled, but not obliged, to obtain insurance of the goods, if this is in the customer's interests. The forwarder may assume that the obtaining of insurance cover is in the customer's interest, in particular if

- der Spediteur bei einem früheren Verkehrsvertrag eine Versicherung besorgt hat,
- der Auftraggeber im Auftrag einen Warenwert (Ziffer 3.4) angegeben hat.

Die Vermutung des Interesses an der Eindeckung einer Versicherung besteht insbesondere nicht, wenn
- der Auftraggeber die Eindeckung schriftlich untersagt,
- der Auftraggeber ein Spediteur, Frachtführer oder Lagerhalter ist.

21.3 Der Spediteur hat nach pflichtgemäßem Ermessen über Art und Umfang der Versicherung zu entscheiden und sie zu marktüblichen Bedingungen abzuschließen, es sei denn, der Auftraggeber erteilt dem Spediteur unter Angabe der Versicherungssumme und der zu deckenden Gefahren schriftlich eine andere Weisung.

21.4 Ist der Spediteur Versicherungsnehmer und hat er für Rechnung des Auftraggebers gehandelt, ist der Spediteur verpflichtet, auf Verlangen gemäß Ziffer 14.1 Rechnung zu legen. In diesem Fall hat der Spediteur die Prämie für jeden einzelnen Verkehrsvertrag auftragsbezogen zu erheben, zu dokumentieren und in voller Höhe ausschließlich für diese Versicherungsdeckung an den Versicherer abzuführen.

21.5 Für die Versicherungsbesorgung, Einziehung des Entschädigungsbetrages und sonstige Tätigkeiten bei Abwicklung von Versicherungsfällen und Havarien steht dem Spediteur eine besondere Vergütung neben dem Ersatz seiner Auslagen zu.

22. Haftung des Spediteurs, Abtretung von Ersatzansprüchen

22.1 Der Spediteur haftet bei all seinen Tätigkeiten (Ziffer 2.1) nach den gesetzlichen Vorschriften. Es gelten jedoch die folgenden Regelungen, soweit zwingende oder AGB-feste Rechtsvorschriften nichts anderes bestimmen.

22.2 Soweit der Spediteur nur den Abschluß der zur Erbringung der vertraglichen Leistungen erforderlichen Verträge schuldet, haftet er nur für die sorgfältige Auswahl der von ihm beauftragten Dritten.

22.3 In allen Fällen, in denen der Spediteur für Verlust oder Beschädigung des Gutes zu haften hat, hat er Wert- und Kostenersatz entsprechend §§ 429, 430 HGB zu leisten.

22.4 Soweit die §§ 425 ff und 461 Abs. 1 HGB nicht gelten, haftet der Spediteur für Schäden, die entstanden sind aus

22.4.1 – ungenügender Verpackung oder Kennzeichnung des Gutes durch den Auftraggeber oder Dritte;

22.4.2 – vereinbarter oder der Übung entsprechender Aufbewahrung im Freien;

22.4.3 – schwerem Diebstahl oder Raub (§§ 243, 244, 249 StGB);

22.4.4 – höherer Gewalt, Witterungseinflüssen, Schadhaftwerden von Geräten oder Leitungen, Einwirkung anderer Güter, Beschädigung durch Tiere, natürlicher Veränderung des Gutes

nur insoweit, als ihm eine schuldhafte Verursachung des Schadens nachgewiesen wird. Konnte ein Schaden aus einem der vorstehend aufgeführten Umstände entstehen, so wird vermutet, dass er aus diesem entstanden ist.

22.5 Hat der Spediteur aus einem Schadenfall Ansprüche gegen einen Dritten, für den er nicht haftet, oder hat der Spediteur gegen einen Dritten seine eigene Haftung übersteigende Ersatzansprüche, so hat er diese Ansprüche dem Auftraggeber auf dessen Verlangen abzutreten, es sei denn, dass der Spediteur aufgrund besonderer Abmachung die Verfolgung der Ansprüche für Rechnung und Gefahr des Auftraggebers übernimmt.

Der Auftraggeber kann auch verlangen, dass der Spediteur ihm die gesamten Ansprüche gegen den Dritten erfüllungshalber abtritt. § 437 HGB bleibt unberührt.

Soweit die Ansprüche des Auftraggebers vom Spediteur oder aus der Speditionsversicherung befriedigt worden sind, erstreckt sich der Abtretungsanspruch nur auf den die Leistung des Spediteurs bzw. der Versicherung übersteigenden Teil des Anspruchs gegen den Dritten.

23. Haftungsbegrenzungen

23.1 Die Haftung des Spediteurs bei Verlust oder Beschädigung des Gutes (Güterschaden) ist mit Ausnahme der verfügten Lagerung der Höhe nach begrenzt

- the forwarder took out insurance for an earlier carriage contract,
- the customer stated a goods value (paragraph 3.4) in the order.

The assumption of interest in the taking out of an insurance is not possible in particular if
- the customer prohibits the taking out of interest in writing,
- the customer is a forwarder, carrier or warehouse keeper.

21.3 The forwarder must, according to his dutiful discretion, decide on the type and scope of the insurance and to conclude them on the usual market terms and conditions, unless the customer issues, in writing, different instructions to the forwarder stating the insurance number and the risks to be covered.

21.4 If the forwarder is the party taking out the insurance and if he acted for the customer's account, the forwarder shall be obliged to invoice on demand according to paragraph 14.1. In that case the forwarder must charge, document and transfer to the insurer in the full amount, exclusively for this insurance cover, the premium for each individual carriage contract on an order-related basis.

21.5 Over and above reimbursement of his expenses, the forwarder shall be entitled to special remuneration when he arranges for insurance cover, collects indemnity payments or engages in any other activities connected with insurance and claims for damage.

22. Liability of the forwarder, assignment of indemnity claims

22.1 The liabilities of the forwarder in the course of all his activities (Article 2.1) shall be as required by law. Nevertheless, the following regulations shall apply, always provided that mandatory provisions of AGB do not otherwise require.

22.2 To the extent to which the forwarder is obliged to conclude only such agreements as are necessary for the performance of his own contractual obligations, he shall be liable only as regards the use of due care in selecting third parties to be commissioned by him.

22.3 In all cases in which the forwarder is required to assume liability for loss or damage suffered by the goods, he shall indemnify value and costs in accordance with Articles 429 and 430 HGB.

22.4 To the extent to which Articles 425 ff and 461, para. 1, HGB are not applicable, the forwarder shall be liable in respect of damage that has arisen out of

22.4.1 – inadequate packing or marking of the goods by the customer or third parties;

22.4.2 – storage in the open as agreed or customary in ordinary practice;

22.4.3 – serious theft or robbery (Articles 243, 244, 249 StGB);

22.4.4 – force majeure, effects of weather and climate, defects of equipment or supply lines, effects of other goods, damage due to living animals, natural changes of the goods

only to the extent to which it can be shown that the damage was caused by his culpable behaviour. When it is possible for damage to have been caused by one of the aforesaid circumstances, it shall be assumed that it has been so caused.

22.5 Whenever in a case of damage the forwarder has claims against a third party for whom he is not himself liable or when the forwarder has claims against a third party that exceed his own liability, he shall upon request assign the said claims to the customer, unless the forwarder on the basis of a special agreement has undertaken to pursue the claims at the expense and peril of the customer.

The customer may also require the forwarder to assign to him his entire claims against the third party for the purposes of pursuit, this without prejudice to the provisions of Article 437 HGB.

Whenever a part of the customer's claims have been satisfied by the forwarder or by the insurance of the goods, the said assignment entitlement shall be limited to the part of the claim against the third party that exceeds the amount already settled by the forwarder and/or the insurance.

23. Limitation of liability

23.1 Except where the order includes provision for storage, the liability of the forwarder in respect of loss of the goods or damage thereto (= Güterschaden) shall be limited in amount

---

* SZR/Sondererziehungsrechte = SDR/special drawing rights

23.1.1 auf € 5,– für jedes Kilogramm des Rohgewichts der Sendung;

23.1.2 bei einem Schaden, der an dem Gut während des Transports mit einem Beförderungsmittel eingetreten ist, abweichend von Ziffer 23.1.1 auf den für diese Beförderung gesetzlich festgelegten Haftungshöchstbetrag;

23.1.3 bei einem Verkehrsvertrag über eine Beförderung mit verschiedenartigen Beförderungsmitteln unter Einschluß einer Seebeförderung, abweichend von Ziff. 23.1.1, auf 2 SZR für jedes Kilogramm.

23.1.4 in jedem Schadenfall höchstens auf einen Betrag von € 1 Mio. oder 2 SZR für jedes Kilogramm, je nachdem, welcher Betrag höher ist.

23.2 Sind nur einzelne Packstücke oder Teile der Sendung verloren oder beschädigt worden, berechnet sich die Haftungshöchstsumme nach dem Rohgewicht
- der gesamten Sendung, wenn die gesamte Sendung entwertet ist,
- des entwerteten Teils der Sendung, wenn nur ein Teil der Sendung entwertet ist.

23.3 Die Haftung des Spediteurs für andere als Güterschäden mit Ausnahme von Personenschäden und Sachschäden an Drittgütern ist der Höhe nach begrenzt auf das Dreifachen des Betrages, der bei Verlust des Gutes zu zahlen wäre, höchstens auf einen Betrag von € 100.000 je Schadenfall. Die §§ 431 Abs. 3, 433 HGB bleiben unberührt.

23.4 Die Haftung des Spediteurs ist in jedem Fall, unabhängig davon, wie viele Ansprüche aus einem Schadenereignis erhoben werden, begrenzt auf € 2 Mio. je Schadenereignis oder 2 SZR für jedes Kilogramm der verlorenen und beschädigten Güter, je nachdem, welcher Betrag höher ist, bei mehreren Geschädigten haftet der Spediteur anteilig im Verhältnis ihrer Ansprüche.

23.5 Für die Berechnung des SZR gilt § 431 Abs. 4 HGB.

24. Haftungsbegrenzungen bei verfügter Lagerung

24.1 Die Haftung des Spediteurs bei Verlust oder Beschädigung des Gutes (Güterschaden) ist bei einer verfügten Lagerung begrenzt

24.1.1 auf € 5 für jedes Kilogramm des Rohgewichts der Sendung,

24.1.2 höchstens € 5.000 je Schadenfall; besteht der Schaden eines Auftraggebers in einer Differenz zwischen Soll- und Ist-Bestand des Lagerbestandes (Ziffer 15.6), so ist die Haftungshöhe auf € 25.000 begrenzt, unabhängig von der Zahl der für die Inventurdifferenz ursächlichen Schadensfälle. In beiden Fällen bleibt Ziffer 24.1.1 unberührt.

24.2 Ziffer 23.2 gilt entsprechend.

24.3 Die Haftung des Spediteurs für andere als Güterschäden mit Ausnahme von Personenschäden und Sachschäden an Drittgut ist bei einer verfügten Lagerung begrenzt auf € 5.000 je Schadenfall.

24.4 Die Haftung des Spediteurs ist in jedem Fall, unabhängig davon, wie viele Ansprüche aus einem Schadenereignis erhoben werden, auf € 2 Mio. je Schadenereignis begrenzt; bei mehreren Geschädigten haftet der Spediteur anteilig im Verhältnis ihrer Ansprüche.

25. Beweislast

25.1 Der Auftraggeber hat im Schadenfall zu beweisen, dass dem Spediteur ein Gut bestimmter Menge und Beschaffenheit ohne äußerlich erkennbare Schäden (§ 438 HGB) übergeben worden ist. Der Spediteur hat zu beweisen, dass er das Gut, wie er es erhalten hat, abgeliefert hat.

25.2 Der Beweis dafür, dass ein Güterschaden während des Transports mit einem Beförderungsmittel (Ziffer 23.1.2) eingetreten ist, obliegt demjenigen, der dies behauptet. Bei unbekanntem Schadenort hat der Spediteur auf Verlangen des Auftraggebers oder Empfängers den Ablauf der Beförderung anhand einer Schnittstellendokumentation (Ziffer 7) darzulegen. Es wird vermutet, dass der Schaden auf derjenigen Beförderungsstrecke eingetreten ist, für die der Spediteur eine vorbehaltlose Quittung nicht vorlegt.

23.1.1 to € 5.– per kilogramme of the gross weight of the shipment;

23.1.1 in the event of damage to the goods that occurred during the course of transport in a means of transport and with precedence over 23.1.1 above, to the maximum liability provided for by law;

23.1.3 in the case of a transportation contract with various means of transport and inclusive of sea transport, again with precedence over 23.1.1 above, to 2 SZR* per kilogramme;

23.1.4 in every case of damage an amount not exceeding one million € or 2 SZR* per kilogramme, whichever is the greater.

23.2 When only individual packages of freight or a part of the goods have been damaged, the maximum amount of the liability shall be calculated on the basis of the gross weight
- of the entire shipment when all the goods have been devalued,
- of the devalued part of the shipment when only a part of the goods has been devalued.

23.3 The liability of the carrier in respect of damages other than to the goods with the exception of personal injury and damage to property in respect of the goods of third parties is limited three times the amount which would have to be paid in the event of loss, but not more than an amount of 100,000 euros per event. Artides 431, paragraph 3, 433 of the German Commercial Code shall remain unaffected.

23.4 Quite independently of the number of claims that may be made in respect of a single damage event, the liability of the forwarder shall in any case be limited to € 2 million or to 2 SZR per kilogramme of the lost or damaged goods, whichever is the greater. When there are several damaged parties, the liability of the forwarder vis-à-vis each one of them shall be limited in due proportion to their respective claims.

23.5 SZR shall be calculated in accordance with Article 431, para. 4, HGB.

24. Limitation of liability in case of an authorized storage

24.1 In the event of an authorized storage the liability of the forwarder for loss of the goods or damage thereto shall be limited to

24.1.1 to € 5.– per kilogramme of the gross weight of the shipment;

24.1.2 to not more than € 5,000.– per event; when the damage sustained by a customer consists of the difference between original and effective inventory (paragraph 15.6 above), the liability shall be limited to € 25,000, no matter what the number of the individual events that may have caused the inventory difference. In either case without prejudice to paragraph 24.1.1.

24.2 The provisions of paragraph 23.2 above shall apply as appropriate.

24.3 When the order comprises provision for storage, the liability of the forwarder for damage other than loss of or damage to the goods shall be limited to € 5,000.– for each damage event.

24.4 Independently of the number of claims that may be made arising out of a single damage event, the liability of the forwarder shall in any case be limited to € 2 million for each damage event. When there are several damaged parties, the liability of the forwarder vis-à-vis each one of them shall be limited in due proportion to their respective claims.

25. Burden of proof

25.1 In the event of damage the customer shall be required to prove that goods of a certain quantity and nature and without any externally recognizable damage were consigned to the forwarder (Article 438 HGB). The forwarder shall be required to prove that he delivered the goods in the state in which he received them.

25.2 Proof that loss of or damage to the goods occurred during transport with a means of transport (see paragraph 23.1.2) shall be provided by whoever claims this to be the case. When the place where the damage occurred is unknown, the forwarder, if so requested by the customer or the consignee, shall be required to illustrate the transport operation sequence by means of an interfaces documentation (see paragraph 7.2). It shall be assumed that the damage has occurred on a section of the route for which the forwarder cannot provide an unreserved [transfer] receipt.

25.3 Der Spediteur ist verpflichtet, durch Einholung von Auskünften und Beweismitteln für die Feststellung zu sorgen, wo der geltend gemachte Schaden eingetreten ist.

26. Außervertragliche Ansprüche
Die vorstehenden Haftungsbefreiungen und -beschränkungen gelten entsprechend §§ 434, 436 HGB auch für außervertragliche Ansprüche.

27. Qualifiziertes Verschulden
Die vorstehenden Haftungsbefreiungen und -begrenzungen gelten nicht, wenn der Schaden verursacht worden ist

27.1 durch Vorsatz oder grobe Fahrlässigkeit des Spediteurs oder seiner leitenden Angestellten oder durch Verletzung vertragswesentlicher Pflichten, wobei Ersatzansprüche in letzterem Fall begrenzt sind, auf den vorhersehbaren, typischen Schaden.

27.2 in den Fällen der §§ 425 ff, 461 Abs. 1 HGB durch den Spediteur oder die in §§ 428, 462 HGB genannten Personen vorsätzlich oder leichtfertig und in dem Bewußtsein, dass ein Schaden mit Wahrscheinlichkeit eintreten werde.

28. Schadenanzeige
Für die Anzeige eines Schadens findet § 438 HGB Anwendung.

29. Haftungsversicherung des Spediteurs

29.1 Der Spediteur ist verpflichtet, bei einem Versicherer seiner Wahl eine Haftungsversicherung zu marktüblichen Bedingungen abzuschließen und aufrecht zu erhalten, die seine verkehrsvertragliche Haftung nach den ADSp und nach dem Gesetz im Umfang der Regelhaftungssummen abdeckt.

29.2 Die Vereinbahrung einer Höchstersatzleistung je Schadenfall, Schadenereignis und Jahr ist zulässig; ebenso die Vereinbarung einer Schadenbeteiligung des Spediteurs.

29.3 Der Spediteur darf sich gegenüber dem Auftraggeber auf die ADSp nur berufen, wenn er bei Auftragserteilung einen ausreichenden Haftungsversicherungsschutz vorhält.

29.4 Auf Verlangen des Auftraggebers hat der Spediteur diesen Haftungsversicherungsschutz durch eine Bestätigung des Versicherers nachzuweisen.

30. Erfüllungsort, Gerichtsstand, anzuwendendes Recht

30.1 Der Erfüllungsort ist für alle Beteiligten der Ort derjenigen Niederlassung des Spediteurs, an die der Auftrag gerichtet ist.

30.2 Der Gerichtsstand für alle Rechtsstreitigkeiten, die aus dem Auftragsverhältnis oder im Zusammenhang damit entstehen, ist für alle Beteiligten, soweit sie Kaufleute sind, der Ort derjenigen Niederlassung des Spediteurs, an die der Auftrag gerichtet ist; für Ansprüche gegen den Spediteur ist dieser Gerichtsstand ausschließlich.

30.3 Für die Rechtsbeziehungen des Spediteurs zum Auftraggeber oder zu seinen Rechtsnachfolgern gilt deutsches Recht.

25.3 The forwarder shall be obliged to undertake the collection of information and means of proof with a view to ascertaining where the damage in question has occurred.

26. Extra-contractual claims
In accordance with Articles 434, 436 HGB, the aforesaid limitations and exclusions of liability shall apply also to extra-contractual claims.

27. Qualified culpability
The aforesaid limitations and exclusions of liability shall not apply when the damage has been caused

27.1 through intentional or gross negligence on the part of the carrier or his management employees or through breach of essential contractual obligations, whereby damages claims are in the latter case limited to the foreseeable, typical damage.

27.2 in the cases envisaged in Articles 425 ff, 461 para. 1 HGB either intentionally or negligently by the forwarder or the persons named in Articles 428, 462 HGB and in awareness that damage will probably arise.

28. Notification of losses
Notification of losses shall be subject to the provisions of Article 438 HGB.

29. Forwarder's liability insurance
29.1 The forwarder is obliged to take out and maintain a liability insurance with an insurer of his choice at the usual market terms and conditions which covers his liability under the terms of the transport contract according to the German Forwarders' Standard Terms and Conditions and according to the law within the scope of the standard liability sums.

29.2 The agreement of a maximum compensation payment per insured event, damaging event and year is permitted; likewise the agreement of an involvement of the forwarder in the claim.

29.3 The forwarder may only invoke the German Forwarders' Standard Terms and Conditions vis-à-vis the customer if at the time of placing of the order he has adequate liability insurance cover.

29.4 At the customer's request, the forwarder must provide evidence of this liability insurance cover by means of a confirmation from the insurer.

30. Place of performance, jurisdiction, applicable law
30.1 The place of performance for all parties concerned shall be the place of the commercial establishment of the forwarder to which the order is given.

30.2 For all parties concerned and in so far as they are traders, jurisdiction for all legal controversies that may arise out of or in connection with the relationships created by the forwarding order shall lie with the place of the commercial establishment of the forwarder to which the order is given; in the case of claims against the forwarder this jurisdiction shall be exclusive.

30.3 The legal relationships between the forwarder and the customer (or his legal successors) shall be governed by the laws of the Federal Republic of Germany.

5.4 Schnittstellenkontrolle, Organisationsverschulden

Um die Schadenshäufigkeit einzudämmen, wurden 1993 neue Bestimmungen in die ADSp aufgenommen und zwar §§ 7, 8 und 60. In der Fassung der ADSp von 2002 Ziff. 7,8 und 25. Erreicht werden sollte: Verbesserung des Informationsflusses, Optimierung der Verpackung auf Seiten der Versender und eine Schnittstellenkontrolle auf Seiten des Spediteurs. Belegfluss von Büro zu Büro und Güterfluss von Schuppen zu Schuppen sollte parallel laufen mit jederzeitigem Zugriff, so dass der Lauf der Güter nachvollziehbar und damit der Schadensort und die Schadensursache lokalisierbar wird.

Der Versender hat u.a. die Packstücke, die zu einer Sendung gehören, als zusammengehörig zu bezeichnen, z.B. gleicher Label, rote Punkte etc. Er hat ferner die Packstücke so aufzuliefern, dass ein Zugriff auf deren Inhalt ohne Hinterlassen von äußerlich sichtbarer Spuren nicht möglich ist, z.B. Einschweißen in Folie, Verkleben mit individuell gestaltetem Band. Insbesondere hat der Versender im Auftrag die genaue Anschrift, Zeichen, Nummern, Anzahl, Art und Inhalt der Packstücke und Eigenschaft des Gutes anzugeben und parallel dazu die Packstücke gleichzeitig und gleichartig zu bezeichnen. Der Spediteur hat die Packstücke auf Vollzähligkeit und Identität sowie auf äußerlich erkennbare (weitergehend als äußerlich sichtbar) Schäden und auf Unversehrtheit vom Plomben und Verschlüssen an Schnittstellen zu kontrollieren: Schnittstelle im Sinne der Bestimmung ist jeder Übergang der Packstücke von einer Rechtsperson auf andere sowie die Ablieferung am Ende jeder Beförderungsstrecke. (Ziff. 7.2). D.h.: übergibt der beauftragte Spediteur die Sendung an einen Zwischenspediteur oder einen Frachtführer, muss geprüft werden: Der Empfangsspediteur muss auf jeden Fall wieder Vollzähligkeit, Identität und Schadensfreiheit prüfen, weil er entweder eine andere Rechtsperson ist oder, wenn er zur gleichen Gesellschaft gehört, am Ende einer Beförderungstrecke steht. Wird das Gut dann von einem fremden Unternehmer ausgerollt, liegt eine neue Schnittstelle vor, da Wechsel in der Rechtsperson. Endlich erfordern die neuen Bestimmungen, dass der Spediteur dem Auftraggeber eine Empfangsbescheinigung ausstellt und der Empfänger dem Spediteur eine Empfangsbestätigung über die in den Dokumenten genannten Packstücke (Ziff. 8). Ist bei der Kontrolle ein Schaden am Gut äußerlich erkennbar, so ist dieses in den Dokumenten (Begleitpapier, Empfangsbestätigung) festzuhalten; und zwar, um ein späteres Ausufern des Schadens zu verhindern, mit Angaben über die Beschädigung oder den Teilverlust (§ 60 § 438 HGB).

Wer die vorstehenden Vorschriften verletzt, hat die Folgen zu tragen.

Organisationsverschulden

Ziff. 27 ADSp bestimmt, dass die Haftungsbeschränkung/-Befreiung des Spediteurs entfällt, wenn der Schaden von ihm vorsätzlich oder grob fahrlässig verursacht wurde bzw. vorsätzlich oder leichtfertig und in dem Bewusstsein, dass ein Schaden mit Wahrscheinlichkeit eintreten werde (§ 435 HGB). Auch gibt es eine Haftungdurchrechnung bei Verletzung vertragswesentlicher Pflichten, wobei Ersatzansprüche begrenzt sind auf den vorhersehbaren, typischen Schaden. Nach der höchstrichterlichen Rechtsprechung liegt Vorsatz, zumindest grobe Fahrlässigkeit vor, wenn der Betrieb eines Spediteurs so mangelhaft organisiert ist, daß z.B. über Ursache und Lokalisierung des Schadens nicht einmal andeutungsweise Erkenntnisse vorliegen. Diesen Mangel im Betriebsablauf nennt man Organisationsverschulden mit der Folge, dass der Spediteur uneingeschränkt haftet. Ein Organisationsverschulden wird stets angenommen, wenn die Schnittstellenkontrolle unterblieb oder betrieblich überhaupt nicht organisiert ist.

Andererseits ist es nicht gerechtfertigt, vom Spediteur einen doppelten Beweis zu verlangen, nämlich zunächst die fachspezifische Organisation und dann die genaue Ursache und Lokalisierung des Verlustschadens. Dies ist eine Überspannung des ohnehin schon beschwerenden, von der Norm abweichenden Entlastungsbeweises. Wer beweist, dass sein Betrieb ordnungsgemäß organisiert ist, muss nicht zusätzlich den Beweis führen, wie dennoch ein Gut aus ungeklärter Ursache abhanden kommen konnte.

Der Spediteur kann sich jedoch nicht mit einfachem Bestreiten des Verschuldens oder der Verursachung begnügen, wenn der im Prozess darlegungs- und beweisbelastete Auftraggeber die vorzutragenden näheren Umstände mangels Kenntnis des internen Geschehensablaufes beim Spediteur nicht bekannt sein können. Hier muss der Spediteur den Sachverhalt aufklären. Die Darlegungspflicht sollte nicht überspannt werden: Auf der einen Seite erwarten die Versender, dass ihre Güter in kürzester Zeit den Empfänger erreichen; d.h. tausende Packstücke – für viele Relationen bestimmt – müssen in wenigen Abendstunden umgeschlagen werden und andererseits sollen durch übertriebene Anforderungen zeitraubende Kontrollen stattfinden. Zu beachten ist, dass die Haftungsdurchbrechung durch Orga-Verschulden nur bei Verlustschäden gilt.

5.5 Aufrechnungsverbot, Pfandrechte

AUFRECHNUNGSVERBOT

Das in Ziff. 19 ADSp ausgesprochene Verbot für den Auftraggeber, mit einer Forderung – meist Schadenersatzanspruch – gegen das Spediteurentgelt aufzurechnen, ist wirtschaftlich vernünftig und rechtlich nicht zu beanstanden.

Der Spediteur legt oft Frachten, Zölle usw. für den Auftraggeber vor. Auf die Erstattung dieser Auslagen und den Eingang der eigenen Aufwendungen müßte der Spediteur unter Umständen so lange warten bis ein Gerichtsverfahren über den geltend gemachten Schadenersatzanspruch abgeschlossen ist oder bis zum Vorliegen eines Sachverständigengutachtens. Das ist bei der Vielzahl der Kunden eines Spediteurs nicht zumutbar.

Daher hat der Bundesgerichtshof in seinem Urteil vom 26.02.1987 (I ZR 110/85) für den im Wortlaut gleichen, bisherigen § 32 ADSp entschieden:

„§ 32 ADSp enthält keine unangemessene Benachteiligung des Vertragspartners des Verwenders im Sinne des § 9 AGB-Gesetz. Die Berufung auf das Aufrechnungsverbot des § 32 ADSp ist unzulässig (§ 242 BGB), wenn der Aufrechnende infolge Vermögensverfalls des Aufrechnungsgegners Erfüllung für die zur Aufrechnung gestellten Forderungen nur noch im Wege der Aufrechnung finden kann".

PFANDRECHTE DES SPEDITEURS

Ähnlich wie dem Vermieter, dem Verpächter und dem Werkunternehmer steht auch dem Spediteur ein gesetzliches, das heißt ein ohne besondere Vereinbarung entstehendes Pfandrecht zur Sicherstellung seiner typischen Forderungen aus dem Speditionsverhältnis zu (§§ 464, 475b HGB). Das gesetzliche Pfandrecht sichert alle Forderungen, die der Spediteur durch den Speditionsvertrag erlangt hat (konnexe Forderungen). Darüber hinaus werden auch unbestrittene Forderungen aus anderen mit dem Versender abgeschlossenen Speditions-, Fracht- und Lagerverträgen durch das Pfandrecht gesichert. Daneben ergibt sich ein vertragliches Pfandrecht des Spediteurs aus den ADSp Ziff. 20 (siehe Kapitel IV 5.2.).

a) Gegenstand des Pfandrechts

Das Pfandrecht erstreckt sich nur auf das Gut, das auf Grund des das Pfandrecht auslösenden Speditionsvertrags befördert wird, nicht dagegen auf Gegenstände, die auf Grund früherer Speditionsverträge versandt wurden, siehe konnexes Pfandrecht. Hat der Spediteur etwa auf Grund eines früheren, von seiten des Versenders bereits vollständig erfüllten Speditionsvertrags noch Gut in seinem Besitz, so steht ihm an diesem Gut kein Pfandrecht zu, auch wenn ein späterer Speditionsvertrag noch nicht erfüllt ist, aus diesem Vertrag sich aber kein Speditionsgut mehr in seinem Besitz befindet.

Das Pfandrecht des Spediteurs erstreckt sich auf das gesamte Speditionsgut, auch wenn ein Teil hiervon zur Sicherheit und Befriedigung der Ansprüche des Spediteurs ausreichen würde. Dagegen werden die Surrogate von dem gesetzlichen Pfandrecht nicht ergriffen. So bleibt etwa der vertragliche Ersatzanspruch gegen einen Dritten, der beim Untergang des Speditionsgutes entsteht, von dem Pfandrecht des Spediteurs frei.

b) Entstehung und Erlöschen des Pfandrechts

Für die Geltendmachung des Pfandrechts ist nicht Voraussetzung, dass die gesicherten Forderungen gegen den Versender bereits fällig sind. Das Pfandrecht kann auch der Sicherung künftiger oder bedingter Forderungen dienen. Stellt sich allerdings heraus, dass die künftige Forderung nicht entsteht oder, dass die Bedingung ausfällt, so erlischt das Pfandrecht. Im Übrigen geht das Pfandrecht mit den Forderungen unter, zu deren Sicherheit es dient. Das gilt besonders dann, wenn die Forderung des Spediteurs durch Zahlung erlischt.

c) Das Pfandrecht ist besitzgebunden

Das Pfandrecht des Spediteurs besteht nur, wenn und solange das Gut sich in der Verfügungsgewalt des Spediteurs befindet, insbesondere wenn der Spediteur mittels Konnossements, Ladescheins oder Lagerscheins darüber verfügen kann. Da für die Entstehung des Pfandrechts auch der mittelbare Besitz des Spediteurs genügt, dient das Gut dem Spediteur auch dann als Pfand, wenn er es selbst oder wenn es ein Dritter für ihn bei einem Lagerhalter einlagert oder auch, wenn ein Unterspediteur das Gut für ihn in Besitz nimmt. Aus demselben Grund besteht das Pfandrecht auch für die Zeit fort, in der sich das Gut auf Grund des zwischen dem Spediteur und dem Frachtführer geschlossenen Beförderungsvertrages bei dem Frachtführer befindet und von diesem befördert wird. Das Pfandrecht erlischt, wenn der Spediteur den unmittelbaren oder mittelbaren Besitz an dem Gut verliert. Hierbei spielt es keine Rolle, ob der Besitzverlust freiwillig oder unfreiwillig erfolgt.

d) Erwerb auf Grund guten Glaubens

Grundsätzlich entsteht das konnexe Pfandrecht des Spediteurs bei Vorliegen der sonstigen Voraussetzungen nur an dem Gut, das dem Versender gehört oder über welches der Versender verfügen darf. Ist der Versender nicht Eigentümer des Gutes, so kann das Pfandrecht des Spediteurs nur kraft guten Glaubens entstehen. Hierbei ist zu beachten, dass ein gutgläubiger Erwerb des Pfandrechts durch den Spediteur nicht nur dann in Betracht kommt, wenn dieser den Versender für den Eigentümer des Gutes gehalten hat (§§ 1207, 932 BGB), sondern auch dann, wenn der Spediteur wusste, dass der Versender nicht Eigentümer ist, wenn er ihn aber für ermächtigt hielt, die Versendung durchzuführen (§ 366 HGB). Für die Entstehung des Pfandrechts kraft guten Glaubens des Spediteurs ist entscheidend, ob er in dem Zeitpunkt, in dem er den Besitz von dem Versender erlangt, gutgläubig ist. Spätere Bösgläubigkeit schadet nicht. Das inkonnexe Pfandrecht entsteht dagegen nur, wenn der Versender Eigentümer der Ware ist oder der Spediteur dies gutgläubig annimmt. Verfügungsbefugnis oder guter Glaube hieran genügt nicht.

e) Rechte des Spediteurs

Kraft seines Pfandrechts ist der Spediteur bei Pfandreife, d.h. ganzer oder teilweiser Fälligkeit seiner gesicherten Forderung, zum Pfandverkauf befugt. Bei einer Zwangsvollstreckung durch einen Dritten in das mit dem Pfandrecht belastete Gut kann der Spediteur die Drittwiderspruchsklage erheben (§ 771 ZPO). Im Insolvenzfall des Versenders steht dem Spediteur auf Grund des Pfandrechts ein Absonderungsrecht zu.

f) Vertragliches Pfandrecht

In Ziff. 20 ADSp wird dem Spediteur darüber hinaus ein vertragliches, in seiner Reichweite dem gesetzlichen Pfandrecht gleichwertiges Pfandrecht eingeräumt.

g) Frachtführerpfandrecht

Der Frachtführer hat wegen aller durch den Frachtvertrag begründeten Forderungen ein Pfandrecht an dem Gut, auf das sich der Frachtvertrag bezieht. Dieses Pfandrecht besteht am gesamten Frachtgut (§ 441 HGB).

h) Lagerhalterpfandrecht

Dem Lagerhalter steht ebenfalls wegen der Lagerkosten ein Pfandrecht am Lagergut zu, selbst wenn es dem Einlagerer nicht gehört (§ 475b HGB).

Ist der Lagerhalter ein Spediteur, und arbeitet er nach den ADSp, steht ihm auch das vertragliche Pfandrecht nach Ziff. 20 ADSp zu.

i) Rangfolge von Pfandrechten

Wenn das Gut durch mehrere Hände geht, kann es zu dessen Belastung mit mehreren gesetzlichen Handelspfandrechten und vertraglichen Pfandrechten kommen. Nach dem BGB gilt bei einer Konkurrenz von Pfandrechten, mit denen eine bewegliche Sache belastet ist, das Prioritätsprinzip (§ 1209 BGB). Für einige Handelspfandrechte greift jedoch eine hiervon abweichende Rangordnung Platz. Die durch Versendung und Beförderung des Gutes entstandenen Pfandrechte des Frachtführers und des Spediteurs gehen allen anderen vor.

6. SPEDITIONSVERSICHERUNG

6.1 Einleitung und Haftung

Was ist Speditionsversicherung?

Seit dem 1.1.2003 gibt es keine klassische Speditionsversicherung mehr, nachdem die die ADSp empfehlenden Verbände auf Druck der Versicherungswirtschaft keine Speditionsversicherung als integraler Bestandteil zur unverbindlichen Anwendung empfehlen. Nach Ziffer 29 ADSp ist der Spediteur heute „nur noch" verpflichtet, seine vertragliche Grundhaftung zu versichern.

Wofür wird gehaftet, was ist gedeckt?

Der Spediteur haftet nach den gesetzlichen Bestimmungen, insbesondere nach § 461 i. V. mit §§ 425, 421 HGB. In den ADSp – Ziff. 22.1 – wird auf die gesetzliche Haftung verwiesen. In Ziff. 23 ADSp erfolgt eine Beschränkung der Haftung dahin, dass der Spediteur mit Ausnahme der verfügten Lagerung mit € 5,–/kg des Rohgewichts der Sendung grundsätzlich haftet, bei einem Schaden, der während des Transportes mit einem Beförderungsmittel eintritt, auf den für diese Beförderung gesetzlich festgelegten Haftungshöchstbetrag, und bei einem Schaden im multimodalem Verkehr unter Einschluss der Seebeförderung mit 2 SZR/kg, jedoch in jedem Schadensfall nie mehr als € 1 Mio oder 2 SZR/kg, je nachdem welcher Betrag höher ist.

Was heißt Transport mit einem Beförderungsmittel?

Gemeint ist der Transport im Vor-, Haupt- oder Nachlauf, nicht jedoch Transport per Hand, mit einer Sackkarre oder ähnlichem Arbeitsgerät auf dem Schuppen.

Was hat sich durch die Reform geändert?

Der Spediteur haftet nicht mehr nur bei Verschulden (Vorsatz und Fahrlässigkeit), sondern auch ohne Verschulden (sog. Gefährdungshaftung), aber eingeschränkt mit 8,33 SZR/kg. Ist der Absender ein Verbraucher, kann hiervon nicht abgewichen werden, ansonsten – insbesondere in Geschäftsbedingungen wie den ADSp – in einem Korridor von 2–40 SZR. Eine solche Abweichung muss drucktechnisch in den Bedingungen besonders hervorgehoben werden. Im übrigen wird die Haftungseinschränkung durchbrochen bei Verstößen gegen vertragswesentliche Pflichten oder wenn vorsätzlich oder leichtfertig und im Bewusstsein gehandelt wird, dass ein Schaden mit Wahrscheinlichkeit eintreten werde. (Ziff. 27 ADSp). Diese Risiken, einschließlich derer aus Fehlleitung, nehmen die „Speditionsversicherer" dem Spediteur ab, wobei der Vorwurf eines qualifizierten Verschuldens nur mit besonderen Sublimits oder Jahresaggregaten versichert wird.

Ist die Haftung für Zwischenspediteure mitversichert?

Die vom Erstspediteur eingeschalteten Zwischenspediteure sind mitversichert, sodass der deutsche Versender Schadenersatz von der Versicherung fordern kann, wenn z.B. der in Spanien eingeschaltete Zwischenspediteur vergisst, Nachnahme zu erheben. Allerdings ist zu beachten, dass der räumliche Geltungsbereich des Versicherungsschutzes eingeschränkt sein kann.

Versicherungsschutz auch für Lagerungen?

Versicherungsschutz besteht bei verkehrsbedingten Vor-, Zwischen- und Nachlagerungen, die im Zusammenhang mit Verkehrsaufträgen stehen und bei vom Auftraggeber verfügten stationären Lagerungen. Jedoch ist bei Geschäften außerhalb der EU/des EWR zu prüfen, ob Deckungsschutz besteht.

6.2 DTV-Verkehrshaftungsversicherungs-Bedingungen für Frachtführer, Spedition und Lagerhalter 2003 in der Fassung 2004
DTV – VHV 2003/2004

Musterbedingungen des GDV

1. Gegenstand der Versicherung

1.1 Verkehrsverträge

Gegenstand der Versicherung sind Verkehrsverträge (Fracht-, Speditions- und Lagerverträge) des Versicherungsnehmers als Frachtführer im Straßengüterverkehr, als Spediteur oder Lagerhalter, wenn und soweit die damit zusammenhängenden Tätigkeiten in der Betriebsbeschreibung ausdrücklich dokumentiert sind.

1.2 Vorsorgeversicherung

Gegenstand der Versicherung sind auch Verkehrsverträge des Versicherungsnehmers als Frachtführer im Straßengüterverkehr, Spediteur oder Lagerhalter nach Maßgabe des Versicherungsvertrages über zu diesem Verkehrsgewerbe üblicherweise gehörenden Tätigkeiten, wenn der Versicherungsnehmer nach Abschluss des Versicherungsvertrages diese Tätigkeiten neu aufnimmt (neues Risiko). Der Versicherungsschutz beginnt sofort mit dem Eintritt des neuen Risikos, ohne dass es einer besonderen Anzeige bedarf. Der Versicherungsnehmer ist aber verpflichtet, binnen eines Monats nach Beginn des neuen Risikos, dieses dem Versicherer anzuzeigen. Unterlässt der Versicherungsnehmer die rechtzeitige Anzeige oder kommt innerhalb Monatsfrist nach Eingang der Anzeige bei dem Versicherer eine Vereinbarung über die Prämie für das neue Risiko nicht zustande, so entfällt der Versicherungsschutz für das neue Risiko rückwirkend von Beginn an.

Der Versicherungsschutz der Vorsorge ist auf den Betrag von EUR .... je Schadenereignis begrenzt.

1.3 Die Versicherung gilt nicht für Verträge, die ganz oder teilweise zum Inhalt haben
- Beförderung und beförderungsbedingte Lagerung von Gütern, die der Versicherungsnehmer als Verfrachter (Seefahrt und Binnenschifffahrt), Luftfrachtführer oder Eisenbahnfrachtführer im Selbsteintritt (tatsächlich) ausführt;
- Beförderung und Lagerung von folgenden Gütern: ....;
  ....
- Beförderung und Lagerung von Umzugsgut;
- Beförderung und Lagerung von Schwergut sowie Großraumtransporte, Kran- oder Montagearbeiten;
- Beförderung und Lagerung von abzuschleppenden oder zu bergenden Gütern;

Produktionsleistungen, werkvertragliche oder sonstige nicht speditions-, beförderungs- oder lagerspezifische vertragliche Leistungen im Zusammenhang mit einem Verkehrsvertrag, die über die primäre Vertragspflicht eines Frachtführers, Spediteurs und Lagerhalters gemäß dem deutschen Handelsgesetzbuch (HGB) hinausgehen. Hierzu zählen nicht das Kommissionieren, Etikettieren, Verpacken und Verwiegen von Gütern, wenn diese Tätigkeiten in Verbindung mit einem Verkehrsvertrag zu erfüllen sind.

2 Versicherungsnehmer/Versicherter

2.1 Versicherungsnehmer ist das in der Betriebsbeschreibung genannte Unternehmen unter Einschluss aller rechtlich unselbstständigen inländischen Niederlassungen und Betriebsstätten. Andere Betriebe können nach Vereinbarung in die Versicherung einbezogen werden.

2.2 Die Arbeitnehmer des Versicherungsnehmers sind im Umfange der Versicherung mitversichert, wenn diese in Ausführung der unter Ziffer 1 genannten Verkehrsverträge gehandelt haben.

3		**Versicherte Haftung**

Versichert ist

die verkehrsvertragliche Haftung des Versicherungsnehmers nach Maßgabe

- 3.1 der deutschen gesetzlichen Bestimmungen, insbesondere der §§ 407 ff. HGB;
- 3.2 der Allgemeinen Geschäftsbedingungen (AGB) des Versicherungsnehmers, vorausgesetzt der Versicherer hat dem Einschluss dieser Bedingungen in den Versicherungsschutz zugestimmt;
- 3.3 der Allgemeinen Geschäftsbedingungen (AGB) im Umfange des § 449 Abs. 2 Nr. 1 HGB; vorausgesetzt der Versicherer hat dem Einschluss dieser Bedingungen in den Versicherungsschutz zugestimmt;
- 3.4 des Übereinkommens über den Beförderungsvertrag im internationalen Straßengüterverkehr (CMR);
- 3.5 der jeweils nationalen gesetzlichen Bestimmungen für das Verkehrsgewerbe in den Staaten des Europäischen Wirtschaftsraumes (EWR);
- 3.6 des Übereinkommens über den internationalen Eisenbahnverkehr (Anhang B – COTIF, aktuelle Fassung) und der einheitlichen Rechtsvorschriften für den Vertrag über die internationale Eisenbahnbeförderung von Gütern (CIM);
- 3.7 des Montrealer Übereinkommens (MÜ) vom 28.5.1999, des Warschauer Abkommens von 1929 (WA) und soweit anwendbar – des Haager Protokolls vom 28.05.1955, des Zusatzabkommens von Guadalajara vom 18.09.1961 oder anderer maßgeblichen Zusatzabkommen für den Luftverkehr, soweit diese jeweils zwingend anwendbar sind;
- 3.8 der Haager Regeln und – soweit anwendbar – der Hague Visby Rules bzw. des Seerechtsänderungsgesetzes vom 25.06.1986, der Hamburg-Regeln sowie anderer maßgeblicher internationaler Abkommen oder nationaler gesetzlicher Bestimmungen für den Seeverkehr, soweit diese jeweils zwingend anwendbar sind;
- 3.9 der Bestimmungen eines FIATA Combined Bill of Lading (FBL) oder Through Bill of Lading (TBL) in der von der FIATA verabschiedeten Form;
- 3.10 eines vom Versicherungsnehmer verwendeten eigenen House Airway Bill (HAWB), House Bill of Lading (House B/L) oder anderer Dokumente des Versicherungsnehmers, vorausgesetzt der Versicherer hat dem Einschluss derartiger Dokumente in den Versicherungsschutz zugestimmt;
- 3.11 der jeweils anwendbaren gesetzlichen Bestimmungen anderer Staaten, sofern sich der Versicherungsnehmer nicht mit Erfolg auf die Bestimmungen der vorgenannten Ziffern berufen kann und die jeweiligen gesetzlichen Vorschriften nicht über 8,33 SZR je kg für den Güterschaden hinaus gehen.
- 3.12 Versichert sind auch Ansprüche nach dem Recht der unerlaubten Handlung (Deliktsrecht), wenn und soweit der Berechtigte diese gesetzlichen Ansprüche neben oder anstelle der Haftung aus dem Verkehrsvertrag geltend macht.

4   **Umfang des Versicherungsschutzes**

- 4.1 Die Versicherung umfasst die Befriedigung begründeter und die Abwehr unbegründeter Schadenersatzansprüche, die gegen den Versicherungsnehmer als Auftragnehmer eines Verkehrsvertrages erhoben werden.
- 4.2 Der Versicherer ersetzt dem Versicherungsnehmer
    - die Aufwendungen zur Abwendung oder Minderung eines ersatzpflichtigen Schadens, wenn der Schaden unmittelbar droht oder eingetreten ist, soweit der Versicherungsnehmer sie nach den Umständen für geboten halten durfte

       sowie
    - die gerichtlichen und außergerichtlichen Kosten (§ 150 VVG), soweit sie den Umständen nach geboten waren.
- 4.3 Der Versicherer ersetzt dem Versicherungsnehmer den Beitrag, den er zur großen Haverei aufgrund einer nach Gesetz oder den York-Antwerpener-Regeln oder den Rhein Regeln IVR 1979

oder anderen international anerkannten Haverei-Regeln aufgemachten Dispache zu leisten hat, soweit durch die Haverei-Maßregel ein dem Versicherer zur Last fallender Schaden abgewendet werden sollte.

4.4 Der Versicherer ersetzt dem Versicherungsnehmer aufgewendete Beförderungsmehrkosten aus Anlass einer Fehileitung, wenn sie zur Verhütung eines ersatzpflichtigen Schadens erforderlich waren, bis zu ....% des Wertes des Gutes, höchstens EUR .... je Schadenereignis.

4.5 Der Versicherer ersetzt dem Versicherungsnehmer die aufgrund gesetzlicher oder behördlicher Verpflichtung aufzuwendenden Kosten bis zu einer Höhe von EUR .... je Schadenereignis zur Bergung, Vernichtung oder Beseitigung des beschädigten Gutes, wenn ein ersatzpflichtiger Schaden vorliegt oder soweit nicht ein anderer Versicherer zu leisten hat.

5 Räumlicher Geltungsbereich

Soweit die geschriebenen Bedingungen keine abweichende Regelung enthalten, besteht Versicherungsschutz für Verkehrsverträge innerhalb und zwischen den Staaten des Europäischen Wirtschaftsraumes (EWR), Schweiz, Liechtenstein und Island.

6 Versicherungsausschlüsse

Vom Versicherungsschutz ausgeschlossen sind Ansprüche

6.1 aus Schäden durch Naturkatastrophen (z.B. Erdbeben, Blitzschlag, vulkanische Ausbrüche);

6.2 aus Schäden durch Krieg, kriegsähnliche Ereignisse, Bürgerkrieg, innere Unruhen, Aufruhr;

6.3 aus Schäden durch Streik, Aussperrung, Arbeitsunruhen, terroristische Gewaltakte oder politische Gewalthandlungen;

6.4 aus Schäden, verursacht durch die Verwendung von chemischen, biologischen, biochemischen Substanzen oder elektromagnetischen Wellen als Waffen mit gemeingefährlicher Wirkung – gleichgültig durch wen – und zwar ohne Rücksicht auf sonstige mitwirkende Ursachen;

6.5 aus Schäden, verursacht durch Kernenergie oder sonstige ionisierende Strahlung;

6.6 aus Schäden durch Beschlagnahme, Entziehung oder sonstige Eingriffe von hoher Hand;

6.7 aus Schäden an Umzugsgut, Kunstgegenständen, Antiquitäten, Edelmetallen, Edelsteinen, echten Perlen, Geld, Valoren, Dokumenten, Urkunden;

6.8 aus Schäden an lebenden Tieren und Pflanzen;

6.9 die üblicherweise Gegenstand einer Betriebs-, Produkt-, Umwelt-, Gewässerschaden-, Kraftfahrzeug-, Privathaftpflicht-, Kreditversicherung sind oder aufgrund entsprechender üblicher Versicherungsbedingungen hätten gedeckt werden können;

6.10 die durch eine andere Verkehrshaftungsversicherung des Versicherungsnehmers versichert sind;

6.11 wegen Nichterfüllung der Leistungspflicht aus Verkehrsverträgen (Eigenschäden des VN);

6.12 aufgrund vertraglicher, im Verkehrsgewerbe nicht üblicher Vereinbarungen, wie Vertragsstrafen, Lieferfristgarantien usw., sowie aus Vereinbarungen, soweit sie über die Haftungshöhe von 8,33 SZR je kg des Rohgewichts der Sendung oder die für Verkehrsverträge geltende gesetzliche Haftung hinausgehen, wie z.B. Wert- oder Interessevereinbarungen nach Art. 24, 26 CMR, Art. 22 Abs. 2 WA, Art. 22 Ziffer 3 und Art. 25 MÜ, § 660 HGB etc.;

6.13 die strafähnlichen Charakter haben, z.B. Geldstrafen, Verwaltungsstrafen, Bußgelder, Erzwingungs- und Sicherungsgelder und aus sonstigen Zahlungen mit Buß- oder Strafcharakter und den damit zusammenhängenden Kosten;

6.14 in unmittelbarem Zusammenhang mit der Verwendung, Weiterleitung oder Rückzahlung von Vorschüssen, Erstattungsbeträgen o.ä.;

6.15 die durch einen Mangel im Betrieb des Versicherungsnehmers (z.B. mangelnde Schnittstellenkontrolle) entstanden sind, dessen Beseitigung innerhalb einer angemessenen Frist der Versicherer unter Ankündigung der Rechtsfolgen (Risikoausschluss) verlangt hatte;

6.16		wegen Schäden aus Charter- und Teilcharterverträgen im Zusammenhang mit der Güterbeförderung mit Schiffen, Eisenbahn- oder Luftfahrzeugen;
6.17		auf Entschädigungen mit Strafcharakter, insbesondere „punitive" oder „exemplary damages" nach amerikanischem und kanadischem Recht; **(Baustein, siehe Ziff. 3.11)**
6.18		aus Carnet TIR-Verfahren;
6.19		wegen Personenschäden;
6.20		wegen vorsätzlicher Herbeiführung des Versicherungsfalls durch den Versicherungsnehmer oder einen seiner Repräsentanten, ferner Ansprüche gegen den Erfüllungsgehilfen selbst, wenn dieser vorsätzlich gehandelt hat;
6.21		gegen den Arbeitnehmer des Versicherungsnehmers selbst, wenn dieser vorsätzlich gehandelt hat.
7		**Obliegenheiten**
		Dem Versicherungsnehmer obliegt es,
7.1		vor Eintritt des Versicherungsfalls
7.1.1		nur einwandfreie und für den jeweiligen Auftrag geeignete Fahrzeuge und Anhänger, Wechselbrücken / Container, Kräne / Hubgeräte, sowie sonstiges Equipment (einschließlich Seile, Gurte) zu verwenden;
7.1.2		bei Beförderungen von temperaturgeführten Gütern nur Fahrzeuge und Anhänger mit ATP-Zertifikat und Kühlschreiber einzusetzen, die einzuhaltende Temperatur im Beförderungspapier zu vermerken und das Fahrpersonal anzuweisen, die Einhaltung der Temperatur während des Transportes regelmäßig zu prüfen und zu dokumentieren;
7.1.3		im Straßengüterverkehr einzusetzende Fahrzeuge des eigenen Betriebes mit je zwei von einander unabhängig funktionierenden Diebstahlsicherungen auszustatten (hierzu zählen nicht Türschlösser) und die Fahrer anzuweisen, die Diebstahlsicherungen beim Verlassen des Fahrzeuges einzuschalten;
7.1.4		für die Sicherung eigener oder in seinem Einfluss- und Verantwortungsbereich befindlicher fremder beladener Kraftfahrzeuge, Anhänger und Wechselbrücken/Container gegen Diebstahl oder Raub zu sorgen, insbesondere auch zur Nachtzeit, an Wochenenden und Feiertagen;
7.1.5		dafür zu sorgen, dass für die Auftragsdurchführung erforderliche Genehmigungen vorliegen und behördliche Auflagen eingehalten werden;
7.1.6		dafür zu sorgen, dass die für die Auftragsabwicklung eingesetzten elektrischen Geräte, insbesondere die Hard- und Software zur Datenverarbeitung oder Steuerung von Maschinen und Anlagen, in ihrer Funktionsfähigkeit nicht gestört werden und eine den jeweiligen Erfordernissen entsprechende Sicherung der Daten gewährleistet ist;
7.1.7		nur für den jeweiligen Auftrag geeignete Lager- bzw. Umschlagsgebäude oder -flächen, sowie technisches oder sonstiges Equipment zu nutzen, und dafür Sorge zu tragen, dass gesetzliche oder behördliche Auflagen erfüllt werden und Sicherungseinrichtungen in ihrer Funktionsfähigkeit nicht gestört sind;
7.1.8		Schnittstellenkontrollen durchzuführen und zu dokumentieren;
7.1.9		auf Verlangen des Versicherers zusätzlich zu den auftragsgemäß vorgesehenen Inventuren bzw. Inventurintervallen weitere Inventuren auf Kosten des Versicherungsnehmers durchzuführen;
7.1.10		Mitarbeiter sorgfältig auszuwählen und zu überwachen;
7.1.11		die Auswahl der Subunternehmer und Erfüllungsgehilfen mit der Sorgfalt eines ordentlichen Kaufmanns zu treffen und darauf hinzuwirken, dass auch sie die Obliegenheiten der Ziffern 7.1.1 bis 7.1.10 erfüllen und über eine in Kraft befindliche, den üblichen Bedingungen und evtl. anwendbaren gesetzlichen Vorschriften entsprechende Versicherung verfügen;
7.1.12		Veränderungen der dem Versicherer zur Kenntnis gebrachten und durch die Besonderen Versicherungsbedingungen oder die Betriebsbeschreibung in den Versicherungsschutz einbezogenen Geschäftsbedingungen, Individualvereinbarungen, Dokumente, Frachtpapiere oder sonsti-

	ger die Haftung des Versicherungsnehmers betreffende Vereinbarungen dem Versicherer unverzüglich mitzuteilen;
7.1.13	Gesetze, Verordnungen, behördliche Anordnungen oder Verfügungen. berufsgenossenschaftliche Vorschriften oder sonstige Sicherheitsvorschriften einzuhalten.
7.2	Nach Eintritt des Versicherungsfalls
7.2.1	jeden Schadenfall oder geltend gemachten Haftungsanspruch dem Versicherer unverzüglich, spätestens innerhalb eines Monats, zu melden und alle zur Beurteilung notwendigen Unterlagen vorzulegen;
7.2.2	für die Abwendung und Minderung des Schadens zu sorgen, dem Versicherer jede notwendige Auskunft zu geben und etwaige Weisungen zu befolgen;
7.2.3	die Versicherer unverzüglich zu benachrichtigen, wenn gerichtlich gegen ihn im Zusammenhang mit einer versicherten Tätigkeit vorgegangen wird, und die erforderlichen Rechtsmittel oder Rechtsbehelfe, insbesondere Widerspruch gegen Mahnbescheide, einzulegen;
7.2.4	ohne Einwilligung der Versicherer keinen Anspruch anzuerkennen oder zu befriedigen und keine Versicherungs- oder Regressansprüche abzutreten;
7.2.5	sich auf Verlangen und Kosten der Versicherer auf einen Prozess mit dem Anspruchsteller einzulassen und dem Versicherer die Prozessführung zu überlassen;
7.2.6	jeden Diebstahl, Raub sowie jeden Verkehrsunfall mit möglichem Schaden an der Ladung der zuständigen Polizeidienststelle und dem Versicherer unverzüglich anzuzeigen sowie bei allen Unfällen, Schäden über EUR .... und solchen, deren Umfang oder Höhe zweifelhaft sind, den nächst zuständigen Havariekommissar zu benachrichtigen und dessen Weisungen zu befolgen;
7.2.7	mögliche Regressansprüche gegen Dritte zu wahren und die Reklamationsfristen zu beachten.
7.3	Leistungsfreiheit bei Obliegenheitsverletzung

Verletzt der Versicherungsnehmer oder einer seiner Repräsentanten eine Obliegenheit vorsätzlich oder grobfahrlässig, so ist der Versicherer nach Maßgabe der §§ 6, 62 des Gesetzes über den Versicherungsvertrag (VVG) von der Verpflichtung zur Leistung frei.

Wird eine vor Eintritt des Versicherungsfalls zu erfüllende Obliegenheit vorsätzlich oder grobfahrlässig verletzt, so tritt die Leistungsfreiheit des Versicherers in Abweichung des § 6 Abs. 1, Satz 2 und 3 VVG auch ohne Kündigung des Versicherungsvertrages ein.

8 Begrenzung der Versicherungsleistung
8.1 Schadenfall

Begrenzung der Versicherungsleistung bei gesetzlicher oder vertraglicher Haftung

Die maximale Versicherungsleistung beträgt je Schadenfall, also je Geschädigten und je Verkehrsvertrag

- für Frachtverträge:
  bei Güterschäden
  .... EUR;
  bei reinen Vermögensschäden
  .... EUR;
- für Speditionsverträge:
  bei Güter- und Güterfolgeschäden
  .... EUR;
  bei reinen Vermögensschäden
  .... EUR;
- für Lagerverträge:
  bei Güter- und Güterfolgeschäden
  .... EUR;

bei Differenzen zwischen Soll- und Ist-Bestand des Lagerbestandes leistet der Versicherer jedoch maximal .... EUR, unabhängig von der Zahl der für die Inventurdifferenz ursächlichen Schadenfälle;

– bei reinen Vermögensschäden .... EUR,

– für Ansprüche nach dem Recht der unerlaubten Handlung (Deliktsrecht) – unabhängig von der Art des Verkehrsvertrages oder des Schadens – .... EUR

8.2 Schadenereignis

Begrenzung der Versicherungsleistung je Schadenereignis

Der Versicherer leistet höchstens .... EUR. Die durch ein Ereignis mehreren Geschädigten entstandenen Schäden werden unabhängig von der Anzahl der Geschädigten und der Verkehrsverträge anteilmäßig im Verhältnis ihrer Ansprüche ersetzt, wenn sie zusammen die äußerste Grenze der Versicherungsleistung übersteigen.

8.3 Jahresmaximum

8.3.1 Begrenzung der Versicherungsleistung pro Versicherungsjahr

Die Höchstersatzleistung des Versicherers beträgt für alle Schadenereignisse der versicherten Verkehrsverträge eines Versicherungsjahres .... EUR.

8.3.2 Zusätzliche Begrenzung bei qualifiziertem Verschulden

Die Versicherungsleistung des Versicherers ist zusätzlich je Versicherungsjahr bei Schäden, die vom Versicherungsnehmer, seinen gesetzlichen Vertretern oder seinen leitenden Angestellten durch Leichtfertigkeit und in dem Bewusstsein, dass ein Schaden mit Wahrscheinlichkeit entstehen werde, herbeigeführt, durch Kardinalpflichtverletzung oder durch grobes Organisationsverschulden verursacht worden sind, über die gesetzliche oder vertragliche Regelhaftung (§ 449 HGB-Korridor) und unabhängig vom Schadenfall und -ereignis, begrenzt bis maximal .... EUR. § 158 b VVG bleibt hiervon unberührt.

9 Schadenbeteiligung

9.1 Die allgemeine Schadenbeteiligung des Versicherungsnehmers beträgt ....% der Versicherungsleistung je Schadenfall, mindestens EUR ...., höchstens EUR ....

9.2 Die Schadenbeteiligung des Versicherungsnehmers bei Manko- oder Fehlmengenschäden bei verfügter Lagerung wird das Ausmaß eines Schadenfalls mit EUR .... angenommen, es sei denn, er weist einen anderen Betrag nach.

10 Rückgriff, Regress

10.1 Der Versicherer verzichtet auf einen Rückgriff gegen den Versicherungsnehmer und seine Arbeitnehmer. Der Versicherer ist jedoch berechtigt, gegen jeden Rückgriff zu nehmen, der den Schaden vorsätzlich herbeigeführt hat.

10.2 Der Versicherer ist ferner berechtigt, gegen den Versicherungsnehmer Rückgriff zu nehmen, wenn

10.2.1 er seine Anmelde- oder Zahlungspflichten vorsätzlich verletzt hatte, der Versicherer aber dennoch gegenüber dem Geschädigten zu leisten verpflichtet ist;

10.2.2 ein Versicherungsausschluss gegeben war, eine Obliegenheitsverletzung durch den Versicherungsnehmer oder seine Repräsentanten zur Leistungsfreiheit des Versicherers geführt hätte oder ein nicht versicherter Verkehrsvertrag zugrunde lag, der Versicherer aber dennoch gegenüber dem Geschädigten zur Leistung verpflichtet ist.

11 Prämie, Anmeldung, Zahlung und Sanierung

12 Bucheinsichts- und -prüfungsrecht

Der Versicherer ist berechtigt, die Prämienanmeldungen durch Einsichtnahme in die entsprechenden Geschäftsunterlagen des Versicherungsnehmers zu überprüfen. Er ist verpflichtet, über die erlangten Kenntnisse Stillschweigen gegenüber Dritten zu bewahren.

13 Kündigung

13.1 Der Versicherungsnehmer und die Versicherer sind berechtigt, den Versicherungsvertrag schriftlich zum Ende des Versicherungsjahres zu kündigen. Die Kündigung muss drei Monate vor Ablauf des Vertrages zugegangen sein.

13.2 Nach Eintritt eines Versicherungsfalles können beide Parteien den Versicherungsvertrag kündigen. § 158 VVG findet Anwendung.

13.3 Der Versicherungsschutz bleibt für alle vor Beendigung des Versicherungsvertrages abgeschlossenen Verkehrsverträge bis zur Erfüllung aller sich daraus ergebenden Verpflichtungen bestehen. Bei verfügten Lagerungen endet der Versicherungsschutz jedoch spätestens einen Monat nach Beendigung des Versicherungsvertrages.

14 Gerichtsstand, anwendbares Recht

14.1 Auf diesen Versicherungsvertrag findet deutsches Recht Anwendung, insbesondere die Vorschriften des VVG.

14.2 Für Klagen gegen den Versicherungsnehmer wegen Prämienzahlung, Zahlung von Schadenbeteiligung, Regressansprüchen oder aus sonstigem Grund ist das Gericht am Ort der Niederlassung oder des Sitzes des Versicherungsnehmers zuständig.

14.3 Für Klagen gegen den Versicherer ist das Gericht am Ort der zuständigen geschäftsführenden Stelle des Versicherers zuständig (§ 48 VVG).

15 Bundesdatenschutzgesetz (BDSG)

16 Beteiligungsliste und Führungsklausel

17 Schlussbestimmung

Die Bestimmungen des Vertrages gelten nur, soweit nicht zwingende gesetzliche Vorschriften der Pflichtversicherung entgegen stehen (z. B. § 7a GüKG)."

6.3 Vermutung des Versicherungswunsches des Auftraggebers

Ziff. 21 der ADSp wurde 2003 neu gefasst, nachdem die Versicherer den traditionellen Schutz durch die Speditionsversicherung aufgekündigt hatten. Zunächst bestand eine Automatik: Der Spediteur war verpflichtet, eine Versicherung zugunsten des Auftraggebers abzuschließen (SVS/RVS), soweit nicht ein Verbot zur Eindeckung vorlag. Das Verbot wurde dann durch eine Verzichtserklärung (SpV) ersetzt. Seit 2003 ist der Spediteur berechtigt, aber nicht verpflichtet, die Versicherung des Gutes zu besorgen, wenn dies im Interesse des Auftraggebers liegt.

Wann ist das Interesse an einer Versicherung gegeben?

Wenn der Auftraggeber einen ausdrücklichen Auftrag zur Eindeckung der Warenversicherung erteilt, oder umgekehrt, es darf keine Versicherung des Gutes erfolgen, wenn der Auftraggeber die Eindeckung schriftlich untersagt.

Wann ist ein Interesse des Auftraggebers zu vermuten?

Wenn der Spediteur bei froheren Verkehrsverträgen eine Versicherung besorgt hat, oder wenn der Auftraggeber im Auftrag einen Warenwert angibt (sog. Quasi-Automatismus).

Umfang der Versicherung

Der Spediteur hat nach pflichtgemäßem Ermessen (mit der Sorgfalt eines ordentlichen Kaufmannes) über Art und Umfang der Versicherung zu marktüblichen Bedingungen (Allgefahrenversicherung, z.B. DTV-Güter-2000) zu entscheiden. In der Auswahl der Versicherung und des Maklers ist der Spediteur frei. Kann der Spediteur wegen der Art der Güter oder aus einem anderen Grund (z.B. Kriegsgebiet) keinen Versicherungsschutz erlangen, hat er dies dem Auftraggeber unverzüglich mitzuteilen.

Prämien

Die Prämie richtet sich nach Güterart, Ziel, Reiseroute und Transportmittel. Die Prämie ist offen in der Rechnung auszuweisen, damit der Auftraggeber die Marktüblichkeit prüfen kann. Verboten sind Pauschalprämien.

Provision

Sowohl für die Versicherungsbesorgung als auch für die Einziehung des Entschädigungsbetrages steht dem Spediteur eine besondere Vergütung neben dem Ersatz seiner Auslagen zu. Das gleiche gilt für sonstige Tätigkeiten bei der Abwicklung eines Versicherungsfalles oder einer Havarie.

Schadensarten

Kommt ein Gut, das auf einer Messe ausgestellt werden soll, zerstört am Ausstellungsstand an, liegt ein Güterschaden vor.

Wenn mit Rücksicht auf den Güterschaden das Exponat nicht vorgeführt werden kann und mithin keine Geschäfte getätigt werden, ist neben dem Güterschaden ein Güterfolgeschaden eingetreten.

Kommt das Exponat unbeschädigt aber verspätet erst nach Messeschluss an, liegt ein reiner Vermögensschaden vor, der darin besteht, daß z.B. die Standkosten vergeblich aufgewandt wurden.

7. WEITERE BEDINGUNGEN DES SPEDITEURS

7.1 Bedingungen für den deutschen Spediteursammelgutverkehr

Stand: 01.01.2004

1. Anwendung der Bedingungen

1.1 Diese Bedingungen finden Anwendung im innerdeutschen Spediteursammelgutverkehr auf **Speditionsverträge** zwischen Auftraggeber (Versender) und beauftragtem Spediteur. Sie gelten ergänzend zu den Allgemeinen Deutschen Spediteurbedingungen (ADSp), jeweils neueste Fassung.

1.2 Spediteursammelgut im Sinne dieser Bedingungen liegt vor, wenn die **Güter mehrerer Versender** von einem Spediteur (Versandspediteur) auf der ganzen Strecke oder auf einem Teil der Strecke **bei der Versendung zusammengefasst** werden.

2. Abgrenzung des Leistungsbereichs

2.1 Der **Leistungsbereich** des Spediteursammelgutverkehrs beginnt mit **Übernahme des Gutes** beim Versender und endet mit **Übergabe des Gutes** an den Empfänger **(Haus-Haus-Leistungsbereich)**.

2.2 Bei **Selbstanlieferung** beginnt der Leistungsbereich mit der Übernahme des Gutes durch den Versandspediteur. Selbstanlieferung ist nur möglich im Einvernehmen mit dem Versandspediteur.

2.3 In den folgenden Fällen **endet** der Leistungsbereich bereits an der **Entladestelle der Sammelladung**:

2.3.1 **bei Selbstabholung;**

Selbstabholung ist nur möglich, wenn diese vereinbart ist, und grundsätzlich nur an der Umschlagsanlage des Empfangsspediteurs. Der Leistungsbereich endet dann mit der Übergabe des Gutes an den selbstabholenden Empfänger;

2.3.2 wenn die Sendung vom Empfangsspediteur **an einen anderen Spediteur überwiesen** werden muss, der seinerseits die Sendung an der Umschlagsanlage des Empfangsspediteurs abholt;

2.3.3 beim Versand von Exportgut nach einem deutschen Seehafen (Verkehr über die **nasse Grenze**). Wird die Sammelladung nach einem Verteilungsschuppen in einem Seehafen abgefertigt, gilt der Verteilungsschuppen als Entladestelle der Sammelladung;

2.3.4 wenn die Sendung – ohne Umfuhr – beim Empfangsspediteur **eingelagert** wird.

3. Haus-Haus-Entgelt

3.1 Entsprechend dem Haus-Haus-Leistungsbereich wird ein **Haus-Haus-Entgelt** berechnet.

3.2 Das **Haus-Haus-Entgelt** enthält die **Vergütung für folgende Leistungen**, soweit sie **den normalen Umfang** nicht überschreiten:

    a) Beförderung innerhalb des in Ziffer 2. abgegrenzten Leistungsbereichs,
    b) büromäßige Bearbeitung durch den Versand- und Empfangsspediteur.

3.3 **Zusätzliche Leistungen und Auslagen** werden zusätzlich zum Haus-Haus-Entgelt berechnet. Dies sind unter anderem:

- Nachnahmeprovisionen, Überweisungsspesen, Signierungskosten, Lagergelder, Avisgebühren, Wiegegebühren, Versicherungsprämien,
- die das übliche Maß übersteigenden Ladekosten, Fuhrleistungen (insbesondere Sonderfahrten, Wartezeiten, Nacht-, Samstags-, Sonn- oder Feiertagsfahrten, zusätzliches Personal) und büromäßigen Aufwendungen,
- Überlassung von Behältern und sonstigen Lade- und Packmitteln, Zustellung und Abholung von leeren Behältern und sonstigen Lade- und Packmitteln,
- Lademittelverwaltung,
- Aufmessen von Sperrgütern,
- Rechnungserstellung an Unfrei-Empfänger, die nicht zur sofortigen Zahlung bereit sind,

- Selbstabholergebühr,
- Zoll- und sonstige Grenzabfertigung,
- Ausfertigung von Bescheinigungen aller Art,
- Postkosten,
- Kapitalbereitstellungskosten,
- die in den Seehafen-Speditionstarifen aufgeführten Leistungen,
- Beschaffung von Ablieferungsnachweisen,
- Beförderung gefährlicher Güter.

3.4 Soweit die **Entgelte für zusätzliche Leistungen** nach Ziffer 3.3 nicht im Nebengebührentarif aufgeführt sind, wird ein angemessener Betrag, mindestens aber die Auslagen, berechnet.

3.5 Zuschläge für Schnelllieferungen und Terminverkehre sowie für Beförderungen in Isothermfahrzeugen oder anderen Sonderfahrzeugen werden nach Vereinbarung zusätzlich berechnet.

4. Berechnung des Haus-Haus-Entgelts

4.1 Das Haus-Haus-Entgelt wird für jede Sendung gesondert berechnet.

4.2 Eine Sendung ist das

von einem Versender
für einen Empfänger
vom Spediteur gleichzeitig übernommene Gut.

4.3 Der Berechnung des Haus-Haus-Entgelts werden zugrunde gelegt:

a) die verkehrsübliche Entfernung in Kilometer und
b) das Gewicht der Sendung in Kilogramm.

Liegt das Gewicht der Sendung unter 200 kg je Kubikmeter (sperriges Gut), so wird der Frachtberechnung ein Gewicht von 2,0 kg je angefangene 10 dm^3 zugrunde gelegt. Die Berechnung eines höheren frachtpflichtigen Gewichts bedarf der Vereinbarung.

Für palettiert übernommene Güter werden der Frachtberechnung folgende Mindestgewichte zugrunde gelegt:

400 kg pro Palettenstellplatz (800 mm x 1.200 mm)

250 kg pro stapelbare Gitterboxpalette mit Euromaßen

200 kg pro stapelbare Flachpalette mit Euromaßen

100 kg pro Halbpalette

  50 kg pro Viertelpalette.

Pro Lademeter wird ein Mindestgewicht von 1.000 kg berechnet.

5. Frankaturvorschriften

5.1 Erteilt der Auftraggeber im Speditionsauftrag die Frankaturvorschrift „frei Haus", berechnet ihm der Versandspediteur das Haus-Haus-Entgelt sowie gegebenenfalls besondere Entgelte für zusätzliche Leistungen.

5.2 Erteilt der Auftraggeber im Speditionsauftrag die Frankaturvorschrift „unfrei/ab Werk", werden das Haus-Haus-Entgelt sowie gegebenenfalls besondere Entgelte für zusätzliche Leistungen beim Empfänger nachgenommen oder dem Empfänger berechnet.

5.3 Verwendet ein Auftraggeber die Frankaturvorschrift „franco", „frei" oder „franco bzw. frei Bestimmungsort", ist dies gleichbedeutend mit „frei Haus". Werden Incotermsklauseln als Frankaturvorschriften verwendet, sind die „C- und D-Klauseln" gleichbedeutend mit „frei Haus" sowie die „E- und F-Klauseln" gleichbedeutend mit „unfrei/ab Werk".

5.4 Bei Zollgut bedarf es der zusätzlichen Vorschrift durch den Auftraggeber darüber, wer das Entgelt für die zollamtliche Abfertigung, den Zoll und die Steuern zu tragen hat.

6. Umsatzsteuer

In Preisofferten und -vereinbarungen (siehe Ziffer 16 ADSp) ist keine Umsatzsteuer (Mehrwertsteuer) enthalten. Sie ist zusätzlich zu berechnen, soweit nicht steuerliche Befreiungsvorschriften zum Zuge kommen.

Nebengebühren

1. Für in Ziffer 3.3 der Bedingungen unter anderem aufgeführte zusätzliche Leistungen werden **zusätzlich zum Haus-Haus-Entgelt** berechnet:

   a) Gebühr für Versendernachnahmen 2 %, ... mindestens € 15,30
   b) Avisgebühren .... pro Sendung € 5,10
   c) Zustellung an einem vorgeschriebenen Tag (Fixtag)
      nach Ablauf der Regellaufzeit .... € 15,30
   d) Wiegen von Gütern sowie Aufmessen von Sperrgütern
      nach Zeit und Aufwand .... pro Sendung mindestens € 2,60
   e) Lagergeld für Güter normalen Umfangs .... pro Tag und 100 kg € 1,00
      mindestens .... € 2,10
   f) Rechnungserstellung für Unfrei-Empfänger, die nicht zur
      sofortigen Zahlung bereit sind, sowie für Dritte .... € 6,10
   g) Nachträgliche Verfügungen des Versenders (z.B. Änderungen
      der Frankatur) und Anweisungen des
      Empfängers .... pro Sendung mindestens € 5,10
   h) Beschaffung eines Ablieferungsnachweises .... mindestens € 6,10
   i) Palettentauschgebühr für
      – genormte* Flachpaletten .... je Palette € 2,60
      – genormte* Gitterboxpaletten .... je Palette € 10,20
      * Die Normen für Abmessungen und Güte richten sich nach DIN.
   j) Stand- und Wartezeiten von mehr als einer halben
      Stunde .... je halbe Stunde € 17,90

2. Die bei der Versendung gefährlicher Güter erforderlichen zusätzlichen Leistungen werden mit einem angemessenen Betrag, mindestens aber in folgender Höhe abgerechnet:

   pro Sendung
   bis 300 kg .... mindestens € 10,20
   301 kg bis 1.000 kg .... mindestens € 15,30
   über 1.000 kg .... mindestens € 20,50

3. Sonstige Leistungen oder Zuschläge nach den Ziffern 3.3 oder 3.5 der Bedingungen für den Spediteursammelgutverkehr werden, soweit sie nicht in diesem oder einem anderen Tarif aufgeführt sind, mit einem angemessenen Betrag, mindestens aber in Höhe der Auslagen, abgerechnet.

7.2 Be- und Entladepflicht im Transportbereich

Das Be- und Entladegeschäft im Verkehrsgewerbe war und ist noch immer Grund von Missverständnissen zwischen Spediteur/Frachtführer und Absender/Empfänger. Kompliziert wird die Lage häufig durch Frankaturklauseln.

Der selbst anliefernde Spediteur oder der Frachtführer hat nach HGB das Gut abzuliefern, d.h. diese müssen ihren Gewahrsam am Gut mit ausdrücklicher oder stillschweigender Einwilligung des Empfängers aufgeben, der zugleich in den Stand versetzt werden muss, die tatsächliche Gewalt über das Gut auszuüben. Der Fahrer genügt also seiner Pflicht, wenn er das Gut auf dem Fahrzeug zur Entladung bereit hält.

1. Das eigentliche Entladen wie auch das beförderungssichere Laden, Stauen obliegt gem. §§ 412, 421 HGB dem Absender, wie der Versender, Auftraggeber im Frachtrecht heißt. Allerdings hat der Frachtführer für eine betriebssichere Verladung zu sorgen.

   Beförderungssicher heißt: Schutz des Gutes vor Gefahren der Reise.
   Betriebssicher heißt: Schutz Dritter (Verkehrsteilnehmer) vor dem Gut.

Unabhängig von der gesetzlichen Regelung können der Spediteur (als Absender in Fällen des Selbsteintritts, der Fixkosten- und Sammelladungsspedition) und Frachtführer vereinbaren, dass letzterer lädt und entlädt, auch kann der Empfänger eine Abladepflicht des Frachtführers absprechen. Endlich kann die Entladepflicht des Frachtführers aus den Umständen folgen, z.B. wenn die Entladung nur unter zur Hilfenahme von bordeigenen technischen Einrichtungen des Fahrzeugs möglich ist. In der Praxis kommt es vor, dass ein Fahrer mit dem Entladen beginnt, ohne sich vorher beim Empfänger gemeldet zu haben. Es liegt dann noch keine Ablieferung vor, und somit gehen Schäden bei der Entladung zu Lasten des Frachtführers, da dieser das Gut noch in Obhut hatte.

Hilft dagegen der Fahrer auf Bitten des Empfängers bei der Entladung unentgeltlich mit, so wird er zum Erfüllungsgehilfen des Empfängers, der bekanntlich die Entladepflicht zu erfüllen hat mit der Folge, dass Schäden zu seinen Lasten gehen. Da diese „Gefälligkeiten" weitgehend üblich sind, haben die Gerichte unter Verkennung der Trennung von Personalrisiko und Verhaltenszurechnung dem Fahrer ein Mitverschulden beim Schaden angerechnet.

2. Die Ladungssicherung zur beförderungs-/verkehrssicheren Reise fällt ebenfalls unter die Pflicht des Absenders, dem auch die ausreichende Verpackung des Gutes obliegt (§ 411 HGB).

3. Die CMR – Kap. IV. 2.1 – enthält keine Bestimmung über die Pflicht zur betriebs- und beförderungssicheren Verladung.

4. Beladungsregeln findet man in VDI-Richtlinien: optimales Stauen, Stapeln, richtiges Verzurren, Verkeilen.

5. Beim Versendungskauf nach § 447 BGB liegt die Transportdisposition beim Verkäufer, und damit ist er für eine ordnungsgemäße Verladung verantwortlich. Hier greifen häufig kaufvertragliche Klauseln wie z.B. die INCOTERMS ein. S. Kapitel IX., 4.2.

8. SPEZIALTRANSPORTE

8.1 ALLGEMEINE GESCHÄFTSBEDINGUNGEN DER BUNDESFACHGRUPPE SCHWERTRANSPORTE UND KRANARBEITEN (BSK) 1998 (Stand 18.05.1999)

PRÄAMBEL

Die Bundesfachgruppe Schwertransporte und Kranarbeiten (BSK) empfiehlt ihren Mitgliedern die nachstehenden Allgemeinen Geschäftsbedingungen der BSK unverbindlich zur Verwendung im Geschäftsverkehr mit ihren Auftraggebern/Auftragnehmern. Den Adressaten steht es frei, der Empfehlung zu folgen oder andere Allgemeine Geschäftsbedingungen zu verwenden.

I. Allgemeiner Teil

1. Allen unseren Kran- und Transportleistungen liegen die nachstehenden Bedingungen zugrunde, soweit nicht zwingende Vorschriften entgegenstehen (z.b. CMR=Übereinkommen über den Beförderungsvertrag im internationalen Güterverkehr).

2. **Kranleistungen** im Sinne dieser Bedingungen werden in zwei Regelleistungstypen erbracht:

2.1. Leistungstyp 1 – Krangestellung

Krangestellung bezeichnet die Überlassung von ortsveränderlichem Hebezeug samt Bedienungspersonal an den Auftraggeber zur Durchführung von Arbeiten nach dessen Weisung und Disposition

2.2. Leistungstyp 2 – Kranarbeit

Kranarbeit ist Güterbeförderung, insbesondere das Anheben, Bewegen und die Ortsveränderung von Lasten und/oder Personen zu Arbeitszwecken mit Hilfe eines orstveränderlichen Hebezeuges und bezeichnet die Übernahme eines oder mehrerer vereinbarter Hebemanöver durch den Unternehmer nach dessen Weisung und Disposition.

3. **Transportleistung** im Sinne dieser Geschäftsbedingungen ist die Beförderung von Gütern im Straßengüterverkehr mit Kraftfahrzeugen sowie die Bewegung oder Ortsveränderung von Gütern mittels besonderer Transporthilfsmittel wie z.B. Panzerrollen, Wälzwagen, Heberböcke o.ä.

4. Abweichende Abreden gelten nur, wenn sie im Einzelfall vereinbart wurden. Die Beweislast für den Inhalt sowie die richtige und vollständige Übermittlung trägt, wer sich darauf beruft.
Hingegen gelten abweichende Geschäftsbedingungen nur, wenn sie im Einzelfall vereinbart wurden.

5. Alle Angebote des Unternehmers sind freibleibend und bedürfen zu ihrer Wirksamkeit der schriftlichen Bestätigung.

6. Ergebnisse von Einsatzstellenbesichtigungen und besondere Vereinbarungen, z.B. über Be- und Entladeort, Kranstandplatz usw., müssen von den Parteien zu ihrer Wirksamkeit protokolliert werden.

7. Verträge, deren Durchführung der Erlaubnis oder Genehmigung der zuständigen Behörde bedürfen, insbesondere gemäß § 18 I 2 und § 22 II.IV und § 29 III und § 46 I Nr. 5 StVO sowie § 70 I StVZO, werden unter der aufschiebenden Bedingung der rechtzeitigen Erlaubnis- bzw. Genehmigungserteilung geschlossen.

8. Gebühren und Kosten für behördliche Aufwendungen sowie alle Beschaffungskosten und Kosten, die durch behördliche Auflagen entstehen sowie Polizeibegleitgebühren und sonstige Kosten für behördlich angeordnete Sicherheitsvorkehrungen trägt der Auftraggeber, soweit nichts anderes vereinbart wurde.

9. Der Unternehmer ist berechtigt, andere Unternehmen zur Erfüllung der vertraglich übernommenen Verpflichtung einzuschalten, sofern nichts anderes vereinbart wurde.

10. Der Unternehmer ist berechtigt, unter Ausschluß von Schadenersatzansprüchen vom Vertrag zurückzutreten, wenn nach sorgfältiger Prüfung vor oder während des Einsatzes von Fahrzeugen, Geräten oder Arbeitsvorrichtungen aller Art wesentliche Schäden an fremden und/oder eigenen Sachen und/oder Vermögenswerten bzw. Personenschäden zu besorgen sind. Der Ausschluß der Schadenersatzansprüche entfällt, wenn der Unternehmer die Sorgfalt eines ordentlichen Kaufmanns (Frachtführers) nicht beachtet hat.

Im Fall des Rücktritts wird bei Kranleistungen das Entgelt anteilig berechnet, bei Transportleistungen gelten die gesetzlichen Bestimmungen.

11. Witterungsbedingte Unterbrechungen mindern den Anspruch auf Entgelt unter Anrechnung ersparter Aufwendungen nicht, es sei denn, es ist etwas anderes vereinbart.

II. Besonderer Teil

1. Abschnitt
Krangestellung
Pflichten des Unternehmers und Haftung

12.1 Besteht die Hauptleistung des Unternehmers in der bezeichneten Überlassung eines ortsveränderlichen Hebezeuges samt Bedienungspersonal an den Auftraggeber zur Durchführung von Arbeiten nach dessen Weisung und Disposition, so schuldet der Unternehmer die Überlassung eines im allgemeinen und im besonderen geeigneten ortsveränderlichen Hebezeuges, das nach den einschlägigen gesetzlichen Bestimmungen und den geltenden Regeln der Technik TÜV- und UVV-geprüft sowie betriebsbereit ist. Für das überlassene Personal haftet der Unternehmer nur im Rahmen der geltenden Grundsätze zum Auswahlverschulden.

12.2 Eine Haftung für nicht rechtzeitige Gestellung ist ausgeschlossen bei Höherer Gewalt, Streik, Straßensperrung und sonstigen unvermeidbaren Ereignissen, deren Folgen der Unternehmer nicht abwenden konnte.

12.3 In allen anderen Fällen nicht rechtzeitiger Gestellung ist die Haftung des Unternehmers begrenzt auf den dreifachen Mietzins. Diese Begrenzung entfällt bei Vorsatz und grober Fahrlässigkeit.

2. Abschnitt
Kranarbeiten und Transportleistungen
Pflichten des Unternehmers und Haftung

13. Der Unternehmer verpflichtet sich, alle ihm erteilten Aufträge mit allen ihm zur Verfügung stehenden Mitteln und technischen Möglichkeiten unter Beachtung der einschlägigen Regeln der Technik ordnungsgemäß und fachgerecht auszuführen.

14. Der Unternehmer verpflichtet sich insbesondere, allgemein und im besonderen geeignete Transportmittel und Hebezeuge, die betriebsbereit, betriebssicher und nach den geltenden Bestimmungen TÜV- und UVV-geprüft sind, zum Einsatz zu bringen. Darüber hinaus verpflichtet sich der Unternehmer, allgemein und im besonderen geeignetes Bedienungspersonal (Kranführer und Kraftfahrer), das mit der Bedienung des Transportmittels bzw. des Hebezeuges vertraut ist, zur Verfügung zu stellen. Der Unternehmer stellt darüber hinaus notwendiges Hilfs-, Einweis- und sonstiges Personal sowie den ggf. erforderlichen Anschläger auf Kosten des Auftraggebers.

15.1. Besteht die Hauptleistung des Unternehmers in der Kranarbeit und/oder Transportleistung, so gelten, soweit diese Allgemeinen Geschäftsbedingungen nichts Abweichendes bestimmen, die gesetzlichen Vorschriften über das Frachtgeschäft. Die Haftung des Unternehmers nach diesen Vorschriften ist begrenzt auf 8,33 Sonderziehungsrechte (SZR) je Kilogramm des beschädigten oder in Verlust gegangenen Gutes.

15.1 Die Begrenzung der Haftung entfällt, wenn der Schaden auf eine Handlung oder Unterlassung zurückzuführen ist, die der Unternehmer oder seine Erfüllungsgehilfen vorsätzlich oder leichtfertig und in dem Bewußtsein, daß ein Schaden mit Wahrscheinlichkeit eintreten werde, begangen hat (§ 435 HGB).

15.2. Der Unternehmer verzichtet auf die Einrede der summenmäßigen Haftungsbegrenzung gemäß Ziffer 15.1. für Güterschäden bis zum Betrag von EURO 500.000,- sowie für sonstige Vermögensschäden bis zum Betrag von EURO 125.000,-, jeweils pro Schadenereignis.

Für Schadenersatzansprüche oberhalb dieser Grenzen finden die Vorschriften der Ziffer 15.1. Anwendung.

16. Sofern der Auftraggeber einen höheren Betrag als in Ziffer 15. wünscht, so ist vor Auftragserteilung eine schriftliche Vereinbarung darüber zu treffen, und der Unternehmer ist berechtigt, die Kosten einer entsprechenden Versicherung für die höhere Haftung dem Auftraggeber in Rechnung zu stellen.

17.1. Zur Versicherung des Gutes ist der Unternehmer nur verpflichtet, soweit ein ausdrücklicher schriftlicher Auftrag dazu unter Angabe des Versicherungswertes und der zu deckenden Gefahren vorliegt; die bloße Wertangabe ist nicht als Auftrag zur Versicherung anzusehen.

17.2. Durch Entgegennahme eines Versicherungsscheines (Police) übernimmt der Unternehmer nicht die Pflichten, die dem Auftraggeber als Versicherungsnehmer obliegen; jedoch hat der Unternehmer alle üblichen Maßnahmen zur Erhaltung des Versicherungsanspruches zu treffen.

17.3. Mangels abweichender schriftlicher Vereinbarung versichert der Unternehmer zu den an seinem Erfüllungsort üblichen Versicherungsbedingungen.

Pflichten des Auftraggebers und Haftung

18. Der Auftraggeber hat alle technischen Voraussetzungen, die für die ordnungsgemäße und gefahrlose Durchführung des Auftrages erforderlich sind, auf eigene Rechnung und Gefahr zu schaffen und während des Einsatzes aufrechtzuerhalten. Insbesondere ist der Auftraggeber verpflichtet, das zu behandelnde Gut in einem für die Durchführung des Auftrages bereiten und geeigneten Zustand zur Verfügung zu halten.

Der Auftraggeber ist verpflichtet, die richtigen Maße, Gewichte und besonderen Eigenschaften des Gutes (z.B. Schwerpunkt, Art des Materials usw.) sowie im Falle von Kranleistungen die Anschlagpunkte rechtzeitig anzugeben.

19. Der Auftraggeber hat die zum Befahren von fremden Grundstücken, nicht öffentlichen Straßen, Wege und Plätze erforderlichen Zustimmungen der Eigentümer zu besorgen und den Unternehmer von Ansprüchen Dritter, die sich aus einer unbefugten Inanspruchnahme eines fremden Grundstückes ergeben können, freizustellen.

20. Darüber hinaus ist der Auftraggeber dafür verantwortlich, daß die Boden-, Platz- und sonstigen Verhältnisse an der Einsatzstelle sowie den Zufahrtswegen – ausgenommen öffentliche Straßen, Wege und Plätze – eine ordnungsgemäße und gefahrlose Durchführung des Auftrages gestatten. Insbesondere ist der Auftraggeber dafür verantwortlich, daß die Bodenverhältnisse am Be- und Entladeort bzw. Kranstandplatz sowie den Zufahrtswegen den auftretenden Bodendrücken und sonstigen Beanspruchungen gewachsen sind. Schließlich ist der Auftraggeber verantwortlich für alle Angaben über unterirdische Kabelschächte, Versorgungsleitungen, sonstige Erdleitungen und Hohlräume, die die Tragfähigkeit des Bodens an der Einsatzstelle oder den Zufahrtswegen beeinträchtigen könnten. Auf die Lage und das Vorhandensein von unterirdischen Leitungen, Schächten und sonstigen Hohlräumen hat der Auftraggeber unaufgefordert hinzuweisen. Versäumt der Auftraggeber schuldhaft diese Hinweispflicht, haftet er für alle daraus entstehenden Schäden, auch für Sach- und Sachfolgeschäden an Fahrzeugen, Geräten und Arbeitsvorrichtungen des Unternehmers sowie Vermögensschäden.

Angaben und Erklärungen Dritter, deren sich der Auftraggeber zur Erfüllung der ihm obliegenden Verpflichtungen bedient, gelten als Eigenerklärungen des Auftraggebers.

21. Der Auftraggeber darf nach Auftragserteilung ohne Zustimmung des Unternehmers dem von ihm eingesetzten Personal keine Weisungen erteilen, die von den vertraglichen Vereinbarungen in Art und Umfang abweichen oder dem Vertragszweck zuwiderlaufen.

22. Verletzt der Auftraggeber schuldhaft die vorgenannten Verpflichtungen, insbesondere seine Vorbereitungs- und Mitwirkungspflicht, so haftet er gegenüber dem Unternehmer für jeden daraus entstehenden Schaden. Die Vorschriften des § 414 Absatz 2 des HGB bleiben hiervon unberührt.

III. Schlußbestimmungen

23. Die Leistungen des Unternehmers sind Vorleistungen und nicht skontoabzugsberechtigt.

Die Rechnungen des Unternehmers sind nach Erfüllung des Auftrages sofort nach Rechnungserhalt zu begleichen, soweit nach Auftragserteilung nichts anderes vereinbart ist. Eine Aufrechnung oder Zurückbehaltung ist nur mit unbestrittenen oder rechtskräftig festgestellten Gegenforderungen zulässig.

24. Erfüllungsort und Gerichtsstand auch für Scheck- und Wechselklagen unter Kaufleuten ist ausschließlich der Sitz des Unternehmers. Alle vom Unternehmer abgeschlossenen Verträge unterliegen dem deutschen Recht. Das gilt auch für ausländische Auftraggeber.

25. Auf die Haftungsbefreiungen und -begrenzungen dieser Geschäftsbedingungen können sich auch die Leute des Unternehmers berufen. Gleiches gilt für Handlungen und Unterlassungen anderer Personen, derer er sich bei Ausführung des Auftrages bedient.
Die Haftungsbefreiungen und -begrenzungen gelten auch für außervertragliche Ansprüche.

26. Soweit für Erklärungen die Schriftform verlangt wird, steht ihr die Datenfernübertragung und jede sonst lesbare Form gleich, sofern sie den Aussteller erkennbar macht.

27. Sollten aus Vertrags- oder Rechtsgründen Teile dieser Allgemeinen Geschäftsbedingungen unwirksam oder im Einzelfall nicht anwendbar sein, so bleiben alle übrigen Bestimmungen hiervon unberührt; § 139 BGB ist insofern abbedungen.

(Stand: 23.10.2001)
Geschäftsbedingungen der Bundesfachgruppe Schwertransporte und Kranarbeiten für die Sicherung von Großraum- und Schwertransporten (GB/BSK-S)
(BAnz-Bekanntmachung 205/2001 vom 02.11.2001)

PRÄAMBEL

Die Bundesfachgruppe Schwertransporte und Kranarbeiten (BSK) empfiehlt ihren Mitgliedern die nachstehenden Geschäftsbedingungen der BSK für die Sicherung von Großraum- und Schwertransporten (GB/BSK-S) unverbindlich zur Verwendung im Geschäftsverkehr mit ihren Auftraggebern/ Auftragnehmern. Den Adressaten steht es frei, der Empfehlung zu folgen oder andere Allgemeine Geschäftsbedingungen zu verwenden.

1. Nachstehenden Leistungen des Unternehmers liegen die nachfolgenden Allgemeinen Geschäftsbedingungen zugrunde, soweit nicht zwingend gesetzliche Vorschriften entgegenstehen.

2.1. Der Unternehmer erbringt Dienstleistungen zur Sicherung von Großraum- und Schwertransporten im öffentlichen Straßenverkehr nach Maßgabe der Richtlinien über die Durchführung von Großraum- und Schwertransporten (RGST 1992; VkBl.-Dok. B 3420) und den Anordnungen und Auflagen der Erlaubnis- bzw. Genehmigungsbehörden in der jeweiligen Transporterlaubnis nach § 29 Abs. 3 StVO bzw. der Ausnahmegenehmigung nach § 46 Abs. 1, Nr. 5 StVO und § 70 Abs. 1 StVZO in Form eines Dienstvertrages.
Der Unternehmer schuldet die übernommenen Dienste jedoch nicht höchstpersönlich.

2.2. Darüber hinaus kann der Unternehmer als Geschäftsbesorger tätig werden und die Transporterlaubnis nach § 29 Abs. 3 StVO bzw. nach § 46 Abs. 1, Nr. 5 StVO und/oder § 70 Abs. 1 StVZO für Großraum- und Schwertransporte in Vollmacht und für Rechnung des Auftraggebers erholen. In diesem Fall ist der Unternehmer auch bevollmächtigt, die Haftungserklärung gemäß Ziff. VI. Nr. 6 der VwV zu § 29 Abs. 3 StVO bzw. gem. Ziff. IV Nr. 8 der VwV zu § 46 Abs. 1, Nr. 5 StVO mit Wirkung für und gegen den Auftraggeber abzugeben. Der Unternehmer ist dagegen nicht berechtigt, selbst als Frachtführer oder Schwerlast-Spediteur aufzutreten. Gebühren und Kosten für behördliche Aufwendungen und Beschaffungskosten und Kosten, die durch behördliche Auflagen entstehen sowie Polizeibegleitgebühren und sonstige Kosten für behördlich angeordnete Sicherheitsvorkehrungen trägt der Auftraggeber, soweit nichts anderes vereinbart wurde. Der Unternehmer übernimmt in diesem Falle jedoch keine Gewähr für die Erteilung der Transporterlaubnis bzw. Ausnahmegenehmigung oder deren rechtzeitiges Vorliegen.

2.3. Im Rahmen der Fahrtwegeerkundung vor Antragstellung übernimmt der Unternehmer auch keine Gewähr für die Geeignetheit des Fahrtweges und der Straßenbeschaffenheit hinsichtlich der besonderen Anforderungen des Transports. Die Fahrtwegeprüfung vor Fahrtantritt obliegt ausschließlich dem Auftraggeber selbst.

2.4. Übernimmt der Unternehmer die Beschilderung von Straßenbaustellen unter Vorlage eines von der zuständigen Behörde genehmigten Verkehrszeichenplanes (vgl. § 45 Abs. 6 StVO), so wird der Unternehmer als technischer Vollzugshelfer des Auftraggebers tätig. Der Auftraggeber haftet in diesem Fall für die Tätigkeit des Unternehmers wie für einen Erfüllungsgehilfen, es sei denn, der Unternehmer handelt vorsätzlich oder grob fahrlässig.

3. Der Unternehmer verpflichtet sich, nach entsprechender Anordnung der Erlaubnis- bzw. Genehmigungsbehörde, nur ordnungsgemäß ausgerüstete und kenntlichgemachte Schwertransport-Begleitfahrzeuge zu verwenden. Für den Fall, daß durch behördliche Anordnung ein Schwertransport-Begleitfahrzeug mit aufgesetzter Wechselverkehrszeichen-Anlage vorgeschrieben ist, verpflichtet sich der

Unternehmer, nur Fahrzeuge zum Einsatz zu bringen, die gemäß Merkblatt für die Ausrüstung der privaten, firmeneigenen Begleitfahrzeuge für Großraum- und Schwertransporte (VkBl.Dok. B 3422) ausgerüstet und anerkannt sind. Darüber hinaus verpflichtet sich der Unternehmer, in diesem Fall nur Begleit- und Fahrpersonal einzusetzen, das im Besitz eines gültigen Schulungsausweises der Bundesfachgruppe für Schwertransporte und Kranarbeiten (BSK) für solche Begleitfahrten ist.

4.1 Der Unternehmer verpflichtet sich, für seine Schwertransport-Begleitfahrzeuge als solche eine Kraftfahrzeug-Haftpflichtversicherung mit einer Deckungssumme von mindestens 25,0 Mio. EURO für Sachschäden und mindestens 7,5 Mio. EURO für Personenschäden je Schadensereignis unter Einschluß der besonderen Risiken aus der Verwendung des Fahrzeugs als Schwertransport-Begleitfahrzeug abzuschließen.

4.2. Der Unternehmer verpflichtet sich weiterhin, für seinen Betrieb eine kombinierte Betriebs- und Umwelthaftpflicht-Versicherung mit einer Deckungssumme von mindestens 1,0 Mio. € für Personenschäden, 0,5 Mio. EURO für Sachschäden und 25.000,00 € für Vermögensschäden je Schadensereignis unter Einschluß der typischen Tätigkeitsrisiken als Schwerlast-Service-Dienstleister abzuschließen.

5. Der Unternehmer haftet für die Betriebs- und Verkehrssicherheit der von ihm eingesetzten Schwertransport-Begleitfahrzeuge sowie für die Geeignetheit seines Personals. Darüber hinaus haftet der Unternehmer für Verspätungs- und daraus resultierende Folgeschäden wegen Fahrtunterbrechung, verspäteter Anreise, Nichterscheinen am Abgangsort oder Fehldisposition maximal bis zum dreifachen Netto-Auftragswert der jeweiligen Begleitfahrt. Für sonstige Vermögensschäden haftet der Unternehmer maximal bis zu einem Betrag von 25.000,00 EURO je Schadensereignis. Die Haftungsbefreiungen und Haftungsbeschränkungen gelten jedoch nicht, wenn dem Unternehmer Vorsatz oder grobe Fahrlässigkeit zur Last fällt. In jedem Falle kann der Auftraggeber vom Vertrag zurücktreten, wenn trotz Aufforderung binnen angemessener Frist kein geeignetes Schwertransport-Begleitfahrzeug vom Auftragnehmer zur Verfügung gestellt wird.

6. Der Unternehmer ist berechtigt, unter Ausschluß jeglicher Schadensersatzansprüche die Schwertransport-Begleitung solange zu verweigern, bis eine gültige Erlaubnis bzw. Ausnahmegenehmigung für den Großraum- und/oder Schwertransport vorliegt, oder wenn aufgrund konkreter Anhaltspunkte zu besorgen ist, daß bei Transportdurchführung gegen behördliche Auflagen oder Anordnungen der Erlaubnisbzw. Genehmigungsbehörde verstoßen werden muß. Der Auftraggeber ist verpflichtet, vor Transportbeginn, auf Verlangen dem Unternehmer Einsicht in die behördlichen Erlaubnisse und Ausnahmegenehmigungen zu gewähren. Der Unternehmer ist insbesondere berechtigt, unter Ausschluß jeglicher Schadensersatzansprüche vom Vertrag zurückzutreten und den Schwertransport-Begleitschutz zu verweigern, wenn nicht sichergestellt ist, daß der Führer oder der Beifahrer des Großraum- und/oder Schwertransports sachkundig und der deutschen Sprache hinreichend mächtig ist.

7. Darüber hinaus ist der Unternehmer berechtigt, unter Ausschluß jeglicher Schadensersatzansprüche den Schwertransport-Begleitschutz zu unterbrechen, wenn aufgrund konkreter Anhaltspunkte die Besorgnis besteht, daß bei Fortsetzung des Transports eine über das bei Transportbeginn vorhersehbare Maß deutlich hinausgehende Gefahr für die Sicherheit und Leichtigkeit des öffentlichen Straßenverkehrs zu befürchten ist oder wesentliche Schäden an Sachen Dritter oder an Sachen des Begleitunternehmers und/oder fremden oder eigenen Vermögenswerten drohen. Bei einer Unterbrechung des Schwertransport-Begleitschutzes ist jedoch sicherzustellen, daß der Transport nicht ungesichert auf öffentlichen Straßen abgestellt wird.

8. Der Unternehmer haftet nicht für eine Transportunterbrechung infolge höherer Gewalt, insbesondere Stau, Nebel, Glatteis, Streik oder sonstige unverschuldete Transportunterbrechungen, die durch eine Stilllegung des Transportfahrzeuges verursacht wurden. Darüber hinaus haftet der Unternehmer nicht für die ordnungs-gemäße Sicherung des Schwertransportfahrzeuges selbst (z.B. Richtlinien über die Kenntlichmachung überbreiter und überlanger Straßenfahrzeuge sowie bestimmter hinausragender Ladungen in der jeweils gültigen Fassung) sowie für die Einhaltung der Ausnahmebestimmungen für die Abweichung von den Bau- und Betriebsvorschriften für das Schwertransportfahrzeug (VwV zu § 70 StVZO für den Großraum- und Schwerverkehr sowie für Arbeitsmaschinen (V-GSA) in der jeweils geltenden Fassung). Der Unternehmer haftet ferner nicht für eine betriebs- und verkehrssichere Verladung des Ladegutes auf dem Schwertransport-Fahrzeug sowie für Güterschäden, die in der Obhut des Auftraggebers entstehen, es sei denn, der Unternehmer hat den Güterschaden mitverschuldet oder alleinverschuldet. In diesen Fällen richtet sich die Haftung des Unternehmers nach den Bestimmungen des Frachtrechts des HGB oder der CMR.

9. Der Unternehmer ist insbesondere bei technischen Defekten berechtigt, Schwertransport-Begleitfahrzeuge gleicher Bauart einzusetzen. Der Unternehmer ist – soweit nicht ausdrücklich etwas anderes vereinbart wurde - berechtigt, ohne Zustimmung des Auftraggebers Zweitunternehmer mit der Ausführung des übernommenen Auftrags zu beauftragen. Über den Einsatz von Zweitunternehmer ist der Auftraggeber jedoch zu unterrichten.

10. Die Leistungen des Unternehmers sind Dienstleistungen und nicht skonto-abzugsberechtigt. Bei Wartezeiten aufgrund des Nichtvorliegens einer gültigen Transporterlaubnis bzw. Ausnahmegenehmigung hat der Auftraggeber dem Unternehmer ein angemessenes Stand- oder Wartegeld zu ersetzen. Dasselbe gilt für Wartezeiten, die aufgrund besonderer Anordnung des Auftraggebers anfallen. Bei einer nicht nur vorübergehenden Transportstillegung ist der Unternehmer berechtigt, unter Ausschluß von Schadensersatzansprüchen vom Vertrag zurückzutreten und die Begleitfahrt abzubrechen, um etwaige Folgeaufträge rechtzeitig wahrnehmen zu können.

11. Die Rechnungen des Unternehmers sind nach Erfüllung des Auftrags sofort nach Rechnungserhalt **fällig**, soweit bei Auftragserteilung nichts anderes vereinbart wurde. **Der Verzug gemäß § 284 Abs. 3 Satz 1 BGB bleibt unberührt.** Darüber hinaus ist der Unternehmer bei ausländischen Auftraggebern ohne Firmensitz oder Niederlassung im Inhalt berechtigt, vor Durchführung der Großraum- und/oder Schwertransport-Begleitfahrt einen angemessenen Vorschuß auf die zu erwartenden Kosten oder Sicherheitsleistung zu verlangen. Eine Aufrechnung oder Zurückhaltung ist nur mit unbestrittenen oder rechtskräftig festgestellten Gegenforderungen zulässig.

12. Erfüllungsort und Gerichtsstand, auch für Scheck- und Wechselklagen, ist ausschließlich der Sitz des Unternehmers. Alle vom Unternehmer abge-schlossenen Verträge unterliegen dem deutschen Recht. Das gilt auch für ausländische Auftraggeber.

13. Auf diese Geschäftsbedingungen können sich die vom Unternehmer und alle mit der Ausführung des Auftrages beschäftigten Arbeitskräfte berufen.

14. Sollten Teile dieser Geschäftsbedingungen unwirksam sein oder werden oder sie im Einzelfall nicht anwendbar sein, so bleiben die übrigen Bestimmungen hiervon unberührt; § 139 BGB ist insofern abbedungen.

8.2 Internationale Verlade- und Transportbedingungen für die Binnenschiffahrt (IVTB)

§ 1 Begriffsbestimmungen

1. „Frachtführer" bedeutet jede Person, von der oder in deren Namen ein Vertrag über die Beförderung von Gütern auf Binnenwasserstraßen mit einem Absender abgeschlossen worden ist.

2. „Ausführender Frachtführer" bedeutet jede Person, welcher der Frachtführer die Ausführung der Güterbeförderung ganz oder teilweise übertragen hat.

3. „Absender" bedeutet eine Person, von der oder in deren Namen oder für die ein Vertrag über die Beförderung von Gütern auf Binnenwasserstraßen mit einem Frachtführer abgeschlossen worden ist.

4. „Empfänger" bedeutet die zur Empfangnahme der Güter berechtigte Person.

5. „Frachtvertrag der Binnenschiffahrt" bedeutet jeder Vertrag, gleichgültig, wie er bezeichnet wird, in dem sich ein Frachtführer gegen Bezahlung der Fracht verpflichtet, Güter auf Binnenwasserstraßen zu befördern.

6. „Frachturkunde" bedeutet eine Urkunde, durch die ein Frachtvertrag der Binnenschiffahrt und die Übernahme oder Ladung der Güter durch einen Frachtführer bewiesen wird und die in der Form eines Konnossements oder eines Frachtbriefes oder jeder anderen im Handel gebräuchlichen Urkunde ausgestellt wird.

7. „Güter" schließen geschleppte oder geschobene Schiffe nicht ein und umfassen nicht Gepäck und Fahrzeuge der beförderten Personen; sind die Güter in einem Container, auf einer Palette oder in oder auf einem ähnlichen Beförderungsgerät zusammengeladen oder sind sie verpackt, so umfaßt der Begriff „Güter" auch diese Beförderungsgeräte oder die Verpackung, falls sie vom Absender gestellt werden;

8. „Schriftlich" schließt, sofern von den betroffenen Parteien nichts anderes vereinbart ist, den Fall ein, daß die Information in elektronischen, optischen oder ähnlich beschaffenen Kommunikationsmitteln enthalten ist, einschließlich, aber nicht hierauf begrenzt, Telegramm, Telekopie, Telex, elektronische Post oder elektronischer Datenaustausch (EDI), vorausgesetzt, die Information ist in der Weise verfügbar, daß sie für eine spätere Bezugnahme verwendet werden kann.

§ 2 Rechtsgrundlage

1. Allen von uns übernommenen Binnenschiffstransporten liegen die nachstehenden Bedingungen zugrunde, denen sich die Ladungsbeteiligten (Absender, Ablader und Empfänger oder deren Beauftragte) sowie jeder, der aufgrund des Frachtvertrages oder aufgrund für die Verfrachtung ausgestellter Transportpapiere Ansprüche gegen den Frachtführer geltend macht, unterwerfen.

2. Die Verlade- und Transportbedingungen gelten gleichermaßen für den Schiffseigner, die Schiffsbesatzung sowie für andere Bedienstete und sonstige Personen, deren sich der Frachtführer oder die sonstigen zur Transportausführung eingeschalteten Unternehmen bei der Ausführung der Beförderung bedienen oder die bei der Ausführung der Beförderung mitwirken.

3. Soweit diese Bedingungen keine Regelung treffen, nicht anwendbar sind oder gegen zwingendes Recht verstoßen, gelten:

a) die nationalen Gesetze auf dem Gebiet der Binnenschiffahrt sowie die für die jeweilige Wasserstraße geltenden Gesetze, Verordnungen, Erlasse, Usancen und Handelsbräuche.

b) für Transporte, deren Ausführung Dritten übertragen sind, deren Bedingungen, soweit diese verkehrsüblich und nicht abbedungen sind.

4. Von diesen Bedingungen abweichende Vereinbarungen bedürfen zu ihrer Wirksamkeit der Schriftform. Dies gilt in gleicher Weise für den Verzicht auf die Einhaltung der Schriftform.

5. Sämtliche Bestimmungen werden ebenfalls zum integrierten Bestandteil von Ladeschein oder Frachtbrief erklärt.

§ 3 Frachtbrief und Konnossement (Ladeschein)

1. Für jede Sendung kann ein Frachtbrief oder ein Konnossement ausgestellt werden. Frachtbriefe sind keine Wertpapiere. Sie können weder übertragen noch verpfändet werden. Der Frachtführer ist in diesem Falle zur Auslieferung der Güter an den im Frachtbrief bezeichneten Empfänger berechtigt. Konnossemente sind auf den Namen oder an Order lautende Wertpapiere. Die Güter werden nur gegen Rückgabe des ordnungsgemäß übertragenen Originalkonnossements an den Frachtführer oder dessen Bevollmächtigte ausgeliefert. Es werden ein Originalkonnossement und daneben Konnossementsabschriften ausgestellt. Sind ausnahmsweise mehrere Originalkonnossemente ausgestellt, so sind durch die Rückgabe nur eines Originals an den Frachtführer oder dessen Bevollmächtigte die übrigen Originale erledigt und unwirksam. Wird ein Konnossement an Order ausgestellt, so kann der Frachtführer verlangen, daß eine Meldeadresse angegeben wird.

2. Für die Richtigkeit der Angaben im Frachtbrief oder Konnossement über Nummer, Marken, Merkzeichen, Inhalt, Art, Gattung, Qualität, Zustand, Wert, Beschaffenheit und Verpackung der Güter haftet der Frachtführer nicht. Für Stückzahl, Maße und Gewicht haftet der Frachtführer, wenn eine vom Ablader oder Absender ausdrücklich angeordnete Kontrolle gemeinsam mit ihnen durchgeführt und die hierfür üblichen Kontrollspesen vom Ablader oder Absender bezahlt worden sind; hierbei gilt eine Eichaufnahme nicht als verbindlich.

§ 4 Ladestelle, Laden und Stauer, Decklast

1. Absender/Ablader bestimmen die Ladestelle. Kann an der Ladestelle aus vom Schiff nicht zu vertretenden Gründen oder nur unter Aufwendung besonderer Kosten angelegt werden oder muß das Schiff die Ladestelle aus diesen Gründen verlassen, so kann der Frachtführer eine andere Ladestelle und eine andere Art der Beladung verlangen. Die dadurch entstandenen Kosten und sonstigen Mehraufwendungen für Schiff und Ladung gehen zu Lasten der Ladungsbeteiligten, die hierfür gesamtschuldnerisch haften. Der Anspruch auf Liegegeld bleibt davon unberührt.

2. Absender/Ablader haben die Güter in das Schiff zu liefern und nach Anweisung des Frachtführers zu stauen, zu trimmen und zu sichern.

3. Der Frachtführer hat das Recht, mit der nötigen Sorgfalt die Güter ganz oder teilweise auf Deck der Schiffe oder, soweit üblich, in offene Schiffe zu verladen.

§ 5 Pflichten und Haftung der Ladungsbeteiligten

1. Absender/Ablader haben bei Erteilen des Auftrags, spätestens vor Beginn der Beladung des Beförderungsmittels alle für die Beförderung notwendigen Angaben zu machen, das Gut und die Verpackung, Art, Zustand und Beschaffenheit in der verkehrsüblichen Weise genau zu bezeichnen und alle erforderlichen Begleitpapiere, insbesondere aufgrund von Hafen-, Zoll-, Gesundheits oder sonstigen Vorschriften, mit dem Gut zu übergeben.

2. Feuergefährliche, umweltgefährdende, brennbare, giftige, ätzende, strahlende, radioaktive und ähnliche Güter sind als solche nach Maßgabe der einschlägigen Vorschriften, insbesondere nach der Gefahrenklasse zu bezeichnen. Der Absender ist verpflichtet, bei der Auftragserteilung für den einzelnen Fall schriftlich auf die Art der Gefahr und die zu ergreifenden Vorsichtsmaßnahmen hinzuweisen. Bei der Übernahme des Gutes sind dem Frachtführer oder dessen Beauftragten die schriftlichen Weisungen gemäß ADNR-Verordnung und andere Unterlagen gemäß den jeweils anwendbaren Vorschriften auszuhändigen. Handelsübliche Bezeichnungen solcher Stoffe oder andere Informationen genügen nicht.

3. Der Absender ist verpflichtet, bereits bei Erteilen des Auftrags dem Frachtführer alle für eine ordnungsgemäße Durchführung der Beförderung bedeutsamen Eigenschaften des Ladungsgutes, soweit von diesen Gefahren für das Schiff oder andere Ladungsgüter ausgehen können, mitzuteilen. Er ist für alle aus unrichtigen, unvollständigen oder unterbliebenen Mitteilungen resultierenden direkten und indirekten Verluste, Schäden und sonstige Nachteile sowie für alle hierdurch entstehenden Kosten verantwortlich.

In allen diesen Fällen kann der Frachtführer auf Kosten der Ladungsbeteiligten die zu beanstandenden Güter löschen, an Land setzen oder in dringenden Fällen sogar vernichten, ohne selbst schadenersatzpflichtig zu werden.

4. Der Absender garantiert die Richtigkeit der Beschreibung der Güter gemäß Abs. 2 sowie der Angaben über Zeichen, Anzahl, Menge, Gewicht und/oder Volumen gemäß Abs. 1 im Zeitpunkt der Übernahme. Er ist für alle aus Unrichtigkeit resultierenden direkten und indirekten Verluste, Schäden und sonstigen Nachteile sowie für alle hierdurch entstehenden Kosten verantwortlich.

Hinsichtlich der Ersatzverpflichtung des Absenders sowie der Rechte des Frachtführers gelten die Regelungen in Absatz 3.

5. Wird das Schiff infolge Fehlens, Ungenauigkeit oder Unrichtigkeit der Angaben oder Begleitpapiere oder wegen Mißachtung irgendwelcher Vorschriften seitens des Auftraggebers, Absenders oder Empfängers aufgehalten oder am Ein- oder Auslaufen in oder aus einem Hafen verhindert oder werden die Güter beschlagnahmt, so haften der fehlbare Auftraggeber, Absender und Empfänger dem Frachtführer und den übrigen Ladungsbeteiligten für alle daraus entstehenden Verzögerungen, Schäden, Kosten, Bußen und Nachteile sowie für geschuldete Liegegelder.

6. Hat der Frachtführer gegenüber Behörden, Zollämtern, öffentlichen Bediensteten, Eisenbahnverwaltungen, öffentlichen oder privaten Unternehmungen in bezug auf das Ladungsgut Erklärungen abzugeben, Urkunden auszustellen, zu behandeln oder zu unterzeichnen, so handelt er zwar namens, für Rechnung und Gefahr der Ladungsbeteiligten. Er haftet hierfür auch bei Unterlassungen, Verlust oder Nichtauslieferung nur im Falle grober Fahrlässigkeit. Werden Drittunternehmer, z.B. Grenzspediteure, eingeschaltet, wird nur für deren Auswahl gehaftet.

§ 6 Wahl der Fahrzeuge und Transportwege, Umladungs- und Leichterrecht

1. Der Transport wird mit Fahrzeugen ausgeführt, welche der Frachtführer bestimmt. Der Frachtführer kann andere Frachtführer beauftragen, den Transport durchzuführen.

2. Der Frachtführer übernimmt keine Verpflichtung, die Güter in einer bestimmten Reihenfolge, auf einem bestimmten Weg, einem bestimmten Schiff oder innerhalb einer bestimmten Frist zu befördern. Er haftet nicht für Verspätung bei der Durchführung des Vertrags, insbesondere auch dann nicht, wenn der Anschluß an ein Seeschiff nicht erreicht wird; es sei denn, die Verspätung beruht auf grob fahrlässigem Verhalten.

3. Der Frachtführer ist berechtigt, die Güter ganz oder teilweise in andere Schiffe zu überladen, zu leichtern oder zu löschen, und/oder in Lagerhäuser oder auf Land zu lagern, sofern es nach den Umständen

oder dem Interesse des Schiffes oder der Ladung erforderlich erscheint. Die Ladungsbeteiligten haften dem Frachtführer für die dadurch entstandenen Mehrkosten als Gesamtschuldner.

4. Das Umladen, Leichtern oder Löschen in Schiffe oder Lagerhäuser geschieht namens, auf Rechnung und Gefahr der Ladungsbeteiligten. Der Frachtführer haftet, soweit nicht für den in Betracht kommenden Transport zwingende gesetzliche Bestimmungen entgegenstehen, nur für gehörige Auswahl und Instruktion des fremden Frachtführers, Umschlagsbetriebs oder Lagerhalters. Die Transport- und Aufbewahrungspflicht des Frachtführers sowie seine Haftung aus Frachtvertrag und Konnossement erlischt mit der Übergabe der Güter an den fremden Frachtführer, Umschlagsbetrieb oder Lagerhalter.

5. In den Fällen gemäß Abs. 3 und 4 obliegt die Aufrechterhaltung eines durchgehenden Versicherungsschutzes den Ladungsbeteiligten.

§ 7 Löschstelle, Löschung

1. Der Absender oder Empfänger bestimmt die Löschstelle. Die für die Änderung der Ladestelle in § 4 Abs. 1 enthaltenen Bestimmungen gelten entsprechend für die Änderung der Löschstelle.

2. Der Absender oder Empfänger ist verpflichtet, dem Frachtführer vor Eintreffen des Schiffs im Löschhafen Weisungen für die Entlöschung und Zollabfertigung zu erteilen; andernfalls hat der Frachtführer das Recht, alle ihm notwendig erscheinenden Maßnahmen namens, auf Rechnung und Gefahr der Ladungsbeteiligten zu treffen.

3. Bei Optionspartien ist der Bestimmungshafen dem Frachtführer oder dem Schiffer mindestens zwölf Stunden vor Ankunft des Schiffes im ersten Optionshafen schriftlich bekanntzugeben. Für Mehrkosten, die durch eine nicht rechtzeitige Bekanntgabe des Optionshafens entstehen, haften die Ladungsbeteiligten dem Frachtführer als Gesamtschuldner.

§ 8 Lade- und Löschzeit sowie Liegegeld

Vorbehaltlich besonderer Vereinbarungen gelten die jeweiligen nationalen Regelungen über Lade- und Löschzeiten sowie zur Bemessung des Liegegeldes. Weitergehende Schadensersatzansprüche werden ausdrücklich vorbehalten.

§ 9 Ablieferungshindernisse, Hinterlegung und Notverkauf

1. Wird die Abnahme der Güter von dem bestimmungsmäßigen Empfänger oder die Zahlung der auf dem Gute haftenden Forderungen verweigert oder ergibt sich ein sonstiges Ablieferungshindernis oder meldet sich der Empfänger nicht, so hat der Frachtführer den Absender zu unterrichten und dessen Anweisung einzuholen. Ist dies unter den gegebenen Umständen nicht tunlich oder ist der Absender mit der Erteilung der Weisung säumig oder ist die Durchführung der Anweisung dem Frachtführer nicht zumutbar, so ist er befugt, die Güter namens, auf Rechnung und Gefahr der Ladungsbeteiligten in ein öffentliches oder privates Lagerhaus, in Leichter oder auf Land zu legen oder einem Spediteur zu übergeben.

2. Verzögert der Empfänger das Löschen, so hat der Frachtführer das Recht, die Güter nach Ankündigung gegenüber dem Absender und Empfänger namens, auf Rechnung und Gefahr des Empfängers oder Absenders selbst zu löschen oder löschen zu lassen oder gemäß Abs. 1 hinterlegen zu lassen oder zu übergeben, unbeschadet der entstandenen Liegegeldansprüche.

3. Vorstehende Rechte bestehen auch vor Ablauf irgendwelcher Liegezeiten.

4. Das Hinterlegen oder Legen der Güter in Leichter oder auf Land oder die Übergabe an einen Spediteur gilt als ordnungsgemäße Ablieferung und befreit den Frachtführer von jeder Haftung. Das Zurückbehaltungs- oder Pfandrecht des Frachtführers bleibt vorbehalten.

5. Werden die Güter binnen drei Monaten seit Hinterlegung nicht abgenommen, so ist der Frachtführer ohne vorherige Mitteilung oder Androhung und ohne behördliche/richterliche Ermächtigung berechtigt, die Güter freihändig zu verkaufen oder öffentlich verkaufen oder versteigern zu lassen. Sind die Güter schnellem Verderben ausgesetzt oder unterliegen sie Unterhaltungs- oder erheblichen Aufbewahrungskosten oder deckt ihr Wert nach Schätzung des Frachtführers die darauf haftenden Kosten nicht, so ist der Frachtführer ohne Einhaltung der Drei-Monatsfrist zu einem sofortigen Verkauf oder Versteigerung berechtigt.

§ 10 Fracht

1. Mangels besonderer Vereinbarung umfaßt die Fracht den Transport ab frei gestaut Binnenschiff (Ladehafen) bis frei Ankunft Binnenschiff (Löschhafen). Sie wird mindestens nach den in den Schiffspapieren deklarierten Bruttogewichten, Mengen oder Maßen der Güter berechnet. Werden in anderen Papieren höhere Gewichte oder Mengen ausgewiesen oder solche durch Gewichts- oder Kontrollprüfungen ermittelt, sind diese für die Frachtberechnung maßgeblich. Die Fracht ist bei Ablieferung des Gutes zur Zahlung fällig.

2. Die Lade-, Stau-, Befestigungs- und Löschkosten sowie alle weiteren Kosten, Auslagen und Aufwendungen sind zusätzlich zur Fracht zu vergüten, sofern sie nicht ausdrücklich in den vereinbarten Fracht- oder Übernahmesatz eingeschlossen worden sind.

3. Die Frachtvereinbarung hat offene und unbehinderte Schiffahrt zur Voraussetzung. Alle gegenüber einem normalen Verlauf einer Schiffsreise entstehenden Mehrkosten und Aufwendungen gehen zu Lasten der Ware.

4. Die Frachtsätze basieren auf den im Zeitpunkt des Abschlusses bestehenden Betriebskosten, Devisenkursen und öffentlichen Abgaben. Jede außergewöhnliche Erhöhung, insbesondere der Treibstoffkosten, Bordlöhne und öffentliche Abgaben während der Dauer der Abwicklung des Frachtvertrages berechtigt den Frachtführer, den Frachtsatz den veränderten Verhältnissen anzupassen oder bei noch nicht verladenen Partien vom Vertrag zurückzutreten.

5. Empfänger und Absender haften dem Frachtführer für die Fracht, Fehlfracht, Frachtzuschläge, Kosten, Auslagen, Gebühren und sonstigen auf dem Gute haftenden Forderungen sowie für alle Liegegelder als Gesamtschuldner, gleichgültig, ob die Güter franko oder unfranko reisen. Der Absender wird durch das Ausliefern der Güter ohne Bezahlung oder Nichtausüben eines bestehenden Pfandrechts von dieser Haftung nicht befreit. Der Empfänger übernimmt die Gesamthaft dadurch, daß er die Anlieferung der Güter verlangt oder sonstwie darüber verfügt.

§ 11 Volle Fracht, Fehlfracht

1. Der Frachtführer hat Anspruch auf die volle Fracht, auch wenn:
a) die Ladung nur teilweise geliefert wird;
b) Absender oder Empfänger das Ausladen der Güter im Verladehafen oder in einem Zwischenhafen verlangen;
c) die Fortsetzung der Reise dauernd oder zeitweilig verhindert ist;
d) die Reise nur teilweise ausgeführt wird, das Schiff untergeht oder sonstwie den Bestimmungsort nicht erreicht;
e) die Güter vernichtet, untergegangen, beschlagnahmt, eingezogen, beschädigt, vermindert oder sonstwie wertlos geworden sind.

2. Der Frachtführer hat Anspruch auf die Hälfte der Fracht, wenn:
a) keine Ladung geliefert wird;
b) der Absender vor Antritt der Reise vom Vertrag zurücktritt;
c) der Antritt der Reise dauernd oder zeitweilig verhindert ist.

3. Für die Geltendmachung dieser Ansprüche ist weder Voraussetzung, daß die ungenügende Vertragserfüllung vom Absender oder Empfänger zu verantworten ist, noch daß das für den Transport vorgesehene Fahrzeug ladebereit vorgelegt wird. Diese Ansprüche bestehen auch dann, wenn das Hindernis als Folge einer der in § 15 Abs. 3 genannten Ursachen entstanden ist. Schadenersatz- und Liegegeldansprüche und Frachtzuschläge sowie Havarie-grosse-Beiträge bleiben vorbehalten.

4. Absender und Empfänger können bei zeitweiliger Verhinderung der Reise nicht vom Vertrag zurücktreten. Der Frachtführer ist jedoch gegen Zahlung aller mit dem Ausladen verbundenen Kosten und Mehraufwendungen seitens der Ladungsbeteiligten verpflichtet, Güter im Verladehafen wieder auszuladen.

Das Löschen in einem Zwischenhafen kann nur verlangt werden, wenn die Güter greifbar sind und die Möglichkeit zur Ausladung ohne Gefahr oder Nachteil für Schiff und übrige Ladung besteht. In diesen Fällen hat der Frachtführer zusätzlich Anspruch auf die durch das Wiederausladen oder Löschen entstehenden Kosten sowie die sonstigen Mehraufwendungen.

§ 12 Kleinwasserzuschläge

1. Rhein

a) Die vereinbarte Fracht wird um Kleinwasserzuschläge gemäß folgender Staffelsätze ohne weiteres erhöht:

   aa) im Verkehr unterhalb Duisburg (inklusive) bei einem Ruhrorter Pegel von

3,00–2,91 m	10 %
2,90–2,81 m	20 %
2,80–2,71 m	30 %
2,70–2,61 m	40 %
2,60–2,51 m	50 %
2,50–2,41 m	60 %
2,40–2,31 m	70 %
2,30–2,21 m	80 %
2,20–2,11 m	90 %
2,10–2,01 m	100 %
2,00–1,91 m	110 %
1,90–1,81 m	120 %

   bb) im Verkehr oberhalb Duisburg bis Koblenz (inklusive) einschließlich Mosel und Saar bei einem Kölner Pegel von

2,40–2,21 m	20 %
2,20–2,01 m	30 %
2,00–1,81 m	40 %
1,80–1,61 m	60 %
1,60–1,41 m	80 %

   Stichtag
   für die Bergfahrt:
   Vom Beginn der Ladezeit bis zum Eintreffen am Bestimmungsort, im Verkehr nach Plätzen an kanalisierten Strecken bis zur Einfahrt in die erste Schleuse,

   für die Talfahrt:
   Tag der Fertigstellung im Ladehafen,

   cc) Im Verkehr oberhalb Koblenz am Rhein sowie Plätzen am Main, Main-Donau-Kanal und Neckar bei einem Kauber Pegel von

1,50–1,36 m	20 %
1,35–1,21 m	30 %
1,20–1,01 m	50 %
1,00–0,91 m	60 %
0,90–0,81 m	70 %

   Stichtag
   für die Bergfahrt:
   Vom Beginn der Ladezeit bis zum Eintreffen am Bestimmungsort, im Verkehr nach Plätzen an kanalisierten Strecken bis zur Einfahrt in die erste Schleuse,

   für die Talfahrt:
   Tag der Fertigstellung im Ladehafen.

   dd) Im Verkehr innerhalb der Bereiche an Donau, Main-Donau-Kanal, Main, Neckar und Mainz bis Mannheim (inklusive) bei einem Mainzer Pegel von

2,30–2,11 m	20 %
2,10–1,91 m	40 %
1,90–1,71 m	60 %
1,70–1,51 m	80 %

Stichtag: Tag der Fertigstellung im Ladehafen.

ee) Im Verkehr von Plätzen an der Donau, Main-Donau-Kanal, Neckar und Mainz bis Mannheim nach Plätzen oberhalb Mannheims und umgekehrt bei einem Maxauer Pegel von

4,40–4,21 m	20 %
4,20–4,01 m	40 %
4,00–3,81 m	60 %
3,80–3,61 m	80 %

Stichtag: Tag der Fertigstellung im Ladehafen

b) Bei einem Ruhrorter Pegel von 1,80 m, Kölner Pegel von 1,40 m, Kauber Pegel von 0,80 m, Mainzer Pegel von 1,50 m und Maxauer Pegel von 3,60 m und darunter erlischt die Transportverpflichtung. Der Frachtführer hat im übrigen die Rechte aus § 13.

2. Donau

a) Die vereinbarte Fracht wird um Kleinwasserzuschläge gemäß folgender Staffel ohne weiteres erhöht:

Im Verkehr von und nach Donauhäfen bei einem Pegel Pfelling von

3,70–3,61 m	10 %
3,60–3,51 m	20 %
3,50–3,41 m	30 %
3,40–3,31 m	40 %
3,30–3,21 m	50 %
3,20–3,11 m	60 %

Daneben sind bei diesen Verkehren zusätzlich die unter Ziffer 1 genannten Richtpegel je nach Gesamtfahrstrecke zusätzlich zu beachten.

Für die KWZ-Berechnung gilt die für das Binnenschiff günstigste KWZStaffel.

Stichtag:

aa) Für Verkehre ab Donaustationen:
Vom Beginn der Ladezeit bis zum Eintreffen am Bestimmungsort, im Verkehr nach Plätzen an kanalisierten Strecken bis zur Einfahrt in die erste Schleuse.

bb) Für Verkehre nach Donaustationen:
Vom Beginn der Ladezeit bis zur Passage der Schleuse Kelheim. Bei Leichterung in einem Donauhafen:
Tag der Leichterung.

b) Die Abnahme- und Transportverpflichtung des Frachtführers erlischt bei einem Pfellinger Pegel von 3,10 m und darunter.

3. Für Verkehre in den sonstigen Wasserstraßenbereichen gelten die dort üblichen Regelungen

§ 13 Erlöschen der Übernahme- und Transportpflicht

1. Die Übernahme- und Transportpflicht erlischt auf jeder Wasserstraße ohne weiteres, gleichgültig ob die Güter schon übernommen oder verladen sind, oder ob die Reise schon angetreten ist oder nicht, wenn allgemein oder auch nur mit Bezug auf das Schiff, welches die Güter geladen hat, folgende Ereignisse oder Umstände eintreten oder vorliegen:

a) höhere Gewalt, Krieg, Bürgerkrieg, Mobilmachung, militärische Unternehmungen, Aufruhr, Sabotage, Streik, Aussperrung, Blockade, innere Unruhe;

b) behördliche Maßnahmen und Eingriffe, Ein-, Aus- und Durchfuhrbeschränkungen oder -verbote, Beschlagnahmungen oder Requisitionen;

c) Schiffahrtssperren jeder Art oder Schiffahrtsunfälle, Störungen oder Betriebseinstellungen in Schleusen, Kanälen, Häfen oder sonstigen Schiffahrtseinrichtungen, Verkehrsstörungen, Behinderungen des Verkehrs in Seehäfen oder Schließung der Schiffahrt;

d) Naturereignisse, Hochwasser, Überschwemmungen, Eis und Eisgefahr.

2. Während der ganzen Dauer eines dieser Fälle und noch 14 Tage darüber hinaus, ist der Frachtführer berechtigt, für alle Verzögerungen im Schiffsumlauf Liegegelder zuzüglich Kosten für Mehraufwendungen zu berechnen, sowie in seiner Wahl:

a) entweder den Transport durchzuführen und für die ganze vereinbarte Transportstrecke einen Frachtzuschlag zu erheben und alle dem Frachtführer gegenüber einer normalen Abwicklung des Auftrages entstehenden Mehraufwendungen zu Lasten der Ware zu nehmen, wobei für die Mehraufwendungen die Ladungsbeteiligten als Gesamtschuldner haften,

b) oder ganz vom Vertrag zurückzutreten und Fehlfracht gemäß § 11 zu berechnen und schon verladene Güter an der ihm geeignet erscheinenden Stelle namens, auf Rechnung und Gefahr der Ladungsbeteiligten zu löschen oder löschen zu lassen und einzulagern oder mit anderen Mitteln weiterzubefördern. Alle durch die Löschung im Zwischenhafen, Einlagerung oder Weiterbeförderung entstehenden Mehrkosten, Mehrfrachten und Auslagen gehen zu Lasten der Ladungsbeteiligten.

Die vorbezeichneten Rechte besitzt der Frachtführer auch dann, wenn er es unterlassen sollte, vom Eintritt des Ereignisses den Ladungsbeteiligten Mitteilung zu machen.

3. Der Absender kann in den Fällen von Abs. 1a bis d vom Vertrag zurücktreten unter der Voraussetzung, daß er die Kosten des Wiederausladens und die volle Fracht gem. § 11 Abs. 1c zahlt.

4. Absender und Empfänger haften dem Frachtführer als Gesamtschuldner für alle mehr erhobenen Tagesfrachten, Frachtzuschläge, Liegegelder und sonstigen Mehraufwendungen.

5. Wird der Antritt der Reise durch Zufall oder durch einen Umstand, den der Frachtführer nach diesen Verlade- und Transportbedingungen nicht zu vertreten hat, dauernd verhindert, so tritt der Frachtvertrag außer Kraft, ohne daß der eine Teil zur Entschädigung des anderen verpflichtet ist.

Als dauernde Verhinderung ist es insbesondere anzusehen:

– wenn das Schiff, mit dem die Beförderung zu erfolgen hatte, verlorengeht, oder derart beschädigt wird, daß die Reise nicht ohne eine umfassende Ausbesserung des Schiffes angetreten werden kann; als Ausbesserung dieser Art gilt namentlich eine solche, die die vollständige Löschung der Ladung notwendig macht;

– wenn die zu befördernden Güter verlorengehen, vorausgesetzt, daß sie nicht nur nach Art und Gattung, sondern speziell im Frachtvertrag bezeichnet oder bereits verladen oder jedenfalls von dem Frachtführer übernommen waren.

6. Wird nach dem Antritt der Reise die Fortsetzung derselben durch Zufall oder durch Umstände verhindert, die der Frachtführer nach diesen Verlade- und Transportbedingungen nicht zu vertreten hat, so tritt der Frachtvertrag außer Kraft. Die Kosten des Wiederausladens und die Fracht für den zurückgelegten Teil der Reise (Distanzfracht) trägt der Absender.

§ 14 Zurückbehaltungs- und Pfandrecht des Frachtführers

1. Der Frachtführer hat wegen aller durch den Frachtvertrag begründeten Forderungen sowie wegen unbestrittener Forderungen aus anderen mit dem Absender abgeschlossenen Fracht-, Speditions- oder Lagerverträgen ein Pfandrecht an dem Gut. Das Pfandrecht erstreckt sich auch auf die Begleitpapiere.

2. Das Pfandrecht besteht, solange der Frachtführer das Gut in seinem Besitz hat, insbesondere solange er mittels Konnossement oder Lagerschein darüber verfügen kann.

3. In Ausübung des Pfandrechts ist der Frachtführer berechtigt, Güter namens, auf Rechnung und Gefahr der Ladungsbeteiligten zu löschen und an einem geeigneten Orte einzulagern oder Sicherstellung für seine Ansprüche zu verlangen.

4. Dritte Personen, die Ansprüche auf die Ware aufgrund des Konnossements oder Frachtbriefs erheben, erkennen durch die Empfangnahme des Konnossements oder Frachtbriefes oder durch eine Verfügung über solche Papiere das Zurückbehaltungs- oder Pfandrecht des Frachtführers nach Maßgabe vorstehender Bestimmungen an.

5. Das Zurückbehaltungs- und Pfandrecht besteht, wenn die Güter franko abzuliefern sind, hinsichtlich der erst nach Antritt der Reise entstandenen Ansprüche, insbesondere Liegegelder, Frachtzuschläge, Mehraufwendungen, Zölle sowie sonstige Kosten und Auslagen. Für weitergehende Ansprüche besteht das Zurückbehaltungs- und Pfandrecht an solchen Gütern, die dem Auftraggeber gehören.

6. Der Pfandverkauf ist zulässig binnen einer Woche.

7. Für den Pfand- und Selbsthilfeverkauf kann der Frachtführer in allen Fällen eine Verkaufsprovision vom Bruttoerlös in Höhe der ortsüblichen Sätze berechnen.

§ 15 Haftung des Frachtführers

1. Der Frachtführer haftet für Verlust oder Beschädigung der Güter nur in dem Zeitraum nach Beendigung der Beladung und Stauung aller an der Ladestelle zu übernehmenden Güter bis zum Beginn des Löschens.

2. Der Frachtführer haftet nicht

a) für Verlust oder Beschädigung der Güter, über deren Natur oder Wert der Absender, Auftraggeber oder Empfänger falsche oder unvollständige Angaben gemacht oder die er ungenügend oder unzulänglich gekennzeichnet hat, oder sonstige Nachteile ohne Rücksicht auf Schadensursache oder Verschulden;

b) wenn er darlegt, daß Verlust, Beschädigung, Verspätung oder sonstige Nachteile die Folge von Umständen oder Ereignissen sind, welche er oder die in § 2 Abs. 2 benannten Personen lediglich fahrlässig verursacht haben;

c) bei anfänglicher Fahr- oder Ladeuntüchtigkeit des Schiffes, falls ein gültiges Schiffsattest einer Schiffsuntersuchungskommission oder ein gültiges Attest einer anerkannten Klassifikationsgesellschaft vorliegt und der fahr- oder ladeuntüchtige Zustand des Schiffes bei Anwendung der Sorgfalt eines ordentlichen Frachtführers nicht erkannt werden konnte;

d) für Verlust oder Beschädigung der Güter, Aufenthalt oder Verspätung oder sonstige Nachteile infolge nautischen Verschuldens, insbesondere Zusammenstoß, Anfahrung, Festfahrung, Scheitern, Bersten, Kentern, Strandung oder Untergang des Schiffes sowie Feuer, Explosionen und Wellenschlag, soweit nicht Vorsatz oder grobe Fahrlässigkeit seiner leitenden Angestellten vorliegt;

e) für Behandlung, Verladen, Verstauen oder Ausladen des Gutes durch die Ladungsbeteiligten oder die Personen, die für sie handeln;

f) für natürliche Beschaffenheit gewisser Güter, derzufolge sie gänzlichem oder teilweisem Verlust oder Beschädigung, insbesondere durch Bruch, Rost, inneren Verderb, Austrocknen, Auslaufen, normalen Schwund oder Einwirkung von Ungeziefer oder Nagetieren ausgesetzt sind;

g) bei Durchkonnossementen für die Transportstrecken, die nicht von ihm ausgeführt werden;

3. Hat bei der Entstehung des Schadens ein Verhalten des Absenders oder des Empfängers oder ein besonderer Mangel des Gutes mitgewirkt, so hängen die Verpflichtung zum Ersatz sowie der Umfang des zu leistenden Ersatzes davon ab, inwieweit diese Umstände zu dem Schaden beigetragen haben.

§ 16 Umfang der Haftung

1. Die Ersatzleistung des Frachtführers bei Verlust oder Beschädigung der Güter sowie bei Verspätungsschäden und Vermögensschäden bestimmt sich auf Grund der nachstehenden Bestimmungen, soweit nicht zwingende gesetzliche Bestimmungen entgegenstehen. Für den nationalen Verkehr gelten hinsichtlich des Umfangs der Haftung bei Verlust oder Beschädigung, Verspätungsschäden oder Vermögensschäden die jeweiligen gesetzlichen Bestimmungen.

2. Die Haftung für Verlust oder Beschädigung der Güter ist auf den Betrag von 10,00 EURO je 100 kg oder auf 200,00 EURO für jedes Packstück oder jede Frachteinheit beschränkt. Insgesamt haftet der Frachtführer für alle auf dem Schiff verladenen Güter nur mit einem Höchstbetrag von 500.000 EURO mit der Maßgabe, daß dieser Betrag zwischen mehreren Ladungsbeteiligten, die von dem Gesamtschadensereignis betroffen sind, im Verhältnis der Haftungssummen zueinander aufzuteilen ist. Wird ein Behälter, eine Palette oder ein ähnliches Pack-/Lademittel verwendet, so gilt diese Beförderungseinheit als ein Packstück.

Falls auf den Frachtvertrag deutsches Recht anwendbar ist, wird die vom Frachtführer zu leistende Entschädigung wegen Verlust oder Beschädigung des Gutes auf zwei Rechnungseinheiten begrenzt. **Rechnungseinheit je Kilogramm ist das vom Internationalen Währungsfonds festgelegte Sonderziehungsrecht.**

3. Für Manko, Mindergewicht oder Mindermaß, welches 2 % des Gesamtgewichtes oder Maßes der betreffenden Partie nicht übersteigt, wird vorbehaltlich abweichender Handelsbräuche nicht gehaftet.

4. Wird ein vereinbarter Termin nicht eingehalten, beschränkt sich die Ersatzleistung auf den Betrag der für die Sendung vereinbarten Fracht.

5. Sind aufgrund anwendbaren Rechts weitergehende Haftungsausschlüsse oder Haftungsbeschränkungen möglich, gelten diese. Die gesetzlich für den Schiffseigner geltenden Haftungsbeschränkungen gelten gleichermaßen für den Frachtführer.

6. Sind lose Güter gleicher Art, im gleichen Schiff bzw. Schiffsraum zusammengeladen, so haben die einzelnen Ladungseigentümer, Absender oder Empfänger ein eventuelles Mindergewicht, Beschädigung oder Havarie sowie Übergewicht oder Übermaß verhältnismäßig unter sich zu teilen.

7. Die Bestimmungen über Ausschluß, Beschränkung und Begrenzung der Haftung des Frachtführers erstrecken sich auf alle vertraglichen und außervertraglichen Ansprüche, einschließlich von Ansprüchen aus Vermögensschäden, gleichviel aus welchem Rechtsgrund.

8. Kann die Haftung des Frachtführes aufgrund dieser Bedingungen gegenüber einem Ladungsbeteiligten oder Dritten nicht ausgeschlossen oder beschränkt werden, so ist der Absender, außer im Falle von Vorsatz oder grober Fahrlässigkeit, verpflichtet, den Frachtführer von Ansprüchen der Ladungsbeteiligten oder Dritten freizustellen.

§ 17 Verwirkung von Ersatzansprüchen

Durch vorbehaltlose Annahme von Gütern durch den Empfänger, dessen Vertreter, amtliche Stellen (z.B. Zoll) oder Kaianstalten, erlöschen alle Ansprüche wegen Verlustes, Beschädigung oder Verwechselung der Güter, sowie wegen Aufenthaltes, Verspätung oder sonstige Nachteile, gegen den Frachtführer und dessen Erfüllungsgehilfen. Vorbehalte sind schriftlich und unter genauer Angabe der Art und des Umfanges des Schadens geltend zu machen, und zwar bei äußerlich erkennbaren Mängeln zugleich mit der Annahme der Güter, bei äußerlich nicht erkennbaren Mängeln sofort nach deren Entdeckung, spätestens jedoch binnen drei Werktagen seit der Ablieferung. Allgemeine Vorbehalte sowie verspätete Vorbehalte sind unwirksam. Die Weigerung zur Zahlung der Fracht oder sonstigen Kosten gilt nicht als Vorbehalt.

§ 18 Versicherung

Ohne ausdrücklichen schriftlichen Auftrag ist der Frachtführer nicht verpflichtet, die Güter gegen irgendwelche Gefahren und Risiken zu versichern.

§ 19 Havarie-grosse

1. Für die Havarie-grosse gelten die "Rhein-Regeln IVR" in ihrer jeweils letzten gültigen Fassung. Der Text steht auf Verlangen zur Verfügung.

2. Absender, Auftraggeber und Empfänger haften dem Frachtführer als Gesamtschuldner für alle aufgrund einer Dispache auf ihre Güter entfallenden Beiträge zur Havarie-grosse. Der Frachtführer ist berechtigt, für diese Beiträge einen Revers einzufordern und einen Kosteneinschuß zu verlangen. Ein Zurückbehaltungsrecht an Beiträgen zur Havarie-grosse ist ausgeschlossen, auch in dem Fall, daß der Havarie-grosse-Fall schuldhaft herbeigeführt wurde, es sei denn, der Havarie-grosse-Fall sei auf eine Handlung oder Unterlassung zurückzuführen, die von dem Frachtführer selbst oder einer Person im Sinne des § 2 Abs. 2 in der Absicht, einen solchen Fall herbeizuführen, oder leichtfertig in dem Bewußtsein begangen wurde, daß ein solcher Fall mit Wahrscheinlichkeit eintreten werde.

§ 20 Aufrechnung/Abtretungsverbot

1. Die Ladungsbeteiligten sind nicht berechtigt, mit vom Frachtführer bestrittenen Forderungen, gleichviel aus welchem Rechtsgrund, gegen Forderungen des Frachtführers aufzurechnen.

2. Die Ladungsbeteiligten sind ohne schriftliche Zustimmung des Frachtführers nicht berechtigt, Ansprüche aus dem Frachtvertrag gegen den Frachtführer, seine Hilfspersonen oder Erfüllungsgehilfen i.S.d. § 2 Abs. 2 an Dritte – mit Ausnahme an Transportversicherer – abzutreten.

§ 21 Verjährung

Sämtliche Ansprüche gegen den Frachtführer, seine Hilfspersonen und Erfüllungsgehilfen verjähren innerhalb von sechs Monaten vom Zeitpunkt der Entstehung des Anspruchs, spätestens jedoch vom Zeitpunkt der Ablieferung des Gutes an. Im Falle des Verlustes beginnt die Verjährung mit dem Ablauf des Tages, an welchem die Ablieferung hätte bewirkt sein müssen.

§ 22 Haftungsregelungen zugunsten des Frachtführers

Der Frachtführer kann Haftungsausschlüsse oder -beschränkungen, Fristverkürzungen oder Regreßverzichte, die zwischen den Ladungsbeteiligten untereinander getroffen werden, ebenfalls für sich in vollem Umfange beanspruchen.

§ 23 Gerichtsstand

Gerichtsstand für alle Streitigkeiten ist der Geschäftssitz des Frachtführers. Der Frachtführer ist berechtigt, auch ein anderes nach den gesetzlichen Bestimmungen zuständiges Gericht anzurufen.

§ 24 Salvatorische Klausel

Sollte eine der vorstehenden Bestimmungen unwirksam sein, so wird hierdurch die Wirksamkeit der übrigen Bestimmungen nicht berührt.

Die Parteien sind verpflichtet, die unwirksame Bestimmung durch eine wirksame Bestimmung zu ersetzen, die dem wirtschaftlichen Ergebnis der unwirksamen Bestimmung möglichst nahe kommt.

§ 25 Anwendbares Recht

Sollte zwischen den Vertragsparteien eine Regelung des Vertragsstatutes nicht bestimmt worden sein, so gelten

a) für Transporte mit Beginn und Ende im selben staatlichen Hoheitsgebiet die dort geltenden innerstaatlichen Gesetze;

b) für alle sonstigen Transporte das Recht des ausführenden Frachtführers.

8.3 Übereinkommen über internationale Beförderungen leicht verderblicher Lebensmittel und über die besonderen Beförderungsmittel, die für diese Beförderungen zu verwenden sind (ATP)

ATP steht für **A**ccord relatif aux **t**ransports internationaux de denrées **p**érissables et aux engins spéciaux à utiliser pour ces transports.

Im Übereinkommen werden die Bedingungen definiert, die bei der Beförderung leicht verderblicher Waren im grenzüberschreitenden Warenverkehr zu beachten sind. Sowohl im Hinblick auf die Beförderung, als auch auf die Fahrzeuge, die für die Beförderung eingesetzt werden.

Das ATP-Übereinkommen wurde am 01. September 1970 im Rahmen der Europäischen Wirtschaftskommission der Vereinten Nationen (ECE) geschlossen. Am 26. April 1974 wurde das Gesetz zu dem Übereinkommen verkündet, in Kraft trat das Übereinkommen aber erst mit Veröffentlichung im Bundesgesetzbl. II S. 386 vom 09. März 1976 mit Wirkung zum 21.11.1976. Folgende Länder haben das Übereinkommen ebenfalls ratifiziert (Stand November 2001):

Aserbaidschan, Belgien, Bosnien-Herzegowina, Bulgarien, Kroatien, Tschechien, Dänemark, Estland, Finnland, Frankreich, Deutschland, Georgien, Griechenland, Ungarn, Irland, Italien, Jugoslawien, Kasachstan, Litauen, Luxemburg, Marokko, Niederlande, Norwegen, Österreich, Polen, Portugal, Rumänien, Russland, Slowakei, Slowenien, Spanien, Schweden, Mazedonien, Usbekistan, Vereinigte Staaten, Vereinigtes Königreich, Weißrussland.

Die Schweiz hat das Übereinkommen zwar unterschrieben aber bislang nicht ratifiziert.

Ziel des ATP ist es, für internationale Transporte von Lebensmitteln gemeinsame Qualitätsstandards zu schaffen und deren Einhaltung sicherzustellen. Die Bestimmungen des ATP gelten für alle grenzüber-

schreitenden Straßen- und Schienentransporte von leicht verderblichen Lebensmitteln im gewerblichen Verkehr oder im Werkverkehr zwischen den Vertragsstaaten. Es enthält insbesondere Vorschriften über
- die Verwendung der besonderen Beförderungsmittel für den Transport leicht verderblicher Lebensmittel,
- die Beschaffenheit und Prüfung der besonderen Beförderungsmittel (Anlage 1 ATP),
- die Bescheinigung, die für die besonderen Beförderungsmittel auszustellen ist (Anlage 1 ATP),
- die Kennzeichnung der besonderen Beförderungsmittel (Anlage 1 ATP) und
- die Temperaturen, unter denen bestimmte leicht verderbliche Lebensmittel zu befördern sind (Anlagen 2 + 3 ATP).

Dies soll sicherstellen, dass leicht verderbliche Lebensmittel in geeigneten Fahrzeugen transportiert werden, bei denen sichergestellt ist, dass die Anforderungen an die Lebensmittelhygiene und die ideale Transporttemperatur gewährleistet ist.

Inwieweit die Transportbehältnisse den technischen Anforderungen entsprechen, wird in Einzel- bzw. Typprüfungen und in Wiederholungsprüfungen überprüft. Die Einzel- und Typprüfungen sind technisch sehr aufwändig, sie können daher nur in besonders ausgerüsteten Prüfstellen durchgeführt werden. Für diese Erstprüfung sind in Deutschland vom Bundesministerium für Verkehr, Bau und Wohnungswesen zwei ATP-Prüfstellen zertifiziert:

TÜV Süddeutschland
Bau + Betrieb
ATP-Prüfstelle
Ridlerstr. 65
80339 München
Tel.: (089) 5190-3140
Fax.: (089) 5190-3191
email: atp-pruefstelle@tuevs.de

Germanischer Lloyd
ATP-Prüfstelle
Vorsetzen 32
10459 Hamburg
Tel.: (040) 36149-0
Fax.: (040) 36149-200
email: ra@germanlloyd.org

Wiederholungsprüfungen werden auch von regionalen technischen Prüfstellen durchgeführt, sofern anerkannte Sachverständige zur Verfügung stehen.

Das Ergebnis der Prüfungen wird in einem Prüfbericht nach vorgegebenem Muster dokumentiert. Zur Ausstellung der ATP-Bescheinigung ist dieser Prüfbericht zusammen mit dem von der Prüfstelle, bzw. den Sachverständigen ausgestelltem Muster für die Bescheinigung und ggf. der Fahrzeugschein der örtlichen Zulassungsstelle vorzulegen. Zuständige Zulassungsstellen sind die für die Zuteilung der amtlichen Kennzeichen örtlich zuständigen Behörden.

Diese Bescheinigung ist ein Beförderungspapier in Sinne des § 103 a des GüKG und bei Transporten mitzuführen, sofern der Entladeort in der Bundesrepublik Deutschland liegt. Ferner ist ein im Abkommen beschriebenes Zusatzschild (Unterscheidungszeichen) dauerhaft außen am Beförderungsmittel anzubringen.

Über die ATP-Bestimmungen hinaus können in den einzelnen Mitgliedstaaten zusätzliche Bestimmungen existieren, welche den Transport leichtverderblicher Güter regeln. So können in manchen Ländern für den Transport bestimmter Lebensmittel besondere Genehmigungen erforderlich, oder spezielle Auflagen zu beachten sein.

In Deutschland gibt es kein spezifisches Gesetz, das den Transport von Lebensmitteln regelt. Hier sind die maßgeblichen Vorschriften im Lebensmittel- und Bedarfsgegenständegesetz (LMBG), in der Verordnung über tiefgefrorene Güter (TLMV), sowie in der Lebensmittelhygiene-Verordnung (LMHV) verankert. Darüber hinaus gibt es noch Gesetze für den Transport bestimmter Lebensmittel, wie z.B. für Wein, Milch und Milcherzeugnisse. Dort werden hauptsächlich die hygienischen Anforderungen an das Fahrzeug bzw. den Transportbehälter und die Werkstoffe, aus denen diese gefertigt sein dürfen, definiert.

Das ATP-Übereinkommen ist keine abgeschlossene Rechtsmaterie, sondern wird ständig weiterentwickelt und aktualisiert. Die WP.11 (Working Party 11) der Economic Commission For Europe (ECE) bei den United Nations ist mit dieser Aufgabe betraut. Nicht nur aus den Bereichen der Lebensmittelhygiene und der Kühl- und Fahrzeugtechnik müssen ständig neue Entwicklungen und Erkenntnisse übernommen werden, auch Aktivitäten der Europäischen Union im Verkehrsbereich machen Anpassungen erforderlich.

9. GEFAHRGUT

9.1 Das Gefahrgutgesetz

Allgemeines

Am 12. August 1975 wurde im Bundesgesetzblatt das **Gesetz über die Beförderung gefährlicher Güter** verkündet. Es dient als Rechtsgrundlage für eine möglichst einheitliche Entwicklung der Gefahrguttransportvorschriften für alle Verkehrsträger in der Bundesrepublik und regelt gleichzeitig, bei fehlenden Vorschriften in den internationalen Übereinkommen wichtige Punkte für den grenzüberschreitenden Gefahrguttransport. Durch die im Gesetz vorgesehene Ermächtigung des Bundesverkehrsministers entsprechende Rechtsverordnungen für den Gefahrguttransport mit allen Verkehrsträgern zu erlassen, wurde die Kompetenzfrage hinsichtlich der Vorschriftenentwicklung auf dem Verkehrssektor klar gegenüber den anderen Rechtsbereichen abgegrenzt, wenn auch inzwischen diese sachgerechte Trennlinie durch andere Ministerien zum Teil schon wieder durchbrochen wird.

Die wichtigsten Paragraphen § 1 + 2

Aufgrund des Geltungsbereiches des Gesetzes **(§ 1)** werden alle Arten von Beförderungen gefährlicher Güter erfasst, unabhängig davon, ob es sich um private oder gewerbsmäßige Transporte handelt. Grundsätzlich muss also auch jede Hausfrau, die Gefahrgut i.S.d. GGVS im Kofferraum transportiert die einschlägigen Vorschriften beachten. Ausgenommen sind lediglich Pipelinetransporte und Beförderungen innerhalb von abgeschlossenen Betriebsgeländen. Im letzten Fall bleibt es dem Gewerberecht überlassen, die entsprechenden Sicherheitsstandards zu schaffen und sicherzustellen. Schwierig zu beantworten ist aber die Frage, was ein abgeschlossenes Betriebsgelände i.S. des Gesetzes ist. Allgemein kann gesagt werden, dass, sofern betriebsfremde Personen ungehindert Zugang zum Betriebsgelände haben, dieses als nicht abgeschlossen gilt. Für eine Speditionsanlage wird sich diese Frage in der Regel nicht stellen, wohl aber für einen herstellenden Betrieb. So kann der rein innerbetriebliche Transport ohne Beachtung der aufgrund dieses Gesetzes erlassenen Rechtsvorschriften erfolgen. Sobald allerdings gefährliche Güter innerhalb eines abgeschlossenen Betriebsgeländes für den Transport nach außerhalb verladen werden, beginnt bereits zu diesem Zeitpunkt die **Beförderung i.S.d. Gesetzes (§ 2)**. Zusätzlich zu den Bestimmungen des Gesetzes und seiner Verordnungen sind auch bestimmte Ländervorschriften (Hafensicherheitsverordnungen etc.) und Bestimmungen z.B. des Gewerberechtes zu beachten, soweit diese auch Bestimmungen für den Transport beinhalten. Somit kann eine ausschließliche Fixierung auf das Gefahrgutgesetz nicht erfolgen. Bereits aus dem §1 des Gefahrgutgesetzes wird die Kompliziertheit des Transportes gefährlicher Güter deutlich.

§ 2

Die Begriffsdefinition für **gefährliche Güter** stellt nur auf die möglichen Gefahren für die Umwelt, Menschen, Tiere und die öffentliche Sicherheit und Ordnung, die im Zusammenhang mit der Beförderung entstehen können ab. Sie weicht daher von der Definition für **gefährliche Stoffe** im Chemikalienrecht ab, die auf die mögliche Gefährdung beim direkten Umgang (z.B. der Verarbeitung von Klebstoffen) mit den Stoffen abstellt. Somit ist es keine Seltenheit, dass ein Stoff nach dem einen Recht als gefährlich eingestuft wird und nach dem anderen nicht. Diese Tatsache birgt aber speziell für den Bereich der Lagerung erhebliche Probleme. Der Begriff der **Beförderung** wird durch die Definition im § 2 wesentlich weiter gefasst als die allgemeine Bedeutung des Wortes vermuten lässt. **Beförderung** i.S.d Gesetzes umfasst auch die Übernahme und Ablieferung des Gutes, einschl. des Be- und Entladens, des Verpackens und Auspackens und des sog. zeitweiligen Aufenthaltes im Verlauf der Beförderung. Besonders der letzte Punkt führt seit geraumer Zeit zu schweren Unstimmigkeiten mit dem Bereich des Umwelt- und Arbeitsrechtes. Mangels einer exakten Definition des Begriffes **zeitweiliger Aufenthalt** im Transportrecht werden z.Zt. von den für den Bereich des Umwelt- und Gewerberechtes zuständigen Stellen die sog. 24-Stundenregelung aus den **Technischen Regeln Gefahrstoffe 514 und 515 (TRGS 514 + 515)** auch auf den Bereich der Speditionsanlagen und auch der Hafenumschlagsanlagen angewendet. Nach dieser Regel gilt für den Aufenthalt innerhalb von 24 Stunden in einer Anlage als transportbedingte Unterbrechung i.S. des Gesetzes, wobei zu beachten ist, dass die 24-Stunden-Frist nicht auf das einzelne Gefahrgut begrenzt wird, sondern auf die Gesamtheit aller Gefahrgüter, die im Laufe von 24 Stunden die Anlage durchlaufen. Lediglich dann, wenn der nächste Tag ein Sonn- oder Feiertag ist, wird die Frist auf den nächsten Werktag verlängert.

§ 3

Der § 3 beinhaltet u.a. die Ermächtigung für den Bundesminister für Verkehr-, Bau- und Wohnungswesen, Rechtsverordnungen wie z.B. die GGVS und die GBV (Gefahrgut-Beauftragten-Verordnung) zu erlassen.

§ 6

Bis eine Vorschrift an den neusten Stand der Technik angepasst werden kann, vergeht aufgrund des komplizierten Umsetzungsverfahrens meist viel Zeit, zumal vor der Einführung einer nationalen Regelung grundsätzlich der Versuch steht, diese in die internationalen Abkommen einzubringen. Somit könnten Fortschritte in der Technik nicht genutzt werden, oder neue Produkte könnten über Jahre nicht transportiert werden. Häufig berücksichtigen aber auch die internationalen Regelwerke nationale Besonderheiten und Bedürfnisse nicht ausreichend. Daher ermächtigt der § 6 den Bundesverkehrsminister Ausnahmen von den Regelwerken zu erlassen. Hiervon wurde z.B. durch die **Gefahrgut-Ausnahme-Verordnung** Gebrauch gemacht.

§ 7 Sofortmaßnahmen

Wie bereits ausgeführt wurde, dauert eine Änderung der Vorschriften sehr lange. Es können aber Fälle vorkommen, in denen neue Erkenntnisse dazu führen, dass ein Produkt doch unter bestimmten Voraussetzungen ein entsprechendes Gefährdungspotential aufweist, so dass dringend entsprechende Transportvorschriften erlassen werden müssen. Dies ist u.a. bei dem sog. **Seveso-Dioxin** der Fall gewesen. In diesen Fällen hat der Bundesverkehrsminister die Ermächtigung **Sofortmaßnahmen** ohne Anhörung und/oder Zustimmung des Bundesrates und der Sachverständigen zu erlassen. Eine solche Sofortmaßnahme ist grundsätzlich auf ein Jahr beschränkt und muss innerhalb dieser Frist in die aktuellen Vorschriften integriert werden.

§ 8 Sicherungsmaßnahmen, Zurückweisen von Gefahrguttransporten

Nach diesem Paragraphen haben die Behörden das Recht, bei fehlenden Papieren, oder nicht vorschriftenkonformen Transport die erforderlichen Maßnahmen zur Abstellung des Mangels zu ergreifen. Dies kann in schweren Fällen auch zu einer vorläufigen Stillegung des Fahrzeuges führen. Natürlich müssen die Behörden auch hier die Verhältnismäßigkeit der Mittel beachten. Es kann z.B. nicht ein Fahrzeug an der Weiterfahrt gehindert werden, wenn der Fahrzeugführer im Beförderungspapier den Vermerk **Beförderung ohne Überschreitung der Freigrenzen nach Abschnitt 1.1.3.6** nicht vorweisen kann. Anders sieht es dagegen bei Fällen von schweren Ladungssicherungsmängeln oder leckenden Gebinden aus, da hier eine konkrete Gefährdung Dritter vorliegt. Bei grenzüberschreitenden Transporten können einreisende Fahrzeuge bereits an der Grenze zurückgewiesen werden. Der gemeinsame Binnenmarkt der EU, verbunden mit dem Wegfall der innergemeinschaftlichen Grenzkontrollen, beschränkt diese Möglichkeit des Gesetzes nunmehr auf die EU-Außengrenzen Deutschlands. Nach der Osterweiterung der EU besteht diese Möglichkeit somit nur noch an der Grenze zur Schweiz.

§ 9 Überwachung

Der Paragraph 9 ist von entscheidender Bedeutung für die tägliche Praxis beim Transport gefährlicher Güter, da er einerseits die zuständigen Behörden verpflichtet, die Beförderung gefährlicher Güter zu überwachen, andererseits die Pflichten des Betroffenen festschreibt, die Überwachungsmaßnahmen zu dulden und sogar durch Aushändigung von Mustern und Proben zu unterstützen. Der Gesetzgeber schränkt hier ausdrücklich sogar das Grundrecht der Unverletzlichkeit der Wohnung (Artikel 13 des Grundgesetzes) ein. Gleichzeitig wird an dieser Stelle definiert, dass grundsätzlich der Unternehmer oder Inhaber eines Betriebes der gefährliche Güter verpackt, verlädt, versendet, befördert, entlädt, empfängt oder auspackt oder Verpackungen, Behälter (Container) oder Fahrzeuge zur Beförderung gef. Güter herstellt der **für die Beförderung Verantwortliche** i.S. des Gesetzes ist. Dies bedeutet, alle Vorschriften und Gesetze treffen grundsätzlich zuerst den Unternehmer, bzw. seinen Geschäftsführer (z.B. bei einer GmbH).

§ 10 Ordnungswidrigkeiten

Grundsätzlich sieht das Gefahrgutgesetz einen Maximalbetrag von € 50.000,– vor. Eine Ordnungswidrigkeit liegt ausdrücklich bereits auch bei reiner Fahrlässigkeit vor. Mögliche Straftatbestände sind im Gefahrgutgesetz nicht mehr enthalten, da diese direkt im Umweltstrafbereich des Strafgesetzbuches angesiedelt sind. Über den § 10 des Gefahrgutgesetzes wird auch die Möglichkeit gegeben, Verstöße gegen das ADR mit einem Bußgeld zu belegen.

§ 12 Kosten

Für Amtshandlungen, Prüfungen und Untersuchungen auf der Grundlage dieses Gesetzes können Gebühren zwischen € 15,– und € 10.000,– erhoben werden. Die näheren Einzelheiten hierzu werden in der **Gefahrgut-Kosten-Verordnung** von 2001 geregelt.

9.2 Gefahrgutausnahme-Verordnung und Multilaterale Vereinbarungen

Bestimmte Ausnahmen von den im ADR/RID festgelegten Beförderungsbedingungen für gefährliche Güter werden im nationalen Bereich der Bundesrepublik Deutschland in der Gefahrgut-Ausnahme-Verordnung geregelt. Diese Ausnahmen können, bei Einhaltung der in der jeweiligen Regelung festgelegten Bedingungen, von jedem Beteiligten bei Transporten innerhalb Deutschlands angewandt werden. Im Beförderungspapier muss allerdings auf diese Ausnahme entsprechend verwiesen werden. Bei grenzüberschreitender Beförderung werden die möglichen Ausnahmeregelungen in der **ADR-Ausnahme-Verordnung** festgelegt. Diese Ausnahmen können allerdings nur angewandt werden, wenn die während der Beförderung berührten Staaten die jeweilige Ausnahme auch gezeichnet haben. Dies geht jeweils aus den einzelnen Ausnahmen hervor. Bei multilateralen Vereinbarungen, die auch von Deutschland gezeichnet wurden, ist eine Anwendung dieser Ausnahme auch bei reinen innerstaatlichen Transporten in Deutschland zulässig.

9.3 See- und Luftverkehr

Auch für den See- und Luftverkehr gelten besondere Bestimmungen für den Transport gefährlicher Güter. Diese sind für den Seeschiffsverkehr dem **IMDG-Code** und für den Luftverkehr den **ICAO-TI** bzw. dem **IATA-DGR-Handbuch** zu entnehmen. Diese beiden verkehrsträgerspezifischen Vorschriften weichen in einigen Punkten von den Bestimmungen des ADR/RID ab. Insbesonders gilt dies für die notwendige Dokumentation von Gefahrgutsendungen und für die Zusammenladeverbote, bzw. für die Bestimmungen zur Ladungssicherung. Somit muss bereits bei Zusammenstellung der Sendung im Binnenland genau geprüft werden, ob diese Sendungen auch nach dem Recht des anderen Verkehrsträgers auf einer Einheit verladen werden dürfen. Auch in diesen Vorschriften sind detaillierte Vorschriften über die Schulung des bei der Beförderung gefährlicher Güter eingesetzten Personals enthalten, die den jeweiligen Unternehmer treffen.

9.4 Fährverkehre

Häufig müssen bei Transporten im grenzüberschreitenden Verkehr Teile der Gesamtstrecke mit Schiffen zurückgelegt werden. Dies gilt besonders für den Verkehr von und nach Großbritannien und den skandinavischen Ländern. Da der Seeschiffsbereich durch den IMDG-Code und die GGVSee eine eigenständige Verordnung hat, müssen bei derartigen Transporten während der Straßenbeförderung die Vorschriften des ADR eingehalten werden und auf der Seereise zusätzlich die Vorschriften der GGVSee, bzw. des IMDG-Codes. Zwischen beiden Vorschriften bestehen aber teilweise erhebliche Unterschiede hinsichtlich der Zusammenlade- und Trennvorschriften, sowie der Dokumentation. Die Trennvorschriften im Seeschiffsbereich sind wesentlich restriktiver als im ADR. Teilweise dürfen Güter der gleichen Gefahrgutklasse nicht zusammengeladen werden, oder müssen in einem bestimmten Mindestabstand zueinander auf der Ladefläche des LKW gestaut werden. Aber selbst dies bedarf grundsätzlich der Zustimmung der zuständigen Behörde im Verschiffungshafen. Einige Fährlinien nehmen bestimmte Gefahrgüter auf ihren Schiffen nicht zur Beförderung an. Diese Punkte müssen natürlich bereits bei Beladung des LKW im Binnenland abgeprüft sein, da es sonst Probleme im Fährhafen gibt, die, wenn überhaupt, nur unter dem Einsatz erheblicher finanzieller Mittel wieder bereinigt werden können. Dies führt in der Regel natürlich auch zu starken Laufzeitverzögerungen. Grundsätzlich müssen bei derartigen Verkehren im Seehafen auch die erforderlichen Dokumente aus dem Bereich des IMDG-Codes / der GGVSee vorgelegt werden. Im Binnenland müssen somit für solche Transporte auch die **verantwortlichen Erklärungen** und die **Trailer-/ Containerpackzertifikate** ausgefüllt und mitgegeben werden. Häufig besteht im Zusammenhang mit solchen Transporten Unklarheiten über das sog. **Ostseememorandum** und seine Bedeutung. Wie der Name schon sagt, gilt diese Vereinbarung nur auf der Ostsee. Die sog. **Kurzstreckenregelung** innerhalb des Ostseememorandums gilt auch nur in einem bestimmten Bereich östlich der Linie Lysekill/Skagen und in einem Seegebiet, in dem bestimmte Wellenhöhen nicht überschritten werden. Diese Gebiete sind in einer Karte, die Bestandteil des MOU ist, dokumentiert. Weiterhin besteht für die Verlader und Beförderer **keinerlei Rechtsanspruch** auf Anwendung der Vereinbarung. Maßgeblich ist die Zustimmung der Reederei, daß die Vereinfachungen des Abkommens an Bord des Schiffes angewendet werden können. Die Reederei kann, selbst wenn sie es gerne möchte, das Memorandum auch nur dann anwenden, wenn die Schiffe eigens hierfür zugelassen sind. Im Ostseeverkehr von Kiel und Lübeck z.B. sind Transporte unter Anwendung des Ostseememorandums nur auf ganz wenigen Schiffen zugelassen. Soll also ein Gefahrguttransport nach Skandinavien auf Basis dieser Vereinfachung durchgeführt werden, muss zuerst geprüft werden, welche Reederei überhaupt auf dieser Basis arbeitet und ob der Trailer so auch angenommen wird. Für viele Binnenländer völlig unverständlich ist eine weitere Besonderheit des Seeverkehrs, die hier nicht unerwähnt bleiben soll: **Die letzte Entscheidung, ob ein Gut mitgenommen wird, hat immer der Kapitän. Sein Wort gilt, auch dann, wenn die Reederei die Verladung bereits akzeptiert hat. Nach dem Kapitän kommt nur noch der Herrgott!** Wer einmal bei Sturm mit der Fähre nach Oslo gefahren ist, der weiß, zu welchen Bewegungen ein Schiff fähig ist und welche Anforderungen daher an die Ladungssicherung bei solchen Transporten zu stellen ist. Eine Ladungssicherung, die auf bundesdeutschen Autobahnen durchaus akzeptabel erscheint, ist für den anschließenden Schiffstransport durchaus nicht immer geeignet. Bei derartigen Lkw-Verkehren bedarf es einer wesentlich größeren Sorgfalt und Überlegung bei der Beladung um Schäden an der Ladung, aber auch am Schiff zu vermeiden.

9.5 Schlussbetrachtungen

Das Gefahrgutgesetz hat sich grundsätzlich unter Berücksichtigung der im Laufe der Jahre notwendig gewordenen Änderungen voll bewährt, schafft es doch eine einheitliche Rechtsgrundlage für den Transport gefährlicher Güter mit allen Verkehrsträgern. Bedauerlicherweise ist dieses Gesetz nur auf die Bundesrepublik Deutschland beschränkt. Der vielfach geäußerte Wunsch nach einem vergleichbaren Weltabkommen für den Transport gefährlicher Güter, der sogar im ADR-Vertragstext enthalten ist, wird bedauerlicherweise sicherlich in absehbarer Zeit nicht realisierbar sein, da hier noch zuviel Nationaldenken einiger Staaten vorherrscht.

9.6 Gefahrgut auf Straße und Schiene

Der Transport gefährlicher Güter auf Straße und Schiene wird im gesamten europäischen Raum durch das RID für den Schienentransport und das ADR für den Straßentransport geregelt. Die Umsetzung dieser internationalen Abkommen innerhalb der Bundesrepublik Deutschland erfolgt durch die GGVSE, die aber nur noch einen äußeren Rahmen für das Regelwerk festschreibt, während die technischen und materiellen Anforderungen an das Gefahrgut und seine Beförderung ausschließlich im RID oder ADR verankert sind. Seit dem 1.7.2001 ist das sogenannte restrukturierte RID/ADR in Kraft. Wesentliches Merkmal des neuen Regelwerkes ist zum einen eine völlig neue Lesart der Vorschriften und zum anderen erstmals die Aufnahme von einzelnen Pflichten aller am Transport beteiligten Unternehmen. Mit der neuen Lesart wurde eine weitgehende Harmonisierung der Vorschriften mit den Regelwerken der anderen Verkehrsträger See und Luft erreicht, da diese mittlerweile über den gleichen Vorschriftenaufbau verfügen. Von besonderer Bedeutung ist auch, dass mit dem neuen RID/ADR gleichzeitig auch die Vorschriften über die Bestellung eines Gefahrgutbeauftragten, die bislang nur innerhalb der EU galten, auf die anderen Unterzeichnerstaaten des RID / ADR ausgedehnt wurden. Nunmehr müssen, wie bisher schon in den EU-Mitgliedsstaaten, auch in diesen Ländern alle Unternehmen, die am Transport gefährlicher Güter beteiligt sind, einen oder mehrere Gefahrgutbeauftragte für das Unternehmen bestellen. Unverändert aus dem alten Regelwerk übernommen wurde auch die Verpflichtung der Unternehmer, alle Mitarbeiter, die mit der Gefahrgutbeförderung befasst sind, nach einem genau definierten System regelmäßig schulen zu lassen. Innerhalb der europäischen Union werden Gefahrguttransporte seit einiger Zeit, basierend auf der sog. **EU-Kontrollrichtlinie**, nach einem einheitlichen Kontrollverfahren durch die jeweils zuständigen nationalen Behörden in einem bestimmten festgelegten Rhythmus und Umfang überwacht. Bei festgestellten Mängeln erfolgt in der Regel, neben einer buß- oder strafrechtlichen Ahndung, eine Stilllegung des Fahrzeuges bis zur Beseitigung des Mangels. Nach den ersten Kontrollstatistiken gehören zu den am häufigsten festgestellten Mängeln unvollständige Beförderungspapiere, fehlende Ausrüstungen und falsche oder unterlassene Ladungssicherung. Im ADR/RID sind weiterhin bestimmte Sondervorschriften enthalten, die den direkten Zu- oder Ablauf von See- und Flughäfen regeln.

9.7 Richtlinien

Da die Bestimmungen des ADR/RID in vielen Punkten stark auslegungsfähig sind, übernehmen **Richtlinien** die Erläuterung bestimmter Vorschriften. Die wichtigste Richtlinie ist die **RSE Richtlinien zur Durchführung der Gefahrgutverordnung Straße (GGVS-Durchführungsrichtlinien).** Darüber hinaus bestehen noch zahlreiche Technische Richtlinien. So enthält die RSE z. B. nähere Ausführungen über das Verfahren zur Erlangung einer Fahrwegsbestimmung nach § 7, oder Auslegungshinweise für bestimmte Vorschriften des ADR. Für viele interessant ist auch der Bußgeldkatalog zum § 10 der GGVS, da hier die Regelsätze für Verstöße gegen die GGVS aufgeführt sind.

Vielfach findet der Anwender also zu bestimmten Einzelfragen Aufschluß in der RSE.

IV. Straßenverkehr

1. STRASSENGÜTERVERKEHR IM NATIONALEN BEREICH

1.1 GüKG = Güterkraftverkehrsgesetz

vom 22. Juni 1998 (BGBl I S. 1485),
zuletzt geändert durch Artikel 6 Nr. 5 des Gesetzes zur Änderung des
Aufenthaltgesetzes und weiterer Gesetze
vom 14. März 2005 (BGBl. I S. 721)
– auszugsweise –

§ 1 – Begriffsbestimmungen

(1) Güterkraftverkehr ist die geschäftsmäßige oder entgeltliche Beförderung von Gütern mit Kraftfahrzeugen, die einschließlich Anhänger ein höheres zulässiges Gesamtgewicht als 3,5 Tonnen haben.
(2) Werkverkehr ist Güterkraftverkehr für eigene Zwecke eines Unternehmens, wenn folgende Voraussetzungen erfüllt sind:
1. Die beförderten Güter müssen Eigentum des Unternehmens oder von ihm verkauft, gekauft, vermietet, gemietet, hergestellt, erzeugt, gewonnen, bearbeitet oder instand gesetzt worden sein.
2. Die Beförderung muß der Anlieferung der Güter zum Unternehmen, ihrem Versand vom Unternehmen, ihrer Verbringung innerhalb oder – zum Eigengebrauch – außerhalb des Unternehmens dienen.
3. Die für die Beförderung verwendeten Kraftfahrzeuge müssen vom eigenen Personal des Unternehmens geführt werden. Im Krankheitsfall ist es dem Unternehmen gestattet, sich für einen Zeitraum von bis zu vier Wochen anderer Personen zu bedienen.
4. Die Beförderung darf nur eine Hilfstätigkeit im Rahmen der gesamten Tätigkeit des Unternehmens darstellen.
(3) Den Bestimmungen über den Werkverkehr unterliegt auch die Beförderung von Gütern durch Handelsvertreter, Handelsmakler und Kommissionäre, soweit
1. deren geschäftliche Tätigkeit sich auf diese Güter bezieht,
2. die Voraussetzungen nach Absatz 2 Nr. 2 bis 4 vorliegen und
3. ein Kraftfahrzeug verwendet wird, dessen Nutzlast einschließlich der Nutzlast eines Anhängers 4 Tonnen nicht überschreiten darf.
(4) Güterkraftverkehr, der nicht Werkverkehr im Sinne der Absätze 2 und 3 darstellt, ist gewerblicher Güterkraftverkehr.

§ 2 – Ausnahmen

(1) Die Vorschriften dieses Gesetzes finden keine Anwendung auf
1. die gelegentliche, nichtgewerbsmäßige Beförderung von Gütern durch Vereine für ihre Mitglieder oder für gemeinnützige Zwecke,
2. die Beförderung von Gütern durch Körperschaften, Anstalten und Stiftungen des öffentlichen Rechts im Rahmen ihrer öffentlichen Aufgaben,
3. die Beförderung von beschädigten oder reparaturbedürftigen Fahrzeugen aus Gründen der Verkehrssicherheit oder zum Zwecke der Rückführung,
4. die Beförderung von Gütern bei der Durchführung von Verkehrsdiensten, die nach dem Personenbeförderungsgesetz in der Fassung der Bekanntmachung vom 8. August 1990 (BGBl. I S. 1690) in der jeweils geltenden Fassung genehmigt wurden,
5. die Beförderung von Medikamenten, medizinischen Geräten und Ausrüstungen sowie anderen zur Hilfeleistung in dringenden Notfällen bestimmten Gütern,
6. die Beförderung von Milch und Milcherzeugnissen für andere zwischen landwirtschaftlichen Betrieben, Milchsammelstellen und Molkereien durch landwirtschaftliche Unternehmer im Sinne des Gesetzes über die Alterssicherung der Landwirte vom 29. Juli 1994 (BGBl. I S. 1890) in der jeweils geltenden Fassung,
7. die in land- und forstwirtschaftlichen Betrieben übliche Beförderung von land- und forstwirtschaftlichen Bedarfsgütern oder Erzeugnissen
   a) für eigene Zwecke,
   b) für andere Betriebe dieser Art

aa) im Rahmen der Nachbarschaftshilfe oder
bb) im Rahmen eines Maschinenringes oder eines vergleichbaren wirtschaftlichen Zusammenschlusses, sofern die Beförderung innerhalb eines Umkreises von 75 Kilometern in der Luftlinie um den Mittelpunkt des Standorts des Kraftfahrzeugs im Sinne des § 23 Abs. 1 Satz 1 der Straßenverkehrs-Zulassungs-Ordnung mit Zugmaschinen oder Sonderfahrzeugen durchgeführt wird, die nach § 3 Nr. 7 des Kraftfahrzeugsteuergesetzes in der Fassung der Bekanntmachung vom 26. September 2002 (BGBl. I S. 3818), von der Kraftfahrzeugsteuer befreit sind, sowie
8. die im Rahmen der Gewerbeausübung erfolgende Beförderung von Betriebseinrichtungen für eigene Zwecke.

(1a) Werden bei Beförderungen nach Absatz 1 Nr. 7 nicht von der Kraftfahrzeugsteuer befreite Fahrzeuge eingesetzt, hat der Beförderer dafür zu sorgen, dass während der Beförderung ein Begleitpapier oder ein sonstiger Nachweis mitgeführt wird, in dem das beförderte Gut, Be- und Entladeort sowie der land- und forstwirtschaftliche Betrieb, für den die Beförderung erfolgt, angegeben werden. Das Fahrpersonal muss das Begleitpapier oder den sonstigen Nachweis nach Satz 1 während der Beförderung mitführen und Kontrollberechtigten auf Verlangen zur Prüfung aushändigen oder in anderer Weise zugänglich machen.

(2) § 14 bleibt unberührt.

§ 3 – Erlaubnispflicht

(1) Der gewerbliche Güterkraftverkehr ist erlaubnispflichtig, soweit sich nicht aus dem unmittelbar geltenden europäischen Gemeinschaftsrecht etwas anderes ergibt.

(2) Die Erlaubnis wird einem Unternehmer, dessen Unternehmen seinen Sitz im Inland hat, für die Dauer von fünf Jahren erteilt, wenn
1. der Unternehmer und die zur Führung der Güterkraftverkehrsgeschäfte bestellte Person zuverlässig sind,
2. die finanzielle Leistungsfähigkeit des Unternehmens gewährleistet ist und
3. der Unternehmer oder die zur Führung der Güterkraftverkehrsgeschäfte bestellte Person fachlich geeignet ist.

Eine Erlaubnis, deren Gültigkeitsdauer abgelaufen ist, wird zeitlich unbefristet erteilt, wenn der Unternehmer die Berufszugangsvoraussetzungen nach wie vor erfüllt.

(3) Die Bedingungen für den Berufszugang nach Absatz 2 sind vorbehaltlich von Absatz 6 Nr. 1 gegeben, wenn folgende Voraussetzungen erfüllt sind:
1. Die Zuverlässigkeit ist gegeben, wenn der Unternehmer und die zur Führung der Güterkraftverkehrsgeschäfte bestellte Person die Gewähr dafür bieten, daß das Unternehmen den gesetzlichen Bestimmungen entsprechend geführt wird und die Allgemeinheit bei dem Betrieb des Unternehmens vor Schäden oder Gefahren bewahrt bleibt.
2. Die finanzielle Leistungsfähigkeit ist gegeben, wenn die zur Aufnahme und ordnungsgemäßen, insbesondere verkehrssicheren Führung des Unternehmens erforderlichen finanziellen Mittel verfügbar sind.
3. Die fachliche Eignung ist gegeben, wenn der Unternehmer oder die zur Führung der Güterkraftverkehrsgeschäfte bestellte Person über die zur Führung des Unternehmens erforderlichen Fachkenntnisse verfügt.

(3a) Der Erlaubnisinhaber erhält auf Antrag neben der Erlaubnis so viele Erlaubnisausfertigungen, wie ihm weitere Fahrzeuge und die für diese erforderliche finanzielle Leistungsfähigkeit nach der Richtlinie 96/26/EG des Rates vom 29. April 1996 über den Zugang zum Beruf des Güter- und Personenkraftverkehrsunternehmers im innerstaatlichen und grenzüberschreitenden Verkehr (ABl. EG Nr. L 124 S. 1) in der jeweils geltenden Fassung zur Verfügung stehen. Eigenkapital und Reserven, auf Grund deren beglaubigte Abschriften der Gemeinschaftslizenz nach der Verordnung (EWG) Nr. 881/92 des Rates vom 26. März 1992 über den Zugang zum Güterkraftverkehrsmarkt in der Gemeinschaft für Beförderungen aus oder nach einem Mitgliedstaat oder durch einen oder mehrere Mitgliedstaaten (ABl. EG Nr. L 95 S. 1) in der jeweils geltenden Fassung erteilt wurden, können im Verfahren auf Erteilung der Erlaubnis und Erlaubnisausfertigungen nicht nochmals in Ansatz gebracht werden.

(4) Die Erlaubnis kann befristet, unter Bedingungen, Auflagen oder mit verkehrsmäßigen Beschränkungen erteilt werden.

(5) Hat bei der Erteilung der Erlaubnis eine der Voraussetzungen nach Absatz 2 nicht vorgelegen oder ist diese nachträglich entfallen, kann die Erlaubnis zurückgenommen oder widerrufen werden. Im Übrigen bleiben die Bestimmungen der §§ 48, 49 und 50 des Verwaltungsverfahrensgesetzes unberührt. Die Finanzbehörden dürfen die Erlaubnisbehörde davon in Kenntnis setzen, daß der Unternehmer die ihm ob-

liegenden steuerrechtlichen Verpflichtungen wiederholt nicht erfüllt oder eine eidesstattliche Versicherung nach § 284 der Abgabenordnung abgegeben hat.
(5a) Rechtzeitig vor der Entscheidung über die Erteilung, die Rücknahme oder den Widerruf der Erlaubnis und von Erlaubnisausfertigungen gibt die Erlaubnisbehörde dem Bundesamt für Güterverkehr, den beteiligten Verbänden des Verkehrsgewerbes, der fachlich zuständigen Gewerkschaft und der zuständigen Industrie- und Handelskammer Gelegenheit zur Stellungnahme.
(6) Das Bundesministerium für Verkehr, Bau- und Wohnungswesen wird ermächtigt, mit Zustimmung des Bundesrates durch Rechtsverordnung Vorschriften zu erlassen, durch die
1. die Anforderungen an die Berufszugangsvoraussetzungen zur Gewährleistung eines hohen Niveaus näher bestimmt werden und
2. a) das Verfahren zur Erteilung, zur Rücknahme und zum Widerruf der Erlaubnis und zur Erteilung und Einziehung der Erlaubnisausfertigungen einschließlich der Durchführung von Anhörungen,
   b) Form und Inhalt, insbesondere die Geltungsdauer der Erlaubnis und der Ausfertigungen,
   c) das Verfahren bei Eintritt wesentlicher Änderungen nach Erteilung der Erlaubnis und der Ausfertigungen,
3. die Voraussetzungen für die Erteilung zusätzlicher Ausfertigungen nach Maßgabe der Richtlinie 96/26/EG des Rates vom 29. April 1996 in der jeweils geltenden Fassung sowie
4. die Voraussetzungen zur Rücknahme und zum Widerruf der Entscheidung über die Erteilung der Ausfertigungen entsprechend Artikel 8 Abs. 3 der Verordnung (EWG) Nr. 881/92 des Rates vom 26. März 1992 in der jeweils geltenden Fassung
geregelt werden.
(7) Die Landesregierung oder die von ihr ermächtigte Stelle bestimmt die Erlaubnisbehörde. Örtlich zuständig ist die Erlaubnisbehörde, in deren Zuständigkeitsbereich das Unternehmen des Antragstellers seinen Sitz hat.

§ 4 – Unterrichtung der Berufsgenossenschaft

Die Erlaubnisbehörde hat der zuständigen Berufsgenossenschaft unverzüglich die Erteilung der Erlaubnis mitzuteilen. Die Anzeigepflicht des Unternehmers nach § 192 des Siebten Buches Sozialgesetzbuch bleibt unberührt.

§ 5 – Erlaubnispflicht und Gemeinschaftslizenz

Die Gemeinschaftslizenz nach Artikel 3 der Verordnung (EWG) Nr. 881/92 gilt für Unternehmer, deren Unternehmenssitz im Inland liegt, als Erlaubnis nach § 3, es sei denn, es handelt sich um eine Beförderung zwischen dem Inland und einem Staat, der weder Mitglied der Europäischen Union noch anderer Vertragsstaaten des Abkommens über den Europäischen Wirtschaftsraum, noch die Schweiz ist. Satz 1 gilt nicht für Inhaber von Gemeinschaftslizenzen aus der Republik Lettland, der Republik Litauen, der Republik Polen, der Slowakischen Republik, der Tschechischen Republik, der Republik Estland und der Republik Ungarn.

§ 6 – Grenzüberschreitender Güterkraftverkehr durch Gebietsfremde

Ein Unternehmer, dessen Unternehmen seinen Sitz nicht im Inland hat, ist für den grenzüberschreitenden gewerblichen Güterkraftverkehr von der Erlaubnispflicht nach § 3 befreit, soweit er Inhaber der jeweils erforderlichen Berechtigung ist. Berechtigungen sind die
1. Gemeinschaftslizenz,
2. Genehmigung auf Grund der Resolution des Rates der Europäischen Konferenz der Verkehrsminister (CEMT) vom 14. Juni 1973 (BGBl. 1974 II S. 298) nach Maßgabe der Verordnung über den grenzüberschreitenden Güterkraftverkehr mit CEMT-Genehmigungen vom 17. Juli 1974 (BGBl. I S. 1521) in der jeweils geltenden Fassung,
3. CEMT-Umzugsgenehmigung,
3a Schweizerische Lizenz für den gewerblichen Güterkraftverkehr auf Grund des Abkommens zwischen der Europäischen Gemeinschaft und der Schweizerischen Eidgenossenschaft über den Güter- und Personenverkehr auf Schiene und Straße vom 21. Juni 1999 (ABl. EG 2002 Nr. L 114 S. 91) in der jeweils geltenden Fassung oder
4. Drittstaatengenehmigung.

§ 7 – Mitführungs- und Aushändigungspflichten im gewerblichen Güterkraftverkehr

(1) Soweit für eine Fahrt im gewerblichen Güterkraftverkehr eine Berechtigung (Erlaubnis, Gemeinschaftslizenz, CEMT-Genehmigung, CEMT-Umzugsgenehmigung, Schweizerische Lizenz oder Drittstaatengenehmigung) und der Nachweis der Erfüllung bestimmter Technik-, Sicherheits- und Umweltanforderungen für das

eingesetzte Fahrzeug vorgeschrieben sind und die Fahrt im Inland durchgeführt wird, hat der Unternehmer dafür zu sorgen, daß während der gesamten Fahrt die jeweils erforderliche Berechtigung und die fahrzeugbezogenen Nachweise mitgeführt werden, die nicht in die Folie eingeschweißt oder in ähnlicher Weise mit einer Schutzschicht überzogen sein dürfen.

(2) Das Fahrpersonal muß die erforderliche Berechtigung und die fahrzeugbezogenen Nachweise nach Absatz 1 während der Fahrt mitführen und Kontrollberechtigten auf Verlangen zur Prüfung aushändigen. Ausländisches Fahrpersonal muss auch den Pass oder ein sonstiges zum Grenzübertritt berechtigendes Dokument mitführen.

(3) Der Unternehmer hat dafür zu sorgen, daß während einer Beförderung im gewerblichen Güterkraftverkehr ein Begleitpapier oder ein sonstiger Nachweis mitgeführt wird, in dem das beförderte Gut, der Be- und Entladeort und der Auftraggeber angegeben werden. Das Fahrpersonal muß das Begleitpapier oder den sonstigen Nachweis nach Satz 1 während der Beförderung mitführen und Kontrollberechtigten auf Verlangen zur Prüfung aushändigen oder in anderer geeigneter Weise zugänglich machen.

§ 7a – Haftpflichtversicherung

(1) Der Unternehmer ist verpflichtet, eine Haftpflichtversicherung abzuschließen und aufrechtzuerhalten, die die gesetzliche Haftung wegen Güter- und Verspätungsschäden nach dem Vierten Abschnitt des Vierten Buches des Handelsgesetzbuches während Beförderungen, bei denen der Be- und Entladeort im Inland liegt, versichert.

(2) Die Mindestversicherungssumme beträgt 600 000 Euro je Schadensereignis. Die Vereinbarung einer Jahreshöchstersatzleistung, die nicht weniger als das Zweifache der Mindestversicherungssumme betragen darf, und eines Selbstbehalts sind zulässig.

(3) Von der Versicherung können folgende Ansprüche ausgenommen werden:
1. Ansprüche wegen Schäden, die vom Unternehmer oder seinem Repräsentanten vorsätzlich begangen wurden,
2. Ansprüche wegen Schäden, die durch Naturkatastrophen, Kernenergie, Krieg, kriegähnliche Ereignisse, Bürgerkrieg, innere Unruhen, Streik, Aussperrung, terroristische Gewaltakte, Verfügungen von hoher Hand, Wegnahme oder Beschlagnahme seitens einer staatlich anerkannten Macht verursacht werden,
3. Ansprüche aus Frachtverträgen, die die Beförderung von Edelmetallen, Juwelen, Edelsteinen, Zahlungsmitteln, Valoren, Wertpapieren, Briefmarken, Dokumenten und Urkunden zum Gegenstand haben.

(4) Der Unternehmer hat dafür zu sorgen, dass während der Beförderung ein Nachweis über eine gültige Haftpflichtversicherung, die den Ansprüchen des Absatzes 1 entspricht, mitgeführt wird. Das Fahrpersonal muss diesen Versicherungsnachweis während der Beförderung mitführen und Kontrollberechtigten auf Verlangen zur Prüfung aushändigen.

(5) Der Versicherer teilt dem Bundesamt für Güterverkehr den Abschluss und das Erlöschen der Versicherung mit.

§ 7b – Einsatz von ordnungsgemäß beschäftigtem Fahrpersonal

(1) Ein Unternehmer, dessen Unternehmen seinen Sitz im Inland hat, darf bei Fahrten im Inland im gewerblichen Güterkraftverkehr einen Angehörigen eines Staates, der weder Mitglied der Europäischen Union, eines anderen Vertragsstaates des Abkommens über den Europäischen Wirtschaftsraum noch Schweizer Staatsangehöriger ist, nur als Fahrpersonal einsetzen, wenn dieser im Besitz einer gültigen Arbeitsgenehmigung (§ 284 des Dritten Buches Sozialgesetzbuch) ist oder einer solchen nach § 284 Abs.1 Satz 2 Nr. 2 oder 3 des Dritten Buches Sozialgesetzbuch nicht bedarf oder im Besitz einer von einer inländischen Behörde ausgestellten gültigen Arbeitsgenehmigung nach Artikel 3 Abs. 1 der Verordnung (EWG) Nr. 881/92 ist. Der Unternehmer hat dafür zu sorgen, dass ausländisches Fahrpersonal
1. den Pass, Passersatz oder Ausweisersatz und
2. die Aufenthaltsgenehmigung oder Duldung und die Arbeitsgenehmigung, soweit diese erteilt worden ist,

mitführt; die in Nummer 2 genannten Unterlagen können durch eine von einer inländischen Behörde ausgestellte gültige Fahrerbescheinigung nach Artikel 3 Abs. 1 der Verordnung (EWG) Nr. 881/92 ersetzt werden.

(2) Das Fahrpersonal muss die Unterlagen nach Absatz 1 Satz 2 während der gesamten Fahrt mitführen und Kontrollberechtigten auf Verlangen zur Prüfung aushändigen.

(3) Die Fahrerbescheinigung nach Artikel 3 Abs. 1 der Verordnung (EWG) Nr. 881/92 wird von der Erlaubnisbehörde erteilt. Die Landesregierung oder die von ihr ermächtigte Stelle kann eine andere zuständige Behörde bestimmen.

§ 7c – Verantwortung des Auftraggebers

Wer zu einem Zwecke, der seiner gewerblichen oder selbständigen beruflichen Tätigkeit zuzurechnen ist, einen Frachtvertrag oder einen Speditionsvertrag mit einem Unternehmen abgeschlossen hat, darf Leistungen aus diesem Vertrag nicht ausführen lassen, wenn er weiß oder fahrlässig nicht weiß, dass der Unternehmer
1. nicht Inhaber einer Erlaubnis nach § 3 oder einer Berechtigung nach § 6 ist,
2. bei der Beförderung Fahrpersonal einsetzt, das die Voraussetzungen des § 7b Abs. 1 Satz 1 nicht erfüllt, oder für das er nicht über eine Fahrerbescheinigung nach Artikel 3 Abs. 1 der Verordnung (EWG) Nr. 881/92 verfügt,
3. einen Frachtführer oder Spediteur einsetzt oder zulässt, dass ein solcher tätig wird, der die Beförderungen unter den Voraussetzungen von
   a) Nummer 1,
   b) Nummer 2
   durchführt.

Die Wirksamkeit eines zu diesem Zwecke geschlossenen Vertrages wird durch einen Verstoß gegen Satz 1 nicht berührt.

§ 8 – Vorläufige Weiterführung der Güterkraftverkehrsgeschäfte

(1) Nach dem Tode des Unternehmers darf der Erbe die Güterkraftverkehrsgeschäfte vorläufig weiterführen. Das gleiche gilt für den Testamentsvollstrecker, Nachlaßpfleger oder Nachlaßverwalter während einer Testamentsvollstreckung, Nachlaßpflegschaft oder Nachlaßverwaltung.

(2) Die Befugnis nach Absatz 1 erlischt, wenn nicht der Erbe binnen drei Monaten nach Ablauf der für die Ausschlagung der Erbschaft vorgesehenen Frist oder eine der in Absatz 1 Satz 2 genannten Personen binnen drei Monaten nach der Annahme ihres Amtes oder ihrer Bestellung die Erlaubnis beantragt hat. Ein in der Person des Erben wirksam gewordener Fristablauf wirkt auch gegen den Nachlaßverwalter. Die Frist kann auf Antrag einmal um drei Monate verlängert werden.

(3) Im Falle der Erwerbs- oder Geschäftsunfähigkeit des Unternehmers oder der zur Führung der Güterkraftverkehrsgeschäfte bestellten Person darf ein Dritter, bei dem die Voraussetzungen nach § 3 Abs. 2 Nr. 1 und 3 noch nicht festgestellt worden sind, die Güterkraftverkehrsgeschäfte bis zu sechs Monaten nach Feststellung der Erwerbs- oder Geschäftsunfähigkeit weiterführen. Die Frist kann auf Antrag einmal um drei Monate verlängert werden.

§ 9 – Erlaubnis- und Versicherungsfreiheit

Der Werkverkehr ist erlaubnisfrei. Es besteht keine Versicherungspflicht.

1.2 Vertragsbedingungen für den Güterkraftverkehrs-, Speditions- und Logistikunternehmer (VBGL)

Unverbindliche Verbandsempfehlung gem. § 38 Abs. 2 GWB des Bundesverbandes Güterkraftverkehr, Logistik und Entsorgung (BGL) e.V. vom 20. Januar 2003 (Bundesanzeiger 2003 Nr. 25 S. 2133).

Präambel

Der Bundesverband Güterkraftverkehr, Logistik und Entsorgung (BGL) e.V. empfiehlt den seinen Mitgliedsorganisationen angeschlossenen Güterkraftverkehrs- und Logistikunternehmern die nachstehenden Vertragsbedingungen unverbindlich zur Verwendung im Geschäftsverkehr mit ihren Auftraggebern/Auftragnehmern. Den Adressaten steht es frei, der Empfehlung zu folgen oder andere Allgemeine Geschäftsbedingungen zu verwenden.

§ 1 Geltungsbereich

(1) Diese Bedingungen gelten auch für Unternehmer, die
- als Frachtführer im gewerblichen Straßengüterverkehr Frachtverträge schließen,
- als Spediteure Speditionsverträge mit Selbsteintritt (§ 458 HGB), zu festen Beförderungskosten (§ 459 HGB) und über Sammelladung (§ 460 HGB) sowie Lagerverträge schließen,
- als Logistikunternehmer Dienstleistungen erbringen, die mit der Beförderung oder Lagerung von Gütern im Zusammenhang stehen, auch insoweit, als sie nicht speditionsüblich sind (z. B. Aufbügeln von Konfektion, Montage von Teilen, Veränderungen des Gutes).

(2) Die Bedingungen finden Anwendung auf Beförderungen im Binnenverkehr und im grenzüberschreitenden Verkehr, soweit ihnen die Regeln der CMR nicht entgegenstehen, sowie im Kabotageverkehr in anderen Mitgliedstaaten der Europäischen Union und des EWR, sofern nicht zwingende Regeln des Aufnahmemitgliedstaats diesen Bedingungen entgegenstehen. Sie finden weiterhin Anwendung im nationalen kombinierten Ladungsverkehr und im multimodalen Verkehr (§§ 452–452d HGB), sofern mindestens eine Teilstrecke im Straßengüterverkehr durchgeführt wird.

(3) Die Bedingungen gelten auch für den Lohnfuhrvertrag nach Maßgabe von § 9 sowie für den Entsorgungsverkehr, dessen Besonderheiten in § 10 geregelt sind. Sie gelten auch für gewerbliche Beförderungen mit Fahrzeugen, die nicht dem Regelungsbereich des GüKG unterliegen.

(4) Diese Bedingungen gelten nicht für Geschäfte, die ausschließlich

1. Verpackungsarbeiten
2. die Beförderung von Umzugsgut oder dessen Lagerung

betreffen.

Sie gelten weiterhin nicht für Verträge mit Verbrauchern.

I. Frachtgeschäft einschließlich Spedition im Selbsteintritt

Der Unternehmer im Frachtgeschäft sowie im Beförderungsgeschäft bei der Spedition im Selbsteintritt wird nachfolgend in diesem Abschnitt als Frachtführer bezeichnet.

§ 2 Informationspflichten des Auftraggebers und Fahrzeuggestellung

(1) Der Absender unterrichtet den Frachtführer rechtzeitig vor Durchführung der Beförderung über alle wesentlichen, die Durchführung des Vertrages beeinflussenden Faktoren. Hierzu zählen neben Art und Beschaffenheit, Gewicht, Menge sowie einzuhaltenden Terminen auch besondere technische Anforderungen an das Fahrzeug und eventuell erforderliches Zubehör. Angaben zum Wert des Gutes hat der Absender dann zu machen, wenn dies für den Ablauf der Beförderung für das zu stellende Fahrzeug/Zubehör oder für den Deckungsschutz der Haftpflichtversicherung des Frachtführers von Bedeutung ist.

(2) Handelt es sich um Güter, die regelmäßig von der Versicherungsdeckung ausgeschlossen sind, wie Edelmetalle, Juwelen, Zahlungsmittel, Valoren, Wertpapiere und Urkunden, so ist dies vom Absender bei der Auftragserteilung schriftlich oder in Textform mitzuteilen. Das Gleiche gilt für hochwertige Güter, insbesondere Kunstgegenstände und Antiquitäten, Tabakwaren, Spirituosen, technische Geräte aus dem Bereich EDV/Telekommunikation/Medien. Die Verpflichtung des Absenders nach §§ 5, 7 und 16 bleibt hiervon unberührt.

(3) Der Frachtführer verpflichtet sich, entsprechend geeignete Fahrzeuge zu stellen.

§ 3 Übergabe des Gutes

(1) Der Absender hat dem Frachtführer das Beförderungsgut in beförderungsfähigem Zustand gemäß § 411 HGB zu übergeben. Die erforderlichen und ordnungsgemäß ausgefüllten Begleitpapiere (§§ 410, 413 HGB) sind ebenfalls zu übergeben.

(2) Führt der Frachtführer die Beförderung trotz Nichtvorliegens der Voraussetzungen des Absatz 1 durch, nachdem er den Absender auf die Mängel hingewiesen hat, so trägt der Frachtführer einen entsprechenden Vorbehalt in den Frachtbrief oder das andere Begleitpapier ein. Der Absender ist in einem solchen Fall zum Ersatz aller Schäden verpflichtet, die dem Frachtführer durch diese Mängel entstanden sind. § 254 BGB bleibt unberührt.

(3) Eine Überprüfung des äußerlichen Zustandes der Frachtstücke sowie deren Zeichen und Nummern erfolgt durch den Frachtführer, sofern ihm dies möglich und zumutbar ist.

(4) Der Frachtführer ist zur Überprüfung von Stückzahl, Menge oder Gewicht des Beförderungsgutes nur verpflichtet, wenn dies zumutbar, möglich und vereinbart ist. Der Absender hat außer bei geringfügigem Umfang der Überprüfung, für die entstandenen Aufwendungen Ersatz zu leisten.

(5) Wird vom Frachtführer eine schriftliche Bestätigung dieser Angaben gemäß Absatz 3 verlangt, kann dieser eine Überprüfung aber nicht vornehmen, erfolgt die Bestätigung durch den Frachtführer unter Vorbehalt.

(6) Nimmt der Frachtführer ein Gut zur Beförderung an, das äußerlich erkennbare Beschädigungen aufweist, so kann er verlangen, dass der Absender den Zustand des Gutes im Frachtbrief oder in einem anderen Begleitpapier besonders bescheinigt.

§ 4 Frachtbrief/Begleitpapier

(1) Der Frachtvertrag wird in einem Frachtbrief festgehalten, der beidseitig unterzeichnet ist. Der Frachtbrief soll die Angaben des § 408 HGB enthalten und kann darüber hinaus weitere Regelungen enthalten. Ist aus Gründen der Transportabwicklung die Ausstellung eines Frachtbriefes nicht angezeigt, so kann ein anderes Begleitpapier (wie z. B. Lieferschein, Rollkarte etc.) verwendet werden.

(2) Füllt der Frachtführer auf Verlangen des Absenders den Frachtbrief aus, so haftet der Absender für alle Schäden, die aus den unrichtigen oder unvollständigen Angaben des Absenders entstehen.

(3) Als Frachtbrief nach Absatz 1 gilt auch ein elektronischer Frachtbrief, sofern die Unterzeichnung mit einer qualifizierten elektronischen Signatur nach dem Signaturgesetz erfolgt.

§ 5 Verladen und Entladen

(1) Der Absender hat beförderungssicher nach den einschlägigen Rechtsvorschriften und dem Stand der Technik zu beladen, der Empfänger entsprechend zu entladen, nachdem er die Auslieferung an sich verlangt hat. Handlungen oder Unterlassungen der Personen, die für den Absender oder Empfänger tätig werden, werden diesen zugerechnet. Der Frachtführer ist grundsätzlich verpflichtet, die Betriebssicherheit der Verladung sicherzustellen. Eine beförderungssichere Verladung durch den Frachtführer erfolgt nur gegen angemessene Vergütung. Die Entladung durch den Frachtführer ist ebenfalls vergütungspflichtig.

(2) Für das Beladen und das Entladen steht eine dem jeweiligen Vorgang angemessene Zeit (Ladezeit, Entladezeit) zur Verfügung. Für Komplettladungen (nicht jedoch bei schüttbaren Massengütern) eines Auftraggebers mit Fahrzeugen/Fahrzeugeinheiten mit 40 t zulässigem Gesamtgewicht beträgt die Be- und Entladefrist (höchstens 1 Beladestelle, höchstens 1 Entladestelle) vorbehaltlich anderweitiger vertraglicher Absprachen pauschal jeweils maximal 2 Stunden für die Beladung und maximal 2 Stunden für die Entladung. Bei Fahrzeugen/Fahrzeugeinheiten mit niedrigerem Gesamtgewicht reduzieren sich diese Zeiten. Für diese Zeit kann keine besondere Vergütung verlangt werden.

(3) Die Beladefrist beginnt mit dem Zeitpunkt der vereinbarten Bereitstellung des Fahrzeugs. Erfolgt die Bereitstellung des Fahrzeugs später als zum vereinbarten Zeitpunkt und ist der Auftraggeber mit der verspäteten Bereitstellung einverstanden, so beginnt die Beladefrist ab dem Zeitpunkt der Bereitstellung.

(4) Die Entladefrist beginnt in dem Moment, in dem der Empfänger die Verfügungsgewalt über das Gut erhält. Im Zweifel ist dies der Zeitpunkt, zu dem eine Person, die zur Verfügung über das Gut befugt ist, die für sie bestimmte Ausfertigung des Frachtbriefs oder eines anderen Begleitpapiers erhält.

(5) Wartet der Frachtführer aufgrund vertraglicher Vereinbarung oder aus Gründen, die nicht seinem Risikobereich zuzurechnen sind, über die Belade- oder Entladezeit hinaus, so hat er Anspruch auf eine angemessene Vergütung (Standgeld).

§ 6 Rechte des Frachtführers bei Nichteinhaltung

(1) Ist mit der Beladung nicht begonnen worden, obwohl die Beladungsfrist bereits abgelaufen ist, so stellt der Frachtführer gemäß § 417 HGB eine angemessene Frist mit der Erklärung, dass er nach Ablauf der Frist den Vertrag kündigen und seine Rechte nach § 415 Abs. 2 HGB geltend machen wird.

(2) Ist nach Ablauf der Frist die Hälfte oder mehr des Ladegewichts verladen, so wird nach Ablauf der Frist die Teilbeförderung gemäß § 416 HGB durchgeführt.

(3) Falls der Frachtführer das Fahrzeug nicht oder nicht rechtzeitig zu dem vereinbarten Zeitpunkt bereitstellen kann, so setzt er darüber den Absender unverzüglich in Kenntnis. Der Absender teilt dem Frachtführer daraufhin unverzüglich mit, ob er mit einer späteren Gestellung einverstanden ist oder ob er den Frachtvertrag kündigen will. Ist die nicht oder nicht rechtzeitig erfolgte Bereitstellung des Fahrzeugs durch grobe Fahrlässigkeit des Frachtführers verursacht, hat er dem Absender Ersatz des entstandenen Schadens nach Maßgabe von § 433 HGB zu leisten.

(4) Ist mit der Entladung nicht begonnen worden, obwohl die Entladefrist bereits abgelaufen ist, so kann der Frachtführer dies als Verweigerung der Annahme des Gutes betrachten. In diesem Fall hat er die Wei-

sung des Absenders einzuholen und zu befolgen. § 419 Abs. 3 und 4 HGB finden entsprechende Anwendung.

§ 7 Gefährliches Gut
Der Absender hat bei Vertragsschluss schriftlich oder in Textform alle Angaben über die Gefährlichkeit des Gutes und, soweit erforderlich, zu ergreifende Vorsichtsmaßnahmen zu übermitteln. Handelt es sich um Gefahrgut im Sinne des ADR/GGVSE, so sind UN-Nummer, Klasse und Verpackungsgruppe des Gefahrgutes nach dem ADR/GGVSE in der jeweils gültigen Fassung und die dafür erforderliche Schutzausrüstung anzugeben; eine Mitteilungsmöglichkeit bei Abruf besteht für den Absender nur, wenn ihm eine vorherige Mitteilung nicht möglich ist.

§ 8 Ablieferungsquittung
Nach Ankunft des Gutes an der Ablieferungsstelle ist der Empfänger berechtigt, vom Frachtführer die Ablieferung des Gutes gegen die Erteilung eines schriftlichen oder in Textform gehaltenen Empfangsbekenntnisses (Quittung) sowie gegen die Erfüllung der sonstigen Verpflichtungen aus dem Frachtvertrag zu verlangen.

§ 9 Lohnfuhrvertrag
(1) Der Lohnfuhrvertrag ist abgeschlossen, wenn sich Unternehmer und Auftraggeber darüber einig sind, dass der Unternehmer ein bemanntes Fahrzeug zur Verwendung nach Weisung des Auftraggebers stellt.

(2) Auf den Lohnfuhrvertrag finden die frachtrechtlichen Regelungen dieser Vertragsbedingungen entsprechende Anwendung mit der Maßgabe, dass der Unternehmer nicht für Schäden haftet, die durch den Auftraggeber verursacht worden sind. Statt des Frachtbriefes wird beim Lohnfuhrvertrag ein anderer Nachweis verwendet, der insbesondere die Einsatzzeit beinhaltet.

§ 10 Entsorgungstransporte
Diese Bedingungen finden auch für Güterbeförderungen im Entsorgungsverkehr (Beförderungen von Abfälle zur Beseitigung oder Verwertung) Anwendung. Auftraggeber und Frachtführer verpflichten sich, alle jeweils gültigen öffentlich-rechtlichen Verpflichtungen des Entsorgungsverkehrs zu beachten. Der Auftraggeber ist insbesondere verpflichtet, die Abfälle ordnungsgemäß nach den Bestimmungen des Kreislaufwirtschafts- und Abfallgesetzes sowie den entsprechenden Rechtsverordnungen zu deklarieren und dies dem Frachtführer – spätestens bei Abschluss des Beförderungsvertrages – mitzuteilen und die abfallrechtlichen Begleitpapiere (z. B. Entsorgungs-/Verwertungsnachweis, Abfallbegleitscheine) zur Verfügung zu stellen. Der Frachtführer hat die erforderlichen abfallrechtlichen Genehmigungen vorzuhalten. Werden gefährliche Abfälle transportiert, so ist § 7 dieser Bedingungen zu beachten.

II. Speditions-, Logistik- und Lagergeschäft
Der Unternehmer im Speditions-, Logistik- und Lagergeschäft im Sinne von § 1 wird nachfolgend in diesem Abschnitt als Spediteur bezeichnet.

§ 11 Interessenwahrungs- und Sorgfaltspflicht
Der Spediteur hat das Interesse des Auftraggebers wahrzunehmen und seine Tätigkeit mit der Sorgfalt eines ordentlichen Kaufmannes auszuführen.

§ 12 Leistungsumfang
Bei speditionsvertraglichen Tätigkeiten im Sinne der §§ 453 bis 466 HGB schuldet der Spediteur nur den Abschluss der zur Erbringung dieser Leistungen erforderlichen Verträge, soweit zwingende oder AGB-feste Rechtsvorschriften nichts anderes bestimmen.

§ 13 Vereinbarung besonderer Bedingungen
Der Spediteur ist zur Vereinbarung der üblichen Geschäftsbedingungen Drittter befugt.

Im Verhältnis zwischen Erst- und Zwischenspediteur gelten die VBGL als Allgemeine Geschäftsbedingungen des Zwischenspediteurs.

§ 14 Auftrag, Übermittlungsfehler, Inhalt, besonders wertvolles oder gefährliches Gut
(1) Aufträge, Weisungen, Erklärungen und Mitteilungen sind formlos gültig. Nachträgliche Änderungen sind als solche deutlich kenntlich zu machen. Die Beweislast für den Inhalt sowie die richtige und vollständige Übermittlung trägt, wer sich darauf beruft.

(2) Der Auftraggeber hat dem Spediteur bei Auftragserteilung mitzuteilen, dass Gegenstand des Vertrages
1. Gefährliche Güter
2. Lebende Tiere und Pflanzen
3. Leicht verderbliche Güter
4. Besonders wertvolle Güter

sind.

(3) Der Auftraggeber hat im Auftrag Adressen, Zeichen, Nummern, Anzahl, Art und Inhalt der Packstücke, Eigenschaften des Gutes im Sinne von Absatz 2, den Wert des Gutes und alle sonstigen erkennbar für die ordnungsgemäße Ausführung des Auftrags erheblichen Umstände anzugeben.

(4) Unter besonders wertvollen Gütern werden die in § 2 Abs. 2 genannten Güter verstanden. Wenn diese Güter Gegenstand des Vertrages sind, hat der Auftraggeber die Mitteilung gemäß § 14 Abs. 3 schriftlich oder in Textform an den Spediteur zu richten.

(5) Bei gefährlichem Gut hat der Auftraggeber bei Auftragserteilung dem Spediteur schriftlich oder in Textform die genaue Art der Gefahr und – soweit erforderlich – die zu ergreifenden Vorsichtsmaßnahmen mitzuteilen. Handelt es sich um Gefahrgut im Sinne des Gesetzes über die Beförderung gefährlicher Güter oder um sonstige Güter, für deren Beförderung oder Lagerung besondere gefahrgut-, umgangs- oder abfallrechtliche Vorschriften bestehen, so hat der Auftraggeber alle für die ordnungsgemäße Durchführung des Auftrags erforderlichen Angaben, insbesondere UN-Nummer, Klasse und Verpackungsgruppe nach dem einschlägigen Gefahrgutrecht, mitzuteilen.

(6) Der Spediteur ist nicht verpflichtet, die nach den Absätzen 2 bis 5 gemachten Angaben nachzuprüfen oder zu ergänzen.

(7) Der Spediteur ist nicht verpflichtet, die Echtheit der Unterschriften auf irgendwelchen das Gut betreffenden Mitteilungen oder sonstigen Schriftstücken oder die Befugnis der Unterzeichner zu prüfen, es sei denn, dass an der Echtheit oder der Befugnis begründete Zweifel bestehen.

§ 15 Zollamtliche Abwicklung

(1) Der Auftrag zur Versendung nach einem Bestimmungsort im Ausland schließt den Auftrag zur zollamtlichen Abfertigung ein, wenn ohne sie die Beförderung bis zum Bestimmungsort nicht ausführbar ist.

(2) Für die zollamtliche Abfertigung kann der Spediteur neben den tatsächlich auflaufenden Kosten eine besondere Vergütung berechnen.

(3) Der Auftrag, unter Zollverschluss eingehende Sendungen zuzuführen oder frei Haus zu liefern, schließt die Ermächtigung für den Spediteur ein, über die Erledigung der erforderlichen Zollförmlichkeiten und die Auslegung der zollamtlich festgesetzten Abgaben zu entscheiden.

§ 16 Verpackungs- und Kennzeichnungspflichten des Auftraggebers

(1) Die Packstücke sind vom Auftraggeber deutlich und haltbar mit den für ihre auftragsgemäße Behandlung erforderlichen Kennzeichen zu versehen, wie Adressen, Zeichen, Nummern, Symbolen für Handhabung und Eigenschaften; alte Kennzeichen müssen entfernt oder unkenntlich gemacht sein.

(2) Darüber hinaus ist der Auftraggeber verpflichtet,
1. zu einer Sendung gehörende Packstücke als zusammengehörig leicht erkennbar zu kennzeichnen;
2. Packstücke so herzurichten, dass ein Zugriff auf den Inhalt ohne Hinterlassen äußerlich sichtbarer Spuren nicht möglich ist (Klebeband, Umreifungen oder Ähnliches sind nur ausreichend, wenn sie individuell gestaltet oder sonst schwer nachahmbar sind; eine Umwicklung mit Folie nur, wenn diese verschweißt ist);
3. Bei einer im Spediteursammelgutverkehr abzufertigenden Sendung, die aus mehreren Stücken oder Einheiten mit einem Gurtmaß (größter Umfang zuzüglich längste Kante) von weniger als 1m besteht, diese zu größeren Packstücken zusammenzufassen;
4. bei einer im Hängeversand abzufertigenden Sendung, die aus mehreren Stücken besteht, diese zu Griffeinheiten in geschlossenen Hüllen zusammenzufassen;

5. auf Packstücken von mindestens 1000 kg Rohgewicht die durch das Gesetz über die Gewichtsbezeichnung an schweren, auf Schiffen beförderten Frachtstücken vorgeschriebene Gewichtsbezeichnung anzubringen.

(3) Packstücke sind Einzelstücke oder vom Auftraggeber zur Abwicklung des Auftrags gebildete Einheiten, z. B. Kisten, Gitterboxen, Paletten, Griffeinheiten, geschlossene Ladegefäße, wie gedeckt gebaute oder mit Planen versehene Waggons, Auflieger oder Wechselbrücken, Container, Iglus.

§ 17 Kontrollpflichten des Spediteurs

(1) Der Spediteur ist verpflichtet, an Schnittstellen

1. die Packstücke auf Vollzähligkeit und Identität sowie äußerlich erkennbare Schäden und Unversehrtheit von Plomben und Verschlüssen zu überprüfen und

2. Unregelmäßigkeiten zu dokumentieren (z. B. in den Begleitpapieren oder durch besondere Benachrichtigung).

(2) Schnittstelle ist jeder Übergang der Packstücke von einer Rechtsperson auf eine andere sowie die Ablieferung am Ende jeder Beförderungsstrecke.

§ 18 Quittung

(1) Auf Verlangen des Auftraggebers erteilt der Spediteur eine Empfangsbescheinigung.

In der Empfangsbescheinigung bestätigt der Spediteur nur die Anzahl und Art der Packstücke, nicht jedoch deren Inhalt, Wert oder Gewicht. Bei Massengütern, Wagenladungen und dergleichen enthält die Empfangsbescheinigung im Zweifel keine Bestätigung des Rohgewichts oder der anders angegebenen Menge des Gutes.

(2) Als Ablieferungsnachweis hat der Spediteur vom Empfänger eine Empfangsbescheinigung über die im Auftrag oder in sonstigen Begleitpapieren genannten Packstücke zu verlangen. Weigert sich der Empfänger, die Empfangsbescheinigung zu erteilen, so hat der Spediteur Weisung einzuholen. Ist das Gut beim Empfänger bereits ausgeladen, so ist der Spediteur berechtigt, es wieder an sich zu nehmen.

§ 19 Weisungen

(1) Eine über das Gut erteilte Weisung bleibt für den Spediteur bis zu einem Widerruf des Auftraggebers maßgebend.

(2) Mangels ausreichender oder ausführbarer Weisung darf der Spediteur nach seinem pflichtgemäßen Ermessen handeln.

(3) Ein Auftrag, das Gut zur Verfügung eines Dritten zu halten, kann nicht mehr widerrufen werden, sobald die Verfügung des Dritten beim Spediteur eingegangen ist.

§ 20 Frachtüberweisung, Nachnahme

(1) Die Mitteilung des Auftraggebers, der Auftrag sei unfrei abzufertigen oder der Auftrag sei für Rechnung des Empfängers oder eines Dritten auszuführen, berührt nicht die Verpflichtung des Auftraggebers gegenüber dem Spediteur, die Vergütung sowie die sonstigen Aufwendungen zu tragen.

(2) Die Mitteilung nach Absatz 1 enthält keine Nachnahmeweisung.

§ 21 Fristen

Mangels Vereinbarung werden Verlade- und Lieferfristen nicht gewährleistet, ebenso wenig eine bestimmte Reihenfolge in der Abfertigung von Gütern gleicher Beförderungsart.

§ 22 Hindernisse

(1) Leistungshindernisse, die nicht dem Risikobereich des Spediteurs zuzurechnen sind, befreien ihn für die Zeit ihrer Dauer von den Verpflichtungen, deren Erfüllung unmöglich geworden ist.

Im Falle der Befreiung nach Satz 1 sind der Spediteur und der Auftraggeber berechtigt, vom Vertrag zurückzutreten, auch wenn der Auftrag schon teilweise ausgeführt worden ist.

Tritt der Spediteur oder der Auftraggeber zurück, so sind dem Spediteur die Kosten zu erstatten, die er für erforderlich halten durfte oder die für den Auftraggeber von Interesse sind.

(2) Der Spediteur hat nur im Rahmen seiner Sorgfaltspflicht zu prüfen und den Auftraggeber darauf hinzuweisen, ob gesetzliche oder behördliche Hindernisse für die Versendung (z. B. Ein- und Ausfuhrbeschränkungen) vorliegen. Soweit der Spediteur jedoch durch öffentliche Bekanntmachungen oder in den Vertragsverhandlungen den Eindruck erweckt hat, über besondere Kenntnisse für bestimmte Arten von Geschäften zu verfügen, hat er vorstehende Prüfungs- und Hinweispflichten entsprechend zu erfüllen.

(3) Vom Spediteur nicht zu vertretende öffentlich-rechtliche Akte berühren die Rechte des Spediteurs gegenüber dem Auftraggeber nicht; der Auftraggeber haftet dem Spediteur für alle aus solchen Ereignissen entstehenden Folgen. Etwaige Ansprüche des Spediteurs gegenüber dem Staat oder einem sonstigen Dritten werden hierdurch nicht berührt.

§ 23 Ablieferung

Die Ablieferung erfolgt mit befreiender Wirkung an jede im Geschäft oder Haushalt des Empfängers anwesende Person, es sei denn, es bestehen begründete Zweifel an deren Empfangsberechtigung.

§ 24 Lagerung

(1) die Lagerung erfolgt nach Wahl des Spediteurs in dessen eigenen oder fremden Lagerräumen. Lagert der Spediteur bei einem fremden Lagerhalter ein, so hat er dessen Namen und den Lagerort dem Auftraggeber unverzüglich schriftlich bekannt zu geben oder, falls ein Lagerschein ausgestellt ist, auf diesem zu vermerken.

(2) Dem Auftraggeber steht es frei, die Lagerräume zu besichtigen oder besichtigen zu lassen. Einwände oder Beanstandungen gegen die Unterbringung des Gutes oder gegen die Wahl des Lagerraumes muss er unverzüglich vorbringen. Macht er von dem Besichtigungsrecht keinen Gebrauch, so begibt er sich aller Einwände gegen die Art und Weise der Unterbringung, soweit die Wahl des Lagerraumes und die Unterbringung unter Wahrung der Sorgfalt eines ordentlichen Spediteurs erfolgt ist.

(3) Das Betreten des Lagers ist dem Auftraggeber nur in Begleitung des Spediteurs zu dessen Geschäftsstunden erlaubt.

(4) Nimmt der Auftraggeber Handlungen mit dem Gut vor (z. B. Probeentnahme), so kann der Spediteur verlangen, dass Anzahl, Gewicht und Beschaffenheit des Gutes gemeinsam mit dem Auftraggeber festgestellt werden. Kommt der Auftraggeber diesem Verlangen nicht nach, ist die Haftung des Spediteurs für später festgestellte Schäden ausgeschlossen, es sei denn, der Schaden ist nicht auf die vorgenommenen Handlungen mit dem Gut zurückzuführen.

(5) Der Auftraggeber haftet für alle Schäden, die er, seine Angestellten oder Beauftragten beim Betreten des Lagers oder beim Betreten oder Befahren des Lagergrundstückes dem Spediteur, anderen Einlagerern oder sonstigen Dritten zufügen, es sei denn, dass den Auftraggeber, seine Angestellten oder Beauftragten kein Verschulden trifft.

(6) Bei Inventurdifferenzen. kann der Spediteur bei gleichzeitigen Fehl- und Mehrbeständen desselben Auftraggebers eine wertmäßige Saldierung des Lagerbestandes vornehmen.

(7) Entstehen dem Spediteur begründete Zweifel, ob seine Ansprüche durch den Wert des Gutes sichergestellt sind, so ist er berechtigt, dem Auftraggeber eine angemessene Frist zu setzen, in der dieser entweder für Sicherstellung der Ansprüche des Spediteurs oder für anderweitige Unterbringung des Gutes Sorge tragen kann. Kommt der Auftraggeber diesem Verlangen nicht nach, so ist der Spediteur zur Kündigung ohne Kündigungsfrist berechtigt.

§ 25 Auskunfts- und Herausgabepflicht des Spediteurs

(1) Der Spediteur ist verpflichtet, dem Auftraggeber die erforderlichen Nachrichten zu geben, auf Verlangen über den Stand des Geschäftes Auskunft zu geben und nach dessen Ausführung Rechenschaft abzulegen; zur Offenlegung der Kosten ist er jedoch nur verpflichtet, wenn er für Rechnung des Auftraggebers tätig wird.

(2) Der Spediteur ist verpflichtet, dem Auftraggeber alles, was er zur Ausführung des Geschäfts erhält und was er aus der Geschäftsführung erlangt, herauszugeben.

§ 26 Aufwendungen des Spediteurs, Freistellungsanspruch

(1) Der Spediteur hat Anspruch auf Ersatz von Aufwendungen, die er den Umständen nach für erforderlich halten durfte.

(2) Der Auftrag, ankommendes Gut in Empfang zu nehmen, ermächtigt den Spediteur, verpflichtet ihn aber nicht, auf dem Gut ruhende Frachten, Wertnachnahmen, Zölle, Steuern und sonstige Abgaben sowie Spesen auszulegen.

(3) Von Frachtforderungen, Havarieeinschüssen oder -beiträgen, Zöllen, Steuern und sonstigen Abgaben, die an den Spediteur insbesondere als Verfügungsberechtigten oder als Besitzer fremden Gutes gestellt werden, hat der Auftraggeber den Spediteur auf Aufforderung sofort zu befreien, wenn sie der Spediteur nicht zu vertreten hat. Der Spediteur ist berechtigt, nach pflichtgemäßem Ermessen die zu seiner Sicherung oder Befreiung geeigneten Maßnahmen zu ergreifen. Sofern nicht die Notwendigkeit sofortigen Handelns geboten ist, hat der Spediteur Weisung einzuholen.

(4) Der Auftraggeber hat den Unternehmer in geschäftsüblicher Weise rechtzeitig auf alle öffentlich-rechtlichen, z. B. zollrechtlichen oder Dritten gegenüber bestehenden, z. B. markenrechtlichen Verpflichtungen aufmerksam zu machen, die mit dem Besitz des Gutes verbunden sind, soweit nicht aufgrund des Angebots des Unternehmens davon auszugehen ist, dass diese Verpflichtungen ihm bekannt sind.

III. Haftung

§ 27 Haftung aus Frachtverträgen

(1) Der Frachtführer und der Spediteur, der die Beförderung des Gutes im Selbsteintritt ausführt, haftet für den Schaden, der durch Verlust oder Beschädigung des Gutes in der Zeit von der Übernahme zur Beförderung bis zur Ablieferung entsteht. Die Entschädigung ist auf einen Betrag von 8,33 Sonderziehungsrechten für jedes Kilogramm des Rohgewichts begrenzt. Dies gilt bei Vorliegen eines durchgängigen Frachtvertrages mit Frachtführern und selbsteintretenden Spediteuren auch für den Schaden, der während einer transportbedingten Zwischenlagerung entsteht.

(2) Wird der Frachtführer vom Ersatzberechtigten als ausführender Frachtführer in Anspruch genommen, so haftet er nach Maßgabe von § 437 HGB. Eine weitergehende Haftung, gleich aus welchem Rechtsgrund, ist ausgeschlossen.

§ 28 Grundsätze der Haftung aus Speditionsverträgen

(1) Der Spediteur haftet bei all seinen Tätigkeiten nach den gesetzlichen Vorschriften. Es gelten jedoch die folgenden Regelungen, soweit zwingende oder AGB-feste Rechtsvorschriften nichts anderes bestimmen.

(2) Soweit der Spediteur nur den Abschluss der zur Erbringung der vertraglichen Leistungen erforderlichen Verträge schuldet, haftet er nur für die sorgfältige Auswahl der von ihm beauftragten Dritten.

(3) In allen Fällen, in denen der Spediteur für Verlust oder Beschädigung des Gutes zu haften hat, hat er Wert- und Kostenersatz entsprechend §§ 492, 430 HGB zu leisten.

(4) Soweit die §§ 425 ff. und 461 Abs. 1 HGB nicht gelten, haftet der Spediteur für Schäden, die entstanden sind aus

1. ungenügender Verpackung oder Kennzeichnung des Gutes durch den Auftraggeber oder Dritte,
2. vereinbarter oder der Übung entsprechender Aufbewahrung im Freien,
3. schwerem Diebstahl oder Raub (§§ 243, 244, 249 StGB),
4. höherer Gewalt, Witterungseinflüssen, Schadhaftwerden von Geräten oder Leitungen, Einwirkung anderer Güter, Beschädigung durch Tiere, natürlicher Veränderung des Gutes,

nur insoweit, als ihm eine schuldhafte Verursachung des Schadens nachgewiesen wird. Konnte ein Schaden aus einem der vorstehend aufgeführten Umstände entstehen, so wird vermutet, dass er aus diesem entstanden ist.

(5) Hat der Spediteur aus einem Schadenfall Ansprüche gegen einen Dritten, für den er nicht haftet, so hat er diese Ansprüche dem Auftraggeber auf dessen Verlangen abzutreten, es sei denn, dass der Spediteur aufgrund besonderer Abmachung die Verfolgung der Ansprüche für Rechnung und Gefahr des Auftraggebers übernimmt.

§ 29 Beschränkung der Haftung aus Speditionsverträgen

(1) Die Haftung des Spediteurs bei Verlust oder Beschädigung des Gutes (Güterschaden) ist mit Ausnahme der verfügten Lagerung der Höhe nach begrenzt

1. bei einem Speditionsvertrag nach diesen Bedingungen, der die Beförderung mit Kraftfahrzeugen einschließt, durchgängig auf 8,33 SZR für jedes Kilogramm;
2. bei einem Vertrag über eine Beförderung mit verschiedenartigen Beförderungsmitteln unter Einschluss einer Seebeförderung, abweichend von Nr. 1 auf 2 SZR für jedes Kilogramm;

in jedem Schadenfall höchstens auf einen Betrag von £ 1 Mio.

(2) Sind nur einzelne Packstücke oder Teile der Sendung verloren oder beschädigt worden, berechnet sich die Haftungshöchstsumme nach dem Rohgewicht
- der gesamten Sendung, wenn die gesamte Sendung entwertet ist,
- des entwerteten Teils der Sendung, wenn nur ein Teil der Sendung entwertet ist.

(3) Die Haftung des Spediteurs für Verspätungsschäden ist der Höhe nach begrenzt auf den dreifachen Betrag des Spediteurentgeltes je Schadenfall. § 431 Abs. 3 HGB bleibt unberührt. Für andere als Güterschäden mit Ausnahme von Personenschäden und Sachschäden an Drittgut haftet der Spediteur der Höhe nach begrenzt auf das Dreifache des Betrages, der bei Verlust des Gutes zu zahlen wäre, höchstens auf einen Betrag von 100 000 € je Schadenfall.

(4) Die Haftung des Spediteurs ist in jedem Fall, unabhängig davon, wie viele Ansprüche aus einem Schadenereignis erhoben werden, begrenzt auf € 2,5 Mio. je Schadenereignis oder 2 SZR für jedes Kilogramm der verlorenen und beschädigten Güter, je nachdem, welcher Betrag höher ist; bei mehreren Geschädigten haftet der Spediteur anteilig im Verhältnis ihrer Ansprüche.

§ 30 Haftung bei verfügter Lagerung

(1) Die Haftung des Spediteurs bei Verlust oder Beschädigung des Gutes (Güterschaden) ist bei einer verfügten Lagerung begrenzt
1. bei Güterschäden auf 5 € je kg Rohgewicht der Sendung, höchstens 25 000 € je Schadenfall;
2. bei Schäden eines Auftraggebers in einer Differenz zwischen Soll- und Ist-Bestand des Lagerbestandes (§ 25 Abs. 6) auf 25 000 €, unabhängig von der Zahl der für die Inventurdifferenz ursächlichen Schadenfälle.

(2) Die Haftung des Spediteurs für andere als Güterschäden mit Ausnahme von Personenschäden und Sachschäden an Drittgut ist bei einer verfügten Lagerung begrenzt auf 25 000 € je Schadenfall.

(3) Die Haftung des Spediteurs ist in jedem Fall, unabhängig davon, wie viele Ansprüche aus einem Schadenereignis erhoben werden, auf € 1 Mio. je Schadenereignis begrenzt; bei mehreren Geschädigten haftet der Spediteur anteilig im Verhältnis ihrer Ansprüche.

§ 31 Qualifiziertes Verschulden

Die vorstehenden Haftungsbefreiungen und -begrenzungen gelten nicht, wenn der Schaden verursacht worden ist
1. durch Vorsatz oder grobe Fahrlässigkeit des Frachtführer oder Spediteurs oder seiner leitenden Angestellten oder durch Verletzung vertragswesentlicher Pflichten, wobei Ersatzansprüche in letzterem Fall begrenzt sind auf den vorhersehbaren, typischen Schaden;
2. in den Fällen der §§ 425 ff., 461 Abs. 1 HGB durch den Frachtführer oder Spediteur oder die in §§ 428, 462 HGB genannten Personen vorsätzlich oder leichtfertig und in dem Bewusstsein, dass ein Schaden mit Wahrscheinlichkeit eintreten werde.

§ 32 Haftung bei logistischen Dienstleistungen

Für logistische Dienstleistungen, die mit der Beförderung oder Lagerung von Gütern im Zusammenhang stehen, aber nicht speditionsüblich sind (z. B. Aufbügeln von Konfektion, Montage von Teilen, Veränderungen des Gutes), gelten die gesetzlichen Bestimmungen des Werk- und Dienstvertragsrechts mit der Maßgabe, dass Schadenersatzansprüche nur geltend gemacht werden können, wenn der Schadenfall vom Auftragnehmer oder seinen Leuten vorsätzlich oder grob fahrlässig herbeigeführt worden ist.
Diese vorgenannte Haftungsbeschränkung betrifft nur solche Schäden, für die der Auftraggeber eine Schadenversicherung (z. B. Transportversicherung, Feuerversicherung) abgeschlossen hat, die nach den vereinbarten Bedingungen diese Schäden ersetzen muss.
Die gesetzliche Haftung für fahrlässig verursachte Schäden ist beschränkt auf einen Betrag von € 1 Mio. je Schadenfall. § 31 Nr. 1 gilt entsprechend.

IV. Versicherung

§ 33 Haftpflichtversicherung

Der Frachtführer und der Spediteur im Sinne von § 1 haben sich gegen alle Schäden, für die sie nach diesen Bedingungen und nach dem 4. Abschnitt des Handelsgesetzbuches im Rahmen der Regelhaftungssummen haften, in marktüblichem Umfang zu versichern.

§ 34 Versicherungsbesorgung

(1) Der Spediteur besorgt die Versicherung des Gutes gemäß §§ 454 Abs. 2 und 472 Abs. 1 HGB bei einem Versicherer seiner Wahl nur aufgrund einer schriftlichen oder in Textform gefassten Vereinbarung. Der Spediteur hat nach pflichtgemäßem Ermessen über Art und Umfang der Versicherung zu entscheiden und sie zu marktüblichen Bedingungen abzuschließen, es sei denn, der Auftraggeber erteilt schriftliche oder in Textform gehaltene Weisungen über Art und Umfang unter Angabe der Versicherungssumme und der zu deckenden Gefahren.

(2) Kann der Spediteur den verlangten Versicherungsschutz nicht eindecken, so hat er dies dem Auftraggeber unverzüglich mitzuteilen.

V. Sonstige Bestimmungen

Die nachfolgenden Bestimmungen gelten für Fracht, Speditions- und Logistikunternehmer (im Folgenden Unternehmer).

§ 35 Nachnahme

(1) Die Vereinbarung einer Nachnahme ist eine gesonderte Dienstleistung, die bei Auftragserteilung oder bei Abruf des Fahrzeuges schriftlich zu treffen oder im Frachtbrief oder einem anderen Begleitpapier zu vermerken ist.

(2) Der Nachnahmebetrag ist beim Empfänger in bar einzuziehen. Ist diese Zahlungsweise durch den Empfänger nicht möglich, holt der Unternehmer beim Verfügungsberechtigen eine schriftliche Weisung ein. Bis zum Eingang der schriftlichen Weisung wird das Gut dem Empfänger nicht ausgeliefert. Für die Wartezeit bis zum Eintreffen der Weisung hat der Unternehmer einen Vergütungsanspruch. Im Übrigen findet § 419 Abs. 3 HGB Anwendung.

§ 36 Pfand- und Zurückbehaltungsrecht

(1) Der Unternehmer hat wegen aller fälligen und nicht fälligen Forderungen, die ihm aus den Tätigkeiten nach diesen Bedingungen an den Auftraggeber zustehen, ein Pfandrecht und ein Zurückbehaltungsrecht an den in seiner Verfügungsgewalt befindlichen Gütern oder sonstigen Werten. Das Pfand- und Zurückbehaltungsrecht geht nicht über das gesetzliche Pfand- und Zurückbehaltungsrecht hinaus.

(2) Der Unternehmer darf ein Pfand- oder Zurückbehaltungsrecht wegen Forderungen aus anderen mit dem Auftraggeber abgeschlossenen Verträgen nach diesen Bedingungen nur ausüben, soweit sie unbestritten sind oder wenn die Vermögenslage des Schuldners die Forderung des Unternehmers gefährdet.

(3) An die Stelle der in § 1234 BGB bestimmten Frist von einem Monat tritt in allen Fällen eine solche von zwei Wochen.

(4) Ist der Auftraggeber im Verzug, so kann der Unternehmer nach erfolgter Verkaufsandrohung von den in seinem Besitz befindlichen Gütern und Werten eine solche Menge, wie nach seinem pflichtgemäßen Ermessen zur Befriedigung erforderlich ist, freihändig verkaufen.

(5) Für Pfand- und Selbsthilfeverkauf kann der Unternehmer in allen Fällen eine Verkaufsprovision vom Nettoerlös in Höhe von ortsüblichen Sätzen berechnen.

§ 37 Verpackung, Verwiegung und Untersuchung des Gutes als Sonderleistungen

(1) Der dem Spediteur erteilte Auftrag umfasst mangels Vereinbarung nicht
1. Die Verpackung des Gutes,
2. die Verwiegung, Untersuchung, Maßnahmen zur Erhaltung oder Besserung des Gutes und seiner Verpackung, es sei denn, dies ist geschäftsüblich. Die Bestimmung in § 3 Abs. 4 für das Frachtgeschäft bleibt unberührt.

(2) Die Tätigkeiten nach Absatz 1 sind gesondert zu vergüten.

§ 38 Paletten, Ladehilfs- und Packmittel

(1) Die Verpflichtung des Unternehmers aus einem Vertrag nach diesen Bedingungen umfasst keine Gestellung von Ladehilfsmitteln und Packmitteln, insbesondere keine Gestellung von Paletten.

(2) Soll Palettentausch erfolgen, so ist diese Vereinbarung bei Vertragsabschluss oder bei Abruf des Fahrzeuges schriftlich zu treffen oder im Frachtbrief oder in einem anderen Begleitpapier zu vermerken oder in einem gesonderten Palettenbegleitschein festzuhalten. Der Palettentausch ist eine gesonderte Dienstleistung des Unternehmers, die mit seinem Entgelt nicht abgegolten und besonders zu vergüten ist. Dies gilt auch für Zug-um-Zug-Palettentauschregelungen nach Absatz 3.

(3) Der Vertrag über die Beförderung von palettiertem Gut ist mit der Auslieferung beim Empfänger erfüllt. Die Rückführung leerer Paletten erfolgt nur, wenn darüber ein gesonderter Beförderungsvertrag abgeschlossen wird. Die Sätze 1 und 2 gelten nicht für Zug-um-Zug-Palettentauschregelungen.

(4) Für andere Ladehilfsmittel gelten die Absätze 2 und 3 entsprechend.

§ 39 Verzug, Aufrechnung

(1) Zahlungsverzug tritt ein, ohne dass es einer Mahnung oder sonstigen Voraussetzung bedarf, spätestens 10 Tage nach Zugang der Rechnung oder einer gleichwertigen Zahlungsaufstellung, sofern der Verzug nicht nach Gesetz vorher eingetreten ist. Für die Verzugszinsen gilt § 288 BGB.

(2) Ansprüche auf Standgeld, auf weitere Vergütungen und auf Ersatz sonstiger Aufwendungen, die bei der Durchführung eines Vertrages nach diesen Bedingungen entstanden sind, werden vom Unternehmer schriftlich geltend gemacht. Für den Verzug dieser Ansprüche gilt Absatz 1 entsprechend.

(3) Mit Ansprüchen aus einem Vertrag nach diesen Bedingungen und damit zusammenhängenden Forderungen aus unerlaubter Handlung und aus ungerechtfertigter Bereicherung darf nur mit fälligen, dem Grunde und der Höhe nach unbestrittenen oder rechtskräftig festgestellten Forderungen aufgerechnet werden.

§ 40 Erfüllungsort

Erfüllungsort ist der Sitz des Unternehmers. Hat der Unternehmer mehrere Niederlassungen, so ist Erfüllungsort diejenige Niederlassung, an die der Auftrag gerichtet ist.

§ 41 Gerichtsstand

Gerichtsstand für alle Ansprüche aus einem Vertrag nach diesen Bedingungen ist der Sitz des Unternehmers, soweit der Anspruchsteller und der Anspruchsgegner Kaufmann ist. Hat der Unternehmer mehrere Niederlassungen, so ist Gerichtsstand der Ort derjenigen Niederlassung, an die der Auftrag gerichtet ist.

§ 42 Anwendbares Recht

Für alle Verträge nach diesen Bedingungen gilt das Recht der Bundesrepublik Deutschland.

§ 43 Salvatorische Klausel

Bei Unwirksamkeit einzelner Vertragsbestandteile bleibt der Vertrag im Übrigen bestehen. Die Vertragsparteien sind in diesem Falle verpflichtet, bezüglich der unwirksamen Teile Regelungen zu treffen, die dem wirtschaftlich gewollten Ergebnis am nächsten kommen.

1.3 Das Beladen und Entladen im nationalen Güterkraftverkehr

Die Pflichten zum Be- und Entladen werden in § 412 Handelsgesetzbuch (HGB) sowie § 5 der Vertragsbedingungen für den Güterkraftverkehrs- und Logistikunternehmer (VBGL) geregelt.

Danach ist im nationalen Güterkraftverkehr grundsätzlich der Absender für die beförderungssichere Verladung der Güter verantwortlich. Unter beförderungs- oder auch transportsicherer Verladung versteht man das Laden, Stauen und Befestigen der Güter auf dem Beförderungsmittel. Dies bedeutet, dass der Absender das Gut so zu verstauen hat, dass es durch normale beförderungsbedingte Einflüsse nicht verrutschen, umfallen oder herabfallen und dadurch beschädigt werden kann.

Der Frachtführer ist grundsätzlich für die betriebs- bzw. verkehrssichere Verladung verantwortlich. Die Betriebssicherheit bezieht sich auf das Fahrzeug und die Gefährdung Dritter. D.h. er muss darauf achten, dass durch die Beladung des Fahrzeugs dessen Betriebserlaubnis nach den Bestimmungen der Straßenverkehrs-Zulassungs-Ordnung nicht erlischt, und auch Dritte z.B. durch ein Umfallen oder Verrutschen der Ladung nicht gefährdet werden können. Ein Gut ist nur dann betriebssicher verladen, wenn es einer von einem anderen ausgelösten Notbremsung standhält, ohne zu verrutschen, umzufallen oder gar vom Fahrzeug zu fallen. Dies bedeutet, dass der Frachtführer die beförderungssichere Verladung des Absenders auf deren Betriebssicherheit hin prüfen und ggf. nachbessern muss.

§ 5 VBGL sieht vor, dass die beförderungssichere Verladung einzelvertraglich auch auf den Frachtführer übertragen werden kann, allerdings nur gegen eine entsprechende Vergütung.

Aber auch nach § 412 HGB kann sich nach den Umständen oder der Verkehrssitte ergeben, dass der Frachtführer sowohl die beförderungs- als auch die betriebssichere Verladung vornimmt. Dies ist z.B. der Fall, wenn ein einzelnes, ordnungsgemäß verpacktes Paket übergeben wird. Hier kann das Verstauen des Gutes nicht vom Absender verlangt werden.

Bei Verladung von Gefahrgütern ergeben sich unter Umständen abweichende Verantwortlichkeiten, da die GGVSE in erster Linie den Verlader in die Verantwortung für die ordnungsgemäße Ladungssicherung nimmt.

Für das Entladen ist nach § 412 HGB ebenfalls der Absender verantwortlich. In der Praxis wird dies jedoch durch den Empfänger durchgeführt, welcher zum Erfüllungsgehilfen des Absenders wird.

In § 5 VBGL wird die Verpflichtung zur Entladung dem Empfänger auferlegt, sobald dieser die Auslieferung des Gutes verlangt.

Auch die Entladetätigkeit kann nach VBGL gegen eine entsprechende Vergütung auf den Frachtführer übertragen werden.

Während das HGB von einer angemessenen Frist für die Be- und Entladung spricht, werden die Lade- und Entladezeiten in den VBGL konkretisiert. Demnach beträgt die Lade- bzw. Entladezeit für eine Komplettladung, welche auf ein 40 t Fahrzeug zu verladen ist, ab der vereinbarten bzw. tatsächlichen Gestellung des Fahrzeugs, jeweils 2 Stunden. Bei kleineren Mengen oder Fahrzeugeinheiten reduzieren sich die Fristen.

Erfolgt die Be- bzw. Entladung nicht innerhalb der Ladefrist, steht dem Frachtführer sowohl nach HGB, als auch nach VBGL ein Standgeld in angemessener Höhe zu. Welcher Betrag angemessen ist, wird jedoch nicht geregelt. Um Streitigkeiten vorzubeugen, empfiehlt es sich sowohl bezüglich der Lade- und Entladefristen, als auch im Hinblick auf die Standgeldhöhe eine konkrete Vereinbarung zwischen den Vertragsparteien zu treffen.

1.4 Was ist Werkverkehr

Der Werkverkehr ist im Güterkraftverkehrsgesetz (GüKG) in den §§ 1, 9 und 15a geregelt. Werkverkehr ist jede Beförderung von eigenen Gütern für eigene Zwecke. Die Beförderung eigener Güter für eigene Zwecke ist der wesentliche Unterschied zum gewerblichen Güterverkehr.

Der Werkverkehr ist erlaubnisfrei. Es besteht keine Versicherungspflicht.

Das Bundesamt für Güterverkehr wacht u.a. darüber, dass die Bestimmungen über den Werkverkehr eingehalten werden. Hierzu dient die Werkverkehrsdatei, die vom Bundesamt geführt wird. In der Datei werden alle im Inland niedergelassenen Unternehmen geführt, die Werkverkehr mit Lastkraftwagen, Zügen und Sattelkraftfahrzeugen durchführen, deren zulässiges Gesamtgewicht 3,5 Tonnen übersteigt.

Die Werkverkehrsunternehmen sind verpflichtet, das Unternehmen vor der ersten Beförderung im Werkverkehr beim Bundesamt für Güterverkehr anzumelden.

Im Rahmen des Verkehrsstatistikgesetzes werden in Verbindung mit den Erhebungen über den Güterkraftverkehr (Güterkraftverkehrsstatistik) und über die Unternehmen des Güterkraftverkehrs (Unternehmensstatistik des Güterkraftverkehrs) auch Daten des Werkverkehrs erfaßt. Für die Erhebungen besteht Auskunftspflicht.

2. STRASSENVERKEHR INTERNATIONAL

2.1 CMR = Übereinkommen über den Beförderungsvertrag im internationalen Straßengüterverkehr

Auszüge

Artikel 1 – Geltungsbereich

(1) Dieses Übereinkommen gilt für jeden Vertrag über die entgeltliche Beförderung von Gütern auf der Straße mittels Fahrzeugen, wenn der Ort der Übernahme des Gutes und der für die Ablieferung vorgesehene Ort, wie sie im Vertrage angegeben sind, in zwei verschiedenen Staaten liegen, von denen mindestens einer ein Vertragsstaat ist. Dies gilt ohne Rücksicht auf den Wohnsitz und die Staatsangehörigkeit der Parteien.

(2) Im Sinne dieses Übereinkommens bedeuten „Fahrzeuge" Kraftfahrzeuge, Sattelkraftfahrzeuge, Anhänger und Sattelanhänger, wie sie in Artikel 4 des Abkommens über den Straßenverkehr vom 19.9.1949 umschrieben sind.

(3) Dieses Übereinkommen gilt auch dann, wenn in seinen Geltungsbereich fallende Beförderungen von Staaten oder von staatlichen Einrichtungen oder Organisationen durchgeführt werden.

(4) Dieses Übereinkommen gilt nicht

    a) für Beförderungen, die nach den Bestimmungen internationaler Postübereinkommen durchgeführt werden;

    b) für die Beförderung von Leichen;

    c) für die Beförderung von Umzugsgut.

(5) Die Vertragsparteien werden untereinander keine zwei- oder mehrseitigen Sondervereinbarungen schließen, die Abweichungen von den Bestimmungen dieses Übereinkommens enthalten. Ausgenommen sind Sondervereinbarungen unter Vertragspartnern, nach denen dieses Übereinkommen nicht für den kleinen Grenzverkehr gilt oder durch die Beförderungen, die ausschließlich auf ihrem Staatsgebiet durchgeführt werden, die Verwendung eines das Gut vertretenden Frachtbriefes zugelassen wird.

Artikel 2

(1) Wird das mit dem Gut beladene Fahrzeug auf einem Teil der Strecke zur See, mit der Eisenbahn, auf Binnenwasserstraßen oder auf dem Luftwege befördert und wird das Gut, abgesehen von Fällen des Artikels 14, nicht umgeladen, so gilt dieses Übereinkommen trotzdem für die gesamte Beförderung. Soweit jedoch bewiesen wird, daß während der Beförderung durch das andere Verkehrsmittel eingetretene Verluste, Beschädigungen oder Überschreitungen der Lieferfrist nicht durch eine Handlung oder Unterlassung des Straßenfrachtführers, sondern durch ein Ereignis verursacht worden ist, das nur während und wegen der Beförderung durch das andere Beförderungsmittel eingetreten sein kann, bestimmt sich die Haftung des Straßenfrachtführers nicht nach diesem Übereinkommen, sondern danach, wie der Frachtführer des anderen Verkehrsmittels gehaftet hätte, wenn ein lediglich das Gut betreffender Beförderungsvertrag zwischen dem Absender und dem Frachtführer des anderen Verkehrsmittels nach den zwingenden Vorschriften des für die Beförderung durch das andere Verkehrsmittel geltenden Rechts geschlossen worden wäre. Bestehen jedoch keine solchen Vorschriften, so bestimmt sich die Haftung des Straßenfrachtführers nach diesem Übereinkommen.

(2) Ist der Straßenfrachtführer zugleich der Frachtführer des anderen Verkehrsmittels, so haftet er ebenfalls nach Absatz 1, jedoch so, als ob seine Tätigkeit als Straßenfrachtführer und seine Tätigkeit als Frachtführer des anderen Verkehrsmittels von zwei verschiedenen Personen ausgeübt würden.

Artikel 3 – Haftung des Frachtführers für andere Personen

Der Frachtführer haftet, soweit dieses Übereinkommen anzuwenden ist, für Handlungen und Unterlassungen seiner Bediensteten und aller anderen Personen, deren er sich bei Ausführung der Beförderung bedient, wie für eigene Handlungen und Unterlassungen, wenn diese Bediensteten oder andere Personen in Ausübung ihrer Verrichtungen handeln.

2.2 CMR = Convention on the Contract for the International Carriage of Goods by Road

Scope of application – Article 1

(1) This Convention shall apply to every contract for the carriage of goods by road in vehicles for reward, when the place of taking over of the goods and the place designated for delivery, as specified in the contract, are situated in two different countries, of which at least one is a contracting country, irrespective of the place of residence and the nationality of the parties.

(2) For the purposes of this Convention, vehicles" means motor vehicles, articulated vehicles, trailers and semi-trailers as defined in article 4 of the Convention on Road Traffic dated 19th September 1949.

(3) This Convention shall apply also where carriage coming within its scope is carried out by States or by governmental institutions or organizations.

(4) This Convention shall not apply:
   a) to carriage perfomed under the terms of any international postal convention;
   b) to funeral consignments;
   c) to furniture removal.

(5) The Contracting Parties agree not to vary any of the provisions of this Convention by special agreements between two or more of them, except to make it inapplicable to their frontier traffic or to authorize the use in transport operations entirely confined to their territory of consignment notes representing a title to the goods.

Article 2

(1) Where the vehicle containing the goods is carried over part of the journey by sea, rail, inland waterways or air, and, except where the provisions of article 14 are applicable, the goods are not unloaded from the vehicle, this Convention shall nevertheless apply to the whole of the carriage. Provided that to the extent that it is proved that any loss, damage or delay in delivery of the goods which occurs during the carriage by the other means of transport was not caused by an act or omission of the carrier by road, but by some event which could only have occurred in the course of and by reason of the carriage by that other means of transport, the liability of the carrier by road shall be determined not by this Convention but in the manner in which the liability of the carrier by the other means of transport would have been determined if a contract for the carriage of the goods alone had been made by the sender with the carrier by the other means of transport in accordance with the conditions prescribed by law for the carriage of goods by that means of transport. If, however there are no such prescribed conditions, the liability of the carrier by road shall be determined by this Convention.

(2) If the carrier by road is also himself the carrier by the other means of transport, his liability shall also be determined in accordance with the provisions of paragraph 1 of this article, but as if, in his capacities as carrier by road and as carrier by the other means of transport, he were two separate persons.

Persons for whom the carrier is responsible – Article 3

For the purposes of this Convention the carrier shall be responsible for the acts and omissions of his agents and servants and of any other persons of whose services he makes use for the performance of the carriage, when such agents, servants or other persons are acting within the scope of their employment, as if such acts or omissions were his own.

Artikel 4 – Abschluss und Ausführung des Beförderungsvertrages

Der Beförderungsvertrag wird in einem Frachtbrief festgehalten. Das Fehlen, die Mangelhaftigkeit oder der Verlust des Frachtbriefs berührt weder den Bestand noch die Gültigkeit des Beförderungsvertrages, der den Bestimmungen dieses Übereinkommens unterworfen bleibt.

Artikel 5 – Der Frachtbrief

1. Der Frachtbrief wird in drei Originalausfertigungen ausgestellt, die vom Absender und vom Frachtführer unterzeichnet werden. Die Unterschriften können gedruckt oder durch den Stempel des Absenders oder des Frachtführers ersetzt werden, wenn dies nach dem Recht des Staates, in dem der Frachtbrief ausgestellt wird, zulässig ist. Die erste Ausfertigung erhält der Absender, die zweite begleitet das Gut, die dritte behält der Frachtführer.
2. Ist das zu befördernde Gut auf mehrere Fahrzeuge zu verladen oder handelt es sich um verschiedenartige oder um in verschiedene Posten aufgeteilte Güter, können sowohl der Absender als auch der Frachtführer verlangen, daß so viele Frachtbriefe ausgestellt werden, als Fahrzeuge zu verwenden oder Güterarten oder -posten vorhanden sind.

Artikel 6

1. Der Frachtbrief muß folgende Angaben enthalten:
   a) Ort und Tag der Ausstellung;
   b) Name und Anschrift des Absenders;
   c) Name und Anschrift des Frachtführers;
   d) Stelle und Tag der Übernahme des Gutes sowie die für die Ablieferung vorgesehene Stelle;
   e) Name und Anschrift des Empfängers;
   f) die übliche Bezeichnung der Art des Gutes und die Art der Verpackung, bei gefährlichen Gütern ihre allgemein anerkannte Bezeichnung;
   g) Anzahl, Zeichen und Nummern der Frachtstücke;
   h) Rohgewicht oder die anders angegebene Menge des Gutes;
   i) die mit der Beförderung verbundenen Kosten (Fracht, Nebengebühren, Zölle und andere Kosten, die vom Vertragsabschluß bis zur Ablieferung anfallen);
   j) Weisungen für die Zoll- und sonstige amtliche Behandlung;
   k) die Angabe, daß die Beförderung trotz einer gegenteiligen Abmachung den Bestimmungen dieses Übereinkommens unterliegt.
2. Zutreffendenfalls muß der Frachtbrief ferner folgende Angaben enthalten:
   a) das Verbot umzuladen;
   b) die Kosten, die der Absender übernimmt;
   c) den Betrag einer bei der Ablieferung des Gutes einzuziehenden Nachnahme;
   d) die Angabe des Wertes des Gutes und des Betrages des besonderen Interesses an der Lieferung;
   e) Weisungen des Absenders an den Frachtführer über die Versicherung des Gutes;
   f) die vereinbarte Frist, in der die Beförderung beendet sein muß;
   g) ein Verzeichnis der dem Frachtführer übergebenen Urkunden.
3. Die Parteien dürfen in den Frachtbrief noch andere Angaben eintragen, die sie für zweckmäßig halten.

Artikel 7

1. Der Absender haftet für alle Kosten und Schäden, die dem Frachtführer dadurch entstehen, daß folgende Angaben unrichtig oder unvollständig sind;
   a) die in Artikel 6 Absatz 1 Buchstabe b, d, e, f, g, h und j bezeichneten Angaben;
   b) die in Artikel 6 Absatz 2 bezeichneten Angaben;
   c) alle anderen Angaben oder Weisungen des Absenders für die Ausstellung des Frachtbriefes oder zum Zwecke der Eintragung in diesen.

Conclusion and performance of the contract of carriage – Article 4
The contract of carriage shall be confirmed by the making out of consignment note. The absence, irregularity or loss of the consignment note shall not affect the existence of the validity of the contract of carriage which shall remain subject to the provisions of this Convention.

Article 5
(1) The consignment note shall be made out in three original copies signed by the sender and by the carrier. These signatures may be printed or replaced by the stamps of the sender and the carrier if the law of the country in which the consignment note has been made out so permits. The first copy shall be handed to the sender, the second shall accompany the goods and the third shall be retained by the carrier.

(2) When the goods which are to be carried have to be loaded in different vehicles, or are of different kinds or are divided into different lots, the sender or the carrier shall have the right to require a separate consignment note to be made out for each vehicle used, or for each kind or lot of goods.

Article 6
(1) The consignment note shall contain the following particulars:
  a) the date of the consignment note and the place at which it is made out;
  b) the name and address of the sender;
  c) the name and address of the carrier;
  d) the place and the date of taking over of the goods and the place designated for delivery;
  e) the name and address of the consignee;
  f) the description in common use of the nature of the goods and the method of packing, and, in the case of dangerous goods, their generally recognized description;
  g) the number of packages and their special marks and numbers;
  h) the gross weight of the goods or their quantity otherwise expressed;
  i) charges relating to the carriage (carriage charges, supplementary charges, customs duties and other charges incurred from the making of the contract to the time of delivery);
  j) the requisite instructions for Customs and other formalities;
  k) a statement that the carriage is subject notwithstanding any clause to the contrary, to the provisions of this Convention.

(2) Where applicable, the consignment note shall also contain the following particulars:
  a) a statement that trans-shipment is not allowed;
  b) the charges which the sender undertakes to pay;
  c) the amount of cash on delivery" charges;
  d) a declaration of the value of the goods and the amount representing special interest in delivery;
  e) the sender's instructions to the carrier regarding insurance of the goods;
  f) the agreed time-limit within which the carriage is to be carried out;
  g) a list of the documents handed to the carrier.

(3) The parties may enter in the consignment note any other particulars which they may deem useful.

Article 7
(1) The sender shall be responsible for all expenses. loss and damage sustained by the carrier by reason of the inaccuracy of:
  a) the particulars specified in article 6, paragraph 1, b), d), e), f), g), h) and j);
  b) the particulars specified in article 6, paragraph 2;
  c) any other particulars or instructions given by him to enable the consignment note to be made out or for the purpose of their being entered therein.

2. Trägt der Frachtführer auf Verlangen des Absenders die in Absatz 1 bezeichneten Angaben in den Frachtbrief ein, wird bis zum Beweise des Gegenteils vermutet, daß der Frachtführer hierbei im Namen des Absenders gehandelt hat.
3. Enthält der Frachtbrief die in Artikel 6 Absatz 1 Buchstabe k bezeichnete Angabe nicht, so haftet der Frachtführer für alle Kosten und Schäden, die dem über das Gut Verfügungsberechtigten infolge dieser Unterlassung entstehen.

Artikel 8
1. Der Frachtführer ist verpflichtet, bei der Übernahme des Gutes zu überprüfen
    a) die Richtigkeit der Angaben im Frachtbrief über die Anzahl der Frachtstücke und über ihre Zeichen und Nummern;
    b) den äußeren Zustand des Gutes und seiner Verpackung.
2. Stehen dem Frachtführer keine angemessenen Mittel zur Verfügung, um die Richtigkeit der in Absatz 1 Buchstabe a bezeichneten Angaben zu überprüfen, so trägt er im Frachtbrief Vorbehalte ein, die zu begründen sind. Desgleichen hat er Vorbehalte zu begründen, die er hinsichtlich des äußeren Zustandes des Gutes und seiner Verpackung macht. Die Vorbehalte sind für den Absender nicht verbindlich, es sei denn, daß er sie im Frachtbrief ausdrücklich anerkannt hat.
3. Der Absender kann vom Frachtführer verlangen, daß dieser das Rohgewicht oder die anders angegebene Menge des Gutes überprüft. Er kann auch verlangen, daß der Frachtführer den Inhalt der Frachtstücke überprüft. Der Frachtführer hat Anspruch auf Ersatz der Kosten der Überprüfung. Das Ergebnis der Überprüfung ist in den Frachtbrief einzutragen.

Artikel 9
1. Der Frachtbrief dient bis zum Beweise des Gegenteils als Nachweis für den Abschluß und Inhalt des Beförderungsvertrages sowie für die Übernahme des Gutes durch den Frachtführer.
2. Sofern der Frachtbrief keine mit Gründen versehenen Vorbehalte des Frachtführers aufweist, wird bis zum Beweise des Gegenteils vermutet, daß das Gut und seine Verpackung bei der Übernahme durch den Frachtführer äußerlich in gutem Zustand waren und daß die Anzahl der Frachtstücke und ihre Zeichen und Nummern mit den Angaben im Frachtbrief übereinstimmten.

Artikel 10
Der Absender haftet dem Frachtführer für alle durch mangelhafte Verpackung des Gutes verursachten Schäden an Personen, am Betriebsmaterial und an anderen Gütern sowie für alle durch mangelhafte Verpackung verursachten Kosten, es sei denn, daß der Mangel offensichtlich oder dem Frachtführer bei der Übernahme des Gutes bekannt war und er diesbezüglich keine Vorbehalte gemacht hat.

Artikel 11
1. Der Absender hat dem Frachtbrief die Urkunden beizugeben, die für die vor der Ablieferung des Gutes zu erledigende Zoll- oder sonstige amtliche Behandlung notwendig sind, oder diese Urkunden dem Frachtführer zur Verfügung zu stellen und diesem alle erforderlichen Auskünfte zu erteilen.
2. Der Frachtführer ist nicht verpflichtet zu prüfen, ob diese Urkunden und Auskünfte richtig und ausreichend sind. Der Absender haftet dem Frachtführer für alle aus dem Fehlen, der Unvollständigkeit oder Unrichtigkeit der Urkunden und Angaben entstehenden Schäden, es sei denn, daß den Frachtführer ein Verschulden trifft.
3. Der Frachtführer haftet wie ein Kommissionär für die Folgen des Verlustes oder der unrichtigen Verwendung der im Frachtbrief bezeichneten und diesem beigegebenen oder dem Frachtführer ausgehändigten Urkunden; er hat jedoch keinen höheren Schadenersatz zu leisten als bei Verlust des Gutes.

Artikel 12 – Nachträgliche Verfügungen des Absenders
1. Der Absender ist berechtigt, über das Gut zu verfügen. Er kann insbesondere verlangen, daß der Frachtführer das Gut nicht weiterbefördert, den für die Ablieferung vorgesehenen Ort ändert oder das Gut einem anderen als dem im Frachtbrief angegebenen Empfänger abliefert.
2. Dieses Recht erlischt, sobald die zweite Ausfertigung des Frachtbriefes dem Empfänger übergeben ist oder dieser sein Recht nach Artikel 13 Absatz 1 geltend macht. Von diesem Zeitpunkt an hat der Frachtführer den Weisungen des Empfängers nachzukommen.

(2) If, at the request of the sender, the carrier enters in the consignment note the particulars referred to in paragraph 1 of this article, he shall be deemed, unless the contrary is proved, to have done so on behalf of the sender.
(3) If the consignment note does not contain the statement specified in article 6, paragraph 1 k, the carrier shall be liable for all expenses, loss and damage sustained through such omission by the person entitled to dispose of the goods.

Article 8

(1) On taking over the goods, the carrier shall check:
   a) the accuracy of the statements in the consignment note as to the number of packages and their marks and numbers, and
   b) the apparent condition of the goods and their packaging.
(2) Where the carrier has no reasonable means of checking the accuracy of the statements referred to in paragraph 1 a) of this article he shall enter his reservations in the consignment note together with the grounds on which they are based. He shall likewise specify the grounds for any reservations which he makes with regard to the apparent condition of the goods and their packaging. Such reservations shall not bind the sender unless he has expressly agreed to be bound by them in the consignment note.
(3) The sender shall be entitled to require the carrier to check the gross weight of the goods or their quantity otherwise expressed. He may also require the contents of the packages to be checked. The carrier shall be entitled to claim the cost for such checking. The result of the checks shall be entered in the consignment note.

Article 9

(1) The consignment note shall be prima facie evidence of the making of the contract of carriages, the conditions of the contract and the receipt of the goods by the carrier.
(2) If the consignment note contains no specific reservations by the carriers, it shall be presumed, unless the contrary is proved, that the goods and their packaging appeared to be in good condition when the carrier took them over and that the number of packages, their marks and numbers corresponded with the statements in the consignment note.

Article 10

The sender shall be liable to the carrier for damage to persons, equipment or other goods, and for any expenses due to defective packing of the goods, unless the defect was apparent or known to the carrier at the time when he took over the goods and he made no reservations concerning it.

Article 11

(1) For the purposes of the Customs or other formalities which have to be completed before delivery of the goods, the sender shall attach the necessary documents to the consignment note or place them at the disposal of the carrier and shall furnish him with all the information which he requires.
(2) The carrier shall not be under any duty to enquire into either the accuracy or the adequacy of such documents and information. The sender shall be liable to the carrier for any damage caused by the absence, inadequacy or irregularity of such documents and information, except in the case of some wrongful act or neglect on the part of the carrier.
(3) The liability of the carrier for the consequences arising from the loss or incorrect use of the documents specified in and accompanying the consignment note or deposited with the carrier shall be that of an agent, provided that the compensation payable by the carrier shall not exceed that payable in the event of loss of the goods.

Article 12

(1) The sender has the right to dispose of the goods, in particular by asking the carrier to stop the goods in transit, to change the place at which delivery is to take place or to deliver the goods to a consignee other than the consignee indicated in the consignment note.
(2) This right shall cease to exist when the second copy of the consignment note is handed to the consignee or when the consignee exercises his right under article 13, paragraph 1; from that time onwards the carrier shall obey the orders of the consignee.

3. Das Verfügungsrecht steht jedoch dem Empfänger bereits von der Ausstellung des Frachtbriefes an zu, wenn der Absender einen entsprechenden Vermerk in den Frachtbrief eingetragen hat.
4. Hat der Empfänger in Ausübung seines Verfügungsrechtes die Ablieferung des Gutes an einen Dritten angeordnet, so ist dieser nicht berechtigt, seinerseits andere Empfänger zu bestimmen.
5. Die Ausübung des Verfügungsrechtes unterliegt folgenden Bestimmungen:
   a) der Absender oder in dem in Absatz 3 bezeichneten Falle der Empfänger hat, wenn er sein Verfügungsrecht ausüben will, die erste Ausfertigung des Frachtbriefes vorzuweisen, worin die dem Frachtführer erteilten neuen Weisungen eingetragen sein müssen, und dem Frachtführer alle Kosten und Schäden zu ersetzen, die durch die Ausführung der Weisungen entstehen;
   b) die Ausführung der Weisungen muß zu dem Zeitpunkt, zu dem sie die Person erreichen, die sie ausführen soll, möglich sein und darf weder den gewöhnlichen Betrieb des Unternehmens des Frachtführers hemmen noch die Absender oder Empfänger anderer Sendungen schädigen;
   c) die Weisungen dürfen nicht zu einer Teilung der Sendung führen.
6. Kann der Frachtführer auf Grund der Bestimmungen des Absatzes 5 Buchstabe b die erhaltenen Weisungen nicht durchführen, so hat er unverzüglich denjenigen zu benachrichtigen, der die Weisungen erteilt hat.
7. Ein Frachtführer, der Weisungen nicht ausführt, die ihm unter Beachtung der Bestimmungen dieses Artikels erteilt worden sind, oder der solche Weisungen ausführt, ohne die Vorlage der ersten Ausfertigung des Frachtbriefes verlangt zu haben, haftet dem Berechtigten für den daraus entstehenden Schaden.

Artikel 13

1. Nach Ankunft des Gutes an dem für die Ablieferung vorgesehenen Ort ist der Empfänger berechtigt, vom Frachtführer zu verlangen, daß ihm gegen Empfangsbestätigung die zweite Ausfertigung des Frachtbriefes übergeben und das Gut abgeliefert wird. Ist der Verlust des Gutes festgestellt oder ist das Gut innerhalb der in Artikel 19 vorgesehenen Frist nicht angekommen, so kann der Empfänger die Rechte aus dem Beförderungsvertrag im eigenen Namen gegen den Frachtführer geltend machen.
2. Der Empfänger, der die ihm nach Absatz 1 zustehenden Rechte geltend macht, hat den Gesamtbetrag der aus dem Frachtbrief hervorgehenden Kosten zu zahlen. Bei Streitigkeiten hierüber ist der Frachtführer zur Ablieferung des Gutes nur verpflichtet, wenn ihm der Empfänger Sicherheit leistet.

Artikel 14

1. Wenn aus irgendeinem Grunde vor Ankunft des Gutes an dem für die Ablieferung vorgesehenen Ort die Erfüllung des Vertrages zu den im Frachtbrief festgelegten Bedingungen unmöglich ist oder unmöglich wird, hat der Frachtführer Weisungen des nach Artikel 12 über das Gut Verfügungsberechtigten einzuholen.
2. Gestatten die Umstände jedoch eine von den im Frachtbrief festgelegten Bedingungen abweichende Ausführung der Beförderung und konnte der Frachtführer Weisungen des nach Artikel 12 über das Gut Verfügungsberechtigten innerhalb angemessener Zeit nicht erhalten, so hat er die Maßnahmen zu ergreifen, die ihm im Interesse des über das Gut Verfügungsberechtigten die besten zu sein scheinen.

Artikel 15

1. Treten nach Ankunft des Gutes am Bestimmungsort Ablieferungshindernisse ein, so hat der Frachtführer Weisungen des Absenders einzuholen. Wenn der Empfänger die Annahme des Gutes verweigert, ist der Absender berechtigt, über das Gut zu verfügen, ohne die erste Ausfertigung des Frachtbriefes vorweisen zu müssen.
2. Der Empfänger kann, auch wenn er die Annahme des Gutes verweigert hat, dessen Ablieferung noch so lange verlangen, als der Frachtführer keine dem wiedersprechenden Weisungen des Absenders erhalten hat.
3. Tritt das Ablieferungshindernis ein, nachdem der Empfänger auf Grund seiner Befugnisse nach Artikel 12 Absatz 3 Anweisung erteilt hat, das Gut an einen Dritten abzuliefern, so nimmt bei der Anwendung der Absätze 1 und 2 dieses Artikels der Empfänger die Stelle des Absenders und der Dritte die des Empfängers ein.

(3) The consignee shall, however, have the right of disposal from the time when the consignment note is drawn up, if the sender makes an entry to that effect in the consignment note.
(4) If in exercising his right of disposal the consignee has ordered the delivery of the goods to another person, that other person shall not be entitled to name other consignees.
(5) The exercise of the right of disposal shall be subject to the following conditions:
   a) that the sender or, in the case referred to in paragraph 3 of this article, the consignee who wishes to exercise the right produces the first copy of the consignment note on which the new instructions to the carrier have been entered and indemnifies the carrier against all expenses loss and damage involved in carrying out such instructions;
   b) that the carrying out of such instructions is possible at the time when the instructions reach the person who is to carry them out and does not either interfere with the normal working of the carrier's undertaking or prejudice the senders or consignees of other consignments;
   c) that the instructions do not result in a division of the consignment.
(6) When, by reason of the provisions of paragraph 5 b) of this article, the carrier cannot carry out the instructions which he receives, he shall immediately notify the person who gave him such instructions.
(7) A carrier who has not carried out the instructions given under the conditions provided for in this article, or who has carried them out without requiring the first copy of the consignment note to be produced, shall be liable to the person entitled to make a claim for any loss or dammage caused thereby.

Article 13

(1) After arrival of the goods at the place designated for delivery, the consignee shall be entitled to require the carrier to deliver to him, against a receipt, the second copy of the consignment note and the goods. If the loss of the goods is established or if the goods have not arrived after the expiry of the period provided for in article 19, the consignee shall be entitled to enforce in his own name against the carrier any rights arising from the contract of carriage.
(2) The consignee who avails himself of the rights granted to him under paragraph 1 of this article shall pay the charges shown to be due on the consignment note, but in the event of dispute on this matter the carrier shall not be required to deliver the goods unless security has been furnished by the consignee.

Article 14

(1) If for any reason it is or becomes impossible to carry out the contract in accordance with the terms laid down in the consignment note before the goods reach the place designated for delivery, the carrier shall ask for instructions from the person entitled to dispose of the goods in accordance with the provisions of article 12.
(2) Nevertheless, if circumstances are such as to allow the carriage to be carried out under conditions differing from those laid down in the consignment note and if the carrier has been unable to obtain instructions in reasonable time from the person entitled to dispose of the goods in accordance with the provisions of article 12, he shall take such steps as seem to him to be in the best interests of the person entitled to dispose of the goods.

Article 15

(1) Where circumstances prevent delivery of the goods after their arrival at the place designated for delivery, the carrier shall ask the sender for his instructions. If the consignee refuses the goods the sender shall be entitled to dispose of them without being obliged to produce the first copy of the consignment note.
(2) Even if he has refused the goods, the consignee may nevertheless require delivery so long as the carrier has not received instructions to the contrary from the sender.
(3) When circumstances preventing delivery of the goods arise after the consignee, in exercise of his rights under article 12, paragraph 3, has given an order for the goods to be delivered to another person, paragraphs 1 and 2 of this articie shall apply as if the consignee were the sender and that other person were the consignee.

Artikel 16

1. Der Frachtführer hat Anspruch auf Erstattung der Kosten, die ihm dadurch entstehen, daß er Weisungen einholt oder ausführt, es sei denn, daß er diese Kosten verschuldet hat.

2. In den in Artikel 14 Absatz 1 und in Artikel 15 bezeichneten Fällen kann der Frachtführer das Gut sofort auf Kosten des Verfügungsberechtigten ausladen; nach dem Ausladen gilt die Beförderung als beendet. Der Frachtführer hat sodann das Gut für den Verfügungsberechtigten zu verwahren. Er kann es jedoch auch einem Dritten anvertrauen und haftet dann nur für die sorgfältige Auswahl des Dritten. Das Gut bleibt mit den aus dem Frachtbrief hervorgehenden Ansprüchen sowie mit allen anderen Kosten belastet.

3. Der Frachtführer kann, ohne Weisungen des Verfügungsberechtigten abzuwarten, den Verkauf des Gutes veranlassen, wenn es sich um verderbliche Waren handelt oder der Zustand des Gutes eine solche Maßnahme rechtfertigt oder wenn die Kosten der Verwahrung in keinem Verhältnis zum Wert des Gutes stehen. Er kann auch in anderen Fällen den Verkauf des Gutes veranlassen, wenn er innerhalb einer angemessenen Frist gegenteilige Weisungen des Verfügungsberechtigten, deren Ausführung ihm billigerweise zugemutet werden kann, nicht erhält.

4. Wird das Gut auf Grund der Bestimmungen dieses Artikels verkauft, so ist der Erlös nach Abzug der auf dem Gut lastenden Kosten dem Verfügungsberechtigten zur Verfügung zu stellen. Wenn diese Kosten höher sind als der Erlös, kann der Frachtführer den Unterschied beanspruchen.

5. Art und Weise des Verkaufes bestimmen sich nach den Gesetzen oder Gebräuchen des Ortes, an dem sich das Gut befindet.

Artikel 17 – Haftung des Frachtführers

1. Der Frachtführer haftet für gänzlichen oder teilweisen Verlust und für Beschädigung des Gutes, sofern der Verlust oder die Beschädigung zwischen dem Zeitpunkt der Übernahme des Gutes und dem seiner Ablieferung eintritt, sowie für Überschreitung der Lieferfrist.

2. Der Frachtführer ist von dieser Haftung befreit, wenn der Verlust, die Beschädigung oder die Überschreitung der Lieferfrist durch ein Verschulden des Verfügungsberechtigten, durch eine nicht vom Frachtführer verschuldete Weisung des Verfügungsberechtigten, durch besondere Mängel des Gutes oder durch Umstände verursacht worden ist, die der Frachtführer nicht vermeiden und deren Folgen er nicht abwenden konnte.

3. Um sich von seiner Haftung zu befreien, kann sich der Frachtführer weder auf Mängel des für die Beförderung verwendeten Fahrzeuges noch gegebenenfalls auf ein Verschulden des Vermieters des Fahrzeuges oder der Bediensteten des Vermieters berufen.

4. Der Frachtführer ist vorbehaltlich des Artikels 18 Absatz 2 bis 5 von seiner Haftung befreit, wenn der Verlust oder die Beschädigung aus den mit einzelnen oder mehreren Umständen der folgenden Art verbundenen besonderen Gefahren entstanden ist:

   a) Verwendung von offenen, nicht mit Planen gedeckten Fahrzeugen, wenn diese Verwendung ausdrücklich vereinbart und im Frachtbrief vermerkt worden ist;

   b) Fehlen oder Mängel der Verpackung, wenn die Güter ihrer Natur nach bei fehlender oder mangelhafter Verpackung Verlusten oder Beschädigungen ausgesetzt sind;

   c) Behandlung, Verladen, Verstauen oder Ausladen des Gutes durch den Absender, den Empfänger oder Dritte, die für den Absender oder Empfänger handeln;

   d) natürliche Beschaffenheit gewisser Güter, derzufolge sie gänzlichem oder teilweisem Verlust oder Beschädigung, insbesondere durch Bruch, Rost, inneren Verderb, Austrocknen, Auslaufen, normalen Schwund oder Einwirkung von Ungeziefer oder Nagetieren ausgesetzt sind;

   e) ungenügende oder unzulängliche Bezeichnung oder Numerierung der Frachtstücke;

   f) Beförderung von lebenden Tieren.

5. Haftet der Frachtführer auf Grund dieses Artikels für einzelne Umstände, die einen Schaden verursacht haben, nicht, so haftet er nur in dem Umfange, in dem die Umstände, für die er auf Grund dieses Artikels haftet, zu dem Schaden beigetragen haben.

Article 16
(1) The carrier shall be entitled to recover the cost of his request for instructions and any expenses entailed in carrying out such instructions, unless such expenses were caused by the wrongful act or neglect of the carrier.
(2) In the cases referred to in article 14, paragraph 1, and in article 15, the carrier, may immediately unload the goods for account of the person entitled to dispose of them and thereupon the carriage shall be deemed to be at an end. The carrier shall then hold the goods on behalf of the person so entitled. He may, however, entrust them to a third party, and in that case he shall not be under any liability except for the exercise of reasonable care in the choice of such third party. The charges due under the consignment note and all other expenses shall remain chargeable against the goods.
(3) The carrier may sell the goods, without awaiting instructions from the person entitled to dispose of them, if the goods are perishable or their condition warrants such a course, or when the storage expenses would be out of proportion to the value of the goods. He may also proceed to the sale of the goods in other cases if after the expiry of a reasonable period he has not received from the person entitled to dispose of the goods instructions to the contrary which he may reasonably be required to carry out.
(4) If the goods have been sold pursuant to this article, the proceeds of sale, after deduction of the expenses chargeable against the goods, shall be placed at the disposal of the person entitled to dispose of the goods. If these charges exceed the proceeds of sale, the carrier shall be entitled to the difference.
(5) The procedure in the case of sale shall be determined by the law or custom of the place where the goods are situated.

Liability of the carrier – Article 17
(1) The carrier shall be liable for the total or partial loss of the goods and for damage thereto occuring between the time when he takes over the goods and the time of delivery, as well as for any delay in delivery.
(2) The carrier shall however be relieved of liability if the loss, damage or delay was caused by the wrongful act or neglect of the claimant, by the instructions of the claimant given otherwise than as the result of a wrongful act or neglect on the part of the carrier, by inherent vice of the goods or through circumstances which the carrier could not avoid and the consequences of which he was unable to prevent.
(3) The carrier shall not be relieved of liability by reason of the defective condition of the vehicle used by him in order to perform the carriage, or by reason of the wrongful act or neglect of the person from whom he may have hired the vehicle or of the agents or servants of the latter.
(4) Subject to article 18, paragraphs 2 to 5, the carrier shall be relieved of liability when the loss or damage arises from the special risks inherent in one or more of the following circumstances:
   a) use of open unsheeted vehicles, when their use has been expressly agreed and specified in the consignment note;
   b) the lack of, or defective condition of packing in the case of goods which, by their nature, are liable to wastage or to be damaged when not packed or when not properly packed;
   c) handling, loading, stowage or unloading of the goods by the sender, the consignee or persons acting on behalf of the sender or the consignee;
   d) the nature of certain kinds of goods which particularly exposes them to total or partial loss or to damage, especially through breakage, rust, decay, desiccation, leakage, normal wastage, or the action of moth or vermin;
   e) insufficiency or inadequacy of marks or numbers on the packages;
   f) the carriage of livestock.
(5) Where under this article the carrier is not under any liability in respect of some of the factors causing the loss, damage or delay, he shall only be liable to the extent that those factors for which he is liable under this article have contributed to the loss, damage or delay.

Artikel 18

1. Der Beweis, daß der Verlust, die Beschädigung oder die Überschreitung der Lieferfrist durch einen der in Artikel 17 Absatz 2 bezeichneten Umstände verursacht worden ist, obliegt dem Frachtführer.
2. Wenn der Frachtführer darlegt, daß nach den Umständen des Falles der Verlust oder die Beschädigung aus einer oder mehreren der in Artikel 17 Absatz 4 bezeichneten besonderen Gefahren entstehen konnte, wird vermutet, daß der Schaden hieraus entstanden ist. Der Verfügungsberechtigte kann jedoch beweisen, daß der Schaden nicht oder nicht ausschließlich aus einer dieser Gefahren entstanden ist.
3. Diese Vermutung gilt im Falle des Artikels 17 Absatz 4 Buchstabe a nicht bei außergewöhnlich großem Abgang oder bei Verlust von ganzen Frachtstücken.
4. Bei Beförderung mit einem Fahrzeug, das mit besonderen Einrichtungen zum Schutze des Gutes gegen die Einwirkung von Hitze, Kälte, Temperaturschwankungen oderLuftfeuchtigkeit versehen ist, kann sich der Frachtführer auf Artikel 17 Absatz 4 Buchstabe d nur berufen, wenn er beweist, daß alle ihm nach den Umständen obliegenden Maßnahmen hinsichtlich der Auswahl, Instandhaltung und Verwendung der besonderen Einrichtungen getroffen und ihm erteilte besondere Weisungen beachtet hat.
5. Der Frachtführer kann sich auf Artikel 17 Absatz 4 Buchstabe f nur berufen, wenn er beweist, daß er alle ihm nach den Umständen üblicherweise obliegenden Maßnahmen getroffen und ihm erteilte besondere Weisungen beachtet hat.

Artikel 19 – Lieferfrist

Abweichend von der KVO/ EVO und CIM gibt es keine feste Regelung über die Lieferfrist. Es heißt im CMR lediglich:

Eine Überschreitung der Lieferfrist liegt vor, wenn das Gut nicht innerhalb der vereinbarten Frist abgeliefert worden ist oder, falls keine Frist vereinbart worden ist, die tatsächliche Beförderungsdauer unter Berücksichtigung der Umstände, bei teilweiser Beladung insbesondere unter Berücksichtigung der unter gewöhnlichen Umständen für die Zusammenstellung von Gütern zwecks vollständiger Beladung benötigten Zeit, die Frist überschreitet, die vernünftigerweise einem sorgfältigen Frachtführer zuzubilligen ist.

Artikel 34 – Bestimmungen über die Beförderung durch aufeinanderfolgende Frachtführer

Wird eine Beförderung, die Gegenstand eines einzigen Vertrages ist, von aufeinanderfolgenden Straßenfrachtführern ausgeführt, so haftet jeder von ihnen für die Ausführung der gesamten Beförderung; der zweite und jeder folgende Frachtführer wird durch die Annahme des Gutes und des Frachtbriefes nach Maßgabe der Bedingungen des Frachtbriefes Vertragspartei.

Artikel 35

1. Ein Frachtführer, der das Gut von dem vorhergehenden Frachtführer übernimmt, hat diesem eine datierte und unterzeichnete Empfangsbestätigung auszuhändigen. Er hat seinen Namen und seine Anschrift auf der zweiten Ausfertigung des Frachtbriefes einzutragen. Gegebenenfalls trägt er Vorbehalte nach Artikel 8 Absatz 2 auf der zweiten Ausfertigung des Frachtbriefes sowie auf der Empfangsbestätigung ein.
2. Für die Beziehungen zwischen den aufeinanderfolgenden Frachtführern gilt Artikel 9.

Artikel 36

Ersatzansprüche wegen eines Verlustes, einer Beschädigung oder einer Überschreitung der Lieferfrist können, außer im Wege der Widerklage oder der Einrede in einem Verfahren wegen eines auf Grund desselben Beförderungsvertrages erhobenen Anspruches, nur gegen den ersten, den letzten oder denjenigen Frachtführer geltend gemacht werden, der den Teil der Beförderung ausgeführt hat, in dessen Verlauf das Ereignis eingetreten ist, das den Verlust, die Beschädigung oder die Überschreitung der Lieferfrist verursacht hat; ein und dieselbe Klage kann gegen mehrere Frachtführer gerichtet sein.

Artikel 37

Einem Frachtführer, der auf Grund der Bestimmungen dieses Übereinkommens eine Entschädigung gezahlt hat, steht der Rückgriff hinsichtlich der Entschädigung, der Zinsen und der Kosten gegen die an der Beförderung beteiligten Frachtführer nach folgenden Bestimmungen zu:

Article 18

(1) The burden of proving that loss, damage or delay was due to one of the causes specified in article 17, paragraph 2, shall rest upon the carrier.

(2) When the carrier establishes that in the circumstances of the case, the loss or damage could be attributed to one or more of the special risks referred to in article 17, paragraph 4, it shall be presumed that it was so caused. The claimant shall, however, be entitled to prove that the loss or damage was not, in fact, attributable either wholly or partly to one of these risks.

(3) This presumption shall not apply in the circumstances set out in article 17, paragraph 4 a), if there has been an abnormal shortage, or a loss of any package.

(4) If the carriage is performed in vehicles specially equipped to protect the goods from the effects of heat, cold, variations in temperature or the humidity of the air, the carrier shall not be entitled to claim the benefit of article 17, paragraph 4 d), unless he proves that all steps incumbent on him in the circumstances with respect to the choice, maintenance and use of such equipment were taken and that he complied with any special instructions issued to him.

(5) The carrier shall not be entitled to claim the benefit of article 17, paragraph 4 f), unless he proves that all steps normally incumbent on him in the circumstances were taken and that he complied with any special instructions issued to him.

Article 19

Delay in delivery shall be said to occur when the goods have not been delivered within the agreed time-limit or when, failing an agreed time-limit, the actual duration of the carriage having regard to the circumstances of the case, and in particular, in the case of partial loads, the time required for making up a complete load in the normal way, exceeds the time it would be reasonable to allow a diligent carrier.

Provisions relating to carriage performed by successive carriers – Article 34

If carriage governed by a single contract is performed by successive road carriers, each of them shall be responsible for the performance of the whole operation, the second carrier and each succeeding carrier becoming a party to the contract of carriage, under the terms of the consignment note, by reason of his acceptance of the goods and the consignment note.

Article 35

(1) A carrier accepting the goods from a previous carrier shall give the latter a dated and signed receipt. He shall enter his name and address on the second copy of the consignment note. Where applicable, he shall enter on the second copy of the consignment note and on the receipt reservations of the kind provided for in article 8, paragraph 2.

(2) The provisions of article 9 shall apply to the relations between successive carriers.

Article 36

Except in the case of a counter-claim or a set-off raised in an action concerning a claim based on the same contract of carriage, legal proceedings in respect of liability for loss, damage or delay may only be brought against the first carrier, the last carrier or the carrier who was performing that portion of the carriage during which the event causing the loss, damage or delay occurred; an action may be brought at the same time against several of these carriers.

Article 37

A carrier who has paid compensation in compliance with the provisions of this Convention, shall be entitled to recover such compensation, together with interest thereon and all costs and expenses incurred by reason of the claim, from the other carriers who have taken part in the carriage, subject to the following provisions:

a) der Frachtführer, der den Verlust oder die Beschädigung verursacht hat, hat die von ihm oder von einem anderen Frachtführer geleistete Entschädigung allein zu tragen;
b) ist der Verlust oder die Beschädigung durch zwei oder mehrere Frachtführer verursacht worden, so hat jeder einen seinem Haftungsanteil entsprechenden Betrag zu zahlen. Ist die Feststellung der einzelnen Haftungsanteile nicht möglich, so haftet jeder nach dem Verhältnis des ihm zustehenden Anteils am Beförderungsentgelt;
c) kann nicht festgestellt werden, welche der Frachtführer den Schaden zu tragen haben, so ist die zu leistende Entschädigung in dem unter Buchstabe b bestimmten Verhältnis zu Lasten aller Frachtführer aufzuteilen.

Artikel 38

Ist ein Frachtführer zahlungsunfähig, so ist der auf ihn entfallende aber von ihm nicht gezahlte Anteil zu Lasten aller anderen Frachtführer nach dem Verhältnis ihrer Anteile an dem Beförderungsentgelt aufzuteilen.

Artikel 39

1. Ein Frachtführer, gegen den nach den Artikeln 37 und 38 Rückgriff genommen wird, kann nicht einwenden, daß der Rückgriff nehmende Frachtführer zu Unrecht gezahlt hat, wenn die Entschädigung durch eine gerichtliche Entscheidung festgesetzt worden war, sofern der im Wege des Rückgriffs in Anspruch genommene Frachtführer von dem gerichtlichen Verfahren ordnungsgemäß in Kenntnis gesetzt worden war und in der Lage war, sich daran zu beteiligen
2. Ein Frachtführer, der sein Rückgriffsrecht gerichtlich geltend machen will, kann seinen Anspruch vor dem zuständigen Gericht des Staates erheben, in dem einer der beteiligten Frachtführer seinen gewöhnlichen Aufenthalt, seine Hauptniederlassung oder die Zweigniederlassung oder Geschäftsstelle hat, durch deren Vermittlung der Beförderungsvertrag abgeschlossen worden ist. Ein und dieselbe Rückgriffsklage kann gegen alle beteiligten Frachtführer gerichtet sein.
3. Die Bestimmungen des Artikels 31 Absatz 3 und 4 gelten auch für Urteile über die Rückgriffsansprüche nach den Artikeln 37 und 38.
4. Die Bestimmungen des Artikels 32 gelten auch für Rückgriffsansprüche zwischen Frachtführern. Die Verjährung beginnt jedoch entweder mit dem Tage des Eintrittes der Rechtskraft eines Urteils über die nach den Bestimmungen dieses Übereinkommens zu zahlende Entschädigung oder, wenn ein solches rechtskräftiges Urteil nicht vorliegt, mit dem Tage der tatsächlichen Zahlung.

a) the carrier responsible for the loss or damage shall be solely liable for the compensation whether paid by himself or by another carrier;
b) when the loss or damage has been caused by the action of two or more carriers each of them shall pay an amount proportionate to his share of liability, should it be impossible to apportion the liability, each carrier shall be liable in proportion to the share of the payment of the carriage which is due to him;
c) if it cannot be ascertained to which carriers liability is attributable for the loss or damage, the amount of the compensation shall be apportioned between all the carriers as laid down in b) above.

Article 38
If one of the carriers is insolvent, the share of the compensation due from him and unpaid by him shall be divided among the other carriers in proportion to the share of the payment for the carriage due to them.

Article 39
(1) No carrier against whom a claim is made under article 37 and 38 shall be entitled to dispute the validity of the payment made by the carrier making the claim if the amount of the compensation was determined by judicial authority after the first mentioned carrier had been given due notice of the proceedings and afforded an opportunity of entering an appearance.
(2) A carrier wishing to take proceedings to enforce his right of recovery may make his claim before the competent court or tribunal of the country in which one of the carriers concerned is ordinarily resident, or has his principal place of business or the branch or agency through which the contract of carriage was made. All the carriers concerned may be made defendants in the same action.
(3) The provisions of article 31, paragraphs 3 and 4, shall apply to judgments entered in the proceedings referred to in articles 37 and 38.
(4) The provisions of article 32 shall apply to claims between carriers. The period of limitation shall, however, begin to run either on the date of the final judicial decision fixing the amount of compensation payable under the provisions of this Convention, or, if there is no such judicial decision, from the actual date of payment.

2.3 Was man über die CMR wissen muss

Inkraftsetzung

Die CMR (Convention relative au Contract de transport international de marchandises par route) auf deutsch: „Übereinkommen über den Beförderungsvertrag im internationalen Straßengüterverkehr" ist ein völkerrechtliches Übereinkommen, welches für die Bundesrepublik Deutschland am 05.02.1962 in Kraft getreten ist. Seit diesem Tag ist für jeden grenzüberschreitenden Transport von und nach Deutschland die CMR zwingende Rechtsgrundlage, während für rein nationale Transporte die Bestimmungen des Handelsgesetzbuches – HGB – Anwendung finden.

Vertragsstaaten

Die CMR ist immer dann anzuwenden, wenn Abgangs- und Bestimmungsort in zwei verschiedenen Staaten liegen, von denen mindestens einer ein Vertragsstaat ist. Dies bedeutet, dass die CMR bei allen Beförderungen von und nach der Bundesrepublik Deutschland Anwendung findet. In gleicher Weise gilt dies für folgende Länder, die ebenfalls die CMR ratifiziert haben:

Frankreich, Italien, Jugoslawien, Niederlande, Österreich, Polen, Belgien, Luxemburg, Dänemark, Großbritannien, Gibraltar, Schweden, Norwegen, Portugal, Insel Man, Schweiz, Ungarn, Insel Guernsey, Rumänien, Finnland, Spanien, Griechenland, Bulgarien, Russland, Irland, Slowenien, Kroatien, Belarus, Litauen, Moldau, Estland, Bosnien-Herzegowina, Slowakei, Tschechische Republik, Lettland, Tunesien, Marokko, Kasachstan, Türkei, Usbekistan, Tatschekistan, Turkmenistan, Mazedonien, Kirgistan, Iran, Georgien, Bundesrepublik Jogoslawien, Zypern, Mongolei.

Geltungsbereich und Anwendung

Die CMR ist bei allen grenzüberschreitenden Transporten auf der Straße anzuwenden. Sie findet jedoch keine Anwendung bei Postsendungen, Leichenbeförderungen und Umzugsgut.

Die Vorschriften der CMR sind unabdingbar/zwingend; d.h. durch vertragliche Vereinbarung darf nicht von ihnen abgewichen werden. Vereinbarungen mit einem anderen Inhalt sind nichtig und ohne Rechtswirksamkeit. Dies hat jedoch nicht die Nichtigkeit des gesamten Vertrages zur Folge. An die Stelle der nichtigen Bestimmung treten die Vorschriften der CMR.

Jeder Frachtbrief muss den ausdrücklichen Hinweis enthalten, dass die Beförderung auch bei gegenteiliger Abweichung den Bestimmungen der CMR unterliegt.

Die CMR regeln jedoch nicht alle Rechtsfragen, die für die Abwicklung eines Frachtgeschäftes von Bedeutung sind, z.B. keine Vergütungsfragen, Pfandrecht. Für diesen Fall stellt sich die Frage, welche Bestimmungen dann anzuwenden sind. Dies bestimmt sich nach den Regeln des internationalen Privatrechts. Wenn die Vertragsparteien keine Vereinbarung treffen, welches nationale Recht angewendet werden soll, kann als Faustformel gelten, dass das Recht des auftragnehmenden Frachtführers Anwendung findet. Bei Anwendung deutschen Rechts sind dann die Bestimmungen des Handelsgesetzbuches oder des Bürgerlichen Gesetzbuches heranzuziehen. Zur rechtlichen Lückenfüllung können auch „Allgemeine Geschäftsbedingungen" vereinbart werden (BGHZ 94, 71). Dies bedeutet insbesondere, dass auch die ADSp ergänzend zu den Bestimmungen der CMR herangezogen werden können.

Beförderungsvertrag, Frachtbrief

Der Beförderungsvertrag wird formlos (schriftlich, mündlich oder auch im Wege der elektronischen Datenübermittlung) geschlossen. Der nach der CMR abgeschlossene Beförderungsvertrag wird in einem Frachtbrief (auch CMR-Frachtbrief genannt) festgehalten und dient bis zum Beweis des Gegenteils als Nachweis über den Abschluss und den Inhalt des Beförderungsvertrages (Artikel 9 CMR). Die Ausstellung eines elektronischen Frachtbriefs ist nicht möglich.

Der Frachtbrief ist demnach eine Beweisurkunde. Der Inhalt des CMR-Frachtbriefes ist in Artikel 6 CMR vorgeschrieben. Die Vertragsparteien dürfen aber auch andere Angaben im Frachtbrief eintragen, die sie für zweckmäßig halten. Der Frachtbrief besteht aus mindestens drei Ausfertigungen (für Absender, Frachtführer und Empfänger). Die Reihenfolge und die Farben sind international vorgegeben. Der Frachtbrief muss vom Absender ausgefüllt und zusammen mit der Ware dem Frachtführer übergeben werden. Der Absender haftet für alle Kosten und Schäden, die dem Frachtführer dadurch entstehen, dass Angaben des Absenders unrichtig oder unvollständig sind.

Übernahme des Gutes durch den Frachtführer

Bei Übernahme des Gutes ist der Frachtführer verpflichtet, die Übereinstimmung der Sendung mit den Eintragungen des Absenders im Frachtbrief zu prüfen und etwaige Vorbehalte in den Frachtbrief einzutragen. Dies gilt insbesondere für die Anzahl und Art der Packstücke, ihre Zeichen und Nummern sowie den äußeren Zustand des Gutes und seiner Verpackung.

Die CMR sagt nichts darüber aus, wer das Gut zu verladen hat. Insoweit kann auch hier auf das ergänzend anwendbare, nationale Recht zurückgegriffen werden. Bei Anwendung deutschen Rechts ist damit § 412 HGB anzuwenden, wonach das Beladen zu den Aufgaben des Absenders gehört. Der Frachtführer ist danach nur dann zum Beladen verpflichtet, wenn eine entsprechende vertragliche Vereinbarung getroffen wurde oder sich dies aus der Verkehrssitte oder den Umständen (Einsatz von Tank- und Silofahrzeugen, Fahrzeugen mit Hebebühnen, Baustellen- und Kippfahrzeugen) ergibt. Entsprechendes gilt für die Entladung.

Ist der Frachtführer zum Be- oder Entladen verpflichtet, haftet er für alle Be- und Entladungsschäden. Ist der Absender für die Be- und Entladung verantwortlich, ist eine Haftung des Frachtführers für Schäden beim Be- und Entladen ausgeschlossen.

Ablieferung des Gutes

Mit der Ablieferung des Gutes beim Empfänger erfüllt der Frachtführer seine vertragliche Verpflichtung. Die Ablieferung des Gutes erfolgt als zweiseitiger Akt. Der Frachtführer gibt die zur Beförderung erlangte Obhut über das Gut mit Einwilligung des Empfängers auf und versetzt diesen in die Lage, die tatsächliche Gewalt über das Gut auszuüben.

Haftung

Der Frachtführer haftet für gänzlichen oder teilweisen Verlust und für die Beschädigung des Gutes vom Zeitpunkt der Übernahme bis zur Auslieferung sowie für Schäden durch Überschreitung der Lieferfrist. Von dieser Haftung ist der Frachtführer befreit, wenn der Verlust, die Beschädigung oder die Überschreitung der Lieferfrist durch ein Verschulden des Verfügungsberechtigten, durch eine nicht vom Frachtführer verschuldete Weisung des Verfügungsberechtigten, durch besondere Mängel des Gutes oder durch Umstände verursacht worden sind, die der Frachtführer nicht vermeiden oder deren Folgen er nicht abwenden konnte. Für Fahrzeugmängel haftet der Frachtführer jedoch stets (Garantiehaftung). Schließlich definiert die CMR noch besondere Haftungsausschlussgründe, wenn sich bestimmte Risiken verwirklichen, die dem Frachtführer nicht zuzurechnen sind.

Die CMR legt Haftungshöchstgrenzen fest. Diese betragen für Güterschäden 8,33 Sonderziehungsrechte pro Kilogramm (Artikel 23 CMR). Die Tageskurse des Sonderziehungsrechtes des internationalen Währungsfonds werden regelmäßig in der Presse, insbesondere der Deutschen Verkehrs-Zeitung, veröffentlicht. Sie können auch bei Banken und Sparkassen erfragt werden.

Der Frachtführer haftet auch für Verspätungsschäden. Die CMR bestimmt keine zeitlich definierten Lieferfristen. Eine Überschreitung der Lieferfrist liegt nach Artikel 19 CMR vor, wenn zum einen die vereinbarte Zeitdauer der Beförderung, ansonsten die erforderliche überschritten wird. Für Schäden aus Lieferfristüberschreitung haftet der Frachtführer nur bis zur Höhe der Fracht.

Auf die in der CMR festgelegten Haftungshöchstsummen kann sich der Frachtführer bei vorsätzlichem oder dem Vorsatz gleichstehenden Verschuldens nicht berufen, Art. 29 CMR. Das dem Vorsatz gleichstehende Verschulden bestimmt sich nach dem ergänzend anwendbaren Recht, bei bundesdeutschem Recht nach § 435 HGB.

Reklamation

Nimmt der Empfänger das Gut ohne Vorbehalt an, wird bis zum Beweis des Gegenteils vermutet, dass der Empfänger das Gut in dem im Frachtbrief beschriebenen Zustand erhalten hat. Bei äußerlich erkennbaren Schäden müssen deshalb Vorbehalte bei Ablieferung des Gutes, bei äußerlich nicht erkennbaren Schäden spätestens 7 Tage nach Ablieferung schriftlich erfolgen.

Reklamationen wegen Lieferfristüberschreitung können bis zum 21. Tag nach der Ablieferung vom Empfänger gegenüber dem Frachtführer erfolgen.

Die Reklamation muss den Schaden spezifizieren, d.h. auf ein konkretes Schadensbild hinweisen. Ein allgemeiner, automatisch aufgedruckter Vorbehalt, z.B. ein Stempel mit dem Aufdruck „Annahme unter Vorbehalt" reicht nicht aus.

Verjährung

Ansprüche aus einer der CMR unterliegenden Beförderung verjähren nach einem Jahr, bei Vorsatz oder gleichstehendem Verschulden in 3 Jahren (Artikel 32 CMR). Die Verjährungsvorschrift der CMR erfasst dabei alle Ansprüche aus einer Beförderung, z.B. auch Vergütungsansprüche, die sich aus dem ergänzend anwendbaren nationalen Recht ergeben.

Mehrere Frachtführer

Wenn aufgrund eines Beförderungsvertrages die Beförderung von aufeinanderfolgenden Straßenfrachtführern durchgeführt wird, so haftet jeder von ihnen für die Ausführung der gesamten Beförderung. Jeder Frachtführer wird durch die Annahme des Gutes und des Frachtbriefes Vertragspartei nach den im Frachtbrief festgelegten Bedingungen. Der zweite und jeder folgende Frachtführer muss von dem vorangegangenen Frachtführer eine datierte und unterzeichnete Empfangsquittung übergeben und etwaige Vorbehalte sofort vermerken (Artikel 34 ff CMR).

Versicherung

Nach der CMR besteht für den Frachtführer keine Pflicht, seine CMR-Haftung zu versichern. Es besteht also keine Versicherungspflicht, wie sie für rein nationale Transporte nach § 7a GüKG vorgeschrieben ist. Allerdings ist jedem Unternehmer, der grenzüberschreitende Transporte nach der CMR durchführt, der Abschluss einer CMR-Versicherung dringend zu empfehlen. In der Praxis sehen die Frachtführer-Haftpflichtversicherungen ohnehin die Versicherung von HGB- und CMR-Transporten vor.

In der Regel kann davon ausgegangen werden, dass deutsche CMR-Frachtführer über einen ausreichenden Versicherungsschutz verfügen. Anders ist dies jedoch, wenn für grenzüberschreitende Transporte ausländische Frachtführer eingesetzt werden. Nicht in allen europäischen Staaten haben die dort üblichen Frachtführerhaftpflichtpolicen den Standard wie in der Bundesrepublik erreicht. Wenn überhaupt Versicherungsschutz besteht, ist dieser oft unzureichend.

Spediteure, die bei der Besorgung grenzüberschreitender Transporte ausländische Frachtführer einsetzen, decken deshalb oftmals eine sogenannte CMR-Fremdunternehmer-Police ein, um diese grenzüberschreitenden Transporte ausreichend zu versichern.

2.4 Wichtige Verordnungen der Europäischen Gemeinschaft

1. Gemeinschaftslizenzen

Der Zugang zum grenzüberschreitenden gewerblichen Güterkraftverkehr in der Europäischen Union ist in der Verordnung (EWG) Nr. 881/92 des Rates vom 26. März 1992 über den Zugang zum Güterkraftverkehrsmarkt in der Gemeinschaft für Beförderungen aus oder nach einem Mitgliedstaat oder durch einen oder mehrere Mitgliedstaaten (ABl. EG Nr. L 95 S. 1), zuletzt geändert durch Artikel 1 der verordnung (EG) Nr. 484/2002 vom 1. März 2002 (ABl. EG Nr. L 76 S. 1) geregelt.

Nachdem mit Ablauf des Jahres 1992 die zahlenmäßig beschränkten Gemeinschaftskontingente und die bilateralen Kontingente zwischen den EG-Mitgliedstaaten abgeschafft worden sind, wurde zum 1. Januar 1993 eine Marktzugangsregelung ohne mengenmäßige Beschränkungen eingeführt.

Zum grenzüberschreitenden Verkehr in der Europäischen Union ist jeder gewerbliche Güterkraftverkehrsunternehmer berechtigt,
– der in einem Mitgliedstaat niedergelassen ist und
– in diesem Mitgliedstaat nach den Berufszugangsregelungen der EU (Richtlinie 96/26 EG vom 29. April 1996 (ABl. EG Nr. L 124 S. 1), zuletzt geändert am 1. Oktober 1998 (ABl. EG Nr. L 277 S. 17) zum grenzüberschreitenden Güterkraftverkehr zugelassen ist. Er muss
  – zuverlässig sein,
  – die entsprechende finanzielle Leistungsfähigkeit besitzen und
  – die Voraussetzungen der fachlichen Eignung erfüllen.

Dem Unternehmer wird von der zuständigen Behörde des Staates, in dem er niedergelassen ist (in Deutschland die Landesverkehrsbehörden), eine Gemeinschaftslizenz erteilt. Sie wird für 5 Jahre auf den Namen des Transportunternehmers ausgestellt und kann nach Ablauf erneuert werden. Für jedes eingesetzte Fahrzeug wird dem Unternehmer eine beglaubigte Abschrift der Lizenz ausgehändigt.

Auf Grund des Abkommens der EU mit den EFTA-Staaten gelten die Gemeinschaftslizenzen auch in Island, Liechtenstein und Norwegen und werden auch an in diesen Staaten niedergelassene Unternehmer erteilt.

Einer Gemeinschaftslizenz bedürfen nicht Beförderungen u.a.

– im Werkverkehr,
– mit kleinen Fahrzeugen (zulässiges Gesamtgewicht bis 6 t oder zulässige Nutzlast bis 3,5 t – jeweils einschließlich Anhänger).

2. Fahrerbescheinigung

Durch die Verordnung (EG) Nr. 484/2002 vom 1. März 2002 (Abl. EG Nr. 76 S. 1) ist zum 19. März 2003 eine Fahrerbescheinigung eingeführt worden.

Anlass war die zunehmende illegale und missbräuchliche Beschäftigung von Fahrern aus Drittstaaten und die mangelhaften Prüfungsmöglichkeiten, ob die Fahrer aus Drittstatten rechtmäßig beschäftigt bzw. rechtmäßig dem für die Beförderung verantwortlichen Verkehrsunternehmer zur Verfügung gestellt werden.

Güterkraftverkehrsunternehmer aus allen EU-/EWR-Staaten, die Fahrer aus Staaten, die nicht der Europäischen Union bzw. dem Europäischen Wirtschaftsraum angehören (Drittstaaten), bei Beförderungen im grenzüberschreitenden Verkehr mit Gemeinschaftslizenzen oder im Kabotageverkehr einsetzen, müssen von der zuständigen Behörde des Staates ihrer Niederlassung für dieses Fahrpersonal Fahrerbescheinigungen ausstellen lassen. Darin wird bescheinigt, dass der Fahrer gemäß den Rechts- und Verwaltungsvorschriften und ggf. gemäß den Tarifverträgen dieses Staates beschäftigt wird, um dort Beförderungen im Güterkraftverkehr durchzuführen.

Diese Bescheinigungen sind im Kraftfahrzeug mitzuführen und bei Kontrollen vorzulegen.

Hinsichtlich der innerstaatlichen Regelung siehe §§ 7b und 7c GüKG.

2.5 Lkw-Maße und Gewichte in Europa

Stand	2004 B	2004 DK	2004 D	2004 F	2004 GR	2004 GB	2004 IRL	2004 I	2004 L	2004 NL	2004 E	2004 P	2004 SF	2004 A	2004 S
Höhe	4	4	4	*1	4	*1	4,25	4	4	4	4	4	4	4	*1
Breite	*1 2,55	*1 2,55	*1 2,55	*2 2,55	*1 2,55	*2 2,55	*1 2,55	*1 2,55	*1 2,55	*1 2,55	*1 2,55	*1 2,55	*1 2,55	*1 2,55	*2 2,6
Länge Einzelfahrzeug	12	12	12	12	12	12	12	12	12	12	12	12	12	12	*3
Länge Sattelkraftfahrzeug	*2 16,5	16,5	*2 16,5	*3 16,5	*2 16,5	*3 16,5	*2 16,5	*2 16,5	*2 16,5	*2 16,5	*2 16,5	*2 16,5	*2 16,5	*2 16,5	24
Länge Lastzug	*3 18,75	18,75	*3 18,75	*3 18,75	*4 18,75	*2 18,75	*3 18,75	*2 18,75	*2 18,75	*2 18,75	*2 18,75	*2 18,75	*2 18,75	*2 18,75	24
Gewichte Einzelachse	10	*2 10	10	10	10	10	10	12	10	10	10	10	*3 10	10	10
Antriebsachse	12	–	11,5	11,5	11,5	11,5	10,5	11,5	*3 11,5	11,5	11,5	12	11,5	11,5	11,5
Doppelachse	*4 16–20	*3 16–20	*4 11–20	*5 16–20	*3 11–20	*4 11–20	*3 11,5–20,34	*3 11,5–19	*4 19–20	*3 11–20	*3 11–19	*3 12–20	*4 16–20	*3 11–20	*4 11–20
Dreifachachse	*5 20–30	*4 22–24	*5 21/24	*6 21/24	*4 21–24	*5 21–24	*4 21–24	*4 21–26	*4 21–27	*5 21/24	*4 21/24	*4 21/24	*5 21–24	*4 21–24	*5 21–24
LKW 2 Achsen	19	18	18	18	18	*6 18	17	18	19	*5 18	18	19	18	18	*6 *7
3 Achsen	26	26	*6 25/26	*7 25	*5 25/26	*7 25–26	22,36–26	*5 25/26	26	*5 25	*5 25	*5 26	*6 25	*5 25	*6
4 Achsen	32	*5 32	32	32	33	*8 30	*6 32	32	32	*5	31	32	*7 32	32	*6 *7
Anhänger 2 Achsen	20	20	20	18	18	20	18	18	*6 18	*5	18	18	18	18	*6 *7
3 Achsen	30	24	24	24	25	*9 24	25	24	*7 24/30	*5	24	24	24	24	*6 *7
Sattelkraftfahrzeug mit 3 Achsen	29	–	28	28	32	*10 26	*7 25–26	25	–	*5	–	29	–	–	*6 *7
4 Achsen	39	38	*7 36	36	36	*11 36	35	40	39	*5	36	36	–	*6 *7 38	*6 *7
5 und mehr Achsen	44	*6 42	*8 40	*8 40	*6 40	*12 *13 40	*8 38/40	*5 44	44	*5	40	40	*5 40	*8 39	*6 *7
Lastzug mit 4 Achsen	39	38	*8 36	36	36	36	35	40	39	*5	36	37	40	*7 40	*6 *7
Lastzug mit 5- und mehr Achsen	44	*6 42	*9 40	40	40	*10 40	*9 40	44	44	*5	40	40	40	*7 40	*6 *7

Zeichenerklärung
Belgien (B)
*1	Lkw mit zGG. über 10 t (bis 2006) und Kühlfahrzeuge	= 2,6 m
*2	Voraussetzung ist die Einhaltung bestimmter Teillängen (siehe Deutschland).	
*3	Voraussetzung ist die Einhaltung bestimmter Teillängen (siehe Deutschland).	
*4	Doppelachse (1 oder 2 Antriebsachsen)	
	Achsabstand > 1,0 m < 1,3 m	= 19 t
	Achsabstand ≥ 1,3 m < 1,8 m	= 20 t
	Doppelachse (Tragachse)	
	Achsabstand > 1,0 m < 1,2 m	= 16 t
	ausgerüstet mit Luftfederung	= 17 t
	Achsabstand ≥ 1,2 m < 1,3 m	= 17 t
	ausgerüstet mit Luftfederung	= 18 t
	Achsabstand ≥ 1,3 m < 1,8 m	= 18 t
	ausgerüstet mit Luftfederung	= 20 t
	Achsabstand ≥ 1,8 m	= 20 t
*5	Achsabstand > 1,0 m < 1,14 m	= 20 t
	ausgerüstet mit Luftfederung	= 22 t
	Achsabstand ≥ 1,14 m < 1,3 m	= 21 t
	ausgerüstet mit Luftfederung	= 24 t
	Achsabstand ≥ 1,3 m < 1,8 m	= 24 t
	ausgerüstet mit Luftfederung	= 27 t
	Achsabstand ≥ 1,8 m	= 30 t

Bei Fahrzeugen die mit einem Retarder ausgerüstet sind, darf die zul. Gesamtmasse entsprechend der Masse des Retarders max. 500 kg überschreiten.

Dänemark (DK)
*1	Für Kühlfahrzeuge 2,6 m	
*2	Im grenzüberschreitenden Verkehr 11,5 t für 5- und 6-achsige Fahrzeuge (max. zGG. 40 t im Kombi-Verkehr bei 40-Fuß-Container 44 t)	
*3	Achsabstand 1–2 m	= 16 t
	Achsabstand über 2 m	= 20 t
*4	Achsabstand 1–1,3 m	= 22 t
	Achsabstand über 1,3–2 m	= 24 t
*5	Einschl. 2 gelenkten Vorderachsen sonst 29,5 t	
*6	Sattelkraftfahrzeug oder Lastzug mit	
	5 Achsen	= 44 t
	6 Achsen	= 48 t

Deutschland (D)
*1	Kühlfahrzeugaufbauten	= 2,6 m
*2	Nur wenn die höchstzulässigen Teillängen des Sattelanhängers a) Achse Zugsattelzapfen bis zur hinteren Begrenzung 12 m und b) vorderer Überhangradius 2,04 m nicht überschritten werden.	
	Alle übrigen 15,5 m	

*3 Nur bei Zügen, die folgende Maße nicht überschreiten:
Größter Abstand zwischen dem vorderen Punkt der Ladefläche hinter dem Führerhaus des Lkw und dem hinteren Punkt der Ladefläche des Anhängers, der Fahrzeug-Kombination, abzüglich des Abstandes zwischen Motorwagen und Anhänger = 15,65 m (incl. Abstand max. 16,40 m)
Alle anderen Züge = 18 m

*4	Achsabstand < als 1 m Kfz	= 11,5 t
	Achsabstand < 1 m Anhänger	= 11 t
	Achsabstand 1 m < als 1,3 m	= 16 t
	Achsabstand 1,3 m < 1,8 m	= 18 t
	Kfz mit besonderer Federung (Luftfederung o.ä.)	= 19 t
	Achsabstand ≥ 1,8 m bei Anhängern	= 20 t
*5	Achsabstände ≤ 1,3 m	= 21 t
	Achsabstände > 1,3 ≤ 1,4 m	= 24 t
*6	Kfz mit besonderer Federung (Luftfederung o.ä.)	= 26 t
*7	Achsabstand des zweiachsigen Sattelanhängers > 1,8 m und Antriebsachse des Kfz mit Doppelbereifung und Luftfederung	= 38 t
*8	Lastzug mit 3 Achsen	= 28 t
*9	Im Kombinierten Verkehr mit ISO-Container von 40 Fuß	= 44 t

Frankreich (F)

*1	Nicht festgelegt. Der Transportunternehmer ist für alle Schäden verantwortlich, die von einem Fahrzeug mit einer Höhe von mehr als 4 m verursacht werden.	
*2	Eine 2%ige Toleranz für Fahrzeuge mit festen Wänden zulässig Kühlfahrzeuge mit Aufbauten von mindestens 45 mm Wanddicke	= 2,6 m
*3	Voraussetzung ist die Einhaltung bestimmter Teillängen (siehe Deutschland)	
*4	Voraussetzung ist die Einhaltung bestimmter Teillängen (siehe Deutschland) Bei Pkw-Transporten darf die Ladung um max. 1,6 m nach hinten hinausragen	
*5	Achsabstand ≥ 1 m < 1,3 m	= 16 t
	Achsabstand ≥ 1,3 m < 1,8 m	= 18 t
	Antriebsachse mit Doppelbereifung und Luftfederung	= 19 t
	Achsabstand ≥ 1,8 m	= 20 t
*6	Achsabstand ≤ 1,3 m	= 21 t
	Achsabstand > 1,3 m–1,4 m	= 24 t
*7	Fahrzeug mit besonderer Federung	= 26 t
*8	Im Kombi-Verkehr mit ISO-Container von 40 Fuß	= 44 t

Griechenland (GR)

*1	Kühlfahrzeuge	= 2,6 m
*2	Voraussetzung ist die Einhaltung bestimmter Teillängen (siehe Deutschland)	
*3	Achsabstand < 1 m – Kfz	= 11,5 t
	Achsabstand < 1 m – Anhänger	= 11 t
	Achsabstand ≥ 1 m < 1,3 m – Kfz und Anhänger	= 16 t
	Achsabstand ≥ 1,3 < 1,8 m – Kfz und Anhänger	= 18 t
	Achsabstand 1,8 ≥ m – Anhänger	= 20 t
	Kfz-Antriebsachse mit Doppelbereifung und Luftfederung	= 19 t

*4	Achsabstand ≤ 1,3 m	= 21 t
	Achsabstand > 1,3 m ≤ 1,4 m	= 24 t
*5	Antriebsachse mit Doppelbereifung und Luftfederung o.ä.	= 26 t
*6	3-achsige Zugmaschine mit 2- oder 3-achsigem Sattelanhänger zur Beförderung von 40 Fuß – ISO-Container im Kombinierten Verkehr	= 44 t

Großbritannien (GB)

*1	Die Höhe ist beschränkt auf die freie Durchfahrtshöhe von Tunneln usw. Der Fahrzeugführer ist verantwortlich für Schäden, die durch höhere Fahrzeuge verursacht werden.	
*2	Kühlfahrzeuge	= 2,6 m
*3	Voraussetzung ist die Einrichtung bestimmter Teillängen (siehe Deutschland).	
*4	Je nach Achsabstand (siehe Griechenland)	
*5.	Achsabstand ≤ 1,3 m	= 21 t
	Achsabstand > 1,3 m	= 24 t
*6	Achsabstand der äußeren Achsen mind. 3 m	= 18 t
*7	Achsabstand der äußeren Achsen > 4,55 m	= 25 t
	Achsabstand der äußeren Achsen > 4,7 m bei Fahrzeugen mit Doppelbereifung und Luftfederung	= 26 t
*8	Achsabstand der äußeren Achsen > 6 m	= 30 t
	Mit Doppelbereifung und Luftfederung u. Abstand äußere Achse mind. 6,4 m	= 32 t
*9	3 Achsen Abstand der äußeren Achsen ≥ 4,8 m	= 24 t
*10	Abstand zwischen dem Königszapfen und der letzten Achse des Aufliegers ≥ 4,70 m	
*11	Abstand zwischen dem Königszapfen und der letzten Achse des Aufliegers ≥ 6,90 m	
*12	Bei 6 Achsen, Achslast und Antriebsachse ≤ 10,5 t Lkw Euro 2 Motor	= 44 t
*13	Mit 5 Achsen zur Beförderung von 40 Fuß ISO Container im grenzüberschreitenden Verkehr	= 44 t

Irland (IRL)

*1	Kühlfahrzeuge	= 2,6 m
*2	Bei Einhaltung bestimmter Teillängen (siehe Deutschland)	
*3	Achsabstand < 1 m	= 11,5 t
	Achsabstand ≥1 m < 1,3 m	= 16,0 t
	Achsabstand ≥ 1,3 m	= 18,0 t
	Achsabstand ≥ 1,3 m bei Doppelbereifung und Luftfederung	= 20,0 t
	Achsabstand ≥ 1,3 m bei Doppelbereifung und Luftfederung (Motorwagen)	= 19,0 t
*4	Achsabstand < 1,3 m	= 21 t
	Achsabstand ≥ 1,3 m	= 22,5 t
	mit Luftfederung an jeder Achse	= 24 t
*5	Achsabstand ≤ 4,60 m	= 22,36 t
	Achsabstand > 4,60 m	= 25 t
	Abtriebsachse mit Doppelbereifung und Luftfederung, Achsabstand > 4,90 m	= 26 t
*6	Antriebsachse mit Doppelbereifung und Luftfederung	= 32 t
*7	Doppelbereifung mit Luftfederung	= 26 t
*8	2-achsige Zugmaschine und 3-achsiger Sattelanhänger	= 38 t
	mit Luftfederung	= 40 t
	3-achsige Zugmaschine mit 2- oder 3-achsigem Sattelanhänger	= 40 t

*9 Sattelzug und Lastzüge mit 6 Achsen, Luftfederung, Doppelbereifung und Antiblockiersystem im Kombi-Verkehr Schiene/Straße = 44 t

Italien (I)

*1 Kühlfahrzeuge = 2,6 m
*2 Bei Einhaltung bestimmter Teillängen (siehe Deutschland)
*3 Achsabstand < 1,0 m = 11,5 t
    Achsabstand ≥ 1,0 m und < 1,3 m = 16 t
    Achsabstand ≥ 1,3 und < 1,8 m = 18 t
    Bei Antriebsachse mit Doppelbereifung und Luftfederung = 19 t
    Bei Anhänger Achsabstand ≥ 1,8 m = 19 t
*4 Achsabstand ≤ 1,3 m = 21 t
    Achsabstand > 1,3 m ≤ 1,4 m = 24 t
*5 Antriebsachsen mit Doppelbereifung und Luftfederung = 26 t
*6 Mit 3-achsiger Zugmaschine und 2- oder mehrachsigen Sattelanhänger für den Transport von 40 Fuß ISO-Containern = 44 t

Luxemburg (L)

*1 Kühlfahrzeuge = 2,6 m
*2 Bei Einhaltung bestimmter Teillängen (siehe Deutschland)
*3 Bei Luftfederung = 12 t
*4 Achsabstand ≥ 1 m und < 1,3 m = 19 t
    Achsabstand ≥ 1,3 und < 1,8 m = 20 t
*5 Achsabstand ≥ 1,0 m bis ≤ 1,3 m = 21 t
    Achsabstand > 1,3 bis < 1,8 m = 24 t
    mit Luftfederung = 27 t
*6 Anhänger mit Luftfederung = 20 t
*7 Mit 3 oder mehr Achsen (Blattfederung) = 24 t
    Mit 3 oder mehr Achsen (Luftfederung) = 30 t

Niederlande (NL)

*1 Lkw mit zGG über 10 t und Kühlfahrzeuge = 2,6 m
*2 Bei Einhaltung bestimmter Teillängen (siehe Deutschland)
*3 Achsabstand < 1,0 m = 11 t
    Achsabstand ≥ 1,0 – < 1,3 m = 16 t
    Achsabstand ≥ 1,3 m – < 1,8 m = 18 t
    Achsabstand ≥ 1,8 m = 20 t
*4 Achsabstand ≤ 1,3 m = 21 t
    Achsabstand > 1,3 m bis < 1,8 m = 24 t
*5 Das höchstzulässige Gesamtgewicht wird durch die Achslasten der einzelnen Fahrzeuge bestimmt und beträgt max. = 50 t

Spanien (E)

*1 Kühlfahrzeuge = 2,6 m
*2 Bei Einhaltung bestimmter Teillängen (siehe Deutschland)

*3	Achsabstand < 1 m (Zugfahrzeug)	= 11,5 t
	Achsabstand < 1 m Anhänger, Sattelanhänger	= 11 t
	Achsabstand ≥ 1 m bis < 1,3 m	= 16 t
	Achsabstand > 1,3 m bis < 1,8 m	= 18 t
	bei Doppelbereifung und Luftfederung	= 19 t
*4	Achsabstand ≤ 1,3 m	= 21 t
	Achsabstand > 1,3 m ≤ 1,4 m	= 24 t
*5	Bei Doppelbereifung und Luftfederung	= 26 t
*6	Kombi-Verkehr Schiene/Straße 40 Fuß ISO Container Sattelkraftfahrzeug (3-achsige Zugmaschine oder 2- oder 3-achsiger Anhänger)	= 44 t

Portugal (P)

*1	Kühlfahrzeuge	= 2,6 m
*2	Bei Einhaltung bestimmter Teillängen (siehe Deutschland)	
*3	Achsabstand bis 1 m	= 12 t
	Achsabstand von 1,0 m–1,29 m	= 17 t
	Achsabstand von 1,30 m–1,79 m	= 19 t
	Achsabstand von 1,8 m und mehr	= 20 t
*4	Achsabstand zwischen den äußeren Achsen bis 2,6 m	= 21 t
	Achsabstand zwischen den äußeren Achsen von 2,61 m–2,8 m	= 24 t
*5	Antriebsachse mit Doppelbereifung und Luftfederung	= 26 t
*6	Bei Beförderung von 40 Fuß Containern (ISO) im Kombi-Verkehr Schiene/Straße Binnenschiff/Straße	= 44 t

Finnland (SF)

*1	Kühlfahrzeuge	= 2,6 m
*2	Bei Einhaltung bestimmter Teillängen (siehe Deutschland)	
*3	Gilt nur bei Zwilligsbereifung, bei Einzelbereifung	
	Anhänger/Sattelanhänger	= 9 t
	Lkw	= 8 t
*4	Achsabstand < 1,3 m	= 16 t
	Achsabstand ≥ 1,3 m < 1,8 m	= 18 t
	Bei Lkw mit Luftfederung	= 19 t
	Achsabstand ≥ 1,8 m nur für Anhänger/Sattelanhänger	= 20 t
*5	Achsabstand < 1,3 m	= 21 t
	Achsabstand ≥ 1,3 m	= 24 t
*6	Mit Luftfederung	= 26 t
*7	Mit 5 Achsen	= 38 t
*8	Bei Beförderung von 40-Fuß-Containern (ISO) im Kombi-Verkehr Schiene/Straße Binnenschiff/Straße	= 44 t

Österreich (A)

*1	Kühlfahrzeuge	= 2,6 m
*2	Bei Einhaltung bestimmter Teillängen (siehe Deutschland)	
*3	Achsabstand bei Kfz < 1 m	= 11,5 t

	Achsabstand bei Anhänger < 1 m	= 11 t
	Achsabstand ≥ 1 m bis < 1,3 m Kfz und Anhänger	= 16 t
	Achsabstand ≥ 1,3 m < 1,8 m Kfz und Anhänger	= 18 t
	Kfz, deren Antriebsachse mit Doppelbereifung und Luftfederung ausgerüstet ist	= 19 t
	Achsabstand ≥ 1,8 m nur bei Anhängern	= 20 t
*4	Achsabstand ≤ 1,3 m	= 21 t
	Achsabstand > 1,3 m ≤ 1,4 m	= 24 t
*5	Bei Doppelbereifung der Antriebsachse und Luftfederung	= 26 t
*6	Im Vor- oder Nachlauf mit kranbaren Sattelanhängern	= 39 t
	Im Vor- oder Nachlauf mit Containern und Wechselaufbauten	= 42 t
*7	40 t gilt nur für die Fahrzeuge, die in einem EU-Staat zugelassen sind oder Verkehrsabkommen mit anderen Staaten bestehen, sonst gilt	= 38 t

Schweden (S)

*1	Nicht festgelegt	
*2	Ragt die Ladung mehr als 20 cm über die Fz.-Breite hinaus, ist eine Ausnahmegenehmigung erforderlich, auch wenn die Breite von 2,6 m nicht überschritten wird.	
*3	Nicht festgelegt max.	= 24 m
*4	Kfz < 1 m	= 11,5 t
	Kfz ≥ 1 m < 3 m	= 16 t
	Kfz ≥ 1,3 m < 1,8 m	= 18 t
	Antriebsachse mit Doppelbereifung und Luftfederung	= 19 t
	Anhänger < 1 m	= 11 t
	Anhänger ≥ 1 m < 1,8 m	= 16 t
	Anhänger ≥ 1,8 m	= 20 t
*5	Abstand zwischen den äußeren Achsen < 2,6 m	= 21 t
	Abstand zwischen den äußeren Achsen ≥ 2,6 m	= 24 t
*6	Die Ermittlung des höchstzulässigen Gesamtgewichtes der Fahrzeuge richtet sich nach einer Tabelle, in der die höchstzulässigen Gesamtgewichte abhängig zu den Achsabständen aufgeführt sind. Entsprechend der Tabelle sind auf Nationalstraßen folgende Gewichte möglich:	
	1. Ordnung (BK 1 Straßen)	max. Gesamtgewicht von 56,0 t
	2. Ordnung (BK 2 Straßen)	max. Gesamtgewicht von 51,4 t
*7	Auf den BK 1 Straßen gelten für den internationalen Verkehr in Anlehnung an die EU-Norm entsprechende Maße und Gewichte (siehe Deutschland).	

Lkw-Maße und Gewichte in Europa

Stand	2004 BG	2004 YU	2004 N	2004 PL	2004 CH	2004 CZ	2004 TR	2004 H	2004 RO	2004 BIH
Höhe	4	4	4	4	4	4	4	4	4	4
Breite	*1 2,5	2,5	*1 2,55	*1 2,55	*1 2,55	*1 2,55	*1 2,55	*1 2,5	*1 2,55	*1 2,5
Länge Einzelfahrzeug	12	*1 10–12	12	12	12	12	12	12	12	*2 10–12
Länge Sattelkraftfahrzeug	16,5	16,5	*2 16,5	16,5	16,5	*2 16,5	16	16,5	16,5	16,5
Länge Lastzug	18,75	18	*3	18,75	18,75	*2 18,75	18,75	18,75	18,75	18,35
Gewichte Einzelachse	*2 10	10	*4 8	10	10	10	10	10	*2 –	10
Antriebsachse	*2 11,5	–	*4 11,5	–	11,5	11,5	11,5	*2 10	*2 –	–
Doppelachse	*3 10,4–20	*2 16	*4 12	*2 –	*2 11–20	*3 10–20	*2 11,5–20	*3 10–16	*2 –	*3 16
Dreifachachse	*4 21–24	24	*4 18	*2 –	*3 21–24	*4 21–24	*3 21–24	*4 22/24	*2 –	–
Lkw 2 Achsen	16	18	*4 –	16	18	18	18	20	*3 –	18
3 Achsen	*5 25–26	24	*4 –	24	*4 25	*5 25	26	24	*3 –	24
4 Achsen	32	32	*4 –	24	32	32	32	30	*3 –	32
Anhänger 2 Achsen	18	18	*4 –	16	*5 18	18	18	20	*3 –	20
3 Achsen	24	22	*4 –	24	24	24	28	24	*3 –	26
Sattelkraftfahrzeug 3 Achsen	–	26	*5 –	32	34	–	28	28	*4 –	26
4 Achsen	36	32	*5 –	32	34	38	36	36	*4 –	32
5 und mehr Achsen	*6 40	40	*5 –	*3 42	*6 34	*6 42–44	*4 40	40	*4 –	40
Lastzug 3 Achsen	–	–	*5 –	–	–	–	–	–	*5 –	–
4 Achsen	36	36	*5 –	32	*6 34	38	36	36	*5 –	36
5 oder mehr Achsen	40	40	*5 –	42	*6 34	*6 42–44	40	40	*5 –	40

Zeichenerklärung
Bulgarien (BG)

*1	Bei Kühlfahrzeugen		= 2,6 m
*2	Gilt nur auf E-Straßen, auf allen anderen Straßen	Einzelachse	= 8 t
		Einzelachse angetrieben	= 10 t

*3 Auf ausgebauten und übergeordneten Straßen

Motorfahrzeuge
- Achsabstand ≤ 0,99 m = 11,5 t
- Achsabstand ≥ 1,00 m < 1,30 m = 16 t
- Achsabstand ≥ 1,30 m ≤ 1,79 m = 18 t
- Antriebsachse mit Doppelbereifung und Luftfederung = 19 t

Anhänger und Sattelanhänger
- Achsabstand ≤ 0,99 m = 11 t
- Achsabstand ≥ 1,00 m < 1,30 m = 16 t
- Achsabstand ≥ 1,30 m ≤ 1,79 m = 18 t
- Achsabstand ≥ 1,80 m = 20 t

Auf anderen Straßen:

Motorfahrzeuge und Anhänger bzw. Sattelanhänger
- Achsabstand ≤ 1,30 m = 6,5 t
- Achsabstand ≥ 1,31 m ≤ 1,40 m = 8 t
- Achsabstand ≥ 1,41 m ≤ 2 m = 9 t
- Achsabstand ≥ 2 m = 10 t

*4
- Achsabstand ≤ 1,30 m = 21 t
- Achsabstand ≥ 1,31 m ≤ 1,40 m = 24 t

*5 Doppelbereifung und Luftfederung = 26 t
*6 Bei Beförderung von ISO-Norm Containern = 44 t

Serbien und Montenegro (YU)

*1 Für Lkw und Anhänger mit 2 Achsen = 10 m
Lkw und Anhänger mit 3 oder 4 Achsen = 12 m
*2 Bei Achsabstand von weniger als 2 m und Belastung der Einzelachse mit max. = 10 t

Norwegen (N)

*1 Bei Kühlfahrzeugen = 2,6 m
*2 Die höchstzulässige Länge ist abhängig von der jeweiligen Kategorie der Straßen

Sattel-Kfz je nach Straßenkategorie = 12,4 m
 = 13 m
 = 16,5 m

Lastzug je nach Straßenkategorie = 12 m
 = 15 m
 =18,75 m

*3 Nachstehende Angaben beschränken sich auf einen Teil der wichtigsten Bundesstraßen, hauptsächlich rund um Oslo (bis 120 km)
mit Einzelachse = 10 t
mit Antriebsachse = 11,5 t

mit Doppelachse	= 18 t
mit Dreifachachse	= 24 t

*4 Auch hinsichtlich des zGG. gelten auf den verschiedenen Straßenkatagorien unterschiedliche Vorschriften. Das höchstzulässige Gesamtgewicht kann bis zu 50 t betragen.

Polen (PL)

*1 Bei Kühlfahrzeugen	= 2,6 m
*2 Doppelachse, Dreifachachse je Achse	
– Achsabstand ≤ 1,10 m	= 5,75 t
– Achsabstand > 1,1 m ≤ 1,2 m	= 6,50 t
– Achsabstand > 1,2 m ≤ 1,3 m	= 7,25 t
– Achsabstand > als 1,3 m	= 8 t
*3 Sattel-Kfz mit 6 Achsen zur Beförderung von 40 Fuß-ISO-Containern im Kombi-Verkehr	= 44 t

Schweiz (CH)

*1 Bei Kühlfahrzeugen	= 2,6 m
*2 Motorfahrzeuge	
– Abstand < 1 m	= 11,5 t
– Abstand ≥ 1 m < 1,3 m	= 16 t
– Abstand ≥ 1,3 m und < 1,8 m	= 18 t
– (Bei Doppelbereifung und Luftfederung)	= 19 t
Anhänger und Sattelanhänger	
– Achsabstand < 1 m	= 11,5 t
– Achsabstand ≥ 1 m und < 1,3 m	= 16 t
– Achsabstand ≥ 1,3 und < 1,8 m	= 18 t
– Achsabstand ≥ 1,8 m	= 20 t
*3 Dreifachachse	
– Achsabstände ≤ 1,3 m	= 21 t
– Achsabstände > 1,3 m	= 24 t
*4 Mit Doppelbereifung und Luftfederung	= 26 t
*5 Anhänger mit 1 Achse	= 10 t
*6 Mit Sondergenehmigung bzw. Kombi-Verkehr	= 40 t
	= 44 t

Tschechische Republik (CZ)

*1 Bei Kühlfahrzeugen	= 2,6 m
*2 Bei Einhaltung bestimmter Teillängen (siehe Deutschland)	
*3 Kfz-Achsabstand < 1 m	= 11,5 t
Anhänger-Achsabstand < 1 m	= 11 t
Kfz und Anhänger Achsabstand ≥ 1 m < 1,3 m	= 16 t
Kfz und Anhänger Achsabstand ≥ 1,3 m < 1,8 m	= 18 t
Kfz Doppelachse und Luftfederung	= 19 t
Anhänger > 1,8 m	= 20 t
*4 Achsabstand ≤ 1,3 m	= 21 t
Achsabstand > 1,3 m ≤ 1,4 m	= 24 t

*5	Doppelbereifung und Luftfederung	= 26 t
*6	Zugfahrzeug 2-achsig, Sattelanhänger oder Anhänger 3-achsig	= 42 t
	Zugfahrzeug 3-achsig, Sattelanhänger oder Anhänger 2- oder 3-achsig	= 44 t
	Kombi-Verkehr ISO 40 Fuß-Container	= 48 t
	Lastzug mit 6 Achsen bei Doppelbereifung und Luftfederung	= 48 t

Türkei (TR)

*1	Bei Kühlfahrzeugen	= 2,6 m
*2	Kfz < 1 m	= 11,5 t
	Anhänger < 1 m	= 11 t
	Kfz und Anhänger ≥ 1 m < 1,3 m	= 16 t
	Kfz und Anhänger ≥ 1,3 m < 1,8 m	= 18 t
	Kfz mit Luftfederung ≥ 1,3 m < 1,8 m	= 19 t
	Anhänger ≥ 1,8 m	= 20 t
*3	Achsabstand ≤ 1,3 m	= 21 t
	Achsabstand > 1,3 m ≤ 1,4 m	= 24 t
*4	40 Fuß ISO-Container	= 44 t

Ungarn (H)

*1	Bei Kühlfahrzeugen	= 2,6 m
*2	Mit Doppelbereifung und Luftfederung	= 11 t
*3	Achsabstand < 1 m	= 10 t
	Achsabstand ≥ 1 m < 2 m	= 16 t
*4	Abstand zwischen den äußeren Achsen ≤ 2,6 m	= 22 t
	Achsabstand zwischen den äußeren Achsen > 2,6 m	= 24 t

Rumänien (RO)

*1 Bei Kühlfahrzeugen = 2,6 m

*2 Es werden 4 Straßenkategorien unterschieden:

	Erneuerte Eur.-Str.	Norm. E-Str.	modernisierte Eur.-Str.	nicht asphaltierte Str.
Einzelachse	11 t	10 t	8 t	7,5 t
Auftriebsachse	11,5 t	10 t	9 t	8 t
Doppelachse eines Lkw				
Achsabstand < 1 m	11,5 t	10 t	10 t	10 t
Achsabstand ≥ 1 m < 1,30 m	16 t	15 t	14 t	13 t
Bei Doppelbereifung und Luftfederung			15 t	
Achsabstand ≥ 1,30 m < 1,80 m	18 t	17 t	16 t	15 t
Bei Doppelbereifung und Luftfederung	19 t	18 t		
Doppelachse eines Anhängers/Sattelanhängers				
Achsabstand < 1 m	11 t	11 t	11 t	11 t
Achsabstand ≥ 1 m < 1,30 m	16 t	16 t	15 t	14 t
Achsabstand ≥ 1,30 m < 1,80 m	18 t	17 t	16 t	15 t
Achsabstand ≥ 1,80 m	20 t	20 t	16 t	15 t
Tridemachse eines Anhängers/Sattelanhängers				

Lkw-Maße und Gewichte in Europa

Stand	2004 AL	2004 BY	2004 EST	2004 HR	2004 LV	2004 LT	2004 MAZ	2004 MD	2004 RUS	2004 SK	2004 SLO	2004 UA
Höhe	4	4	4	4	4	4	4	4	4	4	4	4
Breite	*1 2,55	*1 2,55	*1 2,55	*1 2,5	*1 2,5	*1 2,5	2,5	2,5	2,55	*1 2,55	*1 2,5	2,5
Länge Einzelfahrzeug	12	12	12	12	12	12	*1 10–12	12	*1 12	12	12	12
Länge Sattelkraftfahrzeug	16,5	20	*2 16,5	16,5	16,5	16,5	16,5	20	20	*2 16,5	16,5	20
Länge Lastzug	18,35	20	*2 18,75	18,35	18,35	18,35	18	20	20	18,75	18,75	20
Gewichte Einzelachse	10	*2 10	10	10	10	10	10	10	10	10	10	10
Antriebsachse	–	–	11,5	11,5	10	*2 11,5	10	10	10	11,5	11,5	10
Doppelachse	12	*3 11–19	*3 11,5–20	16	*2 15–18	*3 11,5–20	*2 10–16	16	*2 12–20	*3 11,5–18	*2 11,5–18	*1 16
Dreifachachse	18	*4 10,8–24	*4 21–24	–	20–24	*3 21–24	*4 24	*3 22	16,5–30	*3 21–24	*4 21–24	*3 22	*2
Lkw 2 Achsen	18	*5 18	18	18	18	18	16	–	18	18	18	–
3 Achsen	25	*5 24	25	24	25	*5 25	22	–	25	*5 25	25	–
4 Achsen	–	*5 25	32	32	36	*6 31	–	–	30	*6 32	32	–
Anhänger 2 Achsen	–	*5 18	18	18	20	18	18	16	–	–	18	18	–
3 Achsen	22	*5 24	24	26	24	24	24	–	–	24	25	–
Sattelkraftfahrzeug 3 Achsen	26	–	28	26	–	–	–	–	28	40	–	–
4 Achsen	32	*5 36	36	32	40	36–38	36	36	36	40	–	38
5 und mehr Achsen	38	*5 38	*5 40	40	40	*7 40	40	36	36	*7 40	*4 40	38
Lastzug 3 Achsen	–	–	–	–	–	–	–	–	28	40	–	–
4 Achsen	40	*5 36	36	36	36	36	32	–	36	40	–	38
5 oder mehr Achsen	44	*5 38	40	40	40	40	40	36	38	*7 40	40	36

Lkw/Anhänger mit 2 Achsen					
– Achsabstand < 4 m			16 t	16 t	
– Achsabstand ≥ 4 m			18/17 t	17 t	
Lkw/Anhänger mit 3 Achsen		24/22 t	22 t		Kategorie
Lkw mit 4 Achsen		30 t	24 t		3 + 4
Sattel-Kfz	mit 3 Achsen	30 t	30 t		wie
	mit 4 Achsen	34 t	34 t	27 t	normale
	mit 5 Achsen und mehr	40 t	40 t		E-Straße
Lastzug	mit 4 Achsen	34 t	34 t		
	mit 5 Achsen oder mehr	40 t	40 t		

Bosnien-Herzegowina (BIH)

*1 Bei Kühlfahrzeugen   = 2,6 m
*2 Lkw mit 2 Achsen   = 11 m
    Anhänger mit 2 Achsen   = 10 m
    Lkw und Anhänger mit 3 und mehr Achsen   = 12 m
*3 Nur bei Achsabstand von < als 2 m und keine Achse
    mehr als 10 t

---

[1] Eine Achse gilt als Einzelachse, wenn der Abstand zur nächsten Achse > 2,50 m ist.
[2] Die Angaben beziehen sich auf die Straße der Kategorien 1 bis III und IV, soweit letztere für Achslasten von 10 t zugelassen sind. Die Werte in Klammern gelten auf den Straßen der Kategorien IV und V mit einer Achslastbeschränkung von 6 t.

Zeichenerklärung

Albanien (AL)

*1 Bei Kühlfahrzeugen   = 2,6 m

Weißrußland – Belarus (BY)

*1 Bei Kühlfahrzeugen   = 2,6 m

Die nachstehenden Angaben beziehen sich auf die Straße der Kategorien I–III
Die Werte in Klammern gelten auf der Straße der Kategorie IV und V

		Doppelbereifung			Einzelbereifung		
*2	Einzelachse¹	10	(6)	t	9	(5,5)	t
*3	Doppelachse						
	Achsabstand < 1,0 m	12	(9)	t	11	(8)	t
	Achsabstand ≥ 1,0 m < 1,3 m	14	(10)	t	13	(9)	t
	Achsabstand ≥ 1,3 m < 1,8 m	16	(11)	t	15	(10)	t
	Achsabstand ≥ 1,8 m ≤ 2,5 m	18	(12)	t	17	(10,5)	t
	mit Luftfederung	19	(12,6)	t	18	(10,6)	t
*4	Tridemachse mit Anhängern/Sattelanhängern						
	Achsabstand < 1,0 m	16,5	(12)	t	15	(10,8)	t
	Achsabstand ≥ 1,0 m < 1,3 m	19,5	(13,5)	t	18,3	(12)	t
	Achsabstand ≥ 1,3 m < 1,8 m	22,5	(15)	t	21	(13,5)	t
	Achsabstand ≥ 1,8 m ≤ 2,5 m	25,5	(16,5)	t	24	(15)	t
	Achsen von Anhängern/Sattelanhängern mit mehr als 3 Achsen						
	Achsabstand < 1,0 m	5,5	(4)	t	5	(3,6)	t
	Achsabstand ≥ 1,0 m < 1,3 m	6,5	(4,5)	t	6,1	(4)	t
	Achsabstand ≥ 1,3 m < 1,8 m	7,5	(4)	t	7	(4,5)	t
	Achsabstand ≥ 1,8 m ≤ 2,5 m	8	(5,5)	t	7,5	(5)	t

Ist eine Achse mit 4 oder mehr Doppel- oder Einzelreifen
ausgestattet bei einem Achsabstand von > 0,7 m = Gewicht max. je Achse:

	Doppelachse			Tridemachse		
Achsabstand < 1,0 m	20	(12)	t	27	(17,5)	t
Achsabstand ≥ 1,0 m < 1,3 m	22	(14)	t	30	(18)	t
Achsabstand ≥ 1,3 m < 1,8 m	25	(16)	t	34,5	(22,5)	t
Achsabstand ≥ 1,8 m ≤ 2,5 m	29	(18)	t	39	(25,5)	t

*5 Zulässiges Gesamtgewicht²

Lkw/Anhänger mit 2 Achsen	18	(12)	t
Lkw/Anhänger mit 3 Achsen	24	(16)	t
wenn die Antriebsachse mit Doppelbereifung und Luftfederung ausgestattet ist	25	(16,5)	t
Lkw mit 4 Achsen (2 Antriebsachsen), wenn jede Antriebsachse mit Doppelbereifung und Luftfederung ausgestattet ist	32	(23)	t
Sattelkfz mit 4 Achsen (2+2)			
Achsabstand des Sattelanhängers > 1,3 m ≤ 1,8 m	36	(24)	t
Achsabstand des Sattelanhängers > 1,8 m	38	(28,5)	t

Sattelkfz mit 5 oder 6 Achsen (2+3, 3+2, 3+3)		38	(28,5) t
Lastzug mit 4 Achsen		36	(24) t
Lastzug mit mehr als 4 Achsen		38	(28,5) t

Einhaltung der zulässigen Maße und Gewichte wird streng kontrolliert.

Estland (EST)

*1 Kühlfahrzeuge = 2,6 m
*2 Gilt bei Einhaltung bestimmter Teillängen (siehe Deutschland)
*3 Doppelachse mit Kraftfahrzeugen
    Achsabstand < 1,0 m = 11,5 t
    Achsabstand $\geq$ 1,0 m < 1,3 m = 16 t
    Achsabstand $\geq$ 1,3 m < 1,8 m = 18 t
    wenn die Antriebsachse mit Doppelbereifung und Luftfederung = 19 t
    Doppelachse mit Anhängern/Sattelanhängern
    Achsabstand < 1,0 m = 11 t
    Achsabstand $\geq$ 1,0 m < 1,3 m = 16 t
    Achsabstand $\geq$ 1,3 m < 1,8 m = 18 t
    Achsabstand $\geq$ 1,8 m = 20 t
*4 Tridemachse
    Achsabstand $\leq$ 1,3 m = 21 t
    Achsabstand > 1,3 m $\leq$ 1,4 m = 24 t
*5 40 Fuß-ISO Container im Kombi-Verkehr = 44 t

Kroatien (HR)

*1 Bei Kühlfahrzeugen = 2,6 m

Lettland (LV)

*1 Bei Kühlfahrzeugen = 2,6 m
*2 Achsabstand < 1,2 m = 15 t
    Achsabstand $\geq$ 1,2 m = 18 t
*3 Achsabstand < 1,2 m = 20 t
    Achsabstand $\geq$ 1,2 m = 24 t

Litauen (LT)

*1 Bei Kühlfahrzeugen = 2,6 m
*2 Nur mit Doppelbereifung = 11,5 t
*3 Doppelachse von Lkw und Sattelzugmaschinen
    Achsabstand < 1 m = 11,5 t
    Achsabstand $\geq$ 1 m < 1,3 m = 16 t
    Achsabstand $\geq$ 1,3 m < 1,8 m = 18 t
    Achsabstand $\geq$ 1,3 m < 1,8 m, jedoch Antriebsachse
    mit Doppelbereifung und Luftfederung = 19 t
    Doppelachse mit Anhängern und Sattelanhängern
    Achsabstand < 1 m = 11 t

	Achsabstand > 1 m ≥ 1,3 m	= 16 t
	Achsabstand > 1,3 m ≥ 1,8 m	= 18 t
	Achsabstand > 1,8 m	= 20 t
*4	Dreifachachse mit Anhängern und Sattelanhängern	
	Achsabstand < 1,3 m	= 21 t
	Achsabstand ≥ 1,3 m 1,4 m	= 24 t
*5	Doppelbereifung mit Luftfederung	= 26 t
*6	Doppelbereifung mit Luftfederung	= 32 t
*7	40 Fuß-ISO Container Kombi-Verkehr	= 44 t

Mazedonien (MAZ)
*1	Lkw mit 2 oder 3 Achsen	= 12 m
*2	Achsabstand < 1 m	= 10 t
	Achsabstand > 1 m < 2 m	= 16 t
*3	Achsabstand muss weniger als 2 m betragen und keine der beiden Achsen darf mehr als 10 t belastet werden.	

Russland (RUS)
*1	Bei Kühlfahrzeugen	= 2,6 m
*2	Achsabstand ≥ 1 m	= 12 t
	Achsabstand > 1 m ≥ 1,35 m	= 14 t
	Achsabstand >1,35 m ≤ 1,65 m	= 16 t
	Achsabstand > 1,35 m ≤ 1,65 m mit Container-Fahrgestell	= 18 t
	Achsabstand > 1,65 m ≤ 2 m	= 18 t
	Achsabstand > 2 m	= 20 t
*3	Dreifachachse	
	Achsabstand zwischen den äußeren Achsen ≤ 2 m	= 16,5 t
	Achsabstand zwischen den äußeren Achsen > 2 m ≤ 2,60 m	= 19,5 t
	Achsabstand zwischen den äußeren Achsen > 2,60 m ≤ 3,20 m	= 22,5 t
	Achsabstand zwischen den äußeren Achsen > 3,20 m ≤ 5 m	= 24 t
	Achsabstand zwischen den äußeren Achsen > 5 m	= 30 t

Slowakei (SK)
*1	Bei Kühlfahrzeugen	= 2,6 m
*2	Bei Einhaltung bestimmter Teillängen (siehe Deutschland)	
*3	Doppelachse von Lkw (unter Beachtung der Vorschriften für die Einzelachslast)	
	Achsabstand < 1 m	= 11,5 t
	Achsabstand ≥ 1,0 m < 1,3 m	= 16 t
	Achsabstand ≥ 1,3 m < 1,8 m	= 18 t
	bei Ausrüstung der Antriebsachse mit Doppelbereifung und Luftfederung	= 19 t
	Doppelachse von Anhängern/Aufliegern (unter Beachtung der Vorschriften für die Einzelachslast)	
	Achsabstand < 1,0 m	= 11 t
	Achsabstand ≥ 1,0 m < 1,3 m	= 16 t

	Achsabstand ≥ 1,3 m < 1,8 m	= 18 t
*4	Tridemachse (unter Beachtung der Vorschriften für die Einzel- u. Doppelachslast)	
	Achsabstand ≤ 1,3 m	= 21 t
	Achsabstand > 1,3 m ≤ 1,4 m	= 24 t
*5	Doppelbereifung und Luftfederung	= 26 t
*6	Nur bei Luftfederung	= 32 t
*7	Kombi-Verkehr 40 Fuß ISO Container	= 44 t

Slowenien (SLO)

*1	Bei Kühlfahrzeugen	= 2,6 m
*2	Doppelachse von Kraftfahrzeugen	
	Achsabstand < 1,0 m	= 11,5 t
	Achsabstand ≥ 1,0 m < 1,3 m	= 16 t
	Achsabstand ≥ 1,3 m < 1,8 m	= 18 t
	Doppelachse mit Anhängern/Sattelanhängern	
	Achsabstand < 1,0 m	= 11 t
	Achsabstand ≥ 1,0 m < 1,3 m	= 16 t
	Achsabstand ≥ 1,3 m < 1,8 m	= 18 t
	Achsabstand ≥ 1,8 m	= 20 t
*3	Tridemachse von Anhängern/Sattelanhängern	
	Achsabstand ≤ 1,3 m	= 21 t
	Achsabstand > 1,3 m ≤ 1,4 m	= 24 t
*4	Im Vor- und Nachlauf mit Container, Wechselbrücken	= 44 t

Ukraine (UA)

*1	Achsabstand < 2,5 m	= 16 t
*2	Achsabstand < 2,5 m	= 22 t

Jugoslawien (YU)

*1	Gilt für Lkw mit 2 Achsen, Lkw mit 3 Achsen	= 12 m
	Anhänger mit 2 Achsen	= 10 m
	mit 3 und mehr Achsen	= 12 m
*2	Bei Achsabstand von weniger als 2 m und Belastung der Einzelachse mit max.	= 10 t

2.6 Euro-Paletten auf Nutzfahrzeugen

Standardmaß: 1,20 m x 0,80 m

Bei einer zulässigen Fahrzeugbreite von 2,55 m ergibt sich ein nutzbares Innenmaß von 2,48 m. Das bedeutet, dass je nach Lage 2 oder 3 Paletten nebeneinander gestellt werden können. Das bedeutet gleichzeitig, dass nachstehende Mengen/Paletten auf Standardfahrzeuge verladen werden können.

6	m Motorwagen,	15 Paletten
8	m Anhänger,	20 Paletten
7	m Wechselbrücke,	17 Paletten
12	m Auflieger,	30 Paletten
13,20	m Auflieger,	33 Paletten

Inzwischen gibt es jedoch Spezialfahrzeuge durch Kurzfahrerhaus und kurzgekoppelte Anhänger, die eine höhere Palettenzahl laden können. Da es auf diesem Gebiet viele technische Lösungen gibt, ist es nicht sinnvoll, alle aufzuführen.

Der Gesetzgeber erlaubt in Deutschland eine Lastzuglänge von 18,75 m. Gleichzeitig ist jedoch die max. Ladeflächenlänge auf 15,65 m begrenzt.

Bei entsprechender Ladeflächenlänge und vorgeschriebenem Abstand zwischen Motorwagen und Anhänger können auf einem Lastzug einlagig bis zu 39 Paletten verladen werden.

V. Bahnverkehr

1. DER BAHNVERKEHR NATIONAL

1.1 Gesetz zur Neuregelung des Fracht-, Speditions- und Lagerrechts (Transportrechtsreformgesetz – TRG)

1. Mit Wirkung vom 01. Juli 1998 an trat das Transportrechtsreformgesetz vom 25.06.1998 in Kraft. Ziel dieses Gesetzes war, durch eine Änderung des Handelsgesetzbuches die bis dahin vorhandenen Sonderregelungen für einzelne Verkehrsträger und Transportarten aufzuheben und durch Einführung eines einheitlichen nationalen Frachtrechts für die Verkehrsträger Straße, Schiene, Binnenschifffahrt und Luftbeförderung umfassend im Handelsgesetzbuch neu zu regeln.
2. Das Schwergewicht der Reform war eindeutig die Schaffung eines einheitlichen, in §§ 407 ff. HGB geregelten Frachtrechts, das nach § 407 (3) HGB immer dann gilt, „wenn das Gut zu Lande, auf Binnengewässern oder mit Luftfahrzeugen befördert werden soll und die Beförderung zum Bereich des gewerblichen Unternehmens gehört."
3. Die Eisenbahn-Verkehrsordnung EVO, als Spezialrecht für alle dem öffentlichen Verkehr dienenden Eisenbahnen der Bundesrepublik Deutschland, wurde infolgedessen mit dem Zeitpunkt der Anwendung des neuen Transportrechts geändert. Die Anwendung der Vorschriften der EVO beschränkt sich von diesem Zeitpunkt an nur noch auf die Beförderung von Personen und Reisegepäck durch Eisenbahnen, die dem öffentlichen Verkehr dienen.

1.2 Abschluss des Frachtvertrags

§ 407 HGB

1. Durch den Frachtvertrag wird der Frachtführer verpflichtet, das Gut zum Bestimmungsbahnhof zu befördern und dort an den Empfänger abzuliefern.
2. Der Absender wird verpflichtet, die vereinbarte Fracht zu zahlen.
3. Die Vorschriften gelten, wenn
   - das Gut zu Land, auf Binnengewässern oder mit Luftfahrzeugen befördert werden soll und
   - die Beförderung zum Betrieb eines gewerblichen Unternehmens gehört.

Erfordert das Unternehmen nach Art und Umfang einen in kaufmännischer Weise eingerichteten Geschäftsbetrieb nicht und ist die Firma des Unternehmens auch nicht nach § 2 in das Handelsregister eingetragen, so sind in Ansehung des Frachtgeschäfts auch insoweit die Vorschriften des Ersten Abschnitts des Vierten Buches ergänzend anzuwenden, dies gilt jedoch nicht für die §§ 348 bis 350.

1.3 Der Frachtbrief

§ 408 HGB

Als Transportdokumente regelt das TRG nur noch den Frachtbrief und den Ladeschein.

1. Der Frachtführer kann die Ausstellung eines Frachtbriefs mit folgenden Angaben verlangen:
   a) Ort und Tag der Ausstellung,
   b) Name und Anschrift des Absenders,
   c) Name und Anschrift des Frachtführers,
   d) Stelle und Tag der Übernahme des Gutes sowie die für die Ablieferung vorgesehene Stelle,
   e) Name und Anschrift des Empfängers und eine etwaige Meldeadresse,
   f) die übliche Bezeichnung der Art des Gutes und die Art der Verpackung, bei gefährlichen Gütern ihre nach den Gefahrgutvorschriften vorgesehene, sonst ihre allgemein anerkannte Bezeichnung,
   g) Anzahl, Zeichen und Nummern der Frachtstücke,
   h) das Rohgewicht oder eine anders angegebene Menge des Gutes,

i) die vereinbarte Fracht und die bis zur Ablieferung anfallenden Kosten sowie einen Vermerk über die Frachtzahlung,
j) den Betrag einer bei der Ablieferung des Gutes einzuziehenden Nachnahme,
k) Weisungen für die Zoll- und sonstige amtliche Behandlung des Gutes,
l) eine Vereinbarung über die Beförderung in offenem, nicht mit Planen gedecktem Fahrzeug oder auf Deck.

In den Frachtbrief können weitere Angaben eingetragen werden, die die Parteien für zweckmäßig halten.

2. Der Frachtbrief wird in drei Originalausfertigungen ausgestellt, die vom Absender unterzeichnet werden. Der Absender kann verlangen, dass auch der Frachtführer den Frachtbrief unterzeichnet. Nachbildungen der eigenhändigen Unterschriften durch Druck oder Stempel genügen. Eine Ausfertigung ist für den Absender bestimmt, eine begleitet das Gut, eine behält der Frachtführer.

1.4 Beweiskraft des Frachtbriefs

§ 409 HGB

1. Der von beiden Parteien unterzeichnete Frachtbrief dient bis zum Beweis des Gegenteils als Nachweis für Abschluss und Inhalt des Frachtvertrages sowie für die Übernahme des Gutes durch den Frachtführer.
2. Der von beiden Parteien unterzeichnete Frachtbrief begründet ferner die Vermutung, dass das Gut und seine Verpackung bei der Übernahme durch den Frachtführer in äußerlich gutem Zustand waren und dass die Anzahl der Frachtstücke und ihre Zeichen und Nummern mit den Angaben im Frachtbrief übereinstimmen. Der Frachtbrief begründet diese Vermutung jedoch nicht, wenn der Frachtführer einen begründeten Vorbehalt in den Frachtbrief eingetragen hat; der Vorbehalt kann auch damit begründet werden, dass dem Frachtführer keine angemessenen Mittel zur Verfügung standen, die Richtigkeit der Angaben zu überprüfen.
3. Ist das Rohgewicht oder die anders angegebene Menge des Gutes oder der Inhalt der Frachtstücke vom Frachtführer überprüft und das Ergebnis der Überprüfung in den von beiden Parteien unterzeichneten Frachtbrief eingetragen worden, so begründet dieser auch die Vermutung, dass Gewicht, Menge oder Inhalt mit den Angaben im Frachtbrief übereinstimmen. Der Frachtführer ist verpflichtet, Gewicht, Menge oder Inhalt zu überprüfen, wenn der Absender dies verlangt und dem Frachtführer angemessene Mittel zur Verfügung stehen; der Frachtführer hat Anspruch auf Ersatz seiner Aufwendungen für die Überprüfung.

1.5 Begleitpapiere

§ 413 HGB

1. Der Absender hat dem Frachtführer Urkunden zur Verfügung zu stellen und Auskünfte zu erteilen, die für eine amtliche Behandlung, insbesondere eine Zollabfertigung, vor der Ablieferung des Gutes erforderlich sind.
2. Der Frachtführer ist für den Schaden verantwortlich, der durch Verlust oder Beschädigung der ihm übergebenen Urkunden oder durch deren unrichtige Verwendung verursacht worden ist, es sei denn, dass der Verlust, die Beschädigung oder die unrichtige Verwendung auf Umständen beruht, die der Frachtführer nicht vermeiden und deren Folgen er nicht abwenden konnte. Seine Haftung ist jedoch auf den Betrag begrenzt, der bei Verlust des Gutes zu zahlen wäre.

1.6 Nachträgliche Weisungen

§ 418 HGB

1. Der Absender ist berechtigt, über das Gut zu verfügen. Er kann insbesondere verlangen, dass der Frachtführer das Gut nicht weiterbefördert oder es an einem anderen Bestimmungsort, an einer an-

deren Ablieferungsstelle oder an einen anderen Empfänger abliefert. Der Frachtführer ist nur insoweit zu Befolgung solcher Weisungen verpflichtet, als deren Ausführung weder Nachteile für den Betrieb seines Unternehmens noch Schäden für die Absender oder Empfänger anderer Sendungen mit sich zu bringen droht. Er kann vom Absender Ersatz seiner durch die Ausführung der Weisung entstehenden Aufwendungen sowie eine angemessene Vergütung verlangen; der Frachtführer kann die Befolgung der Weisung von einem Vorschuss abhängig machen.
2. Das Verfügungsrecht des Absenders erlischt nach Ankunft des Gutes an der Ablieferungsstelle. Von diesem Zeitpunkt an steht das Verfügungsrecht nach Absatz 1 dem Empfänger zu. Macht der Empfänger von diesem Recht Gebrauch, so hat er dem Frachtführer die entstehenden Mehraufwendungen zu ersetzen sowie eine angemessene Vergütung zu zahlen; der Frachtführer kann die Befolgung der Weisung von einem Vorschuss abhängig machen.
3. Hat der Empfänger in Ausübung seines Verfügungsrechts die Ablieferung des Gutes an einen Dritten angeordnet, so ist dieser nicht berechtigt, seinerseits einen anderen Empfänger zu bestimmen.
4. Ist ein Frachtbrief ausgestellt und von beiden Parteien unterzeichnet worden, so kann der Absender sein Verfügungsrecht nur gegen Vorlage der Absenderausfertigung des Frachtbriefs ausüben, sofern dies im Frachtbrief vorgeschrieben ist.
5. Beabsichtigt der Frachtführer, eine ihm erteilte Weisung nicht zu befolgen, so hat er denjenigen, der die Weisung gegeben hat, unverzüglich zu benachrichtigen.
6. Ist die Ausübung des Verfügungsrechts von der Vorlage des Frachtbriefs abhängig gemacht worden und führt der Frachtführer eine Weisung aus, ohne sich die Absenderausfertigung des Fachtbriefs vorlegen zu lassen, so haftet er dem Berechtigten für den daraus entstehenden Schaden. Die Vorschriften über die Beschränkung der Haftung finden keine Anwendung.

1.7 Lieferfrist

§ 423 HGB

Der Frachtführer ist verpflichtet, das Gut innerhalb der vereinbarten Frist oder mangels Vereinbarung innerhalb der Frist abzuliefern, die einem sorgfältigen Frachtführer unter Berücksichtigung der Umstände vernünftigerweise zuzubilligen ist (Lieferfrist).

1.8 Allgemeine Leistungsbedingungen (ALB)

Vorbemerkung

Die frachtrechtlichen Vorschriften des HGB können durch vertragliche Vereinbarung in Form vorformulierter Vertragsbedingungen modifiziert werden. Neben dem „Handelsgesetzbuch, Vierter Abschnitt", den „Preisen und Konditionen der Railion Deutschland AG" und dem „Entfernungswerk" bilden die „Allgemeinen Leistungsbedingungen (ALB)" die Grundlage des Vertragsverhältnisses der Railion Deutschland AG zum Kunden.

Allgemeine Leistungsbedingungen (ALB) der Railion Deutschland AG

– Stand 01.01.2004 –

1. Geltungsbereich, abweichende und ergänzende Bedingungen

1.1 Unsere Leistungen (Beförderung von Gut, Umschlag, Zwischen-/Lagerung und sonstige beförderungsnahe Leistungen) erbringen wir zu den nachfolgenden ALB und den in Ziff. 1.3 genannten Bedingungen. Die ALB gelten auch für internationale Transporte, soweit das Recht der Bundesrepublik Deutschland anwendbar ist. Die ALB gelten nicht für Verträge mit Verbrauchern im Sinne des § 13 BGB.
1.2 Allgemeine Geschäftsbedingungen des Kunden gelten nur bei besonderer Bestätigung unsererseits.
1.3 Ergänzend zu den ALB gelten die folgenden Bedingungen in ihrer jeweils gültigen Fassung:
– Preise und Konditionen der Railion Deutschland AG
– Verladerichtlinien der Railion Deutschland AG
– Vorschriften für die Beförderung gefährlicher Güter mit der Eisenbahn
– Allgemeine Bedingungen über den Tausch von EUR-Paletten mit den Eisenbahnen (ATB)
– Geschäftsbedingungen für das Frachtausgleichsverfahren der DeutscheVerkehrsBank AG
1.4 Speditions-, Lager- und sonstige speditionsübliche Leistungen erbringen wir auf der Grundlage der ADSp in ihrer neuesten Fassung, soweit diese besonders vereinbart werden.

1.5 Die Durchführung und Verbindlichkeit eines elektronischen Austauschs von Vertrags- und Leistungsdaten wird in einem besonders abzuschließenden Vertrag geregelt.

2. Leistungsvertrag, Einzelverträge

2.1 Grundlage für die von uns zu erbringenden Leistungen ist ein mit dem Kunden schriftlich abzuschließender Leistungsvertrag. Dieser hat eine Laufzeit von 12 Monaten. Die Verlängerung, Änderung oder der Abschluss eines neuen Leistungsvertrages bedürfen ebenfalls der Schriftform. Sofern der Leistungsvertrag nicht von beiden Parteien unterschrieben wurde, ist unser vom Kunden nicht unverzüglich widersprochenes Bestätigungsschreiben verbindlich.

2.2 Der Leistungsvertrag enthält wesentliche Leistungsdaten, die für den Abschluss von Einzelverträgen, insbesondere Frachtverträgen, erforderlich sind (z.B. Relation, Ladegut, Wagentyp, Ladeeinheit, Entgelt).

2.3 Einzelverträge kommen durch Auftrag des Kunden und unsere Annahme zustande. Bei Anbindung des Kunden an unser KundenServiceZentrum sind Aufträge ausschließlich an dieses zu richten; der Auftrag gilt als angenommen, wenn das KundenServiceZentrum nicht innerhalb einer angemessenen Frist widerspricht. Eine schriftliche Auftragsbestätigung erfolgt nur, wenn dies mit dem Kunden besonders vereinbart ist.

3. Frachtbrief, Transportauftrag

3.1 Soweit nichts anderes vereinbart ist, ist vom Kunden ein Frachtbrief nach dem in dem „Preise und Konditionen der Railion Deutschland AG" abgedruckten Muster auszustellen. Der Frachtbrief wird von uns nicht unterschrieben; gedruckte oder gestempelte Namens- oder Firmenangaben gelten nicht als Unterschrift.

3.2 Bei Verwendung eines Frachtbriefs gemäß § 408 HGB gilt dieser als Transportauftrag. Erteilt der Kunde den Transportauftrag ohne Verwendung eines Frachtbriefs, haftet er entsprechend § 414 HGB für die Richtigkeit und Vollständigkeit sämtlicher im Transportauftrag enthaltenen Angaben.

4. Wagen und Ladeeinheiten (LE) von Railion Deutschland AG, Ladefristen

4.1 Wir stellen für den Transport geeignete Wagen und LE zur Verfügung.

4.2 Der Kunde ist für die korrekte Angabe der benötigten Anzahl und Gattung von Wagen und LE verantwortlich; für die Bereitstellung von Wagen und LE vor Abschluss eines Frachtvertrages gelten § 412 Abs. 3, § 415 sowie § 417 HGB entsprechend.

4.3 Bei Überschreitung der Ladefristen erheben wir ein Standgeld nach „Preise und Konditionen der Railion Deutschland AG".

4.4 Der Kunde hat bereitgestellte Wagen und LE vor Verladung auf ihre Eignung für den vorgesehenen Verwendungszweck sowie auf sichtbare Mängel zu prüfen und uns über Beanstandungen unverzüglich zu informieren.

4.5 Der Kunde haftet für Schäden an Wagen und LE, die durch ihn oder einen von ihm beauftragten Dritten verursacht werden. Der Kunde haftet nicht, wenn der Schaden auf einen Mangel zurückzuführen ist, der bei der Übergabe bereits vorhanden war. Beschädigungen und Unfälle sind unverzüglich an unser KundenServiceZentrum zu melden.

4.6 Der Kunde ist dafür verantwortlich, dass entladene Wagen und LE verwendungsfähig, d.h. vollständig geleert, vorschriftsmäßig entseucht oder gereinigt sowie komplett mit losen Bestandteilen, ferner fristgerecht am vereinbarten Übergabepunkt oder Terminal zurückgegeben werden. Bei Nichterfüllung erheben wir ein Entgelt nach „Preise und Konditionen der Railion Deutschland AG" für uns entstandene Aufwendungen. Ein weitergehender Schadensersatzanspruch bleibt hiervon unberührt.

4.7 Der Kunde ist verpflichtet, die von uns überlassenen Wagen und LE ausschließlich zu dem vertraglich vorgesehenen Zweck zu verwenden.

5. Ladevorschriften

5.1 Dem Kunden obliegt die Verladung und die Entladung, wenn nicht etwas anderes vereinbart ist. Bei der Verladung und der Entladung sind die Verladerichtlinien der Railion Deutschland AG zu erfüllen. Wir sind berechtigt, Wagen und LE auf betriebssichere Verladung zu überprüfen.

5.2 Verletzt der Kunde seine Verpflichtung aus Ziff. 5.1, besteht eine erhebliche Abweichung zwischen vereinbartem und tatsächlichem Ladegut, wird das zulässige Gesamtgewicht überschritten oder durch die Art des Gutes oder der Verladung die Beförderung behindert, werden wir den Kunden auffordern, innerhalb angemessener Frist Abhilfe zu schaffen. Nach fruchtlosem Fristablauf sind wir berechtigt, auch die Rechte entsprechend § 415 Abs. 3 Satz 1 HGB geltend zu machen.

5.3 Der Kunde ist verpflichtet, Be- und Entladereste an der Ladestelle einschließlich der Zufahrtswege unverzüglich auf eigene Kosten zu beseitigen.

6. Hindernisse

Im Rahmen von § 419 Abs. 3 HGB sind wir berechtigt, das beladene Transportmittel abzustellen. Für die Dauer dieser Abstellung haften wir für die Sorgfalt eines ordentlichen Kaufmanns.

7. Verlustvermutung

Für den Eintritt der Verlustvermutung gemäß § 424 Abs. 1 HGB gilt für inländische und grenzüberschreitende Verkehre einheitlich ein weiterer Zeitraum von 30 Tagen nach Ablauf der Lieferfrist.

8. Gefahrgut

8.1 Der Kunde hat die einschlägigen Gefahrgut-Rechtsvorschriften sowie unsere Vorschriften für die Beförderung gefährlicher Güter mit der Eisenbahn zu beachten.

8.2 Gefahrgut wird von uns nur angenommen/abgeliefert, wenn mit dem Absender/Empfänger die Übernahme der Sicherheits- und Obhutspflichten bis zur Abholung bzw. von der Bereitstellung an sowie bei Gütern der Klassen 1 und 2 darüber hinaus die körperliche Übergabe/Übernahme des Gutes schriftlich vereinbart ist.

8.3 Der Kunde stellt uns im Rahmen seines Haftungsanteils von allen Verpflichtungen frei, die beim Transport, der Verwahrung oder sonstigen Behandlung gegenüber Dritten entstanden sowie auf die Eigenart des Gutes und die Nichtbeachtung der dem Kunden obliegenden Sorgfaltspflichten zurückzuführen sind.

8.4 Gefahrgut wird von uns nicht auf Lager genommen, auch nicht durch Abstellen beladener Transportmittel auf dem jeweiligen Verkehrsweg. Das Abstellen ungereinigter leerer Kesselwagen über einen Monat bedarf einer besonderen schriftlichen Vereinbarung. Ungereinigte leere und nicht entgaste Druckgaskesselwagen werden von uns nicht länger als einen Monat abgestellt.

9. Entgelte, Rechnungsstellung, Aufrechnungsverbot

9.1 Frachtzahlungen erfolgen durch Frachtausgleichsverfahren. Andere Zahlungsverfahren bedürfen einer besonderen Vereinbarung; in diesem Fall gelten die Ziff. 9.2 und 9.3.

9.2 Rechnungen sind unverzüglich nach Rechnungserhalt ohne Abzug fällig. Ist die Zahlung nicht binnen 10 Tagen nach Rechnungserhalt erfolgt, können wir Verzugszinsen in Höhe von fünf Prozentpunkten über dem jeweiligen Basiszinssatz der Deutschen Bundesbank verlangen. Wir können vom Kunden eine Vorauszahlung oder Sicherheitsleistung verlangen.

9.3 Gegen unsere Forderungen ist eine Aufrechnung oder Zurückbehaltung ausgeschlossen, es sei denn, die Gegenforderung ist unbestritten oder rechtskräftig festgestellt.

10. Zoll- und sonstige Verwaltungsvorschriften

Die Zoll- und sonstigen verwaltungsbehördlichen Vorschriften werden, solange das Gut unterwegs ist, von uns oder unseren Beauftragten erfüllt. Für diese Leistungen sowie für von uns nicht zu vertretende Verzögerungen anlässlich der Erfüllung dieser Leistungen erheben wir Entgelte nach „Preise und Konditionen der Railion Deutschland AG".

11. Besondere Bedingungen für den Kombinierten Verkehr

11.1 Im Kombinierten Verkehr befördern wir leere und beladene LE und erbringen nach besonderer Vereinbarung ergänzende Leistungen (z.B. das Ausfüllen der erforderlichen Beförderungspapiere).

11.2 LE im Sinne dieser ALB sind:
  – Container für den Überseeverkehr, deren Abmessungen, Eckbeschläge und Festigkeit von der Internationalen Standardisierungs-Organisation genormt sind
  – Binnencontainer für den europäischen Festlandsverkehr
  – Wechselbehälter, d.h. im Betrieb austauschbare Aufbauten
  – Sattelanhänger
  – Lastzüge und Sattelkraftfahrzeuge bei Nutzung der „Rollenden Landstraße".

11.3 LE müssen den jeweils gültigen gesetzlichen Vorschriften und technischen Bestimmungen (z.B. nach DIN, EN, UIC-Merkblättern) entsprechen.

11.4 LE, die uns der Kunde übergibt, müssen betriebssicher und für das Gut geeignet sein.

11.5 LE werden von uns im Freien abgestellt.

12. Haftung

12.1 Unsere Haftung für Verlust oder Beschädigung ist auf einen Betrag von 8,33 Rechnungseinheiten für jedes Kilogramm des Rohgewichts der Sendung beschränkt. Bei teilweisem Verlust oder teilweiser Beschädigung gilt § 431 Abs. 2 HGB entsprechend. Der Wert der Rechnungseinheiten bestimmt sich nach § 431 Abs. 4 HGB.

12.2 In jedem Fall ist unsere Haftung auf einen Betrag von eine Millionen Euro oder zwei Rechnungseinheiten für jedes Kilogramm pro Schadensfall beschränkt, je nachdem, welcher Betrag höher ist.

12.3 Sofern Schadensersatzansprüche im übrigen nicht durch Vorsatz oder grob fahrlässiges Verhalten begründet werden oder wir nicht auf Grund zwingender Rechtsvorschriften haften, sind über die in den ALB geregelten Ansprüche hinausgehende Ersatzansprüche jeder Art gegen uns, unsere Mitarbeiter und Erfüllungsgehilfen ausgeschlossen. Dies gilt nicht bei der Verletzung vertragswesentlicher Pflichten. Ersatzansprüche sind in diesen Fällen beschränkt auf den vorhersehbaren, typischen Schaden.

12.4 Ziff. 12.3 gilt auch für Beförderung/Versand von Briefen.

12.5 Der Kunde soll uns Gelegenheit zur Besichtigung des Schadens geben.

13. Gerichtsstand, anwendbares Recht

13.1 Für alle aus dem Vertragsverhältnis sich ergebenden Streitigkeiten (einschließlich Widerklagen, Scheck- und Wechselprozessen) ist alleiniger Gerichtsstand Frankfurt am Main oder nach unserer Wahl der Sitz des Kunden.

13.2 Es gilt das für die Rechtsbeziehungen inländischer Parteien maßgebende Recht der Bundesrepublik Deutschland.

1.9 Das KundenServiceZentrum von Railion Deutschland

Das KundenServiceZentrum, Masurenallee 33, 47055 Duisburg bietet als kompetenter und zuverlässiger Partner der Kunden von Railion Deutschland seine Leistungen in bester Qualität an. Dieses Leistungsangebot umfasst unter anderem:

- **Güterwagenservice**
    - Entgegennahme von Wagenbestellungen & Flextrain, wie Vermietung von Güterwagen
    - Gestellung der Wagen, Organisation des Transportablaufs
    - Information zu Güterwagen und Vermittlung spezieller Verladeberatung
- **Zentrale Auftragsbearbeitung**
    - Entgegennahme der Kundenaufträge per Fax, Internet oder EDI
    - Erstellen des Beförderungspapiers, soweit es noch notwendig ist
    - Vereinfachte Auftragserteilung und Fehlerminimierung bei der Datenübermittlung durch Auftragscodes, Abrechnung
- **Auskunft zum Transportstatus**
    - Informationen zum aktuellen Standort und voraussichtlicher Empfangszeitpunkt der Sendung
    - Anlaufstelle für alle Fragen des Transportstatus
- **Informationsdienstleistungen**
    - Transportüberwachung
    - Sofortige Information im Störungsfall und aktive Koordination des weiteren Transports
    - Überwachung von Transporten per GPS (Global Positioning System)
- **Internationalisierung**
    - ISR-Ti@mo (International Service Reliability ans Transportinformation @nd Monitoring) – Kunden Service ohne Grenzen –
    - Internationale Kooperationsprojekte
- **KV (Kombinierter Verkehr) – Kapazitätsmanagement**
    - Überwachung der Zugkapazitäten im Kombinierten Verkehr
    - Transportaufträge – just in time –
- **After Sales Service**
    - Haftpflicht
    - Erstattung
    - Entschädigung
    - Bearbeitung aller Reklamationen

Diese Leistungen werden schrittweise erweitert und den Kunden unter Einsatz neuer Medien und modernener Technologie zur Verfügung gestellt.

Zentrale Servicenummer für Neukunden rund um den Gütertransport:
Tel. 01805/1331050

2. DER BAHNVERKEHR INTERNATIONAL

2.1 Übereinkommen über den internationalen Eisenbahnverkehr (COTIF 1980[1])

Im internationalen Güterverkehr finden für alle Sendungen von Gütern, die mit durchgehendem Frachtbrief CIM zur Beförderung zwischen mindestens zwei Vertragsstaaten aufgegeben werden, die „Einheitlichen Rechtsvorschriften für den Vertrag über die internationale Eisenbahnbeförderung von Gütern (CIM)", gültig ab 01. Mai 1985, Anwendung. Die CIM bildet als Anhang B zum „Übereinkommen über den internationalen Eisenbahnverkehr (COTIF) die grundsätzlichen Leistungsbedingungen für den internationalen Eisenbahngüterverkehr. Der CIM sind ca. 243.000 km Eisenbahnlinien sowie mehrere tausend Kilometer Kraftwagenlinien und Schifffahrtslinien unterstellt. Die Mitglied**staaten** des COTIF – nicht etwa die Bahnen – bilden die „Zwischenstaatliche Organisation für den internationalen Eisenbahnverkehr (OTIF)".

Die OTIF hat eigene Rechtspersönlichkeit sowohl im Völkerrecht als auch in den nationalen Rechtsordnungen der Mitgliedstaaten. Der Sitz des Zentralamtes für den internationalen Eisenbahnverkehr (OCTI) ist in Bern/Schweiz.

Der OTIF gehören derzeit 40 Staaten in Europa, Nordafrika und dem Nahen Osten als Mitglieder an:

Albanien, Algerien, Belgien, Bosnien-Herzegowina, Bulgarien, Dänemark, Deutschland, Finnland, Frankreich, Griechenland, Irak, Iran, Irand, Italien, Kroatien, Lettland, Litauen, Libanon, Liechtenstein, Luxemburg, Marokko, Monaco, Ehemalige jugoslawische Republik Mazedonien, Niederlande, Norwegen, Österreich, Polen, Portugal, Rumänien, Vereinigtes Königreich, Serbien/Montenegro, Slowakei, Slowenien, Schweden, Schweiz, Spanien, Syrien, Tschechien, Tunesien, Türkei, Ungarn und Ukraine.

---

[1] Die Generalversammlung der OTIF hat im Juni 1999 bereits eine Revision des internationalen Eisenbahnfrachtrechts beschlossen. In der neuen CIM 1999 haben ganz wichtige Neuerungen im Rahmen der Liberalisierung des Eisenbahnverkehrs Eingang gefunden (Öffnung der Eisenbahnnetze für konkurrierende Verkehrsunternehmen, Aufhebung der Beförderungspflicht, internationaler Eisenbahnfrachtvertrag ist nicht länger ein Real- und Formalvertrag (Zustandekommen durch Übernahme von Gut und Frachtbrief), sondern ein Konsensualvertrag (Willenseinigung der Parteien, die in einem Frachtbrief festzuhalten ist) etc. Das neue Übereinkommen (COTIF 1999) bedarf zu seinem Inkrafttreten der Ratifikation durch mehr als zwei Drittel der Mitgliedsstaaten. Erfahrungsgemäß ist mit dem Inkrafttreten des neuen internationalen Eisenbahnfrachtrechts etwa im Jahr 2005 zu rechnen. Im Folgenden wird darauf noch nicht eingegangen.

2.2 CIM-Eisenbahnen

Land	Kürzel	Kennzahl	Name
Albanien	HSH	41	Hekurudhat e Shqiperise
Belgien	SNCB	88	Société des Chemins de Fer Belges
Bosnien und Herzegowina	ZFBH	50	Eisenbahnen von Bosnien und Herzegowina
Bulgarien	BDZ	52	Bulgarski Darzavai Zeleznizi
Bundesrepublik Deutschland	DB	80	Deutsche Bahn AG (Railion Deutschland)
Dänemark	DSB	86	Danske Statsbaner (Railion Danmark)
Finnland	VR	10	Valtionrautatiet
Frankreich	SNCF	87	Société Nationale des Chemins de Fer Francais
Griechenland	CH	73	Organisme des Chemins de Fer Hélleniques
Irak	IRR	99	Rahahane Djjomhouriye Eslami Irak
Iran	RAI	96	Rahe Ahan Iran
Irland	CIE	60	Coras lompair Eireann
Italien	FS	83	Ente Ferrovie Italiane dello Stato
Jugoslawien	JZ	72	Jugoslovenske Zeleznice
Kroatien	HZ	78	Hrvatske Zeljeznice
Libanon	CEL	98	Société Nationale des Chemins de Fer Libanais
Litauen	LG	24	Lietuvos Gelezinkelial (z. Z. nur Strecke Klaipada-Draugyste
Luxemburg	CFL	82	Société Nationale des Chemins de Fer Luxemburgeois
Marokko	ONCFM	93	Office National des Chemins de Fer du Maroc
Mazedonien	ZBJRM/MZ	65	Eisenbahnen der Republik Mazedonien
Niederlande	NS	84	N.V. Nederlandsche Spoorwegen (Railion Nederland)
Norwegen	NSB	76	Norges Statsbaner
Österreich	ÖBB	81	Österreichische Bundesbahnen
Polen	PKP	51	Polskie Koleje Panstwowe
Portugal	CP	94	Caminhos de Ferro Portugueses E.P.
Rumänien	CFR	53	Caile Ferate Romane
Schweden	SJ/GC	74	Statens Järnvägar (Green Cargo)
Schweiz	SBB	85	Schweizerische Bundesbahnen
Slowenien	SZ	79	Slovenske Zelesnice
Spanien	RENFE	71	Red Nacional de los Ferrocarriles Espanoles
Syrien	CFS	97	Chemins de Fer Syriens
Tschechien	CD	54	Tschechische Eisenbahn
Slowakei	ZSR	56	Slowakische Eisenbahn
Tunesien	SNCFT	91	Société Nationale des Chemins de Fer Tunisiens
Türkei	TCDD	75	Türkiye Cümhuriyeti Devlet Demiryollari
Ukraine	UZ	22	Ukrainische Eisenbahnen
Ungarn	MAV	55	Magyar Allamvasutak
Vereinigtes Königreich	EWSI Ltd	70	English Welsh & Scottish Railway International Ltd.

2.3 Wagenladung im internationalen Bahnverkehr

Die Eisenbahn ist verpflichtet alle als Wagenladung aufgelieferten Güter gemäß den Bestimmungen der CIM zu befördern, sofern
- der Absender die Bestimmungen der CIM, deren Zusatzbestimmungen und die Tarife einhält,
- die Beförderung mit den normalen Beförderungsmitteln möglich ist, die den regelmäßigen Bedürfnissen des Verkehrs genügen,
- die Beförderung nicht durch Umstände verhindert wird, welche die Eisenbahn nicht abzuwenden und denen sie auch nicht abzuhelfen vermag.

2.4 Abschluss des Frachtvertrages

Der Frachtvertrag ist abgeschlossen, sobald die Versandbahn das Gut mit dem Frachtbrief zur Beförderung angenommen hat.

Der mit dem Tagesstempel oder dem maschinellen Buchungsvermerk versehene Frachtbrief dient als Beweis für den Abschluss und den Inhalt des Frachtvertrags.

Die Angaben im Frachtbrief über die Masse des Gutes oder die Stückzahl dienen bei einem vom Absender verladenen Wagen aber nur dann als Beweis gegen die Eisenbahn, wenn sie diese Angaben auch nachgeprüft und dies im Frachtbrief vermerkt hat.

Diese Angaben dienen auch dann nicht als Beweis gegen die Eisenbahn, wenn der Unterschied zu diesen Angaben offensichtlich nicht auf einem tatsächlichen Verlust beruht. Dies ist insbesondere der Fall, wenn der Wagen dem Empfänger mit unversehrten Originalverschlüssen übergeben wird.

2.5 Der internationale Frachtbrief (CIM)

Für jede Sendung im grenzüberschreitenden Verkehr wird ein international einheitliches Muster des Eisenbahnfrachtbriefes (CIM) verwendet. Der CIM-Frachtbrief setzt sich aus fünf Blättern zusammen. Das Frachtbrieforiginal (Blatt 1) begleitet die Sendung und wird mit dieser dem Empfänger ausgehändigt. Das Frachtbriefdoppel (Blatt 4) erhält der Absender. Das Frachtbriefdoppel hat nicht die Bedeutung des das Gut begleitenden Frachtbriefs oder eines Konnossements.

Inhalt des Frachtbriefes

Der Frachtbrief muss in jedem Fall enthalten:

a) die Bezeichnung des Bestimmungsbahnhofes;

b) den Namen und die Anschrift des Empfängers; als Empfänger darf nur eine einzelne natürliche Person oder ein anderes Rechtssubjekt angegeben werden;

c) die Bezeichnung des Gutes;

d) die Masse oder statt dessen eine ähnliche Angabe, die den für den Versandbahnhof geltenden Vorschriften entspricht;

e) die Anzahl der Frachtstücke und die Art der Verpackung bei Wagenladungen, die im Eisenbahn-Seeverkehr umgeschlagen werden müssen, ohne Rücksicht darauf, ob die Ladungen aus einem oder aus mehreren Stücken bestehen;

f) die Nummer des Wagens, bei Privatwagen außerdem die Eigenmasse, wenn das Verladen der Güter dem Absender obliegt;

g) ein genaues Verzeichnis der durch die Zoll- oder sonstigen Verwaltungsbehörden vorgeschriebenen Zoll-Papiere, die dem Frachtbrief beigegeben sind oder der Eisenbahn nach Angabe im Frachtbrief bei einem näher bezeichneten Bahnhof, bei einem Zollamt oder bei einer anderen amtlichen Stelle zur Verfügung stehen;

h) den Namen und die Anschrift des Absenders; als Absender darf nur eine einzelne natürliche Person oder ein anderes Rechtsubjekt angegeben werden; wenn es die für den Versandbahnhof geltenden Vorschriften verlangen, hat der Absender seinem Namen und seiner Anschrift handschriftlich, durch Aufdruck oder durch Stempel seine Unterschrift hinzuzufügen.

Haftung für die Angaben im Frachtbrief

Der Absender haftet für die Richtigkeit seiner Angaben im Frachtbrief. Er trägt alle Folgen, die sich daraus ergeben, dass diese Angaben unrichtig, ungenau oder unvollständig sind oder nicht an der für sie vorgesehenen Stelle stehen. Reicht der Raum nicht aus, so hat der Absender an dieser Stelle einen Hinweis darauf anzubringen, wo sich die Fortsetzung der Angaben befindet.

Frachtbriefdoppel

Das Frachtbriefdoppel ist beweiserhebliche Urkunde für die Aufgabe des Gutes und damit für den Abschluss des Frachtvertrages. Es ist zudem Sperrpapier bezüglich des Anweisungs- und Verfügungsrechtes, d. h. ohne das Frachtbriefdoppel können keine Anweisungen oder nachträglichen Verfügungen erteilt werden.

Das Frachtbriefdoppel läßt sich als Inkassopapier (Kasse gegen Frachtbriefdoppel) als Kreditunterlage sowie als Reklamationspapier gegenüber der Bahn verwenden.

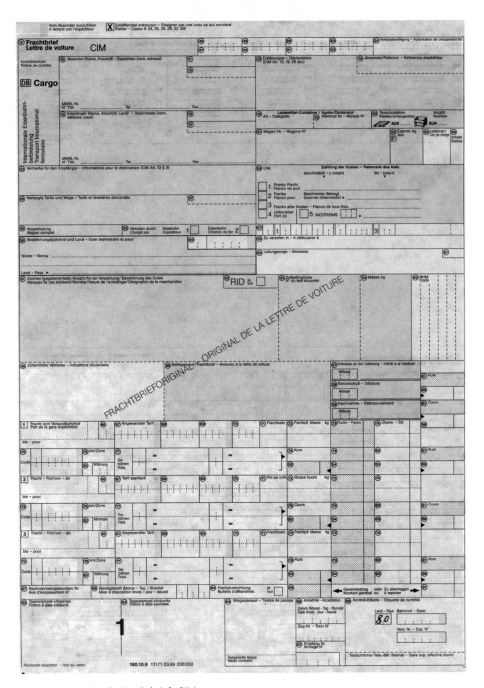

Muster internationaler Frachtbrief, CIM

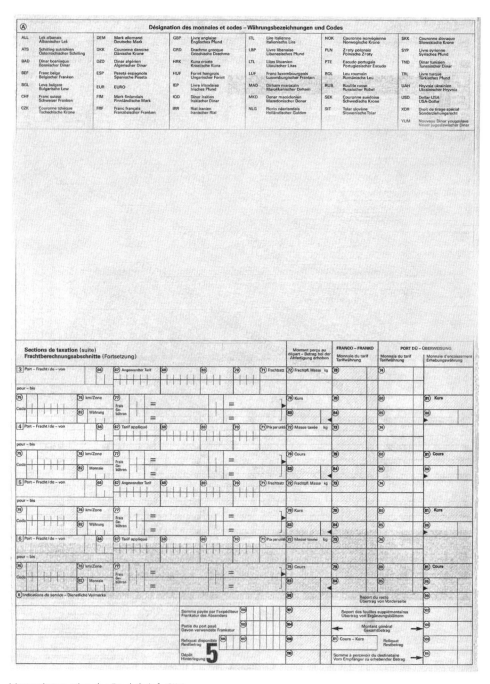

Muster internationaler Frachtbrief, CIM

Erläuterungen für die Verwendung und Behandlung des CIM-Frachtbriefes

A. Allgemeines[1]

1. Das Muster des Frachtbriefes setzt sich aus fünf nummerierten Blättern zusammen, nämlich:
   Blatt 1: **Frachtbrieforiginal** (wird dem Empfänger mit dem Gut übergeben)
   Blatt 2: **Frachtkarte** (Abrechnungsblatt, auf dem alle Kosten ersichtlich sind; dieses begleitet die Sendung bis zum Bestimmungs- bzw. Umbehandlungsbahnhof und verbleibt bei der Bestimmungs- bzw. Übergangsbahn)
   Blatt 3: **Empfangsschein/Zoll** (begleitet die Sendung bis zum Bestimmungsbahnhof und verbleibt bei der Bestimmungsbahn, soweit diese nichts anderes vorschreibt)[2]
   Blatt 4: **Frachtbriefdoppel** (wird dem Absender nach Annahme des Gutes übergeben)
   Blatt 5: **Versandschein** (verbleibt bei der Versandbahn)
   Alle Blätter sind am oberen Rand miteinander verbunden.

2. Behandlung des Frachtbriefes:
   Der Absender füllt die schattierten Felder des Frachtbriefes aus, bevor er ihn der Bahn übergibt (vgl. DCU 8 zu Artikel 12 CIM). Der Bedienstete
   - trägt in das zu diesem Zwecke vorgesehene Feld 96 den Code des Landes und des Bahnhofes sowie die Versandnummer der nachstehend unter Buchstabe E beschriebenen Kontroll-Etikette ein;
   - klebt je einen Abschnitt der Kontroll-Etikette im Feld 96 der Frachtkarte und des Versandscheines auf;
   - füllt die übrigen für die Eisenbahn bestimmten Felder auf der Vorderseite und gegebenenfalls der Rückseite des Frachtbriefes aus, einschließlich der benötigten Frachtberechnungsabschnitte (Ausnahmen siehe PIM 80, Absatz 5, und PIM 89, Absatz 1).

   Alsdann werden das Frachtbriefdoppel und der Versandschein von der Garnitur abgetrennt; das Frachtbriefdoppel wird dem Absender ausgehändigt; der Versandschein verbleibt bei der Versandbahn. Die Kohlepapiere sind zu entnehmen (siehe auch PIM 427, Absatz 3).

   Das Frachtbrieforiginal, die Frachtkarte und der Empfangsschein/Zoll begleiten das Gut bis zum Bestimmungsbahnhof (Ausnahmen siehe Ziffer 1).

3. Der Frachtbrief wird auch verwendet als Beleg für
   - einen mit besonderer Bewilligung anzurechnenden Betrag
   oder
   - einen bei Rücksendung einer Frankaturrechnung nach Umbehandlung anzurechnenden Betrag
   oder
   - einen anzurechnenden Betrag, der Kosten gemäß Codes 76 bzw. 77 der Anlage 8 umfasst.

   Hierbei ist gemäß nachstehendem Abschnitt D zu verfahren.

---

[1] Bei der Veröffentlichung dieser Erläuterungen (vgl. DCU 1 zu Artikel 12 der CIM und PIM 32) haben die Bahnen am Schluss der Ziffer 1 den folgenden Wortlaut hinzuzufügen:
„Im Falle der Trennung von Betrieb der Eisenbahninfrastruktur und der Erbringung von Eisenbahnverkehrsleistungen,
   - sind unter «Eisenbahn» oder «Bahn» im CIM-Frachtbrief und in diesen Erläuterungen die Erbringer von Eisenbahnverkehrsleistungen auf CIM-Linien zu verstehen;
   - bezeichnet der Ausdruck «Bahnhof», wenn er das zum Handeln verpflichtete Organ meint, im Frachtbrief und in diesen Erläuterungen den Erbringer von Eisenbahnverkehrsleistungen."

[2] In gewissen Ländern bildet der Empfangsschein ein Zollpapier, das den Zollbehörden übergeben wird.

4. Um die getrennte Fakturierung einer Transitstrecke und den Einkauf von Leistungen unter den Bahnen zu ermöglichen, können Frachtbriefe gedruckt werden, deren Feld 24 „Zahlung der Kosten – CIM" wie folgt darzustellen ist:

(24) CIM		Paiement des frais – Zahlung der Kosten		Facturation pour ligne/ Fakturierung für Strecke (Code)	par réseau/ durch Bahn (Code)
		y compris – einschließlich ▼	jusqu'à – bis ▼		
☐ 1	Franco de port Franko Fracht			☐☐☐	☐☐☐
☐ 2	Franco pour Franko	(somme déterminée) bestimmter Betrag)		☐☐☐	☐☐☐
☐ 3	Franco de tous frais – Franko aller Kosten			☐☐☐	☐☐☐
☐ 4	Port dû Unfrankiert	☐ 5 INCOTERMS ☐☐☐ ▶		☐☐☐	☐☐☐

Die Vermerke über die Zahlung der Kosten in Feld 24 gelten weiterhin. Dieses neue Feld ist vom Absender auszufüllen. Folgende Bedingungen für die Verwendung der zusätzlichen Felder „Fakturierung für Strecke (Code)" und „durch Bahn (Code)" müssen erfüllt sein:
- Eine besondere Vereinbarung ist abzuschließen. Diese Vereinbarung hat die Abweichungen gemäß Artikel 8 § 4, Buchstabe f) der CIM vorzusehen.
- Alle Bahnen sind von der abgeschlossenen Vereinbarung (Tarif, Sonderabmachung) vor der Abfertigung der ersten Sendung zu informieren. Die beteiligten Bahnen verständigen ihrerseits die mit der Abfertigung beauftragten Stellen.
- In Feld 26 „Verlangte Tarife und Wege" ist die jeweilige Vereinbarung (Tarif, Sonderabmachung) für die entsprechende Strecke vom Absender einzutragen.

Die Frachtbriefe werden mit einem zusätzlichen Blatt für die fakturierende Bahn gedruckt.

Das zusätzliche Blatt wird
- nach dem Blatt 3 aufgenommen,
- als „Frachtkarte für die fakturierende Bahn Code ☐☐" bezeichnet und mit der Nummer 2a* versehen
- überdies folgenden Vermerk auf der Rückseite aufweisen:
„*zusätzliche Frachtkarte für Fakturierung durch eine andere Bahn als der Versand- oder Bestimmungsbahn".

5. Um die im Zusammenhang mit der Verwendung des internationalen Eisenbahnfrachtbriefes stehenden Handelspraktiken und -verfahren weiter zu erleichtern, wird den Bahnen empfohlen, die Frachtbriefe von Kunden, die es wünschen, mit einem zusätzlichen Blatt für die Bedürfnisse des Absenders zu drucken, wobei die Bahnen jedoch keine solchen Frachtbriefe zur Befriedigung von Einzelbegehren vorrätig halten werden.

Das zusätzliche Blatt wird
- in der Frachtbriefgarnitur an letzter Stelle aufgenommen,
- als „Zusätzliches Blatt für den Absender" bezeichnet und mit der Nummer 4a versehen,
- die gleichen Angaben wie das Frachtbriefdoppel enthalten,
- überdies folgende Vermerke aufweisen:
„Nicht gültig zu Dokumentarkreditzwecken"
„Nicht gültig zur Einreichung einer Reklamation gemäss Artikel 53 CIM/TIEx"
„Nicht gültig zur Abänderung des Frachtvertrages oder zur Einteilung von Anweisungen im Falle eines Beförderungs- oder Ablieferungshindernisses, muss jedoch in diesen Fällen mit dem Frachtbriefdoppel vorgelegt werden".

Das Frachtbriefdoppel der mit einem zusätzlichen Blatt ausgegebenen Frachtbriefe wird die Aufschrift tragen „Frachtbriefdoppel eines mit einem zusätzlichen Blatt für den Absender ausgegebenen Frachtbriefes; dieses Frachtbriefdoppel ist nicht gültig als Beleg für einen auf Grund eines Tarifs, eines Sonderabkommens oder eines Vertrages gestellten Erstattungsantrag".

2.6 Änderung des Frachtvertrages
Änderung durch den Absender (COTIF/CIM Artikel 30)
§ 1 Der Absender kann den Frachtvertrag durch nachträgliche Verfügung abändern, indem er vorschreibt:
a) die Rückgabe des Gutes auf dem Versandbahnhof;
b) das Anhalten des Gutes unterwegs;
c) das Aussetzen der Ablieferung des Gutes;
d) die Ablieferung des Gutes an eine andere Person als den im Frachtbnef angegebenen Empfänger;
e) die Ablieferung des Gutes auf einem anderen als dem im Frachtbrief angegebenen Bestimmungsbahnhof;
f) die Rücksendung des Gutes zum Versandbahnhof;
g) die Belastung mit einer Nachnahme;
h) die Erhöhung, die Herabsetzung oder die Aufhebung einer Nachnahme;
i) die Übernahme von Kosten einer unfrankierten Sendung oder die zusätzliche Übernahme von Kosten gemäß Artikel 15 § 2.

Die Tarife der Versandbahn können bestimmen, daß die Verfügungen gemäß Buchstabe g) bis i) nicht zulässig sind.

Die Zusatzbestimmungen oder die internationalen Tarife, die zwischen den an der Beförderung beteiligten Eisenbahnen gelten, können oben nicht angeführte Verfügungen zulassen.

Die Verfügungen dürfen nicht zu einer Teilung der Sendung führen.

Der Absender kann den anzuwendenden Tarif und den Beförderungsweg vorschreiben. Hat er gemäß Artikel 15 § 2 Kosten bis zu einem Tarifschnittpunkt übernommen und wird die Sendung infolge der Änderung des Frachtvertrages nicht mehr über diesen Punkt befördert, so muß er einen neuen Frankaturvermerk über die Zahlung der Kosten machen. Durch diesen Frankaturvermerk darf sich keine Änderung des ursprünglichen Vermerkes für die bereits durchfahrenen Länder – mit Ausnahme der gemäß § 1 Buchstabe i) zugelassenen Änderung – ergeben.

§ 2 Die Verfügungen sind durch eine Erklärung in der von der Eisenbahn vorgeschriebenen Form zu erteilen.

Diese Erklärung ist vom Absender auch im Frachtbriefdoppel, das der Eisenbahn vorzulegen ist, einzutragen und zu unterschreiben. Die Unterschrift kann aufgedruckt oder durch den Stempel des Absenders ersetzt werden.

Verfügungen, die dieser Formvorschrift nicht entsprechen, sind nichtig.

Die Erklärung ist schriftlich mittels eines Formulars abzugeben, dessen Muster von der Eisenbahn festgelegt und veröffentlicht wird. Sie muß gemäß Artikel 12 § 3 Absatz 2 abgefaßt sein und dem Versandbahnhof übermittelt werden.

§ 3 Führt die Eisenbahn die Verfügungen des Absenders aus, ohne sich das Doppel vorlegen zu lassen, so haftet sie dem Empfänger für den dadurch verursachten Schaden, wenn der Absender ihm das Doppel übergeben hat. Sie hat aber in keinem Fall einen höheren Schadenersatz zu leisten als bei Verlust des Gutes.

§ 4 Das Recht des Absenders zur Änderung des Frachtvertrages erlischt, auch wenn er das Frachtbriefdoppel besitzt, in den Fällen, in denen der Empfänger
a) den Frachtbrief eingelöst,
b) das Gut angenommen,
c) seine Rechte gemäß Artikel 26 § 4 geltend gemacht hat oder
d) gemäß Artikel 31 verfügungsberechtigt ist, sobald die Sendung in das Zollgebiet des Bestimmungslandes gelangt ist.

Von diesem Zeitpunkt an hat die Eisenbahn die Verfügungen und die Anweisungen des Empfängers zu befolgen.

Änderung des Frachtvertrages durch den Empfänger (COTIF/CIM Artikel 31)

§ 1 Hat der Absender die auf die Beförderung im Bestimmungsland entfallenden Kosten nicht übernommen und auch nicht den Vermerk „Empfänger nicht verfügungsberechtigt" im Frachtbrief angebracht, so kann der Empfänger den Frachtvertrag durch nachträgliche Verfügung ändern, indem er vorschreibt:

a) das Anhalten des Gutes unterwegs;
b) das Aussetzen der Ablieferung des Gutes;
c) die Ablieferung des Gutes im Bestimmungsland an eine andere Person als den im Frachtbrief angegebenen Empfänger;
d) die Ablieferung des Gutes im Bestimmungsland auf einem anderen als dem im Frachtbrief angegebenen Bestimmungsbahnhof, soweit die internationalen Tarife nichts anderes bestimmen;
e) die Erfüllung der zoll- oder sonstigen verwaltungabehördlichen Vorschriften gemäß Artikel 26 § 3.

Die Zusatzbestimmungen oder die internationalen Tarife, die zwischen den an der Beförderung beteiligten Eisenbannen gelten, können oben nicht angeführte Verfügungen zulassen.
Die Verfügungen dürfen nicht zu einer Teilung der Sendung führen.
Die Verfügungen des Empfängers werden erst wirksam, wenn die Sendung in das Zollgebiet des Bestimmungslandes gelangt ist.

§ 2 Diese Verfügungen sind durch eine Erklärung in der von der Eisenbahn vorgeschriebenen Form zu erteilen.
Verfügungen, die dieser Formvorschrift nicht entsprechen, sind nichtig.

§ 3 Das Recht des Empfängers zur Änderung des Frachtvertrages erlischt in den Fällen, in denen er

a) den Frachtbrief eingelöst,
b) das Gut angenommen,
c) seine Rechte gemäß Artikel 28 § 4 geltend gemacht hat oder
d) gemäß § 1 Buchstabe c) eine Person bezeichnet hat und sie den Frachtbrief eingelöst, das Gut angenommen oder ihre Rechte gemäß Artikel 28 § 4 geltend gemacht hat.

§ 4 Hat der Empfänger vorgeschrieben, daß das Gut einer anderen Person abzuliefern ist, so ist sie nicht berechtigt, den Frachtvertrag abzuändern.

2.7 Zahlung der Kosten

COTIF/CIM Artikel 15

§ 1 Die Kosten (Fracht, Nebengebühren, Zölle und sonstige von der Annahme zur Beförderung bis zur Ablieferung erwachsende Kosten) sind nach den folgenden Bestimmungen vom Absender oder vom Empfänger zu bezahlen. Für die Anwendung dieser Bestimmungen werden Beträge, die nach dem anzuwendenden Tarif bei der Frachtberechnung den Sätzen der Regel- oder Ausnahmetarife zuzuschlagen sind, als Fracht angesehen.

§ 2 Will der Absender die Kosten ganz oder teilweise übernehmen, so hat er dies im Frachtbrief durch einen der folgenden Vermerke anzugeben:

a) 1. „Franko Fracht",
wenn er nur die Fracht übernimmt;

2. „Franko Fracht einschließlich ...",
wenn er außer der Fracht noch weitere Kosten übernimmt. Er hat diese Kosten genau zu bezeichnen; Zusätze, die nur Nebengebühren oder sonstige von der Annahme zur Beförderung bis zur Ablieferung erwachsende Kosten sowie Beträge betreffen können, die durch Zoll- oder sonstige Verwaltungsbehörden erhoben werden, dürfen nicht zu einer Teilung des Gesamtbetrages einer gleichen Kostengattung führen (z. B. Gesamtbetrag der Zölle und der den Zollbehörden zu zahlenden sonstigen Beträge, wobei die Mehrwertsteuer als eine besondere Kostengattung anzusehen ist);

3. **„Franko Fracht bis X"**
namentliche Bezeichnung eines Tarifschnittpunktes benachbarter Länder, wenn er die Fracht bis X übernimmt;

4. **„Franko Fracht einschließlich ... bis X"**
namentliche Bezeichnung eines Tarifschnittpunktes von Nachbarländern, wenn er außer der Fracht bis X noch weitere Kosten übernimmt, unter Ausschluß aller Kosten, die sich auf das Nachbarland oder auf die anschließende Eisenbahn beziehen. Ziffer 2 gilt sinngemäß;

b) **„Franko aller Kosten",**
wenn er alle Kosten übernimmt (Fracht, Nebengebühren, Zölle und sonstige Kosten);

c) **„Franko ..."**
wenn er einen bestimmten Betrag übernimmt. Wenn die Tarife nichts anderes bestimmen, muss dieser Betrag in der Währung des Versandlandes ausgedrückt werden.

Nebengebühren und sonstige Kosten, die gemäß den für den Versandbahnhof geltenden Vorschriften für die ganze in Betracht kommende Strecke berechnet werden, sowie die Gebühr für die Angabe des Interesses an der Lieferung gemäß Artikel 16 § 2 sind bei der Zahlung der Kosten gemäß Buchstabe a) Ziffer 4 immer ganz vom Absender zu zahlen.

§ 3 Die internationalen Tarife können für die Zahlung der Kosten die ausschließliche Verwendung bestimmter in § 2 vorgesehener Vermerke oder die Verwendung anderer Vermerke vorschreiben.

§ 4 Die Kosten, die der Absender nicht übernommen hat, gelten als auf den Empfänger überwiesen. Die Kosten gehen jedoch stets zu Lasten des Absenders, wenn der Empfänger weder den Frachtbrief eingelöst noch seine Rechte aus dem Frachtvertrag nach Artikel 28 § 4 geltend gemacht noch den Frachtvertrag nach Artikel 31 abgeändert hat.

§ 5 Die Nebengebühren, wie Standgeld, Lagergeld und Wiegegelder, deren Erhebung durch einen vom Empfänger zu vertretenden Umstand veranlaßt wird oder auf ein Verlangen des Empfängers beruht, sind immer von ihm zu bezahlen.

§ 6 Die Versandbahn kann vom Absender die Vorauszahlung der Kosten verlangen, wenn es sich um Güter handelt, die nach ihrem Ermessen raschem Verderb ausgesetzt sind oder wegen ihres geringen Wertes oder ihrer Natur nach die Kosten nicht sicher decken.

§ 7 Kann der Betrag der Kosten, die der Absender übernimmt, bei der Auflieferung nicht genau festgestellt werden, so werden diese Kosten in eine Frankaturrechnung eingetragen, über die spätestens 30 Tage nach Ablauf der Lieferfrist mit dem Absender abzurechnen ist. Die Eisenbahn kann gegen Quittung die Hinterlegung einer die Kosten ungefähr deckenden Summe als Sicherheit fordern. Dem Absender ist gegen Rückgabe der Quittung eine den Eintragungen in die Frankaturrechnung entsprechende aufgeschlüsselte Kostenrechnung auszuhändigen.

§ 8 Der Versandbahnhof muss im Frachtbrief und im Frachtbriefdoppel die als Frankatur erhobenen Kosten einzeln vermerken, soweit nicht die für den Versandbahnhof geltenden Vorschriften bestimmen, daß diese Kosten nur im Frachtbriefdoppel anzugeben sind. In dem in § 7 erwähnten Fall sind diese Kosten weder im Frachtbrief noch im Frachtbriefdoppel zu vermerken.

Ab 01.10.2002 ist auch die Möglichkeit vorgesehen, im Rahmen des Beförderungsvertrags die Incoterms zu verwenden. Der Absender kann als Vermerk über die Zahlung der Kosten in dem dafür vorgesehenen Frachtbrieffeld 24 einen der folgenden Incoterms eintragen: EXW, FCA, CPT, CIP, DAF, DDU und DDP; die Angabe des Incoterms DAF ist durch den Tarifschnittpunkt, bis zu dem der Absender die Kosten übernimmt, zu ergänzen. Die Anwendung eines Incoterms berührt lediglich die Zahlung der Kosten und zieht keine weiteren rechtlichen Auswirkungen, als jene, die sich aus diesem Artikel ergeben, nach sich.

2.8 Die Frachtzahlungsweisen im internationalen Verkehr
Europäischer Bahnverkehr, Bahnverkehr nach Nah- und Mittelost sowie Bahnverkehr nach Nordafrika

Wie kann bzw. wie muss fakturiert werden „ab Werk", „frei Grenze" oder „franko Bestimmungsort"? Und kann eine Sendung mit Nachnahme und Barvorschuss belegt werden? Antwort auf diese Fragen wird in der nachstehenden Übersicht gegeben. Vorweg einige Worterklärungen:

Frachtzahlungsfreiheit:
Der Absender kann lt. Artikel 15 CIM die Frachtzahlungsweise wählen. Einzelne internationale Tarife können, unabhängig davon, diese Frachtzahlungsweise einschränken.
Die Kosten, die der Absender nicht übernommen hat, gelten als auf den Empfänger überwiesen.

Nachnahmen:
Wo diese lt. Artikel 17 CIM zugelassen sind, können Sendungen, soweit nicht anders angegeben, bis zum Wert des Gutes bzw. bis zu dem angegebenen Betrag mit Nachnahme belegt werden. Die zuständige Versand-Niederlassung hat dabei den Nachnahme-Begleitschein beizugeben.

Barvorschüsse:
Sind Beträge, die bereits bei der Auflieferung der Sendung an den Absender gezahlt werden können. Es sind nur die den Kosten der vorangegangenen Eisenbahnbeförderung entsprechenden Beträge im Falle der Neuaufgabe zugelassen.

Bei Versand von einem Bahnhof der Railion Deutschland[1] nach	Zahlung der Frachtkosten und Nebengebühren
Albanien	Absender zahlt bis jugoslawisch/albanischen Grenzübergang TUZI/BAJA
Algerien	Absender zahlt bis zum französischen/algerischen Hafen – die Seefracht bis Algier (+ Hafenumschlag) kann entweder Absender oder Empfänger zahlen
Belgien	Frachtzahlungsfreiheit
Bulgarien	Frachtzahlungsfreiheit
Dänemark	Frachtzahlungsfreiheit
Finnland	Frachtzahlungsfreiheit
Frankreich	Frachtzahlungsfreiheit
Griechenland	Frachtzahlungsfreiheit
Großbritannien/Nordirland	Frachtzahlungsfreiheit
Irak	Absender zahlt bis türkisch-syrische Grenzübergänge Meydan-Ekbes/und Nusaybin
Iran	a) Leitung über die GUS: Absender (nur von einem ermächtigten Spediteur) zahlt alle Frachtkosten bis Djulfa oder Astara oder Badjigiran; b) Leitung über die Türkei: Absender zahlt bis türkisch-iranischen Grenzübergang Kapiköy/Razi
Irland	Frachtzahlungsfreiheit
Italien	Frachtzahlungsfreiheit
Jugoslawien	Absender zahlt bis zu den Grenzübergängen zwischen Bulgarien/Griechenland/Kroatien/Ungarn einerseits und Jugoslawien andererseits
Kroatien	Frachtzahlungsfreiheit
Libanon	Absender zahlt bis türkisch-syrische Grenzübergänge Meydan-Ekbes und Nusaybin
Luxemburg	Frachtzahlungsfreiheit
Marokko	Frachtzahlungsfreiheit
Niederlande	Frachtzahlungsfreiheit
Norwegen	Frachtzahlungsfreiheit

---

[1] Bei Versand ab einem Bahnhof von Railion Deutschland sind Nachnahmen und Barvorschüsse grundsätzlich nicht zugelassen.

Bei Versand von einem Bahnhof der DB nach	Zahlung der Frachtkosten und Nebengebühren
Österreich	Frachtzahlungsfreiheit
Polen	Frachtzahlungsfreiheit
Portugal	Frachtzahlungsfreiheit
Rumänien	Frachtzahlungsfreiheit
Schweden	Frachtzahlungsfreiheit
Schweiz	Frachtzahlungsfreiheit
Slowenien	Frachtzahlungsfreiheit
Spanien	Frachtzahlungsfreiheit
Syrien	Absender zahlt bis türkisch-syrische Grenzübergänge Meydan-Ekbes und Nusaybin
Slowakei	Frachtzahlungsfreiheit
Tschechien	Frachtzahlungsfreiheit
Türkei	Absender zahlt bis Python griech.-türk. Grenze oder Svilengrad bulg.-türk. Grenze
Tunesien	Fracht und Nebengebühren bis zum tunesischen Löschhafen (an Bord des Schiffes) zahlt Absender
Ungarn	Frachtzahlungsfreiheit

Anmerkung:
In allen Fällen, in denen eine Einschränkung der Frachtzahlungsfreiheit besteht, ist es möglich, durch eine entsprechende Vereinbarung mit dem Spediteur, diese Einschränkung aufzuheben.

2.9 Lieferfristen
COTIF/CIM Artikel 27

§ 1 Die Lieferfristen werden durch Vereinbarungen zwischen den an der Beförderung beteiligten Eisenbahnen oder durch die vom Versand- bis zum Bestimmungsbahnhof anwendbaren internationalen Tarife festgesetzt. Für bestimmte Sonderverkehre und in bestimmten Verbindungen können diese Fristen auch auf Grund von Beförderungsplänen festgesetzt werden, die zwischen den beteiligten Bahnen anwendbar sind; in diesem Fall müssen sie in internationale Tarife oder in besonderen Abmachungen aufgenommen werden, die von den §§ 3 bis 9 abweichen dürfen.
Die Lieferfristen dürfen in keinem Falle länger sein, als sie sich aus den folgenden Bestimmungen ergeben.

§ 2 Soweit keine Lieferfristen gemäß § 1 festgesetzt sind, betragen sie vorbehaltlich der folgenden Bestimmungen:

a) für Wagenladungen:
   Abfertigungsfrist .... 12 Stunden,
   Beförderungsfrist je angefangene 400 km .... 24 Stunden;

b) für Stückgut:
   Abfertigungsfrist .... 24 Stunden,
   Beförderungsfrist je angefangene 200 km .... 24 Stunden.
   Alle Entfernungen beziehen sich auf Tarifkilometer.

§ 3 Die Abfertigungsfrist ist ohne Rücksicht auf die Zahl der beteiligten Eisenbahnen nur einmal zu berechnen. Die Beförderungsfrist ist nach der Gesamtentfernung zwischen dem Versand- und dem Bestimmungsbahnhof zu berechnen.

§ 4 Die Eisenbahn darf Zuschlagsfristen von bestimmter Dauer für folgende Fälle festsetzen:
a) Sendungen, die außerhalb des Bahnhofes aufgeliefert oder abgeliefert werden;

b) Sendungen, die befördert werden:
  1. über Linien mit unterschiedlicher Spurweite,
  2. über den Seeweg oder über Binnenwasserstraßen,
  3. auf einer Straße, wenn keine Eisenbahnverbindung besteht;
c) Sendungen, die nach Binnen-Spezialtarifen oder -ausnahmetarifen mit ermäßigten Frachtsätzen befördert werden;
d) außergewöhnliche Verhältnisse, die eine ungewöhnliche Verkehrszunahme oder ungewöhnliche Betriebsschwierigkeiten zur Folge haben.

§ 6 Die Lieferfrist beginnt mit der auf die Annahme des Gutes zur Beförderung folgenden Mitternacht.

§ 7 Die Lieferfrist wird um die Dauer des Aufenthaltes verlängert, der ohne Verschulden der Eisenbahn verursacht wird durch

a) Nachprüfung der Sendung, sofern hierbei Abweichungen von den Angaben im Frachtbrief festgestellt werden;
b) Erfüllung der zoll- oder sonstigen verwaltungsbehördlichen Vorschriften;
c) Abänderung des Frachtvertrages gemäß Artikel 30 oder 31;
d) besondere Vorkehrungen für das Gut;
e) Umladen oder Zurechtladen infolge mangelhafter Verladung durch den Absender;
f) jede Verkehrsunterbrechung, durch die der Beginn oder die Fortsetzung der Beförderung zeitweilig verhindert wird.

Ursache und Dauer dieser Verlängerungen sind im Frachtbrief zu vermerken. Sie können gegebenenfalls in anderer Weise bewiesen werden.

§ 8 Die Lieferfrist ruht an Sonntagen und gesetzlichen Feiertagen.

Sie ruht an Samstagen, wenn in einem Staat die geltenden Vorschriften dies an diesen Tagen für ihren Eisenbahnbinnengüterverkehr vorsehen.

§ 9 Würde die Lieferfrist nach Schluß der Dienststunden des Bestimmungsbahnhofes ablaufen, so endet sie erst zwei Stunden nach dem darauffolgenden Dienstbeginn.

§ 10 Die Lieferfrist ist gewahrt, wenn vor ihrem Ablauf

a) der Empfänger von der Ankunft des Gutes benachrichtigt und das Gut zu seiner Verfügung bereitgestellt ist, sofern es sich um eine Sendung handelt, die auf dem Bahnhof abgeliefert werden muß und von deren Ankunft der Empfänger zu benachrichtigen ist;
b) das Gut zur Verfügung des Empfängers bereitgestellt ist, sofern es sich um eine Sendung handelt, die auf dem Bahnhof abgeliefert werden muß und von deren Ankunft der Empfänger nicht zu benachrichten ist;
c) das Gut dem Empfänger zur Verfügung gestellt ist, sofern es sich um eine Sendung handelt, die außerhalb des Bahnhofes abzuliefern ist.

§ 7 Die Lieferfrist ist gewahrt, wenn bis zu ihrem Ablauf das Gut im Bestimmungsbahnhof eingegangen ist, die Eisenbahn den Empfänger hiervon benachrichtigt hat und das Gut zu seiner Verfügung bereitgestellt ist. Die Benachrichtigung des Empfängers erfolgt gemäß den bei der Bestimmungsbahn geltenden Binnenvorschriften.

Falls gemäß den bei der Bestimmungsbahn geltenden Binnenvorschriften das Gut dem Empfänger an die im Frachtbrief angegebene Anschrift zuzuführen ist, gilt die Lieferfrist als gewahrt, wenn das Gut dem Empfänger bis zum Ablauf der Lieferfrist zugestellt wurde.

In den Fällen, in denen das Gut auf einem Grenzübergangsbahnhof umgeladen wurde, ist, sofern ein Teil des Gutes mit einer Nachsendefrachtkarte befördert wird, für das Berechnen der Lieferfrist der Teil des Gutes maßgebend, der mit dem Frachtbrief eingegangen ist.

2.10 Warenbeförderungen mit der Bahn unter Zollüberwachung

Für die zollamtliche Überwachung des Warenverkehrs bestehen verschiedene Versandverfahren:

A) Das gemeinschaftliche/gemeinsame Versandverfahren (gVV oder auch T1-, T2-Verfahren).
B) Das vereinfachte gemeinschaftliche Versandverfahren (vgVV) für den Güterverkehr der Eisenbahn.
C) Das Verfahren mit Carnet TIR.
D) Das Verfahren mit Form 302 (NATO Versandschein).
E) Das Verfahren mit Carnet A. T. A.

A. Gemeinschaftliches/gemeinsames Versandverfahren (gVV)

1. Geltungsbereich

Das gVV dient der Überwachung der Beförderung

- a) von Nichtgemeinschaftswaren (Zollgut) im Zollgebiet der Europäischen Union (EU), auch innerhalb eines Mitgliedstaates sowie
- b) von Waren zwischen dem Zollgebiet der EU und den EFTA-Länder, (Island, Norwegen und Schweiz)
- c) zwischen den EFTA-Ländern.

2. Ziel

Das gVV hat, wie alle Versandverfahren, den Zweck, den Warenverkehr innerhalb der EU und der EFTA-Länder zu erleichtern und die Waren unter Zoll- und Steueraussetzung bis zum bzw. in die Nähe ihres Verbrauchsorts zu befördern. Die Waren können von einem Ort zu einem anderen Ort der EG oder EFTA-Staaten in einem einzigen Verfahren unter gemeinschaftlicher Überwachung der beteiligten Zollverwaltungen befördert werden. Durch Erleichterung und Entfall von Kontrollen wird ein von Grenzaufenthalten weitgehend freier Warenverkehr ermöglicht.

3. Rechtsgrundlagen

- VO (EWG) Nr. 2913/92 vom 10.12.92 – ZOLLKODEX –
- VO (EWG) Nr. 2454/93 vom 02.07.93 – ZOLLKODEX – Durchführungsverordnung
- Übereinkommen EWG – EFTA „Gemeinsames Versandverfahren" vom 20.05.1987

4. Verfahren

Im gVV wird unterschieden zwischen

- a) externem gVV mit Vordruck T1 für Nichtgemeinschaftswaren, das sind im wesentlichen Waren aus Drittländern, die noch nicht zum freien Verkehr der Gemeinschaft abgefertigt worden sind.
- b) internem gVV mit Vordruck T2 für Waren aus der Gemeinschaft sowie für diejenigen Waren aus Drittländern, die sich bereits im freien Verkehr der Gemeinschaft befinden (Gemeinschaftswaren).

Ob ein Vordruck T1 oder T2 zu verwenden ist, richtet sich nach diesem zollrechtlichen Status der Ware.

5. Zollstellen und Behandlung der 3 Exemplare der Vordrucke T1, T2

Die Zollstellen, die an der Einleitung, Durchführung und Beendigung des gVV beteiligt sind, haben folgende Bezeichnung:

- a) Abgangsstelle = Zollstelle bei der das gVV beginnt; hier hat der Hauptverpflichtete die Eröffnung
- b) Durchgangszollstelle = Eingangszollstelle eines Mitgliedstaates der Gemeinschaft, wenn Waren in einem Versandverfahren durch das Gebiet eines Drittlandes kommen, Augangszollstelle aus der Gemeinschaft
- c) Bestimmungsstelle = Zollstelle, der die Ware zur Beendigung des gVV zu gestellen ist.

Vordruck für das gVV

Für das gVV werden die Teile 1, 4 und 5 des Einheitspapiers benutzt.
- Exemplar 1 für die Abgangszollstelle
- Exemplar 4 für die Bestimmungszollstelle
- Exemplar 5 Rückschein (begleitet die Waren bis zur Bestimmungszollstelle und wird von dieser an die Abgangszollstelle zurückgesandt)

6. Hauptverpflichteter und Sicherheitsleistung

Hauptverpflichteter ist, wer selbst oder durch einen befugten Vertreter die Überführung in ein gemienschaftliches Versandverfahren beantragt und damit die Haftung für die ordnungsgemäße Durchführung des gVV übernimmt. Er ist Zollbeteiligter und hat in bestimmten Fällen Sicherheit zu leisten.

7. Kombinierter Verkehr

Im kombinierten Verkehr Straße/Schiene/Straße gilt die Versandanmeldung T auch für die Teilstrecke der Schiene durchgehend als Versandanmeldung. Im Feld Beilagen des Frachtbriefs CIM bzw. im Übergabeschein TR ist gut sichtbar auf die Art und Nr. der Versandanmeldung, die ausstellende Zollstelle und das Datum der Versandanmeldung hinzuweisen. (Beispiel: Versandanmeldung T Nr. 190543, Wiesbaden, den 04.09.01)

An den Schnittstellen der einzelnen Verkehrsträger sind keine Förmlichkeiten zu erfüllen.

B. Die elektronische Abwicklung des gemeinschaftlichen/gemeinsamen Versandverfahrens über NCTS (New Computerized Transit System)

In Deutschland wird NCTS im Fachverfahren ATLAS realisiert.

Das EDV-Verfahren NCTS ersetzt das bisherige papiergestützte Versandverfahren mit Versandanmeldung T auf dem amtlichen Vordruck Einheitspapier.

Bei NCTS tritt an Stelle der Versandanmeldung T das (NCTS) Begleitdokument (VBD). Es besteht aus dem
- Exemplar A = Versandbegleitdokument und
- Exemplar B = Rückschein.

Das Exemplar B ist nur erforderlich, sofern die Bestimmungszollstelle nicht am EDV-gestützten Versandverfahren NCTS angeschlossen ist.

Das Versandbegleitdokument trägt zur eindeutigen Identifizierung des Versandverfahrens als Versandbezugsnummer eine sogenannte MRN = **M**ovement **R**eference **N**umber. Diese MRN ist alphanumerisch aufgebaut und besteht aus 18 Zeichen.

Das Versandbegleitdokument muss zwingend die Sendung begleiten. Im Feld Beilagen des Frachtbriefs CIM bzw. im Übergabeschein TR ist dieses VDB + MRN einzutragen.

Nachstehend im Punkt C. beschriebene Warenbeförderungen im Eisenbahnverkehr unter Zollüberwachung im vereinfachten gemeinschaftlichen/gemeinsamen Versandverfahren (vgVV), in dem der Frachtbrief bzw. Übergabeschein TR als Versandanmeldung T gilt, bleiben vom NCTS unberührt. Das gilt auch für die Vereinfachungen „Zugelassener Versender" (ZV) und „Zugelassener Empfänger" (ZE) in Verbindung mit dem vgVV im Eisenbahnverkehr.

C. Vereinfachtes gemeinschaftliches/gemeinsames Versandverfahren (vgVV)

Das vgVV vereinfacht die Bestimmungen des gVV für den Eisenbahnverkehr. Das Beförderungspapier ist gleichzeitig Versandanmeldung T.

1. Geltungsbereich

Das vgVV gilt nur für den Güterverkehr der Eisenbahn. Die im vgVV durchgehend mit Bestimmung in ein Drittland abgefertigten Sendungen gelten mit Bestätigung der Übernahme durch die Eisenbahn als ausgeführt. Bleiben sie, z.B. aufgrund einer nachträglichen Verfügung im deutschen Zollgebiet, so dürfen sie nur durch Vermittlung einer Zollstelle abgeliefert werden.

2. Ziel

wie unter A 2. aufgeführt, jedoch ist das formularreiche und arbeitszeitaufwendige Versandscheinverfahren des gVV wesentlich vereinfacht worden.

3. Rechtsgrundlagen
Wie unter A 3. aufgeführt.

4. Übernahmeverfahren
Im vgVV gilt der internationale Frachtbrief CIM bzw. der Übergabeschein TR als Versandanmeldung T und Präferenznachweis.
Der Versandbahnhof hat der Zollbehörde die Übernahme jeder Ausfuhrsendung, die im vgVV befördert wird, zu bestätigen. Für die Form der Bestätigung der Übernahme sind in der Regel drei Fälle zu unterscheiden:
a) Eisenbahnübernahmebestätigung (EÜB) von der Abgangsstelle oder einem zugelassenen Versender vorbereitet. Der Versandbahnhof muss dabei im Bezirk der Abgangsstelle liegen.
b) Bestätigung der Übernahme gegenüber der Zollbehörde nur auf dem von der Ausfuhrzollstelle bzw. einem Zugelassenen Versender bestätigen Ausfuhrpapier nur durch Tagesstempel des Versandbahnhofs.
c) Eisenbahnübernahmebestätigung (EÜB) durch den Versandbahnhof für Sendungen ohne Ausfuhrpapiere (= Sendungen mit einem Warenwert bis max. € 3.000). Bei Sendungen mit einem Warenwert bis € 1.000 oder einer Eigenmasse von max. 1.000 kg sowie bei bestimmten Sendungen mit geringer wirtschaftlicher Bedeutung genügt die mündliche Anmeldung.

Zu 4a)
Hier übergibt der Versender bei der Auflieferung der Sendung eine Eisenbahnübernahmebestätigung (EÜB), die von der Abgangszollstelle oder von einem „Zugelassenen Versender" im Abschnitt I der EÜB ausgefüllt ist. In diesem Fall sind in den im Abschnitt I der EÜB genannten Teilen und Stellen der Beförderungspapiere eine Nr. und ggf. Vermerke wie T1, EUSt, VSt, Kontrollexemplar T5 oder ein sonstiger Vermerk in roter oder schwarzer Farbe eingetragen, denen – außer bei Versand durch „Zugelassene Versender" – ein rechteckiger zollamtlicher Stempelaufdruck beigefügt ist.
Es handelt sich hier um Waren,
– die zoll-, einfuhrumsatzsteuer- oder verbrauchssteuerlich sich nicht im freien Verkehr befinden,
– für die eine Vergütung oder Erstattung von Verbrauchssteuern aus Rechtsgründen beansprucht wird,
– die der Verbrauchsteuer unterliegen (z. B. Alkohol, Zigaretten),
– für die Gemeinschaftsvorschriften besondere Vermerke vorsehen und
– für die ein Kontrollexemplar T5 vorgelegt wird.
Der Versandbahnhof hat die Angaben im Abschnitt I der EÜB mit den Angaben im Beförderungspapier bzw. im Übergabeschein TR zu vergleichen, den Abschnitt II der EÜB zu ergänzen und diese mit Tagesstempel und Unterschrift zu bestätigen. Die EÜB ist täglich der Zollstelle zuzuleiten, die aus dem zollamtlichen Stempel im Abschnitt I erkenntlich ist, auch die von einem Zugelassenen Versender vorbereitete EÜB.

Zu 4b)
Hier übergibt der Versender bei der Auflieferung der Sendung dem Versandbahnhof das Beförderungspapier und ggf. den Übergabeschein TR mit dem Ausfuhrpapier.
Als Ausfuhrpapier kommen in Frage:
– eine Ausfuhranmeldung (AM),
– eine Unvollständige/Vereinfachte AM,
– eine Ausfuhrkontrollmeldung (AKM).
Die Ausfuhranmeldung muss den Ausfuhrzulässigkeitsstempel einer Ausfuhrzollstelle tragen. Der Versandbahnhof bestätigt durch Anbringen seines Tagesstempels auf dem Ausfuhrpapier, dass er die Sendung übernommen hat und leitet die Ausfuhrpapiere täglich der für ihn zuständigen Zollstelle (Ausgangszollstelle) zu.

Zu 4c)
Hier übergibt der Versender bei der Auflieferung der Sendung dem Versandbahnhof das Beförderungspapier und ggf. den Übergabeschein TR und eine im Abschnitt III der EÜB schriftliche Erklärung, daß für die aufgelieferten Waren kein Ausfuhrpapier erforderlich ist.
Der Versandbahnhof bestätigt im Abschnitt II der EÜB die Übernahme der Sendung und leitet die EÜB täglich der für ihn zuständigen Zollstelle zu.

5. **Zollstellen**
   wie unter A. 5a–c aufgeführt.

6. **Hauptverpflichteter und Sicherheitsleistung**
   Im vgVV ist immer die Eisenbahn Hauptverpflichteter und haftet für die ordnungsgemäße Durchführung des Versandverfahrens.

7. **Vorteile des vgVV gegenüber dem gVV**
   - Das formularreiche und arbeitsaufwendige Verfahren mit Vordruck T1 oder T2 entfällt, das Beförderungspapier bzw. der Übergabeschein TR ist Versandanmeldung und Präferenznachweis.
   - Die Eisenbahn ist Hauptverpflichteter, die Sicherheitsleistung entfällt.
   - Die Annahme der Sendung durch die Eisenbahn ist mit der vollzogenen Ausfuhr gleichzusetzen; bereits entrichtete Einfuhrabgaben oder Ausfuhrerstattungen können bei der Wiederausfuhr nach Eingang der EÜB bei der Zollstelle sofort erstattet werden.
   - Grenzförmlichkeiten entfallen.

   Deshalb ist, soweit ein Warenführerwechsel nicht vorgesehen ist, die Anwendung des vgVV zu empfehlen.

8. Die Anwendung des vgVV setzt für alle Eisenbahnverkehrsunternehmen (bisherige konventionelle EVU und private EVU) die Erfüllung einer Reihe von Bedingungen voraus. <u>Alle</u> EVU, die diese Bedingungen nicht erfüllen, können gegenwärtig nur das Regelverfahren – gVV – mit Verwendung des Versandanmeldung T anwenden, oder am NCTS-Verfahren teilnehmen, und dabei alle in diesem Zusammenhang vorgesehenen Vereinfachungen grundsätzlich in Anspruch nehmen. Darüber hinausgehende schienenspezifische Vereinfachungen werden zollseitig noch geprüft.

D. Verfahren mit Carnet-TIR (TIR = Transport International Routier)

1. Allgemeines

Das TIR-Verfahren dient der zollamtlichen Überwachung von Waren, die ohne Umladung von einer Abgangszollstelle bis zu einer Bestimmungszollstelle über einen oder mehrere Grenzübergänge befördert werden. Der Transport wird in Straßenfahrzeugen oder in Containern auf Straßenfahrzeugen durchgeführt. Sowohl die Straßenfahrzeuge als auch die Container ohne Straßenfahrzeuge können auf einem Teil der Strecke mit der Eisenbahn befördert werden (kombinierter Ladungsverkehr). Das TIR-Verfahren ist bei Beförderungen zwischen Mitgliedstaaten der Gemeinschaft nicht anwendbar.

Ausnahme:
Beförderung zwischen zwei Mitgliedstaaten über ein Drittland (z. B. eine Sendung aus der Bundesrepublik Deutschland nach Italien über die Schweiz).

Beförderungen aus der EU nach Drittländern und umgekehrt können weiterhin im Carnet-TIR abgefertigt werden, jedoch entfällt die Ausstellung des Versandpapiers T 2 L. Das gleiche trifft für die Schweiz zu. Hier empfiehlt es sich, solche Waren im gVV abzufertigen, um auf das Anrecht einer zollfreien Wiedereinfuhr in den EU-Raum nicht zu verzichten.

Voraussetzungen für den TIR-Verkehr.
- Fahrzeuge und Container müssen zollsicher hergerichtet und
- für die Beförderung von Waren unter Zollverschluss zugelassen sein,
- Fahrzeuge und Container sind durch TIR-Tafeln zu kennzeichnen.

2. Abfertigungsverhalten

Das zollamtliche Begleitpapier im TIR-Verfahren ist das Carnet-TIR, das vom Inhaber für jeweils eine Fahrt, für jeweils ein Fahrzeug oder für einen oder mehrere auf demselben Fahrzeug beladene Container, ausgefüllt wird. Für Fahrzeug und Container ist kein besonderes Zollpapier erforderlich. Die Übergabe des ausgefüllten Carnet an die Zollstelle nach Gestellung der Ware gilt als Antrag auf Abfertigung im TIR-Verfahren. Antragsberechtigt ist die Person, auf die das Carnet ausgestellt ist. Bei gemeinsamer Beförderung von Gemeinschafts- und Nichtgemeinschaftswaren hat der Zollbeteiligte diese voneinander getrennt im Warenmanifest aufzuführen.

3. Zollstellen
Als Abgangs-Bestimmungszollstellen können alle Zollstellen tätig werden. Die Durchgangszollstellen sind aus dem Ämterverzeichnis ersichtlich.

4. Suspendierung des Carnet-TIR
Das Carnet-TIR ist während der Schienenbeförderung ausgesetzt. Für diesen Beförderungsabschnitt gelten die Bestimmungen des vgVV, an den Grenzen sind keine Zollförmlichkeiten zu erfüllen.

E. Form 302
Sendungen der ausländischen Truppen und der Bundeswehr
Allgemeines

Die Streitkräfte der NATO oder deren Mitglieder können Waren, die zu ihrer ausschließlichen Verwendung bestimmt sind, abgabenfrei in einem vereinfachten Verfahren einführen.
Bei Waren der deutschen Streitkräfte oder die für sie bestimmt sind und bei der Einfuhr von Waren zur Durchführung zwischenstaatlicher Gemeinschaftsprogramme gilt ebenfalls ein vereinfachtes Verfahren. Die ausländischen Streitkräfte weisen die Berechtigung zur abgabenfreien Einfuhr der Waren durch amtliche Bescheinigungen auf der Ein-/Ausfuhr-Anmeldung für die Zollbehörde (Form 302) nach.
Bei Waren der Bundeswehr nach Abs. 1 ist ein besonderes Zollpapier in zweifacher Ausfertigung beigegeben oder bei einer Abfertigung der Eisenbahn bzw. einer Zollstelle hinterlegt.

F. Vereinfachung der Förmlichkeiten bei der Einfuhr
Einfuhr – Sammelzollverfahren

Die Zollbehörden lassen verschiedene Vereinfachungsmöglichkeiten zu, um die Förmlichkeiten und Verfahren bei der Zollabfertigung zu vereinfachen.

1. Das vereinfachte Anmeldeverfahren (VAV) (alt: Zollabfertigung nach vereinfachter Zollanmeldung – ZNV)
a) Das VAV kann zugelassen werden für die Überführung von Waren
  - unmittelbar bei der Einfuhr (z. B. auf dem Grenzeingangsbahnhof) oder
  - nach Gestellung in einem vorausgegangenen Versandverfahren oder
  - nach Gestellung in einem Zollverfahren mit wirtschaftlicher Bedeutung (z. B. Veredelungsverkehr)

b) Der Zulassungsinhaber unterrichtet die beteiligten Cargo-Zentren über die bewilligte Zulassung und die Einzelheiten des Verfahrens.

c) Die Gestellung erfolgt bei der in der Zulassung bestimmten Zollstelle. Bei der Einfuhr von Sendungen im vgVV, die bei einer Zollstelle an der Grenze gestellt und im Schienenverkehr weiterbefördert werden, legt das HZA dem Anmelder auf, durch den Absender im Beförderungspapier die Bewilligungsnummer (z. B. DE/8300/S 1/0201) und den Inhaber der Bewilligung anzugeben.

2. Zollabfertigung im Anschreibeverfahren (ASV)
a) Dieses sogenannte Anschreibeverfahren wird vom zuständigen HZA nur **zugelassenen Empfängern** bewilligt, die Waren im Anschluss an ein Zollversandverfahren im eigenen Betrieb oder an einem anderen von der Zollstelle bezeichneten Ort gestellen.

b) Für diese außerhalb des Amtsplatzes gestellten Waren hat der Zugelassene Empfänger die Zollmeldung durch Anschreibung (Zollvordruck 0512) abzugeben.

c) Das HZA legt in der Bewilligungsverfügung fest, wie und in welcher Form die Waren in den freien Verkehr überlassen (freigegeben) werden. **Im Regelfall** wird in der Bewilligung bestimmt, dass die Waren mit der Abgabe einer Anschreibungsanzeige als **überlassen gelten; der Zulassungsinhaber kann dann über die Ware bereits verfügen.**

Die Vereinfachungen des VAV und ASV bestehen insbesondere darin, dass
- die in einem bestimmten Zeitraum eingeführten Waren in einer Sammelzollanmeldung zusammengefasst angemeldet und die Einfuhrabgaben in einer Summe entrichtet werden können;
- die Mitwirkung der Zollstelle bei der Zollbehandlung reduziert wird bzw. weitgehend entfällt und der Einführer damit schneller über die Ware verfügen kann.

3. **Unvollständige Zollanmeldung (UZA)**
   a) Zollanmeldungen zur Überführung in den zollrechtlich freien Verkehr, bei denen noch einige Angaben fehlen, können von der Zollstelle angenommen werden, wenn sie mindestens die Angaben in den Feldern 1, 14, 21, 31, 40 und 54 des Einheitspapiers sowie eine möglichst genaue Warenbezeichnung und bei wertzollpflichtigen Waren zumindest einen vorläufigen Hinweis auf den Wert enthalten.
   b) Als UZA werden aber auch solche angesehen, bei denen einige oder mehrere Unterlagen (z. B. Einfuhrgenehmigung) zum Zeitpunkt der Zollanmeldung noch fehlen.
   c) Im Falle von fehlenden Unterlagen sind diese in der Zollanmeldung genau zu benennen.
   d) Für die UZA sind die Exemplare 6–8 des Einheitspapiers zu verwenden, ggf. ergänzt durch die „Anmeldung der Angaben über den Zollwert" und Anmeldung der Angaben über Verbrauchsteuern".

G. Ausfuhren aus der Europäischen Union nach Drittländern

Der richtigen Behandlung von Ausfuhrsendungen aus der Europäischen Union nach Drittländern kommt im Bahnverkehr nach der EU-Erweiterung zum 01. Mai 2004 eine ganz besondere Bedeutung zu. Nachlässigkeiten beim Versand können erhebliche Störungen des Gesamtbeförderungsablaufs durch Verzögerungen an der EU-Außengrenze verursachen.

1. Grundsatz

Jede zur Ausfuhr aus der EU in ein Drittland bestimmte Ware unterliegt der zollamtlichen Überwachung. Diese erfolgt unter Verwendung der Ausfuhranmeldung (= grundsätzlich Einheitspapier -Exemplare Nr. 1–3) in einem 2-stufigen Ausfuhrverfahren mit Behandlung der Ausfuhrsendung durch Aus<u>fuhr</u>zollstellen und Aus<u>gangs</u>zollstellen.

a) 1. Verfahrensstufe: Der Ausführer hat die Ware im Regelfall unter Vorlage der Ausfuhranmeldung zunächst der für seinen Firmensitz örtlich zuständigen Ausfuhrzollstelle zu gestellen. Die Ausfuhrzollstelle vermerkt die Zulässigkeit der Ausfuhr der Ware durch ihren Sichtvermerk in Feld A der Ausfuhranmeldung und überlässt die Ware dem Ausführer zur unveränderten Verbringung aus dem Zollgebiet der Gemeinschaft.

b) 2. Verfahrensstufe: Die Ausfuhranmeldung muss vor Ausgang der Ware der Ausgangszollstelle an der EU-Außengrenze vorgelegt werden. Diese Ausgangszollstelle überwacht und bestätigt den tatsächlichen, körperlichen Ausgang der Waren auf dem Exemplar Nr. 3 der Ausfuhranmeldung. Bei Unstimmigkeiten (z.B. Ausfuhranmeldung fehlt) untersagt die Ausgangszollstelle bis zur Klärung den Ausgang der Waren aus dem Zollgebiet der EU.

2. Ausfuhr im Eisenbahnverkehr

Im Eisenbahnverkehr gilt folgende Besonderheit:

a) Für alle mit **durchgehendem** Beförderungspapier (CIM-Frachtbrief) **in ein Drittland** abgefertigten Sendungen ist Ausgangszollstelle die für den Versandbahnhof zuständige Zollstelle.

Zu jeder durchgehend in ein Drittland abzufertigenden Sendung muss dem Versandbahnhof vor Annahme eine – in der Regel – von der Ausfuhrzollstelle abgefertigte Ausfuhranmeldung vorgelegt werden. Mit dem Zeitpunkt der Annahme der Sendung durch die Eisenbahn gilt die Sendung bereits als ausgeführt.

b) Für alle Sendungen, die eine Außengrenze der EU **nicht** im Verlauf eines durchgehenden Beförderungsvertrags überschreiten, ist auch im Eisenbahnverkehr reguläre Ausgangszollstelle die Zollstelle an der Außengrenze der EU. Davon besonders betroffen sind die Sendungen mit einem Frachtrechtwechsel CIM / SMGS z.B. in Polen oder in der Slowakei, aber auch Reexpeditionssendungen.

Die Ausfuhranmeldung sollte in diesen Fällen im Beförderungspapier eingetragen sein und als Begleitpapier die Sendung bis zur EU-Außengrenze begleiten, damit die dortige Grenzzollstelle die Zulässigkeit der Ausfuhr überwachen und den tatsächlichen Ausgang aus der EU bestätigen kann. Es sei denn, die Ausfuhranmeldung wird z.B. auf dem Postweg an diese Grenzzollstelle vorausgesandt. Die Ausfuhranmeldung muss jedenfalls vor der Ausfuhr dort vorliegen!

H. Carnet A. T. A.

Allgemeines

Das Verfahren mit Carnet A. T. A. dient der zollamtlichen Überwachung bestimmter Waren eines Landes, die vorübergehend in einem anderen Land verwendet werden sollen, z. B. Gegenständen zum beruflichen Gebrauch, Warenmustern, Waren für Ausstellungen, Messen, Kongresse. Die Waren können im einzelnen bei der Zollstelle erfragt werden.

Zollamtliches Begleitpapier ist das Carnet A. T. A.. Es ist bei den Industrie- und Handelskammern erhältlich und wird der Sendung vom Absender beigegeben.

Das Carnet A. T. A. ist während der Schienenbeförderung ausgesetzt. Für diesen Teil der Beförderung gelten die Bestimmungen des vgVV.

2.11 Verzeichnis der Grenzbahnhöfe/Tarifschnittpunkte und der zuständigen Zollbahnhöfe

Diese Grenzbahnhöfe/Tarifschnittpunkte müssen im Frachtbrief angegeben sein, wenn der Absender in Feld 24 des CIM-Frachtbriefs die Zahlungsvermerke „Franko Fracht bis X" („X" = namentliche Bezeichnung eines Tarifschnittpunktes von Nachbarländern) oder „Franko Fracht einschließlich ... bis X („X" = namentliche Bezeichnung eines Tarifschnittpunktes von Nachbarländern) vorschreibt.

Mit Erweiterung der Europäischen Union haben die Zollbahnhöfe (Sp. 3) grundsätzlich keine Bedeutung mehr.

Verkehre von Deutschland nach

Nachbarländer 1	Tarifschnittpunkte 2		Zuständige Zollbahnhöfe 3
Autriche/Österreich	Kufstein Lindau-Reutin Passau Hbf Salzburg Hbf Simbach (Inn)		Rosenheim Lindau-Reutin Passau Hbf Salzburg Hbf Simbach
Belgien	Aachen Süd (Hergenrath) Gr./(Hergenralh) Aachen West (Montzen) Gr./(Montzen) Losheim Gr./(Losheimmergraben Gr.)[1]		Aachen West Aachen West
Dänemark	Flensburg Gr./(Padborg)[2]		Flensburg
Finnland	Lübeck Hbf*)/(Helsinki*) Lübeck Skandinavienkai*) Bremerhaven-Kaiserhafen*)	/(Hanko*)[3] /(Hamina*)[4] /(Hanko*)[4] /(Helsinki*)[4] /(Turku*)[4]	Lübeck Hbf Lübeck Skandinavienkai Bremerhaven-Kaiserhafen
	Hamburg-Waltershof)	/(Hamina*)[4] /(Hanko*)[4] /(Helsinki*)[4] /(Turku*)[4]	Hamburg Waltershof

---

*) Seehafen
[1] Nur geöffnet für Miltärsendungen
[2] Nur für Sendungen
 – nach und von Dänemark
 – durch Dänemark über Frederikshavn Gr.
 – des Intercontainer- und UIRR-Regimes durch Dänemark
[3] Fährschiff für den Grosscontainer- und Wechselbehälterverkehr (Railship Oy Ab)
[4] Containertragschiff

Nachbarländer 1	Tarifschnittpunkte 2	Zuständige Zollbahnhöfe 3
	Hamburg-Süd*) /(Hamina)*)[4]
/(Hanko)*)[4]
/(Helsinki)*)[4]
/(Turku)*)[4]	Hamburg Süd
Frankreich	Berg (Pfalz) Gr./(Lauterbourg)
Hanweiler Gr./(Sarreguemines)
Hemmersdorf (Saar) Gr./(Bouzonville)
Kehl Gr.
Neuenburg (Baden) Gr.
Per Gr./(Apach)
Saarbrücken Gr./(Forbach)	Wörth (Pfalz)
Saarbrücken
Dillingen (Saar)
Kehl
Neuenburg (Baden)
Ehrang
Saarbrücken
Litauen	Klaipeda Fähre	Draugysté
Luxemburg	Igel Gr./(Wasserbillig)	Ehrgang
Pays-Bas/Niederlande
Olanda/Netherlands	Bad Bentheim Gr./(Oldenzaat)
Emmerich Gr./(Zevenaar)
Herzogenrath Gr./(Haanrade)
Kaldenkirchen Gr./(Venlo)
Laarwald Gr./(Coevorden)	Bad Bentheim
Emmerich
Stolberg (Rheinl) Hbf
Krefeld
Nordhorn
Pologne/Polen
Polonia/Poland | Forst (Lausitz) Gr./(Zasieki)
Frankfurt (Oder) Gr./(Kunowice)
Grambow Gr./(Szczecin Gumience)
Horka Gr./(Bielawa Dolna)

Küstrin-Kietz Gr./(Kostrzyn)
Tantow Gr./(Szczecin Gumience)
Guben Gr./(Gubin) | Forst (Lausitz)
Frankfurt (Oder)
Grambow
Dresden-Friedrichstadt[1])
Horka[2])
Küstrin-Kietz
Tantow
Guben |
| Suède/Schweden
Svezia/Sweden | Flensburg Grosser Belt Gr./(Malmö Stora Bält Gr.)[3])
Lübeck Skandinavienkai*)/(Malmö)[4])
Sassnitz-Mukran Mitte See*)/(Trelleborg)*)[5]) | Flensburg

Lübeck Skandinavienkai
Sassnitz-Mukran Gbf |
| Suisse/Schweiz
Svizzera/Switzerland | Basel Bad. Gbf

Basel SBB[6])

Konstanz
Schaffhausen | Basel Bad. Gbf resp./bzw.
Basel Bad. Gbf Ubf
Basel Bad. Gbf resp./bzw.
Basel Bad. Gbf Ubf
Konstanz
Schaffhausen |
| Tchéquie/Tschechien
Cecchia/Czechia | Bad Brambach Gr./(Vojtanov)
Bad Schandau Gr./(Decin)
Ebersbach (Sachs)./Gr.(Rumburk)
Furth i.Wald Gr.,(Ceska Kubice)
Schirnding Gr./(Cheb) | Bad Brambach
Dresden-Friedrichstadt
Löbau (Sachs)
Furth i.Wald
Schirnding |

---

*) Seehafen
[1]) Nur geöffnet für Miltärsendungen
[2]) Nur für Sendungen
 – nach und von Dänemark
 – durch Dänemark über Frederikshavn Gr.
 – des Intercontainer- und UIRR-Regimes durch Dänemark
[3]) Fährschiff für den Grosscontainer- und Wechselbehälterverkehr (Railship Oy Ab)
[4]) Containertragschiff
[5]) Fährschiff Sassnitz-Mukran – Trelleborg
[6]) Nur anwendbar, wenn in einem internationalen Tarif ausdrücklich vorgesehen

2.12 Verzeichnis der Waren, auf deren Vorführung bei den Zollstellen an den Außengrenzen der Europäischen Gemeinschaften im schienengebundenen Eisenbahnverkehr nicht verzichtet werden kann[1], VuB-Verzeichnis.

1. Waren, die **atomrechtlichen** Beschränkungen unterliegen.
   Anmerkung: Die Beschränkung gilt nur für Abfälle, die durch Deutschland durchgeführt werden sollen.

2. **Kriegswaffen**
   Anmerkung: Die Vorführung bei einer Zollstelle an der Grenze ist nur für Kriegswaffen erforderlich, die durch das Bundesgebiet durchgeführt und in anderen Ländern als Belgien, Dänemark, Frankreich, Griechenland, Großbritannien, Italien, Luxemburg, den Niederlanden, Norwegen, Österreich, Portugal, Schweden, der Schweiz, Spanien oder der Türkei ausgeladen werden.

3. **Tiere** und **tierische Erzeugnisse**, die artenschutzrechtlichen oder veterinärbehördlichen Verboten und Beschränkungen unterliegen:
   a) Lebende und tote Tiere
   b) Tierische Erzeugnisse
      1. Frischfleisch und Fleischerzeugnisse von Haus und Wildtieren,
      2. Samen von Hausschweinen und -rindern, Pferden, Schafen und Ziegen,
      3. Eizellen und Embryonen von Pferden, Schweinen, Schafen und Ziegen sowie Embryonen von Hausrindern,
      4. Bruteier von Geflügel,
      5. Eier und Sperma von Süßwasserfischen,
      6. Ungekalkte Häute von Klauentieren,
      7. Blut- und Bluterzeugnisse,
      8. Knochen und Knochenerzeugnisse,
      9. Ausgelassene Fette und Schmalz, die nicht zum menschlichen Genuss geeignet sind,
      10. Imkereierzeugnisse,
      11. Unbearbeitete Wolle, Haare, Borsten, Federn und Federteile,
      12. Gülle von Klauentieren in bearbeitetem Zustand, Gülle von Einhufern und Geflügel sowie hieraus hergestellten Erzeugnissen,
      13. Futtermittel einschl. Fischmehl und Mehle von anderen Meerestieren,
      14. Milch und Milcherzeugnisse (z. B. Milchpulver),
      15. Fische, Krusten-, Schalen- und Weichtiere und Erzeugnisse daraus,
      16. Eier und Eierprodukte (z. B. Teigwaren),
      17. Schnecken, Froschschenkel und dgl.,
      18. Gelatine,
      19. Nicht abschließend präparierte Jagdtrophäen von Klauentieren und Vögeln.

4. **Pflanzen** und **Pflanzenteile**, für die pflanzenbeschaurechtliche Verbote und Beschränkungen bestehen:
   a) Lebende und tote Pflanzen wildlebender Arten,
   b) Pflanzen, außer Samen und Aquariumpflanzen,
   c) Samen (z. B. Bohne, Klee, Küchenzwiebel, Luzerne, Mais, Paprika, Porree, Reis, Schnittlauch, Sonnenblume, Tomate) einschließlich Saatgut (z. B. Getreide; Futter-, Öl- und Faserpflanzen; Kartoffeln),

---

[1] Das VuB-Verzeichnis ist eine vereinfachte Zusammenfassung der VuB-Bestimmungen. So kann es sein, dass dort genannte Waren nicht vorzuführen sind, weil sie nur in bestimmten Zeitabschnitten oder/und bei der Herkunft aus bestimmten Ländern einer VuB-Behandlung unterliegen. Die Zollstellen an den Außengrenzen der Gemeinschaft können im Einzelfall über die jeweils aktuelle Situation informieren.

d) Pflanzenteile, außer Früchte (z. B. Eiche, Speise-/Wirtschafts- und Pflanzenkartoffeln europäischen Ursprungs – ausgenommen Pflanzenkartoffeln aus der Schweiz-, Knollen, Kastanie, Nadelbäume),
e) Frische Früchte (z. B. Apfel, Birne, Heidelbeere und Quitte mit Ursprung in außereuropäischen Ländern, Zitrus),
f) Holz
   1. ganz oder teilweise aus einer der folgenden Gattungen oder Arten gewonnen:
      – Eiche mit Ursprung in Nordamerika
      – Kastanie, Platane
      – Nadelbäume, außer Kiefer, mit Ursprung in außereuropäischen Ländern
      – Kiefer
      – Pappel mit Ursprung in Ländern des amerikanischen Kontinents
   2. durch eine der folgenden Code-Unterpositionen des Zolltarifs erfasst:
– 4401 10	Brennholz
– ex 4401 21	Holz in Form von Schnitzeln oder Spänen, Nadelholz mit Ursprung in außereuropäischen Ländern
– 4401 22	Holz in Form von Schnitzeln und Spänen – anderes Nadelholz
ex 4401 30	Holzabfälle und Holzausschuss, nicht zum Scheitern, Briketts, Pellets oder ähnlichen Formen zusammengepresst
– 4403 91/99	Rohholz auch entrindet, vom Spunt befreit oder zwei- oder vierseitig grob zugerichtet
– ex 4404 10	Holzpfähle, gespalten: Pfähle und Pflöcke aus Holz, gespitzt, jedoch nicht in der Längsrichtung gesägt, – Nadelholz mit Ursprung in außereuropäischen Ländern
– 4404 20 dto.	Anderes als Nadelholz
– 4406 10	Bahnschwellen (Querstreben) – nicht imprägniert
– ex 4407 10	Holz in der Längsrichtung gesägt oder gesäumt, gemessert oder geschält, nicht gehobelt, geschliffen oder keilverzinkt, mit einer Dicke von mehr als 6 mm, insbesondere Balken, Planken, Schwarten, Platten, Latten – Nadelholz mit Ursprung in außereuropäischen Ländern
– 4407 91 dto.	Eichenholz
– ex 4407 99 dto	anderes Nadelholz, Tropenholz, Eichenholz oder Buchenholz
– ex 4415 10	Kisten, Verschläge und Trommeln aus Holz mit Ursprung in außereuropäischen Ländern
– ex 4415 20	Flach- und Boxpaletten sowie andere Ladungsträger aus Holz mit Ursprung in außereuropäischen Ländern
– ex 4416 00	Fässer aus Holz einschließlich Dauben, Eichenholz
g) Lose Rinde (z. B. von Eichen, Pappeln, Nadelbäumen)
5. **Kultursubstrat** (ausgenommen reiner Torf), das
   1. Ganz oder teilweise aus Erde oder festen organischen Stoffen, wie Teilen von Pflanzen, Humus, einschließlich Torf oder Rinden, aber nicht nur aus Torf besteht,
   2. Den Pflanzen anhaftet oder beigefügt ist, mit Ursprung in Estland, Lettland, Litauen, Moldawien, Russland, der Türkei, der Ukraine, Weißrußland oder außereuropäischen Ländern mit Ausnahme von Ägypten, Israel, Libyen, Malta, Marokko, Tunesien und Zypern.
6. **Erde**
7. **Abfälle**
8. **Betäubungsmittel**

   Zur Einfuhr oder Durchfuhr eingehende Betäubungsmittel brauchen der Zollstelle an der Grenze nicht vorgeführt werden, wenn ihre Vorführung bei einer zur Abfertigung von Betäubungsmitteln zugelassenen Eisenbahnzollstelle im Innern sichergestellt ist.

3. GÜTERWAGEN

3.1 Der optimale Güterwagen

Ein Wagenpark der DB Cargo von rund 110.000 bahneigenen Güterwagen – vom offenen bis hin zum Spezialwagen mit rationeller Be- und Entladetechnik – steht für den Transport der Güter zur Verfügung.

Die Broschüre „Die Güterwagen der Bahn" stellt die für die verschiedenen Belange jeweils richtigen Güterwagen vor und erläutert deren vielfältige Eigenschaften. Sie beinhaltet daneben u.a. auch interessante Hinweise über die Vermietung von Güterwagen, Ladefristen und Standgeld und zur Lademittellogistik. Darüberhinaus stehen zu allen Fragen nach eventuellen Besonderheiten bei der Be- und Entladung von Güterwagen, auch im Verkehr mit ausländischen Bahnen, die Kundenberater oder das Service-Team beim KundenServicezentrum von Railion Deutschland in Duisburg zur Verfügung.

3.2 Die Wagenbestellung

Der gewünschte Güterwagen sollte in der Regel so früh wie möglich, spätestens jedoch am Tage vor der beabsichtigten Beladung bis 10 Uhr bestellt werden.

1. Wo?
   Die Bestellung erfolgt direkt beim KundenServiceZentrum in Duisburg, bei dem regionalen Team oder einem Branchenteam, das den jeweiligen Kunden betreut.
2. Notwendige Angaben:
   Um den für das Ladegut jeweils optimalen Güterwagen zeitgerecht bereitzustellen, sollte die Bestellung die folgenden Angaben beinhalten:
   - Verladetag (ggf. Beginn der einzelnen Verladeschichten)
   - Anzahl und Gattung der benötigten Güterwagen
   - Wagengattungen, die unter Umständen als Ersatz verwendbar sind
   - Gewicht der Wagenladung (wenn erforderlich, Anzahl, Länge und Gewicht der Einzelstücke)
   - Empfangsbahnhof (bei internationalen Transporten auch Empfangsland mit gewünschtem Leitungsweg)
   - Geforderte Beförderungsart
3. Für Fragen zur Be- oder Entladung steht neben dem Kundenberater als erstem Ansprechpartner der Verladeberatungsdienst und die Mitarbeiter/-innen des KundenServiceZentrums zur Verfügung.

3.3 Privatgüterwagen

Neben der Nutzung bahneigener Güterwagen gibt es auch die Möglichkeit,
- Privatgüterwagen individuellen Zuschnitts für die Transporte einzusetzen
- Eigene Güterwagen mit dem Abschluss eines Einstellungsvertrags bei DB Cargo einzustellen und damit zugleich auch verschiedene Serviceleistungen in Anspruch zu nehmen.
- Abstellkapazitäten für eigene oder angemietete Güterwagen zu vereinbaren.

4. KOMBINIERTER VERKEHR

4.1 Einführung und gesetzliche Grundlagen

4.1.1 Begriff:

Werden Wechselbehälter, Container, Sattelauflieger oder komplette Lastzüge (Ladeeinheiten) auf der Gesamtbeförderungsstrecke von mindestens zwei verschiedenen Verkehrsträgern, z. B. Eisenbahn, Lastkraftwagen oder Schiff befördert, so spricht man von „Kombiniertem Verkehr".

Im Unterschied zum „gebrochenen Verkehr", bei dem die Güter selbst umgeladen werden, wechseln bei der Transportkette des Kombinierten Verkehrs die kompletten Ladeeinheiten von einem Verkehrsträger zum anderen.

Im Kombinierten Verkehr Schiene/Straße unterscheidet man zwischen:

- unbegleitetem Kombinierten Verkehr, bei dem Ladeeinheiten ohne Motorfahrzeug auf einem Teil der Gesamtstrecke auf der Schiene transportiert werden und
- begleitetem Kombinierten Verkehr (ältere Bezeichnung Huckepackverkehr), bei dem das Motorfahrzeug im Schienenverkehr mitgeführt wird und die Fahrer ihre Fahrzeuge in einem mitgeführten Liegewagen begleiten.

4.1.2 Gesetzliche Grundlagen

1. Innerdeutsche Transporte: Der Kombinierte Verkehr Schiene/Straße fällt unter das Handelsgesetzbuch (HGB).
2. Internationale Transporte: Nur zwei Sonderfälle des internationalen Verkehrs sind gesetzlich geregelt:

    2.1. Straße: Für den Fall, dass ein beladenes Straßenfahrzeug ohne Umladung mit anderen Beförderungsmitteln (über See, Binnenwasserstraßen, mit der Eisenbahn oder auf dem Luftweg) befördert wird, gilt zwar das CMR-Abkommen, aber gemäß Artikel 2 richtet sich die Haftung für Schäden, die nachweisbar während der Beförderung mit solchen anderen Transportmitteln eingetreten sind, nach dem Umfang der gesetzlichen Bestimmungen des jeweiligen Frachtführers des anderen Verkehrsmittels.

    2.2. Bahn: Gemäß Artikel 2 CIM bleibt die für internationale Bahntransporte geltende Haftung gemäß CIM auch für den Fall bestehen, daß Beförderungen per Bahn teilweise über eine „Kraftwagen- oder Schiffahrtslinie" vorgenommen werden, die eine Eisenbahnstrecke ergänzen (z. B.Travemünde-Hanko).

    2.3. Sonstige: Für alle anderen Formen des Kombinierten Verkehrs gibt es zur Zeit noch keine gesetzlichen Grundlagen. Mit CMR, CIM, Warschauer Abkommen, Haager Regeln hat man zwar internationale frachtrechtliche Übereinkommen geschaffen, die aber für jeweils nur einen einzelnen Verkehrszweig gelten. Diese Entwicklung ist historisch bedingt und vor allem auf den Umstand zurückzuführen, dass diese Abkommen jeweils von Fachleuten des betreffenden Verkehrszweiges ausgearbeitet wurden und sich der Kreis der interessierten Staaten jeweils anders zusammensetzte.

4.2 Außenmaße und Gewichte von Wechselbehältern

Norm-bezeichnung	Länge mm	max. Breite mm	Höhe mm	max. Gesamtgewicht t	Längsabstand der Befestigungsbeschläge[4] mm	Längsabstand der Greifkanten mm
C 715	7150					
C 745	7450	2500/2600[2]	2 670[3]	16,0	5853 (= 20' ISO Container)	4876
C 782	7820[1]					
A 1219	12 192					
A 1250	12 500	2500/2600[2]	2 670[3]	34,0	11985 (= 40' ISO Container)	4876
A 1360	13 600					

1) Zwei Wechselbehälter von 7,82 m Länge können beim gegenwärtigen Stand der Straßenverkehrsgesetzgebung nur mit Kurzkupplung befördert werden.
2) Eine maximale Breite von 2 600 mm ist für bestimmte Thermalaufbauten gemäß EG-Richtlinie 88/218/EWG zugelassen. Behälter beider Breiten können im Prinzip problemlos auf den wichtigsten Eisenbahnstrecken in Kontinentaleuropa befördert werden.
3) Mit der Behälterhöhe 2 670 mm ist ein problemloser Transport auf den wichtigsten Eisenbahnstrecken in Kontinentaleuropa möglich. In Deutschland sind, je nach Strecke, Höhen bis 3,15 m möglich.
4) Maße nach ISO-Norm 1161

4.3 Behandlung von gefährlichen Gütern im Kombinierten Verkehr

Gefahrgutrechtliche Grundlagen für den Kombinierten Verkehr sind insbesondere das Gefahrgutbeförderungsgesetz (GGBefG) und daraus abgeleitet

1. für die Beförderung mit Eisenbahnen
   - die Verordnung über die innerstaatliche und grenzüberschreitende Beförderung gefährliche Güter auf der Straße und mit Eisenbahnen (Gefahrgutverordnung Straße und Eisenbahn – GGVSE):
   - die Ordnung für die internationale Eisenbahnbeförderung gefährlicher Güter (RID);
   - die Richtlinien zur Durchführung der Gefahrgutverordnung Straße und Eisenbahn (GGVSE-Durchführungsrichtlinien) – RSE –

2. für die Beförderung auf Straßen
   - die Verordnung über die innerstaatliche und grenzüberschreitende Beförderung gefährlicher Güter auf der Straße und mit Eisenbahnen (Gefahrgutverordnung Straße und Eisenbahn – GGVSE –);
   - die Anlagen A und B zu dem Europäischen Übereinkommen über die internationale Beförderung gefährlicher Güter auf der Straße (ADR);
   - die Richtlinien zur Durchführung der Gefahrgutverordnung Straße und Eisenbahn (GGVSE-Durchführungsrichtlinien)

3. für die Beförderung auf dem Wasserweg
   - die Gefahrgutverordnung See (GGVSee) in Verbindung mit dem International Maritime Dangerous Goods Code – IMDG-Code
   - Memorandum of Understanding (MOU) für die Beförderung gefährlicher Güter auf Ro/Ro-Schiffen auf der Ostsee

   sowie

   - die Verordnung über Ausnahmen von Vorschriften über die Beförderung gefährlicher Güter (Gefahrgut)
   - Ausnahmeverordnung – GGAV und deren Anlage,
   - die Verordnung über die Bestellung von Gefahrgutbeauftragten und die Schulung der beauftragten Personen in Unternehmen und Betrieben (Gefahrgutbeauftragtenverordnung – GbV).

4. Zusätzlich sind in den jeweiligen Allgemeinen Geschäftsbedingungen der am Kombinierten Verkehr Beteiligten spezielle Regelungen zur Behandlung von Gefahrgut getroffen.

Weitere Rechtsvorschriften über die Beförderung gefährlicher Güter bleiben von den Vorschriften GGVE/GGVS unberührt, wie z. B. das Atomgesetz, das Gesetz über die Kontrolle von Kriegswaffen, das Kreislaufwirtschafts- und Abfallgesetz, das Sprengstoffgesetz und das Waffengesetz.

4.4 Neue Wege im Kombinierten Verkehr: Der Parcel InterCity

Seit Januar 2000 betreibt DHL zusammen mit Railion Deutschland den Parcel InterCity (PIC). Die verladene Wirtschaft sowie die gesamte Speditions-Branche kann damit auf einen Zug zurückgreifen, der zuverlässig im Nachtsprung Güter von Nord nach Süd sowie in Ost-West-Richtung und umgekehrt transportiert. Mittelfristig will DHL mit dem Parcel InterCity die Wirtschaftszentren in Deutschland miteinander verbinden.

DHL ist dabei für das Netzwerkmanagement und die Vermarktung des PIC zuständig. Der PIC hat Vorrang im gesamten Schienennetz und erreicht Höchstgeschwindigkeiten von 160 km/h. Be- und Entladung der Wechselaufbauten (WAB) geschieht in genau getakteten Zeitfenstern. Der Systemführer stimmt die gesamten Prozessabläufe vor und nach dem Einsatz des PIC ab. Denn neben dem reinen Schienennetz ist die Schnittstelle Anlieferung und Beladung bzw. Entladung und Abholung ein entscheidender Faktor für den schnellen und problemlosen Warentransport.

Beispiel München: Die Abfahrt des Parcel InterCity ist Punkt 20.16 Uhr. In den Stunden zuvor rollen, auf jede Minute vorher bestimmt, die Spediteure mit ihren Fahrzeugen an, um entladen zu werden. Sie bekommen von DHL Euronet täglich die genauen Anfahrtzeiten avisiert, die zuvor wiederum mit dem Kunden und dessen Verladezeiten am eigenen Standort abgestimmt sein müssen. Da bis zum Kranführer alle genau und jederzeit informiert sein müssen, kommt dem durchgehenden Informationsfluss eine wichtige Bedeutung zu. Dieses genaue Timing trifft auf den umgekehrten Wege ebenso zu. Auf seinem Weg mit 160 Stundenkilometern gen Norden passiert der Zug noch die Bahnhöfe Würzburg und Hildesheim, wo Wagen aus Nürnberg und Hannover angehängt werden, und wenn der Parcel InterCity um 3.59 Uhr Hamburg erreicht, geht auch die Entladung minutengenau vonstatten.

Die Deutsche Post gehört zu den Hauptnutzern des schnellen Güterzuges, die ihn zur Vernetzung der 33 Paketzentren in Deutschland nutzt. Der PIC erfüllt alle Qualitätsanforderungen von zeitsensiblen Transporten: er ist schnell, zuverlässig und zudem umweltfreundlich. Er wird deshalb auch vom Ministerium für Verkehr, Bau und Wohnungswesen als hervorragendes Beispiel für ein Integriertes Verkehrssystem empfohlen.

5. CONTAINERVERKEHR
5.1 TFG Transfracht International

TFG Transfracht International ist der Marktführer im Seehafenhinterlandverkehr mit den deutschen Nordseehäfen. Das Kerngeschäftsfeld Kombinierter Verkehr mit den Premiumprodukten AlbatrosExpress und AustriaContainerExpress (Deutschland/Österreich/Schweiz) wird ergänzt um Projektgeschäfte sowie um Zusatzleistungen Depotservice, Gefahrgutservice, Zollbehandlung und IT-Anbindung von Großkunden.

Im Überseeverkehr wickelt TFG den Landtransport von Überseecontainern – insbesondere für Reedereien, Spediteure und Container-Operator – ab.

TFG schließt mit den Auftraggebern durchgehende Frachtverträge ab und haftet für Güterschäden, die in der Zeit von der Annahme zur Beförderung bis zur Ablieferung an der Ladeeinheit und dem Ladegut entstehen.

5.2 Maße und Lastgrenzen der gebräuchlichsten Bahncontainer

DB Cargo Ladeeinheiten mit Maßen und Ausstattung

	Zuladung bis (kg)	zul. Ges.-Gewicht (kg)	Innenmaße Länge	Innenmaße Höhe	Innenmaße Breite bis ... (mm)	Raum-Inhalt (m²)	Außenmaße (mm) Länge bis ... (mm)	Außenmaße (mm) Höhe	Außenmaße (mm) Breite	Eck-höhe
20'Box	21.500	24.000	5.875	2.402	2.440	35,0	6.508	2.600	2.500	2.600
20'Fsw[1]	21.100	24.000	5.905	2.195	2.440	33,0	6.058	2.600	2.500	2.600
20'Flat	22.500	25.400	5.900	2.310	2.396		6.058	2.591	2.438	2.591
	26.500	30.000	5.900	2.310	2.396		6.058	2.591	2.438	2.591
Ht 7,15 m	12.700	16.000	7.040	2.360	2.440	42,5	7.150	2.700	2.550	2.670
	13.200	16.000	7.040	2.450	2.440	42,5	7.150	2.700	2.500	2.673
	13.500	16.000	7.040	2.440	2.480	43,6	7.150	2.730	2.550	2.730
Htg 7,15 m[1]	12.700	16.000	7.040	2.300	2.440	38,5	7.150	2.600	2.500	2.600
	13.710	16.000	7.028	2.200	2.440	38,5	7.150	2.600	2.500	2.600
	13.200	16.000	7.040	2.450	2.448	43,0	7.150	2.730	2.550	2.700
	20.300	24.000	7.040	2.300	2.440	38,5	7.150	2.600	2.500	2.600
	24.990	28.600	7.040	2.296	2.440	38,5	7.150	2.600	2.500	2.600
Htg 7,45 m[1]	24.400	28.000	7.300	2.550	2.480	46,0	7.450	2.850	2.550	2.865
Htg 7,82 m[1]	12.800	16.000	7.680	3.000	2.480	57,0	7.820	3.180	2.550	3.150
40'Box	26.700	30.480	12.000	2.402	2.440	70,0	12.192	2.600	2.500	2.600
13,60 m SAnh	27.500	35.000	13.480	2.700	2.480	90,0	13.600	4.000	2.550	2.600

DB Cargo Ladeeinheiten mit Maßen und Ausstattung

	Profil	Stirntür Höhe	Stirntür Breite	Seitentür Höhe	Seitentür Breite	Anzahl Palettenstellplätze 80 x 120 Euro Paletten	Anzahl Palettenstellplätze 100 x 120 Industrie-Paletten	Anzahl Palettenstellplätze 83,5 x 124 Gitterbox Paletten	Ausstattung Stützbeine[3]	Ausstattung Zurrösen	Ausstattung Schlüssellochleisten	Sonstiges
20'Box	C15	2290	2440	2330	2500	14	10	10*2	nein	ja	nein	
20'FSW[1]	C15	–	–	2195	5340	14	10	10*2	nein	ja	nein	
20'Flat	C14	–	–	–	–	–	–	–	nein	ja	nein	Stirnwände, Rungen
	C14	–	–	–	–	–	–	–	nein	ja	nein	Stirnwände
Ht 7,15 m	C22	2349	2460	–	–	17	14	12*2	ja	ja	ja	Kleiderstangen
	C22	2360	2440	–	–	17	14	12*2	ja	ja	ja	
	C28	2450	2440	–	–	17	14	12*2	ja	ja	ja	Isolierung
Htg 7,15 m[1]	C15	2152	2434	2207	6550	17	14	12*2	ja	ja	nein	
	C15	2200	2440	2200	6400	17	14	12*2	ja	ja	nein	[2]
	C25	2450	2460	2450	6770	17	14	12*2	ja	ja	nein	
	C15	2207	2440	2207	6550	17	14	12*2	ja	ja	nein	
	C15	2210	2440	2202	6400	17	14	12*2	ja	ja	nein	
Htg 7,45 m[1]	C41	2550	2480	2550	6000	18	14	17*2	ja	ja	nein	Keile f. Papierrollen
Htg 7,82 m[1]	C70	2900	2480	3000	7350	19	14	18*3	ja	ja	nein	
40'Box	C15	2290	2434	2330	2500	29	22	22*2	nein	ja	nein	
13,60 m SAnh	P400	2640	2455	–	–	33	26	32*2	nein	ja	ja	Isolierung

[1] Seiten fast auf der gesamten Ladelänge öffnungsfähig (Faltseitenwandtüren oder Curtain Side)
[2] Auch ohne Stirnwandtüren für Getränkelogistik
[3] Bei Abstellung auf Stützfüßen max. zul. Gesamtgewicht der Ladeeinheit = 16.000 kg

5.3 Maße und Gewichte von ISO-genormten Containern

Für die Innenabmessungen der ISO-Container sind Mindestanforderungen festgelegt, da die lichten Maße je nach Bauweise und verwendetem Material variieren können

Nennlänge Nennhöhe	Außenmaße* und Gesamtgewicht				Innenmaße*		
	Länge mm	Breite mm	Höhe mm	max. Gesamtgewicht kg	Länge mm	Breite mm	Höhe mm
20/8	6 058	2438	2438	20 320	5 867	2330	2197
20/8 1/2	6 058	2438	2591	20 320	5 867	2330	2350
30/8	9 125	2438	2438	25 400	8 931	2330	2197
30/8 1/2	9 125	2438	2591	25 400	8 931	2330	2350
40/8	12 192	2438	2438	30 480	11 998	2330	2197
40/8 1/2	12 192	2438	2591	30 480	11 998	2330	2350

* Maße = Nennmaße

5.4 Fachausdrücke und Abkürzungen aus dem Containerverkehr

ACEP Approved Continuous Examination Programme = Kennbuchstaben für vereinfachte Prüfung von Containern

Aero-Quip Vorrichtung im Container, die zum Anbringen von Zwischenbrettern dient

ALPHA PREFIX Buchstaben-Codierung: meistens 4 Buchstaben vor der eigentlichen Container-Nummer (meistens 7 Ziffern)

Bay Bezeichnung der einzelnen Stellplätze in der horizontalen Ebene auf einem Containerschiff, beginnend von vorne nach hinten

Bay plan Stauplan, in dem der Platz jedes Containers angegeben ist

BBSC Break-Bulk Service Charge

Bodenlängsträger bottom longitudinal rail

bottom cross member Bodenquerträger am Container

Bottom door (rear) cross member Türuntergurt

bottom front cross member Bodenquerträger an der Stirnwand eines Containers

bottom longitudinal rail Bodenlängsträger am Container

Break point die Ein- oder Ausladestelle des Containers (soweit nicht im Haus-Haus-Verkehr befördert)

bridge fitting Verriegelungseinrichtung am Container

Buss-Vario-Locksystem ein von Buss Container Technik Service entwickeltes Laschsystem zur Sicherung von Containern und rollender Ladung

Carrier's haulage Vorlauf/Nachlauf eines Containers zum/vom Seehafen erfolgt durch Reederei

Carrier's own container vom Reeder angemieteter Container

CCS consolidated cargo service = Sammelverkehr/consolidated-container-service = Container-Sammelverkehr

CE Container-Einheit = 20'-Container – siehe „TEU"

C.F.S. Container Freight Station = Container Be- und Entladestelle

C.H. Carrier's haulage – siehe dort

check-didget Computer-Kontrolle der Eigentumsmerkmale (Zahlen- und Kennzeichenkombination) eines Containers

CL Container Load/Car Load = Komplettladung

clip-on beim Seetransport wird der Kühlcontainer an die zentrale Kälteanlage des Schiffes angeschlossen, für den Landtransport wird ein Kühlaggregat an der Stirnwand des Containers angeflanscht (clip-on)

Coltainer – collapsible container – zusammenklappbarer Container

Conlok Gerät zum Kuppeln übereinander gestapelter Container auf Schiffsdeck sowie zur Verriegelung der Container auf dem Schiffsdeck

Constacker Stapelbrücke für Aufeinanderstapeln beladener Container.

Container bridge Containerbrücke

Containerbrücke modernes Umschlaggerät für die Bewegung des Containers von Land/Schiff oder umgekehrt. Ersetzt den herkömmlichen Kran

Container-Einheit siehe „CE"

Container Freight Station (CFS) Container Ladestelle. Eine Anlage, an der LCL-Güter vom Ablader angenommen und durch bzw. für den Reeder in Container verstaut werden, bzw. an welcher LCL Ladung von bzw. für den Reeder aus Containern entladen und an den Empfänger ausgeliefert wird

Container hinges Containerbeschläge

Container-Inlets Innenauskleidungen für Container, z.B. für den Wechseltransport von flüssigen und staubförmigen Gütern

Container Leasing Vermietung von Containern

Container linnings Containerauskleidungen

Container lockings Containerverriegelung

Container operator Unternehmer, der einen Containerdienst unterhält

Container Portalkran fahrbarer Portalkran (gantry crane) an Bord des Schiffes für den Umschlag von Containern

Containerschweiß Kondenswasserbildung im Container, hervorgerufen durch Feuchtigkeit, die durch Ladung, Verpackungsmaterial, Stauhilfsmittel etc. in den Container kommt und beim Durchfahren unterschiedlicher Klimazonen auftreten kann

Container Surveyor Experte, der den Zustand von Containern prüft und überwacht

Container Terminal Umschlagplätze (Bahnhöfe) in Häfen oder im Binnenland, die für den Umschlag von Containern eingerichtet sind

Container trucking Beförderung eines Containers per LKW

Container Yard eine Anlage, an der FCLs und leere Container vom Kunden angenommen oder an den Kunden durch bzw. für den Reeder ausgeliefert werden

Corner castings Eckbeschläge

Corrugated gewellt = die gewellten Wände und Dächer beim Ganzstahlcontainer

Cross slot agreement jeder Reedereipartner kann Container auf den Schiffen eines Gemeinschaftsdienstes buchen

CSC Container Service Charge = bei Fob-Lieferung anfallende Kosten für die landseitige Behandlung von FCL-Containern

CSC-Plate am Container angebrachte Plakette mit Gültigkeit für die Benutzungszulassung, ähnlich wie die TÜV-Plakette (TÜV = **T**echnischer **Ü**berwachungs **V**erein)

C.S.T. Container Service Tariff

CT Container Terminal

CY Container Yard – siehe dort

Dach roof panel
Dachlängsträger top longitudinal rail
Dachquerträger front top cross rail (an der Stirnwand)
Destuffing einen Container auspacken – auch unstuffing
Detention charges Kosten für verzögerte Rückgabe von Containern
Door header beim Container der Türquerträger
Drayage Straßentransport von Containern zwischen dem nächstgelegenen Eisenbahn-Terminal und dem Lade-/Löschplatz
Drop-off-charges Gebühren für Anlieferung eines Containers am Depot/Terminal
EIR Equipment Interchange Receipt and Safety Inspection Report. Bericht über die Inspektion bei Übergabe eines Containers von einem Verkehrsträger zum anderen bzw. von einem Depot oder Terminal an einen Transportführer bzw. vom Vermieter zum Mieter und umgekehrt
EUC Equipment User´s Charge: Konferenzzuschlag, wenn Container durch fremde Trucker befördert werden
FCL Full Container (Car) Load = Komplettcontainer (Haus-Haus-Container), für dessen Beladen (packing) und Entladen (unpacking) der Ablader bzw. Empfänger verantwortlich ist
F.C.L./L.C.L. der Verlader ist für das Packing (Beladen) verantwortlich und der Carrier für das Unpacking (Entladen)
Flat Großpalette im Seeverkehr. Auch: Container ohne Seitenwände und Dach, mit festen oder umlegbaren Stirnwänden
Fork lift pockets Gabelstaplertaschen
Free positioning freie Gestellung eines Containers am Beladeort
Full Container Load siehe FCL
Gantrycrane Vollcontainerschiffe sind im allgemeinen auf die Containerbrücken in den Lade- und Löschhäfen angewiesen. Um in solchen Fahrtgebieten, wo landseitig derartige Hilfen nicht bestehen, Container abliefern und laden zu können, ist man auf an Bord installierte Gantrycranes – eine Art Schienenkran – angewiesen, die, über die gesamte Länge des Vorschiffes beweglich, die sonst von den Landbrücken auszuführenden Arbeiten übernehmen
Gatehouse „Tor-Haus", hier werden alle in den Terminal ein- bzw. ausgehenden Container abgefertigt
Gatepass Passierschein, ausgestellt von einigen Containerterminals vor Betreten der Anlage
Gooseneck-Tunnel gooseneck (engl.) = Schwanenhals. Ca. 3 m lange tunnelförmige Aussparung im Boden von 8 $^{1}/_{2}$ ft und 9 ft hohen Containern. Durch den Tunnel kann der Container beim Straßentransport auf Gooseneck-Chassis um ca. 140 bis 200 mm abgesenkt werden. Damit und durch Luftfederung lassen sich Profilschwierigkeiten beim Straßentransport hoher Container auf Chassis begegnen
GRF GFK glasfaserverstärkter Kunststoff (beim Containerdach) – siehe „G.R.P."
G.R.P. Glass Reinforced Plastic (beim Container) siehe „GRF"
Haus-Pier-Verkehr Container mit Gut von einem Versender an mehrere Empfänger, wird im Löschhafen aufgeteilt
Heberahmen siehe „spreader frame" kurz: spreader
Inlets Zusammenlegbare Inlets (Liner Bags) aus Gummi oder Synthetik im Container aufgehängt, für den Transport von Flüssigkeit oder Granulat
Interchange Vorgang bei der Übergabe eines Containers von einem Benutzer zum nächsten, hauptsächlich gebräuchlich bei An- und Auslieferung nach/von einem Terminal. Das Formular dazu heißt „Interchange Report"
ISO „International Standard Organization" mit Sitz in Genf, bestehend aus Normungsgesellschaften von 58 Ländern
L.C.L. Less than Container Load. Stückgut (Container)

L.C.L./F.C.L. Carrier ist für das Packen des Containers verantwortlich und der Empfänger für das Unpacking

LCL-Service-Charges Kosten vom Verlader zahlbar für Annahme am C.F.S. und handling bei Export-LCL/beim Import-LCL für Übernahme vom Carrier und Freigabe an Empfänger

Lift on/lift off Laden und Löschen eines Schiffes mit Kaikran (Container-Verladebrücken am Kai) oder bordeigenem Kran (Shiptainer)

Loading through the rear Beladen eines Containers von der Türseite

Markings die gesamte Beschriftung eines Containers einschließlich Zertifikate/Zollverschlußanerkennung etc.

Marshalling area Container-Stellfläche an Land/auch Container Yard

Merchant's haulage Vorlauf/Nachlauf eines Containers zum/vom Seehafen erfolgt vom Verlader/Spediteur

M.H. Merchant's Haulage – siehe dort

Mixed arrangement Errechnung der Container-Gestellungskosten, Leerlauf wird auf Basis „carrier haulage" und Lastlauf auf Basis Merchants haulage" berechnet

N.V.O. Non Vessel Operator

NVOCC Non Vessel Operating Common Carrier

Pier-to-house Containertransport vom Ladehafen zum Werk des Empfängers

Pier-to-pier Containertransport von Pier-Ladehafen zum Pier-Löschhafen

Portainer ein Umschlaggerät/Ladebrücke für Container Pier-Schiff-Pier. Übernahme mittels sogenannter Spreader/Traverse, Tragfähigkeit bis zu ca. 50 tons

Portalhubwagen (straddle carrier) Spezialfahrzeug mit Eigenantrieb zum innerbetrieblichen Transport von Containern, die während der Fahrt maximal 50 cm hoch angehoben werden

Portalmobil mobiles Umsetzgerät für Container (im Gegensatz zu ortsfesten Umsetzanlagen)

Portalstapelwagen (van carrier) Spezialfahrzeug mit Eigenantrieb zum innerbetrieblichen Transport von Containern, die zweifach übereinander gestapelt werden können

Portalstapler Gerät zum Umsetzen und Stapeln von Containern auf den Lagerflächen, auch Van Carrier genannt

Positioning Anlieferung von leeren Containern zum Ablader/Befrachter

Positioning Charges Kosten für „positioning"

Re-positioning Rückgabe eines leeren Containers vom Warenempfänger an das Containerdepot

Row Bezeichnung der Stellplätze querschiffs, beginnend von der Mittellinie nach Backbord (gerade Zahlen) und Steuerbord (ungerade Zahlen)

Seitenlader Umschlaggerät für Container

Seitenwand side wall panel

Shiptainer bordeigene Verladebrücke für Laden und Löschen von Containern (auch Bordlader)

Shippers' own container dem Versender gehörender Container

Side loader Ladegerät (lift-truck) mit einer Hebevorrichtung zum Heben eines Containers von der Seite

Slot Container-Stellplatz (20') auf einem Schiff

Slot-Charter Zeitfrachtvertrag über die entgeltliche Überlassung bestimmter Laderäume bzw. Container-Stellplätze auf einem Schiff; üblich bei im Gemeinschaftsdienst betriebenen Containerverkehren

Spreader Heberahmen (Aufhängevorrichtung), der an Containerbrücken und Portalhubwagen angebracht wird. Der Spreader verriegelt die Corner Castings am Container

Spreader frame Anschlagrahmen am Portalstapler/Container

Spreader Guides Führungen, angebracht an den Ecken eines Spreaders und Chassis. Wenn der Spreader und/oder Container abgesenkt wird, sorgt die Führung für korrektes Einsetzen von Spreader oder Container in die Twistlocks. Nach Anpicken des Containers kann die Führung am Spreader hochgeklappt werden, um das Absenken des Containers in die Schiffszelle nicht zu behindern

Stack Stapel der Container, die aneinanderstehen

Stacked gestapelt

stacking cones Container-Stauzwischenstücke, um Verrutschen zu verhindern

Stapeldruck stacking

Stirnwand front wall panel

top loading Beladen eines Containers über top

Straddle carrier Portalhubwagen/Portalstapler = Spezialfahrzeug mit Eigenantrieb zum innerbetrieblichen Transport von Containern, die während der Fahrt maximal 50 cm angehoben werden

Straddle carrier recess Rücksprung, befindet sich in den Bodenlängsträgern eines Containers. Darin greift ein „Straddle carrier" (Torlader) mit Greifbalken (ca. 3 m lang) ein und bewegt den Container

Straddle truck Portalfahrzeugkran

Stripping Entladen (auspacken) von LCL-Containern

(to) stuff einen Container packen

Stuffing das Packen (Beladen) von Containern

Terminal Umschlagplatz für Container – Hafenterminal/Binnenland-Terminal

Terminal handling charges siehe „THC"

TEU Twenty Foot Equivalent Unit = 20´-ISO-Containereinheit

THC Terminal Handling Charge = Gebühren vom Ablader zahlbar beim Export von FCL-Containern für Empfang und Lagerung im Terminal und Anlieferung an das Schiff; beim Import von FCL-Containern für Entgegennahme vom Schiff sowie Lagerung und Auslieferung vom Terminal: Gebühren zahlt der Empfänger bzw. Empfangsspediteur

Torlader straddle carrier – siehe dort

Transtainer Umschlaggerät für Container auf den Terminals für Lkw/Bahn, bis zu 5 Lagen hoch stapelfähig

Twenty Foot Equivalent Unit (TEU) ist die Standardbezeichnung für einen normalen 20´-ISO-Container

Twin-Twenty zwei 20´-Container, die durch Verriegelung zu einer 40´-Einheit starr verbunden sind

twistlocks verriegelbare Stauzwischenstücke als Container-Verbindungsmittel der 2. und 3. Lage

Unstuffing Ausladen/Auspacken eines Containers

Van-Carrier Portal-Hubwagen (-Stapelwagen), Beförderungsgerät für Container.

5.5 Allgemeine Geschäftsbedingungen der Transfracht Internationale Gesellschaft für kombinierten Güterverkehr mbH (TFG)

Stand: 01. Juli 2003

§ 1 Anwendungsbereich

Diese Geschäftsbedingungen gelten für alle Rechtsbeziehungen aus und im Zusammenhang mit Verträgen über die Beförderung von Ladeeinheiten, die mit TFG abgeschlossen werden. Voraussetzung ist, dass der Auftraggeber

- Unternehmer ist und das Geschäft zum Betrieb seines Handelsgewerbes gehört oder
- eine juristische Person des öffentlichen Rechts oder ein öffentlich-rechtliches Sondervermögen ist.

§ 2 Abweichende Vereinbarungen

Von diesen Geschäftsbedingungen abweichende Vereinbarungen sind schriftlich niederzulegen. Fehlt es hieran, ist der Inhalt der Vereinbarung vom Auftraggeber zu beweisen.

Diesen Geschäftsbedingungen entgegenstehende Bedingungen des Auftraggebers gelten im Verhältnis zu TFG nur dann, wenn TFG diesen ausdrücklich schriftlich zustimmt.

§ 3 Frachtvertrag, Termine, Lieferfristen

(1) Der Frachtvertrag kommt durch den Auftrag des Auftraggebers und die Annahme durch TFG zustande. Die Annahme ist vollzogen, wenn TFG dem Auftrag nicht innerhalb angemessener Frist widerspricht; präzise Terminvorgaben bedürfen jedoch der ausdrücklichen Zustimmung durch TFG. Sind jedoch Terminvorgaben produktbedingt erforderlich, so gelten abweichend von § 3 Abs. 1 Satz 2 dieser Allgemeinen Geschäftsbedingungen die besonderen Bedingungen dieses Produkts.

(2) TFG ist berechtigt, im Rahmen des erteilten Auftrags mit dem Verlader Gestellungstermine und mit dem Endempfänger Zustelltermine zu vereinbaren. Sofern dadurch zusätzliche Kosten, insbesondere solche für die Abstellung der Ladeeinheit anfallen, ist der Auftraggeber zu informieren; diese Mehrkosten gehen stets zu Lasten des Auftraggebers.

(3) Für die Lieferfristen gelten die gesetzlichen Bestimmungen. Die in den Fahrplänen genannten Zeiten sind keine Lieferfristen.

§ 4 Informationspflicht

(1) Der Auftraggeber hat TFG schriftlich die erforderlichen Informationen über die in der Ladeeinheit verladenen Güter und den Transport zu geben.

Er hat TFG die Urkunden, die für die vor Ablieferung der Güter zu erledigende Zoll- und/oder sonstige amtliche Behandlung erforderlich sind (Begleitpapiere), zu übergeben und alle erforderlichen Auskünfte zu erteilen.

Im Verkehr mit fremdsprachigen Ländern hat der Auftraggeber auf Verlangen alle erforderlichen Übersetzungen, auch für Durchgangsstrecken, beizugeben.

(2) Der Auftraggeber ist für die Richtigkeit der von ihm erteilten Informationen und die Richtigkeit etwaiger Übersetzungen sowie die Vollständigkeit der Papiere verantwortlich. TFG ist nicht verpflichtet, die Angaben oder die ihr erteilten Informationen oder die Papiere auf Richtigkeit und Vollständigkeit zu prüfen. Der Auftraggeber haftet auch ohne Verschulden für alle Folgen, die sich aus dem Fehlen, der Unrichtigkeit, Ungenauigkeit, Unvollständigkeit von Angaben oder einer unvollständigen oder verspäteten Übermittlung derselben ergeben; gleiches gilt hinsichtlich erteilter Informationen. Ausgenommen sind solche Schäden, an deren Entstehung TFG ein Verschulden trifft.

(3) TFG bestätigt dem Auftraggeber durch die Annahme der Ladeeinheit, der Papiere oder der von ihm übermittelten Daten nicht, dass die aufgelieferte Ladeeinheit und die darin verladenen Güter unbeschädigt sind und dass die Art und Anzahl der verladenen Güter mit den Angaben des Auftraggebers übereinstimmen.

§ 5 Gefährliche Güter

Bei Transporten von gefährlichen Gütern ist der Auftraggeber verpflichtet, alle erforderlichen Angaben zu machen und alle nationalen und internationalen Vorschriften zu beachten.

Der Auftraggeber haftet auch ohne Verschulden für alle Folgen der Nicht- oder Schlechterfüllung der den Transport betreffenden Vorschriften durch sich selbst und die von ihm oder seinem Auftraggeber eingesetzten Erfüllungsgehilfen, wie etwa Verlader. Er stellt TFG von allen Folgen eines Schadens frei.

Die Haftung entfällt, so weit TFG vorsätzlich oder grob fahrlässig gehandelt hat.

§ 6 Zoll- und sonstige Verwaltungsvorschriften

Für die Einhaltung der Zoll- und sonstigen Verwaltungsvorschriften ist der Auftraggeber allein verantwortlich. Das gilt auch dann, wenn TFG die Zollabfertigung oder eine sonstige Behandlung des Gutes vor einer Verwaltungsbehörde für den Auftraggeber übernimmt.

§ 7 Übernahme und Rückgabe der Ladeeinheiten

(1) Ladeeinheiten sind vom Auftraggeber bei Übernahme auf Mängel zu untersuchen. Sind die gestellten Ladeeinheiten schadhaft oder für die Beförderung des Gutes nicht geeignet, sind sie unverzüglich zurückzuweisen. Der Auftraggeber haftet für alle Schäden, die auf die Beladung einer ungeeigneten oder schadhaften Ladeeinheit zurückzuführen sind.

(2) Der Auftraggeber hat dafür zu sorgen, dass die ihm überlassenen Ladeeinheiten nach Entladung in einwandfreiem und verkehrssicherem Zustand, ohne Rückstände von Ladegut, am vereinbarten Ort zurückgegeben werden. Wird bei der Rückgabe festgestellt, dass die Ladeeinheiten nicht in einwandfreiem und verkehrssicherem Zustand sind, werden die erforderlichen Mängelbeseitigungsarbeiten auf Kosten des Auftraggebers, der auch die während dieser Zeit weiterlaufende Miete zu tragen hat, durchgeführt.

(3) Der Auftraggeber ist dafür verantwortlich, dass die Ladeeinheiten im Zeitpunkt der Übernahme durch TFG betriebs- und verkehrssicher und für das Ladegut geeignet sind und den geltenden gesetzlichen Vorschriften und technischen Bestimmungen entsprechen.

(4) Der Auftraggeber haftet ohne Verschulden für alle Schäden, die aus der Ungeeignetheit, mangelnden Betriebs- oder Verkehrssicherheit, Vorschriftswidrigkeit oder Schadhaftigkeit der Ladeeinheit entstehen. Das gilt nicht, so weit es sich um Mängel einer Ladeeinheit handelt, die von TFG zur Verfügung gestellt wurde und deren Mängel im Zeitpunkt der Übergabe an den Auftraggeber oder die von ihm benannte Person bereits vorhanden, für diese/n jedoch nicht erkennbar waren.

§ 8 Verpacken, Verstauen der Güter, Verladen und Entladen der Ladeeinheiten

(1) Der Auftraggeber hat die Güter zum Schutz vor Verlust oder Beschädigung sowie zur Verhütung einer Schädigung von Personen, Betriebsmitteln oder anderen Gütern sicher zu verpacken und zu verstauen. Die Vorschriften, Richtlinien und Normen zur Verpackung und Verstauung aller zum Transport der Ladeeinheit in Betracht kommenden Beförderungsmittel sind zu beachten. Der Auftraggeber trägt alle Folgen des Fehlens und der Mangelhaftigkeit einer Verpackung oder Verstauung der Güter. Er haftet TFG ohne Verschulden für alle hierdurch verursachten Schäden, es sei denn, dass der Mangel offensichtlich oder TFG bei der Übernahme der Ladeeinheit bekannt war. TFG ist jedoch nicht verpflichtet, bei der Übernahme der Ladeeinheit die Beladeweise, Verpackung und Verstauung der Güter und die Ladungssicherung zu prüfen.

(2) Aufgrund besonderer Vereinbarung kann der Auftraggeber die Ladeeinheit selbst auf das zunächst verwendete Beförderungsmittel verladen (lassen) oder der Empfänger sie von dem zuletzt verwendeten Beförderungsmittel abladen (lassen). Dabei haben Auftraggeber und Empfänger die Vorschriften und Anordnungen des jeweiligen Beförderers zu beachten. Die Folgen mangelhaften Auf- und Abladens von Ladeeinheiten trägt der Auftraggeber beziehungsweise der Empfänger, so weit sie nicht durch fehlerhafte Vorschriften und Anordnungen des Beförderers verursacht sind.

(3) Werden in einer Ladeeinheit Güter für mehrere Entladestellen verladen, sind diese in Einzelpartien so voneinander zu trennen und zu sichern, dass eine Verwechslung ausgeschlossen und die in der Ladeeinheit verbleibenden Güter beziehungsweise Teilpartien transportsicher verladen und gegen Beschädigung ausreichend gesichert sind. Auch nach teilweiser Entladung muss die Betriebs- und Verkehrssicherheit der Ladeeinheit stets gewährleistet sein.

TFG haftet nicht dafür, dass Teilpartien von dem richtigen Empfänger übernommen werden.

§ 9 Annahme zur Beförderung

(1) So weit die Verladung der Ladeeinheit durch TFG oder deren Erfüllungsgehilfen erfolgt, gilt als Annahme der Zeitpunkt des Beginns des Verladens der Ladeeinheit auf das zunächst verwendete Beförderungsmittel; das Verladen beginnt mit Herstellen der Verbindung zwischen Ladegerät und Ladeeinheit.

(2) So weit die Verladung durch den Auftraggeber oder dessen Erfüllungsgehilfen erfolgt, gilt als Annahme der Zeitpunkt des ordnungsgemäßen Aufsetzens der Ladeeinheit auf das zunächst verwendete Beförderungsmittel; das Aufsetzen ist vollzogen, sobald Verladegerät und Ladeeinheit getrennt sind.

(3) Soll die Ladeeinheit nach Verladung im Sinne der Abs. 1 oder 2 noch mit Gütern beladen werden, ist bezüglich dieser Güter die Annahme mit Ende der Beladung und Übernahme der Ladeeinheit durch TFG erfolgt.

§ 10 Ablieferung

(1) Mit Übergabe der Ladeeinheit bzw. Güter an den Endempfänger (Ablieferung) ist die Beförderungspflicht erfüllt und die Haftungszeit von TFG gemäß § 13 beendet.

Der Endempfänger hat den Empfang der Ladeeinheit bzw. Güter schriftlich zu bestätigen.

Nimmt der Endempfänger die Ladeeinheit nicht an oder verweigert er die schriftliche Bestätigung, gelten Beförderungspflicht und Haftungszeit trotzdem als beendet; dies gilt auch bei teilweiser Annahme der Sendung.

(2) So weit die Entladung der Ladeeinheit durch TFG oder deren Erfüllungsgehilfen erfolgt, gilt als Ablieferung der Zeitpunkt des Endes der ordnungsgemäßen Entladung von dem zuletzt verwendeten Beförderungsmittel; das Entladen ist beendet, sobald das Ladegerät von der Ladeeinheit getrennt ist.

(3) So weit die Entladung der Ladeeinheit durch den Empfänger oder dessen Erfüllungsgehilfen erfolgt, gilt als Ablieferung der Zeitpunkt des Beginns der Entladung von dem zuletzt verwendeten Beförderungsmittel; das Entladen beginnt mit Herstellen der Verbindung zwischen Ladegerät und Ladeeinheit.

(4) Sollen vor Entladung der Ladeeinheit Güter ausgeladen werden, ist bezüglich dieser Güter die Ablieferung mit Öffnen der Türen der Ladeeinheit erfolgt.

§ 11 Abstellung der Ladeeinheit

(1) Bei verfügter Abstellung der Ladeeinheit gilt Lagervertragsrecht. Die Haftung von TFG ist auf den nachgewiesenen Schaden an der Ladeeinheit und am Ladegut, höchstens auf einen Betrag von € 5,– pro kg Rohgewicht des beschädigten oder in Verlust geratenen Teils der Ladeeinheit und/oder am Ladegut – ab dem 11. Werktag der Abstellung auf höchstens 2 Rechnungseinheiten im Sinne von § 431 Abs. 4 HGB – beschränkt. Im Übrigen gilt § 13 Abs. 2 entsprechend.

(2) Für Schäden während betriebs- oder verkehrsbedingter Abstellungen, also solche zwischen Annahme zur Beförderung und Ablieferung, die nicht auf Wünschen des Auftraggebers oder Empfängers beruhen, haftet TFG nach Maßgabe des § 13 dieser Allgemeinen Geschäftsbedingungen.

(3) Bei Abstellung leerer Ladeeinheiten ist die Höhe der Haftung von TFG begrenzt auf den Verkehrswert, höchstens auf einen Betrag von € 5,– pro kg Gewicht der leeren Ladeeinheit.

§ 12 Verlustvermutung

Für den Eintritt der Verlustvermutung gemäß § 424 Abs. 1 HGB gilt für inländische und grenzüberschreitende Verkehre einheitlich ein weiterer Zeitraum von 30 Tagen nach Ablauf der Lieferfrist.

§ 13 Haftung für Güterschäden

(1) TFG haftet für Güterschäden, die in der Zeit von der Annahme zur Beförderung bis zur Ablieferung an der Ladeeinheit und des Ladegutes entstehen. TFG ist Gelegenheit zur Besichtigung des Schadens zu geben.

(2) Sind nach dem Frachtvertrag Ladeeinheiten und/oder andere Güter im nationalen Verkehr zu befördern, gilt § 431 HGB.

Die Haftung von TFG ist jedoch in jedem Falle je Schadenereignis auf einen Betrag von € 1.000.000,– oder zwei Rechnungseinheiten für jedes Kilogramm beschränkt, je nachdem, welcher Betrag höher ist, auch wenn durch dasselbe Ereignis mehrere Schäden eingetreten sind. Vorstehende Haftungsbeschränkung gilt nicht bei Verbrauchern i.S.v. § 449 HGB.

(3) Werden Ladeeinheiten oder andere Güter grenzüberschreitend befördert, richtet sich die Ersatzpflicht nach der Haftungsordnung, die kraft zwingenden Rechts für den Beförderungsabschnitt gilt, in dem der Schaden eingetreten ist. Kann der Beförderungsabschnitt, in dem der Schaden eingetreten ist, nicht festgestellt werden, haftet Transfracht International nach den Regeln des multimodalen Verkehrs gemäß § 452 HGB.

§ 14 Unbeschränkte Haftung

Vertragliche Ausschlüsse und Beschränkungen der Haftung nach diesen Bedingungen gelten nicht, wenn der Schaden von TFG durch Vorsatz oder grobe Fahrlässigkeit ihrer Organe, leitenden Angestellten oder Erfüllungsgehilfen oder durch grobes Organisationsverschulden verursacht ist.

§ 15 Reklamation wegen Frachten und Kosten

Die Reklamation wegen Frachten, Nebenentgelten und sonstigen Kosten kann nur binnen 6 Monaten nach Rechnungserhalt erfolgen. Auf Verlangen sind die zum Nachweis erforderlichen Dokumente einzureichen.

§ 16 Zahlung, Verzinsung und Aufrechnung

(1) Alle Rechnungen von TFG sind unverzüglich nach Erhalt ohne Abzug in der in der Rechnung angegebenen Währung fällig.

(2) Zahlungsverpflichtet ist in jedem Fall der Auftraggeber. Soll die Zahlung aufgrund besonderer Vereinbarung von einem anderen geleistet werden, bleibt die Verpflichtung des Auftraggebers hiervon bis zur vollen Zahlung der Vergütung unberührt.

(3) TFG ist berechtigt, ab Verzug Zinsen in Höhe von 8% über Basiszinssatz zu verlangen.

(4) Gegen Forderungen von TFG ist eine Aufrechnung oder Zurückbehaltung ausgeschlossen, es sei denn, die Gegenforderung ist unbestritten oder rechtskräftig festgestellt.

§ 17 Elektronische Datenübermittlung und -verarbeitung

(1) So weit in diesen Allgemeinen Geschäftsbedingungen Schriftform vorgeschrieben ist, steht diesem Erfordernis die Übermittlung definierter Datensätze im Rahmen der elektronischen Datenverarbeitung gleich. Datenübermittlungsprotokolle im elektronischen Datenaustausch bestätigen nur die Übertragung der Daten.

(2) Die Durchführung und Verbindlichkeit eines elektronischen Austauschs von Vertrags- und Leistungsdaten wird mit den Auftraggebern in einem gesonderten Vertrag geregelt.

(3) Die zur Erledigung der Aufträge benötigten Daten werden gespeichert. Hiermit erfolgt Hinweis gem. § 33 Bundesdatenschutzgesetz.

(4) TFG ist berechtigt, transportbezogene Daten zum Zwecke der Erfüllung von Verwaltungs- und Zollverfahren weiter zu geben.

§ 18 Rechtswahl und Gerichtsstand

Es gilt deutsches Recht. Gerichtsstand ist Frankfurt am Main.

§ 19 Salvatorische Klausel

Ist eine Bestimmung unwirksam, wird die Gültigkeit der übrigen Bestimmungen hiervon nicht berührt. An die Stelle einer unwirksamen Bestimmung tritt die gesetzlich zulässige Bestimmung, die dem Parteiwillen am nächsten kommt.

6. CONTAINERVERKEHR INTERNATIONAL

6.1 Intercontainer-Interfrigo (ICF)

Internationale Gesellschaft für die Entwicklung des Kombinierten Verkehrs und von Transporten unter geregelter Temperatur

1. Allgemeines

Die ehemals selbstständig agierenden oder kooperierenden Gesellschaften Intercontainer und Interfrigo haben im Jahre 1993 zur Internationalen Gesellschaft für die Entwicklung des Kombinierten Verkehrs und von Transporten unter geregelter Temperatur (ICF)" fusioniert.

Rechtsform:	Aktiengesellschaft des belgischen Rechts
Rechtssitz:	Brüssel
Gesellschafter:	25 Eisenbahnverwaltungen
Gesellschaftskapital:	€ 35.602.839 gez. Kapital
Generaldirektion:	Basel
Techn./kommerz.Repräsentanzen:	11 jeweils in verschiedenen Ländern
Beteiligungsgesellschaften:	16 jeweils in verschiedenen Ländern

2. Aufgabenstellung

ICF soll alle Möglichkeiten zur Weiterentwicklung des Kombinierten Verkehrs Schiene-Straße und des Transports unter geregelter Temperatur ausschöpfen.

3. Tätigkeit

ICF ist zentraler Ansprechpartner für sämtliche europa- oder weltweit tätigen großen Transportunternehmen und vermarktet in dieser Eigenschaft seine Dienstleistungen im Kombinierten Verkehr Schiene-Straße und im Transport unter geregelter Temperatur.

4. Leistungsangebot-Produkte

4.1 Intercontainer (Kombinierter Verkehr)
Produktbereich für den Kombinierten Verkehr Schiene-Straße mit Containern, Wechselbehältern und Sattelanhängern. Organisation und Durchführung entsprechender Transporte.

4.2 Interfrigo
Produktbereich für Transporte unter geregelter Temperatur.
Organisation und Durchführung von Transporten in Kühl-und Maschinenkühlwagen, langfristige Vermietung von ICF-eigenen Kühl- und Maschinenkühlwagen.
ICF gibt gegenüber den Kunden Gesamtangebote ab, die Schienenleistungen werden bei den Bahnen eingekauft.

6.2 Allgemeine Geschäftsbedingungen für Kombinierte Verkehre (Intercontainer-Interfrigo)

Stand Januar 2000

Präambel

§ 1 Intercontainer-Interfrigo (abgekürzt ICF) ist eine Speditionsfirma belgischen Rechts und organisiert ihre Tätigkeit mit den Bahnen oder anderen im Landtransport, in der Binnen- oder Seeschiffahrt tätigen Transportunternehmen und mit Lieferanten von ergänzenden Dienstleistungen über ihre General- und Agenturvertreter, deren Verzeichnis auf einfache Anfrage erhältlich ist.

§ 2 Die vorliegenden Allgemeinen Geschäftsbedingungen gelten für die unter der Marke „Intercontainer" vertriebenen Kombinierten Verkehre und die damit verbundenen ergänzenden Dienstleistungen.

§ 3 Die „Kombinierten Verkehre" umfassen sämtliche Transporte von UTI (Unité de Transport Intermodal = intermodale Transporteinheit): Großcontainer oder Wechselbehälter aller Bauarten, für den Transport mit Temperaturregelung geeignete Container und Wechselbehälter insbesondere Maschinenkühl-, Kühl- und Isothermcontainer, Wechselbehälter, gleichgestellte Ladegefäße, Sattelauflieger, usw..

§ 4 Die „ergänzenden Dienstleistungen" umfassen insbesondere:
- die mit dem Kombinierten Verkehr verbundenen Terminalleistungen (Umschlag, Straßenzustellung/ -abholung),
- die Gestellung von UTI,
- die Information über auftretende Unregelmäßigkeiten während des Beförderungsablaufs von UTI, die für den Transport mit Temperaturregelung geeignet sind,
- die Überwachung des Laufs der Kühlanlage und der Einhaltung der geforderten Temperatur während der Beförderung von Maschinenkühl-UTI.

§ 5 Die Begriffe „Auftraggeber" und „Empfänger" (Begünstigter) bezeichnen die Auftraggeber und Empfänger selbst oder ihre eventuellen Beauftragten.

§ 6 Der Begriff „Kunde" bezeichnet den Frachtzahler, der, ohne vorherige Vereinbarung mit ICF, nur der Auftraggeber oder der Empfänger sein kann.

Artikel 1: Angebote und Vereinbarungen

§ 7 Mangels anderer Festlegung durch ICF in ihren Angeboten und unter Vorbehalt der Bestimmungen in §§ 9 und 10 beträgt die Gültigkeitsdauer der Angebote 30 Tage ab Absendedatum.

Die Angebote sind für ICF erst dann verbindlich, wenn ICF innerhalb der Gültigkeitsdauer eine Annahmeerklärung des Kunden erhalten hat oder wenn in dieser Frist eine UTI zum Transport übergeben worden ist. Dies bedeutet die Anerkennung der Allgemeinen Geschäftsbedingungen von ICF.

§ 8 Alle Angebote und Vereinbarungen, auch pauschalierte, beruhen auf den für ICF anwendbaren Tarifen über die Beförderungs- und die ergänzenden Dienstleistungen sowie auf allen anderen zum Zeitpunkt der Erstellung der Angebote und Vereinbarungen bestehenden technischen oder kommerziellen Grundlagen.

§ 9 Sollten zu einem späteren Zeitpunkt wirtschaftliche, politische oder technische Umstände eintreten, die für ICF bei der Erstellung der Angebote und Vereinbarungen nicht vorhersehbar waren und die sich ihrer Kontrolle entziehen und die die wirtschaftliche Ausgewogenheit in den Angeboten und Vereinbarungen wesentlich beeinträchtigen, mit der Folge einer Überbelastung von ICF bei der Erfüllung ihrer vertraglichen Verpflichtungen, kann ICF schriftlich unter genauer Angabe des eingetretenen Umstands und der zugrunde gelegten Bewertungskriterien gegenüber ihrem Kunden eine Anpassung dieser Angebote und Vereinbarungen verlangen. Im Falle einer wirtschaftlich nicht vertretbaren Beibehaltung trotz Anpassung der Angebote und Vereinbarungen, kann ICF sie mit Wirkung vom siebten Tag ab Absendung der schriftlichen Kündigungsmitteilung aufheben. Ausgenommen von dieser Bestimmung sind Fälle höherer Gewalt gemäß § 10.

§ 10 Die Klausel über höhere Gewalt der Internationalen Handelskammer (IHK-Veröffentlichung Nr. 421) gilt für die vorliegenden Allgemeinen Geschäftsbedingungen.

Artikel 2: Aufträge und Weisungen

§ 11 Vor der Übergabe der UTI sind dem örtlichen Agenten von ICF sobald als möglich Angaben über die Zusammensetzung der Sendung (Länge und Gewicht der UTI) mitzuteilen, damit dieser die notwendigen Vorkehrungen für die Ausführung der geforderten Leistungen (Wagengestellung, Umschlag, Straßenabholung, usw.) treffen kann.

§ 12 Für jede zu übergebende Sendung fertigt der Auftraggeber einen Vordruck „Übergabeschein" (auf einfache Anfrage bei den örtlichen Agenten von ICF erhältlich) aus und fügt diesem alle von den Zoll- und Verwaltungsbehörden aus Anlass des Transports geforderten Unterlagen bei. Die Übergabe der UTI mit dem/den datierten und unterzeichneten Übergabeschein/en stellt den Beförderungsauftrag dar.

§ 13 Vor Ausfertigung des Übergabescheins vergewissert sich der Auftraggeber unter Bezugnahme auf das „Verzeichnis der für den Intercontainer-Verkehr zugelassenen Terminals und Bahnhöfe", das auf einfache Anfrage erhältlich ist, dass die im Übergabeschein geforderten Übergabe- und Auslieferbedingungen durchführbar sind.

§ 14 Der Auftraggeber haftet für seine Eintragungen im Übergabeschein. Er trägt alle Folgen, die sich aus unrichtigen, ungenauen, unvollständigen oder fehlenden Angaben ergeben. Dasselbe gilt für die von den Zoll- und Verwaltungsbehörden für den Transport geforderten Unterlagen, auch für deren verspätete Übermittlung. Ohne vorherige Vereinbarung wird ICF bei der Erledigung dieser Formalitäten nicht tätig und haftet nicht für fehlerhafte Erhebung von Gebühren, Steuern, Abgaben usw. durch diese Behörden.

§ 15 Eine Aufteilung der Kosten oder besondere Frankaturvermerke sind nicht zulässig. Die Sendungen können nicht mit Nachnahmen oder Barvorschüssen belastet werden.

§ 16 ICF ist nicht verpflichtet, die Richtigkeit der im Übergabeschein oder in anderen gesondert übergebenen Anweisungen und Unterlagen enthaltenen Angaben zu prüfen.

§ 17 Änderungen der Aufträge und Weisungen im Übergabeschein werden nur bei rechtzeitiger schriftlicher Anmeldung beim örtlichen Agenten von ICF und in der von ICF festgelegten Form (Vordruck Anweisung zur Änderung des Übergabescheins") angenommen. Nur die schriftlich bestätigte Annahme der Änderungsanweisung bedeutet, daß sich ICF im Rahmen der für den jeweiligen Transportträger bestehenden Möglichkeiten und Vorschriften um die Ausführung dieser Anweisung bemühen wird. Grundsätzlich ist nur der Auftraggeber zu Änderungsanweisungen berechtigt. Sie können jedoch auch durch den Empfänger erfolgen, sofern dieser Kunde von ICF für den betreffenden Transport ist und der neue Bestimmungsbahnhof in demselben Bestimmungsland liegt. Kosten, die sich aus den Änderungsanweisungen ergeben, gehen zu Lasten des Kunden.

Artikel 3: Gefährliche Güter

§ 18 Die Übergabe von gefährlichen Gütern an ICF muß zwingend unter Einhaltung einer Mindestfrist von 24 Stunden vorangemeldet werden.

§ 19 Für Transporte von gefährlichen Gütern ist der Auftraggeber im Hinblick auf die Ausführung der für diese Transporte notwendigen Sondermaßnahmen verpflichtet, alle erforderlichen Angaben zu machen und alle Vorschriften zu beachten, die national oder international, insbesondere in den internationalen Übereinkommen RID, ADR und CSC, vorgeschrieben sind.

§ 20 Der Auftraggeber trägt alle Folgen, die sich aus dem Fehlen dieser Angaben oder der Nichtbeachtung der Bedingungen ergeben. Er ist ferner verantwortlich für alle Verluste oder Schäden, Verzögerungen oder Kosten, die sich aus der Übernahme dieser Güter, deren Beförderung oder den damit in Zusammenhang stehenden Leistungen ergeben können.

Artikel 4: Gestellung von UTI

§ 21 ICF ist bemüht, den Bestellungen der für die Transporte notwendigen UTI zu entsprechen. Ohne formelle Verpflichtung ihrerseits übernimmt ICF keine Haftung für nicht oder verspätet gestellte oder gemäß § 22 zurückgewiesene UTI. Die Gestellung der UTI berechtigt ICF zur Erhebung einer Entschädigung oder ist fallweise festgelegten Sonderbedingungen unterstellt.

§ 22 Der Benutzer (Auftraggeber oder bloßer Mieter oder ihre Berechtigten) muss vor der Beladung den Zustand der UTI prüfen. Die Prüfung erstreckt sich bei den für Temperaturregelung geeigneten UTI auch auf die Betriebsfähigkeit der Kühlanlage.

Das Material kann zurückgewiesen werden, wenn es defekt oder für den Transport des darin zu verladenden Gutes ungeeignet ist. Erfolgt keine Zurückweisung, so gilt das gestellte Material als in einwandfreiem Zustand und für den vorgesehenen Transport geeignet angenommen. Erfolgt die Zurückweisung nicht innerhalb von 24 Stunden nach Bereitstellung (Sonn- und Feiertage ausgenommen), werden dem Auftraggeber eventuelle Abstellkosten und eine Tagesentschädigung, die auf den für den betreffenden UTI-Typ geltenden Tagesmietsatz und gegebenenfalls der täglichen Wagenstillstandsentschädigung beruht, berechnet.

§ 23 Der Benutzer trägt Sorge für die sorgfältige und zweckmäßige Behandlung des ihm von ICF zur Verfügung gestellten Materials. Er haftet für alle an der UTI auftretenden Schäden während der Zeit, in der sich diese in seinem oder im Gewahrsam seiner Berechtigten befindet und ist verpflichtet, ICF bei Verlust oder Zerstörung der UTI den Wiederbeschaffungswert zu zahlen.

Jede UTI, die nicht innerhalb von drei Monaten ab dem Tag der Bereitstellung oder ab Ablauf des Mietvertrages zurückgegeben wird, gilt als verloren.

Bei den vorgenannten Schäden handelt es sich sowohl um direkte Materialschäden als auch um den Nutzungsausfall durch Reparaturen.

§ 24 Der Benutzer trifft die notwendigen Vorkehrungen, damit die UTI, sei es durch den Empfänger nach Entladung oder durch ihn selbst nach abgelaufenem Mietvertrag, ICF in einwandfreiem Zustand, gereinigt und gegebenenfalls desinfiziert und geruchlos gemacht, mit abgestellter Kühlanlage und geschlossenen Türen zurückgegeben wird. Bei Nichtbeachtung dieser Anweisung durch den Benutzer läßt ICF die vorgenannten Arbeiten auf dessen Kosten durchführen. Im Falle einer verspäteten Rückgabe der UTI ist eine Tagesentschädigung gemäß dem für diesen UTI-Typ geltenden Tagesmietsatz an ICF zu entrichten.

Artikel 5: Wageneinsatz

§ 25 Schreibt der Auftraggeber einen spezifischen Wagentyp oder eine besondere Anordnung der UTI auf den Wagen vor, so ist ICF – ohne formelle Verpflichtung – bemüht, diesen Forderungen zu entsprechen.

§ 26 Besorgen der Auftraggeber bzw. der Empfänger selbst das Aufladen bzw. das Abladen der UTI auf bzw. vom Wagen, so haben sie die Vorschriften der Bahnen zu beachten und tragen alle Folgen einer unsachgemäßen Be- oder Entladung.

§ 27 Werden vor oder nach dem Schienentransport die in den Tarifen der Bahnen festgelegten Be- oder Entladefristen für die Wagen überschritten, so schuldet der für die Überschreitung Verantwortliche (Auftraggeber oder Empfänger) unmittelbar den Bahnen für ihre Wagen oder, im Falle von Privatwagen dem Wageneigentümer, Wagenstandgebühren.

Alle Wagenstandgebühren, die ICF als Absender/Empfänger im Frachtbrief von den Bahnen oder einem anderen Wageneigentümer berechnet werden, belastet ICF ihrem Kunden weiter.

§ 28 Wenn Transporte mit ICF-eigenen Wagen durchgeführt und die unter § 27 genannten Be- bzw. Entladefristen überschritten werden, oder wenn ein solcher Wagen unterwegs eine durch den Auftraggeber oder Empfänger verschuldete Verspätung erleidet, berechnet ICF Wagenstillstandentschädigungen, deren Sätze dem Kunden auf Anfrage mitgeteilt werden können.

Wagenstandgebühren für das Abstellen von Wagen auf den Gleisen der Bahnen werden nach den geltenden Bahntarifen erhoben.

Artikel 6: Zustand, Beladung, Abstellung der UTI

§ 29 Vor ihrer Übergabe durch den Auftraggeber an ICF muß der Zustand der UTI geprüft werden. Es handelt sich dabei um eine rein äußere Prüfung vom Boden aus und bei geschlossenen Türen.

Demzufolge ist ICF nicht verpflichtet, insbesondere eventuelle Beschädigungen des Daches oder des Bodens zu erkennen oder die Verladeweise im Innern der UTI zu kontrollieren.

§ 30 Der Auftraggeber haftet für alle Folgen, die sich aus dem mangelhaften Zustand der UTI oder ihrer Überladung ergeben können. Er gewährleistet, daß die UTI und ihre Ladung allen geltenden Normen und Regelungen entsprechen und daß sie genügend widerstandsfähig sind, um den Anforderungen und Sicherheitserfordernissen des Transports und des Umschlags gerecht zu werden.

§ 31 Der Auftraggeber trägt alle Folgen für eine mangelhafte Verladung und Verpackung des Gutes im Inneren der UTI. UTI mit Ladegütern, für deren Verpackung oder Stauung besondere Regelungen und Techniken gelten, müssen allen diesen Anforderungen gerecht werden.

§ 32 Der Auftraggeber trägt alle, auch indirekte Folgen, die sich im Falle von Verlust, Minderung oder Diebstahl des Gutes infolge Fehlen oder Mangelhaftigkeit des Verschlusses oder der Plombierung der UTI ergeben.

§ 33 Werden UTI nach ihrer Ablieferung vom Empfänger auf den Anlagen der Bahnen oder auf dem Wagen belassen, insbesondere bei Ablieferung auf Privatgleisanschlüssen, so müssen unverzüglich

Anweisungen zur Neuaufgabe erteilt werden. Die Kosten für die Abstellung der UTI auf Abstellplatz wegen fehlender Anweisungen belastet ICF ihrem Kunden weiter.

Artikel 7: Für Temperaturregelung geeignete UTI

§ 34 Transporte von Isotherm-, Kühl- und Maschinenkühl-UTI können mit oder ohne Temperaturüberwachung oder mit oder ohne Transportüberwachung durchgeführt werden, wobei die Transporte ohne Temperatur bzw. Transportüberwachung denjenigen Transporten mit UTI gleichgestellt sind, die nicht für eine Temperaturregelung geeignet sind.

Die Bestimmungen der §§ 29 bis 33 finden sinngemäß Anwendung.

§ 35 Der Dienst mit Temperatur- und Transportüberwachung betrifft:
– den Transport mit vorrangiger und schneller Beförderung,
– die Überwachung des Laufs der Kühlanlage und der Einhaltung der Temperatur,
– die Information des Kunden über jede während des Transports auftretende Unregelmäßigkeit.

Dieser Dienst gilt für:
Maschinenkühl-UTI mit autonomer Kühlanlage, für die eine Temperaturüberwachung beantragt wurde.

Dieser Dienst setzt voraus:
– die Möglichkeit, die Kontrollinstrumente auf Augenhöhe neben dem Wagen stehend abzulesen,
– eine für die gesamte Transportdauer ausreichende Autonomie der Kühlanlage.

§ 36 Der Dienst ohne Temperaturüberwachung und nur mit Transportüberwachung betrifft:
– den Transport mit vorrangiger und schneller Beförderung,
– die Information des Kunden über jede während des Transports auftretende Unregelmäßigkeit.

Dieser Dienst gilt für:
Isotherm-, Kühl- oder Maschinenkühl-UTI, für die eine Transportüberwachung beantragt wurde.

§ 37 Der Auftraggeber muss die Inbetriebsetzung der Maschinenkühlanlage, ihre Versorgung mit Treibstoff oder sonstigen Zusätzen für die Gesamtdauer des Transports sowie die Temperatureinstellung sicherstellen.

Artikel 8: Beförderungs- und Ablieferungshindernisse

§ 38 Bei Ereignissen, die ein Weiterführen des Transports gemäß den vom Auftraggeber erhaltenen Anweisungen verhindern, ergreift ICF alle ihr nützlich oder angebracht erscheinenden Maßnahmen. Diese Maßnahmen gelten als mit dem Einverständnis des Auftraggebers angeordnet. Zusätzliche Kosten, die insbesondere in Zusammenhang mit dem Schutz und der Erhaltung der UTI und des Ladegutes entstehen, gehen zu Lasten des Kunden.

§ 39 Bei Ablieferungshindernissen informiert ICF den Auftraggeber, der in eigener Verantwortung unverzüglich ICF anweisen muß, welche Maßnahmen zu ergreifen sind (Neuaufgabe, Maßnahmen für die Erhaltung des Ladegutes, usw.). Alle damit verbundenen Kosten gehen zu Lasten des Kunden.

Artikel 9: Haftung

§ 40 Die Haftung von ICF beginnt mit der Übergabe der UTI und endet mit der vorbehaltlosen Annahme der UTI durch den Empfänger.

Schadensfeststellungen können nur dann gegenüber ICF geltend gemacht werden, wenn ICF ordnungsgemäss zur Aufnahme des Tatbestands beigezogen wurde.

§ 41 Die Haftung von ICF für Schäden an/Verluste von UTI und/oder Waren oder Schädigungen, die auf dem **bahnseitigen Beförderungsabschnitt** eines kombinierten (multimodalen) Verkehrs **lokalisierbar** sind, ist je nach Transport den folgenden Bestimmungen unterstellt:
– Berner Abkommen über die internationale Eisenbahnbeförderung von Gütern (CIM),
– SMGS-Abkommen bestehend zwischen mehreren mittel- und osteuropäischen und asiatischen Staaten über die Regelung des internationalen Eisenbahngüterverkehrs,
– jeweilige nationale Gesetzgebung, die für das im Falle eines nationalen Schienentransports zuständige Eisenbahnunternehmen gilt.

§ 42 Bei Schäden an/Verlusten von UTI und/oder Waren oder Schädigungen, die auf einem **nichtbahnseitigen Beförderungsabschnitt** (Strasse, Nicht-CIM-Seelinie usw.) eines kombinierten (multimodalen) Verkehrs **lokalisierbar sind**, ist die Haftung von ICF den Bestimmungen des Genfer Übereinkommens über den internationalen Strassengüterverkehr (CMR) unterstellt.

Gleiches gilt, wenn der Beförderungsabschnitt, auf dem die Schäden an/Verluste von UTI und/oder Waren oder Schädigungen aufgetreten sind, **nicht festgestellt werden kann**.

§ 43 Als Spediteur nach belgischem Recht haftet ICF für die auftragsgetreue Ausführung des ihr vom Auftraggeber mittels Übergabeschein erteilten Auftrags.

Im Falle eines **reinen Vermögensschadens**, für den die unmittelbare Haftung von ICF aufgrund eines nachgewiesenen Verschuldens in der Ausführung dieses Auftrags begründet ist, haftet ICF nur in Höhe einer Entschädigung von maximal 100 000 EURO pro nachgewiesenen und belegten Vermögensschaden.

§ 44 Wird eine Lieferfrist für die Gesamtheit eines **multimodalen** Transportes mittels schriftlicher Sondervereinbarung garantiert, gelten die Bestimmungen der CMR bezüglich der Lieferüberschreitung.

Artikel 10: Finanzielle Bestimmungen

§ 45 Alle ICF geschuldeten Beträge sind nach Vorlage einer Rechnung zahlbar. Während einer Frist von 12 Monaten, vom Zeitpunkt der Hauptfakturierung an gerechnet, behält sich ICF vor, eine Zusatzrechnung über Kosten, die zum Zeitpunkt der Hauptfakturierung nicht bekannt waren, zu übermitteln. Alle Steuern, Gebühren und Abgaben, denen die Leistungen von ICF unterliegen, werden in Rechnung gestellt.

§ 46 Ohne ausdrückliche Sondervereinbarung lauten die Rechnungen auf EURO und sind in dieser Währung in Basel zahlbar.

Die Kosten für Banktransfers gehen zu Lasten des Kunden.

Für die Währungsumrechnungen gelten die von den Schweizerischen Bundesbahnen am Tag der Rechnungserstellung angewandten Kurse.

§ 47 Alle Rechnungen sind ohne Skonto oder Abzug innerhalb von 30 Tagen ab Datum der Rechnungstellung zahlbar.

Bei nicht fristgemäßer Zahlung von Beträgen ist ICF berechtigt, Verzugszinsen in Höhe von 12 % jährlich zu berechnen.

Bei jeglicher Zahlungsverspätung wird die vereinbarte Frist hinfällig, und die Gesamtheit aller Rechnungsbeträge wird sofort einforderbar.

Die Bezahlung der Rechnungen durch Aufrechnung ist nicht zulässig.

§ 48 Unbeschadet von § 6 haftet der Auftraggeber solidarisch mit jedem von ihm bezeichneten Frachtzahler; kommt letztgenannter seiner Zahlungsverpflichtung nicht nach, behält sich ICF das Recht vor, ihre Forderung bei diesem Auftraggeber einzutreiben.

§ 49 ICF behält sich jederzeit das Recht vor, bei dem vom Auftraggeber bezeichneten Frachtzahler oder beim Auftraggeber selbst eine Sicherheit für die Zahlung ihrer Forderungen zu verlangen. Sie legt die Form und den Umfang dieser Sicherheit fest.

§ 50 Für alle Forderungen, die ICF gegenüber dem vom Auftraggeber bezeichneten Frachtzahler, dem Auftraggeber selbst oder dem Eigentümer der Güter geltend machen kann, hat sie ein Pfand- und Zurückbehaltungsrecht an allen Sachwerten, Dokumenten und Barmitteln, die ihr in Zusammenhang mit der Beförderung oder anderen Leistungen übergeben werden.

Artikel 11: Reklamationen

§ 51 Reklamationen wegen Schaden/Verlust/Schädigung müssen innerhalb von sechs Monaten nach Auslieferung der Sendung an den Empfänger eingereicht sein.

Reklamationen wegen Überschreitung der auf die reine Schienenbeförderung bezogenen Lieferfrist müssen innerhalb von sechs Wochen nach Auslieferung der Sendung an den Empfänger eingereicht sein.

Diese Reklamationen müssen beziffert und schriftlich vorgelegt werden und genaue Angaben über den Gegenstand der Reklamation sowie eine Kopie des Übergabescheins oder dessen Nummer enthalten.

ICF behält sich für die Beantwortung dieser Reklamationen eine sechsmonatige Frist vor.

§ 52 Reklamationen betreffend eine Rechnung müssen innerhalb von sechs Wochen ab ihrem Ausstellungsdatum eingereicht sein. Bei jeder Rechnungskorrektur erstellt ICF eine Gut- bzw. Lastschrift oder eine neue Rechnung.

§ 53 Die Einreichung einer Reklamation entbindet nicht von der Bezahlung der Rechnung.

Artikel 12: Schlußbestimmungen

§ 54 Der Auftraggeber, der für sich selbst und seine Berechtigten als verbindlich handelnd betrachtet wird, anerkennt ausdrücklich die zum Zeitpunkt der Übergabe gültigen Allgemeinen Geschäftsbedingungen, die dem Kunden als bekannt und von ihm als angenommen gelten.

§ 55 Bei Verstößen gegen diese Allgemeinen Geschäftsbedingungen, insbesondere Artikel 10, kann ICF alle Angebote und Vereinbarungen kündigen und die Zahlung aller ihrer Forderungen mit Wirkung vom Absendedatum des Kündigungsschreibens verlangen.

§ 56 Abweichungen oder Ausnahmen von diesen Allgemeinen Geschäftsbedingungen können nur dann gegenüber ICF geltend gemacht werden, wenn sie Gegenstand einer schriftlichen und von zwei Direktoren von ICF unterzeichneten Vereinbarung sind.

§ 57 Die vorliegenden Allgemeinen Geschäftsbedingungen unterstehen dem belgischen Recht. Es sind nur die Gerichte am Wohnort oder Gesellschaftssitz des Beklagten zuständig.

§ 58 Die vorliegenden Allgemeinen Geschäftsbedingungen werden in den Sprachen Deutsch, Englisch, Französisch und Niederländisch herausgegeben und sind gleichermaßen verbindlich.

6.3 Vereinfachtes gemeinschaftliches Versandverfahren für die Beförderung von Waren in Großcontainern

1. Allgemeines

Die Beförderung von Waren in Großcontainern im Verkehr von und nach Drittländern unter der Regie von INTERCONTAINER/INTERFRIGO-ICF richtet sich nach den Bestimmungen des „Vereinfachten gemeinschaftlichen Versandverfahrens (vgVV)" siehe Kapitel II. 2.2.

2. Besonderheiten

Neben dem vgVV sind folgende Besonderheiten zu beachten:

2.1 Übergabeschein TR

An die Stelle des CIM-Frachtbriefes in seiner Funktion als Versandanmeldung tritt der INTERCONTAINER-Übergabeschein kurz „Übergabeschein TR" genannt (vgl. Muster auf nächster Seite).

Er besteht aus 7 Exemplaren von denen erhält Exemplar

1 und 4	INTERCONTAINER Basel
2	der nationale Vetreter von INTERCONTAINER beim Bestimmungsbahnhof
3A	die Zollbehörde (Bestimmungszollstelle)
3B	der Empfänger
5	der nationale Vertreter von INTERCONTAINER beim Abgangsbahnhof
6	der Versender

Mit dem Übergabeschein TR werden im Inland auch Straßenvor- und nachläufe – auch unter Zollüberwachung – überwacht, wenn sie unter der Regie von INTERCONTAINER durchgeführt werden.

2.2 Hauptverpflichteter

Die Eisenbahn ist Hauptverpflichteter für den gesamten, unter Regie von ICF mit Übergabeschein TR abgedeckten Transport.

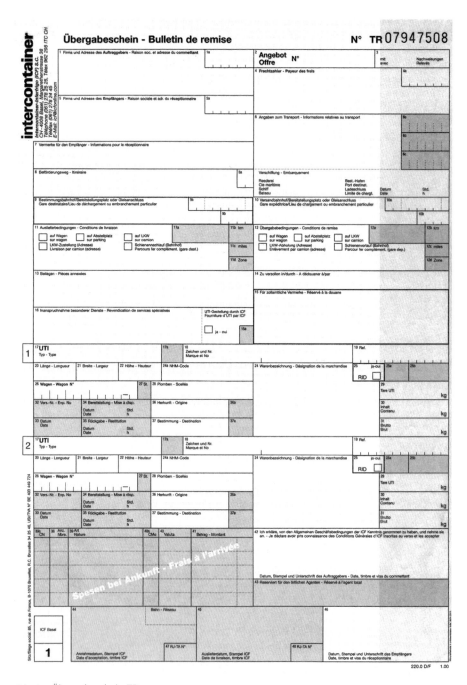

Muster Übergabeschein TR

3. Ausfuhr

3.1 Der Absender legt den Übergabeschein TR nur bei Nichtgemeinschaftswaren T1 bzw. bei bestimmten Waren (z.B. Marktordnungswaren) der Abgangszollstelle vor. Der CIM-Frachtbrief wird der Zollstelle nicht vorgelegt, er dient als Beförderungspapier.

3.2 Die Beigabe des Übergabescheins TR ist im Feld 36 des CIM-Frachtbriefes mit Angabe der Seriennummer zu vermerken (z.B. „Übergabeschein TR Nr. 04524711").

3.3 Eine Änderung des Frachtvertrags, die zur Folge hat, den Übergabeschein TR so zu ändern, daß
– eine Beförderung, die in einem Nichtmitgliedstaat der EG enden sollte, in einem Mitgliedstaat der EG endet, oder umgekehrt

darf nur mit vorheriger Zustimmung der Abgangszollstelle ausgeführt werden.

4. Einfuhr

Die Gestellung der Sendung erfolgt durch Railion Deutschland oder ggf. durch den Empfänger entweder bei der in Feld 14 des Übergabescheins TR oder bei der vom Empfänger genannten Zollstelle. Ist keine Zollstelle angegeben, wählt sie die Eisenbahn aus.

7. HUCKEPACKVERKEHR

7.1 Die KOMBIVERKEHR KG

Allgemeines

Die „Kombiverkehr Deutsche Gesellschaft für kombinierten Güterverkehr mbH. & Co. KG", kurz: KOMBIVERKEHR, ist eine Gemeinschaftsgründung des Straßenverkehrsgewerbes, der Speditionen und der Deutschen Bundesbahn (heute Deutsche Bahn AG). – Die Gründung als Kommanditgesellschaft erfolgte 1969 unter Beteiligung von 56 Transportunternehmen und Kraftwagenspediteuren. Inzwischen ist die Zahl der Kommanditisten auf 241 gestiegen.

Aufgabe der KOMBIVERKEHR ist: Güter des Straßenverkehrs auf einem Teil des Beförderungsweges in ihren Ladeeinheiten, ohne die Güter selbst umzuladen, über die Schiene transportieren zu lassen (sogenannter Huckepack- oder Kombiverkehr).

Danzas ist Kommanditist der KOMBIVERKEHR (in der Schweiz Mitglied der HUPAC) und betätigt sich im Interesse der verladenden Wirtschaft sehr aktiv im nationalen und internationalen Huckepack-Verkehr.

7.2 Geschäftsbedingungen der KOMBIVERKEHR KG

Allgemeine Geschäftsbedingungen der Kombiverkehr Deutsche Gesellschaft für kombinierten Güterverkehr mbH & Co KG für ihre Inlandverkehre (Stand: 1. Januar 2003)

§ 1 Vertragsgegenstand

(1) Die Kombiverkehr Deutsche Gesellschaft für kombinierten Güterverkehr mbH & Co KG, nachfolgend Kombiverkehr genannt, ist als Zwischenspediteur tätig. Für die Speditionsverträge mit dem Kunden gelten die gesetzlichen Regelungen, insbesondere die §§ 453 ff. HGB, soweit die nachfolgenden Regelungen keine Abweichungen vorsehen.

(2) Kunde von Kombiverkehr und Rechnungsempfänger ist, wer Kombiverkehr den Auftrag zur Versendung von Ladeeinheiten erteilt.

(3) Der zwischen dem Kunden und Kombiverkehr geschlossene Speditionsvertrag umfasst die Besorgung der Versendung von beladenen und unbeladenen Ladeeinheiten im Rahmen des nationalen Kombinierten Ladungsverkehrs Schiene-Straße.

§ 2 Verpflichtungen der Vertragsparteien

(1) Aufgrund des Speditionsvertrages verpflichtet sich Kombiverkehr, die Versendung von Ladeeinheiten über die Schiene zum vereinbarten Empfangsort und den erforderlichen Umschlag zu besorgen. Der Umschlag umfasst das Auf- und Abladen der Ladeeinheit auf und vom Waggon. Kombiverkehr verpflichtet sich darüber hinaus, Informationen an den Kunden weiterzugeben, die sie im Fall einer Unregelmäßigkeit bei der Beförderung erhalten hat.

(2) Der Kunde ist zugleich Absender und Empfänger der Ladeeinheit. Er hat diese selbst oder durch einen von ihm benannten Vertreter (Auflieferer) am Versandtag bei der für den Versand vorgesehenen Umschlaganlage aufzuliefern und am Bereitstellungstag bei der Umschlaganlage des vereinbarten Empfangsortes selbst oder durch einen von ihm benannten Vertreter (Abholer) abzuholen.

§ 3 In-Kraft-Treten des Vertrages, Abstellung

(1) Der zwischen dem Kunden und Kombiverkehr zu schließende Speditionsvertrag tritt mit beiderseitiger Unterzeichnung des Versandauftragsformulars in Kraft. Die Unterzeichnung kann durch einen Stempelaufdruck, einen maschinellen Buchungsvermerk oder in sonst geeigneter Weise ersetzt werden.

(2) Das Versandauftragsformular dient bis zum Beweis des Gegenteils als Nachweis für den Abschluss und Inhalt des Speditionsvertrages sowie für die Übernahme der Ladeeinheit. Es begründet nur die Vermutung dafür, daß der Kunde die Ladeeinheit äußerlich in einem für den Eisenbahntransport sicheren Zustand aufgeliefert hat. Eine weitergehende Vermutungswirkung hinsichtlich des äußeren Zustandes der Ladeeinheit und des in der Ladeeinheit befindlichen Gutes besteht nicht.

(3) Vor dem vereinbarten Versandtag aufgelieferte Ladeeinheiten werden in der Umschlaganlage kostenpflichtig abgestellt. Die Abstellung kann auf Grundlage eines gesonderten Lagervertrages erfolgen. Der Kunde gestattet in diesem Fall ausdrücklich die Lagerung bei dem jeweiligen Betreiber der Umschlaganlage (§ 472 Abs. 2 HGB). Die Abstellung endet mit der Öffnung der Umschlaganlage am Versandtag.

§ 4 Vertragsende

(1) Der Speditionsvertrag endet mit der Übergabe der Ladeeinheit an den Kunden oder seinen von ihm benannten Vertreter (Abholer) am Empfangsort.

(2) Am Bereitstellungstag nicht abgeholte Ladeeinheiten werden bei Betriebsschluss in der Umschlaganlage kostenpflichtig abgestellt. Die Abstellung kann ohne vorherige Einholung von Weisungen auf der Grundlage eines gesonderten Lagervertrages erfolgen. Der Kunde gestattet in diesem Fall ausdrücklich die Lagerung bei dem jeweiligen Betreiber der Umschlaganlage (§ 472 Abs. 2 HGB).

(3) Wird eine abgestellte Ladeeinheit nicht innerhalb von 10 Werktagen nach dem Bereitstellungstag abgeholt, ist Kombiverkehr dazu berechtigt, weitere Maßnahmen gem. § 419 Abs. 3 HGB zu ergreifen, ohne zur vorherigen Einholung von Weisungen verpflichtet zu sein.

§ 5 Beschaffenheit von Ladeeinheit und Gut

(1) Mit der Übergabe der Ladeeinheit haftet der Kunde dafür, dass diese und das darin geladene Gut für den Kombinierten Verkehr geeignet und transportsicher sind, ohne dass es auf sein Verschulden ankommt[1].

(2) Kombiverkehr kann die Ladeeinheit bei der Übernahme, während sich diese auf dem Auflieferfahrzeug befindet, von außen vom Boden aus besichtigen. Sie ist nicht verpflichtet, das Gut, dessen Verpackung, Stauung und Befestigung sowie die dazu vom Kunden gemachten Angaben oder die übergebenen Dokumente zu überprüfen.

(3) Der Kunde haftet für die Richtigkeit und Vollständigkeit seiner für das Versandauftragsformular gemachten Angaben, ohne dass es auf sein Verschulden ankommt.

§ 6 Gefährliches Gut

(1) Das gefährliche Gut ist vorzeitig anzumelden, wenn dies in den Fahrplänen oder auf andere Weise bekannt gemacht ist.

(2) Eine Ladeeinheit, die mit zugelassenem gefährlichen Gut beladen ist, muss den Normen entsprechen, die für die Beförderung auf Schiene und Straße durch gesetzliche oder behördliche Vorschriften festgelegt sind.

(3) Soweit zwingende oder AGB-feste Rechtsvorschriften nichts anderes bestimmen, haftet der Kunde mit der Übergabe der Ladeeinheit für
   a) die Einhaltung der in § 6 Abs. 2 genannten Vorschriften,
   b) die vollständigen Angaben über das Gut und die nach den speziellen Gefahrgutvorschriften richtige Bezeichnung im Versandauftragsformular,
   c) die Übergabe der richtigen Unfallmerkblätter und erforderlicher weiterer Unterlagen,
   d) die Mitteilung von Vorsichtsmaßnahmen, soweit diese behördlich vorgeschrieben oder sonst erforderlich sind.

(4) Der Kunde ist verpflichtet, die Ladeeinheit erst am Tage des Versands aufzuliefern und am Bereitstellungstag abzuholen. Ist dieses nicht der Fall, so kann Kombiverkehr gem. § 410 Abs. 2 HGB das gefährliche Gut auf Kosten des Kunden ausladen, einlagern, zurückbefördern oder, soweit erforderlich, vernichten oder unschädlich machen, ohne hierfür ersatzpflichtig zu werden.

---

[1] Einzelheiten regeln die Verladerichtlinien der Railion Deutschland. Vgl. auch die von Kombiverkehr und Railion Deutschland herausgegebenen „Empfehlungen für die Ladungssicherung im Kombinierten Verkehr".

§ 7 Zahlung, Aufrechnung

(1) Die Zahlung des Entgeltes für die durch Kombiverkehr besorgten Leistungen erfolgt durch das Kombifracht-Kreditverfahren entsprechend den für dieses Verfahren festgelegten Bedingungen der Deutschen VerkehrsBank AG (DVB).

(2) Jede Aufrechnung oder Zurückbehaltung gegenüber Forderungen aus dem Speditionsvertrag wird ausgeschlossen, ausgenommen bei rechtskräftig festgestellten oder von Kombiverkehr nicht bestrittenen Gegenforderungen.

§ 8 Haftung

(1) Die Haftung von Kombiverkehr gegenüber dem Kunden für Schäden durch Verlust oder Beschädigung der Sendung oder wegen Überschreitung der Lieferfrist ergibt sich aus § 459 in Verbindung mit §§ 425 ff. HGB. Abstellungen aufgrund eines gesonderten Lagervertrages richten sich nach den §§ 467 ff. HGB. Die bekannt gegebenen Fahrpläne sind keine Lieferfristen.

(2) Die Haftung ist begrenzt

    a) bei Verlust und Beschädigung des Gutes gem. § 431 HGB auf 8,33 Sonderziehungsrechte (SZR) für jedes Kilogramm des Rohgewichts der beschädigten oder verlorenen Sendung,

    b) **bei Verlust oder Beschädigung des Gutes in den Fällen einer gesonderten Lagerung auf 5 Euro für jedes Kilogramm des Rohgewichts der beschädigten oder verlorenen Sendung, höchstens jedoch 5.000 Euro je Schadensfall. § 431 Abs. 2 HGB gilt entsprechend,**

    c) bei Überschreitung der Lieferfrist auf den dreifachen Betrag des Entgeltes.

(3) Soweit zwingende oder AGB-feste Vorschriften nicht etwas anderes bestimmen, ist die Haftung für andere als Güterschäden, insbesondere gem. § 461 Abs. 2 HGB, mit Ausnahme von Personenschäden und Sachschäden an Drittgut der Höhe nach begrenzt auf das Dreifache des Betrages, der bei Verlust oder Beschädigung zu zahlen wäre, höchstens auf einen Betrag von 100.000 Euro je Schadensfall. Die §§ 431 Abs. 3, 433 HGB bleiben unberührt.

(4) Die Haftung bei Verlust oder Beschädigung des Gutes (Güterschaden) ist begrenzt auf 1 Million Euro je Schadensfall und 2 Millionen Euro je Schadensereignis oder auf 2 SZR für jedes Kilogramm der verlorenen und beschädigten Güter, je nachdem, welcher Betrag höher ist. Bei mehreren Geschädigten aus einem Schadensereignis haftet Kombiverkehr anteilig im Verhältnis der einzelnen Ansprüche.

(5) Diese Haftungsbegrenzungen gelten auch für außervertragliche Ansprüche.

(6) Die vorstehenden Haftungsbefreiungen und -begrenzungen gelten nicht, wenn der Schaden verursacht worden ist,

    a) durch Vorsatz oder grobe Fahrlässigkeit der Organe der Kombiverkehr, ihrer leitenden Angestellten oder durch Verletzung vertragswesentlicher Pflichten, wobei Ersatzansprüche in letzterem Fall begrenzt sind auf den vorhersehbaren typischen Schaden;

    b) in den Fällen der §§ 425 ff., 461 ff. HGB durch die Organe der Kombiverkehr oder die in §§ 428, 462 HGB genannten Personen vorsätzlich oder leichtfertig in dem Bewusstsein, dass ein Schaden mit Wahrscheinlichkeit eintreten werde.

§ 9 Schadensanzeige

(1) Es obliegt dem Kunden, bei der Abholung der Ladeeinheit Vorbehalte wegen Beschädigungen oder Fehlmengen gem. § 438 HGB entweder gegenüber dem örtlichen Vertreter von Kombiverkehr anzumelden oder gegenüber demjenigen, der das Gut abliefert. Erfolgt kein Vorbehalt, so wird vermutet, dass die Ladeeinheit in einem vertragsgemäßen Zustand abgeliefert worden ist.

(2) Vorbehalte wegen äußerlich nicht erkennbarer Beschädigungen oder Fehlmengen sind innerhalb von fünf Tagen anzumelden.

§ 10 Schlussbestimmungen

(1) Alle Ansprüche aus dem Speditionsvertrag verjähren gem. § 439 HGB in einem Jahr.

(2) Der Gerichtsstand für alle Rechtsstreitigkeiten, die aus dem Speditionsvertrag oder im Zusammenhang mit diesem entstehen, ist für alle Beteiligten Frankfurt am Main. Der Kunde kann auch an seinem Gerichtsstand verklagt werden.

Allgemeine Geschäftsbedingungen der Kombiverkehr für internationale Verkehre (Stand: 1. Januar 2003)

Präambel

Diese Allgemeinen Bedingungen der UIRR regeln die Beziehungen zwischen einer Gesellschaft für den Kombinierten Verkehr, die Mitglied der UIRR ist, nachfolgend „UIRR-Gesellschaft" genannt, und einem Kunden, der einen internationalen Kombinierten Verkehr Schiene-Straße durchführt.

Artikel 1 Definitionen

Für die in diesen Allgemeinen Bedingungen verwendeten Begriffe gelten die nachfolgenden Definitionen:

1.1 „UIRR-Vertrag" ist der zwischen dem Kunden und einer UIRR-Gesellschaft abgeschlossene Vertrag über die Versendung einer Ladeeinheit – oder von gleichzeitig mehreren Ladeeinheiten – auf der Schiene.

1.2 Unter „Rahmenvereinbarung" ist ein im voraus zwischen dem Kunden und der UIRR-Gesellschaft getroffenes allgemeines Abkommen zu verstehen, das Bestimmungen enthält, die auf alle UIRR-Verträge, die auf Grund dieses Abkommens abgeschlossen werden, Anwendung finden.

1.3 „Kunde" auch Auftraggeber oder Rechnungsempfänger genannt, ist derjenige, der den Auftrag zur Versendung der Ladeeinheit selbst oder durch einen vorher schriftlich oder in einer Rahmenvereinbarung benannten Vertreter erteilt, und der dadurch zur Zahlung des Preises verpflichtet ist. Nur der Kunde, und nicht seine eventuellen Vertreter, ist Vertragspartner der UIRR-Gesellschaft.

1.4 „Vertreter des Kunden" – neben dem in Art. 1.3 für den Abschluß des UIRR-Vertrages genannten Vertreter – ist am Ort der Abfahrt, wer als „Auflieferer" benannt ist, und am Ort der Ankunft, wer als „Abholer" benannt ist.

1.5 Unter „UIRR-Gesellschaft" ist diejenige Gesellschaft zu verstehen, die direkt oder über ihre Vertreterin den Auftrag vom Kunden oder von seinem Vertreter erhalten hat, eine Ladeeinheit oder mehrere Ladeeinheiten zu versenden, und die infolgedessen die Rechnung stellt.

1.6 „Kombinierter Verkehr" (KV) ist die Beförderung von intermodalen oder nicht intermodalen Ladeeinheiten mit mindestens zwei Verkehrsträgern, hier Schiene und Straße.

1.7 Unter „intermodale Ladeeinheit" – auch UTI (Unité de Transport Intermodal) genannt – ist zu verstehen: ein Container, ein Wechselbehälter und ähnliches Gerät zur Aufnahme von Gut sowie ein kranbarer oder ein bimodaler Sattelanhänger.

Unter „nicht intermodale Ladeeinheit" ist ein Straßenfahrzeug für den Gütertransport zu verstehen.

1.8 Unter „Ankunft" ist nicht das Eintreffen des Eisenbahnzuges zu verstehen, sondern der Zeitpunkt, an dem die Ladeeinheit in der vereinbarten Umschlaganlage oder an einer anderen vereinbarten Stelle zur Abholung durch den Kunden bereitgestellt worden ist.

1.9 „Übergabe" ist die Handlung, mit welcher die Ladeeinheit bei der Auflieferung vom Kunden an den Betreiber der Umschlaganlage oder an einen vereinbarten anderen Dritten und nach der Ankunft von diesem an den Kunden übertragen wird; die Übergabe muß jeweils mit gegenseitiger Zustimmung der Beteiligten erfolgen.

Bei einer intermodalen Ladeeinheit ist die Übergabe in einer Umschlaganlage erfolgt, wenn die Ladeeinheit im Fall des Auflieferns vom Straßenfahrzeug getrennt und im Fall des Abholens auf das Straßenfahrzeug gesetzt worden ist.

Bei einer nicht intermodalen Ladeeinheit, d. h. bei einem Straßenfahrzeug, das vom Kunden selbst auf den Waggon oder vom Waggon gefahren wird, ist die Übergabe erfolgt, wenn das Auffahren auf den Waggon und das Legen der Keile vor die Reifen beendet ist oder wenn das Abfahren vom Waggon begonnen hat.

Artikel 2 Vertragsgegenstand-Verpflichtungen der Vertragspartner

2.1 Auf Grund des UIRR-Vertrages verpflichtet sich die UIRR-Gesellschaft,

  a) die vom Kunden übergebene beladene oder unbeladene intermodale oder nicht intermodale Ladeeinheit – oder gleichzeitig mehrere Ladeeinheiten – über die Schiene zum vereinbarten Empfangsort zu versenden,

b) diese Ladeeinheit vor der Versendung auf den Waggon zu laden, sie evtl. zwischen zwei Waggons umzuladen und sie vom Waggon abzuladen, ausgenommen im Fall der Benutzung eines Gleisanschlusses ohne Umschlag sowie im Fall einer nicht intermodalen Ladeeinheit und

c) an den Kunden oder seinen Vertreter die Informationen weiterzugeben, welche sie im Fall einer Unregelmäßigkeit, die zwischen In-Kraft-Treten und Ende des UIRR-Vertrages eingetreten ist, erhalten hat.

2.2 Auf Grund des mit der UIRR-Gesellschaft abgeschlossenen UIRR-Vertrages verpflichtet sich der Kunde,

a) die Ladeeinheit am vorgesehenen Versandtag bei der vereinbarten Umschlaganlage oder an einer anderen vereinbarten Stelle aufzuliefern,

b) die Ladeeinheit am Ankunftstag bei der vereinbarten Umschlaganlage abzuholen oder an einer anderen vereinbarten Stelle zu übernehmen und

c) den Preis an die UIRR-Gesellschaft zu zahlen.

Das Entkuppeln und das Verbinden der intermodalen Ladeeinheit vom und mit dem Straßenfahrzeug, insbesondere das Lösen und das Anziehen der Befestigungsvorrichtungen, und deren weitere Vorbereitung für die Fahrt auf der Schiene oder auf der Straße (z. B. das Verändern der Stützbeine sowie des seitlichen und hinteren Unterfahrschutzes) sowie bei der nicht intermodalen Ladeeinheit das Vorlegen und Wegnehmen der Keile, sind vom Kunden unter seiner eigenen Verantwortung durchzuführen.

Wenn der Kunde die Ladeeinheit nicht selbst aufliefert oder abholt, muß er, in einer Rahmenvereinbarung, in einem gesonderten Schriftstück oder im Vertragsformular jeweils Vertreter benennen, die diese Tätigkeit ausführen und die gemäß Art. 1.4 bezeichnet werden.

Artikel 3 Abschluss und In-Kraft-Treten des UIRR-Vertrages

3.1 Der UIRR-Vertrag kommt zwischen dem Kunden und derjenigen UIRR-Gesellschaft zustande, die vom Kunden beauftragt wird. Formale Voraussetzung für jeden UIRR-Vertrag ist ein ausgefülltes Vertragsformular.

3.2 Wenn die in einer Rahmenvereinbarung vorgesehenen Versendungen von Versandorten durchgeführt werden sollen, an denen die UIRR-Gesellschaft, die Partner der Rahmenvereinbarung ist, nicht tätig ist, erteilt der Kunde ihr durch diese Allgemeinen Bedingungen Vollmacht, den jeweiligen UIRR-Vertrag durch eine andere UIRR-Gesellschaft als Vertreterin abschließen zu lassen. Diese UIRR Gesellschaft handelt auch dann als Vertreterin, wenn sie ihr eigenes Vertragsformular ohne Hinweis auf die vertretene UIRR-Gesellschaft verwendet.

3.3 Der UIRR-Vertrag tritt mit der Unterzeichnung des Vertragsformulars durch die UIRR-Gesellschaft oder ihre Vertreterin und durch den Kunden oder seinen Vertreter in Kraft.

Die Unterzeichnung seitens der UIRR-Gesellschaft kann durch einen Stempelaufdruck, einen maschinellen Buchungsvermerk oder in sonst geeigneter Weise ersetzt werden. Die Unterzeichnung durch den Kunden kann jedoch nur dann auf diese Weise ersetzt werden, wenn er die vorliegenden Allgemeinen Bedingungen bereits für alle künftigen UIRR-Verträge schriftlich anerkannt hat und wenn die UIRR-Gesellschaft einverstanden ist.

3.4 Mit der Unterzeichnung des Vertragsformulars durch den Kunden werden diese Allgemeinen Bedingungen von ihm anerkannt.

3.5 Die Unterzeichnung des Vertragsformulars durch die UIRR-Gesellschaft bedeutet bis zum Beweis des Gegenteils die Anerkennung der Übergabe der Ladeeinheit an den Betreiber der Umschlaganlage.

3.6 Die Haftung der UIRR-Gesellschaft für Verlust, Beschädigung oder Verspätung beginnt gemäß den Bestimmungen des Art. 8.2 Absatz 3 erst am Versandtag.

Die Beziehungen zwischen dem Kunden und der UIRR-Gesellschaft, die bei Auflieferung der Ladeeinheit vor dem Versandtag für die Periode der Abstellung dieser Ladeeinheit bis zum Beginn der Haftung der UIRR-Gesellschaft gemäß Art. 8.2 Absatz 3 bestehen, werden durch gesonderte Bedingungen geregelt.

Artikel 4 Ende des UIRR-Vertrages

4.1 Der UIRR-Vertrag endet am Tage der Ankunft entweder mit der Übergabe der Ladeeinheit an den Kunden oder seinen Vertreter oder bei deren Nichtabholung mit der Schließung der Umschlaganlage oder spätestens um 24 Uhr.

4.2 Wenn der Kunde seine Verpflichtung, die Ladeeinheit bis zum Ende des UIRR-Vertrages abzuholen, nicht erfüllt, bleibt die Ladeeinheit auf seine Kosten in der Umschlaganlage abgestellt. Die Beziehungen zwischen dem Kunden und der UIRR-Gesellschaft für diese Periode der Abstellung werden durch gesonderte Bedingungen geregelt.

Artikel 5 Beschaffenheit von Ladeeinheit und Gut – Haftung des Kunden

5.1 Mit der Unterzeichnung des Vertragsformulars verpflichtet sich der Kunde zur Verantwortung dafür,

a) dass seine Angaben über Ladeeinheit und Gut, insbesondere über das Gewicht und die Art des Gutes, richtig und vollständig sind, unabhängig von der Tatsache, ob der Kunde selbst oder die UIRR-Gesellschaft diese Angaben im Vertragsformular eingetragen hat oder eintragen ließ,

b) dass alle Dokumente, welche die Ladeeinheit begleiten und behördlich für Kontrollen vorgeschrieben sind, richtig und vollständig sind,

c) dass die eventuell bestehenden Vorschriften der Staaten, die von der Beförderung der Ladeeinheit betroffen werden, ebenfalls erfüllt sind.

5.2 Mit der Übergabe der Ladeeinheit garantiert der Kunde, dass diese für den Kombinierten Verkehr geeignet ist und diese und das darin geladene Gut die Anforderungen erfüllen, die für den sicheren Kombinierten Verkehr verlangt werden.

Unter dem Begriff „geeignet" ist bei einer intermodalen Ladeeinheit insbesondere zu verstehen, dass diese für den Kombinierten Verkehr technisch zugelassen worden ist, d. h. das Kennzeichen über die Kodifizierung oder bei ISO-Containern das Sicherheitskennzeichen, die „Safety Approval Plate", gemäß Container Safety Convention vorhanden ist und ihr Zustand, der zur Zulassung für den Kombinierten Verkehr führte, sich seitdem nicht geändert hat.

Unter dem Begriff „sicher" ist insbesondere zu verstehen, dass der Zustand der Ladeeinheit und ihres Gutes einen sicheren Transport erlaubt, insbesondere dass dessen Verpackung sowie Stauung und Befestigung in der Ladeeinheit an die Besonderheiten des KV angepasst sind, speziell bei Versand von Flüssigkeiten oder von Gut mit bestimmten Temperaturerfordernissen.

5.3 Bei Verletzung der Verpflichtungen nach Art. 5.1, 5.2 und 6.3 haftet der Kunde, auch wenn ihn kein Verschulden trifft, für jeden dadurch entstehenden Schaden.

Die UIRR-Gesellschaft kann den Abschluß des UIRR-Vertrages davon abhängig machen, dass der Kunde eine Versicherung für alle Haftungsfälle nachweist, die sich aus Absatz 1 ergeben.

5.4 Die UIRR-Gesellschaft übernimmt keine Haftung für die Eignung und Sicherheit der übergebenen Ladeeinheit und ihres Gutes.

5.5 Die UIRR-Gesellschaft ist nicht verpflichtet, die Ladeeinheit, das Gut, dessen Verpackung, Stauung und Befestigung sowie die dazu vom Kunden gemachten Angaben oder übergebenen Dokumente zu überprüfen.

5.6 Die UIRR-Gesellschaft kann bei der Übergabe durch den Kunden die Ladeeinheit von außen nur vom Boden aus besichtigen und ihre Feststellungen im Vertragsformular eintragen.

Fehlen im Vertragsformular Eintragungen über bei der Abholung der Ladeeinheit durch den Kunden vorhandene äußerlich sichtbare Beschädigungen an ihr oder über offensichtlich fehlende Teile von ihr, so ist das Fehlen der Eintragung kein Beweis dafür, dass die Ladeeinheit bei ihrer Auflieferung insoweit unbeschädigt war und nichts fehlte.

Artikel 6 Gefährliches oder nicht zugelassenes Gut

6.1 Dem Versand einer Ladeeinheit mit gefährlichem Gut muss eine Anmeldung durch den Kunden mindestens 24 Stunden vor Ladeschluss – Sonn- und Feiertage nicht mitgezählt – vorausgehen. Der Kunde ist gehalten, eine solche Ladeeinheit erst am Versandtag aufzuliefern.

6.2 Eine Ladeeinheit, die mit zugelassenem gefährlichen Gut beladen ist, muss den nationalen und internationalen Normen entsprechen, die für die Beförderung auf Schiene und Straße durch gesetzliche und durch behördliche Vorschriften festgelegt sind.

6.3 Mit der Übergabe einer solchen Ladeeinheit verpflichtet sich der Kunde zusätzlich zu den Verpflichtungen gemäß Art. 5:
   a) zur Einhaltung der in Art. 6.2 genannten Vorschriften,
   b) zur nach den speziellen Gefahrgutvorschriften richtigen Bezeichnung des Gutes im Vertragsformular,
   c) zur Übergabe der richtigen Unfallmerkblätter und erforderlicher weiterer Dokumente,
   d) zur Mitteilung von zu ergreifenden Vorsichtsmaßnahmen, die behördlich vorgeschrieben oder aus anderen Gründen erforderlich sind.

6.4 Nach Ankunft einer solchen Ladeeinheit muss der Kunde sie unverzüglich abholen. Bei einer intermodalen Ladeeinheit ist der Betreiber der Umschlaganlage nicht verpflichtet, sie vom Waggon abzuladen, bevor das Fahrzeug des Kunden zur Abholung bereitsteht.

6.5 Die Maßnahmen, die im Fall der nicht unverzüglichen Abholung einer Ladeeinheit mit gefährlichem Gut ergriffen werden können, zum Beispiel das Abstellen auf dem Waggon oder an einer anderen Stelle, das Zurücksenden, das Ausladen oder das Vernichten, ohne dass diese Aufzählung abschließend ist, erfolgen auf Kosten und Gefahr des Kunden.

6.6 Über das zur Beförderung nicht oder nur unter Bedingungen zugelassene Gut, sei es gefährlich oder nicht, gibt die UIRR-Gesellschaft auf Anfrage Auskunft. Für unter Bedingungen zugelassenes Gut ist vorab eine ergänzende Vereinbarung zu treffen, die den Abschluß eines besonderen UIRR-Vertrages vorsehen kann.

Artikel 7   Zahlungsmodalitäten

7.1 Der Preis ist bei In-Kraft-Treten des UIRR-Vertrages fällig, es sei denn, die Vertragspartner haben etwas anderes schriftlich vereinbart.

7.2 Eine Zahlungsfrist kann vereinbart werden, wenn der Kunde die Bürgschaft einer Bank oder eine andere Sicherheit stellt, die von der UIRR-Gesellschaft akzeptiert ist. Diese legt die Höhe des Betrages, insbesondere in Abhängigkeit von der bewilligten Zahlungsfrist und vom voraussichtlichen Geschäftsumsatz des Kunden fest und passt sie, falls erforderlich, später an.

Jeder Zahlungsverzug hat die Aufhebung des vereinbarten Fälligkeitstermins und damit die sofortige Fälligkeit aller geschuldeten Beträge einschließlich der Verzugszinsen, die nach den Vorschriften des Staates vorgesehen sind, in welchem die forderungsberechtigte UIRR-Gesellschaft ihren Sitz hat, zur Folge.

7.3 Bezüglich der vom Kunden geschuldeten Beträge ist jede Aufrechnung oder Nichtbezahlung wegen etwaiger vom Kunden behaupteter Gegenforderungen ausgeschlossen, ausgenommen bei gerichtlich endgültig festgestellten und nicht mehr anfechtbaren oder von der UIRR-Gesellschaft ausdrücklich anerkannten Forderungen des Kunden.

7.4 Die Ausübung eines Zurückbehaltungs- oder Pfandrechtes durch die UIRR-Gesellschaft richtet sich nach dem gemäß Art. 10.3 anzuwendenden nationalen Recht.

Artikel 8   Haftung der UIRR-Gesellschaft

8.1 Die Haftung der UIRR-Gesellschaft wird ausschließlich durch die folgenden Bestimmungen dieses Artikels geregelt.

8.2 Die UIRR-Gesellschaft übernimmt nur gegenüber dem Kunden die Haftung für Verlust oder Beschädigung der Ladeeinheit und des darin befindlichen Gutes sowie für Schäden, die durch Lieferfristüberschreitung oder durch den Verlust von Dokumenten entstanden sind, ausgenommen der Fall einer Verursachung durch ein Verschulden des Kunden, durch eine Weisung des Kunden, durch einen der Ladeeinheit oder dem Gut anhaftenden Mangel oder durch Umstände, welche nicht vermieden und deren Folgen nicht abgewendet werden konnten.

Hat bei der Entstehung eines Verlustes, einer Beschädigung oder anderer Schäden ein Verhalten oder ein Verschulden des Kunden oder ein der Ladeeinheit oder dem Gut anhaftender Mangel mitgewirkt, so vermindert sich die Pflicht der UIRR-Gesellschaft zur Entschädigung sowie ihr Umfang in dem Verhältnis, in dem diese Umstände zu dem Schaden beigetragen haben.

Die Haftung der UIRR-Gesellschaft beginnt am Versandtag mit der Übergabe der Ladeeinheit; bei Auflieferung durch den Kunden vor dem Versandtag beginnt sie erst am Versandtag mit der Öffnung der Umschlaganlage. Sie endet mit Vertragsende gemäß Art. 4.1.

8.3 Wenn festgestellt ist, dass Verlust oder Beschädigung zwischen Annahme und Auslieferung der Ladeeinheit durch die beteiligten Eisenbahnunternehmen eingetreten sind, finden auf die Haftung der UIRR-Gesellschaft und auf deren Einschränkungen die Bestimmungen der „Einheitlichen Rechtsvorschriften für den Vertrag über die internationale Eisenbahnbeförderung von Gütern (CIM)" Anwendung, welche den „Anhang B zum Übereinkommen über den internationalen Eisenbahnverkehr (COTIF)" bilden, und zwar in der bei Inkrafttreten des UIRR-Vertrages geltenden Fassung.

8.4 Außerhalb der Beförderung auf der Schiene gemäß Art. 8.3 ist die Entschädigungspflicht der UIRR-Gesellschaft für Verlust oder Beschädigung der Ladeeinheit und ihres Gutes auf 8,33 Sonderziehungsrechte (SZR), wie sie durch den Internationalen Währungsfonds definiert sind, je fehlendem oder beschädigtem Kilogramm Bruttogewicht begrenzt.

Außerdem ist die Höhe der Entschädigung auf 300.000 SZR je Ladeeinheit einschließlich des darin befindlichen Gutes und, falls durch dasselbe Schadenereignis mehr als sechs Ladeeinheiten betroffen sind, auf insgesamt 2 Millionen SZR je Schadenereignis begrenzt. Bei einem Gesamtschaden durch dasselbe Schadenereignis, der 2 Millionen SZR überschreitet, wird dieser Betrag zwischen den Kunden im Verhältnis des Bruttogewichts jeder Ladeeinheit und ihres Gutes geteilt.

8.5 Bei Überschreitung der Lieferfrist, was auch immer der Grund sei, bei Verlust von Dokumenten oder bei eventueller schuldhafter Verletzung von sonstigen Vertragspflichten – außer Verlust und Beschädigung – besteht eine Pflicht zur Entschädigung nur für den genau bestimmbaren direkten materiellen Schaden des Kunden. In diesen Fällen ist die Entschädigungspflicht der UIRR-Gesellschaft auf das Zweifache des Preises für die Versendung der betroffenen Ladeeinheit begrenzt.

Es gelten die Lieferfristen der Eisenbahnunternehmen; die von der UIRR-Gesellschaft bekanntgegebenen Fahrpläne sind in keinem Fall Lieferfristen.

Bei Verlust von Dokumenten besteht eine Pflicht der UIRR-Gesellschaft zur Entschädigung nur im Fall des schuldhaften Verlustes von Dokumenten, die für die verschiedenen Kontrollen behördlich vorgeschrieben sind, zum Beispiel Zoll-, Veterinär-, Phytosanitär- oder Gefahrgutdokumente, und die zu diesem Zweck vom Kunden übergeben und mit der Ladeeinheit befördert wurden.

8.6 Wenn eine Pflicht der UIRR-Gesellschaft zur Entschädigung für teilweisen oder totalen Verlust oder für Beschädigung besteht, wird der Betrag der Entschädigung nach dem Wert der Ladeeinheit und ihres Gutes berechnet oder nach der Minderung ihres Wertes im Verhältnis zu dem Wert, der am Ort und zur Zeit der Übergabe durch den Kunden bestand.

8.7 Die Haftung für indirekte oder Folgeschäden ist ausgeschlossen; darunter ist insbesondere zu verstehen: Kosten für Standzeiten und Nutzungsausfall bei der Ladeeinheit und dem Auflieger- oder Abholfahrzeug, Kosten für Ersatztransporte, Schäden aus entgangenem Gewinn, aus nicht oder verspätet erfolgter Nutzung des beförderten Gutes, aus Verzögerung oder Stillstand der Produktion, aus Verlust von Ansehen und Marktanteilen.

8.8 Ersatzansprüche gegen die UIRR-Gesellschaft, die den UIRR-Vertrag abgeschlossen und die die Rechnung gestellt hat, hat nur der Kunde, und nicht seine Vertreter, und nur er kann entsprechende gerichtliche Maßnahmen ergreifen.

8.9 Falls Verlust, Beschädigung oder Schäden, die zwischen In-Kraft-Treten und Ende des UIRR-Vertrages eingetreten sind, außervertragliche Ansprüche gegen die UIRR-Gesellschaft zur Folge haben, finden insoweit die Haftungsausschlüsse und die Begrenzungen der Entschädigung gemäß diesem Artikel 8 ebenfalls Anwendung.

Artikel 9 Entschädigungsvoraussetzungen

9.1 Eine Entschädigung kann nur erfolgen, wenn in den nachfolgend festgelegten Fristen und Formen zum einen der Schaden angezeigt und zum anderen die Entschädigung angefordert worden ist. Anderenfalls erlischt jeder Anspruch gegen die UIRR-Gesellschaft.

9.2 Die Anzeige, die den Schaden hinreichend genau kennzeichnen muss, ist bei dem örtlichen Vertreter der UIRR-Gesellschaft, der für die Empfangsumschlaganlage oder Empfangsstelle verantwortlich ist, oder im Falle von dessen Abwesenheit bei demjenigen, der die Ladeeinheit übergibt, vorzunehmen. Die Entschädigung dagegen muss bei der in Art. 1.5 bezeichneten UIRR-Gesellschaft angefordert werden.

9.3 Bei Verlust oder Beschädigungen, die äußerlich erkennbar sind, auch solche an Zoll- und anderen Verschlüssen der Ladeeinheit, muss der Kunde oder sein Vertreter Vorbehalte sofort anzeigen, wenn die Ladeeinheit ihm übergeben wird.

9.4 Bei Verlust oder Beschädigungen, die äußerlich nicht erkennbar sind, und die erst nach der Übergabe der Ladeeinheit an den Kunden festgestellt wurden, muss der Kunde oder sein Vertreter

a) sofort nach der Entdeckung des Verlustes oder der Beschädigung, in jedem Fall jedoch spätestens fünf Tage nach der Ankunft der Ladeeinheit, Vorbehalte anzeigen,

b) die unverzügliche Besichtigung des Verlustes oder der Beschädigung ermöglichen,

c) die Anzeige durch Fax, Telex, Telegramm, Eilbrief oder jedes andere schriftliche Mittel, eintreffend innerhalb der obigen 5-Tage-Frist, und sofort danach per Einschreibebrief mit Rückschein bestätigen,

d) alle Beweise, dass der Verlust oder die Beschädigung zwischen In-Kraft-Treten des UIRR-Vertrages und Vertragsende entstanden ist, sicherstellen.

9.5 Wenn eine Ladeeinheit nicht zum vorgesehenen Termin eingetroffen ist, muss der Kunde dies sofort, ausgenommen im Fall einer bekannten Verzögerung, anzeigen und danach schriftlich eine Nachforschung beantragen.

9.6 Schäden auf Grund von Lieferfristüberschreitung, Dokumentenverlust oder sonstiger Vertragsverletzung außer Verlust oder Beschädigung muss der Kunde spätestens innerhalb von fünf Tagen nach der Ankunft der Ladeeinheit anzeigen.

9.7 Wenn eine Schadensanzeige entsprechend diesem Artikel gemacht worden ist, wird der örtliche Vertreter der UIRR-Gesellschaft im Vertragsformular oder in einem gesonderten Schriftstück Feststellungen über Art und Umfang sowie zu vermutende Ursache des Schadens vornehmen oder vornehmen lassen, die auch vom Kunden unterschrieben werden sollen und ihm in Kopie auszuhändigen sind. Im Falle einer Uneinigkeit kann jeder Beteiligte auf seine Kosten die obigen Feststellungen im Wege einer außergerichtlichen oder gerichtlichen Beweissicherung durch einen beeideten Sachverständigen veranlassen.

9.8 Jede Entschädigung muss vom Kunden per Einschreibebrief mit Rückschein angefordert werden; die Belege zur Begründung müssen beigefügt sein. Die Anforderung muss innerhalb von acht Monaten, aber in den Fällen des Art. 9.6 innerhalb von 40 Tagen, ab In-Kraft-Treten des UIRR-Vertrages erfolgen. Die in Art. 1.4 genannten Vertreter haben keine eigenen Ansprüche auf Entschädigung.

9.9 Wenn der Kunde die Ladeeinheit erst nach dem Ende des UIRR-Vertrages gemäß Art. 4.1 abholt, muss nicht nur die Anzeige des Schadens und die Entschädigungsanforderung in Form und Frist dieses Artikels vorgenommen werden, sondern der Kunde muss außerdem den Beweis erbringen, dass der Schaden zwischen In-Kraft-Treten und Ende des UIRR-Vertrages entstanden ist.

Artikel 10 Schlussbestimmungen

10.1 Alle Forderungen aus dem UIRR-Vertrag verjähren in einem Jahr ab dessen In-Kraft-Treten, soweit nicht das anzuwendende nationale Recht oder internationale Übereinkommen zwingend etwas anderes vorschreiben.

10.2 Für alle Streitigkeiten zwischen dem Kunden und der UIRR-Gesellschaft, unabhängig wer der Kläger ist, sind ausschließlich die für den Sitz der Geschäftsführung der UIRR-Gesellschaft maßgebenden Gerichte zuständig. Jedoch kann der Kunde auch an seinem Sitz verklagt werden.

10.3 Es gilt das Recht des Staates, in dem die UIRR-Gesellschaft ihren Sitz hat, es sei denn, der Kunde und die UIRR-Gesellschaft haben etwas anderes schriftlich vereinbart.

10.4 Die vorliegenden Allgemeinen Bedingungen werden nach dem gemäß Art. 10.3 anzuwendenden nationalen Recht wirksam und ersetzen von diesem Zeitpunkt an die früheren Allgemeinen Bedingungen der UIRR.

10.5 Die UIRR-Gesellschaft kann zur Ergänzung spezielle Bedingungen festlegen oder mit dem Kunden vereinbaren.

Diese speziellen Bedingungen dürfen zu den vorstehenden Allgemeinen Bedingungen nicht in Widerspruch stehen.

Jedoch kann – als Ausnahme von Absatz 2 dieses Artikels – die UIRR-Gesellschaft Bestimmungen über eine Verlängerung des Vertragsendes oder für bestimmte Verkehrsverbindungen über ihre Haftung festsetzen, die von diesen Allgemeinen Bedingungen abweichen. Diese abweichenden Bestimmungen sind am Sitz der UIRR in Brüssel zu hinterlegen und von der jeweiligen UIRR-Gesellschaft bekanntzumachen, wie zum Beispiel durch Hinweis im Preisverzeichnis der betroffenen Verkehrsverbindung.

Die UIRR-Gesellschaft ist weiterhin berechtigt, ihre eventuellen Ansprüche auf Entschädigung, die sie gegen einen Dritten hat, der für den Schaden haftet, an den Kunden abzutreten.

10.6 Der Verzicht der UIRR-Gesellschaft, ihre Rechte in einem Einzelfall geltend zu machen, sei es gerichtlich oder außergerichtlich, hat keine präjudizierende Wirkung für ähnliche Fälle.

10.7 Wenn ein Artikel, ein Unterartikel oder ein Teil davon unwirksam oder nichtig ist, bleiben alle übrigen Bestimmungen dieser Allgemeinen Bedingungen in Kraft.

10.8 Maßgebend für den Inhalt der vorstehenden Allgemeinen Bedingungen sind der deutsche und der französische Wortlaut.

Ergänzende Zusatzbedingungen bei Verkehren mit Kombiverkehr:

1. Als gesonderte Bedingungen im Sinne von Art. 3.6 und Art. 4.2 dieser Geschäftsbedingungen finden die Regelungen über die Abstellung von Ladeeinheiten in den Allgemeinen Geschäftsbedingungen der Kombiverkehr für Inlandverkehre in ihrer aktuellen Fassung ergänzend Anwendung. **Diese werden Ihnen auf Anfrage von Kombiverkehr zugesandt.**

2. Wird neben der Versendung auf der Schiene auch die Überführung von Ladeeinheiten auf einer Seestrecke von Kombiverkehr organisiert, so gelten für die Seestrecke die Allgemeinen Geschäftsbedingungen der mit der Seebeförderung beauftragten Fährgesellschaft auf der Grundlage des zwischen Kombiverkehr und der Fährgesellschaft geltenden Seerechts.

7.3 Die Huckepack-Techniken

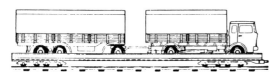

Begleiteter Kombinierter Verkehr (Rollende Landstraße)
Lastzüge und Sattelzüge:
Der Fahrer steuert sein Fahrzeug vorwärts über eine Auffahrrampe auf sehr niedrige Spezialwaggons (Ro/Ro-Verfahren).

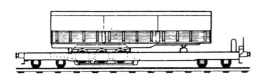

Unbegleiteter Kombinierter Verkehr
Sattelanhänger:
Sie werden mit einem Kran in die Waggons gehoben (Lift-on/Lift-off-Verfahren).

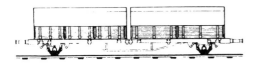

Unbegleiterer Kombinierter Verkehr
Wechselbehälter und Container:
Von 6 m, 7 m, 8 m oder rund 12 m Länge. Sie werden mit einem Kran auf die Waggons aufgesetzt (Lift-on/Lift-off-Verfahren).

7.4 Begleitpapiere im Huckepackverkehr

1. Nationaler Verkehr

Für Transporte im nationalen Huckepackverkehr ist ein ausgefüllter Versandauftrag erforderlich (CIM/UIRR-Frachtbrief). Bei Gefahrgutsendungen im Huckepackverkehr sind daneben die hierfür zusätzlich erforderlichen Unterlagen beizugeben.

2. Internationaler Verkehr

Für Transporte im internationalen Huckepackverkehr ist neben dem CIM-Frachtbrief ebenfalls ein ausgefüllter Versandauftrag notwendig. Dabei kann auch der Kombinierte CIM/UIRR Frachtbrief (vgl. Muster) verwendet werden.

Wird der Transport ohne Einsatz einer Güterfernverkehrs- oder Auslandsgenehmigung abgewickelt, so sind für den Vor- bzw. Nachlauf auf der Straße folgende Begleitpapiere mitzuführen:

- Reservierungsbestätigung der KOMBIVERKEHR KG, wenn der Vorlauf die eigene Nahzone des Versenders überschreitet.
- CMR-Frachtbrief, wenn der Nachlauf die eigene Nahzone des Empfängers überschreitet
- Nahverkehrserlaubnis und Fahrtenbuch für den Kombinierten Verkehr, bei in Deutschland zugelassenen Fahrzeugen, wenn Fahrten außerhalb der Nahzone anfallen.
- Ausnahmegenehmigung, wenn für den Vor- bzw. Nachlauf nicht der nächstgelegene geeignete Umschlagbahnhof genutzt wird.

Versandauftrag an **kombiverkehr** GmbH & Co. KG
(Fassung Juli 2002)
- gemäß AGB für Inlandsverkehre der Kombiverkehr,
- gemäß AGB für Internationale Verkehre der UIRR

* Felder nur ausfüllen, wenn zutreffend

(1) Versandbahnhof:

(2) Datum der Auflieferung:

(3) Empfangsbahnhof:

(4) Name und Ort des **Rechnungsempfängers**:

(5) * zur Weiterleitung nach:

(6) * Rechnungsempfänger:

(7) Name und Ort des Auflieferers (Filiale, Korrespondent, Trucker):

(8) Name und Ort des Empfängers:

(9) – Kennziffern eintragen gemäß Deckblatt –
Art der Ladeeinheit: 1. [ ] 2. [ ]
Nr. der Ladeeinheit(en): Code-Nr., bei Fahrzeugen = Kfz-Nr.

SAnh/TSAnh
1. WB
1. ISO-CT/TC/WB
2. WB
2. ISO-CT/TC/WB

(10) Ladungsgewicht (in kg)
Eigengewicht d. Ladeeinheit(en)
Gesamt-Gewicht

Bei Leersendung: völlig leer? ja [ ] oder: leere Ladegeräte? ja [ ]

(11) Waggon-Nr.:

(12) Auftrags-Nr. +   (13) Annahmestempel

(14) Enthält die Ladung Gefahrgut? ja [ ] nein [ ]
Unfallmerkblätter und ein zusätzl. Versandauftrag sind beigefügt und Angaben auf der Rückseite eingetragen.

(15) * Ist Kontrolle erforderlich:
– Phytosanitär? ja [ ]   – Veterinär? ja [ ]

(16) Gutart (nur im internationalen Verkehr)

(17) * Ladeeinheiten verplombt? ja [ ]   Anzahl u. Zeichen der Plomben

(18) * Interne Referenz-Nr. des Kunden

(19) * Zolldokumente, Informationen für Empfänger

– Fortsetzung auf Rückseite / Kohlepapier einlegen –

(20) Erklärung: Ladung ordnungsgemäß u. verrutschsicher verladen. Planen an allen Seiten fest und sicher verzurrt.

Unterschrift des Fahrers

(21) Name in Druckbuchstaben

(22) Ladeeinheit geprüft? ja [ ]
– Bei festgestellten Beschädigungen, siehe Rückseite –

Muster Versandauftrag

Vorbemerkungen zum Gefahrgut:

Einzutragen sind: die Bezeichnung des Gutes, Klasse/Verpackungsgruppe (bei RID-alt: Ziffer/Buchstabe), die Bruttomasse des einzelnen Gutes, Bescheinigungen, Vermerke zum jeweiligen Gefahrgut wie in ADR und RID vorgeschrieben. **Bei Sammelladung ist die Art der Verpackung anzukreuzen.**
Die UN-Nr. ist bei allen Stoffen anzugeben. Bei der Beförderung von Stoffen, für die im Kapitel 3.2 Tabelle A, Spalte 20 eine Gefahrnummer angegeben ist [RID/ADR alt: die im Anhang B.5 zum ADR (Anhang VIII zur RID) aufgeführt sind], in Tankcontainern/Tankfahrzeugen und bei loser Schüttung auch in Containern, ist zusätzlich diese Gefahrnummer anzugeben.

⑭ Angabe zum Gefahrgut

Sendung enthält **Listengüter** (Anlage 1) und ist deshalb erlaubnispflichtig nach § 7 GGVSE: nein ☐ ja ☐

Bei Sammelladung:
– Versandstücke   ja ☐
– Großpackmittel (IBC)   ja ☐

LE Nr.	Gefahr- Nr.	UN Nr.	Bezeichnung des Gutes: bei n.a.g.-Positionen/Sammelbezeichnungen ist zusätzlich die Angabe der chemischen oder technischen Bezeichnung nötig.	Kl./Verpackungsgr. ADR alt: Kl./Ziffer/ Buchstabe	Brutto masse
			bei LE-Kennziffer 10, 60, 70, 71 gilt: – Beförderung nach Unterabschnitt 1.1.4.4/Rn. 15 RID –		

Bestätigung bei Abholung:
Ich bin auf das gefährliche Gut und dessen Bezeichnung hingewiesen worden. Ich habe die erforderlichen Schriftlichen Weisungen (Unfallmerkblätter) in der angegebenen Anzahl erhalten und werde mich sofort mit deren Inhalt vertraut machen. Ich werde die Sendung sofort überprüfen und bestätige, falls ich nichts Gegenteiliges sofort mitteile, daß die Sendung äußerlich unbeschädigt ist und die Kennzeichnungen/Gefahrzettel, falls nach 5.3/Rn. 10500 ADR erforderlich, angebracht sind.

Falls erforderlich: Ich bin im Besitz einer ADR-Schulungsbescheinigung nach 8.2.1.1, 8.2.1.3/Rn. 10315 (1/2) ADR, einer Fahrwegbestimmung/Reservierungsbestätigung nach § 7 GGVSE sowie einer Zulassungs-/Prüfbescheinigung für Tanks nach 9.1.2/Anlage B, Rn. 10 282 und 6.8.2.4/Rn. 212 154.

Ich bestätige, daß das Fahrzeug und dessen Ausrüstung gemäß Abschnitt 7.5.1/Rn. 10400 ADR ordnungsgemäß und funktionsfähig ist und den geltenden Vorschriften entspricht.

Datum	Name der abholenden Firma	Name des Fahrers (in Blockschrift)	Unterschrift des Fahrers

⑲ Angaben bei Zollgut

⑲ Festgestellte Beschädigungen
(Fehlende Angabe ist kein Beweis für schadenfreien Zustand bei Auflieferung)

Muster Versandauftrag

VI. Seeverkehr

1. RECHTSGRUNDLAGEN UND HAFTUNG IM SEEVERKEHR

1.1 Rechtsgrundlagen des Seeverkehrs in Deutschland

Die Haager Regeln

Die im September 1921 nach Den Haag einberufene Konferenz der International Law Association erarbeitete Konnossementsregeln, die sogenannten Haager Regeln, durch die die Freizeichnungsmöglichkeiten in Konnossementen beschränkt und den Verfrachtern eine zwingende Mindesthaftung auferlegt werden sollte. Da die freiwillige Übernahme der Haager Regeln am Widerstand zahlreicher Reeder scheiterte, nahm sich das Comité Maritime International (CMI) der Problematik an und beriet in den Jahren 1922 und 1923 den Entwurf eines internationalen Übereinkommens, das am 25.08.1924 in Brüssel von der belgischen Regierung als „Internationales Übereinkommen zur Vereinheitlichung von Regeln über Konnossemente" (IÜK) zur Zeichnung aufgelegt und von der Mehrzahl der am Seeverkehr teilnehmenden Nationen gezeichnet und ratifiziert wurde. Da das IÜK im wesentlichen auf den Haager Regeln basiert, blieb es bei der Bezeichnung „Haager Regeln". In Deutschland wurden die Regeln des IÜK durch das Seefrachtgesetz vom 10.08.1937 im Wege der Änderung des Handelsgesetzbuches (HGB), 5. Buch (Seehandelsrecht), übernommen und galten im Wesentlichen unverändert vom 1.1.1940 bis zum Inkrafttreten des Zweiten Seerechtsänderungsgesetzes am 31.7.1986.

Die Haager-Visby-Regeln

Zur Verbesserung der Haager Regeln ist am 23.02.1968 in Brüssel ein Zusatzabkommen zum IÜK auf den Grundlagen der 1963 in Stockholm vom CMI erarbeiteten Visby-Rules abgeschlossen worden und am 23.06.1977 in den Staaten in Kraft getreten, die dieses Zusatzabkommen ratifiziert haben. Inzwischen haben weitere IÜK-Staaten das Zusatzabkommen ratifiziert. Es gilt u.a. in den meisten Staaten Westeuropas. Die wesentlichsten Änderungen durch die Haager-Visby-Regeln betreffen die Neufestsetzung der Haftungssummen und die Einführung einer Sonderregelung für die Haftung bei Containern. Die Bundesrepublik hat dieses Abkommen nicht ratifiziert, aber seine Regeln durch das Gesetz zur Änderung des Handelsgesetzbuches und anderer Gesetze (Zweites Seerechtsänderungsgesetz) vom 25.7.1986 (BGBl. I 1986. Seite 1120 ff.) mit Wirkung vom 31.7.1986 in das HGB (5. Buch) übernommen.

1.2 Die Haftung des Verfrachters

Haftungsgrundlage: Konnossementsbedingungen der Reedereien und Vorschriften des Handelsgesetzbuches (§§ 556–663b HGB), die auf den Haager-Visby-Regeln basieren.

Haftungsgrundsatz: Verschuldenshaftung mit gesetzlich vorgeschriebenem Mindestumfang.

Höchstbetrag der Haftung: Sofern nicht vor dem Einladen der Güter Wertfracht vereinbart worden ist, haftet der Verfrachter für Verlust oder Beschädigung der Güter in jedem Fall höchstens bis zu einem Betrag von 666,67 Rechnungseinheiten, d. h. Sonderziehungsrechten des internationalen Währungsfonds für das Stück oder die Einheit oder einem Betrag von zwei Rechnungseinheiten (z. Zt. knapp € 2,75) für das Kilogramm des Rohgewichts der verlorenen oder beschädigten Güter, je nachdem welcher Betrag höher ist (§ 660 Abs. 1 HGB).

Die Haftungsbeschränkung gilt nicht, wenn der Schaden auf eine Handlung oder Unterlassung zurückzuführen ist, die der Verfrachter in der Absicht, einen Schaden herbeizuführen, oder leichtfertig in dem Bewusstsein begangen hat, dass ein Schaden mit Wahrscheinlichkeit eintreten werde (§ 660 Abs. 3 HGB).

Haftungszeitraum: Vom Beginn des Einladens bis zur Beendigung des Ausladens der Güter (tackle-to-tackle, §§ 606, 663 Abs. 2 Ziff 2 HGB).

Beim Einladen beginnt der Zeitpunkt, wenn Schiffsgeschirr bzw. Hafenkran angeschlagen worden sind, beim Löschen endet der Zeitpunkt der Ausladung, wenn Güter vom Ladegeschirr ausgehakt worden sind.

Haftungsausschlüsse: Mangelnde Verpackung / fehlende Markierung / Fehler des Kapitäns (nautische Fehler) Krieg / Streik / Beschlagnahme / Unruhen / Schwund / Selbstverderb der Ware. Besonderheiten beim Seeverkehr: Wenn auf der Schiffsreise ein außerordentliches Ereignis eintritt, so kommen die Bestimmungen der „Havarie-Grosse" zur Anwendung, d. h. die für die Rettung erforderlichen Aufwendungen sind von Schiff und Ladung gemeinsam zu tragen.

Reklamationsfristen:

a) bei äußerlich erkennbaren Schäden sofort schriftlicher Vorbehalt gegenüber der Reederei/dem Vertreter im Löschhafen,
b) bei äußerlich nicht erkennbaren Schäden 3 Tage (gerechnet ab Auslieferung = Zeitpunkt, in dem die Verfügungsgewalt über das Gut auf den Empfänger übergeht). – Das Nichtanzeigen eines Schadens hat nicht automatisch einen Rechtsverlust zur Folge, sondem lediglich die Umkehr der Beweislast.

Ausschlussfrist: 1 Jahr. Die Frist beginnt mit der Auslieferung des Gutes, und zwar mit dem Ende des Tages, an dem die Auslieferung der jeweils selbständigen Partie beendet ist.

Gerichtsstand: Hauptsitz der Reederei.

Haftung des Verfrachters im Containerverkehr:

Jedes Stück und jede Einheit, welche im Konnossement als in dem Container enthalten angegeben wird, gilt als Stück oder Einheit im Sinne der oben genannten Höchstbetragsregelung. Soweit das Konnossement solche Angaben nicht enthält, gilt der Container als Stück oder Einheit (§ 660 Abs. 2 HGB).

1.3 Verladung auf Deck

1. Unbedenklich sind Auf-Deck-Verladungen, die im Einvernehmen zwischen Käufer und Verkäufer geschehen. Hier tragen Konnossemente einen entsprechenden Hinweis. „Shipped on deck at shipper's risk". – Insbesondere bei bestimmten Gefahren-Gütern (Verlade-Vorschriften der „GGVSee" und der IMDG) und bei solchen Gütern, die nach den Abmessungen nicht unter Deck verladen werden können, trifft dieser Fall zu. – Hier muss darauf hingewiesen werden, dass die Transportversicherungspolicen regelmäßig nur einen geringen Teil der Transportgefahren für solche Verladungen decken.

2. Kritischer sind die Fälle, in denen nach der Art des Gutes eine Auf-Deck-Verladung unabweisbar ist, der Käufer das jedoch nicht weiß oder nicht wissen kann. Es empfiehlt sich, hier rechtzeitig das Einverständnis aufgrund der Notwendigkeiten zu erzielen. Unter Umständen können zwar die Reedereien im falschverstandenen Kundenservice Konnossemente ohne „Auf-Deck-Vermerk" ausstellen. Abgesehen von anderen Folgen bringt das im Hinblick auf die Ansprüche aus Versicherungspolicen große Gefahren für die Beteiligten. Weiß und billigt der Lieferer, dass die Ware „An Deck" reist und nimmt er ein Konnossement durch seinen Beauftragten ohne „An-Deck-Vermerk" an (mit oder ohne L/I[1], so haftet der Reeder ihm nur für „An-Deck-Verladung" und dem Käufer bestenfalls für einen Vertrauensschaden (wegen der Falschbeurkundung).

3. Nach den Bestimmungen für Gefahrengut (s. unter 1.) müssen Packstücke häufig schon an Deck befördert werden, die nur geringe Beifügungen gefährlicher Bestandteile enthalten. Mindestens hier empfiehlt sich separate Verpackung der gefährlichen Beifügungen.

4. Es kommt vor, dass Reedereien kurz vor Schiffsabfahrt die Zustimmung des Lieferers oder seines Spediteurs zur „Auf-Deck-Verladung" verlangen oder das Gut zurücklassen wollen. Die Zustimmung dazu ist auch dann kritisch, wenn der Reeder die Ausstellung von Konnossementen ohne „Auf-Deck-Verladung" zusichert. Wenn die Zustimmung des Abladers oder seines Beauftragten für die „Auf-Deck-Verladung" sich beweisen lässt, gilt im Zweifel und in der Auseinandersetzung mit den Versicherern im Schadensfall das Konnossement als ob es mit einem „Shipped-on-deck-Vermerk" ausgestellt wäre.

---

[1] L/I = Letter of Indemnitiy = Konnossementsgarantie (Unbedenklichkeitserklärung)

Hier muss eine besondere Versicherung für den Unterschied der Risiken einer Unter- zu einer Auf-Deck-Verladung – gegebenenfalls zu Lasten der Reederei – abgeschlossen werden (siehe auch 6.).

5. Es gibt Fälle, in denen die Reeder eigenmächtig ohne Zustimmung Güter auf Deck verladen, ohne dass dies vorher verabredet ist oder seinen Grund in der Natur der Ware hat. Hier muss die Annahme von Konnossementen mit „Auf-Deck-Verlade-Vermerk" verweigert werden. Denn immerhin besteht auch hier ein gewisses Risiko, da nach dem Inhalt der allermeisten Konnossementsbedingungen die Reederei frei über die Verladeweise entscheiden kann.

6. Gelegentlich behaupten Reeder, sie nähmen das Gut zwar an Deck, sie stellten aber Konnossemente ohne „Auf-Deck-Vermerk" aus und sie deckten eine Versicherung für alles zusätzliche Risiko dieser Verladeweise. Das ist mit äußerster Vorsicht aufzunehmen, denn solche Policen schließen nicht unbedingt alle Risiken ein (und die Reeder sind selten Fachleute in der Prüfung von Transport-Policen).

In einem solchen Fall helfen die Seehafenhäuser der Firma Danzas gern.

1.4 Havarie-Grosse

Die Havarie-Grosse geht davon aus, dass Schiff und Ladung auf der Seereise eine Schicksalsgemeinschaft bilden. Wenn unterwegs ein außerordentliches Ereignis eintritt (Feuer an Bord, Schlagseite infolge von eindringendem Wasser, Bruch einer Schraubenwelle etc.), so sollen die für die Rettung erforderlichen Aufwendungen von Schiff und Ladung gemeinsam getragen werden. Diese Aufwendungen können sein z.B. Wert der Ware, die über Bord geworfen werden muss, Entschädigung an das hilfeleistende Schiff, Beschädigung von Gütern durch Löschwasser.

Im Rahmen der Havarie-Grosse wird der Eigentümer einer zwar materiell nicht beschädigten Ware verpflichtet, einen Beitrag zu den gemachten Aufwendungen zu leisten. Das diesbezügliche Verfahren ist wie folgt geregelt:

Wenn ein Schiff in Not gekommen ist, erklärt das zuständige Gericht – auf Antrag des Kapitäns – die Havarie-Grosse (See-Protest). Die gleiche Amtsstelle bezeichnet einen unabhängigen Sachverständigen als **Dispacheur**. Aufgabe des Dispacheurs ist es, von allen Ladungsbeteiligten den auf sie entfallenden Anteil der **Havarie-Grosse-Kosten** zu erheben. Jeder Ladungsbeteiligte muss zu diesem Zweck einen sogenannten Havarie-Grosse-Verpflichtungsschein (General Average Bond) unterzeichnen. Maßgeblicher Wert der Ware für die Ermittlung des anteiligen Havarie-Grosse-Beitrages ist ihr tatsächlicher Nettowert im Bestimmungshafen. In der Regel entspricht dieser dem Wert cif Bestimmungshafen. Wurde die Ware selbst beschädigt (Partikular-Havarie), so erfolgt die Angabe des Warenwertes mit Vorbehalt bzw. entsprechend dem Wert in beschädigtem Zustand.

Sind die Havarie-Grosse-Aufwendungen beträchtlich, so begnügt sich der Dispacheur nicht nur mit der Unterzeichnung des Verpflichtungsscheines, sondern er verlangt gleichzeitig von jedem Beteiligten eine provisorische Zahlung (**Einschuss**, general average deposit). Die Herausgabe der Ware durch die Reederei wird von dieser Zahlung abhängig gemacht. Die entsprechenden Zahlungen müssen auf ein besonderes Bankkonto erfolgen, über welches nur die geschädigte Reederei zusammen mit einem Vertreter aller Ladungsbeteiligten gemeinsam verfügen kann. – Nach erfolgter Reparatur bzw. Schadensbehebung etc. erstellt der Dispacheur den Schlussbericht (Abrechnung/**dispache**/general average statement). Hat ein Ladungsbeteiligter einen Havarie-Grosse vergütungsberechtigten Schaden erlitten, so wird sein diesbezüglicher Anspruch mit seinem Havarie-Grosse-Beitrag verrechnet.

Jede Transport-Versicherung deckt die Havarie-Grosse-Beiträge. In der Regel übernimmt die Versicherungs-Gesellschaft die Zahlung des Havarie-Grosse-Beitrages, obwohl sie nach den Versicherungsbedingungen dem Versicherten gegenüber erst nach Vorliegen des Schlussberichtes (dispache) hierzu verpflichtet wäre.

Die Pflicht, den Havarie-Grosse-Beitrag zu leisten, trifft denjenigen, auf dessen Gefahr die Ware reist. Meistens ist dies der Käufer. im Falle einer cif-Lieferung hat allerdings der Verkäufer die Transportversicherung eingedeckt, so dass der Versicherer für die entsprechenden Auslagen aufzukommen hat. Der Verkäufer ist dann gehalten, die Versicherungs-Gesellschaft zu benachrichtigen und ihr alle erforderlichen Angaben zu machen, damit die Abwicklung der Havarie-Grosse bzw. die Auslieferung der Güter im

Bestimmungshafen keine Verzögerung erleidet. Bei noch nicht verkaufter Ware muss der gemäß Konnossement Verfügungsberechtigte für die Havarie-Grosse-Beiträge aufkommen.

Für den Importeur ist es wichtig zu wissen, dass er bei cif-Käufen die Verpflichtung, Havarie-Grosse-Beiträge etc. zu leisten, auf die Transportversicherung des Verkäufers abwälzen kann.

1.5 Der Seefrachtvertrag

Der Seefrachtvertrag
Er ist Werkvertrag im Sinne der §§ 631 ff. BGB und wird zwischen Befrachter und Verfrachter zu Gunsten eines Dritten, des Empfängers, abgeschlossen. Das Seefrachtgeschäft selbst wird in §§ 556–663 b HGB geregelt.

Arten des Seefrachtvertrages
Man unterscheidet:

a) Stückgutfrachtvertrag, er bezieht sich auf einzelne Güter (Stückgüter),

b) Chartervertrag (auch Raumfrachtvertrag), der sich auf das Schiff im Ganzen oder einen verhältnismäßigen Teil oder einen bestimmt bezeichneten Raum des Schiffes bezieht.

Der Stückgutvertrag ist die in der Linienfahrt vorherrschende Vertragsart. Der Begriff Stückgut ist dabei jedoch im Vergleich zu den Verkehrsträgern Schiene und Straße viel weiter gefasst. So ist z.B. eine Partie von 700 tons Werkzeugmaschinen im Seeverkehr in aller Regel Stückgutverkehr.

Abschluss des Seefrachtvertrages
Es gibt dafür keine Formvorschrift. Er kann mündlich, telefonisch, per EMail, EDI, schriftlich oder auch durch konkludentes (schlüssiges) Handeln der Beteiligten (durch Anliefern der Güter am Schuppen durch den Befrachter und ihre Annahme durch den Verfrachter) zustande kommen.

Beteiligte des Seefrachtvertrages
1. Der Verfrachter (carrier) als Reeder oder Ausrüster des Seeschiffes,
2. der Befrachter (shipper) als unmittelbarer Vertragspartner des Verfrachters, der mit diesem als Versender oder als Spediteur (dieser wird Befrachter, wenn er dem Verfrachter gegenüber sein Auftragsverhältnis nicht zu erkennen gibt) den Frachtvertrag abschließt,
3. der Ablader (Befrachter oder Spediteur) ist im Seehafen ansässig bzw. wird unmittelbar im Seehafen tätig. Er übergibt dem Verfrachter die Ware zum Transport im Namen des Befrachters und kann die Rechte des Befrachters wahrnehmen,
4. der Warenempfänger (consignee oder receiver) als Begünstigter aus dem Vertrag.

Vertragsurkunde
ist beim Stückgutfrachtvertrag das Konnossement, beim Chartervertrag die Charter Party.

Pflichten des Verfrachters aus dem Seefrachtvertrag
Der Verfrachter hat die ihm zum Transport übergebenen Güter zum vereinbarten Bestimmungshafen über See zu befördern, sie in der Zeit von der Annahme bis zur Auslieferung im Bestimmungshafen fürsorglich zu behandeln und sie dort an den ihm benannten Empfänger oder dessen Vertreter auszuliefern.

Pflichten des Befrachters
Sie sind in §§ 563–564 c geregelt. Der Befrachter hat dem Verfrachter:

– richtige Angabe über Inhalt, Maße, Gewichte, Anzahl und Art der Packstücke und Merkzeichen zu machen
– die Waren rechtzeitig an das Schiff zu liefern und dem Verfrachter bzw. dessen Agenten zu übergeben,
– die Seefracht einschl. entstehender Nebenkosten zu bezahlen.

Der Stückgut-Frachtvertrag und der Chartervertrag

Gegenstand des Stückgut-Frachtvertrags ist der Transport von Stückgütern oder Stückgutpartien gegen Entgelt über See vom Lade-/Verschiffungshafen bis zum Lösch-/Bestimmungshafen zur Auslieferung an den/die Empfänger. Juristisch ist er ein Werkvertrag gemäß BGB Paragraph 631.

Während sich der Stückgutvertrag auf den Transport bestimmter Güter bezieht, ist der Laderaum eines Schiffes Gegenstand des Chartervertrages. Der Reeder/Verfrachter schließt mit dem Charterer/Befrachter den Chartervertrag/die Charter Party ab. Es gibt verschiedene Arten von Charterverträgen:

- den **Voll- bzw. Ganzcharter** – hierbei wird das ganze Schiff zur Verfügung gestellt,
- den **Reisecharter** – der Vollcharter wird für eine bestimmte Reise angemietet,
- den **Zeitcharter** – er liegt vor, wenn das ganze Schiff für eine bestimmte Zeit angemietet wird,
- den **Raumcharter** – es werden bestimmte Laderäume zur Verfügung gestellt,
- den **Teilcharter** – es werden nicht näher bezeichnete Laderäume zur Verfügung gestellt.

Beim **Lumpsum-Charter** wird die Dauer des Vertrages nach der Anzahl der Reisen gemessen, dem Reeder/Verfrachter ist ein Total-Frachtbetrag (eine Pauschale) zu zahlen, unabhängig von der tatsächlich verladenen Gütermenge.

2. DAS KONNOSSEMENT

2.1 Definitionen zum Konnossement

Das Konnossement, engl. Bill of Lading (B/L).

Wer stellt es aus?

Das B/L wird vom Verschiffungsspediteur ausgestellt, die Schiffsmakler sind bevollmächtigt, es für den Verfrachter zu zeichnen.

B/L kein Vertrag

Das B/L ist kein Vertrag, es ist vielmehr Beweisunterlage für den Frachtvertrag und Wertpapier. Das B/L regelt die Rechtsbeziehungen zwischen dem Verfrachter, dem Verlader und dem Empfänger der beförderten Güter.

B/L ist Traditionspapier

Das B/L ist Traditionspapier (document of title), es verbrieft die Ware und ist begebbar. Die Übergabe des B/L an den zur Empfangnahme Legitimierten hat dieselbe Wirkung wie die Übergabe der Güter selbst. Mit Ausnahme des Rekta-B/L kann das B/L durch Indossament übertragen werden. Ersatz- bzw. Surrogatsdokumente wie Delivery Order/Kaiteilschein/Restschein sind keine Traditionspapiere, sie verbriefen nur obligatorischen Anspruch auf Auslieferung der Ware.

Auch der Frachtbrief im Landverkehr ist kein Wertpapier, seine Übergabe an einen Dritten ist nicht gleichbedeutend mit der Übereignung der Ware. Der Frachtbrief beweist den Abschluss des Frachtvertrages zwischen Absender und Frachtführer und begründet keine direkten Ansprüche des Empfängers gegenüber dem Verfrachter (Frachtführer).

Wieviele Originale werden ausgestellt?

In der Regel werden 3/3-Originale ausgestellt, von denen jedes einzelne begebbar ist. Nach Begebung eines Originals werden die restlichen gegenstandslos. Man spricht hier von der kassatorischen Klausel (one of which being accomplished, the others to stand void).

Inhalt des B/L

Der Inhalt des B/L ist in § 643 HGB geregelt. Danach hat es zu enthalten:

- den Namen des Verfrachters
- den Namen des Kapitäns
- den Namen und die Nationalität des Schiffes
- den Namen des Abladers (nicht Befrachters)
- den Namen des Empfängers
- den Verladehafen
- den Löschhafen oder den Ort, an dem Weisung über ihn einzuholen ist
- die Art der übernommenen Güter, deren Maß, Zahl, Gewicht
- die Merkzeichen (Markierung) und ihre äußerlich erkennbare Verfassung und Beschaffenheit
- die Bestimmung über die Fracht
- Ort und Tag der Ausstellung
- die Anzahl der ausgestellten Ausfertigungen.

Arten des B/L

Nach Zeitpunkt und Ort der Güterübernahme gibt es

a) das **Bordkonnossement** (shipped on board ...)

b) das **Übernahmekonnossement** (received for shipment)

Das Bordkonnossement bescheinigt die Übernahme der Ware an Bord des Schiffes mit dem Vermerk „(shipped) on board...". Das Übernahmekonnossement bescheinigt nur, dass die Ware dem Verfrachter oder in seiner Vertretung der Kaianstalt mit dem Vermerk „received for shipment" zur Verschiffung übergeben wurde.

Das Übernahme-B/L ist nicht bankfähig. Es kann aber nachträglich zu einem Bord-B/L werden, wenn der Verfrachter die Anbordnahme durch „goods actually shipped on board" bestätigt.
Nach Art der Übertragungsmöglichkeit unterscheidet man zwischen
a) **Namenskonnossement** (auch Rekta-B/L)
b) **Orderkonnossement** (straight BJL)
a) lautet auf den Namen des Empfängers, ohne jeden Zusatz. Nur dieser kann die Herausgabe der Güter verlangen. Das Namens-B/L kann nicht durch Indossament übertragen werden, zur Übertragung bedarf es einer Abtretungserklärung, auch Zession genannt.
b) wird auf den namentlich genannten Empfänger mit dem Zusatz „oder Order" (or order) ausgestellt oder es wird lediglich der Vermerk „an Order" (to order) eingetragen. Das B/L kann durch Indossament auf einen Dritten übertragen werden.
Rechtlich gibt es auch das **Inhaberkonnossement**, das durch bloße Weitergabe übertragen wird. Wegen des damit verbundenen Risikos spielt es in der Praxis allerdings keine Rolle.

Reines Konnossement (clean bill of lading)
Es weist keinerlei Vorbehalte z.B. Hinweise über „äußerlich erkennbare Mängel/Schäden an der Ware auf. Enthält ein B/L diesbezügliche Vorbehalte, so spricht man von einem unreinen B/L. Banken akzeptieren zur Abwicklung des Zahlungsverkehrs nur reine Bs/L.

Durch-Konnossement (Through-B/L)
Es wird ausgestellt, wenn der Endbestimmungshafen nicht ohne Umladung mit nur einem Schiff erreicht werden kann. Die das B/L ausstellende erste Reederei übernimmt im Rahmen der Durchfrachtkonnossementbedingungen die Haftung für die Ware bis zum Endbestimmungshafen. Einige Reedereien haben auch Abmachungen mit Landverkehrsträgern, die es ermöglichen, Durch-Bs/L nach Inlandsplätzen des betreffenden Bestimmungslandes auszustellen.

Combined Transport-B/L (FIATA-Combined Transport-B/L, FBL)
Es wird ausgestellt, wenn eine Ware über mehrere Verkehrsträger (Lkw/Bahn/Schiff) von Haus-zu-Haus zu befördern ist. Das Dokument wird vom MTO = Multimodal Transport Operator – auch Hauptfrachtführer genannt – ausgestellt. Dieser übernimmt die Verantwortung für den gesamten Transport. Auch Reedereien übernehmen im Containerverkehr diese Funktion. Das Combined Transport-B/L ist begebbar.

Sammelkonnossement
Der internationale Transportverkehr wird in erheblichem Umfang durch Spediteure besorgt. Viele kleine Sendungen werden oftmals zu einer Sammelladung zusammengefasst. Im Seeverkehr wird in einem solchen Fall ein normales Reedereikonnossement ausgestellt, wobei der Spediteur als Ablader auftritt. Alleiniger Auftraggeber für die Reederei ist also der Spediteur. Dieser stellt für jeden seiner Auftraggeber ein eigenes Spediteurkonnossement aus (das im Akkreditivgeschäft allerdings nur aufnahmefähig ist, sofern es ausdrücklich erlaubt oder vorgeschrieben ist).
Gleichzeitig beauftragt der Spediteur einen Vertragsspediteur im Bestimmungshafen mit der Abwicklung der Warensendung auf der Importseite unter Übersendung des Reederei-Konnossements. Gegen die ihm von den empfangsberechtigten Firmen einzureichenden Spediteurkonnossemente für die einzelnen Teilpartien liefert der Vertragsspediteur die entsprechende Ware aus.

Hitchment Bill of Lading
ist ein B/L, wenn Güter-Anlieferungen in mehreren Häfen auf einem B/L zusammengefasst werden (z.B. aus Akkreditivgründen). Solche Bs/L werden jedoch nicht von jeder Konferenz akzeptiert.

Rückgabe der Ware oder nachträgliche Verfügung
Eine Rückgabe oder Verfügung über die Ware vor Erreichen des Löschhafens ist nur möglich, wenn der Verfügende alle Original-Bs/L vorlegt.

Konnossements-Vermerk „said to contain (be)"
Said to contain = soll enthalten. Bei Übernahme größerer Partien/großer Anzahl kleiner Kolli/bei Stabeisen/aber auch bei Paletten mit vielen darauf gestauten Kartons benutzen die Reedereien diesen Vermerk,

um sich von einer möglichen Differenz freizuzeichnen, falls eine solche beim Löschen festgestellt wird. Dieser Hinweis bedeutet, dass man sich auf die Angaben des Befrachters bezieht.

Konnossementsgarantien
Mit Konnossementsgarantien (Bill of Lading Guarantee/Garantie pour Connaissement) wollen sich Reedereien z.B. für den Fall absichern, dass sie Waren ohne Vorlage eines Originalkonnossements aushändigen und anschließend unter Vorlage der Konnossemente von dritter Seite auf Herausgabe der Waren in Anspruch genommen werden. Der Garantiebetrag beläuft sich meist auf 100 % des Warenwertes.

Alternative zum B/L ist Seefrachtbrief
Der Seefrachtbrief (sea waybill, auch liner waybill) ist Alternative zum Konnossement, es ist aber nicht begebbar und kann auch nicht an „Order" ausgestellt werden. Er ist ein Papier, das mit Hilfe der EDV problemlos auch im Bestimmungshafen nach Angaben des Verfrachters erstellt wird. Der S. beschleunigt damit die Freigabe der Ware. Für Transporte, die ein begebbares Wertpapier (B/L) benötigen, ist S. nicht geeignet.

2.2 Englische B/L-Ausdrücke in deutscher Übersetzung

be always afloat = Schiff darf während Beladung/Löschen nicht auf Grund kommen
Bill of Lading = Konnossement
both to blame colision clause = Kollisionsklausel im Falle beiderseitigen Verschuldens
carrier = Reederei, die im B/L als carrier bezeichnet ist
charterer = Befrachter
Combined Transport B/L = siehe „Das Konnossement"
conditions of carriage = Beförderungsbedingungen
consignee = Empfänger
copy not negotiable = Kopie-B/L nicht handelbar/negoziierbar
deliver to = auszuliefern an
delivery order = Lieferschein, ist B/L-Surrogat
demurrage = Liegegeld/Standgeld
disboursement = Nachnahme im B/L
endorsee = Indossat
endorser = Indossant
exemptions and immunities of all servants and agents of tbe carrier = Haftungsbefreiung der Gehilfen und Agenten des Verfrachters
freight collect (---to be collected) = Fracht ist nachzunehmen
freight paid (prepaid) = Fracht bezahlt
freight payable at--- (destination) = Fracht zahlbar in ... (Bestimmung)
freight payable at destination, ship and/or cargo lost or not lost = Fracht ist am Bestimmungsort zahlbar, unabhängig davon, ob Schiff und/oder Ladung verlorengeht oder nicht
full Set of Bs/L = voller Satz Bs/L – (meist 3/3)
general average and salvage = Havarie grosse und Hilfeleistung
holder = Inhaber
identity of carrier = Person des Verfrachters, (erscheint mit Firmeneindruck im Kopf des B/L)
in apparent good order and condition = in anscheinend äußerlich guter Verfassung und Beschaffenheit
in witness whereof = zur Erfüllung dessen
inconsistency = Unvereinbarkeit

jurisdiction = Gerichtsstand
lien = Pfandrecht
lighterage = Leichterung
marks = Marken/Markierung
Master = Kapitän
Mate's Receipt = besondere Form der Bordbescheinigung als Zwischendokument an Stelle des B/L
merchant = Eigentlich „Kaufmann", kann sein der Eigentümer der Ware, der Charterer, der shipper, der Empfänger, der Inhaber des B/L (durch Indossament autorisiert)
notify = Notadresse (carrier not responsible for failure to notify) = Reederei nicht verantwortlich für Nicht-Avisierung
not negotiable = nicht negoziierbar
on-carriage to place of delivery = Nachlauf vom Löschhafen zum Ablieferungsort
one of which being nccomplished the other to stand void = mit Erfüllung eines B/L sind die übrigen erledigt
optional stowage, unitisation = Stauplatzwahl, die Ladung wird so gestaut, dass sie jederzeit gelöscht werden kann
options = Löschhafen-Wahlrecht
period of responsibility = Haftungsdauer
place of receipt = Ort, wo Ware empfangen wird, Übernahmeort
place of destination = Bestimmungsort
port of discharge = Löschhafen
port of loading = Ladehafen
pre-carriage by/from place of receipt = Vortransport vom Übernahmeort zum Ladehafen
received for shipment = empfangen zur Verschiffung
received on board = empfangen an Bord
revenue ton = Ausdruck im B/L – bezieht sich auf die Menge und auf die Gewichte, wonach der Frachtbetrag berechnet wird
said to be = soll sein. Siehe „Das Konnossement"
scope of voyage = Reiseumfang
shipowner = Verfrachter
shipped on board = verladen an Bord
shipper = Ablader
shipper-packed container = verladerseitig gestauter (verpackter) Container. Reederei haftet nicht für Fehler der Verpackung und Zusammenladung und für schadhafte Container
short-shipped = nicht mit verladen oder nur Teil wurde verladen. B/L-Vermerk über nicht verladenes Gut (auch shut out)
substitution of vessel = Schiffswechsel (Einsatz eines anderen Schiffes)
to the order of = an die Order von
Throug-B/L = Durch-B/L; on behalf of carriers severally but not jointly = beim Durch-B/L zeichnet der gemeinsame Reederei-Agent die Bs/L in der Weise, dass jeder Reeder sich nur für seine eigene Teilstrecke verpflichtet
transhipment = Carrier's liability shall be limited to the part of the transport performed in his own vessel, even if all freight has been collected by him. Reederei haftet nur für den Transport mit dem eigenen Schiff, selbst dann, wenn sie die gesamte Fracht eingezogen hat.
Uniform Rules for a combined transport = Einheitliche Regeln für kombinierten Transport lt. I.C.C.-Broschüre Nr. 298.

2.3 Unrichtige Konnossementausstellung

– BGH zur Nichtigkeit des Freistellungsrevers –

Es kommt gelegentlich vor, dass der Verfrachter ein unrichtiges Konnossement ausstellt, um den erforderlichen Nachweis entsprechend den Bedingungen des Akkreditivs zu erbringen, und dass der Ablader gleichzeitig durch einen „Revers" verspricht, den Verfrachter von Vermögensnachteilen freizustellen, die diesem aus der Ausstellung eines unrichtigen Konnossements entstehen können.

In einem solchen Falle stellt sich die Frage, ob dieser Reversvertrag wegen Sittenwidrigkeit nichtig ist, ein Freistellungsanspruch also deshalb nicht bestehe. Entgegen den Vorinstanzen hat der BGH dies in einem Urteil vom 25.1.73 – II ZR 139/71 – bejaht.

In dem Streitfall hatte die Klägerin, eine Reedereiagentin, der Beklagten, einer Hamburger Spediteurin, um der Befrachterin den Nachweis rechtzeitiger Abladung gemäß den Bedingungen des Akkreditivs zu ermöglichen, ein von ihr für die Reederei rein gezeichnetes Konnossement ausgehändigt, in dem sie bescheinigte, die Güter seien „shipped on board" eines bestimmten Schiffes. Tatsächlich wurden die Güter jedoch zu einem späteren Zeitpunkt auf ein anderes Schiff verladen.

Nachdem das Akkreditiv mit Hilfe des unrichtigen Konnossements eingelöst war, erfuhr der Empfänger von dem Vorgang. Die Klägerin musste dafür einstehen und verlangte von der Beklagten Ersatz ihrer Aufwendungen.

Der BGH führt u.a. aus, nach internationaler Praxis sei in jedem Falle der arglistige Revers (illegal indemnity; lettre de garantie frauduleuse) nichtig. Gesetzgebung und Rechtsprechung hätten allenthalben ein starkes Bedürfnis angenommen, solchen Reversen keinen Schutz zu gewähren. Es bestehe kein Anlass, dass sich die deutschen Gerichte außerhalb dieser internationalen Rechtslage stellten. Der internationale Konnossementverkehr und seine Verflechtung mit den Interessen der Banken, Versicherer und Empfänger erfordere es, dass auch die deutsche Rechtsprechung jedenfalls Reverse im Zusammenhang mit bewusst zur Täuschung falsch ausgestellten Konnossementen für nichtig erkläre und den beteiligten Reversnehmern damit vor Augen führe, dass sie keine Aussicht hätten, den Rückgriff aus solchen „Garantien" vor den Gerichten durchsetzen zu können, so dass auch ein Anreiz entfalle, sich auf solche Geschäfte im Gewinninteresse einzulassen.

Das Gericht lässt offen, welche Maßstäbe im Einzelfall für die Nichtigkeit von Reversen anzulegen sind, wenn Vermerke über Mängel der Güter auf Wunsch des Abladers im Konnossement weggelassen werden.

3. DER NON VESSEL COMMON CARRIER (NVOCC)

3.1 Danmar Lines Ltd., der NVOCC der DHL Danzas Air & Ocean

Ein Non Vessel Common Carrier ist ein Reederei-ähnlicher Betrieb ohne eigene Schiffe.

Mit der Gründung der Danmar Lines Ltd. am 1. Januar 1987 ergänzte die DHL Danzas Air & Ocean ihre Speditions-Aktivitäten im Seeverkehr um einen eigenen Frachtführer. Aufgabe der Danmar Lines Ltd. ist, für die DHL Danzas Air & Ocean Linien-Abfahrten sowohl für Stückgut- (LCL) wie Voll-Container (FCL) zu organisieren. In gewissem Umfange stehen diese Dienste auch anderen Spediteuren zu Verfügung. Danmar Lines Ltd. verfügt über ein weltweites Agenturnetz, bestehend aus DHL Danzas Air & Ocean sowie ausgewählten Korrespondenten. Dies ermöglicht der verladenden Wirtschaft, auf der gesamten Strecke die Vorteile zu nutzen.

Eine der wichtigsten Aufgaben der Danmar Lines Ltd. ergibt sich aus der US-Gesetzgebung, welche eine strikte Trennung von Frachtführer und Spediteur verlangt.

Das Danmar B/L, das für die Auftraggeber gezeichnet wird, ist ein voll bankfähiges Frachtdokument, ein „Combined Transport / Multimodal Transport Bill of Lading", welches der ERA 500 entspricht (siehe Kap. IX. 8.2). Daraus ergibt sich eine ungebrochene Frachtführer-Haftung über die gesamte Kette des „Mulitmodal Transport", d.h. einer Kombination verschiedener Verkehrsträger, z.B. Lkw, Schiff, Bahn, Lkw.

Dies ermöglicht der verladenden Wirtschaft, auf der gesamten Strecke die Vorteile zu nutzen:

- ein Spediteur = DHL Danzas Air & Ocean
- ein Frachtführer = Danmar Lines

für regelmäßige Liniendienste mit kurzen Laufzeiten Haus/Haus und hoher Abfahrtsdichte zu weltweit einheitlichen Bedingungen.

3.2 Bill of Lading der Danmar Lines Ltd.

DANMAR LINES

Registered Office: Danmar Lines Ltd. P.O. Box 2651, 4002 Basel (Switzerland)

BILL OF LADING
for combined transport or port to port shipment

Shipper	Document No.	Bill of lading number
	Export references	
Consignee (not negotiable unless consigned to order)	Forwarding agent - references (complete name and address)	
Notify party (see Clause 19)	Unless marked "NON NEGOTIABLE/Express Bill", one original Bill Of Lading must be surrendered duly endorsed in exchange in for the goods or delivery order. For the release of goods apply to:	
Pre-carriage by	Place of receipt by pre-carrier	
Vessel/Voy. No.	Port of loading	On carriage to
Port of discharge	Place of delivery by on-carrier	

Marks and numbers	Number of Container(s) or pkgs	Kind of packages - descriptions of goods SLAC – Shipper's load & count	Gross weight in kilo's	Measurement in cubic metres

ABOVE PARTICULARS AS DECLARED BY SHIPPER

Excess Value Declaration: Refer to Clause 14.3 and 14.4 on reverse side.

Total number of Container(s) or Pkgs	Freight payable by	Quantity based on	Rate	Per	Prepaid	Collect

Freight and charges

Carrier's liability is in accordance with clauses 13, 15 and 21 of overleaf STANDARD CONDITIONS

RECEIVED by the carrier from the shipper in apparent good order and condition (unless otherwise noted herein) the total number or quantity of containers or other packages or units indicated stated by the shipper to comprise the goods specified for carriage subject to all the terms hereof (INCLUDING THE TERMS ON PAGE 1 HEREOF AND THE TERMS OF THE CARRIER'S APPLICABLE TARIFF) from the place of receipt or the port of loading, whichever is applicable to to the port of discharge or the place of delivery, whichever is applicable. In accepting the Bill of Lading the merchant expressly accepts and agrees to all its terms, conditions and exceptions whether printed, stamped or written, or otherwise incorporated,notwithstanding the non-signing of this Bill of Lading by the merchant.

IN WITNESS whereof the number of the original Bills of Lading stated below all of this tenor and date has been signed, one of which being accomplished, the other(s) to stand void.

Number of original B(S)/L

Place of B(S)/L issue

Dated

Original

STANDARD CONDITIONS

JURISDICTION AND LAW CLAUSE

The contract evidenced by or contained in this Bill of Lading is governed by the law of Switzerland and any claim or dispute arising hereunder or in connection herewith shall be determined by the courts of Basel-Stadt, Switzerland, and no other court.

1. **Definitions**

   'Carrier' means the Company stated on the front of this Bill of Lading as being the Carrier and on whose behalf this Bill of Lading has been signed. Carrier is an NVOCC.

   'Merchant' includes the shipper, the consignee, the receiver of the goods, the holder of this Bill of Lading, any person owning or entitled to the possession of the goods or this Bill of Lading, any person having a present or future interest in the goods or any person acting on behalf of any of the above mentioned persons.

   'Container' includes any container, trailer, transportable tank, lift van, flat, pallet or any similar article of transport used to consolidate goods.

   'Package' means any preparation for transportation whether or not that preparation conceals the goods. 'Combined Transport' arises where the Carriage called for by this Bill of Lading is not Port to Port.

   'Port to Port Shipment' arises where the Place of Receipt and the Place of Delivery are not indicated on the front of this Bill of Lading or if both the Place of Receipt and the Place of Delivery indicated are ports and the Bill of Lading does not in the nomination of the Place of Receipt or the Place of Delivery on the front hereof specify any place or spot within the area of the port so nominated.

   'Shipping Unit' includes (customary) freight unit and the term 'unit' as used in the Hague Rules or where the Visby Amendments apply compulsorily, in the Hague-Visby Rules.

   An endorsement on this Bill of Lading that the goods are 'On Board' shall mean, that the goods are loaded on board the ocean vessel named in this Bill of Lading, or loaded on board rail cars, trucks, lorries, feeder ships, barges or other means of transportation and are in the custody of an Inland or ocean Carrier for Through Transportation in accordance with the terms of this Bill of Lading.

2. **Issuance of the Bill of Lading**

   By the issuance of this Bill of Lading the Carrier

   a) undertakes to perform and/or in its own name to procure the performance of the entire transport, from the place at which the goods are taken in charge to the place designated for delivery in this Bill of Lading.

   b) assumes liability as set out in these conditions.

3. **Carrier's Tariff**

   The provisions of the Carrier's applicable Tariff, if any, are incorporated herein. Copies of such provisions are obtainable from the Carrier or its agents upon request or, where applicable, from a government body with whom the Tariff has been filed. In the case of inconsistency between this Bill of Lading and the applicable Tariff, this Bill of Lading shall prevail.

4. **Negotiability and Title to the Goods**

   4.1 This Bill of Lading shall be non-negotiable unless made out 'to order' in which event it shall be negotiable and shall constitute title to the goods and the holder shall be entitled to receive or to transfer the goods herein described.

   4.2 This Bill of Lading shall be prima facie evidence of the taking in charge by the Carrier of the goods as herein described. However, proof to the contrary shall not be admissible when this Bill of Lading has been negotiated or transferred for valuable consideration to a third party acting in good faith.

5. **Warranty**

   The Merchant warrants that in agreeing to the terms hereof it is or has the authority of the person owning or entitled to the possession of the goods and this Bill of Lading.

6. Sub-Contracting

6.1 In addition to the liberties given to the Carrier under the other clauses hereof it is agreed that the Carrier shall be entitled to sub-contract on any terms the whole or any part of the carriage, loading, unloading, storing, warehousing, handling and any and all duties whatsoever undertaken by the Carrier in relation to the goods.

6.2 The expression sub-contractor in this clause shall include direct and indirect sub-contractors, including stevedores and their respective servants and agents.

6.3 Himalaya Clause: For the purposes and subject to the provisions of this Bill of Lading, the Carrier shall be responsible for the acts and omissions of any person of whose services it makes use for the performance of the contract evidenced by this Bill of Lading. The Merchant undertakes that no claim or allegation shall be made against any person or vessel whatsoever, other than the Carrier. If any claim or allegation should nevertheless be made against any person or vessel other than the Carrier, the Merchant agrees to indemnify and hold harmless the Carrier against all consequences thereof. Without prejudice to the foregoing, all defenses and limitations of the Carrier shall be available to all persons of whose services the Carrier makes use for the performance of this contract. Such persons shall include, but shall not be limited to, the Carrier's servants or agents, independent contractors, including stevedores, terminal operators, carpenters, lashers, container repairmen, and all other persons of whose services the Carrier makes use to perform this contract. In entering into this Contract, the Carrier, to the extent of these provisions, does so not only on its own behalf, but also as agent or trustee for such persons and vessels and such persons and vessels shall to this extent be or be deemed to be parties of this Contract.

7. Methods and Routes of Transportation

The Carrier reserves to itself a reasonable liberty as to the means, routes and procedures to be followed in the handling, storage and transportation of goods. Whether expressly arranged beforehand or otherwise, the Carrier shall be at liberty to have the goods carried to the port of destination by the mentioned vessel or another.

8. Description of Goods and Merchant's Packing

8.1 The Merchant shall be deemed to have guaranteed to the Carrier the accuracy, at the time the goods were taken in charge by the Carrier, of the description of the goods, marks, numbers, quantity and weight as furnished by it and the Merchant shall indemnify the Carrier against all loss, damage and expenses arising or resulting from inaccuracies in or inadequacy of such particulars.

8.2 The Merchant shall be liable for any loss, damage or injury caused by faulty or insufficient packing of goods or by faulty loading or packing within containers when such loading or packing has been performed by the Merchant or on behalf of the Merchant or by the defect or unsuitability of the containers, when supplied by the Merchant, and shall indemnify the Carrier against any additional expenses so caused.

9. Dangerous Goods

9.1 The Merchant shall comply with rules which are mandatory according to the national law or by reason of international Convention, relating to the carriage of goods of a dangerous nature, and shall in any case inform the Carrier in writing of the exact nature of the danger, before goods of a dangerous nature are taken in charge by the Carrier and indicate, if need be, the precautions to be taken.

9.2 If the Merchant fails to provide such information and the Carrier is unaware of the dangerous nature of the goods and the necessary precautions to be taken and if, at any time, they are deemed to be a hazard to life or property, they may at any place be unloaded, destroyed or rendered harmless, as circumstances may require, without compensation, and the Merchant shall be liable for all loss, damage, delay or expenses arising out of their being taken in charge, or their carriage, or of any service incidental thereto. The burden of proving the Carrier knew the exact nature of the danger constituted by the carriage of the said goods shall rest upon the person entitled to the goods.

9.3 If any goods shipped with the knowledge of the Carrier as to their dangerous nature shall become a danger to the vehicle or cargo, they may in like manner be unloaded or landed at any place or destroyed or rendered innocuous by the Carrier, without liability on the part of the Carrier, except to General Average, if any.

10. Inspection of Goods

The Carrier or any person authorized by the Carrier shall be entitled, but under no obligation, to open any container or package at any time and to inspect the goods.

11. Regulations Relating to Goods

The Merchant shall comply with all regulations or requirements of Customs, port and other authorities, and shall bear and pay all duties, taxes, fines, imposts, expenses or losses incurred or suffered by reason thereof or by reason of any illegal, incorrect or insufficient marking, numbering or addressing of the goods and indemnify the Carrier in respect thereof.

12. Paramount Clause

The Hague Rules contained in the International Convention for the Unification of Certain Rules relating to Bills of Lading, dated Brussels, 25th August 1924, or in those countries where they are already in force the Hague-Visby Rules contained in the Protocol of Brussels, dated February 23rd, 1968, as enacted in the Country of Shipment, shall apply to all carriage of goods by sea and where no mandatory international or national law applies, to the carriage of goods by inland waterways also and such provisions shall apply to all goods whether carried on deck or under deck.

In the case of sea transport where the contract evidenced by this Bill of Lading is subject to the Carriage of Goods by Sea Act of the United States (COGSA), approved April 16th, 1936 (if the port of loading or the port of discharge is in the United States), or to the Water Carriage of Goods Act of Canada (COGWA), approved August 1st, 1936 (if the port of loading or the port of discharge is in Canada), then the provisions stated in these Acts shall govern. If and to the extent that the provisions of the Harter Act of the United States of America 1893 would otherwise be compulsorily applicable to regulate the Carrier's responsibility for the goods during any period prior to loading on or after discharge from the vessel, the Carrier's responsibility shall instead be determined by the provisions of 13 and 14 below, but if such provisions are found to be invalid such responsibility shall be subject to COGSA.

13. Carrier's Liability

13.1 Port to Port Shipment

The responsibility of the Carrier is limited to that part of the carriage which commences when cargo is delivered into the custody of the Carrier and ends when the Carrier delivers the cargo from the custody and control of the Carrier to another party and the Carrier shall not be liable for any loss or damage whatsoever in respect of the goods or for any other matter arising during any other part of the carriage even though charges for the whole carriage have been charged by the Carrier.

13.2 Combined Transport

Save as otherwise provided in this Bill of Lading, the Carrier shall be liable for loss of or damage to the goods occurring between the time it takes the goods into its charge and the time of delivery of the goods from its charge. In addition to all other defenses contained in this Bill of Lading, the law incorporated into this Bill of Lading, and the law governing this Bill of Lading, the Carrier shall be relieved of liability for any loss or damage caused by:

a) an act or omission of the Merchant or person other than the Carrier acting on behalf of the Merchant or from whom the Carrier took the goods in charge;

b) insufficiency or defective conditions of the packing or marks and/or numbers;

c) handling, loading, stowage or unloading of the goods by the Merchant or any person acting on behalf of the Merchant;

d) inherent vice of the goods;

e) strike, lockout, stoppage or restraint of labour;

- f) a nuclear incident if the operator of a nuclear installation or a person acting for it is liable for this damage under an applicable international Convention or national law governing liability in respect of nuclear energy;
- g) any cause or event which the Carrier could not avoid or the consequences whereof it could not prevent by the exercise of reasonable diligence.

When the Carrier establishes that, in the circumstances of the case, the loss or damage could be attributed to one or more of the causes or events specified in b) to d) above, it shall be presumed that it was so caused. The claimant shall, however, be entitled to prove that the loss or damage was not, in fact, caused wholly or partly by one or more of these causes or events.

14. Amount of Compensation

14.1. When the Carrier is liable for compensation in respect of loss of or damage to the goods, such compensation shall be calculated by reference to the value of such goods at the place and time they are delivered to the Consignee in accordance with the contract or should have been so delivered.

The value of the goods shall be fixed according to the current commodity exchange price, or if there shall be no commodity exchange price or current market price, by reference to the normal value of goods of the same kind and quality.

14.2. A) Where the stage of Carriage where the loss or damage occurred can be proved, the liability of the Carrier shall be determined by the provisions contained in any international convention or national law of the country which provisions
- a) cannot be departed from by private contract to the detriment of the Merchant, and
- b) would have applied if the Merchant had made a separate and direct contract with the Carrier in respect of the particular stage of carriage where the loss or damage occurred and had received as evidence thereof any particular document which must be issued in order to make such international convention or national law applicable.

With respect to the transportation in the United States of America or in Canada to the Port of Loading or from the Port of Discharge, the responsibility of the Carrier shall be to procure transportation by carriers (one or more) and such transportation shall be subject to the inland carrier's contracts of carriage and tariffs and any law compulsorily applicable as well as subject to any liability limitations contained in said inland carrier's contracts. The Carrier guarantees the fulfillment of such inland carriers' obligations under their contracts and tariffs and the terms and conditions contained in these contracts and tariffs shall be incorporated into this Bill of Lading. If there is no such international convention or national legislation applicable to the stage of carriage, the liability of the carrier shall be determined in accordance with the provisions of Clause 14.2 B) below.

B) Where the stage of Carriage where the loss or damage occurred cannot be proved, compensation shall not, however, exceed US$ 2.00 per kilo of gross weight of the goods lost or damaged provided that the Hague Rules or the Hague-Visby Rules or any legislation applying such Rules (such as COGSA or COGWA) is not compulsorily applicable.

C) Where neither 14.2 A) nor 14.2 B) above apply, any liability of the carrier shall be determined in accordance with Clause 14.2 B).

14.3 If the Merchant, with the consent of the Carrier, has declared a higher value for the goods and such higher value has been stated in the Bill of Lading, such higher value shall be the limit.

However, the Carrier shall not, in any case, be liable for an amount greater than the actual loss to the person entitled to make the claim.

14.4 Where the Hague Rules, the Hague-Visby Rules or any legislation making such Rules compulsorily applicable (such as COGSA or COGWA) to this Bill of Lading apply, the Carrier shall not, unless a declared value has been noted in accordance with sub-clause 14.2, be or become liable for any loss or damage to or in connection with the goods in an amount per package or shipping unit in excess of the package or shipping unit limitation as laid down by such Rules or legislation. Such limitation amount, according to COGSA is US$ 500.– per package or shipping unit and according to COGWA is Can$ 500.– per package or shipping unit. If no limitation amount is applicable under such Rules or legislation, the limitation shall be US$ 500.–.

Where a container is used to consolidate goods and such container is stuffed by the Carrier, the number of packages or shipping units stated on the face of this Bill of Lading in the box provided shall be deemed the number of packages or shipping units for the purpose of any limit of liability per package or shipping unit provided in any international Convention or national law relating to the carriage of goods by sea. Except as aforesaid the container shall be considered the package or shipping unit.

15. Delay, Consequential Loss, etc.

Arrival times are not guaranteed by the Carrier. The Carrier shall in no circumstances be liable for direct, indirect or consequential loss or damage caused by delay or any other cause, whatsoever and howsoever caused. Without prejudice to the foregoing, if the Carrier is found liable for delay, liability shall be limited to double the freight applicable to the relevant stage of the transport, or the value of the goods as determined in clause 14, whichever is least.

16. Notice of Loss or Damage

The Carrier shall be deemed prima facie to have delivered the goods as described in the Bill of Lading unless notice of loss of or damage to the goods, indicating the general nature of such loss or damage, shall have been given in writing to the Carrier or to its representative at the place of delivery before or at the time of removal of the goods into the custody of the person entitled to delivery thereof under this Bill of Lading or, if the loss or damage is not apparent, within three consecutive days thereafter.

17. Delivery

If the delivery of the goods or any part thereof is not taken by the Merchant, at the time and place when and where the Carrier is entitled to call upon the Merchant to take delivery thereof, the Carrier shall be entitled to store the goods or the part hereof at the sole risk of the Merchant, whereupon the liability of the Carrier in respect of the goods or that part thereof stored as aforesaid (as the case may be) shall wholly cease and the cost of such storage (if paid or payable by the Carrier or any agent or sub-contractor of the Carrier) shall forthwith upon demand be paid by the Merchant to the Carrier.

18. Non Delivery

Failure to effect delivery within 90 days after the expiry of a time limit agreed and expressed in this Bill of Lading or, where no time limit is agreed and so expressed, failure to effect delivery within 90 days after the time it would be reasonable to allow for diligent completion of the transport operation shall, in the absence of evidence to the contrary, give to the party entitled to receive delivery the right to treat the goods as lost.

19. Failure to notify

No claim shall under any circumstances whatever attach to the Carrier for failure to notify the Consignee or others concerned of the arrival of the goods.

20. Hindrances etc. Affecting Performance

20.1 The Carrier shall use reasonable endeavours to complete the transport and to deliver the goods at the place designated for delivery.

20.2 If at any time the performance of the contract as evidenced by this Bill of Lading is or will be affected by any hindrance, risk, delay, difficulty or disadvantage of whatsoever kind, and if by virtue of sub-clause 20.1 or cause, the liability for which the Carrier is excused by this Bill of Lading, law, regulation or custom, the Carrier (whether or not the transport is commenced) may elect to
   a) treat the performance of this contract as terminated and place the goods at the Merchant's disposal at any place which the Carrier shall deem safe and convenient; or
   b) deliver the goods at the place designated for delivery.

In any event the Carrier shall be entitled to full freight for goods received for transportation and additional compensation for extra costs resulting from the circumstances referred to above.

21. Freight and Charges

21.1 Freight shall be deemed earned on receipt of the goods by the Carrier and shall be paid in any event ship lost or not lost.

21.2 The Merchant's attention is drawn to the stipulations concerning currency in which the freight and charges are to be paid, rate of exchange, devaluation and other contingencies relative to freight and charges in the relevant tariff conditions. If no such stipulation as to devaluation exists or is applicable the following clause shall apply: If the currency in which freight and charges are quoted is devalued between the date of the freight agreement and the date when the freight and charges are paid, then all freight and charges shall be automatically and immediately changed in proportion to the extent of the devaluation or revaluation of the said currency.

21.3 For the purpose of verifying the freight basis, the Carrier reserves the right to have the contents of containers inspected in order to ascertain the weight, measurement, value, or nature of the goods. If on such inspection it is found that the declaration is not correct, it is agreed that a sum equal either to five times the difference between the correct freight and the freight charged or double the correct freight less the freight charged, whichever sum is the smaller, shall be payable as liquidated damages to the Carrier notwithstanding any other sum having been stated on this Bill of Lading as the freight payable.

21.4 All dues, taxes and charges levied on the goods and other expenses in connection therewith shall be paid by the Merchant.

21.5 The Merchant shall reimburse the Carrier in proportion to the amount of freight for any costs for deviation or delay or any other increase of costs of whatever nature caused by war, warlike operations, epidemics, strikes, government directions or force majeure.

22. Lien

The Carrier shall have a general lien on any and all property (and documents relating thereto) of the Merchant, in its possession, custody or control or en route, for all claims for charges, expenses or advances incurred by the Carrier in connection with any shipments of the Merchant and if such claim remains unsatisfied for thirty (30) days after demand for its payment is made, the Carrier may sell at public auction or private sale, upon ten (10) days written notice, register mail to the Merchant, the goods, wares and/or merchandise or so much necessary to satisfy such lien, and apply the net proceeds of such sale to the payment of the amount due the Carrier. Any surplus from such sale shall be transmitted to the Merchant, and the Merchant shall be liable for any deficiency in the sales.

23. General Average

23.1 The Carrier may declare General Average which shall be adjustable according to the York/Antwerp Rules of 1974 any place at the option of the Carrier and the Amended Jason Clause as approved by BIMCO is to be considered incorporated herein and the Merchant shall provide such security as may be required by the Carrier in this connection.

23.2 Notwithstanding sub-clause 23.1 above, the Merchant shall defend, indemnify and hold harmless the Carrier respect of any claim (and any expense arising therefrom) of General Average nature which may be made on the Carrier and shall provide such security as may be required by the Carrier in this connection.

23.3 The Carrier shall be under no obligation to take any steps whatsoever to collect security for General Avera contributions due to the Merchant.

24. Time Bar

In any event the Carrier shall be discharged of all liability under this Bill of Lading unless suit is brought within one year after the delivery of the goods or the date when the goods should have been delivered.

25. Variation of the Contract

No servant or agent of the Carrier shall have power to waive or vary any term of this Bill of Lading unless such waiver or variation is in writing and is specifically authorized or ratified in writing by the Carrier.

26. Partial Invalidity

If any provision in this Bill of Lading is held to be invalid or unenforceable such invalidity or unenforceability shall attach only to such provision. The validity of the remaining provisions shall not be affected thereby and this Bill Lading contract shall be carried out as if such invalid or unenforceable provision were not contained herein.

4. BEGRIFFE IM SEEVERKEHR

4.1 Die Schifffahrtskonferenzen

Freiheit der Meere

70 % der Erdoberfläche ist von Weltmeeren bedeckt. Das Befahren dieser Weltmeere durch alle Nationen wird durch den Grundsatz der „Freiheit der Meere" ermöglicht; der weltweite Seeverkehr leistet damit aber auch einem schrankenlosen Konkurrenzkampf Vorschub. Um die Gefahren eines existenzbedrohenden Wettbewerbs abzuwenden, sind internationale Absprachen über Wettbewerbsregeln aus Sicht der Reedereien notwendig.

Was sind Konferenzen?

Konferenzen sind Zusammenschlüsse verschiedener Linienreedereien im Überseeverkehr auf internationaler Basis. Diese Linienreedereien befördern vornehmlich Stückgut. Die jeweiligen Fahrtgebiete sind geographisch eingegrenzt und Lade- und Löschhäfen festgelegt. Konferenzen sind von der Gesetzgebung einzelner Staaten anerkannt, obwohl es sich um Preis-, Gebiets- und Konditionenkartelle handelt. Die Bildung von Konferenzen geht auf 1875 (Kalkutta-Konferenz) zurück, gefolgt 1879 von der Ostasien-Konferenz.

Offene und geschlossene Konferenzen

Von einer offenen Konferenz spricht man, wenn jede Reederei ihr beitreten kann, die sich verpflichtet, im Fahrtgebiet einen bestimmten Dienst zu unterhalten (amerikanisch beeinflusste Konferenzen). Bei einer geschlossenen Konferenz wird nicht jede Reederei von der Konferenz aufgenommen, sondern die Konferenz behält sich die Entscheidung vor (britisch beeinflusste Konferenzen).

Zweck von Konferenzen

Sie dienen der rationelleren und besseren Verkehrsbedienung für die Verkehrsnutzer, z.B. durch aufeinander abgestimmte Fahrpläne. Sie dienen aber auch der Erhaltung der Wirtschaftlichkeit und Leistungsfähigkeit der Linienreedereien.

Aufgaben einer Konferenz

- Aufstellung gemeinschaftlicher Fahrpläne
- Festlegung einheitlicher Beförderungsbedingungen
- Festlegung einheitlicher – für alle verbindlicher Frachtraten und Zuschläge über einen längeren Zeitraum hinweg
- Regelung des Wettbewerbs unter den Linien
- Abwehr „äußeren" Wettbewerbs durch Outsider.

Vorteile für die Verlader

- regelmäßige und im voraus bekannte Abfahrten
- festgelegte Reiserouten und Löschhäfen
- feste Ankunftstermine in den Löschhäfen heißt, der Verlader kann bindende Liefertermine einhalten
- für einen längeren Zeitraum festgelegte Frachtraten bedeuten feste Kalkulationsbasis
- solides finanzielles Fundament der Konferenzreedereien bedeutet Sicherheit für Verlader und Frachtzahler.

Konferenzrabatte

Es war – und ist heute in geringerem Umfange – üblich, dass Konferenzen mit Verladern im Rahmen von Kontrakten Verträge zur Sicherung ausreichender Ladungsmengen abschließen. Kontraktzeichner erhalten als Gegenleistung einen Treueabtt Sofortrabatt. Zwar wird dieses Rabatt-System auch jetzt noch teilweise angewendet, es werden aber im Konkurrenzkampf mehr und mehr Nettoraten notiert.

4.2 Outsider (Außenseiter) – Trade Lane Agreements – Konsortien – Trampschifffahrt

Outsider

Outsider sind Reedereien, die ein Fahrtgebiet bedienen, das auch Konferenzlinien befahren, sie gehören aber nicht der Konferenz an. Man nennt sie auch konferenzunabhängige Reedereien (non-conference-lines), die einen konferenzunabhängigen Liniendienst unterhalten. Outsider fahren in Konkurrenz zu den Konferenzlinien zu niedrigeren Raten. Einige Outsider bieten indes nicht immer regelmäßige Abfahrten und pünktliche Ankunftszeiten, andere wiederum sind kaum weniger leistungsfähig als Konferenzlinien.

In einigen Fahrtgebieten gibt es Outsider, die frei von Konferenzbindungen nach eigenem Ratensystem fahren, ohne dass es zu Ratenkämpfen kommt, weil Absprachen mit der Konferenz bestehen. Sie werden als „tolerated outsider" von der Konferenz toleriert.

Konsortien / Alliances

Konsortien wurden erstmals 1992 im Pazifikdienst eingeführt. Um Überkapazitäten abzubauen, schließen sich Reedereien zu einer Gruppe zusammen und nutzen ihre Ausstattung gemeinsam. Gegenseitig werden „Slots" (Containerstellplätze) bei anderen Mitgliedern des Konsortiums gechartert.

Die Trampschifffahrt

Auch „wilde Fahrt" genannt, steht im Gegensatz zur Linienschifffahrt. Die Trampfahrt befördert hauptsächlich Massengüter wie: Getreide, Erze, Kohle, Holz, Zement, Kali, Phosphate und Schwefelkies. Sie bindet sich nicht an einen bestimmten Fahrplan, sondern nutzt den Ladungsmarkt und orientiert sich daran, wo sich gewinnbringende Transporte bieten. Die Frachtraten schwanken und unterliegen den Marktbedingungen. Tramper übernehmen Ladungen für eine oder mehrere Reisen zwischen fallweise vereinbarten Häfen. Die Transportbedingungen werden in einem Chartervertrag, der „Charterparty" niedergelegt.

5. FRACHTBERECHNUNG

5.1 Frachtberechnung im Seeverkehr

Zur Einführung

Linienreedereien berechnen die Seefracht bei Stückgut nach dem Stückguttarif, er ist für alle Mitglieder einer Konferenz verbindlich. Frachtbasis ist entweder das Gewicht, das Raummaß oder der deklarierte Warenwert. Ob Maß oder Gewicht zu berechnen ist, liegt im Ermessen des Verfrachters, man spricht hier von „in Schiffswahl". Der Verfrachter wird stets die Einheit zugrunde legen, die den höchsten Erlös bringt.

Begriffsbestimmungen:

Liner Terms

Bedingungen, zu denen Linienreedereien die ihnen angediente Stückgutladung befördern (praktisch sind das die Konnossementbedingungen). Das Schiff bestimmt Lade- und Löschplatz, Kosten für Laden/Stauen und meist auch Löschen trägt die Reederei. Es bestehen jedoch unterschiedliche Regelungen in unterschiedlichen Fahrtgebieten, speziell für Schwerstücke und Langkolli (out of gauge).

Seefrachtrate

Ausgehandelter oder tarifarisch festgesetzter Preis für den „verkauften" Schiffsraum je bestimmte Einheit einer Ware für die Beförderung zwischen Lade- und Löschhafen auf liner-term-Basis, d.h. Kosten für Laden und Löschen zu Lasten des Reeders. Im Chartergeschäft sind auch üblich:

fi = free in – frei eingeladen. Kosten für das Beladen zu Lasten der Ware

fio = free in and out – frei Ein- und Ausladen und Löschen. Kosten für Ein- und Ausladen und Löschen zu Lasten der Ware

fios = free in and out stowed – frei Ein- und Ausladen, Löschen und Stauen. Kosten für Ein- und Ausladen, Löschen und Stauen zu Lasten der Ware.

Ratenbildende Faktoren:

1. Die Ladung
   a) Art und Eigenschaften der Ware (z.B. Verwendungszweck, chemische Eigenschaften, Maß-/Gewichts-Verhältnis usw.),
   b) Menge,
   c) Wert,
   d) Art der Verpackung (z.B. Container),
   e) Staueigenschaften,
   f) Datum der Verschiffungsbereitschaft,
   g) sonstige besondere Merkmale.

2. Der Reiseweg
   a) Lade- und Löschhafen,
   b) Entfernung,
   c) evtl. Kanalpassagen/-gebühren,
   d) Bunkermöglichkeiten/-preise,
   e) jahreszeitliche Einflüsse (Ladelinie/Wetterlage).

3. Das Schiff
   a) Trag-/Ladefähigkeit,
   b) Geschwindigkeit, Bunkerverbrauch,
   c) Datum der Ladebereitschaft,
   d) Reisedauer,
   e) Lade-/Löschkosten,
   f) tägliche Betriebskosten/fixe Kosten,
   g) Reparatur-Neubaukosten,
   h) Kommissionen, Maklergebühren.
   i) Schiffs- und Ladetechnik, z.B. Container Barges

4. Die Konkurrenz
   a) mit anderen Ladungen,
   b) mit Schiffen anderer Reedereien,
   c) mit anderen Verkehrsträgern.

Tarifwährung:
Jeder Tarif basiert auf einer Grundwährung, meist der US-$, aber auch € und andere.

Ratenbasis:
Stückgutgeschäft auf der Grundlage der Frachttarife der Carrier oder Konferenzen. Die Berechnung erfolgt nach Frachteinheit (Gewicht oder Raummaß oder bei entsprechender Deklarierung der Wert der Ware) – auch möglich: Lumpsum = Pauschalfracht (ohne Rücksicht auf Gewicht oder Raummaß) bzw. in zunehmendem Maße CBR-Raten (Commodity-Box-Rate), siehe unten.

Die Frachtraten gelten – je nach Konferenzgebiet – gewöhnlich für den laufenden plus zwei weitere Monate bei einer Seefrachtquotierung (Ratenauskunft). Ausnahmen für Großprojekte möglich.

CBR = Commodity-Box-Rate, auch FCL-Boxraten
im Containerverkehr erfolgt die Frachtberechnung häufig als Lumpsum pro Container, ohne Rücksicht auf den Inhalt (FAK = Freight all kind). Diese Lumpsumrate ist auch auf das eingesetzte Equipment abgestimmt (per 20' Standard, per 40' Standard, Open Top, Flat etc.). Container-Raten nach commodity (Warenart) sind seltener geworden.

In der Regel gelten die CBR analog den Liner-Terms-Raten für breakbulk-Verladungen auf Basis „Pier-Pier" vom Lade- zum Löschhafen.

Darüber hinaus können auch Boxraten von Haus-zu-Haus erstellt werden, der Vorlauf zum Ladehafen sowie der Nachlauf vom Löschhafen und ferner das Handling der Container auf den Hafenterminals mit eingeschlossen werden. Der Spediteur (Verlader) hat damit den Gesamtpreis für den ganzen Transportweg zu tragen. Diese Praxis ist in den verschiedenen Konferenzen unterschiedlich.

intermodal rate = Durchfracht-Quotierung. Reederei vereinbart mit Spediteuren (Abladern) durchgehende Raten von Inlandsplätzen (z.B. in USA) nach Inlandsplätzen in Europa. Intermodal rates werden auch „package rates" genannt.

Schwergut – auch Bezeichnung für Güter mit hohem Stückgewicht = h.l. = heavy lift. – h.l. additional = Schwergewichtszuschlag, wird neben der Fracht für Kolli meist ab 5 t (nach Relation jedoch verschieden) berechnet. Gilt nicht im Containerverkehr.

l.l. = long length additional = Längenzuschlag in der Regel für Kolli über 12 m Länge (40 Fuß).

S.E. = Special Enquiry = Frachtrabatt, der von den Konferenzen auf Antrag für große Partien gewährt werden kann. Im Fahrtgebiet Südamerika/Ostküste auch „specicon" genannt.

Project Bookings and Quotations – das gleiche wie S.E. im Fahrtgebiet Ostasien.

Frachteinheiten
a) Gewichtsgut, d.h. 1000 kg nehmen weniger Raum ein als 1 cbm: Frachtberechnung auf Gewichtsbasis.
b) Maßgut, d.h. 1000 kg beanspruchen mehr als 1 cbm Raum: Frachtberechnung auf cbm-Basis. Ausnahme: gewisse Massengüter, für die eine Gewichtsrate quotiert wird. – 3 x messend bedeutet: 1000 kg einer Ware benötigen 3 cbm Frachtraum. Normal ist das einteilige Vermessen. Es gibt z.B. bei unregelmäßig geformten Packstücken und Fahrzeugen noch das 2- und 3-teilige (auch 2- und 3-fache) Vermessen. Es wird dabei in 2 bzw. 3 Sektionen vermessen.
c) Die Frachtberechnung erfolgt stets in Schiffswahl (i.S.W.), d.h. die Reederei basiert auf dem für sie günstigeren Wert bei Ratenangabe M/G (Maß/Gewicht) bzw. W/M (Weight/Measurement). Im Verkehr ab Kontinent werden heute sämtliche Raten auf metrischer Basis quotiert.
d) Frachttonne (freight ton, Frto., Frt., F.T., F/T) = Berechnungseinheit (Gewichts- oder Maßgut).
e) Die Frachteinheit kann auch der Container (Box) sein.

Besondere Zuschläge
Unter besonderen Umständen können kurzfristig Zuschläge von den Reedereien erhoben werden, die im Voraus nicht kalkulierbar sind. Hierzu gehören z.B.:

1. Währungsausgleichsfaktor (CAF = currency adjustment factor) bei Veränderungen des Wechselkurses der quotierten Währung.
2. Verstopfungszuschläge (Congestion Surcharges) bei Entstehung übermäßiger Wartezeiten in einzelnen Häfen.
3. Bunkerölzu- oder -abschläge (Bunker Adjustment Factor = BAF) bei Erhöhung oder Verfall der Ölpreise.
4. Winterzuschlag für eisgefährdete Gebiete.
5. Gefährdungszuschläge (War Risk Surcharges) bei Verschiffungen in kriegsgefährdete Gebiete.
6. Konsulatskosten.
7. Nebenhafengebühren (wenn der Hafen nicht direkt angefahren wird, aber zum Tarifgebiet gehört).
8. Cargo handling charges – ausgehend auch „preshipment charges" und eingehend „postshipment charges". Hafenkosten für die Güteranlieferung in einigen Fahrtgebieten, die entstehen, bevor bzw. nachdem die Ware die Reling des Schiffes passiert. Sie gehen zu Lasten der Ware.
9. L.S. + D.-Charges – konferenzseitig festgesetzte Gebühren für Landing, Storage + Delivery in den Häfen Westindiens.
10. Weitere Zuschläge sind möglich.

Berechnung der Seefracht
(Mögliches Grundschema. Reihenfolgen der Berechnung können von Tarifgebiet zu Tarifgebiet unterschiedlich sein)

Frachttonnen x Grundrate = Grundfracht[1]
+ /./. Ratenzu-/abschläge = Zuschläge/Abschläge
Tarif = Tariffracht
./. Rabatt
+ Ratenaufschläge
 (interne = z. B. h.l./l.l./congestion surcharge,
 externe = z.B. Manifestgebühren,
 Staatsabgaben/Landegebühren)
+ Gebühren

Beispiel für Seefrachtberechnug FERNOST
to./cbm x Grundrate –.
Palettenrabatt, falls anwendbar = A
Ladehafenzuschlag, falls anwendbar = B
Bestimmungshafenzuschlag, falls anwendbar = C
Schwergewichts- und Längenzuschläge,
falls anwendbar = D
Optionsgebühren, falls anwendbar = E

Subtotal = F
Währungszuschlag = C.A.F. auf F = G
Bunkerzuschlag = B.A.F. auf J = H
Insgesamt (F + G + H) = I

Inzwischen lassen sich viele Seefrachttarife auch im Internet nachlesen. Die genauen Bestimmungen bis hin zu Rechenbeispielen sind dort genannt. Als Beispiel sei hier die Reederei Hapag-Lloyd genannt, auf deren Webseite www.hlcl.de unter der Rubrik „Online Business" die Unterrubrik „Tarife" zu finden ist. Dort lassen sich viele Tarife finden, die selbstverständlich nicht nur für Hapag-Lloyd gelten, sondern für alle in den Tarifen genannten „Member-Lines."

---

1 Alles, was über die Grundfracht hinaus berechnet wird, sind „Extras" (Zuschläge, Surcharges). Zuschläge können berechnet werden als
 [1.1] Raten-Extras auf a. das Gewicht oder b. das Maß oder
 [1.2] Fracht-Extras, z. B. Landegebühren pro Kollo usw.

5.2 Vermessung von Seefrachtgütern

Bei Verladung von Seefrachtgütern unterscheidet man grundsätzlich Gewichtsgut und Maßgut.
Zum Gewichtsgut rechnet man die Ladungsstücke, deren Gewicht größer ist als ihr Maß. Die Frachtberechnung erfolgt dementsprechend nach dem Gesamtgewicht des einzelnen Kollo. Es sei denn, das Gewicht überschreitet eine gewisse Grenze, dann setzt eine Zusatzberechnung der Fracht für Schwergut ein. Eine Nachverwiegung von Gewichtsgütern erfolgt im allgemeinen nicht; nur auf Antrag. Als Gewicht für diese Güter wird entweder das bahnamtliche oder das Fabrikgewicht anerkannt. Von den Kontrollfirmen werden jedoch auch solche Ladungsstücke vermessen, damit der Stauraum im Schiff ermittelt werden kann.

Zur zweiten Kategorie gehört das Maßgut, das sind Ladungsstücke, deren Gewicht kleiner ist als ihr Maß. Diese Packstücke werden von den Ladungskontrollfirmen vermessen, um das Kubikmaß zu ermitteln, dementsprechend dann die Frachtberechnung vorgenommen werden kann.

Im Kaiantrag sollte seitens des Abladers zwecks Vermeidung von Unstimmigkeiten das Maß eingetragen werden. Falls vom Verlader keine Maße angegeben sind, können Einsprüche gegen die schiffsseitig ermittelten Maße nicht anerkannt werden. Bei Maßdifferenzen erkennen die Verfrachter jedoch nur das von den Ladungskontrollfirmen oder dem Beamten der betreffenden Schifffahrts-Konferenz festgestellte Maß an.

Es empfiehlt sich für den Verlader, grundsätzlich das richtige Fabrikmaß, d.h. die Außenmaße des Kollo und nicht die Innenmaße des verpackten Gutes, im Schiffszettel anzugeben; man vermeidet dadurch von vornherein zeitraubende Auseinandersetzungen.

Messbeispiel
Nach den Bestimmungen der Konferenzen wird nach verschiedenen Relationen auf einen Zentimeter genau gemessen (auch Rundungen sind üblich), z.B.:
70,4 x 50,5 x 45,8 zu ändern 70 x 51 x 46
91,3 x 69,5 x 37,3 zu ändern 91 x 70 x 37

Einzelne Güter

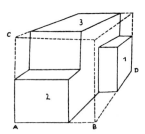

Nr. 1
Muster für unregelmäßige Kiste, einteilig vermessen = (A/B x A/C x B/D), wird jedoch 3teilig vermessen, wenn eine Länge der Ausbauten über 50 cm.

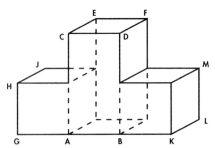

Nr. 2
Wird 3teilig vermessen, wenn Längen der Ausbauten über 50 cm.
(AB x CE X AC) + (GA x HJ x GH)
+ (BK x KL x LM)

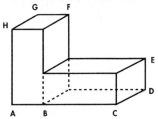

Nr. 3
Wird 2teilig vermessen, wenn Längen der Nebenkiste über 50 cm.
(AB x HG x AH) + (BC x CD x DE)

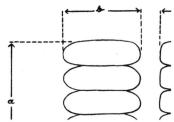

Nr. 4
Muster für unregelmäßige Trapezkiste (a x b x c).

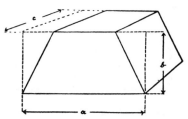

Nr. 5
Muster für Trapezkiste (a x b x c = Tiefe).

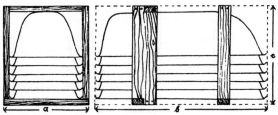

Nr. 6
Muster für Badewannen in Verschlägen (a x b x c = Tiefe).

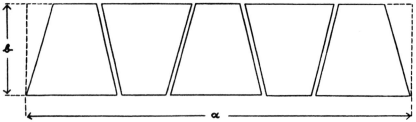

Nr. 7
Muster für trapezförmige Verschläge, Kisten, Toilettenbecken usw. (a x b x c = Tiefe). Muster gilt für fünf Verschläge, sinngemäß messen, falls nur 3 oder 4 Verschläge zusammengestellt werden dürfen.

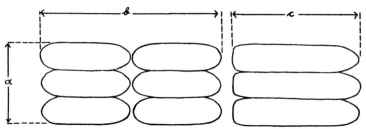

Nr. 8
6 Sack in 2 Lagen (tiers) vermessen = (a x b x c = Tiefe).
Gilt sinngemäß für Vermessen in zwei Lagen (tiers), z.B. 8, 10 oder 12 Sack.

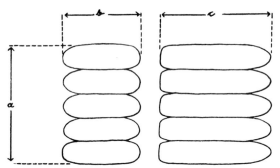

Nr. 9
3 Sack in einer Lage (tiers) vermessen = (a x b x c). Gilt sinngemäß für Vermessen in einer Lage (tiers).

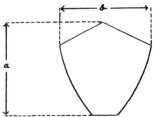

Nr. 10
Muster für Korbflaschen in Schutzbehältern (a x b x c = Tiefe), wenn einzeln zu vermessen.

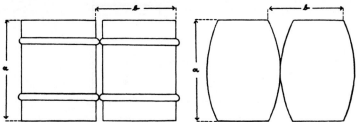

Nr. 11
Muster für Faßvermessungen (a x b x c = Tiefe). Es werden immer 2 Fässer zusammengestellt

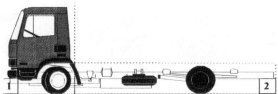

Nr. 12
Automobile unverpackt, 2-teilig zu vermessen

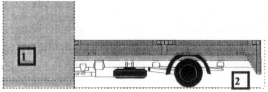

Nr. 13
Automobile, z.T. verpackt in Verschlägen, 2-teilig zu vermessen

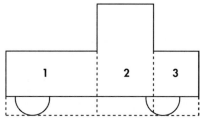

Nr. 14
Muster für 3-fach zu vermessende Fahrzeuge, verpackt oder unverpackt

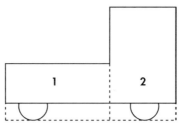

Nr. 15
Muster für 2-fach zu vermessende Fahrzeuge, verpackt oder unverpackt

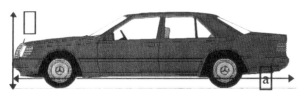 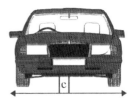

Nr. 16
Muster für Automobile, ohne Stoßstangen zu vermessen (a x b x c); falls mit Stoßstange vermessen: Vorschrift ist dann diese in Maß a mit einzubeziehen.

Vermessen von Hölzern und Furnieren

Die schwierige Vermessung von Hölzern und Furnieren setzt auf langjährige Erfahrungen begründete Fachkenntnisse voraus. Nur sachverständigen Holzmessern wird diese Aufgabe übertragen. Für Hamburg gilt für alle öffentlich bestellten und vereidigten Sachverständigen das „Regulativ für öffentlich bestellte und vereidigte Messer für überseeische Hölzer und Furniere" vom 27. Juli 1965, das in Bremen in der „Bekanntmachung über die Pflichten der öffentlich bestellten und vereidigten Holzmesser für das Messen von überseeischen Hölzern und Furnieren" vom 24. Januar 1966 zugrunde gelegt wurde. Das Studium von Verordnung und Regulativ gibt einen Begriff von den Anforderungen, die an die Holzmesser gestellt werden.

Die Vermessung von Holz wird im allgemeinen Spezialbetrieben übertragen. Aber die Lagerhalter übernehmen auf Wunsch ihrer Auftraggeber die Holzvermessung auch selbst. Die Vermessung der oft sehr schweren Rundhölzer erfolgt nicht am Stapel, da hier eine genaue Ermittlung der Maße nicht durchführbar wäre, sondern während des Umschlags. Aus den oben genannten Vorschriften seien die folgenden grundsätzlichen Bestimmungen wiedergegeben:

Zum Messen, Verwiegen und Zählen vornehmlich überseeischer Hölzer und Furniere aber auch solche anderer Herkunft werden von der Handelskammer geeignete, sachverständige und zuverlässige Holzmesser öffentlich bestellt und vereidigt. Es ist den Parteien jedoch unbenommen, die Messungen auch von anderen Personen vornehmen zu lassen. Hat der öffentlich bestellte und vereidigte Holzvermesser keinen ausdrücklichen Auftrag, nach einem anderen Meßverfahren zu arbeiten, so hat er die im Regulativ bestimmten Verfahren anzuwenden.

Dem öffentlich bestellten Messer können auf seinen Antrag je nach Bedürfnis von der Handelskammer Gehilfen beigegeben werden, die ebenfalls öffentlich bestellt und vereidigt werden. Der Holzmesser bleibt aber für die in seinem Auftrag von seinen Gehilfen vorgenommenen Handlungen verantwortlich. Nach dem Regulativ bzw. der Bekanntmachung werden – sofern die Auftraggeber keine anderen Meßverfahren ausdrücklich verlangen – folgende Meßverfahren angewendet:

8. Bei überseeischen Hölzern und bei Furnieren finden, soweit vom Auftraggeber nicht die Anwendung anderer Messverfahren verlangt wird, folgende Messverfahren Anwendung (Brm. § 6):
A. Für Rundholz
Nach Weisung des Auftraggebers
   1. Bruttobandmaß (Nummer 9) (§7) oder
   2. Kreuzmaß (Nummer 10) (§ 8)
B. Für Vierkanthölzer
Bruttomaß (Nummer 11) (§ 9)
C. Für überseeische Original-Schnittware und im Inland aus überseeischem Rundholz erzeugte Schnittware
Brettermaß (Nummer 12) (§ 10)
D. Für Furniere
Flächenmaß (Nummer 13) (§ 11)

Das jeweils angewandte Messverfahren ist in den Maßlisten zu vermerken. Erhält der Messer den Auftrag, abweichend von den aufgeführten Messverfahren zu vermessen, so muss dies klar aus den Maßlisten hervorgehen (Handelsbrauch oder Besonderheiten des Auftrags). Für die Messungen sind geeichte Maße zu verwenden.

9. Bruttobandmaß (Brm. § 7):
Die Länge wird zwischen den Durchschittsenden des Stammes von 5 zu 5 cm gemessen. Der Umfang wird in der Mitte des Stammes über Rinde in vollen Zentimetern vermittels eines nicht dehnbaren Meßbandes ermittelt. Befindet sich in der Mitte des Stammes ein Ast oder eine Verdickung, so ist unmittelbar vor und hinter dem Ast oder der Verdickung zu messen und die Summe beider Messungen auf volle Zentimeter nach unten zu halbieren. Ebenso hat der Messer starke Deformierungen durch der jeweiligen Form des Stammes angepaßte geometrische Messungen soweit zu berücksichtigen, dass das Messergebnis der tatsächlich vorhandenen Holzmasse möglichst entspricht.

Maßabschläge für Fehler im Holz finden nicht statt.

10. Kreuzmaß (Brm. § 8):
Die Länge wird in vollen Dezimetern entlang einer direkten Oberflächenlinie zwischen den kürzesten Enden gemessen.
Die Feststellung des Durchmessers erfolgt durch vielmalige Messung in vollen Zentimetern. und zwar an jedem Ende des Stammes kreuzweise vor Hirn unter Rinde. Die Summe der vier Messungen wird geviertelt, wobei nicht volle Zentimeter unberücksichtigt bleiben. Starke Deformierungen, die bei der Feststellung des Durchmessers an den Enden nicht erfasst wurden, hat der Messer durch der jeweiligen Form des Stammes angepasste geometrische Messungen soweit zu berücksichtigen, dass das Messergebnis der tatsächlich vorhandenen Holzmasse möglichst entspricht.

Maßabschläge für Fehler im Holz finden nicht statt.

11. Bruttomaß (Brm. § 9):
Die Länge wird zwischen den Durchschnittsenden der Vierkantblöcke von 5 zu 5 cm gemessen.
Bei der Breite und Dicke wird an beiden Enden und in der Mitte in vollen Zentimetern gemessen und daraus der Durchschnitt genommen, wobei nicht volle Zentimeter unberücksichtigt bleiben.
Nicht volle Kanten sind bei den Messungen soweit zu berücksichtigen, daß das Messergebnis der tatsächlich vorhandenen Holzmasse möglichst entspricht. Maßabschläge für Fehler im Holz finden nicht statt.

12. Brettermaß (Brm § 10):
Die Längen werden von 5 zu 5 cm gemessen.
Die Breiten werden in der Mitte des Brettes oder der Bohle bei besäumter Ware von 5 zu 5 cm, bei unbesäumter Ware in vollen Zentimeter gemessen. wobei Bruchteile nicht berücksichtigt werden.
Für unbesäumte Schnittware gilt außerdem Folgendes: Bei Brettern bis zu 39 mm Stärke wird die Breite mit Splint auf der schmalen Seite gemessen. Bei Bohlen ab 40 mm Stärke wird die Breite mit Splint auf der schmalen und auf der breiten Seite ermittelt und die Summe beider Messungen halbiert („halbe Phase"). Bruchteile eines Zentimeters bleiben bei allen Messungen unberücksichtigt.

Die Maßeinheit für die Stärke ist das Millimeter. Sind dem Messer die Stärken aufgegeben worden, so hat er diese durch Stichproben zu überprüfen.

Für grobe Fehler, wie Luftrisse, faule Äste, Fäule, Wurmlöcher, fauler Splint o.a. muss ein Abschlag in Länge und/oder Breite entsprechend dem Ausmaß des fehlerhaften Holzes erfolgen. Für gesunden Kern oder einen geraden Riss erfolgt keine Vergütung.

13. Flächenmaß (Brm. § 11):
Die Länge wird von 5 zu 5 cm, die Breite mit gesundem Splint in der Mitte des Paketes von Zentimeter zu Zentimeter gemessen. Bei unbesäumten Paketen ist das mittlere Blatt für die Breite maßgebend. Für grobe Fehler wie faule Äste, kranke Stellen und Wurmlöcher erfolgt ein Abschlag in Länge und/oder Breite entsprechend dem fehlerhaften Stück, nicht aber für gerade laufenden schmalen Kern oder geraden Riss. Bei Blind- oder Absperrfurnieren sind Wurmlöcher ohne Abschlag zu dulden. Verschnittene Blätter bis zu fünf Prozent der Blattzahl sind nicht zu beanstanden.

Maserfurniere werden im allgemeinen blattweise berechnet. Wird Flächenmaßberechnung vereinbart, so erfolgt die Vermessung in der Länge und Breite von Zentimeter zu Zentimeter.

6. FREIHAFEN

6.1 Der Freihafen – seine Funktionen

Zollrechtliche Stellung

Innerhalb der Freihäfen ist der Schiffsverkehr und der Warenverkehr frei von jeder Art zollrechtlichen Beschränkungen. Ohne Zollabfertigung und daraus resultierende Kosten können hier die Waren umgeschlagen, befördert, gehandelt, beliebig lange und mengenmäßig unbegrenzt gelagert, besichtigt, bemustert und in gewissem Umfang auch einer Lagerbehandlung unterzogen werden. So können z.b. ohne Zollaufsicht die verschiedenen Partien umgepackt, umgefüllt oder geteilt werden. Erst dann, wenn Waren aus dem Freihafen über die Zollgrenze in das Zollgebiet verbracht werden, müssen sie an der Freihafengrenze einer zollrechtlichen Bestimmung (Abfertigung zum freien Verkehr oder andere Verfahren) zugeführt werden. Im alten Hamburger Freihafen ist z.B. auch die Bearbeitung und Verarbeitung von Waren zu gewerblichen Zwecken ohne zollrechtliche Beschränkung erlaubt. Damit bieten die Freihäfen eine Reihe von Vorteilen – vor allem für den Im- und Export, für Transitverkehr und Transithandel und für die Konsignationslagerung unverzollter Waren.

Vorteile für den Importhandel

Eine Ware über den Freihafen zu importieren bedeutet zwar nicht, dass die Einfuhrabgaben (Zölle, Einfuhrumsatzsteuer, sonstige Verbrauchssteuern) ganz oder teilweise wegfallen. Aber der Importeur profitiert davon, dass im Freihafen derjenige Teil europäischen Zollrechts nicht bzw. zunächst nicht wirksam wird, der das Überschreiten der Zollgrenze voraussetzt.

So kann z.B. eine Schiffsladung Kaffee ohne Zollformalitäten am Kai gelöscht und im Kaischuppen aufgenommen werden. Es können Proben gezogen werden, der Kaffee umgepackt, zu einem Freihafenspeicher transportiert und dort beliebig lange eingelagert werden, ohne dass Zollformalitäten und Zollverwaltung überhaupt in Erscheinung treten. Auch Zollabgaben müssen für Importwaren wie diese erst dann gezahlt werden, wenn sie über den Freihafen hinaus ins Binnenland weiterbefördert werden. Damit ist der Freihafen besonders für den Importhandel ein Instrument der zeitlich unbegrenzten Zollstundung, und zwar ohne jede Sicherheitsleistung.

– für den Export

Der Freihafen erleichtert aber auch wesentlich die Warenausfuhr, weil er – unabhängig von der Ausfuhrabfertigung – die speditionsmäßige Behandlung der Güter bis zum Schiff und auch ihre unbehinderte Umfuhr zulässt.

– für den Transit

Dem Transitverkehr im weitesten Sinne bietet der Freihafen uneingeschränkte Freiheit. Der ausländische und deutsche Transithändler hat die Möglichkeit, frei von allen Beschränkungen von Seeschiff zu Seeschiff, in ein Binnenschiff oder in ein Landverkehrsmittel bzw. umgekehrt umzuschlagen.

– für die Konsignationslagerung

Die zollrechtlichen Erleichterungen des Freihafens schaffen ebenso eine denkbar günstige Basis für das Konsignationsgeschäft, d.h. für die Lagerung von Waren, die zu einem späteren Zeitpunkt an Kunden weiterverkauft werden (z.B. Versandhäuser). Die Möglichkeit, über die eingelagerte Ware zollamtlich unbeschränkt zu verfügen und damit jederzeit unbehindert disponieren zu können, ist für den deutschen Importeur oder ausländischen Exporteur von eminenter Bedeutung. Prompte Lieferung aus dem Warenlager, verbunden mit dem Vorteil einer Besichtigung durch den Käufer stellt einen Vorzug dar, der die Absatzchancen erhöht und auch zugleich die Marktposition des Käufers verbessert.

– für die Industrie

Schließlich ist der Freihafen z.B. in Hamburg als Standort solcher Industriebetriebe besonders vorteilhaft, die ihre Rohstoffe und Vorprodukte über See aus dem Ausland beziehen und die Fertigprodukte wieder über See absetzen. In unmittelbarer Nähe der Verschiffungsmöglichkeiten ansässig, sparen diese Unternehmen neben den Transportkosten auch Zollformalitäten und die Kosten für Zollüberwachung. Neben dem Schiffbau sind als die wichtigsten im Freihafen gelegenen Industrien der Maschinenbau und die Ölbranche zu nennen.

7. CONTAINERVERKEHR

7.1 Entwicklung des Containerverkehrs

Die Entwicklung des Containerverkehrs begann mit dem Koreakrieg. Inzwischen ist er in vielen Fahrtgebieten „Standard", Stückgut (LCL-Verkehr) wird im Hafen oder bereits im Inland in den Container verstaut. Der rapide Anstieg des Containerverkehrs zeigt sich auch im Schiffbau:

- Ab 1960: erste Generation mit 1.000 TEU (Twenty-Feet Equivalent Unit).
- Ab 1970: zweite Generation mit 2.000 TEU.
- Ab 1972: dritte und vierte Generation (Panamax-Klasse) mit 3.000 bzw. 4.000 TEU.
- Ab 1992: Postpanamex-Klasse mit 5.000 bis 6.000 TEU.
- Ab 2001: „Hamburg Express" (Hapag-Lloyd) 7.506 TEU

In Planung:
- Für 2010: Suezmax-Klasse mit 12.000 TEU
- Für 2010 bis 2015: Malacca-max-Klasse mit 18.154 TEU

7.2 Container-Typen und wichtige Begriffe

Für unterschiedliche Warenarten werden unterschiedliche Containertypen angeboten. Maße und Daten sind bei den meisten Reedereien im Internet abrufbar. Üblicherweise werden die Standardlängen 20-Fuß und 40-Fuß angeboten, einzelne Reedereien bieten auch 45-Fuß, im Extremfall 48-Fuß-Container an.

Folgende Containertypen werden angeboten:

Standard	Die „normale"-Box, 8 Fuß breit, 8,5 Fuß hoch (Außenmaße)
Standard High Cube	Wie oben, aber mit größerer Höhe (9,5 Fuß)
Hardtop Container	Wie oben, aber mit zu öffnendem festen Dach
Open Top Container	Der Container ist oben offen und wird mit einer Plane abgedeckt.
Flat	Dieser Container besteht nur aus dem Boden und den beiden Stirnseiten, so dass die Stapelbarkeit erhalten bleibt.
Platform	Dies ist nur der Containerboden.
Ventilated Container	Box mit Belüftung
Insulated Container	Isolier-Container vermeidet starke Temperaturschwankungen.
Refrigerated Container	Kühlcontainer, in der Regel mit eigenem Kühlaggregat, auch als High Cube
Bulk Container	Für staubförmiges Gut (z.B. Malz) Wird meist von oben durch Schläuche be- und entladen.
Tank Container	Für flüssige Güter: ein runder Tank in einem rechteckigen Container-Gestell.

Wichtige Begriffe aus dem Container-Verkehr:

LCL = Less than Container bad = weniger als eine Containerladung oder Stückgut. Die Ware wird im Ladehafen „gestuffed" (gepackt) und im Löschhafen „gestripped" (entladen). Hierfür werden LCL-Service-Charges erhoben.
FCL = Full Container Load = Komplettladung, meist im Haus-Haus-Verkehr.
Merchants Haulage: Der Kaufmann (meist ein Spediteur) übernimmt die Organisation des Vor- und/oder Nachlaufes im Inland.
Carriers Haulage: Der Verfrachter übernimmt die Organisation des Vor- und Nachlaufes, meist im Rahmen einer Rundlaufpauschale.
Mixed Arrangement: Der Verfrachter übernimmt die Organisation des Vor- bzw. Nachlaufs des Leercontainers und erhebt dafür eine „positioning fee", den Volltransport übernimmt ein Spediteur.
CFS: Container Freight Station (Packstation); hier werden LCL-Sendungen angenommen oder ausgeliefert.
Consolidation: Sammelladung.
Feeder Service: Zubringerdienst – in einem Haupthafen werden die Container umgeschlagen und mit kleineren Schiffen (Feedern) zu den Bestimmungshäfen gebracht bzw. umgekehrt dort abgeholt.

7.3 Klimatische Beanspruchung im Container

Welchen normalen klimatischen Beanspruchungen ist das Transportgut im Container ausgesetzt? – Um diese Frage zu beantworten, muss erst geklärt werden, was man unter dem Begriff Klima versteht. Die Gesamtheit aller physikalischen und chemischen Zustände der Atmosphäre im Freien oder in Räumen einschließlich der tages- und jahreszeitlichen Veränderungen könnte man mit dem Begriff Klima bezeichnen.

Beim Transportklima, bezogen auf den Container, sind die wichtigsten Elemente die Temperatur der Luft und des Wassers, Einstrahlung, Luftbewegung, Niederschläge sowie andere feste, flüssige oder gasförmige Bestandteile der Luft. Des Weiteren muss man beim Container unterscheiden in Außenklima und Raumklima, da der Container, wenn auch nicht luftdicht so doch spritzwasserdicht sein soll und daher ein direkter Austausch mit dem Außenklima – Lufttemperatur und Feuchte – nicht gegeben ist. Als erstes Klimaelement können extreme Temperaturen an dem Ladegut folgende aufgeführte Schäden verursachen: extrem hohe Temperaturen verursachen nicht nur Veränderungen der Aggregatzustände – hart in flüssig oder flüssig in Gas – auch Mikroorganismen entwickeln sich schneller und führen zum Verderb oder sogar Selbsterhitzung und Entzündung. Medikamente verderben, Behälter platzen durch Ausdehnung des erwärmten Inhaltes und vieles mehr.

Gegenüber dem Transport in dem konventionellen Laderaum des Stückgutschiffes, der belüftbar ist, ergeben sich beim Container Unterschiede. So hängt es von dem Baumaterial ab – ob die Wände aus Stahl, Aluminium oder Sperrholz sind – wie schnell sich die Temperatur im Container an die der Außenluft angleicht. Die Wärmeleitfähigkeit bei Metall ist viel höher als bei Sperrholz, daher tritt bei Metallcontainern eine sehr viel schnellere Anpassung der Raumtemperatur an die Umgebungstemperatur ein. Auch die Farbe der Container spielt eine wesentliche Rolle. Dunkle Farben absorbieren die doppelte Menge der Strahlungswärme gegenüber einer weißen Containeroberfläche. Man muss demnach bei an Deck gestauten, dunkelfarbigen Containern in den extrem heißen Fahrtgebieten mit Oberflächentemperaturen von bis zu 80 °C rechnen. Entsprechend der Dauer der Bestrahlung, der Oberflächenfarbe und der Wärmeleitfähigkeit der Containerwände und der Ladung können auch in der Ladung im Container Temperaturen von +50 °C und mehr auftreten. In der Nähe der Wände und des Daches kann 50 °C leicht überschritten werden. Auf dem sibirischen und dem kanadischen Landweg, es sind dieses die Eisenbahnrouten, auf denen dauernd Containertransport durchgeführt wird, muss man im Sommer mit den gleichen Temperaturen wie bei einer Deckverladung auf den wärmsten Schifffahrtsrouten (Ostasien und Panama) rechnen.

Im Winter dagegen sind auf See niemals Temperaturen bis zu –50 °C und niedriger wie auf den erwähnten Eisenbahntransporten zu erwarten.

Von den aufgeführten Klimaelementen ist die Temperatur im Container auch abhängig von der Wassertemperatur, die über den Schiffskörper auf die besonders im Laderaum gestauten Container einwirkt. Bei hoher Meeresoberflächentemperatur, z.B. im Roten Meer bis zu 35 °C, ist die Laderaumtemperatur sehr viel konstant höher als die nur am Tage auftretende Strahlungswärme. Umgekehrt wirkt sich im Winter in den gemäßigten Zonen die Wassertemperatur bei niedriger Außenlufttemperatur dämpfend auf das Raumklima des Containers aus. Gefährlich wirkt sich allerdings dieser Zustand eines in kalter Luft warm gelöschten Containers auf das Transportgut aus. Spritzwasser kann die Temperaturen der an Deck gestauten Container senken, da die Verdunstung des Wassers Wärme verbraucht. Ebenso verhindert starker Wind hohe durch Strahlungswärme erzeugte Oberflächentemperaturen.

Die Konsequenz zur Verhütung von Schäden, verursacht durch diese optional auftretenden Temperaturbelastungen, muss auf zwei Wegen erfolgen. Erstens muss die Temperaturempfindlichkeit des Ladegutes und wie weit eine Dauerbelastung noch vertretbar ist, bekannt sein, zum anderen müssen Maßnahmen erwogen werden, wie diese Temperaturbelastungen vermieden oder abgeschwächt werden können. Die Wahl von Containern mit geringerer Wärmeleitfähigkeit (Sperrholz), geringerer Wärmeabsorbtion (helle Oberflächen), besonderen Stauplätzen und nicht zuletzt die Benutzung von Isolier- oder Kühlcontainern können helfen, viele Schäden zu vermeiden.

Als zweites, wesentlich die Containerladung beeinflussendes Klimaelement, ist die Luftfeuchtigkeit zu betrachten. Erhöhte Luftfeuchte oder aus der Luft kondensiertes Wasser verursacht häufig, auch im Zusammenwirken mit der Temperatur, Qualitätsminderung des transportierten Gutes. Rost, Schimmel, Fäulnis, Fermentation, Selbsterhitzung bis zur Selbstentzündung und viele andere Erscheinungen sind die

Folge von einem zu feuchten Containerraumklima. Die im Container befindliche Luft enthält, abhängig von der jeweils herrschenden Temperatur, unterschiedliche Mengen von Wasser in Dampfform. Da im Container nur bedingt ein Luftaustausch mit der Umgebung stattfindet, bildet sich ein Raumklima, dessen Feuchtigkeitsmangel abhängt von der Eigenfeuchte der im Container gestauten Waren und der verwendeten Verpackung. Auch nasse Containerböden können die Luftfeuchte im Container vergrößern. Wie schon erwähnt, kann aber die Luft im Container temperaturabhängig nur begrenzte Mengen Wasser in Dampfform aufnehmen. Sinkt die Temperatur, so kondensiert das freiwerdende Wasser auf der Ladung oder an den Containerwänden bzw. dem Dach.

Im konventionellen Stückgutschiff spricht man bei dieser Erscheinung von Schiffsschweiß, umgekehrt entsteht z.B. Kondensation an der Ladung – Ladungsschweiß – wenn der Container mit kühler Ladung starker Sonneneinstrahlung ausgesetzt wird. Bei Kontakt der warmgewordenen Luft im Container mit der kühlen Ladung wird Wasser frei und setzt sich an der Ladung ab. Untersuchungen haben ergeben, dass schon geringe Mengen von Feuchtigkeit, enthalten in Holzpaletten und Wellpappenverpackung von Konserven, bei neuen relativ dichten Containern ausreichen, um bei den auf der Seereise normal auftretenden Temperaturschwankungen Rost an den Konserven zu erzeugen. Gefährlich wird das geschilderte Phänomen bei vegetabiler Ladung, z.B. Kaffee, Kakao u.a.m. Die in der Ladung enthaltene Feuchtigkeit kann wegen der fehlenden Ventilation nicht abgeführt werden (Ausnahme Spezialcontainer). Physikalisch bedingt ist aber die Luft und auch die Ladung im Container bestrebt, im Feuchtigkeitsgleichgewicht zu verharren. Es besteht also ein dauernder Austausch von Feuchtigkeit, abhängig von dem täglichen Temperaturgang sowie auch reisebedingten Unterschieden der Klimazonen, zwischen Ladung und Containerluft. Wie schon unter der Betrachtung über die Temperatureinflüsse erwähnt, ist es z.B. besonders gefährlich, wenn, von dem verhältnismäßig warmen Seeklima kommend, ein Schiff in der kalten Landluft im Hafen Container löscht. Die Containerwände kühlen schnell ab und die von der Ladung beeinflusste warme Luft gibt Wasser in Tropfenform an die kühlen Wände und Dächer ab (Schiffsschweiß).

Die Konsequenz dieser nicht vermeidbaren Transportbeanspruchungen, besonders bei Durchfahren unterschiedlicher Klimazonen, ist sehr vielseitig. Feuchtes Gut und auch Verpackung darf nicht in einen Container verladen werden, feuchtigkeitsempfindliches Gut muss besonders verpackt werden, in kalter Jahreszeit (d.h. Gebiete mit niedrigerer Temperatur als auf See) muss der Container unverzüglich nach dem Löschen entladen werden oder zumindest müssen die Türen geöffnet werden, um einen Luftaustausch zu gewährleisten.

Fazit: die klimatischen Transportbelastungen der Containerladung auf See sind nicht geringer als auf der konventionellen Fahrt, können aber durch eine rechtzeitige Beratung reduziert werden.

7.4 Stand-/Liegegeldansprüche (Demurrage) gegen den Befrachter beim Containerverkehr

Es kommt immer wieder vor, dass Spediteure von Verfrachtern/Reedern auf Zahlung von Liegegeldern in Anspruch genommen werden, weil der Empfänger eines Containers diesen nicht oder nicht rechtzeitig abgenommen hat.

Werden die Güter vom Empfänger nicht abgenommen, so ist der Befrachter verpflichtet, den Verfrachter wegen der Fracht (bei „freight collect") und der übrigen Forderungen (z.B. Liegegeldansprüche) dem Frachtvertrag gemäß zu befriedigen. So steht es in § 627 Handelsgesetzbuch (HGB).

Hat der Empfänger allerdings die Güter – wenn auch verspätet abgenommen – dann kann der Verfrachter den Befrachter grundsätzlich, insbesondere wegen der Fracht- und der Nebengebühren, nicht mehr in Anspruch nehmen. Das Risiko der Zahlungswillig- und Zahlungsfähigkeit liegt dann ausschließlich beim Verfrachter. Dies regeln die §§ 625 und 614 HGB.

Um nun dieses Risiko zu vermindern, enthalten viele Konnossementsbedingungen Klauseln, die auch nach Abnahme der Güter durch den Empfänger dem Verfrachter den Rückgriffsanspruch gegen den Befrachter (meistens also den Spediteur) erhalten sollen.

Das OLG Bremen hat in einem am 15.9.86 rechtskräftig gewordenen Urteil vom 13.3.1986 (2 U 6t /84 – abgedr. in VersR 86, 679 und TranspR 86, 190) entschieden, dass eine derartige Konnossementsklausel gegen das Gesetz zur Regelung der Allgemeinen Geschäftsbedingungen (AGB-Gesetz) verstoße und deshalb unwirksam sei.

Der Leitsatz des Urteils lautet:
„Eine Konnossementsregelung nach der dem Verfrachter Liegegeldansprüche gegen den Befrachter entgegen § 625 HGB auch dann noch zustehen sollen, wenn der Verfrachter das beförderte Gut an den Empfänger herausgegeben hat, ohne den Liegegeldanspruch gegenüber dem Empfänger geltend zu machen, weicht von einem wesentlichen Grundgedanken des deutschen Frachtvertragsrechts ab und benachteiligt den Vertragspartner des Konnossementsverwenders entgegen den Geboten von Treu und Glauben unangemessen. Eine solche Regelung ist auch im internationalen Geschäftsverkehr unter Kaufleuten insgesamt unwirksam; sie kann nicht von der Rechtsprechung auf einen Gehalt zurückgeführt werden, der mit den Wertungen des AGBG noch im Einklang steht."

8. DELIVERY ORDER (D/O)

8.1 Ist eine Delivery Order (D/O) bei „Kasse gegen Dokumente" andienbar?

In Verfahren vor Schieds- und ordentlichen Gerichten stellt sich die Frage, ob eine Delivery Order andienbar ist, wenn die Klausel „Kasse gegen Dokumente" vereinbart ist. Diese Frage ist nicht gesetzlich geregelt, es gibt auch keinen Handelsbrauch.

Zweck des Dokumentengeschäftes ist es, zur Erleichterung des Handelsverkehrs die Übergabe der Ware durch die Übergabe der Dokumente zu ersetzen. Zweck der Klausel „Kasse gegen Dokumente" ist es, beiden Geschäftspartnern im selben Augenblick für ihre Leistungen die jeweilige Gegenleistung zu sichern, dem Käufer in der Regel das Eigentum.

„Dokumente" in diesem Sinne sind Papiere, die die Ware repräsentieren, in erster Linie das Konnossement. Seine Übergabe hat, sobald die Ware von der Reederei oder ihrem Vertreter zur Beförderung übernommen ist, für den Erwerb von Rechten an der Ware dieselben Wirkungen wie die Übergabe der Ware selbst (§ 650 HGB). Dokumente sind u. U. auch andere Papiere, die mindestens einen schuldrechtlichen Anspruch auf Aushändigung der Ware, deren Abtretung die Übergabe gemäß § 931 BGB ersetzt, gegen den unmittelbar besitzenden Dritten (z.B. Reederei oder Lagerhalter) verbriefen. Dazu muss der unmittelbare Besitzer selbst oder ein von ihm Bevollmächtigter das Papier ausgestellt oder akzeptiert und sich damit zur Aushändigung der Ware verpflichtet haben, z.B. braucht der Käufer gegen einen nur vom Verkäufer unterzeichneten Lieferschein nicht zu zahlen.

Was ist eine Delivery Order?

Häufig will der Käufer einer Ware, über die ein Konnossement ausgestellt ist, nicht die Gesamtmenge, sondern Teilmengen der Ware an mehrere Nachkäufer veräußern. Er kann dann das Konnossement dem Aussteller, d.h. der Reederei oder ihrem Vertreter (meist ein Schiffsmakler) zurückgeben, und dieser stellt über jede Teilmenge einen sogenannten Konnossement-Teilschein aus. Ähnlich ist die Kaiverwaltung ermächtigt, das Konnossement für die Reederei zurückzunehmen und Teilscheine, sogenannte Kai-Teilscheine, auszustellen. Der Käufer kann das Konnossement auch einem Spediteur oder Lagerhalter zu treuen Händen übergeben mit dem Auftrag, die Ware gegen das Konnossement in Empfang zu nehmen, zu teilen und jedem Nachkäufer seinen Teil auszuhändigen.

Der Spediteur und die D/O

Der Spediteur oder Lagerhalter ist nicht Vertreter der Reederei, sondern hält das Konnossement treuhänderisch für den Käufer in Besitz (daher „Konnossementhalter" genannt). Er stellt entweder selbst eine Delivery Order aus (eigene Delivery Order), oder er akzeptiert eine vom Käufer auf ihn gezogene Delivery Order. Damit bestätigt er, das Konnossement in Besitz zu halten (üblicher Wortlaut dieses sogenannten Depotvermerks: „The full set of original Bills of Lading is in our possession") und verpflichtet sich, den darin bestimmten Teil der von ihm gegen das Konnossement zu empfangenden Ware dem Inhaber der Delivery Order auszuliefern.

Welche Voraussetzungen eine D/O erfüllen muss

Solange das Konnossement noch im Verkehr ist, also noch nicht an den Aussteller (Reederei, von ihr autorisierter Schiffsagent oder Kaibetrieb) zurückgegeben ist, kann der Besitz an der Ware nur durch Übergabe des Konnossements übertragen werden, nicht durch Abtretung des Herausgabeanspruchs gegen den Konnossementhalter gemäß § 931 BGB, auch nicht bei gleichzeitiger Übergabe einer Delivery Order. Dies wird erst erst möglich, wenn das Konnossement durch Rückgabe an seinen Aussteller oder dessen Vertreter kraftlos geworden ist. Daraus ergibt sich ein Unterschied zum Konnossement- oder Kai-Teilschein: Der Nachkäufer, der eine Delivery Order annimmt, erwirbt nicht schon damit das Eigentum an der Ware, sondern frühestens dann, wenn die Ware gegen das Konnossement dem Konnossementhalter ausgeliefert wird, der die Ware auftragsgemäß für die Inhaber der Delivery Order in Empfang nimmt und besitzt. Die Delivery Order birgt somit Gefahren, die beim Konnossement ausscheiden. Wegen der schwächeren Rechtsstellung des Käufers kann eine Delivery Order zumindest nicht ohne ausdrückliche Vereinbarung als andienbares Dokument im Sinne der Klausel „Kasse gegen Dokumente" angesehen werden.

Die Reederei, ihr Vertreter und der Kaibetrieb können nicht Aussteller einer Delivery Order im strengen Sinne sein; denn diese setzt gerade voraus, daß das Konnossement noch „in Kraft" oder im Umlauf, also noch nicht der Reederei oder ihrem Vertreter zurückgegeben ist. Wenn diese ein als Delivery Order bezeichnetes Dokument ausstellen, was in der Praxis durchaus vorkommt, ist dies in Wirklichkeit ein Konnossement- bzw. Kai-Teilschein. Ein solcher ist als „Ersatzdokument" andienbar, es sei denn, es ist „Kasse gegen Original-Dokumente" vereinbart. Hat ein Schiffsmakler eine solche „Delivery Order" ausgestellt, muss sich aus ihr oder den mitangedienten Dokumenten auch ergeben, dass er Vertreter der Reederei ist, die das Konnossement ausgestellt hat. Die im Dokumentgeschäft gebotene Schnelligkeit und Sicherheit fordern diese Klarheit und erlauben keine langwierigen Untersuchungen. (Gekürzt aus „Hamburger Wirtschaft" 9/85)

VII. Luftverkehr

1. EINFÜHRUNG

1.1 Entwicklung und Bedeutung des Luftfrachtverkehrs

Seit 1945 hat sich die Luftfrachtindustrie mit am schnellsten von allen Industrien der Welt entwickelt. Dieser Industriezweig konnte für sich Vorteile aus den Erkenntnissen des militärischen Flugzeugbaus ziehen. Für die nächsten 10 Jahre rechnen Experten mit einer Verdoppelung des weltweiten Frachtaufkommens und einem Anstieg der Frachtflugzeugflotte von 1.200 auf mehr als 2.200 Maschinen.

Der Transport von Luftfracht zeigt sich auch von der Konjunkturflaute in Deutschland unbeeindruckt. Über 2 Millionen Tonnen Luftfracht werden auf den 18 größten deutschen Flughäfen umgeschlagen. Mit 5 Prozent jährlichem Marktwachstum ist die Luftfracht der am schnellsten wachsende Verkehrsträger.

Leistungsstarke Luftfrachtdienste sind Voraussetzung für eine erfolgreiche Globalisierung der Märkte. Bis zum Jahr 2010 erwartet die „International Air Transport Association" (IATA), die Dachorganisation des gewerblichen Luftverkehrs, sogar eine Steigerung des Frachtaufkommens auf 4 Millionen Tonnen jährlich.

Der stark regulierte Luftverkehr bis Anfang der 90er Jahre bremste den wirtschaftlichen Fortschritt, und eine Orientierung am Markt war nicht notwendig. Der Abbau staatlicher Eingriffsmöglichkeiten fördert die Zusammenarbeit zwischen den Fluggesellschaften und der Wirtschaft. Am 1. Januar 1993 trat das sogenannte dritte Luftverkehrspaket in Kraft und schuf den rechtlichen Rahmen für die Entwicklung eines weiter liberalisierten europäischen Luftverkehrssystems. Die wichtigsten Verordnungen sind:

a) die freie Preisbildung für den innergemeinschaftlichen Lufttransport von Personen und Gütern

b) der freie Marktzugang von Luftfahrtunternehmen aus Mitgliedstaaten zu Strecken des innergemeinschaftlichen Flugverkehrs.

Die Schwachstellen im Luftfrachtverkehr liegen in der Schnelligkeit und Qualität der am Boden stattfindenden Sendungsabfertigung. Rund 20 Prozent der Zeit eines Luftfrachttransportes wird tatsächlich in der Luft verbracht. Nur ein zwischen den Fluggesellschaften, den Spediteuren und der Wirtschaft gemeinsam gestaltetes und optimiertes System ist die Grundlage für eine reibungslose Organisation von Luftfrachtdiensten. Der Spediteur als Mittler zwischen Fluggesellschaften und Industrie, muss in der Lage sein, auf die Anforderungen des Verladers individuell zu reagieren und eine entsprechende Servicewahl zu treffen.

Der Erfolg und die Bedeutung der Luftfrachtspedition hängt von der Qualität des gebotenen Services, der Befriedigung steigender Kundenbedürfnisse und der Qualifikation sowie Motivation der eigenen Mitarbeiter ab.

Die Fluggesellschaften erhalten von der Spedition rund 95 Prozent des Ladungsvolumens. Die Höhe der eingekauften Frachtraten muss im Verhältnis zur angebotenen Leistung stehen. Die letztendlich erzielte Luftfrachtrate hängt von mehreren Faktoren ab:

- Art und Ausmaß der Sendung
- Gewicht
- Ladungsmix
- Laufzeit
- Aufkommen
- Flugstrecke
- Flugfrequenz
- Fluggerät
- Service und
- Standort.

Die Organisation der Abläufe von Tür Abgangsort bis Tür Empfangsort zusammen mit allen am Gütertransport beteiligten Parteien ermöglicht die Ausnutzung der Vorteile des Luftverkehrs und steigert die Wettbewerbsfähigkeit des Standortes Deutschland.

2. DAS WARSCHAUER ABKOMMEN (WA)

2.1 Einführung

Das Abkommen zur Vereinheitlichung von Regeln über die Beförderung im internationalen Luftverkehr wurde am 12.10.1929 von 23 Staaten in Warschau gezeichnet. Am 28.9.1955 gab es in Anpassung an die Entwicklung der Nachkriegszeit ein Zusatzprotokoll, das sogenannte Haager Protokoll, das im August 1958 in Kraft trat. Am 8.3.1971 erfolgte auf einer Konferenz in Guatemala eine weitere Neufassung. Das WA hat inzwischen weltweite Anerkennung gefunden. Es regelt Rechtsfragen bei der Beförderung von Personen und Gütern im internationalen Luftverkehr. Seine Vorschriften haben zum größten Teil zwingenden Charakter. Dem WA entgegenstehende nationale Beförderungsbedingungen sind im Verkehr zwischen den Unterzeichnerstaaten nichtig. Das WA gilt für jede internationale Beförderung von Personen, Reisegepäck und Gütern, die durch Luftfahrzeuge gegen Entgelt und unentgeltlich erfolgt. Internationale Beförderung = jede Beförderung, bei der nach den Vereinbarungen der Parteien der Abgangsort und der Bestimmungsort, gleichviel ob eine Unterbrechung der Beförderung oder ein Flugzeugwechsel stattfindet oder nicht, in den Gebieten von 2 Mitgliedstaaten liegen oder, wenn diese Orte zwar im Gebiet nur eines Mitgliedstaates liegen, aber eine Zwischenlandung im Gebiet eines anderen Staates vorgesehen ist, selbst wenn dieser Staat kein Vertragsstaat ist.

Haftung der Carrier

Über diese Materie siehe Kapitel III., 1.1

2.2 Das Warschauer Abkommen in der Fassung von Den Haag 1955

1. Kapitel – Gegenstand – Begriffsbestimmungen

Artikel 1

(1) Dieses Abkommen gilt für jede internationale Beförderung von Personen, Reisegepäck oder Gütern, die durch Luftfahrzeuge gegen Entgelt erfolgt. Es gilt auch für unentgeltliche Beförderung durch Luftfahrzeuge, wenn sie von einem Luftfahrtunternehmen ausgeführt werden.

(2) Als „internationale Beförderung" im Sinne dieses Abkommens ist jede Beförderung anzusehen, bei der nach den Vereinbarungen der Parteien der Abgangsort und der Bestimmungsort, gleichviel ob eine Unterbrechung der Beförderung oder ein Fahrzeugwechsel stattfindet oder nicht, in den Gebieten von zwei der Hohen Vertragschließenden Teile liegen oder, wenn diese Orte zwar im Gebiet nur eines Hohen Vertragschließenden Teils liegen, aber eine Zwischenlandung in dem Gebiet eines anderen Staates vorgesehen ist, selbst wenn dieser Staat kein Hoher Vertragschließender Teil ist. Die Beförderung zwischen zwei Orten innerhalb des Gebietes nur eines Hohen Vertragschließenden Teils ohne eine solche Zwischenlandung gilt nicht als internationale Beförderung im Sinne dieses Abkommens.

(3) Ist eine Beförderung von mehreren aufeinanderfolgenden Luftfrachtführern auszuführen, so gilt sie bei der Anwendung dieses Abkommens als eine einzige Beförderung, sofern sie von den Parteien als einheitliche Leistung vereinbart worden ist. Hierbei macht es keinen Unterschied, ob der Beförderungsvertrag in der Form eines einzigen Vertrages oder einer Reihe von Verträgen geschlossen worden ist. Eine solche Beförderung verliert ihre Eigenschaft als internationale Beförderung nicht dadurch, daß ein Vertrag oder eine Reihe von Verträgen ausschließlich im Gebiet ein und desselben Staates zu erfüllen ist.

Artikel 2

(1) Sind die Voraussetzungen des Artikels 1 gegeben, so gilt das Abkommen auch für die Beförderungen, die der Staat oder eine andere juristische Person des öffentlichen Rechts ausführen.

(2) Dieses Abkommen ist auf die Beförderung von Brief und Paketpost nicht anzuwenden.

2. Kapitel – Beförderungsscheine

1. Abschnitt – Flugschein

Artikel 3

(1) Bei der Beförderung von Reisenden ist ein Flugschein auszustellen, der enthält:
a) die Angabe des Abgangs- und Bestimmungsortes;
b) falls Abgangs- und Bestimmungsort im Gebiet ein und desselben Hohen Vertragschließenden Teils liegen, jedoch eine oder mehrere Zwischenlandungen im Gebiet eines anderen Staates vorgesehen sind, die Angabe eines dieser Zwischenlandepunkte;
c) einen Hinweis darauf, daß die Beförderung der Reisenden im Fall einer Reise, bei welcher der endgültige Bestimmungsort oder ein Zwischenlandepunkt in einem anderen Land als dem Abgangsland liegt, dem Warschauer Abkommen unterliegen kann, das in der Regel die Haftung des Luftfrachtführers für Tod oder Körperverletzung sowie für Verlust oder Beschädigung von Gepäck beschränkt.

(2) Der Flugschein beweist, bis zum Nachweis des Gegenteils, den Abschluß und die Bedingungen des Beförderungsvertrags. Auf den Bestand und die Wirksamkeit des Beförderungsvertrags ist es ohne Einfluß, wenn der Flugschein fehlt, nicht ordnungsmäßig ist oder in Verlust gerät; auch in diesen Fällen unterliegt der Vertrag den Vorschriften dieses Abkommens. Besteigt jedoch der Reisende mit Zustimmung des Luftfrachtführers das Luftfahrzeug, ohne daß ein Flugschein ausgestellt worden ist, oder enthält der Flugschein nicht den in Absatz 1 Buchstabe c vorgeschriebenen Hinweis, so kann sich der Luftfrachtführer nicht auf die Vorschriften des Artikels 22 berufen.

2.3 Warsaw Convention as amended at the Hague 1955

Chapter I: Scope – Definitions

Article 1

(1) This Convention shall apply to all international transportation of persons, baggage or goods performed by aircraft for hire. It shall apply equally to gratuitous transportation by aircraft performed by an air transportation enterprise.

(2) For the purposes of this Convention, the expression international carriage means any carriage in which, according to the agreement between the parties, the place of departure and the place of destination, whether or not there be a break in the carriage or a transhipment, are situated either within the territories of two High Contracting Parties or within the territory of a single High Contracting Party if there is an agreed stopping place within the territory of another State, even if that State is not a High Contracting Party. Carriage between two points within the territory of a single High Contracting Party without an agreed stopping place within the territory of another State is not international carriage for the purposes of this Convention.

(3) Carriage to be performed by several successive air carriers is deemed, for the purposes of this Convention, to be one undivided carriage if it has been regarded by the parties as a single operation, whether it had been agreed upon under the form of a single contract or of a series of contracts, and it does not lose its international character merely because one contract or a series of contracts is to be performed entirely within the territory of the same State.

Article 2

(1) This Convention shall apply to transportation performed by the State (unless excepted at time of ratification) or by legal entities constituted under public law provided it falls within the conditions laid down in Article 1.

(2) This Convention shall not apply to carriage of mail and postal packages.

Chapter II: Transportation Documents

Section 1 – Passenger Ticket

Article 3

(1) In respect of the carriage of passengers a ticket shall be delivered containing:

a) an indication of the places of departure and destination;
b) if the places of departure and destination are within the territory of a single High Contracting Party, one or more agreed stopping places being within the territory of another State, an indication of at least one such stopping place;
c) a notice to the effect that, if the passenger's journey involves an ultimate destination or stop in a country other than the country of departure, the Warsaw Convention may be applicable and that the Convention governs and in most cases limits the liability of carriers for death or personal injury and in respect of loss of or damage to baggage.

(2) The passenger ticket shall constitute **prima facie** evidence of the conclusion and conditions of the contract of carriage. The absence, irregularity or loss of the passenger ticket does not affect the existence or the validity of the contract of carriage which shall, none the less, be subject to the rules of this Convention. Nevertheless, if with the consent of the carrier, the passenger embarks without a passenger ticket having been delivered, or if the ticket does not include the notice required by paragraph (1) (c) of this Article, the carrier shall not be entitled to avail himself of the provisions of Article 22.

2. Abschnitt – Fluggepäckschein

Artikel 4

(1) Bei der Beförderung von aufgegebenem Reisegepäck ist ein Fluggepäckschein auszustellen. Wenn der Fluggepäckschein mit einem den Vorschriften des Artikels 3 Abs. 1 entsprechenden Flugschein nicht verbunden oder in ihn nicht aufgenommen ist, muß er enthalten:

a) die Angabe des Abgangs- und Bestimmungsortes;

b) falls Abgangs und Bestimmungsort im Gebiet ein und desselben Hohen Vertragschließenden Teils liegen, jedoch eine oder mehrere Zwischenlandungen im Gebiet eines anderen Staates vorgesehen sind, die Angabe eines dieser Zwischenlandepunkte;

c) einen Hinweis darauf, daß die Beförderung, falls der endgültige Bestimmungsort oder ein Zwischenlandepunkt in einem anderen Land als dem Abgangsland liegt, dem Warschauer Abkommen unterliegen kann, das in der Regel die Haftung des Luftfrachtführers für Verlust oder Beschädigung von Reisegepäck beschränkt.

(2) Der Fluggepäckschein beweist, bis zum Nachweis des Gegenteils, die Aufgabe des Reisegepäcks und die Bedingungen des Beförderungsvertrags.

Auf den Bestand und die Wirksamkeit des Beförderungsvertrags ist es ohne Einfluß, wenn der Fluggepäckschein fehlt, nicht ordnungsgemäß ist oder in Verlust gerät; auch in diesen Fällen unterliegt der Vertrag den Vorschriften dieses Abkommens. Nimmt jedoch der Luftfrachtführer das Reisegepäck in seine Obhut, ohne einen Fluggepäckschein auszustellen, oder fehlt im Fluggepäckschein, wenn er mit einem den Vorschriften des Artikels 3 Abs. 1 entsprechenden Flugschein nicht verbunden oder in ihn nicht aufgenommen ist, der in Absatz 1 Buchstabe c geforderte Hinweis, so kann sich der Luftfrachtführer nicht auf die Vorschriften des Artikels 22 Abs. 2 berufen.

(3) Der Fluggepäckschein soll folgende Angaben enthalten:

a) Ort und Tag der Ausstellung;

b) Abgangs und Bestimmungsort;

c) Namen und Anschrift des oder der Luftfrachtführer;

d) die Nummer des Flugscheins;

e) die Angabe, daß das Gepäck dem Inhaber des Gepäckscheins ausgeliefert wird;

f) Anzahl und Gewicht der Gepäckstücke;

g) den Betrag des gemäß Artikel 22 Absatz 2 deklarierten Wertes;

h) die Angabe, daß die Beförderung der Haftungsordnung dieses Abkommens unterliegt.

3. Abschnitt – Luftfrachtbrief

Artikel 5

(1) Bei der Beförderung von Gütern kann der Luftfrachtführer vom Absender die Ausstellung und Aushändigung eines Beförderungsscheins (Luftfrachtbrief) und der Absender vom Luftfrachtführer die Annahme dieser Urkunde verlangen.

(2) Auf den Bestand und die Wirksamkeit des Frachtvertrags ist es ohne Einfluß, wenn der Luftfrachtbrief fehlt, in Verlust gerät oder nicht ordnungsgemäß ist; auch in diesen Fällen unterliegt der Vertrag den Vorschriften dieses Abkommens, jedoch unbeschadet der Bestimmung des Artikels 9.

Artikel 6

(1) Der Luftfrachtbrief wird vom Absender in drei Ausfertigungen ausgestellt und mit dem Gute ausgehändigt.

(2) Das erste Stück trägt den Vermerk „für den Luftfrachtführer"; es wird vom Absender unterzeichnet. Das zweite Stück trägt den Vermerk „für den Empfänger"; es wird vom Absender und vom Luftfrachtführer unterzeichnet und begleitet das Gut. Das dritte Stück wird vom Luftfrachtführer unterzeichnet und nach Annahme des Gutes dem Absender ausgehändigt.

(3) Der Luftfrachtführer muß vor Verladung des Gutes in das Luftfahrzeug unterzeichnen.

Section 2 – Baggage Check

Article 4

(1) In respect of the carriage of registered baggage, a baggage checks shall be delivered, which, unless combined with or incorporated in a passenger ticket which complies with the provisions of Article 3, paragraph (1), shall contain:

a) an indication of the places of departure and destination;
b) if the places of departure and destination are within the territory of a single High Contracting Party, one or more agreed stopping places being within the territory of another State, an indication of at least one such stopping place;
c) a notice to the effect that, if the carriage involves an ultimate destination or stop in a country other than the country of departure, the Warsaw Convention may be applicable and that the Convention governs and in most cases limits the liability of carriers in respect of loss of or damage to baggage.

(2) The baggage check shall constitute **prima facie** evidence of the registration of the baggage and of the conditions of the contract of carriage. The absence, irregularity or loss of the baggage check does not affect the existence or the validity of the contract of carriage which shall, none the less, be subject to the rules of this Convention. Nevertheless, if the carrier takes charge of the baggage without a baggage check having been delivered or if the baggage check (unless combined with or incorporated in the passenger ticket which complies with the provisions of Article 3, paragraph (1) (c) does not include the notice required by paragraph (1) (c) of this Article, he shall not be entitled to avail himself of the provisions of Article 22, paragraph (2).

Section 3 – Air Waybill

Article 5

(1) Every carrier of goods has the right to require the consignor to make out and hand over to him a document called an Air Waybill"; every consignor has the right to require the carrier to accept this document.

(2) The absence, irregularity or loss of this document shall not affect the existence or the validity of the contract of transportation which shall, subject to the provisions of Article 9, be none the less governed by the rules of this Convention.

Article 6

(1) The Air Waybill shall be made out by the consignor in three original parts and be handed over with the goods.

(2) The first part shall be marked for the carrier" and shall be signed by the consignor. The second part shall be marked for the consignee"; it shall be signed by the consignor and by the carrier and shall accompany the goods. The third part shall be signed by the carrier and handed by him to the consignor after the goods have been accepted.

(3) The carrier shall sign prior to the loading of the cargo on board the aircraft.

(4) Die Unterschrift des Luftfrachtführers kann durch einen Stempel ersetzt, die des Absenders kann gedruckt oder durch einen Stempel ersetzt werden.

(5) Wird der Luftfrachtbrief auf Verlangen des Absenders vom Luftfrachtführer ausgestellt, so wird bis zum Beweis des Gegenteils vermutet, daß der Luftfrachtführer als Beauftragter des Absenders gehandelt hat.

Artikel 7
Besteht die Sendung aus mehreren Frachtstücken, so kann der Luftfrachtführer vom Absender die Ausstellung mehrerer Luftfrachtbriefe verlangen.

Artikel 8
Der Luftfrachtbrief muß enthalten:
a) Die Angabe des Abgangs- und Bestimmungsortes;
b) falls Abgangs und Bestimmungsort im Gebiet ein und desselben Hohen Vertragschließenden Teils liegen, jedoch eine odere mehrere Zwischenlandungen im Gebiet eines anderen Staates vorgesehen sind, die Angabe eines dieser Zwischenlandepunkte;
c) einen Hinweis für den Absender, daß die Beförderung, wenn der endgültige Bestimmungsort oder ein Zwischenlandepunkt in einem anderen Land als dem Abgangsland liegt, dem Warschauer Abkommen unterliegen kann, das in der Regel die Haftung des Luftfrachtführers für Verlust oder Beschädigung von Gütern beschränkt.

Artikel 9
Wird ein Gut mit Zustimmung des Luftfrachtführers in das Luftfahrzeug verladen, ohne daß ein Luftfrachtbrief ausgestellt worden ist, oder enthält der Luftfrachtbrief nicht den in Artikel 8 Buchstabe c vorgeschriebenen Hinweis, so kann sich der Luftfrachtführer nicht auf die Vorschriften des Artikel 22 Abs. 2 berufen.

Artikel 10
(1) Der Absender haftet für die Richtigkeit der Angaben und Erklärungen über das Gut, die er im Luftfrachtbrief abgibt.

(2) Er haftet dem Luftfrachtführer für jeden Schaden, den dieser oder ein Dritter, dem der Luftfrachtführer verantwortlich ist, dadurch erleidet, daß diese Angaben und Erklärungen unrichtig, ungenau oder unvollständig sind.

Artikel 11
(1) Der Luftfrachtbrief erbringt Beweis für den Abschluß des Vertrags, den Empfang des Gutes und die Beförderungsbedingungen; der Gegenbeweis ist zulässig.

(2) Die Angaben des Luftfrachtbriefs über Gewicht, Maß und Verpackung des Gutes sowie über die Anzahl der Frachtstücke gelten bis zum Beweis des Gegenteils als richtig. Die Angaben über Menge, Raumgehalt und Zustand des Gutes erbringen gegenüber dem Luftfrachtführer nur insoweit Beweis, als dieser sie in Gegenwart des Absenders nachgeprüft hat und dies auf dem Frachtbrief vermerkt ist, oder wenn es sich um Angaben handelt, die sich auf den äußerlich erkennbaren Zustand des Gutes beziehen.

Artikel 12
(1) Der Absender ist unter der Bedingung, daß er alle Verpflichtungen aus dem Frachtvertrag erfüllt, berechtigt, über das Gut in der Weise zu verfügen, daß er es am Abgangs oder Bestimmungsflughafen sich zurückgeben, unterwegs während einer Landung aufhalten, am Bestimmungsort oder unterwegs an eine andere Person als den im Luftfrachtbrief bezeichneten Empfänger abliefern oder nach dem Abgangsflughafen zurückbringen läßt. Dieses Recht kann nur insoweit ausgeübt werden, als dadurch der Luftfrachtführer oder die anderen Absender nicht geschädigt werden. Der Absender ist zur Erstattung der durch die Ausführung der Verfügung entstehenden Kosten verpflichtet.

(2) Ist die Ausführung der Weisungen des Absenders unmöglich, so hat der Luftfrachtführer ihn unverzüglich zu verständigen.

(3) Entspricht der Luftfrachtführer den Weisungen des Absenders, ohne die Vorlage des diesem übergebenen Stückes des Luftfrachtbriefs zu verlangen, so haftet er unbeschadet seines Rückgriffs gegen den Absender dem rechtmäßigen Besitzer des Luftfrachtbriefes für den hieraus entstandenen Schaden.

(4) The signature of the carrier may be stamped; that of the consignor may be printed or stamped.

(5) If, at the request of the consignor, the carrier makes out the Air Waybill, he shall be deemed, subject to proof to the contrary, to have done so on behalf of the consignor.

Article 7

The carrier of goods has the right to require the consignor to make out separate Waybills when there is more than one package.

Article 8

The Air Waybill shall contain:

a) an indication of the places of departure and destination;

b) if the places of departure and destination are within the territory of a single High Contracting Party, one or more agreed stopping places being within the territory of another State, an indication of at least one such stopping place;

c) a notice to the consignor to the effect that, if the carriage involves an ultimate destination or stop in a country other than the country of departure, the Warsaw Convention may be applicable and that the Convention governs and in most cases limits the liability of carriers in respect of loss of or damage to cargo.

Article 9

If, with the consent of the carrier, cargo is loaded on board the aircraft without an Air Waybill having been made out, or if the Air Waybill does not include the notice required by article 8, paragraph (c), the carrier shall not be entitled to avail himself of the provisions of article 22, paragraph (2).

Article 10

(1) The consignor shall be responsible for the correctness of the particulars and statements relating to the goods which he inserts in the Air Waybill.

(2) The consignor shall indemnify the carrier against all damage suffered by him or by any other person to whom the carrier is liable, by reason of the irregularity, incorrectness or incompleteness of the particulars and statements furnished by the consignor.

Article 11

(1) The Air Waybill shall be prima facie evidence of the conclusion of the contract, of the receipt of the goods and of the conditions of transportation.

(2) The statements in the Air Waybill relating to the weight, dimensions and packing of the goods as well as those relating to the number of packages, shall be prima facie evidence of the facts stated: those relating to the quantity, volume and condition of the goods shall not constitute evidence against the carrier except so far as they both have been, and are stated in the Air Waybill to have been checked by him in the presence of the consignor, or relate to the apparent condition of the goods.

Article 12 – Stoppage in Transit

(1) Subject to his liability to carry out all his obligations under the contract of transportation, the consignor shall have the right to dispose of the goods by withdrawing them at the airport of departure or destination, or by stopping them in the course of the journey to a person other than the consignee named in the Air Waybill, or by requiring them to be returned to the airport of departure. He must not exercise this right of disposition in such a way as to prejudice the carrier or other consignors and he must repay any expenses occasioned by the exercise of this right.

(2) If it is impossible to carry out the orders of the consignor the carrier must so inform him forthwith.

(3) If the carrier obeys the orders of the consignor for the disposition of the goods without requiring the production of the part of the Air Waybill delivered to the latter, he will be liable, without prejudice to his right of recovery from the consignor, for any damage which may be caused thereby to any person who is lawfully in possession of that part of the Air Waybill.

(4) Das Recht des Absenders erlischt mit dem Zeitpunkt, in dem das Recht des Empfängers gemäß Artikel 13 entsteht. Es lebt wieder auf, wenn der Empfänger die Annahme des Luftfrachtbriefs oder des Gutes verweigert oder wenn er nicht erreicht werden kann.

Artikel 13
(1) Außer in den Fällen des Artikels 12 ist der Empfänger nach Ankunft des Gutes am Bestimmungsort berechtigt, vom Luftfrachtführer die Aushändigung des Luftfrachtbriefs und die Ablieferung des Gutes gegen Zahlung der geschuldeten Beträge und gegen Erfüllung der im Frachtbrief angegebenen Beförderungsbedingungen zu verlangen.

(2) Mangels abweichender Vereinbarung hat der Luftfrachtführer dem Empfänger die Ankunft des Gutes unverzüglich anzuzeigen.

(3) Ist der Verlust des Gutes vom Luftfrachtführer anerkannt oder ist das Gut nach Ablauf von sieben Tagen seit dem Tage, in dem es hätte eintreffen sollen, nicht eingetroffen, so kann der Empfänger die Rechte aus dem Frachtvertrage gegen den Luftfrachtführer geltend machen.

Artikel 14
Der Absender und der Empfänger können, gleichviel ob sie für eigene oder fremde Rechnung handeln, die ihnen nach Artikel 12 und 13 zustehenden Rechte im eigenen Namen geltend machen, sofern sie die Verpflichtungen aus dem Frachtvertrage erfüllen.

Artikel 15
(1) Die Beziehungen zwischen dem Absender und dem Empfänger sowie die Beziehungen Dritter, deren Rechte vom Absender oder vom Empfänger herrühren, werden durch die Vorschriften der Artikel 12, 13 und 14 nicht berührt.

(2) Jede von den Vorschriften der Artikel 12, 13 und 14 abweichende Vereinbarung muß auf dem Luftfrachtbrief vermerkt werden.

(3) Dieses Abkommen steht der Ausstellung eines begebbaren Luftfrachtbriefs nicht entgegen.

Artikel 16
(1) Der Absender ist verpflichtet, alle Auskünfte zu erteilen, die vor Aushändigung des Gutes an den Empfänger zur Erfüllung der Zoll, Steuer oder Polizeivorschriften erforderlich sind, und alle zu diesem Zweck notwendigen Begleitpapiere dem Luftfrachtbrief beizugeben. Der Absender haftet dem Luftfrachtführer für alle Schäden, die aus dem Fehlen, der Unzulänglichkeit oder Unrichtigkeit dieser Auskünfte und Papiere entstehen, es sei denn, daß dem Luftfrachtführer oder seinen Leuten ein Verschulden zur Last fällt.

(2) Der Luftfrachtführer ist nicht verpflichtet, diese Auskünfte und Papiere auf ihre Richtigkeit und Vollständigkeit zu prüfen.

3. Kapitel – Haftung des Luftfrachtführers

Artikel 17
Der Luftfrachtführer hat den Schaden zu ersetzen, der dadurch entsteht, daß ein Reisender getötet, körperlich verletzt oder sonst gesundheitlich geschädigt wird, wenn der Unfall, durch den der Schaden verursacht wurde, sich an Bord des Luftfahrzeugs oder beim Ein oder Aussteigen ereignet hat.

Artikel 18
(1) Der Luftfrachtführer hat den Schaden zu ersetzen, der durch Zerstörung, Verlust oder Beschädigung von aufgegebenem Reisegepäck oder von Gütern entsteht, wenn das Ereignis, durch das der Schaden verursacht wurde, während der Luftbeförderung eingetreten ist.

(2) Der Ausdruck „Luftbeförderung" im Sinne des vorstehenden Absatzes umfaßt den Zeitraum, während dessen das Reisegepäck oder die Güter sich auf einem Flughafen, an Bord eines Luftfahrzeugs oder, bei Landung außerhalb eines Flughafens, an einem beliebigen Orte unter der Obhut des Luftfrachtführers befinden.

(3) Der Zeitraum der Luftbeförderung umfaßt keine Beförderung zu Lande, zur See oder auf Binnengewässern außerhalb eines Flughafens. Erfolgt jedoch eine solche Beförderung bei Ausführung des Luftbeförderungsvertrags zum Zwecke der Verladung, der Ablieferung oder der Umladung, so wird bis zum

(4) The right conferred on the consignor shall cease at the moment when that of the consignee begins in accordance with article 13, below. Nevertheless, if the consignee declines to accept the Waybill or the goods, or if he cannot be communicated with, the consignor shall resume his right of disposition.

Article 13 – Consignee's Rights

(1) Except in the circumstances set out in the preceding article, the consignee shall be entitled on arrival of the goods at the place of destination, to require the carrier to hand over to him the Air Waybill and to deliver the goods to him, on payment of the charges due and on complying with the conditions of transportation set out in the Air Waybill.

(2) Unless it is otherwise agreed, it shall be the duty of the carrier to give notice to the consignee as soon as the goods arrive.

Seven Days' Delay – Presumption of Loss

(3) If the carrier admits the loss of the goods, or if the goods have not arrived at the expiration of seven days after the date on which they ought to have arrived, the consignee shall be entitled to put into force against the carrier the rights which flow from the contract of transportation.

Article 14 – Suit for Use of Another

The consignor and the consignee can respectively enforce all the rights given them by articles 12 and 13, each in his own name, whether he is acting in his own interest or in the interest of another, provided that he carries out the obligation imposed by the contract.

Article 15 – Rights of Consignor and Consignee Inter Se

(1) Articles 12, 13 and 14 shall not affect either the relations of the consignor and the consignee with each other or the relations of third parties whose rights are derived either from the carrier (sic: consignor) or from the consignee.

(2) The provisions of articles 12, 13 and 14 can only be varied by express provision in the Air Waybill.

(3) Nothing in this Convention prevents the issue of a negotiable Air Waybill.

Article 16 – Customs Documents

(1) The consignor must furnish such information and attach to the Air Waybill such documents as are necessary to meet the formalities of customs, octroi or police before the goods can be delivered to the consignee. The consignor shall be liable to the carrier for any damage occasioned by the absence, insufficiency or irregularity or any such information or documents, unless the damage is due to the fault of the carrier or his agents.

(2) The carrier is under no obligation to inquire into the correctness or sufficiency of such information or documents.

Article 17 – Injury to Passenger

The carrier shall be liable for damage sustained in the event of the death or wounding of a passenger or any other bodily injury suffered by a passenger, if the accident which caused the damage so sustained took place on board the aircraft or in the course of any of the operations of embarking or disembarking.

Article 18 – Damage to Goods and Baggage

(1) The carrier shall be liable for damage sustained in the event of the destruction or loss of, or of damage to, any checked baggage or any goods, if the occurence which caused the damage so sustained took place during the transportation by air.

Definition of Air Transportation

(2) The transportation by air within the meaning of the preceding paragraph shall comprise the period during which the baggage or goods are in charge of the carrier, whether in an airport or on board an aircraft, or, in the case of a landing outside an airport, in any place whatsoever.

(3) The period of the transportation by air shall not extend to any transportation by land, by sea or by river performed outside of an airport. If, however, such transportation takes place in the performance of a contract for transportation by air, for the purpose of loading, delivery or transshipment, any damage is

Beweise des Gegenteils vermutet, daß der Schaden durch ein während der Luftbeförderung eingetretenes Ereignis verursacht worden sei.

Artikel 19
Der Luftfrachtführer hat den Schaden zu ersetzen, der durch Verspätung bei der Luftbeförderung von Reisenden, Gepäck oder Gütern entsteht.

Artikel 20
(1) Die Ersatzpflicht tritt nicht ein, wenn der Luftfrachtführer beweist, daß er und seine Leute alle erforderlichen Maßnahmen zur Verhütung des Schadens getroffen haben oder daß sie diese Maßnahmen nicht treffen konnten.

Artikel 21
Beweist der Luftfrachtführer, daß ein eigenes Verschulden des Geschädigten den Schaden verursacht oder bei der Entstehung des Schadens mitgewirkt hat, so kann das Gericht nach Maßgabe seines heimischen Rechts entscheiden, daß der Luftfrachtführer nicht oder nur in vermindertem Umfange zum Schadenersatz verpflichtet ist.

Artikel 22
(1) Bei der Beförderung von Personen haftet der Luftfrachtführer jedem Reisenden gegenüber nur bis zu einem Betrage von 250.000 Franken. Kann nach dem Recht des angerufenen Gerichts die Entschädigung in Form einer Geldrente festgesetzt werden, so darf der Kapitalwert der Rente diesen Höchstbetrag nicht übersteigen. Der Reisende kann jedoch mit dem Luftfrachtführer eine höhere Haftsumme besonders vereinbaren.

(2) a) Bei der Beförderung von aufgegebenem Reisegepäck und von Gütern haftet der Luftfrachtführer nur bis zu einem Betrag von 250 Franken für das Kilogramm. Diese Beschränkung gilt nicht, wenn der Absender bei der Aufgabe des Stückes das Interesse an der Lieferung besonders deklariert und den etwa vereinbarten Zuschlag entrichtet hat. In diesem Falle hat der Luftfrachtführer bis zur Höhe des deklarierten Betrages Ersatz zu leisten, sofern er nicht beweist, daß dieser höher ist als das tatsächliche Interesse des Absenders an der Lieferung.

b) Im Falle des Verlustes, der Beschädigung oder der Verspätung eines Teils des aufgegebenen Reisegepäcks oder der Güter oder irgendeines darin enthaltenen Gegenstandes kommt für die Feststellung, bis zu welchem Betrag der Luftfrachtführer haftet, nur das Gesamtgewicht der betroffenen Stücke in Betracht. Beeinträchtigt jedoch der Verlust, die Beschädigung oder die Verspätung eines Teils des aufgegebenen Reisegepäcks oder der Güter oder eines darin enthaltenen Gegenstandes den Wert anderer auf demselben Fluggepäckschein oder demselben Luftfrachtbrief aufgeführter Stücke, so wird das Gesamtgewicht dieser Stücke für die Feststellung, bis zu welchem Betrag der Luftfrachtführer haftet, berücksichtigt.

(3) Die Haftung des Luftfrachtführers für Gegenstände, die der Reisende in seiner Obhut behält, ist auf einen Höchstbetrag von 5000 Franken gegenüber jedem Reisenden beschränkt.

(4) Die in diesem Artikel festgesetzten Haftungsbeschränkungen hindern das Gericht nicht, zusätzlich nach seinem Recht einen Betrag zuzusprechen, der ganz oder teilweise den vom Kläger aufgewendeten Gerichtskosten und sonstigen Ausgaben für den Rechtsstreit entspricht. Diese Bestimmung findet keine Anwendung, wenn der zugesprochene Schadenersatz, ohne Berücksichtigung der Gerichtskosten und der sonstigen Ausgaben für den Rechtsstreit, denjenigen Betrag nicht übersteigt, den der Luftfrachtführer dem Kläger schriftlich innerhalb einer Frist von sechs Monaten seit dem Ereignis, das den Schaden verursacht hat, oder, falls die Klage nach Ablauf dieser Frist erhoben worden ist, vor ihrer Erhebung angeboten hat.

(5) Die in diesem Artikel angegebenen Frankenbeträge beziehen sich auf eine Währungseinheit im Werte von $65\,^1/_2$ Milligramm Gold von $^{900}/_{1000}$ Feingehalt. Sie können in abgerundete Beträge einer jeden Landeswährung umgewandelt werden. Die Umwandlung dieser Beträge in andere Landeswährungen als Goldwährungen erfolgt im Falle eines gerichtlichen Verfahrens nach dem Goldwert dieser Währungen im Zeitpunkt der Entscheidung.

presumed, subject to proof to the contrary, to have been the result of an event which took place during the transportation by air.

Article 19 – Damage by Delay
The carrier shall be liable for damage occasioned by delay in the transportation by air of passengers, baggage or goods.

Article 20 – Exemption – All Necessary Measures Taken – Impossibility
(1) The carrier shall not be liable if he proves that he and his agents have taken all necessary measures to avoid the damage or that it was impossible for him or them to take such measures.

Article 21 – Contributory Negligence
It the carrier proves that the damage was caused by or contributed to by the negligence of the injured person the Court may, in accordance with the provisions of its own law, exonerate the carrier wholly or partly from his liability.

Article 22
(1) In the carriage of persons the liability of the carrier for each passenger is limited to the sum of two hundred and fifty thousand francs. Where, in accordance with the law of the Court seised of the case, damages may be awarded in the form of periodical payments, the equivalent capital value of the said payments shall not exceed two hundred and fifty thousands francs. Nevertheless, by special contract, the carrier and the passenger may agree to a higher limit of liability.

(2) a) In the carriage of registered baggage and of cargo, the liability of the carrier is limited to a sum of two hundred and fifty francs per kilogram, unless the passenger or consignor has made, at the time when the package was handed over to the carrier, a special declaration of interest in delivery at destination and has paid a supplementary sum if the case so requires. In that case the carrier will be liable to pay a sum not exceeding the declared sum, unless he proves that that sum is greater than the passenger's or consignor's actual interest in delivery at destination.

b) In the case of loss, damage or delay of part of registered baggage or cargo, or of any object contained therein, the weight to be taken into consideration in determining the amount to which the carrier's liability is limited shall be only the total weight of the package or packages concerned. Nevertheless, when the loss, damage or delay of a part of the registered baggage or cargo, or of an object contained therein, affects the value of other packages covered by the same baggage check or the same Air Waybill, the total weight of such package or packages shall also be taken into consideration in determining the limit of liability.

(3) As regards objects of which the passenger takes himself the liability of the carrier is limited to five thousand francs per passenger.

(4) The limits prescribed in this article shall not prevent the court from awarding, in accordance with its own law, in addition, the whole or part of the court costs and of the other expenses of the litigation incurred by the plaintiff. The foregoing provision shall not apply if the amount of the damages awarded, excluding court costs and other expenses of the litigation, does not exceed the sum which the carrier has offered in writing to the plaintiff within a period of six months from the date of the occurrence causing the damage, or before the commencement of the action, if that is later.

(5) The sums mentioned in francs in this article shall be deemed to refer to a currency unit consisting of sixty-five and a half milligrams of gold of millesimal fineness nine hundred. These sums may be converted into national currencies in round figures. Conversion of the sums into national currencies other than gold shall, in case of judicial proceedings, be made according to the gold value of such currencies at the date of the judgment.

Artikel 23

(1) Jede Bestimmung des Beförderungsvertrages, durch welche die Haftung des Luftfrachtführers ganz oder teilweise ausgeschlossen oder die in diesem Abkommen bestimmte Haftsumme herabgesetzt werden soll, ist nichtig; ihre Nichtigkeit hat nicht die Nichtigkeit des Vertrages zur Folge; dieser bleibt den Vorschriften dieses Abkommens unterworfen.

(2) Absatz 1 ist nicht anzuwenden auf Bestimmungen des Beförderungsvertrages über Verluste oder Beschädigungen, die aus der Eigenart der beförderten Güter oder einem ihnen anhaftenden Mangel herrühren.

Artikel 24

(1) In den Fällen der Artikel 18 und 19 kann ein Anspruch auf Schadenersatz, auf welchem Rechtsgrund er auch beruht, nur unter den Voraussetzungen und Beschränkungen geltend gemacht werden, die in diesem Abkommen vorgesehen sind.

(2) Die Vorschrift des vorstehenden Absatzes findet auch in den Fällen des Artikels 17 Anwendung. Die Frage, welche Personen zur Klage berechtigt sind und was für Rechte ihnen zustehen, wird hierdurch nicht berührt.

Artikel 25

Die in Artikel 22 vorgesehenen Haftungsbeschränkungen gelten nicht, wenn nachgewiesen wird, daß der Schaden durch eine Handlung oder Unterlassung des Luftfrachtführers oder seiner Leute verursacht worden ist, die entweder in der Absicht, Schaden herbeizuführen, oder leichtfertig und in dem Bewußtsein begangen wurde, daß ein Schaden mit Wahrscheinlichkeit eintreten werde. Im Fall einer Handlung oder Unterlassung der Leute ist außerdem zu beweisen, daß diese in Ausführung ihrer Verrichtungen gehandelt haben.

Artikel 25 A

(1) Wird einer der Leute des Luftfrachtführers wegen eines Schadens in Anspruch genommen, der unter dieses Abkommen fällt, so kann er sich auf die Haftungsbeschränkungen berufen, die nach Artikel 22 für den Luftfrachtführer gelten, sofern er beweist, daß er in Ausführung seiner Verrichtungen gehandelt hat.

(2) Der Gesamtbetrag, der in diesem Fall von dem Luftfrachtführer und seinen Leuten als Ersatz zu leisten ist, darf die genannten Haftsummen nicht übersteigen.

(3) Die Vorschriften der Absätze 1 und 2 sind nicht anzuwenden, wenn nachgewiesen wird, daß der Schaden durch eine Handlung oder Unterlassung der Leute des Luftfrachtführers verursacht worden ist, die entweder in der Absicht, Schaden herbeizuführen, oder leichtfertig und in dem Bewußtsein begangen wurde, daß ein Schaden mit Wahrscheinlichkeit eintreten werde.

Artikel 26

(1) Nimmt der Empfänger Reisegepäck oder Güter vorbehaltlos an, so wird bis zum Beweis des Gegenteils vermutet, daß sie in gutem Zustand und dem Beförderungsschein entsprechend abgeliefert worden sind.

(2) Im Falle einer Beschädigung muß der Empfänger unverzüglich nach Entdeckung des Schadens, aber edenfalls bei Reisegepäck binnen sieben und bei Gütern binnen vierzehn Tagen nach der Annahme, dem Luftfrachtführer Anzeige erstatten. Im Fall einer Verspätung muß die Anzeige binnen einundzwanzig Tagen, nachdem das Reisegepäck oder das Gut dem Empfänger zur Verfügung gestellt worden ist, erfolgen.

(3) Jede Beanstandung muß auf den Beförderungsschein gesetzt oder in anderer Weise schriftlich erklärt und innerhalb der dafür vorgesehenen Frist abgesandt werden.

(4) Wird die Anzeigefrist versäumt, so ist jede Klage gegen den Luftfrachtführer ausgeschlossen, es sei denn, daß dieser arglistig gehandelt hat.

Artikel 27

Stirbt der Schuldner, so kann der Anspruch auf Schadenersatz in den Grenzen dieses Abkommens gegen seine Rechtsnachfolger geltend gemacht werden.

Artikel 28

(1) Die Klage auf Schadenersatz muß in dem Gebiet eines der Hohen Vertragschließenden Teile erhoben werden, und zwar nach Wahl des Klägers entweder bei dem Gericht des Ortes, wo der Luftfrachtführer

Article 23 – Provisions Relieving the Carrier Null and Void

(1) Any provision tending to relieve the carrier of liability or to fix a lower limit than that which is laid down in this Convention shall be null and void, but the nullity of any such provision shall not involve the nullity of the whole contract, which shall remain subject to the provisions of this Convention.

(2) Paragraph (1) of this article shall not apply to provisions governing loss or damage resulting from the inherent defect, quality or vice of the cargo carried.

Article 24 – Remedy of Convention Exclusive

(1) In the cases covered by articles 18 and 19 any action for damages, however founded, can only be brought subject to the conditions and limits set out in this Convention.

(2) In the cases covered by Article 17 the provisions of the preceding paragraph shall also apply, without prejudice to the questions as to who are the persons who have the right to bring suit and what are their respective rights.

Article 25

The limits of liability specified in article 22 shall not apply if it is proved that the damage resulted from an act or omission of the carrier, his servants or agents, done with intent to cause damage or recklessly and with knowledge that damage would probably result; provided that, in the case of such act or omission of a servant or agent, it is also proved that he was acting within the scope of his employment.

Article 25a

(1) If an action is brought against a servant or agent of the carrier arising out of damage to which this Convention relates, such servant or agent, if he proves that he acted within the scope of his employment, shall be entitled to avail himself of the limits of liability which that carrier himself is entitled to invoke under article 22.

(2) The aggregate of the amounts recoverable from the carrier, his servants and agents, in that case, shall not exceed the said limits.

(3) The provisions of paragraphs (1) and (2) of this article shall not apply if it is proved that the damage resulted from an act or omission of the servant or agent done with intent to cause damage or recklessly and with knowledge that damage would probably result.

Article 26 – Receipt jof Goods Without Complaint

(1) Receipt by the person entitled to the delivery of baggage or goods without complaint shall be prima facie evidence that the same have been delivered in good condition and in accordance with the document of transportation.

Notice of Damage – 7 Days for Baggage, 14 Days for Cargo, 21 Days for Delay

(2) In the case of damage, the person entitled to delivery must complain to the carrier forthwith after the discovery of the damage, and, at the latest, within seven days from the date of receipt in the case of baggage and fourteen days from the date of receipt in the case of cargo. In the case of delay the complaint must be made at the latest within twenty-one days from the date on which the baggage or cargo have been placed at his disposal.

(3) Every complaint must be made in writing upon the document of transportation or by separate notice in writing dispatched within the times aforesaid.

(4) Failing complaint within the times aforesaid, no action shall lie against the carrier, save in the case of fraud on his part.

Article 27 – Death of Person Liable – Liability Extended to His Estate

In the case of death of the person liable, an action for damages lies in accordance with the terms of this Convention against those legally representing his estate.

Article 28 – Jurisdiction and Procedure

(1) An action for damages must be brought, at the option of the plaintiff, in the territory of one of the High Contracting Parties, either before the Court of the domicile of the carrier or of his principal place of

seinen Wohnsitz hat oder wo sich seine Hauptbetriebsleitung oder diejenige seiner Geschäftsstellen befindet, durch die der Vertrag abgeschlossen worden ist, oder bei dem Gericht des Bestimmungsortes.
(2) Das Verfahren richtet sich nach den Gesetzen des angerufenen Gerichts.

Artikel 29
(1) Die Klage auf Schadenersatz kann nur binnen einer Ausschlußfrist von zwei Jahren erhoben werden. Die Frist beginnt mit dem Tage, an dem das Luftfahrzeug am Bestimmungsort angekommen ist, oder an dem es hätte ankommen sollen, oder an dem die Beförderung abgebrochen worden ist.
(2) Die Berechnung der Frist bestimmt sich nach den Gesetzen des angerufenen Gerichts.

Artikel 30
(1) Wird die Beförderung durch mehrere aufeinanderfolgende Luftfrachtführer ausgeführt (Artikel 1 Abs. 3), so ist jeder von ihnen, der Reisende, Reisegepäck oder Güter annimmt, den Vorschriften dieses Abkommens unterworfen; er gilt als eine der Parteien des Beförderungsvertrages, soweit dieser sich auf den Teil der Beförderung bezieht, der unter seiner Leitung ausgeführt wird.
(2) Bei einer solchen Beförderung von Reisenden können der Reisende oder die sonst anspruchsberechtigten Personen nur den Luftfrachtführer in Anspruch nehmen, der die Beförderung ausgeführt hat, in deren Verlauf der Unfall oder die Verspätung eingetreten ist, es sei denn, daß der erste Luftfrachtführer durch ausdrückliche Vereinbarung die Haftung für die ganze Reise übernommen hat.
(3) Handelt es sich um Reisegepäck oder Güter, so kann der Absender den ersten, der Empfänger, der die Auslieferung verlangen kann, den letzten, und jeder von ihnen denjenigen Luftfrachtführer in Anspruch nehmen, welcher die Beförderung ausgeführt hat, in deren Verlauf die Zerstörung, der Verlust oder die Beschädigung erfolgt oder die Verspätung eingetreten ist. Diese Luftfrachtführer haften dem Absender und dem Empfänger als Gesamtschuldner.

4. Kapitel – Bestimmungen über gemischte Beförderungen

Artikel 31
(1) Bei gemischten Beförderungen, die zum Teil durch Luftfahrzeuge, zum Teil durch andere Verkehrsmittel ausgeführt werden, gelten die Bestimmungen dieses Abkommens nur für die Luftbeförderung und nur, wenn diese den Voraussetzungen des Artikels 1 entspricht.
(2) Keine Bestimmung dieses Abkommens hindert die Parteien, für den Fall einer gemischten Beförderung Bedingungen für die Beförderung durch andere Verkehrsmittel in den Luftbeförderungsschein aufzunehmen, sofern hinsichtlich der Luftbeförderung die Vorschriften dieses Abkommens beachtet werden.

5. Kapitel – Allgemeine Vorschriften und Schlußbestimmungen

Artikel 32
Alle Bestimmungen des Beförderungsvertrages und alle vor Eintritt des Schadens getroffenen besonderen Vereinbarungen, worin die Parteien durch Bestimmung des anzuwendenden Rechts oder durch Änderung der Vorschriften über die Zuständigkeit von diesem Abkommen abweichende Regeln festsetzen, sind nichtig. Im Falle der Beförderung von Gütern sind jedoch Schiedsklauseln im Rahmen dieses Abkommens zulässig, wenn das Verfahren im Bezirk eines der im Artikel 28 Abs. 1 bezeichneten Gerichte stattfinden soll.

Artikel 33
Keine Bestimmung dieses Abkommens hindert den Luftfrachtführer, den Abschluß eines Beförderungsvertrages zu verweigern oder Beförderungsbedingungen festzusetzen, die nicht im Widerspruch mit den Vorschriften dieses Abkommens stehen.

Artikel 34
Die Vorschriften der Artikel 3 bis 9 über die Beförderungsscheine sind nicht anzuwenden auf Beförderungen, die unter außergewöhnlichen Umständen und nicht im Rahmen des gewöhnlichen Luftverkehrs ausgeführt werden.

business, or where he has a place of business through which the contract has been made, or before the Court at the place of destination.

(2) Questions of procedure shall be governed by the law of the Court to which the case is submitted.

Article 29 – Time for Suit – 2 Years

(1) The right to damages shall be extinguished if an action is not brought within two years, reckoned from the date of arrival at the destination, or from the date on which the aircraft ought to have arrived, or from the date on which the transportation stopped.

(2) The method of calculating the period of limitation shall be determined by the law of the Court to which the case is submitted.

Article 30 – Suits Against Successive Air Carriers

(1) In the case of transportation to be performed by various successive carriers and falling within the definition set out in the third paragraph of article 1, each carrier who accepts passengers, baggage or goods shall be subject to the rules set out in this Convention, and shall be deemed to be one of the contracting parties to the contract of transportation insofar as the contract deals with that part of the transportation which is performed under his supervision.

(2) In the case of transportation of this nature, the passenger or his representative can take action only against the carrier who performed the transportation during which the accident or the delay occurred, save in the case where, by express agreement, the first carrier has assumed liability for the whole journey.

(3) As regards baggage or goods, the passenger or consignor shall have a right of action against the first carrier, and the passenger or consignee who is entitled to delivery shall have a right of action against the last carrier, and further, each may take action against the carrier who performed the transportation during which the destruction, loss, damage or delay took place. These carriers shall be jointly and severally liable to the passenger or to the consignor or consignee.

Chapter IV: Provisions relating to combined Transportation by Air and Land or Sea

Article 31

(1) In the case of combined transportation performed partly by air and partly by any other mode of transportation, the provisions of this Convention shall apply only to the transportation by air, provided that the transportation by air falls within the terms of article 1.

(2) Nothing in this Convention shall prevent the parties in the case of combined transportation from inserting in the document of air transportation conditions relating to other modes of transportation, provided that the provisions of this Convention are observed as regards the transportation by air.

Chapter V: General and Final Provisions

Article 32 – Agreements Infringing Rules of Convention Declared Null and Void

Any clause contained in the contract and all special agreements entered into before the damage occurred by which the parties purport to infringe the rules laid down by this Convention, whether by deciding the law to be applied, or by altering the rules as to jurisdiction, shall be null and void.

Arbitrations – When allowed

Nevertheless, for the transportation of goods arbitration clauses shall be allowed, subject to this Convention, if the arbitration is to take place within one of the jurisdictions referred to in the first paragraph of article 28.

Article 33 – Carrier May Refuse to Carry – May Make Regulations

Nothing contained in this Convention shall prevent the carrier either from refusing to enter into any contract of transportation or from making regulations which do not conflict with the provisions of this Convention.

Article 34

The provisions of articles 3 to 9 inclusive relating to documents of carriage shall not apply in the case of carriage performed in extraordinary circumstances outside the normal scope of an air carrier's business.

Artikel 35
Der Ausdruck „Tage" im Sinne dieses Abkommens umfaßt auch die Sonn und Feiertage.

Anwendungsbereich des geänderten Abkommens – Artikel XVIII
Das durch dieses Protokoll geänderte Abkommen gilt für internationale Beförderungen im Sinne des Artikels1 des Abkommens, sofern der Abgangs- und Bestimmungsort in den Gebieten von zwei Vertragsstaaten dieses Protokolls oder in dem Gebiet nur eines Vertragsstaates dieses Protokolls liegen, jedoch eine Zwischenlandung im Gebiet eines anderen Staates vorgesehen ist.

Schlußbestimmungen – Artikel XIX
Zwischen den Vertragsteilen dieses Protokolls werden das Abkommen und das Protokoll als eine einheitliche Urkunde angesehen und ausgelegt und als *Warschauer Abkommen in der Fassung von Den Haag 1955* bezeichnet.

Article 35 – Definition – "Days"

The expression „days" when used in this Convention means current days, not working days.

Scope of Application of the Convention as amended – Article XVIII

The Convention as amended by this Protocol shall apply to international carriage as defined in article 1 of the Convention, provided that the places of departure and destination referred to in that article are situated either in the territories of two parties to this Protocol or within the territory of a single party to this Protocol with an agreed stopping place within the territory of another State.

Final Clauses – Article XIX

As between the parties to this Protocol, the Convention and the Protocol shall be read and interpreted together as one single instrument and shall be known as the Warsaw Convention as amended at The Hague, 1955.

3. DAS MONTREALER ÜBEREINKOMMEN

3.1 Übereinkommen zur Vereinheitlichung bestimmter Vorschriften über die Beförderung im internationalen Luftverkehr (Übersetzung)[1]

Die Vertragsstaaten dieses Übereinkommens

In Anerkennung des bedeutenden Beitrags, den das am 12. Oktober 1929 in Warschau unterzeichnete Abkommen zur Vereinheitlichung von Regeln über die Beförderung im internationalen Luftverkehr (im folgenden als „Warschauer Abkommen" bezeichnet) und andere damit zusammenhängende Übereinkünfte zur Harmonisierung des internationalen Luftprivatrechts geleistet haben;

In der Erkenntnis, daß es notwendig ist, das Warschauer Abkommen und die damit zusammenhängenden Übereinkünfte zu modernisieren und zusammenzuführen;

In Anerkennung der Bedeutung des Schutzes der Verbraucherinteressen bei der Beförderung im internationalen Luftverkehr und eines angemessenen Schadenersatzes nach dem Grundsatz des vollen Ausgleichs;

In Bekräftigung des Wunsches nach einer geordneten Entwicklung des internationalen Luftverkehrs und einer reibungslosen Beförderung von Reisenden, Reisegepäck und Gütern in Übereinstimmung mit den Grundsätzen und Zielen des am 7. Dezember 1944 in Chicago beschlossenen Abkommens über die Internationale Zivilluftfahrt;

In der Überzeugung, daß gemeinsames Handeln der Staaten zur weiteren Harmonisierung und Kodifizierung bestimmter Vorschriften über die Beförderung im internationalen Luftverkehr durch ein neues Übereinkommen das beste Mittel ist, um einen gerechten Interessenausgleich zu erreichen –

Sind wie folgt übereingekommen:

Kapitel I

Allgemeine Bestimmungen
Artikel 1 – Anwendungsbereich

1. Dieses Übereinkommen gilt für jede internationale Beförderung von Personen, Reisegepäck oder Gütern, die durch Luftfahrzeuge gegen Entgelt erfolgt. Es gilt auch für unentgeltliche Beförderungen durch Luftfahrzeuge, wenn sie von einem Luftfahrtunternehmen ausgeführt werden.

2. Als „internationale Beförderung" im Sinne dieses Übereinkommens ist jede Beförderung anzusehen, bei der nach den Vereinbarungen der Parteien der Abgangsort und der Bestimmungsort, gleichviel ob eine Unterbrechung der Beförderung oder ein Fahrzeugwechsel stattfindet oder nicht, in den Hoheitsgebieten von zwei Vertragsstaaten liegen oder, wenn diese Orte zwar im Hoheitsgebiet nur eines Vertragsstaats liegen, aber eine Zwischenlandung in dem Hoheitsgebiet eines anderen Staates vorgesehen ist, selbst wenn dieser Staat kein Vertragsstaat ist. Die Beförderung zwischen zwei Orten innerhalb des Hoheitsgebiets nur eines Vertragsstaats ohne eine Zwischenlandung im Hoheitsgebiet eines anderen Staates gilt nicht als internationale Beförderung im Sinne dieses Übereinkommens.

3. Ist eine Beförderung von mehreren aufeinanderfolgenden Luftfrachtführern auszuführen, so gilt sie, gleichviel ob der Beförderungsvertrag in der Form eines einzigen Vertrags oder einer Reihe von Verträgen geschlossen worden ist, bei der Anwendung dieses Übereinkommens als eine einzige Beförderung, sofern sie von den Parteien als einheitliche Leistung vereinbart worden ist; eine solche Beförderung verliert ihre Eigenschaft als internationale Beförderung nicht dadurch, daß ein Vertrag oder eine Reihe von Verträgen ausschließlich im Hoheitsgebiet desselben Staates zu erfüllen ist.

4. Dieses Übereinkommen gilt auch für Beförderungen nach Kapitel V vorbehaltlich der darin enthaltenen Bedingungen.

---

[1] Diese Übersetzung in die deutsche Sprache basiert auf einer gemeinsamen Übersetzung der deutschsprachigen Mitgliedstaaten der Europäischen Union.

3.2 Convention for the Unification of Certain Rules for International Carriage by Air

The states parties to this convention

Recognizing the significant contribution of the Convention for the Unification of Certain Rules Relating to International Carriage by Air signed in Warsaw on 12 October 1929; hereinafter referred to as the „Warsaw Convention", and other related instruments to the harmonization of private international air law;

Recognizing the need to modernize and consolidate the Warsaw Convention and related instruments;

Recognizing the importance of ensuring protection of the interests of consumers in international carriage by air and the need for equitable compensation based on the principle of restitution;

Reaffirming the desirability of an orderly development of international air transport operations and the smooth flow of passengers, baggage and cargo' in accordance with the principles and objectives of the Convention on International Civil Aviation, done at Chicago on 7 December 1944;

Convinced that collective State action for further harmonization and codification of certain rules governing international carriage by air through a new Convention is the most adequate means of achieving an equitable balance of interests;

Have agreed as follows:

Chapter I
General Provisions
Article 1 – Scope of Application

1. This Convention applies to all international carriage of persons, baggage or cargo performed by aircraft for reward. It applies equally to gratuitous carriage by aircraft performed by an air transport undertaking.

2. For the purposes of this Convention, the expression *international carriage* means any carriage in which, according to the agreement between the parties, the place of departure and the place of destination, whether or not there be a break in the carriage or a transhipment, are situated either within the territory of two States Parties, or within the territory of a single State Party if there is an agreed stopping place within the territory of another State, even if that State is not a State Party. Carriage between two points within the territory of a single State Party without an agreed stopping place within the territory of another State is not international carriage far the purposes of this Convention.

3. Carriage to be performed by several successive carriers is deemed, for the purposes of this Convention, to be one undivided carriage if it has been regarded by the parties as a single Operation, whether it had been agreed upon under the form of a single contract or of a series of contracts, and it does not lose its international character merely because one' contract or a series of contracts is to be performed entirely within the territory of the same State.

4. This Convention applies also to carriage as set Out in Chapter V, subject to the terms contained therein.

Artikel 2 – Staatlich ausgeführte Beförderung und Beförderung von Postsendungen
1. Dieses Übereinkommen gilt auch für die Beförderungen, die der Staat oder eine andere juristische Person des öffentlichen Rechts ausführt, wenn die Voraussetzungen des Artikels 1 vorliegen.
2. Bei der Beförderung von Postsendungen haftet der Luftfrachtführer nur gegenüber der zuständigen Postverwaltung nach Maßgabe der auf die Beziehungen zwischen Luftfrachtführern und Postverwaltungen anwendbaren Vorschriften.
3. Mit Ausnahme des Absatzes 2 gilt dieses Übereinkommen nicht für die Beförderung von Postsendungen.

Kapitel II
Urkunden und Pflichten der Parteien betreffend die Beförderung von Reisenden, Reisegepäck und Gütern
Artikel 3 – Reisende und Reisegepäck
1. Bei der Beförderung von Reisenden ist ein Einzel- oder Sammelbeförderungsschein auszuhändigen; er muß enthalten:
   a) die Angabe des Abgangs- und Bestimmungsorts;
   b) falls Abgangs- und Bestimmungsort im Hoheitsgebiet desselben Vertragsstaats liegen, jedoch eine oder mehrere Zwischenlandungen im Hoheitsgebiet eines anderen Staates vorgesehen sind, die Angabe von zumindest einem dieser Zwischenlandepunkte.
2. Jede andere Aufzeichnung, welche die in Absatz 1 genannten Angaben enthält, kann anstelle des in jenem Absatz genannten Beförderungsscheins verwendet werden. Werden derartige andere Aufzeichnungen verwendet, so muß der Luftfrachtführer anbieten, dem Reisenden eine schriftliche Erklärung über die darin enthaltenen Angaben auszuhändigen.
3. Der Luftfrachtführer hat dem Reisenden für jedes aufgegebene Gepäckstück einen Beleg zur Gepäckidentifizierung auszuhändigen.
4. Der Reisende ist schriftlich darauf hinzuweisen, daß dieses Übereinkommen, soweit es Anwendung findet, die Haftung des Luftfrachtführers für Tod oder Körperverletzung, für Zerstörung, Verlust oder Beschädigung von Gepäck sowie für Verspätung regelt und beschränken kann.
5. Die Nichtbeachtung der Absätze 1 bis 4 berührt weder den Bestand noch die Wirksamkeit des Beförderungsvertrags; dieser unterliegt gleichwohl den Vorschriften dieses Übereinkommens einschließlich derjenigen über die Haftungsbeschränkung.

Artikel 4 – Güter
1. Bei der Beförderung von Gütern ist ein Luftfrachtbrief auszuhändigen.
2. Anstelle eines Luftfrachtbriefs kann jede andere Aufzeichnung verwendet werden, welche die Angaben über die auszuführende Beförderung enthält. Werden derartige andere Aufzeichnungen verwendet, so muß der Luftfrachtführer dem Absender auf dessen Verlangen eine Empfangsbestätigung über die Güter aushändigen, die es ermöglicht, die Sendung genau zu bestimmen und auf die in diesen anderen Aufzeichnungen enthaltenen Angaben zurückzugreifen.

Artikel 5 – Inhalt des Luftfrachtbriefs und der Empfangsbestätigung über Güter
Der Luftfrachtbrief und die Empfangsbestätigung über Güter müssen enthalten:
a) die Angabe des Abgangs- und Bestimmungsorts;
b) falls Abgangs- und Bestimmungsort im Hoheitsgebiet desselben Vertragsstaats liegen, jedoch eine oder mehrere Zwischenlandungen im Hoheitsgebiet eines anderen Staates vorgesehen sind, die Angabe von zumindest einem dieser Zwischenlandepunkte;
c) die Angabe des Gewichts der Sendung.

Artikel 6 – Angaben zur Art der Güter
Falls notwendig, kann vom Absender verlangt werden, zur Einhaltung der Vorschriften der Zoll-, der Polizei- oder anderer Behörden eine Urkunde mit Angaben zur Art der Güter auszuhändigen. Diese Bestimmung begründet für den Luftfrachtführer keine Verpflichtung, Verbindlichkeit oder Haftung.

Article 2 – Carriage Performed by State and Carriage of Postal Items

1. This Convention applies to carriage performed by the State or by legally constituted public bodies provided it falls within the conditions laid down in Article 1.
2. In the carriage of postal items, the carrier shall be liable only to the relevant postal administration in accordance with the rules applicable to; the relationship between the carriers and the postal administrations,
3. Except as provided in paragraph 2 of this Article, the provisions of this Convention shall not apply to the carriage of postal items.

Chapter II
Documentation and Duties of the Parties Relating to the Carriage of Passengers, Baggage and Cargo

Article 3 – Passengers and Baggage

1. In respect of carriage of passengers, an individual or collective document of carriage shall be delivered containing:
   (a) an indication of the places of departure and destination;
   (b) if the places of departure and destination are within the territory of a single State Party, one or more agreed stopping places being within the territory of another State, an indication of at least one such stopping place.
2. Any other means which preserves the information indicated in :paragraph. I may be substituted for the dilivery of the document referred to in that paragraph. If any such other means is used, the carrier shall offer to deliver to the passenger a written statement of the information so preserved.
3. The carrier shall deliver to the passenger a baggage identification tag for each piece of checked baggage.
4. The passenger shall be given written notice to the effect that where this Convention is applicable it governs and may limit the liability of carriers in respect of death or injury and for destruction or loss of, or damage to, baggage, and for delay.
5. Non-compliance with the provisions of the foregoing paragraphs shall not affect the existence or the validity of the contract of carriage, which shall, nonetheless, be subject to the rules of this Convention including those relating to limitation of liability:

Article 4 – Cargo

1. In respect of the carriage of cargo, an air waybill shall be delivered.
2. Any other means which preserves a record of the carriage to be performed may be substituted for the delivery of an air waybill. If such other means are used, the carrier shall, if so requested by the consignor, deliver to the consignor a cargo receipt permitting identification of the consignment and access to the information contained in the record preserved by such other means.

Article 5 – Contents of Air Waybill or Cargo Receipt

The air waybill or the cargo receipt shall include:
(a) an indication of the places of departure and destination;
(b) if the places of departure and destination are within the territory of a single State Party, one or more agreed stopping places being within the territory of another State, an indication of at least one such stopping place; and
(c) an indication of the weight of the consignment.

Article 6 – Document Relating to the Nature of the Cargo

The consignor may be required, if necessary to meet the formalities of customs, police and similar public authorities, to deliver a document indicating the nature of the cargo. This provision creates for the carrier no duty, obligation or liability resulting there from.

Artikel 7 – Luftfrachtbrief
1. Der Luftfrachtbrief wird vom Absender in drei Ausfertigungen ausgestellt.
2. Die erste Ausfertigung trägt den Vermerk „für den Luftfrachtführer"; sie wird vom Absender unterzeichnet. Die zweite Ausfertigung trägt den Vermerk „für den Empfänger"; sie wird vom Absender und vom Luftfrachtführer unterzeichnet. Die dritte Ausfertigung wird vom Lufttrachtführer unterzeichnet und nach Annahme der Güter dem Absender ausgehändigt.
3. Die Unterschritt des Luftfrachtführers und diejenige des Absenders können gedruckt oder durch einen Stempel ersetzt werden.
4. Wird der Luftfrachtbrief auf Verlangen des Absenders vom Luftfrachtführer ausgestellt, so wird bis zum Beweis des Gegenteils vermutet, daß der Luftfrachtführer im Namen des Absenders gehandelt hat.

Artikel 8 – Mehrere Frachtstücke
Handelt es sich um mehrere Frachtstücke,
a) so kann der Lufttrachtführer vom Absender die Ausstellung einzelner Lufttrachtbriefe verlangen;
b) so kann der Absender vom Luftfrachtführer die Aushändigung einzelner Empfangsbestätigungen verlangen, wenn andere Aufzeichnungen im Sinne des Artikels 4 Absatz 2 verwendet werden.

Artikel 9 – Nichtbeachtung der Bestimmungen über Beförderungsurkunden
Die Nichtbeachtung der Artikel 4 bis 8 berührt weder den Bestand noch die Wirksamkeit des Beförderungsvertrags; dieser unterliegt gleichwohl den Vorschriften dieses Übereinkommens einschließlich derjenigen über die Haftungsbeschränkung.

Artikel 10 – Haftung für die Angaben in den Urkunden
1. Der Absender haftet für die Richtigkeit der Angaben und Erklärungen über die Güter, die von ihm oder in seinem Namen in den Luftfrachtbrief eingetragen werden, sowie der von ihm oder in seinem Namen dem Luftfrachtführer gemachten Angaben oder Erklärungen zur Aufnahme in die Empfangsbestätigung über die Güter oder in die anderen Aufzeichnungen im Sinne des Artikels 4 Absatz 2. Dies gilt auch, wenn die für den Absender handelnde Person zugleich der Beauftragte des Luftfrachtführers ist.
2. Der Absender hat dem Luftfrachtführer den Schaden zu ersetzen, den dieser oder ein Dritter, dem der Luftfrachtführer haftet, dadurch erleidet, daß die vom Absender oder in seinem Namen gemachten Angaben und Erklärungen unrichtig, ungenau oder unvollständig sind.
3. Vorbehaltlich der Absätze 1 und 2 hat der Luftfrachtführer dem Absender den Schaden zu ersetzen, den dieser oder ein Dritter, dem der Absender haftet, dadurch erleidet, daß die Angaben und Erklärungen, die vom Luftfrachtführer oder in seinem Namen in die Empfangsbestätigung über die Güter oder in die anderen Aufzeichnungen im Sinne des Artikels 4 Absatz 2 aufgenommen wurden, unrichtig, ungenau oder unvollständig sind.

Artikel 11 – Beweiskraft der Urkunden
1. Der Luftfrachtbrief und die Empfangsbestätigung über die Güter begründen die widerlegbare Vermutung für den Abschluß des Vertrags, die Annahme der Güter und die Beförderungsbedingungen, die darin niedergelegt sind.
2. Die Angaben in dem Luftfrachtbrief und der Empfangsbestätigung über die Güter zu Gewicht, Maßen und Verpackung sowie zu der Anzahl der Frachtstücke begründen die widerlegbare Vermutung ihrer Richtigkeit; die Angaben über Menge, Rauminhalt und Zustand der Güter begründen diese Vermutung gegenüber dem Luftfrachtführer nur insoweit, als er diese Angaben in Gegenwart des Absenders nachgeprüft hat und dies auf dem Luftfrachtbrief oder der Empfangsbestätigung vermerkt ist, oder wenn es sich um Angaben handelt, die sich auf den äußerlich erkennbaren Zustand der Güter beziehen.

Article 7 – Description of Air Waybill
1. The air waybill shall be made out by the consignor in three original parts.
2. The first part shall be marked „for the carrier"; it shall be signed by the consignor. The second part shall be marked „for the consignee"; it shall be signed by the consignor and by the carrier. The third part shall be signed by the carrier who shall hand it to the consignor after the cargo has been accepted.
3. The signature of the carrier and that of the consignor may be printed or stamped.
4. If, at the request of the consignor, the carrier makes out the air waybill, the carrier shall be deemed, subject to proof to the contrary, to have done so on behalf of the consignor.

Article 8 – Documentation for Multiple Packages
When there is more than one package:
(a) the carrier of cargo has the right to require the consignor to make out separate air waybills;
(b) the consignor has the right to require the carrier to deliver separate cargo receipts when the other means referred to in paragraph 2 or Article 4 are used.

Article 9 – Non-compliance with Documentary Requirements
Non-compliance with the provisions of Articles 4 to 8 shall not affect the existence or the validity or the contract of carriage, which shall, nonetheless, be subject to the rules of this Convention including those relating to limitation of liability.

Article 10 – Responsibility for Particulars of Documentation
1. The consignor is responsible for the correctness of the particulars and statements relating to the cargo inserted by it or on its behalf in the air waybill or furnished by it or on its behalf to the carrier for insertion in the cargo receipt or for insertion in the record preserved by the other means referred to in paragraph 2 or Article 4. The foregoing shall also apply where the person acting on behalf of the consignor is also the agent of the carrier.
2. The consignor shall indemnity the carrier against all damage suffered by it, or by any other person to whom the carrier is liable, by reason of the irregularity, incorrectness or incompleteness of the particulars and statements furnished by the consignor or on its behalf.
3. Subject to the provisions of paragraphs 1 and 2 of this Article, the carrier shall indemnity the consignor against all damage suffered by it, or by any other person to whom the consignor is liable, by reason of the irregularity, incorrectness or incompleteness or the particulars and statements inserted by the carrier or on its behalf in the cargo receipt or in the record preserved by the other means referred to in paragraph 2 of Article 4.

Article 11 – Evidentiary Value of Documentation
1. The air waybill or the cargo receipt is prima facie evidence of the conclusion of the contract, of the acceptance of the cargo and of the conditions of carriage mentioned therein.
2. Any statements in the air waybill or the cargo receipt relating to the weight, dimensions and packing of the cargo, as well as those relating to the number of packages, are prima facie evidence of the facts stated; those relating to the quantity, volume and condition of the cargo do not constitute evidence against the carrier except so far as they both have been, and are stated in the air waybill or the cargo receipt to have been, checked by it in the presence of the consignor, or relate to the apparent condition of the cargo.

Artikel 12 – Verfügungsrecht über die Güter

1. Der Absender ist unter der Bedingung, daß er alle Verpflichtungen aus dem Frachtvertrag erfüllt, berechtigt, über die Güter in der Weise zu verfügen, daß er sie am Abgangs- oder Bestimmungsflughafen sich zurückgeben, unterwegs während einer Landung aufhalten, am Bestimmungsort oder unterwegs an eine andere Person als den ursprünglich bezeichneten Empfänger abliefern oder zum Abgangsflughafen zurückbringen läßt. Dieses Recht kann nur insoweit ausgeübt werden, als dadurch der Luftfrachtführer oder die anderen Absender nicht geschädigt werden; der Absender ist zur Erstattung der durch die Ausübung dieses Rechts entstehenden Kosten verpflichtet.
2. Ist die Ausführung der Weisungen des Absenders unmöglich, so hat der Luftfrachtführer ihn unverzüglich zu verständigen.
3. Kommt der Luftfrachtführer den Weisungen des Absenders nach, ohne die Vorlage der diesem übergebenen Ausfertigung des Luftfrachtbriefs oder der Empfangsbestätigung über die Güter zu verlangen, so haftet er unbeschadet seines Rücktrittsanspruchs gegen den Absender dem rechtmäßigen Besitzer des Luftfrachtbriefs oder der Empfangsbestätigung über die Güter für den daraus entstehenden Schaden.
4. Das Recht des Absenders erlischt mit dem Zeitpunkt, in dem das Recht des Empfängers nach Artikel 13 entsteht. Es lebt jedoch wieder auf, wenn der Empfänger die Annahme der Güter verweigert oder wenn er nicht erreicht werden kann.

Artikel 13 – Ablieferung der Güter

1. Sofern der Absender nicht von seinem Recht nach Artikel 12 Gebrauch gemacht hat, ist der Empfänger berechtigt, nach Eintreffen der Güter am Bestimmungsort vom Luftfrachtführer die Ablieferung der Güter gegen Zahlung der geschuldeten Beträge und gegen Erfüllung der Beförderungsbedingungen zu verlangen.
2. Sofern nichts anderes vereinbart ist, hat der Luftfrachtführer dem Empfänger das Eintreffen der Güter unverzüglich anzuzeigen.
3. Hat der Luftfrachtführer den Verlust der Güter anerkannt oder sind die Güter nach Ablauf von sieben Tagen seit dem Tag, an dem sie hätten eintreffen sollen, nicht eingetroffen, so kann der Empfänger die Rechte aus dem Frachtvertrag gegen den Luftfrachtführer geltend machen.

Artikel 14 – Geltendmachung der Rechte des Absenders und des Empfängers

Der Absender und der Empfänger können, gleichviel ob sie für eigene oder fremde Rechnung handeln, die ihnen nach den Artikeln 12 und 13 zustehenden Rechte im eigenen Namen geltend machen, sofern sie die Verpflichtungen aus dem Frachtvertrag erfüllen.

Artikel 15 – Rechtsverhältnisse zwischen Absender und Empfänger oder Dritten

1. Die Rechtsverhältnisse zwischen dem Absender und dem Empfänger sowie die Rechtsverhältnisse Dritter, die ihre Rechte vom Absender oder vom Empfänger herleiten, werden durch die Artikel 12, 13 und 14 nicht berührt.
2. Jede von den Artikeln 12, 13 und 14 abweichende Vereinbarung muß auf dem Luftfrachtbrief oder auf der Empfangsbestätigung über die Güter vermerkt werden.

Artikel 16 – Vorschriften der Zoll-, der Polizei und anderer Behörden

1. Der Absender ist verpflichtet, alle Auskünfte zu erteilen und alle Urkunden zur Verfügung zu stellen, die vor Aushändigung der Güter an den Empfänger zur Erfüllung der Vorschriften der Zoll-, der Polizei- und anderer Behörden erforderlich sind. Der Absender haftet dem Luftfrachtführer für den Schaden, der durch das Fehlen, die Unvollständigkeit oder die Unrichtigkeit dieser Auskünfte und Urkunden entsteht, es sei denn, daß den Luftfrachtführer oder seine Leute ein Verschulden trifft.
2. Der Luftfrachtführer ist nicht verpflichtet, diese Auskünfte und Urkunden auf ihre Richtigkeit und Vollständigkeit zu prüfen.

Article 12 – Right of Disposition of Cargo
1. Subject to its liability to carry out all its obligations under the contract of carriage, the consignor has the right to dispose of the cargo by withdrawing it at the airport of departure or destination, or by stopping it in the course of the journey on any landing, or by calling for it to be delivered at the place of destination or in the course of the journey to a person other than the consignee originally designated, or by requiring it to be returned to the airport of departure. The consignor must not exercise this right of disposition in such a way as to prejudice the carrier or other consignors and must reimburse any expenses occasioned by the exercise of this right.
2. If it is impossible to carry out the instructions of the consignor, the carrier must so inform the consignor forthwith.
3. If the carrier carries out the instructions of the consignor for the disposition of the cargo without requiring the production of the part of the air waybill or the cargo receipt delivered to the latter, the carrier will be liable, without prejudice to its right of recovery from the consignor, for any damage which may be caused thereby to any person who is lawfully in possession of that part of the air waybill or the cargo receipt.
4. The right conferred on the consignor ceases at the moment when that of the consignee begins in accordance with Article 13. Nevertheless, it the consignee declines to accept the cargo, or cannot be communicated with, the consignor resumes its right of disposition.

Article 13 – Delivery of the Cargo
1. Except when the consignor has exercised its right under Article 12, the consignee 15 entitled, on arrival of the cargo at the place of destination, to require the carrier to deliver the cargo to it, on payment of the charges due and on complying with the conditions of carriage.
2. Unless it is otherwise agreed, it is the duty of the carrier to give notice to the consignee as soon as the cargo arrives.
3. If the carrier admits the loss of the cargo, or it the cargo has not arrived at the expiration of seven days after the date on which it ought to have arrived, the consignee is entitled to enforce against the carrier the rights which flow from the contract of carriage.

Article 14 – Enforcement of the Rights of Consignor and Consignee
The consignor and the consignee can respectively enforce all the rights given to them by Articles 12 and 13, each in its own name, whether it is acting in its own interest or in the interest of another, provided that it carries out the obligations imposed by the contract of carriage.

Article 15 – Relations of Consignor and Consignee or Mutual Relations of Third Parties
1. Articles 12, 13 and 14 do not affect either the relations of the consignor and the consignee with each other or the mutual relations of third parties whose rights are derived either from the consignor or from the consignee.
2. The provisions of Articles 12, 13 and 14 can only be varied by express provision in the air waybill or the cargo receipt.

Article 16 – Formalities of Customs, Police or Other Public Authorities
1. The consignor must furnish such Information and such documents as are necessary to meet the formalities of customs, police and any other public authorities before the cargo can be delivered to the consignee. The consignor is liable to the carrier for any damage occasioned by the absence, insufficiency or irregularity of any such information or documents, unless the damage is due to the fault of the carrier, its servants or agents.
2. The carrier is under no obligation to enquire into the correctness or sufficiency of such information or documents.

Kapitel III
Haftung des Luftfrachtführers und Umfang des Schadenersatzes
Artikel 17 – Tod und Körperverletzung von Reisenden – Beschädigung von Reisegepäck

1. Der Luftfrachtführer hat den Schaden zu ersetzen, der dadurch entsteht, daß ein Reisender getötet oder körperlich verletzt wird, jedoch nur, wenn sich der Unfall, durch den der Tod oder die Körperverletzung verursacht wurde, an Bord des Luftfahrzeugs oder beim Ein- oder Aussteigen ereignet hat.
2. Der Luftfrachtführer hat den Schaden zu ersetzen, der durch Zerstörung, Verlust oder Beschädigung von aufgegebenem Reisegepäck entsteht, jedoch nur, wenn das Ereignis, durch das die Zerstörung, der Verlust oder die Beschädigung verursacht wurde, an Bord des Luftfahrzeugs oder während eines Zeitraums eingetreten ist, in dem sich das aufgegebene Reisegepäck in der Obhut des Luftfrachtführers befand. Der Luftfrachtführer haftet jedoch nicht, wenn und soweit der Schaden auf die Eigenart des Reisegepäcks oder einen ihm innewohnenden Mangel zurückzuführen ist. Bei nicht aufgegebenem Reisegepäck, einschließlich persönlicher Gegenstände, haftet der Luftfrachtführer, wenn der Schaden auf sein Verschulden oder das Verschulden seiner Leute zurückzuführen ist.
3. Hat der Luftfrachtführer den Verlust des aufgegebenen Reisegepäcks anerkannt oder ist das aufgegebene Reisegepäck nach Ablauf von einundzwanzig Tagen seit dem Tag, an dem es hätte eintreffen sollen, nicht eingetroffen, so kann der Reisende die Rechte aus dem Beförderungsvertrag gegen den Luftfrachtführer geltend machen.
4. Vorbehaltlich entgegenstehender Bestimmungen bezeichnet in diesem Übereinkommen der Begriff „Reisegepäck" sowohl aufgegebenes als auch nicht aufgegebenes Reisegepäck.

Artikel 18 – Beschädigung von Gütern

1. Der Luftfrachtführer hat den Schaden zu ersetzen, der durch Zerstörung, Verlust oder Beschädigung von Gütern entsteht, jedoch nur, wenn das Ereignis, durch das der Schaden verursacht wurde, während der Luftbeförderung eingetreten ist.
2. Der Luftfrachtführer haftet jedoch nicht, wenn und soweit er nachweist, daß die Zerstörung, der Verlust oder die Beschädigung der Güter durch einen oder mehrere der folgenden Umstände verursacht wurde:
   a) die Eigenart der Güter oder ein ihnen innewohnender Mangel;
   b) mangelhafte Verpackung der Güter durch eine andere Person als den Luftfrachtführer oder seine Leute;
   c) eine Kriegshandlung oder ein bewaffneter Konflikt;
   d) hoheitliches Handeln in Verbindung mit der Einfuhr, Ausfuhr oder Durchfuhr der Güter.
3. Die Luftbeförderung im Sinne des Absatzes 1 umfaßt den Zeitraum, während dessen die Güter sich in der Obhut des Luftfrachtführers befinden.
4. Der Zeitraum der Luftbeförderung umfaßt nicht die Beförderung zu Land, zur See oder auf Binnengewässern außerhalb eines Flughafens. Erfolgt jedoch eine solche Beförderung bei Ausführung des Luftbeförderungsvertrags zum Zweck der Verladung, der Ablieferung oder der Umladung, so wird bis zum Beweis des Gegenteils vermutet, daß der Schaden durch ein während der Luftbeförderung eingetretenes Ereignis verursacht worden ist. Ersetzt ein Luftfrachtführer ohne Zustimmung des Absenders die von den Parteien vereinbarte Luftbeförderung ganz oder teilweise durch eine andere Art der Beförderung, so gilt diese als innerhalb des Zeitraums der Luftbeförderung ausgeführt.

Artikel 19 – Verspätung

Der Luftfrachtführer hat den Schaden zu ersetzen, der durch Verspätung bei der Luftbeförderung von Reisenden, Reisegepäck oder Gütern entsteht. Er haftet jedoch nicht für den Verspätungsschaden, wenn er nachweist, daß er und seine Leute alle zumutbaren Maßnahmen zur Vermeidung des Schadens getroffen haben oder daß es ihm oder ihnen nicht möglich war, solche Maßnahmen zu ergreifen.

Chapter III
Liability of the Carrier and Extent of Compensation for Damage
Article 17 – Death and Injury of Passengers – Damage to Baggage

1. The carrier is liable for damage sustained in case of death or bodily injury of a passenger upon condition only that the accident which caused the death or injury took place on board the aircraft or in the course of any of the Operations of embarking or disembarking.
2. lhe carver is liable for damage sustained in case of destruction or loss of, or of damage to, checked baggage upon condition only that the event which caused the destruction, loss or damage took place on board the aircraft or during any period within which the checked baggage was in the charge of the carrier. However, the carrier is not liable if and to the extent that the damage resulted from the inherent defect, quality or vice of the baggage. In the case of unchecked baggage, including personal items, the carrier is liable if the damage resulted from its fault or that of its servants or agents.
3. If the carrier admits the loss of the checked baggage, or if the checked baggage has not arrived at the expiration of twenty-one days after the date on which it ought to have arrived, the passenger is entitled to enforce against the carrier the rights which flow from the contract of carriage.
4. Unless otherwise specified, in this Convention the term „baggage" means both checked baggage and unchecked baggage.

Article 18 – Damage to Cargo

1. The carrier is liable for damage sustained in the event of the destruction or loss of, or damage to, cargo upon condition only that the event which caused the damage so sustained took place during the carriage by air.
2. However, the carrier is not liable if and to the extent it proves that the destruction, or loss of, or damage to, the cargo resulted from one or more of the following:
   (a) inherent defect, quality or vice of that cargo;
   (b) defective packing of that cargo performed by a person other than the carrier or its servants or agents;
   (c) an act of war or an armed conflict;
   (d) an act of public authority carried out in connection with the entry, exit or transit of the cargo.
3. The carriage by air within the meaning of paragraph 1 of this Article comprises the period during which the cargo is in the charge of the carrier.
4. The period of the carriage by air does not extend to any carriage by land, by sea or by inland waterway performed outside an airport. If, however, such carriage takes place in the performance of a contract for carriage by air, for the purpose of loading, delivery or transshipment, any damage is presumed, subject to proof to the contrary, to have been the result of an event which took place during the carriage by air. If a carrier, without the consent of the consignor, substitutes carriage by another mode of transport for the whole or part of a carriage intended by the agreement between the parties to be carriage by air, such carriage by another mode of transport is deemed to be within the period of carriage by air.

Article 19 – Delay

The carrier is liable for damage occasioned by delay in the carriage by air of passengers, baggage or cargo. Nevertheless, the carrier shall not be liable for damage occasioned by delay if it proves that it and its servants and agents took all measures that could reasonably be required to avoid the damage or that it was impossible for it or them to take such measures.

Artikel 20 – Haftungsbefreiung

Weist der Luftfrachtführer nach, daß die Person, die den Schadenersatzanspruch erhebt, oder ihr Rechtsvorgänger den Schaden durch eine unrechtmäßige Handlung oder Unterlassung, sei es auch nur fahrlässig, verursacht oder dazu beigetragen hat, so ist der Luftfrachtführer ganz oder teilweise von seiner Haftung gegenüber dieser Person insoweit befreit, als diese Handlung oder Unterlassung den Schaden verursacht oder dazu beigetragen hat. Verlangt eine andere Person als der Reisende wegen dessen Tod oder Körperverletzung Schadenersatz, so ist der Luftfrachtführer ganz oder teilweise von seiner Haftung insoweit befreit, als er nachweist, daß eine unrechtmäßige Handlung oder Unterlassung des Reisenden, sei es auch nur fahrlässig, den Schaden verursacht oder dazu beigetragen hat. Dieser Artikel gilt für alle Haftungsbestimmungen in diesem Übereinkommen einschließlich Artikel 21 Absatz 1.

Artikel 21 – Schadenersatz bei Tod oder Körperverletzung von Reisenden

1. Für Schäden nach Artikel 17 Absatz 1, die 100 000 Sonderziehungsrechte je Reisenden nicht übersteigen, kann die Haftung des Luftfrachtführers nicht ausgeschlossen oder beschränkt werden.
2. Der Luftfrachtführer haftet nicht für Schäden nach Artikel 17 Absatz 1, soweit sie 100 000 Sonderziehungsrechte je Reisenden übersteigen, wenn er nachweist, daß
    a) dieser Schaden nicht auf eine unrechtmäßige Handlung oder Unterlassung des Luftfrachtführers oder seiner Leute, sei sie auch nur fahrlässig begangen, zurückzuführen ist oder
    b) dieser Schaden ausschließlich auf eine unrechtmäßige Handlung oder Unterlassung eines Dritten, sei sie auch nur fahrlässig begangen, zurückzuführen ist.

Artikel 22 – Haftungshöchstbeträge bei Verspätung sowie für Reisegepäck und Güter

1. Für Verspätungsschäden im Sinne des Artikels 19 haftet der Luftfrachtführer bei der Beförderung von Personen nur bis zu einem Betrag von 4 150 Sonderziehungsrechten je Reisenden.
2. Bei der Beförderung von Reisegepäck haftet der Luftfrachtführer für Zerstörung, Verlust, Beschädigung oder Verspätung nur bis zu einem Betrag von 1 000 Sonderziehungsrechten je Reisenden; diese Beschränkung gilt nicht, wenn der Reisende bei der Übergabe des aufgegebenen Reisegepäcks an den Luftfrachtführer das Interesse an der Ablieferung am Bestimmungsort betragsmäßig angegeben und den verlangten Zuschlag entrichtet hat. In diesem Fall hat der Luftfrachtführer bis zur Höhe des angegebenen Betrags Ersatz zu leisten, sofern er nicht nachweist, daß dieser höher ist als das tatsächliche Interesse des Reisenden an der Ablieferung am Bestimmungsort.
3. Bei der Beförderung von Gütern haftet der Luftfrachtführer für Zerstörung, Verlust, Beschädigung oder Verspätung nur bis zu einem Betrag von 17 Sonderziehungsrechten für das Kilogramm; diese Beschränkung gilt nicht, wenn der Absender bei der Übergabe des Frachtstücks an den Luftfrachtführer das Interesse an der Ablieferung am Bestimmungsort betragsmäßig angegeben und den verlangten Zuschlag entrichtet hat. In diesem Fall hat der Luftfrachtführer bis zur Höhe des angegebenen Betrags Ersatz zu leisten, sofern er nicht nachweist, daß dieser höher ist als das tatsächliche Interesse des Absenders an der Ablieferung am Bestimmungsort.
4. Im Fall der Zerstörung, des Verlusts, der Beschädigung oder der Verspätung eines Teiles der Güter oder irgendeines darin enthaltenen Gegenstands ist für die Feststellung, bis zu welchem Betrag der Luftfrachtführer haftet, nur das Gesamtgewicht der betroffenen Frachtstücke maßgebend. Beeinträchtigt jedoch die Zerstörung, der Verlust, die Beschädigung oder die Verspätung eines Teiles der Güter oder eines darin enthaltenen Gegenstands den Wert anderer Frachtstücke, die in demselben Luftfrachtbrief oder derselben Empfangsbestätigung oder, wenn diese nicht ausgestellt wurden, in den anderen Aufzeichnungen im Sinne des Artikels 4 Absatz 2 aufgeführt sind, so ist das Gesamtgewicht dieser Frachtstücke für die Feststellung, bis zu welchem Betrag der Luftfrachtführer haftet, maßgebend.
5. Die Absätze 1 und 2 finden keine Anwendung, wenn nachgewiesen wird, daß der Schaden durch eine Handlung oder Unterlassung des Luftfrachtführers oder seiner Leute verursacht worden ist, die entweder in der Absicht, Schaden herbeizuführen, oder leichtfertig und in dem Bewußtsein begangen wurde, daß wahrscheinlich ein Schaden eintreten wird; im Fall einer Handlung oder Unterlassung der Leute ist außerdem nachzuweisen, daß diese in Ausführung ihrer Verrichtungen gehandelt haben.

Article 20 – Exoneration

If the carrier proves that the damage was caused or contributed to by the negligence or other wrongful act or omission of the person claiming compensation, or the person from whom he or she derives his or her rights, the carrier shall be wholly or partly exonerated from its liability to the claimant to the extent that such negligence or wrongful act or omission caused or contributed to the damage. When by reason of death or injury of a passenger compensation is claimed by a person other than the passenger, the carrier shall likewise be wholly or partly exonerated from its liability to the extent that it proves that the damage was caused or contributed to by the negligence or other wrongful act or omission of that passenger. This Article applies to all the liability provisions in this Convention, including paragraph 1 of Article 21.

Article 21 – Compensation in Case of Death or Injury of Passengers

1. For damages arising under paragraph 1 of Article 17 not exceeding 100 000 Special Drawing Rights for each passenger, the carrier shall not be able to exclude or limit its liability.
2. The carrier shall not be liable for damages arising under paragraph 1 of Article 17 to the extent that they exceed for each passenger 100 000 Special Drawing Rights if the carrier proves that:
    (a) such damage was not due to the negligence or other wrongful act or omission of the carrier or its servants or agents; or
    (b) such damage was solely due to the negligence or other wrongful act or omission of a third ply.

Article 22 – Limits of Liability in Relation to Delay, Baggage and Cargo

1. In the case of damage caused by delay as specified in Article 19 in the carriage of persons, the liability of the carrier for each passenger is limited to 4 150 Special Drawing Rights.
2. In the carriage of baggage, the liability of the carrier in the case of destruction, loss, damage or delay is limited to 1 000 Special Drawing Rights for each passenger unless the passenger has made, at the time when the checked baggage was handed over to the carrier, a special declaration of interest in delivery at destination and has paid a supplementary sum if the case so requires. In that case the carrier will be liable to pay a sum not exceeding the declared sum, unless it proves that the sum is greater than the passenger's actual interest in delivery at destination.
3. In the carriage of cargo, the liability of the carrier in the case of destruction, loss, damage or delay is limited to a sum of 17 Special Drawing Rights per kilogramme, unless the consignor has made, at the time when the package was handed over to the carrier, a special declaration of interest in delivery at destination and has paid a supplementary sum if the case so requires. In that case the carrier will be liable to pay a sum not exceeding the declared sum, unless it proves that the sum is greater than the consignor's actual interest in delivery at destination.
4. In the case of destruction, loss, damage or delay of part of the cargo, or of any object contained therein, the weight to be taken into consideration in determining the amount to which the carrier's liability is limited shall be only the total weight of the package or packages concerned. Nevertheless, when the destruction, loss, damage or delay of a part of the cargo, or of an object contained therein, affects the value of other packages covered by the same air waybill, or the same receipt or, if they were not issued, by the same record preserved by the other means referred to in paragraph 2 of Article 4, the total weight of such package or packages shall also be taken into consideration in determining the limit of liability.
5. The foregoing provisions of paragraphs 1 and 2 of this Article shall not apply if it is proved that the damage resulted from an act or omission of the carrier, its servants or agents, done with intent to cause damage or recklessly and with knowledge that damage would probably result; provided that, in the case of such act or omission of a servant or agent, it is also proved that such servant or agent was acting within the scope of its employment.

6. Die in Artikel 21 und in diesem Artikel festgesetzten Haftungsbeschränkungen hindern das Gericht nicht, zusätzlich nach seinem Recht einen Betrag zuzusprechen, der ganz oder teilweise den vom Kläger aufgewendeten Gerichtskosten und sonstigen Ausgaben für den Rechtsstreit, einschließlich Zinsen, entspricht. Dies gilt nicht, wenn der zugesprochene Schadenersatz, ohne Berücksichtigung der Gerichtskosten und der sonstigen Ausgaben für den Rechtsstreit, den Betrag nicht übersteigt, den der Luftfrachtführer dem Kläger schriftlich innerhalb einer Frist von sechs Monaten seit dem Ereignis, das den Schaden verursacht hat, oder, falls die Klage nach Ablauf dieser Frist erhoben worden ist, vor ihrer Erhebung angeboten hat.

Artikel 23 – Umrechnung von Rechnungseinheiten

1. Die in diesem Übereinkommen angegebenen Beträge von Sonderziehungsrechten beziehen sich auf das vom Internationalen Währungsfond festgelegte Sonderziehungsrecht. Die Umrechnung dieser Beträge in Landeswährungen erfolgt im Fall eines gerichtlichen Verfahrens nach dem Wert dieser Währungen in Sonderziehungsrechten im Zeitpunkt der Entscheidung. Der in Sonderziehungsrechten ausgedrückte Wert der Landeswährung eines Vertragsstaats, der Mitglied des Internationalen Währungsfonds ist, wird nach der vom Internationalen Währungsfond angewendeten Bewertungsmethode errechnet, die im Zeitpunkt der Entscheidung für seine Operationen und Transaktionen gilt. Der in Sonderziehungsrechten ausgedrückte Wert der Landeswährung eines Vertragsstaats, der nicht Mitglied des Internationalen Währungsfonds ist, wird auf eine von diesem Staat bestimmte Weise errechnet.

2. Dessen ungeachtet können Staaten, die nicht Mitglieder des Internationalen Währungsfonds sind und deren Recht die Anwendung des Absatzes 1 nicht zuläßt, bei der Ratifikation oder dem Beitritt oder jederzeit danach erklären, daß die Haftung des Luftfrachtführers in gerichtlichen Verfahren in ihrem Hoheitsgebiet im Fall des Artikels 21 auf 1 500 000 Rechnungseinheiten je Reisenden begrenzt ist, im Fall des Artikels 22 Absatz 1 auf 62 500 Rechnungseinheiten je Reisenden, im Fall des Artikels 22 Absatz 2 auf 15 000 Rechnungseinheiten je Reisenden und im Fall des Artikels 22 Absatz 3 auf 250 Rechnungseinheiten für das Kilogramm. Eine Rechnungseinheit entspricht 65 1/2 Milligramm Gold von 900/1000 Feingehalt. Diese Beträge können in einen abgerundeten Betrag der Landeswährung umgerechnet werden. Die Umrechnung der Beträge in die Landeswährung erfolgt nach dem Recht des betreffenden Staates.

3. Die Berechnung nach Absatz 1 Satz 4 und die Umrechnung nach Absatz 2 ist so vorzunehmen, daß soweit wie möglich die Beträge in den Artikeln 21 und 22 demselben Realwert in der Landeswährung des Vertragsstaats entsprechen, wie er sich aus der Anwendung des Absatzes 1 Sätze 1 bis 3 ergeben würde. Die Vertragsstaaten unterrichten den Depositar bei der Hinterlegung der Ratifikations-, Annahme-, Genehmigungs- oder Beitrittsurkunde von der Berechnungsweise nach Absatz 1 oder dem Ergebnis der Umrechnung nach Absatz 2 sowie von jeder Änderung derselben.

Artikel 24 – Überprüfung der Haftungshöchstbeträge

1. Unbeschadet des Artikels 25 und vorbehaltlich des Absatzes 2 werden die Haftungshöchstbeträge nach den Artikeln 21, 22 und 23 vom Depositar nach jeweils fünf Jahren überprüft; die erste Überprüfung ist am Ende des fünften Jahres vorzunehmen, das auf das Inkrafttreten dieses Übereinkommens folgt, oder, wenn das Übereinkommen nicht innerhalb von fünf Jahren ab dem Tag, an dem es erstmals zur Unterzeichnung aufliegt, in Kraft tritt, innerhalb des ersten Jahres nach Inkrafttreten; der Überprüfung ist ein Inflationsfaktor zugrunde zu legen, welcher der kumulierten Inflationsrate seit der vorherigen Überprüfung oder, beim ersten Mal, seit Inkrafttreten des Übereinkommens entspricht. Die für die Bestimmung des Inflationsfaktors zu verwendende Inflationsrate ist der gewogene Mittelwert der jährlichen Zuwachs- oder Rückgangsraten der Verbraucherpreisindizes der Staaten, deren Währungen das in Artikel 23 Absatz 1 genannte Sonderziehungsrecht bilden.

2. Ergibt die in Absatz 1 genannte Überprüfung, daß der Inflationsfaktor 10 Prozent übersteigt, so notifiziert der Depositar den Vertragsstaaten die angepaßten Haftungshöchstbeträge. Jede Anpassung tritt sechs Monate nach ihrer Notifikation an die Vertragsstaaten in Kraft. Teilt innerhalb von drei Monaten nach der Notifikation an die Vertragsstaaten eine Mehrheit der Vertragsstaaten ihre Ablehnung mit, so tritt die Anpassung nicht in Kraft; in diesem Fall unterbreitet der Depositar die Angelegenheit einer Zusammenkunft der Vertragsstaaten. Der Depositar notifiziert allen Vertragsstaaten unverzüglich das Inkrafttreten jeder Anpassung.

6. The limits prescribed in Article 21 and in this Article shall not prevent the court from awarding, in accordance with its own law, in addition, the whole or part of the court costs and of the other expenses of the litigation incurred by the plaintiff, including interest. The foregoing provision shall not apply if the amount of the damages awarded, excluding court costs and other expenses of the litigation, does not exceed the sum which the carrier has offered in writing to the plaintiff within a period of six months from the date of the occurrence causing the damage, or before the commencement of the action, if that is later.

Article 23 – Conversion of Monetary Units

1. The sums mentioned in terms of Special Drawing Right in this Convention shall be deemed to refer to the Special Drawing Right as defined by the International Monetary Fund. Conversion of the sums into national currencies shall, in case of judicial proceedings, be made according to the value of such currencies in terms of the Special Drawing Right at the date of the judgment. The value of a national currency, in terms of the Special Drawing Right, of a State Party which is a Member of the International Monetary Fund, shall be calculated in accordance with the method of valuation applied by the International Monetary Fund, in effect at the date of the judgment, for its operations and transactions. The value of a national currency, in terms of the Special Drawing Right, of a State Party which is not a Member of the International Monetary Fund, shall be calculated in a manner determined by that State.

2. Nevertheless, those States which are not Members of the International Monetary Fund and whose law does not permit the application of the provisions of paragraph 1 of this Article may, at the time of ratification or accession or at any time thereafter, declare that the limit of liability of the carrier prescribed in Article 21 is fixed at a sum of 1 500 000 monetary units per passenger in judicial proceedings in their territories; 62 500 monetary units per passenger with respect to paragraph 1 of Article 22; 15 000 monetary units per passenger with respect to paragraph 2 of Article 22; and 250 monetary units per kilogramme with respect to paragraph 3 of Article 22. This monetary unit corresponds to sixty-five and a half milligrammes of gold of millesimal fineness nine hundred. These sums may be converted into the national currency concerned in round figures. The conversion of these sums into national currency shall be made according to the law of the State concerned.

3. The calculation mentioned in the last sentence of paragraph 1 of this Article and the conversion method mentioned in paragraph 2 of this Article shall be made in such manner as to express in the national currency of the State Party as far as possible the same real value for the amounts in Articles 21 and 22 as would result from the application of the first three sentences of paragraph 1 of this Article. States Parties shall communicate to the depositary the manner of calculation pursuant to paragraph 1 of this Article, or the result of the conversion in paragraph 2 of this Article as the case may be, when depositing an instrument of ratification, acceptance, approval of or accession to this Convention and whenever there is a change in either.

Article 24 – Review of Limits

1. Without prejudice to the provisions of Article 25 of this Convention and subject to paragraph 2 below, the limits of liability prescribed in Articles 21, 22 and 23 shall be reviewed by the Depositary at five-year intervals, the first such review to take place at the end of the fifth year following the date of entry into force of this Convention, or it the Convention does not enter into force within five years of the date it is first open for signature, within the first year of its entry into force, by reference to an inflation factor which corresponds to the accumulated rate of inflation since the previous revision or in the first instance since the date of entry into force of the Convention. The measure of the rate of inflation to be used in determining the inflation factor shall be the weighted average of the annual rates of increase or decrease in the Consumer Price Indices of the States whose currencies comprise the Special Drawing Right mentioned in paragraph 1 of Article 23.

2. If the review referred to in the preceding paragraph concludes that the inflation factor has exceeded 10 per cent, the Depositary shall notify States Parties of a revision of the limits of liability. Any such revision shall become effective six months after its notification to the States Parties. If within three months after its notification to the States Parties a majority of the States Parties register their disapproval, the revision shall not become effective and the Depositary shall refer the matter to a meeting of the States Parties, The Depositary shall immediately notify all States Parties of the coming into force of any revision.

3. Unbeschadet des Absatzes 1 ist das in Absatz 2 genannte Verfahren auf Verlangen eines Drittels der Vertragsstaaten jederzeit anzuwenden, wenn der in Absatz 1 genannte Inflationsfaktor seit der vorherigen Überprüfung oder, wenn eine solche nicht erfolgt ist, seit Inkrafttreten des Übereinkommens, 30 Prozent überstiegen hat. Weitere Überprüfungen nach dem in Absatz 1 beschriebenen Verfahren werden nach jeweils fünf Jahren vorgenommen, erstmals am Ende des fünften Jahres, das auf eine Überprüfung nach diesem Absatz folgt.

Artikel 25 – Vereinbarungen über Haftungshöchstbeträge
Ein Luftfrachtführer kann sich im Beförderungsvertrag höheren als den in diesem Übereinkommen vorgesehenen Haftungshöchstbeträgen unterwerfen oder auf Haftungshöchstbeträge verzichten.

Artikel 26 – Unwirksamkeit von Vertragsbestimmungen
Jede Bestimmung des Beförderungsvertrags, durch welche die Haftung des Luftfrachtführers ausgeschlossen oder der in diesem Übereinkommen festgesetzte Haftungshöchstbetrag herabgesetzt werden soll, ist nichtig; ihre Nichtigkeit hat nicht die Nichtigkeit des gesamten Vertrags zur Folge; dieser unterliegt gleichwohl diesem Übereinkommen.

Artikel 27 – Vertragsfreiheit
Dieses Übereinkommen hindert den Luftfrachtführer nicht daran, den Abschluß eines Beförderungsvertrags zu verweigern, auf Einwendungen, die ihm nach dem Übereinkommen zur Verfügung stehen, zu verzichten oder Vertragsbedingungen festzulegen, die nicht im Widerspruch zu diesem Übereinkommen stehen.

Artikel 28 – Vorauszahlungen
Haben Luftfahrzeugunfälle den Tod oder die Körperverletzung von Reisenden zur Folge, so hat der Luftfrachtführer, wenn er dazu nach nationalem Recht verpflichtet ist, unverzüglich Vorauszahlungen an schadenersatzberechtigte natürliche Personen zur Befriedigung ihrer unmittelbaren wirtschaftlichen Bedürfnisse zu leisten. Diese Vorauszahlungen stellen keine Haftungsanerkennung dar und können mit späteren Schadenersatzleistungen des Luftfrachtführers verrechnet werden.

Artikel 29 – Grundsätze für Ansprüche
Bei der Beförderung von Reisenden, Reisegepäck und Gütern kann ein Anspruch auf Schadenersatz, auf welchem Rechtsgrund er auch beruht, sei es dieses Übereinkommen, ein Vertrag, eine unerlaubte Handlung oder ein sonstiger Rechtsgrund, nur unter den Voraussetzungen und mit den Beschränkungen geltend gemacht werden, die in diesem Übereinkommen vorgesehen sind; die Frage, welche Personen zur Klage berechtigt sind und welche Rechte ihnen zustehen, wird hierdurch nicht berührt. Bei einer derartigen Klage ist jeder eine Strafe einschließende, verschärfte oder sonstige nicht kompensatorische Schadenersatz ausgeschlossen.

Artikel 30 – Leute des Luftfrachtführers – Mehrheit von Ansprüchen
1. Wird einer der Leute des Luftfrachtführers wegen eines Schadens in Anspruch genommen, der unter dieses Übereinkommen fällt, so kann er sich auf die Haftungsvoraussetzungen und -beschränkungen berufen, die nach diesem Übereinkommen für den Luftfrachtführer gelten, sofern er nachweist, daß er in Ausführung seiner Verrichtungen gehandelt hat.
2. Der Betrag, der in diesem Fall von dem Luftfrachtführer und seinen Leuten als Ersatz insgesamt zu leisten ist, darf die genannten Haftungsgrenzen nicht übersteigen.
3. Die Absätze 1 und 2 finden, außer bei der Beförderung von Gütern, keine Anwendung, wenn nachgewiesen wird, daß der Schaden durch eine Handlung oder Unterlassung der Leute des Luftfrachtführers verursacht worden ist, die entweder in der Absicht, Schaden herbeizuführen, oder leichtfertig und in dem Bewusstsein begangen wurde, daß wahrscheinlich ein Schaden eintreten wird.

Artikel 31 – Fristgerechte Schadensanzeige
1. Nimmt der Empfänger aufgegebenes Reisegepäck oder Güter vorbehaltlos an, so begründet dies die widerlegbare Vermutung, daß sie unbeschädigt und entsprechend dem Beförderungsschein oder den anderen Aufzeichnungen im Sinne des Artikels 3 Absatz 2 und Artikels 4 Absatz 2 abgeliefert worden sind.

3. Notwithstanding paragraph 1 of this Article, the procedure referred to in paragraph 2 of this Article shall be applied at any time provided that one-third of the States Parties express a desire to that effect and upon condition that the inflation factor referred to in paragraph 1 has exceeded 30 per cent since the previous revision or since the date of entry into force of this Convention if there has been no previous revision. Subsequent reviews using the procedure described in paragraph 1 of this Article will take place at five-year intervals starting at the end of the fifth year following the date of the reviews under the present paragraph.

Article 25 – Stipulation on Limits
A carrier may stipulate that the contract of carriage shall be subject to higher limits of liability than those provided for in this Convention or to no limits of liability whatsoever.

Article 26 – Invalidity of Contractual Provisions
Any provision tending to relieve the carrier of liability or to fix a lower limit than that which is laid down in this Convention shall be null and void, but the nullity of any such provision does not involve the nullity of the whole contract, which shall remain subject to the provisions of this Convention.

Article 27 – Freedom to Contract
Nothing contained in this Convention shall prevent the carrier from refusing to enter into any contract of carriage, from waiving any defences available under the Convention, or from laying down conditions which do not conflict with the provisions of this Convention.

Article 28 – Advance Payments
In the case of aircraft accidents resulting in death or injury of passengers, the carrier shall, if required by its national law, make advance payments without delay to a natural person or persons who are entitled to claim compensation in order to meet the immediate economic needs of such persons. Such advance payments shall not constitute a recognition of liability and may be offset against any amounts subsequently paid as damages by the carrier.

Article 29 – Basis of Claims
In the carriage of passengers, baggage and cargo, any action for damages, however founded, whether under this Convention or in contract or in tort or otherwise, can only be brought subject to the conditions and such limits of liability as are set out in this Convention without prejudice to the question as to who are the persons who have the right to bring suit and what are their respective rights. In any such action, punitive, exemplary or any other non-compensatory damages shall not be recoverable.

Article 30 – Servants, Agents – Aggregation of Claims
1. If an action is brought against a servant or agent of the carrier arising out of damage to which the Convention relates, such servant or agent, if they prove that they acted within the scope of their employment, shall be entitled to avail themselves of the conditions and limits of liability which the carver itself is entitled to invoke under this Convention.
2. The aggregate of the amounts recoverable from the carrier, its servants and agents, in that case, shall not exceed the said limits.
3. Save in respect of the carriage of cargo, the provisions of paragraphs 1 and 2 of this Article shall not apply if it is proved that the damage resulted from an act or omission of the servant or agent done with intent to cause damage or recklessly and with knowledge that damage would probably result.

Article 31 – Timely Notice of Complaints
1. Receipt by the person entitled to delivery of checked baggage or cargo without complaint is prima facie evidence that the same has been delivered in good condition and in accordance with the document of carriage or with the record preserved by the other means referred to in paragraph 2 of Article 3 and paragraph 2 of Article 4.

2. Im Fall einer Beschädigung muß der Empfänger unverzüglich nach Entdeckung des Schadens, bei aufgegebenem Reisegepäck jedenfalls binnen sieben und bei Gütern binnen vierzehn Tagen nach der Annahme, dem Luftfrachtführer Anzeige erstatten. Im Fall einer Verspätung muß die Anzeige binnen einundzwanzig Tagen, nachdem das Reisegepäck oder die Güter dem Empfänger zur Verfügung gestellt worden sind, erfolgen.
3. Jede Beanstandung muß schriftlich erklärt und innerhalb der dafür vorgesehenen Frist übergeben oder abgesandt werden.
4. Wird die Anzeigefrist versäumt, so ist jede Klage gegen den Luftfrachtführer ausgeschlossen, es sei denn, daß dieser arglistig gehandelt hat.

Artikel 32 – Tod des Schadenersatzpflichtigen
Stirbt die zum Schadenersatz verpflichtete Person, so kann der Anspruch auf Schadenersatz nach diesem Übereinkommen gegen ihre Rechtsnachfolger geltend gemacht werden.

Artikel 33 – Gerichtsstand
1. Die Klage auf Schadenersatz muß im Hoheitsgebiet eines der Vertragsstaaten erhoben werden, und zwar nach Wahl des Klägers entweder bei dem Gericht des Ortes, an dem sich der Wohnsitz des Luftfrachtführers, seine Hauptniederlassung oder seine Geschäftsstelle befindet, durch die der Vertrag geschlossen worden ist, oder bei dem Gericht des Bestimmungsorts.
2. Die Klage auf Ersatz des Schadens, der durch Tod oder Körperverletzung eines Reisenden entstanden ist, kann bei einem der in Absatz 1 genannten Gerichte oder im Hoheitsgebiet eines Vertragsstaats erhoben werden, in dem der Reisende im Zeitpunkt des Unfalls seinen ständigen Wohnsitz hatte und in das oder aus dem der Luftfrachtführer Reisende im Luftverkehr gewerbsmäßig befördert, und zwar entweder mit seinen eigenen Luftfahrzeugen oder aufgrund einer geschäftlichen Vereinbarung mit Luftfahrzeugen eines anderen Luftfrachtführers, und in dem der Luftfrachtführer sein Gewerbe von Geschäftsräumen aus betreibt, deren Mieter oder Eigentümer er selbst oder ein anderer Luftfrachtführer ist, mit dem er eine geschäftliche Vereinbarung geschlossen hat.
3. Im Sinne des Absatzes 2 bedeutet
    a) „geschäftliche Vereinbarung" einen Vertrag zwischen Luftfrachtführern über die Erbringung gemeinsamer Beförderungsdienstleistungen für Reisende im Luftverkehr mit Ausnahme eines Handelsvertretervertrags,
    b) „ständiger Wohnsitz" den Hauptwohnsitz und gewöhnlichen Aufenthalt des Reisenden im Zeitpunkt des Unfalls. Die Staatsangehörigkeit des Reisenden ist in dieser Hinsicht nicht entscheidend.
4. Das Verfahren richtet sich nach dem Recht des angerufenen Gerichts.

Artikel 34 – Schiedsverfahren
1. Die Parteien des Vertrags über die Beförderung von Gütern können nach Maßgabe dieses Artikels vereinbaren, daß Streitigkeiten über die Haftung des Luftfrachtführers nach diesem Übereinkommen in einem Schiedsverfahren beigelegt werden. Eine derartige Vereinbarung bedarf der Schriftform.
2. Das Schiedsverfahren wird nach Wahl des Anspruchstellers an einem der in Artikel 33 genannten Gerichtsstände durchgeführt.
3. Der Schiedsrichter oder das Schiedsgericht hat dieses Übereinkommen anzuwenden.
4. Die Absätze 2 und 3 gelten als Bestandteil jeder Schiedsklausel oder -vereinbarung; abweichende Bestimmungen sind nichtig.

Artikel 35 – Ausschlußfrist
1. Die Klage auf Schadenersatz kann nur binnen einer Ausschlußfrist von zwei Jahren erhoben werden; die Frist beginnt mit dem Tag, an dem das Luftfahrzeug am Bestimmungsort angekommen ist oder an dem es hätte ankommen sollen oder an dem die Beförderung abgebrochen worden ist.
2. Die Berechnung der Frist richtet sich nach dem Recht des angerufenen Gerichts.

2. In the case of damage, the person entitled to delivery must complain to the carrier forthwith after the discovery of the damage, and, at the latest, within seven days from the date of receipt in the case of checked baggage and fourteen days from the date of receipt in the case of cargo. In the case of delay, the complaint must be made at the latest within twenty-one days from the date on which the baggage or cargo have been placed at his or her disposal.
3. Every complaint must be made in writing and given or dispatched within the times aforesaid.
4. If no complaint is made within the times aforesaid, no action shell lie against the carrier, save in the case of fraud on its part.

Article 32 – Death of Person Liable
In the case of the death of the person liable, an action for damages lies in accordance with the terms of this Convention against those legally representing his or her estate.

Article 33 – Jurisdiction
1. An action for damages must be brought, at the Option of the plaintiff, in the territory of one of the States Parties, either before the court of the domicile of the carrier or of its principal place of business, or where it has a place of business through which the contract has been made or before the court at the place of destination.
2. In respect of damage resulting from the death or injury of a passenger, an action may be brought before one of the courts mentioned in paragraph 1 of this Article, or in the territory of a State Party in which at the time of the accident the passenger has his or her principal and permanent residence and to or from which the carrier operates services for the carriage of passengers by air, either on its own aircraft, or on another carrier's aircraft pursuant to a commercial agreement, and in which that carrier conducts its business of carriage of passengers by air from premises leased or owned by the carrier itself or by another carrier with which it has a commercial agreement.
3. For the purposes of paragraph 2,
    (a) „commercial agreement" means an agreement, other than an agency agreement, made between carriers and relating to the provision of their joint services for carriage of passengers by air;
    (b) „principal and permanent residence" means the one fixed and permanent abode of the passenger at the time of the accident. The nationality of the passenger shall not be the determining factor in this regard.
4. Questions of procedure shall be governed by the law of the court seised of the case.

Article 34 – Arbitration
1. Subject to the provisions of this Article, the parties to the contract of carriage for cargo may stipulate that any dispute relating to the liability of the carrier under this Convention shall be settled by arbitration. Such agreement shall be in writing.
2. The arbitration proceedings shall, at the Option of the claimant, take place within one of the jurisdictions referred to in Article 33.
3. The arbitrator or arbitration tribunal shall apply the provisions of this Convention.
4. The provisions of paragraphs 2 and 3 of this Article shall be deemed to be part of every arbitration clause or agreement, and any term of such clause or agreement which is inconsistent therewith shall be null and void.

Article 35 – Limitation of Actions
1. The right to damages shall be extinguished if an action is not brought within a period of two years, reckoned from the date of arrival at the destination, or from the date on which the aircraft ought to have arrived, or from the date on which the carnage stopped.
2. The method of calculating that period shall be determined by the law of the court seised of the case.

Artikel 36 – Aufeinanderfolgende Beförderung
1. Jeder Luftfrachtführer, der Reisende, Reisegepäck oder Güter annimmt, ist bei Beförderungen im Sinne des Artikels 1 Absatz 3, die nacheinander durch mehrere Luftfrachtführer ausgeführt werden, den Vorschriften dieses Übereinkommens unterworfen; er gilt für den Teil der Beförderung, der unter seiner Leitung ausgeführt wird, als Partei des Beförderungsvertrags.
2. Bei einer solchen Beförderung kann der Reisende oder die sonst anspruchsberechtigte Person nur den Luftfrachtführer in Anspruch nehmen, der die Beförderung ausgeführt hat, in deren Verlauf der Unfall oder die Verspätung eingetreten ist, es sei denn, daß der erste Luftfrachtführer durch ausdrückliche Vereinbarung die Haftung für die ganze Reise übernommen hat.
3. Bei Reisegepäck oder Gütern kann der Reisende oder der Absender den ersten, der Reisende oder der Empfänger, der die Auslieferung verlangen kann, den letzten, und jeder von ihnen denjenigen Luftfrachtführer in Anspruch nehmen, der die Beförderung ausgeführt hat, in deren Verlauf die Zerstörung, der Verlust oder die Beschädigung erfolgt oder die Verspätung eingetreten ist. Diese Luftfrachtführer haften dem Reisenden oder dem Absender oder Empfänger als Gesamtschuldner.

Artikel 37 – Rückgriffsrecht gegenüber Dritten
Dieses Übereinkommen berührt nicht die Frage, ob die nach seinen Bestimmungen schadenersatzpflichtige Person gegen eine andere Person Rückgriff nehmen kann.

Kapitel IV
Gemischte Beförderung
Artikel 38 – Gemischte Beförderung
1. Bei gemischter Beförderung, die zum Teil durch Luftfahrzeuge, zum Teil durch andere Verkehrsmittel ausgeführt wird, gilt dieses Übereinkommen vorbehaltlich des Artikels 18 Absatz 4 nur für die Luftbeförderung im Sinne des Artikels 1.
2. Bei gemischter Beförderung sind die Parteien durch dieses Übereinkommen nicht gehindert, Bedingungen für die Beförderung durch andere Verkehrsmittel in den Luftbeförderungsvertrag aufzunehmen, sofern hinsichtlich der Luftbeförderung dieses Übereinkommen beachtet wird.

Kapitel V
Luftbeförderung durch einen anderen als den vertraglichen Luftfrachtführer
Artikel 39 – Vertraglicher Luftfrachtführer – Ausführender Luftfrachtführer
Dieses Kapitel gilt, wenn eine Person (im folgenden als „vertraglicher Luftfrachtführer" bezeichnet) mit einem Reisenden oder einem Absender oder einer für den Reisenden oder den Absender handelnden Person einen diesem Übereinkommen unterliegenden Beförderungsvertrag geschlossen hat und eine andere Person (im folgenden als „ausführender Luftfrachtführer" bezeichnet) aufgrund einer Vereinbarung mit dem vertraglichen Luftfrachtführer berechtigt ist, die Beförderung ganz oder zum Teil auszuführen, ohne daß es sich hinsichtlich dieses Teiles um eine aufeinanderfolgende Beförderung im Sinne dieses Übereinkommens handelt. Die Berechtigung wird bis zum Beweis des Gegenteils vermutet.

Artikel 40 – Haftung des vertraglichen und des ausführenden Luftfrachtführers
Führt ein ausführender Luftfrachtführer eine Beförderung, die nach dem in Artikel 39 genannten Beförderungsvertrag diesem Übereinkommen unterliegt, ganz oder zum Teil aus, so unterstehen, soweit dieses Kapitel nichts anderes bestimmt, sowohl der vertragliche Luftfrachtführer als auch der ausführende Luftfrachtführer den Vorschriften dieses Übereinkommens, der erstgenannte für die gesamte im Vertrag vorgesehene Beförderung, der zweitgenannte nur für die Beförderung, die er ausführt.

Artikel 41 – Wechselseitige Zurechnung
1. Die Handlungen und Unterlassungen des ausführenden Luftfrachtführers und seiner Leute, soweit diese in Ausführung ihrer Verrichtungen handeln, gelten bezüglich der von dem ausführenden Luftfrachtführer ausgeführten Beförderung auch als solche des vertraglichen Luftfrachtführers.

Article 36 – Successive Carriage

1. In the case of carriage to be performed by various successive carriers and falling within the definition set out in paragraph 3 of Article 1, each carrier which accepts passengers, baggage or cargo is subject to the rules set out in this Convention and is deemed to be one of the parties to the contract of carriage in so far as the contract deals with that part of the carriage which is performed under its supervision.
2. In the case of carriage of this nature, the passenger or any person entitled to compensation in respect of him or her can take action only against the carrier which performed the carriage during which the accident or the delay occurred, save in the case where, by express agreement, the first carrier has assumed liability for the whole journey.
3. As regards baggage or cargo, the passenger or consignor will have a right of action against the first carrier, and the passenger or consignee who is entitled to delivery will have a right of action against the last carrier, and further, each may take action against the carrier which performed the carriage during which the destruction, loss, damage or delay took place. These carriers will be jointly and severally liable to the passenger or to the consignor or consignee.

Article 37 – Right of Recourse against Third Parties

Nothing in this Convention shall prejudice the question whether a person liable for damage in accordance with its provisions has a right of recourse against any other person.

Chapter IV
Combined Carriage
Article 38 – Combined Carriage

1. In the case of combined carriage performed partly by air and partly by any other mode of carriage, the provisions of this Convention shall, subject to paragraph 4 of Article 18, apply only to the carriage by air, provided that the carriage by air falls within the terms of Article 1.
2. Nothing in this Convention shall prevent the parties in the case of combined carriage from inserting in the document of air carriage conditions relating to other modes of carriage, provided that the provisions of this Convention are observed as regards the carriage by air.

Chapter V
Carriage by Air Performed by a Person other than the Contracting Carrier
Article 39 – Contracting Carrier – Actual Carrier

The provisions of this Chapter apply when a person (hereinafter referred to as „the contracting carrier") as a principal makes a contract of carriage governed by this Convention with a passenger or consignor or with a person acting on behalf of the passenger or consignor, and another person (hereinafter referred to as „the actual carrier") performs, by virtue of authority from the contracting carrier, the whole or part of the carriage, but is not with respect to such part a successive carrier within the meaning of this Convention. Such authority shall be presumed in the absence of proof to the contrary.

Article 40 – Respective Liability of Contracting and Actual Carriers

If an actual carrier performs the whole or part of carriage which, according to the contract referred to in Article 39, is governed by this Convention, both the contracting carrier and the actual carrier shall, except as otherwise provided in this Chapter, be subject to the rules of this Convention, the former for the whole of the carriage contemplated in the contract, the latter solely for the carriage which it performs.

Article 41 – Mutual Liability

1. The acts and omissions of the actual carrier and of its servants and agents acting within the scope of their employment shall, in relation to the carriage performed by the actual carrier, be deemed to be also those of the contracting carrier.

2. Die Handlungen und Unterlassungen des vertraglichen Luftfrachtführers und seiner Leute, soweit diese in Ausführung ihrer Verrichtungen handeln, gelten bezüglich der von dem ausführenden Luftfrachtführer ausgeführten Beförderung auch als solche des ausführenden Luftfrachtführers. Der ausführende Luftfrachtführer kann jedoch durch solche Handlungen oder Unterlassungen nicht einer Haftung unterworfen werden, welche die in den Artikeln 21, 22, 23 und 24 genannten Beträge übersteigt. Eine besondere Vereinbarung, wonach der vertragliche Luftfrachtführer Verpflichtungen eingeht, die nicht durch dieses Übereinkommen auferlegt werden, oder ein Verzicht auf Rechte oder Einwendungen nach diesem Übereinkommen oder eine betragsmäßige Angabe des Interesses an der Lieferung nach Artikel 22 ist gegenüber dem ausführenden Luftfrachtführer nur mit seiner Zustimmung wirksam.

Artikel 42 – Beanstandungen und Weisungen
Beanstandungen oder Weisungen, die nach diesem Übereinkommen gegenüber dem Luftfrachtführer zu erklären sind, werden wirksam, gleichviel ob sie an den vertraglichen Luftfrachtführer oder an den ausführenden Luftfrachtführer gerichtet werden. Die Weisungen nach Artikel 12 werden jedoch nur wirksam, wenn sie an den vertraglichen Luftfrachtführer gerichtet werden.

Artikel 43 – Leute der Luftfrachtführer
Soweit der ausführende Luftfrachtführer die Beförderung vorgenommen hat, können sich sowohl seine als auch die Leute des vertraglichen Luftfrachtführers, sofern sie nachweisen, daß sie in Ausführung ihrer Verrichtungen gehandelt haben, auf die Haftungsvoraussetzungen und -beschränkungen berufen, die nach diesem Übereinkommen für den Luftfrachtführer gelten, zu dessen Leuten sie gehören; dies gilt nicht, wenn der Nachweis erbracht wird, daß sie in einer Weise gehandelt haben, welche die Berufung auf die Haftungsbeschränkungen nach diesem Übereinkommen ausschließt.

Artikel 44 – Betrag des gesamten Schadenersatzes
Soweit der ausführende Luftfrachtführer die Beförderung vorgenommen hat, darf der Betrag, den dieser Luftfrachtführer, der vertragliche Luftfrachtführer und ihre Leute, sofern diese in Ausführung ihrer Verrichtungen gehandelt haben, als Schadenersatz zu leisten haben, den höchsten Betrag nicht übersteigen, der nach diesem Übereinkommen von dem vertraglichen oder dem ausführenden Luftfrachtführer als Schadenersatz beansprucht werden kann; keine der genannten Personen haftet jedoch über den für sie geltenden Höchstbetrag hinaus.

Artikel 45 – Beklagter
Soweit der ausführende Luftfrachtführer die Beförderung vorgenommen hat, kann eine Klage auf Schadenersatz nach Wahl des Klägers gegen diesen Luftfrachtführer, den vertraglichen Luftfrachtführer oder beide, gemeinsam oder gesondert, erhoben werden. Ist die Klage nur gegen einen dieser Luftfrachtführer erhoben, so hat dieser das Recht, den anderen Luftfrachtführer aufzufordern, sich an dem Rechtsstreit zu beteiligen; Rechtswirkungen und Verfahren richten sich nach dem Recht des angerufenen Gerichts.

Artikel 46 – Weiterer Gerichtsstand
Eine Klage auf Schadenersatz nach Artikel 45 kann nur im Hoheitsgebiet eines der Vertragsstaaten, und zwar nach Wahl des Klägers entweder bei einem der Gerichte erhoben werden, bei denen eine Klage gegen den vertraglichen Luftfrachtführer nach Artikel 33 erhoben werden kann, oder bei dem Gericht des Ortes, an dem der ausführende Luftfrachtführer seinen Wohnsitz oder seine Hauptniederlassung hat.

Artikel 47 – Unwirksamkeit vertraglicher Bestimmungen
Jede vertragliche Bestimmung, durch welche die Haftung des vertraglichen oder des ausführenden Luftfrachtführers nach diesem Kapitel ausgeschlossen oder der maßgebende Haftungshöchstbetrag herabgesetzt werden soll, ist nichtig; ihre Nichtigkeit hat nicht die Nichtigkeit des gesamten Vertrags zur Folge; dieser unterliegt weiterhin den Bestimmungen dieses Kapitels.

Artikel 48 – Innenverhältnis von vertraglichem und ausführendem Luftfrachtführer
Dieses Kapitel, mit Ausnahme des Artikels 45, berührt nicht die Rechte und Pflichten der Luftfrachtführer untereinander, einschließlich der Rechte auf Rückgriff oder Schadenersatz.

2. The acts and omissions of the contracting carrier and of its servants and agents acting within the scope of their employment shall, in relation to the carriage performed by the actual carrier, be deemed to be also those of the actual carrier. Nevertheless, no such act or omission shall subject the actual carrier to liability exceeding the amounts referred to in Articles 21, 22, 23 and 24. Any special agreement under which the contracting carrier assumes obligations not imposed by this Convention or any waiver of rights or defences conferred by this Convention or any special declaration of interest in delivery at destination contemplated in Article 22 shall not affect the actual carrier unless agreed to by it.

Article 42 – Addressee of Complaints and Instructions

Any complaint to be made or instruction to be given under this Convention to the carrier shall have the same effect whether addressed to the contracting carrier or to the actual carrier. Nevertheless, instructions referred to in Article 12 shall only be effective if addressed to the contracting carrier.

Article 43 – Servants and Agents

In relation to the carriage performed by the actual carrier, any servant or agent of that carrier or of the contracting carrier shall, if they prove that they acted within the scope of their employment, be entitled to avail themselves of the conditions and limits of liability which are applicable under this Convention to the carrier whose servant or agent they are, unless it is proved that they acted in a manner that prevents the limits of liability from being invoked in accordance with this Convention.

Article 44 – Aggregation of Damages

In relation to the carriage performed by the actual carrier, the aggregate of the amounts recoverable from that carrier and the contracting carrier, and from their servants and agents acting within the scope of their employment, shall not exceed the highest amount which could be awarded against either the contracting carrier or the actual carrier under this Convention, but none of the persons mentioned shall be liable for a sum in excess of the limit applicable to that person.

Article 45 – Addressee of Claims

In relation to the carriage performed by the actual carrier, an action for damages may be brought, at the Option of the plaintiff, against that carrier or the contracting carrier, or against both together or separately. If the action is brought against only one of those carriers, that carrier shall have the right to require the other carrier to be joined in the proceedings, the procedure and effects being governed by the law of the court seised of the case.

Article 46 – Additional Jurisdiction

Any action for damages contemplated in Article 45 must be brought, at the Option of the plaintiff, in the territory of one of the States Parties, either before a court in which an action may be brought against the contracting carrier, as provided in Article 33, or before the court having jurisdiction at the place where the actual carrier has its domicile or its principal place of business.

Article 47 – Invalidity of Contractual Provisions

Any contractual provision tending to relieve the contracting carrier or the actual carrier of liability under this Chapter or to fix a lower limit than that which is applicable according to this Chapter shall be null and void, but the nullity of any such provision does not involve the nullity of the whole contract, which shall remain subject to the provisions of this Chapter.

Article 48 – Mutual Relations of Contracting and Actual Carriers

Except as provided in Article 45, nothing in this Chapter shall affect the rights and obligations of the carriers between themselves, including any right of recourse or indemnification.

Kapitel VI
Sonstige Bestimmungen Artikel 49 – Zwingendes Recht
Alle Bestimmungen des Beförderungsvertrags und alle vor Eintritt des Schadens getroffenen besonderen Vereinbarungen, mit denen die Parteien durch Bestimmung des anzuwendenden Rechts oder durch Änderung der Vorschriften über die Zuständigkeit von diesem Übereinkommen abweichen, sind nichtig.

Artikel 50 – Versicherung
Die Vertragsstaaten verpflichten ihre Luftfrachtführer, sich zur Deckung ihrer Haftung nach diesem Übereinkommen angemessen zu versichern. Der Vertragsstaat, in den ein Luftfrachtführer eine Beförderung ausführt, kann einen Nachweis über einen angemessenen Versicherungsschutz zur Deckung der Haftung nach diesem Übereinkommen verlangen.

Artikel 51 – Beförderung unter außergewöhnlichen Umständen
Die Bestimmungen der Artikel 3 bis 5, 7 und 8 über die Beförderungsurkunden sind nicht auf Beförderungen anzuwenden, die unter außergewöhnlichen Umständen und nicht im Rahmen des gewöhnlichen Luftverkehrs ausgeführt werden.

Artikel 52 – Bestimmung des Begriffs „Tage"
Der Begriff „Tage" im Sinne dieses Übereinkommens bedeutet Kalendertage, nicht Werktage.

Kapitel VII
Schlussbestimmungen Artikel 53 – Unterzeichnung, Ratifikation und Inkrafttreten
1. Dieses Übereinkommen liegt am 28. Mai 1999 in Montreal für die Staaten zur Unterzeichnung auf, die an der Internationalen Konferenz über Luftrecht vom 10. bis zum 28. Mai 1999 in Montreal teilgenommen haben. Nach dem 28. Mai 1999 liegt das Übereinkommen am Sitz der Internationalen Zivilluftfahrt-Organisation in Montreal für alle Staaten zur Unterzeichnung auf, bis es nach Absatz 6 in Kraft tritt.
2. Dieses Übereinkommen liegt ebenso für Organisationen der regionalen Wirtschaftsintegration zur Unterzeichnung auf. Im Sinne dieses Übereinkommens bedeutet eine „Organisation der regionalen Wirtschaftsintegration" eine von souveränen Staaten einer bestimmten Region gebildete Organisation, die für bestimmte, durch dieses Übereinkommen geregelte Gegenstände zuständig ist und gehörig befugt ist, dieses Übereinkommen zu unterzeichnen und es zu ratifizieren, anzunehmen, zu genehmigen oder ihm beizutreten. Eine Bezugnahme auf einen „Vertragsstaat" oder „Vertragsstaaten" in diesem Übereinkommen mit Ausnahme des Artikels 1 Absatz 2, Artikels 3 Absatz 1 Buchstabe b, Artikels 5 Buchstabe b, der Artikel 23, 33 und 46 sowie des Artikels 57 Buchstabe b gilt gleichermaßen für eine Organisation der regionalen Wirtschaftsintegration. Die Bezugnahmen in Artikel 24 auf „eine Mehrheit der Vertragsstaaten" und „ein Drittel der Vertragsstaaten" gelten nicht für eine Organisation der regionalen Wirtschaftsintegration.
3. Dieses Übereinkommen bedarf der Ratifikation durch die Staaten und Organisationen der regionalen Wirtschaftsintegration, die es unterzeichnet haben.
4. Staaten oder Organisationen der regionalen Wirtschaftsintegration, die dieses Übereinkommen nicht unterzeichnen, können es jederzeit annehmen oder genehmigen oder ihm beitreten.
5. Die Ratifikations-, Annahme-, Genehmigungs- oder Beitrittsurkunden werden bei der Internationalen Zivilluftfahrt-Organisation hinterlegt; diese wird hiermit zum Depositar bestimmt.
6. Dieses Übereinkommen tritt am sechzigsten Tag nach Hinterlegung der dreißigsten Ratifikations-, Annahme-, Genehmigungs- oder Beitrittsurkunde beim Depositar zwischen den Staaten in Kraft, die eine solche Urkunde hinterlegt haben. Eine von einer Organisation der regionalen Wirtschaftsintegration hinterlegte Urkunde wird insoweit nicht gezählt.
7. Für andere Staaten und für andere Organisationen der regionalen Wirtschaftsintegration tritt dieses Übereinkommen sechzig Tage nach Hinterlegung der Ratifikations-, Annahme-, Genehmigungs- oder Beitrittsurkunde in Kraft.
8. Der Depositar notifiziert allen Unterzeichnern und Vertragsstaaten umgehend
    a) jede Unterzeichnung dieses Übereinkommens und deren Zeitpunkt;
    b) jede Hinterlegung einer Ratifikations-, Annahme-, Genehmigungs- oder Beitrittsurkunde und den Zeitpunkt der Hinterlegung;

Chapter VI
Other Provisions
Article 49 – Mandatory Application
Any clause contained in the contract of carriage and all special agreements entered into before the damage occurred by which the parties purport to infringe the rules laid down by this Convention, whether by deciding the law to be applied, or by altering the rules as to jurisdiction, shall be null and void.

Article 50 – Insurance
States Parties shall require their carriers to maintain adequate insurance covering their liability under this Convention. A carrier may be required by the State Party into which it operates to furnish evidence that it maintains adequate insurance covering its liability under this Convention.

Article 51 – Carriage Performed in Extraordinary Circumstances
The provisions of Articles 3 to 5, 7 and 8 relating to the documentation of carriage shall not apply in the case of carriage performed in extraordinary circumstances outside the normal scope of a carrier's business.

Article 52 – Definition of Days
The expression „days" when used in this Convention means calendar days, not working days.

Chapter VII Final Clauses
Article 53 – Signature, Ratification and Entry into Force
1. This Convention shall be open for signature in Montreal on 28 May 1999 by States participating in the International Conference on Air Law held at Montreal from 10 to 28 May 1999. After 28 May 1999, the Convention shall be open to all States for signature at the Headquarters of the International Civil Aviation Organization in Montreal until it enters into force in accordance with paragraph 6 of this Article.
2. This Convention shall similarly be open for signature by Regional Economic Integration Organisations. For the purpose of this Convention, a „Regional Economic Integration Organisation" means any organisation which is constituted by' sovereign States of a given region which has competence in respect of certain matters governed by this Convention and has been duly authorized to sign and to ratify, accept, approve or accede to this Convention. A reference to a „State Party" or „States Parties" in this Convention; otherwise than in paragraph 2 of Article 1, paragraph 1(b) of Article 3, paragraph (b) of Article 5, Articles 23, 33, 46 and paragraph (b) of Article 57, applies equally to a Regional Economic Integration Organisation. For the purpose of Article 24, the references to „a majority of the States Parties" and „one-third of the States Parties" shall not apply to a Regional Economic Integration Organisation.
3. This Convention shall be subject to ratification by States and by Regional Economic Integration Organisations which have signed it.
4. Any State or Regional Economic Integration Organisation which does not sign this Convention may accept, approve or accede to it at any time.
5. Instruments of ratification, acceptance, approval or accession shall be deposited with the International Civil Aviation Organization, which is hereby designated the Depositary.
6. This Convention shall enter into force on the sixtieth day following the date of deposit of the thirtieth Instrument of ratification, acceptance, approval or accession with the Depositary between the States which have deposited such instrument. An instrument deposited by a Regional Economic Integration Organisation shall not be counted for the purpose of this paragraph.
7. For other States and for other Regional Economic Integration Organisations, this Convention shall take effect sixty days following the date of deposit of the instrument of ratification, acceptance, approval or accession.
8. The Depositary shall promptly notify all signatories and States Parties of;
    (a) each signature of this Convention and date thereof;
    (b) each deposit of an instrument of ratification, acceptance, approval or accession and date thereof,

c) den Zeitpunkt des Inkrafttretens dieses Übereinkommens;
d) den Zeitpunkt, zu dem eine nach diesem Übereinkommen vorgenommene Anpassung der Haftungshöchstbeträge in Kraft tritt;
e) jede Kündigung nach Artikel 54.

Artikel 54 – Kündigung

1. Jeder Vertragsstaat kann dieses Übereinkommen durch eine an den Depositar gerichtete schriftliche Notifikation kündigen.
2. Die Kündigung wird einhundertachtzig Tage nach Eingang der Notifikation beim Depositar wirksam.

Artikel 55 – Verhältnis zu anderen mit dem Warschauer Abkommen zusammenhängenden Übereinkünften

Dieses Übereinkommen geht allen Vorschriften vor, die für die Beförderung im internationalen Luftverkehr gelten

1. zwischen Vertragsstaaten dieses Übereinkommens aufgrund dessen, daß diese Staaten gemeinsam Vertragsparteien folgender Übereinkünfte sind:
    a) Abkommen zur Vereinheitlichung von Regeln über die Beförderung im internationalen Luftverkehr, unterzeichnet in Warschau am 12. Oktober 1929 (im folgenden als „Warschauer Abkommen" bezeichnet);
    b) Protokoll zur Änderung des Abkommens zur Vereinheitlichung von Regeln über die Beförderung im internationalen Luftverkehr, unterzeichnet in Warschau am 12. Oktober 1929, beschlossen in Den Haag am 28. September 1955 (im folgenden als „Haager Protokoll" bezeichnet);
    c) Zusatzabkommen zum Warschauer Abkommen zur Vereinheitlichung von Regeln über die von einem anderen als dem vertraglichen Luftfrachtführer ausgeführte Beförderung im internationalen Luftverkehr, unterzeichnet in Guadalajara am 18. September 1961 (im folgenden als „Abkommen von Guadalajara" bezeichnet);
    d) Protokoll zur Änderung des am 12. Oktober 1929 in Warschau unterzeichneten Abkommens zur Vereinheitlichung von Regeln über die Beförderung im internationalen Luftverkehr in der Fassung des Haager Protokolls vom 28. September 1955, unterzeichnet in Guatemala-Stadt am 8. März 1971 (im folgenden als „Protokoll von Guatemala-Stadt" bezeichnet);
    e) Zusatzprotokolle Nr. 1 bis 3 und Protokoll von Montreal Nr. 4 zur Änderung des Warschauer Abkommens in der Fassung des Haager Protokolls oder des Warschauer Abkommens in der Fassung des Haager Protokolls und des Protokolls von Guatemala-Stadt, unterzeichnet in Montreal am 25. September 1975 (im folgenden als „Protokolle von Montreal" bezeichnet) oder 2. innerhalb des Hoheitsgebiets eines einzelnen Vertragsstaats dieses Übereinkommens aufgrund dessen, daß dieser Staat Vertragspartei einer oder mehrerer der in Ziffer 1 Buchstaben a bis e genannten Übereinkünfte ist.

Artikel 56 – Staaten mit mehreren Rechtsordnungen

1. Umfaßt ein Staat zwei oder mehr Gebietseinheiten, in denen auf die durch dieses Übereinkommen geregelten Gegenstände unterschiedliche Rechtsordnungen angewendet werden, so kann er bei der Unterzeichnung, der Ratifikation, der Annahme, der Genehmigung oder dem Beitritt erklären, daß dieses Übereinkommen sich auf alle seine Gebietseinheiten oder nur auf eine oder mehrere derselben erstreckt; er kann seine Erklärung jederzeit durch eine neue Erklärung ersetzen.
2. Die Erklärungen werden dem Depositar notifiziert und müssen ausdrücklich angeben, auf welche Gebietseinheiten sich das Übereinkommen erstreckt.
3. Hinsichtlich eines Vertragsstaats, der eine solche Erklärung abgegeben hat,
    a) sind Bezugnahmen auf die „Landeswährung" in Artikel 23 als Bezugnahmen auf die Währung der betreffenden Gebietseinheit dieses Staates zu verstehen und
    b) ist die Bezugnahme auf das „nationale Recht" in Artikel 28 als Bezugnahme auf das Recht der betreffenden Gebietseinheit dieses Staates zu verstehen.

(c) the date of entry into force of this Convention;
(d) the date of the coming into force of any revision of the limits of liability established under this Convention;
(e) any denunciation under Article 54.

Article 54 – Denunciation
1. Any State Party may denounce this Convention by written notification to the Depositary.
2. Denunciation shall take effect one hundred and eighty days following the date on which notification is received by the Depositary.

Article 55 – Relationship with other Warsaw Convention Instruments
This Convention shall prevail over any rules which apply to international carriage by air:
1. between States Parties to this Convention by virtue of those States commonly being Party to
   (a) the *Convention for the Unification of Certain Rules Relating to International Carriage by Air* Signed at Warsaw on 12 October 1929 (hereinafter called the Warsaw Convention);
   (b) the *Protocol to Amend the Convention for the Unification of Certain Rules Relating to International Carriage by Air Signed at Warsaw on 12 October 1929*, Done at The Hague on 28 September 1955 (hereinafter called The Hague Protocol);
   (c) the *Convention, Supplementary to the Warsaw Convention, for the Unification of Certain Rules Relating to International Carriage by Air Performed by a Person Other than the Contracting Carrier*, signed at Guadalajara on 18 September 1961 (hereinafter called the Guadalajara Convention);
   (d) the *Protocol to Amend the Convention for the Unification of Certain Rules Relating to International Carriage by Air Signed at Warsaw on 12 October 1929 as Amended by the Protocol Done at The Hague on 28 September 1955* Signed at Guatemala City on 8 March 1971 (hereinafter called the Guatemala City Protocol);
   (e) Additional Protocol Nos. 1 to 3 and Montreal Protocol No. 4 to amend the Warsaw Convention as amended by The Hague Protocol or the Warsaw Convention as amended by both The Hague Protocol and the Guatemala City Protocol Signed at Montreal on 25 September 1975 (hereinafter called the Montreal Protocols); or
2. within the territory of any single State Party to this Convention by virtue of that State being Party to one or more of the instruments referred to in sub-paragraphs (a) to (e) above.

Article 56 – States with more than one System of Law
1. If a State has two or more territorial units in which different systems of law are applicable in relation to matters dealt with in this Convention, it may at the time of signature, ratification, acceptance, approval or accession declare that this Convention shall extend to all its territorial units or only to one or more of them and may modify this declaration by submitting another declaration at any time.
2. Any such declaration shall be notified to the Depositary and shall state expressly the territorial units to which the Convention applies.
3. In relation to a State Party which has made such a declaration:
   (a) references in Article 23 to „national currency" shall be construed as referring to the currency of the relevant territorial unit of that State; and
   (b) the reference in Article 28 to „national law" shall be construed as referring to the law of the relevant territorial unit of that State.

Artikel 57 – Vorbehalte

Zu diesem Übereinkommen dürfen keine Vorbehalte angebracht werden; allerdings kann ein Vertragsstaat jederzeit durch eine an den Depositar gerichtete Notifikation erklären, daß dieses Übereinkommen nicht gilt für

a) die Beförderung im internationalen Luftverkehr, die unmittelbar von diesem Vertragsstaat zu nicht gewerblichen Zwecken im Hinblick auf seine Aufgaben und Pflichten als souveräner Staat ausgeführt und betrieben wird;

b) die Beförderung von Personen, Gütern und Reisegepäck für seine militärischen Dienststellen mit in diesem Vertragsstaat eingetragenen oder von ihm gemieteten Luftfahrzeugen, die ausschließlich diesen Dienststellen vorbehalten sind.

Zu Urkund dessen haben die unterzeichneten, hierzu gehörig befugten Bevollmächtigten dieses Übereinkommen unterschrieben.

Geschehen zu Montreal am 28. Mai 1999 in arabischer, chinesischer, englischer, französischer, russischer und spanischer Sprache, wobei jeder Wortlaut gleichermaßen verbindlich ist. Dieses Übereinkommen wird im Archiv der Internationalen Zivilluftfahrt-Organisation hinterlegt; beglaubigte Abschriften werden vom Depositar allen Vertragsstaaten dieses Übereinkommens sowie allen Vertragsstaaten des Warschauer Abkommens, des Haager Protokolls, des Abkommens von Guadalajara, des Protokolls von Guatemala-Stadt und der Protokolle von Montreal übermittelt.

Article 57 – Reservations

No reservation may be made to this Convention except that a State Party may at any time declare by a notification addressed to the Depositary that this Convention shall not apply to:

(a) international carriage by air performed and operated directly by that State Party for non-commercial purposes in respect to its functions and duties as a sovereign State; and/or

(b) the carriage of persons, cargo and baggage for its military authorities on aircraft registered in or leased by that State Party, the whole capacity of which has been reserved by or on behalf of such authorities.

In witness whereof the undersigned Plenipotentiaries, having been duly authorized, have signed this Convention.

Done at Montreal on the 28th day of May of the year one thousand nine hundred and ninety-nine in the English, Arabic, Chinese, French, Russian and Spanish languages, all texts being equally authentic. This Convention shall remain deposited in the archives of the International Civil Aviation Organization, and certified copies thereof shall be transmitted by the Depositary to all States Parties to this Convention, as well as to all States Parties to the Warsaw Convention, The Hague Protocol, the Guadalajara Convention, the Guatemala City Protocol, and the Montreal Protocols.

4. DIE IATA

4.1 Aufgaben und Ziele

Die am 19.4.1945 in Havanna gegründete „International Air Transport Association" (IATA) ist die Dachorganisation des gewerblichen Luftverkehrs. Sie hat ihren Sitz in Montreal und gilt als Nachfolgeorganisation der im August 1919 in Montreal gegründeten „International Air Traffic Association". Aktive Mitglieder können Luftverkehrsgesellschaften werden, die internationale und öffentliche Luftverkehrsdienste zu gewerblichen Zwecken durchführen und ihren Sitz in einem ICAO-Mitgliedstaat oder einem in die ICAO wählbaren Staat haben. Die ICAO ist die von 54 an der Zivilluftfahrtkonferenz von Chicago 1944 beteiligten Staaten gegründete öffentlich-rechtliche Vertretung der Regierungen aller am internationalen Zivilluftverkehr teilnehmenden und der UNO angehörenden oder von ihr als Mitglieder zugelassenen Staaten.

Hauptzweck der IATA ist, sicherzustellen, dass sich der Luftverkehr sicher, schnell und mit höchster Effizienz zum wirtschaftlichen Nutzen der Fluggesellschaften und der Öffentlichkeit abwickelt. – Für die Fluggesellschaften ist sie das Instrument, mit dem Aufgaben gelöst werden können, die mit den Mitteln einer einzelnen Gesellschaft nicht zu lösen sind. Die IATA ist eine internationale Erfahrungs- und Informationsgemeinschaft und Sachwalter für viele gemeinsame Einrichtungen und Betätigungsgebiete. Sie hilft auch, eine schnelle und wirtschaftliche Beförderung der internationalen Luftpost sicherzustellen. – Der Allgemeinheit garantiert die IATA einen hohen Qualitätsstandard, einen leistungsfähigen Weltluftverkehr, solide Geschäftspraktiken der Fluggesellschaften und ihrer Agenten sowie Flugpreise und Frachtraten, die wirtschaftlich vertretbar sind.

Organisation:

Die Hauptverwaltungen der IATA befinden sich in Montreal und Genf. Sie unterhält Geschäftsstellen in New York und Singapur. Jede Fluggesellschaft mit internationalen Diensten hat eine Stimme in den Gremien. In vielen Fällen, besonders aber dann, wenn sich die Mitglieder bindend erklären müssen, sind Beschlüsse einstimmig zu fassen. Damit diese Beschlüsse wirksam werden, ist die Zustimmung der betroffenen Regierungen notwendig. Das Aushandeln von Flugpreisen und Frachtraten ist Sache der Verkehrskonferenzen.

Verkehrskonferenzen:

Internationale Flugpreise und Frachtraten werden im Rahmen internationaler Abmachungen ausgehandelt. An solchen Abmachungen ist praktisch jede Regierung interessiert und hat ihnen zuzustimmen. Aus verwaltungstechnischen Gründen hat man 3 Konferenzgebiete (Traffic Conference Areas = TC) geschaffen und zwar:

TC 1 = Nord- und Südamerika, Grönland, Hawaii

TC 2 = Europa, Afrika, Nah- und Mittelost einschl. Iran

TC 3 = Asien, Australien, Neuseeland, pazifische Inseln.

IATA Clearing House:

Dies ist eine sehr wichtige Einrichtung. Diese Stelle vereinfacht, beschleunigt und verbilligt den Kontenausgleich unter den IATA-Gesellschaften durch Aufrechnung von Forderungen.

5. DER LUFTFRACHTBRIEF (AWB)
5.1 Der Luftfrachtbrief als Begleitpapier

Der Luftfrachtbrief ist ein Begleit- und kein Traditionspapier wie das Konnossement. Der AWB (Air Waybill) ist auch nicht begebbar, jedoch bankfähig. Er kann nicht „an Order" ausgestellt werden, sondern der Empfänger muss namentlich mit genauer Anschrift genannt werden.

Der Luftfrachtbrief ist die vom Absender oder in seinem Namen ausgefertigte Urkunde, die den Beweis für den zwischen dem Absender und dem Luftfrachtführer geschlossenen Vertrag zur Güterbeförderung auf Strecken des Luftfrachtführers erbringt.

Gleichzeitig dient er als
a) Beweis für den Empfang der Güter zur Beförderung,
b) Versandliste (Bordereau), auf welcher die Begleitpapiere und gegebenenfalls besondere Anweisungen des Absenders eingetragen sind,
c) Frachtrechnung,
d) Versicherungsbescheinigung, sofern Versicherung durch Vermittlung des Frachtführers gedeckt worden ist,
e) Dokument für die Belange der Zollbehörden bei Ausfuhr, Durchfuhr und Einfuhr,
f) Auslieferungsbestätigung.

Der Luftfrachtbrief besteht aus einer Reihe von nummerierten Formularen gleichen Inhalts. Die ersten drei Blätter gelten als Originale und enthalten auf der Rückseite die Vertragsbedingungen.
Das „Original 1" (grün) ist für den ausstellenden Luftfrachtführer,
das „Original 2" (rot) ist für den Empfänger,
das „Original 3" (blau) ist für den Absender bestimmt.
Die „Copy 4" (gelb) ist eine Auslieferungsbestätigung.

Der Absender haftet für die Richtigkeit und Vollständigkeit der Eintragungen. Entsprechende Bestimmungen sind im Montrealer Übereinkommen, im Warschauer Abkommen (siehe oben) und in den Beförderungsbedingungen festgelegt. – In den meisten Fällen stellt der Agent die Frachtbriefe aus. Er kann für beide Parteien (Absender und Frachtführer) den Luftfrachtbrief unterschreiben und haftet dem Absender gegenüber für die ordnungsgemäße Durchführung des ihm erteilten Auftrages. Er haftet aber nicht für die Pflichten des Absenders oder Luftfrachtführers, die sich für beide aus den Vertragsbedingungen ergeben. Die im Luftfrachtbrief einzutragenden Angaben erhält er vom Kunden über einen Versandauftrag (Shipper's Letter of Instruction).

Inkasso:

a) Bei Verkauf gegen Akkreditiv muss stets die Annahme eines „Air Waybill", einer „Air Consignment Note" oder eines „DHL Danzas Air & Ocean Air Waybill" vorgeschrieben sein. Wird die Vorlage von „full set of documents" verlangt, so ist dies das Frachtbrief-Original Nr. 3.

b) Bei Verkauf „Kasse gegen Dokumente" darf die Ware nicht an den Empfänger konsigniert werden, denn in diesem Falle wird das Frachtgut aufgrund des Frachtbrief-Originals Nr. 2 wertfrei an den Empfänger ausgeliefert. Es ist vielmehr Konsignierung an eine Bank erforderlich oder aber der Versand erfolgt auf C.O.D.-Basis.

C.O.D. (Cash On Delivery):

Bei C.O.D. erfolgt die Auslieferung der Ware nur gegen Zahlung des im AWB eingetragenen Rechnungswertes. Als Inkasso-Stelle fungiert dann keine Bank, sondern die ausliefernde Fluggesellschaft. Die Sendung kann bei C.O.D. mithin auch direkt an den Empfänger konsigniert werden. Wichtig dabei ist: Dem Empfänger wird – wie im Seeverkehr – nicht gestattet, den Inhalt der Sendung vorher zu besichtigen. Für ihre Bemühungen erheben die Fluggesellschaften eine Inkassogebühr. Zum C.O.D. sind nicht zugelassen: Sammelsendungen, Zeitungen, Zeitschriften, lebende Tiere, verderbliche Waren, Sendungen mit einem geringeren Wert als die Beförderungskosten. C.O.D. wird von den Fluggesellschaften und Spediteuren kaum mehr angeboten, da der Zahlungsverkehr im Außenhandel inzwischen fast ausschließlich über Banken abgewickelt wird.

Verfügungsrecht des Absenders:
Der Inhaber eines Konnossements kann jederzeit über die Ware verfügen, nicht so der Besitzer eines Luftfrachtbriefes. Sein Verfügungsrecht endet in dem Augenblick, in dem der Empfänger nach Avisierung des Frachtgutes eine Verfügung für die weitere Behandlung der Ware an die ausliefernde Fluggesellschaft erteilt. Das Verfügungsrecht des Absenders erstreckt sich auch nur auf die Gesamtsendung, da der Luftverkehr keine Delivery-Orders wie der Seeverkehr kennt. Zur Durchsetzung einer nachträglichen Verfügung ist die Vorlage des Frachtbrief-Originals Nr. 3 an die Fluggesellschaft erforderlich.

5.2 IATA-Beförderungsbedingungen

Conditions of Contract

Consignment
a) DEFINITION. The term ‚consignment' means one or more pieces of goods, accepted by the carrier from one shipper at one time and at one address, receipted for in one lot and moving on one Air Waybill to one consignee at one destination adress.
b) ISSUE OF AIR WAYBILL. One individual Air Waybill must be issued for the international carriage of each consignment. (Exception: Newspaper consignments wholly within the area of Norway, Sweden, Denmark and/or Finland.)
c) TRANSFER OF TITLE OF PROPERTY. No airline shall execute for a shipper and/or consignee as a service incidental to the transportation of goods any document intended for the sole purpose of effecting transfer of title of such goods.
d) ACCEPTANCE OF CONSIGNMENT.
   (i) The shipper shall be required to address legibly and durably each component part of the consignment showing the same consignee's name, street and city address as on the Air Waybill, or alternatively showing this information on one or more component parts with all other component parts in the consignment appropriately referenced.
   (ii) No Airline shall make any additions, deletions or changes to transportation documents other than to an air carrier's Air Waybill.
   (iii) If a consignment consists of articles subject to the IATA Dangerous Goods Regulations, such articles must be offered separately and clearly indicated in the 'Nature and Quantity of Goods' box in the Air Waybill.

Consolidation
a) of small quantities of cargo, which cannot benefit from the lower rates at a high weight breakpoint may find the services of a consolidating freight forwarder advantageous.
b) Such a consolidator books bulk space over sectors where there is normally a regular flow of traffic in sufficient quantities to secure the Quantity Discount for larger consignments. Numerous small packages from individual shippers can thus be despatched together in one consignment for the purpose of cheaper air carriage.
c) At the airport of destination individual items are reforwarded to their respective consignees by the freight forwarder's receiving agent.
d) Shippers using the services of a Consolidator enters into a transportation contract with the consolidator not the airline.

Ready for Carriage (Including Marking and Labelling)
A consignment is Ready for Carriage when:
a) The Air Waybill is complete in all respects.
b) All necessary accompanying documents, completed and checked, are available as required for determining the nature of the goods, and for presentation to Customs and Government bodies for appropriate export, import or transit formalities.
c) MARKING is complete by the inclusion of the consignee's name, street and city address as on the Air Waybill, on either all packages in a consignment or if only one package of a multi-package consignment, the inclusion of an appropriate reference to the other packages.

d) LABELLING is complete by the attaching of the appropriate fully visible labels and the removal or obliteration of any previous marks or labels on the package. Where space permits all labels should be placed immediately adjacent to the consignee's address.
   (i) Each package should contain an IDENTIFICATION LABEL showing the Air Waybill number, the total number of pieces in the consignment, and the destination.
   (ii) Labels for SPECIAL CONSIGNMENTS, such as Live Animals, Perishables etc., should be attached where appropriate and may not be in more than 2 languages, one of which has to be English. Supplies of these standard IATA labels are available from carriers.
   (iii) Labels for DANGEROUS GOODS should be attached to each package containing such articles.

Reservation of Space

a) Space may be reserved for air cargo in the same way as passenger accommodation is booked on a particular flight, and space may be reserved for the entire journey by specific flights, bearing in mind the minimum time which must be allowed at transhipment points for transfer from one aircraft to another or from the service of one carrier to another.

Types of Cargo Rates

The rate or charge applicable to a consignment may be any of those listed below.

The usual order of precedence is: Specific Commodity Rates take precedence over Class Rates and over General Cargo Rates, except that when the quantity rate for a certain weight breakpoint is lower than a Specific Commodity Rate, the lower rate can be applied.

Class rates take precedence over General Cargo Rates.

For the exact details of the application, precedence and possible combination of these rates and charges, please refer to the Cargo Tariff of the airline whose Air Waybill is to be used.

a) Minimum Charges.
   The charge for any consignment shall not be less than the applicable minimum charges
b) General Cargo Rates (GCR).
   These are available for the carriage of commodities in general. The normal rates published apply to consignments up to 45 kgs (or 100 kgs from some countries), and depending upon regulations applying to specific IATA Areas, reduced General Cargo Rates become applicable at progressively higher weight breakpoints.
c) Specific Commodity Rates (SCR).
   Specific Commodity Rates are usually lower than General Cargo Rates, and they are available for particular specified commodities from a specific point of origin to a specific destination. SCR's may have special conditions relating to a minimum weight, density requirements and minimum charges.
d) Class Rates.
   Class Rates are exceptions to the General Cargo Rates, and apply to certain commodities. Application varies by IATA Area. There are Discounted Class Rates for items such as Newspapers, Periodicals, Books, Catalogues, Braille Type Equipment, Talking Books for the Blind, and Baggage shipped as cargo. There are Surcharged Class Rates for times such as valuables, gold bullion, platinum bullion, legal bank notes, traveller's cheques, securities, shares and share coupons, diamonds (including those for industrial use), rubies, emeralds, sapphires, opals, real and cultured pearls, jewellery and watches made of silver and/or gold, human remains in coffins or in the form of ashes, live animals and animals in stalls.
e) Unit Load Devices (ULD) Rates
   These charges apply to those shipments which are loaded by the shipper on aircraft Unit Load Devices (aircraft containers and pallets) and delivered by the shipper to the airline at the airport of departure shown on the Air Waybill. These rates and charges apply only where the shipment is carried from the airport of departure to the airport of destination entirely in an aircraft Unit Load Device. The total charge consists of a specified minimum charge or a rate per kilogram to arrive at a minimum charge, for each Unit Load Device in the shipment plus a special rate per kilogram, for the excess weight over and above the pivot weight (that is, the maximum weight permitted at the minimum charge).

Insurance

a) There are no general regulations applicable to air cargo insurance, but some airlines provide insurance by acting as agents of insurance.

b) Insurance sold by airlines is binding when the Air Waybill is issued and the amount of insurance and the premium is shown on the front of the Air Waybill. The insurance conditions are referred to in the Conditions of Contract on the reverse side of the Air Waybill.

c) Conditions of the insurance coverage and the amount of premiums may vary with each airline. Generally, however, the insurance gives added protection to the shipper above and beyond that coverted by the airline's possession, such as during a reasonable length of time in Customs' custody. All questions concerning the type and duration of coverage should be referred to the airline whose Air Waybill is issued.

d) The Shipper's original copy of the Air Waybill serves as proof that the shipment is insured. No other certificate is required, although some airlines will provide a special certificate if requested.

Air Waybill

a) The Air Waybill shall only be used for the transportation of individual shipments and consolidated shipments.

b) The Air Waybill is a non-negotiable document and differs from a negotiable bill of lading used for ocean transport. The words non-negotiable printed at the top of the Air Waybill must not be tampered with.

c) The purpose of the Air Waybill includes:
   (i) as documentary evidence of the Contract of Carriage;
   (ii) as proof of receipt of the consignment for transportation;
   (iii) accounting;
   (iv) as a guide to airline personnel for handling, transporting and delivering the consignment;
   (v) as a Certificate of Insurance where the Shipper requests the carrier's insurance.

d) The validity of the carrier's contract starts when the Air Waybill is signed by the Shipper, or on his behalf, and by the Carrier or on his behalf. The validity expires when the consignment is delivered to the consignee stated on the Air Waybill.

e) The Shipper is responsible for the completion of the Air Waybill and the accuracy of the information relating to the goods that he inserts on the Air Waybill or that are inserted on his behalf; and he is liable for all damage suffered on the carrier or any other person by reason of any inaccuracy or omission in such information.

f) The Air Waybill number is shown both on the top right hand side and the left hand side of the Air Waybill. The numer is unique to a given shipment and as a reference for all transactions relating to that shipment. Any queries about a shipment should quote the Air Waybill number.

g) The Air Waybill is produced in 3 originals and at least 6 copies.

h) By signing the Air Waybill, the Shipper confirms his agreement to the Conditions of Contract contained on the reverse of the Air Waybill, and to the carrier's Conditions of Carriage. The signature must be at least on the 3 original copies (originals 1, 2, 3) and may be typed, printed or stamped.

Air Waybill-Distribution

a) The various parts of the Air Waybill which are printed in a set of nine parts and in the following order and colours, shall be disposed of as follows:
   (i) Original 3 (for Shipper) – BLUE – to be given to the shipper to serve as:
      – proof or receipt of the goods for shipment;
      – documentary evidence of carrier's and shipper's signature to the contract of carriage;
   (ii) Copy 9 (for Agent) – WHITE – to be retained by the agent or the carrier executing the Air Waybill;
   (iii) Original 1 (for Issuing Carrier) – GREEN – to be retained by the carrier issuing the Air Waybill for accounting purposes and to serve as documentary evidence of carrier's and shippers signature to the contract of carriage;
   (iv) Original 2 (for Consignee) – PINK – to accompany consignment to final destination and to be tendered to the consignee on delivery;
   (v) Copy 4 (Delivery Receipt) – YELLOW – to be available at final destination and to be signed by consignee, and to be retained by last carrier as:
      – receipt of delivery of consignment;
      – evidence of carrier's completion of contract of carriage;

- (vi) Copy 6 (for Third Carrier) – WHITE;
- (vii) Copy 7 (for Second Carrier) – WHITE;
- (viii) Copy 8 (for First Carrier) – WHITE;
- (ix) Copy 5 (for Airport of Destination) – WHITE – to be available at destination.
- (i) One part (either copy 6, 7, 8 or any extra copy) shall be retained for the use of each carrier. Any carrier which issues an Air Waybill in excess of 9 parts may retain such extra parts for its own use. Any unused copies of the Air Waybill shall accompany the consignment to destination, provided that all specialized parts are removed by the issuing carrier before the Air Waybill is transferred to subsequent carriers; (ii) If copies additional to those specified above are required, the party required them shall prepare them separately.

Damage or loss

a) Any claim for alleged damage, loss or delay to a shipment must be reported immediately to the airline concerned. It is important that all available information, even though it may be incomplete, and regardless of whether or not the shipment was insured under the Air Waybill, be submitted to the airline.

b) The shipper or consignee on the Air Waybill are the only persons entitled to claim, and claims are a matter for settlement between them and the carriers as shown on the Air Waybill.

c) When preparing a claim the following minimum information should be submitted:
  – the amount of the claim;
  – the basis of the claim;
  – an original or copy of the Air Waybill;
  – proof of value;
  – and additional supporting evidence.

d) Shippers and consignees having airline owned ULD's in their possession shall be liable for the loss of, or damage to, the ULD.

Liability

a) The airline's legal liability for the international carriage of cargo is governed by the Conditions of Contract on the reverse of the three originals of the Air Waybill which incorporates as applicable:
  (i) The Convention for the Unification of Certain Rules Relating to International Carriage by Air (Warsaw Convention 1929).
  (ii) The Warsaw Convention as amended by the Hague Protocol, 1955.
  (iii) National laws, government regulations, orders and requirements.
  (iv) Tariffs, rules, regulations and timetables of the airline(s).

b) Normally, the airline's liability is limited to USD 20.00 per kilogram unless a higher amount is declared for carriage at the time the Air Waybill is issued. and an appropriate valuation charge is paid. The liability exists during the time the cargo is in the airline's possession.

c) Any questions regarding interpretation of these Conditions of Contract should be referred to the airline concerned.

Charters

a) Most airlines make a service available to shippers whereby the airline will place an aircraft at the disposal of a shipper for transportation of his cargo. The shipper who wishes to use this service will then have the entire capacity of the aircraft available for transportation over the itinerary mutually agreed to with the airline.

b) To use a charter facility a Charter Application has to be completed by the Shipper or his agent, and submitted to the carrier. A contract must be signed by the airline and the shipper in which particulars of the charter such as the price to be paid, insurance charges and other pertinent details, are shown.

c) Although the airline or its agent will issue an Air Waybill covering the cargo to be carried, all pertinent charges appear on the Charter Contract and not the Air Waybill.

d) Different rules, regulations and charges are applicable to charters and any enquiries should be addressed to the airline or its appointed agents specialising in charter services.

5.3 Wer den Luftfrachtbrief ausfüllt, haftet nach dem Montrealer Übereinkommen sowie dem Warschauer Abkommen

Die für Luftfrachtkunden vielfach unsichere Rechtslage bei der Schadenshaftung der Spediteure, Frachtagenten oder Sammellader wurde durch ein Urteil des Bundesgerichtshofes – Aktenzeichen I ZR 86/80 OLG Hamburg, LG Hamburg – in beachtenswerter Weise aufgehellt.

Während in den USA die Luftfracht-Sammellader als Indirect Carrier – als Lufttransportunternehmen ohne eigenes Fluggerät – gesetzlich qualifiziert sind und damit als Luftfrachtführer im Sinne des Montrealer Übereinkommens gelten, ist ihr rechtlicher Status in der Bundesrepublik Deutschland umstritten. Gemeinhin gelten sie als Luftfrachtspediteure. So nahe diese Klassifizierung liegt, da diese zumeist auch als Sammellader auftreten, handelt es sich doch um unterschiedliche Tätigkeiten. Weiter verwirrt wird die Rechtslage insofern, als die Spediteure vielfach auch als IATA-Frachtagenten fungieren.

Bei Haftungsfragen sieht die Luftfrachtkundschaft sich dem Problem gegenüber, herauszufinden, in welcher Eigenschaft die mit dem Transportauftrag betraute Firma des Mittlergewerbes für ihn tätig geworden ist. Ob im Einzelfall die Bestimmungen des Montrealer Übereinkommens, des Warschauer Abkommens, der IATA-Beförderungsbedingungen oder Allgemeinen Deutschen Spediteurbedingungen (ADSp) anwendbar sind, bleibt hier die Gretchen-Frage.

Eine richtungsweisende Entscheidungshilfe in diesem Dilemma gibt das erwähnte BGH-Urteil vom 22. April 82, das dem Sammelspediteur Frachtführereigenschaften zuspricht, da seine Tätigkeit eine Form des Selbsteintritts darstelle. Er unterliege somit der erhöhten Haftung eines Luftfrachtführers.

Das Landesgericht sowie das Oberlandesgericht als Berufungsinstanz entschieden, dass der Spediteur durch die Ausstellung des Luftfrachtbriefes aufgrund des Warschauer Abkommens, aber auch nach den für den Sammellader relevanten Bestimmungen des § 413 Abs. 2 des Handelsgesetzbuches Luftfrachtführer und damit schadenersatzpflichtig gemäß Art. 18 des Warschauer Abkommens sei; der BGH schloss sich als letzte Instanz dieser Auffassung an.

Entscheidend dafür sei, dass der Beklagte den Luftfrachtbrief ausgestellt habe. Darin sei zwar auf die Beförderung von Einzelsendungen im Sammelverkehr hingewiesen, doch da der Beklagte den in Frage stehenden Sammeltransport selbst zusammengestellt habe, müsse das als eine Form des Selbsteintritts bewertet werden. Somit gilt er als Frachtführer nach § 413 Abs. 2 HGB.

5.4 Luftfrachtbrief des Consolidator's als Contracting Carrier

In langwierigen Sitzungen hat eine Arbeitsgruppe des Bundesverbandes Spedition und Logistik e.V. (BSL) einen akkreditivfähigen und von dem Bankenverband anerkannten Luftfrachtbrief (AWB) des Contracting Carriers erarbeitet. Dieser AWB sollte dann eingesetzt werden, wenn der Spediteur eine Sendung nicht als Agent eines Carriers, sondern im eigenen Namen und für eigene Rechnung zur Beförderung übernimmt. Der Spediteur begibt sich in diesen Fällen selbst in die Rolle des Carriers und muss deshalb auch entsprechend haften.

Um ein geeignetes Dokument zu erhalten, das einerseits den Akkreditivbedingungen der Banken entspricht, gleichzeitig aber den speziellen Anforderungen der Luftfrachtspedition gerecht wird, hat DHL Danzas Air & Ocean einen entsprechenden AWB des Contracting Carrier entwickelt, mit dem „from airport of departure to airport of destination" nach dem Montrealer Übereinkommen und Warschauer Abkommen in seiner je nach Empfangsland gültigen Fassung gehaftet wird. Für den Vorlauf und Nachlauf gelten die ADSp.

5.5 Neue Richtlinien für Sendungen in die USA – AAMS

Alle Carrier, Deconsolidaters, Spediteure und Express Kuriere werden aufgefordert, das Air Automated Manifest System (AAMS) zu nutzen, um papierlos auf dem schnelleren elektronischen Weg die Informationen zur Frachtverzollung an den Zoll zu liefern.

Der Zoll benötigt die Informationen im Voraus, so dass die Angaben überprüft werden können und noch ausreichend Zeit zur Verfügung steht, um ggf. den Transport verdächtiger Sendungen zu stoppen. Der zeitliche Umfang hängt von der Verfügbarkeit von „Automated targeting Systems", der Menge der zu analysierenden Daten und dem Zollpersonal, die diese Daten auszuwerten haben, ab.

Wegen der zeit-empfindlichen Natur des Luftfrachtgeschäftes, schlägt der Zoll vor, dass im Fall von Kuriersendungen die Daten 8 Stunden vor der Ladung zur Verfügung stehen, andere Sendungen 12 Stunden vorher.

A. Informationen, die aus dem Master Air Waybill ersichtlich sein müssen:

1. Informationen über den Versender: Für konsolidierte Sendungen ist die Angabe des Consolidators auf dem Air Waybill ausreichend. Für nicht konsolidierte Sendungen ist der Name und die Adresse des Verkäufers, des Lieferanten oder des Herstellers im Ausland anzugeben. Die Angabe des Spediteurs wird hingegen nicht akzeptiert.

2. Informationen über den Warenempfänger: Für Consolsendungen ist es ausreichend, auf dem Master Air Waybill die Adresse der Containerstation oder des Brokers anzugeben. Für nicht konsolidierte Sendungen muss der Name und die Adresse des Empfängers der Lieferung eingetragen sein.

3. Beschreibung der Ware: Für alle Consolsendungen (Sendungen, die aus mehr als einem Haus Air Waybill bestehen) ist im Feld des Master AWB „Nature and Quantity of Goods" CONSOLIDATION AS PER ATTACHED MANIFEST einzutragen. Für nicht konsolidierte Sendungen ist eine genaue und präzise Beschreibung der Waren anzugeben. Allgemeingültige Beschreibungen wie SPARE PARTS oder VARIOUS GOODS sind nicht erlaubt.

4. Mengenangaben: Es ist Vorschrift, dass im Feld des Master Air Waybill Dokuments „No. of Pieces" die gesamte Anzahl der Frachtstücke einzutragen ist. Es ist erforderlich für ein Shipper Load Unit (gebaute Palette oder Container) im Feld des Master Air Waybills „Nature and Quantity of Goods" die Anzahl der pro Load Unit geladenen Packstücke anzugeben. Hierbei ist mit der kleinsten Packeinheit zu beginnen (siehe T.A.C.T.-Rules 6.3 – AWB Comletion Examples No. 25).

5. FIRMS-Code (wenn verfügbar): Im Falle von Transitsendungen muss der FIRMS-Code (auch als CSF-Code bekannt) im Air Waybill im Feld „Handling Information" eingetragen werden. Ein Beispiel für die Formulierung wäre: LOCAL TRANSFER AT DESTINATION TO WAREHOUSE ... (CSF-Code).

B. Consol Manifest mit House Air Waybill Information:

Jeder Consolsendung ist ein detailliertes Consol Manifest mit folgenden Informationen beizufügen:

1. House Air Waybill Nummer
2. 3 Letter Code des Flughafens der Abgangsstation
3. 3 Letter Code des Flughafens der Empfangsstation
4. Genaue und detaillierte Beschreibung der Sendung auf dem HAWB
5. Anzahl der Packstücke auf dem HAWB
6. HAWB Gewicht
7. Name und Adresse des Spediteurs
8. Name und Adresse des Empfängers

Wenn ein detailliertes Consol Manifest nicht beigefügt werden kann, wird die Sendung nur akzeptiert, wenn eine Kopie jedes einzelnen HAWBs beigefügt wird.

C. ULD Manifest für den US-Zoll

Consolsendungen, die die Carrier bereits auf Paletten oder Containern erreichen, muss ein Consol Manifest beigefügt sein, das den ID Code pro ULD enthält. Neue US-Zoll-Regularien erfordern die genaue Angabe über die Anzahl der Packstücke pro ULD, die im Consol Manifest auszuweisen sind. Nur so ist gewährleistet, die House Air Waybills pro Palette bzw. Container identifizieren zu können, was sehr wichtig ist, falls nicht alle Paletten zeitgleich das Ziel erreichen sollten.

D. Separater Umschlag für den US-Zoll:

Die Fluggesellschaften fordern einen leicht zu öffnenden Umschlag an, dem der Master Air Waybill für jede Consolsendung beizufügen ist. Dieser Umschlag sollte mit FOR US CUSTOMS PURPOSES beschriftet sein und folgende Unterlagen beinhalten:

1. Eine Kopie des Master Air Waybill Dokumentes
2. Eine Kopie des detailliertem Consol Manifestes mit allen Informationen zu Punkt B. Wenn ein detailliertes Consol Manifest nicht beigefügt werden kann, ist stattdessen eine Kopie eines jeden House Air Waybills beizulegen.
3. Ein Consol Manifest pro Palette bzw. Container

6. DIE FRACHTBERECHNUNG

6.1 Ermittlung der Frachtraten

Festsetzung der Frachtraten

Es steht nicht im Belieben einer Luftverkehrsgesellschaft, internationale Frachtraten bzw. Transportpreise selbst festzusetzen, sondern die Raten werden auf den IATA-Verkehrskonferenzen von den angeschlossenen Gesellschaften vereinbart und müssen anschließend von den Regierungen der betroffenen Länder genehmigt werden. Seit 1991 sind die Tarife innerhalb der EU nicht mehr genehmigungspflichtig und können frei vereinbart werden. Die Raten gelten vom Abgangs- bis zum Bestimmungsflughafen.

Ratenbildende Faktoren

Verschiedene Faktoren haben einen Einfluß auf die Bildung der Frachtraten, wie z.B. Struktur von Angebot und Nachfrage nach Verkehrsleistungen auf einer bestimmten Verkehrsrelation, Wert, Gewicht und Volumen der Güter, Konkurrenzbeziehungen, wirtschaftliche Struktur der Einzugsgebiete; die Transportentfernung spielt im Allgemeinen eine untergeordnete Rolle.

Das Ratengefüge

Die Ratenstruktur der IATA gliedert sich in fünf Hauptratengruppen:
1. Allgemeine Frachtraten (General Cargo Rates),
2. Warenklassenraten (Class Rates),
3. Spezialfrachtraten (Specific Commodity Rates),
4. ULD-Tarife (Unit Load Device),
5. Kontraktraten.

Da jede Sendung einen bestimmten Aufwand verursacht, haben die Luftfrachtführer Mindestfrachtbeträge festgesetzt.

a) Die Allgemeinen Frachtraten

Die Allgemeinen Frachtraten unterteilen sich in Normalraten und Mengenrabatt-Raten. Die Normalraten sind die Grundlage des gesamten Ratengefüges. Alle anderen Raten sind davon abgeleitet. Sie gelten für Sendungen im Gewicht bis zu 45 Kilogramm.

Die Mengenrabatt-Raten sind rund 25 % niedriger als die Normalraten und werden für Sendungen mit einem Gewicht ab 45 Kilogramm angewendet. Für verschiedene Konferenzgebiete gibt es weitere Mengenrabatt-Staffelungen, so z.B. für Sendungen nach dem Konferenzgebiet 1 (Nord-/Mittel- und Südamerika) gelten Staffelungen (Breakpoints) ab 45 kg, 100 kg, 200 kg, 300 kg und 500 kg.

b) Die Warenklassenraten

Warenklassenraten sind nur für ganz bestimmte, in den Tarifen namentlich angeführte Waren anwendbar. Sie werden im Gegensatz zu den Allgemeinen Raten und den Spezialraten nicht in festen Geldbeträgen pro Gewichtseinheit veröffentlicht, sondern z.T. in Form von Prozentsätzen (Erhöhung bzw. Ermäßigung der Allgemeinen Frachtrate). Oder anders gesagt: Es wird fast immer die Normalrate zugrunde gelegt und dann ein bestimmter Prozentsatz aufgeschlagen oder abgezogen.
In gewissen Fällen legen die Warenklassenraten auch eine besondere Berechnung der Mindestfrachtkosten fest. In die Kategorie der Warenklassen fallen u.a. folgende Güter:
Unbegleitetes Reisegepäck;
Zeitungen, Zeitschriften, Bücher, Magazine, Kataloge und Blindenschrift-Ausrüstungen (Braille-System);
Lebende Tiere;
Gold, Platin, Wertpapiere (Wertfracht);
Asche-Urnen und Leichen.

c) Die Spezialfrachtraten

Von besonderer Bedeutung für den Verlader sind die Spezialfrachtraten. Es handelt sich hierbei um z.T. stark reduzierte Raten, die für bestimmte, namentlich angeführte Güter und Gütergruppen zwischen ganz bestimmten Abgangs- und Bestimmungsorten Anwendung finden. Bei der Frachtkostenberechnung muss stets ein Mindestgewicht zugrunde gelegt werden, das zwischen 100 kg und 1.000 kg, in Ausnahmen zwischen 10 kg und 60.000 kg, liegen kann.

Der Verlader kann eine Spezialrate bei einer Luftverkehrsgesellschaft beantragen, wenn er von einem bestimmten Abgangs- nach einem bestimmten Bestimmungsflughafen regelmäßig Verladungen einer bestimmten Ware hat. Der Antrag wird dann von der betreffenden Luftverkehrsgesellschaft an die IATA zur Entscheidung weitergereicht. Nach Befragen aller übrigen interessierten Gesellschaften wird die beantragte Spezialfrachtrate dann entweder abgelehnt oder genehmigt. Daraus ergibt sich, dass praktisch jeden Tag neue Spezialraten aufgenommen werden können.

d) ULD-Tarife (hier gleichbedeutend mit „Bulk Unitization" bzw. „FAK")

Es handelt sich um Transportpreise, die für bestimmte Typen von Lademitteln, z.B. Container, Paletten usw. anwendbar sind. Zum Unterschied von den sonstigen Raten sind die ULD-Tarife pro Einheit quotiert, d.h. eine festgelegte Gebühr für die Beförderung eines bestimmten Behälters von A nach B. Wichtig ist bei der Anwendung dieser Tarife, dass Absender und Empfänger den Behälter oder die Flugzeugpalette selbst be- und entladen müssen.

e) Kontraktraten sowohl für Urversender als auch für Luftfrachtsammel-Spediteure.
Wie wird die Fracht berechnet?

Die Frachtberechnung – ausgenommen ULD-Tarife – erfolgt entweder nach dem Bruttogewicht oder aber nach dem Volumen der Sendung. Bei Annahme der Güter müssen diese folglich einmal gewogen (um das Bruttogewicht zu ermitteln) und zum anderen ausgemessen werden (um das Volumen festzustellen). Bei der Ermittlung des Volumens sind stets die größten rechtwinkligen Ausmaße der Sendung zu messen. Wird die Sendung nach dem Gewicht berechnet, so ist stets zwischen dem tatsächlichen und dem zu berechnenden Gewicht zu unterscheiden. Grundlage der Frachtberechnung ist immer das „zu berechnende Gewicht".

Das tatsächliche Gewicht einer Sendung stimmt nur dann mit dem zu berechnenden Gewicht überein, wenn es genau auf volle oder halbe Kilogramm lautet. Ist das aber nicht der Fall, muss das tatsächliche Gewicht in das zu berechnende Gewicht durch Aufrundung auf das nächste halbe oder volle Kilogramm umgewandelt werden.

Für „sperrige" Güter hat die IATA die Regelung getroffen, dass auf ein Gewichtskilogramm nur ein bestimmtes Maximum an Volumeneinheiten entfallen darf. – Die Volumeneinheiten wurden auf 6.000 cm^3 je Kilogramm festgesetzt. Wird dieses Maximum überschritten, so ist die Frachtberechnung aufgrund der errechneten Volumeneinheiten vorzunehmen. Berechnet werden dann die sogenannten Volumen-Kilogramm. Die Formel zur Ermittlung der Volumen-Kilogramm lautet:

$$\frac{L \times B \times H \text{ cm}}{6000} = \text{Vl.K.}$$

Bei der Untersuchung, ob Volumenfracht oder Gewichtsfracht zur Anwendung kommt, ist diese Untersuchung auf die Gesamtsendung und nicht auf einzelne Packstücke zu beziehen!

Wann gilt der Mengenrabatt?

Es wäre möglich, dass eine Sendung, deren Gewicht unter der nächsthöheren Rabattstaffel liegt, mit höheren Frachtkosten belastet wird als eine Sendung, die gewichtsmäßig den sogenannten „Breakpoint" erreicht und in den Genuss einer Mengenrabatt-Rate gelangt. – Um dies zu vermeiden, ist für die betreffende, unter dem „Breakpoint" liegende Sendung das höhere Gewicht des „Breakpoints" und die damit verbundene Mengenrabatt-Rate anzuwenden. Das ist immer dann der Fall, wenn durch Erhöhung des zu berechnenden Gewichtes auf den nächsthöheren „Breakpoint" und Anwendung der zugehörigen Mengenrabatt-Rate ein niedrigerer Frachtbetrag erreicht werden kann als nach der sonst üblichen Methode.

Dazu ein Beispiel:
Zwei Sendungen sind von A nach B zu verladen. Die eine Sendung hat ein Gesamtgewicht von 38,3 kg, die andere ein solches von 45,0 kg. Die Normalrate (für Sendungen unter 45 kg) beträgt auf dieser fiktiven Strecke € 2,08 je kg, die Mengenrabatt-Rate (für Sendungen ab 45 kg) € 1,65 je kg. Wie hoch sind die Frachtkosten für beide Sendungen?
1. 38,5 kg zu € 2,08 je kg (Normalrate) = € 80,08
2. 45,0 kg zu € 1,65 je kg (Mengenrabattrate) = € 74,25

Das Beispiel zeigt, dass die Sendung mit dem niedrigeren Gewicht von 38,5 kg höhere Frachtkosten (€ 80,08) zu tragen hätte. – In diesem Fall wird die Sendung von 38,5 kg gewichtsmäßig wie eine solche von 45 kg behandelt und mit einem Frachtbetrag in Höhe von € 74,25 abgerechnet. Für beide Sendungen sind die Frachtkosten daher in der Tat gleich, nämlich € 74,25.

7. LADEMITTEL IM LUFTVERKEHR
7.1 Flugzeugtypen

Boeing 747-400 (B747L)

Length	70.67 m
Height	18.34 m
Wingspan	64.33 m
Max. Altitude	13,700 m
Cruising Speed	930 km/h
Average Cargo Capacity*	14,000 kg

* depending on routing, weather conditions, number of passengers, baggage, mail, catering material etc.

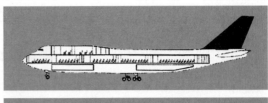

Lower Deck

Forward-Compartment	5 positions max. 244 x 318 cm or 16 LD3 containers
Forward-Compartment Door	167 x 264 cm
Aft-Compartment	4 positions max. 244 x 318 cm or 14 LD3 containers
Aft-Compartment Door	167 x 264 cm
Compartment 5	only loose cargo
Maximum Capacity of Hold	5 m³, 2,558 kg
Bulk-Compartment Door	119 x 112 cm
Loading Height Lower Deck	max. 163 cm
Pallets and Containers	siehe Kapitel VII. 7.3

Boeing 747-200 (B747D, B747E)

Length	68.60 m
Height	19.58 m
Wingspan	59.64 m
Max. Altitude	13,700 m
Cruising Speed	920 km/h
Average Cargo Capacity*	14,000 kg

* depending on routing, weather conditions, number of passengers, baggage, mail, catering material etc.

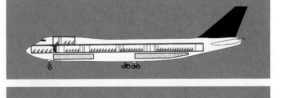

Lower Deck

Forward-Compartment	5 positions max. 244 x 318 cm or 16 LD3 containers
Forward-Compartment Door	167 x 264 cm
Aft-Compartment	4 positions max. 244 x 318 cm or 14 LD3 containers
Aft-Compartment Door	167 x 264 cm
Compartment 5	only loose cargo
Maximum Capacity of Hold	23 m³, 5,697 kg
Bulk-Compartment Door	119 x 111 cm
Loading Heights Lower Deck	max. 163 cm
Pallets and Containers	siehe Kapitel VII. 7.3

Airbus A340-300 (A340B)

Length	63.66 m
Height	17.14 m
Wingspan	60.47 m
Max. Altitude	12,500 m
Cruising Speed	890 km/h
Average Cargo Capacity*	23,000 kg

* depending on routing, weather conditions, number of passengers, baggage, mail, catering material etc.

Lower Deck

Forward-Compartment	6 positions max. 244 x 318 cm or 18 LD3 containers
Maximum Capacity of Hold	22,861 kg
Forward-Compartement Door	170 x 270 cm
Aft-Compartment	3 positions max. 244 x 318 cm plus 2 positions 224 x 318 cm or 14 LD3-containers
Maximum Capacity of Hold	18,507 kg
Aft-Compartment Door	168 x 270 cm
Compartment 5	only loose cargo
Maximum Capacity of Hold	20 m^3, 3,468 kg
Bulk-Compartment Door	63 x 95 cm
Loading Height Lower Deck	max. 163 cm
Pallets and Containers	siehe Kapitel VII. 7.3

MD 11 F

Length	61.40 m
Height	18.00 m
Wingspan	51.80 m
Max. Altitude	13,100 m
Cruising Speed	889 km/h
Cargo Capacity	93,230 kg
Main Deck	26 positions max. 244 x 318 cm
Side Cargo Door	259 x 356 cm

Lower Deck

Forward-Compartment	6 positions max. 244 x 318 cm
Forward-Compartment Door	167 x 264 cm
Aft-Compartment	4 positions max. 244 x 318 cm or 14 LD3-containers
Aft-Compartment Door	167 x 264 cm
Compartment 5	only loose cargo
Maximum Capacity of Hold	14.4 m^3, 2,294 kg

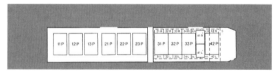

Bulk-Compartment Door	91 x 76 cm
Loading Heights	
Main Deck	max. 249.6 cm
Lower Deck	max. 163 cm
Pallets and Containers	siehe Kapitel VII. 7.3

7.2 Cargo Doors

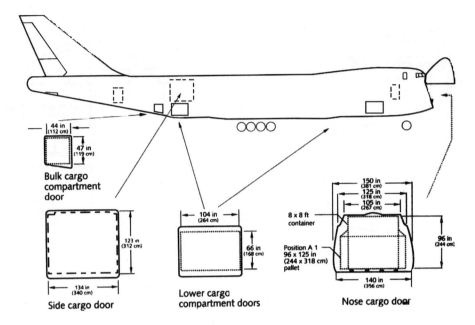

Boeing 747-200 F (B747SF)

Length	68.60 m
Height	18.22 m
Wingspan	59.64 m
Max. Altitude	13,700 m
Cruising Speed	920 km/h
Cargo Capacity	100,000 kg
Main Deck	29 positions max. 318 x 244 cm plus 2 B747C special pallets or 12 20 ft pallets
Lower Deck	
Forward-Compartment	5 positions max. 318 x 244 cm or 16 LD3 container
Aft-Compartment	3 positions 318 x 224 cm plus 1 position max. 318 x 224 cm plus 2 LD3 container or 14 LD3 container
Compartment	5 only loose cargo
Loading Heights	
Main Deck	side door max. 300 cm positions A-E max. 220 cm
Lower Deck	max. 163 cm
Pallets and Containers	siehe Kapitel VII. 7.3

747 Freighter Side Cargo Door

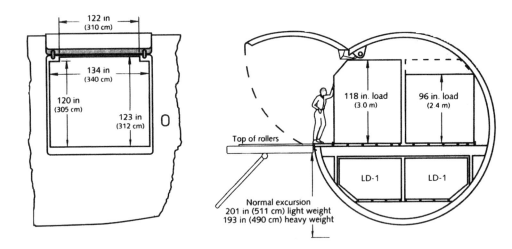

7.3 Abmessungen von Paletten und Containern

Standard Pallet. Code: P1P, PAG, PAJ
Loadable in: A310-300, A300-600, A340-200, A340-300, B747-200, B747-200 SF, B747-200 F, MD 11 F.

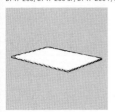

Base Dimensions:	224 x 318 cm
	88 x 125 in
Internal Dimensions:	210 x 304 cm
Tare Weight:	115 kg
Max. Load:	6,804 kg

10 ft-Pallet. Code: PQP, PMC
Loadable in: A310-300, A300-600, A340-200, A340-300, B747-400, B747-200 SF, B747-200 F, MD 11 F.

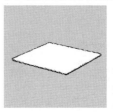

Base Dimensions:	224 x 318 cm
	96 x 125 in
Internal Dimensions:	230 x 304 cm
Tare Weight:	115 kg
Max. Load:	6,804 kg

Pallet with side extensions. Code: PAW
Loadable in: A310-300, A300-600, A340-200, A340-300, B747-200, B747-400, B747-200 SF, B747-200 F, MD 11 F.

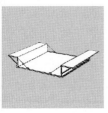

Base Dimensions:	224 x 318 cm
	88 x 125 in
Internal Dimensions:	210 x 304 cm
(additional 48 cm/600 kg each extension)	
Tare Weight:	167 kg
Max. Load:	6,804 kg

Pallet with side extensions. Code: PMW
Loadable in: A310-300, A300-600, A340-200, A340-300, B747-200, B747-400, B747-200 SF, B747-200 F, MD 11 F.

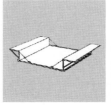

Base Dimensions:	224 x 318 cm
	96 x 125 in
Internal Dimensions:	230 x 304 cm
(additional 48 cm/600 kg each extension)	
Tare Weight:	167 kg
Max. Load:	6,804 kg

Pallet with side extentions. Code: PLW/PLA
Loadable in: A310-300, A300-600, A340-300, B747-200, B747-400, B747-200 SF, B747-200 F, MD 11 F.

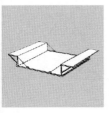

Base Dimensions:	153 x 318 cm
	60,4 x 125 in
Internal Dimensions:	139 x 304 cm
(additional 48 cm/350 kg each extension)	
Tare Weight:	154 kg
Max. Load:	3,175 kg

Pallet with side extensions. Code PKC
Loadable in: A320, A321, A310-300, A300-600, A340-200, A340-300, B747-200, B747-400, B747-200 SF, B747-200 F, MD 11 F.

Base Dimensions:	153 x 156 cm
	60.4 x 61.5 in
Internal Dimensions:	146 x 150 cm
Tare Weight:	85 kg
Max. Load:	1,134 kg/1,588 kg

Pallet with additional tie down track. Code: PAX
Loadable in: A310-300, A300-600, A340-200, A340-300, B747-200, B747-400, B747-400 SF, B747-200 F, MD 11 F.

Base Dimensions:	224 x 318 cm
	88 x 125 in
Internal Dimensions:	210 x 304 cm
Tare Weight:	115 kg
Max. Load:	6,804 kg

Heavy duty Pallet. Code: PAS
Loadable in: A310-300, A300-600, A340-200, A340-300, B747-200, B747-400, B747-400 SF, B747-200 F, MD 11 F.

Base Dimensions:	224 x 318 cm
	88 x 125 in
Internal Dimensions:	210 x 304 cm
Tare Weight:	265 kg
Max. Load:	6,804/9,072* kg
(*on special MD positions)	

Pallets

Heavy Duty Pallets. Code: PMS
Loadable in: A310-300, A300-600, A340-200, A340-300, B747-200, B747-400, B747-400 SF, B747-200 F, MD 11 F.

Base Dimensions:	224 x 318 cm
	96 x 125 in
Internal Dimensions:	231 x 304 cm
Tare Weight:	163 kg
Max. Load:	6,804/9,072* kg
(*on special MD positions)	

Pallets Main Deck only

20 ft-Pallet. Code: PGE
Loadable in: B747-200 SF, B747-200 F, MD 11 F.

Base Dimensions:	244 x 606 cm
	96 x 238.5 in
Internal Dimensions:	230 x 592 cm
Tare Weight:	500 kg
Max. Load:	11,340 kg

Q-Pallet. Code: PYB
Loadable in: B747-200 SF, B747-200 F

Base Dimensions:	244 x 140 cm
	96 x 55 in
Internal Dimensions:	230 x 126 cm
Tare Weight:	70 kg
Max. Load:	1,814 kg

Car Transport Unit. Code: PZA (PAL)
Loadable in: B747-200 SF, B747-200 F, MD 11 F.

Base Dimensions:	224 x 498 cm
	96 x 196 in
Internal Dimensions:	230 x 485 cm
Tare Weight:	400 kg
Max. Load:	10,780 kg

Code: VRA (Rack)
Loadable in: B747-200 SF, B747-200 F.

Dimensions:	230 x 148 x 154 cm
Tare Weight:	130 kg
Max. Load:	2,500 kg per pair

Code: VZA (Platform)
Loadable in: B747-200 SF, B747-200 F

Base Dimensions:	205 x 336 cm
	81 x 132 in
Tare Weight:	190 kg
Max. Load:	2,500 kg

Containers

A320/A321-Container. Code: AKH
Loadable in: A320, A321.

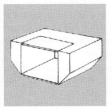

Base Dimensions:	153 x 156 cm
	60.4 x 61.5 in
Heiht:	114 cm
Volume:	3.5 m³
Max. Internal Dimensions:	144 x 146 x 111 cm
Tare Weight:	80 kg
Max. Load:	1,134 kg

LD3-Refrigerating-Container. Code: RKN
Loadable in: A310-300, A300-600, A340-200, A340-300, B747-200, B747-400, B747-200 SF, B747-200 F, MD 11 F.

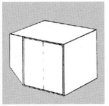

Base Dimensions:	153 x 156 cm
	60.4 x 61.5 in
Height:	163 cm
Volume:	2.8 m³
Max. Internal Cimensions:	139 x 188 x 137 cm
Tare Weight:	225 kg
Max. Load:	1,588 kg

LD9- Refigerating-Container. Code: RAP
Loadable in: A310-300, A300-600, A340-200, A340-300, B747-200, B747-400, B747-200 SF, B747-200 F, MD 11 F.

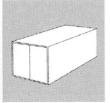

Base Dimensions:	224 x 318 cm
	88 x 125 in
Height:	162 cm
Volume:	8.3 m³
Max. Internal Dimensions:	210 x 303 x 145 cm
Tare Weight:	445 kg
Max. Load:	5,588 kg

LD3-Container. Code: AVA*, AKW**
Loadable in: A310-300, A300-600, A340-200, A340-300, B747-200, B747-400, B747-200 SF, B747-200 F, MD 11 F.

* With profiles for garment transport.
** Lockable for valuable cargo.

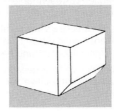

Base Dimensions:	153 x 156 cm
	60.4 x 61.5 in
Height:	163 cm
Volume:	4 m³
Max. Internal Dimensions:	142 x 195 x 160 cm
Tare Weight:	80 kg
Max. Load:	1,588 kg

XYX-Box (Hanging Garment). Code: XYX
Loadable in: A310-300, A300-600, A340-200, A340-300, B747-200, B747-400, B747-200 SF, B747-200 F, MD 11 F.

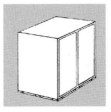

Base Dimensions:	153 x 117 cm
	60.4 x 46 in
Height:	160 cm
Volume:	2.6 m³
Max. Internal Dimensions:	150 x 115 x 152 cm
Tare Weight:	72 kg
Max. Load:	500 kg

QC-Container. Code: AAN
Loadable in: A310-300, A300-600, A340-200, A340-300, B747-200, B747-400, B747-200 SF, B747-200 F, B747-300 QC, MD 11 F.

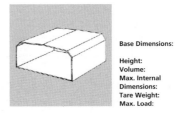

Base Dimensions:	224 x 318 cm
	88 x 125 in
Height:	156 cm
Volume:	9 m³
Max. Internal Dimensions:	208 x 298 x 148 cm
Tare Weight:	243 kg
Max. Load:	3,000 kg

8. SEA/AIR-VERKEHRE

8.1 Die Alternative zur reinen See-/Luftfracht

Der Sea/Air-Verkehr entstand als Alternative zu dem reinen See- bzw. reinen Lufttransport für Güter, deren Kalkulation die relativ hohen Luftfrachttarife nicht vertragen und für die der Seetransport wegen der relativ langen Laufzeit ebenfalls keine optimale Transportalternative darstellt.

Im Sea/Air-Verkehr wird eine Teilstrecke als Seefracht und eine Teilstrecke als Luftfracht bedient mit einem einheitlichen Transportdokument für die Gesamtstrecke. Dieses Dokument ist in der Regel das bankfähige FBL, das eine durchgängige, einheitliche Haftung bei unbekanntem Schadensort vorsieht.

Dieser Verkehr, auch multimodaler Verkehr genannt, ist unter Ausnutzung unpaariger Verkehre im Luftverkehr inzwischen eine etablierte Alternative für zeit- und preissensible Güter und hat sich von der ursprünglichen Verlegenheitslösung zu einem festen Verkehr entwickelt. Insbesondere im Gefahrgutversand, aber auch bei hohen Gewichten bzw. außergewöhnlichen Maßen, sind die Transportmöglichkeiten durch die DGR-Bestimmungen im Luftverkehr bzw. den Türmaßen und Bodenbelastungen des Fluggerätes begrenzt.

9. VERKEHRSRECHTE IM LUFTVERKEHR
9.1 Die 5 Freiheiten der Luft

Nach internationalem Recht steht jedem selbständigen Staat die Lufthoheit über den über seinem Hoheitsgebiet liegenden Luftraum zu. Der Luftraum kann deshalb nur mit Zustimmung der zuständigen staatlichen Organe benutzt werden. Die zuständige Behörde in der Bundesrepublik Deutschland ist das Bundesministerium für Verkehr. Die Abwicklung des Verkehrs aller in- und ausländischen Luftverkehrsgesellschaften in Deutschland bedarf der Genehmigung durch den Bundesminister für Verkehr. Ebenso muss z.B. die Tätigkeit der Lufthansa in anderen Staaten von den jeweils zuständigen ausländischen Behörden genehmigt werden.

Um Fluglinienverkehr durchführen zu können, ist die Gewährung von Verkehrsrechten erforderlich. Sie werden auf der Basis der Gegenseitigkeit im Rahmen von zweiseitigen Luftverkehrsabkommen oder, wenn kein Abkommen besteht, aufgrund von provisorischen Betriebsbewilligungen, die im allgemeinen jeweils für eine Flugplanperiode erteilt werden, zwischen den Staaten vereinbart. Nur für die Rechte zum Überflug und zu technischen Zwischenlandungen (1. und 2. Freiheiten der Luft) gibt es eine mehrseitige internationale Vereinbarung.

Es gibt folgende Verkehrsrechte (die 5 Freiheiten der Luft):

Die 1. Freiheit
Sie bedeutet das Recht, das Gebiet des Vertragsstaates ohne Landung zu überfliegen.

Die 2. Freiheit
Sie sichert den Vertragspartnern das Recht auf Landungen zu nichtgewerblichen Zwecken (also ein Recht zu technischen Landungen, wie Betriebsstoffaufnahmen, Reparaturen, Personalwechsel, nicht aber zum Absetzen oder Aufnehmen von Fluggästen, Fracht und Post).

Die 3. Freiheit
Hier handelt es sich um das Recht, Fluggäste, Fracht und Post abzusetzen, die in dem Gebiet des Staates aufgenommen worden sind, dessen Staatsangehörigkeit das Luftfahrzeug besitzt.

Die 4. Freiheit
Sie ist praktisch die Umkehrung der 3. Freiheit – nämlich das Recht, Passagiere, Fracht und Post im Gebiet des Partnerstaates aufzunehmen, wenn sie für den Heimatstaat des Luftfahrzeuges bestimmt sind. Den Verkehr der 3. und 4. Freiheit bezeichnet man auch als „Nachbarschaftsverkehr".

Die 5. Freiheit
Sie bedeutet das Recht, Fluggäste, Fracht und Post nach und von dritten Staaten zu befördern. Das bedeutet also, dass Flugzeuge einer Luftverkehrsgesellschaft, die im Land A beheimatet ist, im gewerblichen Luftverkehr nicht nur von ihrem Heimatland aus die Staaten B und C anfliegen, sondern auch Ladung zwischen den Staaten B und C befördern dürfen. Wenn die Länder B und C eigene Luftverkehrsgesellschaften haben, so verlieren diese einen Teil ihres Verkehrsaufkommens an die Gesellschaft des Landes A.

Das Recht der 5. Freiheit kann nur ausgeübt werden, wenn es von beiden Vertragsstaaten gewährt worden ist, das heißt im Beispiel sowohl vom Staat B als auch vom Staat C. Ferner muss die Fluglinie, auf der Rechte der 5. Freiheit ausgeübt werden dürfen, im Heimatstaat des Luftfahrzeuges beginnen oder enden.

Kabotagerecht
Hierbei handelt es sich um das Recht, Passagiere, Post und Fracht zwischen zwei oder mehr Flughäfen innerhalb des Hoheitsgebietes eines ausländischen Staates zu befördern.

Diese sogenannten „Freiheiten der Luft" finden nur im Fluglinienverkehr Anwendung.

VIII. Zoll

1. GRUNDLAGEN

1.1 Internationale Zollabkommen

Überall auf der Welt wurden und werden eine Reihe von Zollabkommen geschlossen, die den Handel zwischen den Staaten einer bestimmten Region erleichtern und den Wohlstand dort fördern sollen. Auch weltweit gibt es einige Bereiche der Zusammenarbeit, die den Handel erleichtern sollen.

Internationale Abkommen

Weltweit arbeiteten die Handelsnationen im **GATT** und nun in der **WTO** zusammen. GATT (General Agreement on Tarifs and Trade) war das internationale Zollabkommen, das unter anderem für eine weltweite Absenkung der Zollsätze, den Abbau von Subventionen und den Abbau von nichttarifären Handelshemmnissen sorgte. Abgelöst wurde GATT 1995 durch die WTO, die World Trade Organisation. Die WTO hat das Ziel, die Umsetzung der Beschlüsse der GATT-Konferenzen voranzutreiben und bei Handelsstreitigkeiten vermittelnd tätig zu werden. Vor dem Disputgericht der WTO können Staaten wegen Nichtbeachtung von WTO-Grundsätzen und GATT-Beschlüssen verklagen.

Neben dem GATT hat für die Anpassung des internationalen Zollrechts der 1950 gegründete Rat für die Zusammenarbeit auf dem Gebiet des Zollwesens **(Brüsseler Zollrat – RZZ)** Bedeutung erlangt. In 1995 wurde er in **„World Customs Organisation" – WCO –** umbenannt. Ziel dieser Weltzollorganisation ist es, das Zollrecht im Interesse des internationalen Handels weltweit anzugleichen, die Zollformalitäten zu vereinheitlichen und den Schmuggel zu bekämpfen. Inzwischen gehören ihm rund 150 Staaten an. Bekanntestes Ergebnis der Arbeit der WCO ist das **„Harmonisierte System (HS)"** zur Bezeichnung, Codierung und Einordnung der Waren. Dieses internationale System wird weltweit von über 100 Staaten angewendet, die zusammen 90 Prozent des Welthandels bestreiten.

Ebenfalls internationales Recht ist das **Washingtoner Artenschutzabkommen** zum Schutz der Pflanzen und Tierwelt, dessen Bestimmungen Eingang in unser Außenwirtschaftsrecht gefunden haben (siehe Abschnitt I).

Regionale Abkommen

EG: Hier ist an erster Stelle die Europäische Gemeinschaft (**EG**) zu nennen, eine Zollunion mit Zollfreiheit im Innern und gemeinsamen Außenzöllen. Ihre Vorläufer, die Europäische Wirtschaftsgemeinschaft (EWG; Gründungsmitglieder: Belgien, Bundesrepublik Deutschland, Frankreich, Italien, Luxemburg und Niederlande), die Europäische Atomgemeinschaft (Euratom) und die Europäische Gemeinschaft Kohle und Stahl (EGKS) wurden bereits in den fünfziger Jahren gegründet und rechtlich 1986 in der EG zusammengefasst. Die Europäische Union (EU, Vertrag von 1993) ist ein politisches Gebilde ohne Rechtscharakter, das neben den EG-Verträgen weiter Abkommen und Absichtserklärungen umfasst.

EFTA: Nach der Gründung der EWG haben sich die anderen europäischen Staaten mit Ausnahme Spaniens zur Europäischen Freihandelszone (EFTA: European Free Trade Association) zusammengeschlossen. Auch hier gab es Zollfreiheit im Innern, aber unterschiedliche nationale Außenzölle. Im Laufe der Zeit haben immer mehr Staaten die EFTA verlassen und sind zur EWG bzw. EG übergewechselt. Zur Zeit gehören der EFTA noch die Staaten Island, Liechtenstein, Norwegen und Schweiz an. Es gibt ein Assoziierungsabkommen der EG mit der EFTA, das Abkommen über den Europäischen Wirtschaftsraum (EWR, siehe Ziffern 1.3. und 1.5.).

Weitere Wirtschaftsblöcke: Der Erfolg der wirtschaftlichen Zusammenarbeit hat inzwischen weltweit Wirkung gezeigt. So haben inzwischen die Baltischen Staaten Estland, Lettland und Litauen ein Freihandelsabkommen unterzeichnet, Kanada, Mexiko und die USA die **NAFTA** (North American Free Trade Association) gegründet,, lateinamerikanische Staaten den **Mercosur** und die Staaten des asiatisch-pazifischen Raums die **Asiatische Freihandelszone** geschaffen. Inzwischen wird auf dem amerikanischen Kontinent insgesamt ein Wirtschaftsabkommen angestrebt, und auch die afrikanischen Staaten beschlossen auf einem Treffen im Juli 2001 die Bildung der Afrikanischen Union (AU), die die Europäische Union zum Vorbild haben soll.

1.2 Europäische Gemeinschaft / Europäische Union

Wie schon unter Ziffer 1.1. erwähnt, schlossen sich westeuropäische Staaten zu einer Zollunion zusammen, d. h., das Gebiet mehrerer Staaten wird als ein Zollgebiet aufgefasst mit einer Zollfreiheit im Innern und einem gemeinsamen Außenzoll und gemeinsamen Zollrecht. Zum Zollgebiet der Gemeinschaft laut Zollkodex Artikel 3:

- das Gebiet des Königreichs Belgien,
- das Gebiet des Königreichs Dänemark, mit Ausnahme der Färöer und Grönlands,
- das Gebiet der Bundesrepublik Deutschland, mit Ausnahme der Insel Helgoland sowie des Gebiets von Büsingen,
- das Gebiet des Königreichs Spanien, mit Ausnahme von Ceuta und Melilla,
- das Gebiet der Französischen Republik, mit Ausnahme der überseeischen Gebiete und Gebietskörperschaften,
- das Gebiet der Griechischen Republik,
- das Gebiet Irlands,
- das Gebiet der Italienischen Republik, mit Ausnahme der Gemeinden Livigno und Campione d'Italia sowie des zum italienischen Gebiet gehörenden Teils des Luganer Sees zwischen dem Ufer und der politischen Grenze der zwischen Ponte Tresa und Porto Ceresio gelegenen Zone.
- das Gebiet des Großherzogtums Luxembourg,
- das Gebiet des Königreichs der Niederlande in Europa,
- das Gebiet der Republik Österreich,
- das Gebiet der Portugiesischen Republik,
- das Gebiet der Republik Finnland
- das Gebiet des Königreichs Schweden,
- das Gebiet des Vereinigten Königreichs Großbritannien und Nordirland sowie die Kanalinseln und die Insel Man,
- das Gebiet der Republik Tschechien,
- das Gebiet der Republik Estland,
- das Gebiet der Republik Zypern,
- das Gebiet der Republik Lettland,
- das Gebiet der Republik Litauen,
- das Gebiet der Republik Ungarn,
- das Gebiet der Republik Malta,
- das Gebiet der Republik Polen,
- das Gebiet der Republik Slowenien,
- das Gebiet der Slowakischen Republik.

Auch das Fürstentum Monaco gilt als zum Zollgebiet der Gemeinschaft gehörig.

1993 wurde der Vertrag zur Europäischen Union (EU) geschlossen, in dem der Wille zur weiteren politischen und wirtschaftlichen Integration Europas vertraglich festgeschrieben wurde. Der Unionsvertrag ist ein „Mantelvertrag" mit eher politischen Zielen. Er basiert auf den drei Säulen EG (= Zusammenfassung EWG, Euratom und EGKS, siehe Ziffer 1.1.), GASP (Gemeinsame Außen- und Sicherheitspolitik) und IR (Zusammenarbeit in den Bereichen Justiz und Inneres).

Rechtliche Bedeutung für den Außenhandel hat nur der EG-Vertrag; deshalb sind alle von der Kommission verabschiedeten Verordnungen bis 1993 mit der Bezeichnung VO (EWG) Nr. ... bzw. ab diesem Zeitpunkt als VO (EG) Nr. .... versehen. Aus diesem Grunde wird hier in diesem Abschnitt auch nicht von der EU, sondern grundsätzlich von der EG gesprochen.

1.3 Assoziierungsabkommen

Die EG hat eine Reihe von Assoziierungsabkommen mit anderen Staaten getroffen zur wechselseitigen oder auch einseitigen Bevorzugung bei Importen. Dies bedeutet, dass bei einer Einfuhr aus diesem Staat ein günstigerer Zollsatz als der Drittlandszollsatz anzuwenden ist, wenn ein entsprechendes Dokument bei der Zollabfertigung vorgelegt wird. Bei wechselseitigen Abkommen werden EG-Waren bei der Einfuhr in diese Staaten begünstigt. Auf eine umfangreiche Darstellung der einzelnen Abkommen soll hier verzichtet werden, lediglich das bedeutendste Abkommen zum Europäischen Wirtschaftsraum wird im Anschluss (Ziffer 1.4.) dargestellt. Hier erfolgt nur eine Übersicht über alle Abkommen, die erforderlichen Warenverkehrsbescheinigungen und Wertgrenzen.

Präferenzabkommen[1] (Ausfuhr und Einfuhr):

Übersicht über die geltenden Präferenzregelungen

Präferenzabkommen EU-...	Präferenzgewährung gegenseitig/einseitig	Präferenznachweise UE = Ursprungserklärung mit Unterschrift	Bedingungen
TR – Türkei (TR) (Zollunion)	gegenseitig	A.TR UE bis € 6.000 > EUR. 1	Waren des freien Verkehrs
EWR (IS, LI, NO) EFTA (CH)	gegenseitig	UE bis € 6.000 > EUR. 1	
MOES (BG, RO) Mazedonien (MK) Kroatien (HR)	gegenseitig	UE bis € 6.000 > EUR. 1	
Färöer (FO)	gegenseitig	UE bis € 6.000 > EUR. 1	
Andorra (AD)	gegenseitig	UE bis € 6.000 > T2L bzw. T2	nur Waren des Kapitels 1–24 HS
San Marino (SM)	gegenseitig	UE bis € 2.965 M1 > T2L bzw. T2-SM	nur Waren des Kapitels 1–24 HS
Ceuta (XC), Melilla (XL)	gegenseitig	UE bis € 6.000 > EUR. 1	
Israel	gegenseitig	UE bis € 6.000 > EUR. 1	
Malta (MT) Zypern (CZ)	gegenseitig	EUR. 1 EUR. 2 für Postversand bis € 2.820	
Maghreb-Staaten Tunesien (TN) Marokko (MA) Jordanien (JO) Ägypten (EG)	gegenseitig	gegenseitig UE bis € 6.000 > EUR. 1	
Rep. Südafrika (ZA)	gegenseitig	UE bis € 6.000 > EUR. 1	
Westjordanland und Gazastreifen (XP)	gegenseitig	UE bis € 6.000 > EUR. 1	Interimsabkommen
Verein. Mexikanische Staaten (MX)	gegenseitig	UE bis € 6.000 > EUR. 1	Interimsabkommen

Präferenzabkommen EU- ...	Präferenzgewährung gegenseitig/einseitig	Präferenznachweise UE = Ursprungserklärung mit Unterschrift	Bedingungen
Chile (CL)	gegenseitig	UE bis € 6.000 > EUR. 1	
Bosn. Herzegowina (BA) BR. Jogoslawien (YU) Albanien (AL)	einseitig/Einfuhr einseitig/Einfuhr einseitig/Einfuhr	UE bis € 6.000 > EUR. 1	passive Veredelung
Überseeische Länder und Gebiete (ÜLG) – XB		Ausfuhrbescheinigung EXP EUR. 2 bis € 6.000	Freiverkehr- präferenz
Algerien (DZ) (Zollunion)	einseitig/Einfuhr	EUR. 2 für Postversand bis € 2.820 > EUR. 1	Kooperations- abkommen
Makresch-Staaten Ägypten (EG) Libanon (LB) Syrien (SY)	einseitig/Einfuhr	EUR. 2 für Postversand bis € 2.820 > EUR. 1	Kooperations- abkommen
Afrikan., Karibischer und Pazif. Raum (AKP)-(LOMA)-XY	einseitig/Einfuhr	UE bis € 6.000 > EUR. 1	Assoziation
Entwicklungsländer (APS)	einseitig/Einfuhr	UE bis € 6.000 sonst Form A	

Für die Türkei gilt generell das Freiverkehrsprinzip, d. h. die Waren müssen weder in der Gemeinschaft noch in der Türkei ihren Ursprung haben, sie müssen aber wenigstens zum freien Verkehr abgefertigt sein. Da die Türkei für einige Waren allerdings erheblich höhere Zölle als die Gemeinschaft hat (insbesondere Fahrzeuge), werden bei Waren, die keinen Gemeinschaftsursprung haben aber aus dem freien Verkehr stammen, Zölle in der Höhe der Differenz zwischen dem Außenzoll der Türkei und dem bereits in der EG erhobenen Zoll berechnet.

Ergänzend ist zu erwähnen, dass die Warenverkehrsbescheinigungen vom jeweiligen Ausführer zu erstellen und von den Zollbehörden zu bestätigen sind. Ohne Mitwirkung der Zollbehörden kann die EUR.2 sowie die Erklärung auf der Handelsrechnung erfolgen. Für alle Vereinbarungen gilt das sogenannte Ursprungsprinzip, d. h. es müssen Kriterien erfüllt sein, damit die Ware als Ursprungsland eines Staates oder einer Staatengruppe gelten. Die jeweiligen Kriterien sind unterschiedlich, kommen aber oft den in Ziffer 1.4. dargestellten EWR-Regeln nahe.

1.4 Paneuropäischer Wirtschaftsraum

1. Warenursprung und Zollfreiheit

Auf Grund der Abkommen der EG zunächst mit den EFTA-Staaten, später auch mit Mittel- und Osteuropäischen Staaten (MOE), den baltischen Ländern und der Türkei bleiben im Warenverkehr zwischen der EG und diesen Staaten die gewerblichen Güter (mit wenigen Ausnahmen) zollfrei. Voraussetzung für die Inanspruchnahme der Zollfreiheit ist jedoch die Ursprungseigenschaft der Waren; d. h. die betreffenden Erzeugnisse müssen ihren Ursprung in einem der Partnerstaaten haben. Allein durch die Abfertigung zum freien Verkehr (Verzollung) erhält eine Ware keinesfalls die Ursprungseigenschaft der Gemeinschaft im Sinne dieser Ursprungsbestimmungen.

Genaue Kenntnis und Beachtung der jeweiligen Ursprungsregeln ist für den konkreten Nachweis des Warenursprungs (Präferenznachweis) notwendige Voraussetzung.

2. Ursprungsregelung

Die EG – Belgien, Dänemark, Bundesrepublik Deutschland, Estland, Lettland, Litauen, Finnland, Frankreich, Griechenland, Großbritannien, Irland, Italien, Luxemburg, Malta, Niederlande, Österreich, Polen, Portugal, Schweden, Slowakische Republik, Slowenien, Spanien, Tschechische Republik, Ungarn und Zypern ist eine Zollunion. Das bedeutet
- ein gemeinsames Zollgebiet, innerhalb dessen die Zölle abgeschafft sind,
- einen gemeinsamen Außenzolltarif sowie
- gemeinschaftliche Abkommen gegenüber anderen Staaten.

Die EFTA – Island, Liechtenstein, Norwegen, Schweiz – ist eine Freihandelszone. Dies bedeutet
- nationale Außenzolltarife mit unterschiedlichen Zollsätzen für die jeweilige Ware,
- nationale Abkommen gegenüber anderen Staaten,
- nationale Zollgebiete, zwischen denen in der Regel für gewerbliche Waren keine Zölle erhoben werden, wenn es sich nachweislich um Ursprungswaren der einzelnen Staaten handelt.

Bei den weiteren Staaten gibt es teilweise Abkommen, auf jeden Fall zeigt dies, dass in Europa unterschiedliche Zollsysteme existieren

Durch die Abkommen der Gemeinschaft mit den anderen genannten europäischen Staaten sind Freihandelszonen geschaffen worden. Die unterschiedlichen Außenzölle in einer Freihandelszone können jedoch dazu führen, dass durch den Import der Waren über das Land mit dem niedrigsten Zollsatz der nationale Zollschutz unterlaufen wird. Verkehrsverlagerungen und Wettbewerbsverzerrungen wären die Folge. Deshalb wird die Inanspruchnahme der Zollfreiheit im Warenverkehr der EFTA-Staaten untereinander und konsequenterweise auch im Warenverkehr zwischen der Gemeinschaft und den EFTA-Ländern vom Ursprung der Waren abhängig gemacht. Die an den Begriff Ursprung zu stellenden Erfordernisse gehen aus den Protokollen Nr. 4 zu den Abkommen über den paneuropäischen Wirtschaftsraum hervor.

3. Ursprungserzeugnisse im Warenverkehr

Gemäß Artikel 2 des Protokolls Nr. 4 ist eine Ware Ursprungsware, wenn sie vollständig in einem der Vertragsstaaten (also in der Gemeinschaft bzw. einem anderen Staat) erzeugt worden ist oder – sofern die Ware Drittlandserzeugnisse enthält – an diesen eine ausreichende Be- oder Verarbeitung vorgenommen worden ist. Was sich hinter diesen Begriffen im Einzelnen verbirgt, wird in den nachfolgenden Abschnitten erläutert.

a) Vollständige Erzeugung

Als Ursprungserzeugnis eines Vertragsstaates gelten grundsätzlich Erzeugnisse, die vollständig im Gebiet des Vertragsstaates gewonnen oder erzeugt worden sind, wie
- mineralische Erzeugnisse,
- pflanzliche Erzeugnisse,
- tierische Erzeugnisse,
- dort gesammelte Altwaren, die nur zur Gewinnung von Rohstoffen verwendet werden können.
- Abfälle, die bei einer dort ausgeübten Produktionstätigkeit anfallen, sowie
- Waren, die dort ausschließlich aus den o. g. Erzeugnissen hergestellt worden sind;
- Waren, die nicht mehr als 10 % Drittlandsanteil enthalten.

Industrielle Erzeugnisse werden nur in Ausnahmefällen als in einem Vertragsstaat „vollständig erzeugt" angesehen werden können. Hier stellt sich in der Regel stets die Frage nach der ursprungsbegründenden „ausreichenden Be- oder Verarbeitung".

b) Ausreichende Be- oder Verarbeitung

Laut Artikel 4 des Abkommens gelten Erzeugnisse, „die nicht vollständig gewonnen oder hergestellt worden sind, als dort im ausreichenden Maße be- oder verarbeitet, wenn die Bedingungen der Liste in der Anlage II erfüllt sind" (abgedruckt in Vorschriftensammlung Bundesfinanzverwaltung Z 4138; einzusehen bei jeder Zollstelle). Und weiter: „In diesen Bedingungen sind für alle unter das Abkommen fallende Erzeugnisse die Be- oder Verarbeitungen festgelegt, die an dem bei der Herstellung der Erzeugnisse verwendeten Vormaterialien ohne Ursprungseigenschaft vorgenommen werden müssen, ... "

- Trifft dies zu, muss geprüft werden, ob die dort in den Spalten 3 oder 4 genannten Bedingungen (z.B. höchst zulässiger Anteil von Komponenten drittländischen Ursprungs; bestimmte Verarbeitungsvorgänge etc.) erfüllt sind. Falls ja, ist die Ursprungseigenschaft gegeben; die Ware kann präferenziert ausgeführt werden.

Für Waren des Mechaniksektors (Kapitel 84 bis 92) kann die Ursprungseigenschaft nach wie vor ohne Rücksicht auf einen Positionswechsel allein nach dem wertmäßigen Anteil verwendeter drittländischer Komponenten (25 % ; 30 % bzw. 40 % ; Basis: Zollwert) am Wert des auszuführenden Fertigprodukts (Basis: Ab-Werk-Preis) bestimmt werden.

4. Nicht ausreichende Be- oder Verarbeitung (Minimalbehandlung)

Die nachstehend aufgeführten Be- oder Verarbeitungsvorgänge an Waren ohne Ursprungseigenschaft begründen nicht den Ursprung einer Ware, selbst wenn ein Positionswechsel stattgefunden hat:
– Behandlungen, die dazu bestimmt sind, die Ware während des Transports oder der Lagerung in ihrem Zustand zu erhalten;
– einfaches Einordnen, Sortieren etc. (einschl. des Zusammenstellens von Waren zu Sortimenten);
– Auswechseln von Umschließungen, Teilen oder Zusammenstellen von Packstücken;
– einfaches Abfüllen oder Befestigen sowie alle anderen einfachen Behandlungen zur verkaufsmäßigen Aufmachung;
– Anbringen von Warenmarken, Etiketten oder gleichartigen Unterscheidungszeichen auf den Waren selbst oder auf ihren Umschließungen;
– einfaches Mischen von Waren sowie
– einfaches Zusammenfügen von Teilen eines Artikels zu einem vollständigen Artikel.

5. Spezielle Regelungen

– Ersatzteillieferungen: Zubehör, Ersatzteile und Werkzeuge, die zusammen mit dem Haupterzeugnis geliefert werden, sind bei der Ursprungsermittlung Bestandteil dieses Erzeugnisses. Erfolgt die Lieferung von Ersatzteilen, Zubehör und Werkzeugen jedoch separat, so sind diese für sich anhand der für sie zutreffenden eigenen Positionsnummer auf ihren Ursprung zu prüfen.
– Warenzusammenstellungen haben dann Präferenzursprung, wenn die darin enthaltenen Drittlandererzeugnisse nicht mehr als 15 % ihres Wertes ausmachen.
– Verpackungsmaterial ist, soweit handelsüblich, bei Prüfung der Ursprungseigenschaft Bestandteil des enthaltenen Erzeugnisses.
– Hilfs- und Betriebsstoffe für die Fertigung bleiben bei der Prüfung der Ursprungseigenschaft unberücksichtigt.
– Gebrauchte Waren, deren Ursprungseigenschaft nicht im einzelnen nachgewiesen werden kann, werden als Ursprungswaren angesehen, wenn der Antragsteller den Ursprung glaubhaft erklärt und der äußere Anschein der betreffenden Ware der Erklärung entspricht. Die Merkmale und Umständen für die Zuerkennung der Ursprungseigenschaft sind in dem Antrag zu vermerken.

6. Be- oder Verarbeitung in mehreren Vertragsstaaten

Auch durch Be- oder Verarbeitung in zwei oder mehreren Vertragsstaaten kann eine Ware die Ursprungseigenschaft erwerben bzw. behalten. Die Form dieser sogenannten Kumulation wird im Folgenden erörtert.

Kumulation:

Werden bei der Be- oder Verarbeitung von Erzeugnissen auf dem Gebiet einer Vertragspartei Ursprungserzeugnisse einer anderen Vertragspartei verwendet, so sind die Endprodukte im Warenverkehr zwischen diesen beiden Vertragsparteien als Ursprungserzeugnisse der erstgenannten Vertragspartei anzusehen, ohne dass es einer ausreichenden Be- oder Verarbeitung bedarf. Anders ausgedrückt: Wird eine Ursprungsware aus einem EFTA-Land in die Gemeinschaft geliefert und dort einer über die Minimalbehandlung hinausgehenden Be- oder Verarbeitung unterzogen, so wird sie unabhängig von etwaigen Listenkriterien wie eine Ursprungsware der Gemeinschaft behandelt.

Inzwischen erkennen fast alle Staaten die paneuropäische Kumulierung untereinander an, allerdings mit einigen Unterschieden, deren Darstellung hier zu weit führt. Kurz gefasst kann man sagen, dass die Ware immer in dem Staat oder der Staatengemeinschaft ihren Ursprung hat, in dem der höchste Wertzuwachs erzielt worden ist. Zu beachten ist auch das sogenannten Territorialprinzip, nämlich, dass die Ware unter Umständen nicht in einem Land bearbeitet werden darf, das kein Teilnehmer an diesem Abkommen ist. Die Ursprungseigenschaft kann sonst völlig verloren gehen.

7. Ursprung und Veredelungsverkehr

– Aktiver Veredelungsverkehr mit Drittlandwaren

Unabhängig vom Ursprung hat ein Drittlanderzeugnis, das im Rahmen eines zollbegünstigten Veredelungsverkehrs be- oder verarbeitet wurde, bei der Ausfuhr in ein anderes Land keinen Anspruch auf Zollpräferenz. Eine präferenzierte Behandlung ist nur dann möglich, wenn das Drittlanderzeugnis verzollt und in der EG ausreichend be- oder verarbeitet wurde. Bei der vorhandenen Wahlmöglichkeit (Präferenzbehandlung für die veredelte Ware oder Zollfreiheit für das Vorzeugnis) wird die Entscheidung von der Höhe des Zollvorteils abhängig sein.

– Passiver Veredelungsverkehr

Wird eine Ursprungsware im passiven Veredelungsverkehr nach Drittländern ausgeführt, so verliert die veredelte Ware die Ursprungseigenschaft. Dies gilt auch dann, wenn diese Ware im Drittland nur unzureichend be- oder verarbeitet wurde. Kommt die Ware unbearbeitet zurück, so wird sie Rückwaren gleichgestellt.

8. Nachweisverfahren und Vereinfachungen EUR 1

a) Nachweisverfahren

Der formelle Nachweis für die Inanspruchnahme der Zollpräferenzen wird grundsätzlich durch eine Warenverkehrsbescheinigung EUR 1 oder – bei geringerwertigen Sendungen – durch eine Ursprungserklärung auf der Rechnung erbracht. Unter bestimmten Bedingungen kann bei Ausstellung einer Warenverkehrsbescheinigung eine Vielzahl von Vereinfachungen in Anspruch genommen werden.

b) Warenverkehrsbescheinigung EUR 1

Die Warenverkehrsbescheinigung wird vom <u>Ausführer</u> mit der Erklärung ausgefüllt, dass die Waren, auf die sich die Warenverkehrsbescheinigung bezieht, den Ursprungsbestimmungen entsprechen. Die Verantwortung für die Richtigkeit der Angaben trägt der Ausführer. Die Zollbehörde bescheinigt – ggfs. nach Überprüfung – die Richtigkeit der Erklärung durch Dienstsiegel und Unterschrift. Falls erforderlich, kann unter bestimmten Umständen eine Warenverkehrsbescheinigung auch nachträglich erstellt werden.

c) Ursprungserklärung

Die Ursprungserklärung auf allen Exemplaren der Rechnung oder eines anderen Handelsdokuments dient als Ursprungsnachweis für ein oder mehrere Packstücke einer Sendung, deren Gesamtwert € 6.000,– (Wert soll alle fünf Jahre angepasst werden) nicht überschreitet. Die Ursprungserklärung des Ausführers wird hinsichtlich ihrer Richtigkeit nicht von der Zollstelle bestätigt. Wird eine Sendung nur aufgeteilt, um die € 6.000,– Wertgrenze einzuhalten, so kann dies als missbräuchliche Verwendung angesehen werden. Der Wortlaut dieser Erklärung ist wie folgt vorgeschrieben:

Der Unterzeichnete, Ausführer der Waren, auf die sich dieses Handelspapier bezieht, erklärt, dass diese Waren, soweit nicht anders angegeben, präferenzbegünstigte EWR-Ursprungswaren sind.

Ort und Datum

Unterschrift (voller Name; leserlich)

d) Lieferantenerklärung – Nachweis für die Ausstellung von Präferenzpapieren

Derjenige, der einen Präferenznachweis ausfüllt bzw. eine entsprechende Erklärung abgibt, trägt die Verantwortung für die Richtigkeit seiner Erklärung auch insoweit, als es sich um von dritter Seite bezogene Waren handelt. Dies ist besonders wichtig, wenn der Ausführer das zu exportierende Erzeugnis keiner ursprungsbegründenden Be- oder Verarbeitung (Positionswechsel, ggfs. Listenkriterien) unterzieht. In diesem Fall kann die betreffende Ware nur dann präferenzberechtigt ausgeführt werden, wenn es sich bei den Komponenten, die für ihre Herstellung verwendet wurden, bereits um Ursprungswaren der Gemeinschaft oder der EFTA-Staaten handelt. Die Ursprungseigenschaft solcher eingesetzten Vorerzeugnisse ist mittels einer Lieferantenerklärung nachzuweisen, die der Ausführer von seinem Lieferanten anfordern

kann. In der Regel wird es genügen, nur für den Anteil der eingesetzten Vorerzeugnisse eine Lieferantenerklärung zu verlangen, der sich ansonsten ursprungsschädigend auswirken würde.
Darüber hinaus ist die Anforderung einer Lieferantenerklärung jedoch nicht erforderlich, wenn
– auf andere Weise (etwa durch betriebliche Unterlagen) nachgewiesen werden kann, dass die Voraussetzungen für eine Präferenzbehandlung der Ware erfüllt sind;
– die für die Ausfuhr vorgesehenen Waren ohnehin ursprungsbegründend be- oder verarbeitet werden (gilt allerdings nicht für Ersatzteillieferungen).

Für die Lieferantenerklärung gibt es keine Formvorschriften; lediglich ihr Wortlaut ist in allen amtlichen Sprachen der Gemeinschaft verbindlich festgelegt (Anlage V zum Protokoll Nr. 4). Die Erklärung kann auf der Handelsrechnung oder auf einem dieser Rechnung beigefügten Blatt, einem sonstigen Geschäftspapier oder auf einem Vordruck abgegeben werden. In dieser Erklärung müssen die Bezeichnung der gelieferten Waren, die Bezeichnung der verwendeten Vormaterialien ohne Ursprungseigenschaft, deren HS-Position sowie deren Wert angegeben werden. Darüber hinaus die Erklärung, dass alle anderen verwendeten Materialien Ursprungserzeugnisse der Paneuropäischen Zone sind mit Angabe der einzelnen Länder.

Einzel-Lieferantenerklärungen und Langzeit-Lieferantenerklärung
Einzel-Lieferantenerklärungen werden pro Sendung erstellt. In Fällen, in denen ein Lieferant regelmäßig einem bestimmten Käufer Waren liefert, die über einen längeren Zeitraum unter gleichbleibenden Bedingungen hergestellt werden, kann eine sogenannte Langzeit-Lieferantenerklärung abgegeben werden. Die Geltungsdauer dieser Erklärungen beträgt bis zu einem Jahr. Auch Langzeit-Lieferantenerklärungen müssen die genaue Bezeichnung der Waren enthalten, auf die sie sich beziehen. Stets ist darauf zu achten, dass die Erklärung nicht überholt oder abgelaufen ist.

Lieferantenerklärungen müssen in der Regel handschriftlich unterzeichnet werden. Ausnahmen sind nur zulässig, wenn die Erklärungen mit Hilfe der EDV erstellt werden und die verantwortliche Person oder Stelle ohne weiteres identifiziert werden kann. Bestehen Zweifel an der Echtheit der Lieferantenerklärung oder der Richtigkeit der in ihr enthaltenen Angaben, so kann die Zollverwaltung vom Ausführer die Vorlage eines Auskunftsblattes verlangen.

e) Abgabe der Ursprungserklärung auf der Handelsrechnung

Darüber hinaus kann die Zollstelle ermächtigten Ausführern bewilligen, unter bestimmten Bedingungen anstelle der Warenverkehrsbescheinigung EUR. 1 die Ursprungserklärung auf der Rechnung oder einem anderen Handelsdokument abzugeben.

Im Prinzip entspricht dieses Verfahren ohne Wertgrenze dem Ursprungsnachweis für Sendungen bis zu einem Wert von € 6.000,– (siehe 8c).

f) Vorausbehandlung durch die Zollstelle

In diesem Fall versieht die Zollstelle die vorgelegten Formblätter EUR. 1 bereits vorab mit Stempelabdruck, Datum und Unterschrift. Die Formblätter dürfen bis auf die Firmenbezeichnung, die rechtsverbindliche Unterschrift und das Datum der Unterschriftsleistung unausgefüllte sein. Dem Ausführer kann auch die Verwendung von Warenverkehrsbescheinigungen genehmigt werden, in die bereits ein Dienststempel eingedruckt ist bzw. ein Stempelaufdruck in Eigenregie angebracht wird. Bei diesem und dem Vorausbehandlungsverfahren handelt es sich um „klassische" Vereinfachungen.

g) Buchmäßiger Nachweis der Ursprungseigenschaft

Wie in den vorangegangenen Abschnitten dargestellt, ist für die präferenzierte Ausfuhr von Waren stets der Nachweis erforderlich, welche Vorerzeugnisse für ihre Herstellung verwendet wurden und ob für jede Ursprungsware konkret der zulässige Anteil an Drittlandserzeugnissen eingehalten ist. Dies hat zur Folge, dass die einzusetzenden Vorerzeugnisse nach ihrer Herkunft getrennt zu lagern und zu verarbeiten sind.

Ist jedoch die physische Trennung von Vorerzeugnissen mit unzumutbaren Kosten oder Schwierigkeiten verbunden, kann das Hauptzollamt Herstellern bewilligen, den Ursprung von Waren unter Verzicht auf die physische Trennung von Vorerzeugnissen mit und ohne Ursprungseigenschaft lediglich anhand der Buchführung bestimmen. Es genügt, die Warenein- und -ausgänge buchhalterisch zu erfassen, wobei der zulässige Drittlandanteil lediglich im Durchschnitt eines Abrechnungszeitraums nicht überschritten werden darf. Weitere Auskünfte hierzu erteilt das zuständige Hauptzollamt.

h) Innerbetriebliche Erfordernisse

Da die Ursprungsregeln nahezu alle Unternehmensbereiche in irgendeiner Form tangieren, machen sie ein hohes Maß an innerbetrieblicher Koordinierung erforderlich. Basis hierfür ist die Entscheidung, in welche Länder exportiert werden soll. Daraus ergibt sich die Frage, ob präferenzberechtigte Erzeugnisse hergestellt bzw. bezogen werden müssen:

- Wird die Ware nur zu Handelszwecken bezogen, sind eventuelle Preisvorteile beim Bezug von Nicht-Ursprungswaren gegenüber Präferenzvorteilen beim Verkauf von Ursprungserzeugnissen abzuwägen.
- Wird eine Ware für die Be- oder Verarbeitung im eigenen Betrieb bezogen, so ist anhand der Ursprungsregeln zu prüfen, ob die herzustellende Ware dadurch Ursprungseigenschaft erlangt.
- Erhält eine Ware durch Be- oder Verarbeitung in jedem Fall die Ursprungseigenschaft, so können die günstigsten Einkaufsmöglichkeiten für Vorerzeugnisse wahrgenommen werden.
- Entsteht durch die Be- oder Verarbeitung kein Ursprungserzeugnis, so kann durch den Einsatz entsprechender Vorprodukte die Präferenzberechtigung erreicht werden. Hierzu bedarf es der engen Abstimmung zwischen Produktion, Einkauf und Verkauf.
- Sollen Ursprungswaren bezogen werden, so ist auf die Vorlage der erforderlichen Unterlagen durch den Lieferanten zu achten (z.B. Lieferantenerklärung, Hinweise auf Rechnungen etc.).
- Bei Lagerung und Produktion ist mit Blick auf das herzustellende Erzeugnis die Ursprungseigenschaft stets zu verfolgen (Feststellung, Kennzeichnung, Lagerung).
- Der Versand muss von allen Firmenbereichen in die Lage versetzt werden, jederzeit verantwortlich die Ursprungserklärung abzugeben. Hierzu gehört auch die Kontrolle der Ware und ihrer Verpackung.

1.5 Der Zollkodex der Gemeinschaften und seine Bedeutung

1993 trat die Verordnung (EWG) Nr. 2913/92 vom 12. Oktober 1992 in Kraft, der so genannte Zollkodex. Dieser Zollkodex fasst eine Reihe früherer EWG-Verordnungen zusammen, vereinheitlicht und ergänzt diese früheren Verordnungen und löste zu diesem Zeitpunkt nationales Zollrecht weitgehend ab. Ergänzend zum Zollkodex wurde mit Datum vom 2. Juli 1993 die Verordnung (EWG) Nr. 2454/93 veröffentlicht, die sogenannte Zollkodex-Durchführungsverordnung. Inzwischen gab es eine Reihe von Korrekturen und Ergänzungen.

Der Zollkodex schafft ein einheitliches Zollrecht der Mitgliedstaaten gegenüber Drittstaaten. Geregelt sind hierin unter anderem folgende Themen (in der Reihenfolge der Artikel):

Ursprungsregelung: Welche Kriterien müssen erfüllt sein, um einer Ware Ursprungscharakter der Gemeinschaft zu geben? Es wird unterschieden zwischen nichtpräferenziellem Ursprung (ohne Zollvergünstigung) und Präferenzursprung (mit Zollvergünstigung).

Zollwert: Nach welchen Kriterien wird der Zollwert einer Ware ermittelt, welche Kosten müssen in den Zollwert einbezogen werden, welche finden keine Berücksichtigung bzw. sind vom Rechnungspreis absetzbar? Außerdem: wie wird der Zollwert ermittelt, wenn nicht ein unmittelbares Kaufgeschäft zur Ausfuhr in die Gemeinschaft vorliegt?

Verbringung in die Gemeinschaft: Wie muss mit einer Ware umgegangen werden, die in das Gebiet der Gemeinschaft verbracht wird? (Gestellung, summarische Anmeldung, vorübergehende Verwahrung usw.).

Zollrechtliche Bestimmung: Dieser Abschnitt beschäftigt sich hauptsächlich mit verschiedenen Zollverfahren: der Abfertigung zum freien Verkehr und den sogenannten „Nichterhebungsverfahren und Verfahren von wirtschaftlicher Bedeutung" (hierzu gehören: das externe Versandverfahren – siehe Abschnitt Zoll, Ziff. 2 –, Zolllager, aktive Veredelung, Umwandlungsverfahren, vorübergehende Verwendung und passive Veredelung; früher alle unter dem Begriff „besondere Zollverfahren"). Außerdem werden noch die Ausfuhr, das interne Versandverfahren und sonstige zollrechtliche Bestimmungen wie Freizonen, Freilager, Wiederausfuhr, Vernichtung usw. behandelt.

Vorzugsbehandlung: In diesem Abschnitt geht es um Befreiungen (von Zollabgaben), Rückwaren und Fischereierzeugnisse.

Zollschuld: Wann entsteht eine Zollschuld, wie werden die Beträge erhoben, wie werden die Beträge erfasst, welche Fristen sind einzuhalten, wann kann eine Zollschuld erlöschen bzw. wann können Einfuhrabgaben erstattet oder erlassen werden? Außerdem wird das Thema Sicherheitsleistung behandelt.

Rechtsbehelf: Welche Möglichkeiten gibt es, gegen einen Zollbescheid vorzugehen?

Die hier nur angerissenen Themen werden in den nachfolgenden Kapiteln ausführlicher – aber dennoch in Kürze – dargestellt. Im Einzelfall empfiehlt es sich, direkt den Text des Zollkodex bzw. der Durchführungsverordnung zu Rate zu ziehen.

2. EXPORT

2.1 Ausfuhr in Drittlandsstaaten

Ausfuhr ist das Verbringen von Waren aus dem Zollgebiet der Gemeinschaft. Unter Versendung versteht man die Lieferung in einen anderen EG-Mitgliedstaat. Das im folgenden zum Thema „Ausfuhr" Gesagte trifft nicht auf „Versendungen" zu.

Zu unterscheiden ist zwischen dem Verfahren für die genehmigungsfreie Versendung/Ausfuhr, dem Verfahren für die genehmigungsbedürftige Ausfuhr und der Ausfuhr von Waren, für die nach der gemeinsamen Marktordnung der EG Ausfuhrlizenzen vorgeschrieben sind. Zusätzliche Bestimmungen gelten für Waren, die anderen als außenwirtschaftlichen Verboten und Beschränkungen unterliegen.

1. Genehmigungsfreie Ausfuhr

Das Verfahren gliedert sich in das Verfahren bei der Ausfuhrzollstelle und das Verfahren bei der Ausgangszollstelle. – Ausfuhrzollstelle ist das Hauptzollamt, in dessen Bezirk der Ausführer seinen Wohnsitz oder Sitz, eine Zweigniederlassung oder Betriebsstätte hat. Diese Zollstelle ist über Art und Umfang der von den Firmen ihres Bereichs regelmäßig getätigten Ausfuhren weitestgehend unterrichtet und kann die Vertrauenswürdigkeit des Ausführers sowie die Voraussetzungen für Vereinfachungen meist ohne besondere Ermittlungen beurteilen. Im Übrigen kann auch eine andere Zollstelle als Ausfuhrzollstelle bestimmt werden.

2. Ausfuhranmeldung

Grundlage der Ausfuhrabfertigung ist, dass der Ausführer für jede Ausfuhrsendung bei der Zollstelle eine Ausfuhranmeldung oder unvollständige Anmeldung vorlegt.

3. Gestellung; Anmeldung

Der Ausführer hat jede Ausfuhrsendung unter Vorlage der ausgefüllten Ausfuhranmeldung (AM) der Ausfuhrzollstelle entweder zu gestellen oder anzumelden. Auf das Stichwort „Gestellung" im ersten Abschnitt bzw. Ziffer 3.2 wird verwiesen.

4. Unvollständige Anmeldung

Statt der AM kann in bestimmten Fällen ein vorläufiges Ausfuhrpapier, die unvollständige Anmeldung verwendet werden. Die unvollständige Anmeldung enthält im Gegensatz zur AM keine Angaben über Anlass der Ausfuhr, statistischen Wert (Grenzübergangswert), Lieferbedingungen, vereinbarte Währung und Handelsland (Käuferland); die Angabe des Bestimmungslandes ist in der unvollständigen Anmeldung nicht erforderlich. Die Verwendung der unvollständigen Anmeldung ermöglicht die Wahrung von Geschäftsgeheimnissen zwischen mehreren an der Ausfuhr Beteiligten: Ausführer/Versender, Ausführer/Zulieferer. Da die unvollständige Anmeldung nur ein vorläufiges Ausfuhrpapier ist und auch nicht den Erfordernissen der Außenhandelsstatistik entspricht, bedarf es der späteren Abgabe einer AM.

5. Vorausanmeldung; Ausfuhrkontrollmeldung

Das Hauptzollamt kann gestatten, dass Waren, die innerhalb eines Kalendervierteljahres zum Versand kommen sollen, im Voraus angemeldet werden. Unter besonderen Voraussetzungen kann hierbei ein vereinfachtes Ausfuhrpapier, die Ausfuhrkontrollmeldung, verwendet werden, wenn die Datenverarbeitungsanlage des Betriebes des Ausführers die Abwicklung der Ausfuhrgeschäfte lückenlos erkennen lässt. Unter Umständen kann von der Pflicht der Vorlage der Ausfuhrkontrollmeldung abgesehen werden, wenn die Abwicklung der Ausfuhrlieferungen durch regelmäßige Betriebsprüfungen überwacht wird.

6. Kleinsendungen; vereinfachte Verfahren

Eine zollamtliche Behandlung durch eine Ausfuhrzollstelle ist bei Kleinsendungen im Wert bis zu € 3.000,– und bei Sendungen nicht erforderlich, die durch Bewilligung, was auf der AM oder der unvollständigen AM zu versichern ist, von der Gestellung und Anmeldung bei der Ausfuhrzollstelle befreit sind.

7. Versand durch die Post

Kommerzielle Sendungen, die im Postverkehr (nur Deutsche Post AG, nicht andere Dienstleister) aus dem Zollgebiet der EG in ein Drittland ausgeführt werden, unterliegen der zollamtlichen Überwachung.

Die Zollvorschriften für die Ausfuhr (2-stufiges Ausfuhrverfahren) sind deshalb auch hier zu beachten. Das bedeutet eine erste Gestellung und Abfertigung bei der Ausfuhrzollstelle, sowie eine endgültige Abfertigung an der Ausgangszollstelle, in diesem Fall das Einlieferungspostamt. Die Poststelle muss die Annahme verweigern, wenn die Behandlung durch die Ausfuhrzollstelle nicht erfolgt ist, oder die Nämlichkeit seit Abfertigung bei der Ausfuhrzollstelle verletzt wurde. Die Poststelle erteilt auf der Rückseite der Ausfuhrmeldung den Ausfuhrnachweis.

Für Kleinsendungen, die keinen Verboten oder Beschränkungen unterliegen, bis zu einem Wert von € 1.000 ist keine Ausfuhrabfertigung erforderlich. Solche mit einem Wert von € 1.000 bis € 3.000, können ohne Abfertigung bei der Ausfuhrzollstelle direkt beim Einlieferungspostamt mit der entsprechenden Ausfuhrmeldung abgefertigt werden.

Für Privatpersonen gelten andere Vorschriften.

8. Genehmigungsbedürftige Ausfuhr

Die Ausfuhrgenehmigung ist auf einem Vordrucksatz zu beantragen, bei dem Antrag und Ausfuhrgenehmigung (AG) miteinander verbunden sind; antragsberechtigt ist nur der Ausführer. Der Antrag ist beim „Bundesamt für Wirtschaft und Ausfuhrkontrolle" in Eschborn zu stellen (nähere Hinweise unter www.bafa.de).

Grundsätzlich gelten für das Verfahren bei der genehmigungsbedürftigen Ausfuhr die Vorschriften über die genehmigungsfreie Ausfuhr. Ausnahmen gelten, wo der Zweck der Ausfuhrbeschränkungen eine eingehendere Überwachung und das Versagen von Erleichterungen erforderlich macht. So finden z. B. die Vorschriften über den Wegfall der zollamtlichen Behandlung durch die Ausfuhrzollstelle bei Ausfuhrsendungen im Wert bis zu € 3.000 über die Vorausanmeldung (ausgenommen bei Vorlage einer Sammelgenehmigung) über Erleichterungen für Massengüter oder Verpackungsunternehmen auf die genehmigungsbedürftige Ausfuhr keine Anwendung.

Die Ausfuhrgenehmigung ersetzt nicht die Ausfuhranmeldung; diese muss bei der Ausfuhrabfertigung neben der Ausfuhrgenehmigung vorgelegt werden. Wird eine Versand-AM benutzt, braucht die Ausfuhrgenehmigung der Ausfuhrzollstelle erst nach der Ausfuhr der Ware mit der AM vorgelegt zu werden. Die Ausfuhrsendung ist innerhalb der Gültigkeitsdauer der Genehmigung der Ausfuhrzollstelle zur zollamtlichen Behandlung zu gestellen oder anzumelden.

9. Lizenzpflichtige Ausfuhr nach EG-Recht (gemeinsame Marktorganisationen)

Die EG-Verordnungen über die Errichtung gemeinsamer Marktordnungen sehen für die Ausfuhr bestimmter Erzeugnisse nach Drittländern – unmittelbar oder über einen anderen Mitgliedstaat – Lizenzen oder Vorausfestsetzungsbescheinigungen vor. Solche Lizenzen oder Vorausfestsetzungen kommen z. B. in Betracht auf Grund der Marktordnung für Fette, Getreide, Reis, Zucker, Milch oder Milcherzeugnisse, Rindfleisch, Obst und Gemüse, Flachs und Hopfen. Die Lizenzen dienen der Marktbeobachtung; bei wirtschaftlichen Schwierigkeiten auf dem Gebiet der Marktordnungen sollen sie die Anwendung von Schutzmaßnahmen ermöglichen. In den Ausfuhrlizenzen können auf Antrag Erstattungen bei der Ausfuhr im Voraus festgesetzt werden.

Anträge auf Erteilung einer Ausfuhrlizenz sind auf einem amtlich vorgeschriebenen Formblatt an die zuständige Marktordnungsstelle zu richten.

Die Ausfuhrlizenz verpflichtet zur Ausfuhr der in der Lizenz angegebenen Erzeugnisse; die Einhaltung der Verpflichtung wird durch eine in bar oder durch Bankbürgschaft zu leistende Kaution sichergestellt. Im Gegensatz zu der Regelung, die in der Bundesrepublik für Ausfuhrgenehmigungen gilt, sind die Rechte aus einer Lizenz übertragbar. Die Übertragung wird aber erst wirksam, wenn die Genehmigungsstelle Name und Anschrift des Übernehmers in die Lizenz eingetragen hat. Die Ausfuhrlizenzen nach EG-Recht sind mit den Ausfuhrgenehmigungen nach dem deutschen Außenwirtschaftsrecht nicht identisch.

10. Durch sonstige Verbote beschränkte Ausfuhr

Die sonstigen die Ausfuhr betreffenden Verbote und Beschränkungen (VuB) für Alkohol, radioaktive Stoffe, Kriegswaffen, Krankheitserreger, DDT, Betäubungsmittel, Kulturgut, Waren mit falschen Herkunftsangaben und pornografische oder zu Gewalttaten aufreizende Darstellungen sowie bestimmte geschützte Tiere und Pflanzen (Washingtoner Artenschutzabkommen) haben als Rechtsgrundlagen eine größere Anzahl verschiedenartiger Gesetze und Verordnungen. Soweit für die Ausfuhr der einzelnen Waren Ausnahmen von den VuB zulässig sind – bei Waren mit unrichtigen Herkunftsabgaben ist das z. B. nicht der Fall – sind für die Erteilung der Genehmigungen die in den Rechtsvorschriften jeweils genannten Bundes- oder Landesbehörden zuständig.

Zunehmende Bedeutung durch den internationalen Terrorismus erhält die dual-use-VO, die Waren betrifft, die einen zweifachen Verwendungszweck haben: den friedlichen und den kriegerischen. Hier hat der Ausführer strengstens darauf zu achten, ob seine Produkte dieser Verordnung unterliegen und er dann beim Bundesamt für Wirtschaft und Ausfuhrkontrolle (BAFA) eine Ausfuhrgenehmigung beantragen muss.

11. Sonderregelungen

In einigen Bereichen gelten auf dem Gebiet der Warenausfuhr Sonderregelungen, die nachstehend kurz dargestellt werden sollen:

- Für frisches Obst und Gemüse, das in der Ausfuhrliste mit „G" gekennzeichnet ist, muss der Versand- oder Ausgangszollstelle entweder eine Ausfuhrgenehmigung vorgelegt werden (Ausnahmefall) oder es ist eine in den EG-Vorschriften festgelegte Kontrollbescheinigung oder Empfangsbestätigung beizubringen, aus der hervorgeht, dass die Waren den Qualitätsnormen der EG entsprechen.
- Bei der Ausfuhr von Kaffee, Auszügen aus Kaffee und Zubereitungen daraus nach Ländern außerhalb der EG hat der Ausführer für solche Waren, die bereits einfuhrrechtlich abgefertigt worden waren, der Ausgangszollstelle ein Wiederausfuhrzeugnis oder ein Weiterverwendungszeugnis vorzulegen; noch nicht einfuhrrechtlich abgefertigt sind in der Regel Waren in Freihäfen und Zolllagern.
- Bei der Ausfuhr von einfuhrrechtlich bereits abgefertigten Kakaowaren in andere als die EG-Länder muss ein Wiederausfuhrzeugnis der Industrie- und Handelskammer beigebracht werden.
- Bei der Ausfuhr von festen Brennstoffen entfällt die zollamtliche Behandlung bei der Ausfuhrzollstelle; statt der AM kann mit amtlicher Genehmigung eine Ausfuhrkontrollmeldung vorgelegt werden, auf die unter Umständen sogar verzichtet werden kann.

2.2 Gemeinschaftliches und gemeinsames Versandverfahren

Rechtsgrundlagen

Das gemeinschaftliche bzw. das gemeinsames Versandverfahren (gVV) soll den Warenverkehr innerhalb der EG, und den EFTA-Staaten erleichtern. Rechtsgrundlagen sind die VO (EG) Nr. 2913/92 (Zollkodex) und die VO (EG) Nr. 2454/93 – Zollkodex-DVO –. Hinzugekommen sind ferner die Vorschriften über die Einführung und Verwendung des Einheitspapiers – VO (EG) Nr. 678/85, VO (EG) Nr. 679/85 und VO (EG) Nr. 35/92 – wie beim Stichwort „Einheitspapier" erwähnt.

Seit dem 1. April 2004 wird das Versandverfahren über Atl@s als NCTS-Verfahren (New Computerized Transit System) abgewickelt, d. h., die papiermäßige Abwicklung entfällt weitgehend durch Dateneingabe und Datenübertragung (DFÜ). Die unten genannten Begriffe bleiben allerdings erhalten. Veränderungen in der Abwicklung werden dargestellt.

Begriffe zum gVV

Hauptverpflichteter

ist die Person, die selbst oder durch einen befugten Vertreter durch Abgabe einer entsprechenden Anmeldung ihren Willen bekundet, ein gemeinschaftliches Versandverfahren durchzuführen. Er übernimmt damit gegenüber den zuständigen Behörden die Haftung für die ordnungsgemäße Durchführung dieses Verfahrens. Aus diesem Grunde hat der Hauptverpflichtete insbesondere die Pflicht, die Waren innerhalb der vorgeschriebenen Frist unter Beachtung der von den zuständigen Behörden zur Nämlichkeitssicherung getroffenen Maßnahmen unverändert der Bestimmungszollstelle zu gestellen. Diese Verpflichtung trifft nach der Verordnung auch den Warenführer oder Warenempfänger, der die Waren annimmt und weiß, dass sie dem gVV unterliegen. Gegen diese Vorschrift wird häufig dadurch verstoßen, dass die Waren nicht der Bestimmungszollstelle gestellt, sondern unmittelbar dem Empfänger ausgeliefert werden. Dies kann zu empfindlichen Haftungsansprüchen des Fiskus gegenüber dem Hauptverpflichteten (siehe zugelassener Empfänger) führen.

Abgangsstelle

ist die Zollstelle, bei der das gemeinschaftliche Versandverfahren beginnt. Bei dieser Zollstelle muss der Hauptverpflichtete die Eröffnung des gVV beantragen. Dies geschieht dadurch, dass er entweder selbst die Daten in das NCTS-Verfahren eingibt oder wie bisher das entsprechende Einheitspapier beim Zoll vorlegt und der Zollbeamte gibt die Daten ein. Dem Versandverfahren wird eine MRN-Nummer zugeteilt, ein PDF-Ausdruck begleitet die Ware.

Durchgangszollstelle

ist entweder die Ausgangszollstelle des Zollgebietes der Gemeinschaft, wenn eine Sendung dieses Zollgebiet anlässlich des gemeinschaftlichen Versandverfahrens über einer Grenze zwischen einem Mitgliedstaat und einem Drittland verlässt oder die Eingangszollstelle des Zollgebietes der Gemeinschaft, wenn die Waren anlässlich eines gVV durch ein Gebiet eines Drittlandes kommen.

Bestimmungsstelle

ist die Stelle der zuständigen Behörde, der die Waren zur Beendigung des gVV zu gestellen sind. Das Versandverfahren wird durch eventuelle Kontrolle von Fahrzeug und Ware und Eingabe der MRN-Nummer erledigt.

Zuständige Behörde

ist die Zollbehörde oder jede andere Behörde, die mit der Anwendung dieser Verordnung beauftragt wird.

Gemeinschaftswaren (Freigut)

sind alle Waren, die sich im zollrechtlich freien Verkehr der Gemeinschaft befinden. Dies sind entweder Waren, die vollständig in der EG gewonnen oder hergestellt wurden oder Waren aus Drittländern, die sich in einem Mitgliedstaat im freien Verkehr befinden. Auch Waren, die aus vollständig erzeugten und im freien Verkehr befindlichen Waren zusammengesetzt sind, gelten als Gemeinschaftsware.

Nichtgemeinschaftswaren (Zollgut)

sind grundsätzlich alle Waren aus Drittländern, die im Zollgebiet der EU noch nicht in den freien Verkehr abgefertigt wurden. Hierzu gehören auch Waren, bei deren Ausfuhr aus der Gemeinschaft Zölle oder andere Abgaben erlassen oder erstattet werden. Als Nichtgemeinschaftswaren werden auch angesehen: Waren, die an die Stelle von Nichtgemeinschaftswaren treten (Ersatzgut und Vorgriffsgut bei der Freigutveredelung). Im Gegensatz zu den Begriffen „Gemeinschaftswaren" und „Nichtgemeinschaftswaren" sind „Freigut" und „Zollgut" Begriffe des früheren deutschen Zollrechts.

Nämlichkeitssicherung und Verschlussverletzung

Im gVV wird die Nämlichkeit der Waren grundsätzlich durch Zollverschluss gesichert. Dies kann durch Raumverschluss des Beförderungsmittels oder durch Packstück-Verschluss erfolgen. Die Nämlichkeitssicherung kann durch amtliche Zollverschlüsse, durch Tyden-Seals, Mini-Break-Away-Seals, Zollsiegel aber auch durch eine ausreichende Beschreibung der Waren in den Begleitpapieren erfolgen. Sammelsendung in die Schweiz dürfen nur in Fahrzeugen mit Raumverschluss befördert werden. Ist ein Packstück- oder Raumverschluss verletzt worden, so muss dafür Sorge getragen werden, dass die nächsterreichbare Zollstelle hiervon benachrichtigt wird. Gegebenenfalls müssen die Waren dieser Zollstelle zur Anbringung eines neuen Verschlusses gestellt werden. Dies gilt auch bei erforderlich gewordenen Umladungen nach einem Unfall.

Internes gVV

Das interne gVV (T2) entfällt weitgehend seit 1993. Es wird nur noch angewendet, wenn Gemeinschaftsgut zwischen zwei Orten der EG über einen oder mehrere Drittstaaten befördert wird (z. B. von Deutschland über die Schweiz nach Italien). Im Luftverkehr und im Seeverkehr gilt das Manifest mit T2-Kennzeichnung als Anmeldung zum gVV.

Externes gVV

Im externen gVV (T1) können alle Waren befördert werden, die nicht Gemeinschaftswaren sind oder die zwar Gemeinschaftswaren sind, für die aber die Ausfuhrzollförmlichkeiten zur Gewährung von Erstattungen bei der Ausfuhr nach Drittländern im Rahmen der gemeinsamen Agrarpolitik noch nicht erfüllt worden sind.

Kontrollexemplar

Hängt die Anwendung einer Gemeinschaftsmaßnahme auf dem Gebiet der Wareneinfuhr oder Warenausfuhr oder des Warenverkehrs innerhalb der Gemeinschaft von dem Nachweis ab, dass die Waren der vorgesehenen oder vorgeschriebenen Verwendung und/oder Bestimmung zugeführt worden sind, so muss dieser Nachweis durch Vorlage eines Kontrollexemplares T 5 erbracht werden. Einzelheiten dazu enthält die am 1.1.1988 in Kraft getretene VO (EG) Nr. 2823/87 – Kontrollexemplar-VO –. Erleichterungen bei diesem Verfahren sind insbesondere für sog. zugelassene Versender vorgesehen (Art. 17 – 24 dieser VO). Das sind Personen, die laufend Waren versenden und deren Anschreibungen es den Zollbehörden ermöglichen, die Warenbewegungen zu kontrollieren. Auch kann diesen Personen die Verwendung der selbstschließenden Verschlüsse Tyden-Seal und Mini-Breakaway-Seal gestattet werden.

Zugelassener Versender

Die Zollbehörden jedes Mitgliedstaats können einem sog. zugelassenen Versender bewilligen, dass der Abgangsstelle weder die Waren gestellt werden noch die Anmeldung zum gVV vorgelegt wird. Voraussetzung ist es jedoch, dass der zugelassene Versender laufend Waren versendet, seine Anschreibungen darüber es den Zollbehörden ermöglichen, die Warenbewegungen zu kontrollieren, und, wenn nach den Bestimmungen des gVV eine Sicherheit erforderlich ist, eine Gesamtbürgschaft geleistet haben. Die Bewilligung, als zugelassener Versender tätig zu sein, trägt wesentlich zur Beschleunigung und Vereinfachung des gVV bei. Allerdings wird der zugelassene Versender mit seiner Unterschriftsleistung auf der Anmeldung zum gVV Hauptverpflichteter, d. h. er haftet bei nicht ordnungsgemäßer Erledigung für die auf den in Betracht kommenden Waren ruhenden Abgaben.

Seit dem 1. Juli 2004 müssen zugelassene Versender am NCTS-Verfahren teilnehmen, anderenfalls verlieren sie ihre Bewilligung.

Zugelassener Empfänger

Die Zollbehörden jedes Mitgliedstaats können zulassen, dass im gVV beförderte Waren der Bestimmungsstelle nicht gestellt werden, wenn sie für eine Person bestimmt sind, die die Voraussetzungen eines sog. zugelassenen Empfängers erfüllt und der eine entsprechende zollamtliche Bewilligung erteilt worden ist. In einem solchen Fall hat der Hauptverpflichtete die ihm auferlegte Pflicht erfüllt, sobald die Exemplare des gemeinschaftlichen Versandpapiers, die die Sendung begleitet haben, sowie die Waren unverändert dem zugelassenen Empfänger innerhalb der vorgeschriebenen Frist in seinem Betrieb oder an dem in der Bewilligung näher bezeichneten Ort übergeben und die zur Nämlichkeitssicherung getroffenen Maßnahmen beachtet worden sind. Für jede solche Sendung stellt der zugelassene Empfänger auf Verlangen des Beförderer eine Eingangsbescheinigung aus, in der er erklärt, dass ihm die Waren übergeben worden sind. Im Übrigen hat der zugelassene Empfänger die Bestimmungsstelle unverzüglich über etwaige Mehrmengen, Fehlmengen, Vertauschungen oder sonstige Unregelmäßigkeiten, wie verletzte Verschlüsse, zu unterrichten und der Bestimmungsstelle unverzüglich die Exemplare des gemeinschaftlichen Versandpapiers, die die Sendung begleitet haben, zu senden und gleichzeitig das Ankunftsdatum und den Zustand etwa angelegter Verschlüsse mitzuteilen. Auch hier gilt die Verpflichtung zur Teilnahme am NCTS-Verfahren (01.07.2004).

Sicherheitsleistung

Damit die Erhebung der Zölle und anderer Abgaben nach Durchführung der gVV sichergestellt ist, muss der Hauptverpflichtete Sicherheit leisten.

Die Sicherheit kann für mehrere gVV als Gesamtbürgschaft oder als Pauschalbürgschaft oder für jedes gVV als Einzelbürgschaft geleistet werden. Auf die Sicherheit kann unter bestimmten Voraussetzungen bei in der Gemeinschaft ansässigen Personen verzichtet werden (z. B. wenn sie finanziell gut gestellt sind und sich schriftlich verpflichtet haben, bei der ersten Aufforderung zu zahlen). Im Luft- und Seefrachtverkehr, auf dem Rhein und Rheinwasserstraßen, im Rohrleitungsverkehr und im Eisenbahnverkehr ist unter bestimmten Voraussetzungen eine Sicherheitsleistung nicht erforderlich. Seit dem 1. Januar 2001 können gemeinschaftliche Versandverfahren für Waren mit erhöhtem Betrugsrisiko (Waren des Anhangs 44C der Zollkodex-DVO und der Anlage 1 des Anhangs 1 des Übereinkommens des EG-EFTA) mit einer Gesamtbürgschaft durchgeführt werden, wenn diese Gesamtbürgschaft nach den neuen Vorschriften bewilligt worden ist. Gesamtbürgschaften für Versandverfahren, die Waren mit erhöhtem Betrugsrisiko einschließen, werden ab dem 1. Januar 2001 von Zollstellen nur dann angenommen, wenn die Bewilligung nach dem neuen Recht ausgestellt worden ist. Bestimmte Kriterien/Voraussetzungen sind hierbei jedoch zu erfüllen.

gVV und Eisenbahnverkehr

Die Förmlichkeiten des gVV werden für Warenbeförderungen, die von den Eisenbahnverwaltungen mit dem internationalen Frachtbrief (CIM) durchgeführt werden, vereinfacht. Dabei gilt der CIM-Frachtbrief als Versandanmeldung oder als Versandschein. Die Eisenbahnverwaltung jedes Mitgliedstaats, die die von einem CIM begleiteten Waren annimmt, wird für dieses Versandverfahren Hauptverpflichteter. Die beförderten Waren müssen durch besondere Aufkleber gekennzeichnet werden. Änderungen des Frachtvertrages sind nur mit Zustimmung der Ausfuhrzollstelle möglich. Weitere Vorschriften betreffen die Verwendung des CIM, die Nämlichkeitssicherung, die Verwendung der einzelnen Exemplare des Frachtbriefs, die Beförderung der Waren aus und nach Drittländern.

Die Förmlichkeiten des gVV werden auch für die Beförderung von Waren in Großbehältern vereinfacht, die die Eisenbahnverwaltungen durch Beförderungsunternehmen mit einem Übergabeschein eines besonderen Musters durchführen lassen, der als gemeinschaftliches Versandpapier geschaffen wurde. Dieses Papier wird als „Eisenbahnübernahmebescheinigung" bezeichnet. Dieses Beförderungen können ggf. auch andere Beförderungsarten als den Transport auf dem Schienenwege bis zum Abgangsbahnhof des Abgangslandes sowie ab dem Bestimmungsbahnhof des Bestimmungslandes umfassen; sie können ferner Transporte umfassen, die zwischen den genannten Bahnhöfen auf dem Seeweg durchgeführt werden.

gVV und Luftverkehr

Im Luftverkehr gilt das Manifest, dessen Inhalt dem Anhang 3 der Anlage 9 des Übereinkommens über die internationale Zivilluftfahrt entspricht, als Anmeldung zum gVV. Sollen Waren im externen und internen Verfahren befördert werden, sind getrennte Manifeste mit entsprechender Kennzeichnung zu erstellen.

gVV und Seeverkehr

Auch im Seeverkehr kann das Manifest als Versandanmeldung und Versandschein benutzt werden. Die Handhabung ist allerdings recht kompliziert, insbesondere, wenn das Schiff Drittländer anläuft, aus einem Drittland kommt, eine Freizone (Freihafen) anläuft usw. In diesen Fällen ist es oft günstiger, auf das gVV zu verzichten und den Gemeinschaftscharakter mit der Warenverkehrsbescheinigung T 2 L oder anders nachzuweisen (siehe dort).

Warenverkehrsbescheinigung T 2 L

Wenn die Ware nicht unmittelbar ausschließlich im Gebiet der Gemeinschaft oder im Rahmen des internen gVV befördert wird, ist der Gemeinschaftscharakter der Ware nachzuweisen. Dies kann geschehen auf dem Exemplar 4 bzw. 4/5 des Einheitspapiers, wenn dort in Feld 1 im rechten Unterfeld der Vermerk „T2L" angebracht wird. Die Ware ist zu beschreiben oder der Hinweis auf eine Ladeliste anzubringen. Das T2L ist der Behörde zum Sichtvermerk vorzulegen.

Der Gemeinschaftscharakter kann aber auch durch die Vorlage einer Handelsrechnung oder eines Beförderungspapiers nachgewiesen werden. In diesen Fällen muss der Vermerk T2L im vorgenannten Papier angebracht sein mit einer handschriftlichen Unterschrift. Eine maschinelle Codierung kann zugelassen werden. Auch diese Papiere sind der Behörde zum Sichtvermerk vorzulegen, sofern der Warenwert € 10.000 übersteigt. Diese Erleichterung gilt nur, wenn die Rechnung bzw. das Beförderungspapier ausschließlich Gemeinschaftsware umfasst.

Wird Gemeinschaftsgut mit Carnet TIR und Carnet ATA befördert (nur anwendbar, wenn das Gebiet der Gemeinschaft verlassen wird), so wird der Gemeinschaftscharakter der Ware durch den Vermerk „T2L" im Carnet nachgewiesen.

Beendigung des gVV

Zur ordnungsmäßigen Beendigung eines gVV sind folgende Umstände und Besonderheiten peinlich genau zu beachten, damit sich gegenüber den Zollstellen keine Schwierigkeiten ergeben:

1. Gestellung bei der Bestimmungsstelle

Der Hauptverpflichtete hat das Versandgut unverändert innerhalb der im Versandschein genannten Frist ohne Verletzung der Nämlichkeitssicherung der Bestimmungsstelle am Amtsplatz – Ausnahme s. Ziffer 2 – zu gestellen und den Versandschein vorzulegen. Dies bedeutet, dass die Waren in den Verfügungsbereich der Zollstelle gebracht werden müssen und die Zollstelle hiervon unterrichtet werden muss. Auf Verlangen des Zollbeteiligten bescheinigt die Zollstelle die Gestellung auf der Eingangsbescheinigung – s. Ziffer 3 –. Das gVV kann auch bei einer anderen als der im Versandschein angegebenen Zollstelle beendet werden. Diese neue Zollstelle wird dann Bestimmungsstelle.

2. Übergabe an einen „zugelassenen Empfänger"

Von der grundsätzlichen Vorschrift, das Versandgut bei der Bestimmungsstelle zu gestellen, kann nur dann abgewichen werden, wenn der Warenempfänger ein „zugelassener Empfänger" ist. In diesem Fall sind die Pflichten des Hauptverpflichteten beendet, sobald die Waren und der Versandschein dem zugelassenen Empfänger übergeben worden sind. <u>Gestellungsort</u> ist dann der Betrieb des zugelassenen Empfängers oder ein in der Bewilligung zum zugelassenen Empfänger angegebener Übergabeort.

Der zugelassene Empfänger muss auf Verlangen des Gestellenden die Eingangsbescheinigung – s. Ziffer 3 – ausstellen, in der er erklärt, dass ihm der Versandschein und die Waren übergeben worden sind. Damit endet auch die Haftung des Hauptverpflichteten im gVV. Diese geht auf den zugelassenen Empfänger über.

3. Eingangsbescheinigung (TC 11)

Die Eingangsbescheinigung ist kein Beweis der Gestellung mit haftungsbefreiender Wirkung des Hauptverpflichteten. Sie bedeutet auch nicht, dass das gVV formell abgeschlossen ist. Die Eingangsbescheinigung ist lediglich als Unterrichtung des Gestellenden an den Hauptverpflichteten und den Bürgen zu sehen, um diese Personen darüber zu unterrichten, dass die Waren ordnungsgemäß gestellt worden sind. Der Hauptverpflichtete und der Bürge können somit davon ausgehen, dass sie aus dem Versandverfahren nicht in Anspruch genommen werden, für das eine Eingangsbescheinigung vorliegt. Die Zollstelle, die die Eingangsbescheinigung ausgestellt hat, muss bei Zuwiderhandlungen im Rahmen des gVV die von ihr ausgestellte Eingangsbescheinigung gegen sich gelten lassen.

3.1 Alternativnachweis Blatt 5

Da die Retournierung der Rückscheine auf dem Amtsweg sehr langwierig ist, wurde die Möglichkeit geschaffen, mit dem Alternativnachweis (zus. Exemplar 5 des Versandscheines mit Adresseindruck des HV) die Erledigung nachzuweisen.

Die Eingangsbescheinigung muss von dem Beteiligten vorbereitet werden; sie wird von der Zollstelle mit einigen Angaben ergänzt.

4. Nichtgestellung durch einen Frachtführer

Sofern der <u>Hauptverpflichtete</u> einen Frachtführer mit der Beförderung zur Bestimmungsstelle beauftragt, muss er dafür sorgen, dass der Frachtführer die Bestimmungen des Versandrechts einhält. Durch die „Verpflichtungserklärung des Frachtführers" nach dem vom Bundesverband Spedition und Logistik (BSL) in Bonn empfohlenen CLECAT-Muster hat der Hauptverpflichtete die Möglichkeit, den Frachtführer über alle notwendigen Besonderheiten und einzuhaltenden Bestimmungen zu informieren und Schadenersatz vom Frachtführer zu fordern, falls dieser die ihm erteilten Weisungen nicht einhält und damit eine Zuwiderhandlung – vgl. Ziffer 6 – begeht, weil er die Waren einem Empfänger übergeben hat, der nicht zugelassener Empfänger im Sinne der Zollkodex-DVO ist.

Die vorgenannte Verpflichtungserklärung befreit allerdings den Hauptverpflichteten nicht von seiner Haftung gegenüber der Zollstelle; sie ermöglicht jedoch die Durchsetzung von Ansprüchen des Hauptverpflichteten gegen den Frachtführer und macht es ferner möglich, dass nach deutschem Recht ein Bußgeld nicht gegen den Hauptverpflichteten, sondern gegen den Frachtführer verhängt wird.

5. „Selbstverzoller"

Der Hinweis eines Warenempfängers, dass er Selbstverzoller sei, berechtigt allein nicht dazu, die Waren nicht der Zollstelle zu gestellen, sondern diesem Selbstverzoller unmittelbar zu übergeben. Die Übergabe an einen Selbstverzoller kann nur dann erfolgen, wenn der Selbstverzoller gleichzeitig auch zugelassener Empfänger ist.

6. Zuwiderhandlungen

Abweichungen vom ordnungsmäßigen Ablauf des Verfahrens nach den Vorschriften des Versandrechts werden als „Zuwiderhandlungen" bezeichnet. Solche Zuwiderhandlungen werden nach dem Recht desjenigen Mitgliedstaates verfolgt, in dem über das Versandgut vorschriftswidrig verfügt wurde. Entscheidend sind die gemeinschaftlichen als auch die nationalen Rechtsvorschriften der einzelnen Mitgliedstaaten, nach denen unter Umständen eine Strafverfolgung eingeleitet oder Abgaben, Bußgelder, Gebühren usw. gefordert werden können. Diese Rechtslage sollte dazu führen, dass Hauptverpflichtete die von ihnen eingesetzten Frachtführer sorgfältig auswählen.

Dies alles gilt auch mit der Einführung des NCTS-Systems. Der Warenführer legt bei der Bestimmungszollstelle den PDF-Ausdruck des Versandscheins vor, aus dem die MRN-Nummer hervorgeht. Durch die Eingabe der Nummer wird das Versandverfahren erledigt; der Eingang kann auf dem PDF-Ausdruck bestätigt werden.

2.3 CARNET-TIR / CARNET-ATA

2.3.1 Das Carnet-TIR-Verfahren

TIR = Transport International des merchandises par route = Zollverfahren für den internationalen Straßengüterverkehr

1. Rechtsgrundlage

Rechtsgrundlage des TIR-Verfahrens ist das Zollübereinkommen des vom 14.11.1975 über den internationalen Warentransport mit Carnet TIR (TIR-Übereinkommen) vom 15.1.1959 (Bundesgesetzbl. 1961 I S. 649). Ergänzend gelten die allgemeinen Zollvorschriften, insbesondere die Vorschriften über den Nichtgemeinschaftswarenversand. Trotz des am 29.5.1979 durch BGBl. Teil II in Kraft getretenen „Gesetz zu dem Zollübereinkommen vom 14.11.1975 über den internationalen Warentransport mit Carnets TIR" hat sich die Abwicklung des TIR-Verfahrens in der Praxis kaum geändert. Allerdings werden die EG-Mitgliedstaaten nicht mehr wie Einzelstaaten behandelt. Eine Carnet-TIR-Abfertigung findet also nur noch bei Eintritt oder Verlassen des Gebiets der Gemeinschaft statt.

Die Abfertigung im TIR-Verfahren ist
– Abfertigung zum Versand von Nichtgemeinschaftsware, wenn Nichtgemeinschaftsware befördert wird; das Carnet TIR ist Versandschein, einer besonderen Sicherheitsleistung bedarf es nicht;
– zollamtliche Überwachung der Ausfuhr für die Auslandsbeförderung; das Carnet TIR ist Zwischenschein;
– zollamtliche Überwachung der Ausfuhr, wenn Gemeinschaftsware endgültig ausgeführt werden soll; das Carnet TIR ist Urkunde zum Nachweis der Nämlichkeit;
– Abfertigung zur vorübergehenden Verwendung für Behälter, die zur Beförderung von Waren verwendet werden und deren Merkmale (Zeichen und Nummer) im Warenmanifest des Carnet TIR angegeben worden sind.

Vertragsstaaten des TIR-Abkommens 1975 sind:

Afghanistan[1] / Albanien / Algerien[1] / Armenien / Aserbeidschan / Belgien / Bosnien-Herzegowina[1] / Bulgarien / Chile[1] / Dänemark (mit Färöer) / Ehemalige jugoslawische Republik Mazedonien / Estland / Europäische Gemeinschaft[1] / Finnland / Frankreich / Georgien / Griechenland / Großbritannien und Nordirland / Indonesien[1] / Iran / Irland / Israel / Italien / Jordanien / Jugoslawien[1] / Kanada[1] / Kaschastan / Kirgistan / Korea (Republik)[1] / Kroatien / Kuwait / Lettland / Libanon / Litauen / Luxemburg / Malta[1] / Marokko / Moldawien / Niederlande / Norwegen / Österreich / Polen / Portugal / Rumänien / Russische Föderation / Schweden / Schweiz (mit Liechtenstein) / Slowakische Republik / Slowenien / Spanien / Syrische Arabische Republik / Tadschikistan[1] / Tschechische Republik / Türkei / Tunesien / Turkmenistan[1] / Ukraine / Ungarn / Uruguay[1] / USA[1] / Usbekistan / Weissrussland / Zypern.

---

*) **Anmerkung:** Mit den »[1]« gekennzeichneten Vertragsparteien ist die Durchführung von TIR-Verfahren zur Zeit nicht möglich.

Marokko ist zwar Vertragsstaat, doch Transporte unter TIR sind nicht möglich, da ein nationaler Bürge für das TIR-Verfahren fehlt.

Das Carnet-TIR-Abkommen 1975 (auszugsweise)

a) Begriffsbestimmungen Artikel 1

Im Sinne dieses Abkommens bedeutet der Begriff
a) „TIR-Transport" die Beförderung von Waren von einem Abgangszollamt bis zu einem Bestimmungszollamt im Rahmen des in diesem Abkommen festgelegten sogenannten „TIR-Verfahrens";
b) „Eingangs- und Ausgangsabgaben" die Zölle und alle anderen Abgaben, Steuern, Gebühren und sonstigen Belastungen, die anläßlich oder im Zusammenhang mit der Einfuhr oder Ausfuhr von Waren erhoben werden, ohne die Gebühren und Belastungen, die dem Betrag nach ungefähr auf die Kosten der erbrachten Dienstleistungen beschränkt sind;
c) „Straßenfahrzeuge" nicht nur Straßenmotorfahrzeuge, sondern auch alle Anhänger und Sattelanhänger, die dazu bestimmt sind, von derartigen Fahrzeugen gezogen zu werden;
d) „Lastzüge" miteinander verbundene Fahrzeuge, die als Einheit im Straßenverkehr eingesetzt sind;
e) „Behälter" eine Transportausrüstung (Möbeltransportbehälter, abnehmbarer Tank oder anderes ähnliches Gerät), die
  I. einen zur Aufnahme von Waren bestimmten ganz oder teilweise geschlossenen Hohlkörper darstellt;
  II. von dauerhafter Beschaffenheit und daher genügend widerstandsfähig ist, um wiederholt verwendet werden zu können;
  III. besonders dafür gebaut ist, um den Transport von Waren durch ein oder mehrere Verkehrsmittel ohne Umladung des Inhalts zu erleichtern;
  IV. so gebaut ist, dass sie leicht gehandhabt werden kann, insbesondere bei der Umladung von einem Verkehrsmittel auf ein anderes;
  V. so gebaut ist, daß sie leicht beladen und entladen werden kann, und
  VI. einen Rauminhalt von mindestens einem Kubikmeter hat; „Abnehmbare Karosserien" gelten als Behälter;
f) „Abgangszollamt" dasjenige Zollamt einer Vertragspartei, bei dem der internationale Transport im TIR-Verfahren für die Gesamtladung oder eine Teilladung beginnt;
g) „Bestimmungszollamt" dasjenige Zollamt einer Vertragspartei, bei dem der internationale Transport im TIR-Verfahren für die Gesamtladung oder eine Teilladung endet;
h) „Durchgangszollamt" dasjenige Zollamt einer Vertragspartei, über das ein Straßenfahrzeug, ein Lastzug oder ein Behälter im Rahmen eines TIR-Transports ein- oder ausgeführt wird;
j) „Personen" sowohl natürliche als auch juristische Personen;
k) „außergewöhnlich schwere oder sperrige Waren" alle schweren oder sperrigen Waren, die wegen ihres Gewichts, ihrer Ausmaße oder ihrer Beschaffenheit gewöhnlich nicht in einem geschlossenen Straßenfahrzeug oder Behälter befördert werden;
l) „bürgender Verband" einen Verband, der von den Zollbehörden einer Vertragspartei zugelassen ist, um für die Benutzer des TIR-Verfahrens die Bürgschaft zu übernehmen.

b) Geltungsbereich

Artikel 2

Dieses Abkommen gilt für Warentransporte, bei denen die Waren ohne Umladung über eine oder mehrere Grenzen von einem Abgangszollamt einer Vertragspartei bis zu einem Bestimmungszollamt einer anderen oder derselben Vertragspartei in Straßenfahrzeugen, Lastzügen oder Behältern befördert werden, wenn auf einem Teil der Strecke zwischen Beginn und Ende des TIR-Transports die Beförderung im Straßenverkehr erfolgt.

Artikel 3

Voraussetzung für die Anwendung dieses Abkommens ist,
a) daß der Warentransport durchgeführt wird
  I. mit Straßenfahrzeugen, Lastzügen oder Behältern, die vorher nach den in Kapitel III a) festgestellten Bedingungen zugelassen worden sind, oder

II. mit anderen Straßenfahrzeugen, Lastzügen oder Behältern, sofern die in Kapitel III c) festgelegten Bedingungen beachtet werden;
b) daß für den Warentransport eine Bürgschaft von Verbänden geleistet wird, die nach Artikel 6 zugelassen worden sind, und der Transport unter Verwendung eines Carnet TIR durchgeführt wird, das dem in Anlage 1 dieses Abkommens wiedergegebenen Muster entspricht.

c) Grundsätzliche Bestimmungen
Artikel 4
Für Waren, die im TIR-Verfahren befördert werden, wird eine Entrichtung oder Hinterlegung von Eingangs- oder Ausgangsabgaben bei den Durchgangszollämtern nicht gefordert.

Artikel 5
1. Für Waren, die im TIR-Verfahren unter Zollverschluss mit Straßenfahrzeugen, Lastzügen oder Behältern befördert werden, wird eine Revision bei den Durchgangszollämtern grundsätzlich nicht vorgenommen.
2. Um Mißbräuche zu verhindern, können die Zollbehörden jedoch in Ausnahmefällen und insbesondere, wenn der Verdacht einer Unregelmäßigkeit besteht, bei den Durchgangszollämtern eine Revision der Waren vornehmen.

Ausgabe der Carnets TIR – Haftung der bürgenden Verbände
Artikel 6
1. Jede Vertragspartei kann gegen Sicherheiten und unter Bedingungen, die sie festsetzt, Verbänden die Bewilligung erteilen, entweder selbst oder durch die mit ihnen in Verbindung stehenden Verbände Carnets TIR auszugeben und die Bürgschaft zu übernehmen.
2. Ein Verband wird in einem Land nur zugelassen, wenn seine Bürgschaft sich auch auf die in diesem Lande entstehenden Verbindlichkeiten aus Warentransporten mit Carnets TIR erstreckt, die von ausländischen Verbänden ausgegeben worden sind, die derselben internationalen Organisation wie der bürgende Verband angehören.

Artikel 7
Carnet TIR-Formulare, die den bürgenden Verbänden von den mit ihnen in Verbindung stehenden ausländischen Verbänden oder von internationalen Organisationen zugesandt werden, sind von Eingangs- und Ausgangsabgaben sowie von Einfuhr- und Ausfuhrverboten und Einfuhr- und Ausfuhrbeschränkungen befreit.

Artikel 8
1. Der bürgende Verband hat sich zu verpflichten, die fälligen Eingangs- oder Ausgangsabgaben zuzüglich etwaiger Verzugszinsen zu entrichten, die nach den Zollgesetzen und anderen Zollvorschriften des Landes zu entrichten sind, in dem eine Unregelmäßigkeit im Zusammenhang mit einem TIR-Transport festgestellt worden ist. Der bürgende Verband haftet mit den Personen, die die vorgenannten Beträge schulden, solidarisch für die Entrichtung dieser Beträge.
2. Sehen die Gesetze und andere Vorschriften einer Vertragspartei die Entrichtung der Eingangs- oder Ausgangsabgaben in den in Absatz 1 genannten Fällen nicht vor, so hat sich der bürgende Verband zu verpflichten, unter den gleichen Bedingungen eine Zahlung in Höhe der Eingangs- oder Ausgangsabgaben zuzüglich etwaiger Verzugszinsen zu leisten.
3. Jede Vertragspartei setzt den Höchstbetrag fest, der nach den Absätzen 1 und 2 vom bürgenden Verband für jedes Carnet TIR gegebenenfalls gefordert werden kann.
4. Die Haftung des bürgenden Verbandes gegenüber den Behörden des Landes, in dem sich das Abgangszollamt befindet, beginnt, wenn das Carnet TIR von dem Zollamt angenommen worden ist. In den weiteren Ländern, durch die die Waren im TIR-Verfahren noch befördert werden, beginnt die Haftung mit der Einfuhr der Waren oder mit der Annahme des Carnet TIR durch das Zollamt, bei dem der TIR-Transport wiederaufgenommen wird, wenn er gemäß Artikel 26 Absätze 1 und 2 ausgesetzt worden ist.
5. Die Haftung des bürgenden Verbandes erstreckt sich nicht nur auf die im Carnet TIR angeführten Waren, sondern auch auf Waren, die zwar im Carnet TIR nicht angeführt sind, sich aber unter Zollverschluß in einem Teil des Fahrzeugs oder einem Behälter befinden; sie erstreckt sich nicht auf andere Waren.

6. Die im Carnet TIR über die Waren enthaltenen Angaben gelten für die Festsetzung der in den Absätzen 1 und 2 genannten Abgaben bis zum Beweise des Gegenteils als richtig.
7. Die zuständigen Behörden haben soweit möglich bei Fälligkeit der in den Absätzen 1 und 2 genannten Beträge deren Entrichtung zunächst von der Person oder den Personen zu verlangen, die sie unmittelbar schulden, bevor der bürgende Verband zur Entrichtung dieser Beträge aufgefordert wird.

Artikel 9

1. Der bürgende Verband setzt die Gültigkeitsdauer des Carnet TIR fest und bestimmt dabei den letzten Gültigkeitstag, nach dem das Carnet dem Abgangszollamt nicht mehr zur Annahme vorgelegt werden kann.
2. Sofern das Carnet gemäß Absatz 1 bis spätestens zum letzten Gültigkeitstag von dem Abgangszollamt angenommen worden ist, bleibt es bis zur Beendigung des TIR-Transports bei dem Bestimmungszollamt gültig.

Artikel 10

1. Das Carnet TIR kann unter Vorbehalt oder ohne Vorbehalt erledigt werden; ein Vorbehalt muss sich auf Tatsachen beziehen, die den TIR-Transport selbst betreffen. Diese Tatsachen sind auf dem Carnet TIR anzugeben.
2. Haben die Zollbehörden eines Landes ein Carnet TIR ohne Vorbehalt erledigt, so können sie vom bürgenden Verband die Entrichtung der in Artikel 8 Absätze 1 und 2 genannten Beträge nicht mehr verlangen, es sei denn, daß die Erledigungsbescheinigung mißbräuchlich oder betrügerisch erwirkt worden ist.

Artikel 11

1. Ist ein Carnet TIR nicht oder unter Vorbehalt erledigt worden, so können die zuständigen Behörden vom bürgenden Verband die Entrichtung der in Artikel 8 Absätze 1 und 2 genannten Beträge nur verlangen, wenn sie dem bürgenden Verband innerhalb eines Jahres nach der Annahme des Carnet TIR durch die Zollbehörden die Nichterledigung oder die Erledigung unter Vorbehalt schriftlich mitgeteilt haben. Das gleiche gilt, wenn die Erledigungsbescheinigung mißbräuchlich oder betrügerisch erwirkt worden ist, jedoch beträgt in diesen Fällen die Frist zwei Jahre.
2. Die Aufforderung zur Entrichtung der in Artikel 8 Absätze 1 und 2 genannten Beträge ist an den bürgenden Verband frühestens drei Monate und spätestens zwei Jahre nach dem Tage der Mitteilung an den Verband zu richten, daß das Carnet nicht oder nur unter Vorbehalt erledigt oder die Erledigungsbescheinigung mißbräuchlich oder betrügerisch erwirkt worden ist. Ist jedoch innerhalb der genannten Frist von zwei Jahren die Sache zum Gegenstand eines gerichtlichen Verfahrens gemacht worden, so muß die Zahlungsaufforderung binnen einem Jahr nach dem Tage ergehen, an dem die gerichtliche Entscheidung rechtskräftig geworden ist.
3. Der bürgende Verband hat die geforderten Beträge binnen drei Monaten nach dem Tage der Zahlungsaufforderung zu entrichten. Die entrichteten Beträge werden dem bürgenden Verband erstattet, wenn innerhalb von zwei Jahren nach dem Tage der Zahlungsaufforderung ein die Zollbehörden zufriedenstellender Nachweis erbracht worden ist, daß bei dem betreffenden Transport eine Unrechtmäßigkeit nicht begangen wurde.

Warentransport mit Carnets TIR

a) Zulassung von Fahrzeugen und Behältern

Artikel 12

Die Abschnitte a) und b) dieses Kapitels gelten nur dann, wenn jedes Straßenfahrzeug hinsichtlich seiner Bauart und Ausrüstung den in Anlage 2 dieses Abkommens festgelegten Bedingungen entspricht und nach dem in Anlage 3 dieses Abkommens festgelegten Verfahren zugelassen worden ist. Die Zulassungsbescheinigung (Verschlußanerkenntnis) hat dem Muster der Anlage 4 zu entsprechen.

Artikel 13

1. Die Abschnitte a) und b) dieses Kapitels gelten nur dann, wenn die Behälter nach den in Anlage 7 Teil 1 festgelegten Bedingungen gebaut und nach dem in Teil II der genannten Anlage festgelegten Verfahren zugelassen worden sind.
2. Bei Behältern, die zum Warentransport unter Zollverschluß zugelassen worden sind, in Übereinstimmung mit dem Zollabkommen über Behälter 1956, den im Zusammenhang damit im Rahmen der Verein-

ten Nationen getroffenen Übereinkünften, dem Zollabkommen über Behälter von 1972 oder den gegebenenfalls dieses Abkommen ersetzenden oder ändernden internationalen Vertragswerken, ist davon auszugehen, daß sie den Vorschriften des Absatzes 1 entsprechen; sie sind ohne erneute Zulassung für den Transport im TIR-Verfahren anzuerkennen.

Artikel 14
1. Jede Vertragspartei behält sich das Recht vor, die Zulassung von Straßenfahrzeugen oder Behältern, die den Vorschriften der Artikel 12 und 13 nicht entsprechen, nicht als gültig anzuerkennen. Die Vertragsparteien werden jedoch eine Verzögerung der Beförderung vermeiden, wenn die festgestellten Mängel von geringer Bedeutung sind und keine Schmuggelgefahr besteht.
2. Straßenfahrzeuge oder Behälter, die den für ihre Zulassung maßgebenden Bedingungen nicht mehr entsprechen, dürfen erst dann wieder zum Warentransport unter Zollverschluß verwendet werden, wenn ihr ursprünglicher Zustand wiederhergestellt oder das Fahrzeug bzw. der Behälter erneut zugelassen worden ist.

b) Durchführung des Transports mit Carnets TIR

Artikel 15
1. Für die vorübergehende Einfuhr von Straßenfahrzeugen, Lastzügen oder Behältern, die für den Warentransport im TIR-Verfahren benutzt werden, ist kein besonderes Zolldokument erforderlich. Eine Sicherheitsleistung wird für die Straßenfahrzeuge, Lastzüge oder Behälter nicht gefordert.
2. Absatz 1 hindert eine Vertragspartei nicht zu verlangen, daß das Bestimmungszollamt die nach innerstaatlichem Recht vorgesehenen Formalitäten vornimmt, um sicherzustellen, daß nach Abschluß des TIR-Transports das Straßenfahrzeug, der Lastzug oder Behälter wiederausgeführt wird.

Artikel 16
Straßenfahrzeuge oder Lastzüge, die einen TIR-Transport durchführen, müssen vorn und hinten eine rechteckige, den Merkmalen der Anlage 5 entsprechende Tafel mit der Aufschrift „TIR" tragen. Diese Tafeln müssen so angebracht sein, daß sie gut sichtbar sind; sie müssen abnehmbar sein.

Artikel 17
1. Für jedes Straßenfahrzeug oder jeden Behälter ist ein gesondertes Carnet TIR auszufertigen. Ein einzelnes Carnet kann aber für einen Lastzug oder für mehrere Behälter ausgefertigt werden, die auf einem einzigen Straßenfahrzeug oder einem Lastzug verladen sind, in einem solchen Fall muß in dem Warenmanifest des Carnet TIR der Inhalt jedes zu einem Lastzug gehörenden Fahrzeugs oder jedes Behälters gesondert aufgeführt sein.
2. Das Carnet TIR gilt nur für eine Fahrt. Es muß mindestens so viele abtrennbare Annahme- und Erledigungsabschnitte enthalten, wie für den betreffenden Transport erforderlich sind.

Artikel 18
Ein TIR-Transport darf über mehrere Abgangs- und Bestimmungszollämter durchgeführt werden; falls von der betreffenden Vertragspartei oder von den betreffenden Vertragsparteien keine andere Regelung getroffen ist,
a) müssen die Abgangszollämter in ein und demselben Land gelegen sein;.
b) dürfen die Bestimmungszollämter in nicht mehr als zwei verschiedenen Ländern gelegen sein;
c) darf die Gesamtzahl der Abgangs- und Bestimmungszollämter vier nicht überschreiten.

Artikel 19
Die Waren und das Straßenfahrzeug, der Lastzug oder Behälter sind dem Abgangszollamt mit dem Carnet TIR vorzuführen. Die Zollbehörden des Ausgangslandes treffen die erforderlichen Maßnahmen, um sich von der Richtigkeit des Warenmanifests zu überzeugen und um die Zollverschlüsse anzulegen oder die unter ihrer Verantwortung von hierzu ermächtigten Personen angelegten Zollverschlüsse zu prüfen.

Artikel 20
Die Zollbehörden können für die Fahrt durch ihr Land eine Frist festsetzen und verlangen, daß das Straßenfahrzeug, der Lastzug oder der Behälter eine vorgeschriebene Fahrtstrecke einhält.

Artikel 21
Das Straßenfahrzeug, der Lastzug oder der Behälter sind mit der Warenladung und dem zugehörigen Carnet TIR jedem Durchgangszollamt und den Bestimmungszollämtern zur Kontrolle vorzuführen.

Artikel 22

1. Die Durchgangszollämter jeder Vertragspartei anerkennen in der Regel die von den Zollbehörden der anderen Vertragsparteien angelegten unverletzten Zollverschlüsse, es sei denn, daß eine Revision der Waren nach Artikel 5 Absatz 2 vorgenommen wird. Die Zollbehörden können jedoch, wenn dies für die Kontrolle erforderlich ist, zusätzlich ihre eigenen Zollverschlüsse anlegen.
2. Die von einer Vertragspartei so anerkannten Zollverschlüsse genießen in ihrem Gebiet den gleichen Rechtsschutz wie die nationalen Zollverschlüsse.

Artikel 23

Die Zollbehörden dürfen nur in Ausnahmefällen
– die Straßenfahrzeuge, Lastzüge oder Behälter in ihrem Land auf Kosten des Transportunternehmers begleiten lassen,
– unterwegs eine Kontrolle und eine Revision der Warenladung der Straßenfahrzeuge, Lastzüge oder Behälter vornehmen.

Artikel 24

Nehmen die Zollbehörden eine Revision der Warenladung eines Straßenfahrzeugs, eines Lastzugs oder eines Behälters bei einem Durchgangszollamt oder unterwegs vor, so müssen sie auf den Carnet TIR-Abschnitten, die in ihrem Land benutzt werden, auf den entsprechenden Stammblättern und auf den im Carnet TIR verbleibenden Abschnitten die neu angelegten Zollverschlüsse und die Art der durchgeführten Kontrollen vermerken.

Artikel 25

Werden Zollverschlüsse in anderen als den in den Artikeln 24 und 35 genannten Fällen unterwegs verletzt oder werden Waren ohne Verletzung der Zollverschlüsse vernichtet oder beschädigt, so wird nach der in Anlage 1 enthaltenen Anleitung für die Verwendung des Carnet TIR verfahren und das im Carnet TIR enthaltene Protokoll aufgenommen; die innerstaatlichen Rechtsvorschriften bleiben unberührt.

Artikel 26

1. Berührt ein Transport mit Carnet TIR auf einer Teilstrecke das Gebiet eines Staates, der nicht Vertragspartei dieses Abkommens ist, so wird der TIR-Transport während der Durchfahrt durch dieses Gebiet ausgesetzt. In einem solchen Fall erkennen die Zollbehörden der Vertragsparteien, durch deren Gebiet die Waren anschließend befördert werden, für die Fortsetzung des TIR-Transports das Carnet TIR an, sofern die Zollverschlüsse und/oder die Nämlichkeitszeichen unversehrt geblieben sind.
2. Das gleiche gilt für den Teil der Strecke, auf dem der Inhaber des Carnet TIR im Gebiet einer Vertragspartei das Carnet nicht verwendet, weil sich einfachere Verfahren für die Transitabfertigung anbieten oder die Inanspruchnahme eines solchen Verfahrens nicht erforderlich ist.
3. In solchen Fällen gelten die Zollämter, bei denen der TIR-Transport ausgesetzt oder wiederaufgenommen wird, als Durchgangszollamt beim Ausgang bzw. Durchgangszollamt beim Eingang.

Artikel 27

Vorbehaltlich der Bestimmungen dieses Abkommens, insbesondere des Artikels 18, kann das ursprünglich angegebene Bestimmungszollamt durch ein anderes Bestimmungszollamt ersetzt werden.

Artikel 28

Nach Ankunft der Ladung beim Bestimmungszollamt ist das Carnet TIR unverzüglich zu erledigen, sofern die Waren einem anderen Zollverfahren zugeführt oder zum freien Verkehr abgefertigt werden.

c) Bestimmungen über den Transport außergewöhnlich schwerer oder sperriger Waren

Artikel 29

1. Dieser Abschnitt gilt nur für den Transport von außergewöhnlich schweren oder sperrigen Waren im Sinne des Artikels 1 Buchstabe k).
2. Bei Anwendung dieses Abschnitts können außergewöhnlich schwere oder sperrige Waren je nach der Entscheidung des Abgangszollamtes mit Fahrzeugen oder Behältern ohne Zollverschluss befördert werden.
3. Dieser Abschnitt wird nur angewandt, wenn nach Ansicht des Abgangszollamtes die Nämlichkeit der außergewöhnlich schweren oder sperrigen Waren sowie des gegebenenfalls mitbeförderten Zubehörs sich

an Hand einer vorhandenen Beschreibung ohne weiteres festhalten lässt oder sich diese Waren mit Zollverschlüssen oder Nämlichkeitszeichen versehen lassen, so daß sie weder ersetzt noch entfernt werden können, ohne eindeutige Spuren zu hinterlassen.

Artikel 30
Alle Bestimmungen dieses Abkommens, von denen die besonderen Vorschriften dieses Abschnitts nicht abweichen, gelten auch für den Transport außergewöhnlich schwerer oder sperriger Waren im TIR-Verfahren.

Artikel 31
Die Haftung des bürgenden Verbandes erstreckt sich nicht nur auf die im Carnet TIR angeführten Waren, sondern auch auf Waren, die zwar im Carnet TIR nicht angeführt sind, sich aber auf der Ladefläche oder zwischen den im Carnet TIR angeführten Waren befinden.

Artikel 32
Das verwendete Carnet TIR muss auf dem Umschlag und auf allen Abschnitten in englischer oder französischer Sprache in hervorgehobenen Buchstaben den Vermerk „Außergewöhnlich schwere oder sperrige Waren" tragen.

Artikel 33
Das Abgangszollamt kann verlangen, dass Ladelisten, Fotografien, Pläne usw., die für die Nämlichkeitssicherung der beförderten Waren erforderlich sind, dem Carnet TIR beigefügt werden. In diesem Falle versieht es diese Papiere mit einem Stempel, heftet je eine Ausfertigung auf der Rückseite des Carnet TIR-Umschlagblatts an und vermerkt dies in allen Warenmanifesten.

Artikel 34
Die Durchgangszollämter jeder Vertragspartei erkennen die von den zuständigen Behörden der anderen Vertragsparteien angebrachten Zollverschlüsse und/oder Nämlichkeitszeichen an. Sie können zusätzlich Zollverschlüsse und/oder Nämlichkeitszeichen anbringen, müssen aber auf den in ihrem Land benutzten Carnet TIR-Abschnitten, auf den entsprechenden Stammblättern und auf den im Carnet TIR verbleibenden Abschnitten die neu angebrachten Zollverschlüsse und/oder Nämlichkeitszeichen vermerken.

Artikel 35
Müssen die Zollbehörden bei einem Durchgangszollamt oder unterwegs wegen einer Revision der Warenladung Zollverschlüsse abnehmen oder Nämlichkeitszeichen entfernen, so vermerken sie auf den in ihrem Land benutzten Carnet TIR-Abschnitten, auf den entsprechenden Stammblättern und auf den im Carnet TIR verbleibenden Abschnitten die neu angebrachten Zollverschlüsse und/oder Nämlichkeitszeichen.

Unregelmäßigkeiten
Artikel 36
Wer gegen die Bestimmungen dieses Abkommens verstößt, macht sich nach den Rechtsvorschriften des Landes strafbar, in dem die Zuwiderhandlung begangen wurde.

Artikel 37
Kann nicht ermittelt werden, wo die Unregelmäßigkeit begangen worden ist, so gilt sie als im Gebiet der Vertragspartei begangen, in dem sie festgestellt worden ist.

Artikel 38
1. Jede Vertragspartei ist berechtigt, eine Person, die sich einer schweren Zuwiderhandlung gegen die für den internationalen Warentransport geltenden Zollgesetze oder sonstigen Zollvorschriften schuldig gemacht hat, vorübergehend oder dauernd von den Erleichterungen dieses Abkommens auszuschließen.
2. Dieser Ausschluss ist sofort den Zollbehörden der Vertragspartei mitzuteilen, in deren Gebiet die betreffende Person ihren Wohnsitz oder Geschäftssitz hat, sowie dem (den) bürgenden Verband (Verbänden) des Landes, in dem die Zuwiderhandlung begangen worden ist.

Artikel 39
Wird die Durchführung der TIR-Transporte im übrigen als vorschriftsmäßig anerkannt, so gilt folgendes:

1. Die Vertragsparteien lassen geringfügige Abweichungen bei der Erfüllung der mit der Frist und der Fahrtstrecke zusammenhängenden Verpflichtungen unberücksichtigt.
2. Auch Abweichungen zwischen den im Warenmanifest des Carnet TIR enthaltenen Angaben und dem Inhalt des Straßenfahrzeugs, des Lastzugs oder des Behälters werden nicht als Zuwiderhandlungen des Carnet TIR-Inhabers im Sinne dieses Abkommens betrachtet, wenn ein die zuständigen Behörden zufriedenstellender Nachweis erbracht wird, dass diese Abweichungen nicht auf Fehlern beruhen, die beim Verladen oder Versand der Waren oder beim Ausfüllen des Warenmanifests wissentlich oder fahrlässig begangen worden sind.

Artikel 40
Die Zollverwaltungen des Abgangs- und Bestimmungslandes lasten gegebenenfalls dort festgestellte Abweichungen dem Carnet TIR-Inhaber nicht an, wenn diese Abweichungen Zollverfahren betreffen, die vor oder nach dem TIR-Transport stattgefunden haben und an denen der Inhaber des Carnet nicht beteiligt war.

Artikel 41
Ist ein die Zollbehörden zufriedenstellender Nachweis erbracht worden, dass die im Warenmanifest eines Carnet TIR aufgeführten Waren durch Unfall oder höhere Gewalt untergegangen oder unwiederbringlich verlorengegangen sind oder dass sie auf Grund ihrer Beschaffenheit durch natürlichen Schwund fehlen, so wird Befreiung von den üblicherweise zu erhebenden Zöllen und Abgaben gewährt.

Artikel 42
Auf begründeten Antrag einer Vertragspartei hin erteilen ihr die zuständigen Behörden der Vertragsparteien, die durch einen TIR-Transport berührt sind, alle verfügbaren, für die Anwendung der Artikel 39, 40 und 41 erforderlichen Auskünfte.

Artikel 48
Dieses Abkommen schließt nicht aus, dass Vertragsparteien, die eine Zoll- oder Wirtschaftsunion bilden, besondere Vorschriften für Warentransporte erlassen, die in ihren Gebieten beginnen, enden oder durch diese hindurchführen, vorausgesetzt, dass diese Vorschriften die in diesem Abkommen vorgesehenen Erleichterungen nicht einschränken.

Artikel 56
Außerkraftsetzung des TIR-Abkommens von 1959
1. Dieses Abkommen setzt mit seinem Inkrafttreten das TIR-Abkommen von 1959 in den Beziehungen zwischen den Vertragsparteien außer Kraft und tritt an dessen Stelle.
2. Die nach den Bedingungen des TIR-Abkommens von 1959 für Straßenfahrzeuge und Behälter ausgestellten Zulassungsbescheinigungen (Verschlussanerkenntnisse) werden von den Vertragsparteien dieses Abkommens für den Warentransport unter Zollverschluss innerhalb ihrer Gültigkeitsdauer oder unter Vorbehalt der Erneuerung anerkannt, sofern die Fahrzeuge und Behälter nach wie vor den Bedingungen entsprechen, unter denen sie ursprünglich zugelassen worden sind.

2.3.2 Das Zollverfahren mit Carnet ATA

Was ist ein Carnet ATA?

Das Carnet ATA ist ein **internationales Zollpassierscheinheft** für die vorübergehende Einfuhr und Ausfuhr von Waren. Unter Ein- und Ausfuhr ist hier in oder aus dem Gebiet der Gemeinschaft (EG) zu verstehen. Innerhalb der EG ist ab 1993 das Carnet ATA nicht mehr anwendbar. ATA ergibt sich aus der kombinierten französisch-englischen Abkürzung von „Admission Temporaire/Temporary Admission".

Die Rechtsgrundlage bildet das internationale „Zollübereinkommen über das Carnet ATA für die vorübergehende Einfuhr von Waren" vom 6. Dezember 1961. Das sich aus der Verwendung solcher Carnets ergebende erleichterte Verfahren wurde dadurch praktikabel, dass die **Industrie- und Handelskammern**, bzw. deren Spitzenorganisationen in den Teilnehmerstaaten auf Grund wechselseitiger Verpflichtungen den Zollbehörden ihrer Länder gegenüber die Bürgschaft für die Entrichtung der Zölle und sonstigen Abgaben in solchen Fällen übernommen haben, in denen mit Carnets ATA eingeführte Waren nicht fristgerecht und bestimmungsgemäß wieder ausgeführt werden.

Vorteile des Carnet ATA

Die mit der Verwendung eines Carnet ATA verbundenen Vorteile bestehen darin, dass
- die Zahlung oder Hinterlegung der Einfuhrabgaben (Zölle und sonstige bei jeder Einfuhrabfertigung erhobenen Abgaben und Steuern) bei jeder Einfuhr und damit auch die späteren Bemühungen um die Kautionsrückgabe oder Erstattung der gezahlten Beträge entfallen,
- in allen Teilnehmerstaaten ein einheitliches Zollpapier, nämlich das Carnet ATA - gilt, wodurch sich die Ausfertigung von Zollfakturen, Zollanmeldungen und dgl. erübrigt,
- eine Inanspruchnahme ausländischer Zollagenten zur Erledigung der Zollformalitäten überflüssig ist und
- somit die Voraussetzungen für eine schnelle und reibungslose Erledigung der Zollabfertigungen geschaffen sind.

Für welche Waren kann ein Carnet ATA ausgestellt werden?

Das Carnet ATA dient der Erleichterung der vorübergehenden Ein- und Ausfuhr von Waren und des dabei evtl. erforderlichen Transitverkehrs. Für Waren, die von vornherein zum Verbleib im Ausland bestimmt sind, können daher keine Carnets ATA ausgestellt werden. Ergibt sich erst nach der Ausfuhr der Waren, dass sie im Ausland bleiben sollen, so muss dies der nächsten ausländischen Zollbehörde unter Vorlage des Carnets gemeldet werden.

Mit Carnet ATA können in die Teilnehmerstaaten vorübergehend eingeführt werden:
A. Berufsausrüstung
B. Waren, die auf Ausstellungen, Messen, Kongressen oder ähnlichen Veranstaltungen ausgestellt oder verwendet werden sollen.
C. Warenmuster
D. Waren, die nach anderen internationalen Abkommen oder nach Vorschriften des Einfuhrlandes vorübergehend eingeführt werden:
Die hiernach in Betracht kommenden Fälle sind von Land zu Land verschieden. Daher können Einzelheiten an dieser Stelle nicht mitgeteilt werden.

Staaten, in denen das Carnet ATA verwendet werden kann

Folgende Staaten haben die Verwendung von Carnets ATA zugelassen:

Algerien DZ	*Andorra AD*	*Australien*	*Belgien BE*
Bulgarien BG	*China, Volksrepubl-CN*	*Cote d'Ivoire CI*	*Dänemark DK*
Deutschland DE	*Estland EE*	*Finnland FI*	*Frankreich FR*
Gibraltar GI	*Griechenland GR*	*Großbritannien GB*	*Hongkong HK*
Indien IN	*Iran IR*	*Island IS*	*Israel IL*
Italien IT	*Japan JP*	*Jugoslawien YU*	*Kanada CA*
Korea (Republik) KR	*Kroatien HR*	*Libanon LB*	*Lettland LV*
Litauen LT	*Luxemburg LU*	*Malaysia MY*	*Malta MT*
Marokko MK	*Mauritius*	*Mazedonien MA*	*Mongolei MO*
Neuseeland NZ	*Niederlande NL*	*Norwegen NO*	*Österreich AT*
Polen PL	*Portugal PT*	*Rumänien RO*	*Russland RU*
Schweden SE	*Schweiz CH*	*Senegal SN*	*Serbien*
Singapur SG	*Slowakische Rep. SK*	*Slowenien SI*	*Spanien ES*
Sri Lanka LK	*Südafrika ZA*	*Taiwan TW*	*Thailand TH*
Tschechische Republik CZ	*Tunesien TN*	*Türkei TR*	*Ungarn HU*
USA US	*Zypern CY*		

Unter welchen Bedingungen stellt die Kammer Carnets ATA aus?

Die Industrie- und Handelskammer stellt Carnets ATA nur für Firmen (im Handelsregister eingetragene Unternehmen), für nicht handelsregisterlich eingetragene Gewerbebetriebe, für natürliche und juristische Personen sowie für Behörden aus, die ihren Sitz oder Wohnsitz im Kammerbezirk haben. – Bei Privatpersonen kann die Ausstellung eines Carnets nur unter Beibringung eines unbefristeten, ausgestellten Bürgscheines eines namhaften inländischen Kreditinstitutes in Höhe von 50 % des Warenwertes vorgenommen werden. Die hierfür erforderlichen Vordrucke sind bei der Industrie- und Handelskammer erhältlich. – Vor der Ausstellung eines Carnets muss die Kammer die Zustimmung der HERMES-Kreditversicherungs-Aktiengesellschaft in Hamburg einholen, wenn die Gesamtsumme der Warenwerte, die in allen auf einen bestimmten Antragsteller lautenden und noch gültigen Carnets ausgewiesen sind, folgende Beträge überschreiten:

a) bei handelsregisterlich eingetragenen Firmen bis zu einem Warenwert von € 100.000,–
b) bei gewerberechtlich gemeldeten Firmen bis zu einem Warenwert von € 10.000,–
Sollte dieser Betrag überschritten werden, muss die Handelskammer die Zustimmung der HERMES einholen. – Die genannte Versicherungsgesellschaft hat sich bereit erklärt, auf Antrag einzelner Interessenten unbefristete, aber jederzeit widerrufbare Limits festzusetzen, in deren Rahmen Carnets ohne besondere Rückfrage der Kammer ausgestellt werden können.

Vordrucke für Carnets ATA
Die Vordrucke sind in der jeweiligen Korrespondenzsprache auszufüllen. Im Oktober 2003 wurde ein neues Formular eingeführt, das zwingend ab 2005 verwendet werden muss.

Was geschieht mit den ausgefüllten Vordrucken?
Die ausgefüllten Vordrucke müssen zunächst der Industrie- und Handelskammer zur Beglaubigung vorgelegt werden.
Dann sollte das Carnet zusammen mit den darin aufgeführten Waren der nächsten Versandzollstelle vorgeführt werden. Das Zollamt unterzieht die Waren der Beschau, sichert ggf. die Nämlichkeit der Waren und vermerkt das Geschehene im Carnet.

Notieren Sie bitte in Ihrem Terminkalender
(am Tage der voraussichtlichen Rückkehr der Waren oder – wenn die Rückkehr der Waren noch nicht zu übersehen ist – etwa 2 Wochen vor Ablauf der im Carnet eingetragenen Gültigkeitsdauer), dass Sie erforderlichenfalls die Rücksendung des Carnets und der darin aufgeführten Waren bei ihren ausländischen Geschäftspartnern usw. anmahnen. Auf diese Weise kann u.U. noch kurz vor Fristablauf eine Reklamation ausländischer Zollbehörden und die sich daraus meistens für den Carnet-Inhaber ergebende Verpflichtung zur Einzahlung der Eingangsabgaben vermieden werden.

Zollrisiko-Versicherung für Carnet ATA
– Versicherungsentgelte für Carnets ATA –
Mit der Umstellung auf den Euro gestaltet sich die Gebühr für die Carnet-Bearbeitung wie folgt (Stand1/2001):

Wertgrenze von	Wertgrenze bis	Volles Entgelt
	9 999,99 EUR	20,– EUR
von 10 000,– EUR	bis 24 999,99 EUR	40,– EUR
von 25 000,– EUR	bis 49 999,99 EUR	80,– EUR
von 50 000,– EUR	bis 149 999,99 EUR	165,– EUR
von 150 000,- EUR	bis 299 999,99 EUR	315,– EUR
von 300 000,– EUR	bis 499 999,99 EUR	540,– EUR
für jede weitere angefangene	500 000,– EUR	300,– EUR

Was geschieht mit den nicht mehr benötigten oder ablaufenden Carnets?
Carnets ATA haben eine Gültigkeitsdauer von **einem Jahr**. Eine Verlängerung der Gültigkeitsdauer ist ausgeschlossen. Carnets müssen der Kammer zurückgegeben werden, und zwar sobald sie nicht mehr benötigt werden, spätestens aber bei Ablauf der eingetragenen Gültigkeitsdauer. Vor der Rückgabe sollte jeder Carnet-Inhaber im eigenen Interesse darauf achten, dass das Carnet ordnungsgemäß gelöscht ist. Ein Carnet gilt nur dann als ordnungsgemäß gelöscht, wenn der letzte erforderliche Wiederausfuhrnachweis durch die Bescheinigung einer Zollbehörde erbracht werden kann.
Im Regelfall wird diese Bescheinigung von der Ausgangszollstelle jedes ausländischen Staates erteilt, in dessen Gebiet die Waren vorher eingeführt wurden, und zwar in dem dafür vorgesehenen oberen Stammabschnitt des Wiederausfuhrblattes. Sollte diese Bescheinigung im Ausnahmefall nicht zu erhalten sein, so muss aber unbedingt dafür gesorgt werden, dass eine deutsche Zollstelle zur Bestätigung der ordnungsgemäßen Wiederherstellung veranlasst wird, bevor die Nämlichkeitszeichen von den Waren entfernt werden. Nur der vollgültige Nachweis der Wiederausfuhr oder der Wiedergestellung innerhalb der Gültigkeitsdauer bewahrt den Carnet-Inhaber vor einer meist erst nach Monaten folgenden Aufforderung zur Zahlung der Einfuhrabgaben.

Bleiben bestimmte, der auf Carnet verbrachten Waren – entgegen der ursprünglichen Absicht – im Ausland, so ist dies von der zuständigen ausländischen Zollstelle im Carnet mit einem deutlich lesbaren Hinweis zu vermerken und zu bestätigen, dass die hierfür fälligen Einfuhrabgaben entrichtet worden sind. Es ist empfehlenswert, sich außer dem genannten Vermerk vom ausländischen Zollamt zusätzlich eine Zollquittung geben zu lassen und diese der Kammer mit dem Carnet zu übergeben, um etwaigen späteren Reklamationen der ausländischen Zollbehörden entgegentreten zu können.

3. IMPORT

3.1 Einfuhr aus Drittländern

Alle Staaten, die nicht der EG angehören, werden als Drittländer bezeichnet. Werden Waren aus solchen Staaten in die EG verbracht, spricht man von Einfuhr. Diese Waren haben den Status von Nichtgemeinschaftswaren (in der Umgangssprache: Zollgut) und unterliegen bestimmten zolltechnischen Verfahrensweisen, die im Folgenden kurz beschrieben werden.

3.1.1 Gestellung

Waren, die in das Zollgebiet der Gemeinschaft verbracht werden unterliegen von diesem Zeitpunkt an der zollamtlichen Überwachung. Der Ort der Einfuhr wird als „Verbringungsort" bezeichnet. Derjenige, der diese Waren in das Zollgebiet verbringt (z. B. Lkw-Fahrer, Pilot, Reisender usw.), muss sie bei der ersten Zollstelle gestellen. Dies bedeutet, dass er die Waren der Zollstelle zur Verfügung halten muss zu einer eventuellen Kontrolle. Ersatzweise kann auch die Person die Gestellung übernehmen, die die Beförderung nach dem Verbringen übernimmt (z. B. der Spediteur).

Bei der Gestellung ist ein Dokument abzugeben, die so genannte „summarischen Anmeldung". Hierzu ist entweder das entsprechende amtliche Dokument abzugeben oder ein anderes zugelassenes Papier; bei Luftfrachtsendungen z. B. der Luftfrachtbrief (AWB). Bis sich der Einführer entscheidet, welcher zollrechtlichen Bestimmung er die Waren zuführen will, haben die gestellten Waren die Rechtsstellung der vorübergehenden Verwahrung.

3.1.2 Zollrechtliche Bestimmung

Bei einer direkten Anmeldung benötigt man keine summarische Anmeldung, ansonsten muss der Einführer nach Abgabe der summarischen Anmeldung innerhalb von
45 Tagen im Seeverkehr bzw.
20 Tagen bei anderen Beförderungsarten
sich entscheiden, welcher zollrechtlichen Bestimmung er die Waren zuführen will. Der Zollkodex führt folgende Zollverfahren auf:

- Überführung in den zollrechtlich freien Verkehr
- Nichterhebungsverfahren und Verfahren von wirtschaftlicher Bedeutung
  - Externes Versandverfahren
  - Zolllager
  - Aktive Veredelung
  - Umwandlungsverfahren
  - Vorübergehende Verwendung
  - Passive Veredelung
- Ausfuhr (siehe Abschnitt II Ziffer 2.1.)
- Internes Versandverfahren (siehe Abschnitt II Ziffer 2.2.)

Zunächst wird dargestellt, welche Schritte für **alle** zollrechtlichen Verfahren gelten, anschließend differenziert nach den einzelnen Bestimmungen; die Überführung in den freien Verkehr in diesem Abschnitt, die Nichterhebungsverfahren unter Ziffer 3.2..

3.1.3 Zollanmeldung

Die Überführung in eine zollrechtliche Bestimmung ist vom „Inhaber des Verfahrens" (früher: Zollbeteiligter) mit der Zollanmeldung zu beantragen, die in der Regel schriftlich erfolgen muss – entweder auf dem sogenannten Einheitspapier oder in anderer Form (z. B. durch Datenübermittlung mit dem System ATLAS). Die Zollanmeldung ist rechtlich gesehen eine Steuererklärung, auf der der Einführer alle relevanten Angaben zur Erhebung der Einfuhrabgaben darstellen muss. Dies sind insbesondere

- die gewünschte zollrechtliche Bestimmung (Verfahren)
- die genaue Beschreibung der Ware selbst mit der zugehörigen Warennummer,
- ggf. der Zollwert der Ware (oder andere Merkmale wie z. B. das Gewicht)
- ggf. das Ursprungsland der Ware mit dem eventuellen Nachweis für eine Zollpräferenz.

Während die Entscheidung über die zollrechtliche Bestimmung juristisch eine Willenserklärung des Inhabers des Verfahrens ist, sind die anderen genannten Punkte sogenannte Wissenserklärungen über einen steuerlichen Tatbestand. Der Zollanmeldung sind alle wesentlichen Unterlagen beizufügen; dies sind insbesondere die Handelsrechnung sowie Unterlagen über die entstandenen Transportkosten, ggf. weitere Unterlagen, die für die Ermittlung des Zollwertes von Bedeutung sind.

3.1.4 Einreihung (Tarifierung) und verbindliche Zollauskunft

Es empfiehlt sich, als erstes die Einreihung oder Tarifierung der Ware vorzunehmen, weil nach Feststellung der Warennummer (die in die Zollanmeldung übernommen werden muss) der geforderte Zollsatz ermittelt werden kann. Unterliegt die Ware keinen Einfuhrabgaben, so ist z. B. bei Abfertigung zum freien Verkehr die Ermittlung des Zollwertes nicht erforderlich oder bestimmte andere Verfahren (z. B. aktive Veredelung) nicht zulässig. Die Einreihung der Waren erfolgt nach den allgemeinen Einreihungsvorschriften des Zolltarifs sowie nach den Vorschriften der einzelnen Abschnitte und Kapitel.

Sollte der Inhaber des Verfahrens Probleme bei der Einreihung haben, so kann er bei den Zollbehörden eine verbindliche Zolltarifauskunft verlangen, die eine Gültigkeit von sechs Jahren hat, sofern sie nicht auf unrichtigen Angaben des Antragstellers beruht (Artikel 12 Zollkodex).

3.1.5 Zollwert = Transaktionswert

Seit dem 1.7.1980 gilt in allen Mitgliedstaaten der EG ein neuer Zollwertbegriff. Nicht mehr der theoretisch zu ermittelnde Normalpreis, d.h. der übliche Wettbewerbspreis im Einfuhrland ist der Zollwert, sondern der für den Verkauf zur Ausfuhr der Ware in das Zollgebiet der Gemeinschaft tatsächlich zu zahlende oder gezahlte Preis. Im Zollkodex wird der Zollwert als Transaktionswert bezeichnet. In der Praxis wird dies in den weitaus meisten Fällen der Rechnungspreis sein. Allerdings muss dieser Preis gewisse Voraussetzungen erfüllen, um als <u>Zollwert</u> verwendet werden zu können. Erfüllt er diese Voraussetzungen nicht, so ist eine entsprechende Berichtigung erforderlich.

Für die Ermittlung des Zollwerts sind folgende Methoden vorgesehen:
I. Transaktionswert
II. Preis für gleiche Waren
III. Preis für gleichartige Waren
IV. Deduktive Methode
V. Zollwert nach einem errechneten Wert (Herstellungskosten)
VI. Schätzung des Zollwerts.

Die vorstehende Reihenfolge ist zwingend vorgeschrieben. Kann also der Zollwert nicht nach Methode I ermittelt werden, so muss Methode II angewendet werden. Ist auch dies nicht möglich, so muss versucht werden, den Zollwert nach Methode III zu ermitteln usw.

Der Zollwert wird in allen Mitgliedstaaten der Europäischen Gemeinschaft nach einheitlichen Vorschriften ermittelt. Verankert sind diese Vorschriften im Zollkodex sowie der Zollkodex-Durchführungs-Verordnung.

Das Bundesministerium der Finanzen hat hierzu eine Dienstvorschrift erlassen, die in der VSF unter der Kennung Z 5301 Zollwertrecht veröffentlicht ist.

Verfahren der Zollwertermittlung

Es gibt sechs Methoden der Zollwertermittlung. Die Zollwertvorschriften im Zollkodex sind im Wesentlichen nach einem sogenannten positiven System aufgebaut. Es sind für die Ermittlung des Zollwertes verschiedene Methoden vorgesehen, die nur bei Vorliegen bestimmt umrissener Voraussetzungen zum Zuge kommen.

Gleichzeitig wird eine Reihenfolge bezüglich der Anwendung der einzelnen Methoden festgelegt, wobei die jeweils nächste Methode nur angewendet werden darf, wenn der Zollwert nicht nach der vorangehenden Methode ermittelt werden kann.

Durch diese Methodik wird erreicht, dass der zu errechnende Zollbetrag in der gesamten Gemeinschaft gleich ist und Wettbewerbsverzerrungen vermieden werden können.

Im Folgenden sollen die einzelnen Voraussetzungen der wohl am häufigsten in Betracht kommenden Methode I – Transaktionswert bei nicht verbundenen Personen – kurz dargestellt werden.

1. Es muss ein Verkauf zur Ausfuhr in das Zollgebiet der Gemeinschaft vorliegen. Ein solcher liegt vor, wenn die verkaufte Ware für das Zollgebiet der Gemeinschaft bestimmt ist und ihr Preis im Hinblick darauf festgesetzt worden ist. Ob dies zutrifft, kann in der Regel aus der Rechnung (Lieferbedingung) oder dem Kaufvertrag ersehen werden. Hat der Käufer seinen Sitz im Zollgebiet der Gemeinschaft, so kann in der Regel davon ausgegangen werden, dass ein Verkauf zur Ausfuhr in das Zollgebiet der Gemeinschaft vorliegt. Ein solcher Verkauf liegt jedoch nicht vor, wenn die Ware zunächst zum ungewissen Verkauf in einen Freihafen gebracht und erst später in das Zollgebiet der Gemeinschaft verkauft wird.

Dem Verkauf in das Zollgebiet der Gemeinschaft muss ein Kaufgeschäft zwischen dem Verkäufer und dem maßgebenden Käufer zu Grunde liegen. Maßgebender Käufer ist grundsätzlich ein im Zollgebiet der Gemeinschaft – einschließlich Freihafen – ansässiger Käufer, der zollwertrechtlich als Eigenhändler handelt. Ob dies der Fall ist, ergibt sich aus den Gesamtumständen, insbesondere aus den übernommenen Risiken. Trägt der Einführer das Risiko des Delkredere, des Absatzes der Waren, des Verlustes, der Lagerung, der Kundensuche usw., so kann davon ausgegangen werden, dass der Käufer als Eigenhändler handelt.

Erfüllt ein Käufer diese Voraussetzung nicht, so gilt er als Vermittler, und der Preis des nächsten Abnehmers ist der Zollwert, wenn dieser Abnehmer als Eigenhändler handelt. Maßgebender Käufer kann auch ein Be- oder Verarbeitungsbetrieb, ein Montagebetrieb oder ein Endverbraucher sein. Lieferungen an Zweigniederlassungen können zollwertrechtlich als Verkauf angesehen werden, wenn die Zweigniederlassung wie ein maßgebender Käufer handelt. Ein Werklieferungsvertrag steht einem Kaufvertrag gleich. Ein Verkauf zur Ausfuhr kann auch angenommen werden, wenn Waren zum ungewissen Verkauf oder in Konsignation – häufig bei Obst und Gemüse – eingeführt werden. In diesem Falle muss der zu erwartende Kaufpreis jedoch an Hand von Preislisten o. ä. nachgewiesen werden. Der Zollwert kann dann sofort endgültig festgestellt werden. Überhaupt kann auch der Preis eines Zweiterwerbers Zollwert sein, wenn er mindestens dem Preis des maßgebenden Käufers entspricht. Bei der Einfuhr von Waren durch einen Vermittler gilt als Zollwert der Preis, zu dem die Waren über den Vermittler verkauft werden.

2. Weitere Voraussetzung für die Anerkennung des gezahlten oder zu zahlenden Preises als Zollwert ist, dass hinsichtlich der Verwendung oder des Gebrauchs der eingeführten Waren durch den Käufer keine Einschränkungen bestehen. Dies wäre z. B. der Fall, wenn ein Verkäufer von einem Autohändler verlangt, dass er die eingeführten Autos nicht vor einem festgelegten Zeitpunkt, zu dem ein neues Modelljahr beginnt, verkaufen darf. Solche Einschränkungen liegen jedoch nicht vor, wenn gleiche Waren für unterschiedliche Industriezweige oder Verwendungszwecke unterschiedliche Preise haben, z. B. Kakaobohnen zur Herstellung von Schokolade oder zur Verwendung bei der Margarineherstellung.

3. Weitere Voraussetzung für die Anerkennung des gezahlten oder zu zahlenden Preises als Zollwert ist, dass hinsichtlich dieses Preises oder des dafür maßgebenden Kaufgeschäfts keinerlei Bedingungen oder Leistungen vorliegen dürfen, die zu einer Ermäßigung des gezahlten oder zu zahlenden Preises geführt haben und deren Wert nicht bestimmt werden kann. Beispiele dafür sind: Der Verkäufer legt den Preis für die eingeführten Waren unter der Bedingung fest, dass der Käufer auch andere Waren in bestimmten Mengen kauft, oder der Preis für die eingeführten Waren hängt von dem Preis ab, zu dem der Käufer dem Verkäufer andere Waren verkauft, oder der Preis für die eingeführten Waren ist auf der Grundlage einer nicht mit dem Kauf der eingeführten Waren zusammenhängenden Form der Bezahlung festgelegt worden. Die deutschen Zollstellen sollen allerdings hinsichtlich des Wertes solcher Bedingungen oder Leistungen nur in Ausnahmefällen Untersuchungen anstellen.

4. Die wichtigste Voraussetzung für die Ermittlung des Zollwerts nach dieser Methode ist das Vorhandensein eines tatsächlich vom Käufer unmittelbar oder mittelbar an den Verkäufer oder zu seinen Gunsten gezahlten oder zu zahlenden Preises für die eingeführten Waren. In der Regel ist dies der Rechnungsendbetrag, z. B. 1.000,– € cif Hamburg oder 2.000,– € fob New York. Jeder tatsächlich gezahlte oder zu zahlende Preis, der als solcher in der Zollwertanmeldung angemeldet ist, kann Zollwert sein.

Alsdann muss die Frage gestellt werden: Was muss der Käufer vorweg oder später für die gekaufte Ware noch zahlen? Hat der Käufer neben dem Rechnungsendbetrag noch eine Schuld des Verkäufers beglichen oder hat er noch Lizenzgebühren für den Verkäufer an eine dritte Person zu zahlen? Bei einem solchen oder einem ähnlichen aufgespaltenen Kaufpreis bildet die Summe der Zahlungen oder Leistungen den tatsächlich gezahlten oder zu zahlenden Preis. Im Rechnungspreis nicht enthaltene Aufwendungen für Werbung und Garantie als vom Käufer auf eigene Rechnung durchgeführte Tätigkeiten gehören selbst dann nicht zum tatsächlich gezahlten oder zu zahlenden Preis, wenn der Käufer insoweit durch den Verkäufer dazu verpflichtet worden ist, z. B. als Alleinvertreter des Verkäufers. Preisermäßigungen, die in der Rechnung ausgewiesen sind, werden ohne Rücksicht darauf anerkannt, warum sie gewährt wurden, z. B. Treuerabatte, Saisonrabatte. Wenn solche Preisermäßigungen dem Grunde und der Höhe nach im Zeitpunkt der Ermittlung des Zollwerts feststehen, z. B. Mengenrabatt für eine bestimmte Menge innerhalb eines bestimmten Zeitraums, so werden solche Preisermäßigungen bereits in diesem Zeitpunkt anerkannt, wenn der Zollstelle nachgewiesen werden kann, dass die Preisermäßigung auch in Anspruch genommen worden ist.

Ein nach den Zahlungsbedingungen eingeräumtes, allgemein übliches Skonto in der angemeldeten Höhe wird anerkannt. Ein darüber hinausgehendes Skonto wird ebenfalls anerkannt, wenn nachgewiesen wird, daß die Zahlung des Kaufpreises tatsächlich unter Abzug des höheren Skontos erfolgte. Nicht zum gezahlten oder zu zahlenden Preis gehören folgende Zahlungen, wenn sie getrennt ausgewiesen sind. d. h. am zweckmäßigsten in der Rechnung:
a) Zahlungen für das Recht zur Vervielfältigung,
b) Kreditierungskosten oder Verzugszinsen, die an den Verkäufer zu zahlen sind,
c) Kosten für den Bau, die Errichtung, die Instandhaltung oder die technische Unterstützung nach der Einfuhr der zu bewertenden Waren,
d) die Beförderungskosten nach der Einfuhr und alle Zölle und Abgaben, die im Zollgebiet der Gemeinschaft zu zahlen sind.

Allerdings reicht der bloße Hinweis in der Rechnung, dass solche Zahlungen und Kosten im Kaufpreis enthalten sind, nicht aus. Sie müssen offensichtlich in der Rechnung über den gezahlten oder zu zahlenden Preis ausgewiesen sein. Die getrennte Ausweisung der Beförderungskosten kann auch in der Weise erfolgen, dass die Rechnung über die Gesamtfracht vorgelegt wird und die Gesamtfracht in der Zollwertanmeldung aufgeteilt wird, z. B. nach den Streckenanteilen innerhalb und außerhalb des Zollgebiets der Gemeinschaft. Dem gezahlten oder zu zahlenden Preis müssen folgende Kosten hinzugerechnet werden, soweit sie dem Käufer entstanden sind, aber in dem tatsächlich gezahlten oder zu zahlenden Preis nicht enthalten sind:
a) Provisionen und Maklergebühren, ausgenommen Einkaufsprovisionen,
b) Verpackungskosten – Material und Arbeitslohn,
c) Kosten von Umschließungen, die für Zollzwecke als Einheit mit den betreffenden Waren angesehen werden, z. B. Gläser mit Honig.

Das gilt auch, wenn die Umschließungen dem Verkäufer vom Käufer zur Verfügung gestellt werden, z.B. liefert der Käufer die Gläser, die vom Verkäufer mit Honig befüllt werden. Der Wert der Gläser und die Kosten der Beförderung zum Verkäufer gehören zum Zollwert. Bei Mietumschließungen werden die Mietgebühren sowie die etwaigen Kosten für die Rücklieferung der Umschließungen dem gezahlten oder zu zahlenden Preis hinzugerechnet.

Dem tatsächlich gezahlten oder zu zahlenden Preis müssen ferner, soweit sie in ihm nicht enthalten sind, folgende Beträge hinzugerechnet werden:
a) der anteilige Wert der vom Käufer zur Verfügung gestellten Gegenstände und Leistungen,
b) Lizenzgebühren für die zu bewertenden Waren, die der Käufer entweder unmittelbar oder mittelbar nach den Bedingungen des Kaufgeschäfts an den Verkäufer oder zu seinen Gunsten zu zahlen hat, z. B. für Patente, Warenzeichen und Urheberrechte. Lizenzgebühren für Verfahrenspatente werden nur dann hinzugerechnet, wenn das Verfahren in den eingeführten verkörpert ist. Lizenzgebühren für das Recht zur Benutzung eines Warenzeichens werden nur dann hinzugerechnet, wenn es sich bei den eingeführten Waren bereits um das Markenerzeugnis gehandelt hat. Zahlungen für das Recht zur Vervielfältigung der eingeführten Waren im Zollgebiet der Gemeinschaft werden nicht hinzugerechnet, wenn sie getrennt ausgewiesen sind. Dazu gehören auch Zahlungen für das Recht zur Wiedergabe von Filmen, zur Aufführung

von Musik- und Theaterwerken und von geschützten Werken, z. B. Herstellung von Schallplatten mit Hilfe eingeführter Matrizen. – Im Übrigen wird auf die VO (EWG) Nr. 3158/83 der Kommission über die Auswirkung von Lizenzgebühren auf den Zollwert, auf den Kommentar des Ausschusses für den Zollwert und auf das Gutachten des Technischen Ausschusses für den Zollwert des Brüsseler Zoll-Rates hierzu hingewiesen;
c) der Wert jeglicher Erlöse aus späteren Weiterverkäufen, sonstigen Überlassungen oder Verwendungen der eingeführten Waren, wenn sie dem Verkäufer unmittelbar oder mittelbar zugute kommen. Dazu gehören auch Zahlungen für das Recht zur Vervielfältigung. Berichtigungen des gezahlten oder zu zahlenden Preises wegen der vorgenannten Umstände sind nur zulässig, wenn die zusätzlichen Leistungen des Käufers quantifizierbar sind, also der Höhe nach ziffern- und zahlenmäßig feststehen. Ist dies nicht der Fall, so kann die Ermittlung des Zollwerts nach dieser Methode nicht erfolgen.

5. Letzte Voraussetzung für die Ermittlung des Zollwerts auf der Grundlage des gezahlten oder zu zahlenden Preises ist es, dass Käufer und Verkäufer nicht miteinander verbunden sind. Diese gelten jedoch nur dann als miteinander verbunden, wenn
– sie der Leitung des Geschäftsbetriebes der jeweils anderen Person angehören,
– sie sich in einem Arbeitgeber-/Arbeitnehmerverhältnis zueinander befinden,
– sie Teilhaber oder Gesellschafter derselben Personengesellschaft sind,
– eine beliebige Person unmittelbar oder mittelbar 5% oder mehr der stimmberechtigten Anteile oder Aktien beider Personen besitzt, kontrolliert oder innehat,
– eine von ihnen unmittelbar oder mittelbar die andere Person kontrolliert,
– beide von ihnen unmittelbar oder mittelbar von einer dritten Person kontrolliert werden, sie zusammen unmittelbar oder mittelbar eine dritte Person kontrollieren oder
– sie Mitglieder derselben Familie sind.
Ein „Kontrollieren" liegt vor, wenn eine Person auf die Geschäfte einer anderen derart Einfluss ausüben kann, dass sie z. B. in ihrer Preisgestaltung und Kalkulation nicht frei ist.
Lizenzvereinbarungen begründen für sich allein noch keine Verbundenheit. Alleinvertreter (Alleinkonzessionäre) gelten nur dann als verbunden, wenn sie über das Alleinvertreterverhältnis hinaus verbunden sind. Die Verbundenheit von Käufer und Verkäufer muss in der Zollwertanmeldung angemeldet werden. Wird eine Verbundenheit verneint, so soll diese Angabe nur überprüft werden, wenn begründete Zweifel an ihrer Richtigkeit bestehen und wenn Anhaltspunkte dafür gegeben sind, dass der gezahlte oder zu zahlende Preis durch Verbundenheit beeinflusst sind.

3.1.6 Beschau

Wenn die Zollanmeldung (Ziffer 3.1.3.) abgegeben wurde, können die Zollbehörden zur Überprüfung der Angaben eine Beschau anordnen, bei der überprüft werden kann, ob die Beschreibung und Einreihung der Waren richtig erfolgte und ob die angegebene Menge stimmt. Probeentnahmen müssen dabei geduldet werden. Wird auf die Beschau verzichtet, so wird vermutet, dass die gemachten Angaben richtig sind.

3.1.7 Überführung in den zollrechtlich freien Verkehr

Bei der Überführung der Waren in den zollrechtlich freien Verkehr erhält die Nichtgemeinschaftsware den Status der Gemeinschaftsware. Voraussetzung dafür (ohne Vereinfachungsmaßnahmen) ist, dass
- die Einfuhranmeldung geprüft und für richtig befunden wurde,
- der Zollbescheid erstellt wurde und
- die Einfuhrabgaben entrichtet wurden.
Bei der Überführung der Ware in den zollrechtlich freien Verkehr entsteht die Zollschuld in dem Zeitpunkt, in dem die betreffende Zollanmeldung abgegeben wird. Sofern die Waren zum zoll- **und** steuerrechtlich freien Verkehr abgefertigt werden, werden als Einfuhrabgaben Zölle und Steuern erhoben.

3.1.8 Einfuhrabgaben

Bei den Einfuhrabgaben werden unterschieden zwischen Einfuhrabgaben nach EG-Recht und nationalen Steuern. Einfuhrabgaben nach EG-Recht sind die Zölle und Abgaben mit gleicher Wirkung sowie Agrarteilbeträge (früher: Abschöpfungen) und sonstige bei der Einfuhr erhobene Abgaben für Agrarprodukte im Rahmen der gemeinsamen Agrarpoltik. Nationale Einfuhrabgaben sind vor allem die Einfuhrumsatzsteuer sowie die Verbrauchsteuern (z. B. Tabaksteuer, Branntweinsteuer, Mineralölsteuer usw.).

Zölle

Die Höhe des Zollsatzes ergibt sich nach der Einreihung (Ziffer 3.1.4.) aus dem Gemeinsamen Zolltarif (bzw. Elektronischem Zolltarif EZT). Der höchste in Betracht kommende Zollsatz ist der „Drittlandszollsatz". Dieser höchste Zollsatz kann unterschritten werden, wenn
- die Waren aus einem assoziierten Staat eingeführt werden und die entsprechende Warenverkehrsbescheinigung vorgelegt wird (siehe Ziffer 1.3.);
- die Waren aus einem Entwicklungsland (Anhang PL des Deutschen Gebrauchszolltarifs) eingeführt werden und eine Warenverkehrsbescheinigung vorgelegt wird - es gilt dann der Zollsatz APS (Allgemeines Präferenzsystem);
- für die Waren der Zoll vorübergehend ausgesetzt wurde (A) oder
- für die Waren ein Zollkontingent (K) besteht. Hinweise finden sich in Anhang ZK des Zolltarifs.

Im Eletronischen Zolltarif wird unter Maßnahmen zunächst der Drittlandszollsatz angegeben (der ohne Warenverkehrsbescheinigung zu entrichten wäre), als weitere „Maßnahmen" dann die günstigeren Zollsätze unter Angabe des Präferenzpapiers oder z. B. der Kontingentsnummer.

Allerdings kann sich der Zollsatz auch erhöhen, wenn für ein bestimmtes Produkt aus einem bestimmten Land und / oder von einem bestimmten Hersteller ein Antidumpingzoll erhoben wird. Im Tarif findet man dann den Hinweis ZC8 (Anhang ZC8) bzw. im EZT werden die Antidumpingzollsätze direkt angeben mit der zugehörigen Zusatzcode-Nummer. Unter dieser Nummer findet man den jeweiligen Hersteller des Produkts.

Bei Agrarprodukten kann die Höhe des Zollsatzes auch von der Jahreszeit abhängen – so genannte Saisonzölle. Zölle werden in Prozent des Zollwertes (Ziffer 3.1.5.) erhoben.

Aktuelle Zollsätze lassen sich auf der Webseite der Zollbehörden www.zoll.de unter TARIC abrufen.

Agrarteilbeträge (Abschöpfungen)

Abschöpfungen (seit dem 1.7.95 werden sie auch als Agrarteilbeträge bezeichnet) werden häufig bei der Einfuhr von Agrarprodukten erhoben. Sie sollen den Unterschied zwischen garantierten Preisen innerhalb der EG und den meist sehr viel niedrigeren Weltmarktpreisen „abschöpfen" (ausgleichen). Im Gegensatz zu den vom Zollwert erhobenen Zöllen werden Abschöpfungen nach der Menge (Gewicht oder Volumen) berechnet. Abschöpfungen werden neben den Zöllen erhoben. Ihre Höhe ergibt sich aus dem Anhang ZC7 des Zolltarifs. Im EZT wird der Nutzer nach dem jeweiligen Gehalt an Stärke, Saccharose/Glukose, Milchfett und Milchprotein abgefragt, aus dem sich der zu zahlende Abgabensatz ergibt.

Verbauchsteurn

Verbrauchsteurn sind nationale Steuern, die das jeweilige EG-Mitgliedsland neben den Zöllen individuell unterschiedlich erheben kann. Man strebt aber eine Harmonisierung in der Höhe an. In Deutschland werden folgende Verbrauchsteuern erhoben: Tabak-, Kaffee-, Schaumwein-, Branntwein-, Bier- und Mineralölsteuer, abhängig von der Ware.

Einfuhrumsatzsteuer (EUSt)

Die Einfuhrumsatzsteuer entspricht in ihrer Höhe der Mehrwertsteuer. Sie wird auf Einfuhren aus Drittländern erhoben. Die Bemessungsgrundlage für die Einfuhrumsatzsteuer ist der Zollwert (Ziffer 3.1.5.) zuzüglich der zu entrichtenden anderen Einfuhrabgaben wie Zölle und Abschöpfungen, evtl. zuzüglich einer Verbrauchsteuer sowie zuzüglich der Beförderungskosten innerhalb der EG bis zum ersten Bestimmungsort, soweit sie noch nicht mit Mehrwertsteuer belastet waren. Die Einfuhrumsatzsteuer ist bei Berechtigten in voller Höhe als Vorsteuer absetzbar.

3.1.9 Zollschuld

Eine Zollschuld entsteht, wenn eine einfuhrabgabenpflichtige Ware in den zollrechtlich freien Verkehr übergeführt wird oder eine solche Ware unter teilweiser Abgabenbefreiung in die vorübergehende Verwendung übergeführt wird (Artikel 201 Zollkodex). Sie entsteht im Zeitpunkt der Annahme der Zollanmeldung. Zollschuldner ist der Anmelder bzw. im Falle der indirekten Vertretung auch die Person, für deren Rechnung die Zollanmeldung abgegeben wird.

Eine Zollschuld entsteht außerdem, wenn solche Waren vorschriftswidrig in das Gebiet der Gemeinschaft verbracht wurden. Zollschuldner kann die Person sein, die die Ware in das Gebiet gebracht hat, aber auch diejenigen, die an dem Verbringen beteiligt waren oder die Ware erworben oder im Besitz haben, sofern sie hätten wissen müssen, dass sie vorschriftswidrig handeln. Weiterhin entsteht eine Zollschuld, wenn einfuhrabgabenpflichtige Ware der zollamtlichen Überwachung entzogen werden (z. B. bei Nichterhebungsverfahren, Ziffer 3.2.). Es gibt noch eine Reihe weiter Fälle, in denen eine Zollschuld entsteht, deren Darstellung hier den Rahmen sprengen würde. Grundsätzlich geht es immer darum, dass Zollvorschriften und Überwachungsmöglichkeiten missachtet werden.

Nach der Definition in Art. 4 Nr. 9 Zollkodex ist der Begriff Zollschuld wie folgt definiert:

Die Verpflichtung einer Person, die für eine bestimmte Ware im geltenden Gemeinschaftsrecht vorgesehnen Einfuhrabgaben (Einfuhrzollschuld) oder Ausfuhrabgaben (Ausfuhrzollschuld) zu entrichten hat.

Die Voraussetzungen, unter denen eine Zollschuld entsteht, sind in Artikel 201 bis 205 und 209 bis 212 Zollkodex geregelt und nach einem einheitlichen Schema aufgebaut. Der jeweils erste Absatz regelt das Entstehen der Zollschuld, der zweite Absatz legt den Zeitpunkt fest, in dem die Zollschuld entsteht. Im dritten Absatz der jeweiligen Vorschrift wird bestimmt, welche Person Zollschuldner ist.

3.1.10 Entrichtung des Abgabenbetrages

Die buchmäßig erfassten und mitgeteilten Abgaben sind innerhalb der nach den Vorschriften des Zollkodex festgesetzten Fristen zu entrichten.

Grundsätzlich ist die Zollschuld innerhalb von zehn Tagen nach Mitteilung des Abgabenbetrages an den Zollschuldner zu entrichten.

Auf Antrag können dem Zollschuldner jedoch Zahlungserleichterungen nach den Artikeln 224 bis 229 Zollkodex gewährt werden. Hierzu ist eine Sicherheitsleistung des Antragstellers erforderlich. Der Zahlungsaufschub kann für einzelne buchmäßig erfasste Abgabenbeträge als Einzelaufschub, für sämtliche innerhalb eines bestimmten Zeitraums laufend buchmäßig erfasste Abgabenbeträge als laufender Zahlungsaufschub oder in Fällen des vereinfachten Anmeldeverfahrens und des Anschreibeverfahrens gewährt werden.

In Deutschland ist es gängige Praxis, dass die Einfuhrabgaben eines Monats aufgeschoben werden und die Zahlung zum 16. des Folgemonats fällig ist.

3.1.11 Erlass und Erstattung des Abgabenbetrages

Zur Definition: Erstattung bedeutet Rückzahlung des Abgabenbetrages, Erlass bedeutet der Verzicht auf Erhebung der Abgaben. Hiefür kann es laut Zollkodex vielerlei Gründe geben, deren wichtigste sind: die Zollanmeldung wird für ungültig erklärt, die Waren werden zurückgewiesen (z. B. Falschlieferung), die Waren sind schadhaft, die Waren werden wieder ausgeführt usw.

3.2 Vereinfachungsverfahren, Nichterhebungsverfahren und Verfahren von wirtschaftlicher Bedeutung

3.2.1 Vereinfachungsverfahren

Der Zollkodex lässt in Artikel 76 einige Vereinfachungsverfahren zu, die sowohl für die bisher beschriebene Überführung in den freien Verkehr als auch für die Nichterhebungsverfahren usw. gelten. So kann zugelassen werden, dass

- in der Anmeldung nicht alle erforderlichen Angaben enthalten sind,
- nicht alle Unterlagen beigefügt sind,
- anstelle der Anmeldung (Einheitspapier) ein anderes Handels- oder Verwaltungspapier abgegeben wird,

- die Anmeldung der Waren durch Anschreibung in der Buchführung vorgenommen wird.

Allerdings müssen auf jeden Fall die Mindestangaben erfasst werden, d. h. die Angabe der Menge und der Beschaffenheit der Ware (Einreihung) muss vorgenommen werden. Die Durchführungsverordnung hat für diese Vereinfachungen folgende Verfahren vorgesehen:
unvollständige Zollanmeldung (UZA),
vereinfachtes Anmeldeverfahren (VAV),
Anschreibeverfahren (ASA).
Da die Gestellungsbefreiung nur in wenigen Ausnahmefällen gewährt wird (z. B. Rohrleitungen, Post), sollen hier nur die beiden erstgenannten Verfahren beschrieben werden.

Unvollständige Zollanmeldung

Eine vereinfachte Zollanmeldung kann die Form einer auf der Grundlage des Einheitspapiers erstellten unvollständigen Zollanmeldung haben. Das bedeutet, dass Zollanmeldungen zur Überführung in den zollrechtlich freien Verkehr, bei denen einige Angaben fehlen, von der Zollstelle angenommen werden können, sofern sie folgende Mindestangaben enthalten:
1. die exakte Warenbezeichnung, 2. bei wertzollpflichtigen Waren den Zollwert, sowie 3. alle sonstigen Angaben, welche zur Feststellung der Warennämlichkeit und die Anwendung der Vorschriften über die Überführung in den zollrechtlich freien Verkehr wichtig sind. Diese Angaben müssen der Zollstelle innerhalb der Frist von einem Monat vom Zeitpunkt der Annahme der Zollanmeldung an nachgereicht werden. Des weiteren können ebenfalls, auf Antrag des Anmelders, Zollanmeldungen abgegeben werden, obwohl einige Unterlagen fehlen. Die fehlenden Unterlagen müssen allerdings auf jeden Fall in der Zollanmeldung bezeichnet werden und müssen ebenfalls ab dem Zeitpunkt der Annahme der Zollanmeldung innerhalb von einem Monat der Zollstelle nachgereicht werden.

Vereinfachtes Anmeldeverfahren (VAV); bisher: Zollabfertigung nach vereinfachtem Zollverfahren (ZnV)

Dieses Verfahren wird dem Antragsteller gewährt, wenn er häufig Waren einführt, Gewähr für die ordnungsgemäße Abwicklung des Verfahrens bietet, die Übersichtlichkeit gewahrt bleibt, Zollbelange nicht beeinträchtigt werden, Hindernisse nach dem AWG und den VuB nicht entgegenstehen und die Zulassung insgesamt der Vereinfachung dient.

Wird dieses Verfahren gewährt, so gibt der Einführer an den – von ihm vorher benannten und genehmigten – Abfertigungszollstellen (= Einfuhrzollstelle) eine vereinfachte Zollanmeldung ab, entweder auf dem Einheitspapier oder in anderer zugelassener Form, z. B. eines anderen Verwaltungs- oder Handelspapiers, das einen Antrag auf Überführung in den freien Verkehr enthält. Die vereinfachte Zollanmeldung sagt aus, welche zollrechtliche Bestimmung die Ware haben soll und hält die wesentlichen Merkmale der Ware (Menge und Beschaffenheit, Einreihung) fest. Anzugeben ist auch, ob die Ware der Warengruppe 1 (zoll- und/oder verbrauchsteuerpflichtig) oder der Warengruppe 2 (zollfrei aufgrund einer Zollpräferenz (Ziffer 1.3.) oder einer Zollaussetzung oder eines Zollkontingentes) angehört. Andere wichtige Angaben, wie z. B. die Berechnung des Zollwertes, müssen hier noch nicht gemacht werden. Mit der Abgabe der vereinfachten Anmeldung tritt die Ware in die neue zollrechtliche Bestimmung.

Am Ende des Abrechnungszeitraumes (in der Regel ein Monat) hat der Inhaber der Verfahrens bei der Abrechnungszollstelle eine Sammelzollanmeldung (SZA) abzugeben und dieser folgende Unterlagen beizufügen:
- die mit dem Buchungsbeleg übereinstimmenden Rechnungen mit Kennzeichnung zur Zuordnung zur SZA
- ggf. Einfuhrerklärung, Einfuhrgenehmigung, Einfuhrkontrollmeldung, Ursprungszeugnis oder Warenverkehrsbescheinigung,
- auf Verlangen der Abrechnungszollstelle eine Aufstellung der im Abrechnungszeitraum eingeführten Waren.

Die Frist für die Abgabe der ergänzenden Zollanmeldung ist grundsätzlich der 3. Werktag des Folgemonats, bei Selbstberechnung der Abgaben der 10. des Folgemonats. Die Einfuhrabgaben sind spätestens bis zum 16. des Folgemonats zu entrichten. Der Inhaber der Verfahrens muss eine Sicherheit (z. B. Bankbürgschaft) leisten in Höhe der 1,5-fachen monatlichen Einfuhrabgaben.

Anschreibeverfahren (ASA); bisher: Zollabfertigung nach Aufzeichnung (ZnA)

Voraussetzung für dieses Verfahren ist – neben den für das VAV genannten Bedingungen –, dass der Gestellung ein Versandverfahren vorausging und der Inhaber des Verfahrens „zugelassener Empfänger" ist (siehe Ziffer 2.2.). Die Gestellung der Ware erfolgt am genehmigten Übergabeort – dies muss kein Amtsplatz sein, dies kann auch ein Werksgelände sein. Am Übergabeort wird das vorangegangene Versandverfahren beendet und es erfolgt eine Eingangsanzeige. Die Erfassung der Ware (= Aufzeichnung) hat zu erfolgen (z. B. per DV); eine Aufzeichnungsanzeige (oder Ersatzunterlage) muss gemacht werden. Erfasst werden darf nur ein vorher genehmigter Warenkatalog, allerdings können Waren nachgemeldet werden – spätestens mit Abgabe der ergänzenden Zollanmeldung. Die Freigabe der Ware erfolgt entweder einzeln, durch Fristablauf (z. B. 5 Stunden nach Aufzeichnung) oder im Voraus, d. h. mit der Aufzeichnung.

Am Ende des Aufzeichnungszeitraumes ist unter den gleichen Bedingungen wie beim VAV-Verfahren die ergänzende Zollanmeldung abzugeben.

Hinweis: Ein Einführer kann sowohl das VAV- als auch das ASA-Anschriebverfahren beantragen und in der jeweils für ihn sinnvollen Weise nutzen.

3.2.2 Nichterhebungsverfahren und Verfahren von wirtschaftlicher Bedeutung

Aus dem Namen ergibt sich, dass man bei der Einfuhr der Ware eine zollrechtliche Bestimmung geben kann, bei der entweder keine Einfuhrabgaben erhoben werden oder wegen der wirtschaftlichen Bedeutung eine geringere Abgabe erhoben wird (früher: besondere Zollverkehre). Hinzuweisen ist darauf, dass für diese Verfahren die unter den Ziffern 3.1.1. bis 3.1.6. gemachten Ausführungen ebenso gültig sind. Zu bemerken ist auch, dass grundsätzlich für diese Verfahren eine Sicherheit gegenüber den Zollbehörden zu leisten ist, deren Höhe sich nach Art des Verfahrens und der Bewilligung richtet.

Externes Versandverfahren

Das externe Versandverfahren wird angewendet für den Transport von Nichtgemeinschaftswaren zwischen zwei innerhalb der EG gelegenen Orten (Artikel 91 Zollkodex), und der Einfuhr aus EFTA- und Visegradstaaten. Das externe Versandverfahren kann stattfinden als

- gemeinschaftliches Versandverfahren (siehe Ziffer 2.2.),
- Carnet-T.I.R.-Verfahren (siehe Ziffer 2.3.), sofern das Verfahren außerhalb der Gemeinschaft begonnen hat oder enden soll, bzw. ein Teil der Ladung in einem Drittland entladen wird oder der Versand über das Gebiet eines Drittlandes erfolgt,
- Carnet-A.T.A.-Verfahren (siehe Ziffer 2.3.) oder
- in anderen Verfahren (Rheinmanifest, NATO-Truppen-Statut, Post).

Nähere Ausführungen zu diesem Thema entnehmen Sie bitte dem Abschnitt VIII, Ziffern 2.2. und 2.3.

Zolllager

Ein Zolllagerverfahren wird in Anspruch genommen, sofern die endgültige Bestimmung der Waren noch nicht bekannt ist, oder der Beteiligte die Waren noch nicht einem bestimmten „endgültigen" Zollverfahren oder einer anderen zollrechtlichen Bestimmung zuführen möchte. Die Lagerung kann unbefristet geschehen, ohne dass Einfuhrabgaben zu entrichten sind und handelspolitische Maßnahmen zu ergreifen sind.

Der Zollkodex unterscheidet in Artikel 99 zwischen öffentlichen und privaten Zolllagern. Öffentliche dürfen von jedermann benutzt werden, private Zolllager sind auf die Lagerung von Waren durch den Lagerhalter beschränkt. Die Durchführungsverordnung (EWG) Nr. 2454/93 (Zollkodex-DVO) unterscheidet in folgende Lagertypen (Kurzbeschreibung):

Typ A: Öffentliche Zolllager, unter Verantwortung des Lagerhalters von jedermann benutzbar.

Typ B: Öffentliche Zollager, unter Verantwortung des Einlagerers von jedermann benutzbar.

Typ C: Private Zolllager, nur für Waren des Lagerhalters; Lagerhalter und Einlagerer sind ein und dieselbe Person, die jedoch nicht unbedingt Eigentümer der Ware sein muss.

Typ D: Private Zolllager; Beschreibung wie Typ C, jedoch muss bei der Einlagerung Beschaffenheit, Zollwert und Menge der Ware festgestellt werden.

Typ E: Private Zolllager wie Typ C, die Waren werden jedoch nicht in einer festen Lagerstätte gelagert.

Typ F: Öffentliche Zolllager, die von der Zollbehörde verwaltet werden.

Auf öffentliche Zolllager soll hier nicht näher eingegangen werden. Die Zollbehörde selbst verwaltet in Deutschland nur noch sehr wenige (Typ F). Andere öffentliche Zollläger befinden sich z. B. an Flughäfen oder Häfen; diese werden von privaten Firmen betrieben, sind aber jedermann zugänglich.

Bei den privaten Zolllagern ist Typ D üblich, früher als „offenens Zolllager" bezeichnet. Dieser Typ soll kurz beschrieben werden:

Einlagerung: Die Zollanmeldung erfolgt wie unter Ziffer 3.1.3. oder Ziffer 3.2.1. beschrieben. Die Waren sind unverzüglich und unverändert in das Zolllager einzulagern.

Entnahmen und andere Auslagerungen: Nach Artikel 110 ZK können Waren aus dem Zolllager vorübergehend entnommen werden (z. B. für Messen, Testzwecke usw.). Werden sie endgültig in den freien Verkehr entnommen, so geschieht dies in der Regel formlos durch Abschreibung (auf der Kartei oder in der DV); am Monatsende ist für die entnommene Ware eine Zahlungsanmeldung abzugeben und die entsprechenden Einfuhrabgaben (Ziffer 3.1.8.) bis zum 16. des Folgemonats zu entrichten. Für die Berechnung der Einfuhrabgaben gilt der zum Zeitpunkt der Einlagerung festgestellte Zollwert, aber der zum Zeitpunkt der Auslagerung gültige Zollsatz. Außer der Entnahme in den freien Verkehr kann die Ware in jede andere zulässige zollrechtliche Bestimmung überführt werden, als z. B. Ausfuhr im externen Versandverfahren, Überführung in den aktiven Veredelungsverkehr usw.

Aktive Veredelung

Unter aktiver Veredelung versteht man die Einfuhr einer Ware aus einem Drittland zur Bearbeitung innerhalb der Gemeinschaft und Wiederausfuhr in ein Drittland. Wird dieser Verkehr bewilligt, so kann die Ware ohne Erhebung von Einfuhrabgaben eingeführt werden. Der Nachweis der vollständigen Wiederausfuhr muss erbracht werden.

Der Begriff der Veredelung umfasst die Bearbeitung von Waren einschließlich Montage, Zusammensetzung und Anpassung an andere Waren, die Verarbeitung von Waren und die Ausbesserung (Reparatur). Anstelle der aus einem Drittland eingeführten Waren können unter Umständen auch Ersatzwaren aus der Gemeinschaft ausgeführt werden. Die dann später eingeführten Drittlandswaren sind von den Einfuhrabgaben befreit.

Umwandlung

Bei der Umwandlung werden Waren nach ihrer Einfuhr in Waren anderer Beschaffenheit umgewandelt und die Einfuhrabgaben werden für die umgewandelten Waren erhoben. Dies klingt zwar ähnlich wie eine Veredelung, aber während bei einer Veredelung vorwiegend ein höherer Wert der Ware erreicht wird, tritt bei der Umwandlung häufig das Gegenteil ein. Beispiele: Alkohol wird durch Vergällung ungenießbar gemacht. Oder ein eingeführtes Kraftfahrzeug hat einen Unfall, die Reparaturkosten sind höher als der Zeitwert: Man lässt das Fahrzeug verschrotten. Die Umwandlung darf nur in einem Unternehmen geschehen, dem das Umwandlungsverfahren bewilligt wurde.

Vorübergehende Verwendung

Waren, die eingeführt, verwendet und unverändert wieder ausgeführt werden sollen, werden bei der Einfuhr ganz oder teilweise von den Abgaben befreit. Eine vollständige Befreiung erfolgt z. B. bei Messegut, das nach Beendigung der Messe wieder ausgeführt wird, bei Montage-Werkzeug, bei Konzert- oder Theaterausrüstungen usw. (siehe auch Carnet-A.T.A., Ziffer 2.3.). Eine teilweise Befreiung von Einfuhrabgaben erfolgt, wenn die Ware bei ihrer Verwendung einer Wertminderung unterliegt, z. B. die Verwendung von Baumaschinen, Testfahrzeugen usw. Pro Monat werden 3 % des Betrages erhoben, der bei Überführung in den freien Verkehr zu entrichten wäre.

Hinweis: Es gibt auch den Begriff der „besonderen Verwendung". Dieser ergibt sich aus dem Zolltarif, wenn eine Ware einen günstigeren Zollsatz erhält, wenn sie – unter zollamtlicher Überwachung – nur zu bestimmten Zwecken verwendet werden darf. Die Überwachung erfolgt mit dem Kontrollexemplar T5.

Passive Veredelung

Waren, die aus der Gemeinschaft zur Be- oder Verarbeitung in ein Drittland ausgeführt und anschließend wieder eingeführt werden, werden im zu bewilligenden passiven Veredelungsverkehr abgefertigt. Bei der Wiedereinfuhr der Waren wird der sogenannte „Differenzzoll" erhoben. Nach einer Veränderung der Verordnung wird nun der Wert der eingeführten Ware um den Wert der ausgeführten Ware gemindert und die Differenz als Bemessungsgrundlage für den Zoll genommen. Beispiel: Metallplatten werden zum Galvanisieren in ein Drittland ausgeführt und nach dem Bearbeiten wieder eingeführt. Vom Zollwert, der für die galvanisierten Platten zu entrichten ist, wird um den Betrag gemindert, der bei der Einfuhr der Rohlinge zu entrichten wäre. Das Verfahren wird nur bewilligt, wenn für die veredelte Ware überhaupt Einfuhrabgaben nach dem Zollkodex (Zölle und Abschöpfungen) entstehen. Für Waren, die nur der EUSt unterliegen, wird die passive Veredlung nicht bewilligt.

3.3 Rechtsbehelfe

Gegen von den Zollbehörden ergangene Bescheide kann jede Person Rechtsbehelf einlegen, und zwar zunächst bei der zuständigen Zollbehörde in dem Land, in dem die Entscheidung getroffen oder beantragt wurde, in einer zweiten Stufe bei einer unabhängigen Instanz (z. B. Gericht). Da es sich bei Entscheidungen der Zollbehörde um steuerrechtliche Vorgänge handelt, ist die Rechtsbehelfsfrist nach den nationalen Vorschriften geregelt, in Deutschland beträgt sie nach der Abgabenordnung einen Monat.

4. ZOLL UND ELEKTRONIK

4.1 Einführung

Die elektronische Datenverarbeitung und der Erfolg des Internets haben auch bei den Zollbehörden und Bundesämtern zu vielen Neuerungen geführt, die die Abfertigung einfacher und schneller machen. Im Rahmen dieses Buches können die einzelnen Möglichkeiten nicht dargestellt werden, es sollen jedoch Hinweise zur Nutzung und zum Einsatz dieser Medien gegeben werden.

4.2 Binnenmarkt

Im Binnenmarkt ist eine zollamtliche Behandlung nicht notwendig, aber die statistische Erfassung notwendig (Siehe Abschnitt IX, Kapitel 10). Anstelle von Datenträgern oder Formularen ist seit dem 1. Januar 2001 auch eine Online-Meldung über das Internet unter der Adresse www.destatis.de möglich. Weitere Einzelheiten erfahren Sie dort.

4.3 Export

Im Export ist das gemeinschaftliche Versandverfahren seit April 2004 komplett auf das papierlose NCTS-System umgestellt worden. Die Eröffnung und Beendigung des Verfahrens erfolgt per DFÜ (Daten-Fernübertragung). Siehe auch Abschnitt VIII, Ziffer 2.2.

Eine Ausfuhrgenehmigung ist bekanntlich beim „Bundesamt für Wirtschaft und Ausfuhrkontrolle" zu beantragen. Auch dort kann man sich über das Internet Informationen einholen und notwendige Formulare herunterladen. Das Amt in Eschborn ist zu erreichen über die Adresse www.bafa.de, weitere Informationen und aktuelle Veränderungen in den Exportbestimmungen erhalten Sie dort.

4.4 Import

Bei der Einfuhr von Waren ist vor allen Dingen 1997 die Einführung des Elektronischen Zolltarifs EZT erfolgt, der beim Verlag Bundesanzeiger sowohl in Form von CD-ROMs als auch in einer Online-Version erhältlich ist. Auch verschiedene Verlage bieten den Tarif in CD-ROM-Version an. Seit Ende 2000 kann man auch direkt bei der EG-Kommission unter der Adresse europa.eu.int/comm/taxation_customs Einblick in den aktuellen Tarif erhalten (bzw. unter der Adresse europa.eu.int allgemeine Informationen über Europa und Europäische Recht erhalten).

Auch die Einfuhrabfertigung kann seit einigen Jahren elektronisch erfolgen. Dabei werden die bisherigen Systeme ALFA und DOUANE ab 2001 durch das System ATLAS ersetzt. Nach und nach werden verschiedene Zollverfahren als Bausteine dort eingefügt. Im Sommer 2004 gab es neben der Stammdatenverwaltung die Bausteine EZT (Elektronischer Zolltarif), EZA (Einzelzollanmeldung), Summarische Anmeldung, Sammelzollverfahren, NCTS (Zollversand) und Lager. Nähere Informationen hierzu finden Sie auf der Webseite der Zollbehörden unter www.zoll.de.

Dort finden Sie übrigens viele weitere wichtige Informationen wie z. B. das komplette Merkblatt zum Einheitspapier, die aktuellen Umrechnungskurse für Ihre Einfuhranmeldungen und auch Links zu den weiter oben genannten Adressen der EG-Kommission, des Bundesamtes für Wirtschaft und Ausfuhrkontrolle, dem Statistischen Bundesamt usw. Insgesamt eine wichtige Informationsquelle, die jede/r Zollsachbearbeiter/in kennen sollte. Auch inhaltlich werden verschiedene Zollbestimmungen und -verfahren verständlich dargestellt. Zudem lassen sich dort eine Vielzahl von Zollformularen „downloaden".

IX. Außenwirtschaft
1. AUSSENWIRTSCHAFTLICHE GRUNDLAGEN
1.1 Außenwirtschaftsgesetz (AWG)

Rechtliche Grundlagen des Waren-, Dienstleistungs-, Zahlungs- und Kapitalverkehrs mit dem Ausland ist das AWG vom 28.04.1961 sowie die dazu erlassene Außenwirtschaftsverordnung (AWV), die auszugsweise im Anschluss abgedruckt ist. Das AWG gilt nur in Deutschland, also nicht in der EU (EWG).
Der hier abgedruckte Verordnungstext beinhaltet alle Änderungen des AWG bis einschließlich Juni 2004.

Erster Teil – Rechtsgeschäfte und Handlungen
Erster Abschnitt – Allgemeine Vorschriften
§ 1 – Grundsatz

(1) Der Waren-, Dienstleistungs-, Kapital-, Zahlungs- und sonstige Wirtschaftsverkehr mit fremden Wirtschaftsgebieten sowie der Verkehr mit Auslandswerten und Gold zwischen Gebietsansässigen (Außenwirtschaftsverkehr) ist grundsätzlich frei. Er unterliegt den Einschränkungen, die dieses Gesetz enthält oder die durch Rechtsverordnung auf Grund dieses Gesetzes vorgeschrieben werden.

(2) Unberührt bleiben Vorschriften in anderen Gesetzen und Rechtsverordnungen, zwischenstaatliche Vereinbarungen, denen die gesetzgebenden Körperschaften in der Form eines Bundesgesetzes zugestimmt haben, sowie Rechtsvorschriften der Organe zwischenstaatlicher Einrichtungen, denen die Bundesrepublik Deutschland Hoheitsrechte übertragen hat.

§ 2 – Art und Ausmaß von Beschränkungen und Handlungspflichten

(1) Soweit in diesem Gesetz Beschränkungen zugelassen sind, kann durch Rechtsverordnung vorgeschrieben werden, dass Rechtsgeschäfte und Handlungen allgemein oder unter bestimmten Voraussetzungen
1. einer Genehmigung bedürfen oder
2. verboten sind.

(2) *Das Bundesministerium* für Wirtschaft *und Arbeit* kann im Einvernehmen mit dem Auswärtigen Amt und dem Bundesministerium der Finanzen die notwendigen Beschränkungen von Rechtsgeschäften oder Handlungen im Außenwirtschaftsverkehr anordnen, um eine im einzelnen Falle bestehende Gefahr für die in § 7 Abs. 1 genannten Rechtsgüter abzuwenden. Bei Maßnahmen, welche die Bereiche des Kapital- und Zahlungsverkehrs oder den Verkehr mit Auslandswerten und Gold betreffen, ist auch das Benehmen mit der Deutschen Bundesbank herzustellen. Die Anordnung tritt sechs Monate nach ihrem Erlass außer Kraft, sofern die Beschränkung nicht durch Rechtsverordnung vorgeschrieben wird

(3) Beschränkungen sind nach Art und Umfang auf das Maß zu begrenzen, das notwendig ist, um den in der Ermächtigung angegebenen Zweck zu erreichen. Sie sind so zu gestalten, dass in die Freiheit der wirtschaftlichen Betätigung so wenig wie möglich eingegriffen wird. Beschränkungen dürfen abgeschlossene Verträge nur berühren, wenn der angestrebte Zweck erheblich gefährdet wird.

(4) Beschränkungen sind aufzuheben, sobald und soweit die Gründe, die ihre Anordnung rechtfertigten, nicht mehr vorliegen.

(5) Soweit nach diesem Gesetz selbstständige Handlungspflichten begründet werden können, gelten die Absätze 3 und 4 entsprechend.

§ 3 – Erteilung von Genehmigungen

(1) Bedürfen Rechtsgeschäfte oder Handlungen nach einer Vorschrift dieses Gesetzes oder einer zu diesem Gesetz erlassenen Rechtsverordnung einer Genehmigung, so ist die Genehmigung zu erteilen, wenn zu erwarten ist, dass die Vornahme des Rechtsgeschäfts oder der Handlung den Zweck, dem die Vorschrift dient, nicht oder nur unwesentlich gefährdet. In anderen Fällen kann die Genehmigung erteilt werden,

wenn das volkswirtschaftliche Interesse an der Vornahme des Rechtsgeschäfts oder der Handlung die damit verbundene Beeinträchtigung des bezeichneten Zwecks überwiegt.

(2) Die Erteilung der Genehmigung kann von sachlichen und persönlichen Voraussetzungen, insbesondere der Zuverlässigkeit des Antragstellers, abhängig gemacht werden. Dasselbe gilt bei der Erteilung von Bescheinigungen des Bundesamtes für Wirtschaft und Ausfuhrkontrolle (BAFA), dass eine Ausfuhr keiner Genehmigung bedarf. Ist im Hinblick auf den Zweck, dem die Vorschrift dient, die Erteilung von Genehmigungen nur in beschränktem Umfange möglich, so sind die Genehmigungen in der Weise zu erteilen, dass die gegebenen Möglichkeiten volkswirtschaftlich zweckmäßig ausgenutzt werden können. Gemeinschaftsansässige, die durch eine Beschränkung in der Ausübung ihres Gewerbes besonders betroffen werden, können bevorzugt berücksichtigt werden.

§ 4 – Begriffsbestimmungen

(1) Im Sinne dieses Gesetzes sind

1. Wirtschaftsgebiet:
der Geltungsbereich dieses Gesetzes;
die österreichischen Gebiete Jungholz und Mittelberg gelten als Teil des Wirtschaftsgebiets;
2. fremde Wirtschaftsgebiete:
alle Gebiete außerhalb des Wirtschaftsgebiets;
für das Verbringen von Sachen und Elektrizität gilt das Gebiet von Büsingen als Teil fremder Wirtschaftsgebiete;
3. Gemeinschaftsgebiet:
das Zollgebiet der Europäischen Gemeinschaften nach Artikel 3 der Verordnung (EWG) Nr. 2913/92 des Rates vom 12. Oktober 1992 zur Festlegung des Zollkodex der Gemeinschaften (ABl. EG Nr. L 302 S. 1);
4. Drittländer:
alle Gebiete außerhalb des Gemeinschaftsgebiets;
5. Gebietsansässige:
natürliche Personen mit Wohnsitz oder gewöhnlichem Aufenthalt im Wirtschaftsgebiet, juristische Personen und Personenhandelsgesellschaften mit Sitz oder Ort der Leitung im Wirtschaftsgebiet; Zweigniederlassungen Gebietsfremder im Wirtschaftsgebiet gelten als Gebietsansässige, wenn sie hier ihre Leitung haben und für sie eine gesonderte Buchführung besteht; Betriebsstätten Gebietsfremder im Wirtschaftsgebiet gelten als Gebietsansässige, wenn sie hier ihre Verwaltung haben;
6. Gemeinschaftsansässige:
in den Europäischen Gemeinschaften ansässige Personen nach Artikel 4 Nr. 2 der Verordnung (EWG) Nr. 2913/92;
7. Gebietsfremde:
natürliche Personen mit Wohnsitz oder gewöhnlichem Aufenthalt in fremden Wirtschaftsgebieten, juristische Personen und Personenhandelsgesellschaften mit Sitz oder Ort der Leitung in fremden Wirtschaftsgebieten; Zweigniederlassungen Gebietsansässiger in fremden Wirtschaftsgebieten gelten als Gebietsfremde, wenn sie dort ihre Leitung haben und für sie eine gesonderte Buchführung besteht; Betriebsstätten Gebietsansässiger in fremden Wirtschaftsgebieten gelten als Gebietsfremde, wenn sie dort ihre Verwaltung haben;
8. Gemeinschaftsfremde:
alle anderen Personen als Gemeinschaftsansässige.

(2) Im Sinne dieses Gesetzes sind ferner

1. Auslandswerte:
unbewegliche Vermögenswerte in fremden Wirtschaftsgebieten; Forderungen in *Euro* gegen Gebietsfremde; auf *andere* Währung lautende Zahlungsmittel, Forderungen und Wertpapiere;
2. Waren:
bewegliche Sachen, die Gegenstand des Handelsverkehrs sein können, und Elektrizität; ausgenommen sind Wertpapiere und Zahlungsmittel;

3. Ausfuhr:
das Verbringen von Sachen und Elektrizität aus dem Wirtschaftsgebiet nach fremden Wirtschaftsgebieten, soweit in einer zu diesem Gesetz erlassenen Rechtsverordnung nichts anderes bestimmt ist;
4. Einfuhr:
das Verbringen von Sachen oder Elektrizität aus fremden Wirtschaftsgebieten in das Wirtschaftsgebiet, soweit in diesem Gesetz, in einer Anlage zu diesem Gesetz oder in einer zu diesem Gesetz erlassenen Rechtsverordnung nichts anderes bestimmt ist; wenn Sachen oder Elektrizität aus Drittländern in eine Freizone verbracht oder in ein Nichterhebungsverfahren übergeführt werden, liegt eine Einfuhr erst vor, wenn diese in der Freizone gebraucht, verbraucht, bearbeitet oder verarbeitet oder wenn sie in den zollrechtlich freien Verkehr übergeführt werden;
5. Durchfuhr:
die Beförderung von Sachen aus fremden Wirtschaftsgebieten durch das Wirtschaftsgebiet, ohne dass die Sachen im Wirtschaftsgebiet in den zollrechtlich freien Verkehr gelangen, soweit in einer zu diesem Gesetz erlassenen Rechtsverordnung nichts anderes bestimmt ist; als Durchfuhr gilt auch die Beförderung von Sachen des zollrechtlich freien Verkehrs aus einem anderen Mitgliedstaat der Europäischen Gemeinschaften durch das Wirtschaftsgebiet;
6. Gold:
Feingold und Legierungsgold in Form von Barren oder Halbmaterial sowie außer Kurs gesetzte oder nicht mehr kursfähige Goldmünzen ohne anerkannten Sammlerwert;
7. Wertpapiere:
alle Wertpapiere im Sinne des § 1 Abs. 1 des Gesetzes über die Verwahrung und Anschaffung von Wertpapieren (Depotgesetz) vom 4. Februar 1937 (Reichsgesetzbl. I S. 171); als Wertpapiere gelten auch Anteile an einem Wertpapiersammelbestand oder an einer Sammelschuldbuchforderung; Rechte auf Lieferung oder Zuteilung von Wertpapieren stehen den Wertpapieren gleich;
8. inländische Wertpapiere:
Wertpapiere, die ein Gebietsansässiger oder vor dem 9. Mai 1945 eine Person mit Wohnsitz oder Sitz im Gebiet des Deutschen Reichs nach dem Stande vom 31. Dezember 1937 ausgestellt hat;
9. ausländische Wertpapiere:
Wertpapiere, die ein Gebietsfremder ausgestellt hat, soweit sie nicht nach Nummer 8 inländische Wertpapiere sind.

§ 4a – Zweigniederlassungen und Betriebsstätten

(1) Im Sinne dieses Gesetzes gelten

1. gebietsansässige Zweigniederlassungen und Betriebsstätten Gebietsfremder sowie gebietsfremde Zweigniederlassungen und Betriebsstätten Gebietsansässiger als rechtlich selbstständig; mehrere gebietsansässige Zweigniederlassungen und Betriebsstätten desselben Gebietsfremden gelten als ein Gebietsansässiger,

2. Handlungen, die von oder gegenüber solchen Zweigniederlassungen oder Betriebsstätten vorgenommen werden, als Rechtsgeschäfte, soweit solche Handlungen im Verhältnis zwischen natürlichen oder juristischen Personen oder Personenhandelsgesellschaften Rechtsgeschäfte wären.

(2) Rechtsverordnungen, die auf Grund einer in diesem Gesetz enthaltenen Ermächtigung ergehen, können vorschreiben, dass

1. gebietsansässige Zweigniederlassungen und Betriebsstätten desselben Gebietsfremden abweichend von Absatz 1 Nr. 1 Halbsatz 2 jeweils für sich als Gebietsansässige,

2. mehrere gebietsfremde Zweigniederlassungen und Betriebsstätten desselben Gebietsansässigen abweichend von Absatz 1 Nr. 1 Halbsatz 1 als ein Gebietsfremder,

3. Zweigniederlassungen und Betriebsstätten abweichend von § 4 Abs. 1 Nr. 3 und 4 nicht als Gebietsansässige oder Gebietsfremde

gelten, soweit dies erforderlich ist, um den in der Ermächtigung bestimmten Zweck zu erreichen.

§ 4b – Rechtsgeschäfte für Rechnung Gebietsfremder

Rechtsverordnungen, die auf Grund einer in diesem Gesetz enthaltenen Ermächtigung ergehen, können vorschreiben, dass

1. Beschränkungen für Rechtsgeschäfte Gebietsfremder oder zwischen Gebietsfremden und Gebietsansässigen, die in einer auf Grund dieses Gesetzes erlassenen Rechtsverordnung angeordnet sind, auch für Rechtsgeschäfte gelten, die zum Gegenstand haben, dass unmittelbar oder mittelbar zwischen einem Gebietsansässigen und einem Dritten für Rechnung oder im Auftrag eines Gebietsfremden ein Rechtsgeschäft vorgenommen wird, das zwischen Gebietsfremden und Gebietsansässigen oder für Gebietsfremde beschränkt wäre,
2. das Handeln für Rechnung oder im Auftrag eines Gebietsfremden im Sinne der Nummer 1 dem Dritten durch den Gebietsansässigen oder über eine andere bei dem Zustandekommen des Rechtsgeschäfts mitwirkende Person vor der Vornahme des Rechtsgeschäfts mitzuteilen ist,
3. das dem Dritten gegenüber vorgenommene Rechtsgeschäft den Beschränkungen unterliegt, die gelten würden, wenn es ein Gebietsfremder vorgenommen hätte, sofern der Dritte die Mitteilung nach Nummer 2 erhalten oder von dem Handeln für Rechnung oder im Auftrag eines Gebietsfremden vor der Vornahme des Rechtsgeschäfts auf andere Weise Kenntnis erlangt hat,

soweit dies erforderlich ist, um den in der Ermächtigung bestimmten Zweck zu erreichen.

§ 4c – Rechtsgeschäfte für Rechnung Gebietsansässiger

Rechtsverordnungen, die auf Grund einer in diesem Gesetz enthaltenen Ermächtigung ergehen, können ferner vorschreiben, dass Beschränkungen für Rechtsgeschäfte zwischen Gebietsansässigen und Gebietsfremden, die in einer auf Grund dieses Gesetzes erlassenen Rechtsverordnung angeordnet sind, auch für Rechtsgeschäfte gelten, die zum Gegenstand haben, dass unmittelbar oder mittelbar zwischen einem Gebietsfremden und einem Dritten für Rechnung oder im Auftrag eines Gebietsansässigen ein Rechtsgeschäft vorgenommen wird, das zwischen Gebietsansässigen und Gebietsfremden beschränkt wäre, soweit dies erforderlich ist, um den in der Ermächtigung bestimmten Zweck zu erreichen.

Zweiter Abschnitt – Allgemeine Beschränkungsmöglichkeiten

§ 5 – Erfüllung zwischenstaatlicher Vereinbarungen

Zur Erfüllung zwischenstaatlicher Vereinbarungen, denen die gesetzgebenden Körperschaften in der Form eines Bundesgesetzes zugestimmt haben, können Rechtsgeschäfte und Handlungen im Außenwirtschaftsverkehr beschränkt und bestehende Beschränkungen aufgehoben werden.

§ 6 – Abwehr schädigender Einwirkungen aus fremden Wirtschaftsgebieten

(1) Rechtsgeschäfte und Handlungen im Außenwirtschaftsverkehr können beschränkt werden, um schädlichen Folgen für die Wirtschaft oder einzelne Wirtschaftszweige im Wirtschaftsgebiet vorzubeugen oder entgegenzuwirken, wenn solche Folgen durch Maßnahmen in fremden Wirtschaftsgebieten drohen oder entstehen, die

1. den Wettbewerb einschränken, verfälschen oder verhindern oder
2. zu Beschränkungen des Wirtschaftsverkehrs mit dem Wirtschaftsgebiet führen.

(2) Rechtsgeschäfte und Handlungen im Außenwirtschaftsverkehr können ferner beschränkt werden, um Auswirkungen von in fremden Wirtschaftsgebieten herrschenden, mit der freiheitlichen Ordnung der Bundesrepublik Deutschland nicht übereinstimmenden Verhältnissen auf das Wirtschaftsgebiet vorzubeugen oder entgegenzuwirken.

§ 6a (aufgehoben)

§ 7 – Schutz der Sicherheit und der auswärtigen Interessen

(1) Rechtsgeschäfte und Handlungen im Außenwirtschaftsverkehr können beschränkt werden, um

1. die Sicherheit der Bundesrepublik Deutschland zu gewährleisten,
2. eine Störung des friedlichen Zusammenlebens der Völker zu verhüten oder
3. zu verhüten, dass die auswärtigen Beziehungen der Bundesrepublik Deutschland erheblich gestört werden.

(2) Nach Absatz 1 können insbesondere beschränkt werden

1. die Ausfuhr oder Durchfuhr von
   - a) Waffen, Munition und Kriegsgerät,
   - b) Gegenständen, die bei der Entwicklung, Erzeugung oder dem Einsatz von Waffen, Munition und Kriegsgerät nützlich sind, oder
   - c) Konstruktionszeichnungen und sonstigen Fertigungsunterlagen für die in Buchstaben a und b bezeichneten Gegenstände,

   vor allem wenn die Beschränkung der Durchführung einer in internationaler Zusammenarbeit vereinbarten Ausfuhrkontrolle dient;
2. die Ausfuhr von Gegenständen, die zur Durchführung militärischer Aktionen bestimmt sind;
3. die Einfuhr von Waffen, Munition und Kriegsgerät;
4. Rechtsgeschäfte über gewerbliche Schutzrechte, Erfindungen, Herstellungsverfahren und Erfahrungen in Bezug auf die in Nummer 1 bezeichneten Waren und sonstigen Gegenstände.

(3) Zu den in Absatz 1 genannten Zwecken können auch Rechtsgeschäfte und Handlungen Deutscher in fremden Wirtschaftsgebieten beschränkt werden, die sich auf Waren und sonstige Gegenstände nach Absatz 2 Nr. 1 einschließlich ihrer Entwicklung und Herstellung beziehen, wenn der Deutsche

1. Inhaber eines Personaldokumentes der Bundesrepublik Deutschland ist oder
2. verpflichtet wäre, einen Personalausweis zu besitzen, falls er eine Wohnung im Geltungsbereich dieses Gesetzes hätte.

Dies gilt vor allem, wenn die Beschränkung der in internationaler Zusammenarbeit vereinbarten Verhinderung der Verbreitung von Waren und sonstigen Gegenständen nach Absatz 2 Nr. 1 dient.

Dritter Abschnitt – Warenverkehr

§ 8 – Warenausfuhr

(1) Die Ausfuhr von Waren kann beschränkt werden, um einer Gefährdung der Deckung des lebenswichtigen Bedarfs im Wirtschaftsgebiet oder in Teilen des Wirtschaftsgebiets im gesamtwirtschaftlichen Interesse vorzubeugen oder entgegenzuwirken. Die Beschränkungen sind nur zulässig, wenn der Bedarf auf andere Weise nicht, nicht rechtzeitig oder nur mit unverhältnismäßigen Mitteln gedeckt werden kann.

(2) Die Ausfuhr von ernährungs- und landwirtschaftlichen Erzeugnissen kann beschränkt werden, um erhebliche Störungen der Ausfuhr durch Lieferungen minderwertiger Erzeugnisse vorzubeugen oder entgegenzuwirken. Dabei können durch Rechtsverordnung Mindestanforderungen für die Güte der Erzeugnisse vorgeschrieben werden.

(3) Die Ausfuhr von Waren, die in das Wirtschaftsgebiet verbracht worden sind, kann beschränkt werden, um im Rahmen der Zusammenarbeit in einer zwischenstaatlichen wirtschaftlichen Organisation sicherzustellen, dass die Regelungen der Mitgliedstaaten über die Wareneinfuhr aus Gebieten außerhalb der Organisation wirksam durchgeführt werden können.

§ 9 – Ausfuhrverträge

(1) Bei Rechtsgeschäften, durch die sich ein Gebietsansässiger zur Lieferung einer Ware nach fremden Wirtschaftsgebieten verpflichtet (Ausfuhrverträge), kann die Vereinbarung von Zahlungs- oder Lieferungsbedingungen, die für den Abnehmer günstiger als die handels- und branchenüblichen Bedingungen sind, beschränkt werden, um erheblichen Störungen der Ausfuhr in das Käuferland vorzubeugen oder entgegenzuwirken.

(2) Im Ausfuhrgeschäft soll der Ausführer unter Berücksichtigung der außenwirtschaftlichen Belange der Allgemeinheit die Preise so gestalten, dass schädliche Auswirkungen, insbesondere Abwehrmaßnahmen des Käufer- oder Bestimmungslandes, vermieden werden.

§ 10 – Wareneinfuhr

(1) Die Einfuhr von Waren durch Gemeinschaftsansässige ist nach Maßgabe der Einfuhrliste (Anlage) ohne Genehmigung zulässig. Im Übrigen bedarf die Einfuhr von Waren der Genehmigung.

(2) Die Einfuhrliste kann durch Rechtsverordnung geändert werden.

(3) Durch Änderung der Einfuhrliste sind Einfuhrbeschränkungen aufzuheben, soweit die nach den §§ 5 bis 7 zu berücksichtigenden Zwecke oder ein berechtigtes Schutzbedürfnis der Wirtschaft oder einzelner Wirtschaftszweige im Wirtschaftsgebiet oder in Teilen des Wirtschaftsgebiets der Aufhebung der Beschränkungen auch unter Berücksichtigung handelspolitischer Erfordernisse nicht mehr entgegenstehen. Das Schutzbedürfnis ist berechtigt, wenn ohne die Beschränkung Waren in derart erhöhten Mengen und unter solchen Bedingungen eingeführt würden, dass ein erheblicher Schaden für die Erzeugung gleichartiger oder zum gleichen Zweck verwendbarer Waren im Wirtschaftsgebiet eintritt oder einzutreten droht, und wenn dieser Schaden im Interesse der Allgemeinheit abgewendet werden muss. Ist die Einfuhr durch andere Rechtsvorschriften beschränkt, so soll im Allgemeinen von der Änderung der Einfuhrliste abgesehen werden, auch wenn die Voraussetzungen des Satzes 1 gegeben sind.

(4) Durch Änderung der Einfuhrliste dürfen Einfuhrbeschränkungen nur angeordnet werden, soweit dies zur Wahrung der in Absatz 3 genannten Belange geboten ist.

(5) Durch Rechtsverordnung kann vorgesehen werden, dass die Einfuhr keiner Genehmigung bedarf,

1. wenn die Waren nicht im Wirtschaftsgebiet in den zollrechtlich freien Verkehr übergeführt werden oder
2. wenn durch Begrenzung der Warenmenge, des Warenwertes, durch Beschränkung des Verwendungszwecks oder auf andere Weise eine Gefährdung der nach Absatz 3 zu wahrenden Belange ausgeschlossen wird.

Dies gilt insbesondere für die Einfuhr in eine Freizone, die Überführung in die aktive Veredelung (Nichterhebungsverfahren) oder in das Zolllagerverfahren, im Reiseverkehr, im kleinen Grenzverkehr, für Zwecke des Schiffsbedarfs, zur nicht gewerbsmäßigen Verwendung sowie für die Einfuhr von Übersiedlungs- und Erbschaftsgut.

§ 10a – Wareneinfuhr durch Gebietsfremde

(1) (aufgehoben)

(2) (aufgehoben)

(3) Durch Rechtsverordnung kann vorgesehen werden, dass Gemeinschaftsfremde bei der Einfuhr von Waren Gemeinschaftsansässigen gleichstehen, sofern die Einfuhr durch Gemeinschaftsansässige ohne Genehmigung zulässig ist.

§ 11 – Lieferfristen bei der genehmigungsfreien Einfuhr

Bei der genehmigungsfreien Einfuhr kann die Vereinbarung und Inanspruchnahme von Lieferfristen beschränkt werden, um die in § 10 Abs. 3 genannten Belange zu wahren.

§ 12 – Genehmigungsbedürftige Einfuhr

(1) Für Waren, deren Einfuhr der Genehmigung bedarf, sind unter Berücksichtigung der handels- und sonstigen wirtschaftspolitischen Erfordernisse Einfuhrgenehmigungen zu erteilen, soweit dies unter Wahrung der in § 10 Abs. 3 genannten Belange möglich ist.

(2) Bei der Erteilung von Einfuhrgenehmigungen handeln die zuständigen Stellen nach Richtlinien, die *das Bundesministerium für Wirtschaft und Technologie und das Bundesministerium für Verbraucherschutz, Ernährung und Landwirtschaft* im beiderseitigen Einvernehmen und im Benehmen mit dem *Bundesministerium* der Finanzen sowie der Deutschen Bundesbank erlassen. Auf der Grundlage dieser Richtlinien sollen die für die Erteilung von Einfuhrgenehmigungen zuständigen Stellen im Bundesanzeiger die Einzelheiten bekannt geben, die bei den Anträgen auf Erteilung der Genehmigung zu beachten sind (Ausschreibung).

§ 13 – Verwendungsbeschränkungen bei der Wareneinfuhr

Ist die Einfuhr von Waren unter der Voraussetzung zugelassen oder unter der Auflage genehmigt, dass die Ware nur in bestimmter Weise verwendet werden darf, so hat der Veräußerer diese Verwendungsbeschränkung bei der Veräußerung jedem Erwerber der Ware nachweisbar mitzuteilen. Der Einführer und der Erwerber dürfen die Ware nur in der vorgeschriebenen Weise verwenden.

§ 14 – Sicherung der Einfuhr lebenswichtiger Waren

Rechtsgeschäfte mit Gebietsfremden über Waren, deren Bezug zur Deckung des lebenswichtigen Bedarfs im Wirtschaftsgebiet oder in Teilen des Wirtschaftsgebiets zwischenstaatlich vereinbart worden ist, können beschränkt werden, um die Einfuhr dieser Waren und ihren Verbleib im Wirtschaftsgebiet zu sichern. Zu demselben Zweck können Rechtsgeschäfte über die Bearbeitung und Verarbeitung solcher Waren in fremden Wirtschaftsgebieten beschränkt werden.

Vierter Abschnitt – Dienstleistungsverkehr

§ 15 – Aktive Lohnveredelung

Rechtsgeschäfte, durch die sich ein Gebietsansässiger verpflichtet, im Wirtschaftsgebiet Waren eines Gebietsfremden zu bearbeiten oder zu verarbeiten (aktive Lohnveredelung), können beschränkt werden, um einer Gefährdung der Deckung des lebenswichtigen Bedarfs im Wirtschaftsgebiet oder in Teilen des Wirtschaftsgebiets entgegenzuwirken. § 8 Abs. 1 Satz 2 findet entsprechende Anwendung.

§ 16 – Herstellungs- und Vertriebsrechte

Rechtsgeschäfte über die Vergabe von Herstellungs- und Vertriebsrechten für Erzeugnisse mit geographischer Ursprungsbeziehung in ein fremdes Wirtschaftsgebiet können beschränkt werden, wenn die Interessen des Ursprungsgebiets erheblich beeinträchtigt werden. Dies gilt auch für das Einbringen solcher Herstellungs- und Vertriebsrechte in ein Unternehmen in einem fremden Wirtschaftsgebiet.

§ 17 – Audiovisuelle Werke

Rechtsgeschäfte über

1. den Erwerb von Vorführungs- und Senderechten an audiovisuellen Werken von Gebietsfremden, wenn die Werke zur Vorführung oder Verbreitung im Wirtschaftsgebiet bestimmt sind, und
2. die Herstellung von audiovisuellen Werken in Gemeinschaftsproduktion mit Gebietsfremden

können beschränkt werden, um der Filmwirtschaft des Wirtschaftsgebiets ausreichende Auswertungsmöglichkeiten auf dem inneren Markt zu erhalten. Die Beschränkungen sind nur zulässig, wenn ohne sie ein erheblicher Schaden für die Filmwirtschaft des Wirtschaftsgebiets eintritt oder einzutreten droht und wenn dieser Schaden im Interesse der Allgemeinheit abgewendet werden muss.

§ 18 – Seeschifffahrt

Wenn der internationale Seeverkehr durch Maßnahmen beeinträchtigt wird, die eine wettbewerbsgemäße Beteiligung der deutschen Handelsflotte an der Beförderung von Gütern behindern, können der Abschluss von Frachtverträgen zur Beförderung von Gütern durch Seeschiffe fremder Flagge und das Chartern solcher Seeschiffe durch Gebietsansässige beschränkt werden, um erheblichen nachteiligen Auswirkungen auf die wirtschaftliche Lage der deutschen Handelsflotte entgegenzuwirken.

§ 19 – Luftfahrt

Wenn der zwischenstaatliche Luftverkehr durch Maßnahmen beeinträchtigt wird, die eine wettbewerbsgemäße Beteiligung der deutschen Flugzeuge an der Beförderung von Personen und Gütern behindern, können der Abschluss von Verträgen zur Beförderung von Personen und Gütern durch Flugzeuge, die nicht in der deutschen Luftfahrzeugrolle eingetragen sind, und das Chartern solcher Flugzeuge durch Gebietsansässige beschränkt werden, um erheblichen nachteiligen Auswirkungen auf die wirtschaftliche Lage des deutschen Luftverkehrs entgegenzuwirken.

§ 20 – Binnenschifffahrt

Rechtsgeschäfte zwischen Gebietsansässigen und Gebietsfremden, die

1. das Mieten von Binnenschiffen, die nicht in einem Binnenschiffsregister im Wirtschaftsgebiet eingetragen sind,
2. die Beförderung von Gütern mit solchen Binnenschiffen oder
3. das Schleppen durch solche Binnenschiffe

im Güterverkehr innerhalb des Wirtschaftsgebiets zum Gegenstand haben, können beschränkt werden, um Störungen der im Interesse der Allgemeinheit zu wahrenden Ordnung zwischen den Verkehrsträgern zu verhindern.

§ 21 – Schadensversicherungen

Rechtsgeschäfte über Schiffskasko-, Schiffshaftpflicht-, Transport- und Luftfahrtversicherungen zwischen Gebietsansässigen und Versicherungsunternehmen mit Sitz in einem fremden Wirtschaftsgebiet, in dem gebietsansässige Unternehmen dieser Versicherungszweige in der Ausübung ihrer Tätigkeit behindert werden, können beschränkt werden, um erheblichen nachteiligen Auswirkungen auf die wirtschaftliche Lage der betroffenen Versicherungszweige entgegenzuwirken.

Fünfter Abschnitt – Kapitalverkehr

§ 22 (aufgehoben)

§ 23 (aufgehoben)

Sechster Abschnitt – Gold

§ 24 (aufgehoben)

Zweiter Teil – Ergänzende Vorschriften

§ 25 – Deutsche Bundesbank

Die Beschränkungen, die dieses Gesetz enthält oder die durch Rechtsverordnung auf Grund dieses Gesetzes vorgeschrieben werden, gelten nicht für Rechtsgeschäfte und Handlungen, welche die Deutsche Bundesbank im Rahmen ihres Geschäftskreises vornimmt oder welche ihr gegenüber vorgenommen werden.

§ 26 – Verfahrens- und Meldevorschriften

(1) Durch Rechtsverordnung können Vorschriften über das Verfahren bei der Vornahme von Rechtsgeschäften oder Handlungen im Außenwirtschaftsverkehr erlassen werden, soweit solche Vorschriften zur Durchführung dieses Gesetzes oder von Regelungen der in Satz 2 genannten Art oder zur Überprüfung der Rechtsgeschäfte oder Handlungen auf ihre Rechtmäßigkeit im Sinne dieses Gesetzes oder solcher Regelungen erforderlich sind. Regelungen im Sinne des Satzes 1 sind

1. die Bestimmungen der Verträge zur Gründung der Europäischen Gemeinschaften,
2. die Bestimmungen in Verträgen, einschließlich der zu ihnen gehörigen Akte mit Protokollen, die auf Grund der in Nummer 1 genannten Verträge zustande gekommen sind oder zu deren Erweiterung, Ergänzung oder Durchführung oder zur Begründung einer Assoziation, Präferenz oder Freihandelszone abgeschlossen und im Bundesgesetzblatt, im Bundesanzeiger oder im Amtsblatt der Europäischen Gemeinschaften veröffentlicht und als in Kraft getreten bekannt gegeben sind,
3. Rechtsakte des Rates oder der Kommission der Europäischen Gemeinschaften auf Grund oder im Rahmen der in den Nummern 1 und 2 genannten Verträge.

Durch Rechtsverordnung können ferner Aufzeichnungs- und Aufbewahrungspflichten vorgeschrieben werden, soweit sie zur Überwachung der Rechtsgeschäfte oder Handlungen auf ihre Rechtmäßigkeit im Sinne dieses Gesetzes oder von Regelungen der in Satz 2 genannten Art oder der Erfüllung von Meldepflichten nach den Absätzen 2 und 3 erforderlich sind und soweit sie nicht bereits nach handels- oder steuerrechtlichen Vorschriften bestehen.

(2) Durch Rechtsverordnung kann angeordnet werden, dass Rechtsgeschäfte und Handlungen im Außenwirtschaftsverkehr, insbesondere aus ihnen erwachsende Forderungen und Verbindlichkeiten sowie Vermögensanlagen und die Leistung oder Entgegennahme von Zahlungen, unter Angabe des Rechtsgrundes zu melden sind, wenn dies erforderlich ist, um

1. festzustellen, ob die Voraussetzungen für die Aufhebung, Erleichterung oder Anordnung von Beschränkungen vorliegen,
2. laufend die Zahlungsbilanz der Bundesrepublik Deutschland erstellen zu können,

3. die Wahrnehmung der außenwirtschaftspolitischen Interessen zu gewährleisten,
4. Verpflichtungen aus zwischenstaatlichen Vereinbarungen erfüllen zu können.

(3) Durch Rechtsverordnung kann ferner angeordnet werden, dass der Stand und ausgewählte Positionen der Zusammensetzung des Vermögens Gebietsansässiger in fremden Wirtschaftsgebieten und Gebietsfremder im Wirtschaftsgebiet zu melden sind, soweit dies zur Verfolgung der in Absatz 2 Nr. 1 bis 4 angegebenen Zwecke erforderlich ist. Vermögen im Sinne des Satzes 1 ist auch die mittelbare Beteiligung an einem Unternehmen. Gehört zu dem meldepflichtigen Vermögen eine unmittelbare oder mittelbare Beteiligung an einem Unternehmen, so kann angeordnet werden, dass auch der Stand und ausgewählte Positionen der Zusammensetzung des Vermögens des Unternehmens zu melden sind, an dem die Beteiligung besteht.

(4) Art und Umfang der Meldepflichten sind auf das Maß zu begrenzen, das notwendig ist, um den in den Absätzen 2 und 3 angegebenen, jeweils verfolgten Zweck zu erreichen. Die §§ 9, 15 und 16 des Bundesstatistikgesetzes sind in den Fällen des Absatzes 2 Nr. 1 bis 4 und des Absatzes 3 entsprechend anzuwenden.

§ 26a – Besondere Meldepflichten

(1) Durch Rechtsverordnung kann angeordnet werden, dass dem Bundesamt für Wirtschaft und Ausfuhrkontrolle (BAFA) die Vornahme von Rechtsgeschäften oder Handlungen zu melden ist, die sich auf Waren und Technologien im kerntechnischen, biologischen oder chemischen Bereich des Teils I der Ausfuhrliste (Anlage AL zur Außenwirtschaftsverordnung) beziehen, soweit dies zur Verfolgung der in den §§ 5 und 7 Abs. 1 angegebenen Zwecke, insbesondere zur Überwachung des Außenwirtschaftsverkehrs, erforderlich ist. Das Bundesamt für Wirtschaft und Ausfuhrkontrolle (BAFA) darf die auf Grund einer Rechtsverordnung nach Satz 1 erhobenen Informationen zu den in Satz 1 genannten Zwecken mit anderen bei ihm gespeicherten Informationen abgleichen.

(2) Die auf Grund einer Rechtsverordnung nach Absatz 1 erhobenen Informationen sind geheimzuhalten. Sie können an *das Bundesministerium* für Wirtschaft *und Technologie* und die für die Überwachung des Außenwirtschaftsverkehrs zuständigen Behörden übermittelt werden, soweit es die in Absatz 1 genannten Zwecke erfordern. Für andere als die in Absatz 1 genannten Zwecke dürfen sie nicht verwendet werden. § 45 bleibt unberührt.

(3) Art und Umfang der Meldepflicht sind auf das Maß zu begrenzen, das notwendig ist, um den in Absatz 1 angegebenen Zweck zu erreichen.

§ 27 – Erlass von Rechtsverordnungen

(1) Die in diesem Gesetz vorgesehenen Rechtsverordnungen erlässt die Bundesregierung; Rechtsverordnungen, die der Erfüllung von Verpflichtungen aus zwischenstaatlichen Vereinbarungen dienen (§ 5), erlässt jedoch *das Bundesministerium* für Wirtschaft *und Technologie* im Einvernehmen mit *dem Auswärtigen Amt und dem Bundesministerium der Finanzen*. Die Rechtsverordnungen bedürfen nicht der Zustimmung des Bundesrates. Der Zustimmung des Bundesrates bedürfen jedoch Rechtsverordnungen nach § 28 Abs. 3 Satz 1. Bei Vorschriften, welche die Bereiche des Kapital- und Zahlungsverkehrs oder den Verkehr mit Auslandswerten und Gold betreffen, ist das Benehmen mit der Deutschen Bundesbank herzustellen.

(2) Die Rechtsverordnungen sind unverzüglich nach ihrer Verkündung dem Bundestag und, soweit die Zustimmung des Bundesrates nicht erforderlich ist, auch dem Bundesrat mitzuteilen. Der Bundesrat kann binnen vier Wochen gegenüber dem Bundestag Stellung nehmen. Die Rechtsverordnungen sind unverzüglich aufzuheben, soweit es der Bundestag binnen drei Monaten nach ihrer Verkündung verlangt. Die Sätze 1 bis 3 finden keine Anwendung auf Rechtsverordnungen, durch welche die Bundesregierung oder *das Bundesministerium* für Wirtschaft *und Technologie* in Wahrnehmung von Rechten oder in Erfüllung von Verpflichtungen aus zwischenstaatlichen Vereinbarungen, denen die gesetzgebenden Körperschaften in der Form eines Bundesgesetzes zugestimmt haben, Beschränkungen des Warenverkehrs mit fremden Wirtschaftsgebieten aufgehoben oder angeordnet hat.

§ 28 – Genehmigungsstellen

(1) Für die Erteilung von Genehmigungen auf Grund dieses Gesetzes und der zu diesem Gesetz erlassenen Rechtsverordnungen sowie auf Grund von Rechtsakten des Rates oder der Kommission der Europäischen

Gemeinschaften im Bereich des Außenwirtschaftsrechts sind, soweit in den folgenden Absätzen nichts anderes bestimmt ist, die von den Ländern bestimmten Behörden zuständig.

(2) Ausschließlich zuständig ist die Deutsche Bundesbank im Bereich des Kapital- und Zahlungsverkehrs sowie des Verkehrs mit Auslandswerten und Gold nach den § 2 Abs. 2, §§ 5 bis 7.

(2a) Für den Waren- und Dienstleistungsverkehr nach den §§ 5, 6, 7 bis 16 im Rahmen der gemeinsamen Marktorganisationen der Europäischen Wirtschaftsgemeinschaft für Rohtabak und für Flachs und Hanf ist das Bundesamt für Wirtschaft und Ausfuhrkontrolle (BAFA) ausschließlich zuständig.

(2b) *Das Bundesminsterium für Verbraucherschutz, Ernährung und Landwirtschaft* wird ermächtigt, im Einvernehmen mit dem *Bundesministerium* für Wirtschaft *und Technologie* durch Rechtsverordnung, die nicht der Zustimmung des Bundesrates bedarf, für den Waren- und Dienstleistungsverkehr nach den §§ 5, 6, 7 bis 16 mit anderen als den in Absatz 2a genannten Erzeugnissen der Ernährungs- und Landwirtschaft und mit Erzeugnissen, für die in Ergänzung oder Sicherung einer gemeinsamen Marktorganisation Regelungen der in § 26 Abs. 1 Satz 2 bezeichneten Art getroffen worden sind, die Bundesanstalt für Landwirtschaft und Ernährung als ausschließlich zuständig zu bestimmen. § 27 ist nicht anzuwenden.

(3) Soweit für die Erteilung von Genehmigungen in bestimmten Bereichen des Außenwirtschaftsverkehrs eine zentrale Bearbeitung erforderlich ist, kann durch Rechtsverordnung abweichend von Absatz 1 bestimmt werden, dass

1. das Bundesamt für Wirtschaft und Ausfuhrkontrolle (BAFA) im Bereich des Waren- und Dienstleistungsverkehrs nach den §§ 5 bis 17 und 21 sowie im Bereich von Rechtsakten des Rates oder der Kommission der Europäischen Gemeinschaften im Sinne des Absatzes 1,
2. (aufgehoben)
3. *das Bundesministerium* für Verkehr, *Bau- und Wohnungswesen* im Bereich des Dienstleistungsverkehrs auf dem Gebiete des Verkehrswesens nach den §§ 5 bis 7 und 18 bis 20

zuständig sind. Durch Rechtsverordnung können die Zuständigkeiten des *Bundesministeriums* für Verkehr, *Bau- und Wohnungswesen* gemäß Nummer 3 auf nachgeordnete Behörden übertragen werden.

§ 28a (aufgehoben)

§ 29 – Weisungsbefugnis

Die Bundesregierung wird ermächtigt, den obersten Landesbehörden Einzelweisungen über die Ausführung dieses Gesetzes und der zu diesem Gesetz erlassenen Rechverordnungen in den Fällen zu erteilen, die dem Umfang nach von erheblicher Bedeutung sind oder in denen die Entscheidung von grundsätzlicher Natur ist. Die Weisungen dürfen nur erteilt werden, um die gleichmäßige Behandlung der Rechtsgeschäfte und Handlungen sicherzustellen oder um die gleichmäßige Beurteilung von Zuwiderhandlungen herbeizuführen.

§ 30 – Genehmigungen

(1) Genehmigungen können mit Nebenbestimmungen versehen werden. Die Genehmigungen sind nicht übertragbar, wenn in ihnen nicht etwas anderes bestimmt wird.

(2) Die Genehmigung, die Ablehnung eines Antrags auf Erteilung einer Genehmigung, die Rücknahme und der Widerruf einer Genehmigung bedürfen der Schriftform.

(3) Widerspruch und Anfechtungsklage haben keine aufschiebende Wirkung.

§ 31 – Rechtsunwirksamkeit

Ein Rechtsgeschäft, das ohne die erforderliche Genehmigung vorgenommen wird, ist unwirksam. Es wird durch nachträgliche Genehmigung vom Zeitpunkt seiner Vornahme an wirksam. Durch die Rückwirkung werden Rechte Dritter, die vor der Genehmigung an dem Gegenstand des Rechtsgeschäfts begründet worden sind, nicht berührt.

§ 32 – Urteil und Zwangsvollstreckung

(1) Ist zur Leistung des Schuldners eine Genehmigung erforderlich, so kann das Urteil vor Erteilung der Genehmigung ergehen, wenn in die Urteilsformel ein Vorbehalt aufgenommen wird, dass die Leistung oder Zwangsvollstreckung erst erfolgen darf, wenn die Genehmigung erteilt ist. Entsprechendes gilt für andere Vollstreckungstitel, wenn die Vollstreckung nur auf Grund einer vollstreckbaren Ausfertigung des Titels

durchgeführt werden kann. Arreste und einstweilige Verfügungen, die lediglich der Sicherung des zugrunde liegenden Anspruches dienen, können ohne Vorbehalt ergehen.

(2) Ist zur Leistung des Schuldners eine Genehmigung erforderlich, so ist die Zwangsvollstreckung nur zulässig, wenn und soweit die Genehmigung erteilt ist. Soweit Vermögenswerte nur mit Genehmigung erworben oder veräußert werden dürfen, gilt dies auch für den Erwerb und die Veräußerung im Wege der Zwangsvollstreckung.

Dritter Teil – Straf-, Bußgeld- und Überwachungsvorschriften

§ 33 – Ordnungswidrigkeiten

(1) Ordnungswidrig handelt, wer vorsätzlich oder fahrlässig einer nach § 7 in Verbindung mit § 2 erlassenen Rechtsverordnung zuwiderhandelt, soweit sie für einen bestimmten Tatbestand auf diese Bußgeldvorschrift verweist.

(2) Ordnungswidrig handelt auch, wer vorsätzlich oder fahrlässig

1. einer vollziehbaren Anordnung nach § 2 Abs. 2 Satz 1 zuwiderhandelt,
1a. ohne die nach § 10 Abs. 1 Satz 2 erforderliche Genehmigung Waren einführt,
2. entgegen § 13 Satz 1 dem Erwerber eine Verwendungsbeschränkung nicht mitteilt und dadurch bewirkt, dass die Ware entgegen der Beschränkung verwendet wird,
3. als Einführer oder Erwerber die Ware entgegen einer Verwendungsbeschränkung verwendet (§ 13 Satz 2) oder
4. einer vollziehbaren Auflage nach § 30 Abs. 1 Satz 1 zuwiderhandelt.

(3) Ordnungswidrig handelt auch, wer vorsätzlich oder fahrlässig einer

1. nach den §§ 4b, 4c, 6, 8 Abs. 3, § 9 Abs. 1, §§ 11, 14 bis *21* oder
2. nach den §§ 5, 8 Abs. 1 oder 2

in Verbindung mit § 2 erlassenen Rechtsverordnung zuwiderhandelt, soweit sie für einen bestimmten Tatbestand auf diese Bußgeldvorschrift verweist.

(4) Ordnungswidrig handelt auch, wer vorsätzlich oder fahrlässig einen in Rechtsakten der Europäischen Gemeinschaften geregelten Beschränkung des Außenwirtschaftsverkehrs zuwiderhandelt, soweit eine Rechtsverordnung nach Satz 2 für einen bestimmten Tatbestand auf diese Bußgeldvorschrift verweist. Durch Rechtsverordnung können die Tatbestände bezeichnet werden, die als Ordnungswidrigkeiten nach Satz 1 mit Geldbuße geahndet werden können, soweit dies zur Durchführung der Rechtsakte der Europäischen Gemeinschaften erforderlich ist.

(5) Ordnungswidrig handelt ferner, wer

1. unrichtige oder unvollständige Angaben tatsächlicher Art macht oder benutzt, um für sich oder einen anderen eine Genehmigung oder eine Bescheinigung zu erschleichen, die nach diesem Gesetz oder einer zu seiner Durchführung erlassenen Rechtsverordnung erforderlich ist,
2. einer nach § 26 oder 26a erlassenen Rechtsverordnung vorsätzlich oder fahrlässig zuwiderhandelt, soweit sie für einen bestimmten Tatbestand auf diese Bußgeldvorschrift verweist,
3. entgegen § 44 eine Auskunft nicht, nicht richtig oder nicht vollständig erteilt, geschäftliche Unterlagen nicht vorlegt oder eine Prüfung nicht duldet oder entgegen § 46 Abs. 1 die dort bezeichneten Sachen nicht darlegt, eine Untersuchung oder Prüfung nicht duldet; entgegen § 46 Abs. 2 eine Erklärung nicht abgibt oder entgegen § 46 Abs. 3 eine Sendung nicht gestellt oder
4. die Nachprüfung (§ 44) von Umständen, die nach diesem Gesetz oder einer zu seiner Durchführung erlassenen Rechtsverordnung erheblich sind, dadurch verhindert oder erschwert, dass er Bücher und Aufzeichnungen, deren Führung oder Aufbewahrung ihm nach handels- oder steuerrechtlichen Vorschriften obliegt, nicht oder nicht ordentlich führt, nicht aufbewahrt oder verheimlicht.

(6) Die Ordnungswidrigkeit kann in den Fällen der Absätze 1, 2, 3, 4 und 5 Nr. 1 mit einer Geldbuße bis zu *fünfhunderttausend Euro,* in den Fällen des Absatzes 5 Nr. 2 bis 4 mit einer Geldbuße bis zu *fünfundzwanzigtausend Euro* geahndet werden.

(7) Der Versuch einer Ordnungswidrigkeit kann in den Fällen der Absätze 1, 2 Nr. 1a, des Absatzes 3 Nr. 2 und des Absatzes 4 geahndet werden.

§ 34 – Straftaten

(1) Mit Freiheitsstrafe bis zu fünf Jahren oder mit Geldstrafe wird bestraft, wer ohne Genehmigung
1. in Teil I Abschnitt A oder C Kategorie 0, Kategorie 1 Nr. 1C350, 1C351, 1C352, 1C353, 1C354, Kategorie 2 Nr. 2B350, 2B351 oder 2B352 der Ausfuhrliste (Anlage AL zur Außenwirtschaftsverordnung) genannte Waren, Unterlagen zur Fertigung dieser Waren oder
2. Unterlagen über die in Teil I Abschnitt A oder Abschnitt C Kategorie 0 der Ausfuhrliste in einzelnen Nummern genannten Technologien oder dort genannte Datenverarbeitungsprogramme

ausführt. Ebenso wird bestraft, wer Waren, deren Ausfuhr verboten ist, oder Unterlagen zur Fertigung solcher Waren, ausführt.

(2) Mit Freiheitsstrafe bis zu fünf Jahren oder mit Geldstrafe wird bestraft, wer eine in § 33 Abs. 1, 4 oder 5 bezeichnete Handlung begeht, die geeignet ist,
1. die äußere Sicherheit der Bundesrepublik Deutschland,
2. das friedliche Zusammenleben der Völker oder
3. die auswärtigen Beziehungen der Bundesrepublik Deutschland erheblich zu gefährden, wenn die Tat nicht in Absatz 1 oder 4 mit Strafe bedroht ist.

(3) Ebenso wird bestraft, wer in den Fällen des Absatzes 1 oder 2 die Ausfuhr dadurch fördert, dass er die auszuführende Ware oder Unterlagen zu ihrer Fertigung oder wesentliche Bestandteile davon zur Verfügung stellt.

(4) Mit Freiheitsstrafe nicht unter zwei Jahren wird bestraft, wer einer Vorschrift dieses Gesetzes oder einer auf Grund dieses Gesetzes erlassenen Rechtsverordnung oder einem im Bundesgesetzblatt oder im Bundesanzeiger veröffentlichten Rechtsakt der Europäischen Gemeinschaften zur Beschränkung des Außenwirtschaftsverkehrs, die der Durchführung einer vom Sicherheitsrat der Vereinten Nationen nach Kapitel VII der Charta der Vereinten Nationen beschlossenen wirtschaftlichen Sanktionsmaßnahme dienen, zuwiderhandelt. In minder schweren Fällen ist die Strafe Freiheitsstrafe von drei Monaten bis zu fünf Jahren.

(5) In den Fällen der Absätze 1 und 2 ist der Versuch strafbar.

(6) In besonders schweren Fällen der Absätze 1 und 2 ist die Strafe Freiheitsstrafe nicht unter zwei Jahren. Ein besonders schwerer Fall liegt in der Regel vor, wenn der Täter
1. die Gefahr eines schweren Nachteils für die äußere Sicherheit der Bundesrepublik Deutschland herbeiführt oder
2. gewerbsmäßig oder als Mitglied einer Bande, die sich zur fortgesetzten Begehung solcher Straftaten verbunden hat, unter Mitwirkung eines anderen Bandenmitglieds handelt.

(7) Handelt der Täter in den Fällen der Absätze 1, 2 oder 4 fahrlässig, so ist die Strafe Freiheitsstrafe bis zu drei Jahren oder Geldstrafe.

(8) Ohne Genehmigung im Sinne des Absatzes 1 handelt auch, wer auf Grund einer durch unrichtige oder unvollständige Angaben erschlichenen Genehmigung handelt. Satz 1 gilt in den Fällen der Absätze 2 und 4 entsprechend.

§ 35 – Auslandstaten Deutscher

§ 34 gilt, unabhängig vom Recht des Tatorts, auch im Ausland, wenn der Täter Deutscher ist.

§ 36 – Einziehung und Erweiterter Verfall

(1) Ist eine Ordnungswidrigkeit nach § 33 oder eine Straftat nach § 34 begangen worden, so können
1. Gegenstände, auf die sich die Ordnungswidrigkeit oder die Straftat bezieht, und
2. Gegenstände, die zu ihrer Begehung oder Vorbereitung gebraucht worden oder bestimmt gewesen sind,

eingezogen werden.

(2) § 74 des Strafgesetzbuches und § 23 des Gesetzes über Ordnungswidrigkeiten sind anzuwenden.

(3) In den Fällen des § 34 Abs. 1 bis 5, jeweils auch in Verbindung mit § 35, ist § 73d des Strafgesetzbuches anzuwenden, wenn der Täter gewerbsmäßig oder als Mitglied einer Bande handelt, die sich zur fortgesetzten Begehung solcher Straftaten verbunden hat.

§ 37 – Befugnisse der Zollbehörden

(1) Die Staatsanwaltschaft und die Verwaltungsbehörde können bei Straftaten und Ordnungswidrigkeiten nach den §§ 33 und 34 dieses Gesetzes oder nach § 19 Abs. 1 bis 3, § 20 Abs. 1 und 2, jeweils auch in Verbindung mit § 21 oder 22a Abs. 1 Nr. 4, 5 und 7 des Gesetzes über die Kontrolle von Kriegswaffen Ermittlungen (§ 161 Satz 1 der Strafprozessordnung) auch durch die Hauptzollämter oder die Zollfahndungsämter vornehmen lassen.

(2) Die Hauptzollämter und die Zollfahndungsämter sowie deren Beamte haben auch ohne Ersuchen der Staatsanwaltschaft oder der Verwaltungsbehörde Straftaten und Ordnungswidrigkeiten der in Absatz 1 bezeichneten Art zu erforschen und zu verfolgen, wenn diese das Verbringen von Sachen betreffen. Dasselbe gilt, soweit Gefahr im Verzug ist. § 163 der Strafprozessordnung und § 53 des Gesetzes über Ordnungswidrigkeiten bleiben unberührt.

(3) In den Fällen der Absätze 1 und 2 haben die Beamten der Hauptzollämter und der Zollfahndungsämter die Rechte und Pflichten der Polizeibeamten nach den Bestimmungen der Strafprozessordnung und des Gesetzes über Ordnungswidrigkeiten. Sie sind insoweit Hilfsbeamte der Staatsanwaltschaft.

(4) In diesen Fällen können die Hauptzollämter und Zollfahndungsämter sowie deren Beamte im Bußgeldverfahren Beschlagnahmen, Durchsuchungen, Untersuchungen und sonstige Maßnahmen nach den für Hilfsbeamte der Staatsanwaltschaft geltenden Vorschriften der Strafprozessordnung vornehmen; unter den Voraussetzungen des § 111l Abs. 2 Satz 2 der Strafprozessordnung können auch die Hauptzollämter die Notveräußerung anordnen.

§ 38 – Straf- und Bußgeldverfahren

(1) Soweit für Straftaten nach § 34 das Amtsgericht sachlich zuständig ist, ist örtlich zuständig das Amtsgericht, in dessen Bezirk das Landgericht seinen Sitz hat. Die Landesregierung kann durch Rechtsverordnung die örtliche Zuständigkeit des Amtsgerichts abweichend regeln, soweit dies mit Rücksicht auf die Wirtschafts- oder Verkehrsverhältnisse, den Aufbau der Verwaltung oder andere örtliche Bedürfnisse zweckmäßig erscheint. Die Landesregierung kann diese Ermächtigung auf die Landesjustizverwaltung übertragen.

(2) Im Strafverfahren gelten die §§ 49, 63 Abs. 2, 3 Satz 1 und § 76 Abs. 1, 4 des Gesetzes über Ordnungswidrigkeiten über die Beteiligung der Verwaltungsbehörde im Verfahren der Staatsanwaltschaft und im gerichtlichen Verfahren entsprechend.

(3) Verwaltungsbehörde im Sinne dieses Gesetzes und des § 36 Abs. 1 Nr. 1 des Gesetzes über Ordnungswidrigkeiten ist die Oberfinanzdirektion als Bundesbehörde. *Das Bundesministerium* der Finanzen kann durch Rechtsverordnung, die nicht der Zustimmung des Bundesrates bedarf, die örtliche Zuständigkeit der Oberfinanzdirektion als Verwaltungsbehörde gemäß Satz 1 abweichend regeln, soweit dies mit Rücksicht auf die Wirtschafts- oder Verkehrsverhältnisse, den Aufbau der Verwaltung oder andere örtliche Bedürfnisse zweckmäßig erscheint.

(4) An Stelle der Verwaltungsbehörde kann das Hauptzollamt einen Bußgeldbescheid erlassen, wenn das Verbringen einer Sache eine Ordnungswidrigkeit nach § 33 Abs. 1, Abs. 2 Nr. 1a oder Abs. 3 in Verbindung mit einer auf Grund der §§ 5, 6, 7 oder 8 ergangenen Rechtsverordnung darstellt; die im Bußgeldbescheid festgesetzte Geldbuße darf den Betrag von *eintausend Euro* nicht übersteigen. Das Hauptzollamt kann bei den in Satz 1 Halbsatz 1 bezeichneten Ordnungswidrigkeiten auch die Verwarnung nach § 56 des Gesetzes über Ordnungswidrigkeiten erteilen; § 57 Abs. 1 des Gesetzes über Ordnungswidrigkeiten gilt entsprechend.

(5) Die Verwaltungsbehörde gibt vor Abschluss eines auf diesem Gesetz beruhenden Verfahrens der zuständigen obersten Landesbehörde für Wirtschaft oder der von ihr bestimmten Behörde Gelegenheit zur Stellungnahme.

§ 39 – Beschränkungen des Brief-, Post- und Fernmeldegeheimnisses

(1) Zur Verhütung von Straftaten nach dem Außenwirtschaftsgesetz oder dem Kriegswaffenkontrollgesetz ist das Zollkriminalamt berechtigt, dem Brief-, Post- oder Fernmeldegeheimnis unterliegende Sendungen zu öffnen und einzusehen sowie die Telekommunikation einschließlich der dazu nach Wirksamwerden der Anordnung (§ 40) innerhalb des Telekommunikationsnetzes in Datenspeichern abgelegten Inhalte zu

überwachen und aufzuzeichnen. Das Grundrecht des Brief-, Post- und Fernmeldegeheimnisses (Artikel 10 des Grundgesetzes) wird insoweit eingeschränkt.

(2) Beschränkungen nach Absatz 1 dürfen nur angeordnet werden gegenüber
1. Personen, bei denen Tatsachen die Annahme rechtfertigen, dass sie Straftaten von erheblicher Bedeutung nach § 34 Abs. 1 bis 6, auch in Verbindung mit § 35 dieses Gesetzes oder § 19 Abs. 1 bis 3, § 20 Abs. 1 und 2, jeweils auch in Verbindung mit § 21 oder § 22a Abs. 1 Nr. 4, 5 und 7 des Gesetzes über die Kontrolle von Kriegswaffen planen,
2. einer natürlichen oder juristischen Person oder einer Personenvereinigung, wenn eine der in Nummer 1 bezeichneten Personen für sie tätig ist und eine Maßnahme nach Nummer 1 nicht ausreicht, oder
3. anderen Personen, von denen auf Grund bestimmter Tatsachen anzunehmen ist, dass sie für eine in Nummer 1 bezeichnete Person bestimmte oder von ihr herrührende Mitteilungen entgegennehmen oder weitergeben oder dass eine solche Person ihren Anschluss benutzt.

Die Maßnahme nach Nummer 2 darf nur angeordnet werden, soweit tatsächliche Anhaltspunkte die Annahme rechtfertigen, dass die Person an dem Postverkehr der natürlichen oder juristischen Person oder Personenvereinigung teilnimmt oder deren Telekommunikationsanschluss benutzt.

(3) Die Anordnung ist nur zulässig, wenn die Erforschung des Sachverhalts auf andere Weise aussichtslos oder wesentlich erschwert wäre und die Maßnahme nicht außer Verhältnis zur Bedeutung des aufzuklärenden Sachverhalts steht. Die Maßnahmen dürfen auch durchgeführt werden, wenn Dritte unvermeidbar betroffen werden.

(4) Vor dem Antrag auf Anordnung ist die Staatsanwaltschaft zu unterrichten. Ebenso ist die Staatsanwaltschaft von der richterlichen Entscheidung, von einer Entscheidung des *Bundesministeriums* der Finanzen bei Gefahr im Verzug und von dem Ergebnis der beantragten Maßnahme zu unterrichten.

(5) *§ 2 des Artikel 10-Gesetzes* gilt entsprechend.

§ 40 – Richterliche Anordnung

(1) Beschränkungen nach § 39 Abs. 1 sind vom Behördenleiter oder dessen Stellvertreter unter Angabe von Art, Umfang und Dauer der beantragten Maßnahme nach Zustimmung des *Bundesministeriums* der Finanzen schriftlich zu beantragen und zu begründen. In dem Antrag ist darzulegen, dass die in § 39 Abs. 3 Satz 1 bezeichneten Voraussetzungen vorliegen.

(2) Die Anordnung ergeht durch das Landgericht, bei Gefahr im Verzug durch *das Bundesministerium* der Finanzen. Die Anordnung des *Bundesministeriums* der Finanzen tritt außer Kraft, wenn sie nicht binnen drei Tagen von dem Landgericht bestätigt wird.

(3) Zuständig ist das Landgericht, in dessen Bezirk das Zollkriminalamt seinen Sitz hat. Für das Verfahren gelten die Vorschriften des Gesetzes über die Angelegenheiten der freiwilligen Gerichtsbarkeit entsprechend.

(4) Die Anordnung ergeht schriftlich. Sie muss Namen und Anschrift des Betroffenen enthalten, gegen den sie sich richtet. In ihr sind Art, Umfang und Dauer der Maßnahme zu bestimmen, bei einer Überwachung der Telekommunikation auch die Rufnummer oder eine andere Kennung des Telekommunikationsanschlusses. Die Anordnung ist auf höchstens drei Monate zu befristen. Eine Verlängerung um jeweils nicht mehr als drei weitere Monate ist zulässig, soweit die in § 39 bezeichneten Voraussetzungen fortbestehen.

§ 41 – Durchführungsvorschriften

(1) Die aus der Anordnung sich ergebenden Maßnahmen nach § 39 Abs. 1 sind unter Verantwortung des Zollkriminalamtes und unter Aufsicht eines Bediensteten vorzunehmen, der die Befähigung zum Richteramt hat. *§ 11 Abs. 2 und 3 des Artikel 10-Gesetzes* ist entsprechend anzuwenden.

(2) Die durch die Maßnahmen erlangten personenbezogenen Daten dürfen von öffentlichen Stellen nur zur Verhütung oder Aufklärung der in § 39 Abs. 1 dieses Gesetzes und § 3 *Abs. 1 und § 7 Abs. 1 bis 4 des Artikel 10-Gesetzes* genannten Straftaten verarbeitet und genutzt werden, soweit sich bei Gelegenheit der Auswertung Tatsachen ergeben, die die Annahme rechtfertigen, dass eine solche Straftat begangen werden soll, begangen wird oder begangen worden ist.

(3) Sind die durch die Maßnahmen erlangten Unterlagen über einen am Postverkehr oder an der Telekommunikation Beteiligten zu den in Absatz 2 genannten Zwecken nicht mehr erforderlich, sind sie unter Aufsicht eines der in Absatz 1 genannten Bediensteten unverzüglich zu vernichten. Über die Vernichtung ist eine Niederschrift anzufertigen. Zur Sicherung der ordnungsgemäßen Vernichtung sind in regelmäßigen Abständen Prüfungen durchzuführen.

(4) Von den getroffenen Maßnahmen ist der Betroffene durch das Zollkriminalamt zu benachrichtigen, sobald dies ohne Gefährdung des Zwecks der Maßnahme geschehen kann. Ist wegen desselben Sachverhalts ein strafrechtliches Ermittlungsverfahren gegen den Betroffenen eingeleitet worden, entscheidet die Staatsanwaltschaft über den Zeitpunkt der Unterrichtung.

(5) *Das Bundesministerium* der Finanzen unterrichtet in Abständen von höchstens sechs Monaten ein Gremium, das aus neun vom Bundestag bestimmten Abgeordneten besteht, über die Durchführung der §§ 39 bis 43 dieses Gesetzes.

§ 42 – Verschwiegenheitspflicht

(1) Werden Beschränkungen nach den §§ 39 bis 41 vorgenommen, so darf diese Tatsache von Personen, die geschäftsmäßig Post- oder Telekommunikationsdienste erbringen oder an der Erbringung solcher Dienste mitwirken, anderen nicht mitgeteilt werden.

(2) Mit Freiheitsstrafe bis zu zwei Jahren oder mit Geldstrafe wird bestraft, wer entgegen Absatz 1 eine Mitteilung macht.

§ 42a – Bußgeldvorschriften

(1) Ordnungswidrig handelt, wer

1. einer vollziehbaren Anordnung nach § 39 Abs. 5 in Verbindung mit § 2 Abs. 1 Satz 1 oder 3 des Artikel 10-Gesetzes zuwiderhandelt,

2. entgegen § 39 Abs. 5 in Verbindung mit § 2 Abs. 2 Satz 2 des Artikel 10-Gesetzes eine Person betraut oder

3. entgegen § 39 Abs. 5 in Verbindung mit § 2 Absatz 2 Satz 3 des Artikel 10-Gesetzes nicht sicherstellt, dass eine Geheimschutzmaßnahme getroffen wird.

(2) Die Ordnungswidrigkeit kann mit einer Geldbuße bis zu fünfzehntausend Euro geahndet werden.

(3) Verwaltungsbehörde im Sinne des § 36 Abs. 1 Nr. 1 des Gesetzes über Ordnungswidrigkeiten ist das Bundesministerium der Finanzen; § 36 Abs. 3 des Gesetzes über Ordnungswidrigkeiten gilt entsprechend.

§ 43 – Entschädigung für Leistungen

Das Zollkriminalamt hat denjenigen, die geschäftsmäßig Post- oder Telekommunikationsdienste erbringen oder an der Erbringung solcher Dienste mitwirken, für ihre Leistungen bei der Durchführung von Beschränkungen nach § 39 Abs. 1 eine Entschädigung zu gewähren, deren Umfang sich nach § 17a des Gesetzes über die Entschädigung von Zeugen und Sachverständigen bemisst.

§ 44 – Allgemeine Auskunftspflicht

(1) Die Verwaltungsbehörde, die Deutsche Bundesbank, das Bundesamt für Wirtschaft und Ausfuhrkontrolle (BAFA) und die Bundesanstalt für Landwirtschaft und Ernährung können Auskünfte verlangen, soweit dies erforderlich ist, um die Einhaltung dieses Gesetzes und der zu diesem Gesetz erlassenen Rechtsverordnungen und Anordnungen sowie von Rechtsakten des Rates oder der Kommission der Europäischen Gemeinschaften im Bereich des Außenwirtschaftsrechts zu überwachen. Zu diesem Zweck können sie verlangen, dass ihnen die geschäftlichen Unterlagen vorgelegt werden. Die Verwaltungsbehörde und die Deutsche Bundesbank können zu dem genannten Zweck auch Prüfungen bei den Auskunftspflichtigen vornehmen; das Bundesamt für Wirtschaft und Ausfuhrkontrolle (BAFA) und die Bundesanstalt für Landwirtschaft und Ernährung können zu den Prüfungen Beauftragte entsenden. Zur Vornahme der Prüfungen können die Bediensteten der in Satz 3 genannten Stellen und deren Beauftragte die Geschäftsräume der Auskunftspflichtigen betreten; das Grundrecht des Artikels 13 des Grundgesetzes wird insoweit eingeschränkt.

(2) Auskunftspflichtig ist, wer unmittelbar oder mittelbar am Außenwirtschaftsverkehr teilnimmt.

(3) Der zur Erteilung einer Auskunft Verpflichtete kann die Auskunft auf solche Fragen verweigern, deren Beantwortung ihn selbst oder einen der in § 383 Abs. 1 Nr. 1 bis 3 der Zivilprozessordnung bezeichneten Angehörigen der Gefahr strafgerichtlicher Verfolgung oder eines Verfahrens nach dem Gesetz über Ordnungswidrigkeiten aussetzen würde.

§ 45 – Übermittlung von Informationen durch das Bundesamt für Wirtschaft und Ausfuhrkontrolle (BAFA)

(1) Das Bundesamt für Wirtschaft und Ausfuhrkontrolle (BAFA) kann die Informationen, die ihm bei der Erfüllung seiner Aufgaben nach diesem Gesetz, nach dem Gesetz über die Kontrolle von Kriegswaffen oder nach Rechtsakten des Rates oder der Kommission der Europäischen Gemeinschaften im Bereich des Außenwirtschaftsrechts bekannt geworden sind und die Meldungen auf Grund einer Rechtsverordnung nach § 26a an andere Behörden übermitteln, soweit dies zur Verfolgung der in § 5 oder § 7 Abs. 1 dieses Gesetzes angegebenen Zwecke oder zur Verhütung oder zur Verfolgung von Straftaten erforderlich ist. Darüber hinaus kann das Bundesamt für Wirtschaft und Ausfuhrkontrolle (BAFA) diese Informationen und Meldungen an den Bundesnachrichtendienst übermitteln, wenn die Voraussetzungen des § 8 Abs. 1 oder 3 des BND-Gesetzes erfüllt sind. Das Bundesamt für Wirtschaft und Ausfuhrkontrolle (BAFA) kann die ihm bei der Erfüllung seiner Aufgaben nach diesem Gesetz bekannt gewordenen Informationen an die anderen zur Überwachung des Außenwirtschaftsverkehrs zuständigen Behörden übermitteln, soweit dies zur Verfolgung der in den §§ 6, 8 bis 17 und 21 angegebenen Zwecke sowie in Fällen des § 5 ohne außen- oder sicherheitspolitische Bedeutung erforderlich ist. Die Empfänger dürfen die übermittelten Informationen nur zu dem Zwecke verwenden, zu dem sie übermittelt worden sind.

(2) Das Zollkriminalamt ist berechtigt, Daten nach Absatz 1 in einem automatisierten Verfahren abzurufen, wenn es im Einzelfall zur Überwachung des Außenwirtschaftsverkehrs erforderlich ist.

(3) Das Zollkriminalamt und das Bundesamt für Wirtschaft und Ausfuhrkontrolle (BAFA) legen bei der Einrichtung des Abrufverfahrens die Art der zu übermittelnden Daten und die nach § 6 des Bundesdatenschutzgesetzes erforderlichen technischen und organisatorischen Maßnahmen schriftlich fest.

(4) Die Einrichtung des Abrufverfahrens bedarf der Zustimmung des *Bundesministeriums* der Finanzen und des *Bundesministeriums* für Wirtschaft *und Technologie*. Über die Einrichtung des Abrufverfahrens ist der Bundesbeauftragte für den Datenschutz unter Mitteilung der Festlegungen nach Absatz 3 zu unterrichten.

(5) Die Verantwortung für die Zulässigkeit des einzelnen Abrufs trägt das Zollkriminalamt. Abrufe im automatisierten Verfahren dürfen nur von Bediensteten vorgenommen werden, die von der Leitung des Zollkriminalamtes hierzu besonders ermächtigt sind. Das Bundesamt für Wirtschaft und Ausfuhrkontrolle (BAFA) prüft die Zulässigkeit der Abrufe nur, wenn dazu Anlass besteht. Es hat zu gewährleisten, dass die Übermittlung der Daten zumindest durch geeignete Stichprobenverfahren festgestellt und überprüft werden kann.

§ 45a – (aufgehoben)

§ 45b – Übermittlung personenbezogener Daten aus Strafverfahren

In Strafverfahren wegen Verstoßes gegen dieses Gesetz oder das Gesetz über die Kontrolle von Kriegswaffen dürfen Gerichte und Staatsanwaltschaften obersten Bundesbehörden personenbezogene Daten übermitteln, wenn dies zur Verfolgung der in den §§ 5 und 7 Abs. 1 angegebenen Zwecke erforderlich ist. Die nach Satz 1 erlangten Daten dürfen nur zu den dort genannten Zwecken verwendet werden. Der Empfänger darf die Daten an eine nicht in Satz 1 genannte öffentliche Stelle jedoch nur weiter übermitteln, wenn das Interesse an der Verwendung der übermittelten Daten das Interesse des Betroffenen an der Geheimhaltung erheblich überwiegt und der Untersuchungszweck des Strafverfahrens nicht gefährdet werden kann.

§ 46 – Überwachung des Fracht-, Post- und Reiseverkehrs

(1) Sachen, die ausgeführt, eingeführt oder durchgeführt werden, sind auf Verlangen darzulegen. Sie können einer Beschau und einer Untersuchung unterworfen werden. Beförderungsmittel, Gepäckstücke und sonstige Behältnisse können darauf geprüft werden, ob sie Sachen enthalten, deren Ausfuhr, Einfuhr oder Durchfuhr beschränkt ist.

(2) Wer nach einem fremden Wirtschaftsgebiet ausreist oder aus einem fremden Wirtschaftsgebiet einreist, hat auf Verlangen zu erklären, ob er Sachen mit sich führt, deren Verbringen nach diesem Gesetz oder nach den zu diesem Gesetz erlassenen Rechtsverordnungen beschränkt ist.

(3) Wer Sachen nach einem fremden Wirtschaftsgebiet ausführen will, hat die Sendung den zuständigen Zollstellen zur Ausfuhrabfertigung zu gestellen. Das Nähere wird durch Rechtsverordnung nach § 26 bestimmt. Zur Erleichterung des Post-, Fracht- und Reiseverkehrs können durch Rechtsverordnung Ausnahmen zugelassen werden, soweit hierdurch der Überwachungszweck nicht gefährdet wird.

(4) Die Zollbehörden überwachen die Einhaltung der Vorschriften dieses Gesetzes und der zu diesem Gesetz erlassenen Rechtsverordnungen über die Ausfuhr, Einfuhr und Durchfuhr sowie der Rechtsakte des Rates oder der Kommission der Europäischen Gemeinschaften im Bereich des Außenwirtschaftsrechts. Das *Bundesministerium* des Innern bestimmt die Behörden des Bundesgrenzschutzes, die für die Überwachung der Ausfuhr von Waffen und Sprengstoff zuständig sind; Satz 1 bleibt unberührt.

§ 46a – Kosten

(1) Die Zollbehörden können für die Abfertigung außerhalb des Amtsplatzes oder außerhalb der Öffnungszeiten bei der Durchführung der Vorschriften dieses Gesetzes oder der zu diesem Gesetz erlassenen Rechtsverordnungen über die Ausfuhr, Einfuhr und Durchfuhr sowie der Rechtsakte des Rates oder der Kommission der Europäischen Gemeinschaften im Bereich des Außenwirtschaftsrechts Kosten erheben.

(2) Für die Bemessung der Kosten und das Verfahren bei ihrer Erhebung gelten sinngemäß die Vorschriften über Kosten, die auf Grund des § 178 der Abgabenordnung erhoben werden.

Vierter Teil – Schlussvorschriften

§ 47 – Aufhebung von Vorschriften

(1) Auf den Außenwirtschaftsverkehr sind nicht mehr anzuwenden

1. das Gesetz Nr. 53 (Neufassung), Devisenbewirtschaftung und Kontrolle des Güterverkehrs, erlassen von der amerikanischen Militärregierung; das Gesetz Nr. 53 (Neufassung), Devisenbewirtschaftung und Kontrolle des Güterverkehrs, erlassen von der britischen Militärregierung; die Verordnung Nr. 235 (Neufassung), Devisenbewirtschaftung und Kontrolle des Güterverkehrs, erlassen vom Hohen Kommissar der Französischen Republik in Deutschland;
2. die zu den in Nummer 1 genannten Vorschriften erlassenen Durchführungsverordnungen, Allgemeinen Genehmigungen und sonstigen Vorschriften;
3. das Gesetz der Alliierten Hohen Kommission Nr. 33, Devisenbewirtschaftung;
4. Artikel I Abs. 1 Unterabsatz des Gesetzes Nr. 52 des Obersten Befehlshabers – Sperre und Kontrolle von Vermögen;
5. Ziffer 15c des Gesetzes über die Errichtung der Bank deutscher Länder;
6. § 20 des Wirtschaftsstrafgesetzes vom 9. Juli 1954 (Bundesgesetzbl. I S. 175).

Absatz 2 entfällt!

§ 48–50 (Änderung und Ergänzung von Gesetzen usw.) sind bedeutungslos und können entfallen.

§ 51 – Befristung

Die §§ 39 bis 43 treten am 31. Dezember 2004 außer Kraft.

§ 52 – Inkrafttreten

(1) Dieses Gesetz tritt am ersten Tage des vierten auf die Verkündung[*] folgenden Kalendermonats in Kraft.

(2) Die Ermächtigungen zum Erlass der in diesem Gesetz vorbehaltenen Rechtsverordnungen treten mit der Verkündung dieses Gesetzes in Kraft mit der Maßgabe, dass die Rechtsverordnungen frühestens an dem in Absatz 1 genannten Tage in Kraft treten dürfen.

Das vorstehende Gesetz wird hiermit verkündet.

---

[*] Verkündet am 5. Mai 1961.

Einfuhrliste (Auszug)
Die Einfuhrliste ist ein umfangreicher Anhang zum AWG. Die derzeit (Juni 2004) geltende Fassung ist im Anlageband zum BAnz. Nr. 243a vom 31.12.2003) veröffentlicht.

I. Anwendung der Einfuhrliste[1]

II. Länderliste

(entfallen)

III. Warenliste[2]

1.2 Außenwirtschaftsverordnung (AWV)
Der hier abgedruckte Verordnungstext der Außenwirtschaftsverordnung (AWV) vom 18. Dezember 1986 basiert auf der Fassung vom 22.11.93 und enthält alle weiteren Änderungen bis einschließlich Juni 2004.

Kapitel I – Allgemeine Vorschriften

§ 1 – Antrag
(1) Anträge auf Erteilung einer Genehmigung können, wenn im folgenden nichts anderes bestimmt ist, von jedem gestellt werden, der das genehmigungsbedürftige Rechtsgeschäft oder die genehmigungsbedürftige Handlung vornimmt. Antragsberechtigt ist auch derjenige, der einen Anspruch aus dem Rechtsgeschäft herleitet oder einen Anspruch auf Vornahme der Handlung geltend macht.

(2) Genehmigungen in der Form der Allgemeinverfügung (§ 35 Satz 2 Verwaltungsverfahrensgesetz) werden von Amts wegen erteilt.

§ 2 – Sammelgenehmigungen
Dem Antragsteller kann eine befristete Genehmigung für eine unbestimmte Anzahl gleichartiger Rechtsgeschäfte oder Handlungen (Sammelgenehmigung) erteilt werden, wenn dies wegen der beabsichtigten Wiederholung der Rechtsgeschäfte oder Handlungen zweckmäßig erscheint.

§ 3 – Rückgabe von Genehmigungsbescheiden
(1) Ein Genehmigungsbescheid ist der Genehmigungsstelle unverzüglich zurückzugeben, wenn
1. die erteilte Genehmigung ungültig wird, bevor sie ausgenutzt wurde,
2. der Begünstigte die Absicht aufgibt, die Genehmigung auszunutzen, oder
3. der Bescheid, der nach Verlust durch eine Zweitausfertigung ersetzt worden war, wieder aufgefunden wird.

(2) Die Rückgabepflicht auf Grund von Verordnungen der Europäischen Gemeinschaft bleibt unberührt.

§ 3a – Aufbewahrung von Genehmigungsbescheiden
Genehmigungsbescheide sind, soweit sie nicht zurückgegeben werden müssen, für die Dauer von fünf Jahren nach Ablauf der Gültigkeit aufzubewahren. Ein vollständig ausgenutzter Genehmigungsbescheid kann auch auf Datenträger aufbewahrt werden.

§ 4 – Warenwert, Wertgrenzen
(1) Wert einer Ware oder eines Gutes ist das dem Empfänger in Rechnung gestellte Entgelt, in Ermangelung eines Empfängers oder eines feststellbaren Entgelts der Statistische Wert im Sinne der Vorschriften über die Statistik des grenzüberschreitenden Warenverkehrs.

(2) Stellt sich ein Rechtsgeschäft oder eine Handlung als Teil eines einheitlichen wirtschaftlichen Gesamtvorgangs dar, so ist bei Anwendung der Wertgrenzen dieser Verordnung der Wert des Gesamtvorganges zugrunde zu legen.

§ 4a – Beschränkung nach § 7 Abs. 1 Nr. 3 AWG
Die Abgabe einer Erklärung im Außenwirtschaftsverkehr, durch die sich ein Gebietsansässiger an einem Boykott gegen einen anderen Staat beteiligt (Boykott-Erklärung), ist verboten.

---

[1] Siehe Menüpunkt »Texte«, Untermenüpunkt Bestimmungen zur Einfuhrliste« im Elektronischen Zolltarif – EZT –

[2] Die Warenliste ist im Elektronischen Zolltarif integriert.

§ 4b – Nicht gegenständliche Übermittlung

(1) So weit nach dieser Verordnung die Ausfuhr von Datenverarbeitungsprogrammen (Software) und Technologie Beschränkungen unterliegt, gelten diese Beschränkungen auch für die nicht gegenständliche Übermittlung durch Daten- oder Nachrichtenübertragungstechnik.

(2) Die nicht gegenständliche Übermittlung bedarf keiner zollamtlichen Behandlung.

§ 4c – Begriffsbestimmungen

Im Sinne dieser Verordnung sind

1. Güter:
   Waren im Sinne des § 4 Abs. 2 Nr. 2 des Außenwirtschaftsgesetzes einschließlich Datenverarbeitungsprogramme (Software) und Technologie; Technologie erfasst auch Unterlagen zur Fertigung von Waren einschließlich solcher Unterlagen, die nur die Fertigung von Teilen dieser Waren ermöglichen;
2. Verbringung:
   die Ausfuhr von Gütern gemäß § 4 Abs. 2 Nr. 3 des Außenwirtschaftsgesetzes aus dem Wirtschaftsgebiet in andere Mitgliedstaaten der Europäischen Union einschließlich der nicht gegenständlichen Übermittlung von Datenverarbeitungsprogrammen (Software) und Technologie durch Daten- oder Nachrichtenübertragungstechnik,
3. Ausführer:
   jede natürliche oder juristische Person, die zum Zeitpunkt der Ausfuhr Vertragspartner des Empfängers in einem Drittland ist und über die Versendung der Güter aus dem Wirtschaftsgebiet in ein Drittland bestimmt. Wenn kein Ausfuhrvertrag geschlossen wurde oder wenn der Vertragspartner nicht für sich selbst handelt, ist ausschlaggebend, wer die Versendung der Güter aus dem Wirtschaftsgebiet in ein Drittland tatsächlich bestimmt. Als Ausführer gilt auch jede natürliche oder juristische Person, die entscheidet, Datenverarbeitungsprogramme (Software) oder Technologie durch Daten- oder Nachrichtenübertragungstechnik aus dem Wirtschaftsgebiet in ein Drittland zu übertragen. Stehen nach dem Ausfuhrvertrag die Verfügungsrechte über die Güter einer außerhalb des Wirtschaftsgebietes ansässigen Person zu, so gilt als Ausführer die im Wirtschaftsgebiet ansässige Vertragspartei;
4. Verbringer:
   jede natürliche oder juristische Person, die zum Zeitpunkt der Verbringung Vertragspartner des Empfängers in einem anderen Mitgliedstaat der Europäischen Union ist und über die Versendung der Güter aus dem Wirtschaftsgebiet in einen anderen Mitgliedstaat der Europäischen Union bestimmt. Wenn kein Verbringungsvertrag geschlossen wurde oder wenn der Vertragspartner nicht für sich selbst handelt, ist ausschlaggebend, wer die Versendung der Güter aus dem Wirtschaftsgebiet in einen anderen Mitgliedstaat der Europäischen Union tatsächlich bestimmt. Als Verbringer gilt auch jede natürliche oder juristische Person, die entscheidet, Datenverarbeitungsprogramme (Software) oder Technologie durch Daten- oder Nachrichtenübertragungstechnik aus dem Wirtschaftsgebiet in einen anderen Mitgliedstaat der Europäischen Union zu übertragen. Stehen nach dem Verbringungsvertrag die Verfügungsrechte über die Güter einer außerhalb des Wirtschaftsgebietes ansässigen Person zu, so gilt als Verbringer die im Wirtschaftsgebiet ansässige Vertragspartei;
5. Ausfuhrsendung:
   die Warenmenge, die ein Ausführer gleichzeitig über dieselbe Ausgangszollstelle für dasselbe Käuferland nach demselben Bestimmungsland ausführt;
6. Käuferland:
   das Land, in dem der Gebietsfremde ansässig ist, der von dem Gebietsansässigen die Güter erwirbt. Im Übrigen gilt als Käuferland das Bestimmungsland;
7. Bestimmungsland:
   das Land, in dem die Güter gebraucht oder verbraucht, bearbeitet oder verarbeitet werden sollen; ist dieses Land nicht bekannt, so gilt als Bestimmungsland das letzte bekannte Land, in das die Güter verbracht werden sollen;
8. Transithandelsgeschäft:
   Geschäft, bei dem außerhalb des Wirtschaftsgebietes befindliche Güter oder in das Wirtschaftsgebiet verbrachte, jedoch einfuhrrechtlich noch nicht abgefertigte Güter durch Gebietsansässige von Gebietsfremden erworben und an Gebietsfremde veräußert werden; ihm stehen Rechtsgeschäfte gleich,

bei denen diese Güter vor der Veräußerung an Gebietsfremde an andere Gebietsansässige veräußert werden;
9. technische Unterstützung:
jede technische Unterstützung in Verbindung mit der Reparatur, der Entwicklung, der Herstellung, der Montage, der Erprobung, der Wartung oder jeder anderen technischen Dienstleistung; die technische Unterstützung kann in Form von Unterweisung, Ausbildung, Weitergabe von praktischen Kenntnissen oder Fähigkeiten oder in Form von Beratungsleistungen erfolgen. Sie erfasst auch mündliche, fernmündliche oder elektronische Formen der Unterstützung.

Kapitel II – Warenausfuhr

1. Titel – Beschränkungen

1. Untertitel – Genehmigungsbedürftige Ausfuhr in Gebiete außerhalb des Gemeinschaftsgebietes und Ausfuhrverbote

§ 5 – Beschränkung nach § 7 Abs. 1 AWG

(1) Die Ausfuhr der in Teil I Abschnitt A der Ausfuhrliste (Anlage AL) genannten *Güter* bedarf der Genehmigung.

(2) Die Ausfuhr der in Teil I Abschnitt B sowie der in Abschnitt C in den Kennungen 901 bis 999 der Ausfuhrliste (Anlage AL) genannten *Güter* bedarf der Genehmigung.

(3) Das Genehmigungserfordernis nach Absatz 2 gilt nicht, wenn nach dem der Ausfuhr zugrundeliegenden Vertrag derartige Güter im Werte von nicht mehr als *2.500 Euro* geliefert werden sollen. Satz 1 gilt nicht für Güter des Teils I Abschnitt B und Abschnitt C Nummer 5A901 der Ausfuhrliste. Satz 1 gilt ebenfalls nicht für Technologieunterlagen und Datenverarbeitungsprogramme (Software).

§ 5 a – (aufgehoben).

§ 5 b – (aufgehoben).

§ 5 c – Beschränkung nach § 7 Abs. 1 AWG

(1) Die Ausfuhr von Gütern, die nicht in der Ausfuhrliste (Anlage AL) genannt sind, bedarf der Genehmigung, wenn der Ausführer vom Bundesamt für Wirtschaft und Ausfuhrkontrolle (BAFA) unterrichtet worden ist, dass diese Güter ganz oder teilweise für eine militärische Endverwendung bestimmt sind oder bestimmt sein können und das Käufer- oder Bestimmungsland ein Land der Länderliste K ist. Als militärische Endverwendung gilt
1. der Einbau in Güter, die in Teil 1 Abschnitt A der Ausfuhrliste (Anlage AL) genannt sind,
2. die Verwendung von Herstellungs-, Test- oder Analyseausrüstung sowie Bestandteilen hierfür für die Entwicklung, die Herstellung und die Wartung von Gütern, die in Teil I Abschnitt A der Ausfuhrliste (Anlage AL) genannt sind,
oder
3. die Verwendung von unfertigen Erzeugnissen in einer Anlage für die Herstellung von Gütern, die in Teil I Abschnitt A der Ausfuhrliste (Anlage AL) genannt sind.

(2) Ist einem Ausführer bekannt, dass Güter, die er ausführen möchte und die nicht in der Ausfuhrliste (Anlage AL) genannt sind, für eine militärische Endverwendung im Sinne des Absatzes 1 bestimmt sind und das Käufer- oder Bestimmungsland ein Land der Länderliste K ist, so hat er das Bundesamt für Wirtschaft und Ausfuhrkontrolle (BAFA) zu unterrichten; dieses entscheidet, ob die Ausfuhr genehmigungspflichtig ist. Die Güter dürfen erst ausgeführt werden, wenn das Bundesamt für Wirtschaft und Ausfuhrkontrolle (BAFA) die Ausfuhr genehmigt oder entschieden hat, dass es einer Genehmigung nicht bedarf.

(3) Die Absätze 1 und 2 gelten nicht im Regelungsbereich des Artikels 4 der Verordnung (EG) Nr. 1334/2000 des Rates vom 22. Juni 2000 über eine Gemeinschaftsregelung für die Kontrolle der Ausfuhr von Gütern und Technologien mit doppeltem Verwendungszweck (ABl. EG Nr. L 159 S. 1) in der jeweils geltenden Fassung.

(4) Die Absätze 1 und 2 gelten nicht, wenn nach dem der Ausfuhr zugrunde liegenden Vertrag derartige Güter im Werte von nicht mehr als *2.500 Euro* geliefert werden sollen. Satz 1 gilt nicht für Datenverarbeitungsprogramme (Software) und Technologie.

§ 5 d – Beschränkung nach § 7 Abs. 1 AWG

(1) Die Ausfuhr von Gütern, die nicht in der Ausfuhrliste (Anlage AL) genannt sind, bedarf der Genehmigung, wenn der Ausführer vom Bundesamt für Wirtschaft und Ausfuhrkontrolle (BAFA) unterrichtet worden ist, dass diese Güter ganz oder teilweise für die Errichtung, den Betrieb oder zum Einbau in eine Anlage für kerntechnische Zwecke im Sinne der Kategorie 0 des Teils I Abschnitt C der Ausfuhrliste (Anlage AL) bestimmt sind oder bestimmt sein können und das Käufer- oder Bestimmungsland Algerien, Indien, Irak, Iran, Israel, Jordanien, Libyen, Nordkorea, Pakistan oder Syrien ist.

(2) Ist einem Ausführer bekannt, dass Güter, die er ausführen möchte und die nicht in der Ausfuhrliste (Anlage AL) genannt sind, für einen in Absatz 1 genannten Zweck bestimmt sind und das Käufer- oder Bestimmungsland Algerien, Indien, Irak, Iran, Israel, Jordanien, Libyen, Nordkorea, Pakistan oder Syrien ist, so hat er das Bundesamt für Wirtschaft und Ausfuhrkontrolle (BAFA) zu unterrichten; dieses entscheidet, ob die Ausfuhr genehmigungspflichtig ist. Die Güter dürfen erst ausgeführt werden, wenn das Bundesamt für Wirtschaft und Ausfuhrkontrolle (BAFA) die Ausfuhr genehmigt oder entschieden hat, dass es einer Genehmigung nicht bedarf.

(3) Die Absätze 1 und 2 gelten nicht im Regelungsbereich des Artikels 4 der Verordnung (EG) Nr. 1334/2000.

(4) Die Absätze 1 und 2 gelten nicht, wenn nach dem der Ausfuhr zugrunde liegenden Vertrag derartige Güter im Werte von nicht mehr als *2.500 Euro* geliefert werden sollen. Satz 1 gilt nicht für Datenverarbeitungsprogramme (Software) und Technologie.

§ 5 e – (aufgehoben).

§ 6 – (aufgehoben).

§ 6 a – Beschränkung nach § 5 AWG

(1) Die Ausfuhr der in Teil II Spalte 3 der Ausfuhrliste (Anlage AL) mit „G" gekennzeichneten Waren nach Ländern außerhalb der Europäischen Wirtschaftsgemeinschaft bedarf der Genehmigung. Dies gilt nicht, wenn die Waren den im Amtsblatt der Europäischen Gemeinschaften veröffentlichten Vermarktungsnormen oder Qualitätsnormen bzw. Mindestanforderungen entsprechen, die auf Grundlage der Artikel 36 und 37 des Vertrages zur Gründung der Europäischen Gemeinschaft

1. in den auf Grund der Verordnung (EG) Nr. 2200/96 des Rates vom 28. Oktober 1996 über eine gemeinsame Marktorganisation für Obst und Gemüse (ABl. EG Nr. L 297 S. 1) in der jeweils geltenden Fassung erlassenen Verordnungen der Kommission oder
2. in den auf Grund der Verordnung (EG) Nr. 2201/96 des Rates vom 28. Oktober 1996 über eine gemeinsame Marktorganisation für Verarbeitungserzeugnisse aus Obst und Gemüse (ABl. EG Nr. L *297* S. *29*) in der jeweils geltenden Fassung erlassenen Verordnungen der Kommission oder
3. in den auf Grund der Verordnung (EWG) Nr. 234/68 des Rates vom 27. Februar 1968 (ABl. EG Nr. L *55* S. 1) in der jeweils geltenden Fassung erlassenen Verordnungen des Rates oder der Kommission über Qualitätsnormen

festgelegt sind, soweit diese Verordnungen keine Ausnahmen hinsichtlich der Beachtung von Vermarktungs- oder Qualitätsnormen bzw. Mindestanforderungen vorsehen.

(2) Die Ausfuhr der in Teil II Spalte 3 der Ausfuhrliste mit G 1 gekennzeichneten Waren nach Ländern außerhalb der Europäischen Wirtschaftsgemeinschaft bedarf der Genehmigung. Dies gilt nicht, wenn die Waren den in Absatz 1 Nr. 3 genannten Qualitätsnormen entsprechen und die auf Grund der Verordnung (EWG) Nr. 234/68 in der jeweils geltenden Fassung durch Verordnungen des Rates oder der Kommission festgesetzten Mindestpreise nicht unterschritten sind.

2. Untertitel – Genehmigungsbedürftige Verbringung in Mitgliedstaaten der Europäischen Union

§ 7 – Beschränkung nach Artikel 21 Abs. 2 Buchstabe a der Verordnung (EG) Nr. 1334/2000 und nach § 7 Abs. 1 AWG

(1) Die Verbringung der in Teil I Abschnitt A der Ausfuhrliste (Anlage AL) genannten Güter bedarf der Genehmigung. Dies gilt nicht für die in § 21 a Abs. 2 genannten Güter.

1. Feuerwaffen im Sinne von § 1 Abs. 4 des Waffengesetzes in Verbindung mit Anlage 1 Abschnitt 1 Unterabschnitt 1 Nr. 2 und Abschnitt 3 zum Waffengesetz, soweit das Waffengesetz und die auf Grund des Waffengesetzes erlassenen waffenrechtlichen Verordnungen für diese gelten, einschließlich unwesentlicher Teile und Zubehör;
2. Munition im Sinne von § 1 Abs. 4 des Waffengesetzes in Verbindung mit Anlage 1 Abschnitt 1 Unterabschnitt 3 Nr. 1 und 2 zum Waffengesetz einschließlich Munitionsteile, soweit sie für Feuerwaffen im Sinne von Nummer 1 bestimmt ist, und
3. Wiederladegeräte, soweit sie für Munition im Sinne von Nummer 2 bestimmt sind.

(2) Die Verbringung von Gütern des Teils I Abschnitt B und C der Ausfuhrliste (Anlage AL) bedarf der Genehmigung, wenn dem Verbringer bekannt ist, dass das endgültige Bestimmungsziel der Güter außerhalb der Europäischen Union liegt. Satz 1 gilt nicht, wenn die Verbringung bereits nach Artikel 21 Abs. 1 Satz 1 der Verordnung (EG) Nr. 1334/2000 einer Genehmigung bedarf.

(3) Die Verbringung von Gütern, die nicht in der Ausfuhrliste (Anlage AL) genannt sind, bedarf der Genehmigung, wenn das endgültige Bestimmungsziel der Güter außerhalb der Europäischen Union liegt und der Verbringer vom *Bundesamt für Wirtschaft und Ausfuhrkontrolle (BAFA)* unterrichtet worden ist, dass diese Güter ganz oder teilweise für eine militärische Endverwendung im Sinne des § 5 c Abs. 1 Satz 2 bestimmt sind oder bestimmt sein können und das Käufer- oder Bestimmungsland ein Land der Länderliste K oder ein Embargoland im Sinne des Artikels 4 Abs. 2 der Verordnung (EG) Nr. 1334/2000 ist. Ist einem Verbringer bekannt, dass Güter im Sinne des Satzes 1, die er verbringen möchte und deren endgültiges Bestimmungsziel außerhalb der Europäischen Union liegt, für eine militärische Endverwendung bestimmt sind und das Käufer- oder Bestimmungsland ein Land der Länderliste K oder ein Embargoland im Sinne des Artikels 4 Abs. 2 der Verordnung (EG) Nr. 1334/2000 ist, so hat er das *Bundesamt für Wirtschaft und Ausfuhrkontrolle (BAFA)* zu unterrichten; dieses entscheidet, ob die Verbringungs genehmigungspflichtig ist. Die Güter dürfen erst verbracht werden, wenn das *Bundesamt für Wirtschaft und Ausfuhrkontrolle (BAFA)* die Verbringung genehmigt oder entschieden hat, dass es einer Genehmigung nicht bedarf.

(4) Die Verbringung von Gütern, die nicht in der Ausfuhrliste (Anlage AL) genannt sind, bedarf der Genehmigung, wenn das endgültige Bestimmungsziel der Güter außerhalb der Europäischen Union liegt und der Verbringer vom *Bundesamt für Wirtschaft und Ausfuhrkontrolle (BAFA)* unterrichtet worden ist, dass diese Güter ganz oder teilweise für die Errichtung, den Betrieb oder zum Einbau in eine Anlage für kerntechnische Zwecke im Sinne des § 5 d Abs. 1 bestimmt sind oder bestimmt sein können und das Käufer- oder Bestimmungsland Algerien, Indien, Irak, Iran, Israel, Jordanien, Libyen, Nordkorea, Pakistan oder Syrien ist. Ist einem Verbringer bekannt, dass Güter im Sinne des Satzes 1, die er verbringen möchte und deren endgültiges Bestimmungsziel außerhalb der Europäischen Union liegt, für einen in Satz 1 genannten Zweck bestimmt sind und das Käufer- oder Bestimmungsland Algerien, Indien, Irak, Iran, Israel, Jordanien, Libyen, Nordkorea, Pakistan oder Syrien ist, so hat er das *Bundesamt für Wirtschaft und Ausfuhrkontrolle (BAFA)* zu unterrichten; dieses entscheidet, ob die Verbringung genehmigungspflichtig ist. Die Güter dürfen erst verbracht werden, wenn das *Bundesamt für Wirtschaft und Ausfuhrkontrolle (BAFA)* die Verbringung genehmigt oder entschieden hat, dass es einer Genehmigung nicht bedarf.

(5) Die Beschränkungen nach den Absätzen 2 bis 4 gelten nicht, wenn

1. die Ausfuhr der Güter aus dem Wirtschaftsgebiet nach Artikel 3 oder Artikel 4 der Verordnung (EG) Nr. 1334/2000, den §§ 5, 5 c oder 5 d einer Genehmigung bedarf und für eine derartige Ausfuhr eine Allgemeingenehmigung oder Globalgenehmigung vorliegt oder
2. die Güter in dem Mitgliedstaat, in den sie verbracht werden sollen, einer Verarbeitung oder Bearbeitung im Sinne des Artikels 24 der Verordnung (EWG) Nr. 2913/92 des Rates vom 12. Oktober 1992 zur Festlegung des Zollkodex der Gemeinschaften (ABl. EG Nr. L 302 S. 1) unterzogen werden sollen.

(6) Die Beschränkungen nach den Absätzen 2 bis 4 gelten nicht, wenn nach dem der Verbringung zugrunde liegenden Vertrag Güter der Nummern 2B350, 2B351 und 2B352 im Werte von nicht mehr als *5.000 Euro* oder sonstige Güter im Werte von nicht mehr als *2.500 Euro* geliefert werden sollen. Satz 1

gilt nicht für Güter des Teils I Abschnitt B und C, Nummern der Kategorie 0, Nummern 1C350, 1C450 und 5A901 sowie für Datenverarbeitungsprogramme (Software) und Technologie.

2. Titel – Verfahrens- und Meldevorschriften nach den §§ 26 und 46 Abs. 3 AWG

§ 8 – (aufgehoben).

1. Untertitel – Genehmigungsfreie Ausfuhr und Wiederausfuhr aus dem Gemeinschaftsgebiet*)

§ 9 – Gestellung und Anmeldung

(1) Jede Ausfuhrsendung ist vom Anmelder unter Vorlage der Ausfuhranmeldung bei der Ausfahrzollstelle zu gestellen. Die Ausfuhranmeldung ist mit einer vom Bundesamt für Wirtschaft und Ausfuhrkontrolle (BAFA) zugeteilten Nummer zu versehen. Die Ausfuhranmeldung (Exemplar Nr. 1, 2 und 3 des Einheitspapiers) ist gemäß Anleitung (Anlage A 1) auszufüllen.

(2) Die Zollstelle kann die Gestellung an einem anderen Ort im Bezirk der Ausfuhrzollstelle zulassen, wenn die Waren dort verpackt oder verladen werden und die Ausfuhranmeldung so rechtzeitig abgegeben wird, dass die zollamtliche Behandlung der Ausfuhrsendung möglich ist. In diesem Fall ist die Gestellung auf einem Vordruck, der vom Bundesministerium der Finanzen durch Bekanntmachung im Bundesanzeiger vorgeschrieben wird, zu beantragen.

(3) (aufgehoben).

(4) Ausfuhrsendungen von Gemeinschaftswaren mit Ausnahme solcher, für die ein Kontrollexemplar T 5 vorgelegt wird, die durch die Post oder die Eisenbahn im Rahmen eines durchgehenden Beförderungsvertrags aus dem Gemeinschaftsgebiet versandt werden, gelten mit ihrer Einlieferung als bei der Ausgangszollstelle gestellt. Satz 1 gilt nicht für Waren, die nach Artikel 794 Abs. 1 Satz 1 der Verordnung (EWG) Nr. 2454/93 der Kommission vom 2. Juli 1993 mit Durchführungsvorschriften zu der Verordnung (EWG) Nr. 2913/92 des Rates zur Festlegung des Zollkodex der Gemeinschaften (ABl. EG Nr. L 253 S. 1) bei der Ausgangszollstelle angemeldet werden können.

(5) (aufgehoben).

(6) Für jedes aus einem Seehafen seewärts ausgehende Schiff ist vom Verfrachter oder Frachtführer, oder, wenn kein Frachtgeschäft vorliegt, vom Besitzer der Ladung dem zuständigen Hauptzollamt ein Ladungsverzeichnis einzureichen. Das Ladungsverzeichnis muss den Namen des Verfrachters, des Schiffes, des Verladehafens, des Löschhafens, die Anzahl, Art und Kennzeichen der Behältnisse sowie die Benennung und Menge der geladenen Waren in Übereinstimmung mit den Konnossementen oder sonstigen Ladepapieren enthalten. Das Ladungsverzeichnis muss ferner die Erklärung enthalten, dass in ihm alle in dem Schiff verladenen Waren verzeichnet sind. Bei unbeladenen Schiffen ist vom Schiffsführer schriftlich vor Abgang des Schiffes zu erklären, dass das Schiff unbeladen ist. Das Ladungsverzeichnis ist dem Hauptzollamt unverzüglich nach Beendigung der Verladung einzureichen. Das Hauptzollamt kann verlangen, dass Ladungsverzeichnisse, die mittels einer Datenverarbeitungsanlage erstellt werden, auf maschinell verwertbaren Datenträgern oder durch Datenfernübertragung abzugeben sind. Das Hauptzollamt kann, soweit die Überwachung der Ausfuhr nicht beeinträchtigt wird, allgemein oder im Einzelfall auf das Einreichen eines Ladungsverzeichnisses verzichten.

(7) Für in Rohrleitungen beförderte Waren ist zuständige Ausgangszollstelle jede Zollstelle, in deren Bezirk sich ein Zugang zu der Rohrleitung befindet, in der die Ware befördert wird.

---

*) Das Zollverfahren für die Ausfuhr und die Wiederausfuhr von Waren aus dem Zollgebiet der Europäischen Gemeinschaften sind in den Artikeln 161, 182 und 183 der Verordnung (EWG) Nr. 2913/92 des Rates vom 12. Oktober 1992 zur Festlegung des Zollkodex der Gemeinschaften (ABl. EG Nr. L 302 S. 1) und in der Verordnung (EWG) Nr. 2454/93 der Kommission vom 2. Juli 1993 mit Durchführungsvorschriften zu der Verordnung (EWG) Nr. 2913/92 des Rates zur Festlegung des Zollkodex der Gemeinschaften (ABl. EG Nr. L 253 S. 1) geregelt. Die Verordnungen sind unmittelbar geltendes Recht in den Europäischen Gemeinschaften. Die Außenwirtschaftsverordnung enthält ergänzende nationale Vorschriften zum Ausfuhrverfahren und zur Regelung der Wiederausfuhr der Europäischen Gemeinschaften.

(8) Ist eine schriftliche Ausfuhranmeldung gemäß den Artikeln 226, 231 oder 237 der Verordnung (EWG) Nr. 2454/93 nicht erforderlich, so hat der Anmelder die Gründe hierfür bei Versand durch die Post der Postanstalt oder bei der Warenbeförderung im Eisenbahnverkehr dem Versandbahnhof schriftlich zu erklären, es sei denn, die Gründe ergeben sich aus der Art der Ausfuhrsendung oder aus sonstigen Umständen. Die Erklärung ist der Ausfuhrsendung beizufügen; sie kann auch auf einem Begleitpapier oder dem Packstück abgegeben werden.

§ 10 – Verfahren bei der zollamtlichen Behandlung

(1) Die Zollstelle prüft die Zulässigkeit der Ausfuhr. Sie kann zu diesem Zweck von dem Ausführer oder dem Anmelder weitere Angaben und Beweismittel, insbesondere auch die Vorlage der Verladescheine verlangen.

(2) Die Ausgangszollstelle lehnt die zollamtliche Behandlung ab, wenn die Ausfuhrzollstelle nicht die erforderliche zollamtliche Behandlung bescheinigt hat, wenn die nach Artikel 286 Abs. 2 der Verordnung (EWG) Nr. 2454/93 erforderliche Vorabfertigung fehlt oder wenn die nach § 13 Abs. 3 erforderliche Versicherung fehlt. In diesen Fällen verweigern bei Versand durch die Post oder die Eisenbahn die Postanstalt oder der Versandbahnhof die Übernahme.

(3) Der Anmelder darf eine Ausfuhrsendung, deren Gestellung er nach § 9 Abs. 2 beantragt hat, von dem im Antrag angegebenen Ort erst nach Ablauf der angegebenen Zeit, nach Zollbeschau oder mit Zustimmung der Ausfuhrzollstelle entfernen.

(4) Waren dürfen nicht vor Abschluss der Prüfung durch die Ausgangszollstelle vom Ort der Gestellung oder vom zugelassenen Ort entfernt oder verladen werden.

§ 11 – Unvollständige Anmeldung und vereinfachtes Anmeldeverfahren

(1) (aufgehoben).

(2) Bei der unvollständigen Anmeldung nach Artikel 253 Abs. 1 und den Artikeln 280 und 281 der Verordnung (EWG) Nr. 2454/93 kann der Anmelder die Angaben mehrerer unvollständiger Anmeldungen in einer ergänzenden oder ersetzenden Anmeldung zusammenfassen, wenn der gesamte Ausfuhrvorgang im Wirtschaftsgebiet erfolgt und die Waren in einer Ausfuhrsendung ausgeführt worden sind.

(3) Zuständig für die Bewilligung des vereinfachten Anmeldeverfahrens nach den Artikeln 253 Abs. 2 und Artikel 282 der Verordnung (EWG) Nr. 2454/93 ist das Hauptzollamt.

§ 12 – Anschreibeverfahren

(1) In dem Antrag auf Zulassung zum Anschreibeverfahren nach Artikel 253 Abs. 3 und den Artikeln 283 bis 287 der Verordnung (EWG) Nr. 2454/93 sind die auszuführenden Waren zu bezeichnen; die Nummer des Warenverzeichnisses für die Außenhandelsstatistik ist anzugeben. Soll ständig eine Vielzahl verschiedener Waren ausgeführt werden, so können diese in Warengruppen mit einer Sammelbezeichnung und mit der zutreffenden Positions- oder Kapitelnummer des Warenverzeichnisses angegeben werden.

(2) Zuständig für die Bewilligung des Anschreibeverfahrens ist das Hauptzollamt.

§ 13 – Vorausanmeldeverfahren

(1) Das Hauptzollamt kann vertrauenswürdigen Ausführern, die ständig zahlreiche Sendungen ausführen, gestatten, die Waren im Voraus bei der Ausfuhrzollstelle anzumelden, wenn der gesamte Ausfuhrvorgang im Wirtschaftsgebiet erfolgt, bei dem Ausführer die fortlaufende, vollständige und richtige Erfassung der Ausfuhrsendungen nach der Art des betrieblichen Rechnungswesens, insbesondere mit Hilfe einer elektronischen Datenverarbeitungsanlage, gewährleistet ist und die Überwachung der Ausfuhr nicht beeinträchtigt wird. Anstelle der Ausfuhranmeldung ist eine Ausfuhrkontrollmeldung, soweit erforderlich mit Ergänzungsblättern, auf einem Vordruck abzugeben, der vom Bundesministerium der Finanzen durch Bekanntmachung im Bundesanzeiger vorgeschrieben wird. Einer Vorlage der Ausfuhrkontrollmeldung und einer Gestellung der Waren bei der Ausfuhrzollstelle bedarf es nicht. Das Hauptzollamt kann den in Satz 1 genannten Ausführern ferner gestatten, einen von der Bekanntmachung im Bundesanzeiger abweichenden Vordruck zu verwenden. Für den Antrag auf Zulassung zum Vorausanmeldeverfahren gilt § 12 Abs. 1 entsprechend.

(2) Der Ausführer hat der Ausfuhrzollstelle spätestens am letzten Arbeitstag vor Beginn eines Kalenderjahres anzuzeigen, wenn er in diesem Zeitraum Waren auf Grund der Zulassung zum Vorausanmeldeverfahren versenden will. Ergibt sich diese Absicht erst im Laufe dieses Zeitraums, hat er dies spätestens am letzten Arbeitstag vor dem ersten Verpacken oder Verladen der Ware anzuzeigen. Ort und Zeit des Ver-

packens oder Verladens sind der Ausfuhrzollstelle im Voraus mitzuteilen, sie dürfen nur nach rechtzeitiger Benachrichtigung der Ausfuhrzollstelle geändert werden.

(3) Der Ausführer hat in der Ausfuhrkontrollmeldung zu versichern, dass er zum Vorausanmeldeverfahren zugelassen ist.

(4) Ist bei Ausfuhren im gemeinschaftlichen oder gemeinsamen Versandverfahren die Abgangsstelle zugleich Ausfuhrzollstelle, so ist eine Ausfuhrkontrollmeldung nicht erforderlich; bei Ausfuhren im vereinfachten gemeinschaftlichen oder gemeinsamen Versandverfahren für Warenbeförderungen im Eisenbahnverkehr gilt dies jedoch nur, wenn der Abgangsstelle das Beförderungspapier vorzulegen ist.

(5) Das Hauptzollamt kann, sofern die Überwachung der Ausfuhr nicht beeinträchtigt wird, einzelne Ausführer darüber hinaus für bestimmte Sendungen von der Pflicht zur Vorlage einer Ausfuhrkontrollmeldung befreien.

(6) Im Falle der Ausfuhr von Waren der Kapitel 28 bis 30, 36 bis 39, 72 bis 76, 81, 84 bis 90, 93 und 98 sowie bei der Ausfuhr von Waren der Positionen 2612, 2617, 2710, 3206, 3403, 3404, 4002, 4011, 4015, 4016, 4906, 4911, 6813, 6815, 6903, 6909, 6914, 7903, 8203, 8207 und 8307 des Harmonisierten Systems zur Bezeichnung und Kodierung der Waren (HS) hat der Ausführer, der das Vorausanmeldeverfahren in Anspruch nimmt, die im Laufe eines Monats getätigten Ausfuhren bis zum zehnten Tag des Folgemonats zu melden. Die Meldungen müssen die nach den Feldern 2, 8, 11, 17a, 18, 21, 24, 29, 31, 33, 34, 38, 41 und 46 des Einheitspapiers erforderlichen Angaben enthalten. Die Form der Meldungen und die Zolldienststelle, bei der sie abzugeben sind, werden durch das Hauptzollamt bestimmt. Das Hauptzollamt kann auch bestimmen, dass Meldungen, die mittels einer Datenverarbeitungsanlage erstellt werden, auf maschinell verwertbaren Datenträgern oder, soweit dies beantragt wird, durch Datenfernübertragung abzugeben sind. Das Hauptzollamt kann einzelne Ausführer auf Antrag widerruflich von der Meldepflicht nach Satz 1 für solche Waren befreien, die weder im Hinblick auf Ausfuhrbeschränkungen noch aus sonstigen Gründen einer besonderen Überwachung bedürfen.

§ 14 – (aufgehoben).

§ 15 – Meldungen bei der Mineralölausfuhr

(1) Bei der Ausfuhr von Waren der Nummern 2707 10 10 bis 2707 50 90, 2709 00 10 bis 2711 12 19, 2711 12 94, 2711 12 97, 2711 13 91, 2711 13 97, 2711 21 00, 2711 29 00, 2713 11 00 bis 2713 20 00 und 2713 90 90 des Warenverzeichnisses für die Außenhandelsstatistik hat der Anmelder der Ausfuhrzollstelle bei Vorlage der Ausfuhranmeldung eine Mineralölausfuhrmeldung, soweit erforderlich mit Ergänzungsblättern, abzugeben. Die Vordrucke Mineralölausfuhrmeldung und Ergänzungsblatt werden vom Bundesministerium der Finanzen durch Bekanntmachung im Bundesanzeiger vorgeschrieben. Die Ausfuhrzollstelle übersendet die Anmeldung dem Bundesamt für Wirtschaft und Ausfuhrkontrolle (BAFA), das sie auf Verlangen an das Bundesministerium für Wirtschaft *und Technologie* weiterleitet.

(2) Abweichend von Absatz 1 haben Ausführer, die die dort bezeichneten Waren im Verfahren nach § 13 ausführen, die Ausfuhren eines Kalendermonats bis zum siebten Werktag des folgenden Monats dem Bundesamt für Wirtschaft und Ausfuhrkontrolle (BAFA) zu melden. Die Meldungen können ohne den Vordruck Mineralölausfuhrmeldung abgegeben werden, sie sind nach Warennummern, Verfahren, Ursprungsland, Bestimmungsland und Eigengewicht aufzuschlüsseln. Die Sätze 1 und 2 gelten entsprechend, wenn die Ware in Rohrleitungen oder im Anschreibeverfahren nach Artikel 253 Abs. 3 und den Artikeln 283 bis 287 der Verordnung (EWG) Nr. 2454/93 ausgeführt wird und im Anschreibeverfahren die ergänzende Anmeldung mittels eines maschinell erstellten Datenträgers oder durch Datenfernübertragung abgegeben wird.

(3) Eine Meldung nach Absatz 1 oder 2 Satz 1 ist nicht erforderlich

1. in den Fällen, in denen es keiner schriftlichen Ausfuhranmeldung bedarf, oder
2. für Ausfuhren bis zu einer Menge von 200 l je Behältnis.

§ 16 – (aufgehoben).

§ 16 a – Ausfuhr von Obst und Gemüse

(1) Bei der genehmigungsfreien Ausfuhr von Obst und Gemüse, das in Teil II, Kapitel 7 und 8 der Ausfuhrliste (Anlage AL) mit „G" gekennzeichnet ist, ist der Ausfuhrzollstelle zusammen mit der Ausfuhranmeldung eine Konformitätsbescheinigung nach Anhang 1 der Verordnung (EG) Nr. 1148/2001 der

Kommission vom 12. Juni 2001 über die Kontrollen zur Einhaltung der Vermarktungsnormen für frisches Obst und Gemüse (ABl. EG Nr. L 156 S. 9) in der jeweils geltenden Fassung vorzulegen. Erfolgt der gesamte Ausfuhrvorgang im Wirtschaftsgebiet, kann die nach Satz 1 erforderliche Kontrollbescheinigung der Ausgangszollstelle vorgelegt werden.

(2) Bei der genehmigungsfreien Ausfuhr der in Absatz 1 Satz 1 genannten Waren im gemeinsamen Versandverfahren für Warenbeförderungen im Eisenbahnverkehr oder unter Inanspruchnahme der Vereinfachung der Förmlichkeiten bei der Abgangsstelle nach Anlage II Titel X Kapitel 1 und II des durch Beschluss 87/415/EWG des Rates vom 15. Juni 1987 (ABl. EG Nr. L 226 S. 1) genehmigten Übereinkommens überein gemeinsames Versandverfahren in der jeweils geltenden Fassung kann der Abgangsstelle an Stelle der Konformitätsbescheinigung eine Durchschrift dieser Bescheinigung zusammen mit dem Exemplar Nr. 3 der Ausfuhranmeldung vorgelegt werden.

(3) Bei der genehmigungsfreien Ausfuhr der in Absatz 1 Satz 1 genannten Waren im Anschreibeverfahren nach Artikel 253 Abs. 3 und den Artikeln 283 bis 287 der Verordnung (EWG) Nr. *2454/* 93 kann der Ausfuhrzollstelle an Stelle der Konformitätsbescheinigung eine Durchschrift dieser Bescheinigung zusammen mit der ergänzenden Anmeldung vorgelegt werden.

(4) Bei der genehmigungsfreien Ausfuhr von Obst und Gemüse, das in Teil II, Kapitel 7 und 8 der Ausfuhrliste (Anlage AL) mit ‚≤1' gekennzeichnet und zur industriellen Verarbeitung bestimmt ist, ist der Ausfuhrzollstelle zusammen mit der Ausfuhranmeldung eine Bescheinigung über die industrielle Zweckbestimmung nach Anhang II der Verordnung (EG) Nr. 1148/2001 der Kommission vom 12. Juni 2001 über die Kontrollen zur Einhaltung der Vermarktungsnormen für frisches Obst und Gemüse (ABl. EG Nr. L 150 S. 9) in der jeweils geltenden Fassung vorzulegen.

(5) Eine Konformitätsbescheinigung oder eine Bescheinigung über die industrielle Zweckbestimmung ist nicht erforderlich in den in § 19 Abs. 1 und 2 genannten Fällen.

(6) Bei der genehmigungsfreien Ausfuhr von verarbeitetem Obst und Gemüse, für das Vermarktungsnormen oder Mindestforderungen auf Grund der Verordnung (EG) Nr. 2201/96 vom 28. Oktober 1996 über die gemeinsame Marktorganisation für Verarbeitungserzeugnisse aus Obst und Gemüse (ABL. EG Nr. L 297 S. 29) in der jeweils geltenden Fassung erlassen wurden, ist der Ausfuhrzollstelle zusammen mit der Ausfuhranmeldung eine Konformitätsbescheinigung oder Verzichtserklärung der Bundesanstalt für Landwirtschaft und Ernährung vorzulegen.

§ 16 b – Wiederausfuhren

Soweit Wiederausfuhren nach Artikel 182 Abs. 3 Satz 3 der Verordnung (EWG) Nr. 2913/92 des Rates vom 12. Oktober 1992 zur Festlegung des Zollkodex der Gemeinschaften (ABl. EG Nr. L 302 S. 1) einer Ausfuhranmeldung bedürfen, gelten die Vorschriften dieses Untertitels mit Ausnahme von § 9 Abs. 4 entsprechend. Für die Wiederausfuhr von Nichtgemeinschaftswaren aus Freizonen gelten Artikel 182 Abs. 3 Satz 3 und Artikel 161 der Verordnung (EWG) Nr. 2913/92, Artikel 278 Abs. 1 und 3 und Artikel 841 der Verordnung (EWG) Nr. 2454/93 sowie die Vorschriften dieses Untertitels mit Ausnahme von § 9 Abs. 4 entsprechend, es sei denn, die Nichtgemeinschaftswaren werden durch das Wirtschaftsgebiet durchgeführt.

2. Untertitel – Genehmigungsbedürftige Ausfuhr aus dem Gemeinschaftsgebiet

§ 17 – Ausfuhrgenehmigung

(1) Die Ausfuhrgenehmigung ist auf einem Vordruck nach Anlage A5 zu beantragen und zu erteilen. Antragsberechtigt ist nur der Ausführer. Das *Bundesamt für Wirtschaft und Ausfuhrkontrolle (BAFA)* kann im Rahmen seiner Zuständigkeit abweichend von Satz 1 durch Bekanntmachung im Bundesanzeiger vorschreiben, dass die Ausfuhrgenehmigung oder eine Genehmigung für sonstige Handlungen oder Rechtsgeschäfte im Außenwirtschaftsverkehr auf einem anderen Vordruck beantragt wird, und die Genehmigung auf einem anderen Vordruck erteilen. Das *Bundesamt für Wirtschaft und Ausfuhrkontrolle (BAFA)* kann ebenso vorschreiben, unter welchen Voraussetzungen Anträge auf andere Weise, insbesondere in elektronischer Form, gestellt werden können.

(2) Dem Antrag auf Genehmigung der Ausfuhr von Gütern, die in Teil I der Ausfuhrliste (Anlage AL) genannt sind, sind Dokumente zum Nachweis über den Endempfänger, den Endverbleib und den Verwendungszweck beizufügen. Das *Bundesamt für Wirtschaft und Ausfuhrkontrolle (BAFA)* kann auch andere als die in Satz 1 genannten Dokumente zum Nachweis des Verbleibs der Güter verlangen. Bei bestimmten Ländern kann *das Bundesamt für Wirtschaft und Ausfuhrkontrolle (BAFA)* eine Internationale Einfuhrbe-

scheinigung (International Import Certificate) des Bestimmungslandes anerkennen. Das Nähere bestimmt das *Bundesamt für Wirtschaft und Ausfuhrkontrolle (BAFA)* durch Bekanntmachung im Bundesanzeiger.

(3) § 3a des Verwaltungsverfahrensgesetzes findet für die Absätze 1 und 2 keine Anwendung. Das Bundesamt für Wirtschaft und Ausfuhrkontrolle kann jedoch durch Bekanntmachung im Bundesanzeiger festlegen, von welchem Zeitpunkt an und unter welchen Voraussetzungen Anträge nach Absatz 1 in elektronischer Form gestellt werden können.

(4) Die für die Erteilung der Ausfuhrgenehmigung zuständige Stelle kann von dem Erfordernis befreien, die in Absatz 2 bezeichneten Unterlagen beizufügen, sofern hierdurch die in § 7 Abs. 1 des Außenwirtschaftsgesetzes genannten Belange nicht gefährdet werden, insbesondere die internationale Zusammenarbeit bei der Durchführung einer gemeinsamen Ausfuhrkontrolle nicht beeinträchtigt wird.

§ 18 – Besondere Verfahrensvorschriften

(1) Für die genehmigungsbedürftige Ausfuhr von Waren und für die Ausfuhr von Waren, für die im Rahmen der gemeinsamen Marktorganisationen der Europäischen Wirtschaftsgemeinschaft Ausfuhrlizenzen vorgeschrieben sind, gelten Artikel 161 Abs. 5 der Verordnung (EWG) Nr. 2913/92, die Artikel 788 bis 793, 795 bis 798 und Artikel 253 Abs. 1 und die Artikel 280 und 281 sowie Artikel 253 Abs. 2 und Artikel 282 der Verordnung (EWG) Nr. 2454/93 sowie § 9 Abs. 1, 2, 4, 6 und 7, §§ 10, 11 und 16 b, soweit nicht nachstehend oder durch unmittelbar geltende Rechtsvorschriften des Rates oder der Kommission der Europäischen Gemeinschaften etwas anderes bestimmt ist. Liegt für die Ausfuhr eine Genehmigung in Form der Allgemeinverfügung oder eine Sammelgenehmigung vor und ist eine zollamtliche Abschreibung, nicht erforderlich, so gelten zusätzlich die Artikel 253 Abs. 3 und die Artikel 283 bis 287 der Verordnung (EWG) Nr. 2454/93 und §§ 12 und 13.

(2) Die Ausfuhrgenehmigung ist der Ausfuhrzollstelle vom Anmelder mit der Ausfuhranmeldung vorzulegen. Eine Durchschrift der Ausfuhrgenehmigung ist abzugeben. Bei Ausfuhren unter den Verfahrenserleichterungen nach § 13 oder nach den Artikeln 253 Abs. 3 und 283 bis 287 der Verordnung (EWG) Nr. 2454/93 hat der Anmelder die Sammelgenehmigung der Ausfuhrzollstelle vor ihrer erstmaligen Ausnutzung vorzulegen.

(3) (aufgehoben).

(4) Ausführer, denen die Verfahrenserleichterung nach § 13 Abs. 1 bis 5 gewährt worden ist, können für Ausfuhren nach Absatz 1 Satz 1, die ohne diese Verfahrenserleichterung vorgenommen werden, anstelle der Ausfuhranmeldung eine Ausfuhrkontrollmeldung zur Ausfuhrabfertigung bei der Ausfuhr- und der Ausgangszollstelle abgeben, wenn der gesamte Ausfuhrvorgang im Wirtschaftsgebiet erfolgt. § 13 Abs. 6 findet Anwendung.

§ 19 – Befreiungen von der Genehmigungsbedürftigkeit

(1) Die §§ 5, 5 c, 5 d, 6 a, 17 und 18 gelten nicht für die Ausfuhr von Gütern in folgenden Fällen:

1. Güter zum Verbrauch oder Gebrauch auf Lotsenversetzschiffen oder Feuerschiffen der Mitgliedstaaten der Europäischen Gemeinschaften außerhalb ihrer Hoheitsgewässer sowie auf Anlagen oder Vorrichtungen, die im Bereich der Festlandsockel der Mitgliedstaaten der Europäischen Gemeinschaften zur Aufsuchung und Gewinnung von Bodenschätzen errichtet sind;
2. Beförderungsmittel nebst Zubehör und Lademittel, es sei denn, dass sie Handelsware sind;
3. nicht-militärische Beförderungsmittel und Teile davon, die zu ihrer Wartung oder Ausbesserung aus dem Gemeinschaftsgebiet oder nach ihrer Wartung oder Ausbesserung im Gemeinschaftsgebiet ausgeführt werden; ausgenommen sind Hubschrauber, Hubschrauber-Leistungsübertragungssysteme, Gasturbinentriebwerke und Hilfstriebwerke (APU's) für die Verwendung in Hubschraubern sowie Ersatzteile und Technologie hierfür, wenn Bestimmungsland ein Land der Länderliste K oder ein Embargoland im Sinne des Artikels 4 Abs. 2 der Verordnung (EG) Nr. 1334/2000 ist;
4. Güter, die auf Beförderungsmitteln mitgeführt werden und zu deren Ausrüstung, Betrieb, Unterhaltung oder Ausbesserung, zur Behandlung der Ladung, zum Gebrauch oder Verbrauch während der Reise oder zum Verkauf an Reisende bestimmt sind; dies gilt nicht für Güter einer gemeinsamen Marktorganisation der Europäischen Gemeinschaften, für die, wenn sie als, Schiffs- oder Luftfahrzeugbedarf geliefert werden, eine Ausfuhrlizenz vorgeschrieben ist;

5. Gegenstände, die für Luftfahrtunternehmen mit Sitz in einem Land, das in Anhang II Teil 3 der Verordnung (EG) Nr. 1334/2000 genannt oder ein Mitgliedstaat der Europäischen Union ist, aus dem Gemeinschaftsgebiet ausgeführt werden und zur Ausbesserung ihrer Luftfahrzeuge oder sonst zur Durchführung des Flugverkehrs dienen;
6. Baubedarf, Betriebsmittel und andere Dienstgegenstände für Anschlussstrecken und für vorgeschobene Eisenbahndienststellen, Zollstellen und Postanstalten in Drittländern;
7. Gegenstände im Amts- und Rechtshilfeverkehr zwischen den Europäischen Gemeinschaften oder ihren Mitgliedstaaten mit Drittländern;
8. Gegenstände, die von Behörden und Dienststellen der Europäischen Gemeinschaften oder eines ihrer Mitgliedstaaten zur Erledigung dienstlicher Aufgaben oder zur eigenen dienstlichen Verwendung, zur Lagerung oder Ausbesserung ausgeführt werden;
9. Gegenstände, die der Bundeswehr auf Grund von ihr erteilter Aufträge geliefert werden, sowie Gegenstände zur Erledigung dienstlicher Aufgaben im Rahmen der Sicherungsmaßnahmen der Kommission der Europäischen Gemeinschaften und der Internationalen Atomenergie-Organisation nach dem Euratom-Vertrag und dem Übereinkommen vom 5. April 1973 (BGBl. 1974 II S. 794) in Ausführung von Artikel III Abs. 1 und 4 des Vertrages vom 1. Juli 1968 über die Nichtverbreitung von Kernwaffen;
10. Geschenke, die Staatsoberhäupter, Regierungs- und Parlamentsmitglieder im Rahmen zwischenstaatlicher Beziehungen mit Drittländern von amtlichen Stellen erhalten;
11. Güter, welche die im Gemeinschaftsgebiet stationierten ausländischen Truppen, die ihnen gleichgestellten Organisationen, das zivile Gefolge sowie deren Mitglieder und Angehörige der Mitglieder im Besitz haben;
12. Güter, die zur Wartung oder Instandsetzung in das Gemeinschaftsgebiet eingeführt worden sind und ohne Änderung der ursprünglichen Leistungsmerkmale in das Versendungsland wieder ausgeführt werden, oder Güter, die im Austausch für Güter der gleichen Beschaffenheit und Anzahl, die nach genehmigter Ausfuhr wieder in das Gemeinschaftsgebiet eingeführt worden sind, in das Versendungsland der auszutauschenden Güter ausgeführt werden, wenn die Güter nicht in der Kriegswaffenliste (Anlage zum Gesetz über die Kontrolle von Kriegswaffen) genannt sind und das Versendungsland und das Bestimmungsland in Anhang II Teil 3 der Verordnung (EG) Nr. 1334/2000 genannt ist.
13. Güter, die vom gemeinschaftsansässigen Empfänger nicht angenommen werden oder die unzustellbar sind, wenn sie im Gewahrsam der Zollbehörde verblieben sind; Güter, die irrtümlich in das Gemeinschaftsgebiet verbracht worden und im Gewahrsam des Beförderungsunternehmens verblieben sind;
14. Behälter (Container) und sonstige Großraumbehältnisse, die wie diese verwendet werden, soweit diese nicht Gegenstand eines Handelsgeschäftes sind;
15. Güter, die zur Ersten Hilfe in Katastrophenfällen oder als Spenden in Notlagen ausgeführt werden,
16. Schusswaffen im Sinne des Waffengesetzes und die dazugehörige Munition, die
    – a) von gemeinschaftsansässigen Reisenden zum eigenen Gebrauch (Jagd, Sport, Eigen- oder Fremdschutz) mitgeführt werden, wenn der Ausführer eine nach dem Waffengesetz gültige Berechtigung mit sich führt und erklärt, dass die Waffen innerhalb von drei Monaten wieder in das Gemeinschaftsgebiet eingeführt werden sollen, oder
    – b) von gemeinschaftsfremden Reisenden bei der Einreise in das Gemeinschaftsgebiet zum eigenen Gebrauch mitgeführt worden sind und von ihnen wieder ausgeführt werden;
17. Tiere, Saatgut, Düngemittel, Fahrzeuge, Maschinen und sonstige Güter, deren Ausfuhr durch die örtlichen und wirtschaftlichen Verhältnisse in Grenzzonen oder grenznahen Räumen mit Drittländern bedingt ist und die nach zwischenstaatlichen Verträgen von Ausfuhrbeschränkungen befreit sind;
18. Erzeugnisse des Ackerbaus, der Viehzucht, des Gartenbaus und der Forstwirtschaft solcher grenzdurchschnittener Betriebe, die von Drittländern aus bewirtschaftet werden;
19. Futter- und Streumittel, die zur Fütterung und Wartung von mitgeführten Tieren dienen, wenn sie nach Art und Menge dem üblichen und mutmaßlichen Bedarf für die Dauer der Beförderung entsprechen;
20. Güter für die Ausübung dienstlicher Tätigkeiten, die

- a) nach den Beitrittsgesetzen der Bundesrepublik Deutschland zu zwischenstaatlichen Verträgen mit Drittländern oder
- b) nach Rechtsverordnungen der Bundesregierung auf Grund des Artikels 3 des Gesetzes vom 22. Juni 1954 über den Beitritt der Bundesrepublik Deutschland zum Abkommen über die Vorrechte und Befreiungen der Sonderorganisationen der Vereinten Nationen vom 21. November 1947 und über die Gewährung von Vorrechten und Befreiungen an andere zwischenstaatliche Organisationen (BGBl. 1954 II S. 639) in der Fassung von Artikel 4 Abs. 1 des Gesetzes vom 16. August 1980 (BGBl. II S. 941)

  von Ausfuhrbeschränkungen befreit sind;

21. – a) Güter, die in das Gemeinschaftsgebiet verbracht worden sind und unverändert in das Versendungsland wieder ausgeführt werden, wenn sie noch nicht einfuhrrechtlich abgefertigt worden sind oder wenn sie nicht länger als drei Monate im Gemeinschaftsgebiet verblieben sind;
    - b) Unterlagen zur Fertigung der in den §§ 5, 5 c und 5 d genannten Güter, sofern die Unterlagen in das Gemeinschaftsgebiet eingeführt worden sind und unverändert durch den Einführer wieder in das Versendungsgebiet ausgeführt werden; dasselbe gilt, wenn die Unterlagen mit Eintragungen ergänzt worden sind, die weder alleine noch in Verbindung mit der wiederauszuführenden Unterlage eine Fertigung erlauben, die über die vor der Ergänzung bestehende Fertigungsmöglichkeit hinausgeht.

22. Gegenstände, die vom Technischen Sekretariat der Organisation für das Verbot Chemischer Waffen zur Durchführung der nach dem Übereinkommen vom 13. Januar 1993 über das Verbot der Entwicklung, Herstellung, Lagerung und des Einsatzes chemischer Waffen und über die Vernichtung solcher Waffen (BGBl. 1994 II S. 806) zulässigen Verifikationsmaßnahmen ausgeführt werden.

(1a) (aufgehoben).

(2) § 6a gilt auch nicht für die Ausfuhr von Waren in folgenden Fällen:
1. Waren der Ernährung und Landwirtschaft bis zu einem Wert von *125 Euro* je Ausfuhrsendung;
2. Waren, die von Reisenden zum eigenen Gebrauch oder Verbrauch oder üblicherweise zur Ausübung ihres Berufes mitgeführt oder ihnen zu diesen Zwecken vorausgesandt oder nachgesandt werden; nicht zum Handel bestimmte Waren, die gemeinschaftsfremde Reisende im Gemeinschaftsgebiet erworben haben und bei der Ausreise mitführen;
3. im Verkehr zwischen Personen, die in benachbarten, durch zwischenstaatliche Abkommen festgelegten Grenzzonen oder in benachbarten grenznahen Räumen mit Drittländern ansässig sind (kleiner Grenzverkehr),
    - a) von diesen Personen mitgeführte Waren, die nicht zum Handel bestimmt sind und deren Wert *500 Euro* täglich nicht übersteigt,
    - b) Waren, die diesen Personen als Teil des Lohnes für im Gemeinschaftsgebiet geleistete Arbeit oder auf Grund von gesetzlichen Unterhalts- oder Altenteilsverpflichtungen gewährt werden;
4. Waren, die zur vorübergehenden Lagerung oder lediglich zur Beförderung aus dem Gemeinschaftsgebiet ausgeführt werden und unverändert wieder in das Gemeinschaftsgebiet eingeführt werden sollen;
5. Waren, die unter den sonstigen in Absatz 1 Nr. 21 Buchstabe a bezeichneten Voraussetzungen in ein anderes als das Versendungsland wieder ausgeführt werden.

(3) (aufgehoben).

(4) Die Absätze 1 und 2 gelten auch für die Wiederausfuhr von Waren, für die nach Artikel 182 Abs. 3 Satz 3 der Verordnung (EWG) Nr. 2913/92 oder § 16 b eine Ausfuhranmeldung erforderlich ist.

§§ 20 bis 20 e – (aufgehoben).

3. Untertitel – Genehmigungsbedürftige Verbringung in Mitgliedstaaten der Europäischen Union

§ 21 – Anzuwendende Vorschriften
Für die Verbringung genehmigungsbedürftiger Güter gelten die §§ 17 und 19 entsprechend.

§ 21 a (weggefallen – Aufgeh. durch Art. 1 Nr. 4 V v. 16.12.2002 BAnz. Nr. 239, 26497 mWv 22.12.2002

Kapitel III – Wareneinfuhr

1. Titel –Einfuhr in das Wirtschaftsgebiet
1. Untertitel – Begriffsbestimmungen
§ 21 b

(1) Einführer ist, wer Waren in das Wirtschaftsgebiet verbringt oder verbringen lässt. Liegt der Einfuhr ein Vertrag mit einem Gebietsfremden über den Erwerb von Waren zum Zwecke der Einfuhr (Einfuhrvertrag) zugrunde, so ist nur der gebietsansässige Vertragspartner Einführer. Wer lediglich als Spediteur oder Frachtführer oder in einer ähnlichen Stellung bei dem Verbringen der Waren tätig wird, ist nicht Einführer.

(2) Einkaufsland ist das Land, in dem der Gebietsfremde ansässig ist, von dem der Gebietsansässige die Waren erwirbt. Dieses Land gilt auch dann als Einkaufsland, wenn die Waren an einen anderen Gebietsansässigen weiterveräußert werden. Liegt kein Rechtsgeschäft über den Erwerb von Waren zwischen einem Gebietsansässigen und einem Gebietsfremden vor, so gilt als Einkaufsland das Land, in dem die verfügungsberechtigte Person, die die Waren in das Wirtschaftsgebiet verbringt oder verbringen lässt, ansässig ist, ist die verfügungsberechtigte Person, die die Waren in das Wirtschaftsgebiet verbringt oder verbringen lässt, im Wirtschaftsgebiet ansässig, so gilt als Einkaufsland das Versendungsland.

2. Untertitel – Beschränkungen
§ 22 – Beschränkung nach § 11 AWG

(1) Bei der genehmigungsfreien Einfuhr in das Wirtschaftsgebiet bedarf die Vereinbarung oder Inanspruchnahme einer Lieferfrist der Genehmigung, wenn

1. die für den Bezug der Ware aus dem betreffenden Einkaufsland handelsübliche Lieferfrist,
2. eine Lieferfrist von vierundzwanzig Monaten nach Vertragsabschluss,
3. eine Lieferfrist, die in der Einfuhrliste für den Bezug einzelner Waren vorgesehen ist,
4. im Falle der gemeinschaftlichen Überwachung (§ 28 a Abs. 1) der vom Rat oder der Kommission festgelegte Zeitraum für die Verwendung des Überwachungsdokuments zur Einfuhrabfertigung oder
5. bei dem Bezug von Waren, die in Spalte 5 der Einfuhrliste (Abschnitt III der Anlage zum Außenwirtschaftsgesetz) mit den Buchstaben »ÜD« gekennzeichnet sind, der im Überwachungsdokument für die Verwendung zur Einfuhrabfertigung eingetragene Zeitraum (§ 28 a Abs. 7)

überschritten wird.

(2) Absatz 1 gilt nicht für die Einfuhr von

1. Waren aus dem freien Verkehr eines Mitgliedstaates der Europäischen Wirtschaftsgemeinschaft (Artikel 9 Abs. 2 EWG-Vertrag) oder eines anderen Vertragsstaates des Abkommens über den Europäischen Wirtschaftsraum,
2. Waren, auf die eine gemeinsame Marktorganisation oder Handelsregelung Anwendung findet,
3. Schwefelkies (Warennummer 2502 00 00), Schwefel (Warennummer 2503 10 00), Rohphosphat (Warennummem 25 10 10 00 und 2510 20 00), natürlichem Natriumborat (Warennummer 2528 10 00), Eisenerzen und ihren Konzentraten sowie Schwefelkiesabbränden (Warennummern 2601 11 00 bis 2601 20 00), NE-metallurgischen Erzen (Warennummern 2602 00 00 bis 2617 90 00), Titanschlacke (Warennummer 2620 90 60), Selen (Warennummer 2804 90 00), Ethylen (Warennummer 2901 21 00), Propylen (Warennummer 2901 22 00), Butadien (aus Warennummer 2901 24 00 und 2901 29 00), Cyclohexan (Warennummer 2902 11 00), Benzol (Warennummer 2902 20 90), Toluol (Warennummer 2902 30 90), Styrol (Warennummer 2902 50 00), Silber in Rohform (Warennummern 7106 91 10 und 7106 91 90), Gold in Rohform (Warennummer 7108 12 00), Platin, Palladium, Rhodium, Iridium, Osmium und Ruthenium in Rohform oder als Pulver (Warennummern 7110 11 00, 7110 21 00, 7110 31 00 und 7110 41 00), Abfällen und Schrott von Edelmetallen (aus Warennummern 7112 10 00 bis 7112 90 00) und Vorstoffen von Nichteisenmetallen der Warennummern 7401 10 00 bis 7402 00 00, 7501 10 00, 7501 20 00 und 7801 99 10 der Einfuhrliste,
4. elektrischem Strom.

3. Untertitel – Verfahrens- und Meldevorschriften nach § 26 AWG
§ 22 a – Verfahrensvorschriften nach den §§ 7 und 26 AWG

(1) Das *Bundesamt für Wirtschaft und Ausfuhrkontrolle (BAFA)* stellt im Rahmen der internationalen Zusammenarbeit bei der Ausfuhrkontrolle auf Antrag für die Einfuhr von Waren Bestätigungen über

Erklärungen der Endabnehmer, Internationale Einfuhrbescheinigungen – IEB (International Import Certificates – IIC) und Wareneingangsbescheinigungen – WEB (Delivery Verification Certificates – DVC) aus.

(2) Der Einführer als Antragsberechtigter im Sinne dieser Vorschrift hat die Internationale Einfuhrbescheinigung auf einem Vordruck nach Anlage E 6, die Wareneingangsbescheinigung auf einem Vordruck nach Anlage E 7 zu beantragen und die erforderlichen Angaben zu machen. § 17 Abs. 1 Satz 3 und 4 gelten entsprechend

(3) Die Einfuhr der in dem Antrag auf Internationale Einfuhrbescheinigung bezeichneten Ware ist dem *Bundesamt für Wirtschaft und Ausfuhrkontrolle (BAFA)* unverzüglich nachzuweisen. Gibt der Antragsteller die Einfuhrabsicht auf, so hat er dies unverzüglich dem *Bundesamt für Wirtschaft und Ausfuhrkontrolle (BAFA)* anzuzeigen und ihm unverzüglich die Bescheinigung zurückzugeben oder über ihren Verbleib Mitteilung zu machen. Will er die Ware in ein anderes Land verbringen, so hat er, bevor die Ware das Versendungsland verlässt, vom *Bundesamt für Wirtschaft und Ausfuhrkontrolle (BAFA)* eine neue Bescheinigung zu erwirken, die dieses andere Land nennt.

(4) § 3 Abs. 1 und 2 Satz 1 des Außenwirtschaftsgesetzes ist entsprechend anwendbar.

§ 22 b – Intra-EG-Warenbegleitpapier

(weggefallen)

2. Titel – Verfahrens- und Meldevorschriften nach § 26 AWG bei der Einfuhr in das Wirtschaftsgebiet aus Drittländern[*)]

1. Untertitel – Begriffsbestimmungen

§ 23 – Begriffsbestimmungen

(1) Für diesen Titel gilt der Begriff »Einführer« nach § 21 b Abs. 1 mit der Maßgabe, dass nur Einfuhren aus Drittländern erfasst werden und Gemeinschaftsansässige Gebietsansässigen gleichstehen.

(2) Einkaufsland im Sinne dieses Titels ist das Land, in dem der Gemeinschaftsfremde ansässig ist, von dem der Gemeinschaftsansässige die Waren erwirbt. Dieses Land gilt auch dann als Einkaufsland, wenn die Waren an einen anderen Gemeinschaftsansässigen weiter veräußert werden. Liegt kein Rechtsgeschäft über den Erwerb von Waren zwischen einem Gemeinschaftsansässigen und einem Gemeinschaftsfremden vor, so gilt als Einkaufsland das Land, in dem die verfügungsberechtigte Person, die die Waren in das Gemeinschaftsgebiet verbringt oder verbringen lässt, ansässig ist; ist die verfügungsberechtigte Person, die die Waren in das Gemeinschaftsgebiet verbringt oder verbringen lässt, im Gemeinschaftsgebiet ansässig, so gilt als Einkaufsland das Versendungsland.

(3) Einfuhrsendung ist die Warenmenge, die an demselben Tage von demselben Lieferer an denselben Einführer abgesandt worden ist und von derselben Zollstelle abgefertigt wird.

2. Untertitel – Genehmigungsfreie Einfuhr

§§ 24 bis 26 – (aufgehoben).

§ 27 – Antrag auf Einfuhrabfertigung

(1) Der Einführer hat die Einfuhrabfertigung bei einer Zollstelle zu beantragen. Er hat dabei die handelsübliche oder sprachgebräuchliche Bezeichnung der Ware sowie die Nummer des Warenverzeichnisses für die Außenhandelsstatistik anzugeben. An Stelle des Einführers kann ein Gemeinschaftsansässiger im eigenen Namen die Einfuhrabfertigung für Waren beantragen, die auf Grund eines Einfuhrvertrages geliefert werden, wenn er

1. als Handelsvertreter des gemeinschaftsfremden Vertragspartners am Abschluss des Einfuhrvertrages mitgewirkt hat oder

2. in Ausübung seines Gewerbes auf Grund eines Vertrages mit dem gemeinschaftsfremden Vertragspartner
   - a) an der Beförderung der Waren mitwirkt oder
   - b) die Zollanmeldung zur Überführung der Waren in den zollrechtlich freien Verkehr abgibt.

(2) Bei der Einfuhrabfertigung sind vorzulegen

1. die Rechnung oder sonstige Unterlagen, aus denen das Einkaufs- oder Versendungsland und das Ursprungsland der Waren ersichtlich sind,
2. *ein Ursprungszeugnis, wenn die Waren in Spalte 5 der Einfuhrliste mit »U« gekennzeichnet sind oder*
eine Ursprungserklärung, wenn die Waren in Spalte 5 der Einfuhrliste mit »UE« gekennzeichnet sind,
3. eine Einfuhrkontrollmeldung nach Maßgabe des § 27 a und
4. in den Fällen des Absatzes 5 eine Einfuhrlizenz.

(3) Der Antrag auf Einfuhrabfertigung ist zu stellen
1. mit der Abgabe der Zollanmeldung zur Überführung der Waren in den freien Verkehr; bei der Einfuhr im Rahmen eines vereinfachten Verfahrens nach Artikel 76 Abs. 1 der Verordnung (EWG) Nr. 2913/92 des Rates vom 12. Oktober 1992 (ABl. EG Nr. L 302 S. 1) braucht die erforderliche Unterlage jedoch erst mit der ergänzenden Zollanmeldung vorgelegt zu werden, wenn sie im Zeitpunkt der Anmeldung oder Anschreibung der Waren vorhanden und gültig ist
2. vor Gebrauch, Verbrauch, Bearbeitung oder Verarbeitung der Waren in einer Freizone oder auf der Insel Helgoland.

Abweichend von Satz 1 Nr. 1 kann die Zollstelle verlangen, dass ihr die betreffende Unterlage mit der unvollständigen oder der vereinfachten Zollanmeldung oder unverzüglich nach Anschreibung, bei Überführung von Waren in den freien Verkehr im Anschreibeverfahren unter Befreiung von der Gestellung vor der Anschreibung vorgelegt wird, wenn dies zur Sicherung der einfuhrrechtlichen Belange erforderlich ist.

(4) (aufgehoben).

(5) Ist für die Einfuhr einer Ware im Rahmen einer gemeinsamen Marktorganisation oder einer Handelsregelung eine Einfuhrlizenz vorgeschrieben, so gilt Absatz 3 entsprechend.

(6) Bei der Einfuhr von Wasser, elektrischem Strom sowie Stadtgas, Ferngas und ähnlichen Gasen in Leitungen entfällt die Einfuhrabfertigung.

(7) Die Absätze 3 und 5 finden keine Anwendung, soweit unmittelbar geltende Gemeinschaftsvorschriften über die Anwendung handelspolitischer Maßnahmen abweichende Regelungen treffen.

§ 27 a – Einfuhrkontrollmeldung

(1) Eine Einfuhrkontrollmeldung ist vorzulegen, wenn die Ware in Spalte 5 der Einfuhrliste mit den Buchstaben »EKM« gekennzeichnet ist.

(2) Die Vorlage einer Einfuhrkontrollmeldung ist nicht erforderlich, wenn der Wert der Einfuhrsendung *1 000 Euro* nicht übersteigt. Dies gilt nicht bei der Einfuhr von Saat- und Pflanzgut und der zu Kapitel 3 und 16 der Einfuhrliste gehörenden Fischereierzeugnisse.

(3) Zu verwenden ist bei der Überführung von Waren in den zollrechtlich freien Verkehr ein als Einfuhrkontrollmeldung bezeichneter Vordruck, der dem jeweils vorzulegenden Anmeldepapier für die Wareneinfuhr nach den §§ 4 und 6 des Außenhandelsstatistikgesetzes und § 15 der Außenhandelsstatistik-Durchführungsverordnung entspricht, in allen sonstigen Fällen ein Vordruck, soweit erforderlich mit Ergänzungsblättern, den die Bundesanstalt für Landwirtschaft und Ernährung für Waren, die in Spalte 3 der Einfuhrliste mit den Ziffern 51 bis 54 oder 60 gekennzeichnet sind, sowie das Bundesamt für Wirtschaft und Ausfuhrkontrolle (BAFA) für alle sonstigen Waren im Bundesanzeiger bekannt geben. Angaben, die in dem gemäß Bekanntmachung vorgeschriebenen Vordruck nicht vorgesehen sind, gelten auch in den anderen Vordrucken der Einfuhrkontrollmeldung als nicht gefordert.

(4) Bei der Einfuhr von Waren im Rahmen eines vereinfachten Anmelde- oder Anschreibeverfahrens hat der Einführer die ausgenutzten Blätter der Einfuhrkontrollmeldung unverzüglich nach der Einfuhr von Waren, die in Spalte 3 der Einfuhrliste mit den Ziffern 51 bis 54 oder 60 gekennzeichnet sind, der Bundesanstalt für Landwirtschaft und Ernährung, nach der Einfuhr von sonstigen Waren dem Bundesamt für Wirtschaft und Ausfuhrkontrolle (BAFA) zu übersenden. Die Einfuhrkontrollmeldung mit der letzten Eintragung des Abrechnungszeitraums ist jedoch bei der Einfuhrabfertigung vorzulegen.

(5) Die für die Erteilung von Einfuhrgenehmigungen zuständigen Stellen können vertrauenswürdigen Einführern, die ständig zahlreiche Sendungen einführen, von der Vorlage der Einfuhrkontrollmeldung befreien und statt dessen Meldungen in anderer Weise zulassen, wenn bei dem Einführer die fortlaufende,

vollständige und richtige Erfassung der Einfuhrsendungen nach der Art des betrieblichen Rechnungswesens, insbesondere mit Hilfe einer elektronischen Datenverarbeitungsanlage, gewährleistet ist.

§ 28 – Verfahren bei der Einfuhrabfertigung

(1) Die Zollstelle prüft die Zulässigkeit der Einfuhr. Sie lehnt die Einfuhrabfertigung ab, wenn eine für die Einfuhr erforderliche Einfuhrgenehmigung oder Einfuhrlizenz nicht vorliegt oder wenn die Waren nicht den Angaben in den nach § 27 Abs. 2 vorzulegenden Unterlagen entsprechen. Bestehen bei der Vorlage eines Ursprungszeugnisses ernsthafte Zweifel, können die Zollstellen weitere Beweismittel zum Nachweis des Ursprungs verlangen und damit die Einfuhrabfertigung ermöglichen.

(2) Die Einfuhrabfertigung darf nur bis zum Ende des zweiten Monats nach Ablauf der gemäß § 22 zulässigen oder genehmigten Lieferfrist vorgenommen werden.

§ 28 a – Vorherige Einfuhrüberwachung

(1) Haben der Rat oder die Kommission durch Verordnung die Einfuhr einer Ware der gemeinschaftlichen Überwachung unterstellt, so wird bei der genehmigungsfreien Einfuhr auf Antrag ein Überwachungsdokument auf einem gemeinschaftlichen Einfuhrdokument nach den Verordnungen der Europäischen Gemeinschaft und den Rechtsakten der Europäischen Gemeinschaft für Kohle und Stahl[*)] in ihrer jeweils geltenden Fassung erteilt. Die Genehmigungsstellen schreiben im Rahmen ihrer Zuständigkeit durch Mitteilung im Bundesanzeiger vor, auf welchem Vordruck das Überwachungsdokument zu beantragen ist oder unter welchen Voraussetzungen Anträge auf andere Weise, insbesondere durch Datenfernübertragung, gestellt werden können. Antragsberechtigt ist nur der Einführer. Das Überwachungsdokument wird von einer zuständigen Behörde in der Gemeinschaft ausgestellt und ist in der gesamten Gemeinschaft gültig.

(2) Zuständig für die Ausstellung des Überwachungsdokuments ist im Wirtschaftsgebiet das Bundesamt für Wirtschaft und Ausfuhrkontrolle (BAFA); soweit Waren in Spalte 3 der Einfuhrliste mit den Ziffern 51 bis 54 oder 60 gekennzeichnet sind, die Bundesanstalt für Landwirtschaft und Ernährung. Soweit die Verwendung nationaler Dokumente im Wirtschaftsgebiet in Anwendung des geltenden Gemeinschaftsrechts zulässig ist oder der Rat oder die Kommission die Verwendung anderer Dokumente vorschreiben, machen das Bundesamt *für Wirtschaft und Ausfuhrkontrolle (BAFA)* oder die Bundesanstalt diese Dokumente im Rahmen ihrer Zuständigkeit im Bundesanzeiger bekannt.

(3) Der Einführer hat in den Fällen des Absatzes 1 vor der Einfuhr von Waren, die in Spalte 3 der Einfuhrliste mit einer Ziffer 51 bis 54 oder 60 gekennzeichnet sind, bei der Bundesanstalt für Landwirtschaft und Ernährung, von sonstigen Waren bei dem Bundesamt für Wirtschaft und Ausfuhrkontrolle (BAFA) die Ausstellung eines Überwachungsdokuments zu beantragen. Die Zusammenfassung verschiedenartiger Waren, verschiedener Einkaufsländer oder verschiedener Ursprungsländer in einem Überwachungsdokument ist nicht zulässig.

[*)] – Verordnung (EG) *Nr. 3285/94* des Rates vom 22. Dezember 1994 betreffend die gemeinsame Einfuhrregelung und zur Aufhebung der Verordnung (EG) Nr. 518/94 (ABl. EG Nr. L 349 S. 53)
– Verordnung (EG) Nr. 5 19/94 des Rates vom 7. März 1994 betreffend die gemeinsame Regelung der Einfuhren aus bestimmten Drittländern und zur Aufhebung der Verordnungen (EWG) Nrn. 1765/82, 1766/82 und 3420/83 (ABl. EG Nr. L 67 S. 89)
– Verordnung (EG) Nr. 517/94 des Rates vom 7. März 1994 über die gemeinsame Regelung der Einfuhren von Textilwaren aus bestimmten Drittländern, die nicht unter bilaterale Abkommen, Protokolle, andere Vereinbarungen oder eine spezifische gemeinschaftliche Einfuhrregelung fallen (ABl. EG Nr. L 67 S. 1)
– Verordnung (EG) Nr. 76/2002 der Kommission vom 17. Januar 2002 über die Einführung einer vorherigen gemeinschaftlichen Überwachung der Einfuhren bestimmter unter den EGKS- und den EG-Vertrag fallender Eisen- und Stahlerzeugnisse mit Ursprung in Drittländern (ABl. EG Nr. L 16 S. 3)
– Verordnung (EG) Nr. 152/2002 des Rates vom 21. Januar 2002 über die Ausfuhr bestimmter EGKS- und EG-Stahlerzeugnisse aus der ehemaligen jugoslawischen Republik Mazedonien nach der Europäischen Gemeinschaft (System der doppelten Kontrolle) und zur Aufhebung der Verordnung (EG) Nr. 190/98.

(4) Im Antrag auf Erteilung des Überwachungsdokuments sind die vom Rat oder der Kommission durch Verordnung festgelegten Angaben vom Einführer zu machen. Das Bundesamt für Wirtschaft und Ausfuhrkontrolle (BAFA) oder die Bundesanstalt für Landwirtschaft und Ernährung teilen die Bedingungen für die Ausstellung des Überwachungsdokuments jeweils im Bundesanzeiger mit. Im Überwachungsdokument wird der Endtermin des Zeitraumes eingetragen, bis zu dem das Überwachungsdokument zur Einfuhrabfertigung verwendet werden darf, sowie der Prozentsatz, bis zu dem eine Überschreitung des Preises je Einheit, zu dem das Geschäft getätigt wurde oder bis zu dem eine Überschreitung des angegebenen Gesamtwertes oder der angegebenen Menge in handelsüblichen Einheiten bei der Einfuhrabfertigung zulässig ist.

(5) Der Einführer hat das von der zuständigen Behörde erteilte Überwachungsdokument bei der Einfuhrabfertigung vorzulegen. Die Zollstelle vermerkt auf dem Überwachungsdokument den Wert oder die Menge der abgefertigten Waren.

(6) Die Zollstelle lehnt die Einfuhrabfertigung ab,
- a) wenn der Antrag auf Einfuhrabfertigung später als an dem letzten Gültigkeitstag des Überwachungsdokuments gestellt wird,
- b) wenn der Preis je Einheit, zu dem das Geschäft getätigt wird, den im Überwachungsdokument angegebenen Preis um mehr als den im Überwachungsdokument vermerkten Prozentsatz überschreitet oder
- c) soweit der Gesamtwert oder die Gesamtmenge der zur Einfuhr angemeldeten Waren um mehr als den im Überwachungsdokument vermerkten Prozentsatz überschritten wird.

(7) Die Absätze 1 bis 6 finden entsprechende Anwendung bei der Einfuhr von Waren, für die eine nationale Einfuhrüberwachung in Anwendung des geltenden Gemeinschaftsrechts zulässig ist.

(8) Der Einführer hat bei der Abgabe des Überwachungsdokuments zusätzliche Unterlagen vorzulegen oder in Spalte 17 des Überwachungsdokuments oder in einer besonderen Erklärung zusätzliche Angaben zu machen, soweit dies in Spalte 5 der Einfuhrliste verlangt wird.

(9) Im Falle des Absatzes 1 tritt an die Stelle des Überwachungsdokuments die Einfuhrgenehmigung (§§ 30 und 31), soweit dies in Spalte 4 der Einfuhrliste verlangt wird.

§ 29 – Ursprungszeugnis und Ursprungserklärung

(1) Bei der Einfuhrabfertigung von Waren, die in Spalte 5 der Einfuhrliste mit »U« oder »UE« gekennzeichnet sind, ist weder ein Ursprungszeugnis noch eine Ursprungserklärung vorzulegen, wenn
1. es sich nicht um Waren der Ernährung und Landwirtschaft oder Waren des Abschnitts XI der Einfuhrliste handelt und der Wert der in der Einfuhrsendung enthaltenen Waren, für die ein Ursprungszeugnis oder eine Ursprungserklärung vorgeschrieben ist, *1.000 Euro* nicht übersteigt oder
2. das Ursprungsland der Ware ein Mitgliedstaat der Europäischen Gemeinschaften ist.

(2) Das Ursprungszeugnis muss von einer berechtigten Stelle des Ursprungslandes ausgestellt sein[1)2)]. Das Bundesministerium für Wirtschaft *und Technologie* macht die berechtigten Stellen im Bundesanzeiger bekannt. Ist das Versendungsland nicht das Ursprungsland, so genügt die Vorlage eines Ursprungszeugnisses einer berechtigten Stelle des Versendungslandes.

(3) Die Ursprungserklärung muss vom Exporteur oder Lieferanten auf der Rechnung oder, falls eine Rechnung nicht vorgelegt werden kann, auf einem anderen mit der Ausfuhr zusammenhängenden geschäftlichen Beleg eingetragen werden und bestätigen, dass die Waren ihren Ursprung im Sinne der Artikel 22 bis 26 der Verordnung (EWG) Nr. 2913/92 in Verbindung mit den Artikeln 36 bis 38 der Verordnung (EWG) Nr. 2454/93 in der jeweils geltenden Fassung in dem angegebenen Drittland haben.

§ 29 a – (aufgehoben).

[1)] Berechtigte Stellen siehe RA 7/2001 (A 07 17 Nr. 1), für Textil-Ursprungszeugnisse RA 2/99 (A 07 17 Nr. 2 a)

[2)] Wegen der Anerkennung von Warenverkehrsbescheinigungen od. dgl. als Ursprungsnachweis siehe RA 6/99 (A 07 17 Nr. 2)

§ 29 b – (aufgehoben).

3. Untertitel – Genehmigungsbedürftige Einfuhr

§ 30 – Einfuhrgenehmigung

(1) Die Genehmigungsstellen schreiben im Rahmen ihrer Zuständigkeit durch Bekanntmachung im Bundesanzeiger vor, auf welchem Vordruck die Einfuhrgenehmigung zu beantragen ist oder unter welchen Voraussetzungen Anträge auf andere Weise, insbesondere durch Datenfernübertragung, gestellt werden können. Antragsberechtigt ist nur der Einführer. Die Einfuhrgenehmigung wird auf einem gemeinschaftlichen Einfuhrdokument nach den Verordnungen der Europäischen Gemeinschaft und den Rechtsakten der Europäischen Gemeinschaft für Kohle und Stahl*) in ihrer jeweils geltenden Fassung erteilt und ist in der gesamten Gemeinschaft gültig. Soweit die Verwendung nationaler Vordrucke für die Einfuhrgenehmigung zulässig ist, können die Genehmigungsstellen im Rahmen ihrer Zuständigkeit zur Verwendung im Wirtschaftsgebiet abweichend von Satz 3 diese Vordrucke durch Bekanntmachung im Bundesanzeiger vorschreiben.

(2) Auf einem Vordruck können Anträge für verschiedenartige Waren gestellt werden, wenn
1. sie in derselben Ausschreibung genannt sind,
2. sie zu demselben Zuständigkeitsbereich nach Spalte 3 der Einfuhrliste gehören und
3. ihr Einkaufsland dasselbe Land ist.

(3) Das Bundesamt für Wirtschaft und Ausfuhrkontrolle (BAFA) schreibt im Rahmen seiner Zuständigkeit und in Anwendung des geltenden Gemeinschaftsrechts durch Bekanntmachung im Bundesanzeiger vor, auf welchem Vordruck die Einfuhrgenehmigung (vorherige Bewilligung) für Waren, auf die die Verordnung (EG) Nr. 3036/94 des Rates vom 8. Dezember 1994 zur Schaffung eines wirtschaftlichen passiven Veredelungsverkehrs für bestimmte Textil- und Bekleidungserzeugnisse, die nach Be- oder Verarbeitung in gewissen Drittländern wieder in die Gemeinschaft eingeführt werden (ABl. EG Nr. L 322 S. 1) in der jeweils geltenden Fassung angewendet wird, zu beantragen ist und erteilt wird.

(4) Die Genehmigungsstellen können verlangen, dass für bestimmte Waren oder Warengruppen getrennte Anträge gestellt werden, soweit es zur Überwachung der Einfuhr, zur Beschleunigung des Genehmigungsverfahrens oder zur Wahrung sonstiger durch das Außenwirtschaftsgesetz oder durch das Gemeinschaftsrecht geschützter Belange erforderlich ist. Falls getrennte Anträge verlangt werden, soll darauf in der Ausschreibung hingewiesen werden.

---

*) – Verordnung (EG) Nr. 738/94 der Kommission vom 30. März 1994 zur Festlegung von Durchführungsvorschriften zu der Verordnung (EG) Nr. 520/94 des Rates zur Festlegung eines Verfahrens der gemeinschaftlichen Verwaltung mengenmäßiger Kontingente (ABl. EG Nr. L 87 S. 47)
  – Verordnung (EG) Nr. 3168/94 der Kommission vom 21. Dezember 1994 zur Einführung einer Einfuhrgenehmigung im Geltungsbereich der Verordnung (EG) Nr. 517/94 des Rates über die gemeinsame Regelung der Einfuhren von Textilwaren aus bestimmten Drittländern, die nicht unter bilaterale Abkommen, Protokolle, andere Vereinbarungen oder eine spezifische gemeinschaftliche Einfuhrregelung fallen, und zur Änderung dieser Verordnung (ABl. EG Nr. L 335 S. 23)
  – Verordnung (EWG) Nr. 3030/93 des Rates vom 12. Oktober 1993 über die gemeinsame Einfuhrregelung für bestimmte Textilwaren mit Ursprung in Drittländern (ABl. EG Nr. L 275 S. 1)
  – Beschluss der im Rat vereinigten Vertreter der Regierungen der Mitgliedstaaten vom 19.Dezember 2001 über bestimmte Maßnahmen, die im Warenverkehr mit bestimmten, unter den EGKS-Vertrag fallenden Stahlerzeugnissen auf die Ukraine anzuwenden sind (ABl. EG Nr. L 345 S. 75)
  – Beschluss der im Rat vereinigten Vertreter der Regierungen der Mitgliedstaaten vom 19. Dezember 2001 über bestimmte Maßnahmen, die im Warenverkehr mit bestimmten, unter den EGKS-Vertrag fallenden Stahlerzeugnissen auf die Russische Föderation anzuwenden sind (ABl. EG Nr. L 345 S. 71)
  – Beschluss der im Rat vereinigten Vertreter der Regierungen der Mitgliedstaaten vom 19. Dezember 2001 über bestimmte Maßnahmen, die im Warenverkehr mit bestimmten, unter den EGKS-Vertrag fallenden Stahlerzeugnissen auf Kasachstan anzuwenden sind (ABl. EG Nr L 345 S. 78)

(5) Die Genehmigungsstellen sollen Anträge, die innerhalb einer angemessenen Frist nach der Ausschreibung bei ihnen eingehen, als gleichzeitig gestellt behandeln. Die Frist soll in der Ausschreibung bekanntgegeben werden. Die Genehmigungsstellen machen Abweichungen, die sich aus der gemeinschaftlichen Regelung ergeben können, durch Veröffentlichung im Bundesanzeiger bekannt.

§ 31 – Einfuhrabfertigung

(1) Für die genehmigungsbedürftige Einfuhr gelten die §§ 27, 27 a, § 28 Abs. 1 und § 29 Abs. 2 und 3 mit der Maßgabe, dass bei der Einfuhrabfertigung zusätzlich die Einfuhrgenehmigung sowie in den Fällen, in denen dies die Einfuhrliste oder die Einfuhrgenehmigung vorschreibt, ein Ursprungszeugnis oder eine Ursprungserklärung vorzulegen ist.

(2) Die Zollstelle vermerkt auf der Einfuhrgenehmigung den Wert oder die Menge der abgefertigten Waren.

4. Untertitel – Sonderregelung nach § 10 Abs. 5, § 10 a Abs. 3 und § 26 AWG

§ 31 a– (aufgehoben).

§ 32 – Erleichtertes Verfahren

(1) Gemeinschaftsansässige und Gemeinschaftsfremde dürfen ohne Einfuhrgenehmigung einführen

1. (aufgehoben);
2. belichtete und entwickelte kinematographische Filme und die dazugehörenden Tonträger;
3. – a) Waren der gewerblichen Wirtschaft (Waren, die in Spalte 3 der Einfuhrliste[1] mit 01 bis 20 gekennzeichnet sind) bis zu einem Wert von *1 000 Euro* je Einfuhrsendung,
   – b) Waren der Ernährung und Landwirtschaft (Waren, die in Spalte 3 der Einfuhrliste[2] mit 51 bis 54 oder 60 gekennzeichnet sind), ausgenommen Saatgut, bis zu einem Wert von *125 Euro* je Einfuhrsendung;

   das erleichterte Verfahren gilt nicht für die Einfuhr aus einer Freizone oder einem Nichterhebungsverfahren sowie für die Einfuhr von Waren, die zum Handel oder zu einer anderen gewerblichen Verwendung bestimmt sind;
4. Muster und Proben für einschlägige Handelsunternehmen oder Verarbeitungsbetriebe
   – a) von Waren der gewerblichen Wirtschaft bis zu einem Wert von *250 Euro* je Einfuhrsendung,
   – b) von Erzeugnissen der Ernährung und Landwirtschaft bis zu einem Wert von *50 Euro* je Einfuhrsendung, ausgenommen Saatgut;

   bei der Bemessung des Wertes unentgeltlich gelieferter Muster und Proben bleiben Vertriebskosten außer Betracht;
5. Geschenke bis zu einem Wert von *1 000 Euro* je Einfuhrsendung;
6. Briefmarken und Ganzsachen sowie die dazugehörenden Alben;
7. (aufgehoben);
8. Kunstgegenstände, die von Gemeinschaftsansässigen während eines vorübergehenden Aufenthaltes in Drittländern geschaffen worden sind;

8 a. Kunstgegenstände, Sammlungsstücke und Antiquitäten, die nicht zum Handel bestimmt sind,

9. Akten, Geschäftspapiere, Urkunden, Korrekturbogen, andere Schriftstücke sowie Manuskripte, die nicht als Handelsware eingeführt werden;

---

[1] **Anmerkung des BMF:** Im EZT im Menüpunkt Maßnahmen, Fenster Einfuhrhinweise/-liste. Die Kennzeichnungen 01 bis 20 bzw. 51 bis 54 oder 60 sind im EZT nicht vermerkt. Die Waren der gewerblichen Wirtschaft sind ersichtlich durch die Angabe »BAFA«, die Waren der Ernährung und Landwirtschaft durch die Angabe »BLE« unter Einfuhrhinweise.

[2] **Anmerkung des BMF:** Im EZT im Menüpunkt Maßnahmen, Fenster Einfuhrhinweise/-liste. Die Kennzeichnungen 01 bis 20 bzw. 51 bis 54 oder 60 sind im EZT nicht vermerkt. Die Waren der gewerblichen Wirtschaft sind ersichtlich durch die Angabe »BAFA«, die Waren der Ernährung und Landwirtschaft durch die Angabe »BLE« unter Einfuhrhinweise.

10. Fernsehbandaufzeichnungen;
11. (aufgehoben);
11 a. Teile zur Ausbesserung von in Drittländern zugelassenen Kraftfahrzeugen, die während der vorübergehenden Verwendung im Gemeinschaftsgebiet reparaturbedürftig geworden sind;
11 b. Luftfahrzeuge und Luftfahrzeugteile, die zu ihrer Wartung oder Ausbesserung im Gemeinschaftsgebiet oder nach ihrer Wartung oder Ausbesserung in Drittländern im Rahmen von Wartungsverträgen eingeführt werden;
11 c. Luftfahrzeuge, die vorübergehend für Vorführzwecke aus dem Gemeinschaftsgebiet ausgeführt worden sind;
12. Bunkerkohle und sonstige Betriebsstoffe für Schiffe und Luftfahrzeuge bei der Überführung in den zollrechtlich freien Verkehr zur besonderen Verwendung; Treibstoffe, die Landkraftfahrzeuge in den dafür eingebauten Behältern zum Eigenbetrieb mitführen;
12 a. Waren, die von einem Gemeinschaftsfremden auf eigene Rechnung einem Gemeinschaftsansässigen zum Ausbessern von Schiffen zur Verfügung gestellt werden, wenn das Schiff in einer Freizone oder unter zollamtlicher Überwachung für Rechnung des Gemeinschaftsfremden ausgebessert wird;
12 b. gebrauchte Kleidungsstücke, die nicht zum Handel bestimmt sind;
13. Waren, die Aussteller zum unmittelbaren Verzehr als Kostproben auf Messen oder Ausstellungen einführen, wenn der Wert der in einem Kapitel der Einfuhrliste zusammengefassten Waren 3.000 Euro je Messe oder Ausstellung nicht übersteigt; hierbei ist der Wert der Waren mehrerer Aussteller, die sich durch dieselbe Person vertreten lassen, zusammenzurechnen;
14. Fische, Seetang, Seegras und andere Waren, die Gemeinschaftsansässige auf hoher See sowie im schweizerischen Teil des Untersees und des Rheins von Schiffen, welche die Flagge eines Mitgliedstaates der Europäischen Gemeinschaften führen, aus gewinnen und unmittelbar in das Gemeinschaftsgebiet verbringen; in diesen schweizerischen Gebieten erlegtes Wild;
15. Waren bis zu einem Wert von 5.000 Euro, die von Schiffen, welche die Flagge eines Mitgliedstaates der Europäischen Gemeinschaften führen, aus einem an den Küsten des Gemeinschaftsgebiets gestrandeten Schiff geborgen oder aus einem auf hoher See beschädigten Schiff gerettet und unmittelbar in das Gemeinschaftsgebiet verbracht werden; von Schiffen, welche die Flagge eines Mitgliedstaates der Europäischen Gemeinschaften führen, aufgefischtes und an das Land gebrachtes seetriftiges Gut;
16. Waren, welche die im Gemeinschaftsgebiet stationierten ausländischen Truppen, die ihnen gleichgestellten Organisationen, das zivile Gefolge sowie deren Mitglieder und Angehörige der Mitglieder zu ihrer eigenen Verwendung einführen;
17. Waren zur Lieferung an die im Gemeinschaftsgebiet stationierten ausländischen Truppen, die ihnen gleichgestellten Organisationen, das zivile Gefolge sowie an ihre Mitglieder und die Angehörigen der Mitglieder, wenn nach zwischenstaatlichen Verträgen der Bundesrepublik Deutschland oder den Vorschriften des Truppenzollgesetzes Zollfreiheit gewährt wird;
18. Waren aus dem Besitz der im Gemeinschaftsgebiet stationierten ausländischen Truppen, der ihnen gleichgestellten Organisationen, des zivilen Gefolges sowie aus dem Besitz der Mitglieder und der Angehörigen der Mitglieder;
19. Abfälle, die im Gemeinschaftsgebiet bei der Bearbeitung, Verarbeitung oder Ausbesserung von eingeführten und zur Wiederausfuhr bestimmten Waren anfallen, wenn für die Überlassung der Abfälle kein Entgelt gewährt wird;
20. Abfälle, Fegsel und zum ursprünglichen Zweck nicht mehr verwendbare Waren, die in Freizonen, Häfen, Zolllagern oder in einem sonstigen Nichterhebungsverfahren im Gemeinschaftsgebiet anfallen;
21. Waren, die zum vorübergehenden Gebrauch in eine Freizone oder zur vorübergehenden Verwendung im Wirtschaftsgebiet verbracht worden sind und zum ursprünglichen Zweck nicht mehr verwendet werden können, oder Teile davon, die bei der Ausbesserung im Gemeinschaftsgebiet anfallen;
22. Ersatzlieferungen für eingeführte Waren, die in Drittländer zurückgesandt worden sind oder zurückgesandt werden sollen oder unter zollamtlicher Überwachung vernichtet worden sind, und handelsübliche Nachlieferungen zu bereits eingeführten Waren;
22 a. Waren mit Ursprung in den Europäischen Gemeinschaften oder in einem anderen Vertragsstaat des Abkommens über den Europäischen Wirtschaftsraum, die als Veredelungserzeugnisse nach zollrechtlicher passiver Veredelung eingeführt werden; andere Veredelungserzeugnisse nach zollrecht-

licher passiver Veredelung, die nach Ausbesserung, im Verfahren des Standardaustausches oder nach Durchführung ergänzender Veredelungsvorgänge gemäß Artikel 123 der Verordnung (EWG) Nr. 2913/92 in der jeweils geltenden Fassung eingeführt werden;
23. Ballast, der nicht als Handelsware eingeführt wird;
24. Brieftauben, die nicht als Handelsware eingeführt werden;
25. Waren zur Verwendung bei der Ersten Hilfe in Katastrophenfällen;
26. Eis zum Frischhalten von Waren bei der Einfuhr;
27. Reisegerät und Reisemitbringsel, wenn die Waren frei von Einfuhrabgaben im Sinne von Artikel 4 Nr. 10 der Verordnung (EWG) Nr. 2913/92 sind; nicht zum Handel bestimmte Waren bis zu einem Wert von *1.500 Euro*, die Reisende mitführen;
28. im Verkehr zwischen Personen, die in benachbarten, durch zwischenstaatliche Abkommen festgelegten Grenzzonen oder in benachbarten grenznahen Räumen mit Drittländern ansässig sind (kleiner Grenzverkehr),
    – a) von diesen Personen mitgeführte Waren, die nicht zum Handel bestimmt sind und deren Wert *500 Euro* täglich nicht übersteigt,
    – b) Waren, die diesen Personen als Teil des Lohnes oder auf Grund von gesetzlichen Unterhalts- oder Altenteilsverpflichtungen gewährt werden;
29. Tiere, Saatgut, Düngemittel, Fahrzeuge, Maschinen und sonstige Waren, deren Einfuhr durch die örtlichen und wirtschaftlichen Verhältnisse in Grenzzonen oder grenznahen Räumen mit Drittländern bedingt ist und die nach zwischenstaatlichen Verträgen von Einfuhrbeschränkungen befreit sind;
29 a. Klärschlamm und Rechengut, die beim Betrieb von grenzüberschreitenden Gemeinschaftsanlagen zur Abwässerreinigung in Grenzzonen oder grenznahen Räumen mit Drittländern anfallen;
30. Erzeugnisse des Ackerbaus, der Viehzucht, des Gartenbaus und der Forstwirtschaft solcher grenzdurchschnittener Betriebe, die vom Gemeinschaftsgebiet aus bewirtschaftet werden, wenn für diese Erzeugnisse außertarifliche Freiheit von Einfuhrabgaben im Sinne von Artikel 4 Nr. 10 der Verordnung (EWG) Nr. 2913/92 gewährt wird;
31. Deputatkohle;
32. Baubedarf, Instandsetzungs- und Betriebsmittel für Stauwerke, Kraftwerke, Brücken, Straßen und sonstige Bauten, die beiderseits der Grenze zu Drittländern errichtet, betrieben oder benutzt werden;
33. Waren, die nach
    – a) den §§ 12 bis 19 der Zollverordnung vom 23. Dezember 1993 (BGBl. I S. 2449),
    – b) Kapitel 1 der Verordnung (EWG) Nr. 918/83 des Rates vom 28. März 1983 über das gemeinschaftliche System der Zollbefreiung (ABl. EG Nr. L 105 S. 1) in der jeweils geltenden Fassung frei von Einfuhrabgaben im Sinne von Artikel 4 Nr. 10 der Verordnung (EWG) Nr. 2913/92 eingeführt werden können; die Regelung gilt entsprechend, wenn solche Waren aus einem anderen Grund zollfrei eingeführt werden können;
33 a. Umschließungen und Verpackungsmittel, Behälter (Container) und sonstige Großraumbehältnisse, die wie diese verwendet werden, Paletten, Druckbehälter für verdichtete oder flüssige Gase, Kabeltrommeln und Kettbäume, soweit diese nicht Gegenstand eines Handelsgeschäftes sind, sowie zum Frischhalten beigepacktes Eis;
34. Waren in Freizonen unter den Voraussetzungen und Bedingungen, unter denen sie nach Nummer 27 und Nummer 33 im erleichterten Verfahren eingeführt werden können;
35. Waren, di1e *das Bundesministerium* der Verteidigung, seine nachgeordneten Behörden und Dienststellen im Rahmen des Abkommens zwischen der Bundesrepublik Deutschland und den Vereinigten Staaten von Amerika über gegenseitige Verteidigungshilfe vom 30. Juni 1955 (BGBl. II S. 1049) oder nach Lagerung, Ausbesserung oder dienstlichem Gebrauch in Drittländern einführen;
36. Waren, für die außertarifliche Freiheit von Einfuhrabgaben im Sinne von Artikel 4 Nr. 10 der Verordnung (EWG) Nr. 2913/92 gewährt wird
    – a) nach den Beitrittsgesetzen der Bundesrepublik Deutschland zu zwischenstaatlichen Verträgen mit Drittländern,
    – b) nach Rechtsverordnungen der Bundesregierung auf Grund von Artikel 3 des Gesetzes vom 22. Juni 1954 über den Beitritt der Bundesrepublik Deutschland zum Abkommen über die Vorrechte und Befreiungen der Sonderorganisationen der Vereinten Nationen vom 21. November

1947 und über die Gewährung von Vorrechten und Befreiungen an andere zwischenstaatliche Organisationen (BGBl. 1954 II S. 639) in der Fassung von Artikel 4 Abs. 1 des Gesetzes vom 16. August 1980 (BGBl. II S. 941),

- c) (aufgehoben),
- d) nach den Artikeln 137 bis 144 der Verordnung (EWG) Nr. 2913/92 für Waren, die unter vollständiger oder teilweiser Befreiung von Einfuhrabgaben im Sinne von Artikel 4 Nr. 10 der Verordnung (EWG) Nr. 2913/92 vorübergehend im Gemeinschaftsgebiet verwendet werden,
- e) nach den Artikeln 185 und 186 der Verordnung (EWG) Nr. 2913/92 für Waren, die wieder in das Gemeinschaftsgebiet eingeführt werden.

(2) Die §§ 22, 27 bis 29, 30, 31 gelten nicht für die in Absatz 1 genannten Einfuhren. Ein Ursprungszeugnis oder eine Ursprungserklärung nach Spalte 5 der Einfuhrliste ist nicht erforderlich. § 27 Abs. 2 Nr. 3 in Verbindung mit § 27 a ist jedoch entsprechend anzuwenden auf die Einfuhr von Betriebsstoffen für Schiffe und Luftfahrzeuge, ausgenommen Bunkerkohle, soweit die Betriebsstoffe nicht in dafür eingebauten Behältern zum Eigenbetrieb mitgeführt werden.

(3) Gemeinschaftsfremde dürfen Waren der gewerblichen Wirtschaft genehmigungsfrei einführen, die

1. sich in einem Nichterhebungsverfahren befinden und auf Messen oder Ausstellungen veräußert werden oder
2. nachweislich auf Messen oder Ausstellungen veräußert werden sollen,

soweit die Einfuhr der Waren durch Gemeinschaftsansässige genehmigungsfrei zulässig ist.

§ 32 a – (aufgehoben).

§ 32 b – (aufgehoben).

§ 33 – (aufgehoben).

§ 34 – (aufgehoben).

§ 35 – **Wareneinfuhr durch Gebietsfremde nach § 10 a Abs. 3 AWG**

Bei der Einfuhr von Waren stehen Gemeinschaftsfremde aus den Mitgliedstaaten der Europäischen Freihandelsassoziation (Island, Liechtenstein, Norwegen, Schweiz) den Gemeinschaftsansässigen gleich, sofern die Einfuhr durch Gemeinschaftsansässige ohne Genehmigung zulässig ist.

§ 35 a – Einfuhr von Gartenbauerzeugnissen

(1) Bei der Einfuhr von Gartenbauerzeugnissen, für die Vermarktungsnormen auf Grund der Verordnung (EG) Nr. 2200/96 des Rates vom 28. Oktober 1996 (ABl. EG Nr. L 297 S. 1) sowie Qualitätsnormen auf Grund der Verordnung Nr. 316/68 des Rates vom 12. März 1968 (ABl. EG Nr. L 71 S. 8) zur Festsetzung von Qualitätsnormen für frische Schnittblumen und frisches Blattwerk festgelegt worden sind, prüft die Bundesanstalt für Landwirtschaft und Ernährung vor der Abfertigung zum zollrechtlich freien Verkehr, ob die Waren diesen Vermarktungs- oder Qualitätsnormen entsprechen.

(2) Bei der genehmigungsfreien Einfuhr von Obst und Gemüse, für das die Kommission auf Grund der Verordnung (EG) Nr. 2200/96 des Rates über eine gemeinsame Marktorganisation für Obst und Gemüse vom 28. Oktober 1996 (ABl. EG Nr. L 297 S. 1) in der jeweils geltenden Fassung Vermarktungsnormen festgelegt hat, ist der Zollstelle bei der Einfuhrabfertigung gemäß Artikel 6 Abs. 3 der Verordnung (EG) Nr. 1148/2001 der Kommission vom 12. Juni 2001 über die Kontrollen zur Einhaltung der Vermarktungsnormen für frisches Obst und Gemüse (ABl. EG Nr. L 156 S. 9) in der jeweils geltenden Fassung vorzulegen.

1. Eine gültige Konformitätsbescheinigung nach Artikel 6 Abs. 2 der Verordnung (EG) Nr. 1148/2001 in der jeweils geltenden Fassung oder
2. eine gültige Konformitätsbescheinigung gemäß Artikel 7 Abs. 3 der Verordnung (EG) NE 1148/2001 in der jeweils geltenden Fassung oder
3. eine Bescheinigung über die industrielle Zweckbestimmung nach Artikel 8 Abs. 2 der Verordnung (EG) Nr. 1148/2001 in der jeweils geltenden Fassung.

Wird keine der in Satz 2 genannten Bescheinigungen vorgelegt, bedarf die Abfertigung zum freien Verkehr nach Artikel 6 Abs. 4 der Verordnung (EG) Nr. 1148/2001 in der jeweils geltenden Fassung der Zustimmung der Bundesanstalt für Landwirtschaft und Ernährung.

(3) Bei der genehmigungsfreien Einfuhr von Verarbeitungserzeugnissen aus Obst und Gemüse, für die von den Organen der Europäischen Gemeinschaft auf Grund der Verordnung (EG) Nr. 220 1/96 des Rates vom 28. Oktober 1996 über die gemeinsame Marktorganisation für Verarbeitungserzeugnisse aus Obst und Gemüse (ABI. EG NE L 297 S. 29) in der jeweils geltenden Fassung Mindestanforderungen festgelegt werden, prüft die Bundesanstalt für Landwirtschaft und Ernährung vor der Einfuhrabfertigung stichprobenweise, ob die Waren diesen Mindestanforderungen entsprechen.

(4) Absatz 2 ist nicht anwendbar, soweit für die Einfuhr der Ware das erleichterte Verfahren nach § 32 gilt.

§ 36 – Zwangsvollstreckung

Soll eine Zwangsvollstreckung in Waren vorgenommen werden, die sich in einer Freizone oder einem Zolllager befinden, so kann der Gläubiger eine Einfuhrerklärung abgeben oder eine Einfuhrgenehmigung sowie die Einfuhrabfertigung beantragen. In der Einfuhrerklärung oder im Antrag auf Einfuhrgenehmigung ist zu vermerken:»Zwangsvollstreckung«.

§ 37 – (aufgehoben).

Kapitel IV – Sonstiger Warenverkehr

1. Titel – Warendurchfuhr

§ 38 – (aufgehoben).

§ 39 – Durchfuhrverfahren

(1) Die Zulässigkeit der Durchfuhr wird beim Ausgang der Waren aus dem Wirtschaftsgebiet von der Ausgangszollstelle, beim Ausgang über eine Binnengrenze zu einem anderen Mitgliedstaat der Europäischen Gemeinschaften von jeder beteiligten Zollstelle geprüft. Die Zollstelle kann zu diesem Zweck von dem Warenführer oder von den Verfügungsberechtigten weitere Angaben und Beweismittel, insbesondere auch die Vorlage der Verladescheine, verlangen.

(2) (aufgehoben).

(3) (aufgehoben).

2. Titel – Transithandel

§ 40 – Beschränkung nach § 7 Abs. 1 AWG

(1) Die Veräußerung der von Teil I Abschnitt A der Ausfuhrliste (Anlage AL) oder Anhang IV der Verordnung (EG) Nr. 1334/2000 erfassten Güter im Rahmen eines Transithandelsgeschäftes bedarf der Genehmigung. Dies gilt nicht, wenn das Käufer- und Bestimmungsland in Anhang II Teil 3 der Verordnung (EG) Nr. 1334/2000 genannt oder Mitglied der Europäischen Union ist.

(2) Die Veräußerung der von Teil I Abschnitt B oder C der Ausfuhrliste (Anlage AL) erfassten Güter im Rahmen eines Transithandelsgeschäftes bedarf ferner der Genehmigung, wenn

- a) sich diese außerhalb des Gemeinschaftsgebietes befinden oder in das Gemeinschaftsgebiet verbracht, jedoch einfuhrrechtlich noch nicht abgefertigt worden sind und
- b) das Käufer- oder Bestimmungsland ein Embargoland im Sinne des Artikels 4 Abs. 2 der Verordnung (EG) Nr. 1334/2000 oder ein Land der Länderliste K ist.

(3) Eine Genehmigung nach Absatz 1 oder Absatz 2 ist nicht erforderlich, wenn die dort genannten Güter im Rahmen eines Transithandelsgeschäftes ausgeführt werden und die Ausfuhr nach § 5 oder Artikel 3 Abs. 1 der Verordnung (EG) Nr. 1334/2000 einer Ausfuhrgenehmigung bedarf.

§§ 41 und 42 – (aufgehoben).

§ 43 – (aufgehoben).

§ 43 a – Verfahrensvorschrift nach §§ 7 und 26 AWG

Wer als Transithändler einer Internationalen Einfuhrbescheinigung (International Import Certificate) oder einer Wareneingangsbescheinigung (Delivery Verification Certificate) bedarf, hat diese beim Bundesamt für Wirtschaft und Ausfuhrkontrolle (BAFA) zu beantragen. § 22 a gilt entsprechend mit der Maßgabe, dass die Einfuhr in das im Antrag bezeichnete Käufer- oder Bestimmungsland nachzuweisen ist.

3. Titel – (aufgehoben).

§ 43b – (aufgehoben).

Kapitel V – Dienstleistungsverkehr

1. Titel – Beschränkungen des aktiven Dienstleistungsverkehrs

§ 44 – Beschränkungen nach § 6 AWG

(1) (aufgehoben).

(2) Die Mitwirkung von Gebietsansässigen als Stellvertreter, Vermittler oder in ähnlicher Weise beim Abschluss von Frachtverträgen zur Beförderung einzelner Güter (Stückgüter) durch Seeschiffe fremder Flagge zwischen einem Gebietsfremden, der nicht in einem Land der Länderliste F 1 oder F 2 (Anlage L) ansässig ist, und einem weiteren Gebietsfremden bedarf der Genehmigung, wenn das Entgelt für die Beförderung *500 Euro* übersteigt.

§ 44 a – (aufgehoben).

§ 44 b – Beschränkung nach § 6 Abs. 1 AWG

Der Abschluss von Verträgen zwischen gebietsansässigen und gebietsfremden Seeschifffahrtsunternehmen bedarf insoweit der Genehmigung, als die Verträge Bestimmungen über die Aufteilung von Ladungen und Frachten enthalten.

§ 45 – Beschränkung nach § 5 AWG

(1) Technische Unterstützung außerhalb des Gemeinschaftsgebietes durch Gebietsansässige bedarf der Genehmigung, wenn der Gebietsansässige vom Bundesamt für Wirtschaft und Ausfuhrkontrolle (BAFA) unterrichtet worden ist, dass die technische Unterstützung zur Verwendung im Zusammenhang mit der Entwicklung, der Herstellung, der Handhabung, dem Betrieb, der Wartung, der Lagerung, der Ortung, der Identifizierung oder der Verbreitung von chemischen oder biologischen Waffen, von Kernwaffen oder sonstigen Kernsprengkörpern oder im Zusammenhang mit der Entwicklung, Herstellung, Wartung oder Lagerung von für die Ausbringung derartiger Waffen geeigneten Flugkörpern bestimmt ist.

(2) Ist einem Gebietsansässigen bekannt, dass eine technische Unterstützung, die er erbringen möchte, für einen in Absatz 1 genannten Zweck bestimmt ist, so hat er das Bundesamt für Wirtschaft und Ausfuhrkontrolle (BAFA) zu unterrichten; dieses entscheidet, ob die technische Unterstützung genehmigungspflichtig ist. Die technische Unterstützung darf erst erbracht werden, wenn das Bundesamt für Wirtschaft und Ausfuhrkontrolle (BAFA) die technische Unterstützung genehmigt oder entschieden hat, dass es einer Genehmigung nicht bedarf.

(3) Die Absätze 1 und 2 gelten nicht, wenn die technische Unterstützung

1. in einem Land erbracht wird, das in Anhang II Teil 3 der Verordnung (EG) Nr. 1334/2000 aufgeführt ist,
2. durch die Weitergabe von Informationen erfolgt, die im Sinne des Teils I der Ausfuhrliste (Anlage AL) allgemein zugänglich oder Teil der Grundlagenforschung sind, oder
3. mündlich erfolgt und nicht Technologie betrifft, die in Teil I Abschnitt A Nummern 0007, 0018, 0022 oder Abschnitt C Nummern der Gattung E der Ausfuhrliste (Anlage AL) genannt ist.

§ 45 a – Beschränkung nach § 7 Abs. 1 AWG

(1) Technische Unterstützung außerhalb des Gemeinschaftsgebietes durch Gebietsansässige, die nicht von § 45 Abs. 1 erfasst ist, bedarf der Genehmigung, wenn der Gebietsansässige vom *Bundesamt für Wirtschaft und Ausfuhrkontrolle (BAFA)* unterrichtet worden ist, dass die technische Unterstützung im Zusammenhang mit einer militärischen Endverwendung steht und in einem Embargoland im Sinne des Artikels 4 Abs. 2 der Verordnung (EG) Nr. 1334/2000 oder in einem Land der Länderliste K erbracht wird.

(2) Ist einem Gebietsansässigen bekannt, dass eine technische Unterstützung, die er erbringen möchte, für einen in Absatz 1 genannten Zweck bestimmt ist, so hat er das *Bundesamt für Wirtschaft und Ausfuhrkontrolle (BAFA)* zu unterrichten; dieses entscheidet, ob die technische Unterstützung genehmigungspflichtig ist. Die technische Unterstützung darf erst erbracht werden, wenn das *Bundesamt für Wirtschaft und Ausfuhrkontrolle (BAFA)* die technische Unterstützung genehmigt oder entschieden hat, dass es einer Genehmigung nicht bedarf.

(3) Die Absätze 1 und 2 gelten nicht, wenn die technische Unterstützung

1. durch die Weitergabe von Informationen erfolgt, die im Sinne des Teils 1 der Ausfuhrliste (Anlage AL) allgemein zugänglich oder Teil der Grundlagenforschung sind, oder
2. mündlich erfolgt und nicht Technologie betrifft, die Teil I Abschnitt A Nummern 0007, 0018, 0022 oder Abschnitt C Nummern der Gattung E der Ausfuhrliste (Anlage AL) genannt ist.

§ 45 b – Beschränkung nach § 7 Abs. 1 AWG

(1) Technische Unterstützung in mündlicher, fernmündlicher, elektronischer oder schriftlicher Form innerhalb des Wirtschaftsgebietes durch Gebietsansässige bedarf der Genehmigung, wenn der Gebietsansässige vom *Bundesamt für Wirtschaft und Ausfuhrkontrolle (BAFA)* unterrichtet worden ist, dass die technische Unterstützung zur Verwendung im Zusammenhang mit der Entwicklung, der Herstellung, der Handhabung, dem Betrieb, der Wartung, der Lagerung, der Ortung, der Identifizierung oder der Verbreitung von chemischen oder biologischen Waffen, von Kernwaffen oder sonstigen Kernsprengkörpern oder im Zusammenhang mit der Entwicklung, Herstellung, Wartung oder Lagerung von für die Ausbringung derartiger Waffen geeigneten Flugkörpern bestimmt ist und gegenüber Gebietsfremden erbracht wird, die nicht in einem Land ansässig sind, das in Anhang II Teil 3 der Verordnung (EG) Nr. 1334/2000 genannt oder Mitglied der Europäischen Union ist.

(2) Technische Unterstützung in mündlicher, fernmündlicher, elektronischer oder schriftlicher Form innerhalb des Wirtschaftsgebietes durch Gebietsansässige bedarf der Genehmigung, wenn der Gebietsansässige vom *Bundesamt für Wirtschaft und Ausfuhrkontrolle (BAFA)* unterrichtet worden ist, dass die technische Unterstützung im Zusammenhang mit einer militärischen Endverwendung steht, die nicht von Absatz 1 erfasst ist und gegenüber Gebietsfremden erbracht wird, die in einem Embargoland im Sinne des Artikels 4 Abs. 2 der Verordnung (EG) Nr. 1334/2000 oder in einem Land der Länderliste K ansässig sind.

(3) Ist einem Gebietsansässigen bekannt, dass eine technische Unterstützung, die er in mündlicher, fernmündlicher, elektronischer oder schriftlicher Form erbringen möchte, für einen in Absatz 1 oder Absatz 2 genannten Zweck bestimmt ist, so hat er das *Bundesamt für Wirtschaft und Ausfuhrkontrolle (BAFA)* zu unterrichten; dieses entscheidet, ob die technische Unterstützung genehmigungspflichtig ist. Die technische Unterstützung darf erst erbracht werden, wenn das *Bundesamt für Wirtschaft und Ausfuhrkontrolle (BAFA)* die technische Unterstützung genehmigt oder entschieden hat, dass es einer Genehmigung nicht bedarf.

(4) Die Absätze 1, 2 und 3 gelten nicht, wenn die technische Unterstützung

1. durch die Weitergabe von Informationen erfolgt, die im Sinne des Teils I der Ausfuhrliste (Anlage AL) allgemein zugänglich oder Teil der Grundlagenforschung sind, oder
2. nicht Technologie betrifft, die in Teil I Abschnitt A Nummern 0007, 0018, 0022 oder Abschnitt C Nummern der Gattung E der Ausfuhrliste (Anlage AL) genannt ist.

(5) Als Gebietsfremde im Sinne der Absätze 1 und 2 sind auch solche natürlichen Personen anzusehen, deren Wohnsitz oder gewöhnlicher Aufenthalt im Wirtschaftsgebiet auf höchstens fünf Jahre befristet ist.

§ 45 c – Beschränkung nach § 7 Abs. 1 AWG

(1) Technische Unterstützung durch Gebietsansässige bedarf der Genehmigung, wenn der Gebietsansässige vom *Bundesamt für Wirtschaft und Ausfuhrkontrolle (BAFA)* unterrichtet worden ist, dass die technische Unterstützung im Zusammenhang mit der Errichtung oder dem Betrieb von Anlagen für kerntechnische Zwecke im Sinne von § 5 d Abs. 1 in Algerien, Indien, Irak, Iran, Israel, Jordanien, Libyen, Nordkorea, Pakistan oder Syrien steht.

(2) Ist einem Gebietsansässigen bekannt, dass eine technische Unterstützung, die er erbringen möchte, für einen in Absatz 1 genannten Zweck bestimmt ist, so hat er das *Bundesamt für Wirtschaft und Ausfuhrkontrolle (BAFA)* zu unterrichten; dieses entscheidet, ob die technische Unterstützung genehmigungspflichtig ist. Die technische Unterstützung darf erst erbracht werden, wenn das *Bundesamt für Wirtschaft und Ausfuhrkontrolle (BAFA)* die technische Unterstützung genehmigt oder entschieden hat, dass es einer Genehmigung nicht bedarf,

(3) Die Absätze 1 und 2 gelten nicht, wenn die technische Unterstützung

1. durch die Weitergabe von Informationen erfolgt, die im Sinne des Teils I der Ausfuhrliste (Anlage AL) allgemein zugänglich oder Teil der Grundlagenforschung sind, oder
2. nicht Technologie betrifft, die in Teil I Abschnitt C Nummern der Kategorie 0 der Ausfuhrliste (Anlage AL) genannt ist.

§ 45 d – Beschränkung nach § 7 Abs. 3 AWG

Die §§ 45, 45 a, 45 b und 45 c gelten auch für technische Unterstützung, die durch nicht gebietsansässige Deutsche erbracht wird.

§ 45 e – Befreiungen von der Genehmigungsbedürftigkeit

Die §§ 45, 45 a, 45 b und 45 c gelten nicht für die Erbringung technischer Unterstützung in folgenden Fällen:

1. die technische Unterstützung durch Behörden und Dienststellen der Bundesrepublik Deutschland im Rahmen ihrer dienstlichen Aufgaben;
2. die technische Unterstützung durch Gebietsansässige, die für die Bundeswehr auf Grund von ihr erteilter Aufträge erbracht wird;
3. die technische Unterstützung, die zu einem Zweck erbracht wird, der in den Ausnahmen für Güter der MTCR-Technologie in Anhang IV der Verordnung (EG) Nr. 1334/2000 genannt ist;
4. die erstmalige Herstellung der Betriebsbereitschaft von Gütern, deren Ausfuhr oder Verbringung genehmigt worden ist.

2. Titel – Beschränkungen des passiven Dienstleistungsverkehrs

§ 46 – Beschränkung nach § 18 AWG

(1) Der Abschluss von Frachtverträgen zur Beförderung einzelner Güter (Stückgüter) durch Seeschiffe fremder Flagge zwischen Gebietsansässigen und Gebietsfremden, die nicht in einem Land der Länderliste F 1 und F 2 (Anlage L) ansässig sind, bedarf der Genehmigung, wenn das Entgelt für die Dienstleistung eintausend Deutsche Mark übersteigt.

(2) Das Chartern von Seeschiffen fremder Flagge bedarf der Genehmigung, wenn der Chartervertrag zwischen Gebietsansässigen und Gebietsfremden, die nicht in einem Land der Länderliste F 2 ansässig sind, geschlossen wird.

§ 47 – Beschränkung nach § 20 AWG

(1) Rechtsgeschäfte zwischen Gebietsansässigen und Gebietsfremden, die

1. das Mieten von Binnenschiffen, die nicht in einem Binnenschiffsregister im Wirtschaftsgebiet eingetragen sind,
2. die Beförderung von Gütern mit solchen Binnenschiffen oder
3. das Schleppen durch solche Binnenschiffe

im Güterverkehr innerhalb des Wirtschaftsgebiets zum Gegenstand haben, bedürfen der Genehmigung.

(2) Die Genehmigung ist nicht erforderlich für Rechtsgeschäfte nach Absatz 1, die eine Verwendung des Binnenschiffs nur

1. im Verkehr mit Beginn und Ende im Rheinstromgebiet oder
2. im Wechselverkehr zwischen dem Rheinstromgebiet und den Häfen des westdeutschen Kanalgebiets bei Dortmund und Hamm

vorsehen.

(3) Die Genehmigung ist mit Wirkung vom 1. Januar 1993 nicht erforderlich für Rechtsgeschäfte nach Absatz 1 mit Unternehmen, die die Voraussetzungen der Verordnung (EWG) Nr. 3921/91 des Rates vom

16. Dezember 1991 über die Bedingungen für die Zulassung von Verkehrsunternehmen zum Binnenschiffsgüter- und -personenverkehr innerhalb eines Mitgliedstaats, in dem sie nicht ansässig sind (ABl. EG Nr. L 373 S. 1), erfüllen.

§ 48 – (aufgehoben).

§ 49 – Beschränkung nach § 21 AWG

(1) Rechtsgeschäfte zwischen Gebietsansässigen und Versicherungsunternehmen mit Sitz in einem fremden Wirtschaftsgebiet über

1. Schiffskasko- und Schiffshaftpflichtversicherungen oder
2. Luftfahrtversicherungen, ausgenommen Verkehrsfluggast-Unfallversicherungen,

bedürfen der Genehmigung.

(2) Eine Genehmigung ist nicht erforderlich, wenn das Versicherungsunternehmen
1. bei Versicherungen nach Absatz 1 Nr. 1 in einem Land der Länderliste G 1 (Anlage L),
2. bei Versicherungen nach Absatz 1 Nr. 2 in einem Land der Länderliste G 2 (Anlage L)

seinen Sitz hat.

(3) Eine Genehmigung ist ferner nicht erforderlich, wenn das Rechtsgeschäft unter Mitwirkung einer Niederlassung oder Agentur vorgenommen wird, die ihre Tätigkeit auf Grund einer Genehmigung nach dem Versicherungsaufsichtsgesetz ausübt.

3. Titel – Meldevorschriften nach § 26 AWG

§ 50 – (aufgehoben).

§ 50 a – Meldungen über Entgelte für Filmrechte

(1) Gebietsansässige haben Lizenzabgaben aus Verträgen, in denen von Gebietsfremden Vorführungs-, Video- oder Senderechte an Spiel-, Kinder- oder Jugendfilmen mit einer Abspieldauer von mindestens 45 Minuten erworben werden, oder Lizenzerlöse aus Verträgen, in denen Gebietsfremden solche Rechte eingeräumt werden, zu melden.

(2) In den Meldungen sind die Gesamtzahl der Filme und die Summe der Lizenzentgelte ohne Abzug von Vertriebsspesen oder Vertriebskosten, aufgeschlüsselt nach Lizenzgebieten und innerhalb der Lizenzgebiete wiederum aufgeschlüsselt nach Kinorechten, Videorechten und Fernsehrechten, anzugeben. Im Falle der Lizenzvergabe sind die Entgelte getrennt nach Filmen deutschen und ausländischen Ursprungs sowie nach den Lizenznehmerländern anzugeben, im Falle der Lizenznahme sind die Entgelte nach den einzelnen Lizenzgeberländern zusammenzufassen. Ist für mehrere Auswertungsrechte ein einheitliches Lizenzentgelt vereinbart, so ist die Aufschlüsselung des Entgeltes nach Möglichkeit im Wege der Schätzung vorzunehmen.

(3) Die Meldungen sind jährlich bis spätestens Ende Februar eines Kalenderjahres für das vorhergehende Kalenderjahr (Meldezeitraum) zu erstatten. Die Meldungen haben alle in dem Meldezeitraum bewirkten Zahlungen, einschließlich der im Rahmen von Lizenzgarantien geleisteten Vorauszahlungen, zu umfassen.

(4) Meldepflichtig sind die gebietsansässigen Vertriebsunternehmen, sofern die Lizenzgeschäfte über sie abgewickelt werden. In allen anderen Fällen obliegt die Meldepflicht den gebietsansässigen Lizenznehmern und Lizenzgebern.

(5) Die Meldungen sind an das Bundesamt für Wirtschaft *und Ausfuhrkontrolle (BAFA)* zu richten. Das Bundesamt *für Wirtschaft und Ausfuhrkontrolle (BAFA)* kann für einzelne Meldepflichtige oder für Gruppen von Meldepflichtigen vereinfachte Meldungen oder Abweichungen von Meldefristen zulassen, soweit dafür besondere Gründe vorliegen oder der Zweck der Meldevorschriften nicht beeinträchtigt wird.

§ 50 b – Meldungen des Braugewerbes

(1) Gebietsansässige haben den Abschluss von Verträgen zu melden, in denen sie Gebietsfremden das Recht einräumen, Bier, das in einem fremden Wirtschaftsgebiet hergestellt ist, mit einer Bezeichnung oder Ausstattung zu vertreiben, die mit einer von den Gebietsansässigen zur Kennzeichnung des Ursprungs ihrer Erzeugnisse benutzten Bezeichnung oder Ausstattung übereinstimmt oder verwechselt werden kann. Das Gleiche gilt für das Einbringen solcher Vertriebsrechte in ein Unternehmen in einem fremden Wirtschaftsgebiet.

(2) In den Meldungen sind die Person, der das Vertriebsrecht eingeräumt wird, das Ursprungsland, das Bestimmungsland und die voraussichtliche Vertriebsmenge des Biers sowie die Bezeichnungen oder Ausstattungen anzugeben, mit denen das Bier vertrieben werden soll. Die Meldungen sind innerhalb zweier Wochen nach Abschluss des Vertrages der obersten Landesbehörde für Wirtschaft abzugeben, in deren Bereich der Meldepflichtige ansässig ist. Die Landesregierungen werden ermächtigt, durch Rechtsverordnung die zuständige Behörde abweichend von Satz 2 zu bestimmen. Sie können diese Ermächtigung auf oberste Landesbehörden übertragen.

Kapitel VI – Kapitalverkehr

1. Titel – Beschränkungen

§ 51 – Beschränkungen nach § 5 AWG zur Erfüllung des Abkommens über deutsche Auslandsschulden

(1) Einem Schuldner ist die Bewirkung von Zahlungen und sonstigen Leistungen verboten, wenn sie

1. die Erfüllung einer Schuld im Sinne des Abkommens vom 27. Februar 1953 über deutsche Auslandsschulden (BGBl. II S. 331) zum Gegenstand haben, die Schuld aber nicht geregelt ist;
2. die Erfüllung einer geregelten Schuld im Sinne des Abkommens zum Gegenstand haben, sich aber nicht innerhalb der Grenzen der festgesetzten Zahlungs- und sonstigen Bedingungen halten;
3. die Erfüllung von Verbindlichkeiten zum Gegenstand haben, die in nichtdeutscher Währung zahlbar sind oder waren und die zwar den Voraussetzungen des Artikels 4 Abs. 1 und 2 des Abkommens entsprechen, aber die Voraussetzungen des Artikels 4 Abs. 3 Buchstabe a oder b des Abkommens hinsichtlich der Person des Gläubigers nicht erfüllen, es sei denn, dass es sich um Verbindlichkeiten aus marktfähigen Wertpapieren handelt, die in einem Gläubigerland zahlbar sind.

(2) Die in Artikel 3 des Abkommens enthaltenen Begriffsbestimmungen gelten auch für Absatz 1.

§ 52 – (aufgehoben).

§§ 53 und 54 – (aufgehoben).

2. Titel – Meldevorschriften nach § 26 AWG

§ 55 – (aufgehoben).

§ 56 – (aufgehoben).

§ 56 a – Vermögen Gebietsansässiger in fremden Wirtschaftsgebieten

(1) Der Stand und ausgewählte Positionen der Zusammensetzung folgenden Vermögens in fremden Wirtschaftsgebieten sind nach § 56 b zu melden:
1. des Vermögens eines gebietsfremden Unternehmens, wenn dem Gebietsansässigen zehn oder mehr vom Hundert der Anteile oder der Stimmrechte an dem Unternehmen zuzurechnen sind;
2. des Vermögens eines gebietsfremden Unternehmens, wenn zehn oder mehr vom Hundert der Anteile oder Stimmrechte an diesem Unternehmen einem von einem Gebietsansässigen abhängigen gebietsfremden Unternehmen zuzurechnen sind;
3. des Vermögens Gebietsansässiger in ihren gebietsfremden Zweigniederlassungen und auf Dauer angelegten Betriebsstätten.

(2) Ein gebietsfremdes Unternehmen gilt im Sinne des Absatzes 1 Nr. 2 als von einem Gebietsansässigen abhängig, wenn dem Gebietsansässigen mehr als fünfzig vom Hundert der Anteile oder Stimmrechte an dem gebietsfremden Unternehmen zuzurechnen sind. Wenn einem von einem Gebietsansässigen abhängigen gebietsfremden Unternehmen sämtliche Anteile oder Stimmrechte an einem anderen gebietsfremden Unternehmen zuzurechnen sind, so ist auch das andere gebietsfremde Unternehmen und unter denselben Voraussetzungen jedes weitere Unternehmen im Sinne des Absatzes 1 Nr. 2 als von einem Gebietsansässigen abhängig anzusehen.

(3) Absatz 1 findet keine Anwendung, wenn die Bilanzsumme des gebietsfremden Unternehmens, an dem der Gebietsansässige oder ein anderes von ihm abhängiges gebietsfremdes Unternehmen beteiligt

ist, oder das Betriebsvermögen der gebietsfremden Zweigniederlassung oder Betriebsstätte des Gebietsansässigen *drei Millionen Euro* nicht überschreitet.

§ 56 b – Abgabe der Meldungen nach § 56 a

(1) Die Meldungen sind einmal jährlich nach dem Stand des Bilanzstichtages des Meldepflichtigen oder, soweit der Meldepflichtige nicht bilanziert, nach dem Stand des 31. Dezember der Deutschen Bundesbank mit dem Vordruck »Vermögen Gebietsansässiger in fremden Wirtschaftsgebieten« (Anlage K 3) zu erstatten. Die Deutsche Bundesbank übermittelt die Angaben des Meldepflichtigen dem Bundesministerium für Wirtschaft und Arbeit in geeigneter Form; sie kann dem Bundesministerium für Wirtschaft und Arbeit dazu auf dessen Verlangen eine Ausfertigung der Meldung übersenden.

(2) Stimmt der Bilanzstichtag eines gebietsfremden Unternehmens, an dem der Meldepflichtige oder ein anderes von ihm abhängiges gebietsfremdes Unternehmen beteiligt ist, nicht mit dem Bilanzstichtag des Meldepflichtigen oder, soweit der Meldepflichtige nicht bilanziert, nicht mit dem 31. Dezember überein, so kann bei der Berechnung des Vermögens von dem diesem Zeitpunkt unmittelbar vorangegangenen Bilanzstichtag des gebietsfremden Unternehmens ausgegangen werden.

(3) Die Meldungen sind jeweils spätestens bis zum letzten Werktag des sechsten auf den Bilanzstichtag des Meldepflichtigen oder, soweit der Meldepflichtige nicht bilanziert, des sechsten auf den 31. Dezember folgenden Kalendermonats bei der Deutschen Bundesbank abzugeben.

(4) Meldepflichtig ist der Gebietsansässige, dem das Vermögen unmittelbar oder über ein abhängiges gebietsfremdes Unternehmen am Bilanzstichtag des Gebietsansässigen oder, soweit er nicht bilanziert, am 31. Dezember jeweils zuzurechnen ist.

§ 57 – (aufgehoben).

§ 58 – (aufgehoben).

§ 58 a – Vermögen Gebietsfremder im Wirtschaftsgebiet

(1) Der Stand und ausgewählte Positionen der Zusammensetzung folgenden Vermögens im Wirtschaftsgebiet sind nach § 58 b zu melden:

1. des Vermögens eines gebietsansässigen Unternehmens, wenn einem Gebietsfremden oder mehreren wirtschaftlich verbundenen Gebietsfremden zusammen zehn oder mehr vom Hundert der Anteile oder Stimmrechte an dem gebietsansässigen Unternehmen zuzurechnen sind;

2. des Vermögens eines gebietsansässigen Unternehmens, wenn zehn oder mehr vom Hundert der Anteile oder Stimmrechte an diesem Unternehmen einem von einem Gebietsfremden oder einem von mehreren wirtschaftlich verbundenen Gebietsfremden abhängigen gebietsansässigen Unternehmen zuzurechnen sind;

3. des Vermögens Gebietsfremder in ihren gebietsansässigen Zweigniederlassungen und auf Dauer angelegten Betriebsstätten.

(2) Gebietsfremde sind als wirtschaftlich verbunden im Sinne des Absatzes 1 Nr. 1 und 2 anzusehen, wenn sie gemeinsam wirtschaftliche Interessen verfolgen; dies gilt auch, wenn sie gemeinsam wirtschaftliche Interessen zusammen mit Gebietsansässigen verfolgen. Als solche wirtschaftlich verbundene Gebietsfremde gelten insbesondere:

1. natürliche und juristische gebietsfremde Personen, die sich zum Zwecke der Gründung oder des Erwerbs eines gebietsansässigen Unternehmens, des Erwerbs von Beteiligungen an einem solchen Unternehmen oder zur gemeinsamen Ausübung ihrer Anteilsrechte an einem solchen Unternehmen zusammengeschlossen haben, ferner natürliche und juristische gebietsfremde Personen, die gemeinsam wirtschaftliche Interessen verfolgen, indem sie an einem oder mehreren Unternehmen Beteiligungen halten;

2. natürliche gebietsfremde Personen, die miteinander verheiratet oder in gerader Linie verwandt, verschwägert oder durch Adoption verbunden oder in der Seitenlinie bis zum dritten Grade verwandt oder bis zum zweiten Grade verschwägert sind, oder
3. juristische gebietsfremde Personen, die im Sinne des § 15 des Aktiengesetzes miteinander verbunden sind.

(3) Ein gebietsansässiges Unternehmen gilt im Sinne des Absatzes 1 Nr. 2 als von einem Gebietsfremden oder von mehreren wirtschaftlich verbundenen Gebietsfremden abhängig, wenn dem Gebietsfremden oder den wirtschaftlich verbundenen Gebietsfremden zusammen mehr als fünfzig vom Hundert der Anteile oder Stimmrechte an dem gebietsansässigen Unternehmen zuzurechnen sind. Wenn einem von einem Gebietsfremden oder von mehreren wirtschaftlich verbundenen Gebietsfremden abhängigen gebietsansässigen Unternehmen sämtliche Anteile oder Stimmrechte an einem anderen gebietsansässigen Unternehmen zuzurechnen sind, so ist auch das andere gebietsansässige Unternehmen und unter denselben Voraussetzungen jedes weitere Unternehmen im Sinne des Absatzes 1 Nr. 2 als von einem Gebietsfremden oder von mehreren wirtschaftlich verbundenen Gebietsfremden abhängig anzusehen.

(4) Absatz 1 findet keine Anwendung, wenn die Bilanzsumme des gebietsansässigen Unternehmens, an dem der Gebietsfremde, die wirtschaftlich verbundenen Gebietsfremden oder ein anderes von dem Gebietsfremden oder von den wirtschaftlich verbundenen Gebietsfremden abhängiges gebietsansässiges Unternehmen beteiligt ist, oder das Betriebsvermögen der gebietsansässigen Zweigniederlassung oder Betriebsstätte des Gebietsfremden *500.000 Euro* nicht überschreitet. Diese Betragsgrenze erhöht sich auf *fünf Millionen Euro*, wenn die Beteiligung weniger als fünfzig vom Hundert der Anteile und der Stimmrechte an dem Unternehmen ausmacht. Absatz 1 findet ferner insoweit keine Anwendung, als dem Gebietsansässigen Unterlagen, die er zur Erfüllung seiner Meldepflicht benötigt, aus tatsächlichen oder rechtlichen Gründen nicht zugänglich sind. Absatz 1 Nr. 1 und 2 findet keine Anwendung, wenn das gebietsansässige oder das abhängige gebietsansässige Unternehmen, an dem wirtschaftlich verbundene Gebietsfremde beteiligt sind, nicht erkennen kann, dass es sich bei den Gebietsfremden im Sinne des Absatzes 2 um wirtschaftlich verbundene Gebietsfremde handelt.

§ 58 b – Abgabe der Meldungen nach § 58 a

(1) Die Meldungen sind einmal jährlich nach dem Stand des Bilanzstichtages des Meldepflichtigen oder, soweit es sich bei dem Meldepflichtigen um eine nicht bilanzierende gebietsansässige Zweigniederlassung oder Betriebsstätte eines gebietsfremden Unternehmens handelt, nach dem Stand des Bilanzstichtages des gebietsfremden Unternehmens der Deutschen Bundesbank mit dem Vordruck »Vermögen Gebietsfremder im Wirtschaftsgebiet« (Anlage K 4) zu erstatten. Die Deutsche Bundesbank übermittelt die Angaben der Meldepflichtigen dem Bundesministerium für Wirtschaft und Arbeit in geeigneter Form; sie kann dem Bundesministerium für Wirtschaft und Arbeit dazu auf dessen Verlangen eine Ausfertigung der Meldung übersenden.

(2) Die Meldungen sind spätestens bis zum letzten Werktag des sechsten auf den Bilanzstichtag des Meldepflichtigen oder, soweit es sich bei dem Meldepflichtigen um eine nicht bilanzierende gebietsansässige Zweigniederlassung oder Betriebsstätte eines gebietsfremden Unternehmens handelt, des sechsten auf den Bilanzstichtag des gebietsfremden Unternehmens folgenden Monats bei der Deutschen Bundesbank abzugeben.

(3) Meldepflichtig ist
1. in den Fällen des § 58 a Abs. 1 Nr. 1 das gebietsansässige Unternehmen,
2. in den Fällen des § 58 a Abs. 1 Nr. 2 das abhängige gebietsansässige Unternehmen,
3. in den Fällen des § 58 a Abs. 1 Nr. 3 die gebietsansässige Zweigniederlassung oder Betriebsstätte.

§ 58 c – Ausnahmen

(1) Die Deutsche Bundesbank kann für einzelne Meldepflichtige oder für Gruppen von Meldepflichtigen vereinfachte Meldungen oder Abweichungen von Meldefristen oder Vordrucken zulassen oder einzelne Meldepflichtige oder Gruppen von Meldepflichtigen befristet oder widerruflich von einer Meldepflicht freistellen, soweit dafür besondere Gründe vorliegen oder der Zweck der Meldevorschriften nicht beeinträchtigt wird.

(2) Meldungen können anstatt auf amtlichen Vordrucken auch in anderer Form abgegeben werden, sofern dies bei der Meldestelle beantragt wird und die von der Meldestelle erlassenen Formvorschriften beachtet werden.

Kapitel VII – Zahlungsverkehr

1. Titel – Beschränkungen (aufgehoben).

2. Titel – Meldevorschriften nach § 26 AWG

1. Untertitel – Allgemeine Vorschriften

§ 59 – Meldung von Zahlungen

(1) Gebietsansässige haben Zahlungen, die sie

1. von Gebietsfremden oder für deren Rechnung von Gebietsansässigen entgegennehmen (eingehende Zahlungen) oder
2. an Gebietsfremde oder für deren Rechnung an Gebietsansässige leisten (ausgebende Zahlungen),

zu melden.

(2) Absatz 1 findet keine Anwendung auf

1. Zahlungen, die den Betrag von *12.500 Euro* oder den Gegenwert in *anderer* Währung nicht übersteigen,
2. *Zahlungen für die Wareneinfuhr und die Warenausfuhr,*
3. Zahlungen, die die Gewährung, Aufnahme oder Rückzahlung von Krediten (einschließlich der Begründung und Rückzahlung von Guthaben) mit einer ursprünglich vereinbarten Laufzeit oder Kündigungsfrist von nicht mehr als zwölf Monaten zum Gegenstand haben.

(3) Zahlung im Sinne dieses Kapitels ist auch die Aufrechnung und die Verrechnung. Als Zahlung gilt ferner das Einbringen von Sachen und Rechten in Unternehmen, Zweigniederlassungen und Betriebsstätten.

§ 60 – Form der Meldung

(1) Ausgehende Zahlungen, die über ein gebietsansässiges Geldinstitut geleistet werden, sind mit dem Vordruck »Zahlungsauftrag im Außenwirtschaftsverkehr« (Anlage Z 1) zu melden; Zahlungen im Transithandel sind gemäß Absatz 3 Zahlungen im Zusammenhang mit Transaktionen von Wertpapieren und Finanzderivaten gemäß Absatz 4 zu melden.

(2) Ausgehende Zahlungen

1. zu Gunsten Gebietsfremder auf deren Konten bei gebietsansässigen Geldinstituten,
2. zu Gunsten Gebietsansässiger für Rechnung von Gebietsfremden, können abweichend von Absatz 1 mit dem Vordruck »Zahlungen im Außenwirtschaftsverkehr« (Anlage Z 4) gemeldet werden.

(3) Eingehende Zahlungen und ausgehende Zahlungen, die nicht nach Absatz 1 gemeldet werden müssen, sind mit dem Vordruck »Zahlungen im Außenwirtschaftsverkehr« (Anlage Z 4) zu melden.

(4) Ein- und ausgehende Zahlungen im Zusammenhang mit Wertpapiergeschäften und Finanzderivaten sind mit dem Vordruck „Wertpapiergeschäfte und Finanzderivate im Außenwirtschaftsverkehr" (Anlage Z 10) zu melden.

(5) In den Meldungen sind aussagefähige Angaben zu den zugrunde liegenden Leistungen oder zum Grundgeschäft zu machen und die entsprechenden Kennzahlen des Leistungsverzeichnisses (Anlage LV) anzugeben. Im Fall von Transaktionen mit Wertpapieren und Finanzderivaten sind anstelle der Angaben zum Grundgeschäft die Bezeichnungen der Wertpapiere, die internationale Wertpapierkennnummer (ISIN) sowie Nennbetrag oder Stückzahl anzugeben.

(6) Bei abgabenbegünstigten Lieferungen und Leistungen an im Wirtschaftsgebiet stationierte ausländische Truppen sowie an das zivile Gefolge kann abweichend von Absatz 3 die Meldung auch durch Abgabe einer Durchschrift der Empfangsbestätigung der Truppen oder des zivilen Gefolges nach dem auf Grund der Abgabenvorschriften vorgeschriebenen Muster erstattet werden.

§ 61 – Meldefrist

Die Meldungen sind abzugeben

1. bei Zahlungen nach § 60 Abs. 1 erster Halbsatz mit der Erteilung des Auftrages an das Geldinstitut; der Auftraggeber kann die für die Deutsche Bundesbank bestimmte Ausfertigung des Zahlungsauftrages bei der Erteilung des Auftrages auch in verschlossenem Umschlag, auf dem sein Name und seine Anschrift als Absender angegeben sind, zur Weiterleitung an die Deutsche Bundesbank abgeben; in diesem Falle brauchen in der für das Geldinstitut bestimmten Ausfertigung die statistischen Angaben und

in der für die Deutsche Bundesbank bestimmten Ausfertigung die zahlungsverkehrstechnischen Angaben nicht ausgefüllt zu werden,

2. (gestrichen);
3. bei Zahlungen nach § 60 Abs. 2 und 3

bis zum siebenten Tage des auf die Leistung oder Entgegennahme der Zahlungen folgenden Monats, Sammelmeldungen sind zulässig.

§ 62 – Meldung der Forderungen und Verbindlichkeiten

(1) Gebietsansässige, ausgenommen gebietsansässige Monetäre Finanzinstitute (MFIs) und Investmentaktiengesellschaften sowie Kapitalgesellschaften bezüglich der Forderungen und Verbindlichkeiten ihrer Investmentfonds, haben ihre Forderungen und Verbindlichkeiten gegenüber Gebietsfremden zu melden, wenn diese Forderungen oder Verbindlichkeiten bei Ablauf eines Monats jeweils zusammengerechnet mehr als *fünf Millionen Euro* betragen.

(2) Die Forderungen und Verbindlichkeiten gegenüber gebietsfremden Geldinstituten sind jeweils monatlich bis zum zehnten Tage des folgenden Monats nach dem Stand des letzten Werktages des Vormonats in doppelter Ausfertigung mit dem Vordruck »Forderungen und Verbindlichkeiten aus Finanzbeziehungen mit gebietsfremden Geldinstituten« (Anlage Z 5) zu melden.

(3) Forderungen und Verbindlichkeiten gegenüber sonstigen Gebietsfremden sind jeweils monatlich bis zum zwanzigsten Tage des folgenden Monats nach dem Stand des letzten Werktages des Vormonats in doppelter Ausfertigung mit den Vordrucken »Forderungen und Verbindlichkeiten aus Finanzbeziehungen mit gebietsfremden Nichtbanken« (Anlage Z 5 a Blatt 1) und »Forderungen und Verbindlichkeiten gegenüber Gebietsfremden aus dem Waren- und Dienstleistungsverkehr« (Anlage Z 5 a Blatt 2) zu melden.

(4) (aufgehoben).

(5) Entfällt für einen Gebietsansässigen, der für einen vorangegangenen Meldestichtag meldepflichtig war, wegen Unterschreitens der in Absatz 1 genannten Betragsgrenze die Meldepflicht, so hat er dies bis zum zwanzigsten Tage des darauf folgenden Monats der Meldestelle schriftlich anzuzeigen.

§ 63 – Meldestellen

(1) Die Meldungen sind der Deutschen Bundesbank zu erstatten.

(2) Die Meldung auf Vordruck Anlage Z 1 ist bei dem beauftragten Geldinstitut zur Weiterleitung an die Deutsche Bundesbank abzugeben.

§ 64 – Ausnahmen

§ 58 c gilt entsprechend.

2. Untertitel – Ergänzende Meldevorschriften

§ 65 – (aufgehoben).

§ 66 – Zahlungen im Transithandel

(1) Wenn die Ware bei Abgabe der Meldung gemäß § 60 Abs. 1, 2. Halbsatz bereits an einen Gebietsfremden weiterveräußert ist, so ist der Zahlungseingang zusammen mit dem Zahlungsausgang zu melden. Ist die Zahlung des gebietsfremden Erwerbers im Zeitpunkt des Zahlungsausgangs noch nicht eingegangen, so ist der vereinbarte Betrag der Zahlung zu melden.

(2) Wer eine ausgehende Zahlung im Transithandel gemeldet hat und die Transithandelsware danach in das Wirtschaftsgebiet verbringt, hat dies mit Vordruck Anlage Z 4 unter Angabe des gemeldeten Betrages und des Zeitpunktes der Zahlung mit dem Zusatz »Stornierung im Transithandel« zu melden.

(3) In den Fällen der Absätze 1 und 2 sind ferner die Benennung der Ware, die zweistellige Kapitelnummer des Warenverzeichnisses für die Außenhandelsstatistik und das Einkaufsland im Sinne des § 21 b Abs. 2 anzugeben.

§ 67 – Zahlungen der Seeschifffahrtsunternehmen

Gebietsansässige, die ein Seeschifffahrtsunternehmen betreiben, haben abweichend von den §§ 59 bis 61 Zahlungen, die sie im Zusammenhang mit dem Betrieb der Seeschifffahrt entgegennehmen oder leisten, mit dem Vordruck »Einnahmen und Ausgaben der Seeschifffahrt« (Anlage Z 8) monatlich bis zum siebenten Tage des auf die Zahlung folgenden Monats der Deutschen Bundesbank in zweifacher Ausfertigung zu melden. Die Landeszentralbank übersendet eine Ausfertigung der zuständigen obersten Landesbehörde für Wirtschaft.

§ 68 – (aufgehoben).

3. Untertitel – Meldevorschriften für Geldinstitute
§ 69 – Meldungen der Geldinstitute

(1) Soweit Zahlungen nach Absatz 2 zu melden sind, finden die §§ 59 bis 63 keine Anwendung.

(2) Gebietsansässige Geldinstitute haben zu melden

1. Zahlungen für die Veräußerung oder den Erwerb von Wertpapieren und Finanzderivaten, die das Geldinstitut für eigene oder fremde Rechnung an Gebietsfremde verkauft oder von Gebietsfremden kauft, sowie Zahlungen, die das Geldinstitut im Zusammenhang mit der Einlösung inländischer Wertpapiere leistet oder von diesen erhält mit dem Vordruck »Wertpapiergeschäfte und Finanzderivate im Außenwirtschaftsverkehr« (Anlage Z 10);
2. Zins- und Dividendenzahlungen auf inländische Wertpapiere, die sie an Gebietsfremde leisten oder von diesen erhalten, mit dem Vordruck »Zahlungen für Wertpapiererträge im Außenwirtschaftsverkehr« (Anlage Z 11);
3. eingehende und ausgehende Zahlungen für Zinsen und zinsähnliche Erträge und Aufwendungen (ausgenommen Wertpapierzinsen), die sie für eigene Rechnung von Gebietsfremden entgegennehmen oder an Gebietsfremde leisten,
   mit den Vordrucken »Zinseinnahmen und zinsähnliche Erträge im Außenwirtschaftsverkehr (ohne Wertpapierzinsen)« (Anlage Z 14) und »Zinsausgaben und zinsähnliche Aufwendungen im Außenwirtschaftsverkehr (ohne Wertpapierzinsen« (Anlage Z 15);
4. im Zusammenhang mit dem Reiseverkehr und der Personenbeförderung
   - a) ein- und ausgehende Zahlungen aus Kartenumsätzen mit dem Vordruck „Zahlungseingänge/Zahlungsausgänge im Reiseverkehr: Karten-Umsätze" (Anlage Z 12);
   - b) ein- und ausgehende Zahlungen aus dem An- und Verkauf von Sorten sowie Umsätze aus dem Verkauf bzw. aus der Versendung von Fremdwährungsreiseschecks mit dem Vordruck „Zahlungseingänge / Zahlungsausgänge im Reiseverkehr: Sorten und Fremdwährungsreiseschecks" (Anlage Z 13).

(3) Absatz 2 Nr. 1 und 3 findet keine Anwendung auf Zahlungen, die den Betrag von 12.500 Euro oder den Gegenwert in anderer Währung nicht übersteigen.

(4) Bei Meldungen nach Absatz 2 Nr. 1 sind die Kennzahlen des Leistungsverzeichnisses (Anlage LV) und die Bezeichnungen der Wertpapiere die internationale Wertpapierkennnummer (ISIN) sowie Nennbetrag oder Stückzahl anzugeben.

(5) Es sind zu erstatten

1. Meldungen nach Absatz 2 Nr. 1, 2 und 4 monatlich bis zum fünften Tage des auf den meldepflichtigen Vorgang folgenden Monats;
2. Meldungen nach Absatz 2 Nr. 3 monatlich bis zum siebenten Tage des auf den meldepflichtigen Vorgang folgenden Monats. Zinsen und zinsähnliche Erträge und Aufwendungen im Kontokorrent- und Sparverkehr, einschließlich Zinsen auf Sparbriefe und Namens-Sparschuldverschreibungen, brauchen nur halbjährlich bis zum dreißigsten Tage nach Ablauf eines Kalenderhalbjahres gemeldet zu werden.

(6) Die Meldungen sind der Deutschen Bundesbank zu erstatten.

Kapitel VII a – Besondere Beschränkungen gegen Irak

§ 69 a–f (weggefallen)

Kapitel VII b – Besondere Beschränkungen gegen Sierra Leone

§ 69 g – Beschränkungen auf Grund der Resolutionen 1132 (1997) vom 8. Oktober 1997 und 1171 (1998) vom 4. Juni 1998 des Sicherheitsrates der Vereinten Nationen (Kapitel VII der Charta)

(1) Die folgenden Tätigkeiten im Geltungsbereich dieser Verordnung, einschließlich des Luftraums, oder ausgehend vom Geltungsbereich dieser Verordnung oder durch ein Schiff oder Luftfahrzeug, das berechtigt ist, die Bundesflagge oder das Staatszugehörigkeitszeichen der Bundesrepublik Deutschland zu führen, sind verboten:

Der Verkauf und die Lieferung von Rüstungsmaterial und damit im Zusammenhang stehender Waren aller Art und Ersatzteilen, einschließlich des Verkaufs und der Lieferung von Waffen, Munition, militärischen Fahrzeugen und Ausrüstungsgegenständen hierfür und paramilitärischer Ausrüstung.

(2) Das Verbot des Absatzes 1 gilt nicht für den Verkauf oder die Lieferung an die Regierung von Sierra Leone. Der Verkauf und die Lieferung bedürfen in diesem Falle der Genehmigung.

(3) Das Verbot des Absatzes 1 gilt ferner nicht für den Verkauf oder die Lieferung von Waren im Sinne des Absatzes 1 die ausschließlich für den Einsatz der Militärbeobachtergruppe der Wirtschaftsgemeinschaft westafrikanischer Staaten oder der Vereinten Nationen in Sierra Leone bestimmt sind. Der Verkauf und die Lieferung bedürfen in diesem Falle der Genehmigung.

(4) Die Absätze 1 bis 3 gelten auch für Tätigkeiten deutscher Staatsangehöriger im Ausland.

Kapitel VII c – (aufgehoben)

Kapitel VII d – Besondere Beschränkungen gegen Libyen

§ 69 l – Beschränkungen auf Grund der Resolution 748 (1992) des Sicherheitsrates der Vereinten Nationen (Kapitel VII der Charta)

(1) Folgende Tätigkeiten sind verboten:

1. die Lieferung von Rüstungsmaterial und damit in Zusammenhang stehenden Waren aller Art sowie Ersatzteilen, einschließlich des Verkaufs oder der Lieferung von Waffen, Munition, militärischen Fahrzeugen und Ausrüstungsgegenständen hierfür und paramilitärischer Polizeiausrüstung; ebenso die Lieferung jeder Art von Ausrüstung, von Nachschub nach Libyen und der Abschluss von Lizenzabkommen für die Herstellung oder die Wartung der genannten Waren,

2. Dienstleistungen, die sich auf technische Beratung, Unterstützung oder Ausbildung im Hinblick auf die Lieferung, Herstellung, Wartung oder den Gebrauch der in Nummer 1 genannten Gegenstände beziehen.

(2) Absatz 1 gilt auch für die Tätigkeiten Deutscher im Ausland.

(3) Die vorstehenden Beschränkungen gelten ab dem 6. April 1999 nicht mehr, soweit der Sicherheitsrat auf Grund der Nr. 8 der Resolution Nr. 1192 (1998) des Sicherheitsrates der Vereinten Nationen vom 27. August 1998 in Verbindung mit Nr. 16 der Resolution Nr. 883 (1993) des Sicherheitsrates der Vereinten Nationen vom 8. November 1993 ihre Aussetzung erklärt hat.

§ 69 m – Regelung zur Strafbewehrung von Beschränkungen der Europäischen Gemeinschaften auf Grund der Resolution 748 (1992) und 883 (1993) des Sicherheitsrates der Vereinten Nationen (Kapitel VII der Charta)

(1) Luftfahrzeugen, die in Libyen landen wollen oder von dort abgeflogen sind, ist es verboten, von einem Flughafen im Geltungsbereich dieser Verordnung abzufliegen, dort zu landen oder den Geltungsbereich dieser Verordnung zu überfliegen, es sei denn, der Flug wurde aus wichtigen humanitären Gründen von dem nach Nummer 9 der Resolution 748 (1992) des Sicherheitsrates der Vereinten Nationen eingesetzten Ausschuss genehmigt.

(2) Rechtsgeschäfte und Handlungen der libyschen Luftverkehrsgesellschaft im Außenwirtschaftsverkehr sowie Handelsgeschäfte mit der libyschen Luftverkehrsgesellschaft einschließlich der Anerkennung oder Indossierung von Flugscheinen oder anderen von dieser Fluggesellschaft ausgestellten Dokumenten sind verboten, die Tätigkeit und der Betrieb aller Büros der libyschen Luftverkehrsgesellschaft sind verboten.

(3) Verboten sind die Lieferung von Waren, die Bereitstellung von Dienstleistungen, der Abschluss von Rechtsgeschäften sowie Zahlungen, wie nachfolgend aufgeführt:

1. Luftfahrzeuge oder Teile davon;
2. technische Instandhaltungs-Dienstleistungen an libyschen Luftfahrzeugen oder Teilen davon;
3. Neuabschluss oder Verlängerung von Vereinbarungen über technische und Instandhaltungs-Dienstleistungen an Luftfahrzeugen oder Teilen davon oder über die Bereitstellung von Luftfahrzeugen oder Teilen davon für den Betrieb in Libyen;
4. Beratung, Unterstützung oder Ausbildung von libyschen Piloten oder Flugingenieuren oder von libyschen Wartungs- und sonstigem Bodenpersonal im Zusammenhang mit dem Betrieb von Luftfahrzeugen und Flugplätzen in Libyen,
5. Betriebserlaubnisse für libysche Luftfahrzeuge;
6. Zahlungen auf neue Schadenersatzforderungen aus bestehenden Direktversicherungsverträgen für libysche Luftfahrzeuge;
7. Neuabschluss oder Verlängerung von Direktversicherungen für libysche Luftfahrzeuge;
8. – a) Materialien und Teile für Bau, Ausbau oder Wartung ziviler oder militärischer Flugplätze in Libyen sowie dazugehörige Anlagen und Ausrüstungen;
   – b) technische oder andere Dienstleistungen für die Wartung dieser Flugplätze sowie dazugehöriger Anlagen und Ausrüstungen;

   mit Ausnahme von Ausrüstungen für Notfälle sowie Ausrüstungen und Dienstleistungen in unmittelbarem Zusammenhang mit der zivilen Flugsicherung;
9. Pumpen mittlerer oder großer Kapazität mit einer Leistung von 350 Kubikmeter pro Stunde und mehr und Antriebe (Gasturbinen und Elektromotoren) für den Transport von Rohöl und Erdgas;
10. Ausrüstungen für Rohöl-Ausfuhrterminals:
    – a) Ladebojen oder SPM-Bojen;
    – b) Verbindungsschläuche zwischen Unterwasser-Verteilern (PLEM) und SPM-Bojen und schwimmenden Ladeschläuchen mit großem Durchmesser (12 Zoll bis 16 Zoll);
    – c) Ankerketten.
11. Ausrüstung, die nicht speziell für den Einsatz in Rohöl-Ausfuhrterminals ausgelegt, jedoch auf Grund ihrer hohen Leistung für diesen Zweck geeignet ist:
    – a) Hochleistungs-Ladepumpen (4000 Kubikmeter pro Stunde und mehr) mit geringer Druckhöhe (10 Bar oder weniger),
    – b) Zwischenpumpen im gleichen Durchsatzbereich;
    – c) Inline-Pipeline-Prüfwerkzeuge und Reinigungsvorrichtungen, unter anderem Molchwerkzeuge, 16 Zoll und mehr;
    – d) Hochleistungs-Messvorrichtungen (1000 Kubikmeter pro Stunde und mehr).
12. Raffinerieausrüstung:
    – a) Kessel entsprechend Norm 1 der American Society of Mechanical Engineers;
    – b) Öfen entsprechend Norm 8 der American Society of Mechanical Engineers;
    – c) Fraktionierkolonnen entsprechend Norm 8 der American Society of Mechanical Engineers;
    – d) Pumpen entsprechend Norm 610 des American Petroleum Institute,
    – e) Katalysatoren entsprechend Norm 8 der American Society of Mechanical Engineers;
    – f) präparierte Katalysatoren, unter anderem Katalysatoren mit Platin und Katalysatoren mit Molybdän.
13. Ersatzteile für die in den Nummern 9 bis 12 genannten Güter.

(4) Die zuständige deutsche Behörde kann die Lieferung von Waren, Bereitstellung von Dienstleistungen, den Abschluss von Rechtsgeschäften sowie Zahlungen jedoch genehmigen, sofern die endgültige Verwendung sich von den in Absatz 3 bezeichneten endgültigen Verwendungen unterscheidet.

(5) Diese Beschränkungen gelten im Geltungsbereich dieser Verordnung einschließlich des Luftraumes der Bundesrepublik Deutschland, in allen der Rechtshoheit der Bundesrepublik Deutschland unterstehenden Luftfahrzeugen und Schiffen sowie für Tätigkeiten Deutscher im Ausland. Sie gelten ungeachtet der Rechte und Verpflichtungen aus internationalen Übereinkünften oder aus Verträgen, die vor dem 1. Dezember 1993 geschlossen worden sind, oder aus vor diesem Zeitpunkt erteilten Lizenzen oder Genehmigungen.

(6) Die vorstehenden Beschränkungen gelten ab dem 6. April 1999 nicht mehr, soweit die Europäische Union auf Grund des Artikels 1 der Verordnung (EG) Nr. 836/1999 des Rates vom 20. April 1999 die Anwendung der Verordnung (EG) Nr. 3274/93 des Rates vom 29. November 1993 ausgesetzt hat.

§ 69 n – Beschränkungen auf Grund der Resolution 883 (1993) des Sicherheitsrates der Vereinten Nationen (Kapitel VII der Charta)

(1) Verboten sind Verfügungen über Konten und Depots bei gebietsansässigen Kreditinstituten und über vermögenswerte Ansprüche

1. Libyens und seiner amtlichen Stellen,
2. von gebietsansässigen oder gebietsfremden Unternehmen im Eigentum des libyschen Staates oder seiner amtlichen Stellen oder unter seiner direkten oder indirekten Kontrolle,
3. von Personen, soweit sie als Beauftragte Libyens oder sonstigen in den Nummern 1 und 2 genannten Stellen und Unternehmen tätig werden.

(2) Absatz 1 gilt nicht, wenn Gegenstand der Verfügung Erlöse oder Ansprüche aus dem Verkauf von oder der Versorgung mit Erdöl, Erdölerzeugnissen, Erdgas und Erdgaserzeugnissen einschließlich Abgaben und Aufwendungen für deren Aufsuchung und Gewinnung oder dem Verkauf von landwirtschaftlichen Erzeugnissen oder Rohstoffen sind, wenn Libyen Herkunftsland dieser Waren ist, sie von dort ab dem 1. Dezember 1993 ausgeführt und dafür getrennte Bankkonten oder Depots eingerichtet wurden. Die Konten und Depots müssen ab dem 1. Dezember 1993 eröffnet worden sein. Verfügungen über Konten und Depots bei gebietsansässigen Kreditinstituten und über vermögenswerte Ansprüche aus dem Verkauf von oder der Versorgung mit Waren nach Satz 1 aus anderen Herkunftsländern werden durch die Bestimmungen des Absatzes 1 nicht berührt; Sätze 1 und 2 gelten entsprechend.

(3) Die Verbote nach Absatz 1 gelten ebenfalls nicht für

1. Verfügungen im Zusammenhang mit
   - a) notwendigen Betriebskosten im Wirtschaftsgebiet, insbesondere für Miete, Strom, Gehaltszahlungen, Steuern, Zinsen und Gebühren,
   - b) Altgeschäften, wenn die Gegenleistung vor dem 1. Dezember 1993 erbracht worden ist,
   - c) humanitären Lieferungen und Leistungen,
2. sonstige Verfügungen, wenn die Zwecke der Resolution 883 (1993) des Sicherheitsrates der Vereinten Nationen nicht gefährdet werden.

In den Fällen dieses Absatzes bedarf es einer Genehmigung. Sie wird nur erteilt, wenn die Zwecke der Resolution 883 (1993) des Sicherheitsrates der Vereinten Nationen nicht gefährdet werden.

(4) Die vorstehenden Beschränkungen gelten ab dem 6. April 1999 nicht mehr, soweit der Sicherheitsrat auf Grund der Nr. 8 der Resolution Nr. 1192 (1998) des Sicherheitsrates der Vereinten Nationen vom 27. August 1998 in Verbindung mit Nr. 16 der Resolution Nr. 883 (1993) des Sicherheitsrates der Vereinten Nationen vom 8. November 1993 ihre Aussetzung erklärt hat.

Kapitel VII e (aufgehoben).

§ 69 o – (aufgehoben).

Kapitel VIII – Bußgeldvorschriften

§ 70 – Ordnungswidrigkeiten

(1) Ordnungswidrig im Sinne des § 33 Abs. 1 und 7 des Außenwirtschaftsgesetzes handelt, wer vorsätzlich oder fahrlässig

1. entgegen § 4 a eine Boykott-Erklärung abgibt,

2. ohne Genehmigung nach § 5 Abs. 2, § 5 c Abs. 1 Satz 1 oder § 5 d Abs. 1 Satz 1 Güter ausführt,
3. entgegen § 5 c Abs. 2 Satz 2 oder § 5 d Abs. 2 Satz 2 Güter ausführt,
4. ohne Genehmigung nach § 7 Abs. 1 Satz 1, Abs. 2 Satz 1, Abs. 3 Satz 1 oder Abs. 4 Satz 1 Güter verbringt,
5. entgegen § 7 Abs. 3 Satz 3 oder Abs. 4 Satz 3 Güter verbringt,
6. ohne Genehmigung nach § 40 Abs. 1 Satz 1 oder Abs. 2 Güter veräußert,
7. ohne Genehmigung nach § 45 a Abs. 1, § 45 b Abs. 1 oder 2 oder § 45 c Abs. 1 technische Unterstützung erbringt,
8. entgegen § 45 a Abs. 2 Satz 2, § 45 b Abs. 3 Satz 2 oder § 45 c Abs. 2 Satz 2 technische Unterstützung erbringt,
9. (weggefallen)
10. (weggefallen)
11. (weggefallen)
12. ohne Genehmigung nach § 69m Abs. 4 eine Ware liefert, eine Dienstleistung bereitstellt, ein Rechtsgeschäft abschließt oder eine Zahlung vornimmt.

(2) Ordnungswidrig im Sinne des § 33 Abs. 3 Nr. 1 des Außenwirtschaftsgesetzes handelt, wer vorsätzlich oder fahrlässig

1. entgegen § 44 Abs. 2 ohne Genehmigung beim Abschluss von Frachtverträgen mitwirkt,
2. (aufgehoben),
3. entgegen § 46 Frachtverträge abschließt oder Seeschiffe chartert oder
4. entgegen § 47 Abs. 1 oder § 49 Abs. 1 ohne Genehmigung dort bezeichnete Rechtsgeschäfte vornimmt.

(3) Ordnungswidrig im Sinne des § 33 Abs. 3 Nr. 2, Abs. 7 des Außenwirtschaftsgesetzes handelt, wer vorsätzlich oder fahrlässig

1. entgegen § 6 a Abs. 1 Satz 1 oder Abs. 2 Satz 1 ohne Genehmigung Waren ausführt,
2. ohne Genehmigung nach § 45 Abs. 1 technische Unterstützung erbringt,
3. entgegen § 45 Abs. 2 Satz 2 technische Unterstützung erbringt oder
4. entgegen § 51 Abs. 1 Zahlungen oder sonstige Leistungen bewirkt.

(4) Ordnungswidrig im Sinne des § 33 Abs. 4 Satz 1 oder Abs. 5 Nr. 2 des Außenwirtschaftsgesetzes handelt, wer als Ausführer oder Anmelder der Verordnung (EWG) Nr. 2913/92 des Rates vom 12. Oktober 1992 zur Festlegung des Zollkodex der Gemeinschaften (ABl. EG Nr. L 302 S. 1) zuwiderhandelt, indem er vorsätzlich oder fahrlässig

1. entgegen Artikel 161 Abs. 2 in Verbindung mit Abs. 5 eine Ausfuhranmeldung nicht oder nicht richtig abgibt und dadurch eine zur Ausfuhr bestimmte Gemeinschaftsware nicht ordnungsgemäß in das Ausfuhrverfahren überführt oder
2. entgegen Artikel 182 Abs. 3 Satz 3, auch in Verbindung mit § 16 b Satz 2, eine Zollanmeldung nicht oder nicht richtig abgibt.

(5) Ordnungswidrig im Sinne des § 33 Abs. 4 Satz 1 oder Abs. 5 Nr. 2 des Außenwirtschaftsgesetzes handelt, wer der Verordnung (EWG) Nr. 2454/93 der Kommission vom 2. Juli 1993 mit Durchführungsvorschriften zu der Verordnung (EWG) Nr. 2913/92 des Rates zur Festlegung des Zollkodex der Gemeinschaften (ABl. EG Nr. 253 S. 1), auch in Verbindung mit § 16 b Satz 2, zuwiderhandelt, indem er vorsätzlich oder fahrlässig

1. eine unvollständige Ausfuhranmeldung nach Artikel 280 Abs. 1, auch in Verbindung mit Artikel 278 Abs. 1 oder 3, nicht richtig abgibt oder entgegen Artikel 280 Abs. 4 in Verbindung mit Artikel 259 Satz 1, auch in Verbindung mit Artikel 278 Abs. 1 oder 3, eine unvollständige Anmeldung nicht oder nicht richtig vervollständigt oder nicht durch eine ordnungsgemäß erstellte Anmeldung ersetzt,
2. einer vollziehbaren Anordnung nach Artikel 282 Abs. 1 in Verbindung mit Artikel 262 Abs. 1 Satz 1 zweiter Anstrich über Form oder Inhalt der vereinfachten Anmeldung, nach Artikel 282 Abs. 1 in Verbindung mit Artikel 262 Abs. 1 Satz 2 über Form, Inhalt oder Frist der ergänzenden Anmeldung, nach Artikel 283 in Verbindung mit Artikel 287 Abs. 1 Satz 2 vierter Anstrich über den Inhalt des Exemplars Nr. 3 oder nach Artikel 283 in Verbindung mit Artikel 287 Abs. 1 Satz 2 fünfter Anstrich über eine Mo-

dalität oder Frist der ergänzenden Anmeldung, jeweils auch in Verbindung mit Artikel 278 Abs. 1 oder 3, zuwiderhandelt,
3. als Anmelder entgegen Artikel 285 Abs. 1 Buchstabe a den zuständigen Zollstellen den Abgang der Waren vor Abgang der Waren aus den in Artikel 253 Abs. 3 oder Artikel 283 genannten Orten nicht mitteilt oder einer vollziehbaren Anordnung nach Artikel 285 Abs. 1 Buchstabe a des Anschreibeverfahrens über Form und Modalitäten der Mitteilung, jeweils auch in Verbindung mit Artikel 278 Abs. 1 oder 3, zuwiderhandelt,
4. als Anmelder entgegen Artikel 285 Abs. 1 Buchstabe b die Waren vor Abgang aus den in Artikel 253 Abs. 3 oder Artikel 283 genannten Orten, jeweils auch in Verbindung mit Artikel 278 Abs. 1 oder 3, in seiner Buchführung nicht oder nicht richtig anschreibt,
5. als Anmelder entgegen Artikel 793 Abs. 1, auch in Verbindung mit Artikel 841, das Exemplar Nr. 3 des Einheitspapiers der Ausgangszollstelle nicht vorlegt oder die zur Ausfuhr überlassenen Waren dieser Zollstelle nicht gestellt,
6. entgegen Artikel 843 Abs. 3 ein Kontrollexemplar T 5 der Ausgangszollstelle nicht vorlegt.

(5 a) Ordnungswidrig im Sinne des § 33 Abs. 4 Satz 1 des Außenwirtschaftsgesetzes handelt, wer gegen die Verordnung (EG) Nr. 1334/2000 des Rates vom 22. Juni 2000 über eine Gemeinschaftsregelung für die Kontrolle der Ausfuhr von Gütern und Technologien mit doppeltem Verwendungszweck (ABl. EG Nr. L 159 S. 1) verstößt, indem er vorsätzlich oder fahrlässig
1. ohne Genehmigung nach Artikel 3 Abs. 1 Güter mit doppeltem Verwendungszweck ausführt,
2. ohne Genehmigung nach Artikel 4 Abs. 1 oder Abs. 2 Satz 1 oder Abs. 3 Güter mit doppeltem Verwendungszweck ausführt, obwohl er von der zuständigen Behörde entsprechend unterrichtet worden ist,
3. entgegen Artikel 4 Abs. 4 zweiter Halbsatz Güter mit doppeltem Verwendungszweck ohne Entscheidung der zuständigen Behörden über die Genehmigungsbedürftigkeit oder ohne Genehmigung der zuständigen Behörden ausführt,
4. einer vollziehbaren Auflage nach Artikel 6 Abs. 2 Unterabs. 3 zuwiderhandelt oder
5. ohne Genehmigung nach Artikel 21 Abs. 1 Satz 1 Güter mit doppeltem Verwendungszweck verbringt.

Soweit die in Satz 1 Nr. 1 und 5 genannten Vorschriften auf Anhang I und IV der Verordnung (EG) Nr. 1334/2000 verweisen, finden diese Anhänge in der jeweils geltenden Fassung Anwendung.

(5 b) Ordnungswidrig im Sinne des § 33 Abs. 4 Satz 1 des Außenwirtschaftsgesetzes handelt, wer gegen die Verordnung (EG) Nr. 2271/96 des Rates vom 22. November 1996 zum Schutz vor den Auswirkungen der extraterritorialen Anwendung von einem Drittland erlassener Rechtsakte sowie von darauf beruhenden oder sich daraus ergebenden Maßnahmen (ABl. EG Nr. L 309 S. 1) verstößt, indem er vorsätzlich oder fahrlässig entgegen Artikel 5 Abs. 1 einer dort genannten Forderung oder einem dort genannten Verbot nachkommt.

(5 c) – (aufgehoben).

(5 d) Ordnungswidrig im Sinne des § 33 Abs. 4 Satz 1 des Außenwirtschaftsgesetzes handelt, wer gegen die Verordnung (EG) Nr. 2488/2000 des Rates vom 10. November 2000 über die Aufrechterhaltung des Einfrierens von Geldern betreffend Herrn Milosevic und Personen seines Umfelds und die Aufhebung der Verordnungen (EG) Nr. 1294/1999 und (EG) Nr. 607/2000 sowie des Artikels 2 der Verordnung (EG) Nr. 926/1998 (ABl. EG Nr. L 287 S. 19), *zuletzt geändert durch die Verordnung (EG) Nr. 1205/2001 der Kommission vom 19. Juni 2001 (ABl. EG Nr. L 163 S. 14)* verstößt, indem er
1. entgegen Artikel 1 Abs. 2 vorsätzlich oder fahrlässig Gelder bereitstellt, die einer dort genannten Person zugute kommen,
2. entgegen Artikel 2 Abs. 1 an einer dort genannten Maßnahme teilnimmt oder
3. entgegen Artikel 3 Abs. 1 Buchstabe a vorsätzlich oder fahrlässig eine Information nicht, nicht richtig, nicht vollständig oder nicht rechtzeitig übermittelt.

(5 e) Ordnungswidrig im Sinne des § 33 Abs. 4 Satz 1 des Außenwirtschaftsgesetzes handelt, wer gegen die Verordnung (EG) Nr. 1081/2000 des Rates vom 22. Mai 2000 über das Verbot des Verkaufs, der Lieferung und der Ausfuhr nach Birma/Myanmar von Ausrüstungen, die zur internen Repression oder für terroristische Zwecke benutzt werden können, und über das Einfrieren der Gelder bestimmter, mit wichtigen Regierungsfunktionen verbundener Personen in diesem Land (ABl. EG Nr. L 122 S. 29), zuletzt geändert

durch Verordnung (EG) Nr. 2297/2003 der Kommission von 23. Dezember 2003 (Abl. EU Nr. L 340 S. 37), verstößt, indem er

1. entgegen Artikel 1 einen dort genannten Ausrüstungsgegenstand verkauft, liefert, ausführt oder versendet,
2. entgegen Artikel 2 Abs. 2 vorsätzlich oder fahrlässig einer dort genannten Person Gelder zur Verfügung stellt oder zugute kommen lässt,
3. einer vollziehbaren Anordnung nach Artikel 3 vorsätzlich oder fahrlässig zuwiderhandelt oder
4. entgegen Artikel 5 an Maßnahmen teilnimmt, deren Ziel oder Folge die Förderung der in Artikel 1 genannten Transaktionen oder Aktivitäten oder die Umgehung einer dort genannten Vorschrift ist.

(5f) (weggefallen)

(5g) Ordnungswidrig im Sinne des § 33 Abs. 4 Satz 1 des Außenwirtschaftsgesetzes handelt, wer gegen die Verordnung (EG) Nr. 310/2002 des Rates vom 18. Februar 2004 über bestimmte restriktive Maßnahmen gegenüber Simbabwe (ABl. EU Nr. L 55 S. 1), verstößt, indem er

1. entgegen Artikel 2 Buchstabe a vorsätzlich oder fahrlässig technische Hilfe im Zusammenhang mit militärischen Aktivitäten und der Bereitstellung, Herstellung, Instandhaltung und Verwendung der dort genannten Güter gewährt, verkauft, liefert oder weitergibt,
2. entgegen Artikel 2 Buchstabe b vorsätzlich oder fahrlässig Finanzmittel oder Finanzhilfen im Zusammenhang mit den dort genannten Aktivitäten unmittelbar oder mittelbar bereitstellt,
3. entgegen Artikel 2 Buchstabe c vorsätzlich an Aktivitäten teilnimmt, deren Zweck oder Wirkung unmittelbar oder mittelbar in der Förderung unter Artikel 2 Buchstabe a und b genannten Transaktionen besteht,
4. entgegen Artikel 3 Buchstabe a vorsätzlich die dort genannten Ausrüstungen verkauft, liefert, weitergibt oder ausführt,
5. entgegen Artikel 3 Buchstabe b vorsätzlich oder fahrlässig technische Hilfe im Zusammenhang mit den in Artikeln 3 Buchstabe b genannten Ausrüstungen gewährt, verkauft, liefert oder weitergibt,
6. entgegen Artikel 3 Buchstabe c vorsätzlich oder fahrlässig Finanzmittel oder Finanzhilfen im Zusammenhang mit den Artikeln 3 Buchstabe a genannten Ausrüstungen bereitstellt,
7. vorsätzlich an Aktivitäten teilnimmt, deren Zweck der Wirkung unmittelbar oder mittelbar in der Förderung der in Artikel 3 Buchstabe a, b oder Buchstabe c genannten Transaktionen besteht,
8. entgegen Artikel 6 Abs. 2 vorsätzlich oder fahrlässig einen der dort genannten Personen, Organisationen oder Einrichtungen Gelder oder wirtschaftliche Ressourcen zur Verfügung stellt oder zugute kommen lässt oder
9. entgegen Artikel 6 Abs. 3 vorsätzlich an einer Maßnahme teilnimmt, deren Ziel oder Folge unmittelbar die Förderung der in Artikel 6 Abs. 2 genannten Transaktionen ist.

(5h) Ordnungswidrig im Sinne des § 33 Abs. 4 Satz 1 des Außenwirtschaftsgesetzes handelt, wer gegen die Verordnung (EG) Nr. 2368/2002 des Rates vom 20. Dezember 2002 zur Umsetzung des Zertifikationssystems des Kimberley-Prozesses für den internationalen Handel mit Rohdiamanten (ABl. EG Nr. L 358 S. 28), zuletzt geändert durch die Verordnung (EG) Nr. 913/2004 der Kommission vom 29. April 2004 (ABl. EU Nr. L 163 S. 73), verstößt, indem er

1. entgegen Artikel 3 vorsätzlich oder fahrlässig Rohdiamanten aus einem Drittland einführt,
2. entgegen Artikel 11 vorsätzlich oder fahrlässig Rohdiamanten in ein Drittland ausführt oder
3. entgegen Artikel 24 Abs. 2 absichtlich oder wissentlich an einer Aktivität teilnimmt, deren Ziel oder Auswirkung unmittelbar oder mittelbar die Umgehung der Bestimmungen der Verordnung (EG) Nr. 2368/2002 ist.

(5i) Ordnungswidrig im Sinne des § 33 Abs. 4 Satz 1 des Außenwirtschaftsgesetzes handelt, wer gegen die Verordnung (EG) Nr.234/2004 des Rates vom 10. Februar 2004 über bestimmte restriktive Maßnahmen gegen Liberia und zur Aufhebung der Verordnung (EG) Nr.1030/2003 (Abl. EU Nr. L 40 S.1) verstößt, indem er

1. entgegen Artikel 2 Buchstabe b vorsätzlich oder fahrlässig Finanzmittel oder Finanzhilfen im Zusammenhang mit den dort genannten Aktivitäten unmittelbar oder mittelbar bereitstellt oder
2. entgegen Artikel 2 Buchstabe c vorsätzlich an Aktivitäten teilnimmt, deren Zweck oder Wirkung mittelbar oder unmittelbar in der Förderung der in Artikel 2 Buchstabe b genannten Transaktionen besteht.

(5j) Ordnungswidrig im Sinne des § 53 Abs. 4 Satz 1 des Außenwirtschaftsgesetzes handelt, wer gegen die Verordnung (EG) Nr. 131/2004 des Rates vom 26. Januar 2004 über bestimmte restriktive Maßnahmen gegen Sudan (ABl. EU Nr. L 21, S. 1) verstößt, indem er

1. entgegen Artikel 2 Buchstabe a vorsätzlich oder fahrlässig technische Unterstützung im Zusammenhang mit militärischen Akivitäten und der Bereitstellung, Herstellung, Instandhaltung und Verwendung der dort genannten Güter gewährt, verkauft, liefert oder weitergibt,
2. entgegen Artikel 2 Buchstabe b vorsätzlich oder fahrlässig Finanzmittel oder Finanzhilfen im Zusammenhang mit den dort genannten Aktivitäten unmittelbar oder mittelbar bereitstellt, oder
3. entgegen Artikel 3 vorsätzlich an Aktivitäten teilnimmt, deren Zweck oder Wirkung unmittelbar oder mittelbar in der die Förderung der in Artikel 2 genannten Transaktionen besteht.

(6) Ordnungswidrig im Sinne des § 33 Abs. 5 Nr. 2 des Außenwirtschaftsgesetzes handelt, wer vorsätzlich oder fahrlässig

1. entgegen § 3 einen Genehmigungsbescheid der Genehmigungsstelle nicht oder nicht rechtzeitig zurückgibt oder entgegen § 3 a einen Genehmigungsbescheid nicht oder nicht für die vorgeschriebene Dauer aufbewahrt,
2. als Anmelder entgegen § 9 Abs. 1 Satz 1, auch in Verbindung mit § 16 b, eine Ausfuhrsendung bei der Ausfuhrzollstelle nicht oder nicht in der vorgeschriebenen Weise gestellt,
3. als Verfrachter, Frachtführer oder Besitzer der Ladung entgegen § 9 Abs. 6 Satz 1 bis 3 oder 5 ein Ladungsverzeichnis nicht, nicht richtig oder nicht rechtzeitig einreicht,
4. als Schiffsführer entgegen § 9 Abs. 6 Satz 4 die Erklärung nicht abgibt,
5. als Anmelder entgegen § 10 Abs. 3, auch in Verbindung mit § 16 b, eine Ausfuhrsendung von dem angegebenen Ort entfernt,
6. als Ausführer eine Ausführkontrollmeldung nach § 13 Abs. 1 Satz 2, jeweils auch in Verbindung mit § 16 b, oder § 18 Abs. 4 Satz 1 nicht richtig abgibt,
7. entgegen § 13 Abs. 6 Satz 1 bis 4, auch in Verbindung mit § 18 Abs. 4 Satz 2, §§ 15 Abs. 1 Satz 1 oder Abs. 2, 50 a, 50 b, 55 bis 63 oder 66 bis 69 eine Meldung nicht, nicht richtig oder nicht rechtzeitig erstattet,
8. als Anmelder entgegen §§ 18 Abs. 2 Satz 1 die Ausfuhrgenehmigung oder entgegen § 18 Abs. 2 Satz 3 die Sammelgenehmigung nicht oder nicht rechtzeitig vorlegt,
9. als Anmelder entgegen § 9 Abs. 8 die vorgeschriebene schriftliche Erklärung nicht abgibt,
10. als Verbringer entgegen § 21 a Abs. 1 Satz 1 die Exemplare Nr. 1 bis 5 des Intra-EG-Warenbegleitpapiers nicht oder nicht richtig ausfüllt oder vor der Verbringung nicht zur Prüfung vorlegt,
11. als Warenführer entgegen § 21 a Abs. 1 Satz 2 die Exemplare Nr. 3, 4 und 5 des Intra-EG-Warenbegleitpapiers nicht mitführt oder nicht aushändigt,
12. als Einführer oder Transithändler
    - a) entgegen § 22 a Abs. 2, auch in Verbindung mit § 43 a Satz 2, Angaben nicht oder nicht richtig macht oder
    - b) entgegen § 22 a Abs. 3, auch in Verbindung mit § 43 a Satz 2, eine Einfuhr nicht oder nicht rechtzeitig nachweist, eine Anzeige nicht oder nicht rechtzeitig erstattet, eine Bescheinigung nicht oder nicht rechtzeitig zurückgibt, eine Mitteilung nicht oder nicht rechtzeitig macht oder eine neue Bescheinigung nicht oder nicht rechtzeitig erwirkt,
13. als Einführer oder Transithändler entgegen § 22 b die Exemplare Nr. 3, 4 und 5 des Intra-EG-Warenbegleitpapiers nicht oder nicht rechtzeitig einer Zollstelle vorlegt oder die Waren der Zollstelle nicht gestellt,
14. als Einführer entgegen § 27 Abs. 2 Nr. 2, auch in Verbindung mit § 31 Abs. 1, ein Ursprungszeugnis oder eine Ursprungserklärung nicht, nicht rechtzeitig oder mit nicht richtigem Inhalt vorlegt,
15. als Einführer entgegen § 27 Abs. 2 Nr. 3 in Verbindung mit § 27 a Abs. 1, 3 oder 4 eine Einfuhrkontrollmeldung nicht, nicht richtig oder nicht rechtzeitig vorlegt oder entgegen § 27 Abs. 5 eine Meldung nicht, nicht richtig oder nicht rechtzeitig abgibt,

16. als Einführer
    - a) entgegen § 28 a Abs. 1 und 3, auch in Verbindung mit Absatz 7, ein Überwachungsdokument nicht, nicht richtig oder nicht rechtzeitig abgibt oder entgegen § 28 a Abs. 8 eine Unterlage nicht vorlegt oder eine zusätzliche Angabe nicht macht oder
    - b) entgegen § 28 a Abs. 5 Satz 1, auch in Verbindung mit Absatz 7, das Überwachungsdokument nicht oder nicht rechtzeitig vorlegt,
17. als Einführer entgegen § 31 Abs. 1 die Einfuhrgenehmigung nicht oder nicht rechtzeitig vorlegt.

Kapitel IX – Übergangs- und Schlussvorschriften

§ 71 – (aufgehoben)

§ 72 – Inkrafttreten, Außerkrafttreten

Diese Verordnung tritt am 1. Januar 1987 in Kraft.

Gleichzeitig tritt die Außenwirtschaftverordnung in der Fassung der Bekanntmachung vom 3. August 1981 (BGBl. I S. 853), zuletzt geändert durch die Verordnung vom 10. September 1986 (BGBl. I S. 1949), außer Kraft.

1.3 Aus- und Einfuhrliste

Ausfuhrliste

In der Ausfuhrliste (AL) sind alle Waren und Technologien aufgeführt, deren Ausfuhr oder Weitergabe an Gebietsfremde Beschränkungen des Außenwirtschaftsgesetzes oder von EG-Vorschriften unterliegen. Die AL ist als Anlage AL zur AWV veröffentlicht (zu finden unter www.bzfa.de). Sie wird nach den jeweiligen COCOM-Verhandlungen aktualisiert und im Bundesanzeiger veröffentlicht.

Die Ausfuhrliste besteht aus drei Teilen und den vorangestellten Anwendungsbedingungen.

Teil I ist in die Abschnitte A bis C untergliedert:

Abschnitt A: Liste für Waffen, Munition und Rüstungsmaterial, Ziffern 0001 bis 0026;

Abschnitt B: Liste sonstiger Waren, Ziffer 0101;

Abschnitt C: Gemeinsame Warenliste der Europäischen Union für Güter mit doppeltem Verwendungszwecke:

Kategorie 0: Kerntechnische Materialien, Anlagen und Ausrüstung	
Kategorie 1: Hochleistungswerkstoffe, Chemikalien, Mikroorganismen und Toxine	Ziffern 0A001 – 0E001 Ziffern 1A001 – 1E203
Kategorie 2: Werkstoffbearbeitung	Ziffern 2A001 – 2E301
Kategorie 3: Elektronik	Ziffern 3A001 – 3E201
Kategorie 4: Rechner	Ziffern 4A001 – 4E002
Kategorie 5: Teil 1 – Telekommunikation Teil 2 – Informationssicherheit	Ziffern 5A001 – 5E101 Ziffern 5A002 – 5E002
Kategorie 6: Sensoren und Laser	Ziffern 6A001 – 6E201
Kategorie 7: Luftfahrtelektronik und Navigation	Ziffern 7A001 – 7E104
Kategorie 8: Meeres- und Schiffstechnik	Ziffern 8A001 – 8E002
Kategorie 9: Antriebssysteme, Raumfahrzeuge und zugehörige Ausrüstung	Ziffern 9A001 – 9E991

Die Warennummern entsprechen nicht den Warennummern des Außenhandelsverzeichnisses. Die Abschnitte A und B betreffen nationale Ausfuhrbeschränkungen, der Abschnitt C enthält die Gemeinsame

Warenliste der Europäischen Union für Güter mit doppeltem Verwendungszweck (dual-use-Waren). Bei dem fünfstelligen Numerierungssystem bedeutet die erste Ziffer immer die Kategorie. Die Buchstaben A bis E haben folgende Bedeutung:

- A = Ausrüstung, Baugruppen und Bestandteile
- B = Prüf-, Test- und Herstellungseinrichtungen
- C = Werkstoffe und Materialien
- D = Datenverarbeitungsprogramme (Software)
- E = Technologien.

Die Kennungen der letzten drei Ziffern (bei den Kategorien 1 bis 9) bedeuten:
001–099 = Strategische Kontrolle der Gemeinschaft
101–199 = MTCR – Trägertechnologie (Dual-Use)
201–299 = NSG – Nukleartechnologie (Dual-Use)
301–399 = Australische Gruppe
401–899 = (reserviert)
901–999 = nationale Kontrollen.

Diese Noten sind in Teil I, Abschnitte A, B und C der AL unter der Überschrift „Vereinfachtes Genehmigungsverfahren" ausdrücklich genannt. Bestehen Zweifel, ob die Ausfuhr einer Ware oder die Weitergabe bestimmter Kenntnisse der Genehmigung bedarf, so ist die Anlage AL zur AWV in der jeweils gültigen Fassung maßgebend.

Einfuhrliste

Der Wortlaut der Einfuhrliste ist in der Fassung der 103. Verordnung zur Änderung der Einfuhrliste vom 10. November 1987 bekanntgemacht worden in der Beilage zum Bundesanzeiger Nr. 225 vom 2. Dezember 1987.
Die Einfuhrliste besteht aus drei Hauptabschnitten
I. Anwendung der Einfuhrliste
II. Länderlisten (A/B und C, im Anhang)
III. Warenliste.
Die Länderlisten sind gemeinsam mit den als Anlagen zur Außenwirtschaftsverordnung verkündeten Länderlisten in der „Tabellarischen Übersicht über die Länderlisten gemäß AWG und AWV" enthalten. Die sehr umfangreiche Warenliste umfaßt rund 10.500 Einzelpositionen. Der größte Teil der Positionen ist liberalisiert, d. h. die Einfuhr der unter diese Positionen fallenden Waren unterliegt keinen Beschränkungen. Die in der Warenliste noch enthaltenen Beschränkungen werden laufend den wirtschaftspolitischen Erfordernissen angepaßt. Die Änderungen und Ergänzungen werden in der Form von Änderungsverordnungen zur Einfuhrliste im Bundesanzeiger bekanntgemacht.
Bestimmungen der Einfuhrliste treten außer Kraft, soweit sie mit unmittelbar geltenden EG-Bestimmungen nicht übereinstimmen. In solchen Fällen wird die Einfuhrliste aber umgehend dem EG-Recht angepasst. Die Regelungen der Einfuhrliste sind seit 1975 in den für den Gebrauch der Zollstellen herausgegebenen (integrierten) Deutschen Gebrauchs-Zolltarif eingearbeitet.

1.4 Länderlisten

Länderlisten AWG/AWV
In der nachstehenden Übersicht sind die Listen A/B, C und AKP (Anlagen zum Außenwirtschaftsgesetz – AWG) sowie die Listen F1 , F2, G1, G2, und K (Anlagen zur Außenwirtschaftsverordnung – AWV) zusammengefaßt worden, wobei das Zeichen + darauf hinweist, dass das Land in der betreffenden Länderliste aufgeführt ist.
Früher existiertende andere Länderlisten (D, E, H, I und L) sind aufgehoben.

In der Länderliste D sind die für die Ausstellung von internationalen Einfuhrbescheinigungen zuständigen Stellen genannt. Früher existierende andere Länderlisten (E, H, I) sind aufgehoben.

Länderlisten Land	A/B	C	AKP	F1	F2	G1	G2	K
Ägypten	+			+				
Äquatorialguinea	+	+			+	+	+	
Äthiopien	+		+		+	+	+	
Afghanistan	+				+	+	+	
Albanien		+		+				
Algerien	+				+			
Amerik. Jungfernins.	+				+	+	+	
Amerik. Ozeanien	+				+	+	+	
Andorra	+				+	+	+	
Angola	+		+		+	+	+	+
Anguila	+							
Antigua + Barbuda	+		+					
Argentinien	+				+		+	
Armenien		+		+				
Aruba	+							
Aserbeidschan		+		+				
Australien	+				+	+	+	
Austral. Ozeanien	+				+	+	+	
Bahamas	+		+		+	+	+	
Bahrain	+				+	+	+	
Bangladesch	+				+		+	
Barbados	+		+					
Belgien	+				+	+	+	
Belize	+		+		+	+	+	
Benin	+		+		+	+	+	
Bermuda	+				+	+	+	
Bhutan	+				+	+	+	
Bolivien	+				+			
Bosnien-Herzegowina	+				+			
Botsuana	+		+		+	+	+	
Brasilien	+			+			+	
Brit. Gebiete im Indischen Ozean	+				+	+	+	

Land	A/B	C	AKP	D	F1	F2	G1	G2	K	L
Brit. Jungfernins.	+									
Brunei	+					+	+	+		
Bulgarien		+			+					
Bundesrepublik Deutschland	+									
Burkina Faso	+		+			+	+	+		
Burundi	+		+			+	+	+		
Ceuta, Melilla	+					+	+	+		
Chile	+				+			+		
China		+								
Costa Rica	+					+	+	+		
Dänemark	+			+		+	+	+		+
Dominica	+		+			+				
Dominikanische Rep.	+		+			+	+	+		
Dschibuti			+			+	+	+		
Ecuador	+				+			+		
Elfenbeinküste	+		+			+	+	+		
El Salvador	+					+	+	+		
Estland		+				+				
Faröer	+					+	+	+		
Falklandinseln	+					+	+	+		
Fidschi	+		+			+	+	+		
Finnland	+			+		+	+	+		+
Föderierte Staaten von Mikronesien	+									
Frankreich	+			+		+	+	+		+
Französisch-Guayana	+					+	+	+		
Französisch-Polynesien	+					+	+	+		
Gabun	+		+			+	+	+		
Gambia	+		+			+	+	+		
Georgien		+			+					
Ghana	+		+			+	+	+		
Gibraltar	+					+	+	+		
Grenada	+		+							
Griechenland	+			+		+	+	+		+

Land	A/B	C	AKP	D	F1	F2	G1	G2	K	L
Grönland	+					+	+	+		
Großbritannien und Nordirland	+			+		+	+	+		+
Guadeloupe	+					+				
Guatemala	+					+	+	+		
Guinea	+		+			+	+	+		
Guinea-Bissau	+		+			+	+	+		
Guyana	+		+			+	+	+		
Haiti	+		+			+	+	+		
Honduras	+					+	+	+		
Hongkong	+			+		+	+	+		
Indien	+					+		+		
Indonesien	+							+		
Irak	+					+		+	+	
Iran	+					+		+	+	
Irland	+			+		+	+	+		+
Island	+					+	+	+		+
Israel	+					+				
Italien	+			+		+	+	+		+
Jamaika	+		+			+	+	+		
Japan	+			+		+	+	+		+
Jemen	+					+				
Jordanien	+					+	+	+		
Kaimaninseln	+									
Kambodscha	+					+	+	+		
Kamerun	+		+			+	+	+		
Kanada	+			+		+	+	+		+
Kanarische Inseln	+									
Kap Verde	+		+			+				
Kasachstan		+			+					
Katar	+					+	+	+		
Kenia	+		+			+	+	+		
Kirgistan		+			+					
Kiribati	+		+			+	+	+		
Kolumbien	+				+			+		

Land	A/B	C	AKP	D	F1	F2	G1	G2	K	L
Komoren	+		+			+	+	+		
Kongo	+		+			+	+	+		
Kroatien	+					+				
Kuba		+			+				+	
Kuwait	+					+	+	+		
Laos	+					+	+	+		
Lesotho	+		+			+	+	+		
Lettland		+				+				
Libanon	+					+	+	+	+	
Liberia	+		+		+		+	+		
Libyen	+					+	+	+	+	
Liechtenstein	+					+	+	+		+
Litauen		+				+				
Luxemburg	+			+		+	+	+		+
Macau	+					+	+	+		
Madagaskar	+		+			+	+	+		
Malawi	+		+			+	+	+		
Malaysia	+					+	+	+		
Malediven	+					+	+	+		
Mali	+		+			+	+	+		
Malta	+					+	+	+		
Marokko	+					+		+		
Marshall-Inseln	+									
Martinique	+					+				
Mauretanien	+		+			+	+	+		
Mauritius	+		+			+	+	+		
Mayotte	+									
Mazedonien	+					+				
Mexiko	+					+		+		
Moldau		+			+					
Monaco	+					+	+	+		+
Mongolei		+			+					
Mosambik	+		+			+	+	+	+	
Myanmar	+						+	+	+	

Land	A/B	C	AKP	F1	F2	G1	G2	K
Namibia	+		+		+	+	+	
Nauru	+				+	+	+	
Nepal	+				+	+	+	
Neukaledonien	+				+	+	+	
Neuseeland	+				+	+	+	
Neuseeländ. Ozeanien	+				+	+	+	
Nicaragua	+				+	+	+	
Niederlande	+				+	+	+	
Niederl. Antillen	+				+	+	+	
Niger	+		+		+	+	+	
Nigeria	+		+		+	+	+	
Nordkorea		+		+				+
Norwegen	+				+	+	+	
Österreich	+				+	+	+	
Oman	+				+			
Pakistan	+				+		+	
Panama	+			+		+	+	
Papua-Neuguinea	+		+		+			
Paraguay	+				+	+	+	
Peru	+				+	+	+	
Philippinen	+				+	+	+	
Pitcairn	+				+	+	+	
Polargebiete	+							
Polen		+		+				
Portugal	+				+	+	+	
Réunion	+				+	+	+	
Ruanda	+		+		+	+	+	
Rumänien		+		+				
Russische Förderation		+		+				
Salomonen	+		+		+	+	+	
Sambia	+		+		+	+	+	
San Marino	+				+	+	+	
Saõ Tomé, Principe	+		+		+	+	+	
Saudi-Arabien	+				+	+	+	

Land	A/B	C	AKP	F1	F2	G1	G2	K
Schweden	+				+	+	+	
Schweiz	+				+	+	+	
Senegal	+		+		+	+	+	
Serbien + Monteneg.	+				+			
Seschellen	+		+		+	+	+	
Sierra Leone	+		+		+		+	
Simbabwe	+		+					
Singapur	+				+	+	+	
Slowakische Republik		+		+				
Slowenien	+				+			
Somalia	+		+		+	+		+
Spanien	+				+	+	+	
Sri Lanka (Ceylon)	+			+		+	+	
St. Helena	+							
St. Christoph - Nevis	+		+					
St. Lucia	+		+		+	+		
St. Pierre + Miquel.	+							
St. Vincent	+		+		+	+		
Sudan	+		+		+	+	+	
Südafrika	+				+			
Südkorea	+				+	+	+	
Surinam	+		+		+	+		
Swasiland (Ngwana)	+		+		+	+	+	
Syrien	+			+				+
Tadschikistan		+		+				
Taiwan	+				+	+	+	
Tansania	+		+		+	+	+	
Thailand	+				+	+	+	
Togo	+		+		+	+	+	
Tonga	+		+		+	+	+	
Trinidad + Tobago	+		+		+	+	+	
Tschad	+		+		+	+	+	
Tschechische Republik		+		+				
Türkei	+				+	+	+	

Land	A/B	C	AKP	D	F1	F2	G1	G2	K	L
Tunesien	+					+	+	+		
Turkmenistan		+			+					
Turks- + Caicosins.	+									
Tuvalu	+		+			+	+	+		
Uganda	+		+			+	+	+		
Ukraine		+			+					
Ungarn	+			+	+					
Uruguay	+						+	+		
Usbekistan		+			+					
Vanuatu	+		+			+				
Vatikanstadt	+					+	+	+		
Venezuela	+							+		
Vereinigte Arabische Emirate	+									+
Vereinigte Staaten von Amerika einschl. Puerto Rico	+			+		+	+	+		
Vietnam		+			+					
Wallis und Futuna	+					+	+	+		
Weißrußland		+			+					
Westindien						+	+			
Westsamoa	+		+			+	+	+		
Zaire	+		+			+	+	+		
Zentralafrikanische Republik	+		+			+	+	+		
Zimbabwe							+	+		
Zypern	+				+					

1.5 Internationales Kaufrecht

Übereinkommen der Vereinten Nationen über Verträge über den internationalen Waren Kauf vom 11.4.1980 – Wiener UNCITRAL – Übereinkommen (United Nations Commission on International Trade Law)

Das obige Abkommen gilt in Deutschland ab 01.01.1992. Bisher haben es außer Deutschland die Staaten Ägypten (1988) – Argentinien (1988) – Australien (1989) – *Belgien (1997)* – Bosnien-Herzegowina (1992) – Bulgarien (1991) – Chile (1991) – China (1988) – Dänemark (1990) – Ecuador (1993) – Estland (1994) – Finnland (1989) – Frankreich (1988) – Georgien (1995) – Guinea (1992) – Irak (1991) – Italien (1988) – Jugoslawien (1988) – Kanada (1992) – Kuba (1995) – Lesotho (1988) – *Lettland (1998)* – Litauen (1996) – *Luxemburg (1998)* – Mexiko (1989) – Moldau (1995) – *Mongolei (1999)* – Neuseeland (1995) – Niederlande

(1992) – Norwegen (1989) – Österreich (1989) – Polen (1996) – *Quebec (1992)* – Rumänien (1992) – Russland (GUS, 1991) – Sambia (1988) – Schweiz (1991) – Schweden (1989) – Singapur (1996) – Slowakei (1993) – Slowenien (1991) – Spanien (1991) – Syrien (1988) – Tschechien (1993) – Uganda (1993) – Ukraine (1991) – Ungarn (1988) – Usbekistan (1997) – USA (1988) – Weißrussland (1990) – *Yukon Territorium (1993)* ratifiziert. Mehrere dieser Staaten haben allerdings Vorbehalte und Einschränkungen zu einigen Teilen des Übereinkommens. Die beiden bereits früher vereinbarten Haager Kaufrechtsübereinkommen (von 1964) haben damit keine Chance mehr zur Durchsetzung.

Vereinbarung des UN-Kaufrechts

Soweit die Parteien eines internationalen Kaufvertrages von der Anwendung bestimmter Regelungen ausgehen, sollten sie dieses – soweit möglich – in ihrem Vertrag klar, etwa durch die Bestimmung: „Es gelten die Regelungen des Übereinkommens der Vereinten Nationen von 1980 über Verträge über den internationalen Warenkauf" oder – wenn sie ihren Vertrag anderem Recht als dem des UN-Kaufrechtsübereinkommens unterstellen wollen –: „Es gelten die Vorschriften des deutschen Bürgerlichen Gesetzbuches und Handelsgesetzbuches", zum Ausdruck bringen.

Das Übereinkommen der Vereinten Nationen über Verträge über den internationalen Warenkauf ist am 11. April 1980 in Wien verabschiedet worden. Die Bundesrepublik Deutschland hat das Übereinkommen am 26. Mai 1981 in New York gezeichnet und mit Zustimmungsgesetz vom 5. Juli 1989 (BGBl. II, S. 586) ratifiziert.

Die deutsche Fassung des Übereinkommens ist eine amtliche Übersetzung, aber keine für die Anwendung des Übereinkommens verbindliche Fassung. Deshalb wird der deutsche Rechtsanwender im Zweifel auf eine der verbindlichen Fassungen zurückgreifen müssen. Die französische und die englische Fassung sind verbindliche Fassungen.

Wollen Sie eine Anwendung des UN-Kaufrechtsübereinkommens ausschließen, was gemäß seinem Art. 6 ebenso möglich ist wie nach den Haager Kaufrechtsübereinkommen, sollten sie sich allerdings darauf verlassen, dass bereits die bloße kollisionsrechtliche Verweisung (etwa die Vereinbarung: „Es gilt italienisches Recht") als Ausschluss der Regelungen des UN-Kaufrechtsübereinkommens verstanden wird. Bei einer solchen Verweisung werden sie vielmehr damit rechnen müssen, dass auf ihren Vertrag das Recht angewandt werden wird, das nach den Vorschriften dieser Rechtsordnung anzuwenden ist: bei einer kollisionsrechtlichen Verweisung auf das Recht eines Vertragsstaates des UN-Kaufrechtsübereinkommens von 1980 also regelmäßig die Bestimmungen dieses Übereinkommens, wenn die Vertragsparteien ihre Niederlassung in verschiedenen Staaten haben (Art. 1).

1.6 Übereinkommen der UN über Verträge über den internationalen Warenkauf vom 11.4.1980

Teil 1
Anwendungsbereich

Artikel 1
(1) Dieses Übereinkommen ist auf Kaufverträge über Waren zwischen Parteien anzuwenden, die ihre Niederlassung in verschiedenen Staaten haben,
a) wenn diese Staaten Vertragsstaaten sind oder
b) wenn die Regeln des internationalen Privatrechts zur Anwendung des Rechts eines Vertragsstaats führen.
(2) Die Tatsache, dass die Parteien ihre Niederlassungen in verschiedenen Staaten haben, wird nicht berücksichtigt, wenn sie sich nicht aus dem Vertrag, aus früheren Geschäftsbeziehungen oder aus Verhandlungen oder Auskünften ergibt, die vor oder bei Vertragsabschluß zwischen den Parteien geführt oder von ihnen erteilt worden sind.
(3) Bei Anwendung dieses Übereinkommens wird weder berücksichtigt, welche Staatsangehörigkeit die Parteien haben, noch ob sie Kaufleute oder Nichtkaufleute sind, oder ob der Vertrag handelsrechtlicher oder bürgerlich-rechtlicher Art ist.

Artikel 2
Dieses Übereinkommen findet keine Anwendung auf den Kauf
a) von Waren für den persönlichen Gebrauch oder den Gebrauch in der Familie oder im Haushalt, es sei denn, dass der Verkäufer vor oder bei Vertragsabschluß weder wusste noch wissen musste, dass die Waren für einen solchen Gebrauch gekauft wurden.
b) bei Versteigerungen,
c) aufgrund von Zwangsvollstreckungs- oder anderen gerichtlichen Maßnahmen,
d) von Wertpapieren oder Zahlungsmitteln,
e) von Seeschiffen, Binnenschiffen, Luftkissenfahrzeugen oder Luftfahrzeugen,
f) von elektrischer Energie.

Artikel 3
(1) Den Kaufverträgen stehen Verträge über die Lieferung herzustellender oder zu erzeugender Ware gleich, es sei denn, dass der Besteller einen wesentlichen Teil der für die Herstellung oder Erzeugung notwendigen Steffe selbst zur Verfügung zu stellen hat.
(2) Dieses Übereinkommen ist auf Verträge nicht anzuwenden, bei denen der überwiegende Teil der Pflichten der Partei, welche die Ware liefert, in der Ausführung von Arbeiten oder anderen Dienstleistungen besteht.

Artikel 4
Dieses Übereinkommen regelt ausschließlich den Abschluss des Kaufvertrages und die aus ihm erwachsenden Rechte und Pflichten des Verkäufers und des Käufers. Soweit in diesem Übereinkommen nicht ausdrücklich etwas anderes bestimmt ist, betrifft es insbesondere nicht
a) die Gültigkeit des Vertrages oder einzelner Vertragsbestimmungen oder die Gültigkeit von Handelsbräuchen,
b) die Wirkungen, die der Vertrag auf das Eigentum an der verkauften Ware haben kann.

Artikel 5
Dieses Übereinkommen findet keine Anwendung auf die Haftung des Verkäufers für den durch die Ware verursachten Tod oder die Körperverletzung einer Person.

Artikel 6
Die Parteien können die Anwendung dieses Übereinkommens ausschließen oder, vorbehaltlich des Artikel 12, von seinen Bestimmungen abweichen oder deren Wirkung ändern.

1.7 United Nations Convention on Contracts for the International Sale of Goods (11.4.1980)

Part 1
Sphere of Application and General Provisions Article 1
(1) This Convention applies to contracts of sale of goods between parties whose places of business are in different States:
a) when the States are Contracting States; or
b) when the rules of private international law lead to the application of the law of a Contracting State.
(2) The fact that the parties have their places of business in different States is to be disregarded whenever this fact does not appear either from the contract or from any dealings between, or from information disclosed by, the parties at any time before or at the conclusion of the contract.
(3) Neither the nationality of the parties nor the civil or commercial character of the parties or of the contract is to be taken info consideration in determining the application of this Convention.

Article 2
This Convention does not apply to sales:
(a) of goods bought for personal, family or household use, unless the seller, at any time before or at the conclusion of the contract, neither knew nor ought to have known that the goods were bought for any such use;
(b) by auction;
(c) on execution or otherwise by authority of law;
(d) of stocks, shares, investment securities, negotiable instruments or money;
(e) of ships, vessels, hovercraft or aircraft;
(f) of electricity.

Article 3
(1) Contracts for the supply of goods to be manufactured or produced are to be considered sales unless the party who orders the goods undertakes to supply a substantial part of the materials necessary for such manufacture or production.
(2) This Convention does not apply to contracts in which the preponderant part of the obligations of the Party who furnishes the goods consists in the supply of labour or other services.

Article 4
This Convention governs only the formation of the contract of sale and the rights and obligations of the seller and the buyer arising from such a contract. In particular; except as otherwise expressly provided in this Convention, it is not concerned with:
(a) the validity of the contract or of any of its provisions or of any usage;
(b) the effect which the contract may have on the property in the goods sold.

Article 5
This Convention does not apply to the liability of the seller for death or personal injury caused by the goods to any person.

General Provisions
Article 6
The parties may exclude the application of this Convention or, subject to Article 12, derogate from or vary the effect of any of its provisions.

Allgemeine Bestimmungen Artikel 7
(1) Bei der Auslegung dieses Übereinkommens sind sein internationaler Charakter und die Notwendigkeit zu berücksichtigen, seine einheitliche Anwendung und die Wahrung des guten Glaubens im internationalen Handel zu fördern.
(2) Fragen, die in diesem Übereinkommen geregelte Gegenstände betreffen, aber in diesem Übereinkommen nicht ausdrücklich entschieden werden, sind nach den allgemeinen Grundsätzen, die diesem Übereinkommen zugrunde liegen, oder mangels solcher Grundsätze nach dem Recht zu entscheiden, das nach den Regeln des internationalen Privatrechts anzuwenden ist.

Artikel 8
(1) Für die Zwecke dieses Übereinkommens sind Erklärungen und das sonstige Verhalten einer Partei nach deren Willen auszulegen, wenn die andere Partei diesen Willen kannte oder darüber nicht in Unkenntnis sein konnte.
(2) ist Absatz 1 nicht anwendbar, so sind Erklärungen und das sonstige Verhalten einer Partei so auszulegen, wie eine vernünftige Person der gleichen Art wie die andere Partei sie unter den gleichen Umständen aufgefasst hätte.
(3) Um den Willen einer Partei oder die Auffassung festzustellen, die eine vernünftige Person gehabt hätte, sind alle erheblichen Umstände zu berücksichtigen, insbesondere die Verhandlungen zwischen den Parteien, die zwischen ihnen entstandenen Gepflogenheiten, die Handelsbräuche und das spätere Verhalten der Parteien.

Artikel 9
(1) Die Parteien sind an die Handelsbräuche, mit denen sie sich einverstanden erklärt haben, und an die Gepflogenheiten gebunden, die zwischen ihnen entstanden sind.
(2) Haben die Parteien nichts anderes vereinbart, so wird angenommen, dass sie sich in ihrem Vertrag oder bei seinem Abschluss stillschweigend auf Handelsbräuche bezogen haben, die sie kannten oder kennen mussten und die im internationalen Handel den Parteien von Verträgen dieser Art in dem betreffenden Geschäftszweig weithin bekannt sind und von ihnen regelmäßig beachtet werden.

Artikel 10
Für die Zwecke dieses Übereinkommens ist,
a) falls eine Partei mehr als eine Niederlassung hat, die Niederlassung maßgebend, die unter Berücksichtigung der vor oder bei Vertragsabschluß den Parteien bekannten oder von ihnen in Betracht gezogenen Umstände die engste Beziehung zu dem Vertrag und zu seiner Erfüllung hat;
b) falls eine Partei keine Niederlassung hat, ihr gewöhnlicher Aufenthalt maßgebend.

Artikel 11
Der Kaufvertrag braucht nicht schriftlich geschlossen oder nachgewiesen zu werden und unterliegt auch sonst keinen Formvorschriften. Er kann auf jede Weise bewiesen werden, auch durch Zeugen.

Artikel 12
Die Bestimmungen der Artikel 11 und 29 oder des Teils II dieses Übereinkommens, die für den Abschluss eines Kaufvertrages, seine Änderung oder Aufhebung durch Vereinbarung oder für ein Angebot, eine Annahme oder eine sonstige Willenserklärung eine andere als die schriftliche Form gestatten, gelten nicht, wenn eine Partei ihre Niederlassung in einem Vertragsstaat hat, der eine Erklärung nach Artikel 96 abgegeben hat. Die Parteien dürfen von dem vorliegenden Artikel weder abweichen noch seine Wirkung ändern.

Artikel 13
Für die Zwecke dieses Übereinkommens umfasst der Ausdruck „schriftlich" auch Mitteilungen durch Telegramm oder Fernschreiben.

Article 7
(1) In the interpretation of this Convention, regard is to be had to its international character and to the need to promote uniformity in its application and the observance of good faith in international trade.
(2) Questions concerning matters governed by this Convention which are not expressly settled in it are to be settled in conformity with the general principles on which it is based or, in the absence of such principles, in conformity with the law applicable by virtue of the rules of private international law.

Article 8
(1) For the purposes of this Convention statements made by and other conduct of a party are to be interpreted according to his intent where the other party knew or could not have been unaware what that intent was.
(2) If the preceding paragraph is not applicable, statements made by and other conduct of a party are to be interpreted according to the understanding that a reasonable person of the same kind as the other party would have had in the same circumstances.
(3) In determining the intent of a party or the understanding a reasonable person would have had, due consideration is to be given to all relevant circumstances of the case including the negotiations, any practices which the parties have established between themselves, usages and any subsequent conduct of the parties.

Article 9
(1) The parties are bound by any usage to which they have agreed and by any practices which they have established between themselves.
(2) The parties are considered, unless otherwise agreed, to have impliedly made applicable to their contract or its formation a usage of which the parties knew or ought to have known and which in international trade is widely known to, and regularly observed by, parties to contracts of the type involved in the particular trade concerned.

Article 10
For the purposes of this Convention:
(a) If a party has more than one place of business, the place of business is that which has the closest relationship to the contract and its performance, having regard to the circumstances known to or contemplated by the parties at any time before or at the conclusion of the contract;
(b) If a party does not have a place of business, reference is to be made to his habitual residence.

Article 11
A contract of sale need not be concluded in or evidenced by writing and is not subject to any other requirement as to form. It may be proved by any means, including witnesses.

Article 12
Any provision of Article 11, Article 29 or Part II of this Convention that allows a contract of sale or its modification or termination by agreement or any offer; acceptance or other indication of intention to be made in any form other than in writing does not apply where any party has his place of business in a Contracting State which has made a declaration under Article 96 of this Convention. The parties may not derogate from or vary the effect of this Article.

Article 13
For the purposes of this Convention „writing" includes telegram and telex.

Teil II
Abschluss des Vertrages Artikel 14
(1) Der an eine oder mehrere bestimmte Personen gerichtete Vorschlag zum Abschluss eines Vertrages stellt ein Angebot dar, wenn er bestimmt genug ist und den Willen des Anbietenden zum Ausdruck bringt, im Falle der Annahme gebunden zu sein. Ein Vorschlag ist bestimmt genug, wenn er die Ware bezeichnet und ausdrücklich oder stillschweigend die Menge und den Preis festsetzt oder deren Festsetzung ermöglicht.
(2) Ein Vorschlag, der nicht an eine oder mehrere bestimmte Personen gerichtet ist, gilt nur als Aufforderung, ein Angebot abzugeben, wenn nicht die Person, die den Vorschlag macht, das Gegenteil deutlich zum Ausdruck bringt.

Artikel 15
(1) Ein Angebot wird wirksam, sobald es dem Empfänger zugeht.
(2) Ein Angebot kann, selbst wenn es unwiderruflich ist, zurückgenommen werden, wenn die Rücknahmeerklärung dem Empfänger vor oder gleichzeitig mit dem Angebot zugeht.

Artikel 16
(1) Bis zum Abschluss des Vertrages kann ein Angebot widerrufen werden, wenn der Widerruf dem Empfänger zugeht, bevor dieser eine Annahmeerklärung abgesandt hat.
(2) Ein Angebot kann jedoch nicht widerrufen werden,
a) wenn es durch Bestimmung einer festen Frist zur Annahme oder auf andere Weise zum Ausdruck bringt, dass es unwiderruflich ist, oder
b) wenn der Empfänger vernünftigerweise darauf vertrauen konnte, dass das Angebot unwiderruflich ist, und er im Vertrauen auf das Angebot gehandelt hat.

Artikel 17
Ein Angebot erlischt, selbst wenn es unwiderruflich ist, sobald dem Anbietenden eine Ablehnung zugeht.

Artikel 18
(1) Eine Erklärung oder ein sonstiges Verhalten des Empfängers, das eine Zustimmung zum Angebot ausdrückt, stellt eine Annahme dar. Schweigen oder Untätigkeit allein stellen keine Annahme dar.
(2) Die Annahme eines Angebots wird wirksam, sobald die Äußerung der Zustimmung dem Anbietenden zugeht. Sie wird nicht wirksam, wenn die Äußerung der Zustimmung dem Anbietenden nicht innerhalb der von ihm gesetzten Frist oder, bei Fehlen einer solchen Frist, innerhalb einer angemessenen Frist zugeht; dabei sind die Umstände des Geschäfts einschließlich der Schnelligkeit der vom Anbietenden gewählten Übermittlungsart zu berücksichtigen. Ein mündliches Angebot muss sofort angenommen werden, wenn sich aus den Umständen nichts anderes ergibt.
(3) Äußert jedoch der Empfänger aufgrund des Angebots, der zwischen den Parteien entstandenen Gepflogenheiten oder der Handelsbräuche seine Zustimmung durch eine Handlung, die sich zum Beispiel auf die Absendung der Ware oder die Bezahlung des Preises bezieht, ohne den Anbietenden davon zu unterrichten, so ist die Annahme zum Zeitpunkt der Handlung wirksam, sofern diese innerhalb der in Absatz 2 vorgeschriebenen Frist vorgenommen wird.

Artikel 19
(1) Eine Antwort auf ein Angebot, die eine Annahme darstellen soll, aber Ergänzungen, Einschränkungen oder sonstige Änderungen enthält, ist eine Ablehnung des Angebots und stellt ein Gegenangebot dar.
(2) Eine Antwort auf ein Angebot, die eine Annahme darstellen soll, aber Ergänzungen oder Abweichungen enthält, welche die Bedingungen des Angebots nicht wesentlich ändern, stellt jedoch eine Annahme dar, wenn der Anbietende das Fehlen der Übereinstimmung nicht unverzüglich mündlich beanstandet oder eine entsprechende Mitteilung absendet. Unterlässt er dies, so bilden die Bedingungen des Angebots mit den in der Annahme enthaltenen Änderungen den Vertragsinhalt.
(3) Ergänzungen oder Abweichungen, die sich insbesondere auf Preis, Bezahlung, Qualität und Menge der Ware, auf Ort und Zeit der Lieferung, auf den Umfang der Haftung der einen Partei gegenüber der anderen oder auf die Beilegung von Streitigkeiten beziehen, werden so angesehen, als änderten sie die Bedingungen des Angebots wesentlich.

Part II

Formation of the Contract Article 14
(1) A proposal for concluding a contract addressed to one or more specific persons constitutes an offer if it is sufficiently definite and indicates the intention of the offeror to be bound in case of acceptance. A proposal is sufficientiy definite if it indicates the goods and expressly or implicity fixes or makes provision for determining the quantity and the price.
(2) A proposal other than one addressed to one or more specific persons is to be considered merely as an invitation to make offers, unless the contrary is clearly indicated by the person making the proposal.

Article 15
(1) An offer becomes effective when it reaches the offeree.

(2) An offer, even if it is irrevocable, may be withdrawn if the withdrawal reaches the offeree before or at the same time as the offer

Article 16
(1) Until a contract is concluded an offer may be revoked if the revocation reaches the offeree before he has dispatched an acceptance.
(2) However, an offer cannot be revoked:
(a) if it indicates, whether by stating a fixed time for acceptance or otherwise, that it is irrevocable; or
(b) if it was reasonable for the offeree to rely on the offer as being irrevocabie and the offeree has acted in reiiance on the offer.

Article 17
An offer, even if it is irrevocable, is terminated when a rejection reaches the offeror.

Article 18
(1) A statement made by or other conduct of the offeree indicating assent to an offer is an acceptance. Silence or inactivity does not in itself amount to acceptance.
(2) An acceptance of an offer becomes effective at the moment the indication of assent reaches the offeror. An acceptance is not effective if the indication of assent does not reach the offerer within the time he has fixed or, if no time is fixed, within a reasonable time, due account being taken of the circumstances of the transaction, including the rapidity of the means of communication employed by the offerer. An oral offer must be accepted immediately unless the circumstances indicate otherwise.
(3) However, if by virtue of the offer or as a result of practices which the parties have established between themselves or of usage, the offeree may indicate assent by performing an act, such as one relating to the dispatch of the goods or payment of the price, without notice to the offeror, the acceptance is effective at the moment the act 5 performed, provided that the act is performed within the period of time laid down in the preceding paragraph.

Article 19
(1) A reply to an offer which purports to be an acceptance but contains additions, limitations or other modifications is a rejection of the offer and constitutes a counter-offer.
(2) However, a reply to an offer which purports to be an acceptance but contains additional or different terms which do not materially alter the terms of the offer constitutes an acceptance, unless the offerer, without undue delay, objects orally to the discrepancy or dispatches a notice to that effect. If he does not so object, the terms of the contract are the terms of the offer with the modifications contained in the acceptance.
(3) Additional or different terms relating, among other things, to the price, payment, quality and quantity of the goods, place and time of delivery, extent of one party's liability to the other or the settlement of disputes are considered to alter the terms of the offer materially.

Artikel 20
(1) Eine vom Anbietenden in einem Telegramm oder einem Brief gesetzte Annahmefrist beginnt mit Aufgabe des Telegramms oder mit dem im Brief angegebenen Datum oder; wenn kein Datum angegeben ist, mit dem auf dem Umschlag angegebenen Datum zu laufen. Eine vom Anbietenden telefonisch, durch Fernschreiben oder eine andere sofortige Übermittlungsart gesetzte Annahmefrist beginnt zu laufen, sobald das Angebot dem Empfänger zugeht.
(2) Gesetzliche Feiertage oder arbeitsfreie Tage, die in die Laufzeit der Annahmefrist fallen, werden bei der Fristberechnung mitgezählt. Kann jedoch die Mitteilung der Annahme am letzten Tag der Frist nicht an die Anschrift des Anbietenden zugestellt werden, weil dieser Tag am Ort der Niederlassung des Anbietenden auf einen gesetzlichen Feiertag oder arbeitsfreien Tag fällt, so verlängert sich die Frist bis zum ersten darauf folgenden Arbeitstag.

Artikel 21
(1) Eine verspätete Annahme ist dennoch als Annahme wirksam, wenn der Anbietende unverzüglich den Annehmenden in diesem Sinne mündlich unterrichtet oder eine entsprechende schriftliche Mitteilung absendet.
(2) Ergibt sich aus dem eine verspätete Annahme enthaltenden Brief oder anderen Schriftstück, dass die Mitteilung nach den Umständen, unter denen sie abgesandt worden ist, bei normaler Beförderung dem Anbietenden rechtzeitig zugegangen wäre, so ist die verspätete Annahme als Annahme wirksam, wenn der Anbietende nicht unverzüglich den Annehmenden mündlich davon unterrichtet, dass er sein Angebot als erloschen betrachtet, oder eine entsprechende schriftliche Mitteilung absendet.

Artikel 22
Eine Annahme kann zurückgenommen werden, wenn die Rücknahmeerklärung dem Anbietenden vor oder in dem Zeitpunkt zugeht, in dem die Annahme wirksam geworden wäre.

Artikel 23
Ein Vertrag ist in dem Zeitpunkt geschlossen, in dem die Annahme eines Angebots nach diesem Übereinkommen wirksam wird.

Artikel 24
Für die Zwecke dieses Teils des Übereinkommens „geht" ein Angebot, eine Annahmeerklärung oder sonstige Willenserklärung dem Empfänger „zu", wenn sie ihm mündlich gemacht wird oder wenn sie auf anderem Weg ihm persönlich, an seiner Niederlassung oder Postanschrift oder, wenn diese fehlen, an seinem gewöhnlichen Aufenthaltsort zugestellt wird.

Teil III

Warenkauf

Artikel 25
Eine von einer Partei begangene Vertragsverletzung ist wesentlich, wenn sie für die andere Partei solchen Nachteil zur Folge hat, dass ihr im wesentlichen entgeht, was sie nach dem Vertrag hätte erwarten dürfen, es sei denn, dass die vertragsbrüchige Partei diese Folge nicht vorausgesehen hat und eine vernünftige Person der gleichen Art diese Folge unter den gleichen Umständen auch nicht vorausgesehen hätte.

Artikel 26
Eine Erklärung, dass der Vertrag aufgehoben wird, ist nur wirksam, wenn sie der anderen Partei mitgeteilt wird.

Artikel 27
Soweit in diesem Teil des Übereinkommens nicht ausdrücklich etwas anderes bestimmt wird, nimmt bei einer Anzeige, Aufforderung oder sonstigen Mitteilung, die eine Partei gemäß diesem Teil mit den nach den Umständen geeigneten Mitteln macht, eine Verzögerung oder ein Irrtum bei der Übermittlung der Mitteilung oder deren Nichteintreffen dieser Partei nicht das Recht, sich auf die Mitteilung zu berufen.

Article 20
(1) A period of time for acceptance fixed by the offeror in a telegram or a letter begins to run from the moment the telegram is handed in for dispatch or from the date shown on the letter or, if no such date is shown, from the date shown on the envelope. A period of time for acceptance fixed by the offeror by telephone, telex or other means of instantaneous communication, begins to run from the moment that the offer reaches the offeree.
(2) Official holidays or non-business days occurring during the period for acceptance are included in calculating the period. However, if a notice of acceptance can not be delivered at the address of the offerer on the last day of the period because that day falls on an official holiday or a non-business day at the place of business of the offeror, the period is extended until the first business day which follows

Article 21
(1) A late acceptance is nevertheless effective as an acceptance if without delay the offeror orally so informs the offeree or dispatches a notice to that effect.
(2) If a letter or other writing containing a late acceptance shows that it has been sent in such circumstances that if its transmission had been normal it would have reached the offeror in due time, the late acceptance is effective as an acceptance unless, without delay, the offeror orally informs the offeree that he considers his offer as having lapsed or dispatches a notice to that effect.

Article 22
An acceptance may be withdrawn if the withdrawal reaches the offeror before or at the same time as the acceptance would have become effective.

Article 23
A contract is concluded at the moment when an acceptance of an offer becomes effective in accordance with the provisions of this Convention.

Article 24
For the purposes of this Part of the Convention, an offer, declaration of acceptance or any other indication of intention „reaches" the addressee when it is made orally to him or delivered by any other means to him personally, to his place of business or mailing address or, it he does not have a place of business or mailing address, to his habitual residence.

Part III

Sale of Goods General Provisions

Article 25
A breach of contract committed by one of the parties is fundamental if it results in such detriment to the other party as substantially to deprive him of what he is entitled to expect under the contract, unless the party in breach did not foresee and a reasonable person of the same kind in the same circumstances would not have foreseen such a result.

Article 26
A declaration of avoidance of the contract is effective only if made by notice to the other Party.

Article 27
Unless otherwise expressly provided in this Part of the Convention, if any notice, request or other communication is given or made by a party in accordance with this Part and by means appropriate in the circumstances, a delay or error in the transmission of the communication or its failure to arrive does not deprive that party or the right to rely on the communication.

Artikel 28
ist eine Partei nach diesem Übereinkommen berechtigt, von der anderen Partei die Erfüllung einer Verpflichtung zu verlangen, so braucht ein Gericht eine Entscheidung auf Erfüllung in Natur nur zu fällen, wenn es dies auch nach seinem eigenen Recht bei gleichartigen Kaufverträgen täte, die nicht unter dieses Übereinkommen fallen.

Artikel 29
(1) Ein Vertrag kann durch bloße Vereinbarung der Parteien geändert oder aufgehoben werden.
(2) Enthält ein schriftlicher Vertrag eine Bestimmung, wonach jede Änderung oder Aufhebung durch Vereinbarung schriftlich zu erfolgen hat, so darf or nicht auf andere Weise geändert oder aufgehoben werden. Eine Partei kann jedoch aufgrund ihres Verhaltens davon ausgeschlossen sein, sich auf eine solche Bestimmung zu berufen, soweit die andere Partei sich auf dieses Verhalten verlassen hat.

Pflichten des Verkäufers
Artikel 30
Der Verkäufer ist nach Maßgabe des Vertrages und dieses Übereinkommens verpflichtet, die Ware zu liefern, die sie betreffenden Dokumente zu übergeben und das Eigentum an der Ware zu übertragen.

Lieferung der Ware und Übergabe der Dokumente
Artikel 31
Hat der Verkäufer die Ware nicht an einem anderen bestimmten Ort zu liefern, so besteht seine Lieferpflicht in folgendem:
a) Erfordert der Kaufvertrag eine Beförderung der Ware, so hat sie der Verkäufer dem ersten Beförderer zur Übermittlung an den Käufer zu übergeben;
b) bezieht sich der Vertrag in Fällen, die nicht unter Buchstabe a) fallen, auf bestimmte Ware oder auf gattungsmäßig bezeichnete Ware, die aus einem bestimmten Bestand zu entnehmen ist, oder auf herzustellende oder zu erzeugende Ware und wussten die Parteien bei Vertragsabschluß, dass die Ware sich an einem bestimmten Ort befand oder dort herzustellen oder zu erzeugen war, so hat der Verkäufer die Ware dem Käufer an diesem Ort zur Verfügung zu stellen;
c) in den anderen Fällen hat der Verkäufer die Ware dem Käufer an dem Ort zur Verfügung zu stellen, an dem der Verkäufer bei Vertragsabschluß seine Niederlassung hatte.

Artikel 32
(1) Übergibt der Verkäufer nach dem Vertrag oder diesem Übereinkommen die Ware einem Beförderer und ist die Ware nicht deutlich durch daran angebrachte Kennzeichen oder durch Beförderungsdokumente oder auf andere Weise dem Vertrag zugeordnet, so hat der Verkäufer dem Käufer die Versendung anzuzeigen und dabei die Ware im einzelnen zu bezeichnen.
(2) Hat der Verkäufer für die Beförderung der Ware zu sorgen, so hat er die Verträge zu schließen, die zur Beförderung an den festgesetzten Ort mit den nach den Umständen angemessenen Beförderungsmitteln und zu den für solche Beförderungen üblichen Bedingungen erforderlich sind.
(3) Ist der Verkäufer nicht zum Abschluss einer Transportversicherung verpflichtet, so hat er dem Käufer auf dessen Verlangen alle ihm verfügbaren, zum Abschluss einer solchen Versicherung erforderlichen Auskünfte zu erteilen.

Artikel 33
Der Verkäufer hat die Ware zu liefern,
a) wenn ein Zeitpunkt im Vertrag bestimmt ist oder aufgrund des Vertrages bestimmt werden kann, zu diesem Zeitpunkt,
b) wenn ein Zeitpunkt im Vertrag bestimmt ist oder aufgrund des Vertrages bestimmt werden kann, jederzeit innerhalb dieses Zeitraums, sofern sich nicht aus den Umständen ergibt, dass der Käufer den Zeitpunkt zu wählen hat, oder
c) in allen anderen Fällen innerhalb einer angemessenen Frist nach Vertragsabschluß.

Article 28
If, in accordance with the provisions of this Convention, one party is entitled to require performance of any obligation by the other party, a court is not bound to enter a judgement for specific performance unless the court would do so under its own law in respect of similar contracts of sale not governed by this Convention.

Article 29
(1) A contract may be modified or terminated by the mere agreement of the parties.
(2) A contract in writing which contains a provision requiring any modification or termination by agreement to be in writing may not be otherwise modified or terminated by agreement. However, a party may be precluded by his conduct from asserting such a provision to the extent that the other party has relied on that conduct.

Obligations of the seller
Article 30
The seller must deliver the goods, hand over any documents relating to them and transfer the property in the goods, as required by the contract and this Convention.

Delivery of the goods and handing over of documents Article 31
if the seller is not bound to deliver the goods at any other particular place, his obligation to deliver consists:
a) if the contract of sale involves carriage of the goods – in handing the goods over to the first carrier for transmission to the buyer;
b) if, in cases not within the preceding subparagraph, the contract relates to specific goods, or unidentified goods to be drawn from a specific stock or to be manufactured or produced, and at the time of the conclusion of the contract the parties knew that the goods were at, or were to be manufactured or produced at, a particular place – in placing the goods at the buyer's disposal at that place;
c) in other cases – in placing the goods at the buyer's disposal at the place where the seller has his place of business at the time of the conclusion of the contract.

Article 32
(1) If the seller, in accordance with the contract or this Convention, hands the goods over to a carrier and if the goods are not clearly identified to the contract by markings on the goods, by shipping documents or otherwise, the seller must give the buyer notice of the consignment specifying the goods.
(2) If the seller is bound to arrange for carriage of the goods, he must make such contracts as are necessary for carriage to the place fixed by means of transportation appropriate in the circumstances and according to the usual terms for such transportation.
(3) If the sel1er is not bound to effect insurance in respect of the carriage of the goods, he must, at the buyer's request, provide him with all available information necessary to enable him to effect such insurance.

Article 33
The seller must deliver the goods:
a) if a date is fixed by or determinable from the contract, on that date;
b) if a period of time is fixed by or determinable from the contract, at any time within that period unless circumstances indicate that the buyer is to choose a date; or
c) in any other case, within a reasonable time after the conclusion of the contract.

Artikel 34

Hat der Verkäufer Dokumente zu übergeben, die sich auf die Ware beziehen, so hat er sie zu dem Zeitpunkt, an dem Ort und in der Form zu übergeben, die im Vertrag vorgesehen sind. Hat der Verkäufer die Dokumente bereits vorher übergeben, so kann er bis zu dem für die Übergabe vorgesehenen Zeitpunkt jede Vertragswidrigkeit der Dokumente beheben, wenn die Ausübung dieses Rechts dem Käufer nicht unzumutbare Unannehmlichkeiten oder unverhältnismäßige Kosten verursacht. Der Käufer behält jedoch das Recht, Schadenersatz nach diesem Übereinkommen zu verlangen.

Vertragsmäßigkeit der Ware und Rechte oder Ansprüche Dritter
Artikel 35

(1) Der Verkäufer hat Ware zu liefern, die in Menge, Qualität und Art sowie hinsichtlich Verpackung oder Behältnis den Anforderungen des Vertrages entspricht.
(2) Haben die Parteien nichts anderes vereinbart, so entspricht die Ware dem Vertrag nur,
a) wenn sie sich für die Zwecke eignet, für die Ware der gleichen Art gewöhnlich gebraucht wird;
b) wenn sie sich für einen bestimmten Zweck eignet, der dem Verkäufer bei Vertragsabschluß ausdrücklich oder auf andere Weise zur Kenntnis gebracht wurde, sofern sich nicht aus den Umständen ergibt, dass der Käufer auf die Sachkenntnis und das Urteilsvermögen des Verkäufers nicht vertraute oder vernünftigerweise nicht vertrauen konnte;
c) wenn sie die Eigenschaften einer Ware besitzt, die der Verkäufer dem Käufer als Probe oder Muster vorgelegt hat;
d) wenn sie in der für Ware dieser Art üblichen Weise oder, falls es eine solche Weise nicht gibt, in einer für die Erhaltung und den Schutz der Ware angemessenen Weise verpackt ist.
(3) Der Verkäufer haftet nach Absatz 2 Buchstaben a) bis d) nicht für eine Vertragswidrigkeit der Ware, wenn der Käufer bei Vertragsabschluß diese Vertragswidrigkeit kannte oder darüber nicht in Unkenntnis sein konnte.

Artikel 36

(1) Der Verkäufer haftet nach dem Vertrag und diesem Übereinkommen für eine Vertragswidrigkeit, die im Zeitpunkt des Übergangs der Gefahr auf den Käufer besteht, auch wenn die Vertragswidrigkeit erst nach diesem Zeitpunkt offenbar wird.
(2) Der Verkäufer haftet auch für eine Vertragswidrigkeit, die nach dem in Absatz 1 angegebenen Zeitpunkt eintritt und auf die Verletzung einer seiner Pflichten zurückzuführen ist, einschließlich der Verletzung einer Garantie dafür, dass die Ware für eine bestimmte Zeit für den üblichen Zweck oder für einen bestimmten Zweck geeignet bleiben oder besondere Eigenschaften oder Merkmale behalten wird.

Artikel 37

Bei vorzeitiger Lieferung der Ware behält der Verkäufer bis zu dem für die Lieferung festgesetzten Zeitpunkt das Recht, fehlende Teile nachzuliefern, eine fehlende Menge auszugleichen, für nicht vertragsgemäße Ware Ersatz zu liefern oder die Vertragswidrigkeit der gelieferten Ware zu beheben, wenn die Ausübung dieses Rechts dem Käufer nicht unzumutbare Unannehmlichkeiten oder unverhältnismäßige Kosten verursacht. Der Käufer behält jedoch das Recht, Schadenersatz nach diesem Übereinkommen zu verlangen.

Artikel 38

(1) Der Käufer hat die Ware innerhalb einer so kurzen Frist zu untersuchen oder untersuchen zu lassen, wie es die Umstände erlauben.
(2) Erfordert der Vertrag eine Beförderung der Ware, so kann die Untersuchung bis nach dem Eintreffen der Ware am Bestimmungsort aufgeschoben werden.
(3) Wird die Ware vom Käufer umgeleitet oder von ihm weiterversandt, ohne dass er ausreichend Gelegenheit hatte, sie zu untersuchen, und kannte der Verkäufer bei Vertragsabschluß die Möglichkeit einer solchen Umleitung oder Weiterversendung oder musste er sie kennen, so kann die Untersuchung bis nach dem Eintreffen der Ware an ihrem neuen Bestimmungsort aufgeschoben werden.

Article 34
If the seller is bound to hand over documents relating to the goods, he must hand them over at the time and place and in the form required by the contract. If the seller has handed over documents before that time, he may, up to that time, cure any lack of conformity in the documents, if the exercise of this right does not cause the buyer unreasonable inconvenience or unreasonable expense. However, the buyer retains any right to claim damages as provided for in this Convention.

Conformity of the goods and third party claims
Article 35
(1) The seller must deliver goods which are of the quantity, quality and description required by the contract and which are contained or packaged in the manner required by the contract.
(2) Except where the parties have agreed otherwise, the goods de not conform with the contract unless they:
a) are fit for the purposes for which goods of the same description would ordinarily be used;
b) are fit for any particular purpose expressly or impliedly made known to the seller at the time of the conclusion of the contract, except where the circumstances show that the buyer did not rely, or that it was unreasonable for him to rely, on the seller's skill and judgement;
c) possess the qualities of goods which the seller has held out to the buyer as a sample or model;
d) are contained or packaged in the manner usual for such goods or, where there is no such manner, in a manner adequate to preserve and protect the goods.
(3) The seller is not liable under subparagraphs (a) to (d) of the preceding paragraph for any lack of conformity of the goods if at the time of the conclusion of the contract the buyer knew or could not have been unaware of such lack of conformity.

Article 36
(1) The seller is liable in accordance with the contract and this Convention for any lack of conformity which exists at the time when the risk passes to the buyer, even though the lack of conformity becomes apparent only after that time.
(2) The seller is also liable for any lack of conformity which occurs after the time indicated in the preceding paragraph and which is due to a breach of any of his obligations, including a breach of any guarantee that for a period of time the goods will remain fit for their ordinary purpose or for some particular purpose or will retain specified qualities or characteristics.

Article 37
If the seller has delivered goods before the date for delivery, he may, up to that date, deliver any missing part or make up any deficiency in the quantity of the goods delivered, or deliver goods in replacement of any nen-conforming goods delivered or remedy any lack of conformity in the goods delivered, provided that the exercise of this right does not cause the buyer unreasonable inconvenience or unreasonable expense. However, the buyer retains any right to claim damages as provided for in this Convention.

Article 38
(1) The buyer must examine the goods, or cause them to be examined, within as short a period as is practicable in the circumstances.
(2) If the contract involves carriage of the goods, examination may be deferred until after the goods have arrived at their destination.
(3) If the goods are redirected in transit or redispatched by the buyer without a reasonable opportunity for examination by him and at the time of the conclusion of the contract, the seller knew or ought to have known of the possibility of such redirection or redispatch, examination may be deferred until after the goods have arrived at the new destination.

Artikel 39
(1) Der Käufer verliert das Recht, sich auf eine Vertragswidrigkeit der Ware zu berufen, wenn er sie dem Verkäufer nicht innerhalb einer angemessenen Frist nach dem Zeitpunkt, in dem er sie festgestellt hat oder hätte feststellen müssen, anzeigt und dabei die Art der Vertragswidrigkeit genau bezeichnet.
(2) Der Käufer verliert in jedem Fall das Recht, sich auf die Vertragswidrigkeit der Ware zu berufen, wenn er sie nicht spätestens innerhalb von zwei Jahren, nachdem ihm die Ware tatsächlich übergeben worden ist, dem Verkäufer anzeigt, es sei denn, daß diese Frist mit einer vertraglichen Garantiefrist unvereinbar ist.

Artikel 40
Der Verkäufer kann sich auf die Artikel 38 und 39 nicht berufen, wenn die Vertragswidrigkeit auf Tatsachen beruht, die er kannte oder über die er nicht in Unkenntnis sein konnte und die er dem Käufer nicht offenbart hat.

Artikel 41
Der Verkäufer hat Ware zu liefern, die frei von Rechten oder Ansprüchen Dritter ist, es sei denn, daß der Käufer eingewilligt hat, die mit einem solchen Recht oder Anspruch belastete Ware anzunehmen. Beruhen jedoch solche Rechte oder Ansprüche auf gewerblichem oder anderem geistigen Eigentum, so regelt Artikel 42 die Verpflichtung des Verkäufers.

Artikel 42
(1) Der Verkäufer hat Ware zu liefern, die frei von Rechten oder Ansprüchen Dritter ist, die auf gewerblichem oder anderem geistigen Eigentum beruhen und die der Verkäufer bei Vertragsabschluß kannte oder über die er nicht in Unkenntnis sein konnte, vorausgesetzt, das Recht oder der Anspruch beruht auf gewerblichem oder anderem geistigen Eigentum
a) nach dem Recht des Staates, in dem die Ware weiterverkauft oder in dem sie in anderer Weise verwendet wird, wenn die Parteien bei Vertragsabschluß in Betracht gezogen haben, daß die Ware dort weiterverkauft oder verwendet wird, oder
b) in jedem anderen Falle nach dem Recht des Staates, in dem der Käufer seine Niederlassung hat.
(2) Die Verpflichtung des Verkäufers nach Absatz 1 erstreckt sich nicht auf Fälle,
a) in denen der Käufer im Zeitpunkt des Vertragsabschlusses das Recht oder den Anspruch kannte oder darüber nicht in Unkenntnis sein konnte, oder
b) in denen das Recht oder der Anspruch sich daraus ergibt, daß der Verkäufer sich nach technischen Zeichnungen, Entwürfen, Formeln oder sonstigen Angaben gerichtet hat, die der Käufer zur Verfügung gestellt hat.

Artikel 43
(1) Der Käufer kann sich auf Artikel 41 oder 42 nicht berufen, wenn er dem Verkäufer das Recht oder den Anspruch des Dritten nicht innerhalb einer angemessenen Frist nach dem Zeitpunkt, in dem er davon Kenntnis erlangt hat oder hätte erlangen müssen, anzeigt und dabei genau bezeichnet, welcher Art das Recht oder der Anspruch des Dritten ist.
(2) Der Verkäufer kann sich nicht auf Absatz 1 berufen, wenn er das Recht oder den Anspruch des Dritten und seine Art kannte.

Artikel 44
Ungeachtet des Artikels 39 Absatz 1 und des Artikels 43 Absatz 1 kann der Käufer den Preis nach Artikel 50 herabsetzen oder Schadenersatz, außer für entgangenen Gewinn, verlangen, wenn er eine vernünftige Entschuldigung dafür hat, daß er die erforderliche Anzeige unterlassen hat.

Rechtsbehelfe des Käufers wegen Vertragsverletzung durch den Verkäufer
Artikel 45
(1) Erfüllt der Verkäufer eine seiner Pflichten nach dem Vertrag oder diesem Übereinkommen nicht, so kann der Käufer
a) die in Artikel 46 bis 52 vorgesehenen Rechte ausüben;
b) Schadenersatz nach Artikel 74 bis 77 verlangen.
(2) Der Käufer verliert das Recht, Schadenersatz zu verlangen, nicht dadurch, daß er andere Rechtsbehelfe ausübt.
(3) Übt der Käufer einen Rechtsbehelf wegen Vertragsverletzung aus, so darf ein Gericht oder Schiedsgericht dem Verkäufer keine zusätzliche Frist gewähren.

Article 39
(1) The buyer loses the right to rely on a lack of conformity of the goods if he does not give notice to the seller specifying the nature of the lack of conformity within a reasonable time after he has discovered it or ought to have discovered it.
(2) In any event, the buyer loses the right to rely on a lack of conformity of the goods if he does not give the seller notice thereof at the latest within a period of two years from the date on which the goods were actually handed over to the buyer, unless this time-limit is inconsistent with a contractual period of guarantee.

Article 40
The seller is not entitled to rely on the provisions of Articles 38 and 39 if the lack of conformity relates to facts of which he knew or could not have been unaware and which he did not disclose to the buyer.

Article 41
The seller must deliver goods which are free from any right or claim of a third party, unless the buyer agreed to take the goods subject to that right or claim.
However, it such right or claim is based on industrial property or other intellectual property, the seller's obligation is governed by Article 42.

Article 42
(1) The seller must deliver goods which are free from any right or claim of a third party based on industrial property or other intellectual property, of which at the time of the conclusion of the contract the seller knew or could not have been unaware, provided that the right or claim is based on industrial property or other intellectual property:
a) under the law of the State where the goods will be resold or otherwise used, if it was contemplated by the parties at the time of the conclusion of the contract that the goods would be resold or otherwise used in that State; or
b) in any other case, under the law of the State where the buyer has his place of business.
(2) The obligation of the seller under the preceding paragraph does not extend to cases where.
a) at the time of the conclusion of the contract the buyer knew or could not have been unaware of the right or claim; or
b) the right or claim results from the seller's compliance with technical drawings, designs, formula or other such specifications furnished by the buyer.

Article 43
(1) The buyer loses the right to reify on the provisions of Article 41 or Article 42 if he does not give notice to the seller specifying the nature of the right or claim of the third party within a reasonable time after he has become aware or ought to have become aware of the right or claim.

(2) The seller is not entitled to rely on the provisions of the preceding paragraph if he knew of the right or claim of the third party and the nature of it.

Article 44
Notwithstanding the provisions of paragraph (1) of Article 39 and paragraph (1) of Article 43, the buyer may reduce the price in accordance with Article 50 or claim damages, except for loss of profit, if he has a reasonable excuse for his failure to give the required notice.

Remedies for breach of contract by the seller
Article 45
(1) If the seller falls to perform any of his obligations under the contract or this Convention the buyer may:
a) exercise the rights provided in Articles 46 to 52;
b) claim damages as provided in Articles 74 to 77.
(2) The buyer is not deprived of any right he may have to claim damages by exercising his rights other remedies.
(3) No period of grace may be granted to the seller by a court or arbitral tribunal when the buyer resorts to a remedy for breach of contract.

Artikel 46
(1) Der Käufer kann vom Verkäufer Erfüllung seiner Pflichten verlangen, es sei denn, dass der Käufer einen Rechtsbehelf ausgeübt hat, der mit diesem Verlangen unvereinbar ist.
(2) Ist die Ware nicht vertragsgemäß, so kann der Käufer Ersatzlieferung nur verlangen, wenn die Vertragswidrigkeit eine wesentliche Vertragsverletzung darstellt und die Ersatzlieferung entweder zusammen mit einer Anzeige nach Artikel 39 oder innerhalb einer angemessenen Frist danach verlangt wird.
(3) Ist die Ware nicht vertragsgemäß, so kann der Käufer den Verkäufer auffordern, die Vertragswidrigkeit durch Nachbesserung zu beheben, es sei denn, dass dies unter Berücksichtigung aller Umstände unzumutbar ist. Nachbesserung muss entweder zusammen mit einer Anzeige nach Artikel 39 oder innerhalb einer angemessenen Frist danach verlangt werden.

Artikel 47
(1) Der Käufer kann dem Verkäufer eine angemessene Nachfrist zur Erfüllung seiner Pflichten setzen.
(2) Der Käufer kann vor Ablauf dieser Frist keinen Rechtsbehelf wegen Vertragsverletzung ausüben außer wenn er vom Verkäufer die Anzeige erhalten hat, dass dieser seine Pflichten nicht innerhalb der so gesetzten Frist erfüllen wird. Der Käufer behält jedoch das Recht, Schadenersatz wegen verspäteter Erfüllung zu verlangen.

Artikel 48
(1) Vorbehaltlich des Artikels 49 kann der Verkäufer einen Mangel in der Erfüllung seiner Pflichten auch nach dem Liefertermin auf eigene Kosten beheben, wenn dies keine unzumutbare Verzögerung nach sich zieht und dem Käufer weder unzumutbare Unannehmlichkeiten noch Ungewissheit über die Erstattung seiner Auslagen durch den Verkäufer verursacht. Der Käufer behält jedoch das Recht, Schadenersatz nach diesem Übereinkommen zu verlangen.
(2) Fordert der Verkäufer den Käufer auf, ihm mitzuteilen, ob er die Erfüllung annehmen will, und entspricht der Käufer der Aufforderung nicht innerhalb einer angemessenen Frist, so kann der Verkäufer innerhalb der in seiner Aufforderung angegebenen Frist erfüllen. Der Käufer kann vor Ablauf dieser Frist keinen Rechtsbehelf ausüben, der mit der Erfüllung durch den Verkäufer unvereinbar ist. (3) Zeigt der Verkäufer dem Käufer an, dass er innerhalb einer bestimmten Frist erfüllen wird, so wird vermutet, dass die Anzeige eine Aufforderung an den Käufer nach Absatz 2 enthält, seine Entscheidung mitzuteilen.
(4) Eine Aufforderung oder Anzeige des Verkäufers nach Absatz 2 oder 3 ist nur wirksam, wenn der Käufer sie erhalten hat.

Artikel 49
(1) Der Käufer kann die Aufhebung des Vertrages erklären,
 a) wenn die Nichterfüllung einer dem Verkäufer nach dem Vertrag oder diesem Übereinkommen obliegenden Pflicht eine wesentliche Vertragsverletzung darstellt oder
 b) wenn im Falle der Nichtlieferung der Verkäufer die Ware nicht innerhalb der vom Käufer nach Artikel 47 Absatz 1 gesetzten Nachfrist liefert oder wenn er erklärt, dass er nicht innerhalb der so gesetzten Frist liefern wird.
(2) Hat der Verkäufer die Ware geliefert, so verliert jedoch der Käufer sein Recht, die Aufhebung des Vertrages zu erklären, wenn er
 a) im Falle der verspäteten Lieferung die Aufhebung nicht innerhalb einer angemessenen Frist erklärt, nachdem er erfahren hat, dass die Lieferung erfolgt ist, oder
 b) im Falle einer anderen Vertragsverletzung als verspäteter Lieferung die Aufhebung nicht innerhalb einer angemessenen Frist erklärt,
 I) nachdem er die Vertragsverletzung kannte oder kennen musste,
 II) nachdem eine vom Käufer nach Artikel 47 Absatz 1 gesetzte Nachfrist abgelaufen ist oder nachdem der Verkäufer erklärt hat, dass er seine Pflichten nicht innerhalb der Nachfrist erfüllen wird, oder
 (III) nachdem eine vom Verkäufer nach Artikel 48 Absatz 2 gesetzte Frist abgelaufen ist oder nachdem der Käufer erklärt hat, dass er die Erfüllung nicht annehmen wird.

Article 46
(1) The buyer may require performance by the seller of his obligations unless the buyer has resorted to a remedy which is inconsistent with this requirement.
(2) If the goods do not conform with the contract, the buyer may require delivery of substitute goods only if the lack of conformity constitutes a fundamental breach of contract and a request for substitute goods is made either in conjunction with notice given under Article 39 or within a reasonable time thereafter.
(3) If the goods do not conform with the contract, the buyer may require the seller to remedy the lack of conformity by repair, unless this is unreasonable having regard to all the circumstances. A request for repair must be made either in conjunction with notice given under Article 39 or within a reasonable time thereafter.

Article 47
(1) The buyer may fix an additional period of time of reasonable length for performance by the seller of his obligations.
(2) Unless the buyer has received notice from the seller that he will not perform within the period so fixed, the buyer may not, during that period, resort to any remedy for breach of contract. However, the buyer is not deprived thereby of any right he may have to claim damages for delay in performance.

Article 48
(1) Subject to Article 49, the seller may, even after the date for delivery, remedy at his own expense any failure to perform his obligations, if he can do so without unreasonable delay and without causing the buyer unreasonable inconvenience or uncertainty of reimbursement by the seller of expenses advanced by the buyer. However, the buyer retains any right to claim damages as provided for in this Convention.
(2) If the seller requests the buyer to make known whether he will accept performance and the buyer does not comply with the request within a reasonable time, the seller may perform within the time indicated in his request. The buyer may not, during that period of time, resort to any remedy which is inconsistent with performance by the seller.
(3) A notice by the seller that he will perform within a specified period of time is assumed to include a request, under the preceding paragraph, that the buyer make known his decision.
(4) A request or notice by the seller under paragraph (2) or (3) of this Article is not effective unless received by the buyer

Article 49
(1) The buyer may declare the contract avoided:
a) if the failure by the sel1er to perform any of his obligations under the contract or this Convention amounts to a fundamental breach of contract; or
b) in case of non-delivery, if the seller does not deliver the goods within the additional period of time fixed by the buyer in accordance with paragraph (1) of Article 47 or declares that he will not deliver within the period so fixed.
(2) However, in cases where the sel1er has delivered the goods, the buyer loses the right to declare the contract avoided unless he does so:
a) in respect of late delivery, within a reasonable time after he has become aware that delivery has been made;
b) in respect of any breach other than late delivery, within a reasonable time:
I) after he knew or ought to have known of the breach;
II) after the expiration of any additional period of time fixed by the buyer in accordance with Paragraph (1) of Article 47, or after the seller has declared that he will not perform his obligations within such an additional period; or
III) after the expiration of any additional period of time indicated by the seller in accordance with Paragraph (2) of Article 48, or after the buyer has declared that he will not accept performance.

Artikel 50
Ist die Ware nicht vertragsgemäß, so kann der Käufer unabhängig davon, ob der Kaufpreis bereits gezahlt worden ist oder nicht, den Preis in dem Verhältnis herabsetzen, in dem der Wert, den die tatsächlich gelieferte Ware im Zeitpunkt der Lieferung hatte, zu dem Wert steht, den vertragsgemäße Ware zu diesem Zeitpunkt gehabt hätte. Behebt jedoch der Verkäufer nach Artikel 37 oder 48 einen Mangel in der Erfüllung seiner Pflichten oder weigert sich der Käufer, Erfüllung durch den Verkäufer nach den genannten Artikeln anzunehmen, so kann der Käufer den Preis nicht herabsetzen.

Artikel 51
(1) Liefert der Verkäufer nur einen Teil der Ware oder ist nur ein Teil der gelieferten Ware vertragsgemäß, so gelten für den Teil, der fehlt oder der nicht vertragsgemäß ist, die Artikel 46 bis 50. (2) Der Käufer kann nur dann die Aufhebung des gesamten Vertrages erklären, wenn die unvollständige oder nicht vertragsgemäße Lieferung eine wesentliche Vertragsverletzung darstellt.

Artikel 52
(1) Liefert der Verkäufer die Ware vor dem festgesetzten Zeitpunkt, so steht es dem Käufer frei, sie anzunehmen oder die Annahmen zu verweigern.
(2) Liefert der Verkäufer eine größere als die vereinbarte Menge, so kann der Käufer die zuviel gelieferte Menge annehmen oder ihre Annahme verweigern. Nimmt der Käufer die zuviel gelieferte Menge ganz oder teilweise an, so hat er sie entsprechend dem vertraglichen Preis zu bezahlen.

Pflichten des Käufers
Artikel 53
Der Käufer ist nach Maßgabe des Vertrages und dieses Übereinkommens verpflichtet, den Kaufpreis zu zahlen und die Ware anzunehmen.

Zahlung des Kaufpreises
Artikel 54
Zur Pflicht des Käufers, den Kaufpreis zu zahlen, gehört es auch, die Maßnahmen zu treffen und die Formalitäten zu erfüllen, die der Vertrag oder Rechtsvorschriften erfordern, damit Zahlung geleistet werden kann.

Artikel 55
Ist ein Vertrag gültig geschlossen worden, ohne dass er den Kaufpreis ausdrücklich oder stillschweigend festsetzt oder dessen Festsetzung ermöglicht, so wird mangels gegenteiliger Anhaltspunkte vermutet, dass die Parteien sich stillschweigend auf den Kaufpreis bezogen haben, der bei Vertragsabschluß allgemein für derartige Ware berechnet wurde, die in dem betreffenden Geschäftszweig unter vergleichbaren Umständen verkauft wurde.

Artikel 56
Ist der Kaufpreis nach dem Gewicht der Ware festgesetzt, so bestimmt er sich im Zweifel nach dem Nettogewicht.

Artikel 57
(1) Ist der Käufer nicht verpflichtet, den Kaufpreis an einem anderen bestimmten Ort zu zahlen, so hat er ihn dem Verkäufer wie folgt zu zahlen:
a) am Ort der Niederlassung des Verkäufers, oder
b) wenn die Zahlung gegen Übergabe der Ware oder von Dokumenten zu leisten ist, an dem Ort, an dem die Übergabe stattfindet.
(2) Der Verkäufer hat alle mit der Zahlung zusammenhängenden Mehrkosten zu tragen, die durch einen Wechsel seiner Niederlassung nach Vertragsabschluß entstehen.

Article 50
If the goods do not conform with the contract and whether or not the price has already been paid, the buyer may reduce the price in the same proportion as the value that the goods actually delivered had at the time of the delivery bears to the value that conforming goods would have had at that time. However, if the seller remedies any failure to perform his obligations in accordance with Article 37 or Article 48 or if the buyer refuses to accept performance by the seller in accordance with those Articles, the buyer may not reduce the price.

Article 51
(1) If the seller delivers only a part of the goods or if only a part of the goods delivered is in conformity with the contract, Articles 46 to 50 apply in respect of the part which is missing or which does not conform.
(2) The buyer may declare the contract avoided in its entirety only if the failure to make delivery completely or in conformity with the contract amounts to a fundamental breach of the contract.

Article 52
(1) If the seller delivers the goods before the date fixed, the buyer may take delivery or refuse to take delivery.
(2) If the seller delivers a quantity of goods greater than that provided for in the contract, the buyer may take delivery or refuse to take delivery of the excess quantity. If the buyer takes delivery of all or part of the excess quantity, he must pay for it at the contract rate.

Obligations of the buyer
Article 53
The buyer must pay the price for the goods and take delivery of them as required by the contract and this Convention.

Payment of the price
Article 54
The buyer's obligation to pay the price includes taking such steps and complying with such formalities as may be required under the contract or any laws and regulations to enable payment to be made.

Article 55
Where a contract has been validly concluded but does not expressly or implicitly fix or make provision for determining the price, the parties are considered, in the absence of any indication to the contrary, to have impliedly made reference to the price generally charged at the time of the conclusion of the contract for such goods sold under comparable circumstances in the trade concerned.

Article 56
If the price is fixed according to the weight of the goods, in case of doubt it is to be determined by the net weight.

Article 57
(1) If the buyer is not bound to pay the price at any other particular place, he must pay it to the seller:
a) at the seller's place of business; or
b) If the payment is to be made against the handing over of the goods or of documents, at the place where the handing over takes place.
(2) The seller must bear any increase in the expenses incidental to payment which is caused by a change in his place of business subsequent to the conclusion of the contract.

Artikel 58
(1) ist der Käufer nicht verpflichtet, den Kaufpreis zu einer bestimmten Zeit zu zahlen, so hat er den Preis zu zahlen, sobald ihm der Verkäufer entweder die Ware oder die Dokumente, die zur Verfügung darüber berechtigen nach dem Vertrag und diesem Übereinkommen zur Verfügung gestellt hat. Der Verkäufer kann die Übergabe der Ware oder der Dokumente von der Zahlung abhängig machen.
(2) Erfordert der Vertrag eine Beförderung der Ware, so kann der Verkäufer sie mit der Maßgabe versenden, dass die Ware oder die Dokumente, die zur Verfügung darüber berechtigen, dem Käufer nur gegen Zahlung des Kaufpreises zu übergeben sind.
(3) Der Käufer ist nicht verpflichtet, den Kaufpreis zu zahlen, bevor er Gelegenheit gehabt hat, die Ware zu untersuchen, es sei denn, die von den Parteien vereinbarten Lieferungs- oder Zahlungsmodalitäten bieten hierzu keine Gelegenheit.

Artikel 59
Der Käufer hat den Kaufpreis zu dem Zeitpunkt, der in dem Vertrag festgesetzt oder nach dem Vertrag und diesem Übereinkommen bestimmbar ist, zu zahlen, ohne dass es einer Aufforderung oder der Einhaltung von Formalitäten seitens des Verkäufers bedarf

Annahme
Artikel 60
Die Pflicht des Käufers zur Annahme besteht darin,
a) alle Handlungen vorzunehmen, die vernünftigerweise von ihm erwartet werden können, damit dem Verkäufer die Lieferung ermöglicht wird, und
b) die Ware zu übernehmen.

Rechtsbehelfe des Verkäufers wegen Vertragsverletzung durch den Käufer
Artikel 61
(1) Erfüllt der Käufer eine seiner Pflichten nach dem Vertrag oder diesem Übereinkommen nicht, so kann der Verkäufer
a) die in Artikel 62 bis 65 vorgesehenen Rechte ausüben;
b) Schadenersatz nach Artikel 74 bis 77 verlangen.
(2) Der Verkäufer verliert das Recht, Schadenersatz zu verlangen, nicht dadurch, dass er andere Rechtsbehelfe ausübt.
(3) Übt der Verkäufer einen Rechtsbehelf wegen Vertragsverletzung aus, so darf ein Gericht oder Schiedsgericht dem Käufer keine zusätzliche Frist gewähren

Artikel 62
Der Verkäufer kann vom Käufer verlangen, dass er den Kaufpreis zahlt, die Ware annimmt sowie seine sonstigen Pflichten erfüllt, es sei denn, dass der Verkäufer einen Rechtsbehelf ausgeübt hat, der mit diesem Verlangen unvereinbar ist.

Artikel 63
(1) Der Verkäufer kann dem Käufer eine angemessene Nachfrist zur Erfüllung seiner Pflichten setzen.
(2) Der Verkäufer kann vor Ablauf dieser Frist keinen Rechtsbehelf wegen Vertragsverletzung ausüben, außer wenn er vom Käufer die Anzeige erhalten hat, dass dieser seine Pflichten nicht innerhalb der so gesetzten Frist erfüllen wird Der Verkäufer verliert dadurch jedoch nicht das Recht, Schadenersatz wegen verspäteter Erfüllung zu verlangen.

Article 58
(1) If the buyer is not bound to pay the price at any other specific time, he must pay it when the seller places either the goods or documents controlling their disposition at the buyer's disposal in accordance with the contract and this Convention. The seller may make such payment a condition for handing over the goods or documents.
(2) If the contract involves carriage of the goods, the sel1er may dispatch the goods on terms whereby the goods, or documents controlling their disposition, will not be handed over to the buyer except against payment of the price.
(3) The buyer is not bound to pay the price until he has had an opportunity to examine the goods, unless the procedures for delivery or payment agreed upon by the parties are inconsistent with his having such an opportunity.

Article 59
The buyer must pay the price on the date fixed by or determinable from the contract and this Convention without the need for any request or compliance with any formality on the part of the sel1er.

Taking delivery
Article 60
The buyer's obligation to take delivery consists:
a) in doing all the acts which could reasonably be expected of him in order to enable the seller to make delivery; and
b) in taking over the goods.

Remedies for breach of contract by the buyer
Article 61
(1) If the buyer falls to perform any of his obligations under the contract or this Convention, the seller may:
a) exercise the rights provided in Articles 62 to 65;
b) claim damages as provided in Articles 74 to 77.
(2) The seller is not deprived of any right he may have to claim damages by exercising his right to other remedies.
(3) No period of grace may be granted to the buyer by a court or arbitral tribunal when the seller resorts to a remedy for breach of contract.

Article 62
The seller may require the buyer to pay the price, take delivery or perform his other obligations, unless the seller has resorted to a remedy which is inconsistent with this requirement.

Article 63
(1) The seller may fix an additional period of time of reasonable length for performance by the buyer of his obligations.
(2) Unless the seller has received notice from the buyer that he will not perform within the period so fixed, the seller may not, during that period, resort to any remedy for breach of contract. However; the seller 5 not deprived thereby of any right he may have to claim damages for delay in performance.

Artikel 64
(1) Der Verkäufer kann die Aufhebung des Vertrages erklären,
a) wenn die Nichterfüllung einer dem Käufer nach dem Vertrag oder diesem Übereinkommen obliegenden Pflicht eine wesentliche Vertragsverletzung darstellt, oder
b) wenn der Käufer nicht innerhalb der vom Verkäufer nach Artikel 63 Absatz 1 gesetzten Nachfrist seine Pflicht zur Zahlung des Kaufpreises oder zur Annahme der Ware erfüllt oder wenn er erklärt, dass er dies nicht innerhalb der so gesetzten Frist tun wird.
(2) Hat der Käufer den Kaufpreis gezahlt, so verliert jedoch der Verkäufer sein Recht, die Aufhebung des Vertrages zu erklären, wenn er
a) im Falle verspäteter Erfüllung durch den Käufer die Aufhebung nicht erklärt, bevor er erfahren hat, dass erfüllt worden ist oder
b) im Falle einer anderen Vertragsverletzung als verspäteter Erfüllung durch den Käufer die Aufhebung nicht innerhalb einer angemessenen Zeit erklärt,
I) nachdem der Verkäufer die Vertragsverletzung kannte oder kennen musste, oder
II) nachdem eine vom Verkäufer nach Artikel 63 Absatz 1 gesetzte Nachfrist abgelaufen ist, oder nachdem der Käufer erklärt hat, dass er seine Pflichten nicht innerhalb der Nachfrist erfüllen wird.

Artikel 65
(1) Hat der Käufer nach dem Vertrag die Form, die Maße oder andere Merkmale der Ware näher zu bestimmen und nimmt er diese Spezifizierung nicht zu dem vereinbarten Zeitpunkt oder innerhalb einer angemessenen Frist nach Eingang einer Aufforderung durch den Verkäufer vor, so kann der Verkäufer unbeschadet aller ihm zustehenden sonstigen Rechte die Spezifizierung nach den Bedürfnissen des Käufers, soweit ihm diese bekannt sind, selbst vornehmen.
(2) Nimmt der Verkäufer die Spezifizierung selbst vor, so hat er dem Käufer deren Einzelheiten mitzuteilen und ihm eine angemessene Frist zu setzen, innerhalb deren der Käufer eine abweichende Spezifizierung vornehmen kann. Macht der Käufer nach Eingang einer solchen Mitteilung von dieser Möglichkeit innerhalb der so gesetzten Frist keinen Gebrauch, so ist die vom Verkäufer vorgenommene Spezifizierung verbindlich.

Übergang der Gefahr
Artikel 66
Untergang oder Beschädigung der Ware nach Übergang der Gefahr auf den Käufer befreit diesen nicht von der Pflicht, den Kaufpreis zu zahlen, es sei denn, dass der Untergang oder die Beschädigung auf eine Handlung oder Unterlassung des Verkäufers zurückzuführen ist.

Artikel 67
(1) Erfordert der Kaufvertrag eine Beförderung der Ware und ist der Verkäufer nicht verpflichtet, sie an einem bestimmten Ort zu übergeben, so geht die Gefahr auf den Käufer über; sobald die Ware gemäß dem Kaufvertrag dem ersten Beförderer zur Übermittlung an den Käufer übergeben wird. Hat der Verkäufer dem Beförderer die Ware an einem bestimmten Ort zu übergeben, so geht die Gefahr erst auf den Käufer über, wenn die Ware dem Beförderer an diesem Ort übergeben wird. Ist der Verkäufer befugt, die Dokumente, die zur Verfügung über die Ware berechtigen, zurückzubehalten, so hat dies keinen Einfluss auf den Übergang der Gefahr.
(2) Die Gefahr geht jedoch erst auf den Käufer über, wenn die Ware eindeutig dem Vertrag zugeordnet ist, sei es durch an der Ware angebrachte Kennzeichen, durch Beförderungsdokumente, durch eine Anzeige an den Käufer oder auf andere Weise.

Artikel 68
Wird Ware, die sich auf dem Transport befindet, verkauft, so geht die Gefahr im Zeitpunkt des Vertragsabschlusses auf den Käufer über. Die Gefahr wird jedoch bereits im Zeitpunkt der Übergabe der Ware an den Beförderer, der die Dokumente über den Beförderungsvertrag ausgestellt hat, von dem Käufer übernommen, falls die Umstände diesen Schluss nahe legen. Wenn dagegen der Verkäufer bei Abschluss des Kaufvertrags wusste oder wissen musste, dass die Ware untergegangen oder beschädigt war und er dies dem Käufer nicht offenbart hat, geht der Untergang oder die Beschädigung zu Lasten des Verkäufers.

Article 64
(1) The seller may declare the contract avoided:
a) if the failure by the buyer to perform any of his obligations under the contract or this Convention amounts to a fundamental breach of contract; or
b) if the buyer does not, within the additional period of time fixed by the seller in accordance with paragraph (1) of Article 63, perform his obligation to pay the price or take delivery of the goods, or if he declares that he will not do so within the period so fixed.
(2) However, in cases where the buyer has paid the price, the seller loses the right to declare the contract avoided unless he does so:
a) in respect of late performance by the buyer; before the seller has become aware that performance has been rendered; or
b) in respect of any breach other than late performance by the buyer; within a reasonable time:
I) after the seller knew or ought to have known of the breach; or
II) after the expiration of any additional period of time fixed by the seller in accordance with paragraph (1) of Article 63, or after the buyer has declared that he will not perform his obligations within such an additional period.

Article 65
(1) If under the contract the buyer is to specify the form, measurement or other features of the goods and he falls to make such specification either on the date agreed upon or within a reasonable time after receipt of a request from the seller; the seller may, without prejudice to any other rights he may have, make the specification himself in accordance with the requirements of the buyer that may be known to him.
(2) If the seller makes the specification himself, he must inform the buyer of the details thereof and must fix a reasonable time within which the buyer may make a different specification. If, after receipt of such a communication, the buyer falls to do so within the time so fixed, the specification made by the seller is binding.

Passing of risk
Article 66
Loss of or damage to the goods after the risk has passed to the buyer does not discharge him from his obligation to pay the price, unless the loss or damage is due to an act or omission of the seller.

Article 67
(1) If the contract of sale involves carriage of the goods and the seller is not bound to hand them over at a particular place, the risk passes to the buyer when the goods are handed over to the first carrier for transmission to the buyer in accordance with the contract of sale. If the seller is bound to hand the goods over to a carrier at a particular place, the risk does not pass to the buyer until the goods are handed over to the carrier at that place. The fact that the seller is authorised to retain documents controlling the disposition of the goods does not affect the passage of the risk.
(2) Nevertheless, the risk does not pass to the buyer until the goods are clearly identified to the contract, whether by markings on the goods, by shipping documents, by notice given to the buyer or otherwise.

Article 68
The risk in respect of goods sold in transit passes to the buyer from the time of the conclusion of the contract. However, if the circumstances so indicate, the risk is assumed by the buyer from the time the goods were handed over to the carrier who issued the documents embodying the contract of carriage.

Nevertheless, if at the time of the conclusion of the contract of sale the seller knew or ought to have known that the goods had been lost or damaged and did not disclose this to the buyer, the loss or damage is at the risk of the seller.

Artikel 69
(1) In den durch Artikel 67 und 68 nicht geregelten Fällen geht die Gefahr auf den Käufer über; sobald er die Ware übernimmt oder; wenn er sie nicht rechtzeitig übernimmt, in dem Zeitpunkt, in dem ihm die Ware zur Verfügung gestellt wird und er durch Nichtannahme eine Vertragsverletzung begeht.
(2) Hat jedoch der Käufer die Ware an einem anderen Ort als einer Niederlassung des Verkäufers zu übernehmen, so geht die Gefahr über; sobald die Lieferung fällig ist und der Käufer Kenntnis davon hat, dass ihm die Ware an diesem Ort zur Verfügung steht.
(3) Betrifft der Vertrag Ware, die noch nicht individualisiert ist, so gilt sie erst dann als dem Käufer zur Verfügung gestellt, wenn sie eindeutig dem Vertrag zugeordnet worden ist.

Artikel 70
Hat der Verkäufer eine wesentliche Vertragsverletzung begangen, so berühren die Artikel 67, 68 und 69 nicht die dem Käufer wegen einer solchen Verletzung zustehenden Rechtsbehelfe.

Gemeinsame Bestimmungen über die Pflichten des Verkäufers und des Käufers
Vorweggenommene Vertragsverletzung und Verträge über aufeinanderfolgende Lieferungen
Artikel 71
(1) Eine Partei kann die Erfüllung ihrer Pflichten aussetzen, wenn sich nach Vertragsabschluß herausstellt, dass die andere Partei einen wesentlichen Teil ihrer Pflichten nicht erfüllen wird
a) wegen eines schwerwiegenden Mangels ihrer Fähigkeit, den Vertrag zu erfüllen, oder ihrer Kreditwürdigkeit oder
b) wegen ihres Verhaltens bei der Vorbereitung der Erfüllung oder bei der Erfüllung des Vertrages. (2) Hat der Verkäufer die Ware bereits abgesandt, bevor sich die in Absatz 1 bezeichneten Gründe herausstellen, so kann er sich der Übergabe der Ware an den Käufer widersetzen, selbst wenn der Käufer ein Dokument hat, das ihn berechtigt, die Ware zu erlangen. Der vorliegende Absatz betrifft nur die Rechte auf die Ware im Verhältnis zwischen Käufer und Verkäufer.
(3) Setzt eine Partei vor oder nach der Absendung der Ware die Erfüllung aus, so hat sie dies der anderen Partei sofort anzuzeigen; sie hat die Erfüllung fortzusetzen, wenn die andere Partei für die Erfüllung ihrer Pflichten ausreichende Gewähr gibt.

Artikel 72
(1) Ist schon vor dem für die Vertragserfüllung festgesetzten Zeitpunkt offensichtlich, dass eine Partei eine wesentliche Vertragsverletzung begehen wird, so kann die andere Partei die Aufhebung des Vertrages erklären.
(2) Wenn es die Zeit erlaubt und es nach den Umständen vernünftig ist, hat die Partei, welche die Aufhebung des Vertrages erklären will, dies der anderen Partei anzuzeigen, um ihr zu ermöglichen, für die Erfüllung ihrer Pflichten ausreichende Gewähr zu geben.
(3) Absatz 2 ist nicht anzuwenden, wenn die andere Partei erklärt hat, dass sie ihre Pflichten nicht erfüllen wird

Artikel 73
(1) Sieht ein Vertrag aufeinanderfolgende Lieferungen von Ware vor und begeht eine Partei durch Nichterfüllung einer eine Teillieferung betreffenden Pflicht eine wesentliche Vertragsverletzung in bezug auf diese Teillieferung, so kann die andere Partei die Aufhebung des Vertrages in bezug auf diese Teillieferung erklären.
(2) Gibt die Nichterfüllung einer eine Teillieferung betreffenden Pflicht durch eine der Parteien der anderen Partei triftigen Grund zu der Annahme, dass eine wesentliche Vertragsverletzung in bezug auf künftige Teillieferungen zu erwarten ist, so kann die andere Partei innerhalb angemessener Frist die Aufhebung des Vertrages für die Zukunft erklären.
(3) Ein Käufer, der den Vertrag in bezug auf eine Lieferung als aufgehoben erklärt, kann gleichzeitig die Aufhebung des Vertrages in bezug auf bereits erhaltene Lieferungen oder in bezug auf künftige Lieferungen erklären, wenn diese Lieferungen wegen des zwischen ihnen bestehenden Zusammenhangs nicht mehr für den Zweck verwendet werden können, den die Parteien im Zeitpunkt des Vertragsabschlusses in Betracht gezogen haben.

Article 69
(1) In cases not within Articles 67 and 68, the risk passes to the buyer when he takes over the goods or, if he does not do so in due time, from the time when the goods are placed at his disposal and he commits a breach of contract by failing to take delivery.
(2) However, if the buyer is bound to take over the goods at a place other than a place of business of the seller; the risk passes when delivery is due and the buyer is aware of the fact that the goods are placed at his disposal at that place.
(3) If the contract relates to goods not then identified, the goods are considered not to be placed at the disposal of the buyer until they are clearly identified to the contract.

Article 70
If the seller has committed a fundamental breach of contract, Articles 67 68 and 69 do not impair the remedies available to the buyer on account of the breach.

Provisions common to the obligations of the seller and of the buyer Anticipatory breach and instalment contracts

Article 71
(1) A party may suspend the performance of his obligations if, after the conclusion of the contract, it becomes apparent that the other party will not perform a substantial part of his obligations as a result of:
a) a serious deficiency in his ability to perform or in his creditworthiness; or
b) his conduct in preparing to perform or in performing the contract.
(2) If the seller has already dispatched the goods before the grounds described in the preceding paragraph become evident, he may prevent the handing over of the goods to the buyer even though the buyer holds a document which entitles him to obtain them. The present paragraph relates only to the rights in the goods as between the buyer and the seller.
(3) A party suspending performance, whether before or after dispatch of the goods, must immediately give notice of the suspension to the other party and must continue with performance if the other party provides adequate assurance of his performance.

Article 72
(1) If prior to the date for performance ot the contract it is dear that one of the parties will commit a fundamental breach of contract, the other party may declare the contract avoided.
(2) If time allows, the party intending to declare the contract avoided must give reasonable notice to the other party in order to permit him to provide adequate assurance of his performance.
(3) The requirements of the preceding paragraph do not apply it the other party has declared that he will not perform his obligations.

Article 73
(1) In fhe case of a contract for delivery of goods by instalments, if the failure of one party to perform any of his obligations in respect of any instalment constitutes a fundamental breach of contract with respect to that instalment, the other party may declare the contract avoided with respect to that instalment.
(2) If one party's failure to perform any of his obligations in respect of any instalment gives the other party good grounds to conclude that a fundamental breach of contract will occur with respect to future instalments, he may declare the contract avoided for the future, provided that he does so within a reasonable time.
(3) A buyer who declares the contract avoided in respect of any delivery may, at the same time, declare it avoided in respect of deliveries already made or of future deliveries if, by reason of their interdependence, those deliveries could not be used for the purpose contemplated by the parties at the time of the conclusion of the contract.

Schadenersatz
Artikel 74
Als Schadenersatz für die durch eine Partei begangene Vertragsverletzung ist der der anderen Partei infolge der Vertragsverletzung entstandene Verlust, einschließlich des entgangenen Gewinns, zu ersetzen. Dieser Schadenersatz darf jedoch den Verlust nicht übersteigen, den die vertragsbrüchige Partei bei Vertragsabschluß als mögliche Folge der Vertragsverletzung vorausgesehen hat oder unter Berücksichtigung der Umstände, die sie kannte oder kennen musste, hätte voraussehen müssen,

Artikel 75
Ist der Vertrag aufgehoben und hat der Käufer einen Deckungskauf oder der Verkäufer einen Deckungskauf in angemessener Weise und innerhalb eines angemessenen Zeitraums nach der Aufhebung vorgenommen, so kann die Partei, die Schadenersatz verlangt, den Unterschied zwischen dem im Vertrag vereinbarten Preis und dem Preis des Deckungskaufs oder des Deckungsverkaufs sowie jeden weiteren Schadenersatz nach Artikel 74 verlangen.

Artikel 76
(1) Ist der Vertrag aufgehoben und hat die Ware einen Marktpreis, so kann die Schadenersatz verlangende Partei, wenn sie keinen Deckungskauf oder Deckungsverkauf nach Artikel 75 vorgenommen hat, den Unterschied zwischen dem im Vertrag vereinbarten Preis und dem Marktpreis zur Zeit der Aufhebung sowie jeden weiteren Schadenersatz nach Artikel 74 verlangen. Hat jedoch die Partei, die Schadenersatz verlangt, den Vertrag aufgehoben, nachdem sie die Ware übernommen hat, so gilt der Marktpreis zur Zeit der Übernahme und nicht der Marktpreis zur Zeit der Aufhebung.
(2) Als Marktpreis im Sinne von Absatz I ist maßgebend der Marktpreis, der an dem Ort gilt, an dem die Lieferung der Ware hätte erfolgen sollen, oder, wenn dort ein Marktpreis nicht besteht, der an einem angemessenen Ersatzort geltende Marktpreis; dabei sind Unterschiede in den Kosten der Beförderung der Ware zu berücksichtigen.

Artikel 77
Die Partei, die sich auf eine Vertragsverletzung beruft, hat alle den Umständen nach angemessenen Maßnahmen zur Verringerung des aus der Vertragsverletzung folgenden Verlusts, einschließlich des entgangenen Gewinns, zu treffen. Versäumt sie dies, so kann die vertragsbrüchige Partei Herabsetzung des Schadenersatzes in Höhe des Betrags verlangen, um den der Verlust hätte verringert werden sollen.

Zinsen
Artikel 78
Versäumt eine Partei, den Kaufpreis oder einen anderen fälligen Betrag zu zahlen, so hat die andere Partei für diese Beträge Anspruch auf Zinsen, unbeschadet eines Schadenersatzanspruchs nach Artikel 74.

Befreiungen
Artikel 79
(1) Eine Partei hat für die Nichterfüllung einer ihrer Pflichten nicht einzustehen, wenn sie beweist, dass die Nichterfüllung auf einem außerhalb ihres Einflussbereichs liegenden Hinderungsgrund beruht und dass von ihr vernünftigerweise nicht erwartet werden konnte, den Hinderungsgrund bei Vertragsabschluß in Betracht zu ziehen oder den Hinderungsgrund oder seine Folgen zu vermeiden oder zu überwinden.
(2) Beruht die Nichterfüllung einer Partei auf der Nichterfüllung durch einen Dritten, dessen sie sich zur völligen oder teilweisen Vertragserfüllung bedient, so ist diese Partei von der Haftung nur befreit,
a) wenn sie nach Absatz 1 befreit ist und
b) wenn der Dritte selbst ebenfalls nach Absatz 1 befreit wäre, sofern Absatz 1 auf ihn Anwendung fände.
(3) Die in diesem Artikel vorgesehene Befreiung gilt für die Zeit, während der der Hinderungsgrund besteht.
(4) Die Partei, die nicht erfüllt, hat den Hinderungsgrund und seine Auswirkung auf ihre Fähigkeit zu erfüllen, der anderen Partei mitzuteilen. Erhält die andere Partei die Mitteilung nicht innerhalb einer angemessenen Frist, nachdem die nicht erfüllende Partei den Hinderungsgrund kannte oder kennen musste, so haftet sie für den aus diesem Nichterhalt entstehenden Schaden.
(5) Dieser Artikel hindert die Parteien nicht, ein anderes als das Recht auszuüben, Schadenersatz nach diesem Übereinkommen zu verlangen.

Damages
Article 74
Damages for breach of contract by one party consist of a sum equal to the loss, including loss of profit suffered by the other party as a consequence of the breach. Such damages may not exceed the loss which the party in breach foresaw or ought to have foreseen at the time of the conclusion of the contract, in the light of the facts and matters of which he then knew or ought to have known, as a possible consequence of the breach of contract.

Article 75
If the contract is avoided and if, in a reasonable manner and within a reasonable time after avoidance, the buyer has bought goods in replacement or the seller has resold the goods, the party claiming damages may recover the difference between the contract price and the price in the substitute transaction as well as any further damages recoverable under Article 74.

Article 76
(1) If the contract is avoided and there is a current price for the goods, the party claiming damages may, if he has not made a purchase or resale under Article 75, recover the difference between the price fixed by the contract and the current price at the time of avoidance as well as any further damages recoverable under Article 74. if, however; the party claiming damages has avoided the contract after taking over the goods, the current price at the time of such taking over shall be applied instead of the current price at the time of avoidance.

(2) For the purposes of the preceding paragraph, the current price is the price prevailing at the place where delivery of the goods should have been made or, if there is no current price at that place, the price at such other place as serves as a reasonable substitute, making due allowance for differences in the cost of transporting the goods.

Article 77
A party who relies on a breach of contract must take such measures as are reasonable in the circumstances to mitigate the loss, including loss of profit, resulting from the breach. If he falls to take such measures, the party in breach may claim a reduction in the damages in the amount by which the loss should have been mitigated.

Interest
Article 78
If a party falls to pay the price or any other sum that is in arrears, the other party is entitled to interest on it, without prejudice to any claim for damages recoverable under Article 74.

Exemptions
Article 79
(1) A party is not liable for a failure to perform any of his obligations if he proves that the failure was due to an impediment beyond his control and that he could not reasonably be expected to have taken the impediment into account at the time of the conclusion of the contract or to have avoided or overcome it or its consequences.

(2) If the party's failure is due to the failure by a third person whom he has engaged to perform the whole or a part of the contract, that party is exempt from liability only if:

a) he is exempt under the preceding paragraph; and

b) the person whom he has so engaged would be so exempt if the provisions of that paragraph were applied to him.

(3) The exemption provided by this Article has effect for the period during which the impediment exists.

(4) The party who fails to perform must give notice to the other party of the impediment and its effect on his ability to perform. If the notice is not received by the other party within a reasonable time after the party who falls to perform knew or ought to have known of the impediment, he is liable for damages resulting from such non-receipt.

(5) Nothing in this article prevents either party from exercising any right other than to claim damages under this Convention.

Artikel 80
Eine Partei kann sich auf die Nichterfüllung von Pflichten durch die andere Partei nicht berufen, soweit diese Nichterfüllung durch ihre Handlung oder Unterlassung verursacht wurde.

Wirkungen der Aufhebung
Artikel 81
(1) Die Aufhebung des Vertrages befreit beide Parteien von ihren Vertragspflichten, mit Ausnahme etwaiger Schadenersatzpflichten. Die Aufhebung berührt nicht Bestimmungen des Vertrages über die Beilegung von Streitigkeiten oder sonstige Bestimmungen des Vertrages, welche die Rechte und Pflichten der Parteien nach Vertragsaufhebung regeln.
(2) Hat eine Partei den Vertrag ganz oder teilweise erfüllt, so kann sie ihre Leistung von der anderen Partei zurückfordern. Sind beide Parteien zur Rückgabe verpflichtet, so sind die Leistungen Zug um Zug zurückzugeben.

Artikel 82
(1) Der Käufer verliert das Recht, die Aufhebung des Vertrages zu erklären oder vom Verkäufer Ersatzlieferung zu verlangen, wenn es ihm unmöglich ist, die Ware im wesentlichen in dem Zustand zurückzugeben, in dem er sie erhalten hat.
(2) Absatz 1 findet keine Anwendung,
a) wenn die Unmöglichkeit, die Ware zurückzugeben oder sie im wesentlichen in dem Zustand zurückzugeben, in dem der Käufer sie erhalten hat, nicht auf einer Handlung oder Unterlassung des Käufers beruht,
b) wenn die Ware ganz oder teilweise infolge der in Artikel 38 vorgesehenen Untersuchung untergegangen oder verschlechtert worden ist, oder
c) wenn der Käufer die Ware ganz oder teilweise im normalen Geschäftsverkehr verkauft oder der normalen Verwendung entsprechend verbraucht oder verändert hat, bevor or die Vertragswidrigkeit entdeckt hat oder hätte entdecken müssen.

Artikel 83
Der Käufer, der nach Artikel 82 das Recht verloren hat, die Aufhebung des Vertrages zu erklären oder vom Verkäufer Ersatzlieferung zu verlangen, behält alle anderen Rechtsbehelfe, die ihm nach dem Vertrag und diesem Übereinkommen zustehen.

Artikel 84
(1) Hat der Verkäufer den Kaufpreis zurückzuzahlen, so hat er außerdem vom Tag der Zahlung an auf den Betrag Zinsen zu zahlen.
(2) Der Käufer schuldet dem Verkäufer den Gegenwert aller Vorteile, die er aus der Ware oder einem Teil der Ware gezogen hat,
a) wenn er die Ware ganz oder teilweise zurückgeben muss oder
b) wenn es ihm unmöglich ist, die Ware ganz oder teilweise zurückzugeben oder sie ganz oder teilweise im wesentlichen in dem Zustand zurückzugeben, in dem er sie erhalten hat, er aber dennoch die Aufhebung des Vertrages erklärt oder vom Verkäufer Ersatzlieferung verlangt hat.

Erhaltung der Ware
Artikel 85
Nimmt der Käufer die Ware nicht rechtzeitig an oder versäumt er, falls Zahlung des Kaufpreises und Lieferung der Ware Zug um Zug erfolgen sollen, den Kaufpreis zu zahlen, und hat der Verkäufer die Ware noch in Besitz oder ist or sonst in der Lage, über sie zu verfügen, so hat der Verkäufer die den Umständen angemessenen Maßnahmen zu ihrer Erhaltung zu treffen. Er ist berechtigt, die Ware zurückzubehalten, bis ihm der Käufer seine angemessenen Aufwendungen erstattet hat.

Article 80
A party may not rely on a failure of the other party to perform, to the extent that such failure was caused by the first party's act or omission.

Effects of avoidance
Article 81
(1) Avoidance of the contract releases both parties from their obligations under it, subject to any damages which may be due. Avoidance does not affect any provision of the contract for the settlement of disputes or any other provision of the contract governing the rights and obligations of the parties consequent upon the avoidance of the contract.
(2) A party who has performed the contract either wholly or in part may claim restitution from the other party of whatever the first party has supplied or paid under the contract. if both parties are bound to make restitution, they must do so concurrently.

Article 82
(1) The buyer loses the right to declare the contract avoided or to require the seller to deliver substitute goods if it is impossible for him to make restitution of the goods substantially in the condition in which he received them.
(2) The preceding paragraph does not apply:
a) if the impossibility of making restitution of the goods or of making restitution on the goods substantially in the condition in which the buyer received them is not due to his act or omission;
b) if the goods or part of the goods have perished or deteriorated as a result of the examination provided for in Article 38; or
c) if the goods or part of the goods have been sold in the normal course of business or have been consumed or transformed by the buyer in the course of normal use before he discovered or ought to have discovered the lack of conformity.

Article 83
A buyer who has lost the right to declare the contract avoided or to require the seller to deliver substitute goods in accordance with Article 82 retains all other remedies under the contract and this Convention.

Article 84
(1) If the seller is bound to refund the price, he must also pay interest on it, from the date on which the price was paid.
(2) The buyer must account to the seller for all benefits which he has derived from the goods or part of them:
a) if he must make restitution of the goods or part of them; or
b) if it is impossible for him to make restitution of all or part of the goods or to make restitution of all or part of the goods substantially in the condition in which he received them, but he has nevertheless declared the contract avoided or required the seller to deliver substitute goods.

Preservation of the goods
Article 85
If the buyer is in delay in taking delivery of the goods or; where payment of the price and delivery of the goods are to be made concurrently, if he falls to pay the price, and the seller is either in possession of the goods or otherwise able to control their disposition, the seller must take such steps as are reasonable in the circumstances to preserve them. He is entitled to retain them until he has been reimbursed his reasonable expenses by the buyer.

Artikel 86
(1) Hat der Käufer die Ware empfangen und beabsichtigt er, ein nach dem Vertrag oder diesem Übereinkommen bestehendes Zurückweisungsrecht auszuüben, so hat er die den Umständen angemessenen Maßnahmen zu ihrer Erhaltung zu treffen. Er ist berechtigt, die Ware zurückzubehalten, bis ihm der Verkäufer seine angemessenen Aufwendungen erstattet hat.
(2) ist die dem Käufer zugesandte Ware ihm am Bestimmungsort zur Verfügung gestellt worden und übt er das Recht aus, sie zurückzuweisen, so hat er sie für Rechnung des Verkäufers in Besitz zu nehmen, sofern dies ohne Zahlung des Kaufpreises und ohne unzumutbare Unannehmlichkeiten oder unverhältnismäßige Kosten möglich ist. Dies gilt nicht, wenn der Verkäufer oder eine Person, die befugt ist, die Ware für Rechnung des Verkäufers in Obhut zu nehmen, am Bestimmungsort anwesend ist. Nimmt der Käufer die Ware nach diesem Absatz in Besitz, so werden seine Rechte und Pflichten durch Absatz 1 geregelt.

Artikel 87
Eine Partei, die Maßnahmen zur Erhaltung der Ware zu treffen hat kann die Ware auf Kosten der anderen Partei in den Lagerräumen eines Dritten einlagern, sofern daraus keine unverhältnismäßigen Kosten entstehen.

Artikel 88
(1) Eine Partei, die nach Artikel 85 oder 86 zur Erhaltung der Ware verpflichtet ist, kann sie auf jede geeignete Weise verkaufen, wenn die andere Partei die Inbesitznahme oder die Rücknahme der Ware oder die Zahlung des Kaufpreises oder der Erhaltungskosten ungebührlich hinauszögert, vorausgesetzt, dass sie der anderen Partei ihre Verkaufsabsicht in vernünftiger Weise angezeigt hat.
(2) ist die Ware einer raschen Verschlechterung ausgesetzt oder würde ihre Erhaltung unverhältnismäßige Kosten verursachen, so hat die Partei, der nach Artikel 85 oder 86 die Erhaltung der Ware obliegt, sich in angemessener Weise um ihren Verkauf zu bemühen. Soweit möglich, hat sie der anderen Partei ihre Verkaufsabsicht anzuzeigen.
(3) Hat eine Partei die Ware verkauft, so kann sie aus dem Erlös des Verkaufs den Betrag behalten, der den angemessenen Kosten der Erhaltung und des Verkaufs der Ware entspricht. Den Überschuss schuldet sie der anderen Partei.

Teil IV
Schlussbestimmungen
Artikel 89
Der Generalsekretär der Vereinten Nationen wird hiermit zum Depositar dieses Übereinkommens bestimmt.

Artikel 90
Dieses Übereinkommen geht bereits geschlossenen oder in Zukunft zu schließenden internationalen Vereinbarungen, die Bestimmungen über in diesem Übereinkommen geregelte Gegenstände enthalten, nicht vor, sofern die Parteien ihre Niederlassung in Vertragsstaaten einer solchen Vereinbarung haben.

Artikel 91 [Unterzeichnung; Ratifikation; Annahme; Genehmigung; Beitritt]
(1) Dieses Übereinkommen liegt in der Schlußsitzung der Konferenz der Vereinten Nationen über Verträge über den internationalen Warenkauf zur Unterzeichnung auf und liegt dann bis 30. September 1981 am Sitz der Vereinten Nationen in New York für alle Staaten zur Unterzeichnung auf.
(2) Dieses Übereinkommen bedarf der Ratifikation, Annahme oder Genehmigung durch die Unterzeichnerstaaten.
(3) Dieses Übereinkommen steht allen Staaten, die nicht Unterzeichnerstaaten sind, von dem Tag an zum Beitritt offen, an dem es zur Unterzeichnung aufgelegt wird.
(4) Die Ratifikations-, Annahme-, Genehmigungs- und Beitrittsurkunden werden beim Generalsekretär der Vereinten Nationen hinterlegt.

Artikel 92 [Teilweise Ratifikation, Annahme, Genehmigung oder Beitritt]
(1) Ein Vertragsstaat kann bei der Unterzeichnung, der Ratifikation, der Annahme, der Genehmigung oder dem Beitritt erklären, daß Teil II dieses Übereinkommens für ihn nicht verbindlich ist oder daß Teil III dieses Übereinkommens für ihn nicht verbindlich ist.

Article 86
(1) If the buyer has received the goods and intends to exercise any right under the contract or this Convention to reject them, he must take such steps to preserve them as are reasonable in the circumstances. He is entitled to retain them until he has been reimbursed his reasonable expenses by the seller.
(2) If goods dispatched to the buyer have been placed at his disposal at their destination and he exercises the right to reject them, he must take possession of them on behalf of the seller, provided that this can be done without payment of the price and without unreasonable inconvenience or unreasonable expense. This provision does not apply if the seller or a person authorised to take charge

of the goods on his behalf is present at the destination. If the buyer takes possession of the goods under this paragraph, his rights and obligations are governed by the preceding paragraph.

Article 87
A party who is bound to take steps to preserve the goods may deposit them in a warehouse of a third person at the expense of the other party provided that the expense incurred is not unreasonable.

Article 88
(1) A party who is bound to preserve the goods in accordance with Article 85 or 86 may sell them by any appropriate means if there has been an unreasonable delay by the other party in taking possession of the goods or in taking them back or in paying the price or the cost of preservation, provided that reasonable notice of the intention to sell has been given to the other party.
(2) If the goods are subject to rapid deterioration or their preservation would involve unreasonable expense, a party who is bound to preserve the goods in accordance with Article 85 or 86 must take reasonable measures to sell them. To the extent possible he must give notice to the other Party of his intention to sell.
(3) A party selling the goods has the right to retain out of the proceeds of sale an amount equal to the reasonable expenses of preserving the goods and of selling them. He must account to the other party for the balance.

Part IV
Final Provisions
Article 89
The Secretary-General of the United Nations is hereby designated as the depository for this Convention

Article 90
This Convention does not prevail over any international agreement which has already been or may be entered into and which contains provisions concerning the matters governed by this Convention, provided that the parties have their places of business in States parties to such agreement.

Article 91
(1) This Convention is open for signature at the concluding meeting of the United Nations Conference on Contracts for the International Sale of Goods and will remain open for signature by all States at the Headquarters of the United Nations, New York until 30 September 1981.
(2) This Convention is subject to ratification, acceptance or approval by the signatory States.
(3) This Convention is open for accession by all States which are not signatory States as from the date it is open for signature.
(4) Instruments of ratification, acceptance, approval and accession are to be deposited with the Secretary-General of the United Nations.

Article 92
(1) A Contracting State may declare at the time of signature, ratification, acceptance, approval or accession that it will not be bound by Part II of this Convention or that it will not be bound by Part III of this Convention.

(2) Ein Vertragsstaat, der eine Erklärung nach Absatz 1 zu Teil II oder Teil III dieses Übereinkommens abgegeben hat, ist hinsichtlich solcher Gegenstände, die durch den Teil geregelt werden, auf den sich die Erklärung bezieht, nicht als Vertragsstaat im Sinne des Artikels 1 Absatz 1 zu betrachten.

Artikel 93 [Föderative Staaten]
(1) Ein Vertragsstaat, der zwei oder mehr Gebietseinheiten umfaßt, in denen nach seiner Verfassung auf die in diesem Übereinkommen geregelten Gegenstände unterschiedliche Rechtsordnungen angewendet werden, kann bei der Unterzeichnung, der Ratifikation, der Annahme, der Genehmigung oder dem Beitritt erklären, daß dieses Übereinkommen sich auf alle seine Gebietseinheiten oder nur auf eine oder mehrere derselben erstreckt; er kann seine Erklärung jederzeit durch eine neue Erklärung ändern.
(2) Die Erklärungen sind dem Verwahrer zu notifizieren und haben ausdrücklich anzugeben, auf welche Gebietseinheiten das Übereinkommen sich erstreckt.
(3) Erstreckt sich das Übereinkommen aufgrund einer Erklärung nach diesem Artikel auf eine oder mehrere, jedoch nicht auf alle Gebietseinheiten eines Vertragsstaats und liegt die Niederlassung einer Partei in diesem Staat, so wird diese Niederlassung im Sinne dieses Übereinkommens nur dann als in einem Vertragsstaat gelegen betrachtet, wenn sie in einer Gebietseinheit liegt, auf die sich das Übereinkommen erstreckt.
(4) Gibt ein Vertragsstaat keine Erklärung nach Absatz 1 ab, so erstreckt sich das Übereinkommen auf alle Gebietseinheiten dieses Staates.

Artikel 94 [Erklärung über Nichtanwendung der Konvention]
(1) Zwei oder mehr Vertragsstaaten, welche gleiche oder einander sehr nahekommende Rechtsvorschriften für Gegenstände haben, die in diesem Übereinkommen geregelt werden, können jederzeit erklären, daß das Übereinkommen auf Kaufverträge und ihren Abschluß keine Anwendung findet, wenn die Parteien ihre Niederlassung in diesen Staaten haben. Solche Erklärungen können als gemeinsame oder als aufeinander bezogene einseitige Erklärungen abgegeben werden.
(2) Hat ein Vertragsstaat für Gegenstände, die in diesem Übereinkommen geregelt werden, Rechtsvorschriften, die denen eines oder mehrerer Nichtvertragsstaaten gleich sind oder sehr nahekommen, so kann er jederzeit erklären, daß das Übereinkommen auf Kaufverträge oder ihren Abschluß keine Anwendung findet, wenn die Parteien ihre Niederlassung in diesen Staaten haben.
(3) Wird ein Staat, auf den sich eine Erklärung nach Absatz 2 bezieht, Vertragsstaat, so hat die Erklärung von dem Tag an, an dem das Übereinkommen für den neuen Vertragsstaat in Kraft tritt, die Wirkung einer nach Absatz 1 abgegebenen Erklärung, vorausgesetzt, daß der neue Vertragsstaat sich einer solchen Erklärung anschließt oder eine darauf bezogene einseitige Erklärung abgibt.

Artikel 95 [Erklärung zum Ausschluß der Anwendung des Artikels 1 I b)]
Jeder Staat kann bei der Hinterlegung seiner Ratifikations-, Annahme-, Genehmigungs- oder Beitrittsurkunde erklären, daß Artikel 1 Absatz 1 Buchstabe b für ihn nicht verbindlich ist.

Artikel 96 [Erklärung zur Schriftform]
Ein Vertragsstaat, nach dessen Rechtsvorschriften Kaufverträge schriftlich zu schließen oder nachzuweisen sind, kann jederzeit eine Erklärung nach Artikel 12 abgeben, daß die Bestimmungen der Artikel 11 und 29 oder des Teils II dieses Übereinkommens, die für den Abschluß eines Kaufvertrages, seine Änderung oder Aufhebung durch Vereinbarung oder für ein Angebot, eine Annahme oder eine sonstige Willenserklärung eine andere als die schriftliche Form gestatten, nicht gelten, wenn eine Partei ihre Niederlassung in diesem Staat hat.

Artikel 97 [Wirksamkeitsvoraussetzungen einer Vorbehaltserklärung]
(1) Erklärungen, die nach diesem Übereinkommen bei der Unterzeichnung abgegeben werden, bedürfen der Bestätigung bei der Ratifikation, Annahme oder Genehmigung.
(2) Erklärungen und Bestätigungen von Erklärungen bedürfen der Schriftform und sind dem Verwahrer zu notifizieren.
(3) Eine Erklärung wird gleichzeitig mit dem Inkrafttreten dieses Übereinkommens für den betreffenden Staat wirksam. Eine Erklärung, die dem Verwahrer nach diesem Inkrafttreten notifiziert wird, tritt jedoch am ersten Tag des Monats in Kraft, der auf einen Zeitabschnitt von sechs Monaten nach ihrem Eingang beim Verwahrer folgt. Aufeinander bezogene einseitige Erklärungen nach Artikel 94 werden am ersten Tag des Monats wirksam, der auf einen Zeitabschnitt von sechs Monaten nach Eingang der letzten Erklärung beim Verwahrer folgt.

(2) A Contracting State which makes a declaration in accordance with the preceding paragraph in respect of Part II or Part III of this Convention is not to be considered a Contracting State within paragraph (1) of article 1 of this Convention in respect of matters governed by the Part to which the declaration applies.

Article 93

(1) If a Contracting State has two or more territorial units in which, according to its constitution, different systems of law are applicable in relation to the matters dealt with in this Convention, it may, at the time of signature, ratification, acceptance, approval or accession, declare that this Convention is to extend to all its territorial units or only to one or more of them, and may amend its declaration by submitting another declaration at any time.

(2) These declarations are to be notified to the depositary and are to state expressly the territorial units to which the Convention extends.

(3) If, by virtue of a declaration under this article, this Convention extends to one or more but not all of the territorial units of a Contracting State, and if the place of business of a party is located in that State, this place of business, for the purposes of this Convention, is considered not to be in a Contracting State, unless it is in a territorial unit to which the Convention extends.

(4) If a Contracting State makes no declaration under paragraph (1) of this Article, the Convention is to extend to all territorial units of that State.

Article 94

(1) Two or more Contracting States which have the same or closely related legal rules on matters governed by this Convention may at any time declare that the Convention is not to apply to contracts of sale or to their formation where the parties have their places of business in those States. Such declarations may be made jointly or by reciprocal unilateral declarations.

(2) A Contracting State which has the same or closely related legal rules on matters governed by this Convention as one or more non-Contracting States may at any time declare that the Convention is not to apply to contracts of sale or to their formation where the parties have their places of business in those States.

(3) If a State which is the object of a declaration under the preceding paragraph subsequently becomes a Contracting State, the declaration made will, as from the date on which the Convention enters into force in respect of the new Contracting State, have the effect of a declaration made under paragraph (1), provided that the new Contracting State joins in such declaration or makes a reciprocal unilateral declaration.

Article 95

Any State may declare at the time of the deposit of its instrument of ratification, acceptance, approval or accession that it will not be bound by subparagraph (1)(b) of article 1 of this Convention.

Article 96

A Contracting State whose legislation requires contracts of sale to be concluded in or evidenced by writing may at any time make a declaration in accordance with article 12 that any provision of article 11, article 29, or Part II of this Convention, that allows a contract of sale or its modification or termination by agreement or any offer, acceptance, or other indication of intention to be made in any form other than in writing, does not apply where any party has his place of business in that State.

Article 97

(1) Declarations made under this Convention at the time of signature are subject to confirmation upon ratification, acceptance or approval.

(2) Declarations and confirmations of declarations are to be in writing and be formally notified to the depositary.

(3) A declaration takes effect simultaneously with the entry into force of this Convention in respect of the State concerned. However, a declaration of which the depositary receives formal notification after such entry into force takes effect on the first day of the month following the expiration of six months after the date of its receipt by the depositary. Reciprocal unilateral declarations under article 94 take effect on the first day of the month following the expiration of six months after the receipt of the latest declaration by the depositary.

(4) Ein Staat, der eine Erklärung nach diesem Übereinkommen abgibt, kann sie jederzeit durch eine an den Verwahrer gerichtete schriftliche Notifikation zurücknehmen. Eine solche Rücknahme wird am ersten Tag des Monats wirksam, der auf einen Zeitabschnitt von sechs Monaten nach Eingang der Notifikation beim Verwahrer folgt.
(5) Die Rücknahme einer nach Artikel 94 abgegebenen Erklärung macht eine von einem anderen Staat nach Artikel 94 abgegebene, darauf bezogene Erklärung von dem Tag an unwirksam, an dem die Rücknahme wirksam wird.

Artikel 98 [Zulässigkeit von Vorbehalten]
Vorbehalte sind nur zulässig, soweit sie in diesem Übereinkommen ausdrücklich für zulässig erklärt werden.

Artikel 99 [Zeitpunkt des Inkrafttretens]
(1) Vorbehaltlich des Absatzes 6 tritt dieses Übereinkommen am ersten Tag des Monats in Kraft, der auf einen Zeitabschnitt von zwölf Monaten nach Hinterlegung der zehnten Ratifikations-, Annahme-, Genehmigungs- oder Beitrittsurkunde einschließlich einer Urkunde, die eine nach Artikel 92 abgegebene Erklärung enthält, folgt.
(2) Wenn ein Staat dieses Übereinkommen nach Hinterlegung der zehnten Ratifikations-, Annahme-, Genehmigungs- oder Beitrittsurkunde ratifiziert, annimmt, genehmigt oder ihm beitritt, tritt dieses Übereinkommen mit Ausnahme des ausgeschlossenen Teils für diesen Staat vorbehaltlich des Absatzes 6 am ersten Tag des Monats in Kraft, der auf einen Zeitabschnitt von zwölf Monaten nach Hinterlegung seiner Ratifikations-, Annahme-, Genehmigungs- oder Beitrittsurkunde folgt.
(3) Ein Staat, der dieses Übereinkommen ratifiziert, annimmt, genehmigt oder ihm beitritt und Vertragspartei des Haager Übereinkommens vom 1. Juli 1964 zur Einführung eines Einheitlichen Gesetzes über den Abschluß von internationalen Kaufverträgen über bewegliche Sachen (Haager Abschlußübereinkommen von 1964) oder des Haager Übereinkommens vom 1. Juli 1964 zur Einführung eines Einheitlichen Gesetzes über den internationalen Kauf beweglicher Sachen (Haager Kaufrechtsübereinkommen von 1964) ist, kündigt gleichzeitig das Haager Kaufrechtsübereinkommen von 1964 oder das Haager Abschlußübereinkommen von 1964 oder gegebenenfalls beide Übereinkommen, indem er der Regierung der Niederlande die Kündigung notifiziert.
(4) Eine Vertragspartei des Haager Kaufrechtsübereinkommens von 1964, die das vorliegende Übereinkommen ratifiziert, annimmt, genehmigt oder ihm beitritt und nach Artikel 92 erklärt oder erklärt hat, daß Teil II dieses Übereinkommens für sie nicht verbindlich ist, kündigt bei der Ratifikation, der Annahme, der Genehmigung oder dem Beitritt das Haager Kaufrechtsübereinkommen von 1964, indem sie der Regierung der Niederlande die Kündigung notifiziert.
(5) Eine Vertragspartei des Haager Abschlußübereinkommens von 1964, die das vorliegende Übereinkommen ratifiziert, annimmt, genehmigt oder ihm beitritt und nach Artikel 92 erklärt oder erklärt hat, daß Teil III dieses Übereinkommens für sie nicht verbindlich ist, kündigt bei der Ratifikation, der Annahme, der Genehmigung oder dem Beitritt das Haager Abschlußübereinkommen von 1964, indem sie der Regierung der Niederlande die Kündigung notifiziert.
(6) Für die Zwecke dieses Artikels werden Ratifikationen, Annahmen, Genehmigungen und Beitritte bezüglich dieses Übereinkommens, die von Vertragsparteien des Haager Abschlußübereinkommens von 1964 oder des Haager Kaufrechtsübereinkommens von 1964 vorgenommen werden, erst wirksam, nachdem die erforderlichen Kündigungen durch diese Staaten bezüglich der genannten Übereinkommen selbst wirksam geworden sind. Der Verwahrer dieses Übereinkommens setzt sich mit der Regierung der Niederlande als Verwahrer der Übereinkommen von 1964 in Verbindung, um die hierfür notwendige Koordinierung sicherzustellen.

Artikel 100 [Zeitlicher Geltungsbereich]
(1) Dieses Übereinkommen findet auf den Abschluß eines Vertrages nur Anwendung, wenn das Angebot zum Vertragsabschluß an oder nach dem Tag gemacht wird, an dem das Übereinkommen für die in Artikel 1 Absatz 1 Buchstabe a genannten Vertragsstaaten oder den in Artikel 1 Absatz 1 Buchstabe b genannten Vertragsstaat in Kraft tritt.
(2) Dieses Übereinkommen findet nur auf Verträge Anwendung, die an oder nach dem Tag geschlossen werden, an dem das Übereinkommen für die in Artikel 1 Absatz 1 Buchstabe a genannten Vertragsstaaten oder den in Artikel 1 Absatz 1 Buchstabe b genannten Vertragsstaat in Kraft tritt.

(4) Any State which makes a declaration under this Convention may withdraw it at any time by a formal notification in writing addressed to the depositary. Such withdrawal is to take effect on the first day of the month following the expiration of six months after the date of the receipt of the notification by the depositary.

(5) A withdrawal of a declaration made under article 94 renders inoperative, as from the date on which the withdrawal takes effect, any reciprocal declaration made by another State under that article.

Article 98

No reservations are permitted except those expressly authorized in this Convention.

Article 99

(1) This Convention enters into force, subject to the provisions of paragraph (6) of this article, on the first day of the month following the expiration of twelve months after the date of deposit of the tenth instrument of ratification, acceptance, approval or accession, including an instrument which contains a declaration made under article 92

(2) When a State ratifies, accepts, approves or accedes to this Convention after the deposit of the tenth instrument of ratification, acceptance, approval or accession, this Convention, with the exception of the Part excluded, enters into force in respect of that State, subject to the provisions of paragraph (6) of this article, on the first day of the month following the expiration of twelve months after the date of the deposit of its instrument of ratification, acceptance, approval or accession.

(3) A State which ratifies, accepts, approves or accedes to this Convention and is a party to either or both the Convention relating to a Uniform Law on the Formation of Contracts for the International Sale of Goods done at The Hague on 1 July 1964 (1964 Hague Formation Convention) and the Convention relating to a Uniform Law on the International Sale of Goods done at The Hague on 1 July 1964 (1964 Hague Sales Convention) shall at the same time denounce, as the case may be, either or both the 1964 Hague Sales Convention and the 1964 Hague Formation Convention by notifying the Government of the Netherlands to that effect.

(4) A State party to the 1964 Hague Sales Convention which ratifies, accepts, approves or accedes to the present Convention and declares or has declared under article 52 that it will not be bound by Part II of this Convention shall at the time of ratification, acceptance, approval or accession denounce the 1964 Hague Sales Convention by notifying the Government of the Netherlands to that effect.

(5) A State party to the 1964 Hague Formation Convention which ratifies, accepts, approves or accedes to the present Convention and declares or has declared under article 92 that it will not be bound by Part III of this Convention shall at the time of ratification, acceptance, approval or accession denounce the 1964 Hague Formation Convention by notifying the Government of the Netherlands to that effect.

(6) For the purpose of this article, ratifications, acceptances, approvals and accessions in respect of this Convention by States parties to the 1964 Hague Formation Convention or to the 1964 Hague Sales Convention shall not be effective until such denunciations as may be required on the part of those States in respect of the latter two Conventions have themselves become effective. The depositary of this Convention shall consult with the Government of the Netherlands, as the depositary of the 1964 Conventions, so as to ensure necessary co-ordination in this respect.

Article 100

(1) This Convention applies to the formation of a contract only when the proposal for concluding the contract is made on or after the date when the Convention enters into force in respect of the Contracting States referred to in subparagraph (1)(a) or the Contracting State referred to in subparagraph (1)(b) of article 1.

(2) This Convention applies only to contracts concluded on or after the date when the Convention enters into force in respect of the Contracting States referred to in subparagraph (1)(a) or the Contracting State referred to in subparagraph (1)(b) of article 1.

Artikel 101 [Kündigung des Übereinkommens]
(1) Ein Vertragsstaat kann dieses Übereinkommen oder dessen Teil II oder Teil III durch eine an den Verwahrer gerichtete schriftliche Notifikation kündigen.
(2) Eine Kündigung wird am ersten Tag des Monats wirksam, der auf einen Zeitabschnitt von zwölf Monaten nach Eingang der Notifikation beim Verwahrer folgt. Ist in der Notifikation eine längere Kündigungsfrist angegeben, so wird die Kündigung nach Ablauf dieser längeren Frist nach Eingang der Notifikation beim Verwahrer wirksam.

Geschehen zu Wien am 11. April 1980 in einer Urschrift in arabischer, chinesischer, englischer, französischer, russischer und spanischer Sprache, wobei jeder Wortlaut gleichermaßen verbindlich ist.

Zu Urkund dessen haben die unterzeichneten, hierzu von ihren Regierungen gehörig befugten Bevollmächtigten dieses Übereinkommen unterschrieben.

Article 101
(1) A Contracting State may denounce this Convention, or Part II or Part III of the Convention, by a formal notification in writing addressed to the depositary.
(2) The denunciation takes effect on the first day of the month following the expiration of twelve months after the notification is received by the depositary. Where a longer period for the denunciation to take effect is specified in the notification, the denunciation takes effect upon the expiration of such longer period after the notification is received by the depositary.

2. BERATUNGS- UND GENEHMIGUNGSSTELLEN

2.1 Deutsche Auslands-Handelskammern

ÄGYPTEN
Deutsch-Arabische Industrie- und Handelskammer
German-Arab Chamber of Industry and Commerce

	German Industry and Commerce Tower 21
	Soliman Abaza Street,
	off Jameat El Dowal El Arabia St.
	Mohandessin – Giza
	Cairo, Egypt
Telefon:	(0020-2) 33 68 183
Telefax:	(0020-2) 336 8026, 336 8786
Email:	info@ahk-mena.com
Homepage:	http://www.ahkmena.com
Geschäftszeiten:	Sonntag–Donnerstag 7:30–15:30 Uhr
Geschäftsführer:	Dr. Peter Göpfrich
Zeitdifferenz:	*+ 1 Stunde*

Zweigstelle Alexandria
12, Champilion Str.
Borg el Tahra (6th floor, App. 604), Azarita
Alexandria
Telefon: (0020-3) 4853 253
(0020-3) 4854 266
Telefax: (0020-3) 4853 253

Vertretung in Deutschland
MENA Projektpartner
Deutscher Industrie- und Handelskammertag
Breite Str. 29
10178 Berlin
Telefon: (0049-0) 30 20 30 8 1207
Telefax: (0049-0) 30 20 30 8 1206
Email: helmi.bassant@berlin.dihk.de
Geschäftsführer: Dr. Peter Göpfrich

ALBANIEN
Der Beauftragte der Deutschen Wirtschaft für den südwestlichen Balkan

c/o Repräsentanz der Deutschen Wirtschaft Skopje
siehe Mazedonien

ARGENTINIEN
Deutsch-Argentinische Industrie- und Handelskammer
Cámara de Industria y Comercio Argentino-Alemana

	Av. Corrientes 327, piso 23
	C 1043 AAD Buenos Aires
	República Argentina
Telefon:	(0054-11) 5219-4000
Telefax:	(0054-11) 5219-4001
Email:	info@cadicaa.com.ar
Homepage:	http://www.cadicaa.com.ar
Geschäftszeiten:	Montag–Freitag 10:00–18.00 Uhr
Geschäftsführer:	Dr. Klaus-Wilhelm Lege
Zeitdifferenz:	*– 4 Stunden*

AUSTRALIEN
Deutsch-Australische Industrie- und Handelskammer
German-Australian Chamber of Industry and Commerce

	Level 10, 39–41 York Street
	Sydney NSW 2000
	Australia
Telefon:	(0061-2) 8296 0400
Telefax:	(0061-2) 8296 0411
Email:	info@germany.org.au
Homepage:	http://www.germany.org.au
Geschäftszeiten:	Montag–Freitag 9:00–17:00 Uhr
Geschäftsführer:	Klaus Volker Schuurmann
Zeitdifferenz:	*Ende März bis Ende Oktober: + 8 Stunden,*
	Ende Oktober bis Ende März: + 10 Stunden

	Zweigstelle Melbourne
	German-Australian Chamber of Industry and Commerce
	Melbourne Office
	Suite 2, Level 5
	14 Queens Road
	Melbourne VIC 3004
	Australia
Telefon:	(0061-3) 98 67 11 98
Telefax:	(0061-3) 98 67 11 99
Email:	gccmel@germany.org.au
Homepage:	http://www.germany.org.au
Leiter:	Knut Feddersen

BELARUS
Repräsentanz der Deutschen Wirtschaft in Weißrussland

	Prospekt Gazety Prawda 11
	220116 Minsk
	Weißrussland (Belarus)
Telefon:	(00375-17) 270 38 93, 270 51 69
Telefax:	(00375-17) 270 38 93
Email:	ahkminsk@mail.belpak.by
Homepage:	http://www.ahkminsk.belhost.by
Geschäftszeiten:	Montag–Donnerstag 9:00–18:00 Uhr, Freitag 9:00–17:00 Uhr
Leiter:	Dr. Wladimir Augustinski
Zeitdifferenz:	*+ 1 Stunde*

BELGIEN
debelux Handelskammer

	Manhattan Office Tower
	Bolwerklaan 21/Avenue du Boulevard
	1210 Brüssel
Telefon:	(0032-2) 203 50 40
Telefax:	(0032-2) 203 22 71
Email:	ahk@debelux.org
Homepage:	http://www.debelux.org
Geschäftszeiten:	Montag–Donnerstag 8:30–16:30 Uhr,
	Feitag 8:30–14:30 Uhr
Geschäftsführer:	Hans-Joachim Maurer
Zeitdifferenz:	*+/– 0:00*

Vertretung in Deutschland
debelux Handelskammer
Belgisches Haus

	Cäcilienstraße 46
	D-50667 Köln
Telefon:	(0049-221) 257 54 77
Telefax:	(0049-221) 257 54 66
Email:	debelux@koeln.ihk.de
Geschäftszeiten:	Montag–Freitag 8:00–16:00 Uhr
Geschäftsführer:	Marc Herbrand

Zweigstelle Luxemburg
Chambre de Commerce debelux

	7, rue Alcide de Gasperi
	L-2981 Luxembourg
Telefon:	(0035-2) 42 39 39-334
Telefax:	(0035-2) 43 83 26
Email:	debelux@cc.lu
Ansprechpartnerin:	Sabrina Sagramola
Zeitdifferenz:	*+/– 0:00*

BOLIVIEN
Deutsch-Bolivianische Industrie- und Handelskammer
Camara de Comercio e Industria Boliviano-Alemana

	Calle 15 de Calacoto #7791
	Torre Ketal Of. 311
	Casilla 2722
	La Paz
	Bolivia
Telefon:	(00591-2) 2 79 51 51
Telefax:	(00591-2) 2 79 04 77
Email:	info@ahkbol.com
Homepage:	http://www.ahkbol.com
Geschäftszeiten:	Montag–Freitag 8:30–12:30 Uhr, 14:30–18:30 Uhr
Geschäftsführer:	Jörg Zehnle
Zeitdifferenz:	– 5 Stunden

BOSNIEN; HERZEGOWINA
Delegation der Deutschen Wirtschaft
Predstavnistvo njemacke privrede

	Strossmayerova 1
	71000 Sarajevo/BiH
Telefon:	(00387-33) 26 04 30
Telefax:	(00387-33) 20 61 81
Email:	info@ahk-bih.ba
Homepage:	http://www.ahk-bih.ba
Geschäftszeiten:	Montag–Freitag 8:30–13:00 Uhr, 14:00–17:00 Uhr
Delegierter:	Dr. Peter Presber
Zeitdifferenz:	+/– 0:00

BRASILIEN
Deutsch-Brasilianische Industrie- und Handelskammer

	Rua Verbo Divino 1488
	04719-904 Sao Paulo SP
	Brasil
Telefon:	(0055-11) 5187-5100
Telefax:	(0055-11) 5187-7013
Email:	ahkbrasil@ahkbrasil.com
Homepage:	http://www.ahkbrasil.com
Geschäftszeiten:	Montag– Freitag 8:00–12:00, 13:00–17:00 Uhr
Geschäftsführer:	Thomas Timm
Zeitdifferenz:	– 4 Stunden

Zweigstelle Curitiba
Câmara de Comércio e Indústria Brasil-Alemanha

	Rua Emiliano Perneta 297
	BR-80010-050 – Curitiba-PR
Telefon:	(0055-41) 323 59 58
Telefax:	(0055-41) 222 03 22
Email:	ahkcuritiba@ahkbrasil.com.br
Leiterin:	Christina Mathias

Nebenstelle: Brasília
Câmara de Comércio e Indústria Brasil-Alemanha
Quadra 6, Conjunto A, Bloco E, Sala 1301
SHS – Setor Hoteleiro Sul
BR-70322-915 – Brasília-DF
Telefon: (0055-30) 39 8282, -8383
Telefax: (0055-61) 3039 8070
Email: consultoria@wernerwanderer.com.br
Leiter: Werner Wanderer

Nebenstelle: Blumenau
Câmara de Comércio e Indústria Brasil-Alemanha
Rua Hermann Hering 1790
89010-900 Blumenau-SC
Telefon: (0055-47) 321- 33 02
Telefax: (0055-47) 321 3450
Email: prayon@zaz.com.br
Leiter: Honorarkonsul Hans Prayon

PORTO ALEGRE
Câmara de Comércio e Indústria
Brasil-Alemanha de Porto Alegre
Rua Dr. Floréncio Ygartua 70
90430-010 Porto Alegre RS
Caixa Postal 9515
90441-970 Porto Alegre-RS
Telefon: (0055-51) 3222 57 66
Telefax: (0055-51) 3222 55 56
Email: ahkpoa@ahkpoa.com.br
Homepage: http://www.ahkpoa.com.br
Geschäftszeiten: Montag–Freitag 8:30–12:00 Uhr, 13:00–17:30 Uhr
Geschäftsführer: Lars Grabenschröer
Zeitdifferenz: *– 4 Stunden*

RIO DE JANEIRO
Câmara de Comércio e Indústria
Brasil-Alemanha do Rio de Janeiro
Avenida Graca Aranha, 1
20030-002 Rio de Janeiro-RJ
Telefon: (0055-21) 2224 21 23
Telefax: (0055-21) 2252 77 58
Email: info@ahk.com.br
Homepage: http://www.ahk.com.br
Geschäftszeiten: Montag– Freitag 8:00–12:30 Uhr, 14:00–17:30 Uhr
Geschäftsführer: Hanno Erwes
Zeitdifferenz: *– 4 Stunden*

Zweigstelle Goiânia
Câmara de Comércio e Indústria Brasil-Alemanha
Avenida Anhanguera 5440 – centro
BR-74043-010 Goiânia-GO
Telefon: (0055-62) 216 0466
Telefax: (0055-62) 216 0445
Email: ahkgoias@eg.org.br
Manager: William Leyser O'Dwyer

	Zweigstelle Natal
	Esplanada Silva Jardim 4
	59012-090 Natal-RN
Telefon:	(0055-84) 222 3595
Telefax:	(0055-84) 222 3595
Email:	geppert@digi.com.br
Homepage:	http://www.ahkbrasil.com
Leiter:	Axel Serrano Geppert
	Zweigstelle Belo Horizonte
	Rua Timbiras, 1200
	BR-30140-060 Belo Horizonte-MG
Telefon:	(0055-31) 3213 15 64
Telefax:	(0055-31) 3273 93 68
Email:	ahkmg@uai.com.br
Leiterin:	Susanne Brand Resende

BULGARIEN
Deutsch-Bulgarische Industrie- und Handelskammer

	P.F. 34
	1504 Sofia, Bulgarien
	Frederic-Joliot-Curie Str. 25 A
	1113 Sofia, Bulgarien
Telefon:	(00359-2) 816 30 10, 963 43 01
Telefax:	(00359-2) 816 30 19, 963 44 97
Email:	rdw-office@rdw-bg.org
Geschäftszeiten:	Montag–Donnerstag 8:30–17:30 Uhr, Freitag 8:30–14:00 Uhr
Geschäftsführer:	Dr. Mitko Vassilev
Zeitdifferenz:	+ 1 Stunde

CHILE
Deutsch-Chilenische Industrie- und Handelskammer
Cámara Chileno-Alemana de Comercio e Industria

	P.O. Box Casilla 19, Correo 35
	Santiago/Chile
	C.P. 6760 235
	Av. El Bosque Norte 0440 of. 601
	Las Condes
	Santiago de Chile
Telefon:	(0056-2) 203 53 20
Telefax:	(0056-2) 203 53 25
Email:	chileinfo@camchal.com
Homepage:	http://www.camchal.com
Geschäftszeiten:	Montag–Freitag 9:00–13:00 Uhr, 14:00–17:00 Uhr
Geschäftsführer:	Bernard Bauer
Zeitdifferenz:	– 5 Stunden

CHINA
Delegiertenbüro der Deutschen Wirtschaft Beijing
German Industry and Commerce Beijing

Landmark Tower 2, Unit 0811
8 North Dongsanhuan Road
Chaoyang District
100004 Beijing
VR China
Telefon: (0086-10) 6590 0926
Telefax: (0086-10) 6590 6313
Email: info@ahkbj.org.cn
Homepage: http://www.china.ahk.de
Geschäftszeiten: Montag–Freitag 8:30–17:30 Uhr
Delegierte/Kammer-
geschäftsführerin: Jutta Ludwig
Zeitdifferenz: *+ 7 Stunden*

Büro Shanghai
Delegation of German Industry and Commerce in Shanghai
29F POS Plaza, 1600 Century Avenue
Pudong
200122 Shanghai
Telefon: (0086-21) 5081 2266
Telefax: (0086-21) 5081 2009
Email: office@sh.china.ahk.de
Homepage: http://www.ahk-china.org
Delegierter: Dr. Klaus Grimm

COSTA RICA
Cámara de Comercio e Industria
Costarricense-Alemana

Apdo. 10746-1000 San José
Barrio Amón, Edif. Arona
3er, Piso, Oficina No. 5
San José, Costa Rica C.A.
Telefon: (00506) 222-4789, 222-3359
Telefax: (00506) 221-1219
Email: cacoral@racsa.co.cr
Homepage: http://www.ahkzakk.com/costarica
Geschäftsleitung: Christian Haase

Deutsch-Dänische Handelskammer
Det Tysk-Danske Handelskammer

Børsen
1217 København K (Kopenhagen)
Telefon: (0045-33) 91 33 35
Telefax: (0045-33) 91 31 16
Email: ddhk@ahk-daenemark.dk
Homepage: http://www.ahk-daenemark.dk
Geschäftszeiten: Montag–Freitag 8:30–16:30 Uhr
Geschäftsführer: Gerhard Glaser
Zeitdifferenz: *+/– 0:00*

DOMINIKANISCHE REPUBLIK
Cámara de Comercio, Industria y Turismo Dominico-Alemana, Inc.
Calle Isabel la Católica No. 212, zona Colonial
Santo Domingo, Rep. Dom.
Telefon: (001-809) 688 6700
Telefax: (001-809) 687 9681
Email: ccdomalemana@Verizon.net.do
Homepage: http://www.ahkzakk.com/republicadominicana
Geschäftsführer: Thomas Kirbach

ECUADOR
Deutsch-Ecuadorianische Industrie- und Handelskammer
Cámara de Industrias y Comercio Ecuatoriano-Alemana
Casilla 17-16-083
Quito
Ecuador
Avenida Eloy Alfaro #2921 y Portugal
Edificio Millenium Plaza, piso 4 to, ofic.
401 Quito
Telefon: (00593-2) 333-2046
Telefax: (00593-2) 333-637
Email: info@ahkecuador.org.ec
Homepage: http://www.ahkecuador.org
Geschäftszeiten: Montag– Donnerstag 8:15–17:30 Uhr, Freitag 8:15–16:15 Uhr
Hauptgeschäftsführerin: Katarina Steinwachs
Zeitdifferenz: – 6 Stunden

Verbindungsbüro Guayaquil
Officina de Enlace
Casilla 09-01-7053
Guayaquil/Ecuador
Francisco de Bolona 719
y Av. Carlos Luis Plaza Danín
Telefon: (00593-4) 2284 126
Telefax: (00593-4) 2396 449
Email: infogye@ahkecuador.org.ec
Homepage: http://www.ahkecuador.org
Geschäftszeiten: Montag– Donnerstag 8:15–17:30 Uhr, Freitag 8:15–16:15 Uhr
Büroleiterin: Lcda. Maria Rosa Ribas de Pesantes

EL SALVADOR
Deutsch-Salvadorianische Industrie- und Handelskammer
Cámara Alemana-Salvadoreña de Comercio e Industria
Apartado Postal 01-550
San Salvador
EL SALVADOR C.A.
Blvd. La Sultana N° 245
Antiguo Cuscatlán
EL SALVADOR C.A.
Telefon: (00503-2) 43 24 28, 43 24 51
Telefax: (00503-2) 43 20 93
Email: camalesal@navegante.com.sv
Homepage: http://www.camaraalemana.com
Geschäftsführer: André Hawener

ESTLAND
Deutsch-Baltische Handelskammer in Estland, Lettland, Litauen

	Suurtüki 4B
	10133 Tallinn
	Estland
Telefon:	(00372-6) 27 69 40
Telefax:	(00372-6) 27 69 50
Email:	info.ee@ahk-balt.org
Homepage:	http://www.ahk-balt.org
Geschäftszeiten:	Montag–Freitag 8:30 –17:00 Uhr
Geschäftsführender Vorstand:	Dr. Ralph-Georg Tischer
Leiter:	Heiki Sirkel
Zeitdifferenz:	*+ 1 Stunde*

FINNLAND
Deutsch-Finnische Handelskammer

	Postfach 83
	00101 Helsinki
	Annankatu 25
	00100 Helsinki
Telefon:	(00358-9) 612 21 20
Telefax:	(00358-9) 642 859
Email:	info@dfhk.fi
Homepage:	http://www.dfhk.fi
Geschäftsführer:	Christian J. Röhr
Zeitdifferenz:	*+ 1 Stunde*

FRANKREICH
Deutsch-Französische Industrie- und Handelskammer
La Chambre Franco-Allemande de Commerce et d'Industrie

	18 rue Balard
	75015 Paris
Telefon:	(0033-1) 40 58 35 35
Telefax:	(0033-1) 45 75 47 39
Email:	info@francoallemand.com
Homepage:	http://www.francoallemand.com
Geschäftszeiten:	Montag–Freitag 9:30 Uhr–12:30 Uhr, nachm. n.V.
Geschäftsführer:	Heinrich Lieser
Zeitdifferenz:	*+/– 0:00*

GRIECHENLAND
Deutsch-Griechische Industrie- und Handelskammer

	Dorilaiou 10–12/IV
	115 21 Athen
Telefon:	(0030-210) 641 90 00
Telefax:	(0030-210) 644 51 75
Email:	ahkathen@mail.ahk-germany.de
Homepage:	http://www.german-chamber.gr
Geschäftszeiten:	Montag–Freitag 8:00 –15:00 Uhr
Geschäftsführer:	Götz Funck
Zeitdifferenz:	*+ 1 Stunde*

	Geschäftsstelle Nordgriechenland Thessaloniki
	Voulgari Str. 50/V
	54249 Thessaloniki
Telefon:	(0030-2310) 32 77 33
Telefax:	(0030-2310) 32 77 37
Email:	ahkthess@mail.ahk-germany.de
Geschäftszeiten:	Montag–Freitag 8:00–14:30 Uhr
Leiter:	Dr. Ing. Athanassios Kelemis

GROSSBRITANNIEN
Deutsch-Britische Industrie- und Handelskammer
German-British Chamber of Industry & Commerce

	Mecklenburg House
	16 Buckingham Gate
	GB-London SW1E 6LB
Telefon:	(0044-20) 7 97 64 100
Telefax:	(0044-20) 7 97 64 101
Email:	mail@ahk-london.co.uk
Homepage:	http://www.ahk-london.co.uk
Geschäftsführer:	Ulrich Hoppe
Zeitdifferenz:	+ 1 Stunde

GUATEMALA
Deutsch-Guatemaltekische Industrie- und Handelskammer
Cámara de Comercio e Industria Alemana Regional para Centroamerica y el Caribe

	Apartado Postal 1163
	01901 Guatemala
	Guatemala C.A.
	6a. Ave. 20–25 , zona 10
	Edificio Plaza Marítima
	01010 Guatemala
Telefon:	(00502) 2367 55 52, 2385 0043
Telefax:	(00502) 2333 70 44
Email:	ahk_guatemala@gua.net
Homepage:	http://www.ahkzakk.com/guatemala
Leiterin:	Maria Eugenia Rey Rosa

HONDURAS
Cámara de Comercio e Industria
Hondureno Alemana

	Apartado Postal # 3811
	Tegucigalpa, M.D.C., Honduras, C.A.
	Edificio Plaza del Sol
	Avenida La Paz # 2326
	Tegucigalpa, M.D.C., Honduras C.A.
Telefon:	(00504-238) 5363
Telefax:	(00504-238) 5371
Email:	info@cahona.com
Homepage:	http://www.cahona.com
Leiterin:	Sabrina Zimmermann

HONG KONG
Deutsche Handelskammer Hong Kong
German Industry and Commerce Hong Kong, South China
German Chamber of Commerce, Hong Kong (GCC)

	3601 Tower One, Lippo Centre
	89 Queensway
	Hong Kong
Telefon:	(00852) 25 26 54 81
Telefax:	(00852) 28 10 60 93
Email:	info@hongkong.ahk.de
Homepage:	http://www.hongkong.ahk.de
Geschäftszeiten:	Montag–Freitag 9:00–12:30 Uhr, 13:30–17:00 Uhr
Delegierter:	Ekkehard Goetting
Zeitdifferenz:	*+ 7 Stunden*

INDIEN
Deutsch-Indische Handelskammer
Indo-German Chamber of Commerce

	P.O. Box 11092
	Mumbai (Bombay) 400 020
	India
	Maker Towers 'E', 1st Floor
	Cuffe Parade
	Mumbai (Bombay) 400 005
Telefon:	(0091-22) 5665 2121
Telefax:	(0091-22) 5665 2120
Email:	bombay@indo-german.com
Homepage:	http://www.indo-german.com
Geschäftszeiten:	Montag–Freitag 9:30–17:30 Uhr
Geschäftsführer:	Bernhard Steinrücke
Zeitdifferenz:	*+ 4,5 Stunden*

Zweigstelle Bangalore
Indo-German Chamber of Commerce
P.O. Box 144
Bangalore 560 052
403, Shah Sultan, 4th Floor
Cunningham Road
Bangalore 560 052

Telefon:	(0091-80) 2 226 5650
Telefax:	(0091-80) 2 220 3797
Email:	bangalore@indo-german.com
Leiterin:	Audrey D'Souza

Zweigstelle Kalkutta
Indo-German Chamber of Commerce
P.O. Box 25 04
Calcutta 700 001
3A Gurusaday Road
Calcutta 700 019
India

Telefon:	(0091-33) 2247 41 47
Telefax:	(0091-33) 2247 61 65
Email:	calcutta@indo-german.com
Geschäftszeiten:	Montag–Freitag 9:30–17:30 Uhr
Leiter:	B.G. Roy

Zweigstelle Chennai (Madras)
Indo-German Chamber of Commerce
P.O. Box 3501
Chennai (Madras) 600 035
India
117 G.N. Chetty Road
T. Nagar
Madras (Chennai) 600 017
India

Telefon: (0091-44) 2 821 18 35, 2 821 18 36
Telefax: (0091-44) 2 821 18 37
Email: chennai@indo-german.com
Leiter: T.R. Gopalan

Zweigstelle Neu Delhi
Indo-German Chamber of Commerce
G.P.O. Box 252
New Delhi 110 001
German House
2, Nyaya Marg, Chanakyapuri
New Delhi 110 021
India

Telefon: (0091-11) 2687 87 21
Telefax: (0091-11) 2611 86 64
Email: delhi@indo-german.com
Geschäftszeiten: Montag–Freitag 9:30–17:30 Uhr
Leiter: Ajay Singha

Vertretung in Deutschland:
Deutsch-Indische Handelskammer/
Deutsch-Indisches Informationsbüro e.V.
Citadellstraße 12
40213 Düsseldorf

Telefon: (0049-211) 36 05 97, 36 27 49
Telefax: (0049-211) 35 02 87
Email: duesseldorf@indo-german.com
Homepage: http://www.indo-german.com
Geschäftszeiten: Montag–Freitag 8:30–17:00 Uhr
Leiter: Dirk Matter

INDONESIEN

EKONID
P.O. Box 3151
Jakarta 10031
Indonesia
Haji Agus Salim No. 115
Jakarta 10310

Telefon: (0062-21) 315 4685
Telefax: (0062-21) 315 5276
Email: info@ekonid.or.id
Homepage: http://www.ekonid.com
Geschäftszeiten: Montag–Freitag 8:00–16:30 Uhr
Geschäftsführer: Jan Rönnfeld
Zeitdifferenz: + 6 Stunden

IRAN
Deutsch-Iranische Industrie- und Handelskammer
Irano-German Chamber of Industry and Commerce

	P.O. Box 14155-3478
	Teheran/Iran
	Ave. Africa No. 244
	Navak Bldg. 1st + 2nd floor
	Teheran 15138/Iran
Telefon:	(0098-21) 887 9066-9
Telefax:	(0098-21) 879 0081
Email:	ahk_Iran@dihk.co.ir
Homepage:	http://www.dihk-ir.com
Geschäftszeiten:	Sonntag–Mittwoch 8:00–17:00 Uhr,
	Donnerstag+Samstag 8:00–14:00 Uhr
Geschäftsführer:	Michael Tockuss
Zeitdifferenz:	*+ 2,5 Stunden*

Vertretung in Deutschland
Deutsch-Iranische Handelskammer e. V.

	Mexikoring 27–29
	22297 Hamburg
Telefon:	(0049-40) 44 08 47
Telefax:	(0049-40) 45 03 67 77
Email:	info@dihkev.de
Homepage:	http://www.dihkev.de
Geschäftszeiten:	Montag–Freitag 9:00–17:00 Uhr
Leiterin:	Farahnaz Bergmann

IRLAND
Deutsch-Irische Industrie- und Handelskammer
German-Irish Chamber of Industry and Commerce

	46 Fitzwilliam Square
	Dublin 2
	Irland
Telefon:	(00353-1) 676 29 34
Telefax:	(00353-1) 676 25 95
Email:	info@german-irish.ie
Homepage:	http://www.german-irish.ie
Geschäftszeiten:	Montag–Freitag 8:45–13:00 Uhr, 14:00–17:00 Uhr
Geschäftsführer:	Ralf Lissek
Zeitdifferenz:	*– 1 Stunde*

ISLAND
Repräsentanz der Deutschen Wirtschaft in Island
Deutsch-Isländische Wirtschaftsvereinigung
House of Commerce

	Kringlan 7
	IS-103 Reykjavik
	Island
Telefon:	(00354-5) 10 7100
Telefax:	(00354-5) 68 6564
Email:	info@ahk.is
Homepage:	http://www.ahk.is
Geschäftszeiten:	Montag–Freitag 8:00–16:00 Uhr
Repräsentantin:	Kristin S. Hjálmtýsdóttir
Zeitdifferenz:	*– 2 Stunden, 1 Stunde im Winter*

ISRAEL
Deutsch-Israelische Industrie- und Handelskammer
Israeli-German Chamber of Industry and Commerce
	P.O. Box 3488
	52134 Ramat Gan (Tel Aviv)
	Twin Towers 2
	35, Jabotinsky Rd., 3rd Floor
	52511 Ramat Gan (Tel Aviv)
Telefon:	(00972-3) 613 35 15
Telefax:	(00972-3) 613 35 28
Email:	info@ahkisrael.co.il
Homepage:	http://www.ahkisrael.co.il
Geschäftszeiten:	Sonntag–Donnerstag 8:30–17:00 Uhr
Geschäftsführer:	Yohanan Bi-Lev
Zeitdifferenz:	+1 Stunde

ITALIEN
Deutsch-Italienische Industrie- und Handelskammer
Camera di Commercio Italo-Germanica
	Via Napo Torriani 29
	20124 Milano
Telefon:	(0039-02) 67913 1
Telefax:	(0039-02) 6698 0964
Email:	info@ahk-italien.it
Homepage:	http://www.ahk-italien.it
Geschäftsführer:	Norbert Pudzich
Zeitdifferenz:	+/– 0:00

JAPAN
Deutsche Industrie- und Handelskammer in Japan
	Sanbancho KS Building, 5F
	2–4 Sanbancho
	Chiyoda-ku, Tokyo 102-0075
	Japan
Telefon:	(0081-03) 5276-9811
Telefax:	(0081-03) 5276-8733
Email:	info@dihkj.or.jp
Homepage:	http://www.dihkj.or.jp
Geschäftszeiten:	Montag–Freitag 9:00–12:30 Uhr, 13:30–17:00 Uhr
Geschäftsführer:	Manfred Hoffmann
Zeitdifferenz:	+ 8 Stunden (Sommerzeit: + 7 Stunden)

JORDANIEN   siehe Ägypten

KANADA
Deutsch-Kanadische Industrie- und Handelskammer
Canadian German Chamber of Industry and Commerce Inc.

	480 University Ave., Suite 1410 Toronto, ON M5G 1V2 Kanada
Telefon:	(001-416) 598 33 55
Telefax:	(001-416) 598 18 40
Email:	info.toronto@germanchamber.ca
Homepage:	http://www.germanchamber.ca
Geschäftszeiten:	Montag–Freitag 9:00–17:00 Uhr
Geschäftsführer:	Uwe Harnack
Zeitdifferenz:	*– 6 Stunden*

Zweigstelle Montreal
Canadian German Chamber of Industry and Commerce Inc.

	1010 Sherbrooke Street West, Suite 1604 Montreal, PQ H3A 2R7 Kanada
Telefon:	(001-514) 844 30 51
Telefax:	(001-514) 844 14 73
Email:	info.montreal@germanchamber.ca
Homepage:	http://www.germanchamber.ca
Geschäftszeiten:	Montag–Freitag 9:00–17:00 Uhr
Geschäftsführer:	Marco Wiedemann

Zweigstelle Vancouver
Canadian German Chamber of Industry and Commerce Inc.

	750 West Pender Street, Suite 1101 Vancouver, British Columbia V6C 2T8 Kanada
Telefon:	(001-604) 681 4469
Telefax:	(001-604) 681 4489
Email:	monika.redekop@germanchamber.ca
Homepage:	http://www.germanchamber.ca
Geschäftszeiten:	Montag–Freitag 9:00–17:00 Uhr
Ansprechpartnerin:	Monika Sievers-Redekop

KASACHSTAN
Repräsentanz der Deutschen Wirtschaft in Almaty

                      Kurmangasy Str. 84 A
                      480072 Almaty
                      Kasachstan

Telefon:	(007-3272) 67 41 41, 67 42 42, 67 42 41
Telefax:	(007-3272) 50 11 39
Email:	rdwalm@nursat.kz
Geschäftszeiten:	Montag–Freitag 9:00–18:00 Uhr
Geschäftsführerin:	Dr. Galia S. Shunusalijewa
Zeitdifferenz:	+ 5 Stunden

Kontaktbüro Astana
ul. Bukeichana 38, Zi. 2
Astana

Telefon:	(007-3172) 3288 43
Telefax:	(007-3172) 3288 43
Email:	rdwast@nursat.kz
Leiterin:	Dr. Galia S. Shunusalijeva

KOLUMBIEN
Deutsch Kolumbianische Industrie- und Handelskammer
Cámara de Industria y Comercio Colombo-Alemana

                      Carrera 13 No. 93–40, piso 4
                      Bogotá
                      Kolumbien

Telefon:	(0057-1) 6233 330
Telefax:	(0057-1) 6233 308
Email:	gerencia@ahk-colombia.com
Homepage:	http://www.ahk-colombia.com
Geschäftszeiten:	Montag–Freitag 8:00–12:30 Uhr, 13:30–17:30 Uhr
Geschäftsführerin:	Katarina Steinwachs
Zeitdifferenz:	– 6 Stunden

KOREA
Deutsch-Koreanische Industrie- und Handelskammer
Korean-German Chamber of Commerce and Industry

                      C.P.O. Box 49 63
                      Seoul 100-649
                      Korea
                      Shinwon Plaza Building
                      (opposite UN-Village entrance)
                      28-2 Hannam-dong, Yongsan-gu
                      Seoul 140-210
                      Korea

Telefon:	(0082-2) 37 80 46 00
Telefax:	(0082-2) 37 80 46 37
Email:	kgcci@kgcci.com
Homepage:	http://www.kgcci.com
Geschäftszeiten:	Montag–Freitag 9:00–18:00 Uhr
Geschäftsführer:	Wolfgang Niedermark
Zeitdifferenz:	+ 9 Stunden GMT

KOSOVO
siehe Mazedonien

KROATIEN
Deutsch-Kroatische Industrie- und Handelskammer
Zamenhoffova 2
10 000 Zagreb
Kroatien
Telefon: (00385-1) 6311 6 00
Telefax: (00385-1) 6311 6 30
Email: info@ahk.hr
Homepage: http://www.ahk.hr
Geschäftszeiten: Montag–Donnerstag 8:30–17:00 Uhr, Freitag 8:30–14:30 Uhr
Geschäftsführer: Dr. Peter Presber

LETTLAND
Deutsch-Baltische Handelskammern in Estland, Lettland, Litauen
Vilandes 1
LV-1010 Riga
Lettland
Telefon: (00371-7) 32 07 18
Telefax: (00371-7) 83 04 78
Email: info.lv@ahk-balt.org
Homepage: http://www.ahk-balt.org
Geschäftszeiten: Montag–Donnerstag 8:30–17:30 Uhr, Freitag 8:30–15:00 Uhr
Geschäftsführender Vorstand: Dr. Ralph-Georg Tischer
Leiter: Robert Stafeckis
Zeitdifferenz: *+ 1 Stunde*

LIBANON
The Delegate of German Industry and Trade in Lebanon
P.O. Box 11-35
2011-3104 Beirut
Libanon
Solidere Area, Riadh el-Solh Street
Stephan Building, 3rd floor
Beirut
Libanon
Telefon: (00961-1) 9852 29/30
Telefax: (00961-1) 9852 29/30
Email: dihtddwb@inco.com.lb
Geschäftszeiten: Montag–Freitag 9:00–16:00 Uhr
Delegierter: Dr. Peter Göpfrich
Zeitdifferenz: *+ 1 Stunde*

LIBYEN siehe Ägypten

LITAUEN
Deutsch-Baltische Handelskammer in Estland, Lettland, Litauen
Algirdo 3
03219 Vilnius-06
Litauen
Telefon: (00370-5) 213 11 22
Telefax: (00370-5) 213 10 13
Email: info.lt@ahk-balt.org
Homepage: http://www.ahk-balt.org
Geschäftszeiten: Montag–Donnerstag 8:00–17:00 Uhr, Freitag 8:00–15:00 Uhr
Geschäftsführender Vorstand: Dr. Ralph-Georg Tischer
Leiter: Oliver Baake
Zeitdifferenz: *+ 1 Stunde*

LUXEMBURG siehe Belgien

MALAYSIA
Deutsch-Malaysische Industrie- und Handelskammer
Malaysian-German Chamber of Commerce and Industry (MGCC)
P.O. Box 11683
50754 Kuala Lumpur
Malaysia
Suite 47.01, Level 47
Menara AmBank
8 Jalan Yap Kwan Seng
50450 Kuala Lumpur
Malaysia
Telefon: (0060-3) 2078 356-1/2
Telefax: (0060-3) 2072 1198
Email: mgcc@mgcc.com.my
Homepage: http://www.mgcc.com.my
Geschäftszeiten: Montag–Freitag 9:00–12:30 Uhr, 13:30–17:00 Uhr
Geschäftsführer: Dr. Rainer Herret
Zeitdifferenz: + 7 Stunden

MAROKKO
Deutsch-Marokkanische Industrie- und Handelskammer
Chambre Allemande de Commerce et d'Industrie au Maroc
8 Bd. de Khouribga
20 000 Casablanca
Marokko
Telefon: (00212-2) 244 98 22 /23
Telefax: (00212-2) 244 96 93
Email: info@dihkcasa.org
Homepage: http://www.dihkcasa.org
Geschäftszeiten: Montag–Freitag 8:30–12:30 Uhr, 13:00–17:00 Uhr
Geschäftsführer: Jörn Bousselmi
Zeitdifferenz: – 1 Stunde

MAZEDONIEN
Repräsentanz der Deutschen Wirtschaft
Apostol Guslarot Str. 40
1000 Skopje
Mazedonien
Telefon: (00389-2) 3228 824
Telefax: (00389-2) 3296 790
Email: dihk.skopje@mt.net.mk
Homepage: http://www.dmwv.org.mk
Leiterin: Maren Diale-Schellschmidt

MEXIKO
Deutsch-Mexikanische Industrie- und Handelskammer
Cámara Mexicano-Alemana de Comercio e Industria, A.C.
Apartado Postal 10-1192
11002 México, D.F.
Mexiko
Centro Alemán – German Centre
Av. Santa Fe 170, Piso 1, Oficina 4–10
Col. Lomas de Santa Fe
Del. Alvaro Obregón
01210 México, D.F.
Telefon: (0052-55) 1500 5900
Telefax: (0052-55) 1500 5910
Email: ahkmexiko@compuserve.com.mx
Homepage: http://www.camexa.com.mx
Geschäftszeiten: Montag – Freitag 8:00 – 16:30 Uhr
Geschäftsführer: Johannes Hauser
Zeitdifferenz: *– 7 Stunden*

Camexa Servicios S.A. de C.V.
Centro Alemán – German Centre
Av. Santa Fe 170, Piso 1, Oficina 4–10
Col. Lomas de Santa Fe
Del. Alvaro Obregón
01210 México, D.F.
Telefon: (0052-55) 15 00 59 00
Telefax: (0052-55) 15 00 59 10
Email: investment@camexaservicios.com.mx
Homepage: http://www.camexa.com.mx
Geschäftszeiten: Montag – Freitag 8:00–16:30 Uhr
Geschäftsführer: Dr. Giselher Foeth

NEUSEELAND
New Zealand-German Business Association Inc.
P.O. Box 95
Auckland 1
Neuseeland
Chamber of Commerce Building, 3rd Floor
100 Mayoral Drive
Auckland 1
Neuseeland
Telefon: (0064-9) 307 10 66
Telefax: (0064-9) 309 02 09
Email: admin@germantrade.co.nz
Homepage: http://www.germantrade.co.nz
Geschäftszeiten: Montag – Freitag 9:00 – 16:30 Uhr
Leiterin: Monique Surges
Zeitdifferenz: *+ 11 Stunden*

NICARAGUA
Cámara de Comercio e Industria
Nicaraguense Alemana

          Apartado Postal 1125
          Managua, Nicaragua C.A.
          "La Merced", de donde fue el Cine Cabrera
          2c. al Este, local Nr. 6
          Managua, Nicaragua C.A.

Telefon: (00505-222) 7840
Telefax: (00505-222) 7054
Email: cicna@munditel.com.ni
Homepage: http://www.ahkzakk.com/nicaragua
Geschäftsführer: Xiomara Vallesteros

NIEDERLANDE
Deutsch-Niederländische Handelskammer
Nederlands-Duitse Kamer van Koophandel

          Postbus 80 533
          2508 GM Den Haag
          Niederlande
          Nassauplein 30
          2585 EC Den Haag

Telefon: (0031-70) 31 14 114
Telefax: (0031-70) 36 32 218
Email: info@dnhk.org
Homepage: http://www.dnhk.org
Geschäftszeiten: Montag–Donnerstag 8:30–17:00 Uhr, Freitag 8:30–16:30 Uhr
Geschäftsführer: Axel Gerberding
Zeitdifferenz: +/– 0:00

NIGERIA
Delegation of German Industry and Commerce for West Africa

          P.O. Box 51 311
          Falomo Ikoyi
          Lagos
          Nigeria
          6F, Walter Carrington Crescent
          Victoria Island, Lagos
          Nigeria

Telefon: (00234-1) 270 0746, 747
Telefax: (00234-1) 270 0748
Email: kloss@lagos-ahk.de
Homepage: http://www.lagos-ahk.de
Geschäftszeiten: Montag–Freitag 8:00–17:00 Uhr
Delegierter: Dieter Kloss
Zeitdifferenz: +/– 0:00

NORWEGEN
Norsk-Tysk Handelskammer

	P.O.B. 603 Skøyen
	0214 Oslo
	Drammensveien 111B
	0273 Oslo
Telefon:	(0047-22) 12 82 10
Telefax:	(0047-22) 12 82 22
Email:	info@handelskammer.no
Homepage:	http://www.handelskammer.no
Geschäftszeiten:	Montag–Donnerstag 8:00–17:00 Uhr, Freitag 8:00–16:00 Uhr
Geschäftsführer:	Oliver Jörk
Zeitdifferenz:	*+/– 0:00*

ÖSTERREICH
Deutsche Handelskammer in Österreich

	Postfach 107
	1103 Wien
	Wiedner Hauptstraße 142
	A-1050 Wien
Telefon:	(0043-1) 545 14 17
Telefax:	(0043-1) 545 22 59
Email:	office@dhk.at
Homepage:	http://www.dhk.at
Geschäftszeiten:	Montag–Donnerstag 9:00–17:30 Uhr, Freitag 8:00–13:00 Uhr
Geschäftsführer:	Thomas Gindele
Zeitdifferenz:	*+/– 0:00*

	Zweigstelle Salzburg
	Getreidegasse 13
	A-5020 Salzburg
Telefon:	(0043-662) 84 79 52-0
Telefax:	(0043-662) 84 05 89
Email:	salzburg@dhk.at
Leiterin:	Monika Landauer

PALÄSTINENSISCHE GEBIETE
The Delegate of German Industry and Trade in Palestine

	P.O. Box 1562
	Ramallah
	Palestine, Via Israel
	Al-Kulia Al-Ahlia Street
	Cairo Amman Bank Bldg. 5th Floor
	Ramallah
Telefon:	(00972-2) 298 47 51
Telefax:	(00972-2) 298 47 50
Email:	info@dgit.org
Geschäftszeiten:	Sonntag–Donnerstag 8:00–16:00 Uhr
Delegierter:	Dr. Peter Göpfrich
Zeitdifferenz:	*+ 1 Stunde*

PANAMA
Cámara de Comercio e Industria
Panamena Alemana

	Apdo. Postal 55-2537
	Paitilla, Panama C.A.
	Area Bancaria, Edificio Magna Corp.
	Piso 6, oficina 602
	Calle 51 y Manuel María Icaza
	Panamá, Rep. de Panamá
Telefon:	(00507-269) 9358
Telefax:	(00507-269) 9359
Email:	ihkpanam@cableonda.net
Homepage:	http://www.ahkzakk.com/panama
Geschäftsführerin:	Christine Göllner de Mejia

PARAGUAY
Deutsche Industrie- und Handelskammer für Paraguay
Cámara de Comercio e Industria Paraguayo-Alemana

	Casilla de Correo 919
	1209 Asunción
	Paraguay
	Independencia Nacional 811, piso 9
	Edificio „El Productor"
	1321 Asunción
	Paraguay
Telefon:	(00595-21) 44 65 94, 45 05 57
Telefax:	(00595-21) 44 97 35
Email:	logistica@ahkasu.com.py
Homepage:	http://www.ahkasu.com.py
Geschäftszeiten:	Montag–Freitag 7:30–16:30 Uhr
Geschäftsführer:	Henning B. Höltei
Zeitdifferenz:	*– 5 Stunden*

PERU
Deutsch-Peruanische Industrie- und Handelskammer
Cámara de Comercio e Industria Peruano-Alemana

	Casilla 27 – 0069
	Lima 27 – San Isidro
	Perú
	Camino Real 348, of. 1502
	Lima 27 (San Isidro)
	Perú
Telefon:	(0051-1) 441 86 16
Telefax:	(0051-1) 442 60 14
Email:	info@camara-alemana.org.pe
Homepage:	http://www.camara-alemana.org.pe
Geschäftszeiten:	Montag–Freitag 8:30–17:30 Uhr
Geschäftsfüher:	Jörg Zehnle
Zeitdifferenz:	*– 6 Stunden*

PHILIPPINEN
Europäische Handelskammer der Philippinen
European Chamber of
Commerce of the Philippines

C.P.O. Box 215
Makati City
Philippinen
Phil. AXA Life Center
Sen. Gil J. Puyat Avenue cor. Tindalo Street
Makati City, Metro Manila
Phillippinen

Telefon: (0063-2) 759 66 80, 845 13 24
Telefax: (0063-2) 759 66 90, 845 13 95
Email: info@eccp.com
Homepage: http://www.eccp.com
Geschäftsführer: Henry J. Schumacher
Zeitdifferenz: *+ 7 Stunden*

Zweigstelle Cebu
European Chamber of Commerce of the Philippines
Cebu Desk, 3rd Floor, Hongkong Bank Building
14 Juana Osmena Street
Cebu City, Cebu
Philippinen

Telefon: (0063-32) 253 33 89, 254 37 67
Telefax: (0063-32) 253 33 87
Email: rpaloma@eccp.com
Leiterin: Roselu Paloma

POLEN
Deutsch-Polnische Industrie- und Handelskammer
Polsko-Niemiecka Izba Przemyslowo-Handlowa

P.O. Box 62
00-952 Warszawa
Polen
ul. Miodowa 14
00-246 Warszawa
Polen

Telefon: (0048-22) 531 05 00
Telefax: (0048-22) 531 06 00
Email: info@ihk.pl
Homepage: http://www.ihk.pl
Geschäftszeiten: Montag – Freitag 8:30 – 17:00 Uhr
Geschäftsführer: Lars Bosse M.A.
Zeitdifferenz: *+/– 0:00*

PORTUGAL
Deutsch-Portugiesische Industrie- und Handelskammer
Câmara de Comércio e Indústria Luso-Alemã

	Av. da Liberdade, 38-2°
	1269-039 Lisboa
	Portugal
Telefon:	(00351-21) 321 12 00
Telefax:	(00351-21) 321 12 20
Email:	infolisboa@ccila-portugal.com
Homepage:	http://www.ccila-portugal.com
Geschäftszeiten:	Montag–Freitag 9:00–12:00 Uhr, 14:00–17:00 Uhr
Geschäftsführendes Vorstandsmitglied:	Hans-Joachim Böhmer
Zeitdifferenz:	– 1 Stunde

Zweigstelle Porto

	Av. da Boavista, 919
	4100-128 Porto
Telefon:	(00351-22) 606 15 60
Telefax:	(00351-22) 600 37 89
Email:	infoporto@ccila-portugal.com
Homepage:	http://www.ccila-portugal.com
Leiter:	Rosario Carvalho

RUMÄNIEN
Deutsch-Rumänische Industrie- und Handelskammer
Camera de Comert si Industrie Romano-Germana

	Str. Clucerului 35, et. 3, sect. 1
	011363 Bucuresti
	Romania
Telefon:	(0040-21) 223 15 31, -35
Telefax:	(0040-21) 223 15 38; 223 10 50
Email:	drahk@ahkrumaenien.ro
Homepage:	http://www.ahkrumaenien.ro
Geschäftszeiten:	Montag–Donnerstag 8:00–17:00 Uhr, Freitag 8:00–14:00 Uhr
Geschäftsführendes Vorstandsmitglied:	Dirk Rütze
Zeitdifferenz:	+ 1 Stunde

RUSSISCHE FÖDERATION
Delegation der Deutschen Wirtschaft in der Russischen Föderation

	c/o APK Worldwide Courier GmbH
	Desenissstraße 54
	22083 Hamburg
	Deutschland
	Predstawitelstwo nemezkoi ekonomiki w Rossiskoi Federazii
	Kasatschi per. 7
	109017 Moskau
	Russland
Telefon:	(007-095) 234 49 50
Telefax:	(007-095) 234 49 51
Email:	ahk@dihk.ru
Homepage:	http://www.russia.de
Geschäftszeiten:	Montag–Freitag 9:00–18:00 Uhr (Gesprächstermin n.V.)
Delegierte:	Dr. Andrea von Knoop
Zeitdifferenz:	+ 2 Stunden

Büro: St. Petersburg
Delegation der Deutschen Wirtschaft in der Russischen Föderation
Außenstelle St. Petersburg
P.O. Box 36
53501 Lappeenranta
Finnland
Predstawitelstwo nemezkoi ekonomiki w Rossiskoi Federazii
otdelenie St. Petersburg
W.O. Bolschoj prospekt 10
199034 St. Petersburg
Russische Föderation

Telefon:	(007-812) 323 79-91, -93
Telefax:	(007-812) 323 04 70
Email:	service-ahk@spb.hk24.biz
Homepage:	http://www.hk24.biz
Geschäftszeiten:	Montag–Donnerstag 9:00–18:00 Uhr, Freitag 9:00–15:30 Uhr (Gesprächstermin n.V.)
Leiter:	Dr. Stephan Stein

Büro: Novosibirsk
Delegation der Deutschen Wirtschaft in der Russischen Föderation
Außenstelle Novosibirsk
c/o APK Worldwide Courier GmbH
Desenissstr. 54
22083 Hamburg
Deutschland
Predstawitelstwo nemezkoi ekonimiki w Rossiskoi Federazii
otdelenie Novosibirsk
ul. Lenina 21, Hotel „Sibir", Zimmer 729
630004 Novosibirsk – 4
Russische Föderation

Telefon:	(007-3832) 23 46 56
Telefax:	(007-3832) 23 46 56
Email:	deis@sib.ru
Geschäftszeiten:	Montag–Freitag 9:00–18:00 Uhr
Leiter:	Hugo A. Deis

Büro: Kaliningrad
Delegation der Deutschen Wirtschaft in der Russischen Föderation
Außenstelle Kaliningrad
Postfach 3264
23581 Lübeck
Russische Föderation
Predstawitelstwo nemezkoi ekonimiki w Rossiskoi Federazii
otdelenie Kaliningrad
ul. Kutusowa 39
236010 Kaliningrad

Telefon:	(007-0112) 21 15 38, 55 55 44
Telefax:	(007-0112) 55 42 36
Email:	service@kgd.hk24.biz
Homepage:	http://www.hkhamb-ahk-kaliningrad.com
Geschäftszeiten:	Montag–Freitag 9:00–17:30 Uhr
Leiter:	Dr. Stephan Stein

SAUDI-ARABIEN
German-Saudi Arabian Liaison Office for Economic Affairs (GESALO)

	P.O. Box 61695
	Riyadh 11575
	Saudi Arabia
Telefon:	(00966-1) 462 3800
Telefax:	(00966-1) 462 8730
Email:	info@ahk-arabia.com
Homepage:	http://www.ahk-arabia.com
Geschäftszeiten:	Samstag–Mittwoch 8:00–16:00 Uhr
Delegierter:	Manfred Rothgänger
Zeitdifferenz:	+ 2 Stunden

Zweigstelle Jeddah
German-Saudi Arabian Liaison Office for Economic Affairs

	P.O. Box 52490
	Jeddah 21563
	Saudi Arabia
Telefon:	(00966-2) 667 81 21, 667 81 27
Telefax:	(00966-2) 667 81 06
Email:	martens@ahk-arabia.com
Geschäftszeiten:	Samstag–Mittwoch 8:00–16:00 Uhr
Leiter:	Patrick Martens

SCHWEDEN
Deutsch-Schwedische Handelskammer

	Narvavägen 12
	115 22 Stockholm
	Schweden
Telefon:	(0046-8) 665 1800
Telefax:	(0046-8) 665 1804
Email:	info@handelskammer.se
Homepage:	http://www.handelskammer.se
Geschäftszeiten:	Montag–Freitag 9:00–12:00 Uhr, 13:00–16:00 Uhr
Geschäftsführer:	Klaus Bohler
Zeitdifferenz:	+/– 0:00

Zweigstelle Malmö
Tysk-Svenska Handelskammaren i Malmö

	Södra Promenaden 69
	211 38 Malmö
Telefon:	(0046-40) 30 49 40
Telefax:	(0046-40) 30 49 43
Email:	malmo@handelskammer.se
Homepage:	http://www.handelskammer.se/malmoe

SCHWEIZ
Handelskammer Deutschland-Schweiz

	Tödistrasse 60
	8002 Zürich
	Schweiz
Telefon:	(0041-1) 283 61 61
Telefax:	(0041-1) 283 61 00
Email:	auskunft@handelskammer-d-ch.ch
Homepage:	http://www.handelskammer-d-ch.ch
Geschäftszeiten:	Montag–Freitag 8:00–17:30 Uhr
Geschäftsführer:	Martin Theurer
Zeitdifferenz:	+/– 0:00

SERBIEN UND MONTENEGRO
Delegiertenbüro der Deutschen Wirtschaft für die Staatengemeinschaft Serbien – Montenegro

	ul. Kralja Petra 61
	11000 Belgrad
	Jugoslawien
Telefon:	(00381-11) 620 443, 628 549
Telefax:	(00381-11) 30 34 780
Email:	ahkbgd@beonet.co.yu
Homepage:	http://www.ahkbelgrad.co.yu
Delegierter:	Martin Knapp

SINGAPUR
Singaporean-German Chamber of Industry and Commerce (SGC)

	583 Orchard Road
	08-02 Forum, Singapore, 238884
Telefon:	(0065-6838) 18 50
Telefax:	(0065-6838) 18 60
Email:	info@sgc.org.sg
Homepage:	http://www.sgc.org.sg
Geschäftszeiten:	Montag–Freitag 9:00–18:00 Uhr
Delegierter:	Dr. Tim Philippi
Zeitdifferenz:	+ 7 Stunden

SLOWAKEI
Delegiertenbüro der Deutschen Wirtschaft
Delegát nemeckého hospodárstva na Slovensku

	nàm SNP13
	SK-86145 Bratislava
Telefon:	(00421-2) 5926 5533, 5534, 5537
Telefax:	(00421-2) 5926 5542
Email:	info@dihk.sk und info1@dihk.sk
Homepage:	http://www.dihk.sk
Geschäftszeiten:	Montag–Freitag 8:30–12:30 Uhr, 13:30–17:00 Uhr
Delegierter:	Ralf Sedlmayr
Zeitdifferenz:	+/– 0:00

SLOWENIEN
Delegation der Deutschen Wirtschaft
Tomsiceva 3
SI-1000 Ljubljana
Slowenien
Telefon: (00386-1) 252 8850
Telefax: (00386-1) 426 4780
Email: ahk@dihk.si
Homepage: http://www.dihk.si
Delegierte: Gertrud Rantzen
Zeitdifferenz: +/– 0:00

SPANIEN
Deutsche Handelskammer für Spanien
Cámara de Comercio Alemana para España
Apartado de Correos 19252
E-28080 Madrid
Avda. Pio XII, 26–28
E-28016 Madrid
Telefon: (0034-91) 353 09 10
Telefax: (0034-91) 359 12 13
Email: ahk_spanien@ccape.es
Homepage: http://www.ccape.es
Geschäftszeiten: Montag–Freitag 9:00–13:00 Uhr
nachmittags nach Vereinbarung
Geschäftsführer: Ass. Peter Moser
Zeitdifferenz: +/– 0:00

Zweigstelle Barcelona
Calle Córcega 301–303
08008 Barcelona
Telefon: (0034-93) 415 54 44
Telefax: (0034-93) 415 27 17
Email: ahk_barcelona@ccape.es
Homepage: http://www.ccape.es
Geschäftszeiten: Montag–Freitag 10:00–13:00 Uhr
nachmittags nach Vereinbarung
Leiter: Jaume Caritg

SÜDAFRIKA
Deutsche Industrie- und Handelskammer für das südliche Afrika
Southern African-German Chamber of Commerce and Industry Ltd.
P.O. Box 87078
2041 Houghton
South Africa
47 Oxford Road
(Entrance Waltham Road)
2193 Forest Town/Johannesburg
Telefon: (0027-11) 486 27 75
Telefax: (0027-11) 486 36 25, 486 36 75
Email: info@germanchamber.co.za
Homepage: http://www.germanchamber.co.za
Geschäftszeiten: Montag–Freitag 8:00–16:30 Uhr
Geschäftsführer: Matthias Boddenberg
Zeitdifferenz: + 1 Stunde

	Zweigstelle Kapstadt **Deutsche Industrie- und Handelskammer für das südliche Afrika** **Southern African-German Chamber of Commerce and Industry Ltd.** Regionalbüro Kapstadt P.O. Box 1272 ZA-8000 Kapstadt Südafrika 5th floor, 47 Strand Street ZA-8001 Kapstadt Südafrika
Telefon:	(0027-21) 422 3311
Telefax:	(0027-21) 422 5577
Email:	capetown@sagc.co.za
Homepage:	http://www.sagc.co.za
Geschäftszeiten:	Montag–Donnerstag 8:00–17:00 Uhr Freitag 8:00–14:00 Uhr

TAIWAN
Deutsches Wirtschaftsbüro Taipei
(German Trade Office Taipei)

	4F, No. 4, Sec. 3, Min-Sheng E. Road 104 Taipei Taiwan, R.O.C.
Telefon:	(00886-2) 250 690 28
Telefax:	(00886-2) 250 681 82
Email:	service@dwb-taipei.org.tw
Homepage:	http://www.dwb-taipei.org.tw
Geschäftszeiten:	Montag–Freitag 8:00–12:00 Uhr, 14:00–18:00 Uhr
Delegierter:	Axel Bartkus
Zeitdifferenz:	*+ 7 Stunden*

THAILAND
Deutsch-Thailändische Handelskammer
German-Thai Chamber of Commerce

	G.P.O. Box 1728 Bangkok 10501 Thailand 25th Floor, Empire Tower 3 195 South Sathorn Road Bangkok 10120 Thailand
Telefon:	(0066-2) 670 0600
Telefax	(0066-2) 670 0601
Email:	gtcc@gtcc.org
Homepage:	http://www.gtcc.org
Geschäftszeiten:	Montag–Freitag 8:00–12:00 Uhr, 13:00–16:00 Uhr
Geschäftsführer:	Dr. Paul R. Strunk
Zeitdifferenz:	*+ 6 Stunden*

TSCHECHIEN
Deutsch-Tschechische Industrie- und Handelskammer
Cesko-nemecká obchodní a prumyslová komora

	Václavské nám. 40
	110 00 Praha 1
	Tschechien
Telefon:	(00420-2) 24 221 200
Telefax:	(00420-2) 24 222 200
Email:	info@dtihk.cz
Homepage:	http://www.dtihk.cz
Geschäftsführendes Vorstandsmitglied:	Dieter Mankowski
Zeitdifferenz:	*+/– 0:00*

TÜRKEI
Deutsch-Türkische Industrie- und Handelskammer
Alman-Türk Ticaret ve Sanayi Odasi

	Muallim Naci Cad. 40
	34347 Ortaköy-Istanbul
	Türkei
Telefon	(0090-212) 259 11 95/6, 259 08 40
Telefax:	(0090-212) 259 19 39
Email:	info@dtr-ihk.de
Homepage:	http://www.dtr-ihk.de
Geschäftszeiten:	Montag – Freitag 8:00 – 17:00 Uhr
Geschäftsführer:	Marc Landau
Zeitdifferenz:	*+ 1 Stunde*

TUNESIEN
Deutsch-Tunesische Industrie- und Handelskammer
Chambre Tuniso-Allemande de l'Industrie et du Commerce

	Immeuble «le Dôme» Rue du Lac Léman 153
	Tunesien
Telefon:	(00216-71) 965 280
Telefax:	(00216-71) 964 553
Email:	info@ahktunis.org
Homepage:	http://www.ahktunis.org
Geschäftszeiten:	Montag – Freitag 8:30 – 12:30 Uhr, 13:00-17:00 Uhr
Geschäftsführerin:	Dagmar Spantzel
Zeitdifferenz:	*+/– 0:00*

UKRAINE
Delegierte der Deutschen Wirtschaft

	ul. Puschkinska, 34
	01004 Kiev
	Ukraine
Telefon:	(0038-044) 234 59 98, 234 55 95
Telefax:	(0038-044) 235 42 34, 234 5977
Email:	dihk@dihk.com.ua
Homepage:	http://www.dihk.com.ua
Geschäftszeiten:	Montag – Donnerstag 8:00 – 12:00 Uhr, 13:00 – 17:00 Uhr
Delegierte:	RA Karin Rau
Zeitdifferenz:	*+ 1 Stunde*

	Zweigstelle Dnepropetrowsk
	Delegierte der Deutschen Wirtschaft
	ul. Jermolowoy 35
	UA-49033 Dnepropetrowsk
Telefon:	(0038-0562) 96 09 59
Telefax:	(0038-0562) 96 09 59
Email:	diht@mail.dnepr.net
Geschäftszeiten:	Montag–Donnerstag 8:00–12:00 Uhr, 13:00 – 17:00 Uhr
	Freitag 8:00–14:15 Uhr
Leiterin:	Natalja Podgornaja

UNGARN
Deutsch-Ungarische Industrie- und Handelskammer

	Lövohaz u. 30
	1024 Budapest
	Ungarn
Telefon:	(0036-1) 345 76 00
Telefax:	(0036-1) 315 07 44
Email:	info@ahkungarn.hu
Homepage:	http://www.duihk.hu
Geschäftsführender Vorstand:	Wolfram Klein
Zeitdifferenz:	*+/– 0:00*

URUGUAY
Deutsch-Uruguayische Handelskammer
Cámara de Comercio Uruguayo-Alemana

	Casilla de Correo 1499
	11000 Montevideo
	Uruguay
	Plaza Independencia 831, piso 2, of. 201/210
	11100 Montevideo
Telefon:	(00598-2) 901 18 03, 900 79 65
Telefax:	(00598-2) 908 56 66
Email:	camural@ahkurug.com.uy
Homepage:	http://www.ahk-uruguay.com
Geschäftszeiten:	Montag–Freitag 9:00–13:00 Uhr, 13:30 – 17:30 Uhr
Geschäftsführer:	Sven Heldt
Zeitdifferenz:	*– 4 Stunden*

USA
Deutsch-Amerikanische Industrie- und Handelskammer
German American Chamber of Commerce of the Southern United States, Inc. (Atlanta)

225 Peachtree Street, N.E. Suite 506
Atlanta,
GA 30303, USA
Telefon: (001-404) 586 68 00
Telefax: (001-404) 586 68 20
Email: info@gaccsouth.com
Homepage: http://www.gaccsouth.com
http://www.ahk-usa.com
Geschäftsführer: Thomas Beck

Zweigstelle South Carolina
The Language House, Inc.
P.O. Box 5430
Greenville, SC 29606
USA
Telefon: (001-864) 525 3700
Telefax: (001-864) 422 2033
Email: mwest@thelanguagehouse.com
Homepage: http://www.gaccsouth.com
Ansprechpartner: Matt West

Zweigstelle South Texas
2400 Augusta Drive
Suite 280
Houston, TX 77057
USA
Telefon: (001-832) 251 9832
Telefax: (001-832) 251 8480
Email: gacchou@mindspring.com
Homepage: http://www.gaccsouth.com
Ansprechpartner: Hans-Werner Korten

Zweigstelle North Carolina
121 W. Trade Street, Suite 2850
Charlotte, NC 28202
USA
Telefon: (001-704) 502 6871
Telefax: (001-253) 376 0226
Email: gaccsouthnc@carolina.rr.com
Homepage: http://www.gaccsouth.com
Ansprechpartner: Michael Hammerschmidt

Zweigstelle North Texas
1203 Crestside Drive, Suite 300
P.O. Box 1427
Coppell, TX 75019
USA
Telefon: (001-972) 745 1200
Telefax: (001-972) 745 1223
Email: anne@myahc.com
Homepage: http://www.gaccsouth.com
Ansprechpartnerin: Annemarie Koehlmos

Chicago
German American Chamber of Commerce of the Midwest, Inc.
401 North Michigan Ave.
Suite 2525
Chicago, IL 60611-4212, USA

Telefon:	(001-312) 644 26 62
Telefax:	(001-312) 644 07 38
Email:	info@gaccom.org
Homepage:	http://www.gaccom.org
	http://www.ahk-usa.com
Geschäftsführendes Verwaltungsratsmitglied:	Gerd M. Doepner

New York
German American Chamber of Commerce, Inc.
Tower 49
12 East 49th Street, 24th Floor
New York, NY 10017-1028, USA

Telefon:	(001-212) 974 8830
Telefax:	(001-212) 974 8867
Email:	info@gaccny.com
Homepage:	http://www.gaccny.com
	http://www.ahk-usa.com
Geschäftsführer:	Manfred Dransfeld

Zweigstelle Philadelphia
German American Chamber of Commerce, Inc.- Philadelphia
1515 Market Street, Suite 706
Philadelphia, PA 19102, USA

Telefon:	(001-215) 665 15 85
Telefax:	(001-215) 665 03 75
Email:	info@gaccphiladelphia.com
Geschäftsführerin:	Barbara Afanassiev

Zweigstelle San Francisco
German American Chamber of Commerce Inc., California Branch
201 California Street, Suite 450
San Francisco, CA 94111
USA

Telefon:	(001-415) 248 1240
Telefax:	(001-415) 627 9169
Email:	info-ca@gaccny.com
Managing Director:	René Gurka

Washington
Representative of German Industry and Trade
1627 I Street, N.W.
Suite 550
Washington, D.C. 20006

Telefon:	(001-202) 659 47 77
Telefax:	(001-202) 659 47 79
Email:	info@rgit-usa.com
Homepage:	http://www.rgit-usa.com

VENEZUELA
Deutsch-Venezolanische Industrie- und Handelskammer
Cámara de Comercio e Industria Venezolano-Alemana

	Apartado 61236
	Caracas-1060 A
	Venezuela
	Edificio Coinasa, Piso 4
	Av. San Felipe
	La Castellana/Caracas
	Venezuela
Telefon:	(0058-212) 267 1411
Telefax:	(0058-212) 266 6373
Email:	ahkvenezuela@cavenal.org
Homepage:	http://www.cavenal.com
Geschäftszeiten:	Montag–Freitag 8:00–12:00 Uhr, 13:00–17:00 Uhr
Geschäftsführer:	Gerd Wilhelm Petersen
Zeitdifferenz:	*– 5 Stunden*

VEREINIGTE ARABISCHE EMIRATE
The German Industry and Commerce Office (GIC)

	P.O. Box 7480
	Dubai
	Vereinigte Arabische Emirate
	Dubai Islamic Bank Building
	Khalid Ibn Al Waleed Street (Consulates' Area)
	Bur Dubai
Telefon:	(00971-43) 97 00 01, 97 00 02, 97 00 04
Telefax:	(00971-43) 97 00 03
Email:	info@ahkdubai.com
	delegate@ahkdubai.com
Homepage:	http://www.ahkdubai.com
Delegierter:	Dr. Juergen Friedrich

VIETNAM
German Industry and Commerce Hanoi

	1303 Vietcombank Tower
	198 Tran Quang Khai Street
	Hoan Kiem District
	Hanoi
	S.R. Vietnam
Telefon:	(0084-4) 825 14 20
Telefax:	(0084-4) 825 14 22
Email:	info@vietnam.ahk.de
Homepage:	http://www.vietnam.ahk.de
Geschäftszeiten:	Montag–Freitag 8:30–12:00 Uhr, 13:00–17:30 Uhr
	Samstag 8:30 –13:00 Uhr
Delegierter:	Wolfgang Ehmann
Zeitdifferenz:	*+ 6 Stunden*

WEISSRUSSLAND   siehe unter Belarus

WESTAFRIKA
Delegation of German Industry and Commerce for West Africa

	P.O. Box 51 311
	Falomo Ikoyi
	Lagos
	Nigeria
	6F, Walter Carrington Crescent
	Victoria Island, Lagos
	Nigeria
Telefon:	(00234-1) 2700 746, 2700 747
Telefax:	(00234-1) 2700 748
Email:	kloss@lagos-ahk.de
Homepage:	http://www.lagos-ahk.de
Geschäftszeiten:	Montag–Freitag 8:00–17:00 Uhr
Delegierter:	Dieter Kloss

ZENTRALAMERIKA
Deutsch-Regionale Industrie- und Handelskammer für Zentralamerika und die Karibik
Cámara de Comercio e Industria Alemana Regional para Centroamerica y el Caribe

	Section: 2969
	P.O. Box 02-5339
	Miami, Fl 33102-5339
	6a. Ave. 20–25, zona 10
	Edificio Plaza Maritima, Oficina 3-3
	Guatemala City
	Guatemala
Telefon:	(00502) 367 5552, 385 0043
Telefax:	(00502) 333 7044
Email:	ahkregion@ahkzakk.com
Homepage:	http://www.ahkzakk.com
Geschäftszeiten:	Montag–Freitag 8:30–17:30 Uhr
Geschäftsführer:	Johannes Hauser
Angeschlossene Kammern:	Costa Rica
	Dominikanische Republik
	El Salvador
	Guatemala
	Honduras
	Nicaragua
	Panama

2.2 Genehmigungsstellen für den Außenhandel

Für die Erteilung von Genehmigungen im Außenwirtschaftsverkehr zuständige Stellen

1. **Genehmigungsbehörde für die Einfuhr und Ausfuhr von Waren der gewerblichen Wirtschaft**

   Bundesamt für Wirtschaft und Ausfuhrkontrolle (BAFA)
   Frankfurter Str. 29–35
   65760 Eschborn
   Telefon: (0 61 96) 9 08-0
   Telefax: (0 61 96) 9 08-8 00
   Email: poststelle@bafa.de
   Internet: http://www.bafa.de/

2. **Genehmigungsstelle für den grenzüberschreitenden Waren- und Dienstleistungsverkehr mit Erzeugnissen der Ernährungs-, Land- und Forstwirtschaft**

   Bundesanstalt für Landwirtschaft und Ernährung (BLE)
   Adickesallee 40
   60322 Frankfurt am Main
   Telefon: (0 69) 15 64-0
   Telefax: (0 69) 15 64-4 44 bis 4 46
   Email: poststelle@ble.de
   Internet: http://www.ble.de/

Bescheinigungen und Legalisierungen

Einige Staaten verlangen, dass Warenbegleitpapiere und bestimmte Dokumente für die Wareneinfuhr bescheinigt und legalisiert werden. Die länderspezifischen Vorschriften werden u.a. im „K und M" – Konsulats- und Mustervorschriften – publiziert. Herausgeber ist die Handelskammer Hamburg, Geschäftsbereich International.

Vorbescheinigungen durch die GHORFA

Für verschiedene arabische Staaten sind die Verschiffungsdokumente vorzubescheinigen durch:
Arabisch-Deutsche Vereinigung für Handel und Industrie e.V.
Garnisonkirchplatz 1
10178 Berlin
Telefon: (0 30) 27 89 07-0
Telefax: (0 30) 27 89 07-49
Email: ghorfa@ghorfa.de
Internet: http://www.ghorfa.org

Prüfgesellschaften für Mengen- und Qualitätskontrollen

Eine Vielzahl von Staaten, insbesondere Entwicklungsländer, hat zumeist international tätige Prüfungsgesellschaften beauftragt, die Ordnungsmäßigkeit von Warenlieferungen aus den Exportländern sicherzustellen. Die Prüfungstätigkeit erstreckt sich vor allem auf Mengen-, Qualitäts- und Preisprüfungen (Vorversandkontrollen).

Ist das Ergebnis der Prüfung unbedenklich, so wird ein Prüfbericht, der „Clean Report of Findings" ausgestellt. Dieser Bericht kann auch eine der Landessprache entsprechende Bezeichnung tragen.

Vom Ausland anerkannte Prüfgesellschaften sind u. a.:

1) Bureau Veritas – Deutsches Zentralbüro, Veritaskai 1, 21079 Hamburg
   Tel. (0 40) 23 62 50, Fax (0 40) 2 36 25-422

2) Control Union International GmbH, Getreidestraße 7, 28217 Bremen
   Tel. (04 21) 61 80 80, Fax (04 21) 6 18 08 25

3) Cotecna Inspektion GmbH, Martinstr. 47–55, Haus D, 40223 Düsseldorf
   Tel. (02 11) 17 85 70, Fax (02 11) 32 31 04 oder 35 08 15

4) Intertek Testing Services International Ltd., Academy Place, 1–9 Brook Street, Brentwood
Essex CM 14 5NQ, England
Tel. (00 44) 12 77 22 32 55, Fax (00 44) 12 77 22 01 27
5) BSI-Inspectorate German GmbH, Golzheimerstraße 120, 40476 Düsseldorf
Tel. (02 11) 48 50 50, Fax (02 11) 48 30 17
6) Lloyds's Register EMEA, Mönckebergstraße 27, 20059 Hamburg
Tel. (0 40) 3 28 10 70, Fax (0 40) 33 57 10
7) SGS Germany GmbH, Raboisen 28, 20095 Hamburg
Tel. (0 40) 30 10 10, Fax (0 40) 32 63 31

3. INTERNATIONALE AUSSCHREIBUNGEN

A-, B-, C- und D-Länder: Bei vielen internationalen Konferenzen und Institutionen der Vereinten Nationen wird von bestimmten Ländergruppen nur noch in Abkürzungen gesprochen. So heißen die Entwicklungsländer Afrikas und Asiens kurz A-Länder, die westlichen Industrieländer B-Länder (identisch mit den Ländern der OECD in Paris), die Entwicklungsländer Lateinamerikas C-Länder und die Länder Osteuropas einschließlich der GUS D-Länder. Keiner dieser Gruppierungen wurde bisher China zugeteilt; es bildet gewissermaßen eine eigene „Gruppe".

Anzahlungsgarantie: Die Anzahlungsgarantie einer Bank dient dem Besteller/Käufer als Sicherheit dafür, dass er die von ihm geleistete Anzahlung zurückerhält, falls sein Vertragspartner seinen Verpflichtungen nicht nachkommt.

Aufforderung zur Angebotsabgabe: Hierbei kann es sich sowohl um eine Zeitungsannonce mit der Ankündigung einer Ausschreibung als auch um die eigentlichen Ausschreibungsunterlagen handeln.

Ausschreibende Stelle: Hierbei handelt es sich meist um ein staatliches Unternehmen oder eine Behörde, die die Bereitschaft zur Vergabe von Liefer- und Leistungsaufträgen durch eine Ausschreibung bekanntgeben. Die BfAI* trägt die Anschriften derjenigen ausländischen Institutionen zusammen, von denen sie Ausschreibungen veröffentlicht.

Ausschreibungen: Behörden, staatliche, halbstaatliche, kommunale oder sonstige öffentliche Betriebe – z.T. auch private Unternehmen – decken ihren Bedarf in der Regel über Ausschreibungen. Damit werden interessierte Unternehmen zur Abgabe von Angeboten für Bau-, Liefer- und Dienstleistungsaufträgen aufgefordert. Diese Angebote sind meist zusammen mit den in den Ausschreibungsbedingungen verlangten Bietungsgarantien bei der ausschreibenden Stelle einzureichen. Zweck einer Ausschreibung ist es, der ausschreibenden Stelle einen Preis- und Qualitätsvergleich zu ermöglichen, um so das wirtschaftlichste Angebot herauszufinden.

Ausschreibungsgebühr: Schutzgebühr, gegen die die Ausschreibungsunterlagen erworben werden können. Sowohl für die Höhe der Beträge als auch für die Art der Bezahlung lassen sich keine verbindlichen Richtwerte angeben. Generell werden diese Details jedoch in den Ausschreibungsankündigungen vorgegeben. Nur in Einzelfällen sind die Ausschreibungsgebühren erstattungsfähig.

Ausschreibungsunterlagen (Lastenhefte): Hierbei handelt es sich um die kaufmännischen und technischen Bedingungen für einen durch eine Ausschreibung zu deckenden Bedarf. Die Unterlagen werden von der ausschreibenden Stelle oder dem von ihr Beauftragten meist gegen eine Ausschreibungsgebühr abgegeben.

back-to-back L/C: siehe „Gegenakkreditiv".

Beschränkte Ausschreibung: Im Gegensatz zur „Offenen Ausschreibung" kann nur ein beschränkter Kreis von Unternehmen teilnehmen. Diese Unternehmen haben sich entweder bei der dieser Ausschreibung vorangegangenen Präqualifikation erfolgreich beworben oder sind der ausschreibenden Stelle bereits auf andere Weise bekannt. Es besteht ferner die Möglichkeit, dass lediglich Unternehmen zur Angebotsabgabe aufgefordert werden, die bereits bei der jeweiligen ausschreibenden Stelle registriert sind.

Bietungsgarantie: Als Sicherheit dafür, dass ein Anbieter sein abgegebenes Angebot auf Lieferung einer Ware oder Ausführung einer Leistung aufrechterhält und im Falle eines Zuschlags zu seinem Angebot steht, sehen die Ausschreibungsbedingungen die Stellung einer Bietungsgarantie (z.B. durch eine Bank) vor, die meist zusammen mit dem Angebot abzugeben ist. Die Bietungsgarantie kann sofort in Anspruch genommen werden, wenn die Firma, die den Zuschlag erhalten hat, die Ausführung der Lieferung oder Leistung ablehnt. Die Höhe der Garantie beträgt im Allgemeinen 1–5 %, in Ausnahmefällen bis zu 10 % des Angebotswertes.

Bona-fide-Angebot: Seriöses und verbindliches Angebot, von dessen Ernsthaftigkeit die ausschreibende Stelle in gutem Glauben überzeugt sein kann.

Bundesgarantien und Bundesbürgschaften: Die Risiken bei Ausfuhrgeschäften können deutsche Exporteure durch Ausfuhrbürgschaften und Ausfuhrgarantien des Bundes abdecken. Garantien über-

---

* BfAI = Bundesagentur für Außenwirtschaft

nimmt der Bund bei Exportgeschäften mit privaten ausländischen Unternehmen; Bürgschaften bei Geschäften mit ausländischen Regierungen oder Körperschaften des öffentlichen Rechts.

DAC-Länder: 18 der 24 OECD-Länder, die im Entwicklungshilfeausschuss (DAC = Development Assistance Committee) der Organisation für wirtschaftliche Zusammenarbeit und Entwicklung (OECD) zusammensitzen, also die wichtigsten Industrieländer der westlichen Welt.

DEG = Deutsche Investitions- und Entwicklungsgesellschaft mbH in Köln: Im Rahmen der Entwicklungspolitik der Bundesregierung fördert die DEG Investitionen deutscher Unternehmen – insbesondere der mittelständischen Wirtschaft – in Entwicklungsländern. Alleingesellschafter der DEG, deren Stammkapital € 500 Mio. beträgt, ist der Bund. Die DEG nimmt folgende Aufgaben wahr:
- Übernahme von Beteiligungen an Unternehmen in Entwicklungsländern und/oder Gewährung beteiligungsähnlicher Darlehen;
- Übernahme von Garantien oder Bürgschaften in Verbindung mit Beteiligungen oder beteiligungsähnlichen Darlehen;
- Zusammenführung von Investoren aus der Bundesrepublik Deutschland und aus Entwicklungsländern auf partnerschaftlicher Basis;
- Hilfe bei der Vermittlung zusätzlicher Finanzierungen;
- Beschaffung von Investitionsdaten für ausgesuchte Entwicklungsländer.

EEF Europäischer Entwicklungsfonds: Im Rahmen ihrer Zusammenarbeit mit den AKP-Staaten* haben die EU-Mitgliedsländer den Europäischen Entwicklungsfonds ins Leben gerufen. Er ist für die finanzielle und technische Zusammenarbeit zuständig. Zu seinen Aufgaben gehört dabei insbesondere die Beseitigung von strukturellen Ungleichgewichten in einzelnen Wirtschaftsbereichen der AKP-Staaten.

EIB Europäische Investitionsbank: Ist das EU-Bankinstitut für langfristige Finanzierungen. Sie wurde im Jahre 1958 durch den Vertrag von Rom zur Gründung der Europäischen Wirtschaftsgemeinschaft errichtet. Die EIB verfolgt keinen Erwerbszweck. Ihre Hauptaufgabe ist die Bereitstellung von Finanzierungsmitteln für Investitionsvorhaben, durch die eine reibungslose und ausgewogene Entwicklung der Gemeinschaft gefördert wird. Ihre Finanzierungen kommen überwiegend wirtschaftlich schwächeren Regionen zugute. Darüber hinaus hat sich die EIB an der Finanzierung von Entwicklungsvorhaben in bisher rund 60 weiteren Ländern – vor allem der „Dritten Welt" – beteiligt, die mit der Gemeinschaft Kooperationsabkommen abgeschlossen haben. Die Projekte, für die die EIB Darlehen gewährt, werden in der Regel nicht international ausgeschrieben. Die einzelnen Darlehensbewilligungen werden jedoch von der BfAI veröffentlicht.

Eligible Countries: Länder, aus denen sich Unternehmen an der jeweiligen Ausschreibung beteiligen dürfen. Dies ist besonders bei Ausschreibungen mit internationaler Finanzierungsbeteiligung von Bedeutung. Im Allgemeinen können hier nur Unternehmen aus den Ländern teilnehmen, die Mitglieder der entsprechenden Entwicklungsbanken etc. sind.

Erfüllungs-/Gewährleistungsgarantie (Performance Bond): Diese von einer Bank zu stellende Garantie soll dem Auftraggeber gewährleisten, dass die zu erbringende Leistung den vertraglichen Bedingungen entspricht. Die Höhe der Garantiesumme beträgt im Allgemeinen 5–20 % des Auftragswertes. Die Gültigkeit der Garantie und damit die Zahlungsverpflichtung erlischt nach Auftragende. Empfehlenswert ist, einen Festtermin zu vereinbaren. Erfüllungs-/Gewährleistungsgarantien werden auch als Liefer- bzw. Leistungsgarantien bezeichnet (siehe auch Stichwort „Garantien").

Freihändige Vergabe: Neben der öffentlichen und der beschränkten Ausschreibung ein drittes Verfahren zur Vergabe öffentlicher Aufträge. Bei der freihändigen Vergabe ist die ausschreibende Stelle weniger an ein formstrenges Verfahren gebunden. Sie kann potentielle Bewerber zur Angebotsabgabe auffordern und mit diesen noch nach Abgabe der Angebote über einzelne Vertragsbedingungen verhandeln. Aufträge werden meist dann freihändig vergeben, wenn der Auftragswert unter einer festegelegten Grenze liegt (Bayern 25.000 €) oder andere Gründe vorliegen z. B. Geheimhaltung, Dringlichkeit etc.

Garantien: Bei öffentlichen Ausschreibungen wird vielfach die Gestellung von Bankgarantien verlangt. Hiermit soll die Erfüllung vertraglicher Verpflichtungen gewährleistet werden, so z.B. die Erfüllung der Lieferverpflichtung des Exporteurs gegenüber seinem ausländischen Abnehmer. Die Bank verspricht in der Garantie, unter bestimmten Voraussetzungen Zahlung auf Verlangen des Garantiebegünstigten auf erste Anforderung – ohne Prüfung der Anspruchsberechtigung – zu leisten.

---

* Definition AKP-Staaten: Die Mitglieder der EU haben zu einer Gruppe von Ländern der Dritten Welt besondere Beziehungen, den mittlerweile 78 AKP Staaten, so benannt nach Anfangsbuchstaben der Regionen Afrika, Karibik und Pazifik.

Gebundene Kredite: Der Kreditnehmer kann nicht frei über die Mittel verfügen, weil sie an bestimmte Auflagen „gebunden" sind, z.B. der, die Beschaffungen ausschließlich im Kreditgeberland zu tätigen.

Gegenakkreditiv: Ein „back-to-back"-Letter of Credit wird zumeist dann eröffnet, wenn ein Akkreditiv nicht übertragbar gestellt ist oder die Bedingungen des Originalakkreditiven nicht in Übereinstimmung mit dem zu eröffnenden Einkaufsakkreditiv gebracht werden können.

GTZ = Deutsche Gesellschaft für Technische Zusammenarbeit: Bei der Durchführung von Projekten im Bereich der Technischen Zusammenarbeit beauftragt das Bundesministerium für wirtschaftliche Zusammenarbeit überwiegend die bundeseigene GTZ. Unternehmen aus der Bundesrepublik Deutschland können an Ausschreibungen dieser Organisation teilnehmen.

Internationale Ausschreibung: Daran können sich nicht nur im jeweiligen ausschreibenden Land ansässige, sondern auch ausländische Anbieter beteiligen. Dabei kann es sich sowohl um offene Ausschreibungen wie um beschränkte Ausschreibungen handeln.

Joint Ventures: Ist die international übliche Bezeichnung für Gemeinschaftsunternehmen, die zur Realisierung eines gemeinsamen Geschäftszieles gegründet werden. Diese Zusammenarbeit kann z.B. die Durchführung eines bestimmten Vorhabens zum Ziel haben. Ein Joint Venture kann in lockerer Form (z.B. bloße Arbeitsgemeinschaft) oder durch Gründung einer Personen- oder Kapitalgesellschaft durchgeführt werden. Es ist zu berücksichtigen, dass derzeit weltweit die Tendenz dahin geht, überwiegend nur noch ausländische Minderheitsbeteiligungen zuzulassen.

KfW = Kreditanstalt für Wiederaufbau: Die von der Bundesrepublik Deutschland geleistete staatliche Entwicklungshilfe liegt im Zuständigkeitsbereich des Bundesministeriums für wirtschaftliche Zusammenarbeit (BMZ). Während die Technische Zusammenarbeit (TZ) von der Deutschen Gesellschaft für Technische Zusammenarbeit (GTZ) GmbH abgewickelt wird, übernimmt die KfW die Gewährung der Mittel im Rahmen der Finanziellen Zusammenarbeit (FZ). Außerdem obliegen ihr die Prüfung der Förderungswürdigkeit der einzelnen FZ-Projekte, die Mitarbeit bei der/den Ausschreibung(en) für diese Projekte und die Überwachung der finanztechnischen Abwicklung der von ihr finanzierten Vorhaben.

Lastenheft: Siehe „Ausschreibungsunterlagen".

LDC-Länder: Less developed countries = weniger entwickelte Länder. Ausdruck für alle Entwicklungsländer.

Leistungsgarantie: Siehe „Erfüllungsgarantie".

Letter of Intent: In diesem Zusammenhang in der Regel unverbindliche Zusage (d.h. noch kein Vertragsangebot) eines ausländischen Auftraggebers, zu einem späteren Zeitpunkt den Auftrag zu erteilen. Diese frei widerrufliche Kaufabsichtserklärung wird vornehmlich im Rahmen von Ausschreibungen im Nah-, Mittel- und Fernost-Bereich sowie in afrikanischen Ländern angewandt. Da im Zweifel kein Rechtsanspruch auf die endgültige Auftragserteilung besteht, gehen alle Risiken und Kosten hinsichtlich evtl. bereits erbrachter Leistungen bis zum Zeitpunkt der tatsächlichen Auftragserteilung zu Lasten des Exporteurs.

Liefergarantie: Siehe „Erfüllungsgarantie".

LLDC-Länder: Least developed countries = die am wenigsten entwickelten Länder, kurz: die ärmsten Entwicklungsländer, derzeit dreißig.

MSAC-Länder: Most seriously affected countries = die am stärksten beeinträchtigten Länder.

Präferenzen: In vielen Ländern werden im Interesse der eigenen Wirtschaft inländischen Anbietern Präferenzen eingeräumt, d.h. die Angebote dieser Unternehmen dürfen normalerweise um bis zu 15 % teurer sein als vergleichbare Angebote ausländischer Anbieter. Außerdem gibt es Fälle, in denen ein bestimmter Prozentsatz der ausgeschriebenen Leistungen/Lieferungen aus dem ausschreibenden Land stammen muss.

Präqualifikation: Um bei einer Ausschreibung nur Angebote von tatsächlich geeigneten Unternehmen zu erhalten, führt die ausschreibende Stelle eine Präqualifikation, d.h. eine Vorauswahl der Bewerber durch. An der dieser Präqualifikation folgenden Ausschreibung (beschränkte Ausschreibung) können sich lediglich diejenigen Unternehmen beteiligen, die am Präqualifikationsverfahren erfolgreich teilgenommen haben.

Projektträger: Unternehmen, Behörden etc., in deren Auftrag ein Projekt geplant wird. Bei Projekten mit gesicherter Finanzierung ist der Projektträger meist auch der Darlehensnehmer des entsprechenden internationalen Finanzierungsinstitutes. Wird das Projekt realisiert, so wird der Projektträger in der Regel zur ausschreibenden Stelle.

Registrierung: In vielen Staaten ist eine Registrierung Voraussetzung für die spätere Beteiligung an Ausschreibungen. Die Registrierung erfolgt üblicherweise bei der ausschreibenden Stelle selbst oder bei einer evtl. vorhandenen zentralen Beschaffungsstelle. Dies gilt besonders für Waren, die immer wieder benötigt werden. Hier erfolgt häufig keine Veröffentlichung der Ausschreibung, sondern lediglich eine Benachrichtigung der in der entsprechenden Kartei registrierten potentiellen Lieferanten.

Schwellenländer: Entwicklungsländer mit einem schon sehr fortgeschrittenen Entwicklungsstand; sie stehen gleichsam an der „Schwelle zum Industrieland"; als Schwellenländer gelten rund 30 Staaten, darunter Brasilien, Ecuador, Jamaika, Korea, Mexiko, Portugal, Singapur, Türkei; eine international verbindliche Liste gibt es aber nicht.

Service Agent: Siehe „Sponsor"

Sponsor: In allen Staaten des Arabischen Golfs ist es für ein ausländisches Unternehmen unerlässlich, einen Sponsor zu ernennen, sofern es sich an Ausschreibungen der jeweiligen Regierung und öffentlichrechtlicher Institutionen beteiligen will. Der Sponsor muss immer Staatsangehöriger des in Frage kommenden Landes sein; in den Vereinigten Arabischen Emiraten ist z.B. ein Sponsor für jedes der sieben Teilemirate erforderlich. Die im Englischen übliche Bezeichnung „tender agent oder „service agent" deutet auf die enge Verwandtschaft der gesetzlichen Sponsor-Regelung zum Recht der Vertreter hin. Hauptaufgabe des Sponsors ist es, gegen Entgelt einem ausländischen Unternehmen bei dessen Beteiligung an öffentlichen Ausschreibungen behilflich zu sein. Im Übrigen hat der Sponsor zahlreiche andere Funktionen, wie etwa die Beschaffung von Visa, die Erledigung von Zollformalitäten, die Gewährung von Hilfe und Unterstützung bei Vertragsverhandlungen mit der ausschreibenden Stelle und die Regelung aller Angelegenheiten mit örtlichen Behörden.

Teilnahmeerklärung: Erklärung „auf Ehre" (declaration sur l'honneur), dass das anbietende Unternehmen tatsächlich an der betreffenden Ausschreibung teilnehmen will. Diese Erklärung wird bei einigen Ausschreibungen aus frankofonen Staaten zusätzlich zur Bietungsgarantie gefordert.

Tender Agent: Siehe „Sponsor"

Ungebundene Kredite: Kredite im Rahmen der Entwicklungshilfe, die nicht an Lieferungen oder Leistungen aus dem jeweiligen Geberland gebunden sind. Allerdings werden praktisch alle Darlehen und Kredite, die für Entwicklungsvorhaben bestimmt sind, für bestimmte Projekte vergeben, d.h. sie sind projektgebunden.

UNIDO = United Nations Industrial Development Organization: Aufgabe der UNIDO ist die Förderung der industriellen Entwicklung in den Ländern der Dritten Welt, insbesondere der Aufbau der Klein- und Mittelindustrie. Dabei obliegt ihr die Koordinierung aller UN-Aktivitäten auf diesem Gebiet. Unternehmen aus der Bundesrepublik Deutschland können sich an Ausschreibungen der UNIDO beteiligen: UNIDO-Headquarters, Vienna International Centre, P.O. Box 300, A-1400 Vienna, Austria. Tel.: +43(1)260 26-0, Fax: +43(1)269 26 69, unido@unido.org.

Zuschlag: Erteilung eines Bau-, Liefer- bzw. Dienstleistungsauftrages nach vorangegangener Ausschreibung durch die ausschreibende Stelle.

4. INTERNATIONALE VERTRAGSGESTALTUNG

4.1 Die Vertragsgestaltung im Auslandsgeschäft

Ausfuhrverträge

Der Abschluss von Exportgeschäften wirft auch in rechtlicher Hinsicht eine Reihe von schwierigen Fragen auf. Bei grenzüberschreitenden Kaufverträgen ist nicht ohne weiteres das deutsche Inlandsrecht anwendbar. Vielmehr ist im Streitfalle nach dem sog. internationalen Privatrecht des Landes, dessen Richter zuerst mit dem Kaufvertrag befaßt ist, jeweils zu prüfen, welches Kaufrecht welchen Landes auf den Kaufvertrag anwendbar ist. Die internationalprivatrechtlichen Grundsätze für die Ermittlung des anwendbaren Kaufrechts sind dabei in den einzelnen Ländern durchaus unterschiedlich. Grundsätzlich können die Parteien das anwendbare Kaufrecht frei vereinbaren (sog. Verweisungsvertrag). Es ist jedoch eine Frage der wirtschaftlichen Durchsetzbarkeit, zumindest aber eine Frage der Geschäftspolitik, ob die Exportunternehmen eine solche Unterstellung unter das Recht des Verkäufers fordern können oder nicht. In vielen Fällen wird eine Unterstellung unter das deutsche Recht nicht durchsetzbar sein. Ohne gründliche Prüfung lässt es sich auch nicht beurteilen, ob die Vereinbarung des deutschen Rechts im Vergleich zu den sonst geltenden Regelungen des ausländischen Rechts vorteilhaft ist. Aus diesem Grunde ist zu empfehlen, in allen Verträgen von größerem wirtschaftlichen Gewicht möglichst detailliert alle in Betracht kommenden Rechtsfragen zu regeln und, wenn möglich, hilfsweise das im Übrigen anwendbare Recht ausdrücklich festzulegen.

Allgemeine Geschäftsbedingungen

Dazu genügt es im Allgemeinen nicht, dass der Verkäufer die im Inland gebräuchlichen Allgemeinen Geschäftsbedingungen in die Sprache seines Vertragspartners übersetzt. Oft gelten erheblich strengere Formvorschriften für die Wirksamkeit Allgemeiner Geschäftsbedingungen. Teilweise werden Allgemeine Geschäftsbedingungen nur dann rechtswirksam sein, wenn sie vom Käufer unterschrieben sind. Die Tatsache, dass Allgemeine Geschäftsbedingungen dem Vertrag einfach beigelegt worden sind und der Vertragspartner dem nicht widersprochen hat, reicht in den ausländischen Rechtsordnungen oft nicht aus. – Es empfiehlt sich deshalb, im Auslandsverkehr die Einbeziehung der Allgemeinen Geschäftsbedingungen ausdrücklich zu vereinbaren. Es ist zu beachten, dass, wenn ein besonderer Raum für die Unterschrift des Vertragspartners vorgesehen ist, der Richter aus der fehlenden Unterschrift schließen könnte, dass die Parteien die Wirksamkeit der Bedingungen nicht gewollt haben. Darüber hinaus ist zu empfehlen, dass insbesondere bei Auslandsgeschäften größeren Umfangs, die im Inland verwendeten Allgemeinen Geschäftsbedingungen so formuliert werden, dass sie der Rechtsordnung des Käuferslandes nicht entgegenstehen.

Der Eigentumsvorbehalt

Auch inhaltlich können nicht ohne weiteres alle im Inlandsgeschäft üblichen Klauseln in Vereinbarungen ungeprüft übernommen werden.

In aller Regel wird es sich empfehlen, bei der Aufstellung besonderer Auslandsgeschäftsbedingungen, insbesondere bei einem größeren Geschäftsumfang, Rechtsrat einzuholen, und die im Inland benutzten Allgemeinen Geschäftsbedingungen einer Überprüfung im Hinblick auf das Recht des Käuferslandes zu unterziehen.

Von allgemeiner Bedeutung sind noch insbesondere einige internationale oder international anerkannte Regelungen:

- das Haager Kaufrechtsübereinkommen vom 1. Juli 1964 mit dem Einheitlichen Gesetz über den Abschluss von internationalen Kaufverträgen über bewegliche Sachen und dem Einheitlichen Gesetz über den internationalen Kauf beweglicher Sachen, die für die Bundesrepublik Deutschland im April 1974 in Kraft getreten sind. Die Vorschriften der beiden Einheitlichen Gesetzte sind für internationale Kaufverträge in den Vertragsstaaten ohne besondere Vereinbarung unmittelbar anwendbar, wenn die Vertragsparteien die Anwendung der Vorschriften nicht ausdrücklich ausschließen. Die Bedeutung der Haager Regeln ist dadurch begrenzt, dass sie außer in der Bundesrepublik Deutschland nur in einer begrenzten Zahl von Ländern gelten, in einigen Fällen sogar nur mit Einschränkungen;

- das Übereinkommen der Vereinten Nationen über Verträge über den internationalen Warenkauf vom 11.4.1980 (UNCITRAL-Übereinkommen). Dieses Abkommen gilt ab 1.1.1988 und wurde bereits von einer Reihe von Staaten ratifiziert;
- die Incoterms 2000, von der internationalen Handelskammer ausgestellte allgemeine Lieferklauseln, die durch Aufnahme eines entsprechenden Hinweises auf die anzuwendende Lieferklausel in den Ausfuhrvertrag verbindlich werden (siehe Kapitel I. 4.2.);
- ECE-Lieferbedingungen, von der Europäischen Wirtschaftskommission der Vereinten Nationen in Genf ausgearbeitete Allgemeine Internationale Lieferbedingungen. Diese wurden insbesondere für den Verkauf von Maschinen/Anlagen sowie von langlebigen Gebrauchsgütern erstellt.

Schiedsklausel in Kaufverträgen

Aufgrund der unter Punkt „Ausfuhrverträge" genannten Problematik empfiehlt sich teilweise, in Verträgen eine Schiedsklausel aufzunehmen. Die Schlichtung durch ein **Schiedsgericht** ist einem ordentlichen Gerichtsverfahren oft vorzuziehen. Ein Schiedsgerichtsverfahren hat folgende Vorteile:
- Es wird idR in kürzerer Zeit abgewickelt.
- Die Urteile werden von branchenkundigen Fachleuten getroffen, die häufig einen Kompromiss suchen.
- Die Urteile sind im Ausland eventuell leichter durchsetzbar als Urteile staatlicher Gerichte.

Hierbei gibt es unterschiedliche Verfahrensordnungen, z.B.
- die des ICC-Schiedsgerichtshofes,
- die der UNCITRAL-Schiedsordnung

oder
- eine Vereinbarung der Verfahrensordnung zwischen Verkäufer und Käufer.

Um die Vorteile eines Schiedsgerichtsverfahrens nutzen zu können, empfiehlt die Internationale Handelskammer (ICC) in Paris allen Im- und Exporteuren, welche die Dienste eines Schiedsgerichts in Anspruch nehmen wollen, folgende Schiedsklausel in ihre Kaufverträge mit ausländischen Kunden aufzunehmen:
„Alle aus dem gegenwärtigen Vertrag sich ergebenden Streitigkeiten werden nach der Vergleichs- und Schiedsordnung der Internationalen Handelskammer von einem oder mehreren gemäß dieser Ordnung ernannten Schiedsrichtern endgültig entschieden."

Neben dem erwähnten ständigen Schiedsgericht bei der Internationalen Handelskammer in Paris gibt es auch Adhoc-Schiedsgerichte, die jeweils für die Bearbeitung eines Einzelfalles zusammengestellt werden. Die Zuständigkeit eines Schiedsgerichts wird stets durch freie Vereinbarungen der beteiligten Vertragspartner begründet. Gegen den Schiedsspruch eines Schiedsgerichtes gibt es keine Einspruchsmöglichkeit. Er ist von der verlierenden Partei zu erfüllen, sobald er ihr zugestellt worden ist. Wird ein Schiedsspruch nicht erfüllt, kann er wie das Urteil eines ordentlichen Gerichts vollstreckt werden.

Klage vor Gericht

Prozesse gegen ausländische Abnehmer bringen häufig besondere Probleme mit sich. Die fremde Sprache, die anderen Rechtsvorschriften, die Auswahl einer geeigneten Kanzlei, die Beurteilung der Erfolgsaussichten sowie die zutreffende Schätzung der Anwalts- und Gerichtskosten bereiten größere Schwierigkeiten als bei Streitfällen im Inland. Hinsichtlich der Auswahl von Kanzleien im Ausland können oft Empfehlungen von der Wirtschaftsabteilung der Deutschen Botschaft, den Handelskammern des DIHT und sonstigen Vertretungen deutscher Wirtschaftsverbände eingeholt werden.

4.2 Incoterms 2000 – Deutsch

1. Zweck und Umfang der Incoterms

Zweck der Incoterms ist es, internationale Regeln zur Auslegung der hauptsächlich verwendeten Vertragsformeln in Außenhandelsverträgen aufzustellen. Es werden dadurch Unsicherheiten, die durch die unterschiedliche Auslegung solcher Klauseln in den verschiedenen Ländern entstehen, vermieden oder zumindest erheblich eingeschränkt.

Häufig sind den Vertragspartnern die unterschiedlichen Handelsgewohnheiten in ihren jeweiligen Ländern nicht bewußt. Hieraus können Mißverständnisse, Auseinandersetzungen sowie Gerichtsverfahren mit dem damit verbundenen großen Aufwand an Zeit und Kosten entstehen. Um zur Lösung dieser Probleme beizutragen, hat die Internationale Handelskammer erstmals im Jahre 1936 internationale Regeln zur Auslegung von handelsüblichen Vertragsformeln herausgegeben. Diese Regeln wurden unter dem Namen „Incoterms 1936" bekannt. Ergänzungen und zusätzliche Klauseln wurden 1953, 1967, 1976, 1980, 1990 und als jetzige Neufassung im Jahre 2000 veröffentlicht, um die Regeln der jeweiligen internationalen Handelspraxis anzupassen.

Es ist zu beachten, daß die Incoterms sich auf die Rechte und Pflichten der Vertragspartner eines Kaufvertrages im Hinblick auf die Lieferung von Ware beschränken, deren Verkauf abgeschlossen ist (im Sinne von beweglicher Ware und nicht von körperlich nicht greifbarer Ware wie Computersoftware).

Zwei Mißverständnisse treten in Bezug auf die Incoterms häufig in Erscheinung. Zum einen wird oft angenommen, daß die Incoterms auf den Beförderungsvertrag Anwendung finden und nicht auf den Kaufvertrag. Zum zweiten wird manchmal fälschlicherweise davon ausgegangen, daß die Incoterms für alle Verpflichtungen, die die Parteien in einem Kaufvertrag festlegen möchten, Regelungen bereitstellen.

Die ICC hat immer wieder betont, daß die Incoterms sich ausschließlich mit dem Verhältnis zwischen Käufer und Verkäufer in Bezug auf einige ganz bestimmte Punkte des Kaufvertrags befassen.

Während Importeure und Exporteure sich zwingend mit den ausgesprochen praktischen Beziehungen zwischen den verschiedenen Verträgen, welche zur Durchführung eines internationalen Handelsgeschäfts notwendig sind, auseinandersetzen müssen – so bedarf es nicht nur eines Kaufvertrags, sondern auch Beförderungs-, Versicherungs- und Finanzierungsverträge – sind die Incoterms jedoch für nur einen dieser Verträge relevant, nämlich den Kaufvertrag.

Dennoch wirkt sich die Vereinbarung zwischen den Vertragspartnern, eine bestimmte Incoterms-Klausel anzuwenden, auch auf die anderen Verträge aus. Ein Beispiel: Ein Verkäufer, der auf einen CFR- oder CIF-Vertrag eingegangen ist, kann, um den Vertrag zu erfüllen, keinen anderen Transport als den Seetransport wählen, da er unter diesen Klauseln dem Käufer ein Konnossement oder einen anderen maritimen Frachtbrief vorlegen muß, so daß andere Transportmittel schlichtweg ausgeschlossen sind. Außerdem würde das gemäß Dokumentenakkreditiv erforderliche Dokument notwendigerweise von dem vorgesehenen Transportmittel abhängen.

Zudem befassen sich die Incoterms mit einer Anzahl von anerkannten Pflichten, die den Vertragspartnern auferlegt werden – so z.B. die Verpflichtung des Verkäufers, die Ware dem Käufer zur Verfügung zu stellen oder sie zur Beförderung zu übergeben oder sie zum Bestimmungsort zu liefern – sowie mit der Verteilung der Risiken zwischen den Vertragsparteien in diesen Fällen.

Weiterhin befassen sie sich mit den Pflichten, die Ware für den Export bzw. Import freizumachen, die Ware zu verpacken, mit der Pflicht des Käufers, die Ware anzunehmen, sowie mit der Verpflichtung, den Beweis für die ordnungsgemäße Ausführung der Pflichten zu bringen. Obwohl die Incoterms äußerst wichtig für die Durchführung des Kaufvertrags sind, werden viele Probleme, die im Zusammenhang mit einem solchen Vertrag entstehen, überhaupt nicht geregelt, wie die Eigentumsübertragung und andere Rechte aus dem Eigentum, Vertragsbrüche und deren Folgen sowie Haftungsausschlüsse unter bestimmten Umständen. Es muß betont werden, daß die Incoterms nicht solche Vertragsklauseln ersetzen sollen, die zur Komplettierung eines Kaufvertrages entweder durch Einfügung von Standardklauseln oder individuell ausgehandelten Klauseln notwendig sind.

Im allgemeinen befassen sich die Incoterms nicht mit den Folgen von Vertragsbrüchen und Haftungsausschlüssen infolge unterschiedlicher Hindernisse. Diese Fragen müssen durch besondere Abmachungen im Vertrag und das jeweils anwendbare Recht gelöst werden.

4.3 Incoterms 2000 – Englisch

1. Purpose and scope of Incoterms

The purpose of Incoterms is to provide a set of international rules for the interpretation of the most commonly used trade terms in foreign trade. Thus, the uncertainties of different interpretations of such terms in different countries can be avoided or at least reduced to a considerable degree.

Frequently, parties to a contract are unaware of the different trading practices in their respective countries. This can give rise to misunderstandings, disputes and litigation, with all the waste of time and money that this entails. In order to remedy these problems, the International Chamber of Commerce first published in 1936 a set of international rules for the interpretation of trade terms. These rules were known as "Incoterms 1936". Amendments and additions were later made in 1953, 1967, 1976, 1980, 1990 and presently in 2000 in order to bring the rules in line with current international trade practices.

It should be stressed that the scope of Incoterms is limited to matters relating to the rights and obligations of the parties to the contract of sale with respect to the delivery of goods sold (in the sense of "tangibles", not including "intangibles" such as computer software).

It appears that two particular misconceptions about Incoterms are very common. First, Incoterms are frequently misunderstood as applying to the contract of carriage rather than to the contract of sale. Second, they are sometimes wrongly assumed to provide for all the duties which parties may wish to include in a contract of sale.

As has always been underlined by ICC, Incoterms deal only with the relation between sellers and buyers under the contract of sale, and, moreover, only do so in some very distinct respects.

While it is essential for exporters and importers to consider the very practical relationship between the various contracts needed to perform an international sales transaction – where not only the contract of sale is required, but also contracts of carriage, insurance and financing – Incoterms relate to only one of these contracts, namely the contract of sale.

Nevertheless, the parties' agreement to use a particular Incoterm would necessarily have implications for the other contracts. To mention a few examples, a seller having agreed to a CFR- or CIF-contract cannot perform such a contract by any other mode of transport than carriage by sea, since under these terms he must present a bill of lading or other maritime document to the buyer which is simply not possible if other modes of transport are used. Furthermore, the document required under a documentary credit would necessarily depend upon the means of transport intended to be used.

Second, Incoterms deal with a number of identified obligations imposed on the parties – such as the seller's obligation to place the goods at the disposal of the buyer or hand them over for carriage or deliver them at destination – and with the distribution of risk between the parties in these cases.

Further, they deal with the obligations to clear the goods for export and import, the packing of the goods, the buyer's obligation to take delivery as well as the obligation to provide proof that the respective obligations have been duly fulfilled. Although Incoterms are extremely important for the implementation of the contract of sale, a great number of problems which may occur in such a contract are not dealt with at all, like transfer of ownership and other property rights, breaches of contract and the consequences following from such breaches as well as exemptions from liability in certain situations. It should be stressed that Incoterms are not intended to replace such contract terms that are needed for a complete contract of sale either by the incorporation of standard terms or by individually negotiated terms.

Generally, Incoterms do not deal with the consequences of breach of contract and any exemptions from liability owing to various impediments. These questions must be resolved by other stipulations in the contract of sale and the applicable law.

Die Incoterms waren stets primär zur Anwendung bezüglich Verkaufs von Ware zur Lieferung über nationale Grenzen hinweg vorgesehen; daher die Bezeichnung: internationale Handelsklauseln. In der Praxis jedoch werden die Incoterms gelegentlich auch in Verträgen über den Verkauf von Ware auf dem Binnenmarkt eingesetzt. In solchen Fällen werden die A2- und B2-Klauseln und jede andere Bestimmung in den anderen Artikeln, die sich auf den Im- bzw. Export bezieht, hinfällig.

2. Warum neue Incoterms?

Hauptgrund für die jeweiligen Neufassungen der Incoterms war die Notwendigkeit, die Klauseln an die jeweils gängige Handelspraxis anzupassen. Folglich wurde in der Neufassung der Incoterms 1980 die Klausel „Frei Frachtführer" (jetzt FCA) eingeführt, um den häufig auftretenden Fall abzudecken, bei dem die Übergabestelle im Seetransport nicht mehr die traditionell in der FOB-Klausel geregelte Stelle (Überschreiten der Schiffsreling) ist, sondern statt dessen eine Stelle an Land, vor der Verladung auf das Schiff, an der die Ware in einen Container zum späteren Seetransport oder zwecks Transportes mit einer Kombination verschiedener Transportmittel (sogenannter kombinierter oder multimodaler Transport) verladen wird.

Ferner ließen in der Incoterms-Neufassung 1990 die Klauseln, die sich auf die Pflicht des Verkäufers beziehen, einen Liefernachweis zu erbringen, die Möglichkeit zu, Papierdokumente durch elektronische Mitteilungen zu ersetzen, falls die Vertragspartner sich auf elektronischen Datenaustausch verständigt hatten. Selbstverständlich gehen die Bestrebungen kontinuierlich dahin, den Wortlaut und die Darstellung der Incoterms zu verbessern, um ihre praktische Anwendung zu vereinfachen.

3. Incoterms 2000

Während der Vorbereitung der Neufassung, die sich über etwa zwei Jahre erstreckte, hat sich die ICC nach Kräften bemüht, Ansichten und Reaktionen auf die verschiedenen Entwürfe von einer breitgefächerten Auswahl von Kaufleuten zu erhalten, durch Einschaltung der ICC-eigenen Landesgruppen, welche Vertreter der verschiedensten Handelsbereiche zu ihren Mitgliedern zählen. Erfreulicherweise hat die jetzige Neufassung eine weit größere weltweite Resonanz von Seiten der Anwender erfahren als frühere Versionen. Ergebnis dieses Dialogs sind die Incoterms 2000, die im Vergleich zu den Incoterms 1990 nur wenig verändert erscheinen mögen. Es steht jedoch fest, daß die Incoterms nunmehr weltweite Anerkennung genießen, so daß die ICC beschlossen hat, auf dieser Anerkennung aufzubauen und Änderungen nur um der Änderung willen zu vermeiden. Auf der anderen Seite wurden Anstrengungen unternommen, um zu gewährleisten, daß der Wortlaut der Incoterms 2000 die allgemeine Handelspraxis widerspiegelt. Des weiteren wurden in zwei Bereichen inhaltliche Änderungen vorgenommen:

– die Zollfreimachung und Zahlung der Zollgebühren unter FAS und DEQ; und
– die Be- und Entladepflichten unter FCA

Alle Änderungen, ob inhaltlich oder formell, wurden auf der Basis eingehender Nachforschungen bei den Incoterms-Anwendern vorgenommen, wobei die seit 1990 seitens der Incoterms Expertengruppe (einer als zusätzliche Dienstleistung für Incoterms-Anwender eingerichteten Gruppe) erhaltenen Anfragen besondere Berücksichtigung fanden.

4. Aufnahme der Incoterms in den Kaufvertrag

In Anbetracht der Neufassung der Incoterms muß gewährleistet sein, daß bei Einigkeit zwischen den Parteien, die Incoterms in ihren Kaufvertrag aufzunehmen, ausdrücklich die derzeit gültige Fassung der Incoterms erwähnt wird. Dies kann leicht übersehen werden, wenn zum Beispiel in Standardvertragsformularen oder in von Kaufleuten benutzten Bestellformularen auf eine frühere Fassung Bezug genommen wird. Fehlt der Hinweis auf die derzeit gültige Fassung, kann es zum Streit darüber kommen, ob die Partner diese oder eine frühere Version in ihrem Vertrag festlegen wollten. Kaufleute, die die Incoterms 2000 anwenden möchten, sollten daher ausdrücklich erwähnen, daß ihr Vertrag den „Incoterms 2000" unterliegt.

Incoterms have always been primarily intended for use where goods are sold for delivery across national boundaries: hence, international commercial terms. However, Incoterms are in practice at times also incorporated into contracts for the sale of goods within purely domestic markets. Where Incoterms are so used, the A2 and B2 clauses and any other stipulation of other articles dealing with export and import do, of course, become redundant.

2. Why revisions of Incoterms?

The main reason for successive revisions of Incoterms has been the need to adapt them to contemporary commercial practice. Thus, in the 1980 revision the term Free Carrier (now FCA) was introduced in order to deal with the frequent case where the reception point in maritime trade was no longer the traditional FOB-point (passing of the ship's rail) but rather a point on land, prior to loading on board a vessel, where the goods were stowed into a container for subsequent transport by sea or by different means of transport in combination (so-called combined or multimodal transport).

Further, in the 1990 revision of Incoterms, the clauses dealing with the seller's obligation to provide proof of delivery permitted a replacement of paper documentation by EDI-messages provided the parties had agreed to communicate electronically. Needless to say, efforts are constantly made to improve upon the drafting and presentation of Incoterms in order to facilitate their practical implementation.

3. Incoterms 2000

During the process of revision, which has taken about two years, ICC has done its best to invite views and responses to successive drafts from a wide-ranging spectrum of world traders, represented as these various sectors are on the national committees through which ICC operates. Indeed, it has been gratifying to see that this revision process has attracted far more reaction from users around the world than any of the previous revisions of Incoterms. The result of this dialogue is Incoterms 2000, a version which when compared with Incoterms 1990 may appear to have effected few changes. It is clear, however, that Incoterms now enjoy world-wide recognition and ICC has therefore decided to consolidate upon that recognition and avoid change for its own sake. On the other hand, serious efforts have been made to ensure that the wording used in Incoterms 2000 clearly and accurately reflects trade practice. Moreover, substantive changes have been made in two areas:

- the customs clearance and payment of duty obligations under FAS and DEQ; and
- the loading and unloading obligations under FCA.

All changes, whether substantive or formal have been made on the basis of thorough research among users of Incoterms and particular regard has been given to queries received since 1990 by the Panel of Incoterms Experts, set up as an additional service to the users of Incoterms.

4. Incorporation of Incoterms into the contract of sale

In view of the changes made to Incoterms from time to time, it is important to ensure that where the parties intend to incorporate Incoterms into their contract of sale, an express reference is always made to the current version of Incoterms. This may easily be overlooked when, for example, a reference has been made to an earlier version in standard contract forms or in order forms used by merchants. A failure to refer to the current version may then result in disputes as to whether the parties intended to incorporate that version or an earlier version as a part of their contract. Merchants wishing to use Incoterms 2000 should therefore clearly specify that their contract is governed by "Incoterms 2000".

5. Darstellung der Incoterms

Um sie leichter verständlich zu machen, wurden in den Incoterms 1990 die Klauseln in vier grundsätzlich unterschiedliche Gruppen eingeteilt; zunächst die Klausel, nach der der Verkäufer dem Käufer die Ware lediglich auf seinem eigenen Gelände zur Verfügung stellt (die „E"-Klausel EXW); es folgte die zweite Gruppe, wonach der Verkäufer die Ware einem vom Käufer benannten Frachtführer zu übergeben hat (die „F"-Klauseln FCA, FAS und FOB); danach die „C"-Klauseln, nach denen der Verkäufer den Beförderungsvertrag auf eigene Kosten ab-zuschließen hat, ohne die Haftung für Verlust oder Beschädigung der Ware oder zusätzliche Kosten, die aufgrund von Ereignissen nach dem Abtransport entstehen, zu übernehmen (CFR, CIF, CPT und CIP); und schließlich die „D"-Klauseln, nach denen der Verkäufer alle Kosten und Gefahren bis zur Ankunft der Ware am Bestimmungsort zu tragen hat. Folgende Übersicht zeigt diese Gliederung der Handelsklauseln auf.

Incoterms 2000

Gruppe E   Abholklausel
   EXW   Ab Werk (... benannter Ort)

Gruppe F   Haupttransport vom Verkäufer nicht bezahlt
   FCA   Frei Frachtführer (... benannter Ort)
   FAS   Frei Längsseite Schiff (... benannter Verschiffungshafen)
   FOB   Frei an Bord (... benannter Verschiffungshafen)

Gruppe C   Haupttransport vom Verkäufer bezahlt
   CFR   Kosten und Fracht (... benannter Bestimmungshafen)
   CIF   Kosten, Versicherung, Fracht (... benannter Bestimmungshafen)
   CPT   Frachtfrei (... benannter Bestimmungsort)
   CIP   Frachtfrei versichert (... benannter Bestimmungsort)

Gruppe D   Ankunftsklausel
   DAF   Geliefert Grenze (... benannter Ort)
   DES   Geliefert ab Schiff (... benannter Bestimmungshafen)
   DEQ   Geliefert ab Kai (... benannter Bestimmungshafen)
   DDU   Geliefert unverzollt (... benannter Bestimmungsort)
   DDP   Geliefert verzollt (... benannter Bestimmungsort)

Wie in den Incoterms 1990 sind bei allen Klauseln die jeweiligen Verpflichtungen der Parteien unter 10 Überschriften zusammengefaßt. Den Verpflichtungen des Verkäufers stehen auf der gegenüberliegenden Seite die entsprechenden Pflichten des Käufers „spiegelbildlich" gegenüber.

6. Terminologie

Während der Neufassung der Incoterms 2000 wurden erhebliche Anstrengungen unternommen, die Terminologie der dreizehn Klauseln so konsequent zu gestalten, wie es möglich bzw. praktikabel ist. Die Benutzung unterschiedlicher Ausdrücke, um denselben Sinn zu vermitteln, wurde daher vermieden. Wo immer möglich, sind auch dieselben Ausdrücke benutzt worden, die in dem UN-Übereinkommen von 1980 über Verträge des internationalen Warenkaufs (CISG) erscheinen.

„Verlader" – „shipper"

In manchen Fällen war es notwendig, für unterschiedliche Bedeutungen dasselbe Wort zu verwenden, weil keine angemessene Alternative zur Verfügung stand. Kaufleute werden dieses Problem aus ihren Kaufverträgen sowie ihren Beförderungsverträgen kennen. Der englische Ausdruck „shipper" zum Beispiel bezeichnet sowohl die Person, die die Ware zur Beförderung übergibt, als auch die Person, die den Beförderungsvertrag mit dem Frachtführer abschließt. Bei diesen beiden „shippers" kann es sich jedoch um zwei verschiedene Personen handeln, zum Beispiel unter einer FOB-Klausel, gemäß der der Verkäufer die Ware zur Beförderung übergibt, wohingegen der Käufer den Vertrag mit dem Frachtführer abschließt.

„Lieferung"/„Abnahme" – „delivery"

Von besonderer Wichtigkeit ist, daß der englische Ausdruck „delivery" in den Incoterms zweierlei Bedeutung hat. Zum einen wird er benutzt um festzulegen, wann der Verkäufer seine Lieferverpflichtung erfüllt hat, was in den Incoterms durchgängig unter A4 geschieht. Zum anderen wird der Ausdruck „Lieferung"

5. The structure of Incoterms

In 1990, for ease of understanding, the terms were grouped in four basically different categories; namely starting with the term whereby the seller only makes the goods available to the buyer at the seller's own premises (the "E"-term Ex works); followed by the second group whereby the seller is called upon to deliver the goods to a carrier appointed by the buyer (the "F"-terms FCA, FAS and FOB); continuing with the "C"-terms where the seller has to contract for carriage, but without assuming the risk of loss of or damage to the goods or additional costs due to events occurring after shipment and dispatch (CFR, CIF, CPT and CIP); and, finally, the "D"-terms whereby the seller has to bear all costs and risks needed to bring the goods to the place of destination (DAF, DES, DEQ, DDU and DDP). The following chart sets out this classification of the trade terms.

Incoterms 2000

Group E **Departure**
  EXW Ex Works (... named place)

Group F **Main carriage unpaid**
  FCA Free Carrier (... named place)
  FAS Free Alongside Ship (...named port of shipment)
  FOB Free On Board (... named port of shipment)

Group C **Main Carriage Paid**
  CFR Cost and Freight (... named port of destination)
  CIF Cost, Insurance and Freight (... named port of destination)
  CPT Carriage Paid To (... named place of destination)
  CIP Carriage and Insurance Paid To (... named place of destination)

Group D **Arrival**
  DAF Delivered At Frontier (... named place)
  DES Delivered Ex Ship (... named port of destination)
  DEQ Delivered Ex Quay (... named port of destination)
  DDU Delivered Duty Unpaid (... named place of destination)
  DDP Delivered Duty Paid (... named place of destination)

Further, under all terms, as in Incoterms 1990, the respective obligations of the parties have been grouped under 10 headings where each heading on the seller's side "mirrors" the position of the buyer with respect to the same subject matter.

6. Terminology

While drafting Incoterms 2000, considerable efforts have been made to achieve as much consistency as possible and desirable with respect to the various expressions used throughout the thirteen terms. Thus, the use of different expressions intended to convey the same meaning has been avoided. Also, whenever possible, the same expressions as appear in the 1980 UN Convention on Contracts for the International Sale of Goods (CISG) have been used.

"shipper"

In some cases it has been necessary to use the same term to express two different meanings simply because there has been no suitable alternative. Traders will be familiar with this difficulty both in the context of contracts of sale and also of contracts of carriage. Thus, for example, the term "shipper" signifies both the person handing over the goods for carriage and the person who makes the contract with the carrier: however, these two "shippers" may be different persons, for example under a FOB contract where the seller would hand over the goods for carriage and the buyer would make the contract with the carrier.

"delivery"

It is particularly important to note that the term "delivery" is used in two different senses in Incoterms. First, it is used to determine when the seller has fulfilled his delivery obligation which is specified in the A4 clauses throughout Incoterms. Second, the term "delivery" is also used in the context of the buyer's

im Zusammenhang mit der Verpflichtung des Käufers verwendet, die Ware abzunehmen oder ihre Lieferung anzuerkennen, eine Verpflichtung, die durchgängig in den Klauseln B4 der Incoterms erscheint. In diesem zweiten Sinne bedeutet „Lieferung" erstens, daß der Käufer das eigentliche Wesen der C-Klauseln „anerkennt", nämlich der Verkäufer seine Verpflichtung mit der Versendung der Ware erfüllt, und zweitens, daß der Käufer verpflichtet ist, die Ware abzunehmen. Letztgenannte Verpflichtung ist zur Vermeidung unnötiger Lagerkosten bis zur Übernahme durch den Käufer wichtig. Folglich muß der Käufer unter CFR- und CIF-Verträgen die Übergabe der Ware anerkennen und sie dem Frachtführer abnehmen. Tut er dies nicht, kann er gegenüber dem Verkäufer, der den Beförderungsvertrag mit dem Frachtführer abgeschlossen hat, schadenersatzpflichtig werden oder unter Umständen für Lagerungskosten aufkommen müssen, um die Freigabe der Ware an ihn durch den Frachtführer zu erreichen. Wenn in diesem Zusammenhang gesagt wird, der Käufer müsse „die Übergabe anerkennen", so heißt dies nicht, daß der Käufer die Ware als übereinstimmend mit dem Kaufvertrag angenommen hat, sondern lediglich, daß er akzeptiert hat, daß der Verkäufer seiner Verpflichtung gemäß A3 a) der „C"-Klauseln nachgekommen ist, die Ware zur Beförderung gemäß dem Beförderungsvertrag zu übergeben. Sollte daher der Käufer nach Erhalt der Ware am Bestimmungsort feststellen, daß sie nicht mit den Bestimmungen des Kaufvertrags übereinstimmt, kann er gegenüber dem Verkäufer alle ihm unter dem Kaufvertrag und dem jeweils anwendbaren Recht zur Verfügung stehenden Mittel einsetzen, denn diese Angelegenheiten liegen, wie bereits erwähnt, gänzlich außerhalb des Regelungsbereichs der Incoterms.

An den entsprechenden Stellen wird in den Incoterms 2000 der Ausdruck dem Käufer „die Ware zur Verfügung zu stellen" benutzt, wenn die Ware an einem bestimmten Ort für den Käufer bereitgestellt wird. Dieser Ausdruck ist im Sinne des Begriffs „Übergabe der Ware" gemeint, welcher in dem UN-Übereinkommen von 1980 über Verträge des internationalen Warenverkaufs Verwendung findet.

„üblich" – „usual"

Der Ausdruck „usual" (üblich) erscheint in verschiedenen Klauseln, z.B. in EXW, im Zusammenhang mit dem Zeitpunkt der Lieferung (A4) und in den „C"-Klauseln in Bezug auf die Dokumente, die der Verkäufer erbringen muß, und den Beförderungsvertrag, den der Verkäufer beschaffen muß (A8, A3). Es kann unter Umständen schwierig sein, genau zu präzisieren, welche Bedeutung das Wort „üblich" hat, wenngleich es in vielen Fällen möglich ist, festzustellen, wie innerhalb eines bestimmten Handelszweigs üblicherweise vorgegangen wird, so daß diese Praxis den Weg weist. In diesem Zusammenhang ist das Wort „üblich" bedeutend hilfreicher als der Begriff „angemessen", der eine Wertung im Sinne des schwer zu handhabenden Grundsatzes von Treu und Glauben und des fairen Handelns verlangt und nicht die tatsächlich ausgeübte Praxis miteinbezieht. Unter gewissen Umständen wird man wohl entscheiden müssen, was „angemessen" ist. Aus den gegebenen Gründen hat sich jedoch das Wort „üblich" gegenüber dem Ausdruck „angemessen" in den Incoterms generell durchgesetzt.

„Abgaben" – „charges"

Im Zusammenhang mit der Verpflichtung, die Ware zur Einfuhr freizumachen, ist es wichtig festzustellen, welche „Abgaben" gemeint sind, die bei der Einfuhr der Ware anfallen. In den Incoterms 1990 wurde der Begriff „öffentliche Abgaben, die bei der Aus- und Einfuhr der Ware anfallen" unter DDP A6 benutzt. In den Incoterms 2000 wurde unter DDP A6 das Wort „öffentliche" gestrichen, da oft Unsicherheit bestand, ob ein Kostenpunkt eine „öffentliche" Abgabe war oder nicht. Eine Änderung der Bedeutung ist durch diese Streichung nicht beabsichtigt. Die zu zahlenden „Abgaben" sind solche, die sich durch den eigentlichen Importvorgang ergeben und die daher nach den anwendbaren Einfuhrbestimmungen zu zahlen sind. Zusätzliche Abgaben, die durch private Parteien im Zusammenhang mit dem Import der Ware in Rechnung gestellt werden, zählen nicht zu diesen Abgaben, wie z.B. Lagergebühren, die mit der Verpflichtung zur Freimachung in keinerlei Beziehung stehen. Die Erfüllung dieser Verpflichtung kann jedoch Kosten gegenüber Zollspediteuren oder Spediteuren verursachen, sollte die verpflichtete Partei diese Aufgaben nicht selbst ausführen.

obligation to take or accept delivery of the goods, an obligation which appears in the B4 clauses throughout Incoterms. Used in this second context, the word "delivery" means first that the buyer "accepts" the very nature of the "C"-terms, namely that the seller fulfils his obligations upon the shipment of the goods and, second that the buyer is obliged to receive the goods. This latter obligation is important so as to avoid unnecessary charges for storage of the goods until they have been collected by the buyer. Thus, for example under CFR and CIF contracts, the buyer is bound to accept delivery of the goods and to receive them from the carrier and if the buyer fails to do so, he may become liable to pay damages to the seller who has made the contract of carriage with the carrier or, alternatively, the buyer might have to pay demurrage charges resting upon the goods in order to obtain the carrier's release of the goods to him. When it is said in this context that the buyer must "accept delivery", this does not mean that the buyer has accepted the goods as conforming with the contract of sale, but only that he has accepted that the seller has performed his obligation to hand the goods over for carriage in accordance with the contract of carriage which he has to make under the A3 a) clauses of the "C"-terms. So, if the buyer upon receipt of the goods at destination were to find that the goods did not conform to the stipulations in the contract of sale, he would be able to use any remedies which the contract of sale and the applicable law gave him against the seller, matters which, as has already been mentioned, lie entirely outside the scope of Incoterms.

Where appropriate, Incoterms 2000 have used the expression "placing the goods at the disposal of" the buyer when the goods are made available to the buyer at a particular place. This expression is intended to bear the same meaning as that of the phrase "handing over the goods" used in the 1980 United Nations Convention on Contracts for the International Sale of Goods.

"usual"

The word "usual" appears in several terms, for example in EXW with respect to the time of delivery (A4) and in the "C"-terms with respect to the documents which the seller is obliged to provide and the contract of carriage which the seller must procure (A8, A3). It can, of course, be difficult to tell precisely what the word "usual" means, however, in many cases, it is possible to identify what persons in the trade usually do and this practice will then be the guiding light. In this sense, the word "usual" is rather more helpful than the word "reasonable", which requires an assessment not against the world of practice but against the more difficult principle of good faith and fair dealing. In some circumstances it may well be necessary to decide what is "reasonable". However, for the reasons given, in Incoterms the word "usual" has been generally preferred to the word "reasonable".

"charges"

With respect to the obligation to clear the goods for import it is important to determine what is meant by "charges" which must be paid upon import of the goods. In Incoterms 1990 the expression "official charges payable upon exportation and importation of the goods" was used in DDP A6. In Incoterms 2000 DDP A6 the word "official" has been deleted, the reason being that this word gave rise to some uncertainty when determining whether the charge was "official" or not. No change of substantive meaning was intended through this deletion. The "charges" which must be paid only concern such charges as are a necessary consequence of the import as such and which thus have to be paid according to the applicable import regulations. Any additional charges levied by private parties in connection with the import are not to be included in these charges, such as charges for storage unrelated to the clearance obligation. However, the performance of that obligation may well result in some costs to customs brokers or freight forwarders if the party bearing the obligation does not do the work himself.

„Häfen", „Orte", „Stellen" und „beim Verkäufer" – „ports", „places", „points" and „premises"

Was den Ort betrifft, an dem die Lieferverpflichtung zu erfüllen ist, werden in den Incoterms verschiedene Ausdrücke benutzt. In den Klauseln, die ausschließlich für den Seetransport benutzt werden – z.B. FAS, FOB, CRF, CIF, DES und DEQ – wurden die Begriffe „Verschiffungshafen" bzw. „Bestimmungshafen" benutzt. In allen anderen Fällen wurde das Wort „Ort" benutzt. In manchen Fällen wurde es für notwendig erachtet, auch eine „Stelle" innerhalb des Hafens oder des Orts zu benennen, da es für den Verkäufer wichtig sein könnte, nicht nur zu wissen, daß die Ware in einen bestimmten Bereich, z.b. eine Stadt, zu liefern ist, sondern auch, an welcher Stelle innerhalb jenes Bereichs die Ware dem Käufer zur Verfügung zu stellen ist. Solche Angaben fehlen oft in Kaufverträgen, und die Incoterms legen daher fest, daß, falls keine bestimmte Stelle innerhalb des benannten Ortes vereinbart wurde, und verschiedene Stellen in Betracht kommen, der Verkäufer die ihm am besten zusagende Stelle am Lieferort auswählen kann (vgl. z.B. FCA A4). Ist der Lieferort dem Bereich des Verkäufers zuzuordnen, so wurde der Ausdruck „beim Verkäufer" (FCA A4) benutzt.

Die englischen Begriffe „ship" und „vessel"

In den Klauseln, die zur Benutzung beim Seetransport der Ware bestimmt sind, werden die Ausdrücke „ship" und „vessel" synonym benutzt. Selbstverständlich ist das Wort „ship" zu benutzen, wenn es innerhalb der eigentlichen Handelsklausel vorkommt, wie in „frei Längsseite Schiff" (FAS) und „geliefert ab Schiff" (DES). In Anbetracht der traditionellen Benutzung des Ausdruckes „wenn die Ware die Schiffsreling überschritten hat" in der FOB-Klausel, ist auch hier das Wort „ship" zu benutzen.

Die englischen Begriffe „checking" und „inspection"

Unter den A9- und B9-Klauseln der Incoterms werden jeweils die Überschriften „checking – packaging and marking" und „inspection of the goods" benutzt. Obwohl die Worte „checking" und „inspection" die gleiche Bedeutung haben, erschien es angebracht, ersteres bezüglich der Verpflichtung des Verkäufers unter A4 zu benutzen und letzteres ausschließlich für den speziellen Fall einer Warenkontrolle vor der Verladung („pre-shipment inspection") anzuwenden, da eine solche Warenkontrolle nur verlangt wird, wenn der Käufer oder die Behörde des Export- oder Importlandes sicherstellen wollen, daß die Ware den Vertragsbestimmungen oder den offiziellen Vorschriften vor der Verschiffung entspricht.

7. Lieferverpflichtungen des Verkäufers

Die Incoterms stellen insbesondere auf die Lieferverpflichtung des Verkäufers ab. Die genaue Verteilung der im Zusammenhang mit der Lieferung der Ware durch den Verkäufer zu erfüllenden Leistungen und zu tragenden Kosten verursacht in der Regel keine Probleme, wenn die Parteien ständige Handelsbeziehungen miteinander unterhalten. Es etabliert sich zwischen ihnen eine gängige Praxis, an die sie sich bei Folgeverträgen genauso halten werden wie früher. Im Falle einer neuen Handelsbeziehung jedoch, oder wenn ein Vertrag durch Makler vermittelt wird – wie beim Rohstoffhandel häufig der Fall – müßte man die Bestimmungen des Kaufvertrages anwenden und, sieht dieser Vertrag die Anwendung der Incoterms 2000 vor, die darin vorgesehene Aufteilung der Leistungen bzw. der Kosten und der Risiken berücksichtigen.

Es wäre selbstverständlich erstrebenswert, wenn die Incoterms die Verpflichtungen der Parteien im Zusammenhang mit der Lieferung der Ware so detailliert wie möglich darstellen könnten. Verglichen mit den Incoterms 1990 sind bei bestimmten Punkten (vgl. z.B. FCA A4) dahingehende weitere Anstrengungen unternommen worden. Es war jedoch nicht möglich, in den FAS- und FOB-Klauseln unter A4 ganz auf eine Bezugnahme auf die Handelsbräuche zu verzichten („dem Hafenbrauch entsprechend"). Der Grund dafür ist, daß insbesondere im Rohstoffhandel die genaue Art und Weise, in der die Ware unter Verträgen mit FAS- und FOB-Klauseln zum Weitertransport angeliefert wird, an den verschiedenen Seehäfen unterschiedlich ist.

8. Kosten- und Gefahrenübergang

Die Gefahr des Verlusts oder der Beschädigung der Ware sowie die Pflicht, die durch die Ware bedingten Kosten zu tragen, geht vom Verkäufer auf den Käufer über, wenn der Verkäufer seine Verpflichtung zur Lieferung der Ware erfüllt hat. Da der Käufer keine Gelegenheit haben soll, diesen Übergang zu verzögern, legen alle Klauseln fest, daß der Kosten- und Gefahrenübergang auch vor der Lieferung liegen kann, wenn der Käufer die Ware nicht wie vereinbart abnimmt oder wenn er versäumt, Anweisungen zu geben (bezüglich des Verladetermins und/oder des Lieferorts), die der Verkäufer benötigt, um seine Lieferverpflichtung zu erfüllen. Als Vorbedingung für den vorgezogenen Übergang von Kosten und Gefahren gilt, daß die Ware als die für den Käufer bestimmte kenntlich gemacht wurde oder, wie in den Klauseln festgelegt, für ihn konkretisiert wurde (Absonderung).

"ports", "places", "points" and "premises"

So far as concerns the place at which the goods are to be delivered, different expressions are used in Incoterms. In the terms intended to be used exclusively for carriage of goods by sea – such as FAS, FOB, CFR, CIF, DES and DEQ – the expressions "port of shipment" and "port of destination" have been used. In all other cases the word "place" has been used. In some cases, it has been deemed necessary also to indicate a "point" within the port or place as it may be important for the seller to know not only that the goods should be delivered in a particular area like a city but also where within that area the goods should be placed at the disposal of the buyer. Contracts of sale would frequently lack information in this respect and Incoterms therefore stipulate that if no specific point has been agreed within the named place, and if there are several points available, the seller may select the point which best suits his purpose (as an example see FCA A4). Where the delivery point is the seller's "place" the expression "the seller's premises" (FCA A4) has been used.

"ship" and "vessel"

In the terms intended to be used for carriage of goods by sea, the expressions "ship" and "vessel" are used as synonyms. Needless to say, the term "ship" would have to be used when it is an ingredient in the trade term itself such as in "free alongside ship" (FAS) and "delivery ex ship" (DES). Also, in view of the traditional use of the expression "passed the ship's rail" in FOB, the word "ship" has had to be used in that connection.

"checking" and "inspection"

In the A9 and B9 clauses of Incoterms the headings "checking – packaging and marking" and "inspection of the goods" respectively have been used. Although the words "checking" and "inspection" are synonyms, it has been deemed appropriate to use the former word with respect to the seller's delivery obligation under A4 and to reserve the latter for the particular case when a "pre-shipment inspection" is performed, since such inspection normally is only required when the buyer or the authorities of the export or import country want to ensure that the goods conform with contractual or official stipulations before they are shipped.

7. The seller's delivery obligations

Incoterms focus on the seller's delivery obligation. The precise distribution of functions and costs in connection with the seller's delivery of the goods would normally not cause problems where the parties have a continuing commercial relationship. They would then establish a practice between themselves ("course of dealing") which they would follow in subsequent dealings in the same manner as they have done earlier. However, if a new commercial relationship is established or if a contract is made through the medium of brokers – as is common in the sale of commodities – one would have to apply the stipulations of the contract of sale and, whenever Incoterms 2000 have been incorporated into that contract, apply the division of functions, costs and risks following therefrom.

It would, of course, have been desirable if Incoterms could specify in as detailed a manner as possible the duties of the parties in connection with the delivery of the goods. Compared with Incoterms 1990, further efforts have been made in this respect in some specified instances (see for example FCA A4). But it has not been possible to avoid reference to customs of the trade in FAS and FOB A4 ("in the manner customary at the port"), the reason being that particularly in commodity trade the exact manner in which the goods are delivered for carriage in FAS and FOB contracts vary in the different sea ports.

8. Passing of risks and costs relating to the goods

The risk of loss of or damage to the goods, as well as the obligation to bear the costs relating to the goods, passes from the seller to the buyer when the seller has fulfilled his obligation to deliver the goods. Since the buyer should not be given the possibility to delay the passing of the risk and costs, all terms stipulate that the passing of risk and costs may occur even before delivery, if the buyer does not take delivery as agreed or fails to give such instructions (with respect to time for shipment and/or place for delivery) as the seller may require in order to fulfil his obligation to deliver the goods. It is a requirement for such premature passing of risk and costs that the goods have been identified as intended for the buyer or, as is stipulated in the terms, set aside for him (appropriation).

Diese Bedingung ist besonders bei der EXW-Klausel von Wichtigkeit, da bei den übrigen Klauseln die Ware normalerweise als für den Käufer bestimmte Ware konkretisiert wird, wenn Maßnahmen für die Verladung oder den Versand („F"- und „C"-Klauseln) oder die Lieferung am Bestimmungsort („D"-Klauseln) getroffen wurden. In Ausnahmefällen jedoch kann die Ware vom Verkäufer als eine Gesamtladung angeliefert worden sein, ohne Identifizierung des für den jeweiligen Käufer bestimmten Anteils; in solchen Fällen liegt der Zeitpunkt für den Übergang der Kosten und Gefahren nicht vor der oben erwähnten Absonderung der Ware (vgl. auch Art. 69, Abs. 3 des UN-Übereinkommens von 1980 über Verträge des internationalen Warenkaufs).

9. Die Klauseln

9.1 **Die „E"-Klausel ist die Klausel, die die Mindestverpflichtung für den Verkäufer darstellt:** der Verkäufer hat die Ware lediglich am benannten Ort – in der Regel auf seinem eigenen Gelände – dem Käufer zur Verfügung zu stellen. Andererseits ist der Verkäufer in der Praxis häufig dem Käufer bei der Verladung der Ware auf dessen Abholfahrzeug behilflich. Obwohl EXW diese Tatsache besser widerspiegeln würde, wenn die Verpflichtungen des Verkäufers um die Verladung der Ware erweitert würden, wurde es als günstiger erachtet, den traditionellen Grundsatz der Mindestverpflichtung des Verkäufers unter der EXW-Klausel beizubehalten, um ihn in den Fällen anwenden zu können, in denen der Verkäufer keinerlei Verpflichtung im Zusammenhang mit der Verladung der Ware übernehmen möchte. Wünscht der Käufer, daß der Verkäufer weitere Leistungen erbringt, sollte dies im Kaufvertrag ausdrücklich klargestellt werden.

9.2 **Nach den „F"-Klauseln** hat der Verkäufer, die Ware so zur Beförderung zu übergeben, wie es der Käufer angewiesen hat. Die Stelle, an der die Parteien gemäß der FCA-Klausel die Übergabe vorsehen, bereitet durch die vielen unterschiedlichen Umstände, die sich bei Verträgen mit dieser Klausel ergeben, oft Schwierigkeiten. So kann die Ware auf ein abholendes Fahrzeug verladen werden, das der Käufer geschickt hat, um die Ware beim Verkäufer aufzunehmen; alternativ ist es möglich, daß die Ware von einem Fahrzeug abzuladen ist, das der Verkäufer geschickt hat, um die Ware an einem vom Käufer benannten Terminal zu übergeben. Die Incoterms 2000 berücksichtigen diese Alternativen, indem sie bestimmen, daß, wenn es sich bei dem im Vertrag benannten Lieferort um einen Ort beim Verkäufer handelt, die Übergabe vollendet ist, wenn die Ware auf das abholende Fahrzeug des Käufers verladen wurde, und in den anderen Fällen die Lieferung vollendet ist, wenn die Ware dem Käufer zur Verfügung gestellt wurde, ohne daß sie vom Fahrzeug des Verkäufers abzuladen ist. Die in den Incoterms 1990 unter FCA A4 erwähnten Unterschiede für verschiedene Transportarten enthalten die Incoterms 2000 nicht mehr.

Die **Übergabestelle** unter FOB, die auch für CFR und CIF gilt, bleibt trotz eingehender Diskussion unverändert. Obwohl der Begriff unter FOB, die Ware „über die Schiffsreling" zu liefern, heutzutage in vielen Fällen ungeeignet erscheinen mag, ist er dennoch für Kaufleute verständlich und wird in einer Art angewandt, die das Gut und die verfügbaren Lademöglichkeiten berücksichtigt. Es wird davon ausgegangen, daß eine Änderung der FOB-Übergabestelle unnötige Verwirrung schaffen würde, insbesondere im Handel mit Rohstoffen, die typischerweise unter Charterverträgen über See transportiert werden.

Bedauerlicherweise benutzen einige Kaufleute den Begriff „FOB" lediglich, um damit eine beliebige Übergabestelle anzuzeigen – wie „FOB Fabrik", „FOB Anlage", „FOB ab Werk des Verkäufers" oder andere Stellen im Inland – wobei sie die tatsächliche Bedeutung der Abkürzung übersehen: **F**ree **O**n **B**oard (frei an Bord). Es bleibt dabei, daß eine solche Verwendung von „FOB" Verwirrung schafft und vermieden werden sollte.

Es gibt eine bedeutende Veränderung in der FAS-Klausel im Hinblick auf die Verpflichtung, die Ware zur Ausfuhr freizumachen, da es allgemeine Praxis zu sein scheint, diese Pflicht eher dem Verkäufer als dem Käufer aufzuerlegen. Um sicher zu stellen, daß diese Veränderung gebührend beachtet wird, erscheint sie in Großbuchstaben in der Präambel zu FAS.

9.3 **Die C-Klauseln** sehen vor, daß der Verkäufer auf eigene Rechnung in der üblichen Weise den Beförderungsvertrag abschließt. Folglich muß nach Angabe der in Frage kommenden „C"-Klausel der Ort genannt werden, bis zu dem er die Beförderungskosten zu bezahlen hat. Gemäß den CIF- und CIP-Klauseln hat der Verkäufer außerdem auf eigene Kosten für Versicherungsschutz zu sorgen. Da der Zeitpunkt der Kostenteilung im Bestimmungsland liegt, werden die „C"-Klauseln oft irrtümlich

This requirement is particularly important under EXW, since under all other terms the goods would normally have been identified as intended for the buyer when measures have been taken for their shipment or dispatch ("F"- and "C"-terms) or their delivery at destination ("D"-terms). In exceptional cases, however, the goods may have been sent from the seller in bulk without identification of the quantity for each buyer and, if so, passing of risk and cost does not occur before the goods have been appropriated as aforesaid (cf. also article 69.3 of the 1980 United Nations Convention on Contracts for the International Sale of Goods).

9. The terms

9.1 **The "E"-term is the term in which the seller's obligation is at its minimum:** the seller has to do no more than place the goods at the disposal of the buyer at the agreed place – usually at the seller's own premises. On the other hand, as a matter of practical reality, the seller would frequently assist the buyer in loading the goods on the latter's collecting vehicle. Although EXW would better reflect this if the seller's obligations were to be extended so as to include loading, it was thought desirable to retain the traditional principle of the seller's minimum obligation under EXW so that it could be used for cases where the seller does not wish to assume any obligation whatsoever with respect to the loading of the goods. If the buyer wants the seller to do more, this should be made clear in the contract of sale.

9.2 **The "F"-terms** require the seller to deliver the goods for carriage as instructed by the buyer. The point at which the parties intend delivery to occur in the FCA term has caused difficulty because of the wide variety of circumstances which may surround contracts covered by this term. Thus, the goods may be loaded on a collecting vehicle sent by the buyer to pick them up at the seller's premises; alternatively, the goods may need to be unloaded from a vehicle sent by the seller to deliver the goods at a terminal named by the buyer. Incoterms 2000 take account of these alternatives by stipulating that, when the place named in the contract as the place of delivery is the seller's premises, delivery is complete when the goods are loaded on the buyer's collecting vehicle and, in other cases, delivery is complete when the goods are placed at the disposal of the buyer not unloaded from the seller's vehicle. The variations mentioned for different modes of transport in FCA A4 of Incoterms 1990 are not repeated in Incoterms 2000.

The **delivery point** under FOB, which is the same under CFR and CIF, has been left unchanged in Incoterms 2000 in spite of a considerable debate. Although the notion under FOB to deliver the goods "across the ship's rail" nowadays may seem inappropriate in many cases, it is nevertheless understood by merchants and applied in a manner which takes account of the goods and the available loading facilities. It was felt that a change of the FOB-point would create unnecessary confusion, particularly with respect to sale of commodities carried by sea typically under charter parties.

Unfortunately, the word "FOB" is used by some merchants merely to indicate any point of delivery – such as "FOB factory", "FOB plant", "FOB Ex seller's works" or other inland points – thereby neglecting what the abbreviation means: **F**ree **O**n **B**oard. It remains the case that such use of "FOB" tends to create confusion and should be avoided.

There is an important change of FAS relating to the obligation to clear the goods for export, since it appears to be the most common practice to put this duty on the seller rather than on the buyer. In order to ensure that this change is duly noted it has been marked with capital letters in the preamble of FAS.

9.3 **The "C"-terms** require the seller to contract for carriage on usual terms at his own expense. Therefore, a point up to which he would have to pay transport costs must necessarily be indicated after the respective "C"-term. Under the CIF and CIP terms the seller also has to take out insurance and bear the insurance cost. Since the point for the division of costs is fixed at a point in the country of destination, the "C"-terms are frequently mistakenly believed to be arrival contracts, in which the seller would bear all risks and costs until the goods have actually arrived at the agreed point. However, it

als Ankunftsverträge angesehen, bei denen der Verkäufer alle Risiken und Kosten trägt, bis die Ware tatsächlich am benannten Ort angekommen ist. Es muß jedoch immer wieder ausdrücklich betont werden, daß die „C"-Klauseln den „F"-Klauseln insoweit gleichstehen, als der Verkäufer seine vertraglichen Verpflichtungen im Verschiffungs- bzw. Versandland erfüllt. Demgemäß fallen Kaufverträge mit „C"-Klauseln wie Kaufverträge mit „F"-Klauseln in die Kategorie der Absendeverträge.

Es gehört zum Wesen von Absendeverträgen, daß zwar der Verkäufer die normalen Transportkosten für den üblichen Transportweg in der üblichen Art und Weise zum vereinbarten Bestimmungsort tragen muß, die Gefahren für Verlust oder Beschädigung der Ware sowie zusätzliche Kosten, die aufgrund von nach Übergabe der Ware zum Transport entstehenden Ereignissen eintreten, jedoch zu Lasten des Käufers gehen. Somit unterscheiden sich die „C"-Klauseln von allen anderen Klauseln dadurch, daß es zwei „kritische" Punkte gibt; zum einen denjenigen, bis zu dem der Verkäufer verpflichtet ist, den Beförderungsvertrag abzuschließen und die Beförderungskosten zu tragen, und zum anderen den des Gefahrenübergangs. Aus diesem Grund ist größte Aufmerksamkeit notwendig, wenn man den Verpflichtungen des Verkäufers nach den „C"-Klauseln Verpflichtungen hinzufügt, die über den oben erwähnten „kritischen" Zeitpunkt des Gefahrenübergangs hinauswirken. Der wesentliche Gehalt der „C"-Klauseln ist, den Verkäufer von weiteren Kosten und Gefahren freizustellen, nachdem er seine vertraglichen Verpflichtungen durch Abschluß des Beförderungsvertrags und Übergabe der Ware an den Frachtführer und, im Falle der CIF- und CIP-Klauseln, Versicherung der Ware erfüllt hat.

Daß die „C"-Klauseln „Absendeverträge" („shipment contracts") sind, wird auch durch die verbreitete Anwendung von Dokumentenakkreditiven als bevorzugtem Zahlungsmodus bei solchen Klauseln unterstrichen. Wenn die Parteien im Kaufvertrag vereinbart haben, daß an den Verkäufer aus einem Akkreditiv gegen Vorlage der vereinbarten Dokumente bei einer Bank gezahlt wird, widerspräche es dem zentralen Zweck des Dokumentenakkreditivs, wenn der Verkäufer weitere Kosten und Risiken tragen müßte, nachdem in einem Akkreditivgeschäft Zahlung geleistet oder nachdem die Ware versandt oder verschifft wurde. Selbstverständlich hat der Verkäufer alle dem Frachtführer zustehenden Kosten zu tragen, unabhängig davon, ob die Frachtkosten bei der Verschiffung im voraus gezahlt werden müssen oder erst am Bestimmungsort zahlbar sind (freight collect); zusätzliche Kosten, die erst aufgrund von Ereignissen nach der Verschiffung entstehen, müssen zwangsläufig vom Käufer beglichen werden.

Hat der Verkäufer einen Beförderungsvertrag abzuschließen, der die Zahlung aller Zölle, Steuern und anderer Abgaben einschließt, müssen diese Kosten selbstverständlich vom Verkäufer getragen werden, und zwar in dem Umfang, in dem sie unter besagtem Vertrag ihm zugeteilt sind. Alle „C"-Klauseln enthalten nunmehr unter A6 ausdrücklich diese Regelung.

Ist es üblich, mehrere Beförderungsverträge abzuschließen, bei denen die Ware an verschiedenen Orten umgeladen werden muß, um den vereinbarten Bestimmungsort zu erreichen, so muß der Verkäufer alle Transportkosten tragen, einschließlich der Kosten, die bei der Umladung von einem Transportmittel auf das andere entstehen. Wenn jedoch der Frachtführer Rechte aus einer Umladeklausel – oder einer ähnlichen Klausel – geltend macht, um unerwarteten Hindernissen aus dem Weg zu gehen (z.B. Eis, Stau, Arbeitsstörungen, Regierungsanordnungen, Krieg oder kriegsähnliche Zustände), gehen die hierdurch bedingten zusätzlichen Kosten zu Lasten des Käufers, da die Pflicht des Verkäufers sich im Abschluß des üblichen Beförderungsvertrages erschöpft.

Es kommt verhältnismäßig häufig vor, daß die Parteien des Kaufvertrags klarstellen möchten, inwieweit der vom Verkäufer abzuschließende Beförderungsvertrag die Entladungskosten einschließen soll. Da solche Kosten üblicherweise in den Frachtkosten inbegriffen sind, wenn die Ware von einer regulären Schiffahrtsgesellschaft befördert wird, legt der Kaufvertrag oft fest, daß die Ware in dieser Weise oder zumindest gemäß den „liner terms" befördert werden muß. In anderen Fällen wird das Wort „landed" der CFR- oder CIF-Klausel hinzugefügt. Trotzdem ist es nicht ratsam, den „C"-Klauseln abgekürzte Zusatzvermerke hinzuzufügen, sofern nicht in dem betreffenden Handelszweig die Bedeutung der Abkürzungen einwandfrei verstanden wird und von den Vertragsparteien, dem anzuwendenden Recht oder einem Handelsbrauch anerkannt ist.

must be stressed that the "C"-terms are of the same nature as the "F"-terms in that the seller fulfils the contract in the country of shipment or dispatch. Thus, the contracts of sale under the "C"-terms, like the contracts under the "F"-terms, fall within the category of shipment contracts.

It is in the nature of shipment contracts that, while the seller is bound to pay the normal transport cost for the carriage of the goods by a usual route and in a customary manner to the agreed place, the risk of loss of or damage to the goods, as well as additional costs resulting from events occurring after the goods having been appropriately delivered for carriage, fall upon the buyer. Hence, the "C"-terms are distinguishable from all other terms in that they contain two "critical" points, one indicating the point to which the seller is bound to arrange and bear the costs of a contract of carriage and another one for the allocation of risk. For this reason, the greatest caution must be observed when adding obligations of the seller to the "C"-terms which seek to extend the seller's responsibility beyond the aforementioned "critical" point for the allocation of risk. It is of the very essence of the "C"-terms that the seller is relieved of any further risk and cost after he has duly fulfilled his contract by contracting for carriage and handing over the goods to the carrier and by providing for insurance under the CIF- and CIP-terms.

The essential nature of the "C"-terms as shipment contracts is also illustrated by the common use of documentary credits as the preferred mode of payment used in such terms. Where it is agreed by the parties to the sale contract that the seller will be paid by presenting the agreed shipping documents to a bank under a documentary credit, it would be quite contrary to the central purpose of the documentary credit for the seller to bear further risks and costs after the moment when payment had been made under documentary credits or otherwise upon shipment and dispatch of the goods. Of course, the seller would have to bear the cost of the contract of carriage irrespective of whether freight is pre-paid upon shipment or is payable at destination (freight collect); however, additional costs which may result from events occurring subsequent to shipment and dispatch are necessarily for the account of the buyer.

If the seller has to provide a contract of carriage which involves payment of duties, taxes and other charges, such costs will, of course, fall upon the seller to the extent that they are for his account under that contract. This is now explicitly set forth in the A6 clause of all "C"-terms.

If it is customary to procure several contracts of carriage involving transhipment of the goods at intermediate places in order to reach the agreed destination, the seller would have to pay all these costs, including any costs incurred when the goods are transhipped from one means of conveyance to the other. If, however, the carrier exercised his rights under a transhipment – or similar clause – in order to avoid unexpected hindrances (such as ice, congestion, labour disturbances, government orders, war or warlike operations) then any additional cost resulting therefrom would be for the account of the buyer, since the seller's obligation is limited to procuring the usual contract of carriage.

It happens quite often that the parties to the contract of sale wish to clarify the extent to which the seller should procure a contract of carriage including the costs of discharge. Since such costs are normally covered by the freight when the goods are carried by regular shipping lines, the contract of sale will frequently stipulate that the goods are to be so carried or at least that they are to be carried under "liner terms". In other cases, the word "landed" is added after CFR or CIF. However, it is advisable not to use abbreviations added to the "C"-terms unless, in the relevant trade, the meaning of the abbreviations is clearly understood and accepted by the contracting parties or under any applicable law or custom of the trade.

Auf keinen Fall sollte der Verkäufer – was er auch gar nicht ohne Änderung des Wesens der „C"-Klauseln kann – eine Verpflichtung bezüglich der Ankunft der Ware am Bestimmungsort eingehen, da der Käufer das Risiko bezüglich Verzögerungen während des Transports trägt. Daher muß sich jede zeitliche Verpflichtung auf den Verschiffungs- oder Versandort beziehen, z.B. „Verschiffung (Versand) spätestens bis ...". Eine Vereinbarung, wie z.B. „CFR Hamburg spätestens bis ..." ist nicht eindeutig, da sie unterschiedlich ausgelegt werden kann. Diese Vereinbarung könnte einmal bedeuten, daß die Ware zum genannten Zeitpunkt in Hamburg ankommen soll, was einen Ankunfts- und keinen Absendevertrag darstellen würde, oder sie könnte so zu verstehen sein, daß der Verkäufer die Ware so rechtzeitig verladen soll, daß sie unter normalen Umständen vor dem genannten Zeitpunkt in Hamburg ankommen wird, wenn der Transport sich nicht durch unvorhergesehene Ereignisse verzögert.

Es kommt im Rohstoffhandel vor, daß die Ware während des Transports auf See gekauft wird. In solchen Fällen wird das Wort „schwimmend" der Klausel hinzugefügt. Da gemäß den CFR- und CIF-Klauseln die Gefahr des Verlusts oder der Beschädigung der Ware vor diesem Zeitpunkt schon vom Verkäufer auf den Käufer übergegangen ist, kann es zu Auslegungsschwierigkeiten kommen. Es ist auf der einen Seite möglich, die übliche Auslegung der CFR- und CIF-Klauseln bezüglich des Gefahrenübergangs vom Verkäufer auf den Käufer aufrechtzuerhalten; d.h. daß die Gefahr bei Überschreitung der Schiffsreling übergeht; dies würde bedeuten, daß der Käufer Risiken für Schäden übernimmt, die bei Abschluß des Kaufvertrags schon eingetreten sind. Die andere Möglichkeit ist, die Gefahr im Zeitpunkt des Vertragsabschlusses übergehen zu lassen. Die erste Alternative kann sich als zweckmäßiger erweisen, denn es ist normalerweise nicht möglich, den Zustand der Ware während des Transports festzustellen. Aus diesem Grund wird im UN-Übereinkommen von 1980 über Verträge des internationalen Warenkaufs, Artikel 68, festgelegt, daß „die Gefahr bereits im Zeitpunkt der Übergabe der Ware an den Beförderer, der die Dokumente über den Beförderungsvertrag ausgestellt hat, von dem Käufer übernommen wird, falls die Umstände diesen Schluß nahelegen". Eine Ausnahme gilt, wenn „der Verkäufer bei Abschluß des Kaufvertrags wußte oder wissen mußte, daß die Ware untergegangen oder beschädigt war und er dies dem Käufer nicht offenbart hat". Demzufolge ist die Auslegung der CFR- oder CIF-Klausel mit dem Zusatz „schwimmend" von dem auf den Kaufvertrag anwendbaren Recht abhängig. Es wird den Parteien empfohlen, sich Kenntnis vom anzuwendenden Recht zu beschaffen sowie von den bei Anwendung dieses Rechts zu erwartenden Konsequenzen. Etwaige Zweifelsfälle sollten die Parteien in ihrem Kaufvertrag regeln.

In der Praxis benutzen die Parteien häufig noch die traditionelle Bezeichnung C&F (oder C und F, C+F), wenngleich sie in vielen Fällen diesen Ausdruck dem Anschein nach in dem Sinne von CFR verstehen. Um Schwierigkeiten bei der Auslegung ihres Vertrages zu vermeiden, sollten die Parteien die korrekte Incoterm-Klausel zitieren, nämlich CFR, da dies die einzige weltweit anerkannte Standardabkürzung für die Klausel „Kosten und Fracht (... benannter Bestimmungshafen)" ist.

In den Incoterms 1990 hatte der Verkäufer unter A8 der CFR- und CIF-Klauseln ein Exemplar des Chartervertrags zu übergeben, wenn das Transportdokument (üblicherweise ein Konnossement) einen Hinweis auf einen Chartervertrag enthält, z.B. häufig durch den Vermerk „alle andere Vereinbarungen und Bedingungen gemäß dem Chartervertrag". Obwohl die Vertragsparteien immer über die Bestimmungen des Vertrags informiert sein müßten - vorzugsweise bei Vertragsabschluß - scheint es in der Praxis problematisch zu sein, den Chartervertrag wie oben verlangt zur Verfügung zu stellen; dies gilt insbesondere im Zusammenhang mit Akkreditivgeschäften. Die Pflicht des Verkäufers unter den CFR- und CIF-Klauseln, eine Kopie des Chartervertrags gleichzeitig mit anderen Transportdokumenten zu übergeben, entfällt mit den Incoterms 2000.

Obwohl die A8-Bedingungen der Incoterms sicherstellen sollen, daß der Verkäufer dem Käufer „den Nachweis der Lieferung der Ware" zu erbringen hat, ist zu betonen, daß der Verkäufer diese Bedingung erfüllt, wenn er den „üblichen" Nachweis erbringt. Unter den CPT- und CIP-Klauseln ist dies das „übliche Transportdokument", während unter den CFR- und CIF-Klauseln ein Konnossement oder ein Seefrachtbrief gemeint ist. Die Transportdokumente müssen „rein" sein, d.h. sie dürfen keine Klauseln oder Vermerke enthalten, die ausdrücklich einen schadhaften Zustand der Ware und/oder der Verpackung feststellen. Erscheinen solche Klauseln oder Vermerke in einem Dokument, gilt es als „unrein" und wird von den Banken in einem Akkreditivgeschäft nicht angenommen. Merken sollte man sich jedoch, daß auch ein Transportdokument ohne solche Klauseln oder Vermerke

In particular, the seller should not – and indeed could not, without changing the very nature of the "C"-terms – undertake any obligation with respect to the arrival of the goods at destination, since the risk of any delay during the carriage is borne by the buyer. Thus, any obligation with respect to time must necessarily refer to the place of shipment or dispatch, for example, "shipment (dispatch) not later than...". An agreement for example, "CFR Hamburg not later than..." is really a misnomer and thus open to different possible interpretations. The parties could be taken to have meant either that the goods must actually arrive at Hamburg at the specified date, in which case the contract is not a shipment contract but an arrival contract or, alternatively, that the seller must ship the goods at such a time that they would normally arrive at Hamburg before the specified date unless the carriage would have been delayed because of unforeseen events.

It happens in commodity trades that goods are bought while they are at sea and that, in such cases, the word "afloat" is added after the trade term. Since the risk of loss of or damage to the goods would then, under the CFR- and CIF-terms, have passed from the seller to the buyer, difficulties of interpretation might arise. One possibility would be to maintain the ordinary meaning of the CFR- and CIF-terms with respect to the allocation of risk between seller and buyer, namely that risk passes on shipment: this would mean that the buyer might have to assume the consequences of events having already occurred at the time when the contract of sale enters into force. The other possibility would be to let the passing of the risk coincide with the time when the contract of sale is concluded. The former possibility might well be practical, since it is usually impossible to ascertain the condition of the goods while they are being carried. For this reason the 1980 United Nations Convention on Contracts for the International Sale of Goods article 68 stipulates that "if the circumstances so indicate, the risk is assumed by the buyer from the time the goods were handed over to the carrier who issued the documents embodying the contract of carriage". There is, however, an exception to this rule when "the seller knew or ought to have known that the goods had been lost or damaged and did not disclose this to the buyer". Thus, the interpretation of a CFR- or CIF-term with the addition of the word "afloat" will depend upon the law applicable to the contract of sale. The parties are advised to ascertain the applicable law and any solution which might follow therefrom. In case of doubt, the parties are advised to clarify the matter in their contract.

In practice, the parties frequently continue to use the traditional expression C&F (or C and F, C+F). Nevertheless, in most cases it would appear that they regard these expressions as equivalent to CFR. In order to avoid difficulties of interpreting their contract the parties should use the correct Incoterm which is CFR, the only world-wide-accepted standard abbreviation for the term "Cost and Freight (... named port of destination)".

CFR and CIF in A8 of Incoterms 1990 obliged the seller to provide a copy of the charterparty whenever his transport document (usually the bill of lading) contained a reference to the charterparty, for example, by the frequent notation "all other terms and conditions as per charterparty". Although, of course, a contracting party should always be able to ascertain all terms of his contract – preferably at the time of the conclusion of the contract – it appears that the practice to provide the charterparty as aforesaid has created problems particularly in connection with documentary credit transactions. The obligation of the seller under CFR and CIF to provide a copy of the charterparty together with other transport documents has been deleted in Incoterms 2000.

Although the A8 clauses of Incoterms seek to ensure that the seller provides the buyer with "proof of delivery", it should be stressed that the seller fulfils that requirement when he provides the "usual" proof. Under CPT and CIP it would be the "usual transport document" and under CFR and CIF a bill of lading or a sea waybill. The transport documents must be "clean", meaning that they must not contain clauses or notations expressly declaring a defective condition of the goods and/or the packaging. If such clauses or notations appear in the document, it is regarded as "unclean" and would then not be accepted by banks in documentary credit transactions. However, it should be noted that a transport document even without such clauses or notations would usually not provide

dem Käufer in der Regel keinen unwiderlegbaren Beweis gegenüber dem Frachtführer liefert, daß der Zustand der Ware zum Zeitpunkt der Verschiffung den Vorgaben des Kaufvertrages entsprach. In der Regel wird der Frachtführer in einem Standardtext auf der ersten Seite des Transportdokuments die Verantwortung für Angaben über die Ware ablehnen, indem er darauf hinweist, daß die in dem Transportdokument erwähnten Einzelheiten Erklärungen des Verladers sind und daß daher die Information, wie sie im Dokument enthalten ist, nur „nach Angaben des Verladers" ist. Unter den meisten Vorschriften des anwendbaren Rechts und anderen Grundsätzen muß der Frachtführer die Richtigkeit der Information zumindest mit angemessenen Mitteln überprüfen. Kommt er dieser Verpflichtung nicht nach, kann er sich gegenüber dem Absender schadenersatzpflichtig machen. Beim Containertransport jedoch hat der Frachtführer keine Möglichkeit, den Inhalt der Container zu prüfen, es sei denn, er war selbst für das Laden des Containers verantwortlich.

Es gibt lediglich zwei Klauseln, die die Versicherung der Ware behandeln, die CIF- und die CIP-Klauseln. Unter diesen Klauseln ist der Verkäufer verpflichtet, dem Käufer Versicherungsschutz zu beschaffen. In anderen Fällen obliegt es den Parteien, selbst zu entscheiden, ob und in welchem Umfang sie sich versichern wollen. Da der Verkäufer den Versicherungsvertrag zugunsten des Käufers abzuschließen hat, kann er die präzisen Wünsche des Käufers nicht kennen. Nach den Institute Cargo Clauses des Institute of London Underwriters wird unter Clause C eine „Mindestdeckung", unter Clause B eine „mittlere Deckung" und unter Clause A die „Höchstdeckung" angeboten. Da im Rohstoffhandel unter einer CIF-Klausel der Käufer die Ware während des Transports unter Umständen an einen weiteren Käufer verkaufen will, der seinerseits die Ware eventuell ebenfalls weiterverkauft, ist es nicht möglich, die passende Versicherungsdeckung für solche Folgekäufer vorherzusehen. Es wird daher unter der CIF-Klausel traditionell die Mindestdeckung gewählt, wobei dem Käufer die Möglichkeit offensteht, vom Verkäufer einen zusätzlichen Versicherungsschutz zu verlangen. Die Mindestdeckung ist jedoch ungeeignet im Falle von Fertigware, bei der die Gefahr von Diebstahl, geringfügigem Diebstahl, unsachgemäßer Handhabung oder Aufbewahrung der Ware eine umfassendere Deckung verlangt als die, die unter Clause C angeboten wird. Da die CIP-Klausel, im Gegensatz zu der CIF-Klausel, normalerweise nicht im Rohstoffhandel verwendet wird, wäre es praktikabel gewesen, unter der CIP-Klausel die Höchstdeckung anstelle der unter der CIF-Klausel vorgesehenen Mindestdeckung zu wählen. Allerdings hätte eine unterschiedliche Gestaltung der Verkäuferpflicht bei den CIF- und CIP-Klauseln Unsicherheit hervorgerufen, so daß bei beiden Klauseln die Verpflichtung des Verkäufers, eine Versicherung abzuschließen, auf die Mindestdeckung beschränkt wurde. Der CIP-Käufer sollte daher, falls er einen höheren Schutz benötigt, ausdrücklich darauf achten, daß er mit dem Verkäufer vereinbart, daß letzterer für eine höhere Deckung sorgt. Ansonsten hat er selbst die Möglichkeit, für zusätzlichen Versicherungsschutz zu sorgen. Es gibt außerdem besondere Umstände, in denen der Käufer eine noch höhere Deckung beschaffen möchte, als die durch die Institute Clause A gebotene, z.B. eine Versicherung gegen Krieg, Aufruhr, innere Unruhen, Streiks oder andere Arbeitsstörungen. Wünscht er, daß der Verkäufer einen solchen Versicherungsschutz besorgt, so muß er ihm entsprechende Anweisungen geben und der Verkäufer muß den gewünschten Versicherungsvertrag, falls in dieser Form verfügbar, abschließen.

9.4 **Die „D"-Klauseln** unterscheiden sich wesentlich von den „C"-Klauseln, da der Verkäufer nach den „D"-Klauseln für die Ankunft der Ware am vereinbarten Ort oder an der benannten Stelle an der Grenze oder innerhalb des **Einfuhrlandes** verantwortlich ist. Der Verkäufer hat alle Gefahren und Kosten bis zur Ankunft der Ware an diesem Ort zu tragen. Die „D"-Klauseln entsprechen daher **Ankunftsverträgen**, während die „C"-Klauseln **Absendeverträge** darstellen.

Außer bei DDP ist der Verkäufer unter den „D"-Klauseln nicht verpflichtet, die Ware im **Bestimmungsland** zur Einfuhr freizumachen.

Es war bisher unter DEQ üblich, daß der Verkäufer die Ware zur Einfuhr freizumachen hatte, da die Ware am Kai abzuliefern war und dadurch in das Einfuhrland eingeliefert wurde. Aufgrund von Änderungen der Zollformalitäten in den meisten Ländern, ist es heute angemessener, wenn die Partei, die in dem betreffenden Land wohnhaft ist, die Erledigung der Einfuhrformalitäten sowie die Zahlung der Zölle und anderen Kosten übernimmt. Die Änderung der DEQ-Klausel ist daher aus demselben Grund wie die oben erwähnte Änderung der FAS-Klausel eingeführt worden. Sowohl bei der FAS- wie auch bei der DEQ-Klausel ist diese Änderung in der Präambel durch Blockschrift hervorgehoben.

the buyer with incontrovertible proof as against the carrier that the goods were shipped in conformity with the stipulations of the contract of sale. Usually, the carrier would, in standardized text on the front page of the transport document, refuse to accept responsibility for information with respect to the goods by indicating that the particulars inserted in the transport document constitute the shipper's declarations and therefore that the information is only "said to be" as inserted in the document. Under most applicable laws and principles, the carrier must at least use reasonable means of checking the correctness of the information and his failure to do so may make him liable to the consignee. However, in container trade, the carrier's means of checking the contents in the container would not exist unless he himself was responsible for stowing the container.

There are only two terms which deal with insurance, namely CIF and CIP. Under these terms the seller is obliged to procure insurance for the benefit of the buyer. In other cases it is for the parties themselves to decide whether and to what extent they want to cover themselves by insurance. Since the seller takes out insurance for the benefit of the buyer, he would not know the buyer's precise requirements. Under the Institute Cargo Clauses drafted by the Institute of London Underwriters, insurance is available in "minimum cover" under Clause C, "medium cover" under Clause B and "most extended cover" under Clause A. Since in the sale of commodities under the CIF term the buyer may wish to sell the goods in transit to a subsequent buyer who in turn may wish to resell the goods again, it is impossible to know the insurance cover suitable to such subsequent buyers and, therefore, the minimum cover under CIF has traditionally been chosen with the possibility for the buyer to require the seller to take out additional insurance. Minimum cover is however unsuitable for sale of manufactured goods where the risk of theft, pilferage or improper handling or custody of the goods would require more than the cover available under Clause C. Since CIP, as distinguished from CIF, would normally not be used for the sale of commodities, it would have been feasible to adopt the most extended cover under CIP rather than the minimum cover under CIF. But to vary the seller's insurance obligation under CIF and CIP would lead to confusion and both terms therefore limit the seller's insurance obligation to the minimum cover. It is particularly important for the CIP-buyer to observe this: should additional cover be required, he should agree with the seller that the latter could take out additional insurance or, alternatively, arrange for extended insurance cover himself. There are also particular instances where the buyer may wish to obtain even more protection than is available under Institute Clause A, for example insurance against war, riots, civil commotion, strikes or other labour disturbances. If he wishes the seller to arrange such insurance he must instruct him accordingly in which case the seller would have to provide such insurance if procurable.

9.4 **The "D"-terms** are different in nature from the "C"-terms, since the seller according to the "D"-terms is responsible for the arrival of the goods at the agreed place or point of destination at the border or within **the country of import.** The seller must bear all risks and costs in bringing the goods thereto. Hence, the "D"-terms signify **arrival contracts**, while the "C"-terms evidence departure (shipment) **contracts.**

Under the "D"-terms except DDP the seller does not have to deliver the goods cleared for import **in the country of destination**.

Traditionally, the seller had the obligation to clear the goods for import under DEQ, since the goods had to be landed on the quay and thus were brought into the country of import. But owing to changes in customs clearance procedures in most countries, it is now more appropriate that the party domiciled in the country concerned undertakes the clearance and pays the duties and other charges. Thus, a change in DEQ has been made for the same reason as the change in FAS previously mentioned. As in FAS, in DEQ the change has been marked with capital letters in the preamble.

Offensichtlich werden in vielen Ländern Handelsklauseln verwendet, die nicht zu den Incoterms gehören, insbesondere im Eisenbahnverkehr („frei Grenze", „franco border", „franco-frontière"). Es ist jedoch unter solchen Klauseln in der Regel nicht beabsichtigt, daß der Verkäufer die Gefahr des Verlusts von oder der Beschädigung der Ware während des Transports bis zur Grenze übernehmen soll. Die Benutzung der CPT-Klausel mit Bestimmungsort „Grenze" ist unter diesen Umständen vorteilhafter. Sollten die Parteien jedoch beabsichtigen, daß der Verkäufer die Gefahren während des Transports übernimmt, so ist die DAF-Klausel „Geliefert Grenze" angebracht.

Die „DDU"-Klausel wurde neu in die Incoterms 1990 aufgenommen. Sie erfüllt eine wichtige Funktion, wenn der Verkäufer bereit ist, die Ware bis zum benannten Ort im Einfuhrland zu liefern, ohne die Ware zur Einfuhr freizumachen und ohne die dabei anfallenden Zölle zu zahlen. In Ländern, in denen die Einfuhrformalitäten schwierig und zeitaufwendig sein können, kann die Verpflichtung, die Ware hinter die Zollgrenze zu liefern, für den Verkäufer Gefahren bergen. Obwohl gemäß DDU, B5 und B6 der Käufer zusätzliche Kosten und Gefahren tragen muß, die aus seinem Versäumnis, die Ware zur Einfuhr freizumachen entstehen, empfiehlt es sich für den Verkäufer, die DDU-Klausel nicht in den Ländern anzuwenden, in denen mit Schwierigkeiten bei der Freimachung der Ware zur Einfuhr zu rechnen ist.

10. Der Begriff „Keine Verpflichtung"

Wie durch die Formulierungen „der Verkäufer hat „ und „der Käufer hat" zum Ausdruck gebracht wird, befassen sich die Incoterms ausschließlich mit den gegenseitigen Verpflichtungen der Parteien. Die Worte „keine Verpflichtung" werden dort verwendet, wo eine Verpflichtung der einen Partei gegenüber der anderen Partei nicht besteht. Wenn beispielsweise nach A3 einer bestimmten Klausel der Verkäufer den Beförderungsvertrag abzuschließen und zu bezahlen hat, erscheinen zur Position des Käufers unter der Überschrift B3 „Beförderungsvertrag" die Worte „keine Verpflichtung". In Fällen, in denen keine der Parteien eine Verpflichtung gegenüber der anderen Partei hat, erscheinen die Worte „keine Verpflichtung" hingegen unter beiden Spalten, zum Beispiel unter „Versicherungsvertrag".

In beiden Fällen ist es wichtig zu erwähnen, daß auch wenn eine Partei gegenüber der anderen keine Verpflichtung hat bezüglich der Erbringung einer bestimmten Leistung, es durchaus in ihrem Interesse sein kann, dies trotzdem zu tun. Besteht zum Beispiel unter B4 für einen CFR-Käufer keine Verpflichtung gegenüber seinem Verkäufer, einen Versicherungsvertrag abzuschließen, so ist es ganz offensichtlich in seinem eigenen Interesse, einen solchen Vertrag abzuschließen, da der Verkäufer unter A4 nicht verpflichtet ist, für Versicherungsschutz zu sorgen.

11. Abweichungen von den Incoterms

Es kommt in der Praxis häufig vor, daß die Parteien eine Incoterms-Klausel mit einem Zusatz versehen, weil sie eine weitere Präzisierung wünschen. Es sollte betont werden, daß die Incoterms selbst keine Hilfe bei der Formulierung solcher Zusätze bieten. Können die Parteien nicht auf etablierte Handelsbräuche bezüglich der Auslegung solcher Zusätze zurückgreifen, kann es zu ernsthaften Schwierigkeiten kommen, falls keine allgemeingültige Deutung der Zusätze bewiesen werden kann.

Werden zum Beispiel die gängigen Ausdrücke „FOB verstaut" oder „EXW geladen" benutzt, ist es unmöglich, eine weltweite gültige Auslegung der Worte dahingehend zu erreichen, daß die Verpflichtung des Verkäufers nicht nur auf die Kosten, die für die Verladung der Ware auf das Schiff bzw. auf das Transportfahrzeug anfallen, ausgeweitet wird, sondern auch auf die Gefahr des zufälligen Verlusts oder der Beschädigung der Ware während des Verlade- bzw. Stauvorganges.

Es wird den Parteien daher ausdrücklich geraten klarzustellen, ob allein die Funktion und die Kosten des Stau- und Ladevorgangs zu Lasten des Verkäufers gehen sollen oder ob er auch das Risiko bis zum Abschluß des Stau- und Ladevorgangs tragen soll. Für diese Fragen bieten die Incoterms keine Lösung: Daraus folgt, daß, wenn auch der Vertrag die Absichten der Parteien nicht ausdrücklich erwähnt, auf die Parteien unnötiger Ärger und zusätzliche Kosten zukommen können.

Obwohl die Incoterms 2000 für viele dieser gängigen Varianten keine Regelung bieten, machen die Präambeln von bestimmten Klauseln die Parteien auf die Notwendigkeit besonderer Abmachungen in ihrem Vertrag aufmerksam, falls sie die Incoterms-Bestimmungen erweitern wollen.

It appears that in many countries trade terms not included in Incoterms are used particularly in railway traffic ("franco border", "franco-frontière", "Frei Grenze"). However, under such terms it is normally not intended that the seller should assume the risk of loss of or damage to goods during the transport up to the border. It would be preferable in these circumstances to use CPT indicating the border. If, on the other hand, the parties intend that the seller should bear the risk during the transport DAF indicating the border would be appropriate.

The DDU term was added in the 1990 version of Incoterms. The term fulfils an important function whenever the seller is prepared to deliver the goods in the country of destination without clearing the goods for import and paying the duty. In countries where import clearance may be difficult and time-consuming, it may be risky for the seller to undertake an obligation to deliver the goods beyond the customs clearance point. Although, according to DDU B5 and B6, the buyer would have to bear the additional risks and costs which might follow from his failure to fulfil his obligations to clear the goods for import, the seller is advised not to use the DDU term in countries where difficulties might be expected in clearing the goods for import.

10. The expression "No obligation"

As appears from the expressions "the seller must" and "the buyer must" Incoterms are only concerned with the obligations which the parties owe to each other. The words "no obligation" have therefore been inserted whenever one party does not owe an obligation to the other party. Thus, if for instance according to A3 of the respective term the seller has to arrange and pay for the contract of carriage we find the words "no obligation" under the heading "contract of carriage" in B3 a) setting forth the buyer's position. Again, where neither party owes the other an obligation, the words "no obligation" will appear with respect to both parties, for example, with respect to insurance.

In either case, it is important to point out that even though one party may be under "no obligation" towards the other to perform a certain task, this does not mean that it is not in his interest to perform that task. Thus, for example, just because a CFR buyer owes his seller no duty to make a contract of insurance under B4, it is clearly in his interest to make such a contract, the seller being under no such obligation to procure insurance cover under A4.

11. Variants of Incoterms

In practice, it frequently happens that the parties themselves by adding words to an Incoterm seek further precision than the term could offer. It should be underlined that Incoterms give no guidance whatsoever for such additions. Thus, if the parties cannot rely on a well-established custom of the trade for the interpretation of such additions they may encounter serious problems when no consistent understanding of the additions could be proven.

If for instance the common expressions "FOB stowed" or "EXW loaded" are used, it is impossible to establish a world-wide understanding to the effect that the seller's obligations are extended not only with respect to the cost of actually loading the goods in the ship or on the vehicle respectively but also include the risk of fortuitous loss of or damage to the goods in the process of stowage and loading. For these reasons, the parties are strongly advised to clarify whether they only mean that the function or the cost of the stowage and loading operations should fall upon the seller or whether he should also bear the risk until the stowage and loading has actually been completed. These are questions to which Incoterms do not provide an answer: consequently, if the contract too fails expressly to describe the parties' intentions, the parties may be put to much unnecessary trouble and cost.

Although Incoterms 2000 do not provide for many of these commonly used variants, the preambles to certain trade terms do alert the parties to the need for special contractual terms if the parties wish to go beyond the stipulations of Incoterms.

EXW die zusätzliche Verpflichtung seitens des Verkäufers, die Ware auf das Abholfahrzeug des Käufers zu verladen;
CIF/CIP der Bedarf eines zusätzlichen Versicherungsschutzes seitens des Käufers;
DEQ die zusätzliche Verpflichtung des Verkäufers, Kosten, die nach der Entladung entstehen, zu zahlen.

In manchen Fällen beziehen sich sowohl Verkäufer als auch Käufer auf Handelsbräuche im Linienschiffs- und Charterverkehr. Unter diesen Umständen besteht die Notwendigkeit, deutlich zwischen den Verpflichtungen der Parteien aus dem Beförderungsvertrag und ihren gegenseitigen Verpflichtungen aus dem Kaufvertrag zu unterscheiden. Leider gibt es keine verbindlichen Definitionen von Ausdrücken wie „Usancen des Linienverkehrs" und „Umschlaggebühren" (terminal handling charges) (THC). Die Kostenteilung unter solchen Klauseln kann je nach Ort variieren und sich gelegentlich ändern. Den Parteien wird empfohlen, im Kaufvertrag die Aufteilung der Kosten untereinander zu klären.

Ausdrücke, die häufig in Charterverträgen benutzt werden, wie „FOB verstaut", „FOB verstaut und getrimmt" werden manchmal in Kaufverträgen benutzt, um deutlich zu machen, inwieweit unter einer FOB-Klausel der Verkäufer verpflichtet ist, die Ware auf dem Schiff zu verstauen und zu trimmen. Werden solche Begriffe hinzugefügt, muß im Kaufvertrag klargestellt werden, ob die zusätzlichen Pflichten sich nur auf die Kosten beschränken oder sowohl Kosten als auch Risiken einschließen sollen.

Wie schon erwähnt, wurde viel Mühe darauf verwendet, um sicherzustellen, daß die Incoterms die gängigsten Handelsbräuche widerspiegeln. In einigen Fällen jedoch – insbesondere wo die Incoterms 2000 sich von den Incoterms 1990 unterscheiden – möchten die Parteien eventuell lieber andere Wirkungen mit den Handelsklauseln erreichen. Sie werden in den Präambeln zu den Klauseln auf mögliche Optionen hingewiesen, die durch das Wort „JEDOCH" angezeigt werden.

12. Hafenusancen oder Handelsbräuche

Da die Incoterms vorformulierte Klauseln zur Verwendung sowohl durch unterschiedliche Geschäftszweige, als auch in verschiedenen Regionen anbieten, ist es beinahe unmöglich, die Verpflichtungen der Parteien ganz präzise darzulegen. Es muß notwendigerweise in einem bestimmten Maß Bezug genommen werden auf die Hafenbräuche oder die Handelsgepflogenheiten eines bestimmten Geschäftszweigs oder auf die Praxis, die zwischen den Parteien in ihren früheren Geschäftsbeziehungen entstanden ist (vgl. Artikel 9 des UN-Übereinkommens von 1980 über Verträge des internationalen Warenkaufs). Verkäufern und Käufern wird empfohlen, sich beim Aushandeln ihres Vertrages über solche Bräuche zu informieren und bei etwaigen Unsicherheiten ihre Rechtslage durch Einfügung entsprechender Klauseln in ihrem Kaufvertrag klarzustellen. Solche im individuellen Kaufvertrag eingefügten Sondervereinbarungen haben Vorrang vor oder Einfluß auf die in den verschiedenen Incoterms dargelegten Auslegungen.

13. Wahlmöglichkeiten des Käufers bei der Bestimmung des Übergabeortes

Es wird unter Umständen nicht möglich sein, sich beim Abschluß des Kaufvertrags für eine bestimmte Stelle oder einen Ort zu entscheiden, an dem die Ware vom Verkäufer zur Beförderung übergeben werden soll. Es ist möglicherweise zu diesem Zeitpunkt nur auf einen Bereich oder einen größeren Ort, z.B. einen Seehafen, Bezug genommen worden und in der Regel wird dann festgelegt, daß der Käufer das Recht oder die Pflicht hat, später die genauere Stelle innerhalb des Bereichs oder des Ortes zu benennen. Hat der Käufer die erwähnte Pflicht, die genaue Stelle zu benennen, nicht erfüllt, so kann sein Versäumnis zur Übernahme der dadurch bedingten Risiken und zusätzlichen Kosten führen (B5/B7 aller Klauseln). Versäumt es der Käufer, sein Recht zur Benennung der Stelle auszuüben, kann dem Verkäufer das Recht zufallen, die ihm am besten zusagende Stelle auszuwählen (FCA A4).

14. Zollabfertigung

Der Ausdruck „Zollabfertigung" („customs clearance") hat zu Mißverständnissen geführt. So wird jetzt klar festgelegt, daß wenn von der Verpflichtung des Verkäufers oder des Käufers die Rede ist, Pflichten im Zusammenhang mit dem Verbringen der Ware durch den Zoll des Ausfuhr- oder Einfuhrlandes zu erfüllen, diese Verpflichtung nicht nur die Zahlung der anfallenden Zölle und anderen Kosten einschließt, sondern auch die Erledigung und Bezahlung anderer behördlicher Angelegenheiten, die mit der Verbringung der Ware durch den Zoll und der Auskunftserteilung an die Behörden verbunden sind. Es wurde auch – fälschlicherweise – für unangebracht gehalten, Klauseln zu benutzen, die die Pflicht zur Zollabfertigung enthalten, wenn wie im Binnenhandel innerhalb der EU oder anderen Freihandelszonen, Zölle nicht mehr erhoben werden und Import-/Exporteinschränkungen nicht mehr bestehen. Um dieser Situation gerecht

EXW the added obligation for the seller to load the goods on the buyer's collecting vehicle;
CIF/CIP the buyer's need for additional insurance;
DEQ the added obligation for the seller to pay for costs after discharge.

In some cases sellers and buyers refer to commercial practice in liner and charterparty trade. In these circumstances, it is necessary to clearly distinguish between the obligations of the parties under the contract of carriage and their obligations to each other under the contract of sale. Unfortunately, there are no authoritative definitions of expressions such as "liner terms" and "terminal handling charges" (THC). Distribution of costs under such terms may differ in different places and change from time to time. The parties are recommended to clarify in the contract of sale how such costs should be distributed between themselves.

Expressions frequently used in charterparties, such as "FOB stowed", "FOB stowed and trimmed", are sometimes used in contracts of sale in order to clarify to what extent the seller under FOB has to perform stowage and trimming of the goods onboard the ship. Where such words are added, it is necessary to clarify in the contract of sale whether the added obligations only relate to costs or to both costs and risks.

As has been said, every effort has been made to ensure that Incoterms reflect the most common commercial practice. However in some cases – particularly where Incoterms 2000 differ from Incoterms 1990 – the parties may wish the trade terms to operate differently. They are reminded of such options in the preamble of the terms signalled by the word "However".

12. Customs of the port or of a particular trade

Since Incoterms provide a set of terms for use in different trades and regions it is impossible always to set forth the obligations of the parties with precision. To some extent it is therefore necessary to refer to the custom of the port or of the particular trade or to the practices which the parties themselves may have established in their previous dealings (cf. article 9 of the 1980 United Nations Convention on Contracts for the International Sale of Goods). It is of course desirable that sellers and buyers keep themselves duly informed of such customs when they negotiate their contract and that, whenever uncertainty arises, they clarify their legal position by appropriate clauses in their contract of sale. Such special provisions in the individual contract would supersede or vary anything that is set forth as a rule of interpretation in the various Incoterms.

13. The buyer's options as to the place of shipment

In some situations, it may not be possible at the time when the contract of sale is entered into to decide precisely on the exact point or even the place where the goods should be delivered by the seller for carriage. For instance reference might have been made at this stage merely to a "range" or to a rather large place, for example, seaport, and it is then usually stipulated that the buyer has the right or duty to name later on the more precise point within the range or the place. If the buyer has a duty to name the precise point as aforesaid his failure to do so might result in liability to bear the risks and additional costs resulting from such failure (B5/B7 of all terms). In addition, the buyer's failure to use his right to indicate the point may give the seller the right to select the point which best suits his purpose (FCA A4).

14. Customs clearance

The term "customs clearance" has given rise to misunderstandings. Thus, whenever reference is made to an obligation of the seller or the buyer to undertake obligations in connection with passing the goods through customs of the country of export or import it is now made clear that this obligation does not only include the payment of duty and other charges but also the performance and payment of whatever administrative matters are connected with the passing of the goods through customs and the information to the authorities in this connection. Further, it has – although quite wrongfully – been considered in some quarters inappropriate to use terms dealing with the obligation to clear the goods through customs when, as in intra-European Union trade or other free trade areas, there is no longer any obligation to pay duty

zu werden, sind die Worte „falls anwendbar" unter A2 und B2 sowie A6 und B6 der entsprechenden Incoterms eingefügt worden, **so daß sie auch dann ohne Mißverständnisse benutzt werden können, wenn die Zollabfertigung entfällt.**

Es ist normalerweise empfehlenswert, die Zollabfertigung von der Partei durchführen zu lassen, die ihren Sitz in dem Land hat, in dem die Abfertigung stattfinden soll, oder zumindest von einem Vertreter vor Ort. Folglich hat üblicherweise der Exporteur die Ware zur Ausfuhr abzufertigen, während der Importeur die Einfuhrabfertigung übernimmt.

Die Incoterms 1990 wichen von dieser Praxis in den EXW- und FAS-Klauseln (Ausfuhrabfertigung durch den Käufer) und der DEQ-Klausel (Einfuhrabfertigung durch den Verkäufer) ab, wogegen die Incoterms 2000 unter den FAS- und DEQ-Klauseln die Pflicht zur Ausfuhrabfertigung dem Verkäufer, die Pflicht zur Einfuhrabfertigung jedoch dem Käufer auferlegt haben, während die EXW-Klausel – die die Mindestverpflichtung für den Verkäufer darstellt – unverändert bleibt (Ausfuhrabfertigung durch den Käufer). Unter der DDP-Klausel verpflichtet sich der Verkäufer genau das zu tun, was die Bezeichnung der Klausel besagt – geliefert verzollt (**D**elivered **D**uty **P**aid) – d.h. die Ware zur Einfuhr freizumachen und die dadurch entstehenden Zölle zu entrichten.

15. Verpackung

In den meisten Fällen wissen die Parteien im voraus, welche Verpackung zur sicheren Beförderung der Ware bis zum Bestimmungsort erforderlich ist. Da jedoch die Verpflichtung des Verkäufers, die Ware zu verpacken, sich nach der Art und Dauer des vorgesehenen Transports richtet, erschien es notwendig festzulegen, daß der Verkäufer die Ware transportgerecht zu verpacken hat, jedoch nur soweit die Umstände des Transports ihm vor Abschluß des Kaufvertrags bekannt sind (vgl. Art. 35.1 und 35.2.b des UN-Übereinkommens von 1980 über Verträge des internationalen Warenkaufs, gemäß dem die Ware einschließlich der Verpackung „sich für einen bestimmten Zweck eignet, der dem Verkäufer bei Vertragsabschluß ausdrücklich oder auf andere Weise zur Kenntnis gebracht wurde, sofern sich nicht aus den Umständen ergibt, daß der Käufer auf die Sachkenntnis und das Urteilsvermögen des Verkäufers nicht vertraute oder vernünftigerweise nicht vertrauen konnte").

16. Prüfung der Ware

In vielen Fällen ist der Käufer gut beraten, die Prüfung der Ware vor oder zum Zeitpunkt ihrer Verladung (sogenannte „pre-shipment inspection" oder PSI) vornehmen zu lassen. Mangels anderweitiger vertraglicher Vereinbarung hat der Käufer die Kosten für eine solche in seinem eigenen Interesse angeordnete Prüfung zu tragen. Wenn jedoch die Prüfung aufgrund von behördlichen Auflagen des Ausfuhrlands beim Warenexport durchgeführt wird, die vom Verkäufer erfüllt werden müssen, hat der Verkäufer die Kosten dieser Prüfung zu tragen, außer unter der EXW-Klausel, unter der die Kosten einer solchen Prüfung zu Lasten des Käufers gehen.

17. Transportart und geeignete Incoterms-Klausel 2000

Jede Transportart

Gruppe E
EXW Ab Werk (... benannter Ort)

Gruppe F
FCA Frei Frachtführer (... benannter Ort)

Gruppe C
CPT Frachtfrei (... benannter Bestimmungsort)
CIP Frachtfrei versichert (... benannter Bestimmungsort)

Gruppe D
DAF Geliefert Grenze (... benannter Ort)
DDU Geliefert unverzollt (... benannter Bestimmungsort)
DDP Geliefert verzollt (... benannter Bestimmungsort)

Ausschließlich See- und Binnenschiffstransport
Gruppe F
FAS Frei Längsseite Schiff (... benannter Verschiffungshafen)
FOB Frei an Bord (... benannter Verschiffungshafen)

and no restrictions relating to import or export. In order to clarify the situation, the words "where applicable" have been added in the A2 and B2, A6 and B6 clauses of the relevant Incoterms **in order for them to be used without any ambiguity where no customs procedures are required**.

It is normally desirable that customs clearance is arranged by the party domiciled in the country where such clearance should take place or at least by somebody acting there on his behalf. Thus, the exporter should normally clear the goods for export, while the importer should clear the goods for import.

Incoterms 1990 departed from this under the trade terms EXW and FAS (export clearance duty on the buyer) and DEQ (import clearance duty on the seller) but in Incoterms 2000 FAS and DEQ place the duty of clearing the goods for export on the seller and to clear them for import on the buyer respectively, while EXW – representing the seller's minimum obligation – has been left unamended (export clearance duty on the buyer). Under DDP the seller specifically agrees to do what follows from the very name of the term – **D**elivered **D**uty **P**aid – namely to clear the goods for import and pay any duty as a consequence thereof.

15. Packaging

In most cases, the parties would know beforehand which packaging is required for the safe carriage of the goods to destination. However, since the seller's obligation to pack the goods may well vary according to the type and duration of the transport envisaged, it has been felt necessary to stipulate that the seller is obliged to pack the goods in such a manner as is required for the transport, but only to the extent that the circumstances relating to the transport are made known to him before the contract of sale is concluded (cf. articles 35.1. and 35.2.b. of the 1980 United Nations Convention on Contracts for the International Sale of Goods where the goods, including packaging, must be "fit for any particular purpose expressly or impliedly made known to the seller at the time of the conclusion of the contract, except where the circumstances show that the buyer did not rely, or that it was unreasonable for him to rely, on the seller's skill and judgement").

16. Inspection of goods

In many cases, the buyer may be well advised to arrange for inspection of the goods before or at the time they are handed over by the seller for carriage (so-called pre-shipment inspection or PSI). Unless the contract stipulates otherwise, the buyer would himself have to pay the cost for such inspection that is arranged in his own interest. However, if the inspection has been made in order to enable the seller to comply with any mandatory rules applicable to the export of the goods in his own country, the seller would have to pay for that inspection, unless the EXW term is used, in which case the costs of such inspection are for the account of the buyer.

17. Mode of transport and the appropriate Incoterm 2000

Any mode of transport

Group E
EXW   Ex Works (... named place)

Group F
FCA   Free Carrier (... named place)

Group C
CPT   Carriage Paid To (... named place of destination)
CIP   Carriage and Insurance Paid To (... named place of destination)

Group D
DAF   Delivered At Frontier (... named place)
DDU   Delivered Duty Unpaid (... named place of destination)
DDP   Delivered Duty Paid (... named place of destination)

Maritime and inland waterway transport only

Group F
FAS   Free Alongside Ship (... named port of shipment)
FOB   Free On Board (... named port of shipment)

Gruppe C
CFR Kosten und Fracht (... benannter Bestimmungshafen)
CIF Kosten, Versicherung, Fracht (... benannter Bestimmungshafen)

Gruppe D
DES Geliefert ab Schiff (... benannter Bestimmungshafen)
DEQ Geliefert ab Kai (... benannter Bestimmungshafen)

18. Die empfohlene Klausel

In manchen Fällen wird in der Präambel die Benutzung oder Nichtbenutzung einer bestimmten Klausel empfohlen. Dies ist von besonderer Bedeutung, wenn es auf die Wahl zwischen der FCA- und der FOB-Klausel ankommt. Leider bedienen sich Kaufleute nach wie vor der FOB-Klausel in Fällen, in denen diese völlig ungeeignet ist und der Verkäufer dadurch nach Übergabe der Ware an den vom Käufer benannten Frachtführer Risiken eingeht. Die FOB-Klausel ist nur geeignet, wenn die Ware „über die Schiffsreling" angeliefert wird, oder zumindest „an das Schiff" und nicht in Fällen, in denen die Ware dem Frachtführer zur anschließenden Verladung auf das Schiff übergeben wird, zum Beispiel in Containern verladen oder auf Lastkraftwagen oder Waggons als sogenannter Ro-Ro-Verkehr. So wurde in der Präambel zur FOB-Klausel deutlich davor gewarnt, diese Klausel zu verwenden, wenn die Parteien die Lieferung über die Schiffsreling nicht vorgesehen haben.

Es kommt vor, daß die Parteien irrtümlich auch dann Klauseln benutzen, die für den Seetransport gelten, wenn sie eine andere Transportart vorsehen wollen. Dadurch kann der Verkäufer in die mißliche Lage geraten, seiner Verpflichtung, das richtige Dokument an den Käufer zu liefern, nicht nachkommen zu können (z.B. ein Konnossement oder einen Seefrachtbrief bzw. das elektronische Gegenstück). Die in Abschnitt 17 enthaltene Tabelle zeigt auf, welche Klausel der Incoterms 2000 zu welcher Transportart paßt. Es wird außerdem in der Präambel jeder Klausel gesagt, ob die Klausel für alle Transportarten oder lediglich für den Seetransport geeignet ist.

19. Das Konnossement und der Electronic Commerce

Bisher hatte der Verkäufer nach den CFR- und CIF-Klauseln ein An-Bord-Konnossement als allein annehmbares Dokument zu beschaffen. Das Konnossement erfüllt drei wichtige Aufgaben, nämlich:
– den Nachweis der Lieferung der Ware an Bord des Schiffs,
– den Nachweis des Beförderungsvertrags,
– die Übertragung der Rechte an der Ware während des Transports durch Übergabe des Dokuments an eine dritte Partei.

Während die ersten beiden Aufgaben auch durch andere Transportdokumente erfüllt werden können, regelt nur das Konnossement die Auslieferung der Ware am Bestimmungsort oder ermöglicht dem Käufer, die Ware während des Transports durch Übergabe des Dokuments an einen weiteren Käufer zu veräußern. Die übrigen Transportdokumente benennen die Partei, die zum Empfang der Ware am Bestimmungsort berechtigt ist. Der Umstand, daß derjenige, der die Ware am Bestimmungsort von dem Frachtführer übernehmen will, im Besitz des Konnossements sein muß, kompliziert es erheblich, dieses Dokument durch elektronischen Datenaustausch zu ersetzen.

Es ist ferner üblich, mehrere Originalexemplare eines Konnossements auszustellen. Dabei ist es selbstverständlich für den Käufer oder eine Bank, die gemäß seinen Anweisungen die Zahlung an den Verkäufer vornimmt, unerläßlich sicherzustellen, daß alle Originale vom Verkäufer übergeben werden (sogenannter „voller Satz"). Dies ist auch in den ICC-Richtlinien für Dokumentenakkreditive (die Einheitlichen Richtlinien und Gebräuche für Dokumenten-Akkreditive „ERA"; aktuelle Version zum Zeitpunkt des Inkrafttretens der Incoterms 2000: ICC-Publ. Nr. 500) festgelegt.

Das Transportdokument muß nicht nur einen Nachweis für die Übergabe der Ware an den Frachtführer liefern, sondern auch dafür, daß die Ware, soweit sich das vom Frachtführer feststellen läßt, ordnungsgemäß und in einem guten Zustand übernommen wurde. Sollte das Transportdokument einen Vermerk enthalten, der darauf hinweist, daß die Ware nicht in einem solchen Zustand war, gilt das Dokument als „unrein" und ist gemäß ERA nicht annehmbar.

Group C
CFR Cost and Freight (... named port of destination)
CIF Cost, Insurance and Freight (... named port of destination)

Group D
DES Delivered Ex Ship (... named port of destination)
DEQ Delivered Ex Quay (... named port of destination)

18. The recommended use

In some cases the preamble recommends the use or non-use of a particular term. This is particularly important with respect to the choice between FCA and FOB. Regrettably, merchants continue to use FOB when it is totally out of place thereby causing the seller to incur risks subsequent to the handing over of the goods to the carrier named by the buyer. FOB is only appropriate to use where the goods are intended to be delivered "across the ship's rail" or, in any event, to the ship and not where the goods are handed over to the carrier for subsequent entry into the ship, for example stowed in containers or loaded on lorries or wagons in so-called roll on – roll off traffic. Thus, a strong warning has been made in the preamble of FOB that the term should not be used when the parties do not intend delivery across the ship's rail.

It happens that the parties by mistake use terms intended for carriage of goods by sea also when another mode of transport is contemplated. This may put the seller in the unfortunate position that he cannot fulfil his obligation to tender the proper document to the buyer (for example a bill of lading, sea waybill or the electronic equivalent). The chart printed at paragraph 17 above makes clear which trade term in Incoterms 2000 it is appropriate to use for which mode of transport. Also, it is indicated in the preamble of each term whether it can be used for all modes of transport or only for carriage of goods by sea.

19. The bill of lading and electronic commerce

Traditionally, the on board bill of lading has been the only acceptable document to be presented by the seller under the CFR and CIF terms. The bill of lading fulfils three important functions, namely:
- proof of delivery of the goods on board the vessel;
- evidence of the contract of carriage; and
- a means of transferring rights to the goods in transit to another party by the transfer of the paper document to him.

Transport documents other than the bill of lading would fulfil the two first-mentioned functions, but would not control the delivery of the goods at destination or enable a buyer to sell the goods in transit by surrendering the paper document to his buyer. Instead, other transport documents would name the party entitled to receive the goods at destination. The fact that the possession of the bill of lading is required in order to obtain the goods from the carrier at destination makes it particularly difficult to replace by electronic means of communication.

Further, it is customary to issue bills of lading in several originals but it is, of course, of vital importance for a buyer or a bank acting upon his instructions in paying the seller to ensure that all originals are surrendered by the seller (so-called "full set"). This is also a requirement under the ICC Rules for Documentary Credits (the so-called ICC Uniform Customs and Practice, "UCP"; current version at date of publication of Incoterms 2000: ICC publication 500).

The transport document must evidence not only delivery of the goods to the carrier but also that the goods, as far as could be ascertained by the carrier, were received in good order and condition. Any notation on the transport document which would indicate that the goods had not been in such condition would make the document "unclean" and would thus make it unacceptable under the UCP.

Trotz der besonderen Rechtsnatur des Konnossements ist zu erwarten, daß es in naher Zukunft durch ein elektronisches Verfahren ersetzt wird. Die Incoterms 1990 hatten diese vorauszusehende Entwicklung schon in angemessener Weise berücksichtigt. Nach den A8-Klauseln können Papierdokumente durch elektronische Mitteilungen ersetzt werden, falls sich Verkäufer und Käufer auf elektronischen Datenaustausch geeinigt haben. Solche Mitteilungen könnten direkt an die betreffende Partei gesendet werden oder durch eine dritte Partei, die Zusatzdienstleistungen anbietet. Eine solche Dienstleistung, die zweckmäßig durch Dritte angeboten werden kann, ist die Registrierung der aufeinander folgenden Inhaber eines Konnossements. Dienstleister, die solche Leistungen anbieten, wie BOLERO, müssen u.U. durch angemessene Normen und Rechtsgrundsätze zusätzlich unterstützt werden, wie dies die CMI 1990 Regeln für elektronische Konnossemente und Art. 16–17 des UNCITRAL Modellgesetzes von 1996 über Electronic Commerce gezeigt haben.

20. Nichtbegebbare Transportdokumente anstelle von Konnossementen

In den letzten Jahren wurde eine erhebliche Vereinfachung der Dokumentenpraxis erreicht. Konnossemente werden häufig durch nichtbegebbare Dokumente ersetzt, vergleichbar denjenigen, die für andere Transportarten als den Seetransport verwendet werden. Diese Dokumente bezeichnet man als „Seefrachtbriefe", „Linienfrachtbrief" („liner waybill"), „Frachtempfangsbescheinigungen", oder man verwendet ähnliche Ausdrücke. Diese nichtbegebbaren Dokumente können zufriedenstellend eingesetzt werden, außer der Käufer möchte die Ware während des Transports durch Übergabe eines Papiers an einen weiteren Käufer veräußern. Um dies zu ermöglichen, mußte gemäß den CFR- und CIF-Klauseln die Pflicht des Verkäufers zur Beschaffung eines Konnossements bestehen bleiben. Wenn jedoch für die Vertragsparteien feststeht, daß der Käufer nicht die Absicht hat, die Ware unterwegs weiter zu veräußern, können sie vertraglich vereinbaren, den Verkäufer von der Pflicht zur Beschaffung eines Konnossements zu befreien, oder sie wenden die CPT- oder CIP-Klausel an, nach denen diese Verpflichtung zur Beschaffung eines Konnossements nicht besteht.

21. Absenderverfügungen

Ein Käufer, der gemäß einer „C"-Klausel Ware bezahlt, sollte sicherstellen, daß der Verkäufer nach Bezahlung nicht durch neue Weisungen an den Frachtführer über die Ware weiter verfügen kann. Manche für bestimmte Transportarten benutzte Transportdokumente (Luft-, Straßen- oder Schienentransporte) bieten den Vertragsparteien die Möglichkeit, den Verkäufer an der Erteilung neuer Weisungen an den Frachtführer dadurch zu hindern, daß dem Käufer ein besonderes Original oder Duplikat des Frachtbriefs übergeben wird. Die Dokumente erhalten eine Verfügungsbeschränkung. Dokumente, die anstelle eines Konnossements für den Seetransport benutzt werden, enthalten jedoch normalerweise nicht diese „Sperr"-Funktion. Das Comité Maritime International hat jedoch diesen Mangel bei den oben erwähnten Dokumenten beseitigt, indem es die „Einheitlichen Richtlinien für Seefrachtbriefe 1990" eingeführt hat, nach denen die Parteien eine „Verfügungsverzichtsklausel" vereinbaren können, die besagt, daß der Verkäufer auf das Recht verzichtet, über die Ware durch Weisungen an den Frachtführer, sie an eine im Frachtbrief nicht erwähnte andere Person oder einen anderen Bestimmungsort zu liefern, zu verfügen.

22. ICC-Schiedsgerichtsbarkeit

Wenn die Vertragschließenden für den Fall einer Auseinandersetzung die Durchführung eines ICC Schiedsverfahrens vereinbaren wollen, muß dies in ihrem Vertrag oder, falls ein schriftlicher Vertrag nicht existiert, im Wege des Schriftwechsels ausdrücklich und unmißverständlich durch Einigung auf die ICC-Schiedsgerichtsbarkeit erfolgen. Die Aufnahme einer oder mehrerer Incoterms-Klauseln in einen Vertrag oder in die Korrespondenz darüber beinhaltet NICHT automatisch die Vereinbarung der ICC-Schiedsgerichtsbarkeit.

Die ICC empfiehlt folgende Standardklausel:

„Alle aus oder in Zusammenhang mit dem gegenwärtigen Vertrag sich ergebenden Streitigkeiten werden nach der Schiedsgerichtsordnung der Internationalen Handelskammer von einem oder mehreren gemäß dieser Ordnung ernannten Schiedsrichtern endgültig entschieden."

In spite of the particular legal nature of the bill of lading it is expected that it will be replaced by electronic means in the near future. The 1990 version of Incoterms had already taken this expected development into proper account. According to the A8 clauses, paper documents may be replaced by electronic messages provided the parties have agreed to communicate electronically. Such messages could be transmitted directly to the party concerned or through a third party providing added-value services. One such service that can be usefully provided by a third party is registration of successive holders of a bill of lading. Systems providing such services, such as the so-called BOLERO service, may require further support by appropriate legal norms and principles as evidenced by the CMI 1990 Rules for Electronic Bills of Lading and articles 16-17 of the 1996 UNCITRAL Model Law on Electronic Commerce.

20. Non-negotiable transport documents instead of bills of lading

In recent years, a considerable simplification of documentary practices has been achieved. Bills of lading are frequently replaced by non-negotiable documents similar to those which are used for other modes of transport than carriage by sea. These documents are called "sea waybills", "liner waybills", "freight receipts", or variants of such expressions. Non-negotiable documents are quite satisfactory to use except where the buyer wishes to sell the goods in transit by surrendering a paper document to the new buyer. In order to make this possible, the obligation of the seller to provide a bill of lading under CFR and CIF must necessarily be retained. However, when the contracting parties know that the buyer does not contemplate selling the goods in transit, they may specifically agree to relieve the seller from the obligation to provide a bill of lading, or, alternatively, they may use CPT and CIP where there is no requirement to provide a bill of lading.

21. The right to give instructions to the carrier

A buyer paying for the goods under a "C"-term should ensure that the seller upon payment is prevented from disposing of the goods by giving new instructions to the carrier. Some transport documents used for particular modes of transport (air, road or rail) offer the contracting parties a possibility to bar the seller from giving such new instructions to the carrier by providing the buyer with a particular original or duplicate of the waybill. However, the documents used instead of bills of lading for maritime carriage do not normally contain such a barring function. The Comité Maritime International has remedied this shortcoming of the above-mentioned documents by introducing the 1990 "Uniform Rules for Sea Waybills" enabling the parties to insert a "no-disposal" clause whereby the seller surrenders the right to dispose of the goods by instructions to the carrier to deliver the goods to somebody else or at another place than stipulated in the waybill.

22. ICC arbitration

Contracting parties who wish to have the possibility of resorting to ICC Arbitration in the event of a dispute with their contracting partner should specifically and clearly agree upon ICC Arbitration in their contract or, in the event that no single contractual document exists, in the exchange of correspondence which constitutes the agreement between them. The fact of incorporating one or more Incoterms in a contract or the related correspondence does NOT by itself constitute an agreement to have resort to ICC Arbitration.

The following standard arbitration clause is recommended by ICC:

"All disputes arising out of or in connection with the present contract shall be finally settled under the Rules of Arbitration of the International Chamber of Commerce by one or more arbitrators appointed in accordance with the said Rules."

EXW

AB WERK (... benannter Ort)

„Ab Werk" bedeutet, daß der Verkäufer liefert, wenn er die Ware dem Käufer auf dem Gelände des Verkäufers oder an einem anderen benannten Ort (d.h. Werk, Fabrikationsstätte, Lager usw.) zur Verfügung stellt, ohne daß die Ware zur Ausfuhr freigemacht und auf ein abholendes Beförderungsmittel verladen ist.

Diese Klausel stellt daher die Mindestverpflichtung für den Verkäufer dar, wobei der Käufer alle Kosten und Gefahren, die mit dem Transport der Ware von dem Gelände des Verkäufers verbunden sind, zu tragen hat.

Wenn die Parteien jedoch wünschen, daß der Verkäufer für das Verladen der Ware bei Abfahrt verantwortlich sein und die Gefahren und alle Kosten einer solchen Verladung übernehmen soll, dann sollte dies durch einen entsprechenden ausdrücklichen Zusatz im Kaufvertrag deutlich gemacht werden. Diese Klausel sollte nicht verwendet werden, wenn es dem Käufer nicht möglich ist, direkt oder indirekt die Exportformalitäten durchzuführen. Unter solchen Umständen sollte die FCA-Klausel verwendet werden, vorausgesetzt der Verkäufer ist damit einverstanden, daß er auf seine Kosten und Gefahr verlädt.

A   Verpflichtungen des Verkäufers

A1   Lieferung vertragsgemäßer Ware

Der Verkäufer hat die Ware in Übereinstimmung mit dem Kaufvertrag zu liefern sowie die Handelsrechnung oder die entsprechende elektronische Mitteilung und alle sonstigen vertragsgemäßen Belege hierfür zu erbringen.

A2   Lizenzen, Genehmigungen und Formalitäten

Der Verkäufer hat dem Käufer auf dessen Verlangen, Gefahr und Kosten, falls anwendbar, bei der Beschaffung der Ausfuhrbewilligung oder anderen behördlichen Genehmigung, die für die Ausfuhr der Ware erforderlich sind, jede Hilfe zu gewähren.

A3   Beförderungs- und Versicherungsverträge

a) Beförderungsvertrag: Keine Verpflichtung.

b) Versicherungsvertrag: Keine Verpflichtung.

A4   Lieferung

Der Verkäufer hat die Ware dem Käufer an dem benannten Lieferort in dem vereinbarten Zeitpunkt oder innerhalb der vereinbarten Frist oder, mangels Vereinbarung über die Zeit, zu der für die Lieferung solcher Ware üblichen Zeit zur Verfügung zu stellen, und zwar ohne Verladung auf das abholende Beförderungsmittel. Wurde keine bestimmte Stelle am benannten Ort vereinbart und kommen mehrere Stellen in Betracht, kann der Verkäufer die ihm am besten zusagende Stelle am Lieferort auswählen.

A5   Gefahrenübergang

Der Verkäufer hat, vorbehaltlich der Bestimmungen von B5, alle Gefahren des Verlusts oder der Beschädigung der Ware solange zu tragen, bis sie gemäß A4 geliefert worden ist.

A6   Kostenteilung

Der Verkäufer hat, vorbehaltlich der Bestimmungen von B6, alle die Ware betreffenden Kosten solange zu tragen, bis sie gemäß A4 geliefert worden ist.

A7   Benachrichtigung des Käufers

Der Verkäufer hat den Käufer in angemessener Weise zu benachrichtigen an welchem Ort und zu welcher Zeit ihm die Ware zur Verfügung gestellt wird.

A8   Liefernachweis, Transportdokument oder entsprechende elektronische Mitteilung

Keine Verpflichtung

A9   Prüfung – Verpackung – Kennzeichnung

Der Verkäufer hat die Kosten der Prüfung (wie Qualitätsprüfung, Messen, Wiegen und Zählen) zu tragen, die für die Zurverfügungstellung der Ware an den Käufer erforderlich ist.

EXW
EX WORKS (... named place)

"Ex works" means that the seller delivers when he places the goods at the disposal of the buyer at the seller's premises or another named place (i.e. works, factory, warehouse, etc.) not cleared for export and not loaded on any collecting vehicle.

This term thus represents the minimum obligation for the seller, and the buyer has to bear all costs and risks involved in taking the goods from the seller's premises.

However, if the parties wish the seller to be responsible for the loading of the goods on departure and to bear the risks and all the costs of such loading, this should be made clear by adding explicit wording to this effect in the contract of sale. This term should not be used when the buyer cannot carry out the export formalities directly or indirectly. In such circumstances, the FCA term should be used, provided the seller agrees that he will load at his cost and risk.

A The seller's obligations
A1 Provision of goods in conformity with the contract
The seller must provide the goods and the commercial invoice, or its equivalent electronic message, in conformity with the contract of sale and any other evidence of conformity which may be required by the contract.

A2 Licences, authorizations and formalities
The seller must render the buyer, at the latter's request, risk and expense, every assistance in obtaining, where applicable, any export licence or other official authorization necessary for the export of the goods.

A3 Contracts of carriage and insurance
a) Contract of carriage: No obligation.
b) Contract of insurance: No obligation.

A4 Delivery
The seller must place the goods at the disposal of the buyer at the named place of delivery, not loaded on any collecting vehicle, on the date or within the period agreed or, if no such time is agreed, at the usual time for delivery of such goods. If no specific point has been agreed within the named place, and if there are several points available, the seller may select the point at the place of delivery which best suits his purpose.

A5 Transfer of risks
The seller must, subject to the provisions of B5, bear all risks of loss of or damage to the goods until such time as they have been delivered in accordance with A4.

A6 Division of costs
The seller must, subject to the provisions of B6, pay all costs relating to the goods until such time as they have been delivered in accordance with A4.

A7 Notice to the buyer
The seller must give the buyer sufficient notice as to when and where the goods will be placed at his disposal.

A8 Proof of delivery, transport document or equivalent electronic message
No obligation.

A9 Checking – packaging – marking
The seller must pay the costs of those checking operations (such as checking quality, measuring, weighing, counting) which are necessary for the purpose of placing the goods at the buyer's disposal.

Der Verkäufer hat auf eigene Kosten für eine Verpackung zu sorgen (sofern es nicht handelsüblich ist, die im Vertrag beschriebene Ware unverpackt bereitzustellen), die für den Transport der Ware erforderlich ist, wenn und soweit die Transportmodalitäten (z.B. Transportart, Bestimmungsort) dem Verkäufer vor Abschluß des Kaufvertrags zur Kenntnis gebracht worden sind. Die Verpackung ist in geeigneter Weise zu kennzeichnen.

A10 Sonstige Verpflichtungen

Der Verkäufer hat dem Käufer auf dessen Verlangen, Gefahr und Kosten bei der Beschaffung aller Dokumente oder entsprechender elektronischer Mitteilungen, die im Liefer- und/oder Ursprungsland ausgestellt oder abgesendet werden und die der Käufer zur Ausfuhr und/oder Einfuhr der Ware und gegebenenfalls zur Durchfuhr durch jedes Land benötigt, jede Hilfe zu gewähren.

Der Verkäufer hat dem Käufer auf dessen Verlangen die für die Versicherung der Ware erforderlichen Auskünfte zu erteilen.

B   Verpflichtung des Käufers

B1   Zahlung des Kaufpreises

Der Käufer hat den Preis vertragsgemäß zu zahlen.

B2   Lizenzen, Genehmigungen und Formalitäten

Der Käufer hat auf eigene Gefahr und Kosten die Aus- und Einfuhrbewilligung oder andere behördliche Genehmigung zu beschaffen sowie, falls anwendbar, alle erforderlichen Zollformalitäten für die Aus- und Einfuhr der Ware und für ihre Durchfuhr durch jedes Land zu erledigen.

B3   Beförderungs- und Versicherungsverträge

a) Beförderungsvertrag: Keine Verpflichtung.

b) Versicherungsvertrag: Keine Verpflichtung.

B4   Abnahme

Der Käufer hat die Ware abzunehmen, wenn sie gemäß A4 und A7/B7 geliefert worden ist.

B5   Gefahrenübergang

Der Käufer hat alle Gefahren des Verlustes oder der Beschädigung der Ware zu tragen, und zwar
– von dem Zeitpunkt an, in dem sie ihm gemäß A4 geliefert worden ist; und
– von dem für die Abnahme vereinbarten Zeitpunkt oder vom Ablauf der hierfür vereinbarten Frist an, die dadurch entstehen, daß er eine Benachrichtigung gemäß B7 unterläßt, vorausgesetzt jedoch, daß die Ware in geeigneter Weise konkretisiert, d.h. als der für den Käufer bestimmte Gegenstand abgesondert oder auf andere Art kenntlich gemacht worden ist.

B6   Kostenteilung

Der Käufer hat zu tragen
– alle die Ware betreffenden Kosten von dem Zeitpunkt an, in dem sie gemäß A4 geliefert worden ist; und
– alle zusätzlichen Kosten, die entweder dadurch entstehen, daß die Ware, nachdem sie ihm zur Verfügung gestellt wurde, nicht abgenommen worden ist, oder keine Benachrichtigung gemäß B7 erfolgte, vorausgesetzt jedoch, daß die Ware in geeigneter Weise konkretisiert, d.h. als der für den Käufer bestimmte Gegenstand abgesondert oder auf andere Art kenntlich gemacht worden ist; und
– falls anwendbar[9], alle Zölle, Steuern und andere Abgaben sowie die Kosten der Zollformalitäten, die bei der Ein- und Ausfuhr der Ware und bei der Durchfuhr durch jedes Land anfallen.

Der Käufer hat alle Kosten und Abgaben zu erstatten, die dem Verkäufer bei der Hilfeleistung gemäß A2 entstanden sind.

B7   Benachrichtigung des Verkäufers

Der Käufer hat, wenn er berechtigt ist, den Zeitpunkt der Abnahme innerhalb einer vereinbarten Frist und/oder ihren Ort zu bestimmen, den Verkäufer in angemessener Weise davon zu benachrichtigen.

The seller must provide at his own expense packaging (unless it is usual for the particular trade to make the goods of the contract description available unpacked) which is required for the transport of the goods, to the extent that the circumstances relating to the transport (for example modalities, destination) are made known to the seller before the contract of sale is concluded. Packaging is to be marked appropriately.

A10 Other obligations

The seller must render the buyer at the latter's request, risk and expense, every assistance in obtaining any documents or equivalent electronic messages issued or transmitted in the country of delivery and/or of origin which the buyer may require for the export and/or import of the goods and, where necessary, for their transit through any country.

The seller must provide the buyer, upon request, with the necessary information for procuring insurance.

B The buyer's obligations

B1 Payment of the price

The buyer must pay the price as provided in the contract of sale.

B2 Licences, authorizations and formalities

The buyer must obtain at his own risk and expense any export and import licence or other official authorization and carry out, where applicable, all customs formalities for the export of the goods.

B3 Contracts of carriage and insurance

a) Contract of carriage: No obligation.
b) Contract of insurance: No obligation.

B4 Taking delivery

The buyer must take delivery of the goods when they have been delivered in accordance with A4 and A7/B7.

B5 Transfer of risks

The buyer must bear all risks of loss of or damage to the goods
- from the time they have been delivered in accordance with A4; and
- from the agreed date or the expiry date of any period fixed for taking delivery which arise because he fails to give notice in accordance with B7, provided, however, that the goods have been duly appropriated to the contract, that is to say clearly set aside or otherwise identified as the contract goods.

B6 Division of costs

The buyer must pay
- all costs relating to the goods from the time they have been delivered in accordance with A4; and
- any additional costs incurred by failing either to take delivery of the goods when they have been placed at his disposal, or to give appropriate notice in accordance with B7 provided, however, that the goods have been duly appropriated to the contract, that is to say, clearly set aside or otherwise identified as the contract goods; and
- where applicable, all duties, taxes and other charges as well as the costs of carrying out customs formalities payable upon export.

The buyer must reimburse all costs and charges incurred by the seller in rendering assistance in accordance with A2.

B7 Notice to the seller

The buyer must, whenever he is entitled to determine the time within an agreed period and/or the place of taking delivery, give the seller sufficient notice thereof.

B8 Liefernachweis, Transportdokument oder entsprechende elektronische Mitteilung

Der Käufer hat dem Verkäufer einen geeigneten Nachweis der Abnahme der Ware zu erbringen.

B9 Prüfung der Ware

Der Käufer hat die Kosten für jede Warenkontrolle vor der Verladung (pre-shipment inspection) zu tragen, einschließlich behördlich angeordneter Kontrollen des Ausfuhrlandes.

B10 Sonstige Verpflichtungen

Der Käufer hat alle Kosten und Gebühren für die Beschaffung der in A10 genannten Dokumente oder entsprechender elektronischer Mitteilungen zu tragen und diejenigen des Verkäufers zu erstatten, die diesem bei der Hilfeleistung hierfür entstanden sind.

FCA

FREI FRACHTFÜHRER (... benannter Ort)

„Frei Frachtführer" bedeutet, daß der Verkäufer die zur Ausfuhr freigemachte Ware dem vom Käufer benannten Frachtführer am benannten Ort liefert. Es sollte beachtet werden, daß der ausgewählte Ort der Lieferung Folgen für die Verpflichtungen zur Be- und Entladung der Ware an diesem Ort nach sich zieht. Falls die Lieferung beim Verkäufer stattfindet, ist der Verkäufer für die Beladung verantwortlich. Falls die Lieferung an einem anderen Ort stattfindet, ist der Verkäufer nicht für die Entladung verantwortlich.

Diese Klausel kann für jede Transportart verwendet werden, einschließlich des multimodalen Transports.

„Frachtführer" ist, wer sich durch einen Beförderungsvertrag verpflichtet, die Beförderung per Schiene, Straße, Luft, See, Binnenschiff oder in einer Kombination dieser Transportarten durchzuführen oder durchführen zu lassen.

Benennt der Käufer für die Entgegennahme der Ware eine andere Person als den Frachtführer, hat der Verkäufer seine Lieferverpflichtung erfüllt, wenn die Ware dieser Person geliefert wird.

A Verpflichtungen des Verkäufers

A1 Lieferung vertragsgemäßer Ware

Der Verkäufer hat die Ware in Übereinstimmung mit dem Kaufvertrag zu liefern sowie die Handelsrechnung oder die entsprechende elektronische Mitteilung und alle sonstigen vertragsgemäßen Belege hierfür zu erbringen.

A2 Lizenzen, Genehmigungen und Formalitäten

Der Verkäufer hat auf eigene Gefahr und Kosten die Ausfuhrbewilligung oder andere behördliche Genehmigung zu beschaffen sowie, falls anwendbar[1], alle Zollformalitäten zu erledigen, die für die Ausfuhr der Ware erforderlich sind.

A3 Beförderungs- und Versicherungsverträge

a) Beförderungsvertrag

Keine Verpflichtung. Wenn es der Käufer jedoch verlangt, oder wenn es Handelspraxis ist und der Käufer nicht rechtzeitig eine gegenteilige Anweisung erteilt, kann der Verkäufer zu üblichen Bedingungen den Beförderungsvertrag auf Gefahr und Kosten des Käufers abschließen. In beiden Fällen kann der Verkäufer es ablehnen, den Vertrag abzuschließen; in diesem Fall hat er den Käufer unverzüglich zu benachrichtigen.

b) Versicherungsvertrag: Keine Verpflichtung.

A4 Lieferung

Der Verkäufer hat die Ware dem Frachtführer oder einer anderen Person, vom Käufer benannt oder vom Verkäufer in Übereinstimmung mit A3 a) ausgewählt, am benannten Ort in dem für die Lieferung vereinbarten Zeitpunkt oder innerhalb der hierfür vereinbarten Frist zu liefern.

Die Lieferung ist abgeschlossen:

a) Falls der benannte Ort beim Verkäufer liegt, wenn die Ware auf das bereitgestellte Beförderungsmittel des Frachtführers verladen worden ist, der vom Käufer oder einer anderen in seinem Auftrag handelnden Person benannt wurde.

B8 Proof of delivery, transport document or equivalent electronic message
The buyer must provide the seller with appropriate evidence of having taken delivery.

B9 Inspection of goods
The buyer must pay the costs of any pre-shipment inspection, including inspection mandated by the authorities of the country of export.

B10 Other obligations
The buyer must pay all costs and charges incurred in obtaining the documents or equivalent electronic messages mentioned in A10 and reimburse those incurred by the seller in rendering his assistance in accordance therewith.

FCA

FREE CARRIER (... named place)

"Free Carrier" means that the seller delivers the goods, cleared for export, to the carrier nominated by the buyer at the named place. It should be noted that the chosen place of delivery has an impact on the obligations of loading and unloading the goods at that place. If delivery occurs at the seller's premises, the seller is responsible for loading. If delivery occurs at any other place, the seller is not responsible for unloading.

This term may be used irrespective of the mode of transport, including multimodal transport.

"Carrier" means any person who, in a contract of carriage, undertakes to perform or to procure the performance of transport by rail, road, air, sea, inland waterway or by a combination of such modes.

If the buyer nominates a person other than a carrier to receive the goods, the seller is deemed to have fulfilled his obligation to deliver the goods when they are delivered to that person.

A The seller's obligations

A1 Provision of goods in conformity with the contract
The seller must provide the goods and the commercial invoice, or its equivalent electronic message, in conformity with the contract of sale and any other evidence of conformity which may be required by the contract.

A2 Licences, authorizations and formalities
The seller must obtain at his own risk and expense any export licence or other official authorization and carry out, where applicable, all customs formalities necessary for the export of the goods.

A3 Contracts of carriage and insurance
a) Contract of carriage

No obligation. However, if requested by the buyer or if it is commercial practice and the buyer does not give an instruction to the contrary in due time, the seller may contract for carriage on usual terms at the buyer's risk and expense. In either case, the seller may decline to make the contract and, if he does, shall promptly notify the buyer accordingly.

b) Contract of insurance: No obligation.

A4 Delivery
The seller must deliver the goods to the carrier or another person nominated by the buyer, or chosen by the seller in accordance with A3 a), at the named place on the date or within the period agreed for delivery.

Delivery is completed;

a) If the named place is the seller's premises, when the goods have been loaded on the means of transport provided by the carrier nominated by the buyer or another person acting on his behalf.

b) Falls der benannte Ort ein anderer als der gemäß a) ist, wenn die Ware dem Frachtführer oder einer anderen vom Käufer benannten oder vom Verkäufer gemäß A3 a) ausgewählten Person auf dem Beförderungsmittel des Verkäufers unentladen zur Verfügung gestellt wird.

Wurde keine bestimmte Stelle am benannten Ort vereinbart und kommen mehrere Stellen in Betracht, kann der Verkäufer die ihm am besten zusagende Stelle am Lieferort auswählen.

Mangels genauer Anweisungen des Käufers kann der Verkäufer die Ware zur Beförderung in der Weise übergeben, wie es die Beförderungsart und/oder die Menge und/oder die Art der Ware verlangen.

A5 Gefahrenübergang
Der Verkäufer hat, vorbehaltlich der Bestimmungen von B5, alle Gefahren des Verlusts oder der Beschädigung der Ware solange zu tragen, bis sie gemäß A4 geliefert worden ist.

A6 Kostenteilung
Der Verkäufer hat, vorbehaltlich der Bestimmungen von B6, zu tragen
- alle die Ware betreffenden Kosten bis zu dem Zeitpunkt, in dem sie gemäß A4 geliefert worden ist; und,
- falls anwendbar[6], die Kosten der Zollformalitäten sowie alle Zölle, Steuern und andere Abgaben, die bei der Ausfuhr der Ware anfallen.

A7 Benachrichtigung des Käufers
Der Verkäufer hat den Käufer in angemessener Weise zu informieren, daß die Ware gemäß A4 geliefert worden ist. Sollte der Frachtführer die Lieferung nicht gemäß A4 zum vereinbarten Zeitpunkt übernehmen, hat der Verkäufer den Käufer entsprechend zu benachrichtigen.

A8 Liefernachweis, Transportdokument oder entsprechende elektronische Mitteilung
Der Verkäufer hat auf seine Kosten dem Käufer den üblichen Nachweis der Lieferung gemäß A4 zu beschaffen.

Der Verkäufer hat, sofern das im vorstehenden Absatz erwähnte Dokument nicht das Transportdokument ist, dem Käufer auf dessen Verlangen, Gefahr und Kosten bei der Beschaffung eines Transportdokuments zum Beförderungsvertrag (z.B. eines begebbaren Konnossements, eines nichtbegebbaren Seefrachtbriefs, eines Dokuments des Binnenschiffstransports, eines Luftfrachtbriefs, eines Eisenbahnfrachtbriefs, eines Straßenfrachtbriefs oder eines multimodalen Transportdokuments) jede Hilfe zu gewähren.

Wenn sich Verkäufer und Käufer auf elektronische Datenkommunikation geeinigt haben, kann das im vorstehenden Absatz erwähnte Dokument durch eine entsprechende Mitteilung im elektronischen Datenaustausch (EDI message) ersetzt werden.

A9 Prüfung – Verpackung – Kennzeichnung
Der Verkäufer hat die Kosten der Prüfung (wie Qualitätsprüfung, Messen, Wiegen und Zählen) zu tragen, die für die Lieferung der Ware gemäß A4 erforderlich ist.

Der Verkäufer hat auf eigene Kosten für eine Verpackung zu sorgen (sofern es nicht handelsüblich ist, die im Vertrag beschriebene Ware unverpackt zu versenden), die für den Transport der Ware erforderlich ist, wenn und soweit die Transportmodalitäten (z.B. Transportart, Bestimmungsort) dem Verkäufer vor Abschluß des Kaufvertrags zur Kenntnis gebracht worden sind. Die Verpackung ist in geeigneter Weise zu kennzeichnen.

A10 Sonstige Verpflichtungen
Der Verkäufer hat dem Käufer auf dessen Verlangen, Gefahr und Kosten bei der Beschaffung aller anderen als in A8 genannten Dokumente oder entsprechender elektronischer Mitteilungen, die im Liefer- und/oder Ursprungsland ausgestellt oder abgesendet werden und die der Käufer zur Einfuhr der Ware und gegebenenfalls zur Durchfuhr durch jedes Land benötigt, jede Hilfe zu gewähren.

Der Verkäufer hat dem Käufer auf dessen Verlangen die für die Versicherung der Ware erforderlichen Auskünfte zu erteilen.

b) If the named place is anywhere other than a), when the goods are placed at the disposal of the carrier or another person nominated by the buyer, or chosen by the seller in accordance with A3 a) on the seller's means of transport not unloaded.

If no specific point has been agreed within the named place, and if there are several points available, the seller may select the point at the place of delivery which best suits his purpose.

Failing precise instructions from the buyer, the seller may deliver the goods for carriage in such a manner as the transport mode and/or the quantity and/or nature of the goods may require.

A5 Transfer of risks

The seller must, subject to the provisions of B5, bear all risks of loss of or damage to the goods until such time as they have been delivered in accordance with A4.

A6 Division of costs

The seller must, subject to the provisions of B6, pay
- all costs relating to the goods until such time as they have been delivered in accordance with A4; and
- where applicable, the costs of customs formalities as well as all duties, taxes, and other charges payable upon export.

A7 Notice to the buyer

The seller must give the buyer sufficient notice that the goods have been delivered in accordance with A4. Should the carrier fail to take delivery in accordance with A4 at the time agreed, the seller must notify the buyer accordingly.

A8 Proof of delivery, transport document or equivalent electronic message

The seller must provide the buyer at the seller's expense with the usual proof of delivery of the goods in accordance with A4.

Unless the document referred to in the preceding paragraph is the transport document, the seller must render the buyer at the latter's request, risk and expense, every assistance in obtaining a transport document for the contract of carriage (for example a negotiable bill of lading, a non-negotiable sea waybill, an inland waterway document, an air waybill, a railway consignment note, a road consignment note, or a multimodal transport document).

When the seller and the buyer have agreed to communicate electronically, the document referred to in the preceding paragraph may be replaced by an equivalent electronic data interchange (EDI) message.

A9 Checking – packaging – marking

The seller must pay the costs of those checking operations (such as checking quality, measuring, weighing, counting) which are necessary for the purpose of delivering the goods in accordance with A4.

The seller must provide at his own expense packaging (unless it is usual for the particular trade to send the goods of the contract description unpacked) which is required for the transport of the goods, to the extent that the circumstances relating to the transport (for example modalities, destination) are made known to the seller before the contract of sale is concluded. Packaging is to be marked appropriately.

A10 Other obligations

The seller must render the buyer at the latter's request, risk and expense, every assistance in obtaining any documents or equivalent electronic messages (other than those mentioned in A8) issued or transmitted in the country of delivery and/or of origin which the buyer may require for the import of the goods and, where necessary, for their transit through any country.

The seller must provide the buyer, upon request, with the necessary information for procuring insurance.

B Verpflichtungen des Käufers

B1 Zahlung des Kaufpreises
Der Käufer hat den Preis vertragsgemäß zu zahlen.

B2 Lizenzen, Genehmigungen und Formalitäten
Der Käufer hat auf eigene Gefahr und Kosten die Einfuhrbewilligung oder andere behördliche Genehmigung zu beschaffen sowie, falls anwendbar, alle erforderlichen Zollformalitäten für die Einfuhr der Ware und für ihre Durchfuhr durch jedes Land zu erledigen.

B3 Beförderungs- und Versicherungsverträge
a) Beförderungsvertrag

Der Käufer hat auf eigene Kosten den Vertrag über die Beförderung der Ware vom benannten Ort abzuschließen, es sei denn, daß der Beförderungsvertrag vom Verkäufer gemäß A3a) abgeschlossen worden ist.

b) Versicherungsvertrag: Keine Verpflichtung.

B4 Abnahme
Der Käufer hat die Ware abzunehmen, wenn sie gemäß A4 geliefert worden ist.

B5 Gefahrenübergang
Der Käufer hat alle Gefahren des Verlustes oder der Beschädigung der Ware zu tragen, und zwar
– von dem Zeitpunkt an, in dem sie gemäß A4 geliefert worden ist; und
– von dem für die Lieferung vereinbarten Zeitpunkt an oder vom Ablauf jeder hierfür vereinbarten Frist an, die entweder dadurch entstehen, daß er den Frachtführer oder eine andere Person gemäß A4 nicht benennt, oder weil der Frachtführer oder die von dem Käufer benannte Partei die Ware nicht zum vereinbarten Zeitpunkt übernimmt oder weil der Käufer eine angemessene Benachrichtigung gemäß B7 unterläßt, vorausgesetzt jedoch, daß die Ware in geeigneter Weise konkretisiert, d.h. als der für den Käufer bestimmte Gegenstand abgesondert oder auf andere Art kenntlich gemacht worden ist.

B6 Kostenteilung
Der Käufer hat zu tragen
– alle die Ware betreffenden Kosten von dem Zeitpunkt an, in dem sie gemäß A4 geliefert worden ist; und
– alle zusätzlichen Kosten, die entweder dadurch entstehen, daß er den Frachtführer oder eine andere Person gemäß A4 nicht benennt oder die von ihm benannte Person die Ware in dem vereinbarten Zeitpunkt nicht übernimmt oder weil er eine angemessene Benachrichtigung gemäß B7 unterläßt, vorausgesetzt jedoch, daß die Ware in geeigneter Weise konkretisiert, d.h. als der für den Käufer bestimmte Gegenstand abgesondert oder auf andere Art kenntlich gemacht worden ist; und,
– falls anwendbar, alle Zölle, Steuern und andere Abgaben sowie die Kosten der Zollformalitäten, die bei der Einfuhr der Ware und bei der Durchfuhr durch jedes Land anfallen.

B7 Benachrichtigung des Verkäufers
Der Käufer hat dem Verkäufer in angemessener Weise den Namen der in A4 bestimmten Partei anzugeben, und, soweit erforderlich, die Transportart sowie den Zeitpunkt oder die Frist für die Lieferung der Ware und gegebenenfalls die Stelle innerhalb des Ortes, an dem die Ware dem Dritten geliefert werden soll, mitzuteilen.

B8 Liefernachweis, Transportdokument oder entsprechende elektronische Mitteilung
Der Käufer hat den in Übereinstimmung mit A8 erbrachten Liefernachweis anzunehmen.

B9 Prüfung der Ware
Der Käufer hat die Kosten für jede Warenkontrolle vor der Verladung (pre-shipment inspection) zu tragen, mit Ausnahme behördlich angeordneter Kontrollen des Ausfuhrlandes.

B THE BUYER'S OBLIGATIONS

B1 Payment of the price
The buyer must pay the price as provided in the contract of sale.

B2 Licences, authorizations and formalities
The buyer must obtain at his own risk and expense any import licence or other official authorization and carry out, where applicable, all customs formalities for the import of the goods and for their transit through any country.

B3 Contracts of carriage and insurance
a) Contract of carriage

The buyer must contract at his own expense for the carriage of the goods from the named place, except when the contract of carriage is made by the seller as provided for in A3 a).

b) Contract of insurance: No obligation.

B4 Taking delivery
The buyer must take delivery of the goods when they have been delivered in accordance with A4.

B5 Transfer of risks
The buyer must bear all risks of loss of or damage to the goods
- from the time they have been delivered in accordance with A4; and
- from the agreed date or the expiry date of any agreed period for delivery which arise either because he fails to nominate the carrier or another person in accordance with A4, or because the carrier or the party nominated by the buyer fails to take the goods into his charge at the agreed time, or because the buyer fails to give appropriate notice in accordance with B7, provided, however, that the goods have been duly appropriated to the contract, that is to say, clearly set aside or otherwise identified as the contract goods.

B6 Division of costs
The buyer must pay
- all costs relating to the goods from the time they have been delivered in accordance with A4; and
- any additional costs incurred, either because he fails to nominate the carrier or another person in accordance with A4 or because the party nominated by the buyer fails to take the goods into his charge at the agreed time, or because he has failed to give appropriate notice in accordance with B7, provided, however, that the goods have been duly appropriated to the contract, that is to say, clearly set aside or otherwise identified as the contract goods; and
- where applicable, all duties, taxes and other charges as well as the costs of carrying out customs formalities payable upon import of the goods and for their transit through any country.

B7 Notice to the seller
The buyer must give the seller sufficient notice of the name of the party designated in A4 and, where necessary, specify the mode of transport, as well as the date or period for delivering the goods to him and, as the case may be, the point within the place where the goods should be delivered to that party.

B8 Proof of delivery, transport document or equivalent electronic message
The buyer must accept the proof of delivery in accordance with A8.

B9 Inspection of goods
The buyer must pay the costs of any pre-shipment inspection except when such inspection is mandated by the authorities of the country of export.

B10 Sonstige Verpflichtungen

Der Käufer hat alle Kosten und Gebühren für die Beschaffung der in A10 genannten Dokumente oder entsprechender elektronischer Mitteilungen zu tragen und diejenigen des Verkäufers zu erstatten, die diesem bei der Hilfeleistung hierfür und beim Abschluß des Beförderungsvertrags gemäß A3 a) entstanden sind.

Der Käufer hat dem Verkäufer zweckdienliche Anweisungen zu erteilen, wenn seine Hilfe beim Abschluß des Beförderungsvertrags gemäß A3 a) erforderlich ist.

FAS

FREI LÄNGSSEITE SCHIFF (... benannter Verschiffungshafen)

„Frei Längseite Schiff" bedeutet, daß der Verkäufer liefert, wenn die Ware längseits des Schiffs im benannten Verschiffungshafen gebracht ist. Dies bedeutet, daß der Käufer alle Kosten und Gefahren des Verlusts oder der Beschädigung der Ware von diesem Zeitpunkt an zu tragen hat.

Die FAS-Klausel verpflichtet den Verkäufer, die Ware zur Ausfuhr frei zu machen.

DIES BEDEUTET EINE UMKEHR GEGENÜBER FRÜHEREN INCOTERMSFASSUNGEN, DIE DEN KÄUFER VERPFLICHTETEN, DIE AUSFUHRFREIMACHUNG ZU ERLEDIGEN.

Sollten die Vertragsparteien jedoch wünschen, daß der Käufer die Ware zur Ausfuhr freimacht, sollte dies durch einen entsprechenden ausdrücklichen Zusatz im Kaufvertrag deutlich gemacht werden.

Diese Klausel kann nur für den See- oder Binnenschiffstransport verwendet werden.

A   Verpflichtungen des Verkäufers

A1   Lieferung vertragsgemäßer Ware

Der Verkäufer hat die Ware in Übereinstimmung mit dem Kaufvertrag zu liefern sowie die Handelsrechnung oder die entsprechende elektronische Mitteilung und alle sonstigen vertragsgemäßen Belege hierfür zu erbringen.

A2   Lizenzen, Genehmigungen und Formalitäten

Der Verkäufer hat auf eigene Gefahr und Kosten die Ausfuhrbewilligung oder andere behördliche Genehmigung zu beschaffen sowie, falls anwendbar, alle Zollformalitäten zu erledigen, die für die Ausfuhr der Ware erforderlich sind.

A3   Beförderungs- und Versicherungsverträge

a) Beförderungsvertrag: Keine Verpflichtung.

b) Versicherungsvertrag: Keine Verpflichtung.

A4   Lieferung

Der Verkäufer hat die Ware in dem für die Lieferung vereinbarten Zeitpunkt oder innerhalb der vereinbarten Frist dem Hafenbrauch entsprechend an dem vom Käufer benannten Ladeplatz in dem benannten Verschiffungshafen Längsseite des vom Käufer benannten Schiffs bereitzustellen.

A5   Gefahrenübergang

Der Verkäufer hat, vorbehaltlich der Bestimmungen von B5, alle Gefahren des Verlusts oder der Beschädigung der Ware solange zu tragen, bis sie gemäß A4 geliefert worden ist.

A6   Kostenteilung

Der Verkäufer hat, vorbehaltlich der Bestimmungen von B6, zu tragen
- alle die Ware betreffenden Kosten bis zu dem Zeitpunkt, in dem sie gemäß A4 geliefert worden ist; und,
- falls anwendbar, die Kosten der Zollformalitäten sowie alle Zölle, Steuern und andere Abgaben, die bei der Ausfuhr der Ware anfallen.

A7   Benachrichtigung des Käufers

Der Verkäufer hat den Käufer in angemessener Weise zu benachrichtigen, daß die Ware längsseits des benannten Schiffs geliefert worden ist.

B10 Other obligations
The buyer must pay all costs and charges incurred in obtaining the documents or equivalent electronic messages mentioned in A10 and reimburse those incurred by the seller in rendering his assistance in accordance therewith and in contracting for carriage in accordance with A3 a).

The buyer must give the seller appropriate instructions whenever the seller's assistance in contracting for carriage is required in accordance with A3 a).

FAS
FREE ALONGSIDE SHIP (... named port of shipment)
"Free Alongside Ship" means that the seller delivers when the goods are placed alongside the vessel at the named port of shipment. This means that the buyer has to bear all costs and risks of loss of or damage to the goods from that moment.

The FAS term requires the seller to clear the goods for export.

THIS IS A REVERSAL FROM PREVIOUS INCOTERMS VERSIONS WHICH REQUIRED THE BUYER TO ARRANGE FOR EXPORT CLEARANCE.

However, if the parties wish the buyer to clear the goods for export, this should be made clear by adding explicit wording to this effect in the contract of sale..

This term can be used only for sea or inland waterway transport.

A The seller's obligations
A1 Provision of goods in conformity with the contract
The seller must provide the goods and the commercial invoice, or its equivalent electronic message, in conformity with the contract of sale and any other evidence of conformity which may be required by the contract.

A2 Licences, authorizations and formalities
The seller must obtain at his own risk and expense any export licence or other official authorization and carry out, where applicable, all customs formalities necessary for the export of the goods.

A3 Contracts of carriage and insurance
a) Contract of carriage: No obligation.

b) Contract of insurance: No obligation.

A4 Delivery
The seller must place the goods alongside the vessel nominated by the buyer at the loading place named by the buyer at the named port of shipment on the date or within the agreed period and in the manner customary at the port.

A5 Transfer of risks
The seller must, subject to the provisions of B5, bear all risks of loss of or damage to the goods until such time as they have been delivered in accordance with A4.

A6 Division of costs
The seller must, subject to the provisions of B6, pay
- all costs relating to the goods until such time as they have been delivered in accordance with A4; and
- where applicable, the costs of customs formalities as well as all duties, taxes, and other charges payable upon export.

A7 Notice to the buyer
The seller must give the buyer sufficient notice that the goods have been delivered alongside the nominated vessel.

A8 Liefernachweis, Transportdokument oder entsprechende elektronische Mitteilung

Der Verkäufer hat auf seine Kosten dem Käufer das übliche Dokument zum Nachweis der Lieferung gemäß A4 zu beschaffen.

Der Verkäufer hat, sofern das im vorstehenden Absatz erwähnte Dokument nicht das Transportdokument ist, dem Käufer auf dessen Verlangen, Gefahr und Kosten bei der Beschaffung eines Transportdokuments (z.B. eines begebbaren Konnossements, eines nichtbegebbaren Seefrachtbriefs, eines Dokuments des Binnenschiffstransports) jede Hilfe zu gewähren.

Wenn sich Verkäufer und Käufer auf elektronische Datenkommunikation geeinigt haben, kann das in den vorstehenden Absätzen erwähnte Dokument durch eine entsprechende Mitteilung im elektronischen Datenaustausch (EDI message) ersetzt werden.

A9 Prüfung – Verpackung – Kennzeichnung

Der Verkäufer hat die Kosten der Prüfung (Qualitätsprüfung, Messen, Wiegen und Zählen) zu tragen, die für die Lieferung der Ware gemäß A4 erforderlich ist.

Der Verkäufer hat auf eigene Kosten für eine Verpackung zu sorgen (sofern es nicht handelsüblich ist, die im Vertrag beschriebene Ware unverpackt zu verschiffen), die für den Transport der Ware erforderlich ist, wenn und soweit die Transportmodalitäten (z.B. Transportart, Bestimmungsort) dem Verkäufer vor Abschluß des Kaufvertrags zur Kenntnis gebracht worden sind. Die Verpackung ist in geeigneter Weise zu kennzeichnen.

A10 Sonstige Verpflichtungen

Der Verkäufer hat dem Käufer auf dessen Verlangen, Gefahr und Kosten bei der Beschaffung aller anderen als in A8 genannten Dokumente oder entsprechender elektronischer Mitteilungen, die im Verschiffungs- und/oder Ursprungsland ausgestellt oder abgesendet wurden und die der Käufer zur Einfuhr der Ware und gegebenenfalls zur Durchfuhr durch jedes Land benötigt, Hilfe zu gewähren.

Der Verkäufer hat dem Käufer auf dessen Verlangen die für die Versicherung der Ware erforderlichen Auskünfte zu erteilen.

B Verpflichtungen des Käufers

B1 Zahlung des Kaufpreises

Der Käufer hat den Preis vertragsgemäß zu zahlen.

B2 Lizenzen, Genehmigungen und Formalitäten

Der Käufer hat auf eigene Gefahr und Kosten die Einfuhrbewilligung oder andere behördliche Genehmigung zu beschaffen sowie, falls anwendbar, alle erforderlichen Zollformalitäten für die Einfuhr der Ware und für ihre Durchfuhr durch jedes Land zu erledigen.

B3 Beförderungs- und Versicherungsverträge

a) Beförderungsvertrag

Der Käufer hat auf eigene Kosten den Vertrag über die Beförderung der Ware vom benannten Verschiffungshafen abzuschließen.

b) Versicherungsvertrag: Keine Verpflichtung.

B4 Abnahme

Der Käufer hat die Ware abzunehmen, wenn sie gemäß A4 geliefert worden ist.

B5 Gefahrenübergang

Der Käufer hat alle Gefahren des Verlustes oder der Beschädigung der Ware zu tragen, und zwar
– von dem Zeitpunkt an, in dem sie gemäß A4 geliefert worden ist; und
– von dem für die Lieferung vereinbarten Zeitpunkt an oder vom Ablauf der hierfür vereinbarten Frist an, die dadurch entstehen, daß er die Benachrichtigung gemäß B7 unterläßt oder, weil das von ihm benannte Schiff nicht rechtzeitig eintrifft oder die Ware nicht übernehmen kann oder schon vor der gemäß B7 festgesetzten Zeit keine Ladung mehr annimmt, vorausgesetzt jedoch, daß die Ware in geeigneter Weise konkretisiert, d.h. als der für den Käufer bestimmte Gegenstand abgesondert oder auf andere Art kenntlich gemacht worden ist.

A8 Proof of delivery, transport document or equivalent electronic message

The seller must provide the buyer at the seller's expense with the usual proof of delivery of the goods in accordance with A4.

Unless the document referred to in the preceding paragraph is the transport document, the seller must render the buyer at the latter's request, risk and expense, every assistance in obtaining a transport document (for example a negotiable bill of lading, a non-negotiable sea waybill, an inland waterway document).

When the seller and the buyer have agreed to communicate electronically, the document referred to in the preceding paragraphs may be replaced by an equivalent electronic data interchange (EDI) message.

A9 Checking – packaging – marking

The seller must pay the costs of those checking operations (such as checking quality, measuring, weighing, counting) which are necessary for the purpose of delivering the goods in accordance with A4.

The seller must provide at his own expense packaging (unless it is usual for the particular trade to ship the goods of the contract description unpacked) which is required for the transport of the goods, to the extent that the circumstances relating to the transport (for example modalities, destination) are made known to the seller before the contract of sale is concluded. Packaging is to be marked appropriately.

A10 Other obligations

The seller must render the buyer at the latter's request, risk and expense, every assistance in obtaining any documents or equivalent electronic messages (other than those mentioned in A8) issued or transmitted in the country of shipment and/or of origin which the buyer may require for the import of the goods and, where necessary, for their transit through any country.

The seller must provide the buyer, upon request, with the necessary information for procuring insurance.

B The buyer's obligations

B1 Payment of the price

The buyer must pay the price as provided in the contract of sale.

B2 Licences, authorizations and formalities

The buyer must obtain at his own risk and expense any import licence or other official authorization and carry out, where applicable5, all customs formalities for the import of the goods and for their transit through any country.

B3 Contracts of carriage and insurance

a) Contract of carriage

The buyer must contract at his own expense for the carriage of the goods from the named port of shipment.

b) Contract of insurance: No obligation.

B4 Taking delivery

The buyer must take delivery of the goods when they have been delivered in accordance with A4.

B5 Transfer of risks

The buyer must bear all risks of loss of or damage to the goods
- from the time they have been delivered in accordance with A4; and
- from the agreed date or the expiry date of the agreed period for delivery which arise because he fails to give notice in accordance with B7, or because the vessel nominated by him fails to arrive on time, or is unable to take the goods, or closes for cargo earlier than the time notified in accordance with B7, provided, however, that the goods have been duly appropriated to the contract, that is to say, clearly set aside or otherwise identified as the contract goods.

B6 Kostenteilung

Der Käufer hat zu tragen
- alle die Ware betreffenden Kosten von dem Zeitpunkt an, in dem sie gemäß A4 geliefert worden ist; und
- alle zusätzlichen Kosten, die entweder dadurch entstehen, daß das von ihm bezeichnete Schiff nicht rechtzeitig eintrifft oder die Ware nicht übernehmen kann oder schon vor der gemäß B7 mitgeteilten Zeit keine Ladung mehr annimmt, oder der Käufer die angemessene Benachrichtigung gemäß B7 unterläßt, vorausgesetzt jedoch, daß die Ware in geeigneter Weise konkretisiert, d.h. als der für den Käufer bestimmte Gegenstand abgesondert oder auf andere Art kenntlich gemacht worden ist; und,
- falls anwendbar, alle Zölle, Steuern und andere Abgaben sowie die Kosten der Zollformalitäten, die bei der Einfuhr der Ware und bei der Durchfuhr durch jedes andere Land anfallen.

B7 Benachrichtigung des Verkäufers

Der Käufer hat dem Verkäufer in angemessener Weise den Namen des Schiffs, den Ladeplatz und die erforderliche Lieferzeit anzugeben.

B8 Liefernachweis, Transportdokument oder entsprechende elektronische Mitteilung

Der Käufer hat den in Übereinstimmung mit A8 erbrachten Liefernachweis anzunehmen.

B9 Prüfung der Ware

Der Käufer hat die Kosten für jede Warenkontrolle vor der Verladung (pre-shipment inspection) zu tragen, mit Ausnahme behördlich angeordneter Kontrollen des Ausfuhrlandes.

B10 Sonstige Verpflichtungen

Der Käufer hat alle Kosten und Gebühren für die Beschaffung der in A10 genannten Dokumente oder entsprechender elektronischer Mitteilung zu tragen und diejenigen des Verkäufers zu erstatten, die diesem bei der Hilfeleistung hierfür entstanden sind.

FOB

FREI AN BORD (... benannter Verschiffungshafen)

„Frei an Bord" bedeutet, daß der Verkäufer liefert, wenn die Ware die Schiffsreling in dem benannten Verschiffungshafen überschritten hat. Dies bedeutet, daß der Käufer von diesem Zeitpunkt an alle Kosten und Gefahren des Verlusts oder der Beschädigung der Ware zu tragen hat. Die FOB-Klausel verpflichtet den Verkäufer, die Ware zur Ausfuhr freizumachen. Diese Klausel kann nur für den See- oder Binnenschiffstransport verwendet werden. Falls die Parteien nicht beabsichtigen, die Ware über die Schiffsreling zu liefern, sollte die FCA-Klausel verwendet werden.

A Verpflichtungen des Verkäufers

A1 Lieferung vertragsgemäßer Ware

Der Verkäufer hat die Ware in Übereinstimmung mit dem Kaufvertrag zu liefern sowie die Handelsrechnung oder die entsprechende elektronische Mitteilung und alle sonstigen vertragsgemäßen Belege hierfür zu erbringen.

A2 Lizenzen, Genehmigungen und Formalitäten

Der Verkäufer hat auf eigene Gefahr und Kosten die Ausfuhrbewilligung oder andere behördliche Genehmigung zu beschaffen sowie, falls anwendbar, alle Zollformalitäten zu erledigen, die für die Ausfuhr der Ware erforderlich sind.

A3 Beförderungs- und Versicherungsverträge

a) Beförderungsvertrag: Keine Verpflichtung.

b) Versicherungsvertrag: Keine Verpflichtung.

B6 Division of costs
The buyer must pay
- all costs relating to the goods from the time they have been delivered in accordance with A4; and
- any additional costs incurred, either because the vessel nominated by him has failed to arrive on time, or is unable to take the goods, or closes for cargo earlier than the time notified in accordance with B7, or because the buyer has failed to give appropriate notice in accordance with B7 provided, however, that the goods have been duly appropriated to the contract, that is to say, clearly set aside or otherwise identified as the contract goods; and
- where applicable, all duties, taxes and other charges as well as the costs of carrying out customs formalities payable upon import of the goods and for their transit through any country.

B7 Notice to the seller
The buyer must give the seller sufficient notice of the vessel name, loading point and required delivery time.

B8 Proof of delivery, transport document or equivalent electronic message
The buyer must accept the proof of delivery in accordance with A8.

B9 Inspection of goods
The buyer must pay the costs of any pre-shipment inspection, except when such inspection is mandated by the authorities of the country of export.

B10 Other obligations
The buyer must pay all costs and charges incurred in obtaining the documents or equivalent electronic messages mentioned in A10 and reimburse those incurred by the seller in rendering his assistance in accordance therewith.

FOB

FREE ON BOARD (... named port of shipment)

"Free on Board" means that the seller delivers when the goods pass the ship's rail at the named port of shipment. This means that the buyer has to bear all costs and risks of loss of or damage to the goods from that point. The FOB term requires the seller to clear the goods for export. This term can be used only for sea or inland waterway transport. If the parties do not intend to deliver the goods across the ship's rail, the FCA term should be used.

A The seller's obligations

A1 Provision of goods in conformity with the contract
The seller must provide the goods and the commercial invoice, or its equivalent electronic message, in conformity with the contract of sale and any other evidence of conformity which may be required by the contract.

A2 Licences, authorizations and formalities
The seller must obtain at his own risk and expense any export licence or other official authorization and carry out, where applicable, all customs formalities necessary for the export of the goods.

A3 Contracts of carriage and insurance
a) Contract of carriage: No obligation.
b) Contract of insurance: No obligation.

A4 Lieferung

Der Verkäufer hat die Ware an Bord des vom Käufer bezeichneten Schiffes im benannten Verschiffungshafen in dem vereinbarten Zeitpunkt oder innerhalb der vereinbarten Frist und dem Hafenbrauch entsprechend zu liefern.

A5 Gefahrenübergang

Der Verkäufer hat, vorbehaltlich der Bestimmungen von B5, alle Gefahren des Verlusts oder der Beschädigung der Ware solange zu tragen, bis sie die Schiffsreling im benannten Verschiffungshafen überschritten hat.

A6 Kostenteilung

Der Verkäufer hat, vorbehaltlich der Bestimmungen von B6, zu tragen
- alle die Ware betreffenden Kosten bis zu dem Zeitpunkt, in dem sie die Schiffsreling im benannten Verschiffungshafen überschritten hat; und,
- falls anwendbar, die Kosten der für die Ausfuhr notwendigen Zollformalitäten sowie alle Zölle, Steuern und andere Abgaben, die bei der Ausfuhr der Ware anfallen.

A7 Benachrichtigung des Käufers

Der Verkäufer hat den Käufer in angemessener Weise zu benachrichtigen, daß die Ware gemäß A4 geliefert worden ist.

A8 Liefernachweis, Transportdokument oder entsprechende elektronische Mitteilung

Der Verkäufer hat auf seine Kosten dem Käufer den üblichen Nachweis der Lieferung gemäß A4 zu beschaffen.

Der Verkäufer hat, sofern das im vorstehenden Absatz erwähnte Dokument nicht das Transportdokument ist, dem Käufer auf dessen Verlangen, Gefahr und Kosten bei der Beschaffung eines Transportdokuments zum Beförderungsvertrag (z.B. eines begebbaren Konnossements, eines nicht begebbaren Seefrachtbriefs, eines Dokuments des Binnenschiffstransports oder eines multimodalen Transportdokuments) jede Hilfe zu gewähren.

Wenn sich Verkäufer und Käufer auf elektronische Datenkommunikation geeinigt haben, kann das im vorstehenden Absatz erwähnte Dokument durch eine entsprechende Mitteilung im elektronischen Datenaustausch (EDI message) ersetzt werden.

A9 Prüfung – Verpackung – Kennzeichnung

Der Verkäufer hat die Kosten der Prüfung (wie Qualitätsprüfung, Messen, Wiegen und Zählen) zu tragen, die für die Lieferung der Ware gemäß A4 erforderlich ist.

Der Verkäufer hat auf eigene Kosten für eine Verpackung zu sorgen (sofern es nicht handelsüblich ist, die im Vertrag beschriebene Ware unverpackt zu verschiffen), die für den Transport der Ware erforderlich ist, wenn und soweit die Transportmodalitäten (z.B. Transportart, Bestimmungsort), dem Verkäufer vor Abschluß des Kaufvertrags zur Kenntnis gebracht worden sind. Die Verpackung ist in geeigneter Weise zu kennzeichnen.

A10 Sonstige Verpflichtungen

Der Verkäufer hat dem Käufer auf dessen Verlangen, Gefahr und Kosten bei der Beschaffung aller anderen als in A8 genannten Dokumente oder entsprechender elektronischer Mitteilungen, die im Verschiffungs- und/oder Ursprungsland ausgestellt oder abgesendet werden und die der Käufer zur Einfuhr der Ware und gegebenenfalls zur Durchfuhr durch jedes Land benötigt, jede Hilfe zu gewähren.

Der Verkäufer hat dem Käufer auf dessen Verlangen die für die Versicherung der Ware erforderlichen Auskünfte zu erteilen.

A4 Delivery
The seller must deliver the goods on the date or within the agreed period at the named port of shipment and in the manner customary at the port on board the vessel nominated by the buyer.

A5 Transfer of risks
The seller must, subject to the provisions of B5, bear all risks of loss of or damage to the goods until such time as they have passed the ship's rail at the named port of shipment.

A6 Division of costs
The seller must, subject to the provisions of B6, pay
- all costs relating to the goods until such time as they have passed the ship's rail at the named port of shipment; and
- where applicable, the costs of customs formalities necessary for export as well as all duties, taxes and other charges payable upon export.

A7 Notice to the buyer
The seller must give the buyer sufficient notice that the goods have been delivered in accordance with A4.

A8 Proof of delivery, transport document or equivalent electronic message
The seller must provide the buyer at the seller's expense with the usual proof of delivery in accordance with A4.

Unless the document referred to in the preceding paragraph is the transport document, the seller must render the buyer, at the latter's request, risk and expense, every assistance in obtaining a transport document for the contract of carriage (for example, a negotiable bill of lading, a non-negotiable sea waybill, an inland waterway document, or a multimodal transport document).

Where the seller and the buyer have agreed to communicate electronically, the document referred to in the preceding paragraph may be replaced by an equivalent electronic data interchange (EDI) message.

A9 Checking – packaging – marking
The seller must pay the costs of those checking operations (such as checking quality, measuring, weighing, counting) which are necessary for the purpose of delivering the goods in accordance with A4.

The seller must provide at his own expense packaging (unless it is usual for the particular trade to ship the goods of the contract description unpacked) which is required for the transport of the goods, to the extent that the circumstances relating to the transport (for example modalities, destination) are made known to the seller before the contract of sale is concluded. Packaging is to be marked appropriately.

A10 Other obligations
The seller must render the buyer at the latter's request, risk and expense, every assistance in obtaining any documents or equivalent electronic messages (other than those mentioned in A8) issued or transmitted in the country of shipment and/or of origin which the buyer may require for the import of the goods and, where necessary, for their transit through any country.

The seller must provide the buyer, upon request, with the necessary information for procuring insurance.

B Verpflichtungen des Käufers

B1 Zahlung des Kaufpreises
Der Käufer hat den Preis vertragsgemäß zu zahlen.

B2 Lizenzen, Genehmigungen und Formalitäten
Der Käufer hat auf eigene Gefahr und Kosten die Einfuhrbewilligung oder andere behördliche Genehmigung zu beschaffen sowie, falls anwendbar, alle erforderlichen Zollformalitäten für die Einfuhr der Ware und gegebenenfalls für ihre Durchfuhr durch jedes Land zu erledigen.

B3 Beförderungs- und Versicherungsverträge
a) Beförderungsvertrag

Der Käufer hat auf eigene Kosten den Vertrag über die Beförderung der Ware vom benannten Verschiffungshafen abzuschließen.

b) Versicherungsvertrag: Keine Verpflichtung.

B4 Abnahme
Der Käufer hat die Ware abzunehmen, wenn sie gemäß A4 geliefert worden ist.

B5 Gefahrenübergang
Der Käufer hat alle Gefahren des Verlusts oder der Beschädigung der Ware zu tragen, und zwar
- von dem Zeitpunkt an, in dem sie die Schiffsreling im benannten Verschiffungshafen überschritten hat; und
- von dem für die Lieferung vereinbarten Zeitpunkt an oder vom Ablauf der hierfür vereinbarten Frist an, die dadurch entstehen, daß er die Benachrichtigung gemäß B7 unterläßt oder weil das von ihm benannte Schiff nicht rechtzeitig eintrifft oder die Ware nicht übernehmen kann oder schon vor der gemäß B7 festgesetzten Zeit keine Ladung mehr annimmt, vorausgesetzt jedoch, daß die Ware in geeigneter Weise konkretisiert, d.h. als der für den Verkäufer bestimmte Gegenstand abgesondert oder auf andere Art kenntlich gemacht worden ist.

B6 Kostenteilung
Der Käufer hat zu tragen
- alle die Ware betreffenden Kosten von dem Zeitpunkt an, in dem sie die Schiffsreling im benannten Verschiffungshafen überschritten hat; und
- alle zusätzlichen Kosten, die entweder dadurch entstehen, daß das von ihm bezeichnete Schiff nicht rechtzeitig eintrifft oder die Ware nicht übernehmen kann oder schon vor der gemäß B7 mitgeteilten Zeit keine Ladung mehr annimmt, oder der Käufer die Benachrichtigung gemäß B7 unterlassen hat, vorausgesetzt jedoch, daß die Ware in geeigneter Weise konkretisiert, d.h. als der für den Käufer bestimmte Gegenstand abgesondert oder auf andere Art kenntlich gemacht worden ist; und,
- falls anwendbar, alle Zölle, Steuern und andere Abgaben sowie die Kosten der Zollformalitäten, die bei der Einfuhr der Ware und bei der Durchfuhr durch jedes Land anfallen.

B7 Benachrichtigung des Verkäufers
Der Käufer hat dem Verkäufer in angemessener Weise den Namen des Schiffs, den Ladeplatz und die erforderliche Lieferzeit anzugeben.

B8 Liefernachweis, Transportdokument oder entsprechende elektronische Mitteilung
Der Käufer hat den in Übereinstimmung mit A8 erbrachten Liefernachweis anzunehmen.

B9 Prüfung der Ware
Der Käufer hat die Kosten für jede Warenkontrolle vor der Verladung (pre-shipment inspection) zu tragen, mit Ausnahme behördlich angeordneter Kontrollen des Ausfuhrlandes.

B10 Sonstige Verpflichtungen
Der Käufer hat alle Kosten und Gebühren für die Beschaffung der in A10 genannten Dokumente oder entsprechender elektronischer Mitteilungen zu tragen und diejenigen des Verkäufers zu erstatten, die diesem bei der Hilfeleistung hierfür entstanden sind.

B The buyer's obligations

B1 Payment of the price
The buyer must pay the price as provided in the contract of sale.

B2 Licences, authorizations and formalities
The buyer must obtain at his own risk and expense any import licence or other official authorization and carry out, where applicable, all customs formalities for the import of the goods and, where necessary, for their transit through any country.

B3 Contracts of carriage and insurance
a) Contract of carriage

The buyer must contract at his own expense for the carriage of the goods from the named port of shipment.

b) Contract of insurance: No obligation.

B4 Taking delivery
The buyer must take delivery of the goods when they have been delivered in accordance with A4.

B5 Transfer of risks
The buyer must bear all risks of loss of or damage to the goods
- from the time they have passed the ship's rail at the named port of shipment; and
- from the agreed date or the expiry date of the agreed period for delivery which arise because he fails to give notice in accordance with B7, or because the vessel nominated by him fails to arrive on time, or is unable to take the goods, or closes for cargo earlier than the time notified in accordance with B7, provided, however, that the goods have been duly appropriated to the contract, that is to say, clearly set aside or otherwise identified as the contract goods.

B6 Division of costs
The buyer must pay
- all costs relating to the goods from the time they have passed the ship's rail at the named port of shipment; and
- any additional costs incurred, either because the vessel nominated by him fails to arrive on time, or is unable to take the goods, or closes for cargo earlier than the time notified in accordance with B7, or because the buyer has failed to give appropriate notice in accordance with B7, provided, however, that the goods have been duly appropriated to the contract, that is to say, clearly set aside or otherwise identified as the contract goods; and
- where applicable, all duties, taxes and other charges as well as the costs of carrying out customs formalities payable upon import of the goods and for their transit through any country.

B7 Notice to the seller
The buyer must give the seller sufficient notice of the vessel name, loading point and required delivery time.

B8 Proof of delivery, transport document or equivalent electronic message
The buyer must accept the proof of delivery in accordance with A8.

B9 Inspection of goods
The buyer must pay the costs of any pre-shipment inspection except when such inspection is mandated by the authorities of the country of export.

B10 Other obligations
The buyer must pay all costs and charges incurred in obtaining the documents or equivalent electronic messages mentioned in A10 and reimburse those incurred by the seller in rendering his assistance in accordance therewith.

CFR

KOSTEN UND FRACHT (… benannter Bestimmungshafen)

„Kosten und Fracht" bedeutet, daß der Verkäufer liefert, wenn die Ware die Schiffsreling in dem benannten Verschiffungshafen überschritten hat.

Der Verkäufer hat die Kosten und die Fracht zu tragen, die erforderlich sind, um die Ware zum benannten Bestimmungshafen zu befördern; JEDOCH gehen die Gefahr des Verlusts oder der Beschädigung der Ware ebenso wie zusätzliche Kosten, die auf Ereignisse nach Lieferung der Ware an Bord zurückzuführen sind, vom Verkäufer auf den Käufer über.

Die CFR-Klausel verpflichtet den Verkäufer, die Ware zur Ausfuhr freizumachen.

Diese Klausel kann nur für den See- und Binnenschiffstransport verwendet werden. Falls die Parteien nicht beabsichtigen, die Ware über die Schiffsreling zu liefern, sollte die CPT-Klausel verwendet werden.

A Verpflichtungen des Verkäufers

A1 Lieferung vertragsgemäßer Ware

Der Verkäufer hat die Ware in Übereinstimmung mit dem Kaufvertrag zu liefern sowie die Handelsrechnung oder die entsprechende elektronische Mitteilung und alle sonstigen vertragsgemäßen Belege hierfür zu erbringen.

A2 Lizenzen, Genehmigungen und Formalitäten

Der Verkäufer hat auf eigene Gefahr und Kosten die Ausfuhrbewilligung oder andere behördliche Genehmigung zu beschaffen sowie, falls anwendbar[1], alle Zollformalitäten zu erledigen, die für die Ausfuhr der Ware erforderlich sind.

A3 Beförderungs- und Versicherungsverträge

a) Beförderungsvertrag

Der Verkäufer hat auf eigene Rechnung den Vertrag über die Beförderung der Ware auf dem üblichen Weg in der üblichen Weise bis zum benannten Bestimmungshafen in einem Seeschiff (oder Binnenschiff je nach den Umständen) der Bauart, die normalerweise für die Beförderung der im Vertrag genannten Ware verwendet wird, abzuschließen.

b) Versicherungsvertrag: Keine Verpflichtung.

A4 Lieferung

Der Verkäufer hat die Ware an Bord des Schiffs im Verschiffungshafen in dem vereinbarten Zeitpunkt oder innerhalb der vereinbarten Frist zu liefern.

A5 Gefahrenübergang

Der Verkäufer hat, vorbehaltlich der Bestimmungen von B5, alle Gefahren des Verlusts oder der Beschädigung der Ware solange zu tragen, bis sie die Schiffsreling im Verschiffungshafen überschritten hat.

A6 Kostenteilung

Der Verkäufer hat, vorbehaltlich der Bestimmungen von B6, zu tragen
- alle die Ware betreffenden Kosten bis zu dem Zeitpunkt, in dem sie gemäß A4 geliefert worden ist; und
- die Fracht- und alle anderen aus A3 a) entstehenden Kosten einschließlich der Kosten der Verladung der Ware an Bord und alle Ausladungskosten im vereinbarten Entladungshafen, die nach dem Beförderungsvertrag vom Verkäufer zu tragen sind; und,
- falls anwendbar, die Kosten der für die Ausfuhr notwendigen Zollformalitäten sowie alle Zölle, Steuern und andere Abgaben, die bei der Ausfuhr und, soweit sie im Beförderungsvertrag vom Verkäufer zu tragen sind, bei der Durchfuhr durch jedes Land anfallen.

A7 Benachrichtigung des Käufers

Der Verkäufer hat den Käufer in angemessener Weise zu benachrichtigen, daß die Ware gemäß A4 geliefert worden ist sowie jede andere Nachricht zu geben, die der Käufer benötigt, um erforderliche Maßnahmen zur Übernahme der Ware treffen zu können.

CFR
COST AND FREIGHT (... named port of destination)

"Cost and Freight" means that the seller delivers when the goods pass the ship's rail in the port of shipment.

The seller must pay the costs and freight necessary to bring the goods to the named port of destination BUT the risk of loss of or damage to the goods, as well as any additional costs due to events occurring after the time of delivery, are transferred from the seller to the buyer.

The CFR term requires the seller to clear the goods for export.

This term can be used only for sea and inland waterway transport. If the parties do not intend to deliver the goods across the ship's rail, the CPT term should be used.

A The seller's obligations

A1 Provision of goods in conformity with the contract

The seller must provide the goods and the commercial invoice, or its equivalent electronic message, in conformity with the contract of sale and any other evidence of conformity which may be required by the contract.

A2 Licences, authorizations and formalities

The seller must obtain at his own risk and expense any export licence or other official authorization and carry out, where applicable, all customs formalities necessary for the export of the goods.

A3 Contracts of carriage and insurance

a) Contract of carriage

The seller must contract on usual terms at his own expense for the carriage of the goods to the named port of destination by the usual route in a seagoing vessel (or inland waterway vessel as the case may be) of the type normally used for the transport of goods of the contract description.

b) Contract of insurance: No obligation.

A4 Delivery

The seller must deliver the goods on board the vessel at the port of shipment on the date or within the agreed period.

A5 Transfer of risks

The seller must, subject to the provisions of B5, bear all risks of loss of or damage to the goods until such time as they have passed the ship's rail at the port of shipment.

A6 Division of costs

The seller must, subject to the provisions of B6, pay
- all costs relating to the goods until such time as they have been delivered in accordance with A4; and
- the freight and all other costs resulting from A3 a), including the costs of loading the goods on board and any charges for unloading at the agreed port of discharge which were for the seller's account under the contract of carriage; and
- where applicable, the costs of customs formalities necessary for export as well as all duties, taxes and other charges payable upon export, and for their transit through any country if they were for the seller's account under the contract of carriage.

A7 Notice to the buyer

The seller must give the buyer sufficient notice that the goods have been delivered in accordance with A4 as well as any other notice required in order to allow the buyer to take measures which are normally necessary to enable him to take the goods.

A8 Liefernachweis, Transportdokument oder entsprechende elektronische Mitteilung

Der Verkäufer hat auf eigene Kosten dem Käufer unverzüglich das übliche Transportdokument für den vereinbarten Bestimmungshafen zu beschaffen.

Dieses Dokument (z.B. ein begebbares Konnossement, ein nichtbegebbarer Seefrachtbrief oder ein Dokument des Binnenschiffstransports) muß über die vertraglich vereinbarte Ware lauten, ein innerhalb der für die Verschiffung vereinbarten Frist liegendes Datum tragen, den Käufer berechtigen, die Herausgabe der Ware im Bestimmungshafen von dem Frachtführer zu verlangen, und mangels anderer Vereinbarung dem Käufer ermöglichen, die Ware während des Transports an einen nachfolgenden Käufer durch Übertragung des Dokuments (begebbares Konnossement) oder durch Mitteilung an den Frachtführer zu verkaufen.

Besteht ein solches Transportdokument aus mehreren Originalausfertigungen, muß dem Käufer der vollständige Satz übergeben werden.

Wenn sich Verkäufer und Käufer auf elektronische Datenkommunikation geeinigt haben, kann das in den vorstehenden Absätzen erwähnte Dokument durch eine entsprechende Mitteilung im elektronischen Datenaustausch (EDI message) ersetzt werden.

A9 Prüfung – Verpackung – Kennzeichnung

Der Verkäufer hat die Kosten der Prüfung (wie Qualitätsprüfung, Messen, Wiegen und Zählen) zu tragen, die für die Lieferung der Ware gemäß A4 erforderlich ist.

Der Verkäufer hat auf eigene Kosten für eine Verpackung zu sorgen (sofern es nicht handelsüblich ist, die in dem Vertrag beschriebene Ware unverpackt zu verschiffen), die für den von ihm besorgten Transport der Ware erforderlich ist. Die Verpackung ist in geeigneter Weise zu kennzeichnen.

A10 Sonstige Verpflichtungen

Der Verkäufer hat dem Käufer auf dessen Verlangen, Gefahr und Kosten bei der Beschaffung aller anderen als in A8 genannten Dokumente oder entsprechender elektronischer Mitteilungen, die im Verschiffungs- und/oder Ursprungsland ausgestellt oder abgesendet werden und die der Käufer zur Einfuhr der Ware und gegebenenfalls zur Durchfuhr durch jedes Land benötigt, jede Hilfe zu gewähren.

Der Verkäufer hat dem Käufer auf dessen Verlangen die für die Versicherung der Ware erforderlichen Auskünfte zu erteilen.

B Verpflichtungen des Käufers

B1 Zahlung des Kaufpreises

Der Käufer hat den Preis vertragsgemäß zu zahlen.

B2 Lizenzen, Genehmigungen und Formalitäten

Der Käufer hat auf eigene Gefahr und Kosten die Einfuhrbewilligung oder andere behördliche Genehmigung zu beschaffen sowie, falls anwendbar, alle erforderlichen Zollformalitäten für die Einfuhr der Ware und ihre Durchfuhr durch jedes Land zu erledigen.

B3 Beförderungs- und Versicherungsverträge

a) Beförderungsvertrag: Keine Verpflichtung.

b) Versicherungsvertrag: Keine Verpflichtung.

B4 Abnahme

Der Käufer hat anzuerkennen, daß die Ware in Übereinstimmung mit A4 übergeben wird, und die Ware dem Frachtführer im Bestimmungshafen abzunehmen.

B5 Gefahrenübergang

Der Käufer hat alle Gefahren des Verlusts oder der Beschädigung der Ware von dem Zeitpunkt an zu tragen, in dem sie die Schiffsreling im Verschiffungshafen überschritten hat.

Der Käufer hat, sollte er die Benachrichtigung gemäß B7 unterlassen, alle Gefahren des Verlusts oder der Beschädigung der Ware von dem für die Verschiffung vereinbarten Zeitpunkt oder vom Ablauf der hierfür vereinbarten Frist an zu tragen, vorausgesetzt jedoch, daß die Ware in geeigneter Weise konkretisiert, d.h. als der für den Käufer bestimmte Gegenstand abgesondert oder auf andere Art kenntlich gemacht worden ist.

A8 Proof of delivery, transport document or equivalent electronic message

The seller must at his own expense provide the buyer without delay with the usual transport document for the agreed port of destination.

This document (for example a negotiable bill of lading, a non-negotiable sea waybill or an inland waterway document) must cover the contract goods, be dated within the period agreed for shipment, enable the buyer to claim the goods from the carrier at the port of destination and, unless otherwise agreed, enable the buyer to sell the goods in transit by the transfer of the document to a subsequent buyer (the negotiable bill of lading) or by notification to the carrier.

When such a transport document is issued in several originals, a full set of originals must be presented to the buyer.

Where the seller and the buyer have agreed to communicate electronically, the document referred to in the preceding paragraphs may be replaced by an equivalent electronic data interchange (EDI) message.

A9 Checking – packaging – marking

The seller must pay the costs of those checking operations (such as checking quality, measuring, weighing, counting) which are necessary for the purpose of delivering the goods in accordance with A4.

The seller must provide at his own expense packaging (unless it is usual for the particular trade to ship the goods of the contract description unpacked) which is required for the transport of the goods arranged by him. Packaging is to be marked appropriately.

A10 Other obligations

The seller must render the buyer at the latter's request, risk and expense, every assistance in obtaining any documents or equivalent electronic messages (other than those mentioned in A8) issued or transmitted in the country of shipment and/or of origin which the buyer may require for the import of the goods and, where necessary, for their transit through any country.

The seller must provide the buyer, upon request, with the necessary information for procuring insurance.

B The buyer's obligations

B1 Payment of the price

The buyer must pay the price as provided in the contract of sale.

B2 Licences, authorizations and formalities

The buyer must obtain at his own risk and expense any import licence or other official authorization and carry out, where applicable, all customs formalities for the import of the goods and for their transit through any country.

B3 Contracts of carriage and insurance

a) Contract of carriage: No obligation.

b) Contract of insurance: No obligation.

B4 Taking delivery

The buyer must accept delivery of the goods when they have been delivered in accordance with A4 and receive them from the carrier at the named port of destination.

B5 Transfer of risks

The buyer must bear all risks of loss of or damage to the goods from the time they have passed the ship's rail at the port of shipment.

The buyer must, should he fail to give notice in accordance with B7, bear all risks of loss of or damage to the goods from the agreed date or the expiry date of the period fixed for shipment provided, however, that the goods have been duly appropriated to the contract, that is to say, clearly set aside or otherwise identified as the contract goods.

B6 Kostenteilung

Der Käufer hat, vorbehaltlich der Bestimmungen von A3 a), zu tragen
- alle die Ware betreffenden Kosten von dem Zeitpunkt an, in dem sie gemäß A4 geliefert worden ist; und
- alle während des Transports bis zur Ankunft im Bestimmungshafen anfallenden, die Ware betreffenden Kosten, sofern diese Kosten und Gebühren nach dem Beförderungsvertrag nicht vom Verkäufer zu tragen sind; und
- die Kosten für Löschung und Leichterung sowie die Kaigebühren, sofern diese Kosten und Gebühren nach dem Beförderungsvertrag nicht vom Verkäufer zu tragen sind; und,
- sollte er die Benachrichtigung gemäß B7 unterlassen, von dem für die Verschiffung vereinbarten Zeitpunkt oder vom Ablauf der hierfür vereinbarten Frist an alle dadurch entstehenden zusätzlichen Kosten, vorausgesetzt jedoch, daß die Ware in geeigneter Weise konkretisiert, d.h. als der für den Käufer bestimmte Gegenstand abgesondert oder auf andere Art kenntlich gemacht worden ist; und,
- falls anwendbar, alle Zölle, Steuern und andere Abgaben sowie die Kosten der Zollformalitäten, die bei der Einfuhr der Ware und, soweit nicht in den Kosten des Beförderungsvertrages enthalten, gegebenenfalls bei der Durchfuhr durch jedes Land anfallen.

B7 Benachrichtigung des Verkäufers

Der Käufer hat, wenn er berechtigt ist, den Zeitpunkt für die Verschiffung der Ware und/oder den Bestimmungshafen festzulegen, den Verkäufer in angemessener Weise davon zu benachrichtigen.

B8 Liefernachweis, Transportdokument oder entsprechende elektronische Mitteilung

Der Käufer hat das Transportdokument gemäß A8 anzunehmen, wenn es mit dem Kaufvertrag übereinstimmt.

B9 Prüfung der Ware

Der Käufer hat die Kosten für jede Warenkontrolle vor der Verladung (pre-shipment inspection) zu tragen, mit Ausnahme behördlich angeordneter Kontrollen des Ausfuhrlandes.

B10 Sonstige Verpflichtungen

Der Käufer hat alle Kosten und Gebühren für die Beschaffung der in A10 genannten Dokumente oder entsprechender elektronischer Mitteilungen zu tragen und diejenigen des Verkäufers zu erstatten, die diesem bei der Hilfeleistung hierfür entstanden sind.

CIF

KOSTEN, VERSICHERUNG, FRACHT (... benannter Bestimmungshafen)

„Kosten, Versicherung, Fracht" bedeutet, daß der Verkäufer liefert, wenn die Ware die Schiffsreling in dem benannten Verschiffungshafen überschritten hat.

Der Verkäufer hat die Kosten und die Fracht zu tragen, die erforderlich sind, um die Ware zum benannten Bestimmungshafen zu befördern; JEDOCH gehen die Gefahr des Verlusts oder der Beschädigung der Ware sowie alle zusätzlichen Kosten, die auf Ereignisse nach Lieferung der Ware zurückzuführen sind, vom Verkäufer auf den Käufer über. In der CIF-Klausel hat der Verkäufer jedoch zusätzlich die Seetransportversicherung gegen die vom Käufer getragene Gefahr des Verlusts oder der Beschädigung der Ware während des Transportes abzuschließen.

Folglich schließt der Verkäufer den Versicherungsvertrag ab und zahlt die Versicherungsprämie. Der Käufer sollte beachten, daß gemäß der CIF-Klausel der Verkäufer nur verpflichtet ist, eine Versicherung mit Mindestdeckung abzuschließen. Sollte der Käufer einen Schutz mit höherer Deckung wünschen, müßte er dies entweder ausdrücklich mit dem Verkäufer vereinbaren oder eigene zusätzliche Versicherungsvorkehrungen treffen.

Die CIF-Klausel verpflichtet den Verkäufer, die Ware zur Ausfuhr frei zu machen.

Diese Klausel kann nur für den See- und Binnenschiffstransport verwendet werden. Sollten die Parteien nicht beabsichtigen, die Ware über die Schiffsreling zu liefern, sollte die CIP-Klausel verwendet werden.

B6 Division of costs
The buyer must, subject to the provisions of A3 a), pay
- all costs relating to the goods from the time they have been delivered in accordance with A4; and
- all costs and charges relating to the goods whilst in transit until their arrival at the port of destination, unless such costs and charges were for the seller's account under the contract of carriage; and
- unloading costs including lighterage and wharfage charges, unless such costs and charges were for the seller's account under the contract of carriage; and
- all additional costs incurred if he fails to give notice in accordance with B7, for the goods from the agreed date or the expiry date of the period fixed for shipment, provided, however, that the goods have been duly appropriated to the contract, that is to say, clearly set aside or otherwise identified as the contract goods; and
- where applicable, all duties, taxes and other charges as well as the costs of carrying out customs formalities payable upon import of the goods and, where necessary, for their transit through any country unless included within the cost of the contract of carriage.

B7 Notice to the seller
The buyer must, whenever he is entitled to determine the time for shipping the goods and/or the port of destination, give the seller sufficient notice thereof.

B8 Proof of delivery, transport document or equivalent electronic message
The buyer must accept the transport document in accordance with A8 if it is in conformity with the contract.

B9 Inspection of goods
The buyer must pay the costs of any pre-shipment inspection except when such inspection is mandated by the authorities of the country of export.

B10 Other obligations
The buyer must pay all costs and charges incurred in obtaining the documents or equivalent electronic messages mentioned in A10 and reimburse those incurred by the seller in rendering his assistance in accordance therewith.

CIF

COST INSURANCE AND FREIGHT (... named port of destination)
"Cost, Insurance and Freight" means that the seller delivers when the goods pass the ship's rail in the port of shipment.

The seller must pay the costs and freight necessary to bring the goods to the named port of destination BUT the risk of loss of or damage to the goods, as well as any additional costs due to events occurring after the time of delivery, are transferred from the seller to the buyer. However, in CIF the seller also has to procure marine insurance against the buyer's risk of loss of or damage to the goods during the carriage.

Consequently, the seller contracts for insurance and pays the insurance premium. The buyer should note that under the CIF term the seller is required to obtain insurance only on minimum cover. Should the buyer wish to have the protection of greater cover, he would either need to agree as much expressly with the seller or to make his own extra insurance arrangements.

The CIF term requires the seller to clear the goods for export.

This term can be used only for sea and inland waterway transport. If the parties do not intend to deliver the goods across the ship's rail, the CIP term should be used.

A Verpflichtungen des Verkäufers

A1 Lieferung vertragsgemäßer Ware
Der Verkäufer hat die Ware in Übereinstimmung mit dem Kaufvertrag zu liefern sowie die Handelsrechnung oder die entsprechende elektronische Mitteilung und alle sonstigen vertragsgemäßen Belege hierfür zu erbringen.

A2 Lizenzen, Genehmigungen und Formalitäten
Der Verkäufer hat auf eigene Gefahr und Kosten die Ausfuhrbewilligung oder andere behördliche Genehmigung zu beschaffen sowie, falls anwendba[2], alle Zollformalitäten zu erledigen, die für die Ausfuhr der Ware erforderlich sind.

A3 Beförderungs- und Versicherungsverträge
a) Beförderungsvertrag

Der Verkäufer hat auf eigene Rechnung den Vertrag über die Beförderung der Ware auf dem üblichen Weg in der üblichen Weise bis zum benannten Bestimmungshafen in einem Seeschiff (oder Binnenschiff je nach den Umständen) der Bauart, die normalerweise für die Beförderung der im Vertrag genannten Ware verwendet wird, abzuschließen.

b) Versicherungsvertrag

Der Verkäufer hat auf eigene Kosten die im Vertrag vereinbarte Transportversicherung zu beschaffen, die den Käufer oder eine andere Person mit versichertem Interesse an den Gütern berechtigt, direkt beim Versicherer Ansprüche geltend zu machen, und dem Käufer die Versicherungspolice oder einen sonstigen Nachweis über den Versicherungsschutz zu übermitteln.

Die Versicherung ist bei zuverlässigen Versicherern oder Versicherungsgesellschaften abzuschließen und muß mangels ausdrücklicher Vereinbarung von etwas Gegensätzlichem mit der Mindestdeckung der Institute Cargo Clauses (Institute of London Underwriters) oder einem ähnlichen Bedingungswerk übereinstimmen. Die Dauer der Versicherung muß B5 und B4 entsprechen. Auf Verlangen des Käufers hat der Verkäufer auf Kosten des Käufers eine Versicherung gegen die Gefahren Krieg, Streik, Aufruhr und bürgerliche Unruhen zu beschaffen, sofern dies möglich ist. Die Mindestversicherung muß den Kaufpreis zuzüglich 10 % (d.h. 110 %) decken und in der Währung des Kaufvertrags genommen werden.

A4 Lieferung
Der Verkäufer hat die Ware an Bord des Schiffs im Verschiffungshafen in dem vereinbarten Zeitpunkt oder innerhalb der vereinbarten Frist zu liefern.

A5 Gefahrenübergang
Der Verkäufer hat, vorbehaltlich der Bestimmungen von B5, alle Gefahren des Verlusts oder der Beschädigung der Ware solange zu tragen, bis sie die Schiffsreling im Verschiffungshafen überschritten hat.

A6 Kostenteilung
Der Verkäufer hat, vorbehaltlich der Bestimmungen von B6, zu tragen
- alle die Ware betreffenden Kosten bis zu dem Zeitpunkt, in dem sie gemäß A4 geliefert worden ist; und
- die Fracht- und alle anderen aus A3 a) entstehenden Kosten sowie die Kosten der Verladung der Ware an Bord; und
- die aus A3 b) resultierenden Kosten für die Versicherung; und
- alle Ausladungskosten im vereinbarten Entladungshafen, die nach dem Beförderungsvertrag vom Verkäufer zu tragen sind; und,
- falls anwendbar, die Kosten der für die Ausfuhr notwendigen Zollformalitäten sowie alle Zölle, Steuern und andere Abgaben, die bei der Ausfuhr und, soweit sie im Beförderungsvertrag vom Verkäufer zu tragen sind, bei der Durchfuhr durch jedes Land anfallen.

A7 Benachrichtigung des Käufers
Der Verkäufer hat den Käufer in angemessener Weise zu benachrichtigen, daß die Ware gemäß A4 geliefert worden ist sowie jede andere Nachricht zu geben, die der Käufer benötigt, um erforderliche Maßnahmen zur Übernahme der Ware treffen zu können.

A The seller's obligations

A1 Provision of goods in conformity with the contract
The seller must provide the goods and the commercial invoice, or its equivalent electronic message, in conformity with the contract of sale and any other evidence of conformity which may be required by the contract.

A2 Licences, authorizations and formalities
The seller must obtain at his own risk and expense any export licence or other official authorization and carry out, where applicable2, all customs formalities necessary for the export of the goods.

A3 Contracts of carriage and insurance
a) Contract of carriage

The seller must contract on usual terms at his own expense for the carriage of the goods to the named port of destination by the usual route in a seagoing vessel (or inland waterway vessel as the case may be) of the type normally used for the transport of goods of the contract description.

b) Contract of insurance

The seller must obtain at his own expense cargo insurance as agreed in the contract, such that the buyer, or any other person having an insurable interest in the goods, shall be entitled to claim directly from the insurer and provide the buyer with the insurance policy or other evidence of insurance cover.

The insurance shall be contracted with underwriters or an insurance company of good repute and, failing express agreement to the contrary, be in accordance with minimum cover of the Institute Cargo Clauses (Institute of London Underwriters) or any similar set of clauses. The duration of insurance cover shall be in accordance with B5 and B4. When required by the buyer, the seller shall provide at the buyer's expense war, strikes, riots and civil commotion risk insurances if procurable. The minimum insurance shall cover the price provided in the contract plus ten per cent (i.e. 110%) and shall be provided in the currency of the contract.

A4 Delivery
The seller must deliver the goods on board the vessel at the port of shipment on the date or within the agreed period.

A5 Transfer of risks
The seller must, subject to the provisions of B5, bear all risks of loss of or damage to the goods until such time as they have passed the ship's rail at the port of shipment.

A6 Division of costs
The seller must, subject to the provisions of B6, pay
- all costs relating to the goods until such time as they have been delivered in accordance with A4; and
- the freight and all other costs resulting from A3 a), including the costs of loading the goods on board; and
- the costs of insurance resulting from A3 b); and
- any charges for unloading at the agreed port of discharge which were for the seller's account under the contract of carriage; and
- where applicable, the costs of customs formalities necessary for export as well as all duties, taxes and other charges payable upon export, and for their transit through any country if they were for the seller's account under the contract of carriage.

A7 Notice to the buyer
The seller must give the buyer sufficient notice that the goods have been delivered in accordance with A4 as well as any other notice required in order to allow the buyer to take measures which are normally necessary to enable him to take the goods.

A8 Liefernachweis, Transportdokument oder entsprechende elektronische Mitteilung

Der Verkäufer hat auf eigene Kosten dem Käufer unverzüglich das übliche Transportdokument für den vereinbarten Bestimmungshafen zu beschaffen.

Dieses Dokument (z.B. ein begebbares Konnossement, ein nichtbegebbarer Seefrachtbrief oder ein Dokument des Binnenschiffstransports) muß über die vertraglich vereinbarte Ware lauten, ein innerhalb der für die Verschiffung vereinbarten Frist liegendes Datum tragen, den Käufer berechtigen, die Herausgabe der Ware im Bestimmungshafen von dem Frachtführer zu verlangen, und mangels anderer Vereinbarung dem Käufer ermöglichen, die Ware während des Transports an einen nachfolgenden Käufer durch Übertragung des Dokuments (begebbares Konnossement) oder durch Mitteilung an den Frachtführer zu verkaufen.

Besteht ein solches Transportdokument aus mehreren Originalausfertigungen, muß dem Käufer der vollständige Satz übergeben werden.

Wenn sich Verkäufer und Käufer auf elektronische Datenkommunikation geeinigt haben, kann das in den vorstehenden Absätzen erwähnte Dokument durch eine entsprechende Mitteilung im elektronischen Datenaustausch (EDI message) ersetzt werden.

A9 Prüfung – Verpackung – Kennzeichnung

Der Verkäufer hat die Kosten der Prüfung (wie Qualitätsprüfung, Messen, Wiegen und Zählen) zu tragen, die für die Lieferung der Ware gemäß A4 erforderlich ist.

Der Verkäufer hat auf eigene Kosten für eine Verpackung zu sorgen (sofern es nicht handelsüblich ist, die in dem Vertrag beschriebene Ware unverpackt zu verschiffen), die für den von ihm besorgten Transport der Ware erforderlich ist. Die Verpackung ist in geeigneter Weise zu kennzeichnen.

A10 Sonstige Verpflichtungen

Der Verkäufer hat dem Käufer auf dessen Verlangen, Gefahr und Kosten bei der Beschaffung aller anderen als in A8 genannten Dokumente oder entsprechender elektronischer Mitteilung, die im Verschiffungs- und/oder Ursprungsland ausgestellt oder abgesendet werden und die der Käufer zur Einfuhr der Ware und gegebenenfalls zur Durchfuhr durch jedes Land benötigt, jede Hilfe zu gewähren.

Der Verkäufer hat dem Käufer auf dessen Verlangen die notwendigen Informationen für die Beschaffung jeder zusätzlichen Versicherung zur Verfügung zu stellen.

B Verpflichtungen des Käufers

B1 Zahlung des Kaufpreises

Der Käufer hat den Preis vertragsgemäß zu zahlen.

B2 Lizenzen, Genehmigungen und Formalitäten

Der Käufer hat auf eigene Gefahr und Kosten die Einfuhrbewilligung oder andere behördliche Genehmigung zu beschaffen sowie, falls anwendbar, alle erforderlichen Zollformalitäten für die Einfuhr der Ware und für ihre Durchfuhr durch jedes andere Land zu erledigen.

B3 Beförderungs- und Versicherungsverträge

a) Beförderungsvertrag: Keine Verpflichtung.

b) Versicherungsvertrag: Keine Verpflichtung.

B4 Abnahme

Der Käufer hat anzuerkennen, daß die Ware in Übereinstimmung mit A4 übergeben wird, und die Ware dem Frachtführer im Bestimmungshafen abzunehmen.

B5 Gefahrenübergang

Der Käufer hat alle Gefahren des Verlusts oder der Beschädigung der Ware von dem Zeitpunkt an zu tragen, in dem sie die Schiffsreling im benannten Verschiffungshafen überschritten hat.

Der Käufer hat, sollte er die Benachrichtigung gemäß B7 unterlassen, alle Gefahren des Verlusts oder der Beschädigung der Ware von dem für die Verschiffung vereinbarten Zeitpunkt oder vom Ablauf der hierfür vereinbarten Frist an zu tragen, vorausgesetzt jedoch, daß die Ware in geeigneter Weise konkretisiert, d.h. als der für den Käufer bestimmte Gegenstand abgesondert oder auf andere Art kenntlich gemacht worden ist.

A8 Proof of delivery, transport document or equivalent electronic message

The seller must, at his own expense, provide the buyer without delay with the usual transport document for the agreed port of destination.

This document (for example a negotiable bill of lading, a non-negotiable sea waybill or an inland waterway document) must cover the contract goods, be dated within the period agreed for shipment, enable the buyer to claim the goods from the carrier at the port of destination and, unless otherwise agreed, enable the buyer to sell the goods in transit by the transfer of the document to a subsequent buyer (the negotiable bill of lading) or by notification to the carrier.

When such a transport document is issued in several originals, a full set of originals must be presented to the buyer.

Where the seller and the buyer have agreed to communicate electronically, the document referred to in the preceding paragraphs may be replaced by an equivalent electronic data interchange (EDI) message.

A9 Checking – packaging – marking

The seller must pay the costs of those checking operations (such as checking quality, measuring, weighing, counting) which are necessary for the purpose of delivering the goods in accordance with A4.

The seller must provide at his own expense packaging (unless it is usual for the particular trade to ship the goods of the contract description unpacked) which is required for the transport of the goods arranged by him. Packaging is to be marked appropriately.

A10 Other obligations

The seller must render the buyer at the latter's request, risk and expense, every assistance in obtaining any documents or equivalent electronic messages (other than those mentioned in A8) issued or transmitted in the country of shipment and/or of origin which the buyer may require for the import of the goods and, where necessary, for their transit through any country.

The seller must provide the buyer, upon request, with the necessary information for procuring any additional insurance.

B The buyer's obligations

B1 Payment of the price

The buyer must pay the price as provided in the contract of sale.

B2 Licences, authorizations and formalities

The buyer must obtain at his own risk and expense any import licence or other official authorization and carry out, where applicable, all customs formalities for the import of the goods and for their transit through any country.

B3 Contracts of carriage and insurance

a) Contract of carriage: No obligation.

b) Contract of insurance: No obligation.

B4 Taking delivery

The buyer must accept delivery of the goods when they have been delivered in accordance with A4 and receive them from the carrier at the named port of destination.

B5 Transfer of risks

The buyer must bear all risks of loss of or damage to the goods from the time they have passed the ship's rail at the port of shipment.

The buyer must, should he fail to give notice in accordance with B7, bear all risks of loss of or damage to the goods from the agreed date or the expiry date of the period fixed for shipment provided, however, that the goods have been duly appropriated to the contract, that is to say, clearly set aside or otherwise identified as the contract goods.

B6 Kostenteilung

Der Käufer hat, vorbehaltlich der Bestimmungen von A3, zu tragen
- alle die Ware betreffenden Kosten von dem Zeitpunkt an, in dem sie gemäß A4 geliefert worden ist; und
- alle während des Transports bis zur Ankunft im Bestimmungshafen anfallenden, die Ware betreffenden Kosten, sofern diese Kosten und Gebühren nach dem Beförderungsvertrag nicht vom Verkäufer zu zahlen sind; und
- die Kosten für Löschung und Leichterung sowie die Kaigebühren, sofern diese Kosten und Gebühren nach dem Beförderungsvertrag nicht vom Verkäufer zu tragen sind; und,
- sollte er die Benachrichtigung gemäß B7 unterlassen, von dem für die Verschiffung vereinbarten Zeitpunkt oder vom Ablauf der hierfür vereinbarten Frist an alle dadurch entstehenden zusätzlichen Kosten, vorausgesetzt jedoch, daß die Ware in geeigneter Weise konkretisiert, d.h. als der für den Käufer bestimmte Gegenstand abgesondert oder auf andere Art kenntlich gemacht worden ist; und,
- falls anwendbar, alle Zölle, Steuern und andere Abgaben sowie die Kosten der Zollformalitäten, die bei der Einfuhr der Ware und, soweit nicht in den Kosten des Beförderungsvertrages enthalten, gegebenenfalls bei der Durchfuhr durch jedes Land anfallen.

B7 Benachrichtigung des Verkäufers

Der Käufer hat, wenn er berechtigt ist, den Zeitpunkt für die Verschiffung der Ware und/oder den Bestimmungshafen festzulegen, den Verkäufer in angemessener Weise davon zu benachrichtigen.

B8 Liefernachweis, Transportdokument oder entsprechende elektronische Mitteilung

Der Käufer hat das Transportdokument gemäß A8 anzunehmen, wenn es mit dem Kaufvertrag übereinstimmt.

B9 Prüfung der Ware

Der Käufer hat die Kosten für jede Warenkontrolle vor der Verladung (pre-shipment inspection) zu tragen, mit Ausnahme behördlich angeordneter Kontrollen des Ausfuhrlandes.

B10 Sonstige Verpflichtungen

Der Käufer hat alle Kosten und Gebühren für die Beschaffung der in A10 genannten Dokumente oder entsprechender elektronischer Mitteilungen zu tragen und diejenigen des Verkäufers zu erstatten, die diesem bei der Hilfeleistung hierfür entstanden sind.

Der Käufer hat dem Verkäufer auf dessen Verlangen die für die Versicherung der Ware erforderlichen Auskünfte zu erteilen.

CPT

FRACHTFREI (... benannter Bestimmungsort)

„Frachtfrei" bedeutet, daß der Verkäufer die Ware dem von ihm benannten Frachtführer liefert, der Verkäufer hat jedoch zusätzlich die Frachtkosten zu übernehmen, die erforderlich sind, um die Ware bis zum benannten Bestimmungsort zu befördern. Dies bedeutet, daß der Käufer alle Gefahren sowie alle anderen Kosten trägt, die nach der erfolgten Lieferung der Ware auftreten.

„Frachtführer" ist, wer sich durch einen Beförderungsvertrag verpflichtet, die Beförderung per Schiene, Straße, Luft, See, Binnenschiff oder in einer Kombination dieser Transportarten durchzuführen oder durchführen zu lassen.

Werden mehrere aufeinanderfolgende Frachtführer für die Beförderung zum benannten Ort eingesetzt, geht die Gefahr auf den Käufer über, sobald die Ware dem ersten Frachtführer übergeben worden ist.

Die CPT-Klausel verpflichtet den Verkäufer, die Ware zur Ausfuhr freizumachen.

Diese Klausel kann für jede Transportart verwendet werden, einschließlich des multimodalen Transports.

B6 Division of costs

The buyer must, subject to the provisions of A3, pay
- all costs relating to the goods from the time they have been delivered in accordance with A4; and
- all costs and charges relating to the goods whilst in transit until their arrival at the port of destination, unless such costs and charges were for the seller's account under the contract of carriage; and
- unloading costs including lighterage and wharfage charges, unless such costs and charges were for the seller's account under the contract of carriage; and
- all additional costs incurred if he fails to give notice in accordance with B7, for the goods from the agreed date or the expiry date of the period fixed for shipment, provided, however, that the goods have been duly appropriated to the contract, that is to say, clearly set aside or otherwise identified as the contract goods; and
- where applicable, all duties, taxes and other charges as well as the costs of carrying out customs formalities payable upon import of the goods and, where necessary, for their transit through any country unless included within the cost of the contract of carriage.

B7 Notice to the seller

The buyer must, whenever he is entitled to determine the time for shipping the goods and/or the port of destination, give the seller sufficient notice thereof.

B8 Proof of delivery, transport document or equivalent electronic message

The buyer must accept the transport document in accordance with A8 if it is in conformity with the contract.

B9 Inspection of goods

The buyer must pay the costs of any pre-shipment inspection except when such inspection is mandated by the authorities of the country of export.

B10 Other obligations

The buyer must pay all costs and charges incurred in obtaining the documents or equivalent electronic messages mentioned in A10 and reimburse those incurred by the seller in rendering his assistance in accordance therewith.

The buyer must provide the seller, upon request, with the necessary information for procuring insurance.

CPT

CARRIAGE PAID TO (... named place of destination)

"Carriage paid to..." means that the seller delivers the goods to the carrier nominated by him but the seller must in addition pay the cost of carriage necessary to bring the goods to the named destination. This means that the buyer bears all risks and any other costs occurring after the goods have been so delivered.

"Carrier" means any person who, in a contract of carriage, undertakes to perform or to procure the performance of transport, by rail, road, air, sea, inland waterway or by a combination of such modes.

If subsequent carriers are used for the carriage to the agreed destination, the risk passes when the goods have been delivered to the first carrier.

The CPT term requires the seller to clear the goods for export.

This term may be used irrespective of the mode of transport including multimodal transport.

A Verpflichtungen des Verkäufers

A1 Lieferung vertragsgemäßer Ware
Der Verkäufer hat die Ware in Übereinstimmung mit dem Kaufvertrag zu liefern sowie die Handelsrechnung oder die entsprechende elektronische Mitteilung und alle sonstigen vertragsgemäßen Belege hierfür zu erbringen.

A2 Lizenzen, Genehmigungen und Formalitäten
Der Verkäufer hat auf eigene Gefahr und Kosten die Ausfuhrbewilligung oder andere behördliche Genehmigung zu beschaffen sowie, falls anwendbar, alle Zollformalitäten zu erledigen, die für die Ausfuhr der Ware erforderlich sind.

A3 Beförderungs- und Versicherungsverträge
a) Beförderungsvertrag

Der Verkäufer hat auf eigene Rechnung den Vertrag über die Beförderung der Ware auf dem üblichen Weg in der üblichen Weise bis zur benannten Stelle am benannten Bestimmungsort abzuschließen. Ist die Stelle nicht vereinbart oder ergibt sie sich nicht aus der Handelspraxis, kann der Verkäufer die ihm am besten zusagende Stelle am benannten Bestimmungsort auswählen.

b) Versicherungsvertrag: Keine Verpflichtung.

A4 Lieferung
Der Verkäufer hat die Ware dem gemäß A3 verpflichteten Frachtführer oder bei mehreren aufeinanderfolgenden Frachtführern dem ersten Frachtführer in dem für die Lieferung vereinbarten Zeitpunkt oder innerhalb der vereinbarten Frist zur Beförderung an die vereinbarte Stelle am benannten Bestimmungsort zu übergeben.

A5 Gefahrenübergang
Der Verkäufer hat, vorbehaltlich der Bestimmungen von B5, alle Gefahren des Verlusts oder der Beschädigung der Ware solange zu tragen, bis sie gemäß A4 geliefert worden ist.

A6 Kostenteilung
Der Verkäufer hat, vorbehaltlich der Bestimmungen von B6, zu tragen
- alle die Ware betreffenden Kosten bis zu dem Zeitpunkt, in dem sie gemäß A4 geliefert worden ist, sowie die Fracht- und alle anderen aus A3 a) entstehenden Kosten einschließlich der Kosten der Verladung der Ware und aller Ausladungskosten am Bestimmungsort, die nach dem Beförderungsvertrag vom Verkäufer zu tragen sind; und,
- falls anwendbar, die Kosten der für die Ausfuhr notwendigen Zollformalitäten sowie alle Zölle, Steuern und andere Abgaben, die bei der Ausfuhr und, soweit sie im Beförderungsvertrag vom Verkäufer zu tragen sind, bei der Durchfuhr durch jedes Land anfallen.

A7 Benachrichtigung des Käufers
Der Verkäufer hat den Käufer in angemessener Weise zu benachrichtigen, daß die Ware gemäß A4 geliefert worden ist, sowie jede andere Nachricht zu geben, die der Käufer benötigt, um erforderliche Maßnahmen zur Übernahme der Ware treffen zu können.

A8 Liefernachweis, Transportdokument oder entsprechende elektronische Mitteilung
Der Verkäufer hat dem Käufer auf Kosten des Verkäufers, falls handelsüblich, das übliche Transportdokument oder Dokumente (z.B. ein begebbares Konnossement, einen nichtbegebbaren Seefrachtbrief, ein Dokument des Binnenschiffstransports, einen Luftfrachtbrief, einen Eisenbahnfrachtbrief, einen Straßenfrachtbrief oder ein multimodales Transportdokument) für den gemäß A3 vertraglich festgelegten Transport zu beschaffen.

Wenn sich Verkäufer und Käufer auf elektronische Datenkommunikation geeinigt haben, kann das im vorstehenden Absatz erwähnte Dokument durch eine entsprechende Mitteilung im elektronischen Datenaustausch (EDI message) ersetzt werden.

A The seller's obligations

A1 Provision of goods in conformity with the contract
The seller must provide the goods and the commercial invoice, or its equivalent electronic message, in conformity with the contract of sale and any other evidence of conformity which may be required by the contract.

A2 Licences, authorizations and formalities
The seller must obtain at his own risk and expense any export licence or other official authorization and carry out, where applicable1, all customs formalities necessary for the export of the goods.

A3 Contracts of carriage and insurance
a) Contract of carriage

The seller must contract on usual terms at his own expense for the carriage of the goods to the agreed point at the named place of destination by a usual route and in a customary manner. If a point is not agreed or is not determined by practice, the seller may select the point at the named place of destination which best suits his purpose.

b) Contract of insurance: No obligation.

A4 Delivery
The seller must deliver the goods to the carrier contracted in accordance with A3 or, if there are subsequent carriers to the first carrier, for transport to the agreed point at the named place on the date or within the agreed period.

A5 Transfer of risks
The seller must, subject to the provisions of B5, bear all risks of loss of or damage to the goods until such time as they have been delivered in accordance with A4.

A6 Division of costs
The seller must, subject to the provisions of B6, pay
- all costs relating to the goods until such time as they have been delivered in accordance with A4 as well as the freight and all other costs resulting from A3 a), including the costs of loading the goods and any charges for unloading at the place of destination which were for the seller's account under the contract of carriage; and
- where applicable, the costs of customs formalities necessary for export as well as all duties, taxes or other charges payable upon export, and for their transit through any country if they were for the seller's account under the contract of carriage.

A7 Notice to the buyer
The seller must give the buyer sufficient notice that the goods have been delivered in accordance with A4 as well as any other notice required in order to allow the buyer to take measures which are normally necessary to enable him to take the goods.

A8 Proof of delivery, transport document or equivalent electronic message
The seller must provide the buyer at the seller's expense, if customary, with the usual transport document or documents (for example a negotiable bill of lading, a non-negotiable sea waybill, an inland waterway document, an air waybill, a railway consignment note, a road consignment note, or a multimodal transport document) for the transport contracted in accordance with A3.

Where the seller and the buyer have agreed to communicate electronically, the document referred to in the preceding paragraph may be replaced by an equivalent electronic data interchange (EDI) message.

A9 Prüfung – Verpackung – Kennzeichnung

Der Verkäufer hat die Kosten der Prüfung (wie Qualitätsprüfung, Messen, Wiegen und Zählen) zu tragen, die für die Lieferung der Ware gemäß A4 erforderlich ist.

Der Verkäufer hat auf eigene Kosten für eine Verpackung zu sorgen (sofern es nicht handelsüblich ist, die in dem Vertrag beschriebene Ware unverpackt zu versenden), die für den von ihm besorgten Transport der Ware erforderlich ist. Die Verpackung ist in geeigneter Weise zu kennzeichnen.

A10 Sonstige Verpflichtungen

Der Verkäufer hat dem Käufer auf dessen Verlangen, Gefahr und Kosten bei der Beschaffung aller anderen als in A8 genannten Dokumente oder entsprechender elektronischer Mitteilungen, die im Versendungs- und/oder Ursprungsland ausgestellt oder abgesendet werden und die der Käufer zur Einfuhr der Ware und zur Durchfuhr durch jedes andere Land benötigt, jede Hilfe zu gewähren.

Der Verkäufer hat dem Käufer auf dessen Verlangen die für die Versicherung der Ware erforderlichen Auskünfte zu erteilen.

B Verpflichtungen des Käufers

B1 Zahlung des Kaufpreises

Der Käufer hat den Preis vertragsgemäß zu zahlen.

B2 Lizenzen, Genehmigungen und Formalitäten

Der Käufer hat auf eigene Gefahr und Kosten die Einfuhrbewilligung oder andere behördliche Genehmigung zu beschaffen sowie, falls anwendbar, alle erforderlichen Zollformalitäten für die Einfuhr der Ware und für ihre Durchfuhr durch jedes Land zu erledigen.

B3 Beförderungs- und Versicherungsverträge

a) Beförderungsvertrag: Keine Verpflichtung.

b) Versicherungsvertrag: Keine Verpflichtung.

B4 Abnahme

Der Käufer hat anzuerkennen, daß die Ware in Übereinstimmung mit A4 übergeben wird und die Ware dem Frachtführer am Bestimmungsort abzunehmen.

B5 Gefahrenübergang

Der Käufer hat alle Gefahren des Verlusts oder der Beschädigung der Ware von dem Zeitpunkt an zu tragen, in dem sie gemäß A4 geliefert worden ist.

Der Käufer hat, sollte er die Benachrichtigung gemäß B7 unterlassen, alle Gefahren der Ware von dem für die Lieferung vereinbarten Zeitpunkt oder vom Ablauf der hierfür vereinbarten Frist an zu tragen, vorausgesetzt jedoch, daß die Ware in geeigneter Weise konkretisiert, d.h. als der für den Käufer bestimmte Gegenstand abgesondert oder auf andere Art kenntlich gemacht worden ist.

B6 Kostenteilung

Der Käufer hat, vorbehaltlich der Bestimmungen von A3 a), zu tragen
- alle die Ware betreffenden Kosten von dem Zeitpunkt an, in dem sie gemäß A4 geliefert worden ist; und
- alle während des Transports bis zur Ankunft im Bestimmungsort anfallenden, die Ware betreffenden Kosten, sofern diese Kosten und Gebühren nach dem Beförderungsvertrag nicht vom Verkäufer zu tragen sind; und
- die Ausladungskosten, sofern diese Kosten und Gebühren nach dem Beförderungsvertrag nicht vom Verkäufer zu zahlen sind; und,
- sollte er die Benachrichtigung gemäß B7 unterlassen, von dem für den Versand vereinbarten Zeitpunkt oder vom Ablauf der hierfür vereinbarten Frist an alle dadurch entstehenden zusätzlichen Kosten, vorausgesetzt jedoch, daß die Ware in geeigneter Weise konkretisiert, d.h. als der für den Käufer bestimmte Gegenstand abgesondert oder auf andere Art kenntlich gemacht worden ist; und,
- falls anwendbar, alle Zölle, Steuern und andere Abgaben sowie die Kosten der Zollformalitäten, die bei der Einfuhr der Ware und, soweit nicht in den im Beförderungsvertrag genannten Kosten enthalten, bei der Durchfuhr durch jedes Land anfallen.

A9 Checking – packaging – marking
The seller must pay the costs of those checking operations (such as checking quality, measuring, weighing, counting) which are necessary for the purpose of delivering the goods in accordance with A4.

The seller must provide at his own expense packaging (unless it is usual for the particular trade to send the goods of the contract description unpacked) which is required for the transport of the goods arranged by him. Packaging is to be marked appropriately.

A10 Other obligations
The seller must render the buyer at the latter's request, risk and expense, every assistance in obtaining any documents or equivalent electronic messages (other than those mentioned in A8) issued or transmitted in the country of dispatch and/or of origin which the buyer may require for the import of the goods and for their transit through any country.

The seller must provide the buyer, upon request, with the necessary information for procuring insurance.

B   The buyer's obligations

B1   Payment of the price
The buyer must pay the price as provided in the contract of sale.

B2   Licences, authorizations and formalities
The buyer must obtain at his own risk and expense any import licence or other official authorization and carry out, where applicable, all customs formalities for the import of the goods and for their transit through any country.

B3   Contracts of carriage and insurance
a) Contract of carriage: No obligation.
b) Contract of insurance: No obligation.

B4   Taking delivery
The buyer must accept delivery of the goods when they have been delivered in accordance with A4 and receive them from the carrier at the named place.

B5   Transfer of risks
The buyer must bear all risks of loss of or damage to the goods from the time they have been delivered in accordance with A4.

The buyer must, should he fail to give notice in accordance with B7, bear all risks of the goods from the agreed date or the expiry date of the period fixed for delivery provided, however, that the goods have been duly appropriated to the contract, that is to say, clearly set aside or otherwise identified as the contract goods.

B6   Division of costs
The buyer must, subject to the provisions of A3 a), pay
- all costs relating to the goods from the time they have been delivered in accordance with A4; and
- all costs and charges relating to the goods whilst in transit until their arrival at the agreed place of destination, unless such costs and charges were for the seller's account under the contract of carriage; and
- unloading costs unless such costs and charges were for the seller's account under the contract of carriage; and
- all additional costs incurred if he fails to give notice in accordance with B7, for the goods from the agreed date or the expiry date of the period fixed for dispatch, provided, however, that the goods have been duly appropriated to the contract, that is to say, clearly set aside or otherwise identified as the contract goods; and
- where applicable, all duties, taxes and other charges as well as the costs of carrying out customs formalities payable upon import of the goods and for their transit through any country unless included within the cost of the contract of carriage.

B7 Benachrichtigung des Verkäufers

Der Käufer hat, wenn er berechtigt ist, den Zeitpunkt für den Versand der Ware und/oder den Bestimmungsort festzulegen, den Verkäufer in angemessener Weise davon zu benachrichtigen.

B8 Liefernachweis, Transportdokument oder entsprechende elektronische Mitteilung

Der Käufer hat das Transportdokument gemäß A8 anzunehmen, wenn es mit dem Kaufvertrag übereinstimmt.

B9 Prüfung der Ware

Der Käufer hat die Kosten für jede Warenkontrolle vor der Verladung (pre-shipment inspection) zu tragen, mit Ausnahme behördlich angeordneter Kontrollen des Ausfuhrlandes.

B10 Sonstige Verpflichtungen

Der Käufer hat alle Kosten und Gebühren für die Beschaffung der in A10 genannten Dokumente oder entsprechender elektronischer Mitteilungen zu tragen und diejenigen des Verkäufers zu erstatten, die diesem bei Hilfeleistung hierfür entstanden sind.

CIP

FRACHTFREI VERSICHERT (... benannter Bestimmungsort)

„Frachtfrei versichert" bedeutet, daß der Verkäufer die Ware dem von ihm benannten Frachtführer liefert, der Verkäufer hat jedoch zusätzlich die Frachtkosten zu übernehmen, die erforderlich sind, um die Ware bis zum benannten Bestimmungsort zu befördern. Dies bedeutet, daß der Käufer alle Gefahren sowie alle zusätzlichen Kosten trägt, die nach der derart erfolgten Lieferung der Ware auftreten. Bei der CIP-Klausel hat der Verkäufer jedoch auch die Transportversicherung gegen die vom Käufer getragene Gefahr des Verlusts oder der Beschädigung der Ware während der Beförderung zu beschaffen.

Folglich schließt der Verkäufer die Versicherung ab und zahlt die Versicherungsprämie.

Der Käufer sollte beachten, daß gemäß der CIP-Klausel der Verkäufer verpflichtet ist, nur eine Versicherung mit Mindestdeckung abzuschließen. Sollte der Käufer einen Schutz mit höherer Deckung wünschen, müßte er dies entweder insoweit ausdrücklich mit dem Verkäufer vereinbaren oder eigene zusätzliche Versicherungsvorkehrungen treffen.

„Frachtführer" ist, wer sich durch einen Beförderungsvertrag verpflichtet, die Beförderung per Schiene, Straße, Luft, See, Binnenschiff oder in einer Kombination dieser Transportarten durchzuführen oder durchführen zu lassen.

Werden mehrere aufeinanderfolgende Frachtführer für die Beförderung zum benannten Ort eingesetzt, geht die Gefahr auf den Käufer über, sobald die Ware dem ersten Frachtführer übergeben worden ist.

Die CIP-Klausel verpflichtet den Verkäufer, die Ware zur Ausfuhr freizumachen.

Diese Klausel kann für jede Transportart verwendet werden, einschließlich des multimodalen Transports.

A Verpflichtungen des Verkäufers

A1 Lieferung vertragsgemäßer Ware

Der Verkäufer hat die Ware in Übereinstimmung mit dem Kaufvertrag zu liefern sowie die Handelsrechnung oder die entsprechende elektronische Mitteilung und alle sonstigen vertragsgemäßen Belege hierfür zu erbringen.

A2 Lizenzen, Genehmigungen und Formalitäten

Der Verkäufer hat auf eigene Gefahr und Kosten die Ausfuhrbewilligung oder andere behördliche Genehmigung zu beschaffen sowie, falls anwendbar, alle Zollformalitäten zu erledigen, die für die Ausfuhr der Ware erforderlich sind.

B7 Notice to the seller
The buyer must, whenever he is entitled to determine the time for dispatching the goods and/or the destination, give the seller sufficient notice thereof.

B8 Proof of delivery, transport document or equivalent electronic message
The buyer must accept the transport document in accordance with A8 if it is in conformity with the contract.

B9 Inspection of goods
The buyer must pay the costs of any pre-shipment inspection except when such inspection is mandated by the authorities of the country of export.

B10 Other obligations
The buyer must pay all costs and charges incurred in obtaining the documents or equivalent electronic messages mentioned in A10 and reimburse those incurred by the seller in rendering his assistance in accordance therewith.

CIP

CARRIAGE AND INSURANCE PAID TO (... named place of destination)

"Carriage and Insurance paid to..." means that the seller delivers the goods to the carrier nominated by him, but the seller must in addition pay the cost of carriage necessary to bring the goods to the named destination. This means that the buyer bears all risks and any additional costs occurring after the goods have been so delivered. However, in CIP the seller also has to procure insurance against the buyer's risk of loss of or damage to the goods during the carriage.

Consequently, the seller contracts for insurance and pays the insurance premium.

The buyer should note that under the CIP term the seller is required to obtain insurance only on minimum cover. Should the buyer wish to have the protection of greater cover, he would either need to agree as much expressly with the seller or to make his own extra insurance arrangements.

"Carrier" means any person who, in a contract of carriage, undertakes to perform or to procure the performance of transport, by rail, road, air, sea, inland waterway or by a combination of such modes.

If subsequent carriers are used for the carriage to the agreed destination, the risk passes when the goods have been delivered to the first carrier.

The CIP term requires the seller to clear the goods for export.

This term may be used irrespective of the mode of transport, including multimodal transport.

A The seller's obligations

A1 Provision of goods in conformity with the contract
The seller must provide the goods and the commercial invoice, or its equivalent electronic message, in conformity with the contract of sale and any other evidence of conformity which may be required by the contract.

A2 Licences, authorizations and formalities
The seller must obtain at his own risk and expense any export licence or other official authorization and carry out, where applicable, all customs formalities necessary for the export of the goods.

A3 Beförderungs- und Versicherungsverträge

a) Beförderungsvertrag

Der Verkäufer hat auf eigene Rechnung den Vertrag über die Beförderung der Ware auf dem üblichen Weg in der üblichen Weise bis zur benannten Stelle am benannten Bestimmungsort abzuschließen. Ist die Stelle nicht vereinbart oder ergibt sie sich nicht aus der Handelspraxis, kann der Verkäufer die ihm am besten zusagende Stelle am benannten Bestimmungsort auswählen.

b) Versicherungsvertrag

Der Verkäufer hat auf eigene Kosten die im Vertrag vereinbarte Transportversicherung zu beschaffen, die den Käufer oder eine andere Person mit versichertem Interesse an den Gütern berechtigt, direkt beim Versicherer Ansprüche geltend zu machen, und dem Käufer die Versicherungspolice oder einen sonstigen Nachweis über den Versicherungsschutz zu übermitteln.

Die Versicherung ist bei zuverlässigen Versicherern oder Versicherungsgesellschafen abzuschließen und muß mangels ausdrücklicher Vereinbarung von etwas Gegensätzlichem mit der Mindestdeckung der Institute Cargo Clauses (Institute of London Underwriters) oder einem ähnlichen Bedingungswerk übereinstimmen. Die Dauer der Versicherung muß B5 und B4 entsprechen. Auf Verlangen des Käufers hat der Verkäufer auf Kosten des Käufers eine Versicherung gegen die Gefahren Krieg, Streik, Aufruhr und bürgerliche Unruhen zu beschaffen, sofern dies möglich ist. Die Mindestversicherung muß den Kaufpreis zuzüglich 10 % (d.h. 110 %) decken und in der Währung des Kaufvertrags genommen werden.

A4 Lieferung

Der Verkäufer hat die Ware dem gemäß A3 verpflichteten Frachtführer oder bei mehreren aufeinanderfolgenden Frachtführern dem ersten Frachtführer in dem für die Lieferung in dem vereinbarten Zeitpunkt oder innerhalb der vereinbarten Frist zur Beförderung an die vereinbarte Stelle am benannten Bestimmungsort zu übergeben.

A5 Gefahrenübergang

Der Verkäufer hat, vorbehaltlich der Bestimmungen von B5, alle Gefahren des Verlusts oder der Beschädigung der Ware solange zu tragen, bis sie gemäß A4 geliefert worden ist.

A6 Kostenteilung

Der Verkäufer hat, vorbehaltlich der Bestimmungen von B6, zu tragen
- alle die Ware betreffenden Kosten bis zu dem Zeitpunkt, in dem sie gemäß A4 geliefert worden ist, sowie die Fracht- und alle anderen aus A3 a) entstehenden Kosten einschließlich der Kosten der Verladung der Ware und aller Ausladungskosten am Bestimmungsort, die nach dem Beförderungsvertrag vom Verkäufer zu tragen sind; und
- die aus A3 b) resultierenden Kosten für die Versicherung; und
- falls anwendbar, die Kosten der für die Ausfuhr notwendigen Zollformalitäten sowie alle Zölle, Steuern und andere Abgaben, die bei der Ausfuhr und, soweit sie im Beförderungsvertrag vom Verkäufer zu tragen sind, bei der Durchfuhr durch jedes Land anfallen.

A7 Benachrichtigung des Käufers

Der Verkäufer hat den Käufer in angemessener Weise zu benachrichtigen, daß die Ware gemäß A4 geliefert worden ist sowie jede andere Nachricht zu geben, die der Käufer benötigt, um erforderliche Maßnahmen zur Übernahme der Ware treffen zu können.

A8 Liefernachweis, Transportdokument oder entsprechende elektronische Mitteilung

Der Verkäufer hat dem Käufer auf Kosten des Verkäufers, falls handelsüblich, das übliche Transportdokument oder Dokumente (z.B. ein begebbares Konnossement, einen nichtbegebbaren Seefrachtbrief, ein Dokument des Binnenschiffstransports, einen Luftfrachtbrief, einen Eisenbahnfrachtbrief, einen Straßenfrachtbrief oder ein multimodales Transportdokument) für den gemäß A3 vertragliche festgelegten Transport zu beschaffen.

Wenn sich Verkäufer und Käufer auf elektronische Datenkommunikation geeinigt haben, kann das im vorstehenden Absatz erwähnte Dokument durch eine entsprechende Mitteilung im elektronischen Datenaustausch (EDI message) ersetzt werden.

A3 Contracts of carriage and insurance

a) Contract of carriage

The seller must contract on usual terms at his own expense for the carriage of the goods to the agreed point at the named place of destination by a usual route and in a customary manner. If a point is not agreed or is not determined by practice, the seller may select the point at the named place of destination which best suits his purpose.

b) Contract of insurance

The seller must obtain at his own expense cargo insurance as agreed in the contract, such that the buyer, or any other person having an insurable interest in the goods, shall be entitled to claim directly from the insurer and provide the buyer with the insurance policy or other evidence of insurance cover.

The insurance shall be contracted with underwriters or an insurance company of good repute and, failing express agreement to the contrary, be in accordance with minimum cover of the Institute Cargo Clauses (Institute of London Underwriters) or any similar set of clauses. The duration of insurance cover shall be in accordance with B5 and B4. When required by the buyer, the seller shall provide at the buyer's expense war, strikes, riots and civil commotion risk insurances if procurable. The minimum insurance shall cover the price provided in the contract plus ten per cent (i.e. 110%) and shall be provided in the currency of the contract.

A4 Delivery

The seller must deliver the goods to the carrier contracted in accordance with A3 or, if there are subsequent carriers to the first carrier, for transport to the agreed point at the named place on the date or within the agreed period.

A5 Transfer of risks

The seller must, subject to the provisions of B5, bear all risks of loss of or damage to the goods until such time as they have been delivered in accordance with A4.

A6 Division of costs

The seller must, subject to the provisions of B6, pay
- all costs relating to the goods until such time as they have been delivered in accordance with A4 as well as the freight and all other costs resulting from A3 a), including the costs of loading the goods and any charges for unloading at the place of destination which were for the seller's account under the contract of carriage; and
- the costs of insurance resulting from A3 b); and
- where applicable6, the costs of customs formalities necessary for export as well as all duties, taxes or other charges payable upon export, and for their transit through any country if they were for the seller's account under the contract of carriage.

A7 Notice to the buyer

The seller must give the buyer sufficient notice that the goods have been delivered in accordance with A4, as well as any other notice required in order to allow the buyer to take measures which are normally necessary to enable him to take the goods.

A8 Proof of delivery, transport document or equivalent electronic message

The seller must provide the buyer at the seller's expense, if customary, with the usual transport document or documents (for example a negotiable bill of lading, a non-negotiable sea waybill, an inland waterway document, an air waybill, a railway consignment note, a road consignment note, or a multimodal transport document) for the transport contracted in accordance with A3.

Where the seller and the buyer have agreed to communicate electronically, the document referred to in the preceding paragraph may be replaced by an equivalent electronic data interchange (EDI) message.

A9 Prüfung – Verpackung – Kennzeichnung

Der Verkäufer hat die Kosten der Prüfung (wie Qualitätsprüfung, Messen, Wiegen und Zählen) zu tragen, die für die Lieferung der Ware gemäß A4 erforderlich ist.

Der Verkäufer hat auf eigene Kosten für eine Verpackung zu sorgen (sofern es nicht handelsüblich ist, die in dem Vertrag beschriebene Ware unverpackt zu versenden), die für den von ihm besorgten Transport der Ware erforderlich ist. Die Verpackung ist in geeigneter Weise zu kennzeichnen.

A10 Sonstige Verpflichtungen

Der Verkäufer hat dem Käufer auf dessen Verlangen, Gefahr und Kosten bei der Beschaffung aller anderen als in A8 genannten Dokumente oder entsprechender elektro-nischer Mitteilungen, die im Versendungs- und/oder Ursprungsland ausgestellt oder abgesendet werden und die der Käufer zur Einfuhr der Ware und zur Durchfuhr durch jedes Land benötigt, jede Hilfe zu gewähren.

Der Verkäufer hat dem Käufer auf dessen Verlangen die für jede zusätzliche Versicherung der Ware erforderlichen Auskünfte zu erteilen.

B Verpflichtungen des Käufers

B1 Zahlung des Kaufpreises

Der Käufer hat den Preis vertragsgemäß zu zahlen.

B2 Lizenzen, Genehmigungen und Formalitäten

Der Käufer hat auf eigene Gefahr und Kosten die Einfuhrbewilligung oder andere behördliche Genehmigung zu beschaffen sowie, falls anwendbar, alle erforderlichen Zollformalitäten für die Einfuhr der Ware und Durchfuhr durch jedes Land zu erledigen.

B3 Beförderungs- und Versicherungsverträge

a) Beförderungsvertrag: Keine Verpflichtung.

b) Versicherungsvertrag: Keine Verpflichtung.

B4 Abnahme

Der Käufer hat anzuerkennen, daß die Ware in Übereinstimmung mit A4 übergeben worden ist und die Ware dem Frachtführer am benannten Ort abzunehmen.

B5 Gefahrenübergang

Der Käufer hat alle Gefahren des Verlusts oder der Beschädigung der Ware von dem Zeitpunkt an zu tragen, in dem sie gemäß A4 geliefert worden ist.

Der Käufer hat, sollte er die Benachrichtigung gemäß B7 unterlassen, alle Gefahren der Ware von dem für die Lieferung vereinbarten Zeitpunkt oder vom Ablauf der hierfür vereinbarten Frist an zu tragen, vorausgesetzt jedoch, daß die Ware in geeigneter Weise konkretisiert, d.h. als der für den Käufer bestimmte Gegenstand abgesondert oder auf andere Art kenntlich gemacht worden ist.

B6 Kostenteilung

Der Käufer hat, vorbehaltlich der Bestimmungen von A3 a), zu tragen
- alle die Ware betreffenden Kosten von dem Zeitpunkt an, in dem sie gemäß A4 geliefert worden ist; und
- alle während des Transports bis zur Ankunft im Bestimmungsort anfallenden, die Ware betreffenden Kosten, sofern diese Kosten und Gebühren nach dem Beförderungsvertrag nicht vom Verkäufer zu zahlen sind; und
- die Auslagerungskosten, sofern diese Kosten und Gebühren gemäß Beförderungsvertrag nicht vom Verkäufer zu zahlen sind; und,
- sollte er die Benachrichtigung gemäß B7 unterlassen, von dem für den Versand vereinbarten Zeitpunkt oder vom Ablauf der hierfür vereinbarten Frist an alle dadurch entstehenden zusätzlichen Kosten, vorausgesetzt jedoch, daß die Ware in geeigneter Weise konkretisiert, d.h. als der für den Käufer bestimmte Gegenstand abgesondert oder auf andere Art kenntlich gemacht worden ist; und,
- falls anwendbar, alle Zölle, Steuern und andere Abgaben sowie die Kosten der Zollformalitäten, die bei der Einfuhr der Ware und, soweit nicht in den im Beförderungsvertrag genannten Kosten enthalten, bei der Durchfuhr durch jedes andere Land anfallen.

A9 Checking – packaging – marking

The seller must pay the costs of those checking operations (such as checking quality, measuring, weighing, counting) which are necessary for the purpose of delivering the goods in accordance with A4.

The seller must provide at his own expense packaging (unless it is usual for the particular trade to send the goods of the contract description unpacked) which is required for the transport of the goods arranged by him. Packaging is to be marked appropriately.

A10 Other obligations

The seller must render the buyer at the latter's request, risk and expense, every assistance in obtaining any documents or equivalent electronic messages (other than those mentioned in A8) issued or transmitted in the country of dispatch and/or of origin which the buyer may require for the import of the goods and for their transit through any country.

The seller must provide the buyer, upon request, with the necessary information for procuring any additional insurance.

B The buyer's obligations

B1 Payment of the price

The buyer must pay the price as provided in the contract of sale.

B2 Licences, authorizations and formalities

The buyer must obtain at his own risk and expense any import licence or other official authorization and carry out, where applicable, all customs formalities for the import of the goods and for their transit through any country.

B3 Contracts of carriage and insurance

a) Contract of carriage: No obligation.

b) Contract of insurance: No obligation.

B4 Taking delivery

The buyer must accept delivery of the goods when they have been delivered in accordance with A4 and receive them from the carrier at the named place.

B5 Transfer of risks

The buyer must bear all risks of loss of or damage to the goods from the time they have been delivered in accordance with A4.

The buyer must, should he fail to give notice in accordance with B7, bear all risks of the goods from the agreed date or the expiry date of the period fixed for delivery provided, however, that the goods have been duly appropriated to the contract, that is to say, clearly set aside or otherwise identified as the contract goods.

B6 Division of costs

The buyer must, subject to the provisions of A3 a), pay
- all costs relating to the goods from the time they have been delivered in accordance with A4; and
- all costs and charges relating to the goods whilst in transit until their arrival at the agreed place of destination, unless such costs and charges were for the seller's account under the contract of carriage; and
- unloading costs unless such costs and charges were for the seller's account under the contract of carriage; and
- all additional costs incurred if he fails to give notice in accordance with B7, for the goods from the agreed date or the expiry date of the period fixed for dispatch, provided, however, that the goods have been duly appropriated to the contract, that is to say, clearly set aside or otherwise identified as the contract goods; and
- where applicable, all duties, taxes and other charges as well as the costs of carrying out customs formalities payable upon import of the goods and for their transit through any country unless included within the cost of the contract of carriage.

B7 Benachrichtigung des Verkäufers
Der Käufer hat, wenn er berechtigt ist, den Zeitpunkt für den Versand der Ware und/oder den Bestimmungsort festzulegen, den Verkäufer in angemessener Weise davon zu benachrichtigen

B8 Liefernachweis, Transportdokument oder entsprechende elektronische Mitteilung
Der Käufer hat das Transportdokument gemäß A8 anzunehmen, wenn es mit dem Kaufvertrag übereinstimmt.

B9 Prüfung der Ware
Der Käufer hat die Kosten für jede Warenkontrolle vor der Verladung (pre-shipment inspection) zu tragen, mit Ausnahme behördlich angeordneter Kontrollen des Ausfuhrlandes.

B10 Sonstige Verpflichtungen
Der Käufer hat alle Kosten und Gebühren für die Beschaffung der in A10 genannten Dokumente oder entsprechender elektronischer Mitteilungen zu tragen und diejenigen des Verkäufers zu erstatten, die diesem bei Hilfeleistung hierfür entstanden sind.

Der Käufer hat dem Verkäufer auf dessen Verlangen die für jede zusätzliche Versicherung der Ware erforderlichen Auskünfte zu erteilen.

DAF

GELIEFERT GRENZE (... benannter Ort)
„Geliefert Grenze" bedeutet, daß der Verkäufer liefert, wenn die zur Ausfuhr, aber nicht zur Einfuhr freigemachte Ware dem Käufer unentladen auf dem ankommenden Beförderungsmittel an der benannten Stelle des benannten Grenzorts zur Verfügung gestellt wird, jedoch vor der Zollgrenze des benachbarten Landes. Der Begriff „Grenze" schließt jede Grenze ein, auch die Grenze des Ausfuhrlandes. Es ist daher von entscheidender Bedeutung, die fragliche Grenze genau zu bestimmen und stets Stelle und Ort in der Vertragsklausel zu benennen.

Sollten die Parteien jedoch wünschen, daß der Verkäufer auf eigene Gefahren und Kosten für die Entladung der Ware von dem ankommenden Beförderungsmittel verantwortlich sein soll, sollte dieses durch einen entsprechenden ausdrücklichen Zusatz im Kaufvertrag deutlich gemacht werden.

Diese Klausel kann für jede Transportart verwendet werden, wenn Ware an eine Landesgrenze geliefert wird. Soll die Lieferung im Bestimmungshafen, an Bord eines Schiffes oder auf dem Kai stattfinden, sollten die DES- oder DEQ-Klauseln verwendet werden.

A Verpflichtungen des Verkäufers

A1 Lieferung vertragsgemäßer Ware
Der Verkäufer hat die Ware in Übereinstimmung mit dem Kaufvertrag zu liefern sowie die Handelsrechnung oder die entsprechende elektronische Mitteilung und alle sonstigen vertragsgemäßen Belege hierfür zu erbringen.

A2 Lizenzen, Genehmigungen und Formalitäten
Der Verkäufer hat auf eigene Gefahr und Kosten die Ausfuhrbewilligung oder andere behördliche Genehmigung sowie jedes weitere erforderliche Dokument zu beschaffen, um dem Käufer die Ware zur Verfügung stellen zu können.

Der Verkäufer hat, falls anwendbar, alle Zollformalitäten zu erledigen, die für die Ausfuhr der Ware zum benannten Lieferort an der Grenze und Durchfuhr durch jedes Land erforderlich ist.

A3 Beförderungs- und Versicherungsverträge
a) Beförderungsvertrag

i) Der Verkäufer hat auf eigene Rechnung den Vertrag über die Beförderung der Ware bis zur gegebenenfalls benannten Stelle am Lieferort an der Grenze abzuschließen. Ist eine Stelle am Lieferort an der Grenze nicht vereinbart oder ergibt sie sich nicht aus der Handelspraxis, kann der Verkäufer die ihm am besten zusagende Stelle am benannten Lieferort auswählen.

B7 Notice to the seller
The buyer must, whenever he is entitled to determine the time for dispatching the goods and/or the destination, give the seller sufficient notice thereof.

B8 Proof of delivery, transport document or equivalent electronic message
The buyer must accept the transport document in accordance with A8 if it is in conformity with the contract.

B9 Inspection of goods
The buyer must pay the costs of any pre-shipment inspection except when such inspection is mandated by the authorities of the country of export.

B10 Other obligations
The buyer must pay all costs and charges incurred in obtaining the documents or equivalent electronic messages mentioned in A10 and reimburse those incurred by the seller in rendering his assistance in accordance therewith.

The buyer must provide the seller, upon request, with the necessary information for procuring any additional insurance.

DAF

DELIVERED AT FRONTIER (... named place)
"Delivered at Frontier" means that the seller delivers when the goods are placed at the disposal of the buyer on the arriving means of transport not unloaded, cleared for export, but not cleared for import at the named point and place at the frontier, but before the customs border of the adjoining country. The term "frontier" may be used for any frontier including that of the country of export. Therefore, it is of vital importance that the frontier in question be defined precisely by always naming the point and place in the term.

However, if the parties wish the seller to be responsible for the unloading of the goods from the arriving means of transport and to bear the risks and costs of unloading, this should be made clear by adding explicit wording to this effect in the contract of sale.

This term may be used irrespective of the mode of transport when goods are to be delivered at a land frontier. When delivery is to take place in the port of destination, on board a vessel or on the quay (wharf), the DES or DEQ terms should be used.

A The seller's obligations

A1 Provision of goods in conformity with the contract
The seller must provide the goods and the commercial invoice, or its equivalent electronic message, in conformity with the contract of sale and any other evidence of conformity which may be required by the contract.

A2 Licences, authorizations and formalities
The seller must obtain at his own risk and expense any export licence or other official authorization or other document necessary for placing the goods at the buyer's disposal.

The seller must carry out, where applicable, all customs formalities necessary for the export of the goods to the named place of delivery at the frontier and for their transit through any country.

A3 Contracts of carriage and insurance
a) Contract of carriage

i) The seller must contract at his own expense for the carriage of the goods to the named point, if any, at the place of delivery at the frontier. If a point at the named place of delivery at the frontier is not agreed or is not determined by practice, the seller may select the point at the named place of delivery which best suits his purpose.

ii) Auf Verlangen des Käufers, kann der Verkäufer zustimmen, auf Gefahr und Kosten des Käufers einen Vertrag über die weitere Beförderung der Ware vom benannten Ort an der Grenze bis zum Endbestimmungs-ort in dem vom Käufer benannten Einfuhrland zu den üblichen Bedingungen abzuschließen. Der Verkäufer kann es ablehnen einen solchen Vertrag abzuschließen; in diesem Fall muß er dies dem Käufer unverzüglich anzeigen.

b) Versicherungsvertrag: Keine Verpflichtung.

A4 Lieferung

Der Verkäufer hat die Ware dem Käufer an dem benannten Lieferort an der Grenze in dem vereinbarten Zeitpunkt oder innerhalb der vereinbarten Frist auf dem ankommenden Beförderungsmittel unentladen zur Verfügung zu stellen.

A5 Gefahrenübergang

Der Verkäufer hat, vorbehaltlich der Bestimmungen von B5, alle Gefahren des Verlusts oder der Beschädigung der Ware solange zu tragen, bis sie gemäß A4 geliefert worden ist.

A6 Kostenteilung

Der Verkäufer hat, vorbehaltlich der Bestimmungen von B6, zu tragen
- zusätzlich zu den aus A3 a) entstehenden Kosten alle die Ware betreffenden Kosten bis zu dem Zeitpunkt, in dem sie gemäß A4 geliefert worden ist; und,
- falls anwendbar, die Kosten der für die Ausfuhr notwendigen Zollformalitäten sowie alle Zölle, Steuern und andere Abgaben, die bei der Ausfuhr der Ware und bei ihrer Durchfuhr durch jedes Land vor der Lieferung gemäß A4 anfallen.

A7 Benachrichtigung des Käufers

Der Verkäufer hat den Käufer in angemessener Weise zu benachrichtigen, daß die Ware an den benannten Grenzort versandt worden ist sowie jede andere Nachricht zu geben, die der Käufer benötigt, um erforderliche Maßnahmen zur Abnahme der Ware treffen zu können.

A8 Liefernachweis, Transportdokument oder entsprechende elektronische Mitteilung

i) Der Verkäufer hat dem Käufer auf Kosten des Verkäufers das übliche Dokument oder einen anderen Nachweis für die Lieferung der Ware am benannten Ort an der Grenze gemäß A3 a) i) zu beschaffen.

ii) Der Verkäufer hat, sollten die Parteien einen Weitertransport jenseits der Grenze gemäß A3 a) ii) vereinbaren, dem Käufer auf dessen Verlangen, Gefahr und Kosten das Durchfrachtdokument zu beschaffen, das üblicherweise im Versandland zu erhalten ist und sich auf den Transport der Ware zu üblichen Bedingungen vom Abgangsort im Versandland bis zum endgültigen vom Käufer benannten Bestimmungsort im Einfuhrland bezieht.

Wenn sich Verkäufer und Käufer auf elektronische Datenkommunikation geeinigt haben, kann das im vorstehenden Absatz erwähnte Dokument durch eine entsprechende Mitteilung im elektronischen Datenaustausch (EDI message) ersetzt werden.

A9 Prüfung – Verpackung – Kennzeichnung

Der Verkäufer hat die Kosten der Prüfung (wie Qualitätsprüfung, Messen, Wiegen und Zählen) zu tragen, die für die Lieferung der Ware gemäß A4 erforderlich ist.

Der Verkäufer hat auf eigene Kosten für eine Verpackung zu sorgen (sofern es nicht handelsüblich ist, die in dem Vertrag beschriebene Ware unverpackt zu liefern), die für die Lieferung der Ware an der Grenze und für den nachfolgenden Transport erforderlich ist, wenn und soweit die Transportmodalitäten (z.B. Transportart, Bestimmungsort) dem Verkäufer vor Abschluß des Kaufvertrags zur Kenntnis gebracht worden sind. Die Verpackung ist in geeigneter Weise zu kennzeichnen.

ii) However, if requested by the buyer, the seller may agree to contract on usual terms at the buyer's risk and expense for the on-going carriage of the goods beyond the named place at the frontier to the final destination in the country of import named by the buyer. The seller may decline to make the contract and, if he does, shall promptly notify the buyer accordingly.

b) Contract of insurance: No obligation.

A4 Delivery
The seller must place the goods at the disposal of the buyer on the arriving means of transport not unloaded at the named place of delivery at the frontier on the date or within the agreed period.

A5 Transfer of risks
The seller must, subject to the provisions of B5, bear all risks of loss of or damage to the goods until such time as they have been delivered in accordance with A4.

A6 Division of costs
The seller must, subject to the provisions of B6, pay
- in addition to the costs resulting from A3 a), all costs relating to the goods until such time as they have been delivered in accordance with A4; and
- where applicable, the costs of customs formalities necessary for export as well as all duties, taxes or other charges payable upon export of the goods and for their transit through any country prior to delivery in accordance with A4.

A7 Notice to the buyer
The seller must give the buyer sufficient notice of the dispatch of the goods to the named place at the frontier as well as any other notice required in order to allow the buyer to take measures which are normally necessary to enable him to take delivery of the goods.

A8 Proof of delivery, transport document or equivalent electronic message
i) The seller must provide the buyer at the seller's expense with the usual document or other evidence of the delivery of the goods at the named place at the frontier in accordance with A3 a) i).

ii) The seller must, should the parties agree on on-going carriage beyond the frontier in accordance with A3 a) ii), provide the buyer at the latter's request, risk and expense, with the through document of transport normally obtained in the country of dispatch covering on usual terms the transport of the goods from the point of dispatch in that country to the place of final destination in the country of import named by the buyer.

Where the seller and the buyer have agreed to communicate electronically, the document referred to in the preceding paragraph may be replaced by an equivalent electronic data interchange (EDI) message.

A9 Checking – packaging – marking
The seller must pay the costs of those checking operations (such as checking quality, measuring, weighing, counting) which are necessary for the purpose of delivering the goods in accordance with A4.

The seller must provide at his own expense packaging (unless it is agreed or usual for the particular trade to deliver the goods of the contract description unpacked) which is required for the delivery of the goods at the frontier and for the subsequent transport to the extent that the circumstances (for example modalities, destination) are made known to the seller before the contract of sale is concluded. Packaging is to be marked appropriately.

A10 Sonstige Verpflichtungen

Der Verkäufer hat dem Käufer auf dessen Verlangen, Gefahr und Kosten bei der Beschaffung aller anderen als in A8 genannten Dokumente oder entsprechender elektronischer Mitteilungen, die im Versendungs- und/oder Ursprungsland ausgestellt oder abgesendet werden und die der Käufer zur Einfuhr der Ware und gegebenenfalls zur Durchfuhr durch jedes andere Land benötigt, jede Hilfe zu gewähren.

Der Verkäufer hat dem Käufer auf dessen Verlangen die für die Versicherung der Ware erforderlichen Auskünfte zu erteilen.

B Verpflichtungen des Käufers

B1 Zahlung des Kaufpreises

Der Käufer hat den Preis vertragsgemäß zu zahlen.

B2 Lizenzen, Genehmigungen und Formalitäten

Der Käufer hat auf eigene Gefahr und Kosten die Einfuhrbewilligung oder andere behördliche Genehmigung zu beschaffen sowie, falls anwendbar, alle erforderlichen Zollformalitäten am benannten Lieferort an der Grenze oder an anderer Stelle für die Einfuhr der Ware und für ihren Weitertransport zu erledigen.

B3 Beförderungs- und Versicherungsverträge

a) Beförderungsvertrag: Keine Verpflichtung.

b) Versicherungsvertrag: Keine Verpflichtung.

B4 Abnahme

Der Käufer hat die Ware abzunehmen, wenn sie ihm gemäß A4 zur Verfügung gestellt worden ist.

B5 Gefahrenübergang

Der Käufer hat alle Gefahren des Verlusts oder der Beschädigung der Ware von dem Zeitpunkt an zu tragen, in dem sie ihm gemäß A4 geliefert worden ist.

Der Käufer hat, sollte er die Benachrichtigung gemäß B7 unterlassen, alle Gefahren des Verlusts oder der Beschädigung der Ware von dem für die Lieferung vereinbarten Zeitpunkt oder vom Ablauf der hierfür vereinbarten Frist an zu tragen, vorausgesetzt, daß die Ware in geeigneter Weise konkretisiert, d.h. als der für den Käufer bestimmte Gegenstand abgesondert oder auf andere Art kenntlich gemacht worden ist.

B6 Kostenteilung

Der Käufer hat zu tragen
- alle die Ware betreffenden Kosten von dem Zeitpunkt an, in dem sie gemäß A4 geliefert worden ist, einschließlich Kosten der Entladung, die erforderlich ist, um die Ware von dem ankommenden Beförderungsmittel am benannten Ort an der Grenze übernehmen zu können; und
- alle zusätzlichen Kosten, die entweder dadurch entstehen, daß die Ware, nachdem sie ihm gemäß A4 geliefert wurde, nicht abgenommen worden ist oder keine Benachrichtigung gemäß B7 erfolgte, vorausgesetzt jedoch, daß die Ware in geeigneter Weise konkretisiert, d.h. als für den Käufer bestimmte Gegenstand abgesondert oder auf andere Art kenntlich gemacht worden ist; und,
- falls anwendbar, die Kosten der Zollformalitäten sowie alle Zölle, Steuern und andere Abgaben, die bei der Einfuhr der Ware und bei ihrem Weitertransport anfallen.

B7 Benachrichtigung des Verkäufers

Der Käufer hat, wenn er berechtigt ist, den Zeitpunkt der Abnahme innerhalb einer vereinbarten Frist und/oder die Abnahmestelle am benannten Ort zu bestimmen, den Verkäufer in angemessener Weise davon zu benachrichtigen.

B8 Liefernachweis, Transportdokument oder entsprechende elektronische Mitteilung

Der Käufer hat das Transportdokument und/oder einen anderen in Übereinstimmung mit A8 erbrachten Liefernachweis anzunehmen.

B9 Prüfung der Ware

Der Käufer hat die Kosten für jede Warenkontrolle vor der Verladung (pre-shipment inspection) zu tragen, mit Ausnahme behördlich angeordneter Kontrollen des Ausfuhrlandes.

A10 Other obligations

The seller must render the buyer at the latter's request, risk and expense, every assistance in obtaining any documents or equivalent electronic messages (other than those mentioned in A8) issued or transmitted in the country of dispatch and/or origin which the buyer may require for the import of the goods and, where necessary, for their transit through any country.

The seller must provide the buyer, upon request, with the necessary information for procuring insurance.

B The buyer's obligations

B1 Payment of the price

The buyer must pay the price as provided in the contract of sale.

B2 Licences, authorizations and formalities

The buyer must obtain at his own risk and expense any import licence or other official authorization or other documents and carry out, where applicable4, all customs formalities necessary for the import of the goods, and for their subsequent transport.

B3 Contracts of carriage and insurance

a) Contract of carriage: No obligation.

b) Contract of insurance: No obligation.

B4 Taking delivery

The buyer must take delivery of the goods when they have been delivered in accordance with A4.

B5 Transfer of risks

The buyer must bear all risks of loss of or damage to the goods from the time they have been delivered in accordance with A4.

The buyer must, should he fail to give notice in accordance with B7, bear all risks of loss of or damage to the goods from the agreed date or the expiry date of the agreed period for delivery provided, however, that the goods have been duly appropriated to the contract, that is to say, clearly set aside or otherwise identified as the contract goods.

B6 Division of costs

The buyer must pay
- all costs relating to the goods from the time they have been delivered in accordance with A4, including the expenses of unloading necessary to take delivery of the goods from the arriving means of transport at the named place of delivery at the frontier; and
- all additional costs incurred if he fails to take delivery of the goods when they have been delivered in accordance with A4, or to give notice in accordance with B7, provided, however, that the goods have been appropriated to the contract, that is to say, clearly set aside or otherwise identified as the contract goods; and
- where applicable, the cost of customs formalities as well as all duties, taxes and other charges payable upon import of the goods and for their subsequent transport.

B7 Notice to the seller

The buyer must, whenever he is entitled to determine the time within an agreed period and/or the point of taking delivery at the named place, give the seller sufficient notice thereof.

B8 Proof of delivery, transport document or equivalent electronic message

The buyer must accept the transport document and/or other evidence of delivery in accordance with A8.

B9 Inspection of goods

The buyer must pay the costs of any pre-shipment inspection except when such inspection is mandated by the authorities of the country of export.

B10 Sonstige Verpflichtungen

Der Käufer hat alle Kosten und Gebühren für die Beschaffung der in A10 genannten Dokumente oder entsprechender elektronischer Mitteilungen zu tragen und diejenigen des Verkäufers zu erstatten, die diesem bei der Hilfeleistung hierfür entstanden sind.

Falls erforderlich, hat der Käufer gemäß A3 a) ii) dem Verkäufer auf dessen Verlangen und auf Gefahr und Kosten des Käufers Devisengenehmigungen, Zulassungen, sonstige Dokumente oder beglaubigte Kopien davon zu beschaffen oder die Anschrift des endgültigen Bestimmungsorts im Einfuhrland für die Beschaffung des Durchfrachtdokuments oder jedes anderen Dokuments gemäß A8 ii) mitzuteilen.

DES

GELIEFERT AB SCHIFF (... benannter Bestimmungshafen)

„Geliefert ab Schiff" bedeutet, daß der Verkäufer liefert, wenn die nicht zur Einfuhr freigemachte Ware dem Käufer an Bord des Schiffs im benannten Bestimmungshafen zur Verfügung gestellt wird. Der Verkäufer hat bis zur Entladung alle Kosten und Gefahren der Beförderung der Ware bis zum benannten Bestimmungshafen zu tragen. Falls die Parteien wünschen, daß der Verkäufer die Kosten und Gefahren der Entladung der Ware übernehmen soll, sollte die DEQ-Klausel verwendet werden.

Die DES-Klausel kann nur verwendet werden, wenn die Ware über See oder Binnenschiff oder im multimodalen Transport auf einem Schiff in den Bestimmungshafen geliefert werden soll.

A Verpflichtungen des Verkäufers

A1 Lieferung vertragsgemäßer Ware

Der Verkäufer hat die Ware in Übereinstimmung mit dem Kaufvertrag zu liefern sowie die Handelsrechnung oder die entsprechende elektronische Mitteilung und alle sonstigen vertragsgemäßen Belege hierfür zu erbringen.

A2 Lizenzen, Genehmigungen und Formalitäten

Der Verkäufer hat auf eigene Gefahr und Kosten die Ausfuhrbewilligung oder andere behördliche Genehmigung oder andere Dokumente zu beschaffen sowie, falls anwendbar, alle Zollformalitäten zu erledigen, die für die Ausfuhr der Ware und ihre Durchfuhr durch jedes Land erforderlich sind.

A3 Beförderungs- und Versicherungsverträge

a) Beförderungsvertrag

Der Verkäufer hat auf eigene Rechnung den Vertrag über die Beförderung der Ware bis zur gegebenenfalls benannten Stelle im benannten Bestimmungshafen abzuschließen. Ist eine Stelle nicht vereinbart oder ergibt sie sich nicht aus der Handelspraxis, kann der Verkäufer die ihm am besten zusagende Stelle im benannten Bestimmungshafen auswählen.

b) Versicherungsvertrag: Keine Verpflichtung.

A4 Lieferung

Der Verkäufer hat dem Käufer die Ware an Bord des Schiffs an der Entladungsstelle gemäß A3 a) im benannten Bestimmungshafen in dem vereinbarten Zeitpunkt oder innerhalb der vereinbarten Frist zur Verfügung zu stellen, so daß sie mit dem der Natur der Ware entsprechenden Entladegerät von Bord genommen werden kann.

A5 Gefahrenübergang

Der Verkäufer hat, vorbehaltlich der Bestimmungen von B5, alle Gefahren des Verlusts oder der Beschädigung der Ware solange zu tragen, bis sie gemäß A4 geliefert worden ist.

B10 Other obligations

The buyer must pay all costs and charges incurred in obtaining the documents or equivalent electronic messages mentioned in A10 and reimburse those incurred by the seller in rendering his assistance in accordance therewith.

If necessary, according to A3 a) ii), the buyer must provide the seller at his request and the buyer's risk and expense with the exchange control authorization, permits, other documents or certified copies thereof, or with the address of the final destination of the goods in the country of import for the purpose of obtaining the through document of transport or any other document contemplated in A8 ii).

DES

DELIVERED EX SHIP (... named port of destination)

"Delivered Ex Ship" means that the seller delivers when the goods are placed at the disposal of the buyer on board the ship not cleared for import at the named port of destination. The seller has to bear all the costs and risks involved in bringing the goods to the named port of destination before discharging. If the parties wish the seller to bear the costs and risks of discharging the goods, then the DEQ term should be used.

This term can be used only when the goods are to be delivered by sea or inland waterway or multimodal transport on a vessel in the port of destination.

A The seller's obligations

A1 Provision of goods in conformity with the contract

The seller must provide the goods and the commercial invoice, or its equivalent electronic message, in conformity with the contract of sale and any other evidence of conformity which may be required by the contract.

A2 Licences, authorizations and formalities

The seller must obtain at his own risk and expense any export licence or other official authorization or other documents and carry out, where applicable, all customs formalities necessary for the export of the goods and for their transit through any country.

A3 Contracts of carriage and insurance

a) Contract of carriage

The seller must contract at his own expense for the carriage of the goods to the named point, if any, at the named port of destination. If a point is not agreed or is not determined by practice, the seller may select the point at the named port of destination which best suits his purpose.

b) Contract of insurance: No obligation.

A4 Delivery

The seller must place the goods at the disposal of the buyer on board the vessel at the unloading point referred to in A3 a), in the named port of destination on the date or within the agreed period, in such a way as to enable them to be removed from the vessel by unloading equipment appropriate to the nature of the goods.

A5 Transfer of risks

The seller must, subject to the provisions of B5, bear all risks of loss of or damage to the goods until such time as they have been delivered in accordance with A4.

A6 Kostenteilung

Der Verkäufer hat, vorbehaltlich der Bestimmungen von B6, zu tragen
- zusätzlich zu den aus A3 a) entstehenden Kosten alle die Ware betreffenden Kosten bis zu dem Zeitpunkt, in dem sie gemäß A4 geliefert worden ist; und,
- falls anwendbar, die Kosten der für die Ausfuhr notwendigen Zollformalitäten sowie alle Zölle, Steuern und andere Abgaben, die bei der Ausfuhr der Ware und bei ihrer Durchfuhr durch jedes Land, bevor sie gemäß A4 geliefert worden ist, anfallen.

A7 Benachrichtigung des Käufers

Der Verkäufer hat den Käufer in angemessener Weise über das voraussichtliche Ankunftsdatum des benannten Schiffs gemäß A4 zu benachrichtigen sowie jede andere Nachricht zu geben, die der Käufer benötigt, um erforderliche Maßnahmen zur Abnahme der Ware treffen zu können.

A8 Liefernachweis, Transportdokument oder entsprechende elektronische Mitteilung

Der Verkäufer hat dem Käufer auf Kosten des Verkäufers den Auslieferungsauftrag (delivery order) und/oder das übliche Transportdokument (z.B. ein begebbares Konnossement, einen nichtbegebbaren Seefrachtbrief, ein Dokument des Binnenschiffstransports oder ein multimodales Transportdokument) zu beschaffen, damit der Käufer die Ware vom Frachtführer im Bestimmungshafen herausverlangen kann.

Wenn sich Verkäufer und Käufer auf elektronische Datenkommunikation geeinigt haben, kann das im vorstehenden Absatz erwähnte Dokument durch eine entsprechende Mitteilung im elektronischen Datenaustausch (EDI message) ersetzt werden.

A9 Prüfung – Verpackung – Kennzeichnung

Der Verkäufer hat die Kosten der Prüfung (wie Qualitätsprüfung, Messen, Wiegen und Zählen) zu tragen, die für die Lieferung der Ware gemäß A4 erforderlich ist.

Der Verkäufer hat auf eigene Kosten für eine Verpackung zu sorgen (sofern es nicht handelsüblich ist, die in dem Vertrag beschriebene Ware unverpackt zu liefern), die für die Lieferung der Ware erforderlich ist. Die Verpackung ist in geeigneter Weise zu kennzeichnen.

A10 Sonstige Verpflichtungen

Der Verkäufer hat dem Käufer auf dessen Verlangen, Gefahr und Kosten bei der Beschaffung aller anderen als in A8 genannten Dokumente oder entsprechender elektronischer Mitteilungen, die im Versendungs- und/oder Ursprungsland ausgestellt oder abgesendet werden und die der Käufer zur Einfuhr der Ware benötigt, jede Hilfe zu gewähren.

Der Verkäufer hat dem Käufer auf dessen Verlangen die für die Versicherung der Ware erforderlichen Auskünfte zu erteilen.

B Verpflichtungen des Käufers

B1 Zahlung des Kaufpreises

Der Käufer hat den Preis vertragsgemäß zu zahlen.

B2 Lizenzen, Genehmigungen und Formalitäten

Der Käufer hat auf eigene Gefahr und Kosten die Einfuhrbewilligung oder andere behördliche Genehmigung zu beschaffen sowie, falls anwendbar, alle erforderlichen Zollformalitäten für die Einfuhr der Ware zu erledigen.

B3 Beförderungs- und Versicherungsverträge

a) Beförderungsvertrag: Keine Verpflichtung.

b) Versicherungsvertrag: Keine Verpflichtung.

B4 Abnahme

Der Käufer hat die Ware abzunehmen, wenn sie ihm gemäß A4 geliefert worden ist.

B5 Gefahrenübergang

Der Käufer hat alle Gefahren des Verlusts oder der Beschädigung der Ware von dem Zeitpunkt an zu tragen, in dem sie gemäß A4 geliefert worden ist.

A6 Division of costs
The seller must, subject to the provisions of B6, pay
- in addition to costs resulting from A3 a), all costs relating to the goods until such time as they have been delivered in accordance with A4; and
- where applicable, the costs of customs formalities necessary for export as well as all duties, taxes or other charges payable upon export of the goods and for their transit through any country prior to delivery in accordance with A4.

A7 Notice to the buyer
The seller must give the buyer sufficient notice of the estimated time of arrival of the nominated vessel in accordance with A4 as well as any other notice required in order to allow the buyer to take measures which are normally necessary to enable him to take delivery of the goods.

A8 Proof of delivery, transport document or equivalent electronic message
The seller must provide the buyer at the seller's expense with the delivery order and/or the usual transport document (for example a negotiable bill of lading, a non-negotiable sea waybill, an inland waterway document, or a multimodal transport document) to enable the buyer to claim the goods from the carrier at the port of destination.

Where the seller and the buyer have agreed to communicate electronically, the document referred to in the preceding paragraph may be replaced by an equivalent electronic data interchange (EDI) message.

A9 Checking – packaging – marking
The seller must pay the costs of those checking operations (such as checking quality, measuring, weighing, counting) which are necessary for the purpose of delivering the goods in accordance with A4.

The seller must provide at his own expense packaging (unless it is usual for the particular trade to deliver the goods of the contract description unpacked) which is required for the delivery of the goods. Packaging is to be marked appropriately.

A10 Other obligations
The seller must render the buyer at the latter's request, risk and expense, every assistance in obtaining any documents or equivalent electronic messages (other than those mentioned in A8) issued or transmitted in the country of dispatch and/or of origin which the buyer may require for the import of the goods.

The seller must provide the buyer, upon request, with the necessary information for procuring insurance.

B The buyer's obligations

B1 Payment of the price
The buyer must pay the price as provided in the contract of sale.

B2 Licences, authorizations and formalities
The buyer must obtain at his own risk and expense any import licence or other official authorization and carry out, where applicable, all customs formalities necessary for the import of the goods.

B3 Contracts of carriage and insurance
a) Contract of carriage: No obligation.

b) Contract of insurance: No obligation.

B4 Taking delivery
The buyer must take delivery of the goods when they have been delivered in accordance with A4.

B5 Transfer of risks
The buyer must bear all risks of loss of or damage to the goods from the time they have been delivered in accordance with A4.

Der Käufer hat, sollte er die Benachrichtigung gemäß B7 unterlassen, alle Gefahren des Verlusts oder der Beschädigung der Ware von dem für die Lieferung vereinbarten Zeitpunkt oder vom Ablauf der hierfür vereinbarten Frist an zu tragen, vorausgesetzt jedoch, daß die Ware in geeigneter Weise konkretisiert, d.h. als der für den Käufer bestimmte Gegenstand abgesondert oder auf andere Art kenntlich gemacht worden ist.

B6 Kostenteilung
Der Käufer hat zu tragen
– alle die Ware betreffenden Kosten von dem Zeitpunkt an, in dem sie ihm gemäß A4 geliefert worden ist, einschließlich der Kosten für die Entladetätigkeiten, die erforderlich sind, um die Ware vom Schiff zu übernehmen; und
– alle zusätzlichen Kosten, die entweder dadurch entstehen, daß die Ware, nachdem sie ihm gemäß A4 zur Verfügung gestellt wurde, nicht abgenommen worden ist oder keine Benachrichtigung gemäß B7 erfolgte, vorausgesetzt jedoch, daß die Ware in geeigneter Weise konkretisiert, d.h. als der für den Käufer bestimmte Gegenstand abgesondert oder auf andere Art kenntlich gemacht worden ist; und
– falls anwendbar, die Kosten der Zollformalitäten sowie alle Zölle, Steuern und andere Abgaben, die bei der Einfuhr der Ware anfallen.

B7 Benachrichtigung des Verkäufers
Der Käufer hat, wenn er berechtigt ist, den Zeitpunkt der Abnahme innerhalb einer vereinbarten Frist und/oder die Abnahmestelle am benannten Bestimmungshafen zu bestimmen, den Verkäufer in angemessener Weise davon zu benachrichtigen.

B8 Liefernachweis, Transportdokument oder entsprechende elektronische Mitteilung
Der Käufer hat den Auslieferungsauftrag (delivery order) oder das Transportdokument gemäß A8 anzunehmen.

B9 Prüfung der Ware
Der Käufer hat die Kosten für jede Warenkontrolle vor der Verladung (pre-shipment inspection) zu tragen, mit Ausnahme behördlich angeordneter Kontrollen des Ausfuhrlandes.

B10 Sonstige Verpflichtungen
Der Käufer hat alle Kosten und Gebühren für die Beschaffung der in A10 genannten Dokumente oder entsprechender elektronischer Mitteilungen zu tragen und diejenigen des Verkäufers zu erstatten, die diesem bei der Hilfeleistung hierfür entstanden sind.

DEQ

GELIEFERT AB KAI (... benannter Bestimmungshafen)
„Geliefert ab Kai" bedeutet, daß der Verkäufer liefert, wenn die nicht zur Einfuhr freigemachte Ware dem Käufer am Kai des benannten Bestimmungshafens zur Verfügung gestellt wird. Der Verkäufer hat die Kosten und Gefahren, die mit der Beförderung der Ware zum benannten Bestimmungsort und mit der Entladung der Ware auf den Kai verbunden sind, zu tragen. Die DEQ-Klausel verlangt von dem Käufer, daß er die Ware zur Einfuhr freimacht und er alle Formalitäten, Zölle, Steuern und andere Abgaben bei der Einfuhr bezahlt.

DIES IST EINE UMKEHR GEGENÜBER VORHERIGEN INCOTERMSFASSUNGEN, DIE VERLANGTEN, DASS DER VERKÄUFER DIE IMPORTFREIMACHUNG VORNIMMT.

Wünschen die Parteien, daß in die Verpflichtungen des Verkäufers alle oder Teile der bei der Einfuhr der Ware anfallenden Abgaben eingeschlossen werden, sollte dieses durch einen entsprechenden ausdrücklichen Zusatz im Kaufvertrag deutlich gemacht werden.

Diese Klausel kann nur verwendet werden, wenn die Ware über See oder Binnenschiff oder im multimodalen Transport zur Entladung von einem Schiff auf den Kai im Bestimmungshafen geliefert werden soll. Wünschen die Parteien jedoch, daß in die Verpflichtungen des Verkäufers die Gefahren und Kosten des Verbringens der Ware vom Kai zu einem innerhalb oder außerhalb des Hafens befindlichen Ort (Lagerhaus, Terminal, Transportstation usw.) eingeschlossen werden, sollten die DDU- oder DDP-Klauseln verwendet werden.

The buyer must, should he fail to give notice in accordance with B7, bear all risks of loss of or damage to the goods from the agreed date or the expiry date of the agreed period for delivery provided, however, that the goods have been duly appropriated to the contract, that is to say, clearly set aside or otherwise identified as the contract goods.

B6 Division of costs

The buyer must pay
- all costs relating to the goods from the time they have been delivered in accordance with A4, including the expenses of discharge operations necessary to take delivery of the goods from the vessel; and
- all additional costs incurred if he fails to take delivery of the goods when they have been placed at his disposal in accordance with A4, or to give notice in accordance with B7, provided, however, that the goods have been appropriated to the contract, that is to say, clearly set aside or otherwise identified as the contract goods; and
- where applicable, the costs of customs formalities as well as all duties, taxes and other charges payable upon import of the goods.

B7 Notice to the seller

The buyer must, whenever he is entitled to determine the time within an agreed period and/or the point of taking delivery in the named port of destination, give the seller sufficient notice thereof.

B8 Proof of delivery, transport document or equivalent electronic message

The buyer must accept the delivery order or the transport document in accordance with A8.

B9 Inspection of goods

The buyer must pay the costs of any pre-shipment inspection except when such inspection is mandated by the authorities of the country of export.

B10 Other obligations

The buyer must pay all costs and charges incurred in obtaining the documents or equivalent electronic messages mentioned in A10 and reimburse those incurred by the seller in rendering his assistance in accordance therewith.

DEQ

DELIVERED EX QUAY (... named port of destination)

"Delivered Ex Quay" means that the seller delivers when the goods are placed at the disposal of the buyer not cleared for import on the quay (wharf) at the named port of destination. The seller has to bear costs and risks involved in bringing the goods to the named port of destination and discharging the goods on the quay (wharf). The DEQ term requires the buyer to clear the goods for import and to pay for all formalities, duties, taxes and other charges upon import.

THIS IS A REVERSAL FROM PREVIOUS INCOTERMS VERSIONS WHICH REQUIRED THE SELLER TO ARRANGE FOR IMPORT CLEARANCE.

If the parties wish to include in the seller's obligations all or part of the costs payable upon import of the goods, this should be made clear by adding explicit wording to this effect in the contract of sale.

This term can be used only when the goods are to be delivered by sea or inland waterway or multimodal transport on discharging from a vessel onto the quay (wharf) in the port of destination. However if the parties wish to include in the seller's obligations the risks and costs of the handling of the goods from the quay to another place (warehouse, terminal, transport station, etc.) in or outside the port, the DDU or DDP terms should be used.

A Verpflichtungen des Verkäufers

A1 Lieferung vertragsgemäßer Ware
Der Verkäufer hat die Ware in Übereinstimmung mit dem Kaufvertrag zu liefern sowie die Handelsrechnung oder die entsprechende elektronische Mitteilung und alle sonstigen vertragsgemäßen Belege hierfür zu erbringen.

A2 Lizenzen, Genehmigungen und Formalitäten
Der Verkäufer hat auf eigene Kosten und Gefahr die Ausfuhrbewilligung oder andere behördliche Genehmigung oder andere Dokumente zu beschaffen sowie, falls anwendbar, alle Zollformalitäten zu erledigen, die für die Ausfuhr der Ware und für ihre Durchfuhr durch jedes Land erforderlich sind.

A3 Beförderungs- und Versicherungsverträge
a) Beförderungsvertrag

Der Verkäufer hat auf eigene Rechnung den Vertrag über die Beförderung der Ware bis zum benannten Kai im benannten Bestimmungshafen abzuschließen. Ist ein bestimmter Kai nicht vereinbart oder ergibt er sich nicht aus der Handelspraxis, kann der Verkäufer den ihm am besten zusagenden Kai im Bestimmungshafen auswählen.

b) Versicherungsvertrag: Keine Verpflichtung.

A4 Lieferung
Der Verkäufer hat die Ware dem Käufer am Kai gemäß A3 a) in dem vereinbarten Zeitpunkt oder innerhalb der vereinbarten Frist zur Verfügung zu stellen.

A5 Gefahrenübergang
Der Verkäufer hat, vorbehaltlich der Bestimmungen von B5, alle Gefahren des Verlusts oder der Beschädigung der Ware solange zu tragen, bis sie gemäß A4 geliefert worden ist.

A6 Kostenteilung
Der Verkäufer hat, vorbehaltlich der Bestimmungen von B6, zu tragen
- zusätzlich zu den aus A3 a) entstehenden Kosten alle die Ware betreffenden Kosten bis zu dem Zeitpunkt, in dem sie gemäß A4 zum Kai geliefert worden sind; und,
- falls anwendbar, die Kosten für Zollformalitäten sowie alle Zölle, Steuern und andere Abgaben, die bei der Ausfuhr der Ware und bei ihrer Durchfuhr durch jedes Land, bevor sie geliefert worden ist, anfallen.

A7 Benachrichtigung des Käufers
Der Verkäufer hat den Käufer in angemessener Weise über das voraussichtliche Ankunftsdatum des bezeichneten Schiffes gemäß A4 zu benachrichtigen sowie jede andere Nachricht zu geben, die der Käufer benötigt, um erforderliche Maßnahmen zur Abnahme der Ware treffen zu können.

A8 Liefernachweis, Transportdokument oder entsprechende elektronische Mitteilung
Der Verkäufer hat dem Käufer auf Kosten des Verkäufers den Auslieferungsauftrag (delivery order) und/oder das übliche Transportdokument (z.B. ein begebbares Konnossement, ein nichtbegebbaren Seefrachtbrief, ein Dokument des Binnenschiffstransports oder ein multimodales Transportdokument) zu beschaffen, das der Käufer zur Übernahme der Ware und zu ihrem Abtransport vom Kai benötigt.

Wenn sich Verkäufer und Käufer auf elektronische Datenkommunikation geeinigt haben, kann das im vorstehenden Absatz erwähnte Dokument durch eine entsprechende Mitteilung im elektronischen Datenaustausch (EDI message) ersetzt werden.

A9 Prüfung – Verpackung – Kennzeichnung
Der Verkäufer hat die Kosten der Prüfung (wie Qualitätsprüfung, Messen, Wiegen und Zählen) zu tragen, die für die Lieferung der Ware gemäß A4 erforderlich ist.

Der Verkäufer hat auf eigene Kosten für eine Verpackung zu sorgen (sofern es nicht handelsüblich ist, die in dem Vertrag beschriebene Ware unverpackt zu liefern), die für die Lieferung der Ware erforderlich ist. Die Verpackung ist in geeigneter Weise zu kennzeichnen.

A The seller's obligations

A1 Provision of goods in conformity with the contract
The seller must provide the goods and the commercial invoice, or its equivalent electronic message, in conformity with the contract of sale and any other evidence of conformity which may be required by the contract.

A2 Licences, authorizations and formalities
The seller must obtain at his own risk and expense any export licence or other official authorization or other documents and carry out, where applicable, all customs formalities necessary for the export of the goods, and for their transit through any country.

A3 Contracts of carriage and insurance
a) Contract of carriage

The seller must contract at his own expense for the carriage of the goods to the named quay (wharf) at the named port of destination. If a specific quay (wharf) is not agreed or is not determined by practice, the seller may select the quay (wharf) at the named port of destination which best suits his purpose.

b) Contract of insurance: No obligation.

A4 Delivery
The seller must place the goods at the disposal of the buyer on the quay (wharf) referred to in A3 a), on the date or within the agreed period.

A5 Transfer of risks
The seller must, subject to the provisions of B5, bear all risks of loss of or damage to the goods until such time as they have been delivered in accordance with A4.

A6 Division of costs
The seller must, subject to the provisions of B6, pay
- in addition to costs resulting from A3 a), all costs relating to the goods until such time as they are delivered on the quay (wharf) in accordance with A4; and
- where applicable, the costs of customs formalities necessary for export as well as all duties, taxes and other charges payable upon export of the goods and for their transit through any country prior to delivery.

A7 Notice to the buyer
The seller must give the buyer sufficient notice of the estimated time of arrival of the nominated vessel in accordance with A4, as well as any other notice required in order to allow the buyer to take measures which are normally necessary to enable him to take delivery of the goods.

A8 Proof of delivery, transport document or equivalent electronic message
The seller must provide the buyer at the seller's expense with the delivery order and/or the usual transport document (for example a negotiable bill of lading, a non-negotiable sea waybill, an inland waterway document or a multimodal transport document) to enable him to take the goods and remove them from the quay (wharf).

Where the seller and the buyer have agreed to communicate electronically, the document referred to in the preceding paragraph may be replaced by an equivalent electronic data interchange (EDI) message.

A9 Checking – packaging – marking
The seller must pay the costs of those checking operations (such as checking quality, measuring, weighing, counting) which are necessary for the purpose of delivering the goods in accordance with A4.

The seller must provide at his own expense packaging (unless it is usual for the particular trade to deliver the goods of the contract description unpacked) which is required for the delivery of the goods. Packaging is to be marked appropriately.

A10 Sonstige Verpflichtungen

Der Verkäufer hat dem Käufer auf dessen Verlangen, Gefahr und Kosten bei der Beschaffung jeglicher Dokumente oder entsprechender elektronischer Mitteilungen (jedoch nicht die in A8 erwähnten), die im Absende- und/oder Ursprungsland ausgestellt oder übermittelt werden, die der Käufer für die Einfuhr der Ware benötigen kann, jede Hilfe zu gewähren.

Der Verkäufer hat dem Käufer auf dessen Verlangen die für die Versicherung der Ware erforderlichen Auskünfte zu erteilen.

B Verpflichtungen des Käufers

B1 Zahlung des Kaufpreises

Der Käufer hat den Preis vertragsgemäß zu zahlen.

B2 Lizenzen, Genehmigungen und Formalitäten

Der Käufer hat auf eigene Gefahr und Kosten die Einfuhrbewilligungen oder behördliche Genehmigung oder andere Dokumente, die für die Einfuhr der Ware erforderlich sind, zu beschaffen und, falls anwendbar, alle Zollformalitäten, die für die Einfuhr der Ware erforderlich sind, zu erledigen.

B3 Beförderungs- und Versicherungsverträge

a) Beförderungsvertrag: Keine Verpflichtung.

b) Versicherungsvertrag: Keine Verpflichtung.

B4 Abnahme

Der Käufer hat die Ware abzunehmen, wenn sie ihm gemäß A4 geliefert worden ist.

B5 Gefahrenübergang

Der Käufer hat alle Gefahren des Verlusts oder der Beschädigung der Ware von dem Zeitpunkt an zu tragen, in dem sie ihm gemäß A4 geliefert worden ist.

Der Käufer hat, sollte er die Benachrichtigung gemäß B7 unterlassen, alle Gefahren des Verlusts oder der Beschädigung der Ware von dem für die Lieferung vereinbarten Zeitpunkt oder vom Ablauf der hierfür vereinbarten Frist an zu tragen, vorausgesetzt jedoch, daß die Ware in geeigneter Weise konkretisiert, d.h. als der für den Käufer bestimmte Gegenstand abgesondert oder auf andere Art kenntlich gemacht worden ist.

B6 Kostenteilung

Der Käufer hat zu tragen
- alle die Ware betreffenden Kosten von dem Zeitpunkt an, in dem sie gemäß A4 geliefert worden ist, einschließlich aller Kosten, die bei dem Handling der Ware im Hafen zwecks Weitertransport oder Lagerung im Lagerhaus oder Terminal anfallen; und
- alle zusätzlichen Kosten, die entweder dadurch entstehen, daß die Ware, nachdem sie ihm gemäß A4 zur Verfügung gestellt wurde, nicht abgenommen worden ist oder keine Benachrichtigung gemäß B7 erfolgte, vorausgesetzt jedoch, daß die Ware in geeigneter Weise konkretisiert, d.h. als der für den Käufer bestimmte Gegenstand abgesondert oder auf andere Art kenntlich gemacht worden ist; und
- falls anwendbar, die Kosten der Zollformalitäten sowie alle Zölle, Steuern und andere Abgaben, die bei der Einfuhr der Ware und deren Weitertransport anfallen.

B7 Benachrichtigung des Verkäufers

Der Käufer hat, wenn er berechtigt ist, den Zeitpunkt der Abnahme innerhalb einer vereinbarten Frist und/oder die Abnahmestelle im benannten Bestimmungshafen zu bestimmen, den Verkäufer davon in angemessener Weise zu benachrichtigen.

B8 Liefernachweis, Transportdokument oder entsprechende elektronische Mitteilung

Der Käufer hat den Auslieferungsauftrag (delivery order) oder das Transportdokument gemäß A8 anzunehmen.

A10 Other obligations

The seller must render the buyer at the latter's request, risk and expense, every assistance in obtaining any documents or equivalent electronic messages (other than those mentioned in A8) issued or transmitted in the country of dispatch and/or origin which the buyer may require for the import of the goods.

The seller must provide the buyer, upon request, with the necessary information for procuring insurance.

B The buyer's obligations

B1 Payment of the price

The buyer must pay the price as provided in the contract of sale.

B2 Licences, authorizations and formalities

The buyer must obtain at his own risk and expense any import licence or other official authorization or other documents and carry out, where applicable, all customs formalities necessary for the import of the goods.

B3 Contracts of carriage and insurance

a) Contract of carriage: No obligation.

b) Contract of insurance: No obligation.

B4 Taking delivery

The buyer must take delivery of the goods when they have been delivered in accordance with A4.

B5 Transfer of risks

The buyer must bear all risks of loss of or damage to the goods from the time they have been delivered in accordance with A4.

The buyer must, should he fail to give notice in accordance with B7, bear all risks of loss of or damage to the goods from the agreed date or the expiry date of the agreed period for delivery provided, however, that the goods have been duly appropriated to the contract, that is to say, clearly set aside or otherwise identified as the contract goods.

B6 Division of costs

The buyer must pay
- all costs relating to the goods from the time they have been delivered in accordance with A4, including any costs of handling the goods in the port for subsequent transport or storage in warehouse or terminal; and
- all additional costs incurred if he fails to take delivery of the goods when they have been placed at his disposal in accordance with A4, or to give notice in accordance with B7, provided, however, that the goods have been appropriated to the contract, that is to say, clearly set aside or otherwise identified as the contract goods; and
- where applicable, the cost of customs formalities as well as all duties, taxes and other charges payable upon import of the goods and for their subsequent transport.

B7 Notice to the seller

The buyer must, whenever he is entitled to determine the time within an agreed period and/or the point of taking delivery in the named port of destination, give the seller sufficient notice thereof.

B8 Proof of delivery, transport document or equivalent electronic message

The buyer must accept the delivery order or transport document in accordance with A8.

B9 Prüfung der Ware

Der Käufer hat die Kosten für jede Warenkontrolle vor der Verladung (pre-shipment inspection) zu tragen, mit Ausnahme behördlich angeordneter Kontrollen des Ausfuhrlandes.

B10 Sonstige Verpflichtungen

Der Käufer hat alle Kosten und Gebühren für die Beschaffung der in A10 genannten Dokumente oder entsprechender elektronischer Mitteilungen zu tragen und diejenigen des Verkäufers zu erstatten, die diesem bei der Hilfeleistung hierfür entstanden sind.

DDU

GELIEFERT UNVERZOLLT (... benannter Bestimmungsort)

„Geliefert unverzollt" bedeutet, daß der Verkäufer dem Käufer die nicht zur Einfuhr freigemachte Ware am benannten Bestimmungsort auf dem ankommenden Beförderungsmittel unentladen liefert. Der Verkäufer hat die Kosten und Gefahren der Beförderung bis dorthin zu tragen mit Ausnahme, falls anwendbar, jeglichen „Zolls" (ein Begriff, der die Verantwortung und die Gefahr der Erledigung der Zollformalitäten sowie die Bezahlung von Formalitäten, Zöllen, Steuern und anderer Abgaben umfaßt) für die Einfuhr in das Bestimmungsland. Dieser „Zoll" ist vom Käufer zu tragen ebenso wie alle Kosten und Gefahren, die durch sein Unterlassen, die Ware rechtzeitig zur Einfuhr frei zu machen, entstehen.

Wünschen die Parteien jedoch, daß der Verkäufer die Einfuhrzollformalitäten erledigt und die dadurch bedingten Kosten und Gefahren sowie einige der bei Einfuhr der Ware fälligen Kosten trägt, sollte dies durch einen entsprechenden ausdrücklichen Zusatz im Kaufvertrag deutlich gemacht werden.

Diese Klausel kann für jede Transportart verwendet werden; es sollte jedoch die DES- oder DEQ-Klausel verwendet werden, wenn die Lieferung am Bestimmungshafen an Bord des Schiffes oder auf dem Kai stattfinden soll.

A Verpflichtungen des Verkäufers

A1 Lieferung vertragsgemäßer Ware

Der Verkäufer hat die Ware in Übereinstimmung mit dem Kaufvertrag zu liefern sowie die Handelsrechnung oder die entsprechende elektronische Mitteilung und alle sonstigen vertragsgemäßen Belege hierfür zu erbringen.

A2 Lizenzen, Genehmigungen und Formalitäten

Der Verkäufer hat auf eigene Gefahr und Kosten die Ausfuhrbewilligung und andere behördliche Genehmigung oder andere Dokumente zu beschaffen sowie, falls anwendbar, alle Zollformalitäten zu erledigen, die für die Ausfuhr der Ware und Durchfuhr durch jedes andere Land nötig sind.

A3 Beförderungs- und Versicherungsverträge

a) Beförderungsvertrag

Der Verkäufer hat auf eigene Rechnung den Vertrag über die Beförderung der Ware zu dem benannten Bestimmungsort abzuschließen. Ist eine bestimmte Stelle nicht vereinbart oder ergibt sie sich nicht aus der Handelspraxis, kann der Verkäufer die ihm am besten zusagende Stelle am benannten Bestimmungsort auswählen.

b) Versicherungsvertrag: Keine Verpflichtung.

A4 Lieferung

Der Verkäufer hat die Ware dem Käufer oder einer anderen vom Käufer benannten Person auf dem ankommenden Beförderungsmittel unentladen am benannten Bestimmungsort in dem vereinbarten Zeitpunkt oder innerhalb der vereinbarten Lieferfrist zur Verfügung zu stellen.

A5 Gefahrenübergang

Der Verkäufer hat, vorbehaltlich der Bestimmungen von B5, alle Gefahren des Verlusts oder der Beschädigung der Ware solange zu tragen, bis sie gemäß A4 geliefert worden ist.

B9 Inspection of goods

The buyer must pay the costs of any pre-shipment inspection except when such inspection is mandated by the authorities of the country of export.

B10 Other obligations

The buyer must pay all costs and charges incurred in obtaining the documents or equivalent electronic messages mentioned in A10 and reimburse those incurred by the seller in rendering his assistance in accordance therewith.

DDU

DELIVERED DUTY UNPAID (... named place of destination)

"Delivered duty unpaid" means that the seller delivers the goods to the buyer, not cleared for import, and not unloaded from any arriving means of transport at the named place of destination. The seller has to bear the costs and risks involved in bringing the goods thereto, other than, where applicable1, any "duty" (which term includes the responsibility for and the risks of the carrying out of customs formalities, and the payment of formalities, customs duties, taxes and other charges) for import in the country of destination. Such "duty" has to be borne by the buyer as well as any costs and risks caused by his failure to clear the goods for import in time.

However, if the parties wish the seller to carry out customs formalities and bear the costs and risks resulting therefrom as well as some of the costs payable upon import of the goods, this should be made clear by adding explicit wording to this effect in the contract of sale.

This term may be used irrespective of the mode of transport but when delivery is to take place in the port of destination on board the vessel or on the quay (wharf), the DES or DEQ terms should be used.

A The seller's obligations

A1 Provision of the goods in conformity with the contract

The seller must provide the goods and the commercial invoice, or its equivalent electronic message, in conformity with the contract of sale and any other evidence of conformity which may be required by the contract.

A2 Licences, authorizations and formalities

The seller must obtain at his own risk and expense any export licence and other official authorization or other documents and carry out, where applicable3, all customs formalities necessary for the export of the goods and for their transit through any country.

A3 Contracts of carriage and insurance

a) Contract of carriage

The seller must contract at his own expense for the carriage of the goods to the named place of destination. If a specific point is not agreed or is not determined by practice, the seller may select the point at the named place of destination which best suits his purpose.

b) Contract of insurance: No obligation.

A4 Delivery

The seller must place the goods at the disposal of the buyer, or at that of another person named by the buyer, on any arriving means of transport not unloaded, at the named place of destination on the date or within the period agreed for delivery.

A5 Transfer of risks

The seller must, subject to the provisions of B5, bear all risks of loss of or damage to the goods until such time as they have been delivered in accordance with A4.

A6 Kostenteilung

Der Verkäufer hat, vorbehaltlich der Bestimmungen von B6, zu tragen
- zusätzlich zu den aus A3 a) entstehenden Kosten alle die Ware betreffenden Kosten bis zu dem Zeitpunkt, in dem sie gemäß A4 geliefert worden ist; und,
- falls anwendbar, die Kosten der für die Ausfuhr notwendigen Zollformalitäten sowie alle Zölle, Steuern und andere Abgaben, die bei der Ausfuhr der Ware und bei ihrer Durchfuhr durch jedes andere Land, bevor sie gemäß A4 geliefert worden ist, anfallen.

A7 Benachrichtigung des Käufers

Der Verkäufer hat, wenn er berechtigt ist, den Zeitpunkt der Abnahme innerhalb einer vereinbarten Frist und/oder die Abnahmestelle am benannten Ort zu bestimmen, den Käufer in angemessener Weise davon zu benachrichtigen.

A8 Liefernachweis, Transportdokument oder entsprechende elektronische Mitteilung

Der Verkäufer hat dem Käufer auf Kosten des Verkäufers den Auslieferungsauftrag (delivery order) und/oder das übliche Transportdokument (z.B. ein begebbares Konnossement, einen nichtbegebbaren Seefrachtbrief, ein Dokument des Binnenschiffstransports, einen Luftfrachtbrief, einen Eisenbahnfrachtbrief, einen Straßenfrachtbrief oder ein multimodales Transportdokument) zu beschaffen, das der Käufer zur Übernahme der Ware gemäß A4/B4 benötigt.

Wenn sich Verkäufer und Käufer auf elektronische Datenkommunikation geeinigt haben, kann das im vorstehenden Absatz erwähnte Dokument durch eine entsprechende Mitteilung im elektronischen Datenaustausch (EDI message) ersetzt werden.

A9 Prüfung – Verpackung – Kennzeichnung

Der Verkäufer hat die Kosten der Prüfung (wie Qualitätsprüfung, Messen, Wiegen und Zählen) zu tragen, die für die Lieferung der Ware gemäß A4 erforderlich ist.

Der Verkäufer hat auf eigene Kosten für eine Verpackung zu sorgen (sofern es nicht handelsüblich ist, die in dem Vertrag beschriebene Ware unverpackt zu liefern), die für die Lieferung der Ware erforderlich ist. Die Verpackung ist in geeigneter Weise zu kennzeichnen.

A10 Sonstige Verpflichtungen

Der Verkäufer hat dem Käufer auf dessen Verlangen, Gefahr und Kosten bei der Beschaffung aller anderen als in A8 genannten Dokumente oder entsprechender elektronischer Mitteilungen, die im Versendungs- und/oder Ursprungsland ausgestellt oder abgesendet werden und die der Käufer zur Einfuhr der Ware benötigt, jede Hilfe zu gewähren.

Der Verkäufer hat dem Käufer auf dessen Verlangen die für die Versicherung der Ware erforderlichen Auskünfte zu erteilen.

B Verpflichtungen des Käufers

B1 Zahlung des Kaufpreises

Der Käufer hat den Preis vertragsgemäß zu zahlen.

B2 Lizenzen, Genehmigungen und Formalitäten

Der Käufer hat auf eigene Gefahr und Kosten die Einfuhrbewilligung oder andere behördliche Genehmigung zu beschaffen sowie, falls anwendbar, alle erforderlichen Zollformalitäten für die Einfuhr der Ware zu erledigen.

B3 Beförderungs- und Versicherungsverträge

a) Beförderungsvertrag: Keine Verpflichtung.
b) Versicherungsvertrag: Keine Verpflichtung.

B4 Abnahme

Der Käufer hat die Ware abzunehmen, wenn sie gemäß A4 geliefert worden ist.

A6 Division of costs

The seller must, subject to the provisions of B6, pay
- in addition to costs resulting from A3 a), all costs relating to the goods until such time as they have been delivered in accordance with A4; and
- where applicable, the costs of customs formalities necessary for export as well as all duties, taxes and other charges payable upon export and for their transit through any country prior to delivery in accordance with A4.

A7 Notice to the buyer

The seller must give the buyer sufficient notice of the dispatch of the goods as well as any other notice required in order to allow the buyer to take measures which are normally necessary to enable him to take delivery of the goods.

A8 Proof of delivery, transport document or equivalent electronic message

The seller must provide the buyer at the seller's expense the delivery order and/or the usual transport document (for example a negotiable bill of lading, a non-negotiable sea waybill, an inland waterway document, an air waybill, a railway consignment note, a road consignment note, or a multimodal transport document) which the buyer may require to take delivery of the goods in accordance with A4/B4.

Where the seller and the buyer have agreed to communicate electronically, the document referred to in the preceding paragraph may be replaced by an equivalent electronic data interchange (EDI) message.

A9 Checking – packaging – marking

The seller must pay the costs of those checking operations (such as checking quality, measuring, weighing, counting) which are necessary for the purpose of delivering the goods in accordance with A4.

The seller must provide at his own expense packaging (unless it is usual for the particular trade to deliver the goods of the contract description unpacked) which is required for the delivery of the goods. Packaging is to be marked appropriately.

A10 Other obligations

The seller must render the buyer at the latter's request, risk and expense, every assistance in obtaining any documents or equivalent electronic messages (other than those mentioned in A8) issued or transmitted in the country of dispatch and/or of origin which the buyer may require for the import of the goods.

The seller must provide the buyer, upon request, with the necessary information for procuring insurance.

B The buyer's obligations

B1 Payment of the price

The buyer must pay the price as provided in the contract of sale.

B2 Licences, authorizations and formalities

The buyer must obtain at his own risk and expense any import licence or other official authorization or other documents and carry out, where applicable, all customs formalities necessary for the import of the goods.

B3 Contracts of carriage and insurance

a) Contract of carriage: No obligation.

b) Contract of insurance: No obligation.

B4 Taking delivery

The buyer must take delivery of the goods when they have been delivered in accordance with A4.

B5 Gefahrenübergang

Der Käufer hat alle Gefahren des Verlusts oder der Beschädigung der Ware von dem Zeitpunkt an zu tragen, in dem sie ihm gemäß A4 geliefert worden ist.

Der Käufer hat, sollte er seine Verpflichtungen gemäß B2 nicht erfüllen, alle daraus entstehenden zusätzlichen Gefahren des Verlusts oder der Beschädigung der Ware zu tragen.

Der Käufer hat, wenn er die Benachrichtigung gemäß B7 unterläßt, alle Gefahren des Verlusts oder der Beschädigung der Ware von dem für die Lieferung vereinbarten Zeitpunkt oder vom Ablauf der hierfür vereinbarten Frist an zu tragen, vorausgesetzt jedoch, daß die Ware in geeigneter Weise konkretisiert, d.h. als der für den Käufer bestimmte Gegenstand abgesondert oder auf andere Art kenntlich gemacht worden ist.

B6 Kostenteilung

Der Käufer hat zu tragen
- alle die Ware betreffenden Kosten von dem Zeitpunkt an, in dem sie gemäß A4 geliefert worden ist; und
- alle zusätzlichen Kosten, die dadurch entstehen, daß er seine Verpflichtungen gemäß B2 nicht erfüllt hat oder er eine Benachrichtigung gemäß B7 unterläßt, vorausgesetzt jedoch, daß die Ware in geeigneter Weise konkretisiert, d.h. als der für den Käufer bestimmte Gegenstand abgesondert oder auf andere Art kenntlich gemacht worden ist; und,
- falls anwendbar, die Kosten der Zollformalitäten sowie alle Zölle, Steuern und andere Abgaben, die bei der Einfuhr der Ware anfallen.

B7 Benachrichtigung des Verkäufers

Der Käufer hat, wenn er berechtigt ist, den Zeitpunkt der Abnahme innerhalb einer vereinbarten Frist und/oder die Abnahmestelle am benannten Ort zu bestimmen, den Verkäufer in angemessener Weise davon zu benachrichtigen.

B8 Liefernachweis, Transportdokument oder entsprechende elektronische Mitteilung

Der Käufer hat den Auslieferungsauftrag (delivery order) oder das Transportdokument gemäß A8 anzunehmen.

B9 Prüfung der Ware

Der Käufer hat die Kosten für jede Warenkontrolle vor der Verladung (pre-shipment inspection) zu tragen, mit Ausnahme behördlich angeordneter Kontrollen des Ausfuhrlandes.

B10 Sonstige Verpflichtungen

Der Käufer hat alle Kosten und Gebühren für die Beschaffung der in A10 genannten Dokumente oder entsprechender elektronischer Mitteilungen zu tragen und diejenigen des Verkäufers zu erstatten, die diesem bei der Hilfeleistung hierfür entstanden sind.

DDP

GELIEFERT VERZOLLT (... benannter Bestimmungsort)

„Geliefert verzollt" bedeutet, daß der Verkäufer dem Käufer die zur Einfuhr freigemachte Ware an dem benannten Bestimmungsort auf dem ankommenden Beförderungsmittel unentladen liefert. Der Verkäufer hat alle Kosten und Gefahren der Beförderung der Ware bis dorthin zu tragen, einschließlich, falls anwendbar, jeglichen für die Einfuhr in das Bestimmungsland erforderlichen „Zolls" (ein Begriff, der die Verantwortung und die Gefahr der Erledigung der Zollformalitäten sowie die Bezahlung von Formalitäten, Zöllen, Steuern und anderer Abgaben umfaßt).

Während die Klausel EXW die Mindestverpflichtung des Verkäufers darstellt, enthält die DDP-Klausel seine Maximalverpflichtung.

Diese Klausel sollte nicht verwendet werden, wenn es dem Verkäufer nicht möglich ist, entweder direkt oder indirekt die Einfuhrbewilligung zu beschaffen.

B5 Transfer of risks

The buyer must bear all risks of loss of or damage to the goods from the time they have been delivered in accordance with A4.

The buyer must, should he fail to fulfil his obligations in accordance with B2, bear all additional risks of loss of or damage to the goods incurred thereby.

The buyer must, should he fail to give notice in accordance with B7, bear all risks of loss of or damage to the goods from the agreed date or the expiry date of the agreed period for delivery provided, however, that the goods have been duly appropriated to the contract, that is to say, clearly set aside or otherwise identified as the contract goods.

B6 Division of costs

The buyer must pay
- all costs relating to the goods from the time they have been delivered in accordance with A4; and
- all additional costs incurred if he fails to fulfil his obligations in accordance with B2, or to give notice in accordance with B7, provided, however, that the goods have been duly appropriated to the contract, that is to say, clearly set aside or otherwise identified as the contract goods; and
- where applicable, the costs of customs formalities as well as all duties, taxes and other charges payable upon import of the goods.

B7 Notice to the seller

The buyer must, whenever he is entitled to determine the time within an agreed period and/or the point of taking delivery at the named place, give the seller sufficient notice thereof.

B8 Proof of delivery, transport document or equivalent electronic message

The buyer must accept the appropriate delivery order or transport document in accordance with A8.

B9 Inspection of goods

The buyer must pay the costs of any pre-shipment inspection except when such inspection is mandated by the authorities of the country of export.

B10 Other obligations

The buyer must pay all costs and charges incurred in obtaining the documents or equivalent electronic messages mentioned in A10 and reimburse those incurred by the seller in rendering his assistance in accordance therewith.

DDP

DELIVERED DUTY PAID (... named place of destination)

"Delivered duty paid" means that the seller delivers the goods to the buyer, cleared for import, and not unloaded from any arriving means of transport at the named place of destination. The seller has to bear all the costs and risks involved in bringing the goods thereto including, where applicable, any "duty" (which term includes the responsibility for and the risks of the carrying out of customs formalities and the payment of formalities, customs duties, taxes and other charges) for import in the country of destination.

Whilst the EXW term represents the minimum obligation for the seller, DDP represents the maximum obligation.

This term should not be used if the seller is unable directly or indirectly to obtain the import licence.

Wünschen die Parteien jedoch, daß von den Verpflichtungen des Verkäufers bestimmte bei der Einfuhr der Ware anfallende Abgaben (wie z.B. die Mehrwertsteuer) ausgeschlossen werden, sollte dies durch einen entsprechenden ausdrücklichen Zusatz im Kaufvertrag deutlich gemacht werden.

Wünschen die Parteien, daß der Käufer alle Gefahren und Kosten der Einfuhr trägt, sollte die DDU-Klausel verwendet werden.

Diese Klausel kann für jede Transportart verwendet werden; es sollte jedoch die DES- oder DEQ-Klausel verwendet werden, wenn die Lieferung am Bestimmungshafen an Bord des Schiffes oder auf dem Kai stattfinden soll.

A Verpflichtungen des Verkäufers

A1 Lieferung vertragsgemäßer Ware

Der Verkäufer hat die Ware in Übereinstimmung mit dem Kaufvertrag zu liefern sowie die Handelsrechnung oder die entsprechende elektronische Mitteilung und alle sonstigen vertragsgemäßen Belege hierfür zu erbringen.

A2 Lizenzen, Genehmigungen und Formalitäten

Der Verkäufer hat auf eigene Kosten und Gefahr die Aus- und Einfuhrbewilligungen oder andere behördliche Genehmigung oder andere Dokumente zu beschaffen sowie, falls anwendbar, alle Zollformalitäten zu erledigen, die für die Aus- und Einfuhr der Ware und für ihre Durchfuhr durch jedes Land erforderlich sind.

A3 Beförderungs- und Versicherungsverträge

a) Beförderungsvertrag

Der Verkäufer hat auf eigene Rechnung den Vertrag über die Beförderung der Ware bis zu dem Bestimmungsort abzuschließen. Ist eine bestimmte Stelle nicht vereinbart oder ergibt sie sich nicht aus der Handelspraxis, kann der Verkäufer die ihm am besten zusagende Stelle am benannten Bestimmungsort auswählen.

b) Versicherungsvertrag: Keine Verpflichtung.

A4 Lieferung

Der Verkäufer hat die Ware dem Käufer oder einer anderen vom Käufer benannten Person unentladen auf dem ankommenden Beförderungsmittel am benannten Bestimmungsort in dem vereinbarten Zeitpunkt oder innerhalb der vereinbarten Lieferfrist zur Verfügung zu stellen.

A5 Gefahrenübergang

Der Verkäufer hat, vorbehaltlich der Bestimmungen von B5, alle Gefahren des Verlusts oder der Beschädigung der Ware solange zu tragen, bis sie gemäß A4 geliefert worden ist.

A6 Kostenteilung

Der Verkäufer hat, vorbehaltlich der Bestimmungen von B6, zu tragen
- zusätzlich zu den aus A3 a) entstehenden Kosten alle die Ware betreffenden Kosten bis zu dem Zeitpunkt, in dem sie gemäß A4 geliefert worden ist; und,
- falls anwendbar, die Kosten für Zollformalitäten, die für Ein- und Ausfuhr nötig sind, sowie alle Zölle, Steuern und andere Abgaben, die bei der Aus- und Einfuhr der Ware und bei ihrer Durchfuhr durch jedes Land, bevor sie gemäß A4 geliefert worden ist, anfallen.

A7 Benachrichtigung des Käufers

Der Verkäufer hat den Käufer in angemessener Weise zu benachrichtigen, daß die Ware versandt worden ist, sowie jede andere Nachricht zu geben, die der Käufer benötigt, um erforderliche Maßnahmen zur Abnahme der Ware treffen zu können.

A8 Liefernachweis, Transportdokument oder entsprechende elektronische Mitteilung

Der Verkäufer hat dem Käufer auf Kosten des Verkäufers den Auslieferungsauftrag (delivery order) und/oder das übliche Transportdokument (z.B. ein begebbares Konnossement, einen nichtbegebbaren Seefrachtbrief, ein Dokument des Binnenschiffstransportes, einen Luftfrachtbrief, einen Eisenbahnfrachtbrief, einen Straßenfrachtbrief oder ein multimodales Transportdokument) zu beschaffen, das der Käufer zur Übernahme der Ware gemäß A4/B4 benötigt.

However, if the parties wish to exclude from the seller's obligations some of the costs payable upon import of the goods (such as value-added tax: VAT), this should be made clear by adding explicit wording to this effect in the contract of sale.

If the parties wish the buyer to bear all risks and costs of the import, the DDU term should be used.

This term may be used irrespective of the mode of transport but when delivery is to take place in the port of destination on board the vessel or on the quay (wharf), the DES or DEQ terms should be used.

A The seller's obligations

A1 Provision of the goods in conformity with the contract

The seller must provide the goods and the commercial invoice, or its equivalent electronic message, in conformity with the contract of sale and any other evidence of conformity which may be required by the contract.

A2 Licences, authorizations and formalities

The seller must obtain at his own risk and expense any export and import licence and other official authorization or other documents and carry out, where applicable, all customs formalities necessary for the export of the goods, for their transit through any country and for their import.

A3 Contracts of carriage and insurance

a) Contract of carriage

The seller must contract at his own expense for the carriage of the goods to the named place of destination. If a specific point is not agreed or is not determined by practice, the seller may select the point at the named place of destination which best suits his purpose.

b) Contract of insurance: No obligation.

A4 Delivery

The seller must place the goods at the disposal of the buyer, or at that of another person named by the buyer, on any arriving means of transport not unloaded at the named place of destination on the date or within the period agreed for delivery.

A5 Transfer of risks

The seller must, subject to the provisions of B5, bear all risks of loss of or damage to the goods until such time as they have been delivered in accordance with A4.

A6 Division of costs

The seller must, subject to the provisions of B6, pay
- in addition to costs resulting from A3 a), all costs relating to the goods until such time as they have been delivered in accordance with A4; and
- where applicable, the costs of customs formalities necessary for export and import as well as all duties, taxes and other charges payable upon export and import of the goods, and for their transit through any country prior to delivery in accordance with A4.

A7 Notice to the buyer

The seller must give the buyer sufficient notice of the dispatch of the goods as well as any other notice required in order to allow the buyer to take measures which are normally necessary to enable him to take delivery of the goods.

A8 Proof of delivery, transport document or equivalent electronic message

The seller must provide the buyer at the seller's expense with the delivery order and/or the usual transport document (for example a negotiable bill of lading, a non-negotiable sea waybill, an inland waterway document, an air waybill, a railway consignment note, a road consignment note, or a multimodal transport document) which the buyer may require to take delivery of the goods in accordance with A4/B4.

Wenn sich Verkäufer und Käufer auf elektronische Datenkommunikation geeinigt haben, kann das im vorstehenden Absatz erwähnte Dokument durch eine entsprechende Mitteilung im elektronischen Datenaustausch (EDI message) ersetzt werden.

A9 Prüfung – Verpackung – Kennzeichnung

Der Verkäufer hat die Kosten der Prüfung (wie Qualitätsprüfung, Messen, Wiegen und Zählen) zu tragen, die für die Lieferung der Ware gemäß A4 erforderlich ist.

Der Verkäufer hat auf eigene Kosten für eine Verpackung zu sorgen (sofern es nicht handelsüblich ist, die in dem Vertrag beschriebene Ware unverpackt zu liefern), die für die Lieferung der Ware erforderlich ist. Die Verpackung ist in geeigneter Weise zu kennzeichnen.

A10 Sonstige Verpflichtungen

Der Verkäufer hat alle Kosten und Gefahren für die Beschaffung der in B10 genannten Dokumente oder entsprechender elektronischer Mitteilungen zu tragen und diejenigen des Käufers zu erstatten, die diesem bei der Hilfeleistung hierfür entstanden sind.

Der Verkäufer hat dem Käufer auf dessen Verlangen die für die Versicherung der Ware erforderlichen Auskünfte zu erteilen.

B Verpflichtungen des Käufers

B1 Zahlung des Kaufpreises

Der Käufer hat den Preis vertragsgemäß zu zahlen.

B2 Lizenzen, Genehmigungen und Formalitäten

Der Käufer hat dem Verkäufer auf dessen Verlangen, Gefahr und Kosten bei der Beschaffung, falls anwendbar, der Einfuhrbewilligung oder anderer behördlicher Genehmigung, die für die Einfuhr der Ware erforderlich sind, jede Hilfe zu gewähren.

B3 Beförderungs- und Versicherungsverträge

a) Beförderungsvertrag: Keine Verpflichtung.

b) Versicherungsvertrag: Keine Verpflichtung.

B4 Abnahme

Der Käufer hat die Ware abzunehmen, wenn sie gemäß A4 geliefert worden ist.

B5 Gefahrenübergang

Der Käufer hat alle Gefahren des Verlusts oder der Beschädigung der Ware von dem Zeitpunkt an zu tragen, in dem sie ihm gemäß A4 geliefert worden ist.

Der Käufer hat, sollte er seine Verpflichtungen gemäß B2 nicht erfüllen, alle daraus entstehenden zusätzlichen Gefahren des Verlusts oder der Beschädigung der Ware zu tragen.

Der Käufer hat, wenn keine Benachrichtigung gemäß B7 erfolgte, alle Gefahren des Verlusts oder der Beschädigung der Ware von dem für die Lieferung vereinbarten Zeitpunkt oder vom Ablauf der hierfür vereinbarten Frist an zu tragen, vorausgesetzt jedoch, daß die Ware in geeigneter Weise konkretisiert, d.h. als der für den Käufer bestimmte Gegenstand abgesondert oder auf andere Art kenntlich gemacht worden ist.

B6 Kostenteilung

Der Käufer hat zu tragen
- alle die Ware betreffenden Kosten von dem Zeitpunkt an, in dem sie ihm gemäß A4 geliefert worden ist; und
- alle zusätzlichen Kosten, die entweder dadurch entstehen, daß er seine Verpflichtungen gemäß B2 nicht erfüllt oder er eine Benachrichtigung gemäß B7 unterläßt, vorausgesetzt jedoch, daß die Ware in geeigneter Weise konkretisiert, d.h. als der für den Käufer bestimmte Gegenstand abgesondert oder auf andere Art kenntlich gemacht worden ist.

Where the seller and the buyer have agreed to communicate electronically, the document referred to in the preceding paragraph may be replaced by an equivalent electronic data interchange (EDI) message.

A9 Checking – packaging – marking

The seller must pay the costs of those checking operations (such as checking quality, measuring, weighing, counting) which are necessary for the purpose of delivering the goods in accordance with A4.

The seller must provide at his own expense packaging (unless it is usual for the particular trade to deliver the goods of the contract description unpacked) which is required for the delivery of the goods. Packaging is to be marked appropriately.

A10 Other obligations

The seller must pay all costs and charges incurred in obtaining the documents or equivalent electronic messages mentioned in B10 and reimburse those incurred by the buyer in rendering his assistance herewith.

The seller must provide the buyer, upon request, with the necessary information for procuring insurance.

B The buyer's obligations

B1 Payment of the price

The buyer must pay the price as provided in the contract of sale.

B2 Licences, authorizations and formalities

The buyer must render the seller at the latter's request, risk and expense, every assistance in obtaining, where applicable, any import licence or other official authorization necessary for the import of the goods.

B3 Contracts of carriage and insurance

a) Contract of carriage: No obligation.
b) Contract of insurance: No obligation.

B4 Taking delivery

The buyer must take delivery of the goods when they have been delivered in accordance with A4.

B5 Transfer of risks

The buyer must bear all risks of loss of or damage to the goods from the time they have been delivered in accordance with A4.

The buyer must, should he fail to fulfil his obligations in accordance with B2, bear all additional risks of loss of or damage to the goods incurred thereby.

The buyer must, should he fail to give notice in accordance with B7, bear all risks of loss of or damage to the goods from the agreed date or the expiry date of the agreed period for delivery provided, however, that the goods have been duly appropriated to the contract, that is to say, clearly set aside or otherwise identified as the contract goods.

B6 Division of costs

The buyer must pay
– all costs relating to the goods from the time they have been delivered in accordance with A4; and
– all additional costs incurred if he fails to fulfil his obligations in accordance with B2, or to give notice in accordance with B7, provided, however, that the goods have been duly appropriated to the contract, that is to say, clearly set aside or otherwise identified as the contract goods.

B7 Benachrichtigung des Verkäufers

Der Käufer hat, wenn er berechtigt ist, den Zeitpunkt der Abnahme innerhalb einer vereinbarten Frist und/oder die Abnahmestelle am benannten Ort zu bestimmen, den Verkäufer in angemessener Weise davon zu benachrichtigen.

B8 Liefernachweis, Transportdokument oder entsprechende elektronische Mitteilung

Der Käufer hat den Auslieferungsauftrag (delivery order) oder das Transportdokument gemäß A8 anzunehmen.

B9 Prüfung der Ware

Der Käufer hat die Kosten für jede Warenkontrolle vor der Verladung (pre-shipment inspection) zu tragen, mit Ausnahme behördlich angeordneter Kontrollen des Ausfuhrlandes.

B10 Sonstige Verpflichtungen

Der Käufer hat dem Verkäufer auf dessen Verlangen, Gefahr und Kosten bei der Beschaffung der Dokumente oder entsprechender elektronischer Mitteilungen, die im Einfuhrland ausgestellt oder abgesendet werden und die der Verkäufer benötigt, um die Ware dem Käufer dementsprechend zur Verfügung zu stellen, jede Hilfe zu gewähren.

Bezugsquelle: ICC Deutschland, Mittelstr. 12–14, 50672 Köln,
  Tel.: 0221/2 57 55 65, Fax: 0221/2 57 55 93,
  eMail: icc@icc-deutschland.de, internet: www.icc-deutschland.de
  © Internationale Handelskammer 2000/ICC 560

B7 Notice to the seller

The buyer must, whenever he is entitled to determine the time within an agreed period and/or the point of taking delivery at the named place, give the seller sufficient notice thereof.

B8 Proof of delivery, transport document or equivalent electronic message

The buyer must accept the appropriate delivery order or transport document in accordance with A8.

B9 Inspection of goods

The buyer must pay the costs of any pre-shipment inspection except when such inspection is mandated by the authorities of the country of export.

B10 Other obligations

The buyer must render the seller, at the latter's request, risk and expense, every assistance in obtaining any documents or equivalent electronic messages issued or transmitted in the country of import which the seller may require for the purpose of making the goods available to the buyer in accordance therewith.

supply source: ICC Deutschland, Mittelstr. 12–14, 50672 Köln,
Tel.: 0221/2 57 55 65, Fax: 0221/2 57 55 93,
eMail: icc@icc-deutschland.de, internet: www.icc-deutschland.de
© Internationale Handelskammer 2000/ICC 560

4.4 Der Gefahren- und Kostenübergang im Außenhandel

Durch die Incoterms werden internationale Regelungen zur Auslegung der hauptsächlich verwendeten Vertragsklauseln in Außenhandelsverträgen aufgestellt. Der Gefahrenübergang wird in den Incoterms 2000 mit der Preisgefahr gekoppelt. Daraus folgt, dass der Käufer – sobald die Gefahr auf ihn übergeht – auch dann zur vereinbarten Zahlung des Kaufpreises verpflichtet ist, wenn die Ware nach Gefahrenübergang auf ihn untergeht oder eine Wertminderung erfährt. Die Incoterms gelten nur, wenn sie zwischen Verkäufer und Käufer ausdrücklich vereinbart sind. Sie gelten auch nur für einige ganz bestimmte Punkte des Kaufvertrages im Verhältnis zwischen Verkäufer und Käufer; das Recht des Beförderung- und damit auch des Frachtführer- bzw. Speditionsvertrages bleibt hiervon unberührt. In der Praxis werden die Klauseln der Gruppen E, F und D wegen des gleichzeitigen Übergangs der Kostenlast und des Transportrisikos Einpunktklauseln, die der Gruppe C Zweipunktklauseln genannt.

4.5 Abkürzungen der INCOTERMS (International Commercial Terms)

In Übereinstimmung mit der Internationalen Handelskammer in Paris hat der Regionalausschuss der Vereinten Nationen in einem Verzeichnis von Abkürzungen die INCOTERMS computergerecht aufbereitet und neue Schlüssel für die elektronische Datenverarbeitung empfohlen.

Gruppe E
Ab Werk (ex works)   EXW

Gruppe F
Frei Frachtführer (free carrier)   FCA
Frei Längsseite Seeschiff (free alongside ship)   FAS
Frei an Bord (free on board)   FOB

Gruppe C
Frachtfrei (carriage paid to)   CPT
Frachtfrei versichert (carriage and insurance paid to)   CIP
Kosten und Fracht (cost and freight)   CFR
Kosten, Versicherung und Fracht (cost, insurance, freight)   CIF

Gruppe D
Geliefert frei Grenze (delivered at frontier)   DAF
Geliefert ab Schiff (delivered ex ship)   DES
Geliefert ab Kai (delivered ex quay)   DEQ
Geliefert Bestimmungsort, unverzollt (delivered duty unpaid)   DDU
Geliefert Bestimmungsort, verzollt (delivered duty paid)   DDP

4.6 Trade Terms

Falls bei einem Außenhandelsgeschäft die Incoterms nicht ausdrücklich vereinbart worden sind, können die handelsüblichen nationalen Vertragsklauseln – die Trade Terms – angewandt werden. Nicht allein der Preis spielt bei Angeboten und Kaufverträgen eine Rolle, sondern auch die zu tragenden Kosten und Risiken. Liegen hierüber keine Vereinbarungen nach den Incoterms vor, so besteht das Risiko, dass sich jeder Vertragspartner auf die für ihn geltenden nationalen Trade Terms berufen. Die Trade Terms haben heute jedoch kaum noch eine Bedeutung. Trade Terms sind nicht mit Terms of Trade zu verwechseln. Letzere haben eine ganz andere Bedeutung. Man versteht unter „Terms of Trade" eine volkswirtschaftliche Meßzahl – in die Form eines Indexes gekleidet – die über das Verhältnis der Ausfuhr- zu den Einfuhrpreisen eines Landes Auskunft gibt.

5. VERTRAGSGESTALTUNG NACH DEUTSCHEM RECHT

5.1 Vertragsformen in Wirtschaft und Verkehr

Vertrag: Vertrag ist das Ergebnis zweier übereinstimmender Willenserklärungen der beteiligten Vertragsparteien über die Herbeiführung eines rechtlichen Erfolges. Das BGB enthält für alle Verträge gemeinsame Regeln über das Zustandekommen. Inhalt und Wirkung werden bei einzelnen Vertragsarten behandelt (Kauf, Tausch, Miete, Darlehen. Werkvertrag etc.). Sie werden im Ergebnis von der Gesamtheit der Parteivereinbarungen sowie der einschlägigen gesetzlichen Bestimmungen in jedem konkreten Einzelfall individuell bestimmt.

Die beiden Willenserklärungen, durch die der Vertrag zustande kommt, sind das Angebot (Antrag, Offerte) einerseits sowie dessen Annahme andererseits. Von wem das Angebot ausgeht, ist gleichgültig. Grundsätzlich ist niemand verpflichtet, bestimmte Verträge abzuschließen (Grundsatz der Vertragsfreiheit). Während der Vertragsverhandlungen befinden sich die Parteien bereits im Vorfeld des Vertragsrechts. Verhalten sie sich hierbei treuwidrig, so haften sie dem Verhandlungspartner u.U. wegen Verschuldens bei Vertragsverhandlungen.

Wer einem anderen ein Vertragsangebot unterbreitet, ist an seinen Antrag gebunden. sofern er dies nicht ausdrücklich ausgeschlossen hat. Das Angebot erlischt erst, wenn es ausdrücklich abgelehnt oder nicht innerhalb bestimmter Frist angenommen wird. Das Angebot kann durch ausdrückliche Erklärung oder stillschweigend (durch „konkludente" Handlung) angenommen werden.

Die Annahme eines Antrags kann unter Anwesenden nur sofort erfolgen. Bei Abwesenden ist zu unterscheiden: Hat der Anbietende eine Frist gesetzt, so kann die Annahme nur innerhalb dieser Frist erfolgen. Ist keine Frist gesetzt, kann die Annahme bis zu dem Zeitpunkt erfolgen, in welchem der Antragende den Eingang der Antwort unter regelmäßigen Umständen erwarten darf. Die verspätete Annahme gilt ebenso wie eine erweiterte, ergänzte oder abgeänderte Annahme als Ablehnung und als neuer Antrag. Die Annahme des Antrags muss dem Antragenden zugehen, es sei denn, der Antragende verzichtet auf den Zugang oder nach der Verkehrssitte ist ein Zugang nicht zu erwarten. Soweit die Annahme nicht formbedürftig ist, kann sie auch durch schlüssiges Verhalten, etwa durch das Bewirken der Leistung, geschehen. Bloßes Schweigen gilt aber in der Regel nicht als Annahme. Wer als Kaufmann am Rechtsverkehr teilnimmt, ist unter bestimmten Voraussetzungen verpflichtet, auf schriftliche Angebote zu antworten. Sein Schweigen gilt dann als Annahme. Einem sog. kaufmännischen Bestätigungsschreiben, das er nach Verhandlungen erhält, muss er widersprechen, wenn er nicht gebunden sein will. Tut er dies nicht, so erklärt er sich mit dessen Inhalt stillschweigend einverstanden (vgl. 5.3).

Auch wenn Angebot und Annahme vorliegen, muß nicht in jedem Fall schon ein Vertrag bestehen. Die beiden Willenserklärungen müssen übereinstimmen. Liegt über einen wesentlichen Punkt tatsächlich keine Einigung vor, ist im Zweifel der Vertrag nicht geschlossen. Nun ist es möglich, dass nach dem Wortlaut zwar eine Einigung vorzuliegen scheint, in Wirklichkeit aber die Parteien etwas anderes meinen (versteckter Dissenz). Der Vertrag ist nur dann gültig, wenn er nach dem mutmaßlichen Willen der Parteien auch ohne Einigung über den offenen Punkt geschlossen worden wäre. Andererseits schadet eine falsche Bezeichnung (falsa demonstratio) nicht, sofern sich die Parteien einig sind.

Von diesen beiden Fällen zu unterscheiden ist das Scheingeschäft. Gibt eine oder geben beide Parteien eine Willenserklärung im gegenseitigen Einverständnis zum Schein ab, so ist sie nichtig. Wird durch das Scheingeschäft ein anderes Rechtsgeschäft verdeckt, so gilt das verdeckte Geschäft, sofern dessen Voraussetzungen im übrigen vorliegen, z. B. die Form gewahrt ist. Dagegen macht ein geheimer Vorbehalt, das Erklärte in Wirklichkeit nicht zu wollen, die Erklärung nicht unwirksam, sondern nur, wenn der Verhandlungspartner den Vorbehalt kennt. Wird dagegen eine nicht ernstlich gemeinte Willenserklärung in der Erwartung abgegeben, der Verhandlungspartner werde den Mangel der Ernsthaftigkeit erkennen, so ist sie nichtig.

Der wirksame Vertrag muss grundsätzlich von beiden Parteien eingehalten werden (pacfa sunt servanda). Er kann nur durch bestimmte dafür vorgesehene Erklärungen beseitigt werden, sofern die Voraussetzungen dafür vorliegen. Erfüllt eine der Parteien ihre Verpflichtungen nicht oder nur unvollkommen, so liegt eine sog. Leistungsstörung vor, für deren Ausgleich das Gesetz eine Reihe sehr verschiedenartiger Regelungen vorsieht. Das Recht der Leistungsstörungen ist ab 1.1.2002 durch das „Gesetz zur Modernisierung des Schuldrechts" neu geregelt worden.

Abstrakte Verträge: Das BGB kennt verschiedene Arten von Verträgen. Schuldrechtliche (obligatorische) Verträge wie der Kaufvertrag bewirken noch keine Rechtsänderung: Es entstehen nur Ansprüche der Vertragspartner gegeneinander. Dingliche Rechtsgeschäfte wie die Eigentumsübertragung ändern dagegen die Rechtslage mit Wirkung gegen jeden. Die meisten obligatorischen Verträge sind von ihrem Rechtsgrund abhängig; man nennt sie deshalb kausale Verträge (lat. causa = Grund). Der Kaufvertrag ist ein kausaler Vertrag: Der Käufer verpflichtet sich zur Zahlung des Kaufpreises, weil er die gekaufte Sache erwerben will; der Verkäufer verpflichtet sich zur Übereignung der Kaufsache, weil er den Kaufpreis haben will. Die subjektiven Vorstellungen der Parteien sind unbeachtlich. Es ist also gleichgültig, aus welchem Motiv (Gewinnabsicht, Bedarfsdeckung etc.) der Vertrag geschlossen wurde.

Diesen Verträgen stehen die abstrakten Verträge gegenüber. Dingliche Rechtsgeschäfte sind in der Regel abstrakt, d.h. losgelöst vom Rechtsgrund, der Rechtsgrund gehört nicht zum Inhalt des Geschäfts. Beim Eigentumserwerb ist es in der Regel gleichgültig, aus welchem Rechtsgrund das Eigentum übertragen wird. Deutliche Beispiele für abstrakte Rechtsgeschäfte sind z.B. das Schuldanerkenntnis, der Wechsel und Scheck. Hier verpflichtet sich der Schuldner zu einer Leistung, ohne dass der Rechtsgrund erkennbar wird. Diese Verträge sind meist einer besonderen Form unterworfen. Das abstrakte Rechtsgeschäft ist von den Mängeln des zugrunde liegenden Kausalgeschäfts unabhängig. Wird z.B. der Kaufvertrag aufgrund einer Anfechtung nichtig, so bleibt die in Erfüllung des Kaufvertrages erfolgte Eigentumsübertragung wirksam. Ein Ausgleich erfolgt über das Bereicherungsrecht (§§ 812 ff. BGB).

Arbeitsvertrag: Durch einen Arbeitsvertrag verpflichtet sich der Arbeitnehmer gegenüber seinem Arbeitgeber zur entgeltlichen Arbeitsleistung. Kennzeichen des Arbeitsvertrags ist nach heutiger Anschauung neben der schuldrechtlichen Verpflichtung (Austausch von Arbeitsleistung gegen Entgelt) auch ein personenrechtliches Gemeinschaftsverhältnis. Die Anwendbarkeit der allgemeinen Vorschriften des BGB für gegenseitige Verträge auf den Arbeitsvertrag ist stark eingeschränkt.

Auftrag: 1. Vertrag, durch den sich der Beauftragte verpflichtet, ein ihm vom Auftraggeber übertragenes Geschäft für diesen unentgeltlich zu besorgen (§ 662 BGB). 2. Umgangssprachlich für Vertragsangebot oder auch für Vertrag.

Ausfuhrvertrag: Nach AWG Rechtsgeschäft, durch das sich ein Gebietsansässiger zur Lieferung einer Ware nach fremden Wirtschaftsgebieten verpflichtet.

Beförderungsgeschäft: Werkvertrag über den Transport von Waren und Personen zu Lande, zu Wasser und in der Luft. Sondervorschriften bestehen z.B. für Frachtführer und Spediteure; die Eisenbahn-Verkehrsordnung, im Güterkraftverkehrsgesetz u.a.

Beherrschungsvertrag: Unternehmensvertrag, bei dem eine AG oder KGaA die Leitung ihrer Gesellschaft einem anderen, Unternehmen unterstellt (§ 291 AktG).

Chartervertrag: Der Chartervertrag ist eine besondere Art des Seefrachtvertrages. Die über den Chartervertrag aufgenommene Urkunde, also die Charterpartie (§ 557 HGB) ist lediglich eine Beweisurkunde über den Vertragsabschluss. Im Gegensatz zum Konnossement, einem sog. Orderpapier, das eine einseitige, vom Kapitän ausgestellte Urkunde über den Empfang der Güter ist und die Erklärung enthält, dass sich der Kapitän zur Herausgabe der Güter an den Empfänger verpflichtet, ist die Charterpartie kein Wertpapier.

Dienstvertrag: Eine schuldrechtliche Verpflichtung des Dienstnehmers, einem anderen (Dienstberechtigten) seine Arbeitskraft zur Verfügung zu stellen (§§ 611 ff. BGB). Zum Unterschied vom Werkvertrag wird eine Arbeitsleistung, nicht ein durch Arbeitsleistung erzielter Erfolg versprochen.

Dingliches Rechtsgeschäft: Während ein obligatorischer Vertrag wie z.B. der Kaufvertrag lediglich gegenseitige Ansprüche der beteiligten Parteien entstehen läßt, bewirkt das dingliche Rechtsgeschäft in der Regel unmittelbar die Begründung, Übertragung, Inhaltsänderung oder Aufhebung eines dinglichen Rechts. Nach dem Kaufvertrag ist noch die Übereignung der gekauften Sache erforderlich (Eigentumserwerb). Bei Grundstücksgeschäften kommt die Besonderheit hinzu, dass die Rechtsänderung erst mit Eintragung im Grundbuch wirksam wird. Die für obligatorische Verträge geltenden allgemeinen Vorschriften des 2. Buches des BGB (Schuldrecht) gelten im 3. Buch (Sachenrecht) nur, soweit dies mit dem Wesen der dinglichen Rechtsgeschäfte vereinbar ist. Anwendbar sind z.B. die §§ 119 ff. sowie §§ 158 ff. Dingliche Rechtsgeschäfte sind vom schuldrechtlichen Grundgeschäft losgelöst (abstrakte Verträge). Wird also aufgrund eines anfechtbaren Kaufvertrages das Eigentum wirksam übertragen, so fällt es nicht nach erfolgreicher Anfechtung automatisch zurück, sondern muss zurückübertragen werden. Notfalls ist dies nach den Vorschriften über ungerechtfertigte Bereicherung durchzusetzen.

Einfuhrvertrag: Nach AWG Vertrag mit einem Gebietsfremden über den Erwerb von Waren zum Zwecke der Einfuhr.

Eisenbahnfrachtvertrag: Vertrag über den Transport von Gütern mit der Eisenbahn.

Frachtvertrag: Werkvertrag, durch den ein Frachtführer es gegen Entgelt übernimmt, die Beförderung eines Gutes auszuführen (§§ 407 ff. HGB)

Geschäftsbesorgungsvertrag: Ein Dienst- oder Werkvertrag. der auf selbständige Tätigkeit rechtlicher oder wirtschaftlicher Art gerichtet ist (§§ 675 ff. BGB). Ein Speditionsvertrag kann z.B. Geschäftsbesorgungsvertrag sein.

Gesellschaftsvertrag: Die Rechtsverhältnisse der Gesellschafter untereinander regelnde Grundlage jeder Gesellschaft, bei einer GmbH auch Satzung genannt.

Juristische Person: Eine juristische Person ist eine Personenvereinigung oder ein Zweckvermögen, der die geltende Rechtsordnung eine rechtliche Selbstständigkeit zuerkennt. Sie handelt duch ihre Organe, (z.B. Geschäftsführer einer GmbH). Daneben hat die juristische Person auch Vertreter, z.B. Prokuristen. Zu den juristischen Personen des Privatrechtes gehören u.a.: Stiftungen gemäß §§ 80 ff. BGB, die Aktiengesellschaft, die Kommanditgesellschaft auf Aktien, die GmbH. Zu den juristischen Personen des öffentlichen Rechts gehören z.B. die Gemeinden.

Kaufvertrag: Gegenseitiger Vertrag durch den sich der Käufer zur Zahlung des in Geld bestehenden Kaufpreises ggf. zur Abnahme der Sache, der Verkäufer zur Übereignung und Übergabe einer Sache oder zur Übertragung eines Rechts verpflichtet. Gegenstand des Kaufvertrags können alle verkehrsfähigen Sachen und Rechte sein (z.B. Grundstücke, bewegliche Sachen, Gesellschaftsanteile, Wertpapiere, usw.). Der Kaufgegenstand kann konkret oder nur der Gattung nach bestimmt sein. Der Kaufvertrag ist in der Regel formfrei, bedarf aber bisweilen der öffentlichen Beurkundung (z. B. beim Grundstückskauf gem. § 311b BGB). Abgesehen von den Geschäften des täglichen Lebens, bei denen Kaufvertrag und Übereignung zusammenfallen, wird der Käufer durch Abschluss des Kaufvertrags noch nicht Eigentümer der verkauften Sache. Auch braucht der Verkäufer nicht Eigentümer der Sache zu sein.

Pflichten des Verkäufers: Übergabe der verkauften Sache einschl. etwaigen Zubehörs (§311c BGB) an den Käufer und Übertragung des Eigentums. Pflichten des Käufers: Zahlung des Kaufpreises und ggf. Abnahme der verkauften Sache (§ 433 II BGB).

Lagervertrag: Wird zwischen dem Einlagerer und dem Lagerhalter abgeschlossen. Für dessen Inhalt ist es unwesentlich, ob die Einlagerung als selbständige Geschäftshandlung oder im Zusammenhang mit anderen Geschäften (Speditionsaufträgen) erfolgt. Für Lagervertrag der Spediteure können neben HGB (§§ 467–475) die ADSp gelten. Siehe auch Verwahrungsvertrag.

Lohnfuhrvertrag: Nach § 13 VBGL wird ein Lohnfuhrvertrag geschlossen, wenn sich Unternehmer und Auftraggeber einig sind, daß der Unternehmer ein bekanntes Fahrzeug zur Verwendung nach Weisung des Auftraggebers stellt.

Maklervertrag: Vertrag, bei dem ein Makler den Abschluss von Verträgen (z.B. über Wohnräume) vermittelt oder die Gelegenheit zum Abschluss eines Vertrages nachweist.

Natürliche Person: Das BGB unterscheidet natürliche und juristische Personen. Rechtstechnisch sind Personen Subjekte von Rechten und Pflichten. Jeder Mensch ist rechtsfähig

Seefrachtgeschäft: Transport von Gütern gegen Entgelt. Der Absender heißt Befrachter, der Reeder Verfrachter, der Frachtführer, der das Gut dem Verfrachter übergibt, Ablader. Befrachter und Ablader sind i.d. R. identisch. Dem Seefrachtgeschäft, liegt entweder ein Chartervertrag oder ein Stückgutvertrag zugrunde. Das verlangte Beförderungsentgelt wird per Seefrachtrate ermittelt.

Seefrachtvertrag: Daran sind beteiligt: 1. der Verfrachter (Reeder), 2. der Befrachter als unmittelbarer Vertragspartner des Verfrachters, der mit diesem als Versender oder Spediteur den Vertrag schließt, 3. der

Ablader (Befrachter oder Spediteur), der dem Reeder die Ware zur Beförderung im Namen des Befrachters übergibt und der auch die Rechte des Befrachters wahrnehmen kann, 4. der Empfänger. Seefrachtvertrag ist ein Vertrag zugunsten eines Dritten, des Empfängers. Er ist zugleich Werkvertrag, weil die Reederei mit der Beförderung eine Leistung (ein Werk) vollbringt.

Speditionsauftrag: (hier im Sinne von Vertrag) Sein Abschluss unterliegt keiner Formvorschrift. Er kann mündlich oder schriftlich geschlossen werden. Zur Vermeidung von Mißverständnissen und zur Beweissicherung sollte er aber schriftlich erteilt werden. – Der Auftraggeber (Versender) erteilt dem Spediteur den Auftrag zur Versendung von Gütern.

Speditionsvertrag: Begriff aus dem HGB. Spedition ist Disposition und Organisation. Beförderungs- oder Frachtvertrag betreffen die Ortsveränderung selbst, also das Fahren mit einem Transportmittel. Der Spediteur ist aufgrund des Speditionsvertrages zur Besorgung, also Organisation der Gesamtreise verpflichtet. Sofern nichts anderes vereinbart, steht ihm nach dem Gesetz (HGB § 458) frei, die Beförderung durch Selbsteintritt auszuführen; er besorgt oder veranlaßt nicht nur, sondern er führt selbst aus. Insoweit gilt dann das Frachtrecht. Bei Beförderungsverträgen im grenzüberschreitenden Straßengüterverkehr gilt zwingend CMR (Art. 41 CMR). Oft gelten für alle seine Verrichtungen die ADSp. Mit einem Spediteur wird üblicherweise ein Speditionsvertrag abgeschlossen. Er ist ein Geschäftsbesorgungsvertrag.

Stauereivertrag: Wird in der Regel zwischen einer Stauerei und einer Reederei abgeschlossen. Er regelt die Tätigkeit des Ladens und Löschens von Seeschiffen sowie die Ladungssicherung durch den Stauereibetrieb.

Teillieferungsvertrag: Ist ein einheitlicher Vertrag, durch den sich der Verkäufer verpflichtet, die verkaufte Ware in gleichen oder verschiedenen Teillieferungen zu übergeben, wobei auch jeweils nur der gelieferte Teil zu bezahlen ist. Der Teillieferungsvertrag ist daher kein Ratenverkauf, bei dem ja lediglich der Kaufpreis in Raten gezahlt wird.

Verkehrsvertrag: Oberbegriff für Speditions-, Fracht- und Lagerverträge sowie Verträge über gewisse Nebenleistungen; das Gesetz kennt diesen Oberbegriff aber nicht, er stammt aus Ziff. 1 Speditionsversicherungsbedingungen (SpV).

Versandauftrag: Ist die meist schriftliche Mitteilung des Auftraggebers an den Spediteur, wie welche Ware wohin transportiert werden soll. Der dem Spediteur erteilte Auftrag hat Zeichen, Nummern, Anzahl, Art, Inhalt der Stücke zu enthalten. Dazu müssen noch alle sonstigen, für die ordnungsgemäße Ausführung des Auftrages erheblichen Angaben gemacht werden wie Empfänger, Bestimmungsort, -hafen, -bahnhof, Frachtzahlungsweise, Notadresse, fob usw. Als weitere Angaben sind noch von Bedeutung: Wer schließt die Versicherung ab und wie hoch ist der Versicherungswert? Besteht ein Akkreditiv? Die etwaigen Folgen unrichtiger oder unvollständiger Angaben fallen dem Auftraggeber zur Last, auch wenn ihn kein verschulden trifft. Der Spediteur ist ohne Auftrag nicht verpflichtet, die Angaben nachzuprüfen oder zu ergänzen, es sei denn, dass dies geschäftsüblich ist (Ziff. 3.8 ADSp).

Vertragsfreiheit: Freiheit des einzelnen, seine Rechtsstellung und die Rechtslage der von ihm beherrschten Rechtsgüter durch Vertrag mit anderen Personen nach Belieben zu regeln. Die Freiheit ist aber eingeschränkt, z.B. durch allgemeine Verbote (§§ 134 ff., 138 BGB) und durch das Erfordernis der Rechtlichkeit im Geschäftsverkehr (gute Sitten/Treu und Glauben).

Verwahrungsvertrag: Der zwischen dem Lagerhalter und Einlagerer abgeschlossene Lagervertrag ist eine Sonderform des Verwahrungsvertrages nach § 688 BGB. Durch den Verwahrungsvertrag verpflichtet sich der Verwahrer, eine ihm von dem Hinterleger übergebene bewegliche Sache aufzubewahren. Zweck des Verwahrungsvertrages ist die Aufbewahrung von beweglichen Sachen. Das können Waren/Güter aller Art, aber auch Wertpapiere und Geld etc. sein. Die Aufbewahrung bezieht sich dabei jedoch nicht nur auf das „bloße Aufbewahren", sondern sie schließt auch die Übernahme der Obhut, die Fürsorge für die aufzubewahrende Sache mit ein, unter Umständen auch weitergehende Verpflichtungen, z.B. zu verwahrende Teppiche oder Pelzsachen gegen Motten zu schützen.

Werklieferungsvertrag: Werkvertrag. bei dem sich ein Unternehmer verpflichtet, ein Werk aus einem von ihm selbst zu beschaffenden Stoff herzustellen und zu liefern (§651 BGB). Bei vertretbaren Sachen finden die Vorschriften über den Kaufvertrag Anwendung. Andernfalls gelten hinsichtlich der Sachmängelhaftung, der Abnahme, des Gefahrenübergangs und der Höhe des Werklohns die Vorschriften über den

Werkvertrag; hinsichtlich der Pflicht zur Verschaffung des Eigentums, der Rechtsmängelhaftung und des Eigentumvorbehalts dagegen die Kaufvertragsregeln.

Werkvertrag: Vertrag, durch den sich der eine Teil (Unternehmer) zur Herstellung eines Werks, der andere (Besteller) zur Zahlung einer Vergütung verpflichtet (§ 631 BGB). – Werk im Sinne des BGB kann sowohl Herstellung bzw. Veränderung einer Sache als auch ein anderer, durch Arbeit oder Dienstleistung herbeizuführender Erfolg sein. Wesentlich ist, dass der Unternehmer für den Erfolg seiner Tätigkeit einsteht; andernfalls liegt ein Dienstvertrag vor

5.2 Allgemeine Geschäftsbedingungen

Die Bestimmungen des Gesetzes zur Regelung des Rechts der Allgemeinen Geschäftsbedingungen (AGB-Gesetz) sind im Wesentlichen durch die Schuldrechtsreform in das BGB übernommen worden.

BGB

Abschnitt 2. Gestaltung rechtsgeschäftlicher Schuldverhältnisse durch Allgemeine Geschäftsbedingungen

§ 305 – Einbeziehung Allgemeiner Geschäftsbedingungen in den Vertrag

(1) Allgemeine Geschäftsbedingungen sind alle für eine Vielzahl von Verträgen vorformulierten Vertragsbedingungen, die eine Vertragspartei (Verwender) der anderen Vertragspartei bei Abschluss eines Vertrags stellt. Gleichgültig ist, ob die Bestimmungen einen äußerlich gesonderten Bestandteil des Vertrages bilden oder in die Vertragsurkunde selbst aufgenommen werden, welchen Umfang sie haben in welcher Schriftart sie verfasst sind und welche Form der Vertrag hat. Allgemeine Geschäftsbedingungen liegen nicht vor, soweit die Vertragsbedingungen zwischen den Vertragsparteien im Einzelnen ausgehandelt sind.

(2) Allgemeine Geschäftsbedingungen werden nur dann Bestandteil eines Vertrages, wenn der Verwender bei Vertragsschluss

1. die andere Vertragspartei ausdrücklich oder, wenn ein ausdrücklicher Hinweis wegen der Art des Vertragschlusses nur unter unverhältnismäßigen Schwierigkeiten möglich ist, durch deutlich sichtbaren Aushang am Ort des Vertragsschlusses auf sie hinweist und

2. der anderen Vertragspartei die Möglichkeit verschafft, in zumutbarer Weise, die auch eine für den Verwender erkennbare körperliche Behinderung der anderen Vertragspartei angemessen berücksichtigt, von ihrem Inhalt Kenntnis zu nehmen, und wenn die andere Vertragspartei mit ihrer Geltung einverstanden ist.

(3) Die Vertragsparteien können für eine bestimmte Art von Rechtsgeschäften die Geltung bestimmter Allgemeiner Geschäftsbedingungen unter Beachtung der in Absatz 2 bezeichneten Erfordernisse im Voraus vereinbaren.

§ 305a – Einbeziehung in besonderen Fällen

Auch ohne Einhaltung der in § 305 Abs. 2 Nr. 1 und 2 bezeichneten Erfordernisse werden einbezogen, wenn die andere Vertragspartei mit ihrer Geltung einverstanden ist,

1. die mit Genehmigung der zuständigen Verkehrsbehörde oder auf Grund von internationalen Übereinkommen erlassenen Tarife und Ausführungsbestimmungen der Eisenbahnen und die nach Maßgabe des Personenbeförderungsgesetzes genehmigten Beförderungsbedingungen der Straßenbahnen, Obusse und Kraftfahrzeuge im Linienverkehr in den Beförderungsvertrag,

2. die im Amtsblatt der Regulierungsbehörde für Telekommunikation und Post veröffentlichten und in den Geschäftsstellen des Verwenders bereitgehaltenen Allgemeinen Geschäftsbedingungen

    a) in Beförderungsverträge, die außerhalb von Geschäftsräumen durch den Einwurf von Postsendungen in Briefkästen abgeschlossen werden,

    b) in Verträge über Telekommunikations-, Informations- und andere Dienstleistungen, die unmittelbar durch Einsatz von Fernkommunikationsmitteln und während der Erbringung einer Telekommunikationsdienstleistung in einem Mal erbracht werden, wenn die Allgemeinen Geschäftsbedingungen der anderen Vertragspartei nur unter unverhältnismäßigen Schwierigkeiten vor dem Vertragsschluss zugänglich gemacht werden können.

§ 305b – Vorrang der Individualabrede
Individuelle Vertragsabreden haben Vorrang vor Allgemeinen Geschäftsbedingungen.

§ 305c – Überraschende und mehrdeutige Klauseln
(1) Bestimmungen in Allgemeinen Geschäftsbedingungen, die nach den Umständen, insbesondere nach dem äußeren Erscheinungsbild des Vertrags, so ungewöhnlich sind, dass der Vertragspartner des Verwenders mit ihnen nicht zu rechnen braucht, werden nicht Vertragsbestandteil.
(2) Zweifel bei der Auslegung Allgemeiner Geschäftsbedingungen gehen zu Lasten des Verwenders.

§ 306 – Rechtsfolgen bei Nichteinbeziehung und Unwirksamkeit
(1) Sind Allgemeine Geschäftsbedingungen ganz oder teilweise nicht Vertragsbestandteil geworden oder unwirksam, so bleibt der Vertrag im Übrigen wirksam.
(2) Soweit die Bestimmungen nicht Vertragsbestandteil geworden oder unwirksam sind, richtet sich der Inhalt des Vertrags nach den gesetzlichen Vorschriften.
(3) Der Vertrag ist unwirksam, wenn das Festhalten an ihm auch unter Berücksichtigung der nach Absatz 2 vorgesehenen Änderung eine unzumutbare Härte für eine Vertragspartei darstellen würde.

§ 306a – Umgehungsverbot
Die Vorschriften dieses Abschnitts finden auch Anwendung, wenn sie durch anderweitige Gestaltungen umgangen werden.

§ 307 – Inhaltskontrolle
(1) Bestimmungen in Allgemeinen Geschäftsbedingungen sind unwirksam, wenn sie den Vertragspartner des Verwenders entgegen den Geboten von Treu und Glauben unangemessen benachteiligen. Eine unangemessene Benachteiligung kann sich auch daraus ergeben, dass die Bestimmung nicht klar und verständlich ist.
(2) Eine unangemessene Benachteiligung ist im Zweifel anzunehmen, wenn eine Bestimmung
1. mit wesentlichen Grundgedanken der gesetzlichen Regelung, von der abgewichen wird, nicht zu vereinbaren ist oder
2. wesentliche Rechte oder Pflichten, die sich aus der Natur des Vertrags ergeben, so einschränkt, dass die Erreichung des Vertragszwecks gefährdet ist.

(3) Die Absätze 1 und 2 sowie die §§ 308 und 309 gelten nur für Bestimmungen in Allgemeinen Geschäftsbedingungen, durch die von Rechtsvorschriften abweichende oder diese ergänzende Regelungen vereinbart werden. Andere Bestimmungen können nach Absatz 1 Satz 2 in Verbindung mit Absatz 1 Satz 1 unwirksam sein.

§ 308 – Klauselverbote mit Wertungsmöglichkeit
In Allgemeinen Geschäftsbedingungen ist insbesondere unwirksam
1. (Annahme- und Leistungsfrist)
   eine Bestimmung, durch die sich der Verwender unangemessen lange oder nicht hinreichend bestimmte Fristen für die Annahme oder Ablehnung eines Angebots oder die Erbringung einer Leistung vorbehält; ausgenommen hiervon ist der Vorbehalt, erst nach Ablauf der Widerrufs- oder Rückgabefrist nach § 355 Abs. 1 und 2 und § 356 zu leisten;
2. (Nachfrist)
   eine Bestimmung, durch die sich der Verwender für die von ihm zu bewirkende Leistung abweichend von Rechtsvorschriften eine unangemessen lange oder nicht hinreichend bestimmte Nachfrist vorbehält;
3. (Rücktrittsvorbehalt)
   die Vereinbarung eines Rechts des Verwenders, sich ohne sachlich gerechtfertigten und im Vertrag angegebenen Grund von seiner Leistungspflicht zu lösen; dies gilt nicht für Dauerschuldverhältnisse;
4. (Änderungsvorbehalt)
   die Vereinbarung eines Rechts des Verwenders, die versprochene Leistung zu ändern oder von ihr abzuweichen, wenn nicht die Vereinbarung der Änderung oder Abweichung unter Berücksichtigung der Interessen des Verwenders für den anderen Vertragsteil zumutbar ist;

5. (Fingierte Erklärungen)
eine Bestimmung, wonach eine Erklärung des Vertragspartners des Verwenders bei Vornahme oder Unterlassung einer bestimmten Handlung als von ihm abgegeben oder nicht abgegeben gilt, es sei denn, dass
   a) dem Vertragspartner eine angemessene Frist zur Abgabe einer ausdrücklichen Erklärung eingeräumt ist und
   b) der Verwender sich verpflichtet, den Vertragspartner bei Beginn der Frist auf die vorgesehene Bedeutung seines Verhaltens besonders hinzuweisen;
   dies gilt nicht für Verträge, in die Teil B der Verdingungsordnung für Bauleistungen insgesamt einbezogen ist;
6. (Fiktion des Zugangs)
eine Bestimmung, die vorsieht, dass eine Erklärung des Verwenders von besonderer Bedeutung dem anderen Vertragsteil als zugegangen gilt;
7. (Abwicklung von Verträgen)
eine Bestimmung, nach der der Verwender für den Fall, dass eine Vertragspartei vom Vertrag zurücktritt oder den Vertrag kündigt,
   a) eine unangemessen hohe Vergütung für die Nutzung oder den Gebrauch einer Sache oder eines Rechts oder für erbrachte Leistungen oder
   b) einen unangemessen hohen Ersatz von Aufwendungen verlangen kann;
8. (Nichtverfügbarkeit der Leistung)
die nach Nummer 3 zulässige Vereinbarung eines Vorbehalts des Verwenders, sich von der Verpflichtung zur Erfüllung des Vertrags bei Nichtverfügbarkeit der Leistung zu lösen, wenn sich der Verwender nicht verpflichtet,
   a) den Vertragspartner unverzüglich über die Nichtverfügbarkeit zu informieren und
   b) Gegenleistungen des Vertragspartners unverzüglich zu erstatten.

§ 309 – Klauselverbote ohne Wertungsmöglichkeit

Auch soweit eine Abweichung von den gesetzlichen Vorschriften zulässig ist, ist in Allgemeinen Geschäftsbedingungen unwirksam

1. (Kurzfristige Preiserhöhungen)
eine Bestimmung, welche die Erhöhung des Entgelts für Waren oder Leistungen vorsieht, die innerhalb von vier Monaten nach Vertragsschluss geliefert oder erbracht wurden sollen; dies gilt nicht bei Waren oder Leistungen, die im Rahmen von Dauerschuldverhältnissen geliefert oder erbracht werden;
2. (Leistungsverweigerungsrechte)
eine Bestimmung, durch die
   a) das Leistungsverweigerungsrecht, das dem Vertragspartner des Verwenders nach § 320 zusteht, ausgeschlossen oder eingeschränkt wird oder
   b) ein dem Vertragspartner des Verwenders zustehendes Zurückbehaltungsrecht, soweit es auf demselben Vertragsverhältnis beruht, ausgeschlossen oder eingeschränkt, insbesondere von der Anerkennung von Mängeln durch den Verwender abhängig gemacht wird;
3. (Aufrechnungsverbot)
eine Bestimmung, durch die dem Vertragspartner des Verwenders die Befugnis genommen wird, mit einer unbestrittenen oder rechtskräftig festgestellten Forderung aufzurechnen;
4. (Mahnung, Fristsetzung)
eine Bestimmung, durch die der Verwender von der gesetzlichen Obliegenheit freigestellt wird, den anderen Vertragsteil zu mahnen oder ihm eine Frist für die Leistung oder Nacherfüllung zu setzen;
5. (Pauschalierung von Schadensersatzansprüchen)
die Vereinbarung eines pauschalierten Anspruchs des Verwenders auf Schadensersatz oder Ersatz einer Wertminderung, wenn
   a) die Pauschale den in den geregelten Fällen nach dem gewöhnlichen Lauf der Dinge zu erwartenden Schaden oder die gewöhnlich eintretende Wertminderung übersteigt oder

b) dem anderen Vertragsteil nicht ausdrücklich der Nachweis gestattet wird, ein Schaden oder eine Wertminderung sei überhaupt nicht entstanden oder wesentlich niedriger als die Pauschale;

6. (Vertragsstrafe)
eine Bestimmung, durch die dem Verwender für den Fall der Nichtabnahme oder verspäteten Abnahme der Leistung, des Zahlungsverzugs oder für den Fall, dass der andere Vertragsteil sich vom Vertrag löst, Zahlung einer Vertragsstrafe versprochen wird;

7. (Haftungsausschluss bei Verletzung von Leben, Körper, Gesundheit und bei grobem Verschulden)
   a) (Verletzung von Leben, Körper, Gesundheit)
   ein Ausschluss oder eine Begrenzung der Haftung für Schäden aus der Verletzung des Lebens, des Körpers oder der Gesundheit, die auf einer fahrlässigen Pflichtverletzung des Verwenders oder einer vorsätzlichen oder fahrlässigen Pflichtverletzung eines gesetzlichen Vertreters oder Erfüllungsgehilfen des Verwenders beruhen;
   b) (Grobes Verschulden)
   ein Ausschluss oder eine Begrenzung der Haftung für sonstige Schäden, die auf einer grob fahrlässigen Pflichtverletzung des Verwenders, oder auf einer vorsätzlichen oder grob fahrlässigen Pflichtverletzung eines gesetzlichen Vertreters oder Erfüllungsgehilfen des Verwenders beruhen;

   die Buchstaben a und b gelten nicht für Haftungsbeschränkungen in den nach Maßgabe des Personenbeförderungsgesetzes genehmigten Beförderungsbedingungen und Tarifvorschriften der Straßenbahnen, Obusse und Kraftfahrzeuge im Linienverkehr, soweit sie nicht zum Nachteil des Fahrgastes von der Verordnung über die Allgemeinen Beförderungsbedingungen für den Straßenbahn- und Obusverkehr sowie den Linienverkehr mit Kraftfahrzeugen vom 27. Februar 1970 abweichen; Buchstabe b gilt nicht für Haftungsbeschränkungen für staatlich genehmigte Lotterie- oder Ausspielverträge;

8. (Sonstige Haftungsausschlüsse bei Pflichtverletzung)
   a) (Ausschluss des Rechts, sich vom Vertrag zu lösen)
   eine Bestimmung, die bei einer vom Verwender zu vertretenden, nicht in einem Mangel der Kaufsache oder des Werks bestehenden Pflichtverletzung das Recht des anderen Vertragsteils, sich vom Vertrag zu lösen, ausschließt oder einschränkt; dies gilt nicht für die in der Nummer 7 bezeichneten Beförderungsbedingungen und Tarifvorschriften unter den dort genannten Voraussetzungen;
   b) (Mängel)
   eine Bestimmung, durch die bei Verträgen über Lieferungen neu hergestellten Sachen und über Werkleistungen
   aa) (Ausschluss und Verweisung auf Dritte)
   die Ansprüche gegen den Verwender wegen eines Mangels insgesamt oder bezüglich einzelner Teile ausgeschlossen, auf die Einräumung von Ansprüchen gegen Dritte beschränkt oder von der vorherigen gerichtlichen Inanspruchnahme Dritter abhängig gemacht werden;
   bb) (Beschränkung auf Nacherfüllung)
   die Ansprüche gegen den Verwender insgesamt oder bezüglich einzelner Teile auf ein Recht auf Nacherfüllung beschränkt werden, sofern dem anderen Vertragsteil nicht ausdrücklich das Recht vorbehalten wird, bei Fehlschlagen der Nacherfüllung zu mindern oder, wenn nicht eine Bauleistung Gegenstand der Mängelhaftung ist, nach seiner Wahl vom Vertrag zurückzutreten;
   cc) (Aufwendungen bei Nacherfüllung)
   die Verpflichtung des Verwenders ausgeschlossen oder beschränkt wird, die zum Zwecke der Nacherfüllung erforderlichen Aufwendungen, insbesondere Transport-, Wege-, Arbeits- und Materialkosten, zu tragen;
   dd) (Vorenthalten der Nacherfüllung)
   der Verwender die Nacherfüllung von der vorherigen Zahlung des vollständigen Entgelts oder eines unter Berücksichtigung des Mangels unverhältnismäßig hohen Teils des Entgelts abhängig macht;
   ee) (Ausschlussfrist für Mängelanzeige)
   der Verwender dem anderen Vertragsteil für die Anzeige nicht offensichtlicher Mängel eine Ausschlussfrist setzt, die kürzer ist als die nach dem Doppelbuchstaben ff zulässige Frist;

ff) (Erleichterung der Verjährung)
die Verjährung von Ansprüchen gegen den Verwender wegen eines Mangels in den Fällen des § 438 Abs. 1 Nr. 2 und des § 634a Abs. 1 Nr. 2 erleichtert oder in den sonstigen Fällen eine weniger als ein Jahr betragende Verjährungsfrist ab dem gesetzlichen Verjährungsbeginn erreicht wird; dies gilt nicht für Verträge, in die Teil B der Verdingungsordnung für Bauleistungen insgesamt einbezogen ist;

9. (Laufzeit bei Dauerschuldverhältnissen)
bei einem Vertragsverhältnis, das die regelmäßige Lieferung von Waren oder die regelmäßige Erbringung von Dienst- oder Werkleistungen durch den Verwender zum Gegenstand hat,
   a) eine den anderen Vertragsteil länger als zwei Jahre bindende Laufzeit des Vertrags,
   b) eine den anderen Vertragsteil bindende stillschweigende Verlängerung des Vertragsverhältnisses um jeweils mehr als ein Jahr oder
   c) zu Lasten des anderen Vertragsteils eine längere Kündigungsfrist als drei Monate vor Ablauf der zunächst vorgesehenen oder stillschweigend verlängerten Vertragsdauer;
   dies gilt nicht für Verträge über die Lieferung als zusammengehörig verkaufter Sachen, für Versicherungsverträge sowie für Verträge zwischen den Inhabern urheberrechtlicher Rechte und Ansprüche und Verwertungsgesellschaften im Sinne des Gesetzes über die Wahrnehmung von Urheberrechten und verwandten Schutzrechten;

10. (Wechsel des Vertragspartners)
eine Bestimmung, wonach bei Kauf-, Dienst- oder Werkverträgen ein Dritter anstelle des Verwenders in die sich aus dem Vertrag ergebenden Rechte und Pflichten eintritt oder eintreten kann, es sei denn, in der Bestimmung wird
   a) der Dritte namentlich bezeichnet oder
   b) dem anderen Vertragsteil das Recht eingeräumt, sich vom Vertrag zu lösen;

11. (Haftung des Abschlussvertreters)
eine Bestimmung, durch die der Verwender einem Vertreter, der den Vertrag für den anderen Vertragsteil abschließt,
   a) ohne hierauf gerichtete ausdrückliche und gesonderte Erklärung eine eigene Haftung oder Einstandspflicht, oder
   b) im Falle vollmachtsloser Vertretung eine über § 179 hinausgehende Haftung
   auferlegt;

12. (Beweislast)
eine Bestimmung, durch die der Verwender die Beweislast zum Nachteil des anderen Vertragsteils ändert, insbesondere indem er
   a) diesem die Beweislast für Umstände auferlegt, die im Verantwortungsbereich des Verwenders liegen, oder
   b) den anderen Vertragsteil bestimmte Tatsachen bestätigen lässt;
   Buchstabe b gilt nicht für Empfangsbekenntnisse, die gesondert unterschrieben oder mit einer gesonderten qualifizierten elektronischen Signatur versehen sind;

13. (Form von Anzeigen und Erklärungen)
eine Bestimmung, durch die Anzeigen oder Erklärungen, die dem Verwender oder einem Dritten gegenüber abzugeben sind, in eine strengere Form als die Schriftform oder an besondere Zugangserfordernisse gebunden werden.

§ 310 – Anwendungsbereich

(1) § 305 Abs. 2 und 3 und die §§ 308 und 309 finden keine Anwendung auf Allgemeine Geschäftsbedingungen, die gegenüber einem Unternehmer, einer juristischen Person des öffentlichen Rechts oder einem öffentlich-rechtlichen Sondervermögen verwendet werden. § 307 Abs. 1 und 2 findet in den Fällen des Satzes 1 auch insoweit Anwendung, als dies zur Unwirksamkeit von in den §§ 308 und 309 genannten Vertragsbestimmungen führt; auf die im Handelsverkehr geltenden Gewohnheiten und Gebräuche ist angemessen Rücksicht zu nehmen.

(2) Die §§ 308 und 309 finden keine Anwendung auf Verträge der Elektrizitäts-, Gas-, Fernwärme- und Wasserversorgungsunternehmen über die Versorgung von Sonderabnehmern mit elektrischer Energie, Gas, Fernwärme und Wasser aus dem Versorgungsnetz, soweit die Versorgungsbedingungen nicht zum Nachteil der Abnehmer von Verordnungen über Allgemeine Bedingungen für die Versorgung von Tarifkunden mit elektrischer Energie, Gas, Fernwärme und Wasser abweichen. Satz 1 gilt entsprechend für Verträge über die Entsorgung von Abwasser.

(3) Bei Verträgen zwischen einem Unternehmer und einem Verbraucher (Verbraucherverträge) finden die Vorschriften dieses Abschnitts mit folgenden Maßgaben Anwendung:

1. Allgemeine Geschäftsbedingungen gelten als vom Unternehmer gestellt, es sei denn, dass sie durch den Verbraucher in den Vertrag eingeführt wurden;
2. § 305c Abs. 2 und die §§ 306 und 307 bis 309 dieses Gesetzes sowie Artikel 29a des Einführungsgesetzes zum Bürgerlichen Gesetzbuche finden auf vorformulierte Vertragsbedingungen auch dann Anwendung, wenn diese nur zur einmaligen Verwendung bestimmt sind und soweit der Verbraucher auf Grund der Vorformulierung auf ihren Inhalt keinen Einfluss nehmen konnte;
3. bei der Beurteilung der unangemessenen Benachteiligung nach § 307 Abs. 1 und 2 sind auch die den Vertragsschluss begleitenden Umstände zu berücksichtigen.

(4) Dieser Abschnitt findet keine Anwendung bei Verträgen auf dem Gebiet des Erb-, Familien- und Gesellschaftsrechts sowie auf Tarifverträge, Betriebs- und Dienstvereinbarungen. Bei der Anwendung auf Arbeitsverträge sind die im Arbeitsrecht geltenden Besonderheiten angemessen zu berücksichtigen; § 305 Abs. 2 und 3 ist nicht anzuwenden, Tarifverträge, Betriebs- und Dienstvereinbarungen stehen Rechtsvorschriften im Sinne von § 307 Abs. 3 gleich.

Gesetz über Unterlassungsklagen bei Verbraucherrechts- und anderen Verstößen (Unterlassungsklagengesetz – UKlaG)[1]

Vom 26. November 2001 (BGBl. I S. 3138)

Abschnitt 1. Ansprüche bei Verbraucherrechts- und anderen Verstößen

§ 1 – Unterlassungs- und Widerrufsanspruch bei Allgemeinen Geschäftsbedingungen

Wer in Allgemeinen Geschäftsbedingungen Bestimmungen, die nach den §§ 307 bis 309 des Bürgerlichen Gesetzbuchs unwirksam sind, verwendet oder für den rechtsgeschäftlichen Verkehr empfiehlt, kann auf Unterlassung und im Fall des Empfehlens auch auf Widerruf in Anspruch genommen werden.

§ 2 – Unterlassungsanspruch bei verbraucherschutzgesetzwidrigen Praktiken

(1) Wer in anderer Weise als durch Verwendung oder Empfehlung von Allgemeinen Geschäftsbedingungen Vorschriften zuwiderhandelt, die dem Schutz der Verbraucher dienen (Verbraucherschutzgesetze), kann im Interesse des Verbraucherschutzes auf Unterlassung in Anspruch genommen werden. Werden die Zuwiderhandlungen in einem geschäftlichen Betrieb von einem Angestellten oder einem Beauftragten begangen, so ist der Unterlassungsanspruch auch gegen den Inhaber des Betriebs begründet.

(2) Verbraucherschutzgesetze im Sinne dieser Vorschrift sind insbesondere

1. die Vorschriften des Bürgerlichen Gesetzbuchs, die für Verbrauchsgüterkäufe, Haustürgeschäfte, Fernabsatzverträge, Teilzeit-Wohnrechtsverträge, Reiseverträge, Verbraucherdarlehensverträge sowie für Finanzierungshilfen, Ratenlieferungsverträge und Darlehensvermittlungsverträge zwischen einem Unternehmer und einem Verbraucher gelten,

2. die Vorschriften zur Umsetzung der Artikel 5, 10 und 11 der Richtlinie 2000/31/EG des Europäischen Parlaments und des Rates vom 8. Juni 2000 über bestimmte rechtliche Aspekte der Dienste der Informationsgesellschaft, insbesondere des elektronischen Geschäftsverkehrs, im Binnenmarkt („Richtlinie über den elektronischen Geschäftsverkehr", ABl. EG Nr. L 178 S. 1),

3. das Fernunterrichtsschutzgesetz,

4. die Vorschriften des Bundes- und Landesrechts zur Umsetzung der Artikel 10 bis 21 der Richtlinie 89/552/EWG des Rates vom 3. Oktober 1989 zur Koordinierung bestimmter Rechts- und Verwaltungsvorschriften der Mitgliedstaaten über die Ausübung der Fernsehtätigkeit (ABl. EG Nr. L 298 S. 23), geändert durch die Richtlinie 97/36/EG des Europäischen Parlaments und des Rates vom 30. Juni 1997 zur Änderung der Richtlinie 89/552/EWG des Rates zur Koordinierung bestimmter Rechts- und Verwaltungs-Vorschriften der Mitgliedstaaten über die Ausübung der Fernsehtätigkeit (ABl. EG Nr. L 202 S. 60),

5. die entsprechenden Vorschriften des Arzneimittelgesetzes sowie Artikel 1 §§ 3 bis 13 des Gesetzes über die Werbung auf dem Gebiete des Heilwesens,

6. § 23 des Gesetzes über Kapitalanlagegesellschaften und die §§ 11 und 15 h des Auslandinvestmentgesetzes.

(3) Der Anspruch auf Unterlassung kann nicht geltend gemacht werden, wenn die Geltendmachung unter Berücksichtigung der gesamten Umstände missbräuchlich ist, insbesondere wenn sie vorwiegend dazu dient, gegen den Zuwiderhandelnden einen Anspruch auf Ersatz von Aufwendungen oder Kosten der Rechtsverfolgung entstehen zu lassen.

§ 3 – Anspruchsberechtigte Stellen

(1) Die in den §§ 1 und 2 bezeichneten Ansprüche auf Unterlassung und auf Widerruf stehen zu:

1. qualifizierten Einrichtungen, die nachweisen, dass sie in die Liste qualifizierter Einrichtungen nach § 4 oder in dem Verzeichnis der Kommission der Europäischen Gemeinschaften nach Artikel 4 der Richtlinie 98/27/EG des Europäischen Parlaments und des Rates vom 19. Mai 1998 über Unterlassungsklagen

zum Schutz der Verbraucherinteressen (ABl. EG Nr. L 166 S. 51) in der jeweils geltenden Fassung eingetragen sind,

2. rechtsfähigen Verbänden zur Förderung gewerblicher Interessen, soweit ihnen eine erhebliche Zahl von Gewerbetreibenden angehört, die Waren oder gewerbliche Leistungen gleicher oder verwandter Art auf demselben Markt vertreiben, soweit sie insbesondere nach ihrer personellen, sachlichen und finanziellen Ausstattung imstande sind, ihre satzungsgemäßen Aufgaben der Verfolgung gewerblicher Interessen tatsächlich wahrzunehmen, und, bei Klagen nach § 2, soweit der Anspruch eine Handlung trifft, die geeignet ist, den Wettbewerb auf diesem Markt wesentlich zu beinträchtigen, und

3. den Industrie- und Handelskammern oder den Handwerkskammern.

Der Anspruch kann nur an Stellen im Sinne des Satzes 1 abgetreten werden.

(2) Die in Absatz 1 Nr. 1 bezeichneten Einrichtungen können Ansprüche auf Unterlassung und auf Widerruf nach § 1 nicht geltend machen, wenn Allgemeine Geschäftsbedingungen gegenüber einem Unternehmer (§ 14 des Bürgerlichen Gesetzbuchs) verwendet oder wenn Allgemeine Geschäftsbedingungen zur ausschließlichen Verwendung zwischen Unternehmern empfohlen werden.

§ 4 – Qualifizierte Einrichtungen

(1) Das Bundesverwaltungsamt führt eine Liste qualifizierter Einrichtungen. Diese Liste wird mit dem Stand zum 1. Januar eines jeden Jahres im Bundesanzeiger bekannt gemacht und der Kommission der Europäischen Gemeinschaften unter Hinweis auf Artikel 4 Abs. 2 der Richtlinie 98/27/EG des Europäischen Parlaments und des Rates bei Verbraucherrechts- und anderen Verstößen vom 19. Mai 1998 über Unterlassungsklagen zum Schutz der Verbraucherinteressen (ABl. EG Nr. L 166 S. 51) zugeleitet.

(2) In die Liste werden auf Antrag rechtsfähige Verbände eingetragen, zu deren satzungsmäßigen Aufgaben es gehört, die Interessen der Verbraucher durch Aufklärung und Beratung nicht gewerbsmäßig und nicht nur vorübergehend wahrzunehmen, wenn sie in diesem Aufgabenbereich tätige Verbände oder mindestens 75 natürliche Personen als Mitglieder haben, seit mindestens einem Jahr bestehen und auf Grund ihrer bisherigen Tätigkeit Gewähr für eine sachgerechte Aufgabenerfüllung bieten. Es wird unwiderleglich vermutet, dass Verbraucherzentralen und andere Verbraucherverbände, die mit öffentlichen Mitteln gefördert werde, diese Voraussetzungen erfüllen. Die Eintragung in die Liste erfolgt unter Angabe von Namen, Anschrift, Registergericht, Registernummer und satzungsmäßigem Zweck. Sie ist mit Wirkung für die Zukunft aufzuheben, wenn

1. der Verband dies beantragt oder
2. die Voraussetzungen für die Eintragung nicht vorlagen oder weggefallen sind.

Ist auf Grund tatsächlicher Anhaltspunkte damit zu rechnen, dass die Eintragung nach Satz 4 zurückzunehmen oder zu widerrufen ist, so soll das Bundesverwaltungsamt das Ruhen der Eintragung für einen bestimmten Zeitraum von längstens drei Monaten anordnen. Widerspruch und Anfechtungsklage haben im Falle des Satzes 5 keine aufschiebende Wirkung.

(3) Entscheidungen über Eintragungen erfolgen durch einen Bescheid, der dem Antragssteller zuzustellen ist. Das Bundesverwaltungsamt erteilt den Verbänden auf Antrag eine Bescheinigung über ihre Eintragung in die Liste. Es bescheinigt auf Antrag Dritten, die daran ein rechtliches Interesse haben, dass Eintragung eines Verbands in die Liste aufgehoben worden ist.

(4) Ergeben sich in einem Rechtsstreit begründete Zweifel an dem Vorliegen der Voraussetzungen nach Absatz 2 bei einer eingetragenen Einrichtung, so kann das Gericht das Bundesverwaltungsamt zur Überprüfung der Eintragung auffordern und die Verhandlung bis zu dessen Entscheidung aussetzen.

(5) Das Bundesverwaltungsamt steht bei der Wahrnehmung der in dieser Vorschrift geregelten Aufgabe unter der Fachaufsicht des Bundesministeriums der Justiz.

(6) Das Bundesministerium der Justiz wird ermächtigt, durch Rechtsverordnung, die der Zustimmung des Bundesrates nicht bedarf, die Einzelheiten des Eintragungsverfahrens, insbesondere die zur Prüfung der Eintragungsvoraussetzungen erforderlichen Ermittlungen, sowie die Einzelheiten der Führung der Liste zu regeln.

Abschnitt 2. Verfahrensvorschriften
Unterabschnitt 1. Allgemeine Vorschriften
§ 5 – Anwendung der Zivilprozessordnung und anderer Vorschriften
Auf das Verfahren sind die Vorschriften der Zivilprozessordnung und die §§ 23a, 23b und 25 des Gesetzes gegen den unlauteren Wettbewerb anzuwenden, soweit sich aus diesem Gesetz nicht etwas anderes ergibt.

§ 6 – Zuständigkeit
(1) Für Klagen nach diesem Gesetz ist das Landgericht ausschließlich zuständig, in dessen Bezirk der Beklagte seine gewerbliche Niederlassung oder in Ermangelung einer solchen seinen Wohnsitz hat. Hat der Beklagte im Inland weder eine gewerbliche Niederlassung noch einen Wohnsitz, so ist das Gericht des inländischen Aufenthaltsorts zuständig, in Ermangelung eines solchen das Gericht, in dessen Bezirk die nach den §§ 307 bis 309 des Bürgerlichen Gesetzbuchs unwirksamen Bestimmungen in Allgemeinen Geschäftsbedingungen verwendet wurden oder gegen Verbraucherschutzgesetze verstoßen wurde.

(2) Die Landesregierungen werden ermächtigt, zur sachdienlichen Förderung oder schnelleren Erledigung der Verfahren durch Rechtsverordnung einem Landgericht für die Bezirke mehrerer Landgerichte Rechtsstreitigkeiten nach diesem Gesetz zuzuweisen. Die Landesregierungen können die Ermächtigung durch Rechtsverordnung auf die Landesjustizverwaltungen übertragen.

(3) Wird gegen eine Entscheidung des Gerichts Berufung eingelegt, so können sich die Parteien vor dem Berufungsgericht auch von Rechtsanwälten vertreten lassen, die bei dem Oberlandesgericht zugelassen sind, vor das die Berufung ohne die Regelung nach Absatz 2 gehören würde. Die Mehrkosten, die einer Partei dadurch erwachsen, dass sie sich nach Satz 1 durch einen nicht beim Prozessgericht zugelassenen Rechtsanwalt vertreten lässt, sind nicht zu erstatten.

(4) Die vorstehenden Absätze gelten nicht für Klagen, die einen Anspruch der in § 13 bezeichneten Art zum Gegenstand haben.

§ 7 – Veröffentlichungsbefugnis
Wird der Klage stattgegeben, so kann dem Kläger auf Antrag die Befugnis zugesprochen werden, die Urteilsformel mit der Bezeichnung des verurteilten Beklagten auf dessen Kosten im Bundesanzeiger, im Übrigen auf eigene Kosten bekannt zu machen. Das Gericht kann die Befugnis zeitlich begrenzen.

Unterabschnitt 2. Besondere Vorschriften für Klagen nach § 1
§ 8 – Klageantrag und Anhörung
(1) Der Klageantrag muss bei Klagen nach § 1 auch enthalten:
1. den Wortlaut der beanstandeten Bestimmungen in Allgemeinen Geschäftsbedingungen,
2. die Bezeichnung der Art der Rechtsgeschäfte, für die die Bestimmungen beanstandet werden.

(2) Das Gericht hat vor der Entscheidung über eine Klage nach § 1 zu hören
1. die zuständige Aufsichtsbehörde für das Versicherungswesen, wenn Gegenstand der Klage Bestimmungen in Allgemeinen Versicherungsbedingungen sind, oder
2. das Bundesaufsichtsamt für das Kreditwesen, wenn Gegenstand der Klage Bestimmungen in Allgemeinen Geschäftsbedingungen sind, die das Bundesaufsichtsamt für das Kreditwesen nach Maßgabe des Gesetzes über Bausparkassen, des Gesetzes über Kapitalanlagegesellschaften, des Hypothekenbankgesetzes oder des Gesetzes über Schiffspfandbriefbanken zu genehmigen hat.

§ 9 – Besonderheiten der Urteilsformel
Erachtet das Gericht die Klage nach § 1 für begründet, so enthält die Urteilsformel auch:
1. die beanstandeten Bestimmungen der Allgemeinen Geschäftsbedingungen im Wortlaut,
2. die Bezeichnung der Art der Rechtsgeschäfte, für welche die den Unterlassungsanspruch begründenden Bestimmungen der Allgemeinen Geschäftsbedingungen nicht verwendet werden dürfen,
3. das Gebot, die Verwendung inhaltsgleicher Bestimmungen in Allgemeinen Geschäftsbedingungen zu unterlassen.

4. für den Fall der Verurteilung zum Widerruf das Gebot, das Urteil in gleicher Weise bekannt zu geben, wie die Empfehlung verbreitet wurde.

§ 10 – Einwendung wegen abweichender Entscheidung

Der Verwender, dem die Verwendung einer Bestimmung untersagt worden ist, kann im Wege der Klage nach § 767 der Zivilprozessordnung einwenden, dass nachträglich eine Entscheidung des Bundesgerichtshofs oder des Gemeinsamen Senats der Obersten Gerichtshöfe des Bundes ergangen ist, welche die Verwendung dieser Bestimmung für dieselbe Art von Rechtsgeschäften nicht untersagt, und dass die Zwangsvollstreckung aus dem Urteil gegen ihn in unzumutbarer Weise seinen Geschäftsbetrieb beeinträchtigen würde.

§ 11 – Wirkungen des Urteils

Handelt der verurteilte Verwender einem auf § 1 beruhenden Unterlassungsgebot zuwider, so ist die Bestimmung in den Allgemeinen Geschäftsbedingungen als unwirksam anzusehen, soweit sich der betroffene Vertragsteil auf die Wirkung des Unterlassungsurteils beruft. Er kann sich jedoch auf die Wirkung des Unterlassungsurteils nicht berufen, wenn der verurteilte Verwender gegen das Urteil die Klage nach § 10 erheben könnte.

Unterabschnitt 3. Besondere Vorschriften für Klagen nach § 2

§ 12 – Einigungsstelle

Für Klagen nach § 2 gelten § 27a des Gesetzes gegen den unlauteren Wettbewerb und die darin enthaltene Verordnungsermächtigung entsprechend.

§ 13 – Anspruch auf Mitteilung des Namens und der zustellungsfähigen Anschrift

(1) Wer geschäftsmäßig Post-, Telekommunikations-, Tele- oder Mediendienste erbringt oder an der Erbringung solcher Dienste mitwirkt, hat den nach § 3 Abs. 1 Nr. 1 und 3 anspruchsberechtigten Stellen und Wettbewerbsverbänden auf deren Verlangen den Namen und die zustellungsfähige Anschrift eines am Post-, Telekommunikations-, Tele- oder Mediendienstverkehr Beteiligten mitzuteilen, wenn die Stelle oder der Wettbewerbsverband schriftlich versichert, dass diese Angaben

1. zur Durchsetzung eines Anspruchs nach § 1 oder § 2 benötigt werden und
2. anderweitig nicht zu beschaffen sind.

(2) Der Anspruch besteht nur, soweit die Auskunft ausschließlich anhand der bei dem Auskunftspflichtigen vorhandenen Bestandsdaten erteilt werden kann. Die Auskunft darf nicht deshalb verweigert werden, weil der Beteiligte, dessen Angaben mitgeteilt werden sollen, in die Übermittlung nicht einwilligt.

(3) Die Wettbewerbsverbände haben einer anderen nach § 3 Abs. 1 Nr. 2 anspruchsberechtigten Stelle auf deren Verlangen die nach Absatz 1 erhaltenen Angaben herauszugeben, wenn sie eine Versicherung in der in Absatz 1 bestimmten Form und mit dem dort bestimmten Inhalt vorlegt.

(4) Der Auskunftspflichtige kann von dem Anspruchsberechtigten einen angemessenen Ausgleich für die Erteilung der Auskunft verlangen. Der Beteiligte hat, wenn der gegen ihn geltend gemachte Anspruch nach § 1 oder § 2 begründet ist, dem Anspruchsberechtigten den gezahlten Ausgleich zu erstatten.

(5) Wettbewerbsverbände sind

1. die Zentrale zur Bekämpfung unlauteren Wettbewerbs und
2. Verbände der in § 3 Abs. 1 Nr. 2 bezeichneten Art, die branchenübergreifend und überregional tätig sind.

Die in Satz 1 Nr. 2 bezeichneten Verbände werden durch Rechtsverordnung des Bundesministeriums der Justiz, die der Zustimmung des Bundesrates nicht bedarf, für Zwecke dieser Vorschrift festgelegt.

Abschnitt 3. Behandlung von Kundenbeschwerden

§ 14 – Kundenbeschwerden

(1) Bei Streitigkeiten aus der Anwendung der §§ 675a bis 676g und 676h Satz 1 des Bürgerlichen Gesetzbuchs können die Beteiligten unbeschadet ihres Rechts, die Gerichte anzurufen, eine Schlichtungsstelle anrufen, die bei der Deutschen Bundesbank einzurichten ist. Die Deutsche Bundesbank kann meh-

rere Schlichtungsstellen einrichten. Sie bestimmt, bei welcher ihrer Dienststellen die Schlichtungsstellen eingerichtet werden.

(2) Das Bundesministerium der Justiz regelt durch Rechtsverordnung die näheren Einzelheiten des Verfahrens der nach Absatz 1 einzurichtenden Stellen nach folgenden Grundsätzen:
1. Durch die Unabhängigkeit der Einrichtung muss unparteiisches Handeln sichergestellt sein.
2. Die Verfahrensregeln müssen für Interessierte zugänglich sein.
3. Die Beteiligten müssen Tatsachen und Bewertungen vorbringen können und sie müssen rechtliches Gehör erhalten.
4. Das Verfahren muss auf die Verwirklichung des Rechts ausgerichtet sein.

Die Rechtsverordnung regelt in Anlehnung an § 51 des Gesetzes über Kreditwesen auch die Pflicht der Kreditinstitute, sich an den Kosten des Verfahrens zu beteiligen.

(3) Das Bundesministerium der Justiz wird ermächtigt, im Einvernehmen mit den Bundesministerien der Finanzen und für Wirtschaft und Technologie durch Rechtsverordnung mit Zustimmung des Bundesrates die Streitschlichtungsaufgabe nach Absatz 1 auf eine oder mehrere geeignete private Stellen zu übertragen, wenn die Aufgabe dort zweckmäßiger erledigt werden kann.

Abschnitt 4. Anwendungsbereich
§ 15 – Ausnahme für das Arbeitsrecht
Dieses Gesetz findet auf das Arbeitsrecht keine Anwendung.

Abschnitt 5. Überleitungsvorschriften
§ 16 – Überleitungsvorschrift zur Aufhebung des AGB-Gesetzes.
(1) Soweit am 1. Januar 2002 Verfahren nach dem AGB-Gesetz in der Fassung der Bekanntmachung vom 29. Juni 2000 (BGBl. I S. 946) anhängig sind, werden diese nach den Vorschriften dieses Gesetzes abgeschlossen.

(2) Das beim Bundeskartellamt geführte Entscheidungsregister nach § 20 des AGB-Gesetzes steht bis zum Ablauf des 31. Dezember 2004 unter den bis zum Ablauf des 31. Dezember 2001 geltenden Voraussetzungen zur Einsicht offen. Die in dem Register eingetragenen Entscheidungen werden 20 Jahre nach ihrer Eintragung in das Register, spätestens mit dem Ablauf des 31. Dezember 2004 gelöscht.

(3) Schlichtungsstellen im Sinne von § 14 Abs. 1 sind auch die auf Grund des bisherigen § 29 Abs. 1 des AGB-Gesetzes eingerichteten Stellen.

(4) Die nach § 22a des AGB-Gesetzes eingerichtete Liste qualifizierter Einrichtungen wird nach § 4 fortgeführt. Mit Ablauf des 31. Dezember 2001 eingetragene Verbände brauchen die Jahresfrist des § 4 Abs. 2 Satz 1 nicht einzuhalten.

5.3 Das Bestätigungsschreiben

Das Rechtsinstitut des Bestätigungsschreibens – BS (vgl. § 362 HGB und § 663 BGB) ist aus einem Handelsbrauch entstanden (vgl. § 346 HGB). Mündliche, insbesondere fernmündliche Absprachen, können Missverständnisse, Hörfehler usw. enthalten, die zum Zwecke der Klarheit durch ein BS ausgeräumt werden. Dem BS kommt daher in erster Linie eine Beweissicherungsfunktion zu.

Meist ist ein mündlicher Vertrag bereits zu Stande gekommen, der durch das BS schriftlich fixiert werden soll. Schweigt der Empfänger, gilt der Vertrag mit dem Inhalt als zu Stande gekommen, der im BS wiedergegeben ist; und zwar auch dann, wenn in diesem im gewissen Umfang von den mündlichen Absprachen abgewichen wird, solange die Abweichungen nicht so gravierend sind oder gar arglistig vorgenommen wurden. Will der Empfänger die Abweichungen nicht gelten lassen, muss er unverzüglich widersprechen. Was unverzüglich ist, hängt von den Umständen ab.

Wenn kein Vertrag zu Stande gekommen war, kann ein BS die Vorverhandlungen so konkretisieren, dass das Schweigen des Empfängers auf dieses den Vertrag umfassend regelnden Schreibens als stillschweigendes Einverständnis zu dem Angebot gilt. Widerspricht der Empfänger rechtzeitig und fügt seinerseits einen Vertragstext bei, so gilt dieses als Ablehnung des Angebotes und als gleichzeitige Offerte für einen neuen Vertrag den nun der ursprüngliche Absender durch Stillschweigen annehmen kann, wenn der Inhalt nicht so abweichend von dem ersten Angebot ist, dass der Empfänger nicht mit einer Annahme durch Stillschweigen rechnen durfte.

5.4 Der Eigentumsvorbehalt

Das BGB regelt den Eigentumsvorbehalt (EV) in § 449 BGB. Der Eigentumsvorbehalt wird durch Vertrag begründet. Eine besondere Form ist nicht vorgeschrieben. Zur Vereinbarung genügt es i.d.R., wenn er in Geschäfts- und Lieferungsbedingungen enthalten ist. Um Beweisschwierigkeiten zu vermeiden, empfiehlt es sich indes, den Vorbehalt stets schriftlich zu vereinbaren.

Zum Verständnis des Eigentumsvorbehaltes ist die von deutschem Recht getroffene Unterscheidung zwischen Eigentum und Besitz wesentlich. Besitz bedeutet gemäß dem üblichen Sprachgebrauch die tatsächliche **Innehabung** einer Sache. Eigentum, im hier verwendeten – rechtlichen – Sinne, ist die grundsätzlich **unbeschränkte Berechtigung** einer Person, mit einer Sache nach Belieben zu verfahren, sie insbesondere von ihrem Besitzer herauszuverlangen, wenn dessen Recht zum Besitz z.B. erloschen ist oder nie bestand.

Der EV ist ein wichtiges Kreditsicherungsmittel. Der Käufer erhält zunächst – rechtlich gesehen – kein Eigentum an der ihm übergebenen Sache, sondern nur ein Anwartschaftsrecht auf Übereignung und Volleigentum erst, wenn die Bedingung erfüllt, nämlich volle Zahlung des Kaufpreises erfolgt ist.

Die einfachste Formel für die Vereinbarung des Eigentumsvorbehaltes lautet:
„Die gelieferte Ware bleibt bis zur vollständigen Bezahlung des Kaufpreises im Eigentum des Verkäufers".

Dieser sogenannte einfache EV bezieht sich nur auf die verkaufte Ware.

Darüber hinaus kennt man den erweiterten Eigentumsvorbehalt:

a) Weitergeleiteter EV ist gegeben, wenn der Käufer verpflichtet ist, die unter EV erworbene Ware nur so weiterzuverkaufen, dass der ursprüngliche Verkäufer Vorbehaltseigentümer bleibt.

b) Von nachgeschaltetem EV spricht man, wenn der Käufer, ohne den EV offenzulegen, die Sache weiterverkauft unter seinem eigenen EV.

c) Verlängerter EV liegt vor, wenn Verkäufer und Käufer absprechen, dass anstelle des EV bei Weiterverkauf, Verbindung, Verarbeitung die neue Sache oder die neue Forderung anstelle des EV treten soll.

d) Kontokorrentvorbehalt ist gegeben, wenn der EV nicht mit Zahlung erlischt, sondern erst wenn sämtliche offene Forderungen (Ausgleich des Kontokorrents) ausgeglichen sind.

Bei der Sicherungsübereignung (S.) werden die Vermögensgegenstände zwar dem Gläubiger zur Sicherheit übereignet, der Schuldner darf jedoch die Sachen aufgrund eines gleichzeitig geschlossenen Pacht-, Miet-, Verwahrungs-, Leih- o.ä. Vertrages in seinem Besitz behalten (Besitzkonstitut). Ist die Schuldsumme beglichen, fällt das Eigentum an den Sachen i.d.R. an den Schuldner zurück. EV sichert den Kaufpreis (oder den Verkäufer); die S. von bereits bezahlten Waren sichert z.B. Kredite oder die Forderungen einer Bank.

5.5 Liefervereinbarung „frei Haus"

Was mit „frei Haus" gemeint ist, muss im Zusammenhang mit der gesetzlichen Regelung für die Abnahme von gekauften Gütern gesehen werden. Danach gibt es die Holschuld, die Bringschuld und die Schickschuld. Erwähnt werden sollte in diesem Zusammenhang, dass die ursprünglich in den „Bedingungen und Entgelte für den Spediteursammelgutverkehr mit Kraftwagen und Eisenbahn" (Kundensätze) vorgesehene Unterscheidung zwischen Frei- und Frei-Haus-Lieferungen nicht mehr existiert. Inzwischen gibt es nur noch Haus-Haus-Entgelte, die der früheren Liefervereinbarung „frei Haus" entsprechen.

Holschuld

Die Abnahme von gekauften Gütern ist grundsätzlich eine Holschuld. Der Käufer hat die Ware abzuholen. Dies ist ein schuldrechtlicher Vorgang (Abnahmepflicht). Ist der Käufer mit der Abnahme nicht im Verzug und sie gerät beim Verkäufer in Verlust oder wird beschädigt, so trägt dieses Risiko der Verkäufer. Nach der Abnahme trägt aber der Käufer das Risiko. Er muss den Kaufpreis auch dann voll bezahlen, wenn die Güter auf dem Transport verlorengehen oder beschädigt werden.

Bringschuld

Bei Bringschulden ist der Wohnsitz des Käufers sowohl Leistungs- als auch Erfüllungsort. Wer Heizöl kauft, hat im Allgemeinen keine Möglichkeit zur Abholung. Der Verkäufer liefert gemäß Vereinbarung. Gehen solche Güter auf dem Transport verloren oder sie werden beschädigt, hat der Verkäufer eine Ersatzlieferung vorzunehmen.

Schickschuld (Versendungskauf)

Beauftragt der Käufer den Verkäufer, die Ware irgendwohin zu schicken, dann liegt der Versendungskauf vor. Der Versendungskauf erfordert eine besondere Abrede. Dabei wird unterstellt, dass der Verkäufer nicht auch noch die Gefahr tragen soll, wenn er es schon zusätzlich übernimmt, für den Käufer den Versand durchzuführen. Die Gefahr geht vom Verkäufer auf den Käufer über, sobald die Güter dem ersten Frachtführer oder dem Spediteur übergeben worden sind.

Eine andere Regelung des Gefahrübergangs ergibt sich nur, wenn eine abweichende Nebenabrede über die Gefahrtragung getroffen worden ist, z.B., dass der Verkäufer zusätzlich auch die Gefahrtragung übernimmt. Der Versendungskauf ist in den §§ 447, 448 BGB geregelt.

Die deutsche Vereinbarung „frei Haus" regelt ohne weitere Absprache, dass ein Versendungskauf vorgenommen werden soll, bei dem in Abweichung von der gesetzlichen Regelung der Verkäufer die Kosten der Beförderung übernimmt. Die Gefahr des zufälligen Untergangs trägt jedoch weiterhin der Käufer.

6. ABSICHERUNGEN VON AUSFUHRGESCHÄFTEN

6.1 Absicherungen gegen Währungsrisiken

Die beste Absicherung gegen Währungsrisiken ist die Fakturierung in Landeswährung, da dadurch das Kursrisiko auf den Käufer abgewälzt wird. Falls Vertragsabschluss in der Landeswährung nicht durchsetzbar ist, gibt es noch folgende Sicherungsmöglichkeiten:

1. Kauf der Devisen zum Kassakurs und Zahlung zu Lasten eines Fremdwährungskontos bei Fälligkeit der Rechnung;
2. Bei kurzfristigen Forderungen (d.h. bis 180 Tage bzw. bei gängigen Währungen bis zu 360 Tagen) in Fremdwährung durch Abschluss eines Devisentermingeschäftes, d.h. der Exporteur verkauft die erst bei Fälligkeit seiner Rechnung anfallenden Devisen bereits bei Warenabgang zu einem Terminkurs der gegenüber dem Kassakurs gewisse Zu- oder Abschläge enthält;
3. Diskontierung von Fremdwährungsakzepten durch die Bankverbindung des Exporteurs, wobei sich die Bank bei Nichteinlösung des Wechsels bei Fälligkeit den Rückgriff auf den Exporteur als Aussteller vorbehält. Auch hier ist ein Terminab- oder Zuschlag zu berücksichtigen.
4. Aufnahme eines Fremdwährungsbarkredits (nur in konvertibler Währung) bei längerfristigen Forderungen (max. 360 Tage), der dann sofort in der Landeswährung konvertiert wird (aus der Situation entstanden, daß die Bereitschaft des Exporteurs, den ausländischen Abnehmern ein möglichst langes Zahlungsziel zu gewähren, einen Wettbewerbsfaktor darstellt). Bei Bezahlung der Rechnung zahlt der Exporteur den Kredit mit dem erhaltenen Währungsbetrag wieder zurück. Die Laufzeit des Kredits sollte aber genau auf den Eingang des Rechnungsbetrages abgestellt sein, da sonst für die Zeit zwischen Fälligkeit des Kredites und verspätetem Eingang der Forderung der Währungsbetrag eingedeckt werden muss, was ein Kursrisiko zur Folge haben kann;
5. In Zeiten erheblicher Wechselkursschwankungen gewinnen Instrumente zur Absicherung der mit diesen Schwankungen verbundenen Risiken zunehmend an Bedeutung. Im Vergleich zu einem Devisentermingeschäft, das zum vereinbarten Terminkurs erfüllt werden muss, hat der Erwerber einer Devisenoption ein Wahlrecht. Bei einer günstigen Devisenkursentwicklung übt er die Option **nicht** aus, sondern tauscht seine Auslandsforderung, bzw. -verbindlichkeit zu dem für ihn günstigeren Tageskurs. Bei einem ungünstigen Verlauf wird die Option zum vereinbarten Devisenkurs (Basispreis) ausgeübt. Der Käufer einer Option kann somit gleichzeitig Risiken begrenzen und Chancen einer für ihn günstigen Devisenkursentwicklung nutzen;
6. Selbstverständlich können die im Einzelnen beschriebenen Instrumente zur Vermeidung von Währungsrisiken im Rahmen von Währungs-Managementstrategien miteinander kombiniert werden.
7. Die HERMES-Kreditversicherungs AG deckt seit 1972 Wechselkursrisiken für Forderungen auf frei konvertierbare Währungen (außer EU). Die Geschäfte dürfen jedoch eine maximale Laufzeit von zwei Jahren nicht überschreiten. Näheres zur HERMES siehe Kapitel IX. 6.2.

6.2 Ausfuhrgarantien und -bürgschaften der Bundesrepublik Deutschland

HERMES-Kreditversicherungs AG

Zur Absicherung der mit Exportgeschäften verbundenen Käuferrisiken (Delkredere) und Länderrisiken (politische Ursachen) können deutsche Exporteure sowie Kreditinstitute die Ausfuhrgewährleistungen des Bundes zur Förderung der deutschen Ausfuhren in Anspruch nehmen.

Diese Ausfuhrgewährleistungen werden von der Bundesrepublik Deutschland auf der Grundlage jährlich festgesetzter haushaltsrechtlicher Ermächtigungen übernommen.

1. HERMES – Geschäftszweck

Die Geschäftsführung, im Zusammenhang mit der Übernahme und Abwicklung der Ausfuhrgewährleistungen, ist einem Mandatarkonsortium übertragen worden, welches aus der HERMES Kreditversicherungs-AG und der PwC Deutsche Revision Aktiengesellschaft Wirtschaftsprüfungsgesellschaft besteht. Diese Gesellschaften sind beauftragt und ermächtigt, alle die Ausfuhrgewährleistungen betreffenden Erklärungen namens, im Auftrage und für Rechnung des Bundes abzugeben und entgegenzunehmen. Federführend für beide Gesellschaften ist **HERMES**.

Hermes betreibt als marktführender Kreditversicherer auf eigene Rechnung ein bedeutendes privates Geschäft in den Sparten

- Warenkreditversicherung, die vor Forderungsverlusten aus Lieferungen und Leistungen schützt, in der Sonderform der Warenkreditversicherung-S speziell kleine und mittelständische Firmen
- Ausfuhrkreditversicherung, die Exporteure vor Forderungsverlusten durch wirtschaftlich bedingte Zahlungsunfähigkeit ihrer Abnehmer schützt
- Investitionsgüterkreditversicherung, die Außenstände und Finanzierungen aus Investitionsgüterkreditverkäufen sichert
- Konsumentenkreditversicherung, die Kreditinstituten Schutz für Risiken aus Scheckkarten sowie aus Dispositions- und Ratenkrediten bietet
- Kautionsversicherung, in der Hermes mit Bürgschaften, Garantien und Bonds im In- und Ausland Sicherheiten stellt
- Vertrauensschadenversicherung, die Schäden aus Veruntreuungen von Mitarbeitern ersetzt – auch bei Computer-Missbrauch.

Das Mandatsgeschäft ist daneben ein organisatorisch getrennter, besonderer Aufgabenbereich des Unternehmens.

2. Voraussetzungen

Eine **Garantie** wird übernommen, wenn der ausländische Besteller ein in privatwirtschaftlicher Form betriebenes Unternehmen ist. Die Garantie deckt das wirtschaftliche Risiko der Zahlungsunfähigkeit des Schuldners und politische Risiken wie Zahlungsverbote, Konvertierungs- und Transferverzögerungen und hoheitliche Maßnahmen, die bei der Abwicklung eines Exportvertrages Schäden verursachen.

Eine **Bürgschaft** wird übernommen, wenn der ausländische Besteller ein Staat, eine Behörde oder eine Körperschaft öffentlichen Rechts ist. Die Bürgschaft deckt die gleichen politischen Risiken wie die Garantie und das Risiko, daß die Forderung nicht innerhalb von 6 Monaten nach vereinbarter Fälligkeit bezahlt wird.

Voraussetzung für eine Ausfuhrgewährleistung ist ein bei der HERMES einzureichender Antrag auf Übernahme einer Ausfuhrgewährleistung. Formulare sind bei örtlichen Niederlassungen oder direkt bei HERMES HAMBURG anzufordern (Anschrift Punkt 3.).

3. Antragstellung und Entscheidung

Über die Anträge der deutschen Exporteure auf Gewährung von Exportgarantien und Exportbürgschaften entscheidet der Interministerielle Ausschuß für Ausfuhrgarantien und Ausfuhrbürgschaften, in dem neben dem federführenden Bundesministerium für Wirtschaft das Bundesministerium der Finanzen, das Auswärtige Amt und das Bundesministerium für wirtschaftliche Zusammenarbeit vertreten sind. Die Tätigkeit des Ausschusses wird durch Richtlinien der Bundesregierung geregelt. Die Anträge sind jedoch nicht unmittelbar beim Ausschuss einzureichen, sondern bei der

HERMES Kreditversicherungs-AG
Friedensallee 254
22763 Hamburg

Diese wird sie gemeinsam mit der PwC Deutsche Revision Aktiengesellschaft Wirtschaftsprüfungsgesellschaft namens und im Auftrag des Bundes bearbeiten und für die Entscheidung im Ausschuss vorbereiten. Die Anträge müssen spätestens vor Beginn des Risikos gestellt werden. Großgeschäfte sollen bereits während der Vertragsverhandlungen angetragen werden.

Sobald die Unterlagen vollständig sind, legt Hermes den Antrag dem Interministeriellen Ausschuss zur Entscheidung vor. Voraussetzung für eine positive Entscheidung ist u.a. die Vereinbarung angemessener Zahlungsbedingungen. Die Zulässigkeit der Kreditkonditionen ist abhängig von Art und Wert des Liefergutes. So kommen beispielsweise für Konsumgüter maximal 6 Monate Kredit in Betracht. Ferner sind insbesondere für Investitionsgüter – durch internationale Empfehlungen (der Berner Union) oder Vereinbarungen der staatlichen Kreditversicherer bestimmte Begrenzungen der Kreditbedingungen festgelegt worden.

Der Interministerielle Ausschuss ist bereit, schon vor Abschluss des Ausfuhrvertrages eine grundsätzliche Stellungnahme zu den Aussichten für die Übernahme einer Deckung bei unveränderter Sach- und Rechtslage abzugeben. Nach Vertragsabschluss zu den vom Ausschuss gebilligten Bedingungen kann der Exporteur die Entscheidung des Ausschusses über eine endgültige Deckungszusage beantragen. Aufgrund dieser Zusage wird die Garantie bzw. Bürgschaft übernommen, wenn hierfür eine ausreichende gesetzliche Ermächtigung vorhanden ist. Die Bundesrepublik Deutschland wird aus der Garantie bzw. Bürgschaft nur verpflichtet, wenn darüber eine Urkunde der Bundesschuldenverwaltung errichtet worden ist.

Entgelt

Für die Bearbeitung von Anträgen auf Übernahme von Ausfuhrgewährleistungen werden Bearbeitungsentgelte in Form einer „Antragsgebühr" und einer „Ausfertigungsgebühr" berechnet. Für übernommene Ausfuhrgewährleistungen werden Entgelte erhoben (diese entsprechen den „Prämien" bei Versicherungen). Die Entgelte sind für alle Exportmärkte einheitlich. Es wird nicht nach Länderrisikogruppen oder nach der Bonität des Schuldners differenziert.

Unterschiede ergeben sich jedoch aus dem Status des Schuldners als „privater" oder „öffentlicher" Käufer. Die Entgeltsätze für Bürgschaften sind insgesamt niedriger als für Garantien. Die Höhe des Entgeltes im Einzelnen hängt ab von der Deckungsform, der Höhe der gedeckten Forderung und den Zahlungsbedingungen (insbesondere Dauer der Kreditlaufzeit). Bei Ausfuhr-Pauschal-Gewährleistungen erfolgt die Festsetzung des Entgelts aufgrund der im jeweiligen Vertrag gedeckten Risiken; Bearbeitungsentgelte werden nicht erhoben.

Die Entgeltarten unterscheiden sich in Grundentgelt und Zeitentgelt. Die Banken geben über Höhe der einzelnen Kosten in der Regel Auskunft.

4. Gedeckte Risiken

Ausfuhrgewährleistungen können deutschen Exporteuren gewährt werden

– für Risiken vor Versand (Fabrikationsrisikodeckungen)

– für die Risiken nach Versand (Ausfuhrdeckungen)

sowie deutschen Kreditinstituten

– als Finanzkreditgarantien/-bürgschaften.

Die Unterscheidung in **Fabrikationsrisiken** (Risiken vor Versand) und **Ausfuhrrisiken** (Risiken nach Versand) richtet sich nach dem zeitlichen Ablauf eines Ausfuhrgeschäftes.

Bei der **Fabrikationsrisikodeckung** bezieht sich die Absicherung auf die Selbstkosten, die dem Exporteur bis zum vorzeitigen Ende der Fertigung infolge des Eintritts gedeckter Risiken dadurch entstehen, dass die Fertigstellung bzw. der Versand der Ware aufgrund politischer oder wirtschaftlicher Umstände unmöglich oder dem Exporteur nicht mehr zumutbar ist. Das Fabrikationsrisiko läßt sich aber nur bei Waren, die Spezialanfertigung oder lange Herstellungsdauer erfordern, eindecken.

Die **Ausfuhrdeckung** schützt den Exporteur ab Versand der Ware oder Beginn der Leistung bis zur vollständigen Bezahlung gegen die Uneinbringlichkeit der Exportforderung aufgrund politischer oder wirtschaftlicher Risiken. Gegenstand der Deckung ist die mit dem ausländischen Schuldner im Exportvertrag als Gegenleistung vereinbarte Geldforderung einschließlich der Kreditzinsen bis zur Fälligkeit.

Ausfuhrgewährleistungen für die Absicherung der Risiken deutscher Exporteure nach Versand der Ware (Ausfuhrdeckungen) stehen in verschiedenen Formen zur Verfügung:

- als **Einzeldeckung** für die Forderungen aus **einem Ausfuhrvertrag** mit einem ausländischen Besteller;
- wird wiederholt derselbe ausländische Besteller zu kurzfristigen Zahlungsbedingungen beliefert, kann an Stelle der Einzeldeckung – bei der jedesmal ein gesonderter Antrag gestellt werden muss – eine Sammeldeckung als **revolvierende Ausfuhrgarantie oder -bürgschaft** beantragt werden. Innerhalb eines bei einer revolvierenden Deckung zur Verfügung stehenden Höchstbetrages werden alle Forderungen gegen den betreffenden Auslandskunden abgesichert. Die Versendungen sind monatlich in Listenform zu melden;
- wird laufend eine Mehrzahl von ausländischen Kunden in verschiedenen Ländern zu kurzfristigen Zahlungsbedingungen beliefert, steht ein vereinfachtes Verfahren mit günstigen Entgeltsätzen als **Ausfuhr-Pauschal-Gewährleistung (APG)** zur Verfügung. Einzelheiten hierzu enthält das „Merkblatt über die Übernahme von Ausfuhr-Pauschal-Gewährleistungen (APG)".

Ferner werden Sonderdeckungen angeboten, so z.B. Deckungen gegen Wechselkursrisiken, Beschlagnahmerisiken für Verkaufslager im Ausland, gegen die widerrechtliche Inanspruchnahme vom Exporteur zu stellender Gegengarantien, Deckungen für Bauleistungs- und Leasinggeschäfte.

Bei den Deckungen der Fabrikationsrisiken, wie auch den Deckungen der Kreditrisiken, wird ein in den jeweiligen Allgemeinen Bedingungen festgeschriebener Katalog politischer und wirtschaftlicher Risiken abgesichert. Zu den bei Ausfuhrgarantien und -bürgschaften und der APG gedeckten POLITISCHEN RISIKEN gehören

- gesetzgeberische und behördliche Maßnahmen, kriegerische Ereignisse, Aufruhr oder Revolution im Ausland, die die Erfüllung der gedeckten Forderung verhindern: sog. allgemeiner politischer Schadensfall;
- als in der Praxis bedeutendster und am häufigsten auftretender Schadensfall die Nichtkonvertierung und Nichttransferierung der vom Schuldner in Landeswährung eingezahlten Beträge infolge von Beschränkungen des zwischenstaatlichen Zahlungsverkehrs: sog. KT-Fall;
- der Verlust von Ansprüchen infolge auf politische Ursachen zurückzuführender Unmöglichkeit der Vertragserfüllung;
- Verlust der Ware vor Gefahrübergang infolge politischer Umstände.

Als **wirtschaftliche Risiken sind gedeckt**

bei Ausfuhrgarantien und APG

- Uneinbringlichkeit infolge Zahlungsunfähigkeit (Insolvenz) des ausländischen Bestellers, z.B. bei Konkurs, amtlichem bzw. außeramtlichem Vergleich, fruchtloser Zwangsvollstreckung, Zahlungseinstellung;
- die Nichtzahlung innerhalb einer Frist von 6 Monaten nach Fälligkeit (Nichtzahlungsfall). Bei Einzeldeckungen steht die Deckung des Nichtzahlungsfalles jedoch nur im Zusammenhang mit der Lieferung von Investitionsgütern zur Verfügung.

Bei **Ausfuhrbürgschaften sind gedeckt**

- grundsätzlich der Nichtzahlungsfall, d.h., die Nichtzahlung der Exportforderung innerhalb von 6 Monaten nach Fälligkeit.

Die gedeckten Risiken bei **Finanzkreditdeckungen** sind mit dem vorgenannten Katalog weitgehend identisch; es fehlen lediglich die Risiken, die typischerweise Warenlieferungen voraussetzen (z.B. Verlust der Ware vor Gefahrübergang aufgrund politischer Umstände).

Die Leistung einer Entschädigung aufgrund eines **Gewährleistungsfalles** bei den Forderungsdeckungen setzt voraus, dass die gedeckte Forderung und ggf. Ansprüche gegen mithaftende Dritte durch Eintritt gedeckter Risiken uneinbringlich geworden sind, obgleich die gedeckte Forderung rechtsbeständig und unbestritten ist.

Fabrikationsrisikodeckungen

Bei Fabrikationsrisikogarantien/-bürgschaften kann ein Gewährleistungsfall unter folgenden Voraussetzungen eintreten:

- Eine Weisung des Bundes führt zu endgültiger oder mehr als 6-monatiger Unterbrechung von Fertigstellung oder Versand.
- Wenn der Deckungsnehmer wegen Vorliegens Gefahr erhöhender Umstände seinerseits die Fertigstellung oder den Versand unterbricht bzw. zurückstellt, tritt der Schadensfall ein, wenn der Bund nicht innerhalb von 6 Monaten die Fortsetzung der Fertigung anordnet.
- Unabhängig von einer vom Bund oder vom Garantienehmer unterbrochenen bzw. abgebrochenen Fertigung oder Versendung tritt der Schadensfall auch dann ein, wenn die Durchführung des Vertrages – und damit die weitere Fertigung oder Versendung – aus den in den Allgemeinen Bedingungen geregelten Gründen unmöglich oder unzumutbar geworden ist.

Diese Regelung ist im wesentlichen an die Schadensfälle der Forderungsdeckung mit ihrer Unterscheidung in wirtschaftliche und politische Risiken angelehnt. Darüber hinaus können schwerwiegende Vertragsverstöße des Bestellers oder die Nichtzahlung von Stornierungskosten nach (rechtmäßiger) Kündigung durch den Besteller den Schaden aus der Fabrikationsrisikodeckung auslösen. Ferner sind die Risiken eines deutschen Exportembargos und die sog. Partnerlandsrisiken (aus politischen Gründen ausbleibende Zulieferungen von Partnern aus Drittländern) erfasst.

Darüber hinaus können Währungsrisiken versichert werden, näheres hierzu wurde bereits in Kapitel IX. 6.1. beschrieben.

5. Abtretung von Entschädigungsansprüchen

Die sich aus den Ausfuhrgewährleistungen ergebenden Ansprüche können mit Zustimmung des Bundes zu Refinanzierungszwecken an Banken oder andere Kreditinstitute abgetreten werden.

Die Bundesdeckung stellt daher für die Banken ein hohes Maß an Kreditsicherheit im Rahmen der Refinanzierung dar.

6. Umfang der Entschädigung

Der Deckungsnehmer ist in jedem Fall mit einer bestimmten Quote am Ausfall selbst beteiligt. Die HERMES entschädigt zu nachstehenden maximalen Quoten:

- wirtschaftlicher Schadensfall 85 % des Ausfalls
- politischer Schadensfall 90 % des Ausfalls
- Fabrikationsrisiko 90 % des Ausfalls

Der Exporteur ist in Höhe der Differenz am Forderungsausfall selbst beteiligt. Die HERMES kann je nach Abnehmer bzw. Land die Selbstbeteiligungsquote anheben.

7. Allgemeine Bedingungen

Die grundlegenden Bestimmungen über Gegenstand und Umfang der jeweiligen Ausfuhrgewährleistung sind in Allgemeinen Bedingungen geregelt:

Allgemeine Bedingungen für Ausfuhrgarantien (G)
Allgemeine Bedingungen für Ausfuhrgarantien/kurzfristige Einzeldeckungen (G/kE)
Allgemeine Bedingungen für Ausfuhrbürgschaften (B)
Allgemeine Bedingungen für Fabrikationsrisikogarantien (FG)
Allgemeine Bedingungen für Fabrikationsrisikobürgschaften (FB)
Allgemeine Bedingungen für Garantien für gebundene Finanzkredite (FKG)
Allgemeine Bedingungen für Bürgschaften für gebundene Finanzkredite (FKB)
Allgemeine Bedingungen für Ausfuhr-Pauschal-Gewährleistungen (P)

Diese Allgemeinen Bedingungen sind wesentlicher Bestandteil der jeweiligen Garantie- oder Bürgschaftserklärung bzw. des APG-Vertrages und sind bei HERMES erhältlich:

Telefon: +49 40 8834 9192
Internet: www.hermes-kredit.com

6.3 Andere Formen der Absicherung von Exportgeschäften

1. Anzahlung und Anzahlungsgarantie (Advance Payment)

Diese Art der Absicherung und Anzahlungshöhe wird bereits in den Zahlungsbedingungen vereinbart.

Nach geleisteter Anzahlung erhält der Käufer vom Zahlungsempfänger die Anzahlungsgarantie zur finanziellen Sicherung der durchgeführten Vorleistung.

In der Regel setzt die Anzahlung den eigentlichen Kaufvertrag in Kraft.

2. Zahlungsgarantien (Payment Guarantee)

Sie dient der Absicherung des Gläubigers, auf die er im Falle eines Zahlungsausfalles zurückgreifen kann. Aus Ländern mit nicht frei konvertierbaren Währungen ist es dringend angezeigt, auch eine Transfergarantie zu erhalten.

3. Transfergarantie und Transfergenehmigung

Die garantierende Bank sichert den Devisentransfer in der vereinbarten Währung zu. In „devisenschwachen" Ländern kann der Rückgriff auf eine Zahlungsgarantie oder eines durch den Käufer hinterlegten Betrages daran scheitern, dass die jeweilige Geschäftsbank nicht über ausreichende Devisenzuteilung verfügt.

Die Transfergenehmigung stellt neben der Zahlungsgarantie sicher, dass der vereinbarte Devisenbetrag seitens der Zentralbank (im Käuferland) auch definitiv überwiesen wird.

7. FINANZIERUNG VON AUSLANDSGESCHÄFTEN

7.1 Allgemeines zur Finanzierung

Grundsätzlich haben die beiden am Kaufvertrag beteiligten Parteien (Exporteur + Importeur) diverse Möglichkeiten, Außenhandelsgeschäfte zu finanzieren. Prinzipiell wird die Einschaltung erfahrener Kreditinstitute empfohlen, welche die besonderen Anforderungen und Risiken hinsichtlich Abwicklung und Absicherung kennen. Es muss sich hierbei um Banken handeln, die ein ausreichendes Netz an Korrespondenzbanken unterhalten, um Bank-zu-Bank-Fazilitäten zu gewährleisten z.B. Postbank.

In den nachstehenden Punkten wird explizit die Finanzierung von Ausfuhrgeschäften beschrieben.

– Finanzierungsbedürfnisse des Exporteurs

Aufgrund der internationalen Wettbewerbssituation hat sich heute selbst für Konsumgüter und insbesondere im Anlagen- und Investitionsgüterbereich die Notwendigkeit ergeben, dem ausländischen Abnehmer längere Kreditlaufzeiten einzuräumen. Dieser Umstand bringt Vorteile für diejenigen Exporteure, die in der Lage sind, weitgehend die Finanzierungswünsche der ausländischen Käufer zu berücksichtigen ohne ihrerseits ein allzu hohes finanzielles Risiko einzugehen.

Dabei ist zu beachten, dass sich naturgemäß die Interessenlagen bei Exporteur und Importeur unterscheiden. Während der Importeur bestrebt sein wird, möglichst langfristige Zahlungsziele zu erhalten, um aus dem Weiterverkauf der Ware oder aus der Produktion mit den gekauften Maschinen oder Anlagen den vereinbarten Kaufpreis zu entrichten, ist der Exporteur aufgrund von Risikoüberlegungen und wegen der Liquiditätsbelastung grundsätzlich an kurzen Kreditlaufzeiten interessiert.

Ein Weg zur Verminderung der Finanzierungsrisiken liegt in der Vereinbarung sachgerechter Zahlungsbedingungen. Hier sind vom Exporteur zur Sicherung seiner Forderungen auf jeden Fall einige Besonderheiten zu beachten. Als Faustregel gilt, dass die Kreditlaufzeiten handelsüblich sein sollen, dass der Warenwert in einer vernünftigen Relation zur Kreditlaufzeit steht und dass eine Anzahlung zu vereinbaren ist. Zwar kann es im Einzelfall durchaus vertretbar sein, weitergehende Zahlungskonditionen zu gewähren – dies steht letztlich im Ermessen des Exporteurs –, eine Abweichung von den genannten Grundsätzen erschwert jedoch die Refinanzierung über Kreditinstitute und führt dazu, dass normalerweise Exportkreditversicherungen für derartige Geschäfte nicht zu erhalten sind.

– Eigen- oder Fremdfinanzierung

Selbst Exportgeschäfte zu Barzahlungsbedingungen führen in der Regel zu einem Finanzierungsbedarf für den Zeitraum der Fabrikationsphase. Mit steigender Kreditlaufzeit stellt sich für den Exporteur nachdrücklich die Frage der Eigen- oder Fremdfinanzierung. Auch Exporteure, die über eine solide Eigenkapitalbasis verfügen, können aufgrund hoher Auftragswerte mit längeren Kreditlaufzeiten Liquiditätsprobleme durch langfristige Bindung von Eigenmitteln bekommen.

Bei einer gewissen Größenordnung des Auftragswertes in Bezug auf das Eigenkapital wird deshalb regelmäßig eine Fremdfinanzierung erforderlich werden. Diese verursacht zwar zusätzlich Kosten, kann gleichwohl bei entsprechender Absicherung der Risiken zu gesunden Umsatzsteigerungen mit korrespondierenden Erträgen führen.

– Möglichkeiten der Fremdfinanzierung

Die Exportfinanzierung im kurzfristigen Bereich lässt sich wegen der Vielzahl der Kreditquellen grundsätzlich unkomplizierter durchführen als die mittel- und langfristige Finanzierung.

In beiden Bereichen ist eine Refinanzierung sowohl für Euro-Forderungen als auch für Fremdwährungsbeträge möglich. Auf jeden Fall empfiehlt sich eine Absprache des Exporteurs mit seiner Hausbank, um die für ihn günstigste Finanzierung zu erreichen. Die Kredit- und Spezialinstitute verfügen über umfangreiches Informationsmaterial zur Exportfinanzierung.

7.2 Die kurzfristige Finanzierung von Ausfuhren

Hierunter fallen normalerweise Geschäfte mit Kreditlaufzeiten bis zu einem Jahr, maximal jedoch bis zu zwei Jahren (so z.B. der Sprachgebrauch bei Bundesdeckungen). Die wichtigsten kurzfristigen Refinanzierungsformen sind u.a.:

– **Kontokorrentkredite,** d.h. Überziehungskredite, die dem Exporteur von seiner Bank auf dem laufenden Konto zu variablen Zinsen eingeräumt werden. Begrenzung der Kreditlaufzeit in der Regel bis zu 6 Monate.

– **Diskontkredite,** die durch Wechselfinanzierungen der Hausbank des Exporteurs entstehen. Bei Auslandswechseln gelten die gleichen Grundsätze wie bei Inlandsgeschäften. Vorteil: Man kann sofort über den Betrag verfügen, Zinssatz ist niedriger als Kontokorrentkredit und bei Wechsel auf Fremdwährung besteht geringeres Wechselkursrisiko.

– **Euro-Festsatzkredite** werden dem Exporteur von seiner Hausbank in € oder in einer konvertierbaren fremden Währung aus ausländischen Quellen zur Verfügung gestellt. Diese Kredite sind insbesondere bei Fremdwährungen interessant. Der Exporteur kann sie auch über die in London oder Luxemburg zugelassenen Banken direkt erhalten.

– **Exportfactoring** ist der laufende Ankauf von Auslandsforderungen deutscher Exporteure durch inländische Factoringgesellschaften. Diese zahlen bis zu 90 % des Kaufpreises sofort. Der Restkaufpreis fließt dem Forderungsverkäufer zu sobald die Abnehmer gezahlt haben, spätestens jedoch im Zeitpunkt des Delkrederefalles (in der Regel 120 Tage nach Fälligkeit).

Im Rahmen des Exportfactorings werden üblicherweise kurzfristige Forderungen mit Laufzeiten bis zu 120 Tagen (Ausnahmen nach Absprachen) angekauft.

Die Debitorenbuchhaltung sowie das Inkasso- und Mahnwesen erfolgt durch den Factor, der auch das Ausfallrisiko zu 100 % übernimmt.

Für die vorzeitige Auszahlung der Rechnungsbeträge werden banktübliche Zinsen berechnet, daneben wird eine Factoringgebühr für die Serviceleistung und die Übernahme des Delkredererisikos erhoben. Diese bewegt sich je nach Aufwand und Risiko zwischen 0,7 % und 2,5 %.

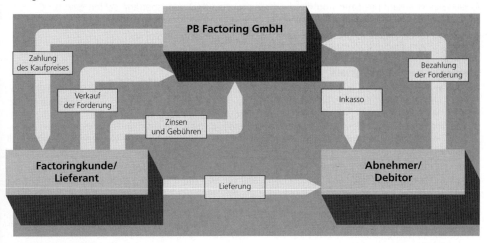

– **Export-Factoring**
Ihre Vorteile auf einen Blick

Deutsche Exportunternehmen verkaufen ihre Forderungen aus Warenlieferungen und Leistungen gegen ausländische Abnehmer an einen Factor im Inland.

Damit werden Auslandsgeschäfte gewissermaßen zu Inlandsgeschäften. Die Kundenbeziehungen hinsichtlich des Grundgeschäftes werden nicht tangiert.

Factoring bietet folgende Vorteile:
- Einräumung von erweiterten Zahlungszielen in offener Rechnung und damit bessere Voraussetzungen für die Erschließung neuer Märkte.
- Absicherung des Delkredere-Risikos zu 100 % (kein Selbstbehalt).
- Beschleunigung des Zahlungseingangs durch sachkundige Inkassotätigkeit; feste Kalkulationsbasis, da Eingang der Gelder spätestens nach Fälligkeit (Delkrederefall) erfolgt.
- Sofortige Auszahlung des Rechnungsgegenwertes der eingereichten und delkredere-geschützten Rechnungen bis zu 90 %.

Ablauf des Export-Factoring
1. Der Factor prüft zunächst die Bonität des Forderungsverkäufers sowie die derjenigen Debitoren, die in das Factoringverfahren einbezogen werden sollen.
2. Der Exportfactor legt einen Finanzierungsrahmen für den Forderungsverkäufer sowie Limits für die einzelnen Debitoren fest, bis zu deren Höhe er Forderungen ankauft.
3. Exporteur und Export-Factor schließen einen Factoring-Vertrag.
4. Der Ankauf der Forderungen erfolgt auf Basis der Rechnungsdaten.

Die Beteiligten im Export-Factoring
Export-Factoring zeichnet sich dadurch aus, dass der Exporteur für die Bezahlung und die Absicherung seiner Auslandsforderungen nur noch den Export-Factor als Vertrags- und Geschäftspartner hat. Teilweise werden von inländischen Factoringgesellschaften für die Abwicklung der Forderungen bzw. die Bonitätsprüfung der ausländischen Debitoren Korrespondenzfactoringgesellschaften im Land der jeweiligen Debitoren eingeschaltet.

Voraussetzungen für Exportfactoring
1. Es sollte sich um gewerbliche und laufend wiederkehrende Abnehmer handeln.
2. Der Exportumsatz pro Land und die durchschnittlichen Rechnungsbeträge sollten gewisse Grenzen nicht unterschreiten, damit der wirtschaftliche Einsatz von Factoring möglich ist.
3. Die den Forderungen zu Grunde liegende Warenlieferung muss erfolgt sein.
4. Die den Abnehmern eingeräumten Zahlungsziele sollten in der Regel 150 Tage nicht überschreiten.

Leistungen des Export-Factors
1. Der Exportfactor bevorschusst die angekauften Forderungen sofort bis zu 90 % des Rechnungsbetrages und zahlt diese Liquidität nach der Anweisung des Kunden auf sein Konto aus. Der Einbehalt von 10 % bis 20 % wird dazu verwendet, um evtl. vom Abnehmer vorgenommene Rechnungskürzungen wie Skonto u.ä. zu berücksichtigen. Der verbleibende Restbetrag wird dem Factoring-Kunden ausbezahlt, wenn sein Abnehmer die Forderungen an den Factor bezahlt hat oder wenn der Delkredere-Fall eintritt.
2. Der Exporteur wird vollständig vom Risiko des Ausfalls der angekauften Forderungen befreit. Wenn der Abnehmer 120 Tage nach Fälligkeit nicht bezahlt hat und die Forderung nicht bestritten ist, tritt der Delkredere-Fall ein. Der Exporteur muss die Zahlungsunfähigkeit des entsprechenden Debitors nicht nachweisen.
3. Mit dem Kauf der Forderungen geht die Debitoren-Buchhaltung auf den Export-Factor über. Zu dieser Arbeitsentlastung kommen zusätzliche Vorteile und Leistungen, die weit über die Service-Funktionen üblicher Export-Hilfsmittel hinausgehen. Dazu gehören das Mahnwesen sowie Inkasso und gegebenenfalls die Beitreibung überfälliger Forderungen.
4. Die Limits der Debitoren werden laufend überprüft und gegebenenfalls (mind. einmal jährlich) der Bonität der Abnehmer und den Anforderungen des Export-Geschäfts angepasst. Eine Erhöhung der bestehenden Limits kann jederzeit beantragt werden.
5. In speziellen Fällen ist auch der Kauf von Einzelforderungen möglich.

Kosten des Export-Factoring
Für die Bevorschussung werden vom Export-Factor banktübliche Zinsen berechnet. Der Export-Factor berechnet für die Übernahme des Delkredere-Risikos und sonstiger Dienstleistungen eine Factoring-Gebühr, die zwischen 0,7 % und 2,5 % des Brutto-Umsatzes der eingereichten Rechnungsbeträge liegt. Zusätzlich können Prüfungsgebühren von bis zu 35,– Euro pro Debitor und Jahr erhoben werden.

Die PB Factoring GmbH als Export-Factor
Die PB-Factoring ist eine 100 %ige Tochtergesellschaft der Deutschen Postbank AG. Ihre Angebote richten sich insbesondere an mittelständische Unternehmen. Daneben werden aber auch speziell auf größere Unternehmen und Konzerne zugeschnittene Factoringmodelle erarbeitet und angeboten.

Importfinanzierung
Auf einen Blick:
Einkäufe von Unternehmen im Ausland werden von einem Factoring-Institut bei vorliegenden Festaufträgen bis zu 100 % vorfinanziert. Die Finanzierung wird über einen Factoring-Vertrag zurückgeführt.

Voraussetzungen
1. Für die zu finanzierenden Einkäufe müssen Lieferaufträge vorliegen.
2. Die Finanzierungsmittel werden ausschließlich zur Bezahlung der importierten Waren verwendet.
3. Die Rückführung der Vorfinanzierung erfolgt über einen bestehenden Factoring-Vertrag.

Leistungen des Factoring-Instituts
1. Die Importe können bis zu 100 % des Warenwertes vorfinanziert werden.
2. Als liquider Sofortzahler erhält der Importeur günstige Einkaufskonditionen und erhöht damit seine Konkurrenzfähigkeit.
3. Auf Wunsch wird die Überprüfung der Waren im Export-Land vor dem Versand vermittelt.
4. Die aus dem Verkauf der importierten Waren resultierenden Forderungen sind im Rahmen des sich anschließenden Factoring-Vertrags gegen Ausfall abgesichert.

Kosten der Importfinanzierung
Sowohl der Zinssatz für die Bevorschussung als auch evtl. Akkreditiv-Gebühren werden in banküblicher Höhe erhoben.

WEITERE KURZFRISTIGE FINANZIERUNGSFORMEN
Exportvorschüsse
Es handelt sich um eine Bevorschussung durch die Bank, abgezielt in der Regel auf die Exportdokumente. Als Sicherheit verlangen die Banken Abtretung der Forderung, z.B. aus Akkreditiv einschließlich eventueller Ansprüche aus Exportgewährleistungen (HERMES). In der Regel bevorschussen die Banken aber nur 70–80 % der Exportforderung. Grundvoraussetzung ist einwandfreie Bonität des Exporteurs und einwandfreie Verwertbarkeit der Dokumente.

Wechselkredit
Dieser ergibt sich aus dem Fälligkeitsdatum des Wechsels. Zu beachten sind Wechselsteuer, Gebühren, Devisenbestimmungen und Problematik bei Wechselprotest.

Im Zusammenhang mit dem Wechselkredit sind die üblichen Formen der Diskontkredit (wie eingangs erwähnt), Akzeptkredit, Rembourskredit und Negoziationskredit. Auf die drei zuletzt genannten Formen wird hier nicht näher eingegangen. Detaillierte Informationen erteilen die im Außenhandel tätigen Banken.

Waren- und Handelsfinanzierung (Commodity & Trade Financing CTF)
Im Gegensatz zu den vorgenannten Finanzierungen bezieht sich die Bonitätsprüfung auf die Ware und nicht auf Kreditnehmer. Händler muß gute Branchenkenntnis besitzen und über gute Beziehungen zu Verkäufer und Neuabnehmer verfügen.

CTF läßt Handelsgeschäfte mit großem Volumen bei relativ geringer Eigenfinanzierung zu.

7.3 Die mittel- und langfristige Finanzierung von Ausfuhren

Mittel- und langfristige Finanzierungen sind zu festen und variablen Zinsen erhältlich. Es wird unterschieden zwischen Lieferantenkrediten, bei denen die Kreditvergabe direkt durch den deutschen Exporteur erfolgt, der wiederum die Refinanzierung aus Eigenmitteln oder über eine Kreditaufnahme durchführt, und Bestellerkrediten, die dem ausländischen Schuldner durch ein deutsches Kreditinstitut gewährt werden und aus denen der Exporteur direkt durch das Kreditinstitut bezahlt wird. Er erhält damit sofort sein Geld.

Die mittel- und langfristige Finanzierung von Exportgeschäften wird in der Bundesrepublik in drei Bereichen vorgenommen. Durch Geschäftsbanken, wozu auch Girozentralen, Sparkassen und der Volksbanken-Bereich zu rechnen sind, die Ausfuhrkredit-Gesellschaft mbH (AKA) und die Kreditanstalt für Wiederaufbau (KfW). Als Sonderfall der mittel- und langfristigen Finanzierung sind schließlich die Forfaitierung und das internationale Leasing zu erwähnen.

Geschäftsbanken

An der mittel- und langfristigen Exportfinanzierung beteiligen sich in der Bundesrepublik nahezu alle deutschen Kreditinstitute, auch Tochtergesellschaften und Niederlassungen ausländischer Banken. Die Finanzierung erfolgt in Form von Lieferantenkrediten auf eigene Rechnung oder über die AKA, sofern die betreffende Bank zum AKA-Konsortium gehört. Daneben werden dem ausländischen Käufer auch direkte Bestellerkredite zur Ablösung des Restkaufpreises eines deutschen Exporteurs gewährt. In diesen Fällen wird wegen des besonderen Risikos zumeist eine Bundesdeckung erforderlich. Schließlich können aber auch ungedeckte Bestellerkredite, z.B. für die Finanzierung von An- und Zwischenzahlungen des ausländischen Schuldners, gewährt werden.

Ausfuhrkredit-Gesellschaft mbH (AKA) in Frankfurt/Main

An diesem 1952 gegründeten Bankenkonsortium sind 31 namhafte deutsche Geschäfts- und Landesbanken beteiligt, dessen Aufgabe es ist die deutsche und europäische Exportwirtschaft zu unterstützen. Kredite zur mittel- und langfristigen Exportfinanzierung werden nach Maßgabe bestimmter Kreditrichtlinien vergeben. Es werden zinsgünstige Finanzierungen zu CIRR geboten. Seit 2002 bietet die AKA besonders für mittelständische Unternehmen mehr Vereinfachung zur Finanzierung von Exportgeschäften durch die Rahmenkreditdeckung des Bundes. Der Exporteur beantragt die Finanzierung bei der AKA – regulär für seinen ausländischen Kunden, in manchen Fällen ist er Kreditnehmer. Es gibt unterschiedliche Finanzierungsmöglichkeiten für den ausländischen Besteller (Bestellerkredit) und für den inländischen Exporteur (Lieferantenkredit). Die Mehrzahl der vergebenen Kredite sind Bestellerkredite.

Lieferantenkredite: Soweit ein Bestellerkredit bei einem zu finanzierenden Exportgeschäft nicht in Frage kommt, können Aufwendungen während der Produktionszeit und auch zur Gewährung eines Zahlungszieles durch einen Lieferantenkredit **(Plafond A)** finanziert oder mittelfristiger Art (z.B. Konsumgüterexporte, Abrufaufträge), deren Finanzierung durch Einzelkredite unwirtschaftlich oder nicht möglich wäre, sind Lieferantenkredite auch in Form von Globalkrediten möglich. Der Kreditnehmer ist in diesem Fall der Exporteur. Bei einem Lieferantenkredit zur Finanzierung eines spezifischen Exportgeschäfts ergeben sich die jeweilige Kredithöhe (und die Laufzeit) aus dem zeitlichen Anfall der Aufwendungen während der Produktionszeit und den liefervertraglich vereinbarten Zahlungszielen. Eine Selbstfinanzierungsquote des Exporteurs von 10 % bis 15 % ist obligatorisch – nur in besonderen Fällen wird hier eine Ausnahme gemacht. Die Höhe eines Globalkredits richtet sich grundsätzlich nach dem Finanzierungsbedarf des Exporteurs. Dem Kredit sollen mindestens Forderungen des Exporteurs gegenüber seinen Abnehmern in Höhe von 130 % des Kreditbetrages gegenüberstehen, d.h. die Selbstfinanzierungsquote soll mindestens 30 % betragen. Lieferantenkredite sind sowohl auf der Basis eines Festzinssatzes als auch auf der Basis eines variablen Zinssatzes möglich. Die Laufzeit und Tilgung ergeben sich aus dem zeitlichen Anfall der Aufwendungen während der Produktionszeit und/oder den liefervertraglich vereinbarten Zahlungszielen.

Bestellerkredite: Für die Gewährung von gebundenen Bestellerkrediten an ausländische Besteller oder Banken stehen die **Plafonds C, D** und **E** zur Verfügung. Kredite im Plafond C und D werden üblicherweise von der einbringenden Gesellschafterbank und dem AKA-Konsortium refinanziert, Kredite im Plafond E von der einbringenden (Gesellschafter-) Bank und der AKA. Die Plafonds unterscheiden sich somit im wesentlichen durch die unterschiedliche Refinanzierung. Die AKA-Bestellerkredite können sowohl in EUR als auch in anderen gängigen Fremdwährungen zur Verfügung gestellt werden. Möglich sind auch Kredite im Fremdwährungs-Gegenwert von EUR. Kreditnehmer ist der ausländische Importeur, Endabnehmer oder seine Bank. Der Höchstbetrag des Bestellerkredites entspricht in der Regel dem um die An- und Zwischenzahlung verminderten Auftragswert. In besonderen Fällen können auch An- und Zwischenzahlungen finanziert werden sowie örtlichen Kosten, Bauzeitzinsen und Finanzierungskosten. Die Deckung des Bundes oder eines anderen Exportkreditversicherers wird im allgemeinen vorausgesetzt. Die Laufzeit ist in der Regel vorgegeben durch den vom Kreditversicherer gezogenen zeitlichen Rahmen. Bestellerkredite sind vom Kreditnehmer in der Regel in gleich hohen Halbjahresraten zurückzuzahlen.

CIRR (Commercial Interest Reference Rate) gibt das Mindestniveau der Zinsen eines mit ERP-Mitteln unterstützten Kredites vor und ist vorgesehen zur Förderung von Exportvorhaben aus Deutschland in Entwicklungsländer. Vorraussetzung ist die Gewährung einer HERMES-Deckung des Bundes für eine Kreditlaufzeit von mindestens vier Jahren. Diese Kredite werden in EUR oder USD gewährt. Rückzahlung erfolgt in gleich hohen aufeinanderfolgenden Halbjahresraten. Die Selbstbeteiligung des Kreditnehmers ist auf 5 % gesenkt und als Sicherheiten gelten die HERMES-Deckung und eventuelle ausländische Sicherheiten, die von AKA oder HERMES verlangt werden.

Kreditanstalt für Wiederaufbau (KfW)

Die KfW wurde 1948 mit Sitz in Frankfurt/Main gegründet. Sie ist Förderbank für die deutsche Wirtschaft und Entwicklungsbank für Entwicklungsländer. Die KfW finanziert Exporte und Investitionen „rund um den Globus". Dafür wird ein breites Spektrum an mittel- und langfristigen Krediten angeboten, die maßgerecht auf die jeweilige Sachlage zugeschnitten werden. Mit liefergebundenen Exportkrediten werden langfristig Investitionsgüter-Exporte und damit verbundene Leistungen finanziert. Diese werden grundsätzlich direkt an den ausländischen Besteller vergeben. Diese Kredite können mit oder ohne staatliche Absicherung (HERMES-Deckung) ausgelegt werden – abhängig davon, wie hoch das Kreditnehmer- und Länderrisiko eingeschätzt wird. Die Hauptkreditwährungen sind in Euro oder US-Dollar, wobei auch Möglichkeit besteht einen Kredit in Britischem Pfund, Schweizer Franken und Yen zur Verfügung zu stellen; mit variablen und festen Zinssätzen. Bei Darlehen für Entwicklungsländer können die Zinssätze bereits beim Abschluss des Kreditvertrags fixiert werden. Die Höhe entspricht jeweils dem vom OECD-Konsensus vorgegebenen CIRR (Commercial Interest Reference Rate). Die KfW bietet diese Sätze für Kredite in Euro und US-Dollar an und zwar im Rahmen ihres Exportfinanzierungsprogramms, das durch Mittel aus dem ERP unterstützt wird. Die Tilgung erfolgt in gleich hohen aufeinander folgenden Halbjahresraten.

Forfaitierung

Eine weitere Form der Refinanzierung bei Exportgeschäften besteht in der Forfaitierung, d.h. dem Verkauf von mittelfristigen Forderungen, die der deutsche Exporteur gegenüber seinem ausländischen Abnehmer erhalten hat, an Kreditinstitute. Die Forderungen werden mit einem Abschlag angekauft, der sich nach der Kreditdauer und dem besonderen Risiko der Forderung richtet. Ein Rückgriff auf den Exporteur ist nur bei Gewährleistungsmängeln und bei mangelnder Rechtsbeständigkeit der Forderung möglich. Die Vorteile der Forfaitierung liegen in der Bilanzentlastung und der Liquiditätsverbesserung.

Nachteile ergeben sich allerdings aus der relativ hohen Kostenbelastung dieser Refinanzierungsmöglichkeit.

Falls es sich nicht um eine allererste Schuldner-Adresse handelt, ist eine Banksicherheit in Form eines Avals, einer Garantie oder Bürgschaft unerläßlich. Als Voraussetzung gilt, daß Forderungen und Banksicherheit abstrakt, d.h. vom zu Grunde liegenden Warengeschäft losgelöst sind. Sie können es von Anfang an sein oder erst vor der Forfaitierung als abstrakt erklärt werden.

Die Forderungen sollen grundsätzlich auf CHF, EUR oder USD lauten und mit dem Effektivvermerk versehen sein, wenn sie nicht in dem Land zahlbar sind, in dem die Währung gesetzliches Zahlungsmittel ist. Bei Buchforderungen müssen Schuldner und Garant ausdrücklich auf Einreden und Verrechnung verzichten. Die erforderlichen Genehmigungen für die den Forderungen zu Grunde liegenden Warenimporte und für die entsprechenden Devisenzahlungen müssen vorliegen und die damit verbundenen Formvorschriften erfüllt sein.

Der Forderungsankauf erfolgt unter Abzug des Zinses für die gesamte Laufzeit, wobei die sogenannte „kaufmännische Diskontierung" üblich ist. Für den ermittelten Zinssatz wird der entsprechende Diskontsatz errechnet und dabei berücksichtigt, daß der Zins für die gesamte Laufzeit im Voraus in Abzug gebracht wird.

Der Entgegennahme des Diskontmaterials (Wechsel, Garantien usw.) kann eine sogenannte Bereitstellung vorausgehen, durch die sich der Forfaiteur verpflichtet, innerhalb einer bestimmten Dauer zu einem festgelegten Diskontsatz die Forderungen anzukaufen.

Vorteile für den Exporteur

a) Die Forfaitierung ermöglicht Geschäfte, die aus den verschiedensten Gründen nicht von den staatlichen Ausfuhrgewährleistungen gedeckt werden können und für die damit die übliche Finanzierung über die Ausfuhrkredit-Gesellschaft m.b.H (AKA) ausgeschlossen ist.
b) Sie verzichtet auf den üblichen Selbstbehalt des Exporteurs.
c) Sie schont den Kreditplafond des Exporteurs.
d) Sie ermöglicht es, ein Geschäft, bei dem längere Zahlungsfristen eingeräumt werden mussten, noch nachträglich in ein Bargeschäft umzuwandeln.
e) Sie deckt 100 % der Zielforderungen, schließt also auch die Abnehmerzinsen mit ein.
f) Sie arbeitet mit einem festen Zinssatz, daher eindeutige Kalkulationsgrundlage für den Exporteur.
g) Bar- oder Kassezahlung führt zu sofortiger Liquiditätsverbesserung (Bilanzentlastungseffekt).
h) Sie schaltet das Kursrisiko bei Fremdwährungsforderungen vom Tag der Forfaitierung an aus. Das Kursrisiko bis zum Ankauf der Fremdwährungsforderungen durch den Forfaiteur kann der Exporteur in der Regel durch ein Devisentermingeschäft ebenfalls eliminieren, d.h. durch den Verkauf des kalkulierten Forfaitierungserlöses per Eingangstag auf dessen Konto.

Internationales Leasing

Leasing ist eine spezielle Form der Beschaffung und Finanzierung von Wirtschaftsgütern. Der Leasing-Geber stellt dem Mieter die Nutzung eines Gegenstandes gegen ein laufendes Entgelt zur Verfügung, wobei der Leasing-Geber Eigentümer des Leasing-Objektes bleibt. Neben den Leasing-Gesellschaften, die zum größten Teil Banken nahestehen, treten als Leasing-Geber auch Hersteller in Erscheinung. Der Kreis der leasing-geeigneten Objekte hat sich ständig ausgedehnt, heute kann nahezu jedes Wirtschaftgut aus dem Mobilien- und Immobilienbereich geleast werden.

Im internationalen Leasing handelt es sich überwiegend um Flugzeuge, Schiffe, Bohrinseln und Baumaschinen. Risiken für die inländische Leasinggesellschaft ergeben sich aus den Eigentumsrechten der betreffenden nationalen Gesetzgebung des ausländischen Leasingnehmers sowie der Bonitätsprüfung.

Die Postbank hat in 2000 eine eigene Tochtergesellschaft – Postbank Leasing GmbH – gegründet. Diese ist zunächst nur am deutschen Markt tätig und wird in den nächsten Jahren ihr Angebot sukzessive internationalisieren.

8. BANK- UND ZAHLUNGSVERKEHR

8.1 Zahlungsbedingungen und Zahlungssicherungen

Das Außenwirtschaftsgesetz und die Außenwirtschaftsverordnung enthalten keine Vorschriften hinsichtlich der zwischen Exporteur und Importeur zu vereinbarenden Zahlungsbedingungen, für die Kriterien wie Käufer- und Verkäufermarkt, Qualität des Produktes, Bedeutung der beiden Handelspartner, Länderrisiken, Möglichkeiten der Absicherung und Refinanzierung maßgebend sind. Ebenfalls ist die Einräumung eines Zahlungsziels, auch Liefervertragskredit genannt, auf deutscher Seite nicht reglementiert, kann jedoch von dem jeweiligen ausländischen Staat vorgeschrieben werden, insbesondere dann, wenn das Importeurland unter Devisenschwierigkeiten zu leiden hat. Bei den Zahlungsbedingungen ist zwischen nichtdokumentären und dokumentären Zahlungsbedingungen zu unterscheiden. Die Offene Rechnung wird als nichtdokumentäre Zahlungsbedingung bezeichnet, während das Dokumenten-Inkasso und das Dokumenten-Akkreditiv den dokumentären Zahlungsbedingungen zuzuordnen ist, da hier die entsprechenden Verschiffungsdokumente Gegenstand der finanziellen Abwicklung sind.

Offene Rechnung/Clean payment

Unter Offene Rechnung ist eine Zahlungsbedingung zu verstehen, bei der die Ware und die Dokumente direkt an den Importeur gesendet werden, womit eine Verfügung über die Ware möglich ist. Diese Zahlungsbedingung wird vorwiegend dann angewendet, wenn der ausländische Abnehmer als bonitätsmäßig gute Adresse vorwiegend in einem EU-Land bekannt ist, und eine langjährige vertrauensvolle Geschäftsbeziehung mit laufender Geschäftsabwicklung besteht. Die wirtschaftlichen Risiken hinsichtlich der Zahlung und der Dokumenten- resp. Warenannahme liegen eindeutig beim Exporteur wie auch die Refinanzierung des Zahlungsziels. Eine Risikoabsicherung kann über eine zusätzliche Ausfuhrkreditversicherung oder eine Zahlungsgarantie der Bank des Importeurs erreicht werden.

Die Abwicklung dieser Zahlungsbedingung kann mittels Überweisung, Scheck oder Wechsel erfolgen, wobei die Zahlung nach Erhalt der Rechnung oder der Ware oder an einem bestimmten Termin wie z.B. 60 Tage nach Rechnungsdatum zu leisten ist.

Ist eine Zahlung per Überweisung vertraglich vereinbart, sollte dem ausländischen Käufer die IBAN-No. und der BICC-Code der Hausbank zwecks Beschleunigung der Zahlung mitgeteilt werden; ferner sollte die Zahlung per SWIFT – übliche Zahlung über das Telekommunikationsverfahren der Banken – oder per eilige SWIFT-Zahlung veranlasst werden.

Scheckzahlungen sind insofern problematisch, als die Scheckgutschrift mit dem Vermerk „Eingang vorbehalten" erfolgt; im Falle einer Nichteinlösung des Schecks kann die Hausbank eine sofortige Rückbelastung vornehmen. Außerdem sind längere Valuten sowie schlechtere Devisenkurse bei Währungsschecks zu berücksichtigen. Daher sollten Scheckzahlungen heute nicht mehr vereinbart werden.

Zahlungsziele können durch die Ausstellung eines Wechsels begründet werden.

Mit dem Wechsel verpflichtet sich der Käufer, bei Fälligkeit, z.B. 90 Tage nach Rechnungsdatum, den Wechsel einzulösen; bei Nichtzahlung ist die Möglichkeit eines Wechselprotestes gegeben. Um das Zahlungsziel finanziell zu überbrücken, besteht die Möglichkeit einer Diskontierung = Wechselverkauf an die Hausbank zu einem relativ niedrigen Zinssatz, sofern der Wechsel den Diskontbedingungen entspricht – vor Vertragsabschluss bei der Hausbank zu erfragen. Zu unterscheiden sind gezogene Wechsel – Beteiligte Aussteller (Exporteur) und Akzeptant (Importeur) – und Solawechsel, bei denen Aussteller und Zahlungsverpflichteter aus dem Wechsel allein der Importeur ist.

Dokumenten-Inkasso/Documentary collection

Bei einem Dokumenten-Inkasso erteilt der Exporteur seiner Hausbank den Auftrag, die Dokumente an die Bank des Importeurs mit ganz bestimmten Weisungen hinsichtlich der Aushändigung an den Importeur zu versenden. Bei dieser Zahlungsbedingung ist für den Exporteur eine Absicherung nur insofern gegeben, als der Importeur nicht über die Dokumente verfügen kann, ohne eine entsprechende Leistung zu erbringen. Diese Leistung kann darin bestehen, dass der Käufer die Dokumente gegen Zahlung – kurzfristiges Zahlungsziel – oder gegen Akzeptierung eines Wechsels – längerfristiges Zahlungsziel – erhält. Lautet die Zahlungsklausel Dokumente gegen Akzept, vergrößert sich das Risiko für den Exporteur, da bei der späteren Wechselfälligkeit unter Umständen der Wechsel von dem Käufer nicht eingelöst wird. Neuerdings ist in einigen europäischen Ländern die Klausel Dokumente gegen Unterzeichnung einer Zahlungsverpflichtungserklärung anzutreffen. Hierbei wollen Importeure einen Wechsel vermeiden, der in einigen Ländern noch die Zahlung von Wechselsteuern auslöst.

In einigen Ländern der Nahostregion und Ostasiens gilt die Usance, dass Dokumente erst bei Ankunft des Dampfers im Bestimmungshafen aufgenommen werden, womit sich die Laufzeit eines Inkassos verlängert. Der Importeur vermeidet durch diese Klausel eine Vorfinanzierung bis zum Eintreffen der Ware.

Für den Exporteur ist das Dokumenten-Inkasso insofern risikoreich, als die Aufnahme der Dokumente und die Zahlung von der Erfüllungswilligkeit und Zahlungsfähigkeit des Importeurs abhängen. Da das Dokumenten-Inkasso auch im Geschäftsverkehr mit Überseeländern im Rahmen der Schiffsverladung vereinbart wird, ist unbedingt darauf zu achten, dass es sich um Länder ohne Konvertierungs- und Transferrisiko und sonstige politischen Risiken handelt, andernfalls unter Umständen eine Zahlung mangels Devisen nicht geleistet werden kann.

Eine zusätzliche Risikoabsicherung kann durch Abschluss einer Ausfuhrkreditversicherung bei der Euler-Hermes-Kreditversicherungs-AG erfolgen, die wirtschaftliche und politische Risiken im Rahmen von Ausfuhrgewährleistungen als Mandatar des Bundes absichert.

Dokumenten-Akkreditiv/Documentary Letter of Credit

Unter Dokumenten-Akkreditiv ist die Verpflichtung der Bank des Importeurs zu verstehen, gegen die Vorlage von akkreditivkonformen Dokumenten, die den Versand der Waren bestätigen, und bei Erfüllung der im Akkreditiv genannten Bedingungen und Einhaltung von bestimmten Fristen hinsichtlich der Verladung und der Dokumentenvorlage an den Exporteur zu zahlen oder einen Wechsel zu akzeptieren. Wichtige Voraussetzung für eine unproblematische Abwicklung von Akkreditiven ist, dass dem Käufer die Bedingungen für die Akkreditiveröffnung detailliert aufgegeben werden müssen. Ist das Akkreditiv eröffnet worden, sind die Bedingungen unabhängig von dem Liefervertrag und dem Zustand der Ware zu sehen. Insofern wird von einem abstrakten Zahlungsversprechen gesprochen.

Folgende Akkreditivarten sind insbesondere hinsichtlich der Risikoabsicherung zu unterscheiden:

- *widerrufliches Akkreditiv:*
  keine Sicherheit, da widerrufen werden kann – kommt kaum vor
- *unwiderrufliches Akkreditiv*:
  kann nicht widerrufen werden und kann auch nicht mehr geändert werden, sofern die Beteiligten nicht zustimmen. Absicherung gegen das Risiko, dass der Käufer vom Vertrag zurücktritt
- *unbestätigtes Akkreditiv*:
  stellt nur das Zahlungsversprechen der Importeurbank dar. Abgesichert sind die Risiken auf den Käufer. Offen bleiben die Risiken, dass die Importeurbank nicht zahlen kann, oder dass keine Devisen für die Auslandszahlung zur Verfügung stehen
- *bestätigtes Akkreditiv:*
  mit der Abgabe einer Bestätigung verpflichtet sich auch die bestätigende Avisbank im Auftrag der Importeurbank zu einer Zahlung neben der Zahlungsverpflichtung der Importeurbank. Damit ist eine weitgehende Risikoabsicherung der politischen und wirtschaftlichen Risiken gegeben. Nicht abgesichert ist das Risiko der Nichtverladung aus Kriegs- oder anderen Gründen

Zu einer Akkreditiveröffnung wird sich der Exporteur insbesondere dann bei einer entsprechenden Marktposition entscheiden, wenn noch keine Erfahrungen mit dem Abnehmer hinsichtlich der Abwicklung von Liefergeschäften bestehen, die Auskünfte über ihn nicht besonders gut sind, eine Absicherung der Risiken gewünscht wird und der Bank eine Sicherheit für die Finanzierung der zu produzierenden oder einzukaufenden Ware gestellt werden muss. In erster Linie wird insofern das Akkreditiv als Risikoabsicherungsinstrument zu sehen sein. In vielen Fällen ist die Eröffnung eines Akkreditivs auch die Voraussetzung für eine Ausfuhrkreditversicherung über die Euler-Hermes-Kreditversicherungs-AG. (siehe Kapitel IX. 6.2)

Zu unterscheiden sind Akkreditive auch hinsichtlich der Zahlungsmodalitäten. Üblicherweise wird die Auszahlung bei Präsentation der Akkreditivdokumente – also bei Sicht – vorgenommen. Akkreditive können aber auch ein Zahlungsziel beinhalten, das zum Beispiel 120 Tage nach Datum des Transportdokumentes fällig und als deferred-payment bezeichnet wird. Bei Fälligkeit erhält der Exporteur die Zahlung, der Importeur zahlt auch erst bei Fälligkeit. Ein Akzept-Akkreditiv bedeutet, dass der Exporteur mit den Dokumenten einen zumeist auf die Avisbank gezogenen Wechsel mit z.B. Laufzeit 90 Tagen präsentieren muss, der von der Avisbank akzeptiert und diskontiert wird.

Sonstige Akkreditivarten:
- Übertragbare Akkreditive, dienen der Finanzierung von Transithandelsgeschäften, aus dem erhaltenen Verkaufsakkreditiv überträgt der Exporteur den Wert des Wareneinkaufs an den Vorlieferanten ohne Veränderung der Akkreditivbedingungen mit Preisausnahme
- Gegenakkreditive werden dann eingesetzt, wenn ein Akkreditiv nicht übertragen werden kann, da Einkaufs- und Verkaufsbedingungen unterschiedlich sind
- Revolvierendes Akkreditiv, findet Einsatz bei wiederkehrenden Lieferungen, ohne dass jeweils ein neues Akkreditiv nach erfolgter Lieferung eröffnet werden muss
- Kreditbriefe (Commercial Letter of Credit) sind direkt an den Exporteur als Begünstigten aufgemacht und können nicht nur bei der Avisbank abgewickelt werden.

Bankgarantien

Bankgarantien haben die Aufgabe, nicht die Zahlung durchzuführen, sondern für den Eintritt eines bestimmten Ereignisses einzustehen und insofern dem Exporteur oder auch dem Importeur als Absicherung zu dienen. Üblicherweise werden Bankgarantien auf erstes schriftliches Anfordern des aus der Garantie Begünstigten zahlbar und wie das Akkreditiv unwiderruflich ausgestellt sein. Die Abstraktheit von Vertrag und Produkt ist ein wesentliches Merkmal der Bankgarantie.

Die Zahlungsgarantie der Bank des Käufers sichert dem Exporteur das Zahlungsrisiko im Hinblick auf den ausländischen Abnehmer ab und kann als Urkunde ausgefertigt sein oder in Form von Avalen auf gezogenen Wechseln oder Solawechseln vorkommen.

Die Bietungsgarantie lautet zumeist über 1-3% vom Auftragswert und soll den Importeur absichern, dass der Exporteur im Fall des Zuschlags auch den Vertrag unterschreibt und ihn nicht ablehnt.

Eine Anzahlungsgarantie wird über die Summe der von dem Käufer üblicherweise zu leistenden Anzahlung über 10-15% des Auftragswertes lauten und dem Käufer die Rückzahlung sichern für den Fall, dass der Exporteur seinen Lieferverpflichtungen insbesondere bei Investitionsgütern nicht nachkommt.

Die Liefer- und Leistungsgarantie über zumeist 3-5% vom Warenwert – auch Performance Bond genannt – sichert den Käufer für den Fall ab, dass nicht vertragsgemäß seitens des Exporteurs geliefert oder geleistet wurde.

Devisenkurssicherung

Das Währungsrisiko tritt in den jeweiligen Phasen eines Liefergeschäftes von der Abgabe des Angebotes bis hin zur Erfüllung der Zahlung in Fremdwährung auf und bezieht sich darauf, inwiefern und in welchem Ausmaß sich das Umtauschverhältnis von EUR zur ausländischen Währung verändert. Aus diesem Grund muss bei der derzeitigen Währungsunsicherheit insbesondere im USD eine Kurssicherung betrieben werden.

Die beste und einfachste Absicherung des Währungsrisikos wäre darin zu sehen, dass die Fakturierung in EUR erfolgt. Weitere Möglichkeiten der Währungsrisikoabsicherungen sind:
- *Devisentermingeschäfte*, bei denen der Exporteur eine später fällig werdende Währungsforderung an die Hausbank zum aktuellen Terminkurs verkauft und bei Fälligkeit das Geschäft erfüllen muss. Zwischen Devisenterminkurs und dem Devisenkassakurs ergibt sich ein Kursunterschied, der sich nach dem Zinsunterschied zwischen den beiden Währungen richtet.
- *Devisenoptionsgeschäfte*, die bedeuten, dass der Exporteur bis zur Fälligkeit und am Tage der Fälligkeit das Optionsgeschäft bei der Option auf Basis american style erfüllen kann aber nicht dazu verpflichtet ist. Für diese Wahlmöglichkeit ist eine Prämie zu zahlen, die u.a. auch von dem gewählten Basiskurs abhängt. Gegenüber dem Devisentermingeschäft ist die Option wesentlich teurer, bietet aber einerseits eine Kursabsicherung nach unten, lässt andererseits die Möglichkeit der Ausnutzung eines günstigeren Devisenkurses offen.
- *Währungskredit*, bei dem ein Kredit in fremder Währung für eine bestimmte Laufzeit aufgenommen und der Kreditbetrag sofort zum Kassakurs verkauft wird. Die Rückzahlung des Krediftes erfolgt aus der Zahlung des Liefergeschäftes bei Fälligkeit.
- *Diskontkredit*, der auch für den Ankauf von Wechseln in fremder Währung seitens der Hausbank geeignet ist, sofern die Wechsel den Anforderungen für eine Diskontierung genügen.

Ausführliche Hinweise siehe Kapitel IX. 6.1

8.2 Einheitliche Richtlinien und Gebräuche für Dokumenten-Akkreditive (ERA 500)

A. Allgemeine Regeln und Begriffsbestimmungen

Artikel 1
Anwendbarkeit der ERA

Die Einheitlichen Richtlinien und Gebräuche für Dokumenten-Akkreditive, Revision 1993, ICC Publikation Nr. 500, gelten für alle Dokumenten-Akkreditive (einschließlich, soweit anwendbar, Standby Letters of Credit), in deren Akkreditivtext sie einbezogen sind. Sie sind für alle Beteiligten bindend, sofern im Akkreditiv nicht ausdrücklich etwas anderes vorgeschrieben ist.

Artikel 2
Wesen des Akkreditivs

Im Sinne dieser Richtlinien bedeuten die Ausdrücke „Dokumenten-Akkreditiv(e)" und „Standby Letter(s) of Credit" (im folgenden „Akkreditiv(e)" genannt) jede wie auch immer benannte oder bezeichnete Vereinbarung, wonach eine im Auftrag und nach den Weisungen eines Kunden („Auftraggeber") oder im eigenen Interesse handelnde Bank („eröffnende Bank") gegen vorgeschriebene Dokumente

    I. eine Zahlung an einen Dritten („Begünstigter") oder dessen Order zu leisten oder vom Begünstigten gezogene Wechsel (Tratten) zu akzeptieren und zu bezahlen hat
        oder

    II. eine andere Bank zur Ausführung einer solchen Zahlung oder zur Akzeptierung und Bezahlung derartiger Wechsel (Tratten) ermächtigt
        oder

    III. eine andere Bank zur Negoziierung ermächtigt,

sofern die Akkreditiv-Bedingungen erfüllt sind.
Im Sinne dieser Richtlinien gelten Filialen einer Bank in unterschiedlichen Ländern als andere Bank.

Artikel 3
Akkreditive und Verträge

a Akkreditive sind ihrer Natur nach von den Kauf- oder anderen Verträgen, auf denen sie möglicherweise beruhen, getrennte Geschäfte, und die Banken haben in keiner Hinsicht etwas mit solchen Verträgen zu tun und sind nicht durch sie gebunden, selbst wenn im Akkreditiv auf solche Verträge in irgendeiner Weise Bezug genommen wird. Folglich ist die Verpflichtung einer Bank zu zahlen, Tratten zu akzeptieren und zu bezahlen oder zu negoziieren und/oder irgendeine andere Verpflichtung unter dem Akkreditiv zu erfüllen, nicht abhängig von Gegenansprüchen oder Einreden des Auftraggebers, die sich aus seinen Beziehungen zur eröffnenden Bank oder zum Begünstigten ergeben.

b Ein Begünstigter kann sich keinesfalls auf die vertraglichen Beziehungen berufen, die zwischen den Banken oder zwischen dem Auftraggeber und der eröffnenden Bank bestehen.

Artikel 4
Dokumente und Waren/Dienstleistungen/Leistungen

Im Akkreditiv-Geschäft befassen sich alle Beteiligten mit Dokumenten und nicht mit Waren, Dienstleistungen und/oder anderen Leistungen, auf die sich die Dokumente möglicherweise beziehen.

Artikel 5
Aufträge zur Eröffnung/Änderung von Akkreditiven

a Aufträge zur Eröffnung eines Akkreditivs, das Akkreditiv selbst, Aufträge zur Akkreditiv-Änderung und die Änderung selbst müssen vollständig und genau sein.

Um Irrtümern und Mißverständnissen vorzubeugen, sollten die Banken jedem Versuch entgegentreten,

    I. zu weit gehende Einzelheiten in das Akkreditiv oder in eine Akkreditiv-Änderung aufzunehmen;

    II. Aufträge zur Eröffnung, Avisierung oder Bestätigung eines Akkreditivs durch Bezugnahme auf ein früher eröffnetes Akkreditiv (gleiches Akkreditiv) zu erteilen, wenn dieses frühere Akkreditiv Gegenstand angenommener und/oder nicht angenommener Änderungen war.

8.3 Uniform Customs and Practice for Documentary Credits (UCP 500)

A. General Provisions and Definitions

Article 1
Application of UCP

The Uniform Customs and Practice for Documentary Credits, 1993 Revision, ICC Publication No 500, shall apply to all Documentary Credits (including to the extent to which they may be applicable, Standby Letter(s) of Credit) where they are incorporated into the text of the Credit. They are binding on all parties thereto, unless otherwise expressly stipulated in the Credit.

Article 2
Meaning of Credit

For the purposes of these Articles, the expressions „Documentary Credit(s)" and „Standby Letter(s) of Credit" (hereinafter referred to as „Credit(s)"), mean any arrangement, however named or described, whereby a bank (the „Issuing Bank") acting at the request and on the instructions of a customer (the „Applicant") or on its own behalf,

- **I.** is to make a payment to or to the order of a third party (the „Beneficiary"), or is to accept and pay bills of exchange (Draft(s)) drawn by the Beneficiary,

  or

- **II.** authorises another bank to effect such payment, or to accept and pay such bills of exchange (Draft(s)),

  or

- **III.** authorises another bank to negotiate,

against stipulated document(s), provided that the terms and conditions of the Credit are complied with.

For the purposes of these Articles, branches of a bank in different countries are considered another bank.

Article 3
Credits v. Contracts

a Credits, by their nature, are separate transactions from the sales or other contract(s) on which they may be based and banks are in no way concerned with or bound by such contract(s), even if any reference whatsoever to such contract(s) is included in the Credit. Consequently, the undertaking of a bank to pay, accept and pay Draft(s) or negotiate and/or to fulfil any other obligation under the Credit, is not subject to claims or defences by the Applicant resulting from his relationships with the issuing Bank or the Beneficiary.

b A Beneficiary can in no case avail himself of the contractual relationships existing between the banks or between the Applicant and the Issuing Bank.

Article 4
Documents v. Goods/Services/Performances

In Credit operations all parties concerned deal with documents, and not with goods, services and/or other performances to which the documents may relate.

Article 5
Instructions to Issue/Amend Credits

a Instructions for the issuance of a Credit, the Credit itself, instructions for an amendment thereto, and the amendment itself, must be complete and precise.

In order to guard against confusion and misunderstanding, banks should discourage any attempt:

- **I.** to include excessive detail in the Credit or in any amendment thereto;
- **II.** to give instructions to issue, advise or confirm a Credit by reference to a Credit previously issued (similar Credit) where such previous Credit has been subject to accepted amendment(s), and/or unaccepted amendment(s).

b Alle Aufträge zur Akkreditiv-Eröffnung und das Akkreditiv selbst sowie gegebenenfalls alle Aufträge zur Akkreditiv-Änderung und die Änderung selbst müssen genau das (die) Dokument(e) angeben, gegen das (die) Zahlung, Akzeptleistung oder Negoziierung vorgenommen werden soll.

B. Form und Anzeige von Akkreditiven

Artikel 6
Widerrufliche und unwiderrufliche Akkreditive

a Ein Akkreditiv kann entweder
  I. widerruflich
     oder
  II. unwiderruflich

sein.

b Das Akkreditiv soll daher eindeutig angeben, ob es widerruflich oder unwiderruflich ist.

c Fehlt eine solche Angabe, gilt das Akkreditiv als unwiderruflich.

Artikel 7
Haftung der avisierenden Bank

a Ein Akkreditiv kann dem Begünstigten durch eine andere Bank („avisierende Bank") ohne Verbindlichkeit für die avisierende Bank avisiert werden; diese Bank hat jedoch, wenn sie sich zur Avisierung des Akkreditivs entschließt, mit angemessener Sorgfalt die augenscheinliche Echtheit des zu avisierenden Akkreditivs zu überprüfen. Wenn die Bank sich dazu entschließt, das Akkreditiv nicht zu avisieren, muß sie die eröffnende Bank davon unverzüglich unterrichten.

b Wenn die avisierende Bank diese augenscheinliche Echtheit nicht feststellen kann, muß sie die Bank, von der sie den Auftrag erhalten zu haben scheint, unverzüglich davon unterrichten, daß sie die Echtheit des Akkreditivs nicht feststellen konnte. Wenn sie sich trotzdem dazu entschließt, das Akkreditiv zu avisieren, muß sie den Begünstigten davon unterrichten, daß sie die Echtheit des Akkreditivs nicht feststellen konnte.

Artikel 8
Widerruf eines Akkreditivs

a Ein widerrufliches Akkreditiv kann von der eröffnenden Bank jederzeit und ohne vorherige Nachricht an den Begünstigten geändert oder annulliert werden.

b Die eröffnende Bank muß jedoch
  I. eine andere Bank, bei der ein widerrufliches Akkreditiv zur Sichtzahlung, Akzeptleistung oder Negoziierung benutzbar gestellt ist, für jede Zahlung, Akzeptleistung oder Negoziierung remboursieren, die von dieser Bank vor Erhalt einer Nachricht über die Änderung oder Annulierung gegen Dokumente vorgenommen wurde, die ihrer äußeren Aufmachung nach den Akkreditiv-Bedingungen zu entsprechen scheinen;
  II. eine andere Bank, bei der ein widerrufliches Akkreditiv zur hinausgeschobenen Zahlung benutzbar gestellt ist, remboursieren, wenn diese Bank vor Erhalt einer Nachricht über die Änderung oder Annulierung Dokumente aufgenommen hat, die ihrer äußeren Aufmachung nach den Akkreditiv-Bedingungen zu entsprechen scheinen.

Artikel 9
Haftung der eröffnenden und der bestätigenden Bank

a Ein unwiderrufliches Akkreditiv begründet eine feststehende Verpflichtung der eröffnenden Bank, sofern die vorgeschriebenen Dokumente der benannten Bank oder der eröffnenden Bank vorgelegt werden und die Akkreditiv-Bedingungen erfüllt sind,
  I. wenn das Akkreditiv Sichtzahlung vorsieht – bei Sicht zu zahlen;
  II. wenn das Akkreditiv hinausgeschobene Zahlung vorsieht – an dem (den) nach den Bestimmungen des Akkreditivs bestimmbaren Datum (Daten) zu zahlen;
  III. wenn das Akkreditiv

b All instructions for the issuance of a Credit and the Credit itself and, where applicable, all instructions for an amendment thereto and the amendment itself, must state precisely the document(s) against which payment, acceptance or negotiation is to be made.

B. Form and Notification of Credits

Article 6
Revocable v. Irrevocable Credits

a A Credit may be either
   I. revocable,
   or
   II. irrevocable.

b The Credit, therefore, should clearly indicate whether it is revocable or irrevocable.

c In the absence of such indication the Credit shall be deemed to be irrevocable.

Article 7
Advising Bank's Liability

a A credit may be advised to a Beneficiary through another bank (the „Advising Bank") without engagement on the part of the Advising Bank, but that bank, if it elects to advise the Credit, shall take reasonable care to check the apparent authenticity of the Credit which it advises. If the bank elects not to advise the Credit, it must so inform the Issuing Bank without delay.

b If the Advising Bank cannot establish such apparent authenticity it must inform, without delay, the bank from which the instructions appear to have been received that it has been unable to establish the authenticity of the Credit and if it elects nonetheless to advise the Credit it must inform the Beneficiary that it has not been able to establish the authenticity of the Credit.

Article 8
Revocation of a Credit

a A revocable Credit may be amended or cancelled by the Issuing Bank at any moment and without prior notice to the Beneficiary.

b However, the Issuing Bank must:
   I. reimburse another bank with which a revocable Credit has been made available for sight payment, acceptance or negotiation – for any payment, acceptance or negotiation made by such bank – prior to receipt by it of notice of Amendment or cancellation, against documents which appear on their face to be in compliance with the terms and conditions of the Credit;
   II. reimburse another bank with which a revocable Credit has been made available for deferred payment, if such a bank has, prior to receipt by it of notice of amendment or cancellation, taken up documents which appear on their face to be in compliance with the terms and conditions of the Credit.

Article 9
Liability of Issuing and Confirming Banks

a An irrevocable Credit constitutes a definite undertaking of the Issuing Bank, provided that the stipulated documents are presented to the Nominated Bank or to the Issuing Bank and that the terms and conditions of the Credit are complied with:
   I. if the Credit provides for sight payment – to pay at sight;
   II. if the Credit provides for deferred payment – to pay on the maturity date(s) determinable in accordance with the stipulations of the Credit;
   III. if the Credit provides for acceptance:

- **a.** Akzeptleistung durch die eröffnende Bank vorsieht – vom Begünstigten auf die eröffnende Bank gezogene Tratten zu akzeptieren und sie bei Fälligkeit zu bezahlen,

  oder

- **b.** Akzeptleistung durch eine andere bezogene Bank vorsieht – vom Begünstigten auf die eröffnende Bank gezogene Tratten zu akzeptieren und bei Fälligkeit zu bezahlen, falls die im Akkreditiv vorgeschriebene bezogene Bank auf sie gezogene Tratten nicht akzeptiert, oder Tratten zu bezahlen, falls diese von der bezogenen Bank akzeptiert, aber bei Fälligkeit nicht bezahlt wurden;

IV. wenn das Akkreditiv Negoziierung vorsieht – vom Begünstigten gezogene Tratten und/oder unter dem Akkreditiv vorgelegte Dokumente ohne Rückgriff auf Aussteller und/oder gutgläubige Inhaber zu bezahlen. Ein Akkreditiv soll nicht durch Trattenziehungen auf den Auftraggeber benutzbar gestellt werden; wenn das Akkreditiv dennoch Trattenziehungen auf den Auftraggeber vorschreibt, betrachten Banken solche Tratten als zusätzliche Dokumente.

b Die Bestätigung eines unwiderruflichen Akkreditivs durch eine andere Bank („bestätigende Bank") aufgrund der Ermächtigung oder des Auftrags der eröffnenden Bank begründet zusätzlich zu derjenigen der eröffnenden Bank eine feststehende Verpflichtung der bestätigenden Bank, sofern die vorgeschriebenen Dokumente der bestätigenden Bank oder einer anderen benannten Bank vorgelegt werden und die Akkreditiv-Bedingungen erfüllt sind,

I. wenn das Akkreditiv Sichtzahlung vorsieht – bei Sicht zu zahlen;

II. wenn das Akkreditiv hinausgeschobene Zahlung vorsieht – an dem(den) nach den Bestimmungen des Akkreditivs bestimmbaren Datum (Daten) zu zahlen;

III. wenn das Akkreditiv

- **a.** Akzeptleistung durch die bestätigende Bank vorsieht – vom Begünstigten auf die bestätigende Bank gezogene Tratten zu akzeptieren und sie bei Fälligkeit zu bezahlen,

  oder

- **b.** Akzeptleistung durch eine andere bezogene Bank vorsieht – vom Begünstigten auf die bestätigende Bank gezogene Tratten zu akzeptieren und bei Fälligkeit zu bezahlen, falls die im Akkreditiv vorgeschriebene bezogene Bank auf sie gezogene Tratten nicht akzeptiert, oder Tratten zu bezahlen, falls diese von der bezogenen Bank akzeptiert, aber bei Fälligkeit nicht bezahlt wurden;

IV. wenn das Akkreditiv Negoziierung vorsieht – vom Begünstigten gezogene Tratten und/oder unter dem Akkreditiv vorgelegte Dokumente ohne Rückgriff auf Aussteller und/oder gutgläubige Inhaber zu negoziieren. Ein Akkreditiv soll nicht durch Trattenziehungen auf den Auftraggeber benutzbar gestellt werden; wenn das Akkreditiv dennoch Trattenziehungen auf den Auftraggeber vorschreibt, betrachten Banken solche Tratten als zusätzliche Dokumente.

c I. Wenn eine andere Bank von der eröffnenden Bank ermächtigt oder beauftragt wird, einem Akkreditiv ihre Bestätigung hinzuzufügen, hierzu aber nicht bereit ist, muß sie die eröffnende Bank davon unverzüglich unterrichten.

II. Sofern die eröffnende Bank in ihrer Ermächtigung oder ihrem Auftrag zur Hinzufügung einer Bestätigung nichts anderes vorschreibt, kann die avisierende Bank das Akkreditiv dem Begünstigten ohne Hinzufügung ihrer Bestätigung avisieren.

d I. Soweit Artikel 48 nichts anderes vorsieht, kann ein unwiderrufliches Akkreditiv ohne die Zustimmung der eröffnenden Bank, der etwaigen bestätigenden Bank und des Begünstigten weder geändert noch annulliert werden.

II. Die eröffnende Bank ist an von ihr erstellte Änderungen vom Zeitpunkt der Erstellung dieser Änderungen unwiderruflich gebunden. Eine bestätigende Bank kann ihre Bestätigung auf eine Änderung erstrecken und ist vom Zeitpunkt ihrer Änderungsanzeige entsprechend unwiderruflich verpflichtet. Eine bestätigende Bank kann jedoch dem Begünstigten eine Änderung auch ohne ihre Bestätigung darauf zu erstrecken anzeigen; sie muß dann allerdings die eröffnende Bank und den Begünstigten davon unverzüglich unterrichten.

    a. by the Issuing Bank – to accept Draft(s) drawn by the Beneficiary on the Issuing Bank and pay them at maturity,

    or

    b. by another drawee bank – to accept and pay at maturity Draft(s) drawn by the Beneficiary on the Issuing Bank in the event the drawee bank stipulated in the Credit does not accept Draft(s) drawn on it, or to pay Draft(s) accepted but not paid by such drawee bank at maturity;

  IV. if the Credit provides for negotiation – to pay without recourse to drawers and/or bona fide holders, Draft(s) drawn by the Beneficiary and/or document(s) presented under the Credit. A Credit should not be issued available by Draft(s) on the Applicant. If the Credit nevertheless calls for draft(s) on the Applicant, banks will consider such Draft(s) as an additional document(s).

b A confirmation of an irrevocable Credit by another bank (the „Confirming Bank") upon the authorisation or request of the Issuing Bank, constitutes a definite undertaking of the Confirming Bank, in addition to that of the Issuing Bank, provided that the stipulated documents are presented to the Confirming Bank or to any other Nominated Bank and that the terms and conditions of the Credit are complied with;

  I. if the Credit provides for sight payment – to pay at sight;

  II. if the Credit provides for deferred payment – to pay on the maturity date(s) determinable in accordance with the stipulations of the Credit;

  III. if the Credit provides for acceptance:

    a. by the Confirming Bank – to accept Draft(s) drawn by the Beneficiary on the Confirming Bank and pay them at maturity,

    or

    b. by another drawee bank – to accept and pay at maturity Draft(s) drawn by the Beneficiary on the Confirming Bank, in the event the drawee bank stipulated in the Credit does not accept Draft(s) drawn on it, or to pay Draft(s) accepted but not paid by such drawee bank at maturity;

  IV. if the Credit provides for negotiation – to negotiate without recourse to drawers and/or bona fide holders, Draft(s) drawn by the Beneficiary and/or document(s) presented under the Credit. A Credit should not be issued available by Draft(s) on the Applicant. If the Credit nevertheless calls for Draft(s) on the Applicant, banks will consider such Draft(s) as an additional document(s).

c **I.** If another bank is authorised or requested by the Issuing Bank to add its confirmation to a Credit but is not prepared to do so, it must so inform the Issuing Bank without delay.

  II. Unless the Issuing Bank specifies otherwise in its authorisation or request to add confirmation, the Advising Bank may advise the Credit to the Beneficiary without adding its confirmation.

d **I.** Except as otherwise provided by Article 48, an irrevocable Credit can neither be amended nor cancelled without the agreement of the Issuing Bank, the Confirming Bank, if any, and the Beneficiary.

  II. The Issuing Bank shall be irrevocably bound by an amendment(s) issued by it from the time of the issuance of such amendment(s). A Confirming Bank may extend its confirmation to an amendment and shall be irrevocably bound as of the time of its advice of the amendment. A Confirming Bank may, however, choose to advise an amendment to the Beneficiary without extending its confirmation and if so, must inform the Issuing Bank and the Beneficiary without delay.

III. Die Bedingungen des ursprünglichen Akkreditivs (oder eines Akkreditivs mit vorher angenommenen Änderungen) bleiben für den Begünstigten in Kraft, bis der Begünstigte seine Annahme der Änderung der Bank mitteilt, die ihm diese Änderung anzeigte. Der Begünstigte soll die Annahme oder Zurückweisung von Änderungen mitteilen. Wenn der Begünstigte diese Mitteilung unterläßt, gilt die Vorlage von Dokumenten bei der benannten oder eröffnenden Bank, die dem Akkreditiv und noch nicht angenommenen Änderungen entsprechen, als Mitteilung der Annahme dieser Änderungen durch den Begünstigten, und das Akkreditiv ist von diesem Zeitpunkt an geändert.

IV. Die teilweise Annahme von Änderungen, die in ein und derselben Änderungsanzeige enthalten sind, ist nicht gestattet und daher unwirksam.

Artikel 10
Akkreditivformen

a Alle Akkreditive müssen eindeutig angeben, ob sie durch Sichtzahlung, durch hinausgeschobene Zahlung, durch Akzeptleistung oder durch Negoziierung benutzbar sind.

b I. Sofern das Akkreditiv nicht vorschreibt, daß es nur bei der eröffnenden Bank benutzbar ist, müssen alle Akkreditive die Bank benennen („benannte Bank"), die ermächtigt ist, zu zahlen, eine Verpflichtung zur hinausgeschobenen Zahlung zu übernehmen, Tratten zu akzeptieren oder zu negoziieren. Bei einem frei negoziierbaren Akkreditiv ist jede Bank eine benannte Bank.

Dokumentenvorlage muß bei der eröffnenden Bank oder der etwaigen bestätigenden Bank oder einer anderen benannten Bank erfolgen.

II. Negoziierung bedeutet die Zahlung von Geld gegen Tratten und/oder Dokumente durch die zur Negoziierung ermächtigte Bank. Die alleinige Prüfung der Dokumente ohne Zahlung von Geld stellt keine Negoziierung dar.

c Sofern die benannte Bank nicht die bestätigende Bank ist, begründet die Benennung durch die eröffnende Bank keine Verpflichtung der benannten Bank zur Zahlung, Übernahme einer Verpflichtung zur hinausgeschobenen Zahlung, Akzeptierung von Tratten oder Negoziierung. Ohne ausdrückliche Erklärung der benannten Bank und deren Übermittlung an den Begünstigten verpflichtet die Entgegennahme und/oder Prüfung und/oder Weiterleitung von Dokumenten durch die benannte Bank diese Bank nicht zur Zahlung, Übernahme einer Verpflichtung zur hinausgeschobenen Zahlung, Akzeptierung von Tratten oder Negoziierung.

d Durch die Benennung einer anderen Bank oder die Zulassung der Negoziierung durch jede Bank oder die Ermächtigung oder Beauftragung einer anderen Bank, ihre Bestätigung hinzuzufügen, ermächtigt die eröffnende Bank diese Bank zur Zahlung, Akzeptierung von Tratten beziehungsweise Negoziierung gegen Dokumente, die ihrer äußeren Aufmachung nach den Akkreditiv-Bedingungen zu entsprechen scheinen, und verpflichtet sich, diese Bank gemäß den Bestimmungen dieser Richtlinien zu remboursieren.

Artikel 11
Akkreditive per Telekommunikation und Voravise

a I. Wenn eine eröffnende Bank eine avisierende Bank durch eine authentisierte Telekommunikation beauftragt, ein Akkreditiv oder eine Akkreditiv-Änderung zu avisieren, gilt die Telekommunikation als das Instrument für die Inanspruchnahme des Akkreditivs oder als die maßgebliche Änderungsmitteilung; eine briefliche Bestätigung sollte dann nicht erfolgen. Sollte eine briefliche Bestätigung dennoch erfolgen, ist sie ohne Wirkung, und die avisierende Bank ist nicht verpflichtet, diese briefliche Bestätigung mit dem durch Telekommunikation erhaltenen Instrument für die Inanspruchnahme des Akkreditivs oder der durch Telekommunikation erhaltenen maßgeblichen Änderungsmitteilung zu vergleichen.

II. Wenn die Telekommunikation den Hinweis „vollständige Einzelheiten folgen" (oder Worte ähnlicher Bedeutung) enthält oder angibt, daß die briefliche Bestätigung das Instrument für die Inanspruchnahme des Akkreditivs oder die maßgebliche Änderungsmitteilung sein soll, dann wird die Telekommunikation nicht als das Instrument für die Inanspruchnahme des Akkreditivs oder als die maßgebliche Änderungsmitteilung angesehen. Die eröffnende Bank muß das Instrument für die Inanspruchnahme des Akkreditivs oder die maßgebliche Änderungsmitteilung der avisierenden Bank unverzüglich übersenden.

III. The terms of the original Credit (or a Credit incorporating previously accepted amendment(s)) will remain in force for the Beneficiary until the Beneficiary communicates his acceptance of the amendment to the bank that advised such amendment. The Beneficiary should give notification of acceptance or rejection of amendment(s). If the Beneficiary fails to give such notification, the tender of documents to the Nominated Bank or Issuing Bank, that conform to the Credit and to not yet accepted amendment(s), will be deemed to be notification of acceptance by the Beneficiary of such amendment(s) and as of that moment the Credit will be amended.

IV. Partial acceptance of amendments contained in one and the same advice of amendment is not allowed and consequently will not be given any effect.

Article 10
Types of Credit

a All Credits must clearly indicate whether they are available by sight payment, by deferred payment, by acceptance or by negotiation.

b I. Unless the Credit stipulates that it is available only with the Issuing Bank, all Credits must nominate the bank (the „Nominated Bank") which is authorised to pay, to incur a deferred payment undertaking, to accept Draft(s) or to negotiate. In a freely negotiable Credit, any bank is a Nominated Bank.

Presentation of documents must be made to the Issuing Bank or the Confirming Bank, if any, or any other Nominated Bank.

II. Negotiation means the giving of value for Draft(s) and/or document(s) by the bank authorised to negotiate. Mere examination of the documents wihtout giving of value does not constitute a negotiation.

c Unless the Nominated Bank is the Confirming Bank, nomination by the Issuing Bank does not constitute any undertaking by the Nominated Bank to pay, to incur a deferred payment undertaking, to accept Draft(s), or to negotiate. Except where expressly agreed to by the Nominated Bank and so communicated to the Beneficiary, the Nominated Bank's receipt of and/or examination and/or forwarding of the documents does not make that bank liable to pay, to incur a deferred payment undertaking, to accept Draft(s), or to negotiate.

d By nominating another bank, or by allowing for negotiation by any bank, or by authorising or requesting another bank to add its confirmation, the Issuing Bank authorises such bank to pay, accept Draft(s) or negotiate as the case may be, against documents which appear on their face to be in compliance with the terms and conditions of the Credit and undertakes to reimburse such bank in accordance with the provisions of these Articles.

Article 11
Teletransmitted and Pre-Advised Credits

a I. When an Issuing Bank instructs an Advising Bank by an authenticated teletransmission to advise a Credit or an amendment to a Credit, the teletransmission will be deemed to be the operative Credit instrument or the operative amendment, and no mail confirmation should be sent. Should a mail confirmation nevertheless be sent, it will have no effect and the Advising Bank will have no obligation to check such mail confirmation against the operative Credit instrument or the operative amendment received by teletransmission.

II. If the teletransmission states „full details to follow" (or words of similar effect) or states that the mail confirmation is to be the operative Credit instrument or the operative amendment, then the teletransmission will not be deemed to be the operative Credit instrument or the operative amendment. The Issuing Bank must forward the operative Credit instrument or the operative amendment to such Advising Bank without delay.

b Bedient sich eine Bank zur Avisierung eines Akkreditivs an den Begünstigten der Dienste einer avisierenden Bank, so muß sie sich auch der Dienste dieser Bank für die Avisierung von Änderungen bedienen.

c Eine Voranzeige (Voravis) über die Eröffnung oder Änderung eines unwiderruflichen Akkreditivs soll von einer eröffnenden Bank nur erteilt werden, wenn diese Bank bereit ist, das Instrument für die Inanspruchnahme des Akkreditivs oder die maßgebliche Änderungsmitteilung auszustellen. Sofern die eröffnende Bank in dieser Voranzeige nichts anderes angibt, ist eine eröffnende Bank, die ein solches Voravis erteilt hat, unwiderruflich verpflichtet, das Akkreditiv unverzüglich zu eröffnen oder zu ändern, und zwar zu Bedingungen, die nicht im Widerspruch zum Voravis stehen.

Artikel 12
Unvollständige oder unklare Weisungen

Eine Bank, die unvollständige oder unklare Weisungen zur Avisierung, Bestätigung oder Änderung eines Akkreditivs erhält, ist berechtigt, dem Begünstigten hiervon nur zu seiner vorläufigen Unterrichtung unverbindlich Kenntnis zu geben. Diese vorläufige Unterrichtung sollte eindeutig besagen, daß die Unterrichtung nur informationshalber und ohne Verbindlichkeit für die avisierende Bank erfolgt. In jedem Fall muß die avisierende Bank die eröffnende Bank über unternommene Schritte unterrichten und sie ersuchen, erforderliche Informationen zu übermitteln.

Die eröffnende Bank muß die erforderlichen Informationen unverzüglich nachliefern. Das Akkreditiv wird erst nach Erhalt vollständiger und klarer Weisungen avisiert, bestätigt oder geändert, falls die avisierende Bank dann bereit ist, weisungsgemäß zu handeln.

C. Haftung und Verantwortlichkeit

Artikel 13
Grundsatz der Dokumentenprüfung

a Die Banken müssen alle im Akkreditiv vorgeschriebenen Dokumente mit angemessener Sorgfalt prüfen, um festzustellen, ob sie ihrer äußeren Aufmachung nach den Akkreditiv-Bedingungen zu entsprechen scheinen. Die Feststellung, ob vorgeschriebene Dokumente der äußeren Aufmachung nach den Akkreditiv-Bedingungen entsprechen, richtet sich nach dem Standard internationaler Bankpraxis, wie er sich in diesen Richtlinien widerspiegelt. Dokumente, die sich ihrer äußeren Aufmachung nach untereinander widersprechen, werden als ihrer äußeren Aufmachung nach nicht den Akkreditiv-Bedingungen entsprechend angesehen.

Im Akkreditiv nicht vorgeschriebene Dokumente werden von den Banken nicht geprüft. Wenn sie solche Dokumente erhalten, geben sie diese dem Einreicher zurück oder leiten diese unverbindlich weiter.

b Der eröffnenden Bank, der etwaigen bestätigenden Bank oder einer für sie handelnden benannten Bank steht jeweils eine angemessene, sieben Bankarbeitstage nach dem Tag des Dokumentenerhalts nicht überschreitende Zeit zu, die Dokumente zu prüfen und zu entscheiden, ob sie die Dokumente aufnehmen oder zurückweisen will, und denjenigen entsprechend zu unterrichten, von dem sie die Dokumente erhielt.

c Wenn ein Akkreditiv Bedingungen enthält, ohne das (die) zum Erfüllungsnachweis vorzulegende(n) Dokument(e) anzugeben, betrachten die Banken solche Bedingungen als nicht vorhanden und schenken ihnen keine Beachtung.

Artikel 14
Unstimmige Dokumente und Benachrichtigungen

a Wenn eine eröffnende Bank eine andere Bank ermächtigt, gegen Dokumente, die ihrer äußeren Aufmachung nach den Akkreditiv-Bedingungen zu entsprechen scheinen, zu zahlen, eine Verpflichtung zur hinausgeschobenen Zahlung zu übernehmen, Tratten zu akzeptieren oder zu negoziieren, sind die eröffnende Bank und die etwaige bestätigende Bank verpflichtet,

    I. die benannte Bank, die gezahlt, eine Verpflichtung zur hinausgeschobenen Zahlung übernommen, Tratten akzeptiert oder negoziiert hat, zu remboursieren,

    II. die Dokumente aufzunehmen.

b If a bank uses the services of an Advising Bank to have the Credit advised to the Beneficiary, it must also use the services of the same bank for advising an amendment(s).

c A preliminary advice of the issuance or amendment of an irrevocable Credit (pre-advice), shall only be given by an Issuing Bank if such bank is prepared to issue the operative Credit instrument or the operative amendment thereto. Unless otherwise stated in such preliminary advice by the Issuing Bank, an Issuing Bank having given such pre-advice shall be irrevocably committed to issue or amend the Credit, in terms not inconsistent with the pre-advice, without delay.

Article 12
Incomplete or Unclear Instructions

If incomplete or unclear instructions are received to advise, confirm or amend a Credit, the bank requested to act on such instructions may give preliminary notification to the Beneficiary for information only and without responsibility. This preliminary notification should state clearly that the notification is provided for information only and without the responsibility of the Advising Bank. In any event, the Advising Bank must inform the Issuing Bank of the action taken and request it to provide the necessary information.

The Issuing Bank must provide the necessary information without delay. The Credit will be advised, confirmed or amended, only when complete and clear instructions have been received and if the Advising Bank is then prepared to act on the instructions.

C. Liabilities and Responsibilities

Article 13
Standard for Examination of Documents

a Banks must examine all documents stipulated in the Credit with reasonable care, to ascertain whether or not they appear, on their face, to be in compliance with the terms and conditions of the Credit. Compliance of the stipulated documents on their face with the terms and conditions of the Credit, shall be determined by international standard banking practice as reflected in these Articles. Documents which appear on their face to be inconsistent with one another will be considered as not appearing on their face to be in compliance with the terms and conditions of the Credit.

Documents not stipulated in the Credit will not be examined by banks. If they receive such documents, they shall return them to the presenter or pass them on without responsibility.

b The Issuing Bank, the Confirming Bank, if any, or a Nominated Bank acting on their behalf, shall each have a reasonable time, not to exceed seven banking days following the day of receipt of the documents, to examine the documents and determine whether to take up or refuse the documents and to inform the party from which it received the documents accordingly.

c If a Credit contains conditions without stating the document(s) to be presented in compliance there with, banks will deem such conditions as not stated and will disregard them.

Article 14
Discrepant Documents and Notice

a When the Issuing Bank authorises another bank to pay, incur a deferred payment undertaking, accept Drat(s), or negotiate against documents which appear on their face to be in compliance with the terms and conditions of the Credit, the Issuing Bank and the Confirming Bank, if any, are bound:
  I. to reimburse the Nominated Bank which has paid, incurred a deferred payment undertaking, accepted Draft(s), or negotiated,
  II. to take up the documents.

b Bei Erhalt der Dokumente muß die eröffnende Bank und/oder die etwaige bestätigende Bank oder eine für sie handelnde benannte Bank allein aufgrund der Dokumente entscheiden, ob sie ihrer äußeren Aufmachung nach den Akkreditiv-Bedingungen zu entsprechen scheinen. Wenn die Dokumente ihrer äußeren Aufmachung nach nicht den Akkreditiv-Bedingungen zu entsprechen scheinen, können diese Banken die Aufnahme der Dokumente verweigern.

c Wenn die eröffnende Bank entscheidet, daß die Dokumente ihrer äußeren Aufmachung nach nicht den Akkreditiv-Bedingungen zu entsprechen scheinen, kann sie sich wegen eines Verzichts auf Geltendmachung der Unstimmigkeit(en) nach eigenem Ermessen an den Auftraggeber wenden. Dadurch verlängert sich jedoch nicht der in Artikel 13(b) erwähnte Zeitraum.

d I. Wenn sich die eröffnende Bank und/oder die etwaige bestätigende Bank oder eine für sie handelnde benannte Bank zur Zurückweisung der Dokumente entscheidet, muß sie eine entsprechende Mitteilung unverzüglich, jedoch nicht später als am Ende des siebten Bankarbeitstages nach dem Tag des Dokumentenerhalts durch Telekommunikation oder, wenn dies nicht möglich ist, auf anderem schnellen Weg geben. Diese Mitteilung ist an die Bank zu richten, von der sie die Dokumente erhalten hat, oder an den Begünstigten, wenn sie die Dokumente unmittelbar von diesem erhalten hat.

II. Diese Mitteilung muß alle Unstimmigkeiten nennen, aufgrund derer die Bank die Dokumente zurückweist, und muß auch besagen, ob die Dokumente zur Verfügung des Einreichers gehalten oder ihm zurückgesandt werden.

III. Die eröffnende Bank und/oder die etwaige bestätigende Bank ist dann berechtigt, von der übersendenden Bank Rückerstattung des an diese Bank geleisteten Rembours mit Zinsen zu verlangen.

e Wenn die eröffnende Bank und/oder die etwaige bestätigende Bank nicht gemäß den Bestimmungen dieses Artikels handelt und/oder wenn sie die Dokumente weder zur Verfügung des Einreichers hält noch diesem zurücksendet, kann die eröffnende Bank und/oder die etwaige bestätigende Bank nicht geltend machen, daß die Dokumente nicht den Akkreditiv-Bedingungen entsprechen.

f Wenn die übersendende Bank die eröffnende Bank und/oder die etwaige bestätigende Bank auf irgendeine (irgendwelche) Unstimmigkeit(en) in den Dokumenten hinweist oder diese Bank(en) davon benachrichtigt, daß sie aufgrund dieser Unstimmigkeit(en) unter Vorbehalt oder gegen eine Garantie gezahlt, eine Verpflichtung zur hinausgeschobenen Zahlung übernommen, Tratten akzeptiert oder negoziiert hat, wird die eröffnende Bank und/oder die etwaige bestätigende Bank dadurch von keiner ihrer Verpflichtungen aus den Bestimmungen dieses Artikels befreit. Ein solcher Vorbehalt oder eine solche Garantie betrifft allein das Verhältnis zwischen der übersendenden Bank und dem Beteiligten, dem gegenüber der Vorbehalt ausgesprochen oder von dem oder für den die Garantie gestellt ist.

Artikel 15
Haftungsausschluß für Wirksamkeit von Dokumenten

Die Banken übernehmen keine Haftung oder Verantwortung für Form, Vollständigkeit, Genauigkeit, Echtheit, Verfälschung oder Rechtswirksamkeit von Dokumenten oder für die allgemeinen und/oder besonderen Bedingungen, die in den Dokumenten angegeben oder denselben hinzugefügt sind. Sie übernehmen auch keine Haftung oder Verantwortung für Bezeichnung, Menge, Gewicht, Qualität, Beschaffenheit, Verpackung, Lieferung, Wert oder Vorhandensein der durch Dokumente vertretenen Waren, oder für Treu und Glauben oder Handlungen und/oder Unterlassungen sowie für Zahlungsfähigkeit, Leistungsvermögen oder Ruf der Absender, Frachtführer, Spediteure, Empfänger oder Versicherer der Waren oder irgendwelcher anderer Personen.

Artikel 16
Haftungsausschluß für Nachrichtenübermittlung

Die Banken übernehmen keine Haftung oder Verantwortung für die Folgen von Verzögerungen und/oder Verlusten bei Übermittlung von Nachrichten, Briefen oder Dokumenten, sowie für Verzögerung, Verstümmelung oder sonstige Irrtümer, die aus der Übermittlung einer Telekommunikation resultieren. Die Banken übernehmen keine Haftung oder Verantwortung für Irrtümer bei Übersetzung und/oder Auslegung von technischen Ausdrücken und behalten sich das Recht vor, Akkreditiv-Bedingungen unübersetzt weiterzugeben.

b Upon receipt of the documents the Issuing Bank and/or Confirming Bank, if any, or a Nominated Bank acting on their behalf, must determine on the basis of the documents alone whether or not they appear on their face to be in compliance with the terms and conditions of the Credit. If the documents appear on their face not to be in compliance with the terms and conditions of the Credit, such banks may refuse to take up the documents.

c If the Issuing Bank determines that the documents appear on their face not to be in compliance with the terms and conditions of the Credit, it may in its sole judgment approach the Applicant for a waiver of the discrepancy(ies). This does not, however, extend the period mentioned in sub-Article 13 (b).

d I. If the Issuing Bank and/or Confirming Bank, if any, or a Nominated Bank acting on their behalf, decides to refuse the documents, it must give notice to that effect by telecommunication or, if that is not possible, by other expeditious means, without delay but no later than the close of the seventh banking day following the day of receipt of the documents. Such notice shall be given to the bank from which it received the documents, or to the Beneficiary, if it received the documents directly from him.

II. Such notice must state all discrepancies in respect of which the bank refuses the documents and must also state whether it is holding the documents at the disposal of, or is returning them to, the presenter.

III. The Issuing Bank and/or Confirming Bank, if any, shall then be entitled to claim from the remitting bank refund, with interest, of any reimbursement which has been made to that bank.

e If the Issuing Bank and/or Confirming Bank, if any, fails to act in accordance with the provisions of this Article and/or fails to hold the documents at the disposal of, or return them to the presenter, the Issuing Bank and/or Confirming Bank, if any, shall be precluded from claiming that the documents are not in compliance with the terms and conditions to the Credit.

f If the remitting bank draws the attention of the Issuing Bank and/or Confirming Bank, if any, to any discrepancy(ies) in the document(s) or advises such banks that it has paid, incurred a deferred payment undertaking, accepted Draft(s) or negotiated under reserve or against an indemnity in respect of such discrepancy(ies), the Issuing Bank and/or Confirming Bank, if any, shall not be thereby relieved from any of their obligations under any provision of this Article. Such reserve or indemnity concerns only the relations between the remitting bank and the party towards whom the reserve was made, or from whom, or on whose behalf, the indemnity was obtained.

Article 15
Disclaimer on Effectiveness of Documents

Banks assume no liability or responsibility for the form, sufficiency, accuracy, genuineness, falsification or legal effect of any document(s), or for the general and/or particular conditions stipulated in the document(s) or superimposed thereon; nor do they assume any liability or responsibility for the description, quantity, weight, quality, condition, packing, delivery, value or existence of the goods represented by any document(s), or for the good faith or acts and/or omissions, solvency, performance or standing of the consignors, the carriers, the forwarders, the consignees or the insurers of the goods, or any other person whomsoever.

Article 16
Disclaimer on the Transmission of Messages

Banks assume no liability or responsibility for the consequences arising out of delay and/or loss in transit of any message(s), letter(s) or document(s), or for delay, mutilation or other error(s) arising in the transmission of any telecommunication. Banks assume no liability or responsibility for errors in translation and/or interpretation of technical terms, and reserve the right to transmit Credit terms without translating them.

Artikel 17
Höhere Gewalt

Die Banken übernehmen keine Haftung oder Verantwortung für die Folgen der Unterbrechung ihrer Geschäftstätigkeit durch Fälle höherer Gewalt, Unruhen, Aufruhr, Aufstand, Kriege oder irgendwelche anderen Ursachen, die außerhalb ihrer Kontrolle liegen, sowie durch irgendwelche Streiks oder Aussperrungen. Sofern sie hierzu nicht ausdrücklich ermächtigt sind, werden die Banken bei Wiederaufnahme ihrer Geschäftstätigkeit unter Akkreditiven, die während einer solchen Unterbrechung ihrer Geschäftstätigkeit verfallen sind, nicht zahlen, keine Verpflichtung zur hinausgeschobenen Zahlung übernehmen, keine Tratten akzeptieren bzw. nicht negoziieren.

Artikel 18
Haftungsausschluß für Handlungen einer beauftragten Partei

a Bedienen sich Banken einer oder mehrerer Banken, um die Weisungen des Auftraggebers auszuführen, tun sie dies für Rechnung und Gefahr dieses Auftraggebers.

b Die Banken übernehmen keine Haftung oder Verantwortung, wenn die von ihnen erteilten Weisungen nicht ausgeführt werden, auch wenn sie selbst die Auswahl dieser anderen Bank(en) getroffen haben.

c I. Eine Partei, die eine andere Partei beauftragt, Leistungen zu erbringen, haftet für alle Spesen einschließlich Provisionen, Gebühren, Kosten oder Auslagen, die bei der beauftragten Partei im Zusammenhang mit den Weisungen entstanden sind.

II. Schreibt ein Akkreditiv vor, daß diese Spesen für Rechnung einer anderen als der auftraggebenden Partei gehen, und können die Spesen nicht eingezogen werden, haftet die auftraggebende Partei letztlich für deren Bezahlung.

d Der Auftraggeber muß alle Verpflichtungen und Verantwortlichkeiten übernehmen, die auf ausländischen Gesetzen und Gebräuchen beruhen, und er muß die Banken für alle hieraus resultierenden Folgen schadlos halten.

Artikel 19
Remboursvereinbarungen zwischen Banken

a Wenn die eröffnende Bank bestimmt, daß eine zahlende, akzeptierende oder negoziierende Bank („Rembours beanspruchende Bank") den ihr zustehenden Rembours von einer anderen Stelle („Remboursbank") erhalten soll, hat die eröffnende Bank dieser Remboursbank rechtzeitig die ordnungsgemäße Weisung oder Ermächtigung zur Honorierung solcher Remboursansprüche zu erteilen.

b Eröffnende Banken sollen von einer Rembours beanspruchenden Bank nicht verlangen, daß diese der Remboursbank die Erfüllung der Akkreditiv-Bedingungen bestätigt.

c Eine eröffnende Bank wird von ihren Verpflichtungen zur Remboursleistung nicht befreit, wenn die Rembours beanspruchende Bank von der Remboursbank keinen Rembours erhält.

d Die eröffnende Bank haftet der Rembours beanspruchenden Bank für jeglichen Verlust von Zinsen, wenn die Remboursbank den Rembours nicht auf erstes Anfordern beziehungsweise nicht in anderer Weise gemäß den Bestimmungen des Akkreditivs oder gegenseitiger Vereinbarung leistet.

e Die Spesen der Remboursbank sollten zu Lasten der eröffnenden Bank gehen. Wenn jedoch die Spesen zu Lasten einer anderen Stelle gehen, liegt es in der Verantwortung der eröffnenden Bank, einen entsprechenden Hinweis in das Originalakkreditiv und in die Remboursermächtigung aufzunehmen. Wenn die Spesen der Remboursbank zu Lasten einer anderen Stelle gehen, müssen sie bei Inanspruchnahme des Akkreditivs bei der Rembours beanspruchenden Bank eingezogen werden. Wird das Akkreditiv nicht in Anspruch genommen, haftet die eröffnende Bank für die Spesen der Remboursbank.

D. Dokumente

Artikel 20
Unklarheit über Aussteller von Dokumenten

a Ausdrücke wie „erstklassig", „gut bekannt", „qualifiziert", „unabhängig", „offiziell", „kompetent", „örtlich" u. ä. sollen zur Klassifizierung der Aussteller irgendwelcher Dokumente, die unter einem Akkreditiv vorzulegen sind, nicht verwendet werden. Wenn solche Ausdrücke im Akkreditiv enthalten

Article 17
Force Majeure
Banks assume no liability or responsibility for the consequences arising out of the interruption of their business by Acts of God, riots, civil commotions, insurrections, wars or any other causes beyond their control, or by any strikes or lockouts. Unless specifically authorised, banks will not, upon resumption of their business, pay, incur a deferred payment undertaking, accept Draft(s) or negotiate under Credits which expired during such interruption of their business.

Article 18
Disclaimer for Acts of an Instructed Party
a Banks utilizing the services of another bank or other banks for the purpose of giving effect to the instructions of the Applicant do so for the account and at the risk of such Applicant.

b Banks assume no liability or responsibility should the instructions they transmit not be carried out, even if they have themselves taken the initiative in the choice of such other bank(s).

c **I.** A party instructing another party to perform services is liable for any charges, including commissions, fees, costs or expenses incurred by the instructed party in connection with its instructions.

    II. Where a Credit stipulates that such charges are for the account of a party other than the instructing party, and charges cannot be collected, the instructing party remains ultimately liable for the payment thereof.

d The Applicant shall be bound by and liable to indemnify the banks against all obligations and responsibilities imposed by foreign laws and usages.

Articles 19
Bank-to-Bank Reimbursement Arrangements
a If an Issuing Bank intends that the reimbursement to which a paying, accepting or negotiating bank is entitled, shall be obtained by such bank (the „Claiming Bank"), claiming on another party (the „Reimbursing Bank"), it shall provide such Reimbursing Bank in good time with the proper instructions or authorisation to honour such reimbursement claims.

b Issuing Banks shall not require a Claiming Bank to supply a certificate of compliance with the terms and conditions of the Credit to the Reimbursing Bank.

c An Issuing Bank shall not be relieved from any of its obligations to provide reimbursement if and when reimbursement is not received by the Claiming Bank from the Reimbursing Bank.

d The Issuing Bank shall be responsible to the Claiming Bank for any loss of interest if reimbursement is not provided by the Reimbursing Bank on first demand, or as otherwise specified in the Credit, or mutually agreed, as the case may be.

e The Reimbursing Bank's charges should be for the account of the Issuing Bank. However, in cases where the charges are for the account of another party, it is the responsibility of the Issuing Bank to so indicate in the original Credit and in the reimbursement authorisation. In cases where the Reimbursing Bank's charges are for the account of another party they shall be collected from the Claiming Bank when the Credit is drawn under. In cases where the Credit is not drawn under, the Reimbursing Bank's charges remain the obligation of the Issuing Bank.

D. Documents
Article 20
Ambiguity as to the Issuers of Documents
a Terms such as „first class", „well known", „qualified", „independent", „official", „competent", „local" and the like, shall not be used to describe the issuers of any document(s) to be presented under a Credit. If such terms are incorporated in the Credit, banks will accept the relative document(s) as

sind, nehmen die Banken die betreffenden Dokumente so an, wie sie vorgelegt werden, vorausgesetzt, daß sie ihrer äußeren Aufmachung nach den anderen Akkreditiv-Bedingungen zu entsprechen und nicht durch den Begünstigten ausgestellt zu sein scheinen.

b Sofern im Akkreditiv nichts anderes vorgeschrieben ist, nehmen die Banken als Originaldokumente auch Dokumente an, die

  I. durch reprographische, automatisierte oder computerisierte Systeme,

  II. als Durchschläge

erstellt sind oder zu sein scheinen, sofern sie als Originale gekennzeichnet sind und, soweit erforderlich, unterzeichnet zu sein scheinen.

Die Unterzeichnung eines Dokuments kann handschriftlich, durch Faksimile-Unterschrift, durch perforierte Unterschrift, durch Stempel, durch Symbol oder durch irgendeine andere mechanische oder elektronische Authentisierungsmethode erfolgen.

c I. Sofern im Akkreditiv nichts anderes vorgeschrieben ist, nehmen die Banken als Kopien Dokumente an, die entweder als Kopien bezeichnet oder nicht als Originale gekennzeichnet sind, wobei Kopien keiner Unterzeichnung bedürfen.

  II. Akkreditive, die mehrfache Ausfertigungen von Dokumenten durch Ausdrücke wie „doppelt", „zweifach", „zwei Ausfertigungen" u.ä. verlangen, gelten als erfüllt, wenn ein Original und in verbleibender Anzahl Kopien vorgelegt werden, es sei denn, das Dokument gibt selbst etwas anderes an.

d Sofern im Akkreditiv nichts anderes vorgeschrieben ist, gilt eine Akkreditiv-Bedingung, wonach ein verlangtes Dokument authentisiert, für gültig erklärt, legalisiert, mit Sichtvermerk versehen, beglaubigt sein oder ein ähnliches Erfordernis ausweisen soll, als erfüllt, wenn irgendein(e) Unterschrift, Zeichen, Stempel oder Aufkleber auf dem Dokument der äußeren Aufmachung nach die vorgenannte Bedingung zu erfüllen scheint.

Artikel 21
Unbestimmte Aussteller oder Inhalte von Dokumenten

Wenn andere Dokumente als Transportdokumente, Versicherungsdokumente und Handelsrechnungen verlangt werden, sollten Aussteller sowie Wortlaut oder Inhaltsmerkmale solcher Dokumente im Akkreditiv bestimmt werden. Wenn im Akkreditiv derartige Bestimmungen nicht enthalten sind, nehmen die Banken solche Dokumente so an, wie sie vorgelegt werden, vorausgesetzt, ihre Inhaltsmerkmale stehen nicht im Widerspruch zu irgendeinem anderen vorgeschriebenen Dokument, das vorgelegt wurde.

Artikel 22
Ausstellungsdatum von Dokumenten und Akkreditivdatum

Sofern im Akkreditiv nichts anderes vorgeschrieben ist, nehmen die Banken ein Dokument an, welches ein Ausstellungsdatum trägt, das vor dem des Akkreditivs liegt, wenn dieses Dokument innerhalb der im Akkreditiv und in diesen Richtlinien festgesetzten Fristen vorgelegt wird.

Artikel 23
Seekonnossement

a Wenn ein Akkreditiv ein Konnossement für eine Hafen-zu-Hafen-Verladung verlangt, nehmen die Banken, sofern im Akkreditiv nichts anderes vorgeschrieben ist, ein wie auch immer bezeichnetes Dokument an, das

  I. seiner äußeren Aufmachung nach den Namen des Frachtführers auszuweisen scheint und vom
    – Frachtführer oder von einem namentlich genannten Agenten für den Frachtführer oder vom
    – Master oder von einem namentlich genannten Agenten für den Master
  unterzeichnet oder in anderer Weise authentisiert zu sein scheint;

  die Unterschrift oder Authentisierung des Frachtführers oder Masters muß als diejenige des Frachtführers beziehungsweise Masters gekennzeichnet sein; ein für den Frachtführer oder Master unterzeichnender oder authentisierender Agent muß auch den Namen und die Eigenschaft desjenigen, d.h. des Frachtführers oder Masters, angeben, für den dieser Agent handelt;

  und

presented, provided that it appears on its face to be in compliance with the other terms and conditions of the Credit and not to have been issued by the Beneficiary.

b Unless otherwise stipulated in the Credit, banks will also accept as an original document(s), a document(s) produced or appearing to have been produced:

  I. by reprographic, automated or computerized systems;

  II. as carbon copies;

  provided that it is marked as original and, where necessary, appears to be signed.

  A document may be signed by handwriting, by facsimile signature, by perforated signature, by stamp, by symbol, or by any other mechanical or electronic method of authentication.

c I. Unless otherwise stipulated in the Credit, banks will accept as a copy(ies), a document(s) either labelled copy or not marked as an original – a copy(ies) need not be signed.

  II. Credits that require multiple document(s) such as „duplicate", „two fold", „two copies" and the like, will be satisfied by the presentation of one original and the remaining number in copies except where the document itself indicates otherwise.

d Unless otherwise stipulated in the Credit, a condition under a Credit calling for a document to be authenticated, validated, legalised, visaed, certified or indicating a similar requirement, will be satisfied by any signature, mark, stamp or label on such document that on its face appears to satisfy the above condition.

Article 21
Unspecified Issuers or Contents of Documents

When documents other than transport documents, insurance documents and commercial invoices are called for, the Credit should stipulate by whom such documents are to be issued and their wording or data content. If the Credit does not so stipulate, banks will accept such documents as presented, provided that their data content is not inconsistent with any other stipulated document presented.

Article 22
Issuance Date of Documents v. Credit Date

Unless otherwise stipulated in the Credit, banks will accept a document bearing a date of issuance prior to that of the Credit, subject to such document being presented within the time limits set out in the Credit and in these Articles.

Article 23
Marine/Ocean Bill of Lading

a If a Credit calls for a bill of lading covering a port-to-port shipment, banks will, unless otherwise stipulated in the Credit, accept a document, however named, which:

  I. appears on its face to indicate the name of the carrier and to have been signed or otherwise authenticated by:
  - the carrier or a named agent for or on behalf of the carrier, or
  - the master or a named agent for or on behalf of the master.

  Any signature or authentication of the carrier or master must be identified as carrier or master, as the case may be. An agent signing or authenticating for the carrier or master must also indicate the name and the capacity of the party, i.e. carrier or master, on whose behalf that agent is acting, and

II. ausweist, daß die Ware an Bord eines namentlich genannten Schiffes verladen oder auf einem namentlich genannten Schiff verschifft worden ist;

die Verladung an Bord eines namentlich genannten Schiffes oder die Verschiffung auf einem namentlich genannten Schiff kann durch einen vorgedruckten Wortlaut auf dem Konnossement ausgewiesen werden, wonach die Ware an Bord eines namentlich genannten Schiffes verladen oder auf einem namentlich genannten Schiff verschifft worden ist; in diesem Fall gilt das Ausstellungsdatum des Konnossements als Datum der Verladung an Bord und als Verladedatum;

in allen anderen Fällen muß die Verladung an Bord eines namentlich genannten Schiffes durch einen Vermerk auf dem Konnossement nachgewiesen werden, der das Datum angibt, an dem die Ware an Bord verladen worden ist; in diesem Fall gilt das Datum des An-Bord-Vermerks als Verladedatum;

enthält das Konnossement den Vermerk „intended vessel" oder einen ähnlichen Vorbehalt in bezug auf das Schiff, muß die Verladung an Bord eines namentlich genannten Schiffes durch einen An-Bord-Vermerk auf dem Konnossement nachgewiesen werden, der zusätzlich zum Datum, an dem die Ware an Bord verladen worden ist, auch den Namen des Schiffes enthält, auf dem die Ware verladen worden ist, und zwar auch dann, wenn sie auf dem als „intended vessel" bezeichneten Schiff verladen worden ist;

weist das Konnossement einen vom Verladehafen unterschiedlichen Empfangsort oder Übernahmeort aus, muß der An-Bord-Vermerk auch den im Akkreditiv vorgeschriebenen Verladehafen und den Namen des Schiffes enthalten, auf dem die Ware verladen worden ist, und zwar auch dann, wenn sie auf dem im Konnossement namentlich genannten Schiff verladen worden ist; diese Bestimmung gilt auch, wenn die Verladung an Bord des Schiffes durch einen auf dem Konnossement vorgedruckten Wortlaut ausgewiesen ist;

und

III. den im Akkreditiv vorgeschriebenen Verladehafen und Löschungshafen ausweist, unabhängig davon, ob es

a. einen vom Verladehafen unterschiedlichen Übernahmeort und/oder einen vom Löschungshafen unterschiedlichen endgültigen Bestimmungsort ausweist

und/oder

b. den Hinweis „intended" oder einen ähnlichen Vorbehalt in bezug auf den Verladehafen und/oder den Löschungshafen enthält, sofern das Dokument auch den im Akkreditiv vorgeschriebenen Verladehafen und/oder Löschungshafen angibt,

und

IV. aus einem einzigen Original-Konnossement oder, wenn es in mehr als einem Original ausgestellt ist, aus dem so ausgestellten vollen Satz besteht

und

V. sämtliche Beförderungsbedingungen oder einige dieser Bedingungen durch Hinweis auf eine andere Quelle oder ein anderes Dokument als das Konnossement (Kurzform/Blanko-Rückseite-Konnossement) zu enthalten scheint, wobei die Banken den Inhalt dieser Bedingungen nicht prüfen,

und

VI. keinen Hinweis enthält, daß es einer Charterpartie unterworfen ist und/oder das befördernde Schiff nur durch Segel angetrieben wird,

und

VII. in jeder anderen Hinsicht den Akkreditiv-Bedingungen entspricht.

b Im Sinne dieses Artikels bedeutet Umladung das Ausladen und Wiederverladen von einem Schiff auf ein anderes Schiff im Verlauf des Seetransports vom Verladehafen zum Löschungshafen, wie sie im Akkreditiv vorgeschrieben sind.

c Sofern Umladung nach den Akkreditiv-Bedingungen nicht verboten ist, nehmen die Banken ein Konnossement an, das Umladung der Ware vorsieht, vorausgesetzt, daß der gesamte Seetransport durch ein und dasselbe Konnossement gedeckt ist.

II. indicates that the goods have been loaded on board, or shipped on a named vessel.

Loading on board or shipment on a named vessel may be indicated by pre-printed wording on the bill of lading that the goods have been loaded on board a named vessel or shipped on a named vessel, in which case the date of issuance of the bill of lading will be deemed to be the date of loading on board and the date of shipment.

In all other cases loading on board a named vessel must be evidenced by a notation on the bill of lading which gives the date on which the goods have been loaded on board, in which case the date of the on board notation will be deemed to be the date of shipment.

If the bill of lading contains the indication „intended vessel", or similar qualification in relation to the vessel, loading on board a named vessel must be evidenced by an on board notation on the bill of lading which, in addition to the date on which the goods have been loaded on board, also includes the name of the vessel on which the goods have been loaded, even if they have been loaded on the vessel named as the „intended vessel".

If the bill of lading indicates a place of receipt or taking in charge different from the port of loading, the on board notation must also include the port of loading stipulated in the Credit and the name of the vessel on which the goods have been loaded, even if they have been loaded on the vessel named in the bill of lading. This provision also applies whenever loading on board the vessel is indicated by pre-printed wording on the bill of lading,

and

III. indicates the port of loading and the port of discharge stipulated in the Credit, notwithstanding that it:

    a. indicates a place of taking in charge different from the port of loading, and/or a place of final destination different from the port of discharge,

    and/or

    b. contains the indication „intended" or similar qualification in relation to the port of loading and/or port of discharge, as long as the document also states the ports of loading and/or discharge stipulated in the Credit,

    and

IV. consists of a sole original bill of lading or, if issued in more than one original, the full set as so issued,

and

V. appears to contain all of the terms and conditions of carriage, or some of such terms and conditions by reference to a source or document other than the bill of lading (short form/blank back bill of lading); banks will not examine the contents of such terms and conditions,

and

VI. contains no indication that it is subject to a charter party and/or no indication that the carrying vessel is propelled by sail only,

and

VII. in all other respects meets the stipulations of the Credit.

b For the purpose of this Article, transhipment means unloading and reloading from one vessel to another vessel during the course of ocean carriage from the port of loading to the port of discharge stipulated in the Credit.

c Unless transhipment is prohibited by the terms of the Credit, banks will accept a bill of lading which indicates that the goods will be transhipped, provided that the entire ocean carriage is covered by one and the same bill of lading.

d Selbst wenn im Akkreditiv Umladung verboten ist, nehmen die Banken ein Konnossement an, das

 I. vorsieht, daß Umladung stattfinden wird, sofern gemäß Angabe im Konnossement das betreffende Frachtgut in Containern, Anhängern und/oder „LASH"-Leichtern verladen ist und der gesamte Seetransport durch ein und dasselbe Konnossement gedeckt ist,

 und/oder

 II. Klauseln enthält, mit denen sich der Frachtführer das Recht zur Umladung vorbehält.

Artikel 24
Nichtbegebbarer Seefrachtbrief

a Wenn ein Akkreditiv einen nicht begebbaren Seefrachtbrief für eine Hafen-zu-Hafen-Verladung verlangt, nehmen die Banken, sofern im Akkreditiv nichts anderes vorgeschrieben ist, ein wie auch immer bezeichnetes Dokument an, das

 I. seiner äußeren Aufmachung nach den Namen des Frachtführers auszuweisen scheint und vom
 – Frachtführer oder von einem namentlich genannten Agenten für den Frachtführer oder vom
 – Master oder von einem namentlich genannten Agenten für den Master

 unterzeichnet oder in anderer Weise authentisiert zu sein scheint;

 die Unterschrift oder Authentisierung des Frachtführers oder Masters muß als diejenige des Frachtführers beziehungsweise Masters gekennzeichnet sein; ein für den Frachtführer oder Master unterzeichnender oder authentisierender Agent muß auch den Namen und die Eigenschaft desjenigen, d.h. des Frachtführers oder Masters, angeben, für den dieser Agent handelt;

 und

 II. ausweist, daß die Ware an Bord eines namentlich genannten Schiffes verladen oder auf einem namentlich genannten Schiff verschifft worden ist;

 die Verladung an Bord eines namentlich genannten Schiffes oder die Verschiffung auf einem namentlich genannten Schiff kann durch einen vorgedruckten Wortlaut auf dem nichtbegebbaren Seefrachtbrief ausgewiesen werden, wonach die Ware an Bord eines namentlich genannten Schiffes verladen oder auf einem namentlich genannten Schiff verschifft worden ist; in diesem Fall gilt das Ausstellungsdatum des nichtbegebbaren Seefrachtbriefs als Datum der Verladung an Bord und als Verladedatum;

 in allen anderen Fällen muß die Verladung an Bord eines namentlich genannten Schiffes durch einen Vermerk auf dem nichtbegebbaren Seefrachtbrief nachgewiesen werden, der das Datum angibt, an dem die Ware an Bord verladen worden ist; in diesem Fall gilt das Datum des An-Bord-Vermerks als Verladedatum;

 enthält der nichtbegebbare Seefrachtbrief den Vermerk „intended vessel" oder einen ähnlichen Vorbehalt in bezug auf das Schiff, muß die Verladung an Bord eines namentlich genannten Schiffes durch einen An-Bord-Vermerk auf dem nichtbegebbaren Seefrachtbrief nachgewiesen werden, der zusätzlich zum Datum, an dem die Ware an Bord verladen worden ist, auch den Namen des Schiffes enthält, auf dem die Ware verladen worden ist, und zwar auch dann, wenn sie auf dem als „intended vessel" bezeichneten Schiff verladen worden ist;

 weist der nichtbegebbare Seefrachtbrief einen vom Verladehafen unterschiedlichen Empfangsort oder Übernahmeort aus, muß der An-Bord-Vermerk auch den im Akkreditiv vorgeschriebenen Verladehafen und den Namen des Schiffes enthalten, auf dem die Ware verladen worden ist, und zwar auch dann, wenn sie auf dem im nichtbegebbaren Seefrachtbrief namentlich genannten Schiff verladen worden ist; diese Bestimmung gilt auch, wenn die Verladung an Bord des Schiffes durch einen auf dem nichtbegebbaren Seefrachtbrief vorgedruckten Wortlaut ausgewiesen ist;

 und

 III. den im Akkreditiv vorgeschriebenen Verladehafen und Löschungshafen ausweist, unabhängig davon, ob es

 a. einen vom Verladehafen unterschiedlichen Übernahmeort und/oder einen vom Löschungshafen unterschiedlichen endgültigen Bestimmungsort ausweist

 und/oder

d Even if the Credit prohibits transhipment, banks will accept a bill of lading which:
  I. indicates that transhipment will take place as long as the relevant cargo is shipped in Container(s), Trailer(s) and/or „LASH" barge(s) as evidenced by the bill of lading, provided that the entire ocean carriage is covered by one and the same bill of lading,
  and/or
  II. incorporates clauses stating that the carrier reserves the right to tranship.

Article 24
Non-Negotiable Sea Waybill

a If a Credit calls for a non-negotiable sea waybill covering a port-to-port shipment, banks will, unless otherwise stipulated in the Credit, accept a document, however named, which:
  I. appears on its face to indicate the name of the carrier and to have been signed or otherwise authenticated by:
    – the carrier or a named agent for or on behalf of the carrier, or
    – the master or a named agent for or on behalf of the master,
    Any signature or authentication of the carrier or master must be identified as carrier or master, as the case may be. An Agent signing or authenticating for the carrier or master must also indicate the name and the capacity of the party, i.e. carrier or master, on whose behalf that agent is acting,
    and
  II. indicates that the goods have been loaded on board, or shipped on a named vessel.

  Loading on board or shipment on a named vessel may be indicated by pre-printed wording on the non-negotiable sea waybill that the goods have been loaded on board a named vessel or shipped on a named vessel, in which case the date of issuance of the non-negotiable sea waybill will be deemed to be the date of loading on board and the date of shipment.

  In all other cases loading on board a named vessel must be evidenced by a notation on the non-negotiable sea waybill which gives the date on which the goods have been loaded on board, in which case the date of the on board notation will be deemed to be the date of shipment.

  If the non-negotiable sea waybill contains the indication „intended vessel", or similar qualification in relation to the vessel, loading on board a named vessel must be evidenced by an on board notation on the non-negotiable sea waybill which in addition to the date on which the goods have been loaded on board, includes the name of the vessel on which the goods have been loaded, even if they have been loaded on the vessel named as the „intended vessel".

  If the non-negotiable sea waybill indicates a place of receipt or taking in charge different from the port of loading, the on board notation must also include the port of loading stipulated in the Credit and the name of the vessel on which the goods have been loaded, even if they have been loaded on a vessel named in the non-negotiable sea waybill. This provision also applies whenever loading on board the vessel is indicated by pre-printed wording on the non-negotiable sea waybill,
  and
  III. indicates the port of loading and the port of discharge stipulated in the Credit, notwithstanding that it:
    a. indicates a place of taking in charge different from the port of loading, and/or a place of final destination different from the port of discharge,
    and/or

b. den Hinweis „intended" oder einen ähnlichen Vorbehalt in bezug auf den Verladehafen und/oder den Lösungshafen enthält, sofern das Dokument auch den im Akkreditiv vorgeschriebenen Verladehafen und/oder Löschungshafen angibt.
   und
   IV. aus einem einzigen nichtbegebbaren Seefrachtbrief im Original oder, wenn es in mehr als einem Original ausgestellt ist, aus dem so ausgestellten vollen Satz besteht
   und
   V. sämtliche Beförderungsbedingungen oder einige dieser Bedingungen durch Hinweis auf eine andere Quelle oder ein anderes Dokument als den nichtbegebbaren Seefrachtbrief (Kurzform-/Blanko-Rückseite-nichtgebbarer Seefrachtbrief) zu enthalten scheint, wobei die Banken den Inhalt dieser Bedingungen nicht prüfen,
   und
   VI. keinen Hinweis enthält, daß es einer Charterpartie unterworfen ist und/oder das befördernde Schiff nur durch Segel angetrieben wird,
   und
   VII. in jeder anderen Hinsicht Akkreditiv-Bedingungen entspricht.
b Im Sinne dieses Artikels bedeutet Umladung das Ausladen und Wiederverladen von einem Schiff auf ein anderes Schiff im Verlauf des Seetransports vom Verladehafen zum Löschungshafen, wie sie im Akkreditiv vorgeschrieben sind.
c Sofern Umladung nach den Akkreditiv-Bedingungen nicht verboten ist, nehmen die Banken einen nichtbegebbaren Seefrachtbrief an, der Umladung der Ware vorsieht, vorausgesetzt, daß der gesamte Seetransport durch ein und denselben nichtbegebbaren Seefrachtbrief gedeckt ist.
d Selbst wenn im Akkreditiv Umladung verboten ist, nehmen die Banken einen nichtbegebbaren Seefrachtbrief an, der
   I. vorsieht, daß Umladung stattfinden wird, sofern gemäß Angabe im nichtbegebbaren Seefrachtbrief das betreffende Frachtgut in Containern, Anhängern und/oder „LASH"-Leichtern verladen ist und der gesamte Seetransport durch ein und denselben nichtbegebbaren Seefrachtbrief gedeckt ist,
   und/oder
   II. Klauseln enthält, mit denen sich der Frachtführer das Recht zur Umladung vorbehält.

Artikel 25
Charterpartie-Konnossement
a Wenn ein Akkreditiv ein Charterpartie-Konnossement verlangt oder gestattet, nehmen die Banken, sofern im Akkreditiv nichts anderes vorgeschrieben ist, ein wie auch immer bezeichnetes Dokument an, das
   I. einen Hinweis enthält, daß es einer Charterpartie unterworfen ist,
   und
   II. seiner äußeren Aufmachung nach vom
   – Master oder von einem namentlich genannten Agenten für den Master oder vom
   – Schiffseigner oder von einem namentlich genannten Agenten für den Schiffseigner
   unterzeichnet oder in anderer Weise authentisiert zu sein scheint;
   die Unterschrift oder Authentisierung des Masters oder Schiffseigners muß als diejenige des Masters beziehungsweise Schiffseigners gekennzeichnet sein; ein für den Master oder Schiffseigner unterzeichnender oder authentisierender Agent muß auch den Namen und die Eigenschaft desjenigen, d. h. des Masters oder Schiffseigners, angeben, für den dieser Agent handelt;
   und
   III. den Namen des Frachtführers ausweist oder nicht ausweist
   und

    b. contains the indication „intended" or similar qualification in relation to the port of loading and/or port of discharge, as long as the document also states the ports of loading and/or discharge stipulated in the Credit,

    and

IV. consists of a sole original non-negotiable sea waybill, or if issued in more than one original, the full set as so issued,

and

V. appears to contain all of the terms and conditions of carriage, or some of such terms and conditions by reference to a source or document other than the non-negotiable sea waybill (short form/blank back non-negotiable sea waybill), banks will not examine the contents of such terms and conditions,

and

VI. contains no indication that it is subject to a charter party and/or no indication that the carrying vessel is propelled by sail only,

and

VII. in all other respects meets the stipulations of the Credit.

b For the purpose of this Article, transhipment means unloading and reloading from one vessel to another vessel during the course of ocean carriage from the port of loading to the port of discharge stipulated in the Credit.

c Unless transhipment is prohibited by the terms of the Credit, banks will accept a non-negotiable sea waybill which indicates that the goods will be transhipped, provided that the entire ocean carriage is covered by one and the same non-negotiable sea waybill.

d Even if the Credit prohibits transhipment, banks will accept a non-negotiable sea waybill which:

    I. indicates that transhipment will take place as long as the relevant cargo is shipped in Container(s), Trailer(s) and/or „LASH" barge(s) as evidenced by the non-negotiable sea waybill, provided that the entire ocean carriage is covered by one and the same non-negotiable sea waybill,

    and/or

    II. incorporates clauses stating that the carrier reserves the right to tranship.

Article 25
Charter Party Bill of Lading

a If a Credit calls for or permits a charter party bill of lading, banks will, unless otherwise stipulated in the Credit, accept a document, however named, which:

    I. contains any indication that it is subject to a charter party,

    and

    II. appears on its face to have been signed or otherwise authenticated by:
- the master or a named agent for or on behalf of the master, or
- the owner or a named agent for or on behalf of the owner.

    Any signature or authentication of the master or owner must be identified as master or owner as the case may be. An agent signing or authenticating for the master or owner must also indicate the name and the capacity of the party, i.e. master or owner, on whose behalf that agent is acting,

    and

    III. does or does not indicate the name of the carrier,

    and

- IV. ausweist, daß die Ware an Bord eines namentlich genannten Schiffes verladen oder auf einem namentlich genannten Schiff verschifft worden ist;

  die Verladung an Bord eines namentlich genannten Schiffes oder die Verschiffung auf einem namentlich genannten Schiff kann durch einen vorgedruckten Wortlaut auf dem Konnossement ausgewiesen werden, wonach die Ware an Bord eines namentlich genannten Schiffes verladen oder auf einem namentlich genannten Schiff verschifft worden ist; in diesem Fall gilt das Ausstellungsdatum des Konnossements als Datum der Verladung an Bord und als Verladedatum;

  in allen anderen Fällen muß die Verladung an Bord eines namentlich genannten Schiffes durch einen Vermerk auf dem Konnossement nachgewiesen werden, der das Datum angibt, an dem die Ware an Bord verladen worden ist; in diesem Fall gilt das Datum des An-Bord-Vermerks als Verladedatum;

  und

- V. den im Akkreditiv vorgeschriebenen Verladehafen und Löschungshafen ausweist

  und

- VI. aus einem einzigen Original-Konnossement oder, wenn es in mehr als einem Original ausgestellt ist, aus dem so ausgestellten vollen Satz besteht

  und

- VII. keinen Hinweis enthält, daß das befördernde Schiff nur durch Segel angetrieben wird,

  und

- VIII. in jeder anderen Hinsicht den Akkreditiv-Bedingungen entspricht.

b Selbst wenn das Akkreditiv im Zusammenhang mit einem Charterpartie-Konnossement die Vorlage eines Chartervertrags verlangt, prüfen die Banken den Chartervertrag nicht, sondern leiten ihn ohne eigene Verantwortung weiter.

Artikel 26
Multimodales Transportdokument

a Wenn ein Akkreditiv ein Transportdokument verlangt, das sich auf mindestens zwei verschiedene Beförderungsarten erstreckt (multimodaler Transport), nehmen die Banken, sofern im Akkreditiv nichts anderes vorgeschrieben ist, ein wie auch immer bezeichnetes Dokument an, das

- I. seiner äußeren Aufmachung nach den Namen des Frachtführers oder Multimodal Transport Operators auszuweisen scheint und vom

- – Frachtführer oder Multimodal Transport Operator oder von einem namentlich genannten Agenten für den Frachtführer oder Multimodal Transport Operator oder vom

- – Master oder von einem namentlich genannten Agenten für den Master

  unterzeichnet oder in anderer Weise authentisiert zu sein scheint;

  die Unterschrift oder Authentisierung des Frachtführers, Multimodal Transport Operators oder Masters muß als diejenige des Frachtführers beziehungsweise Multimodal Transport Operators oder Masters gekennzeichnet sein; ein für den Frachtführer, Multimodal Transport Operator oder Masters unterzeichnender oder authentisierender Agent muß auch den Namen und die Eigenschaft desjenigen, d. h. des Frachtführers, Multimodal Transport Operators oder Masters, angeben, für den dieser Agent handelt;

  und

- II. ausweist, daß die Ware versandt, übernommen oder an Bord verladen worden ist;

  die Versendung, Übernahme oder Verladung an Bord kann durch einen entsprechenden Wortlaut auf dem multimodalen Transportdokument ausgewiesen werden, wobei das Ausstellungsdatum als Datum der Versendung, Übernahme oder Verladung an Bord und als Verladedatum gilt; weist das Dokument jedoch durch Stempel oder auf andere Weise ein Datum der Versendung, Übernahme oder Verladung an Bord aus, gilt dieses Datum als Verladedatum;

  und

IV. indicates that the goods have been loaded on board or shipped on a named vessel.

Loading on board or shipment on a named vessel may be indicated by pre-printed wording on the bill of lading that the goods have been loaded on board a named vessel or shipped on a named vessel, in which case the date of issuance of the bill of lading will be deemed to be the date of loading on board and the date of shipment.

In all other cases loading on board a named vessel must be evidenced by a notation on the bill of lading which gives the date on which the goods have been loaded on board, in which case the date of the on board notation will be deemed to be the date of shipment,

and

V. indicates the port of loading and the port of discharge stipulated in the Credit,

and

VI. consists of a sole original bill of lading or, if issued in more than one original, the full set as so issued,

and

VII. contains no indication that the carrying vessel is propelled by sail only,

and

VIII. in all other respects meets the stipulations of the Credit.

b Even if the Credit requires the presentation of a charter party contract in connection with a charter party bill of lading, banks will not examine such charter party contract, but will pass it on without responsibility on their part.

Article 26
Multimodal Transport Document

a If a Credit calls for a transport document covering at least two different modes of transport (multimodal transport), banks will, unless otherwise stipulated in the Credit, accept a document, however named, which:

I. appears on its face to indicate the name of the carrier or multimodal transport operator and to have been signed or otherwise authenticated by:

– the carrier or multimodal transport operator or a named agent for or on behalf of the carrier or multimodal transport operator, or

– the master or a named agent for or on behalf of the master.

Any signature or authentication of the carrier, multimodal transport operator or master must be identified as carrier, multimodal transport operator or master, as the case may be. An agent signing or authenticating for the carrier, multimodal transport operator or master must also indicate the name and the capacity of the party, i.e. carrier, multimodal transport operator or master, on whose behalf that agent is acting,

and

II. indicates that the goods have been dispatched, taken in charge or loaded on board.

Dispatch, taking in charge or loading on board may be indicated by wording to that effect on the multimodal transport document and the date of issuance will be deemed to be the date of dispatch, taking in charge or loading on board and the date of shipment. However, if the document indicates, by stamp or otherwise, a date of dispatch, taking in charge or loading on board, such date will be deemed to be the date of shipment,

and

III. **a.** den im Akkreditiv vorgeschriebenen Übernahmeort ausweist, der ein anderer als der Verladehafen, Verladeflughafen oder Verladeort sein kann, und den im Akkreditiv vorgeschriebenen endgültigen Bestimmungsort ausweist, der ein anderer als der Löschungshafen, Löschungsflughafen oder Löschungsort sein kann,

und/oder

b. den Hinweis „intended" oder einen ähnlichen Vorbehalt in bezug auf das Schiff und/oder den Verladehafen und/oder den Löschungshafen enthält

und

IV. aus einem einzigen multimodalen Transportdokument im Original oder, wenn es in mehr als einem Original ausgestellt ist, aus dem so ausgestellten vollen Satz besteht

und

V. sämtliche Beförderungsbedingungen oder einige dieser Bedingungen durch Hinweis auf eine andere Quelle oder ein anderes Dokument als das multimodale Transportdokument (Kurzform-/Blanko-Rückseite-multimodales Transportdokument) zu enthalten scheint, wobei die Banken den Inhalt dieser Bedingungen nicht prüfen,

und

VI. keinen Hinweis enthält, daß es einer Charterpartie unterworfen ist und/oder das befördernde Schiff nur durch Segel angetrieben wird,

und

VII. in jeder anderen Hinsicht den Akkreditiv-Bedingungen entspricht.

b Selbst wenn im Akkreditiv Umladung verboten ist, nehmen die Banken ein multimodales Transportdokument an, das vorsieht, daß Umladung stattfinden wird oder kann, vorausgesetzt, daß der gesamte Transport durch ein und dasselbe multimodale Transportdokument gedeckt ist.

Artikel 27
Lufttransportdokument

a Wenn ein Akkreditiv ein Lufttransportdokument verlangt, nehmen die Banken, sofern im Akkreditiv nichts anderes vorgeschrieben ist, ein wie auch immer bezeichnetes Dokument an, das

I. seiner äußeren Aufmachung nach den Namen des Frachtführers auszuweisen scheint und vom
- Frachtführer oder von
- einem namentlich genannten Agenten für den Frachtführer

unterzeichnet oder in anderer Weise authentisiert zu sein scheint;

die Unterschrift oder Authentisierung des Frachtführers muß als diejenige des Frachtführers gekennzeichnet sein; ein für den Frachtführer unterzeichnender oder authentisierender Agent muß auch den Namen und die Eigenschaft desjenigen, d. h. des Frachtführers, angeben, für den dieser Agent handelt;

und

II. ausweist, daß die Ware zur Beförderung angenommen worden ist,

und

III. falls das Akkreditiv ein tatsächliches Abflugdatum verlangt, dieses Datum durch einen speziellen Vermerk ausweist, wobei das so auf dem Lufttransportdokument ausgewiesene Abflugdatum als Verladedatum gilt;

im Sinne dieses Artikels gelten die Angaben, die auf dem Lufttransportdokument in der mit „For Carrier Use Only" oder ähnlicher Bezeichnung versehenen Rubrik für Flugnummer und Flugdatum erscheinen, nicht als ein spezieller Vermerk dieses Abflugdatums;

in allen anderen Fällen gilt das Ausstellungsdatum des Lufttransportdokuments als Verladedatum;

und

IV. den im Akkreditiv vorgeschriebenen Abflughafen und Bestimmungsflughafen ausweist

und

- **III.** **a.** indicates the place of taking in charge stipulated in the Credit which may be different from the port, airport or place of loading, and the place of final destination stipulated in the Credit which may be different from the port, airport or place of discharge,

    and/or

    b. contains the indication „intended" or similar qualification in relation to the vessel and/or port of loading and/or port of discharge,

    and

- **IV.** consists of a sole original multimodal transport document or, if issued in more than one original, the full set as so issued,

    and

- **V.** appears to contain all of the terms and conditions of carriage, or some of such terms and conditions by reference to a source or document other than the multimodal transport document (short form/blank back multimodal transport document); banks will not examine the contents of such terms and conditions,

    and

- **VI.** contains no indication that it is subject to a charter party and/or no indication that the carrying vessel is propelled by sail only,

    and

- **VII.** in all other respects meets the stipulations of the Credit.

b Even if the Credit prohibits transhipment, banks will accept a multimodal transport document which indicates that transhipment will or may take place, provided that the entire carriage is covered by one and the same multimodal transport document.

Article 27
Air Transport Document

a If a Credit calls for an air transport document, banks will, unless otherwise stipulated in the Credit, accept a document, however named, which:

- **I.** appears on its face to indicate the name of the carrier and to have been signed or otherwise authenticated by:
    - the carrier, or
    - a named agent for or on behalf of the carrier.

    Any signature or authentication of the carrier must be identified as carrier. An agent signing or authenticating for the carrier must also indicate the name and the capacity of the party, i.e. carrier, on whose behalf that agent is acting,

    and

- **II.** indicates that the goods have been accepted for carriage,

    and

- **III.** where the Credit calls for an actual date of dispatch, indicates a specific notation of such date, the date of dispatch so indicated on the air transport document will be deemed to be the date of shipment.

    For the purpose of this Article, the information appearing in the box on the air transport document (marked „For Carrier Use Only" or similar expression) relative to the flight number and date will not be considered as a specific notation of such date of dispatch.

    In all other cases, the date of issuance of the air transport document will be deemed to be the date of shipment,

    and

- **IV.** indicates the airport of departure and the airport of destination stipulated in the Credit,

    and

V. das für den Absender bestimmte Original zu sein scheint, selbst wenn das Akkreditiv einen vollen Satz Originale oder ähnliches vorschreibt,

und

VI. sämtliche Beförderungsbedingungen oder einige dieser Bedingungen durch Hinweis auf eine andere Quelle oder ein anderes Dokument als das Lufttransportdokument zu enthalten scheint, wobei die Banken den Inhalt dieser Bedingungen nicht prüfen,

und

VII. in jeder anderen Hinsicht den Akkreditiv-Bedingungen entspricht.

b Im Sinne dieses Artikels bedeutet Umladung das Ausladen und Wiederverladen von einem Flugzeug in ein anderes Flugzeug im Verlauf des Transports vom Abflughafen zum Bestimmungsflughafen, wie sie im Akkreditiv vorgeschrieben sind.

c Selbst wenn im Akkreditiv Umladung verboten ist, nehmen die Banken ein Lufttransportdokument an, das vorsieht, daß Umladung stattfinden wird oder kann, vorausgesetzt, daß der gesamte Transport durch ein und dasselbe Lufttransportdokument gedeckt ist.

Artikel 28
Dokumente des Straßen-, Eisenbahn- oder Binnenschiffstransports

a Wenn ein Akkreditiv ein Dokument des Straßen-, Eisenbahn- oder Binnenschiffstransports verlangt, nehmen die Banken, sofern im Akkreditiv nichts anderes vorgeschrieben ist, ein wie auch immer bezeichnetes Dokument des verlangten Typs an, das

I. seiner äußeren Aufmachung nach den Namen des Frachtführers auszuweisen scheint und vom Frachtführer oder von einem namentlich genannten Agenten für den Frachtführer unterzeichnet oder in anderer Weise authentisiert zu sein scheint und/oder einen Empfangsstempel oder einen anderen Empfangsnachweis des Frachtführers oder eines namentlich genannten Agenten für den Frachtführer zu tragen scheint;

die Unterschrift, die Authentisierung, der Empfangsstempel oder andere Empfangsnachweis des Frachtführers muß ihrer (seiner) äußeren Aufmachung nach als solche(r) des Frachtführers gekennzeichnet sein; ein für den Frachtführer unterzeichnender oder authentisierender Agent muß auch den Namen und die Eigenschaft desjenigen, d. h. des Frachtführers, angeben, für den dieser Agent handelt;

und

II. ausweist, daß die Ware zur Verladung, Versendung oder Beförderung in Empfang genommen worden ist, oder einen entsprechenden Wortlaut enthält; das Ausstellungsdatum gilt als Verladedatum, sofern das Transportdokument nicht einen Empfangsstempel enthält, in welchem Fall das Datum des Empfangsstempels als Verladedatum gilt;

und

III. den im Akkreditiv vorgeschriebenen Verladeort und Bestimmungsort ausweist

und

IV. in jeder anderen Hinsicht den Akkreditiv-Bedingungen entspricht.

b Fehlt auf dem Transportdokument eine Angabe zur ausgestellten Anzahl, nehmen die Banken das (die) vorgelegte(n) Transportdokument(e) als vollen Satz an. Die Banken nehmen das (die) Transportdokument(e) als Original(e) unabhängig davon an, ob es (sie) als Original(e) gekennzeichnet ist(sind) oder nicht.

c Im Sinne dieses Artikels bedeutet Umladung das Ausladen und Wiederverladen von einem Beförderungsmittel auf ein anderes Beförderungsmittel unterschiedlicher Transportarten im Verlauf des Transports vom Verladeort zum Bestimmungsort, wie sie im Akkreditiv vorgeschrieben sind.

d Selbst wenn im Akkreditiv Umladung verboten ist, nehmen die Banken ein Dokument des Straßen-, Eisenbahn- oder Binnenschiffstransports an, das vorsieht, daß Umladung stattfinden wird oder kann, vorausgesetzt, daß der gesamte Transport durch ein und dasselbe Transportdokument gedeckt ist und innerhalb derselben Transportart stattfindet.

    V. appears to be the original for consignor/shipper even if the Credit stipulates a full set of originals, or similar expressions,

    and

    VI. appears to contain all of the terms and conditions of carriage, or some of such terms and conditions, by reference to a source or document other than the air transport document; banks will not examine the contents of such terms and conditions,

    and

    VII. in all other respects meets the stipulations of the Credit.

b For the purpose of this Article, transhipment means unloading and reloading from one aircraft to another aircraft during the course of carriage from the airport of departure to the airport of destination stipulated in the Credit.

c Even if the Credit prohibits transhipment, banks will accept an air transport document which indicates that transhipment will or may take place, provided that the entire carriage is covered by one and the same air transport document.

Article 28
Road, Rail or Inland Waterway Transport Documents

a If a Credit calls for a road, rail, or inland waterway transport document, banks will, unless otherwise stipulated in the Credit, accept a document of the type called for, however named, which:

    I. appears on its face to indicate the name of the carrier and to have been signed or otherwise authenticated by the carrier or a named agent for or on behalf of the carrier and/or to bear a reception stamp or other indication of receipt by the carrier or a named agent for or on behalf of the carrier.

    Any signature, authentication, reception stamp or other indication of receipt of the carrier, must be identified on its face as that of the carrier. An agent signing or authenticating for the carrier, must also indicate the name and the capacity of the party, i.e. carrier, on whose behalf that agent is acting,

    and

    II. indicates that the goods have been received for shipment, dispatch or carriage or wording to this effect. The date of issuance will be deemed to be the date of shipment unless the transport document contains a reception stamp, in which case the date of the reception stamp will be deemed to be the date of shipment,

    and

    III. indicates the place of shipment and the place of destination stipulated in the Credit,

    and

    IV. in all other respects meets the stipulations of the Credit.

b In the absence of any indication on the transport document as to the numbers issued, banks will accept the transport document(s) presented as constituting a full set. Banks will accept as original(s) the transport document(s) whether marked as original(s) or not.

c For the purpose of this Article, transhipment means unloading and reloading from one means of conveyance to another means of conveyance, in different modes of transport, during the course of carriage from the place of shipment to the place of destination stipulated in the Credit.

d Even if the Credit prohibits transhipment, banks will accept a road, rail, or inland waterway transport document which indicates that transhipment will or may take place, provided that the entire carriage is covered by one and the same transport document and within the same mode of transport.

Artikel 29
Kurierempfangsbestätigung und Posteinlieferungsschein

a Wenn ein Akkreditiv einen Posteinlieferungsschein oder eine Postversandbescheinigung verlangt, nehmen die Banken, sofern im Akkreditiv nichts anderes vorgeschrieben ist, einen Posteinlieferungsschein oder eine Postversandbescheinigung an, der (die)

  I. seiner (ihrer) äußeren Aufmachung nach an dem Ort, der im Akkreditiv als Verladeort oder Versandort der Ware vorgeschrieben ist, gestempelt oder in anderer Weise authentisiert und datiert zu sein scheint, wobei dieses Datum als Verladedatum oder Versanddatum gilt,

  und

  II. in jeder anderen Hinsicht den Akkreditiv-Bedingungen entspricht.

b Wenn ein Akkreditiv ein von einem Kurier oder Expreßdienst ausgestelltes Dokument verlangt, das den Empfang der Ware zur Beförderung ausweist, nehmen die Banken, sofern im Akkreditiv nichts anderes vorgeschrieben ist, ein wie auch immer bezeichnetes Dokument an, das

  I. seiner äußeren Aufmachung nach den Namen des Kuriers/Dienstes auszuweisen scheint und von diesem namentlich genannten Kurier/Dienst gestempelt, unterzeichnet oder in anderer Weise authentisiert zu sein scheint (sofern das Akkreditiv nicht ausdrücklich ein von einem bestimmten Kurier/Dienst ausgestelltes Dokument verlangt, nehmen die Banken ein Dokument an, das von irgendeinem Kurier/Dienst ausgestellt ist)

  und

  II. ein Abhol- oder Empfangsdatum oder etwas Entsprechendes ausweist, wobei dieses Datum als Verladedatum oder Versanddatum gilt,

  und

  III. in jeder anderen Hinsicht den Akkreditiv-Bedingungen entspricht.

Artikel 30
Von Spediteuren ausgestellte Transportdokumente

Sofern im Akkreditiv nichts anderes zugelassen ist, nehmen die Banken ein Transportdokument, das von einem Spediteur ausgestellt ist, nur dann an, wenn es seiner äußeren Aufmachung nach

  I. Namen des Spediteurs als Frachtführer oder Multimodal Transport Operator auszuweisen und vom Spediteur als Frachtführer oder Multimodal Transport Operator unterzeichnet oder in anderer Weise authentisiert zu sein scheint

  oder

  II. den Namen des Frachtführers oder Multimodal Transport Operators auszuweisen und vom Spediteur als namentlich genannter Agent für den Frachtführer oder den Multimodal Transport Operator unterzeichnet oder in anderer Weise authentisiert zu sein scheint.

Artikel 31
„An Deck", „Shipper's Load and Count", Absenderangabe

Sofern im Akkreditiv nichts anderes vorgeschrieben ist, nehmen die Banken ein Transportdokument an, das

  I. im Fall des Seetransports oder des Transports durch mehrere, jedoch Seetransport einschließende Beförderungsmittel nicht ausweist, daß die Ware an Deck verladen ist oder verladen wird; die Banken nehmen jedoch ein Transportdokument an, das eine Klausel enthält, welche die Beförderung der Ware an Deck gestattet, vorausgesetzt, daß das Transportdokument nicht ausdrücklich ausweist, daß die Ware an Deck verladen ist oder verladen wird,

  und/oder

  II. eine Klausel wie „shipper's load and count" oder „said by shipper to contain" oder Worte ähnlicher Bedeutung enthält

  und/oder

  III. als Absender der Ware einen anderen als den Begünstigten des Akkreditivs ausweist.

Article 29
Courier and Post Receipts

a If a Credit calls for a post receipt or certificate of posting, banks will, unless otherwise stipulated in the Credit, accept a post receipt or certificate of posting which:

   I. appears on its face to have been stamped or otherwise authenticated and dated in the place from which the Credit stipulates the goods are to be shipped or dispatched and such date will be deemed to be the date of shipment or dispatch,

   and

   II. in all other respects meets the stipulations of the Credit.

b If a Credit calls for a document issued by a courier or expedited delivery service evidencing receipt of the goods for delivery, banks will, unless otherwise stipulated in the Credit, accept a document, however named, which:

   I. appears on its face to indicate the name of the courier/service, and to have been stamped, signed or otherwise authenticated by such named courier/service (unless the Credit specifically calls for a document issued by a named Courier/Service, banks will accept a document issued by any Courier/Service),

   and

   II. indicates a date of pick-up or of receipt or wording to this effect, such date being deemed to be the date of shipment or dispatch,

   and

   III. in all other respects meets the stipulations of the Credit.

Article 30
Transport Documents issued by Freight Forwarders

Unless otherwise authorised in the Credit, banks will only accept a transport document issued by a freight forwarder if it appears on its face to indicate:

   I. the name of the freight forwarder as a carrier or multimodal transport operator and to have been signed or otherwise authenticated by the freight forwarder as carrier or multimodal transport operator,

   or

   II. the name of the carrier or multimodal transport operator and to have been signed or otherwise authenticated by the freight forwarder as a named agent for or on behalf of the carrier or multimodal transport operator.

Article 31
„On Deck", „Shipper's Load and Count", Name of Consignor

Unless otherwise stipulated in the Credit, banks will accept a transport document which:

   I. does not indicate, in the case of carriage by sea or by more than one means of conveyance including carriage by sea, that the goods are or will be loaded on deck. Nevertheless, banks will accept a transport document which contains a provision that the goods may be carried on deck provided that it does not specifically state that they are or will be loaded on deck,

   and/or

   II. bears a clause on the face thereof such as „shipper's load and count" or „said by shipper to contain" or words of similar effect,

   and/or

   III. indicates as the consignor of the goods a party other than the Beneficiary of the Credit.

Artikel 32
Reine Transportdokumente

a Reine Transportdokumente sind solche, die keine Klauseln oder Vermerke enthalten, die ausdrücklich einen mangelhaften Zustand der Ware und/oder der Verpackung vermerken.

b Die Banken nehmen Transportdokumente nicht an, die solche Klauseln oder Vermerke enthalten, sofern im Akkreditiv nicht ausdrücklich die Klauseln oder Vermerke bezeichnet sind, die angenommen werden dürfen.

c Die Banken sehen eine Akkreditiv-Bedingung, nach der ein Transportdokument die Klausel „clean on board" enthalten soll, als erfüllt an, wenn ein solches Transportdokument den Anforderungen dieses Artikels und der Artikel 23, 24, 25, 26, 27, 28 oder 30 genügt.

Artikel 33
Transportdokumente mit Fracht(voraus)zahlungsvermerk

a Sofern im Akkreditiv nichts anderes vorgeschrieben ist oder keine Unvereinbarkeit mit irgendeinem der unter dem Akkreditiv vorgelegten Dokumente besteht, nehmen die Banken Transportdokumente an, die den Vermerk tragen, daß Fracht- oder Transportkosten (im folgenden „Fracht" genannt) noch zu zahlen sind.

b Wenn ein Akkreditiv vorschreibt, daß das Transportdokument auszuweisen hat, daß die Fracht bezahlt oder vorausbezahlt worden ist, nehmen die Banken ein Transportdokument an, auf dem Worte, die eindeutig die Zahlung oder Vorauszahlung der Fracht ausweisen, durch Stempel oder auf andere Weise erscheinen oder auf dem die Zahlung oder Vorauszahlung der Fracht anderweitig ausgewiesen ist. Verlangt das Akkreditiv, daß Kurierkosten zu bezahlen oder vorauszubezahlen sind, nehmen die Banken auch ein von einem Kurier oder Expreßdienst ausgestelltes Transportdokument an, aus dem hervorgeht, daß die Kurierkosten für Rechnung eines anderen als des Empfängers der Ware gehen.

c Erscheinen die Worte „Fracht vorauszahlbar" oder „Fracht im voraus zu zahlen" oder Worte ähnlicher Bedeutung auf Transportdokumenten, werden sie nicht als Nachweis der erfolgten Frachtzahlung anerkannt.

d Die Banken nehmen Transportdokumente an, die durch Stempel oder auf andere Weise auf zusätzlich zur Fracht anfallende Kosten hinweisen, wie Kosten der Beladung, Entladung oder ähnlicher Vorgänge oder damit im Zusammenhang stehende Auslagen, sofern die Akkreditiv-Bedingungen solche Hinweise nicht ausdrücklich verbieten.

Artikel 34
Versicherungsdokumente

a Versicherungsdokumente müssen ihrer äußeren Aufmachung nach von Versicherungsgesellschaften oder Versicherern (underwriters) oder deren Agenten ausgestellt und unterzeichnet zu sein scheinen.

b Wenn das Versicherungsdokument ausweist, daß es in mehr als einem Original ausgestellt ist, müssen alle Originale vorgelegt werden, sofern im Akkreditiv nichts anderes zugelassen ist.

c Von Maklern ausgestellte Deckungsbestätigungen (cover notes) werden nicht angenommen, sofern dies im Akkreditiv nicht ausdrücklich zugelassen ist.

d Sofern im Akkreditiv nichts anderes vorgeschrieben ist, nehmen die Banken ein Versicherungszertifikat oder eine „declaration" unter einem Open Cover (laufende Police) an, das (die) von Versicherungsgesellschaften oder Versicherern (underwriters) oder deren Agenten im voraus unterzeichnet ist. Schreibt ein Akkreditiv ausdrücklich ein Versicherungszertifikat oder eine „declaration" unter einem Open Cover (laufende Police) vor, nehmen die Banken an dessen (deren) Stelle eine Versicherungspolice an.

e Sofern im Akkreditiv nichts anderes vorgeschrieben ist oder aus dem Versicherungsdokument nicht hervorgeht, daß die Deckung spätestens am Tag der Verladung an Bord oder der Versendung oder der Übernahme der Ware wirksam wird, nehmen die Banken ein Versicherungsdokument nicht an, das ein späteres Ausstellungsdatum trägt als das Datum der Verladung an Bord oder der Versendung oder der Übernahme, wie es das Transportdokument ausweist.

f I. Sofern im Akkreditiv nichts anderes vorgeschrieben ist, muß das Versicherungsdokument in derselben Währung ausgestellt sein wie das Akkreditiv.

Article 32
Clean Transport Documents

a A clean transport document is one which bears no clause or notation which expressly declares a defective condition of the goods and/or the packaging.

b Banks will not accept transport documents bearing such clauses or notations unless the Credit expressly stipulates the clauses or notations which may be accepted.

c Banks will regard a requirement in a Credit for a transport document to bear the clause „clean on board" as complied with if such transport document meets the requirements of this Article and of Articles 23, 24, 25, 26, 27, 28 or 30.

Article 33
Freight Payable/Prepaid Transport Documents

a Unless otherwise stipulated in the Credit, or inconsistent with any of the documents presented under the Credit, banks will accept transport documents stating that freight or transportation charges (hereafter referred to as „freight") have still to be paid.

b If a Credit stipulates that the transport document has to indicate that freight has been paid or prepaid, banks will accept a transport document on which words clearly indicating payment or prepayment of freight appear by stamp or otherwise, or on which payment or prepayment of freight is indicated by other means. If the Credit requires courier charges to be paid or prepaid banks will also accept a transport document issued by a courier or expedited delivery service evidencing that courier charges are for the account of a party other than the consignee.

c The words „freight prepayable" or „freight to be prepaid" or words of similar effect, if appearing on transport documents, will not be accepted as constituting evidence of the payment of freight.

d Banks will accept transport documents bearing reference by stamp or otherwise to costs additional to the freight, such as costs of, or disbursements incurred in connection with, loading, unloading or similar operations, unless the conditions of the Credit specifically prohibit such reference.

Article 34
Insurance Documents

a Insurance documents must appear on their face to be issued and signed by insurance companies or underwriters or their agents.

b If the insurance document indicates that it has been issued in more than one original, all the originals must be presented unless otherwise authorised in the Credit.

c Cover notes issued by brokers will not be accepted, unless specifically authorised in the Credit.

d Unless otherwise stipulated in the Credit, banks will accept an insurance certificate or a declaration under an open cover pre-signed by insurance companies or underwriters or their agents. If a Credit specifically calls for an insurance certificate or a declaration under an open cover, banks will accept, in lieu thereof, an insurance policy.

e Unless otherwise stipulated in the Credit, or unless it appears from the insurance document that the cover is effective at the latest from the date of loading on board or dispatch or taking in charge of the goods, banks will not accept an insurance document which bears a date of issuance later than the date of loading on board or dispatch or taking in charge as indicated in such transport document.

f l. Unless otherwise stipulated in the Credit, the insurance document must be expressed in the same currency as the Credit.

II. Sofern im Akkreditiv nichts anderes vorgeschrieben ist, ist der Mindestbetrag, auf den die im Versicherungsdokument angegebene Versicherungsdeckung lauten muß, der CIF-Wert (Kosten, Versicherung, Fracht (… benannter Bestimmungshafen)) beziehungsweise der CIP-Wert (Frachtfrei versichert (… benannter Bestimmungsort)) der Ware zuzüglich 10 %, vorausgesetzt, der CIF- oder CIP-Wert kann aus der äußeren Aufmachung der Dokumente bestimmt werden. Andernfalls nehmen die Banken als Mindestbetrag 110 % des Betrags an, in dessen Höhe unter dem Akkreditiv Zahlung, Akzeptleistung oder Negoziierung verlangt wird, oder 110 % des Bruttobetrags der Handelsrechnung, je nachdem, welcher Betrag höher ist.

Artikel 35
Art der Versicherungsdeckung

a   In den Akkreditiven sollte vorgeschrieben werden, welche Art von Versicherung verlangt wird, und gegebenenfalls, welche zusätzlichen Risiken zu decken sind. Ungenaue Ausdrücke, wie „übliche Risiken" oder „handelsübliche Risiken", sollen nicht verwendet werden; werden sie jedoch verwendet, nehmen die Banken die Versicherungsdokumente so an, wie sie vorgelegt werden, und zwar ohne Verantwortung für irgendwelche nicht gedeckten Risiken.

b   Fehlen im Akkreditiv besondere Bestimmungen, nehmen die Banken die Versicherungsdokumente so an, wie sie vorgelegt werden, und zwar ohne Verantwortung für irgendwelche nicht gedeckten Risiken.

c   Sofern im Akkreditiv nichts anderes vorgeschrieben ist, nehmen die Banken ein Versicherungsdokument an, in dem angegeben ist, daß die Deckung einer Franchise oder einer Abzugsfranchise unterworfen ist.

Artikel 36
Versicherungsdeckung für alle Risiken

Wenn ein Akkreditiv „Versicherung gegen alle Risiken" vorschreibt, nehmen die Banken ein Versicherungsdokument an, das irgendeinen Vermerk oder irgendeine Klausel über „alle Risiken" enthält – gleichgültig, ob mit der Überschrift „alle Risiken" versehen oder nicht –, selbst wenn das Versicherungsdokument ausweist, daß bestimmte Risiken ausgeschlossen sind, und zwar ohne Verantwortung für irgendwelche nicht gedeckten Risiken.

Artikel 37
Handelsrechnungen

a   Sofern im Akkreditiv nichts anderes vorgeschrieben ist, müssen Handelsrechnungen

   I.   der äußeren Aufmachung nach von dem im Akkreditiv benannten Begünstigten (vorbehaltlich der Bestimmungen des Artikels 48) ausgestellt zu sein scheinen
   und
   II. auf den Namen des Auftraggebers (vorbehaltlich der Bestimmungen des Artikels 48 (h)) lauten
   und
   III. nicht unterzeichnet sein.

b   Sofern im Akkreditiv nichts anderes vorgeschrieben ist, können die Banken Handelsrechnungen, die auf einen die Akkreditivsumme übersteigenden Betrag lauten, zurückweisen. Wenn jedoch eine Bank, die ermächtigt ist, unter einem Akkreditiv zu zahlen, eine Verpflichtung zur hinausgeschobenen Zahlung zu übernehmen, Tratten zu akzeptieren oder zu negoziieren, solche Rechnungen annimmt, bindet deren Entscheidung alle Beteiligten, vorausgesetzt, daß diese Bank nicht in Höhe eines die Akkreditivsumme übersteigenden Betrags gezahlt, eine Verpflichtung zur hinausgeschobenen Zahlung übernommen, Tratten akzeptiert oder negoziiert hat.

c   Die Beschreibung der Ware in der Handelsrechnung muß mit der Beschreibung im Akkreditiv übereinstimmen. In allen anderen Dokumenten kann die Ware in allgemein gehaltenen Ausdrücken, die nicht im Widerspruch zur Warenbeschreibung im Akkreditiv stehen, beschrieben sein.

Artikel 38
Andere Dokumente

Wenn ein Akkreditiv bei anderen als Seetransporten einen Nachweis oder eine Bescheinigung des Gewichts verlangt, erkennen die Banken einen Wiegestempel oder einen Gewichtsvermerk an, der durch den

II. Unless otherwise stipulated in the Credit, the minimum amount for which the insurance document must indicate the insurance cover to have been effected is the CIF (cost, insurance and freight (... „named port of destination")) or CIP (carriage and insurance paid to (... „named place of destination")) value of the goods, as the case may be, plus 10 %, but only when the CIF or CIP value can be determined from the documents on their face. Otherwise, banks will accept as such minimum amount 110 % of the amount for which payment, acceptance or negotiation is requested under the Credit, or 110 % of the gross amount of the invoice, whichever is the greater.

Article 35
Type of Insurance Cover

a Credits should stipulate the type of insurance required and, if any, the additional risks which are to be covered. Imprecise terms such as „usual risks" or „customary risks" shall not be used; if they are used, banks will accept insurance documents as presented, without responsibility for any risks not being covered.

b Failing specific stipulations in the Credit, banks will accept insurance documents as presented, without responsibility for any risks not being covered.

c Unless otherwise stipulated in the Credit, banks will accept an insurance document which indicates that the cover is subject to a franchise or an excess (deductible).

Article 36
All Risks Insurance Cover

Where a Credit stipulates „insurance against all risks", banks will accept an insurance document which contains any „all risks" notation or clause, whether or not bearing the heading „all risks", even if the insurance document indicates that certain risks are excluded, without responsibility for any risk(s) not being covered.

Article 37
Commercial Invoices

a Unless otherwise stipulated in the Credit, commercial invoices;

　I. must appear on their face to be issued by the Beneficiary named in the Credit (except as provided in Article 48),

　　and

　II. must be made out in the name of the ApplicIant (except as provided in sub-Article 48 (h)),

　　and

　III. need not be signed.

b Unless otherwise stipulated in the Credit, banks may refuse commercial invoices issued for amounts in excess of the amount permitted by the Credit. Nevertheless, if a bank authorised to pay, incur a deferred payment undertaking, accept Draft(s), or negotiate under a Credit accepts such invoices, its decision will be binding upon all parties, provided that such bank has not paid, incurred a deferred payment undertaking, accepted Draft(s) or negotiated for an amount in excess of that permitted by the Credit.

c The description of the goods in the commercial invoice must correspond with the description in the Credit. In all other documents, the goods may be described in general terms not inconsistent with the description of the goods in the Credit.

Article 38
Other Documents

If a Credit calls for an attestation or certification of weight in the case of transport other than by sea, banks will accept a weight stamp or declaration of weight which appears to have been superimposed on

Frachtführer oder dessen Agenten auf dem Transportdokument angebracht zu sein scheint, sofern das Akkreditiv nicht ausdrücklich vorschreibt, daß der Nachweis oder die Bescheinigung des Gewichts mittels eines separaten Dokuments erbracht werden muß.

E. Verschiedene Regeln

Artikel 39
Toleranzen bezüglich Akkreditivbetrag, Menge und Preis pro Einheit

a Die Worte „etwa", „ungefähr", „circa" oder ähnliche Ausdrücke, die in Verbindung mit dem Akkreditivbetrag oder der im Akkreditiv angegebenen Menge oder dem angegebenen Preis pro Einheit verwendet werden, sind dahin auszulegen, daß eine Abweichung bis zu 10 % nach oben oder bis zu 10 % nach unten von dem Betrag oder der Menge oder dem Preis pro Einheit, auf die sie sich beziehen, statthaft ist.

b Sofern ein Akkreditiv nicht vorschreibt, daß die angegebene Warenmenge nicht über- oder unterschritten werden darf, ist eine Abweichung bis zu 5 % nach oben oder bis zu 5 % nach unten statthaft, immer vorausgesetzt, daß der Betrag der Inanspruchnahme nicht den Akkreditivbetrag überschreitet. Diese Abweichung ist nicht zulässig, wenn im Akkreditiv die Menge in einer bestimmten Anzahl von Verpackungseinheiten oder Stücken angegeben ist.

c Sofern ein Akkreditiv, das Teilverladungen untersagt, nicht etwas anderes vorschreibt oder der vorstehende Absatz (b) nicht anwendbar ist, ist eine Minderinanspruchnahme um bis zu 5 % zulässig, vorausgesetzt, daß bei im Akkreditiv vorgeschriebener Warenmenge diese Warenmenge in vollem Umfang geliefert und bei einem im Akkreditiv vorgeschriebenen Preis pro Einheit dieser Preis nicht unterschritten wird. Diese Bestimmung gilt nicht, wenn im Akkreditiv Ausdrücke der im vorstehenden Absatz (a) genannten Art verwendet werden.

Artikel 40
Teilverladungen/Teilinanspruchnahmen

a Teilinanspruchnahmen und/oder Teilverladungen sind zulässig, sofern das Akkreditiv nicht etwas anderes vorschreibt.

b Transportdokumente, die ihrer äußeren Aufmachung nach auszuweisen scheinen, daß Verladung auf demselben Beförderungsmittel und für dieselbe Reise mit demselben Ziel erfolgte, gelten nicht als Teilverladungen abdeckend, selbst wenn die Transportdokumente ein unterschiedliches Verladedatum und/oder unterschiedliche Verladehäfen, Übernahme- oder Versandorte ausweisen.

c Versendungen per Post oder Kurier gelten nicht als Teilverladungen, wenn die Posteinlieferungsscheine oder Postversandbescheinigungen oder Kurierempfangsbestätigungen oder Kurierversandnachweise an dem Ort, der im Akkreditiv als Versandort der Ware vorgeschrieben ist, und an demselben Tag gestempelt, unterzeichnet oder in anderer Weise authentisiert zu sein scheinen.

Artikel 41
Verladungen/Inanspruchnahmen in Raten

Sind im Akkreditiv Inanspruchnahmen und/oder Verladungen in Raten innerhalb bestimmter Zeiträume vorgeschrieben und ist irgendeine Rate nicht innerhalb des für sie vorgeschriebenen Zeitraums in Anspruch genommen und/oder verladen worden, kann das Akkreditiv für diese betreffende und jede weitere Rate nicht mehr benutzt werden, sofern im Akkreditiv nichts anderes vorgeschrieben ist.

Artikel 42
Verfalldatum und Ort für Dokumentenvorlage

a Alle Akkreditive müssen ein Verfalldatum und einen Ort für die Dokumentenvorlage zwecks Zahlung, Akzeptleistung oder – mit Ausnahme frei negoziierbarer Akkreditive – einen Ort für die Dokumentenvorlage zwecks Negoziierung vorschreiben. Ein für Zahlung, Akzeptleistung oder Negoziierung vorgeschriebenes Verfalldatum wird als Verfalldatum für die Dokumentenvorlage ausgelegt.

b Vorbehaltlich der Bestimmungen des Artikels 44(a) müssen Dokumente am oder vor dem Verfalldatum vorgelegt werden.

c Wenn die eröffnende Bank angibt, daß das Akkreditiv „für einen Monat", „für sechs Monate" oder ähnlich benutzbar sein soll, aber nicht festlegt, wann diese Frist beginnen soll, wird das Datum der

the transport document by the carrier or his agent unless the Credit specifically stipulates that the attestation or certification of weight must be by means of a separate document.

E. Miscellaneous Provisions

Article 39
Allowances in Credit Amount, Quantity and Unit Price

a The words „about", „approximately", „circa" or similar expressions used in connection with the amount of the Credit or the quantity or the unit price stated in the Credit are to be construed as allowing a difference not to exceed 10 % more or 10 % less than the amount or the quantity or the unit price to which they refer.

b Unless a Credit stipulates that the quantity of the goods specified must not be exceeded or reduced, a tolerance of 5 % more or 5 % less will be permissible, always provided that the amount of the drawings does not exceed the amount of the Credit. This tolerance does not apply when the Credit stipulates the quantity in terms of a stated number of packing units or individual items.

c Unless a Credit which prohibits partial shipments stipulates otherwise, or unless sub-Article (b) above is applicable, a tolerance of 5 % less in the amount of the drawing will be permissible, provided that if the Credit stipulates the quantity of the goods, such quantity of goods is shipped in full, and if the Credit stipulates a unit price, such price is not reduced. This provision does not apply when expressions referred to in sub-Article (a) above are used in the Credit.

Article 40
Partial Shipments/Drawings

a Partial drawings and/or shipments are allowed, unless the Credit stipulates otherwise.

b Transport documents which appear on their face to indicate that shipment has been made on the same means of conveyance and for the same journey, provided they indicate the same destination, will not be regarded as covering partial shipments, even if the transport documents indicate different dates of shipment and/or different ports of loading, places of taking in charge, or dispatch.

c Shipments made by post or by courier will not be regarded as partial shipments if the post receipts or certificates of posting or courier's receipts or dispatch notes appear to have been stamped, signed or otherwise authenticated in the place from which the Credit stipulates the goods are to be dispatched, and on the same date.

Article 41
Instalment Shipments/Drawings

If drawings and/or shipments by instalments within given periods are stipulated in the Credit and any instalment is not drawn and/or shipped within the period allowed for that instalment, the Credit ceases to be available for that and any subsequent instalments, unless otherwise stipulated in the Credit.

Article 42
Expiry Date and Place for Presentation of Documents

a All Credits must stipulate an expiry date and a place for presentation of documents for payment, acceptance, or with the exception of freely negotiable Credits, a place for presentation of documents for negotiation. An expiry date stipulated for payment, acceptance or negotiation will be construed to express an expiry date for presentation of documents.

b Except as provided in sub-Article 44 (a), documents must be presented on or before such expiry date.

c If an Issuing Bank states that the Credit is to be available „for one month", „for six months", or the like, but does not specify the date from which the time is to run, the date of issuance of the Credit by

Eröffnung des Akkreditivs durch die eröffnende Bank als der erste Tag angesehen, an dem diese Frist beginnt. Die Banken sollten zu verhindern suchen, daß das Verfalldatum des Akkreditivs auf diese Weise angegeben wird.

Artikel 43
Verkürzung der Verfallfrist

a Außer einem Verfalldatum für die Dokumentenvorlage sollte jedes Akkreditiv, das ein Transportdokument verlangt, auch eine genau bestimmte Frist nach dem Verladedatum vorschreiben, innerhalb welcher die Vorlage in Übereinstimmung mit den Akkreditiv-Bedingungen zu erfolgen hat. Ist eine derartige Frist nicht vorgeschrieben, nehmen die Banken Dokumente nicht an, die ihnen später als 21 Tage nach dem Verladedatum vorgelegt werden. In jedem Fall dürfen die Dokumente nicht später als am Verfallsdatum des Akkreditivs vorgelegt werden.

b In Fällen, in denen Artikel 40 (b) Anwendung findet, gilt als Verladedatum das letzte Verladedatum auf einem der vorgelegten Transportdokumente.

Artikel 44
Verlängerung der Verfallfrist

a Wenn das Verfalldatum des Akkreditivs und/oder der letzte Tag der im Akkreditiv vorgeschriebenen oder aufgrund des Artikels 43 anwendbaren Dokumentenvorlagefrist auf einen Tag fällt, an dem die Bank, der die Dokumente vorzulegen sind, aus anderen als den unter Artikel 17 genannten Gründen geschlossen ist, wird das vorgeschriebene Verfalldatum und/oder der letzte Tag der Frist nach dem Verladedatum für die Dokumentenvorlage auf den nächstfolgenden Tag, an dem diese Bank geöffnet ist, hinausgeschoben.

b Durch das aufgrund des vorstehenden Absatzes (a) erfolgte Hinausschieben des Verfalldatums und/oder der Frist nach dem Verladedatum für die Dokumentenvorlage wird das letzte Verladedatum nicht hinausgeschoben. Ist im Akkreditiv oder in dazu erfolgten Änderungen kein letztes Verladedatum vorgeschrieben, nehmen die Banken Transportdokumente nicht an, die ein späteres Verladedatum als das im Akkreditiv oder in dazu erfolgten Änderungen vorgeschriebene Verfalldatum ausweisen.

c Die Bank, der die Dokumente an einem solchen nächstfolgenden Arbeitstag vorgelegt werden, muß eine Erklärung abgeben, daß die Dokumente innerhalb der gemäß Artikel 44 (a) der Einheitlichen Richtlinien und Gebräuche für Dokumenten-Akkreditive, Revision 1993, ICC-Publikation Nr. 500, hinausgeschobenen Fristen vorgelegt wurden.

Artikel 45
Vorlegungszeiten

Die Banken sind nicht verpflichtet, Dokumente außerhalb ihrer Öffnungszeiten entgegenzunehmen.

Artikel 46
Allgemeine Ausdrücke für Verladetermine

a Sofern im Akkreditiv nichts anderes vorgeschrieben ist, ist der zur Bestimmung eines frühesten und/oder eines letzten Verladedatums verwendete Ausdruck „Verladung" so zu verstehen, daß er Ausdrücke wie „Verladung an Bord", „Versendung", „angenommen zur Beförderung", „Posteinlieferungsdatum", „Abholdatum" und ähnliche und bei einem Akkreditiv, das ein multimodales Transportdokument verlangt, den Ausdruck „Übernahme" einschließt.

b Ausdrücke wie „prompt", „unverzüglich", „baldmöglichst" und ähnliche sollten nicht verwendet werden. Wenn sie verwendet werden, werden die Banken sie nicht beachten.

c Wenn der Ausdruck „am oder um den" oder ähnliche Ausdrücke verwendet werden, legen die Banken sie als eine Bestimmung aus, daß die Verladung innerhalb des Zeitraums von 5 Tagen vor bis 5 Tage nach dem angegebenen Datum durchzuführen ist, wobei der erste und letzte Tag eingeschlossen sind.

Artikel 47
Zeitterminologie für Verladefristen

a Die Worte „bis", „bis zum", „ab" und Ausdrücke ähnlicher Bedeutung, die sich im Akkreditiv auf irgendein Datum oder irgendeinen Zeitraum der Verladung beziehen, sind so zu verstehen, daß sie das angegebene Datum einschließen.

the Issuing Bank will be deemed to be the first day from which such time is to run. Banks should discourage indication of the expiry date of the Credit in this manner.

Article 43
Limitation on the Expiry Date

a In addition to stipulating an expiry date for presentation of documents, every Credit which calls for a transport document(s) should also stipulate a specified period of time after the date of shipment during which presentation must be made in compliance with the terms and conditions of the Credit. If no such period of time is stipulated, banks will not accept documents presented to them later than 21 days after the date of shipment. In any event, documents must be presented not later than the expiry date of the Credit.

b In cases in which sub-Article 40 (b) applies, the date of shipment will be considered to be the latest shipment date on any of the transport documents presented.

Article 44
Extension of Expiry Date

a If the expiry date of the Credit and/or the last day of the period of time for presentation of documents stipulated by the Credit or applicable by virtue of Article 43 falls on a day on which the bank to which presentation has to be made is closed for reasons other than those referred to in Article 17, the stipulated expiry date and/or the last day of the period of time after the date of shipment for presentation of documents, as the case may be, shall be extended to the first following day on which such bank is open.

b The latest date for shipment shall not be extended by reason of the extension of the expiry date and/or the period of time after the date of shipment for presentation of documents in accordance with sub-Article (a) above. If no such latest date for shipment is stipulated in the Credit or amendments thereto, banks will not accept transport documents indicating a date of shipment later than the expiry date stipulated in the Credit or amendments thereto.

c The bank to which presentation is made on such first following business day must provide a statement that the documents were presented within the time limits extended in accordance with sub-Article 44 (a) of the Uniform Customs and Practice for Documentary Credits, 1993 Revision, ICC Publication No. 500.

Article 45
Hours of Presentation

Banks are under no obligation to accept presentation of documents outside their banking hours.

Article 46
General Expressions as to Dates for Shipment

a Unless otherwise stipulated in the Credit, the expression „shipment" used in stipulating an earliest and/or a latest date for shipment will be understood to include expressions such as, „loading on board", „dispatch", „accepted for carriage", „date of post receipt", „date of pick-up", and the like, and in the case of a Credit calling for a multimodal transport document the expression „taking in charge".

b Expressions such as „prompt", „immediately", „as soon as possible", and the like should not be used. If they are used banks will disregard them.

c If the expression „on or about" or similar expressions are used, banks will interpret them as a stipulation that shipment is to be made during the period from five days before to five days after the specified date, both end days included.

Article 47
Date Terminology for Periods of Shipment

a The words „to", „until", „till", „from" and words of similar import applying to any date or period in the Credit referring to shipment will be understood to include the date mentioned.

b Das Wort „nach" ist so zu verstehen, daß es das angegebene Datum ausschließt.

c Die Ausdrücke „erste Hälfte" und „zweite Hälfte" eines Monats bedeuten „ 1. bis 15. einschließlich" beziehungsweise „16. bis letzter Tag des Monats einschließlich".

d Die Ausdrücke „Anfang", „Mitte" oder „Ende" eines Monats bedeuten „1. bis 10. einschließlich", „11. bis 20. einschließlich" beziehungsweise „21. bis letzter Tag des Monats einschließlich".

F. Übertragbares Akkreditiv
Artikel 48
Übertragbares Akkreditiv

a Ein übertragbares Akkreditiv ist ein Akkreditiv, bei dem der Begünstigte (Erstbegünstigte) die zur Zahlung, Übernahme einer Verpflichtung zur hinausgeschobenen Zahlung, Akzeptleistung oder Negoziierung ermächtigte Bank („übertragende Bank") oder bei einem frei negoziierbaren Akkreditiv die im Akkreditiv ausdrücklich als übertragende Bank ermächtigte Bank beauftragen kann, das Akkreditiv im Ganzen oder zum Teil einem oder mehreren anderen Begünstigten (Zweitbegünstigten) verfügbar zu stellen.

b Ein Akkreditiv kann nur übertragen werden, wenn es von der eröffnenden Bank ausdrücklich als „übertragbar" bezeichnet worden ist. Ausdrücke wie „divisible", „fractionable", „assignable" und „transmissible" machen das Akkreditiv nicht übertragbar. Werden solche Ausdrücke verwendet, sind sie nicht zu beachten.

c Die übertragende Bank ist nicht verpflichtet, eine Übertragung vorzunehmen, außer in dem Umfang und in der Art, wie sie ausdrücklich zugestimmt hat.

d Bei einem Übertragungsauftrag und vor Akkreditivübertragung muß der Erstbegünstigte die übertragende Bank unwiderruflich davon unterrichten, ob er sich das Recht vorbehält, der übertragenden Bank die Erlaubnis zu verweigern, dem (den) Zweitbegünstigten Änderungen anzuzeigen. Stimmt die übertragende Bank unter diesen Bedingungen der Übertragung zu, muß sie bei Übertragung den (die) Zweitbegünstigten über die Weisungen des Erstbegünstigten hinsichtlich Änderungen unterrichten.

e Wird ein Akkreditiv an mehrere Zweitbegünstigte übertragen, läßt die Ablehnung einer Änderung durch einen oder mehrere Zweitbegünstigte(n) die Annahme durch den (die) anderen Zweitbegünstigten nicht hinfällig werden, dem (denen) gegenüber das Akkreditiv entsprechend geändert wird. Für den (die) Zweitbegünstigten, der (die) die Änderung ablehnte(n), bleibt das Akkreditiv ungeändert.

f Mit Übertragungen im Zusammenhang stehende Spesen der übertragenden Bank einschließlich Provisionen, Gebühren, Kosten und Auslagen sind vom Erstbegünstigten zu zahlen, sofern nichts anderes vereinbart ist. Stimmt die übertragende Bank der Akkreditivübertragung zu, ist sie nicht verpflichtet, die Übertragung vorzunehmen, bevor diese Spesen bezahlt sind.

g Sofern im Akkreditiv nichts anderes angegeben ist, kann ein übertragbares Akkreditiv nur einmal übertragen werden. Folglich kann das Akkreditiv im Auftrag des Zweitbegünstigten nicht an einen nachfolgenden Drittbegünstigten übertragen werden. Im Sinne dieses Artikels stellt eine Rückübertragung an den Erstbegünstigten keine unzulässige Übertragung dar.

Teile eines übertragbaren Akkreditivs (die im Ganzen den Gesamtbetrag des Akkreditivs nicht überschreiten) können getrennt übertragen werden, sofern Teilverladungen/Teilinanspruchnahmen nicht untersagt sind; die Gesamtheit derartiger Übertragungen gilt als nur eine Übertragung des Akkreditivs.

h Das Akkreditiv kann nur zu den im Originalakkreditiv angegebenen Bedingungen übertragen werden mit der Ausnahme, daß

– der Akkreditivbetrag,

– der im Akkreditiv etwa angegebene Preis pro Einheit,

– das Verfalldatum,

– das letzte Datum für die Vorlage der Dokumente gemäß Artikel 43,

– die Verladefrist

insgesamt oder einzeln ermäßigt oder verkürzt werden können.

b The word „after" will be understood to exclude the date mentioned.

c The terms „first half", „second half" of a month shall be construed respectively as the 1st to the 15th, and the 16th to the last day of such month, all dates inclusive.

d The terms „beginning", „middle", or „end" of a month shall be construed respectively as the 1st to the 10th, the 11th to the 20th, and the 21st to the last day of such month, all dates inclusive.

F. Transferable Credit
Article 48
Transferable Credit

a A transferable Credit is a Credit under which the Beneficiary (First Beneficiary) may request the bank authorised to pay, incur a deferred payment undertaking, accept or negotiate (the „Transferring Bank"), or in the case of a freely negotiable Credit, the bank specifically authorised in the Credit as a Transferring Bank, to make the Credit available in whole or in part to one or more other Beneficiary(ies) (Second Beneficiary(ies)).

b A Credit can be transferred only if it is expressly designated as „transferable" by the Issuing Bank. Terms such as „divisible", „fractionable", „assignable", and „transmissible" do not render the Credit transferable. If such terms are used they shall be disregarded.

c The Transferring Bank shall be under no obligation to effect such transfer except to the extent and in the manner expressly consented to by such bank.

d At the time of making a request for transfer and prior to transfer of the Credit, the First Beneficiary must irrevocably instruct the Transferring Bank whether or not he retains the right to refuse to allow the Transferring Bank to advise amendments to the Second Beneficiary(ies). If the Transferring Bank consents to the transfer under these conditions, it must, at the time of transfer, advise the Second Beneficiary(ies) of the First Beneficiary's instructions regarding amendments.

e If a Credit is transferred to more than one Second Beneficiary(ies), refusal of an amendment by one or more Second Beneficiary(ies) does not invalidate the acceptance(s) by the other Second Beneficiary(ies) with respect to whom the Credit will be amended accordingly. With respect to the Second Beneficiary(ies) who rejected the amendment, the Credit will remain unamended.

f Transferring Bank charges in respect of transfers including commissions, fees, costs or expenses are payable by the First Beneficiary, unless otherwise agreed. If the Transferring Bank agrees to transfer the Credit it shall be under no obligation to effect the Transfer until such charges are paid.

g Unless otherwise stated in the Credit, a transferable Credit can be transferred once only. Consequently, the Credit cannot be transferred at the request of the Second Beneficiary to any subsequent Third Beneficiary. For the purpose of this Article, a retransfer to the First Beneficiary does not constitute a prohibited transfer.

Fractions of a transferable Credit (not exceeding in the aggregate the amount of the Credit) can be transferred separately, provided partial shipments/drawings are not prohibited, and the aggregate of such transfers will be considered as constituting only one transfer of the Credit.

h The Credit can be transferred only on the terms and conditions specified in the original Credit, with the exception of:
- the amount of the Credit,
- any unit price stated therein,
- the expiry date,
- the last date for presentation of documents in accordance with Article 43,
- the period for shipment,

any or all of which may be reduced or curtailed.

Der Prozentsatz, auf den die Versicherungsdeckung lauten muß, kann in einer Weise erhöht werden, daß er den im Originalakkreditiv oder in dessen Richtlinien festgesetzten Deckungsbetrag erreicht.

Außerdem kann der Name des Erstbegünstigten an die Stelle des Auftraggebers gesetzt werden. Wenn jedoch im Originalakkreditiv ausdrücklich verlangt wird, daß der Name des Auftraggebers in irgendeinem (irgendwelchen) anderen Dokument(en) als der Rechnung erscheint, muß diese Bedingung erfüllt werden.

i Der Erstbegünstigte hat das Recht, seine eigenen Rechnungen (und Tratten) an die Stelle derjenigen des (der) Zweitbegünstigten zu setzen, und zwar mit Beträgen, die den im Akkreditiv angegebenen Originalbetrag nicht übersteigen, und mit den im Akkreditiv gegebenenfalls angegebenen Originalpreisen pro Einheit. Bei einem solchen Rechnungs- (und Tratten-)Austausch kann der Erstbegünstigte unter dem Akkreditiv den Unterschiedsbetrag erheben, der gegebenenfalls zwischen seinen Rechnungen und denen des (der) Zweitbegünstigten besteht.

Wenn ein Akkreditiv übertragen worden ist und der Erstbegünstigte seine eigenen Rechnungen (und Tratten) an die Stelle der Rechnungen (und Tratten) des (der) Zweitbegünstigten setzen soll, der ersten Aufforderung hierzu aber nicht nachkommt, dann hat die übertragende Bank das Recht, der eröffnenden Bank die unter dem übertragenen Akkreditiv erhaltenen Dokumente auszuliefern, einschließlich der Rechnungen (und Tratten) des (der) Zweitbegünstigten, und zwar ohne weitere Verantwortlichkeit gegenüber dem Erstbegünstigten.

j Der Erstbegünstigte kann verlangen, daß die Zahlung oder Negoziierung an den Zweitbegünstigten an dem Ort vorgenommen wird, an den das Akkreditiv übertragen worden ist, und zwar bis zum Verfalldatum des Akkreditivs, sofern das Originalakkreditiv nicht ausdrücklich angibt, daß es an keinem anderen als dem im Akkreditiv vorgeschriebenen Ort zur Zahlung oder Negoziierung benutzbar gestellt werden darf. Dies gilt unbeschadet des Rechts des Erstbegünstigten, nachträglich seine eigenen Rechnungen (und Tratten) an die Stelle der Rechnungen (und Tratten) des (der) Zweitbegünstigten zu setzen und einen etwaigen, ihm zustehenden Unterschiedsbetrag zu fordern.

G. Abtretung von Akkreditiverlösen

Artikel 49
Abtretung von Akkreditiverlösen

Die Tatsache, daß ein Akkreditiv nicht als übertragbar bezeichnet ist, berührt nicht die Rechte des Begünstigten, seinen unter einem solchen Akkreditiv bestehenden oder künftig entstehenden Anspruch auf den Erlös gemäß den Bestimmungen des anzuwendenden Rechts abzutreten. Dieser Artikel bezieht sich nur auf die Abtretung des Akkreditiverlöses und nicht auf die Abtretung des Rechts auf Inanspruchnahme des Akkreditivs.

© Internationale Handelskammer 1993/ICC-Publ.-Nr. 500

Bezugsquellennachweis: Die ICC-Publ.-Nr. 500 kann zusammen mit einer vollständigen Preis- und Publikationsliste bei der Deutschen Gruppe der Internationalen Handelskammer, Mittelstr. 12–14, 50672 Köln, Telefon +49 221-2 57 55 65, Telefax +49 221-2 57 55 93, bestellt werden.

The percentage for which insurance cover must be effected may be increased in such a way as to provide the amount of cover stipulated in the original Credit, or these Articles.

In addition, the name of the First Beneficiary can be substituted for that of the Applicant, but if the name of the Applicant is specifically required by the original Credit to appear in any document(s) other than the invoice, such requirement must be fulfilled.

i   The First Beneficiary has the right to substitute his own invoice(s) (and Draft(s)) for those of the Second Beneficiary(ies), for amounts not in excess of the original amount stipulated in the Credit and for the original unit prices if stipulated in the Credit, and upon such substitution of invoice(s) (and Draft(s)) the First Beneficiary can draw under the Credit for the difference, if any, between his invoice(s) and the Second Beneficiary's(ies') invoice(s).

When a Credit has been transferred and the First Beneficiary is to supply his own invoice(s) (and Draft(s)) in exchange for the Second Beneficiary's(ies') invoice(s) (and Draft(s)) but fails to do so on first demand, the Transferring Bank has the right to deliver to the Issuing Bank the documents received under the transferred Credit, including the Second Beneficiary's(ies') invoice(s) (and Draft(s)) without further responsibility to the First Beneficiary.

j   The First Beneficiary may request that payment or negotiation be effected to the Second Beneficiary(ies) at the place to which the Credit has been transferred up to and including the expiry date of the Credit, unless the original Credit expressly states that it may not be made available for payment or negotiation at a place other than that stipulated in the Credit. This is without prejudice to the First Beneficiary's right to substitute subsequently his own invoice(s) (and Draft(s)) for those of the Second Beneficiary(ies) and to claim any difference due to him.

G. Assignment of Proceeds

Article 49
Assignment of Proceeds

The fact that a Credit is not stated to be transferable shall not affect the Beneficiary's right to assign any proceeds to which he may be, or may become, entitled under such Credit, in accordance with the provisions of the applicable law. This Article relates only to the assignment of proceeds and not to the assignment of the right to perform under the Credit itself.

© Internationale Handelskammer 1993/ICC-Publ.-Nr. 500

Bezugsquellennachweis: Die ICC-Publ.-Nr. 500 kann zusammen mit einer vollständigen Preis- und Publikationsliste bei der Deutschen Gruppe der Internationalen Handelskammer, Mittelstr. 12–14, 50672 Köln, Telefon +49 221-2 57 55 65, Telefax +49 221-2 57 55 93, bestellt werden.

8.4 Einheitliche Richtlinien für Inkassi (ERI 522)

A. Allgemeine Regeln und Begriffsbestimmungen

Artikel 1
Anwendbarkeit der ERI 522

a Die Einheitlichen Richtlinien für Inkassi, Revision 1995, ICC-Publikation 522, gelten für alle Inkassi wie in Artikel 2 definiert, soweit sie in den Text eines „Inkassoauftrags" gemäß Artikel 4 einbezogen sind und sind für alle Beteiligten bindend, sofern nicht ausdrücklich anderweitige Vereinbarungen getroffen worden sind oder nicht nationale, staatliche oder örtliche Gesetze und/oder Verordnungen entgegenstehen, von denen nicht abgewichen werden darf.

b Banken sind verpflichtet, ein Inkasso oder irgendeine Inkassoweisung oder spätere sich darauf beziehende Weisungen zu bearbeiten.

c Wenn eine Bank sich aus irgendeinem Grund entschließt, ein erhaltenes Inkasso oder sich darauf beziehende Weisungen nicht zu bearbeiten, muß sie unverzüglich denjenigen Beteiligten, von dem sie das Inkasso oder die Weisungen erhalten hat, durch Telekommunikation oder, wenn dies nicht möglich ist, auf anderem schnellen Wege davon unterrichten.

Artikel 2
Definition des Inkassos

Im Sinne dieser Richtlinien bedeuten:

a „Inkasso" die Bearbeitung von nachstehend unter Artikel 2 (b) definierten Dokumenten durch Banken in Übereinstimmung mit erhaltenen Weisungen, um:
  I. Zahlung und/oder Akzeptierung zu erhalten
  oder
  II. Dokumente gegen Zahlung und/oder Akzeptierung auszuhändigen
  oder
  III. Dokumente unter anderen Bedingungen auszuhändigen.

b „Dokumente" Zahlungspapiere und/oder Handelspapiere:
  I. „Zahlungspapiere" Wechsel, Solawechsel, Schecks oder andere ähnliche zum Erlangen von Zahlungen dienende Dokumente;
  II. „Handelspapiere" Rechnungen, Transportdokumente, Dispositions- oder andere ähnliche Dokumente sowie irgendwelche andere Dokumente, die keine Zahlungspapiere darstellen,

c „Einfaches Inkasso" das Inkasso von Zahlungspapieren, die nicht von Handelspapieren begleitet sind.

d „Dokumentäres Inkasso" das Inkasso von:
  I. Zahlungspapieren, die von Handelspapieren begleitet sind;
  II. Handelspapieren, die nicht von Zahlungspapieren begleitet sind.

Artikel 3
Beteiligte an einem Inkasso

a Im Sinne dieser Richtlinien sind die „Beteiligten":
  I. der „Auftraggeber", das ist derjenige, der eine Bank mit der Bearbeitung eines Inkassos betraut;
  II. die „Einreicherbank", das ist die vom Auftraggeber mit der Bearbeitung des Inkassos betraute Bank;
  III. die „Inkassobank", das ist jede mit der Durchführung des Inkassos befaßte Bank mit Ausnahme der Einreicherbank;
  IV. die „vorlegende Bank", das ist diejenige Inkassobank, die gegenüber dem Bezogenen die Vorlegung vornimmt.

8.5 Uniform Rules for Collections (URS 522)

A. General Provisions and Definitions

Article 1
Application of URC 522

a The Uniform Rules for Collections, 1995 Revision, ICC Publication No. 522, shall apply to all collections as defined in Article 2 where such rules are incorporated into the text of the „collection instruction" referred to in Article 4 and are binding on all parties thereto unless otherwise expressly agreed or contrary to the provisions of a national, state or local law and/or regulation which cannot be departed from.

b Banks shall have no obligation to handle either a collection or any collection instruction or subsequent related instructions.

c If a bank elects, for any reason, not to handle a collection or any related instructions received by it, it must advise the party from whom it received the collection or the instructions by telecommunication or, if that is not possible, by other expeditious means, without delay.

Article 2
Definition of Collection

For the purposes of these Articles:

a „Collection" means the handling by banks of documents as defined in sub-Article 2(b), in accordance with instructions received, in order to:

   I. obtain payment and/or acceptance,

   or

   II. deliver documents against payment and/or against acceptance,

   or

   III. deliver documents on other terms and conditions.

b „Documents" means financial documents and/or commercial documents:

   I. „financial documents" means bills of exchange, promissory notes, cheques, or other similar instruments used for obtaining the payment of money;

   II. „commercial documents" means invoices, transport documents, documents of title or other similar documents, or any other documents whatsoever, not being financial documents.

c „Clean collection" means collection of financial documents not accompanied by commercial documents.

d „Documentary collection" means collection of:

   I. financial documents accompanied by commercial documents;

   II. commercial documents not accompanied by financial documents.

Article 3
Parties to a Collection

a For the purposes of these Articles the „parties thereto" are:

   I. the „principal" who is the party entrusting the handling of a collection to a bank;

   II. the „remitting bank" which is the bank to which the principal has entrusted the handling of a collection;

   III. the „collecting bank" which is any bank, other than the remitting bank, involved in processing the collection;

   IV. the „presenting bank" which is the collecting bank making presentation to the drawee.

b Der „Bezogene" ist derjenige, demgegenüber in Übereinstimmung mit dem Inkassoauftrag die Vorlegung zu erfolgen hat.

B. Form und Gliederung von Inkassi
Artikel 4
Inkassoauftrag

a I. Alle zum Inkasso übersandten Dokumente müssen von einem Inkassoauftrag begleitet sein, der angibt, daß das Inkasso den ERI 522 unterliegt und in dem vollständige und genaue Weisungen erteilt werden. Banken sind nur berechtigt, gemäß den in einem solchen Inkassoauftrag erteilten Weisungen sowie in Übereinstimmung mit diesen Richtlinien zu verfahren.

II. Banken werden Dokumente nicht auf darin enthaltene Weisungen prüfen.

III. Sofern im Inkassoauftrag nicht anderweitig ermächtigt, werden Banken Weisungen von einem anderen Beteiligten/einer anderen Bank als dem Beteiligten/der Bank, von welchem/welcher sie das Inkasso erhalten haben, keine Beachtung schenken.

b Ein Inkassoauftrag sollte die folgenden Informationen, soweit anwendbar, enthalten:

I. Einzelheiten über die Bank, von der das Inkasso zuging einschließlich des vollständigen Namens, Postanschrift, SWIFT Adresse, Telex-, Telefon-, Telefax-Nummern und Referenz.

II. Einzelheiten über den Auftraggeber einschließlich des vollständigen Namens, Postanschrift und gegebenenfalls Telex-, Telefon-, Telefax-Nummern.

III. Einzelheiten über den Bezogenen einschließlich des vollständigen Namens, Postanschrift oder der Domizilstelle, bei der die Vorlegung zu erfolgen hat und gegebenenfalls Telex-, Telefon-, Telefax-Nummern.

IV. Einzelheiten über die etwaige vorlegende Bank einschließlich des vollständigen Namens, Postanschrift und gegebenenfalls Telex-, Telefon-, Telefax-Nummern.

V. Einzuziehende(r) Beträge (Betrag) und Währung(en).

VI. Auflistung der beigefügten Dokumente und Angabe der Anzahl jedes einzelnen Dokumentes.

VII. a. Bedingungen, unter denen Zahlung und/oder Akzeptierung zu erhalten ist.
b. Bedingungen für die Aushändigung von Dokumenten gegen:
1. Zahlung und/oder Akzeptierung
2. andere Bedingungen

Der Beteiligte, der den Inkassoauftrag erstellt, ist verantwortlich dafür, daß die Bedingungen für die Aushändigung von Dokumenten klar und eindeutig angegeben sind, andernfalls übernehmen Banken für daraus resultierende Folgen keine Verantwortung.

VIII. Einzuziehende Gebühren mit der Angabe, ob oder ob nicht auf sie verzichtet werden kann.

IX. Falls zutreffend, einzuziehende Zinsen mit der Angabe, ob oder ob nicht auf sie verzichtet werden kann, einschließlich:
a. Zinssatz
b. Berechnungszeitraum
c. Art der anzuwendenden Zinsberechnung
(z. B. das Jahr zu 360 oder 365 Tagen)

X. Art der Zahlung und Form des Zahlungsavises.

XI. Weisungen für den Fall von Nichtzahlung, Nichtakzeptierung und/oder Nichterfüllung anderer Weisungen.

c I. Inkassoweisungen sollen die vollständige Anschrift des Bezogenen enthalten oder die Domizilstelle, bei der die Vorlage zu erfolgen hat. Wenn die Anschrift unvollständig oder unrichtig ist, kann die Inkassobank ohne eigene Haftung und Verantwortlichkeit versuchen, die richtige Anschrift festzustellen.

II. Die Inkassobank ist nicht haftbar oder verantwortlich für Verzögerungen aufgrund unvollständiger/unrichtiger Adresse.

b The „drawee" is the one to whom presentation is to be made in accordance with the collection instruction.

B. Form and Structure of Collections
Article 4
Collection Instruction

a I. All documents sent for collection must be accompanied by a collection instruction indicating that the collection is subject to URC 522 and giving complete and precise instructions. Banks are only permitted to act upon the instructions given in such collection instruction, and in accordance with these Rules.

II. Banks will not examine documents in order to obtain instructions.

III. Unless otherwise authorised in the collection instruction, banks will disregard any instructions from any party/bank other than the party/bank from whom they received the collection.

b A collection instruction should contain the following items of information, as appropriate.

I. Details of the bank from which the collection was received including full name, postal and SWIFT addresses, telex, telephone, facsimile numbers and reference.

II. Details of the principal including full name, postal address, and if applicable telex, telephone and facsimile numbers.

III. Details of the drawee including full name, postal address, or the domicile at which presentation is to be made and if applicable telex, telephone and facsimile numbers.

IV. Details of the presenting bank, if any, including full name, postal address, and if applicable telex, telephone and facsimile numbers.

V. Amount(s) and currency(ies) to be collected.

VI. List of documents enclosed and the numerical count of each document.

VII. **a.** Terms and conditions upon which payment and/or acceptance is to be obtained.

   b. Terms of delivery of documents against:
   1) payment and/or acceptance
   2) other terms and conditions

   It is the responsibility of the party preparing the collection instruction to ensure that the terms for the delivery of documents are clearly and unambiguously stated, otherwise banks will not be responsible for any consequences arising therefrom.

VIII. Charges to be collected, indicating whether they may be waived or not.

IX. Interest to be collected, if applicable, indicating whether it may be waived or not, including:

   a. rate of interest

   b. interest period

   c. basis of calculation (for example 360 or 365 days in a year) as applicable.

X. Method of payment and form of payment advice.

XI. Instructions in case of non-payment, non-acceptance and/or non-compliance with other instructions.

c I. Collection instructions should bear the complete address of the drawee or of the domicile at which the presentation is to be made. If the address is incomplete or incorrect, the collecting bank may, without any liability and responsibility on its part, endeavour to ascertain the proper address.

II. The collecting bank will not be liable or responsible for any ensuing delay as a result of an incomplete/incorrect address being provided.

C. Form der Vorlegung

Artikel 5
Vorlegung

a Im Sinne dieser Richtlinien bedeutet Vorlegung das Verfahren, mit dem die vorlegende Bank die Dokumente dem Bezogenen weisungsgemäß verfügbar macht.

b Der Inkassoauftrag sollte die genaue Frist angeben, innerhalb derer der Bezogene Maßnahmen zu ergreifen hat.

Ausdrücke wie „erster", „prompt", „unverzüglich" und ähnliche sollten nicht im Zusammenhang mit der Vorlegung oder in bezug auf eine Frist verwendet werden, innerhalb der die Dokumente aufzunehmen sind oder der Bezogene anderweitige Maßnahmen zu ergreifen hat. Wenn solche Ausdrücke verwendet werden, werden die Banken sie nicht beachten.

c Dokumente müssen dem Bezogenen in der Form vorgelegt werden, in der sie empfangen worden sind. Banken sind jedoch berechtigt, etwa notwendige Stempelmarken anzubringen, und zwar, sofern keine anderen Weisungen erteilt worden sind, auf Kosten des Beteiligten, von dem ihnen das Inkasso zugegangen ist, und etwa erforderliche Indossamente vorzunehmen oder irgendwelche Stempel oder andere Erkennungszeichen oder -symbole anzubringen, die für den Inkassovorgang üblich oder erforderlich sind.

d Um die Weisungen des Auftraggebers auszuführen, betraut die Einreicherbank als Inkassobank die vom Auftraggeber benannte Bank. Mangels einer solchen Benennung wird die Einreicherbank eine Bank nach eigener Wahl oder Wahl einer anderen Bank im Lande der Zahlung oder Akzeptierung oder in dem Land, in dem andere Bedingungen zu erfüllen sind, betrauen.

e Dokumente und Inkassoauftrag können von der Einreicherbank direkt oder über eine zwischengeschaltete andere Bank der Inkassobank übersandt werden.

f Falls die Einreicherbank keine spezielle vorlegende Bank benennt, kann sich die Inkassobank einer vorlegenden Bank nach eigener Wahl bedienen.

Artikel 6
Sicht/Akzeptierung

Bei Sicht zahlbare Dokumente muß die vorlegende Bank unverzüglich zur Zahlung vorlegen.

Nicht bei Sicht zahlbare Dokumente muß die vorlegende Bank im Falle verlangter Akzeptierung unverzüglich zur Akzeptierung und im Falle verlangter Zahlung nicht später als am betreffenden Fälligkeitsdatum zur Zahlung vorlegen.

Artikel 7
Freigabe von Handelspapieren

Dokumente gegen Akzept (D/A) und
Dokumente gegen Zahlung (D/P)

a Inkassi sollten keine erst später fälligen Wechsel mit Weisungen enthalten, daß die Handelspapiere gegen Zahlung auszuhändigen sind.

b Wenn ein Inkasso einen erst später fälligen Wechsel enthält, sollte im Inkassoauftrag bestimmt werden, ob die Handelspapiere dem Bezogenen gegen Akzeptierung (D/A) oder gegen Zahlung (D/P) freizugeben sind.

Fehlt eine solche Bestimmung, werden Handelspapiere nur gegen Zahlung freigegeben und die Inkassobank ist nicht verantwortlich für jegliche Folgen irgendwelcher Verzögerungen in der Aushändigung der Dokumente.

c Wenn ein Inkasso einen erst später fälligen Wechsel enthält und der Inkassoauftrag angibt, daß Handelspapiere gegen Zahlung freizugeben sind, werden die Dokumente nur gegen entsprechende Zahlung freigegeben und die Inkassobank ist nicht verantwortlich für jegliche Folgen irgendwelcher Verzögerungen in der Aushändigung der Dokumente.

C. Form of Presentation

Article 5
Presentation

a For the purposes of these Articles, presentation is the procedure whereby the presenting bank makes the documents available to the drawee as instructed.

b The collection instruction should state the exact period of time within which any action is to be taken by the drawee.

Expressions such as „first", „prompt", „immediate", and the like should not be used in connection with presentation or with reference to any period of time within which documents have to be taken up or for any other action that is to be taken by the drawee. If such terms are used banks will disregard them.

c Documents are to be presented to the drawee in the form in which they are received, except that banks are authorised to affix any necessary stamps, at the expense of the party from whom they received the collection unless otherwise instructed, and to make any necessary endorsements or place any rubber stamps or other identifying marks or symbols customary to or required for the collection operation.

d For the purpose of giving effect to the instructions of the principal, the remitting bank will utilise the bank nominated by the principal as the collecting bank. In the absence of such nomination, the remitting bank will utilise any bank of its own, or another bank's choice in the country of payment or acceptance or in the country where other terms and conditions have to be complied with.

e The documents and collection instruction may be sent directly by the remitting bank to the collecting bank or through another bank as intermediary.

f If the remitting bank does not nominate a specific presenting bank, the collecting bank may utilise a presenting bank of its choice.

Article 6
Sight/Acceptance

In the case of documents payable at sight the presenting bank must make presentation for payment without delay.

In the case of documents payable at a tenor other than sight the presenting bank must, where acceptance is called for, make presentation for acceptance without delay, and where payment is called for, make presentation for payment not later than the appropriate maturity date.

Article 7
Release of Commercial Documents

Documents Against Acceptance (D/A) vs. Documents Against Payment (D/P)

a Collections should not contain bills of exchange payable at a future date with instructions that commercial documents are to be delivered against payment.

b If a collection contains a bill of exchange payable at a future date, the collection instruction should state whether the commercial documents are to be released to the drawee against acceptance (D/A) or against payment (D/P).

In the absence of such statement commercial documents will be released only against payment and the collecting bank will not be responsible for any consequences arising out of any delay in the delivery of documents.

c If a collection contains a bill of exchange payable at a future date and the collection instruction indicates that commercial documents are to be released against payment, documents will be released only against such payment and the collecting bank will not be responsible for any consequences arising out of any delay in the delivery of documents.

Artikel 8
Erstellung von Dokumenten

Hat die Inkassobank oder der Bezogene gemäß Weisung der Einreicherbank Dokumente zu erstellen (Wechsel, Solawechsel, Trust Receipts, Verpflichtungsschreiben oder andere Dokumente), die nicht dem Inkasso beigefügt waren, müssen Form und Wortlaut derartiger Dokumente von der Einreicherbank vorgeschrieben werden; andernfalls ist die Inkassobank für Form und Wortlaut solcher von ihr und/oder dem Bezogenen gelieferten Dokumente nicht haftbar oder verantwortlich.

D. Haftung und Verantwortlichkeit

Artikel 9
Treu und Glauben und angemessene Sorgfalt

Banken handeln nach Treu und Glauben und mit angemessener Sorgfalt.

Artikel 10
Dokumente und Waren/Dienstleistungen/Leistungen

a   Waren sollten nicht direkt an die Adresse einer Bank oder zur Verfügung oder an die Order einer Bank versandt werden, ohne daß dieses Bank zuvor zugestimmt hat.

Wenn der Bank dennoch ohne ihre vorherige Zustimmung Waren direkt an ihre Adresse oder zu ihrer Verfügung oder an ihre Order zwecks Freigabe an einen Bezogenen gegen Zahlung, Akzeptierung oder unter anderen Bedingungen zugesandt werden, ist diese Bank nicht zur Entgegennahme der Waren verpflichtet,

für welche Gefahr und Verantwortlichkeit beim Absender verbleiben.

b   Banken sind nicht verpflichtet, irgendwelche Maßnahmen hinsichtlich der Waren zu ergreifen, auf die sich das dokumentäre Inkasso bezieht, einschließlich ihrer Einlagerung und Versicherung, selbst wenn spezielle Weisungen, dies zu tun, erteilt wurden. Banken werden derartige Maßnahmen nur ergreifen, wenn und in dem Ausmaß, in dem sie dazu im Einzelfall bereit sind. Ungeachtet der Bestimmungen des Artikels 1(c) findet diese Regelung auch bei Fehlen einer diesbezüglichen Benachrichtigung durch die Inkassobank Anwendung.

c   Falls Banken dennoch, ob beauftragt oder nicht, Maßnahmen zum Schutze der Waren ergreifen, übernehmen sie keine Haftung oder Verantwortlichkeit für Schicksal und/oder Zustand der Waren und/oder irgendwelche Handlungen und/oder Unterlassungen Dritter, die mit der Verwahrung und/oder dem Schutz der Waren betraut wurden. Die Inkassobank muß jedoch diejenige Bank, von der ihr der Inkassoauftrag zuging, unverzüglich über alle ergriffenen Maßnahmen benachrichtigen.

d   Alle Gebühren und/oder Auslagen, die den Banken im Zusammenhang mit irgendeiner Maßnahme zum Schutze der Ware entstanden sind, gehen zu Lasten des Beteiligten, von dem sie das Inkasso erhalten haben.

e   I.   Wenn die Waren, ungeachtet der Bestimmungen des Artikels 10(a), zur Verfügung der Inkassobank oder an deren Order gesandt werden und der Bezogene das Inkasso durch Zahlung, Akzeptierung oder andere Bedingungen honoriert hat und die Inkassobank die Freigabe der Ware veranlaßt, gilt die Inkassobank als von der Einreicherbank hierzu ermächtigt.

II. Wenn eine Inkassobank auf Weisungen der Einreicherbank oder nach den vorstehenden Bedingungen von Artikel (10)(e)i die Freigabe der Waren veranlaßt, muß die Einreicherbank diese Inkassobank für alle entstandenen Schäden und Auslagen entschädigen.

Artikel 11
Haftungsausschluß für Handlungen einer beauftragten Partei

a   Bedienen sich Banken einer oder mehrerer anderer Banken, um die Weisungen des Auftraggebers auszuführen, tun sie dies für Rechnung und Gefahr dieses Auftraggebers.

b   Die Banken übernehmen keine Haftung oder Verantwortung, wenn die von ihnen übermittelten Weisungen nicht ausgeführt werden sollten, auch wenn sie selbst die Auswahl dieser anderen Bank(en) getroffen haben.

c   Ein Beteiligter, der einen anderen Beteiligten beauftragt, Leistungen zu erbringen, muß alle Verpflichtungen und Verantwortlichkeiten übernehmen, die auf ausländischen Gesetzen und Gebräuchen beruhen, und er muß den beauftragten Beteiligten für alle hieraus resultierenden Folgen schadlos halten.

Article 8
Creation of Documents
Where the remitting bank instructs that either the collecting bank or the drawee is to create documents (bills of exchange, promissory notes, trust receipts, letters of undertaking or other documents) that were not included in the collection, the form and wording of such documents shall be provided by the remitting bank, otherwise the collecting bank shall not be liable or responsible for the form and wording of any such document provided by the collecting bank and/or the drawee.

D. Liabilities and Responsibilities
Article 9
Good Faith and Reasonable Care
Banks will act in good faith and exercise reasonable care.

Article 10
Documents vs. Goods/Services/Performances
a Goods should not be despatched directly to the address of a bank or consigned to or to the order of a bank without prior agreement on the part of that bank.

Nevertheless, in the event that goods are despatched directly to the address of a bank or consigned to or to the order of a bank for release to a drawee against payment or acceptance or upon other terms and conditions without prior agreement on the part of that bank, such bank shall have no obligation to take delivery of the goods, which remain at the risk and responsibility of the party despatching the goods.

b Banks have no obligation to take any action in respect of the goods to which a documentary collection relates, including storage and insurance of the goods even when specific instructions are given to do so. Banks will only take such action if, when, and to the extent that they agree to do so in each case. Notwithstanding the provisions of sub-Article 1(c), this rule applies even in the absence of any specific advice to this effect by the collecting bank.

c Nevertheless, in the case that banks take action for the protection of the goods, whether instructed or not, they assume no liability or responsibility with regard to the fate and/or condition of the goods and/or for any acts and/or omissions on the part of any third parties entrusted with the custody and/or protection of the goods. However, the collecting bank must advise without delay the bank from which the collection instruction was received of any such action taken.

d Any charges and/or expenses incurred by banks in connection with any action taken to protect the goods will be for the account of the party from whom they received the collection.

e I. Notwithstanding the provisions of sub-Article 10(a), where the goods are consigned to or to the order of the collecting bank and the drawee has honoured the collection by payment, acceptance or other terms and conditions, and the collecting bank arranges for the release of the goods, the remitting bank shall be deemed to have authorised the collecting bank to do so.

  II. Where a collecting bank on the instructions of the remitting bank or in terms of sub-Article 10(e)i, arranges for the release of the goods, the remitting bank shall indemnify such collecting bank for all damages and expenses incurred.

Article 11
Disclaimer For Acts of an Instructed Party
a Banks utilising the services of another bank or other banks for the purpose of giving effect to the instructions of the principal, do so for the account and at the risk of such principal.

b Banks assume no liability or responsibility should the instructions they transmit not be carried out, even if they have themselves taken the initiative in the choice of such other bank(s).

c A party instructing another party to perform services shall be bound by and liable to indemnify the instructed party against all obligations and responsibilities imposed by foreign laws and usages.

Artikel 12
Haftungsausschluß für erhaltene Dokumente

a   Die Banken müssen prüfen, ob die erhaltenen Dokumente den im Inkassoauftrag aufgelisteten Dokumenten zu entsprechen scheinen und vom Fehlen irgendwelcher Dokumente, oder, wenn andere als die aufgelisteten festgestellt wurden, denjenigen Beteiligten, von dem ihnen der Inkassoauftrag zuging, unverzüglich durch Telekommunikation oder, wenn dies nicht möglich ist, auf anderem schnellen Wege benachrichtigen.
Banken haben in dieser Hinsicht keine weitere Verpflichtung.

b   Wenn die Dokumente nicht aufgelistet zu sein scheinen, kann die Einreicherbank nicht Art und Anzahl der von der Inkassobank erhaltenen Dokumente bestreiten.

c   Unter Berücksichtigung der Artikel 5(c) und 12(a) und 12(b) werden Banken Dokumente wie erhalten, ohne weitere Prüfung vorlegen.

Artikel 13
Haftungsausschluß für Wirksamkeit von Dokumenten

Die Banken übernehmen keine Haftung oder Verantwortung für Form, Vollständigkeit, Genauigkeit, Echtheit, Verfälschung oder Rechtswirksamkeit von Dokumenten oder für die allgemeinen und/oder besonderen Bedingungen, die in den Dokumenten angegeben oder denselben hinzugefügt sind. Sie übernehmen auch keine Haftung oder Verantwortung für Bezeichnung, Menge, Gewicht, Qualität, Beschaffenheit, Verpackung, Lieferung, Wert oder Vorhandensein der durch Dokumente ausgewiesenen Waren, oder für Treu und Glauben oder Handlungen und/oder Unterlassungen sowie für Zahlungsfähigkeit, Leistungsvermögen oder Ruf der Absender, Frachtführer, Spediteure, Empfänger oder Versicherer der Waren oder irgendwelcher anderer Personen.

Artikel 14
Haftungsausschluß für Verzögerungen, Verlust bei Übermittlung und Übersetzung

a   Die Banken übernehmen keine Haftung oder Verantwortung für die Folgen von Verzögerungen und/oder Verlusten bei Übermittlung von Nachrichten, Briefen oder Dokumenten, sowie für Verzögerung, Verstümmelung oder sonstige Irrtümer, die aus der Übermittlung einer Telekommunikation resultieren oder für Irrtümer bei der Übersetzung und/oder Auslegung von technischen Ausdrücken.

b   Banken sind nicht haftbar oder verantwortlich für Verzögerungen, die aus der Notwendigkeit der Klärung erhaltener Weisungen resultieren.

Artikel 15
Höhere Gewalt

Die Banken übernehmen keine Haftung oder Verantwortung für die Folgen der Unterbrechung ihrer Geschäftstätigkeit durch Fälle höherer Gewalt, Unruhen, Aufruhr, Aufstand, Kriege oder irgendwelche anderen Ursachen, die außerhalb ihrer Kontrolle liegen, sowie durch Streiks oder Aussperrungen.

E. Zahlung

Artikel 16
Unverzügliche Zahlung

a   Eingezogene Beträge (gegebenenfalls abzüglich Gebühren und/oder Aufwendungen und/oder Auslagen) müssen in Übereinstimmung mit dem Inkassoauftrag unverzüglich dem Beteiligten zur Verfügung gestellt werden, von dem der Inkassoauftrag zuging.

b   Ungeachtet der Bestimmungen des Artikels 1(c) wird die Inkassobank, sofern sie keiner anderweitigen Vereinbarung zugestimmt hat, Zahlung des eingezogenen Betrages nur zugunsten der Einreicherbank vornehmen.

Artikel 17
Zahlung in inländischer Währung

Dokumente, die in der Währung des Zahlungslandes (inländische Währung) zahlbar sind, darf die vorlegende Bank, sofern im Inkassoauftrag keine anderen Weisungen erteilt worden sind, dem Bezogenen nur dann gegen Zahlung in inländischer Währung freigeben, wenn diese Währung gemäß der im Inkassoauftrag vorgeschriebenen Art sofort verfügbar ist.

Article 12
Disclaimer on Documents Received

a Banks must determine that the documents received appear to be as listed in the collection instruction and must advise by telecommunication or, if that is not possible, by other expeditious means, without delay, the party from whom the collection instruction was received of any documents missing, or found to be other than listed.

Banks have no further obligation in this respect.

b If the documents do not appear to be listed, the remitting bank shall be precluded from disputing the type and number of documents received by the collecting bank.

c Subject to sub-Article 5(c) and sub-Articles 12(a) and 12(b) above, banks will present documents as received without further examination.

Article 13
Disclaimer of Effectiveness of Documents

Banks assume no liability or responsibility for the form, sufficiency, accuracy, genuineness, falsification or legal effect of any document(s), or for the general and/or particular conditions stipulated in the document(s) or superimposed thereon; nor do they assume any liability or responsibility for the description, quantity, weight, quality, condition, packing delivery, value or existence of the goods represented by any document(s), or for the good faith or acts and/or omissions, solvency, performance or standing of the consignors, the carriers, the forwarders, the consignees or the insurers of the goods, or any other person whomsoever.

Article 14
Disclaimer on Delays, Loss in Transit and Translation

a Banks assume no liability or responsibility for the consequences arising out of delay and/or loss in transit of any message(s), letter(s) or document(s), or for delay, mutilation or other error(s) arising in transmission of any telecommunication or for error(s) in translation and/or interpretation of technical terms.

b Banks will not be liable or responsible for any delays resulting from the need to obtain clarification of any instructions received.

Article 15
Force Majeure

Banks assume no liability or responsibility for consequences arising out of the interruption of their business by Acts of God, riots, civil commotions, insurrections, wars, or any other causes beyond their control or by strikes or lockouts.

E. Payment

Article 16
Payment without Delay

a Amounts collected (less charges and/or disbursements and/or expenses where applicable) must be made available without delay to the party from whom the collection instruction was received in accordance with the terms and conditions of the collection instruction.

b Notwithstandig the provisions of sub-Article 1(c) and unless otherwise agreed, the collecting bank will effect payment of the amount collected in favour of the remitting bank only.

Article 17
Payment in Local Currency

In the case of documents payable in the currency of the country of payment (local currency), the presenting bank must, unless otherwise instructed in the collection instruction, release the documents to the drawee against payment in local currency only if such currency is immediately available for disposal in the manner specified in the collection instruction.

Artikel 18
Zahlung in ausländischer Währung

Dokumente, die in einer anderen Währung als der des Zahlungslandes (ausländische Währung) zahlbar sind, darf die vorlegende Bank, sofern im Inkassoauftrag keine anderen Weisungen erteilt worden sind, dem Bezogenen nur dann gegen Zahlung in der betreffenden ausländischen Währung freigeben, wenn diese ausländische Währung gemäß der im Inkassoauftrag erteilten Weisungen sofort verfügbar ist.

Artikel 19
Teilzahlungen

a Bei einfachen Inkassi können Teilzahlungen angenommen werden, wenn und soweit Teilzahlungen nach dem am Zahlungsort geltenden Recht gestattet sind. Die Zahlungspapiere werden dem Bezogenen erst nach Erhalt der vollen Zahlung freigegeben.

b Bei dokumentären Inkassi werden Teilzahlungen nur angenommen, wenn der Inkassoauftrag eine ausdrückliche Ermächtigung hierzu enthält. Jedoch wird die vorlegende Bank, sofern keine anderen Weisungen erteilt worden sind, die Dokumente dem Bezogenen erst nach Erhalt der vollen Zahlung freigeben, und die vorlegende Bank ist nicht verantwortlich für Folgen von Verzögerungen in der Aushändigung von Dokumenten.

c In allen Fällen werden Teilzahlungen nur entsprechend den jeweils anwendbaren Bestimmungen der Artikel 17 oder 18 angenommen.

Angenommene Teilzahlungen werden gemäß den Bestimmungen des Artikels 16 behandelt.

F. Zinsen, Gebühren und Auslagen

Artikel 20
Zinsen

a Wenn der Inkassoauftrag angibt, daß Zinsen einzuziehen sind und der Bezogene deren Bezahlung verweigert, kann die vorlegende Bank das (die) Dokument(e) je nach Lage des Falles gegen Zahlung oder Akzeptierung oder unter anderen Bedingungen ohne Einzug solcher Zinsen aushändigen, sofern nicht Artikel 20(c) Anwendung findet.

b In Fällen, in denen solche Zinsen eingezogen werden sollen, muß der Inkassoauftrag den Zinssatz, den Berechnungszeitraum und die Art der Zinsberechnung angeben.

c In Fällen, in denen der Inkassoauftrag ausdrücklich vorschreibt, daß auf die Zinsen nicht verzichtet werden darf und der Bezogene sich weigert, solche Zinsen zu zahlen, wird die vorlegende Bank die Dokumente nicht aushändigen und keine Verantwortung für Folgen von Verzögerungen in der Aushändigung der Dokumente tragen. Wenn die Zahlung von Zinsen verweigert wurde, muß die vorlegende Bank unverzüglich die Bank, von der der Inkassoauftrag zuging, durch Telekommunikation oder, wenn dies nicht möglich ist, auf anderem schnellen Wege unterrichten.

Artikel 21
Gebühren und Auslagen

a Wenn der Inkassoauftrag angibt, daß Inkassogebühren und/oder Auslagen zu Lasten des Bezogenen gehen und der Bezogene deren Zahlung verweigert, kann die vorlegende Bank das (die) Dokument(e) je nach Lage des Falles gegen Zahlung oder Akzeptierung oder unter anderen Bedingungen ohne Einzug der Inkassogebühren und/oder Auslagen aushändigen, sofern nicht Artikel 21(b) Anwendung findet.

Wird so auf Inkassogebühren und/oder Auslagen verzichtet, gehen diese zu Lasten des Beteiligten, von dem das Inkasso zuging und dürfen vom Erlös abgezogen werden.

b In Fällen, in denen der Inkassoauftrag ausdrücklich vorschreibt, daß auf die Gebühren und/oder Auslagen nicht verzichtet werden darf und der Bezogene sich weigert, solche Gebühren und/oder Auslagen zu zahlen, wird die vorlegende Bank die Dokumente nicht aushändigen und keine Verantwortung für Folgen von Verzögerungen in der Aushändigung der Dokumente tragen. Wenn die Zahlung von Gebühren und/oder Auslagen verweigert worden ist, muß die vorlegende Bank unverzüglich die Bank, von der der Inkassoauftrag zuging, durch Telekommunikation oder, wenn dies nicht möglich ist, auf anderem schnellen Wege unterrichten.

Article 18
Payment in Foreign Currency

In the case of documents payable in a currency other than that of the country of payment (foreign currency), the presenting bank must, unless otherwise instructed in the collection instruction, release the documents to the drawee against payment in the designated foreign currency only if such foreign currency can immediately be remitted in accordance with the instructions given in the collection instruction.

Article 19
Partial Payments

a In respect of clean collections, partial payments may be accepted if and to the extent to which and on the conditions on which partial payments are authorised by the law in force in the place of payment. The financial document(s) will be released to the drawee only when full payment thereof has been received.

b In respect of documentary collections, partial payments will only be accepted if specifically authorised in the collection instruction. However, unless otherwise instructed, the presenting bank will release the documents to the drawee only after full payment has been received, and the presenting bank will not be responsible for any consequences arising out of any delay in the delivery of documents.

c In all cases partial payments will be accepted only subject to compliance with the provisions of either Article 17 or Article 18 as appropriate.

Partial payment, if accepted, will be dealt with in accordance with the provisions of Article 16.

F. Interest, Charges and Expenses

Article 20
Interest

a If the collection instruction specifies that interest is to be collected and the drawee refuses to pay such interest, the presenting bank may deliver the document(s) against payment or acceptance or on other terms and conditions as the case may be, without collecting such interest, unless sub-Article 20(c) applies.

b Where such interest is to be collected, the collection instruction must specify the rate of interest, interest period and basis of calculation.

c Where the collection instruction expressly states that interest may not be waived and the drawee refuses to pay such interest the presenting bank will not deliver documents and will not be responsible for any consequences arising out of any delay in the delivery of document(s). When payment of interest has been refused, the presenting bank must inform by telecommunication or, if that is not possible, by other expeditious means without delay the bank from which the collection instruction was received.

Article 21
Charges and Expenses

a If the collection instruction specifies that collection charges and/or expenses are to be for account of the drawee and the drawee refuses to pay them, the presenting bank may deliver the document(s) against payment or acceptance or on other terms and conditions as the case may be, without collecting charges and/or expenses, unless sub-Article 21(b) applies.

Whenever collection charges and/or expenses are so waived they will be for the account of the party from whom the collection was received and may be deducted from the proceeds.

b Where the collection instruction expressly states that charges and/or expenses may not be waived and the drawee refuses to pay such charges and/or expenses, the presenting bank will not deliver documents and will not be responsible for any consequences arising out of any delay in the delivery of the document(s). When payment of collection charges and/or expenses has been refused the presenting bank must inform by telecommunication or, if that is not possible, by other expeditious means without delay the bank from which the collection instruction was received.

c Sind gemäß den ausdrücklichen Bedingungen des Inkassoauftrags oder nach diesen Richtlinien Aufwendungen und/oder Auslagen und/oder Inkassogebühren vom Auftraggeber zu tragen, ist (sind) die Inkassobank(en) berechtigt, sich für ihre Aufwendungen, Auslagen und Gebühren sofort bei der Bank zu erholen, von der ihr (ihnen) der Inkassoauftrag zuging; die Einreicherbank ist berechtigt, sich für solche von ihr geleisteten Zahlungen sowie für eigene Aufwendungen, Auslagen und Gebühren unabhängig vom Ergebnis des Inkassos sofort beim Auftraggeber zu erholen.

d Banken behalten sich das Recht vor, von dem Beteiligten, von dem ihnen der Inkassoauftrag zuging, Zahlung von Gebühren und/oder Auslagen im voraus zu verlangen, um Kosten abzudecken, die im Zusammenhang mit der Ausführung von Weisungen entstehen; sie behalten sich das Recht vor, solche Weisungen bis zum Erhalt dieser Zahlung nicht auszuführen.

G. Andere Regeln

Artikel 22
Akzeptierung

Die vorlegende Bank ist dafür verantwortlich, darauf zu achten, daß die Form der Akzeptierung eines Wechsels vollständig und richtig erscheint, jedoch ist sie für die Echtheit von Unterschriften oder für die Zeichnungsberechtigung irgendeines Unterzeichners des Akzeptes nicht verantwortlich.

Artikel 23
Solawechsel und andere Dokumente

Die vorlegende Bank ist für die Echtheit von Unterschriften oder für die Zeichnungsberechtigung irgendeines Unterzeichners eines Solawechsels, einer Quittung oder anderer Dokumente nicht verantwortlich.

Artikel 24
Protest

Der Inkassoauftrag sollte spezielle Weisungen hinsichtlich des Protestes (oder eines entsprechenden rechtlichen Verfahrens) im Falle der Nichtzahlung oder Nichtakzeptierung enthalten.

Bei Fehlen solcher speziellen Weisungen sind die mit dem Inkasso befaßten Banken nicht verpflichtet, die Dokumente wegen Nichtzahlung oder Nichtakzeptierung protestieren (oder einem entsprechenden rechtlichen Verfahren unterwerfen) zu lassen.

Alle Gebühren und/oder Auslagen, die den Banken im Zusammenhang mit einem solchen Protest oder entsprechenden rechtlichen Verfahren entstehen, gehen zu Lasten des Beteiligten, von dem ihnen der Inkassoauftrag zuging.

Artikel 25
Notadresse

Wenn der Auftraggeber einen Vertreter bestellt, der als Notadresse bei Nichtzahlung und/oder Nichtakzeptierung tätig werden soll, dann sollte der Inkassoauftrag die Befugnisse einer solchen Notadresse klar und vollständig angeben, bei Fehlen einer solchen Angabe nehmen die Banken keinerlei Weisungen der Notadresse entgegen.

Artikel 26
Benachrichtigungen

Inkassobanken sind gehalten, Benachrichtigungen nach folgenden Regeln vorzunehmen:

a Form der Benachrichtigung

Sämtliche Meldungen oder Nachrichten seitens der Inkassobank an diejenige Bank, von der ihr der Inkassoauftrag zuging, müssen geeignete Einzelheiten enthalten, und zwar in jedem Fall auch die Referenznummer des Inkassoauftrags der letzteren Bank.

b Art der Benachrichtigung

Die Einreicherbank ist verantwortlich dafür, daß der Inkasssobank Weisungen über die Art der Übermittlung der in den Absätzen (c)I, (c)II und (c)III dieses Artikels beschriebenen Benachrichtigungen erteilt werden. Bei Fehlen solcher Weisungen wird die Inkassobank die Benachrichtigung nach eigener Wahl auf Kosten der Bank, von der ihr der Inkassoauftrag zuging, vornehmen.

c In all cases where in the express terms of a collection instruction or under these Rules, disbursements and/or expenses and/or collection charges are to be borne by the principal, the collecting bank(s) shall be entitled to recover promptly outlays in respect of disbursements, expenses and charges from the bank from which the collection instruction was received, and the remitting bank shall be entitled to recover promptly from the principal any amount so paid out by it, together with its own disbursements, expenses and charges, regardless of the fate of the collection.

d Banks reserve the right to demand payment of charges and/or expenses in advance from the party from whom the collection instruction was received, to cover costs in attempting to carry out any instructions, and pending receipt of such payment also reserve the right not to carry out such instructions.

G. Other Provisions

Article 22
Acceptance

The presenting bank is responsible for seeing that the form of the acceptance of a bill of exchange appears to be complete and correct, but is not responsible for the genuineness of any signature or for the authority of any signatory to sign the acceptance.

Article 23
Promissory Notes and Other Instruments

The presenting bank is not responsible for the genuineness of any signature or for the authority of any signatory to sign a promissory note, receipt, or other instruments.

Article 24
Protest

The collection instruction should give specific instructions regarding protest (or other legal process in lieu thereof), in the event of non-payment or non-acceptance.

In the absence of such specific instructions, the banks concerned with the collection have no obligation to have the document(s) protested (or subjected to other legal process in lieu thereof) for non-payment or non-acceptance.

Any charges and/or expenses incurred by banks in connection with such protest, or other legal process, will be for the account of the party from whom the collection instruction was received.

Article 25
Case-of-Need

If the principal nominates a representative to act as case-of-need in the event of non-payment and/or non-acceptance the collection instruction should clearly and fully indicate the powers of such case-of-need. In the absence of such indication banks will not accept any instructions from the case-of-need.

Article 26
Advices

Collecting banks are to advise fate in accordance with the following rules:

a Form of Advice

All advices or information from the collecting bank to the bank from which the collection instruction was received, must bear appropriate details including, in all cases, the latter bank's reference as stated in the collection instruction.

b Method of Advice

It shall be the responsibility of the remitting bank to instruct the collecting bank regarding the method by which the advices detailed in (c)I, (c)II, and (c)III are to be given. In the absence of such instructions, the collecting bank will send the relative advices by the method of its choice at the expense of the bank from which the collection instruction was received.

c I. BEZAHLTMELDUNG

Die Inkassobank muß derjenigen Bank, von der ihr der Inkassoauftrag zuging, unverzüglich eine Bezahltmeldung zusenden mit detaillierter Angabe des eingezogenen Betrags oder der eingezogenen Beträge, der gegebenenfalls abgezogenen Gebühren und/oder Aufwendungen und/oder Auslagen sowie der Art der Verfügbarstellung des Erlöses.

II. AKZEPTMELDUNG

Die Inkassobank muß derjenigen Bank, von der ihr der Inkassoauftrag zuging, unverzüglich eine Akzeptmeldung zusenden.

III. MELDUNG ÜBER NICHTZAHLUNG UND/ODER NICHTAKZEPTIERUNG

Die vorlegende Bank sollte versuchen, die Gründe einer solchen Nichtzahlung und/oder Nichtakzeptierung festzustellen, und diejenige Bank unverzüglich entsprechend benachrichtigen, von der ihr der Inkassoauftrag zuging.

Die vorlegende Bank muß derjenigen Bank, von der ihr der Inkassoauftrag zuging, unverzüglich eine Meldung über Nichtzahlung und/oder Nichtakzeptierung zusenden.

Bei Erhalt einer solchen Benachrichtigung muß die Einreicherbank geeignete Weisungen hinsichtlich der weiteren Behandlung der Dokumente erteilen. Falls die vorlegende Bank solche Weisungen nicht innerhalb von 60 Tagen nach ihrer Meldung über Nichtzahlung und/oder Nichtakzeptierung erhält, können die Dokumente ohne eine weitere Verantwortlichkeit seitens der vorlegenden Bank derjenigen Bank zurückgesandt werden, von der ihr der Inkassoauftrag zuging.

© Internationale Handelskammer 1995/ICC-Publ.-Nr. 522

Bezugsquellennachweis: Die ICC-Publ.-Nr. 522 kann zusammen mit einer vollständigen Preis- und Publikationsliste bei der Deutschen Gruppe der Internationalen Handelskammer, Mittelstr. 12–14, 50672 Köln, Telefon +49 221-2 57 55 65, Telefax +49 221-2 57 55 93 bestellt werden.

c I. ADVICE OF PAYMENT

The collecting bank must send without delay advice of payment to the bank from which the collection instruction was received, detailing the amount or amounts collected, charges and/or disbursements and/or expenses deducted, where appropriate, and method of disposal of the funds.

II. ADVICE OF ACCEPTANCE

The collecting bank must send without delay advice of acceptance to the bank from which the collection instruction was received.

III. ADVICE OF NON-PAYMENT AND/OR NON-ACCEPTANCE

The presenting bank should endeavour to ascertain the reasons for non-payment and/or non-acceptance and advice accordingly, without delay, the bank from which it received the collection instruction.

The presenting bank must send without delay advice of non-payment and/or advice of non-acceptance to the bank from which it received the collection instruction.

On receipt of such advice the remitting bank must give appropriate instructions as to the further handling of the documents. If such instructions are not received by the presenting bank within 60 days after its advice of non-payment and/or non-acceptance, the documents may be returned to the bank from which the collection instruction was received without any further responsibility on the part of the presenting bank.

© Internationale Handelskammer 1995/ICC-Publ.-Nr. 522

Bezugsquellennachweis: Die ICC-Publ.-Nr. 522 kann zusammen mit einer vollständigen Preis- und Publikationsliste bei der Deutschen Gruppe der Internationalen Handelskammer, Mittelstr. 12–14, 50672 Köln, Telefon +49 221-2 57 55 65, Telefax +49 221-2 57 55 93, bestellt werden.

8.6 Einheitliche Richtlinien für auf Anfordern zahlbare Garantien

Die „Einheitlichen Richtlinien für auf Anfordern zahlbare Garantien" sind für eine weltweite Anwendung für auf Anfordern zahlbare Garantien vorgesehen, nämlich für Garantien, Bonds und andere Zahlungsverpflichtungen, unter denen die Zahlungsverpflichtung des Garanten oder Ausstellers gegen Vorlage einer schriftlichen Anforderung und anderer in der Garantie bestimmter Dokumente entsteht und nicht durch die tatsächliche Pflichtverletzung des Auftraggebers im zu Grunde liegende Geschäft bedingt ist.

Auf Anfordern zahlbare Garantien unterscheiden sich von Dokumenten-Akkreditiven dadurch, dass sie nur dann ordnungsgemäß in Anspruch genommen sind, wenn der Auftraggeber eine Pflichtverletzung begangen hat. Der Garant ist jedoch ähnlich wie der Akkreditivaussteller nicht mit dem tatsächlichen Eintritt der Pflichtverletzung, sondern nur mit Dokumenten befasst.

„Standby credits" unterliegen bereits den „Einheitlichen Richtlinien und Gebräuchen für Dokumenten-Akkreditive" (siehe Kapitel 8.2). Sie haben sich zu finanziellen Gewährleistungsinstrumenten für jeden Zweck entwickelt und finden in einem größeren Bereich von finanziellen und kommerziellen Tätigkeiten Anwendung als auf Anfordern zahlbare Garantien; bei ihnen gibt es regelmäßige Gebräuche und Verfahren (z.B. Bestätigung, Erstellung für eigene Rechnung der Bank, Dokumentenvorlage bei einem anderen Beteiligten als dem Aussteller), die bei den auf Anfordern zahlbaren Garantien selten auftreten, so dass „Standby credits" mehr mit Dokumenten-Akkreditiven gemein haben. Während „Standby credits" technisch den auf Anfordern zahlbaren Garantien zurechenbar sind, besteht deshalb die Erwartung, dass die Aussteller von „Standby credits" weiterhin die „ERA" anwenden werden, die sowohl detaillierter als auch für die Besonderheiten von „Standby credits" passender sind.

Diese Richtlinien gelten nicht für Bürgschaften, bedingte Bonds oder andere akzessorische Verpflichtungen, unter denen die Zahlungsverpflichtung des Ausstellers nur im Falle einer tatsächlichen Pflichtverletzung durch den Auftraggeber entsteht. Solche Instrumente sind weitverbreitet, unterscheiden sich in ihrem Wesen jedoch von auf Anfordern zahlbaren Garantien und liegen außerhalb des Anwendungsbereichs und -zwecks dieser Richtlinien.

Der Begünstigte

Der Begünstigte möchte gegen das Risiko abgesichert sein, dass der Auftraggeber seine Verpflichtungen gegenüber dem Begünstigten aus dem zugrundeliegenden Geschäft nicht erfüllt, auf das sich die auf Anfordern zahlbare Garantie bezieht. Die Garantie erreicht dies, indem sie dem Begünstigten einen schnellen Zugriff auf eine Geldsumme ermöglicht, wenn diese Verpflichtungen nicht erfüllt werden.

Der Auftraggeber

Unter Anerkennung der Bedürfnisse des Begünstigten kann der Auftraggeber aufgrund von Treu und Glauben schriftliche Informationen darüber erwarten, dass und in welcher Hinsicht durch ihn begangene Pflichtverletzungen behauptet werden. Das sollte in gewissem Ausmaß Missbräuche von Garantien durch unberechtigte Inanspruchnahmen von Begünstigten vermeiden helfen.

Der Garant

Damit diese Richtlinien zur Anwendung gelangen, sollte die Garantie keine anderen Zahlungsbedingungen vorsehen als die Vorlage einer schriftlichen Anforderung und anderer genau bezeichneter Dokumente. Insbesondere sollten die Garantie-Bedingungen nicht verlangen, dass der Garant zu entscheiden hat, ob der Begünstigte und der Auftraggeber ihre Verpflichtungen unter dem zugrundeliegenden Geschäft erfüllt haben, mit dem der Garant nichts zu tun hat. Der Wortlaut der Garantie sollte klar und unzweideutig sein.

Der Rückgarant

Die neuen Richtlinien berücksichtigen auch die weitverbreitete Praxis, wonach ein Rückgarant dem Garanten einen Auftrag zur Garantieerstellung, den er vom Auftraggeber oder für dessen Rechnung erhalten hat, übermittelt und hierfür die Rückgarantie übernimmt.

© Internationale Handelskammer 1992/ICC 458/1

Bezugsquelle für die „Einheitlichen Richtlinien für auf Anfordern zahlbare Garantien" (ICC Publikation 458/1) in deutsch/englischer Fassung: Deutsche Gruppe der Internationalen Handelskammer, 50672 Köln, Mittelstr. 12–14, Tel. + 49 221-2 57 55 65, Fax +49 221-2 57 55 93.

8.7 Europa: Eine wirtschaftliche und monetäre Gemeinschaft

Mit der phasenweisen Einführung der Wirtschafts- und Währungsunion (WWU) von 12 europäischen Mitgliedsstaaten der EU (Belgien, Deutschland, Spanien, Frankreich, Irland, Italien, Luxemburg, Niederlande, Österreich, Portugal, Finnland und Griechenland) hat sich Europa als Wirtschaftsraum grundlegenden Veränderungen unterworfen. Diese zwölf Mitgliedsstaaten bilden nun mit einer Bevölkerung von 301 Millionen Einwohnern einen beachtenswerten Absatz- und Umsatzmarkt der, geeint durch eine gemeinsame Währung, das Potential besitzt die Weltwirtschaft nachhaltig zu beeinflussen.

1. Januar 1994	– Gründung des Europäischen Währungsinstituts, welches seit dem 1. Januar 1999 die EZB ist
3. Mai 1998	– Festlegen der Staaten, welche die notwendigen Voraussetzungen für die Einführung des Euro am 1. Januar 1999 erfüllen
1. Januar 1999	– Der Euro wird vorerst im elektronischen Zahlungsverkehr eingeführt – Die Nationalwährungen im Euro-Raum werden durch festgelegten Kurs zum Euro fixiert – Einheitliche Geldpolitik für den Euro-Raum – Börsen zeichnen Kurse in Euro aus – Staatsanleihen werden in Euro ausgegeben **Mitgliedsstaaten:** Belgien, Deutschland, Spanien, Frankreich, Irland, Italien, Luxemburg, Niederlande, Österreich, Portugal und Finnland
1. Januar 2001	– Griechenland tritt dem Euro bei
Ende 2001	– Ausstattung von Banken und Einzelhandel mit Euro zur Abwicklung des Zahlungsverkehrs ab Januar 2002
1. Januar 2002	– Euro wird offizielle Währung in den Mitgliedsstaaten – Euro Banknoten und Münzen werden in Umlauf gebracht – Umstellung des gesamten elektronischen Zahlungsverkehrs auf Euro
Bis 28. Februar 2002	– Landeswährungen werden aus dem Zahlungsverkehr herausgenommen – Euro wird alleiniges Zahlungsmittel

Tabelle 1: Zeitablauf – Währungseinführung EUR

Die angestrebten makroökonomischen Vorteile dieser erfolgreich eingeführten Wirtschafts- und Währungsunion umfassen Wirtschaftliche Stabilität, Minimierung des Wechselkurs-Risikos innerhalb des Euro-Raums, die Förderung einer gesunden intra-europäischen Wirtschaftspolitik, die Stärkung des Binnenmarktes und die Förderung der Investitionstätigkeit.

Für Privatpersonen und Unternehmen bilden sich klare Vorteile heraus in den Bereichen:
– Erleichterung grenzüberschreitender Finanztransaktionen innerhalb Europas
– Das Reisen wird erleichtert
– Keine Wartezeiten oder Gebühren beim Devisenumtausch
– Innereuropäisches Sourcing von Produktionsfaktoren wird erheblich einfacher durch einheitliche Währung
– Innereuropäische Absatzpolitik vereinfacht sich zunehmend

Qualitätssicherung und Stabilität

Zur Sicherung der Qualität dieser gemeinsamen Währung und zur Wahrung der Stabilität der nun gebildeten einheitlichen Volkswirtschaft, wurden Mitte der 90er Jahre Schlüsselgrößen definiert und Grenzen in denen sich diese Größen bewegen dürfen. Diese „Konvergenzkriterien", die grundsätzlich als Auswahlkriterien für eine Mitgliedschaft gelten, müssen von jedem Mitgliedsstaat erfüllt werden – auch nach dem Beitritt zum Euro-Raum. Somit wurde es für Griechenland aufgrund seiner wirtschaftlichen Lage möglich, zum 1. Januar 2001 der Währungsunion beizutreten und somit zum 1. Januar 2002, wie die ursprünglichen elf Mitgliedsstaaten des Euro, den Euro als offizielles Zahlungsmittel im Land einzuführen.

Preisstabilität	Gesunde Staatsfinanzen	Stabile Wechselkurse	Moderate Zinsdifferenzen
Inflationsrate höchstens 1,5 % über dem Durchschnitt der drei preisstabilsten Länder	Haushaltsdefizit höchstens 3 % des BIP; Gesamtverschuldung höchstens 60 % des BIP	Teilnahme am EWS-Wechselkurssystem seit zwei Jahren ohne große Kursschwankungen	Langfristige Zinssätze, höchstens 2 % über dem Durchschnitt der drei preisstabilsten Länder

Tabelle 2: Konvergenzkriterien für Mitgliedschaft in europäischer WWU

Diese Anforderungen werden weiterhin bindend sein für jeden weiteren Kandidat zur Mitgliedschaft in der Währungsunion.

Erweiterung der Europäischen Union

Die Entscheidung der Europäischen Union zu einer Erweiterung und Mitaufnahme von Osteuropäischen Staaten, der sog. „Osterweiterung", wird die politische Diskussion um Europa in den nächsten Jahre bestimmen. In dieser Diskussion um den Beitritt eines Staates wird der Beitritt zur wirtschaftlichen Gemeinschaft als dem Beitritt zur politischen Gemeinschaft folgend angesehen. Somit wird der Wirtschaftsraum des Euro bei stabiler Lage der zukünftigen Staaten größer und bedeutender für die Weltwirtschaft werden. Die möglichen Beitrittskandidaten unterscheiden sich in wirtschaftlicher und politischer Struktur erheblich – somit sind keine einheitlichen Vorhersagen zu treffen. Allerdings kann der Betritt in die Währungsunion für Dänemark, Schweden und Großbritannien in naher Zukunft liegen. Weitere möglichen Beitrittsstaaten sind:

- Bulgarien
- Rumänien
- Slowakei
- Slowenien
- Türkei

9. BETEILIGTE AM WARENVERKEHR UND DOKUMENTATION

9.1 Vom Abfertigungsspediteur über Frachtführer und shipper bis Zulieferer –

Abfertigungsspediteur ist, wer im Güterverkehr Landtransporte abfertigt. Mit Beendigung der Tarifpflicht und der darin festgeschriebenen Provisionen für Abfertigungsspediteure ist dieser Begriff zwar noch im Sprachgebrauch, hat aber keine rechtliche Bedeutung mehr.

Ablader ist im Seefrachtgeschäft derjenige, der nicht allein den Frachtvertrag mit dem Verfrachter (Reeder oder Schiffsmakler) abschließt, sondern vielmehr auch im eigenen Namen die Ware an das Schiff heranbringt. In der Regel ist dies der Seehafenspediteur. Er kann wie der Ausführer auch Ablader sein, sofern die vorgenannten beiden Voraussetzungen gegeben sind; der Spediteur ist dann Befrachter (Verlader) und Ablader zugleich. Um in diesen Fällen den Ausführer vom Spediteur zu unterscheiden, wird der Ausführer auch als Urablader oder Urversender oder Urverlader bezeichnet, d.h. als der Auftraggeber des Spediteurs und als derjenige, der die Ware ursprünglich zum Versand aufgegeben hat.

Absender im Frachtgeschäft ist derjenige, der mit dem Frachtführer (Unternehmer) den Frachtvertrag abschließt. Ist ein Spediteur eingeschaltet, so hat er die Rechtsstellung eines A. Der Auftraggeber des Spediteurs wird in diesem Falle als Versender bezeichnet. Nach dem neuen Transportrecht ist der Absender sowohl für die Beladung als auch für das Entladen rechtlich verantwortlich (HGB 412.1).

Adressspediteur Empfangsspediteur. Der Sammelladungsspediteur richtet die Waggons im Bahnsammelverkehr an einen frei gewählten von der DB bestätigten A. zur Verteilung der Sammelgüter.

Auftraggeber ist derjenige, der einen Auftrag erteilt (z.B. der Versender an den Spediteur).

Ausführer ist, wer Waren nach fremden Wirtschaftsgebieten verbringt oder verbringen lässt; liegt der Ausfuhr ein Ausfuhrvertrag mit einem Gebietsfremden zu Grunde, so ist nur der gebietsansässige Vertragspartner Ausführer. Wer lediglich als Spediteur oder Frachtführer oder in einer ähnlichen Stellung bei dem Verbringen von Waren tätig wird, ist nicht A.

Befrachter auch shipper; der, der die Güter dem Verfrachter zum Transport anbietet und mit ihm den Seefrachtvertrag abschließt. Befrachter kann auch Spediteur sein. Befrachter ist verglichen mit dem Landfrachtrecht frachtbriefmäßiger Absender.

Beilader ist der Spediteur, der dem Sammelverkehr eines Sammelladungsspediteurs beilädt. Der B. schließt mit dem Versandspediteur einen Speditionsvertrag.

Binnenhafenspediteur ist in Häfen an Binnenwasserstraßen tätig.

Bordero ist ein im Spediteursammelgutverkehr übliches Begleitdokument zur Ladung, in dem die einzelnen Sendungen aufgelistet sind (ähnlich einer Ladeliste), in dem dem Empfangsspediteur aber auch mitgeteilt wird, welche Kosten er von den Empfängern zu erheben hat. Umgekehrt ist dieses Dokument die Grundlage für die Rückrechnung des Empfangsspediteurs über seine entstandenen Kosten an den Versandspediteur. Inzwischen werden Borderos häufig per Datenfernübertragung (DFÜ) übermittelt.

Briefspediteur im Sammelverkehr Empfänger einer Teilpartie, zum Unterschied vom Empfangsspediteur. Er wird vom Empfänger für die Zustellung vorgeschrieben.

Carrier gleichbedeutend mit Unternehmer, der mit eigenen Transportmitteln Güter- oder Passagierverkehre unterhält. So z.B. Reedereien und Luftverkehrsgesellschaften, im Seeverkehr auch Verfrachter, siehe dort. Carrier im Sinne der Hamburg Rules: jede Person, mit der oder in deren Namen ein Beförderungsvertrag zur See mit einem shipper abgeschlossen worden ist. Allgemein kann man den carrier auch mit Frachtführer übersetzen.

Charterer Befrachter in der Trampschifffahrt – Partner ist der Verfrachter.

Consolidator = Sammellader im Luftfrachtverkehr

CTO Combined Transport Operator = Gesamtfrachtführer, Aussteller des Combined Transport-B/L und verantwortlich für den Gesamttransport. Er kann den Transport auf einer Teilstrecke selbst und auf den übrigen durch Kontrahierung mit verschiedenen Unterfrachtführern durchführen. CTO auch MTO genannt.

contracting carrier wenn ein Spediteur ein FIATA-FBL (oder Through-B/L) ausstellt, handelt er als „contracting carrier" (vertraglicher Verfrachter). Gegensatz: actual carrier, der ein carrier-typed-document ausstellt.

Eigenhändler es gibt dafür keine gesetzliche Definition, der Begriff ist in der Praxis geprägt worden. Demnach ist der Eigenhändler ein Kaufmann, dessen Unternehmen in die Vertriebsorganisation des Lieferanten in der Weise eingegliedert ist, dass er es innerhalb eines Vertrages mit dem Lieferanten auf Dauer übernimmt, im eigenen Namen und auf eigene Rechnung Erzeugnisse des Lieferanten im Vertragsgebiet zu vertreiben.

Einführer „ist, wer Waren in das Wirtschaftsgebiet verbringt oder verbringen lässt. Liegt der Einfuhr ein Vertrag mit einem Gebietsfremden über den Erwerb von Waren zum Zwecke der Einfuhr (Einfuhrvertrag) zugrunde, so ist nur der gebietsansässige Vertragspartner Einführer. Wer lediglich als Spediteur oder Frachtführer oder in einer ähnlichen Stellung bei dem Verbringen der Ware tätig wird, ist nicht Einführer." Soweit das wörtliche Zitat aus dem Außenwirtschaftsgesetz. Zollrechtlich ist der Einführer aber derjenige, der Ware aus einem Drittland einführt; kommt die Ware aus EG-Staaten, so spricht man nur vom Empfänger.

Einlagerer derjenige, der dem Lagerhalter seine Waren zur Einlagerung überlässt.

Empfangsspediteur ist der, der die Ladung/den Transport am Bestimmungsort behandelt. Er ist Empfänger im Transportdokument (Frachtbrief) und verteilt die Ladung an die einzelnen Empfänger (Sendungen). Grundlage hierfür ist im Landverkehr meist das Bordero.

Empfänger ist, wer bei einem Frachtgeschäft das Gut in Empfang nehmen darf. Der Empfänger ist am Beförderungsvertrag selbst nicht beteiligt. Die *§§ 419 ff HGB* räumen dem E. im Rahmen des Frachtgeschäftes ganz bestimmte Rechte und Pflichten ein (z.B. Pflicht zur Kontrolle, Wahrung der Regressrechte). Nach EG-Recht ist der Empfänger in der Regel der Käufer im Intrahandel (mit Meldpflicht).

Endempfänger der letzte Empfänger, für den die Ware bestimmt ist, im Gegensatz zu dem im Frachtdokument genannten Empfänger, der häufig eine Mittelperson wie Spediteur, Kommissionär etc. ist.

Erstspediteur (auch Hauptspediteur) ist der Spediteur, der den Versandauftrag von seinem Auftraggeber übernimmt.

Exporteur ist, wer auf eigene Rechnung Exportgüter im Inland kauft und sie ins Ausland weiterverkauft. Auch wer den Verkauf inländischer Ware ins Ausland kommissionsweise besorgt, gilt als Exporteur. Der allgemeine Begriff kann sowohl für Verkäufe in EG-Staaten als auch in Drittländer verwendet werden.

Frachtführer ist nach HGB § 407 derjenige, der gewerbsmäßig den Transport von Gütern zu Land, auf Flüssen oder sonstigen Binnengewässern ausführt (sinngemäß auch auf den Luftfrachtführer – carrier – zu übertragen). Im nationalen Güterfernverkehr mit Kfz nennt man den Frachtführer auch „Unternehmer", im Seefrachtgeschäft „Verfrachter".

Gesamtbeförderer auch Gesamtfrachtführer bei Transporten mit mehreren Verkehrsträgern und mehrmaligem Umladen, auch C.T.O. = Combined Transport Operaton M.T.O. = Multimodal Transport Operator genannt.

Gesamtfrachtführer siehe „Gesamtbeförderer"

Hauptverfrachter bei Anschlusstransporten im Seeverkehr derjenige Reeder, der den Auftrag vom Ablader erhält und die Weiterleitung mit See- oder Küstenschiffen dem Unterverfrachter überträgt.

Hauptspediteur siehe „Erstspediteur".

Hausspediteur Spediteur, der vom Verlader ständig beauftragt wird.

IATA-Luftfrachtagent ein durch das Cargo Investigation Panel der IATA bestätigter Spediteur.

Importeur Käufer von Waren aus dem Ausland (sowohl EG als auch Drittstaaten, siehe auch „Einführer").

Integrator siehe „Integrated Carrier".

Integrated Carrier Speditions-Carrier, der über eigene Flugzeuge verfügt und von Haus-zu-Haus Paketdienste (und auch Beförderung traditionellen Luftfrachtguts) anbietet.

Korrespondenzspediteur Zwischenspediteur, der aufgrund eines Abkommens mit einem Spediteur an einem Fremdplatz dessen Sendungen weiterbehandelt (insbesondere im Sammelverkehr).

Kraftwagenspediteur benutzt zur Güterbeförderung im Fernverkehr den Kraftwagen, sei es im Selbsteintritt mit eigenen Fahrzeugen oder als Abfertigungsspediteur des gewerblichen Güterfernverkehrs mit den Fahrzeugen anderer Güterfernverkehrs-Unternehmer. Im Selbsteintritt hat er lt. HGB § 458 zugleich die Rechte und Pflichten eines Frachtführers. Zwingend unterliegt er dem GüKG.

Lagerhalter ist, wer gewerbsmäßig die Lagerung und Aufbewahrung von Gütern übernimmt (*§ 467 ff HGB*).

Lieferer ist nach EG-Recht in der Regel der Verkäufer im Intrahandel (mit Meldepflicht).

Luftfrachtführer (carrier) ist, der es übernimmt, Güter auf Grund des Luftfrachtbriefes zu befördern.

Luftfrachtspediteur ist im Luftfrachtverkehr meist als IATA-Agent tätig.

Möbelspediteur Bezeichnung für Spediteur im Umzugsverkehr, der über besonders für Möbel eingerichtete Fahrzeuge verfügt.

MTO Multimodal Transport Operator = Gesamtbeförderer bei Transporten mit mehreren Verkehrsträgern und mehrmaligem Umladen. Der Spediteur stellt dafür das bankfähige FIATA-Combined Transport B/L aus. Siehe auch „CTO".

Non Vessel Operating Common Carrier siehe NVOCC.

Non Vessel Operator siehe NVO.

NVO non vessel operator = carrier, der Schiffe chartert, aber selbst nicht Reeder ist; auch Unternehmen, das Transporte mit eigenen Containern durchführt, aber keine eigenen Schiffe hat.

NVOCC Non Vessel Operating Common Carrier = Bezeichnung aus den USA. Unternehmen, die sich als Consolidator weltweit betätigen und im Verkehr mit USA Übernahmesätze quotieren und diese beim FMC (Federal Maritime Commission in USA) hinterlegen; sie haben keine eigenen Schiffe. Auch: Konnossementsverfrachter ohne eigenes Schiff. – In Europa sind NVOCC meist aus dem speditionellen Bereich des Sammelverkehrs hervorgegangen.

Operator Spediteur, der im internationalen Verkehr die durchgehende Transportkette mit durchgehender Haftung auf Frachtführerbasis anbietet. Man spricht auch vom „CTO bzw. MTO".

Outsider = Außenseiter im Seeverkehr – nicht tarifgebunden im Gegensatz zur Konferenzreederei.

Overcarrier diejenige, einer Konferenz angeschlossene Reederei, die in einem bestimmten Zeitraum eine größere Ladungsmenge befördert als ihre rechtmäßige Quote. Gegenteil: Undercarrier. In der Poolgemeinschaft muss O. den U.– falls dieser seinen Fahrplan eingehalten hat – entschädigen.

Partikulier auch Klein- oder Privatschiffer genannt. Er setzt in der Regel nicht mehr als 3 Schiffe ein. Das Schiff ist zugleich Wohn- und Arbeitsstätte.

Reeder Eigentümer eines Schiffes, das er zu gewerblichen Zwecken in der Schifffahrt planmäßig und in bestimmten Fahrtgebieten oder bedarfsweise (Trampschifffahrt) einsetzt.

Reedereiagent Vertreter des Reeders in Seehäfen oder im Binnenland auf Grund eines Agenturvertrages.

Sammelladungsspediteur ist, wer Einzelsendungen im nationalen und internationalen Landverkehr sammelt und sie zu Ladungen zusammenstellt. Nach § 460 HGB hat der Sammelladungsspediteur zugleich die Rechte und Pflichten des Frachtführers.

Schiffsmakler ein Makler von Schiffsraum und Ladung. Er stellt die Beziehungen her zwischen dem Befrachter (Seehafenspediteur) und dem Verfrachter (Reederei).

Seehafenspediteur ein im Seehafen ansässiger Spediteur, der zur Gruppe der „klassischen Spediteure" gehört, d.h. er übt in aller Regel „Besorgertätigkeit" aus. Er übernimmt es, Güterversendungen durch Verfrachter von Seeschiffen für Rechnung des Versenders in eigenem Namen zu besorgen. Seine Tätigkeit ist mithin vorwiegend dispositiver Art.

shipper Ablader (auch Befrachter), in dessen Namen die Verschiffung erfolgt und der im B/L als Absender der Ware erscheint.

Spediteur Nach HGB § 453 ff ist ein Spediteur durch den Speditionsvertrag verpflichtet, die Güterversendung zu besorgen. Diese Pflicht umfasst die Organisation der Beförderung, insbesondere die Bestimmung des Beförderungsmittels und des Beförderungsweges, die Auswahl ausführender Unternehmer, den Abschluss der für die Versendung erforderlichen Fracht-, Lager- und Speditionsverträge sowie die Erteilung von Informationen und Weisungen an die ausführenden Unternehmer und die Sicherung von Schadenersatzansprüchen des Versenders.

Stauerei Seehafen-Umschlagsbetrieb, der sich mit der Organisation des Ladens und Löschens von Schiffen befasst.

undercarrier siehe „over carrier".

underwriter = Versicherungsgesellschaft.

Unterfrachtführer Unternehmer, der für den Hauptfrachtführer die Beförderung oder einen Teil durchführt, ohne selbst vom Versender beauftragt zu sein.

Unterspediteur ist, wer als selbstständiger Spediteur in Eigenverantwortung und in eigenem Namen das gesamte, dem Hauptspediteur übertragene Geschäft übernimmt; er gilt als Erfüllungsgehilfe des Spediteurs.

Unterverfrachter siehe „Hauptverfrachter".

Urablader siehe „Ablader".

Urverlader siehe „Ablader".

Urversender siehe „Ablader".

Verfrachter der Frachtführer im Seeverkehr – derjenige, der das Seefrachtgeschäft gewerbsmäßig betreibt, er ist Reeder oder Ausrüster. V. ist Vertragspartei, die mit Befrachter/Ablader den Seefrachtvertrag abschließt.

Verkehrsführer neutrale Verladegemeinschaften (meist GmbH), die an manchen Orten die Verkehrsgeschäfte für die beteiligten Sammelspediteure durchführt. Auch = Versandspediteur im Spediteur-Sammel-Gutverkehr mit der Deutschen Bahn AG. Er wird von der zuständigen Bundesbahndirektion zum V. bestellt.

Verkehrsträger Sammelbegriff für die Transportunternehmen Eisenbahn / Kraftwagen / Binnenschifffahrt / Seeschifffahrt / Luftfahrt und Pipeline.

Verlader siehe „Ablader".

Versandspediteur derjenige, der Einzelsendungen für einen Spediteur-Sammel-Güterverkehr in seiner Umschlagsanlage sammelt und die Verladung durchführt. Er schickt mehrere Sendungen als Ladung auf die Reise und stellt sowohl den Frachtbrief auch als auch in vielen Fällen das Bordero als Hinweis für den Empfangsspediteur. Siehe auch „Verkehrsführer".

Versender ist, (1) wer auf Veranlassung eines Ausführers, dem er zur Lieferung verpflichtet ist, die Ware zur Erfüllung eines Liefervertrages des Ausführers an dessen gebietsfremden Abnehmer liefert und (2), derjenige, der mit dem Spediteur einen Speditionsvertrag (nach HGB) schließt.

Versendung ist zolltechnisch die Lieferung von Waren aus Deutschland in andere EG-Staaten.

Versicherer Versicherungsgesellschaft, engl. underwriter.

Zollagent auf Zollinteresse vereidigte Person zur Vornahme von Zollhandlungen namens der Zollbehörde.

Zulieferer ist, wer auf Grund eines Vertrages mit einem Gebietsfremden Waren an einen Ausführer liefert, der sie nach Be- oder Verarbeitung oder zusammen mit anderen Waren auf Grund eines selbstständigen Vertrages mit einem Gebietsfremden ausführt.

Zwischenspediteur (auch Zweit-, Drittspediteur u.s.w.) ist, der im Auftrage des Hauptspediteurs an den Nahtstellen des Verkehrs tätig wird. Der Z. ist zwar selbstständiger Spediteur, er steht aber nur mit dem Hauptspediteur in einem Vertragsverhältnis und tritt nicht mit der Versender unmittelbar in Verbindung.

9.2 Die gebräuchlichsten Dokumente im Export und Import

Die im internationalen Warenverkehr gebräuchlichsten Dokumente sind:

a) Verladedokumente
   - im Seeverkehr: Konnossement (Bill of Lading; B/L) und Seefrachtbrief
   - im Binnenschiffverkehr: Ladeschein
   - im Landverkehr: Bahnfrachtbrief (Duplikatfrachtbrief); CMR-Frachtbrief; Intercontainer-Frachtbrief; Spediteur-Übernahmebescheinigung
   - im Luftverkehr: Luftfrachtbrief (Airway Bill, AWB)
   - im Postverkehr: Posteinlieferungsschein

b) Begleitdokumente
   Handelsrechnungen, Konsulatsfakturen, Zollfakturen, Versicherungspolicen oder -zertifikate, Ursprungszeugnisse, Tratten, Warenverkehrsbescheinigungen. – Hinzu kommt noch eine ganze Reihe weiterer Dokumente, u.a. Analysenzertifikate, Gesundheitszeugnisse, Gewichtsbescheinigungen (Gewichts-Garantiezertifikate), Maßliste, Inspektionszertifikate, pflanzenpolizeiliche Zeugnisse, Qualitätszertifikate.

AWB
Siehe Luftfrachtbrief

Bahnfrachtbrief
railway consignment note/lettre de voiture

Dieses Papier, das ausschließlich bei Bahnverladung ausgestellt wird, dokumentiert die effektive Verladung durch Stempelaufdruck des Aufgabebahnhofs. Festzuhalten ist, dass der Absender lediglich das „Duplikat" des Bahnfrachtbriefes erhält und das Original mit der Ware reist. – Siehe Duplikatfrachtbrief!

Black-List-Certificate
Bescheinigung für Exporte nach arabischen Ländern, dass das die Ware befördernde Schiff bzw. die Versicherungsgesellschaft nicht auf der „Schwarzen Liste" stehen.

Carta de Corrección
Berichtigung von Konsulatsfakturen, ist vielfach insbesondere lateinamerikanischen Konsulaten vorzulegen, wenn eine Konsulatsfaktura Fehler enthält.

Certification of Inspection
siehe „Waren-Kontroll-Zertifikat"

CIM-Frachtbrief
Im grenzüberschreitenden Schienenverkehr wird der CIM-Frachtbrief verwendet (Bahnfrachtbrief). Rechtsgrundlage für die Beförderung (auch Haftung) ist damit die Convention Internationale des Transports des Marchandises par Chemin de Fer.

CMR-Frachtbrief
International truck way bill/lettre de voiture internationale

Im grenzüberschreitenden Straßengüterverkehr wird der CMR-Frachtbrief verwendet. Damit gelten die Bestimmungen des CMR-Abkommens, das die meisten europäischen Staaten angenommen haben.

Delivery Order
Teilschein/bon de livraison

Grund für das Erfordernis von Delivery Orders sind Warengeschäfte, bei denen der Importeur zur effektiven Auslieferung der Zuhilfenahme einer dritten Person bedarf, u.a. wenn mehrere Partien für verschiedene Empfänger aufgrund eines B/L (Sammel-B/L) verladen werden. Der Importeur braucht eine Auslieferungskontrolle. Um sich davor zu schützen, dass der Käufer diese Kontrolle umgeht, zwingt der Verkäufer den Käufer, dass er die Ware nur unter Kontrolle des Konnossementshalters empfangen kann. Er benutzt zu diesem Zweck diese Teilschein-Form.

Mittels der gezogenen Delivery Order weist der ehemalige Konnossementinhaber einen anderen – den sogenannten Konnossementshalter, der ein Spediteur, Konsignatär, Ouartiersmann, Lagerhalter, Kontrolleur, Bankier – nicht aber der Verfrachter oder die Kaianstalt – sein kann, an, das Fracht-/Löschgut an einen Dritten auszuliefern.

Mit der eigenen Delivery Order verpflichtet sich der Konnossementshalter, das Fracht-/Löschgut an einen anderen auszuliefern. Er kommt dieser Verpflichtung nach, indem er entweder sich selbst vom Schiff oder Kai aufgrund des ihm vorliegenden Konnossements die Ware ausliefern lässt und sie dem Inhaber der Delivery Order gegen deren Rückgabe übergibt, oder indem er das Konnossement dem Inhaber der Delivery Order aushändigt, damit dieser es zusammen mit der Delivery Order dem Schiff bzw. Kai vorlegen kann und so die Ware ausgeliefert erhält.

Die gezogene Delivery Order bildet im Gegensatz zu dem gezogenen Kai- bzw. Konnossementsteilschein die Ausnahme. In der Praxis begegnen wir regelmäßig der eigenen Delivery Order. – Zu einer Delivery Order gehört, wenn sie andienungsfähig sein soll, der sogenannte Depotvermerk, aus dem hervorgehen muss, dass sich das zugehörige Konnossement in Händen des Konnossementshalters befindet. Bei der gezogenen Delivery Order ist der Depotvermerk mit dem Akzept verbunden. Fehlt der Depotvermerk, so ist die Delivery Order unvollständig. Sie kann jedoch ergänzt werden.

Duplikatfrachtbrief

duplicate of railway consignment note/duplicata de lettre de voiture

Der Duplikatfrachtbrief – er wird auch Frachtbriefdoppel oder Frachtbriefduplikat genannt – ist kein „Dispositionspapier" wie das Konnossement oder der Ladeschein; er repräsentiert nicht die Ware. Er ist vielmehr lediglich ein Beweis dafür, dass der Absender der Ware diese tatsächlich an den im Frachtbrief benannten Empfänger zur Versendung gebracht hat und dass er sich durch die Aushändigung des Duplikatfrachtbriefes unwiderruflich des Verfügungsrechtes über die Ware begeben hat. Insofern wirkt der Duplikatfrachtbrief als Sperrpapier, d.h., der Absender kann das ihm nach § 418 HGB zustehende nachträgliche Verfügungsrecht über die Ware nur ausüben, wenn er in der Lage ist, den Duplikatfrachtbrief vorzulegen. Diese Eigenschaft allein macht seine Verwendung im Inkasso- und Akkreditivverkehr sinnvoll. Das Verfügungsrecht des Absenders erlischt ohnehin, auch wenn er den Duplikatfrachtbrief besitzt, sobald der Empfänger die erste Ausfertigung des Frachtbriefes angenommen hat oder ihm das Gut abgeliefert worden ist.

Die rechtliche Bedeutung des internationalen (CIM*)-Frachtbriefes entspricht der des deutschen Eisenbahnfrachtbriefes; auch er repräsentiert die Ware nicht. Der abgestempelte Frachtbrief dient als Beweis für den abgeschlossenen Frachtvertrag. Im Gegensatz zu den Bestimmungen der Eisenbahn-Verkehrsordnung ist der Absender nach Art. 8 §15 CIM verpflichtet, der Eisenbahn gleichzeitig mit dem Frachtbrief (5 Ausfertigungen) ein Frachtbriefdoppel nach vorgeschriebenem Muster vorzulegen. Die Eisenbahn hat den Empfang des Gutes und den Tag der Annahme zur Beförderung durch Aufdrücken des Tagesstempels auf dem Frachtbrief zu bescheinigen.

FBL

FIATA Combined Transport Bill of Lading

Das vom internationalen Verband der Spediteure FIATA entwickelte Dokument ist begebbares Durchkonnossement für den kombinierten Verkehr mit mehreren Verkehrsträgern, dem sogenannten multimodalen Transport. Der Aussteller, in der Regel der Spediteur, haftet für Verlust oder Beschädigung mit zwei Sonderziehungsrechten je Kilogramm bzw. er haftet wie der jeweilige Schadenverursacher, wenn dieser eindeutig feststellbar ist. Das FBL ist von der Internationalen Handelskammer ICC als akkreditivfähiges Papier anerkannt.

FCR: Siehe Spediteur-Übernahmebescheinigung

Handelsrechnung

commercial invoice/facture commerciale

Zu den Dokumenten im Außenhandelsgeschäft gehört üblicherweise die Handelsrechnung. Sie soll alle Einzelheiten der Warensendung enthalten: den Namen und die Anschrift des Empfängers (Käufer), die genaue Beschreibung der Waren, Gewichtsangaben (brutto und netto) und den Preis (Einzel- und Gesamtpreis). Die Bestimmungen der Bundesrepublik Deutschland lassen eine Fakturierung in jeder beliebigen Währung zu.

Mit entsprechendem Eintrag dient die Handelsrechnung auch als Ursprungserklärung für präferenzbegünstigte Waren.

Die Handelsrechnung muss ferner Auskunft geben über die Lieferungsbedingung (FOB, CIF oder eine sonstige vereinbarte Lieferklausel); die Markierung (Zeichen und Nummern der Ballen, Kisten usw.), den Namen des Schiffes oder die Nummer des Waggons, falls die Ware mit der Bahn verladen wurde. Auch die vereinbarte Zahlungsbedingung und häufig noch die Importlizenz-Nummer des Käufers, soweit nach den Devisenbestimmungen des Käuferlandes erforderlich, sollten aus der Rechnung ersichtlich sein. Schließlich sollte die Rechnung die rechtsverbindliche Unterschrift des Verkäufers tragen.

Herstellererklärung

Bei Exporten nach bestimmten arabischen Ländern muss der Exporteur erklären, von wem die Ware hergestellt worden ist. Legalisierung kann verlangt werden.

Intercontainer-Frachtbrief

wird im grenzüberschreitenden Containerverkehr mit der Bahn benutzt. Dieser Frachtbrief ist ein Transportdokument der Firma Intercontainer in Basel, einer Tochter europäischer Bahngesellschaften. Der Intercontainer-Frachtbrief dient gleichzeitig als Zollversandpapier von Haus-zu-Haus.

Israelerklärung

Von vielen arabischen Staaten für Importe mit folgendem Text auf Handelsrechnung bzw. Rückseite des Ursprungszeugnisses verlangt: „We declare that the goods are neither of Israeli origin nor do they contain Israeli materials nor are they being exported from Israel." Nach einer Veränderung der AWV ist diese Erklärung nicht mehr zulässig.

Konsulatsfaktura

consular invoice/facture consulaire

Hierbei handelt es sich um eine Zusammenstellung der für einen Auftrag und an einen Käufer zur Verschiffung gelangenden Waren mit Handelsbezeichnungen nach den Vorschriften des Einfuhrlandes, Einzelgewichten und genauen Werten in Übereinstimmung mit den Handelsrechnungen. Diese Zusammenstellungen haben auf vorgeschriebenen Formularen in bestimmter Sprache zu erfolgen und sind dem Konsulat des Einfuhrlandes zur Beglaubigung vorzulegen (in der Regel im Verladungshafen).

Obwohl die Vertragspartner des Welthandelsabkommens (WTO) die baldige und vollständige Abschaffung der Konsulatsfakturen als unnötige Formalitäten seit Jahren *empfiehlt*, sind sie noch immer von einer Anzahl von Ländern (hauptsächlich von mittel- und südamerikanischen Staaten) beibehalten worden, die Zahl der Länder nimmt jedoch stetig ab.

Ladeschein

inland waterway bill of lading/connaissement fluvial

Der Ladeschein ist das „Konnossement" des Flussverkehrs. Er ist eine vom Frachtführer (vom Schiffer, nicht vom Schiffseigner) ausgestellte Urkunde über seine Pflicht zur Ablieferung des Frachtgutes an den legitimierten Besitzer des Scheines. Für dieses Papier gilt im wesentlichen das, was für das Seekonnossement gesagt wurde; es ist ein „Dispositionspapier" wie das Konnossement. Der Ladeschein ist gesetzlich im HGB §§ 444 ff geregelt.

Lagerschein

warehouse receipt/récépissé d'entreposage..

Bei Einlagerung einer Ware bescheinigt der Lagerhalter die Übernahme des Gutes zur Einlagerung. Lagerscheine (§§ 475c–475g HGB) können auch an Order gestellt werden und sind dann Dispositionspapiere. Lagerhalter ist, wer gewerbsmäßig die Lagerung und Aufbewahrung von Gütern übernimmt (§ 467ff HGB). Die Abgabe von Order-Lagerscheinen ist den staatlich dazu ermächtigten Lagerhäusern vorbehalten. Am häufigsten verwendet wird der Namenslagerschein, der durch Abtretungserklärung (Zession) übertragbar ist. Im internationalen Handel wurde das FIATA-Warehous-Receipt (FWR) als handelbares Dokument geschaffen.

Luftfrachtbrief

– siehe Kapitel „Der Verkehrsträger Luft".

Mate's Receipt

Steuermannsquittung/recu provisoire

Das Mate's Receipt ist ein vorläufiger Empfangsschein (Zwischendokument) des Reeders über Güter, die zur Verladung an ein Schiff angeliefert worden sind. Das Mate's Receipt ist im allgemeinen mit dem Anspruch auf Aushändigung der Konnossemente an den Inhaber verknüpft. Obwohl das Mate's Receipt eine vollgültige Bordquittung darstellt, besitzt es keineswegs die Rechtswirksamkeit eines Konnossements. Es begegnet uns häufig im Transithandel und bei Verladungen, bei denen weder der Lieferant den Drittempfänger, noch dieser den eigentlichen Ablader erfahren soll.

Packliste

Packing list/liste de colisage

detaillierte Aufstellung aller Frachtstücke mit Markierung, Art, Gewichten und Inhalt.

Pflanzengesundheitszeugnis

Mit diesem Dokument, genau wie mit dem Veterinär-Zeugnis im tierischen Bereich, wird eine Überprüfung der pflanzlichen oder tierischen Produkte auf amtlicher Ebene bescheinigt. Durch dieses Zeugnis wird sichergestellt, dass die zum Versand kommenden Produkte, zumindest vor oder bei Verladung, frei von gefährlichen Krankheiten oder Schädlingen sind.

Posteinlieferungsschein

parcel post receipt/récépissé postal

bedeutet lediglich die Empfangsbescheinigung des Postamtes für eine Postsendung an einen bezeichneten Empfänger. Mithilfe des Posteinlieferungsscheins kann bewiesen werden, dass ein Versand auf dem Postwege an den darin genannten Empfänger durchgeführt worden ist. Das Datum des Poststempels gibt den Tag der Auflieferung des Postgutes an.

Wird ein Gut per Luftpost auf den Weg gebracht, so ist das entsprechende Dokument der Luftpost-Einlieferungsschein.

Report of findings

– siehe „Waren-Kontroll-Zertifikat".

Seefrachtbrief

Seaway Bill/Linerway Bill/Express Cargo Bill

Nicht begebbares Dokument, Nachweis eines Vertrages über den Transport von Waren per See und Ausweis der Tatsache, dass der Verfrachter die Waren übernommen oder an Bord genommen hat sowie der Verpflichtung desselben, die Waren dem auf dem Dokument aufgeführten Empfänger zuzustellen. Es wird nicht zur Legitimation des rechtmäßigen Empfängers am Bestimmungsort benötigt.

Seekonnossement

siehe Kapitel „Das Konnossement".

Shipping Company's Consignment Note

Wird im Irak-Verkehr von der Rafidain Bank im L/C (Akkreditiv) als Versandnachweis verlangt und von deutschen Banken akzeptiert, wenn es den Anschein hat, dass diese consignment note das verlangte Dokument ist. Der Spediteur gibt in diesem Fall ein Dokument mit dem Zusatz „Shipping Company's Consignment Note".

Sichttratte

sight draft. Siehe „Tratte"

SIREX-Certificate

Bescheinigung, dass Holz für die Verpackung einer Ware vor Export, z.B. nach Australien, gegen die Sirexwespe behandelt worden ist.

Spediteur-Übernahmebescheinigung (FCR)

Das FCR (Forwarding Agents Certificate of Receipt) ist ein dem Frachtbriefdoppel der Bahn vergleichbares Sperrpapier. Der Spediteur bescheinigt mit dem FCR, dass er die Sendung empfangen hat zum unwiderruflichen Transport an den genannten Empfänger. Widerruf ist nur gegen Rückgabe des Original-Dokuments möglich. Der Text einer Spediteur-Übernahmebescheinigung muss durch die FIATA autorisiert sein, die Frankaturvorschrift gemäß den Incoterms. Das FCR ist ein akkreditivfähiges Dokument.

Tratte

draft/traite

Im internationalen Geschäftsverkehr ist es bei bestimmten Ländern üblich, den Dokumenten einen vom Exporteur ausgestellten, auf den Importeur gezogenen Wechsel (Sichttratte) beizufügen. Die Bestimmungen einiger Einführländer schreiben dies sogar vor. Die Beifügung einer Sichttratte (Text: „Bei Sicht zahlen Sie gegen diesen Wechsel...") rührt aus englischen Gepflogenheiten her; in der Hand des zur Zahlung Verpflichteten bedeutet sie nichts anderes als die Quittung des Empfängers. Sichttratten werden verwendet, wenn die Einräumung eines Kredits an den Käufer nicht beabsichtigt ist, Zieltratten, wenn der Verkäufer ein Zahlungsziel einräumen will.

Trust Receipt

Das im deutschen Recht unbekannte „Trust Receipt" ist ein in den USA häufig gebrauchtes Dokument, das zuweilen in Dokumenten-Akkreditiven verlangt wird, wenn dem Begünstigten die Dokumente und damit faktisch die Waren ohne Bezahlung ausgehändigt werden sollen. Die Rechtswirkungen entsprechen in etwa der in der deutschen Praxis gebräuchlichen Sicherungsübereignung.

Ursprungszeugnis

certificate of origin/certificat d'origine

Das Ursprungszeugnis ist eine Urkunde, in der der Ursprung der Ware durch eine hierzu berechtigte Stelle bescheinigt oder beglaubigt ist. Zuständig für die Ausstellung des Ursprungszeugnisses sind bei der Warenausfuhr die Industrie- und Handelskammern in der Bundesrepublik. Für die Einfuhr muss das Ursprungszeugnis von einer zur Ausstellung von Ursprungszeugnissen berechtigten Stelle des Ausfuhrlandes ausgestellt sein; der Bundesminister für Wirtschaft macht die berechtigten Stellen im Bundesanzeiger bekannt. Die Form des Ursprungszeugnisses ist für alle Exporte aus EG-Ländern einheitlich vereinbart (Zollkodex).

Versicherungspolice und -zertifikat

insurance policy (certificate)/police (certificat) d'assurance

Die Versicherungspolice (Versicherungsschein) ist eine vom Versicherer unterzeichnete Urkunde über den Abschluss eines Versicherungsvertrages. Während die Einzelpolice als Beweisurkunde für die Versicherung einer einzelnen Warensendung dient, ist die Generalpolice der Nachweis für einen laufenden Versicherungsvertrag mit Versicherungsschutz für alle durchgeführten und beim Versicherer angemeldeten Warensendungen auf einen längeren Zeitraum. Der Versicherer ist nur gegen Vorlegung der Police zur Zahlung verpflichtet. Das Versicherungszertifikat ist ein Auszug aus dem Versicherungsvertrag und dient als Beweisurkunde für die Versicherung der einzelnen Warensendung.

Waren-Kontroll-Zertifikat

Clean Report of Findings/Attestation de Vérification/Pre-shipment-Bescheinigung

Aus Gründen der Sicherheit, dass die Lieferung auch effektiv in z.B. Güte, Anzahl, Zusammensetzung, Preis, äußerer Beschaffenheit, der Bestellung entspricht, werden Waren-Kontroll-Zertifikate verlangt. Die Gründe hierfür sind darin zu sehen, dass die zahlungsmäßige Abwicklung aufgrund des abstrakten Charakters von Akkreditivgeschäften, sich rein auf die dokumentäre Seite beruft und losgelöst ist von dem zu Grunde liegenden Warengeschäft.

Warenverkehrsbescheinigung

(WVB) ist ein EWG-Präferenznachweis und dient der Erlangung der Zollfreiheit bzw. der Vorzugszölle. Warenverkehrsbescheinigungen sind erforderlich für den Warenverkehr mit den Staaten, mit denen die EWG

Freihandels-, Präferenz- bzw. Kooperationsabkommen abgeschlossen hat, sowie mit Staaten und Gebieten, die der EG assoziiert sind.

Zollfaktura

customs invoice/facture douanière

Die Zollfaktura enthält im wesentlichen dieselben Merkmale wie die Konsulatsfaktura. Eine Legalisierung durch ein Konsulat ist indessen nicht erforderlich. In vielen Fällen muss jedoch die Unterschrift des Exporteurs durch einen Zeugen (witness) beglaubigt werden. – Zollfakturen werden vor allem für Exporte nach Ländern, die dem britischen Commonwealth angehören oder angehörten (Ausnahme: Großbritannien), benötigt. In diesen Staaten tragen sie die Bezeichnung „combined certificate of value and of origin" bzw. „special customs invoice".

10. DER EG-BINNENMARKT

10.1 Mehrwersteuerbehandlung innerhalb der EU (EG)

Grundzüge

Für Beförderungsleistungen und den damit zusammenhängenden sonstigen Leistungen gilt grundsätzlich eine abweichende Regel. Die Steuerpflicht entsteht am Abgangsort, d. h. die Beförderungsleistung gilt an dem Ort ausgeführt, an dem die Beförderung beginnt. Dabei gibt es aber die Möglichkeit der Abweichung von dieser Regelung immer dann, wenn der Leistungsempfänger gegenüber dem Beförderungsunternehmen eine ihm von einem anderen Mitgliedstaat erteilte Umsatzsteuer-Identifikationsnummer (USt-ID) verwendet. Dann gilt die unter dieser Nummer in Anspruch genommene Beförderungsleistung als in dem Gebiet des anderen Mitgliedstaates ausgeführt.

Die folgenden Ausführungen beziehen sich auf den innergemeinschaftlichen Warenverkehr, es sei denn, es wird abweichend davon besonders darauf hingewiesen.

– Das Prinzip der Besteuerung im Bestimmungsland bleibt – mit einigen gravierenden Ausnahmen – bestehen.
– Lieferungen im grenzüberschreitenden Warenverkehr sind also weiterhin im Abgangsland steuerfrei.
– Für den Nachweis des Verbringens aus dem Erhebungsgebiet sind weiterhin ein Buchnachweis und ein Belegnachweis notwendig.
– Der Lieferer hat in der Rechnung ausdrücklich auf die Steuerbefreiung hinzuweisen.
– Die Rechnung hat die Umsatzsteuer-ID-Nummer des Verkäufers und des Käufers zu tragen; mit Wirkung vom 1.07.2002 muss die Rechnung auch die Steuernummer des Leistungserbringers enthalten.
– Die Summe der Rechnungsbeträge (Entgelte) für steuerfreie innergemeinschaftliche Lieferungen ist in der laufenden Umsatzsteuervoranmeldung gesondert zu erklären.
– Vierteljährlich ist eine „zusammenfassende Meldung" getrennt nach Empfänger = ID-Nummern auf Vordruck abzugeben. Die zollamtliche Abfertigung zum freien Verkehr und damit die EUSt bei innergemeinschaftlichem Erwerb entfallen. Die vom Erwerber geschuldete „Steuer auf den innergemeinschaftlichen Erwerb" (= Mehrwertsteuer) ist als Vorsteuer geltend zu machen. Die Bemessungsgrundlagen für die innergemeinschaftlichen Erwerbe und die darauf zu entrichtenden Steuerbeträge sind aufzuzeichnen und in der Umsatzsteuervoranmeldung zu erklären.

Rechtsgrundlagen und Begrifflichkeit

Grundlage für die Bestimmungen über die Umsatzsteuer im EG-Binnenmarkt sind

– EG-Richtlinie vom 16.12.1991 zur Ergänzung des gemeinsamen Mehrwertsteuersystems und zur Änderung der 6. EG-Richtlinie (91/680/EWG) – Amtsblatt EG Nr. L 376/1–19 vom 31.12 1991
– Verordnung (EWG) 218/92 des Rates vom 27.01.1992 über die Zusammenarbeit der Verwaltungsbehörden auf dem Gebiet der indirekten Besteuerung (MWSt) – Amtsblatt EG Nr. L 24/1–5 vom 01.02.1992

Aus diesen Rechtsakten ergeben sich die Änderungen des neuen Umsatzsteuergesetzes UStG 1999 und der Umsatzsteuerdurchführungsverordnung.

Bei innergemeinschaftlichen Warenlieferungen gibt es seit dem 01.01.93 nicht mehr den Steuertatbestand „Ausfuhren". Der neue Steuertatbestand lautet: „innergemeinschaftliche Lieferungen".

Bei innergemeinschaftlichen Bezügen ist der Steuertatbestand nicht mehr „Einfuhr". Der neue Steuertatbestand lautet: „innergemeinschaftlicher Erwerb". Ort und Zeitpunkt des innergemeinschaftlichen Erwerbs bestimmen sich grundsätzlich danach, wo sich der Gegenstand am Ende der Beförderung oder Versendung befindet.

Nur noch im Verhältnis zu Drittstaaten gibt es nach dem 01.01.93 „Ausfuhren" und „Einfuhren". Sie werden steuerrechtlich wie bisher behandelt. Hier ergeben sich also keine Änderungen in der betrieblichen Praxis.

Die Umsatzsteuer-Identifikationsnummer und die Rechnungserstellung

Mit dem Wegfall der Kopplung von zoll- und steuerrechtlicher Erfassung und Kontrolle des innergemeinschaftlichen Warenverkehrs mit Gemeinschaftswaren wurde ein neues Kontrollsystem notwendig, um Doppelbesteuerung und Steuerhinterziehung zu vermeiden.

Entscheidendes Mittel dieses neuen Kontrollsystems ist die Umsatzsteueridentifikations-Nummer – ID-Nr. Jedes Unternehmen, das ab dem 01.01.93 innergemeinschaftlichen Handel betreibt, benötigt eine ID-Nummer.

Bei innergemeinschaftlichen Warenlieferungen muss die eigene ID-Nummer und die ID-Nummer des Abnehmers in der Rechnung ausgewiesen sein. Die Verwendung der ID-Nummern ist ab 01.01.93 die Voraussetzung für steuerbefreite Lieferungen in der Gemeinschaft. (§ 14a, 2 UStG)

Die ID-Nummer ist nicht identisch mit der Steuernummer.

Die Steuernummer ist auch weiterhin in der Umsatzsteuervoranmeldung und der Umsatzsteuererklärung anzugeben.

Deutsche Unternehmen können folglich nur dann steuerfrei in die Gemeinschaft liefern, wenn sie über die ID-Nummer des Leistungsempfängers verfügen. Beziehen können deutsche Unternehmen aus der Gemeinschaft nur dann ohne Belastung der Umsatzsteuer des Versendungsmitgliedstaates, wenn bei der Bestellung die ID-Nummer angegeben wird.

Auf allen Geschäftspapieren sollte die ID-Nummer verzeichnet sein!

Außerdem muss in der Rechnung ausdrücklich auf Steuerfreiheit hingewiesen werden! (§ 14a, 1 UStG). Aufzunehmen ist also in die Rechnung eine Formulierung wie:

„Steuerfreie Lieferung nach § 6a UStG"

Drei Bestandteile hat also die Rechnung zu tragen:

- ID-Nummer des eigenen Unternehmens
- ID-Nummer des Leistungsempfänger
- Hinweis auf die Steuerfreiheit

Die ID-Nummer wird erteilt vom Bundesamt für Finanzen, Außenstelle Saarlouis, Industriestr. 6, 66740 Saarlouis. Die ID-Nummern haben bis zu 14 Stellen. Die in Deutschland erteilte ID-Nummer ist 11-stellig.

Die Umsatzsteuer-Identifikationsnummem

– in Belgien	BE + 9 Ziffern
– in Dänemark	DK + 8 Ziffern
– in Deutschland	DE + 9 Ziffern
– in Estland	EE + 9 Ziffern
– in Finnland	FI + 8 Ziffern
– in Frankreich	FR + 11 Ziffern
– in Griechenland	EL + 8 Ziffern
– in Großbritannien	GB + 9 oder 12 Ziffern
– in Irland	IE + 7 Ziffern + 1 Buchstabe
– in Italien	IT + 11 Ziffern
– in Lettland	LV + 11 Ziffern
– in Litauen	LT + 9 oder 12 Ziffern
– in Luxemburg	LU + 8 Ziffern
– in Malta	MT + 8 Ziffern
– in den Niederlanden	NL + 9 Ziffern + 1 Buchstabe (L, B, oder V) + 2 Ziffern (01–99)
– in Österreich	AT/U + 8 Ziffern
– in Polen	PL + 10 Ziffern

– in Portugal	PT + 10 Ziffern
– in Schweden	SE + 12 Ziffern
– in der Slowakei	SK + 9 oder 10 Ziffern
– in Slowenien	SL + 8 Ziffern
– in Spanien	ES + 1 Buchstabe oder 1 Ziffer + 7 Ziffern + 1 Buchstabe oder 1 Ziffer
– in Tschechien	CZ + 8, 9 oder 10 Ziffern
– in Ungarn	HU + 8 Ziffern
– in Zypern	CY + 9 Ziffern

Hat ein deutsches Unternehmen Zweifel, ob die ihm genannte oder übermittelte ID-Nummer eines Gemeinschafts-Kunden richtig ist, kann er sie vom Bundesamt für Finanzen überprüfen lassen, telefonisch oder per FAX:

Telefon: +49 6831/456-0

Telefax: + 49 6831/456-120 oder 456-146

Eine einfache Bestätigungsabfrage kann unter www.bff-online.de/ust/useg/ustidbs.php erfolgen oder mit einem wapfähigen Gerät unter http://wap.bgg-online.de.

Weitere Informationsquellen im Internet:

www.europa.eu.int/eur-lex/deindex.html

www.europa.eu.int/comm/dgs/taxation_customs/index_de.htm

www.bundesfinanzministerium.de

www.bff-online.de

Zusammenfassende Meldung

Das Unternehmen hat vierteljährlich (Meldezeitraum) für alle innergemeinschaftlichen Lieferungen beim Bundesamt für Finanzen (Außenstelle Saarlouis) eine „zusammenfassende Meldung" auf amtlich vorgeschriebenem Vordruck abzugeben. (§18a, 4 UStG)

Anzugeben sind:

- ID-Nummer des Lieferers
- ID-Nummer jedes Erwerbers
- pro Erwerber die Summe der Bemessungsgrundlagen (Rechnungspreise, Einkaufspreis bei Lieferung an eigene unselbstständige Niederlassung) der im Meldezeitraum an ihn ausgeführten innergemeinschaftlichen Lieferungen

Die Meldungen sind bis zum 10. Tag nach Ablauf des Kalendervierteljahres (Meldezeitraum) bei der Außenstelle des Bundesamts für Finanzen in Saarlouis abzugeben. Wird dem Unternehmen für die Abgabe der laufenden Umsatzsteuer-Voranmeldung eine einmonatige Dauerfristverlängerung gewährt, dann verlängert sich ebenfalls die Abgabefrist für die „zusammenfassende Meldung" um einen Monat.

Maßgeblich dafür, welche Angaben im Meldezeitraum zu machen sind, ist der Zeitpunkt, „in dem die Rechnung für die innergemeinschaftliche Warenlieferung ausgestellt wird", bei innergemeinschaftlichen Warenbewegungen der Zeitpunkt, „in dem die Gegenstände an den Auftragnehmer versendet oder befördert worden sind" (§18a, 5 UStG). Werden Rechnungen in ausländischer Währung fakturiert, sind sie nach dem amtlichen Briefkurs des Tages der Rechnungserstellung umzurechnen.

Nachträgliche Entgeltänderungen

Häufig kommt es vor, dass Rechnungsbeträge nachträglich zu ändern sind. Mögliche Anlässe hierfür können sein:

- Rücksendungen wegen Mängelrüge
- Rechnungskürzung wegen eines Mangels
- Inanspruchnahme von Skonti
- Mengenrabatt zum Abschluss eines Abrechnungszeitraums
- Jahresboni, Jahresrückvergütungen

Die Liste ließe sich sicher verlängern. Die Behandlung solcher Entgeltänderungen in der „zusammenfassenden Meldung" erfolgt immer in der gleichen Weise (§17, 1, 2, 3, 4 UStG):

Fällt die Entgeltänderung in ein anderes Kalendervierteljahr als die Rechnung, auf die sie bezogen ist, ist die Korrektur durch Berücksichtigung des Minderungsbetrages in der ZM geltend zu machen, in deren Quartal die Entgeltminderung festgestellt wurde. Die ursprüngliche ZM muss nicht nachträglich korrigiert werden!

In diesen Fällen handelt es sich nicht um eine „unrichtige oder unvollständige" ZM im Sinne von § 18a, 7 UStG.

Berichtigung unrichtiger oder unvollständiger „Zusammenfassender Meldungen"

Stellt sich nachträglich heraus, dass in einer fristgerecht abgegebenen „zusammenfassenden Meldung" Beträge oder ID-Nrn falsch angegeben wurden (z.B. Rechenfehler, Zahlendreher etc), hat der Unternehmer die Pflicht (§ 18a, 7 UStG) ohne schuldhaftes Zögern

die ursprüngliche ZM zu korrigieren!

Die Korrektur hat spätestens innerhalb von 3 Monaten, gerechnet vom Tag der Feststellung des Fehlers an, gegenüber dem Bundesamt für Finanzen zu erfolgen. Es ist keine neue überarbeitete ZM einzureichen, sondern nur die korrigierten Angaben zu melden. Ein vorsätzlicher oder leichtfertiger Verstoß gegen diese Verpflichtung kann mit einer Geldbuße geahndet werden.

Kontrollverfahren

Das Bundesamt der Finanzen meldet den Finanzbehörden der übrigen EG-Mitgliedstaaten die Summe der Lieferbeträge aller deutschen Unternehmen pro Quartal und je EG-Erwerber.

Die Bezüge deutscher Unternehmen aus der EG werden dem Bundesamt für Finanzen entsprechend gemeldet. Jetzt erfolgt ein Abgleich dieser Beträge mit den Daten des für die Umsatzbesteuerung zuständigen Finanzamtes. Die Summe der für ein deutsches Unternehmen unter dessen ID-Nr. gemeldeten EG-Bezüge muss im Prinzip mit den in den Umsatzsteuervoranmeldungen für das entsprechende Quartal angemeldeten innergemeinschaftlichen Bezügen übereinstimmen.

Abweichungen kann es folglich nur geben bei

- nachträglichen Entgeltänderungen
- unrichtigen oder unvollständigen Meldungen und
- Steuerhinterziehung

Aufzeichnungs- und Nachweispflicht

Der Unternehmer hat bei innergemeinschaftlichen Lieferungen nachzuweisen, dass die Lieferung

- tatsächlich das Erhebungsgebiet verlassen hat,
- der Abnehmer in dem EG-Mitgliedstaat „Unternehmer" ist und
- die Ware für unternehmerische Zwecke (und nicht für private) verwendet.

(§ 6a UStG, § 17a, c UStDV)

Das steuerliche Risiko erhöht sich, weil der amtliche Ausfuhrnachweis AM-Kopie fehlt. Insbesondere bei Abholfällen ist besondere Vorsicht geboten. Grundsätzlich gilt jedoch, dass das Vorlegen einer ID-Nr. als Nachweis der Unternehmer-Eigenschaft ausreicht. In Zweifelsfällen sollte eine schriftliche Bestätigung durch das abholende Personal verlangt werden.

Der Gesetzgeber verlangt jedenfalls keine detektivischen Anstrengungen zur Prüfung, ob die Unternehmer-Eigenschaft tatsächlich besteht oder die ID-Nr. missbräuchlich verwendet wird.

Hierzu § 6a Absatz 4 des UStG:
„Hat der Unternehmer eine Lieferung als steuerfrei behandelt, obwohl die Voraussetzungen nach Absatz 1 nicht vorliegen, so ist die Lieferung gleichwohl als steuerfrei anzusehen, wenn die Inanspruchnahme der Steuerbefreiung auf unrichtigen Angaben des Abnehmers beruht und der Unternehmer die Unrichtigkeit dieser Angaben auch bei Beachtung der Sorgfalt eines ordentlichen Kaufmanns nicht erkennen konnte. In diesem Falle schuldet der Abnehmer die entgangene Steuer."

Belegnachweis

Dass eine Lieferung in das übrige Gemeinschaftsgebiet erfolgte
  „muss sich aus den Belegen eindeutig und leicht nachprüfbar ergeben" (§ 17a, 1 UStDV)
Da die AM-Kopie als Beleg entfallen ist, müssen die Handelsbelege den Nachweis erbringen.
Folgende Belege sind erforderlich (§ 17a, 2 UStDV):
1. Doppel der Rechnung (mit den ID-Nrn und dem Hinweis auf die Steuerfreiheit
2. Lieferschein mit Bestimmungsort
3. Empfangsbestätigung des Abnehmers oder seines Beauftragten
4. Bei Abholung: Versicherung des Abnehmers oder seines Beauftragten den Gegenstand der Lieferung in das übrige Gemeinschaftsgebiet zu befördern

Wird mit der Beförderung ein Spediteur beauftragt, wird der Ausfuhnachweis durch eine Spediteurbescheinigung geführt (§ 9, 1 UStDV), die den gleichen Inhalt hat, wie die „weiße Spediteurbescheinigung" im Falle der Ausfuhr.
Neu ist, dass auch Spediteure anderer EG-Mitgliedstaaten einen umsatzsteuerlichen Ausfuhrnachweis ausstellen können!

Buchnachweis

Wie bisher auch hat der Unternehmer in seinen Büchern den Nachweis zu führen, dass innergemeinschaftliche Lieferungen die Voraussetzungen der Steuerfreiheit erfüllen. Die Voraussetzungen müssen eindeutig und leicht nachprüfbar aus der Buchführung zu ersehen sein." (§ 17c, 1 UStDV)
Bei innergemeinschaftlichen Lieferungen ist folgendes aufzuzeichnen (§17c, 2 UStDV):
1. den Namen und die Anschrift des Abnehmers,
2. den Namen und die Anschrift des Beauftragten des Abnehmers bei einer Lieferung, die im Einzelhandel oder in einer für den Einzelhandel gebräuchlichen Art und Weise erfolgt,
3. den Gewerbezweig oder Beruf des Abnehmers
4. die Umsatzsteuer-Identifikationsnummer des Abnehmers
5. die handelsübliche Bezeichnung und die Menge des Gegenstandes der Lieferung oder die Art und den Umfang der einer Lieferung gleichgestellten sonstigen Leistung auf Grund eines Werkvertrages
6. der Tag der Lieferung oder der einer Lieferung gleichgestellten sonstigen Leistung aufgrund eines Werkvertrages,
7. das vereinbarte Entgelt oder bei der Besteuerung nach vereinnahmten Entgelt das vereinnahmte Entgelt und den Tag der Vereinnahmung,
8. die Art und den Umfang einer Bearbeitung oder Verarbeitung vor der Beförderung oder der Versendung in das übrige Gemeinschaftsgebiet (§ 6a, 1.2 + 2.2.2 UStG),
9. die Beförderung oder Versendung in das übrige Gemeinschaftsgebiet,
10. den Bestimmungsort im übrigen Gemeinschaftsgebiet

Zu prüfen ist, ob die eigene Buchführung diesen Anforderungen entspricht!
Werden Waren im Gemeinschaftsgebiet zwischen Unternehmensteilen verbracht (§ 17c, 3 UStDV), sind folgende Aufzeichnungen erforderlich:
1. die handelsübliche Bezeichnung und die Menge des verbrachten Gegenstandes,
2. die Anschrift und die Umsatzsteuer-Identifikationsnummer des im anderen Mitgliedstaat gelegenen Unternehmensteuer,
3. den Tag des Verbringens,
4. die Bemessungsgrundlage nach § 10, 4.1 UStG (Einkaufspreis oder Selbstkosten). In diesen Fällen dient als Beleg eine Proformarechnung.

Verkauf an Private

Bei Verkäufen an Private gilt uneingeschränkt das Ursprungslandprinzip: die Waren sind in Deutschland mehrwertsteuerpflichtig! Ausnahme sind nach wie vor neue Kraftfahrzeuge (siehe folgende Seite).

Erwerbsschwelle / Lieferschwelle / Versandhandel

Das neue Einkommenssteuerrecht sieht Freigrenzen vor, bis zu denen die Besteuerung im Ursprungsland zu den dort gültigen Sätzen erfolgt.

Erwerbsschwelle:

Sog. „Halbunternehmer" – nicht vorsteuerabzugsberechtigte Unternehmer wie Ärzte, Krankenhäuser, Banken, Versicherungen oder Kleinunternehmer, die nicht optiert haben – sind in ihren Mitgliedstaaten solange nicht steuerpflichtig, solange der Wert ihrer Bezüge (im Vorjahr und im laufenden Jahr zu erwartend) aus allen Mitgliedstaaten der EG € 10.000 nicht überschreitet (§ 3c UStG in Verbindung mit Art. 28a, 1.a.2 6. EG-Richtlinie). Sie werden dann steuerlich wie Privatabnehmer behandelt. Ihnen wird also die MWSt des jeweiligen Verkaufsmitgliedstaat in Rechnung gestellt.

Dies gilt uneingeschränkt, wenn sie die Waren selbst abholen. Erhalten sie die Waren geliefert, gilt obiges nur, wenn der Lieferant die Lieferschwelle gegenüber dem Empfängerland nicht überschritten hat. Bei Kleinunternehmern, die zur Erwerbsbesteuerung optiert haben, also auf die Erwerbschwellenregelung verzichten, gilt der Normalfall, also die Besteuerung im Bestimmungsland. Sie verfügen über eine ID-Nr.

Unternehmer, die nicht zum Vorsteuerabzug berechtigt sind, können also auf die Steuerbelastung Einfluss nehmen, je nach dem, ob es günstiger ist, die Erwerbsschwelle zu nutzen oder auf ihre Anwendung zu verzichten. Immer wenn die Mehrwertsteuer im Verkaufsland höher ist als im Land des Käufers, ist der Verzicht auf die Erwerbsschwelle günstiger. Diese Entscheidung ist für 2 Jahre bindend.

Hinweis: Neu nach § 1a UStG ist, dass auch „nicht steuerpflichtige juristische Personen", also insbesondere Einrichtungen der Öffentlichen Hand, wie Universitäten, Krankenhäuser etc. erwerbssteuerpflichtig werden, sofern ihre Jahresbezüge aus der EG die Erwerbsschwelle übersteigen. Sie benötigen dann eine ID-Nr., damit es nicht zu einer Doppelbesteuerung kommt.

Lieferschwelle:

Bei sog. „Versandhandelsverkäufen" oder „Versendungsgeschäften" deutscher Unternehmen an

- private Endverbraucher
- nicht vorsteuerabzugsberechtigte Unternehmer (sie führen nur steuerfreie Umsätze aus)
- Kleinunternehmer, soweit sie nicht zum Vorsteuerabzug optiert haben
- pauschalierende landwirtschaftliche Erzeuger
- nicht unternehmerische juristische Personen: Vereine, Verbände, geschäftsführende GmbH, Öffentliche Hand (§ 1a UStG) etc.

... bei denen die Beförderung vom Verkäufer selbst durchgeführt, beauftragt oder für dessen Rechnung durchgeführt wird,

... ist die Lieferung im Ursprungsland nach den dort geltenden Steuersätzen zu versteuern, wenn diese Versandhandelsverkäufe des Unternehmers pro Jahr die Lieferschwelle nicht überschreiten.

Die Lieferschwelle beträgt

€ 300.000,–

Diese Freigrenze „Lieferschwelle" gilt nicht für verbrauchssteuerpflichtige Warenlieferungen. Sie unterliegen immer im Bestimmungsland der Erwerbsbesteuerung.

Ab dem Zeitpunkt, wo der deutsche Unternehmer mit seinen Lieferungen die länderbezogene Lieferschwelle überschreitet, werden seine Lieferungen im Bestimmungsland steuerpflichtig. Da aber die Empfänger nicht steuerpflichtig sind, wird er es!

Erstmals wird mit dem USt-Binnenmarktgesetz in einem deutschen Steuergesetz geregelt, dass deutsche Unternehmer in einem anderen EG-Mitgliedstaat zu den dort geltenden Steuersätzen umsatzsteuerpflichtig werden. Ein deutscher Unternehmer hat dann in einem anderen EG-Land die dortige Umsatzsteuer abzuführen.

Da die Besteuerung solcher Geschäfte genaue Kenntnisse des Umsatzsteuerrechts des Empfängerstaates voraussetzt, wird der deutsche Unternehmer einen Fiskalvertreter einsetzen. Dies braucht kein Steuerberater sein. Es kann auch ein Kunde oder ein Spediteur damit beauftragt werden. Einige Länder, wie z.B.

Frankreich und Belgien werden in diesen Fällen einen Fiskalvertreter zwingend vorschreiben. *Künftig soll allerdings kein Fiskalvertreter mehr erforderlich sein.*

Verbringen von Waren innerhalb eines Unternehmens

Das Verbringen von Gegenständen von einem Unternehmensteil in einen anderen Unternehmensteil in einem anderen Mitgliedstaat erfolgt i.d.R. ohne Rechnung. Das neue Umsatzsteuerrecht setzt dieses „Verbringen" einem innergemeinschaftlichen Erwerb gleich. Damit unterliegen die verbrachten Gegenstände der Erwerbs-, also Umsatzsteuer im Ankunftsland. (§ 1a, 2 UStG)

Bemessungsgrundlage für die Besteuerung ist der Einkaufspreis oder die Herstellungskosten im Abgangsland zuzüglich Nebenkosten. (§10,4.1 UStG). Da keine Rechnung gestellt wurde, die den Zeitpunkt des Steueranspruchs begründen könnte, entsteht die Steuerschuld mit Ablauf des auf das Verbringen folgenden Monats.

Vorübergehendes Verbringen: Messen / Vorführung / Erprobung

Früher war in diesen Fällen ein Warenverkehrscarnet (Euro-Carnet) oder ein Carnet ATA erforderlich. Das ist bekanntlich entfallen. Umsatzsteuerrechtlich wird in all diesen Fällen keine Verfügungsmacht an der Ware übertragen. Folglich handelt es sich nicht um eine „Lieferung". Vorübergehendes Verbringen wird auch nicht wie das Verbringen einem innergemeinschaftlichen Erwerb gleichgestellt. Es ist weder im Abgangs- noch im Empfangsmitgliedsstaat zu versteuern. Es ist keine steuerbare Leistung.

Es besteht aber eine Aufzeichnungspflicht: Diese Waren sind in einer besonderen Liste oder auf einem besonderen Konto aufzuzeichnen.

Wird eine Ware aber nicht wieder zurückgebracht, weil sie z.B. am Ende einer Messe verkauft wurde, ist es auch kein vorübergehendes Verbringen mehr: Im Zeitpunkt des Verkaufs wird es im Abgangsland eine steuerfreie innergemeinschaftliche Lieferung und im Empfangsland ein steuerpflichtiger innergemeinschaftlicher Erwerb. Steuerpflichtig im Bestimmungsland ist, wie bei den obigen Verbringensfällen, das Unternehmen, das die Ware verbracht hat, also z.B. auf der Messe ausgestellt hat. Da aber weiterverkauft wurde, ist der Vorgang wie eine innergemeinschaftliche Lieferung zu behandeln.

Reihengeschäfte

Reihengeschäfte liegen immer dann vor, wenn der Verkäufer A der Ware die Ware selbst bei einem Dritten erwirbt, der Dritte die Ware aber direkt an den Kunden B des A ausliefert. Für dieses Grundschema ist es unerheblich, wenn noch mehr Unternehmer in die Reihe eingeschaltet sind.

Es gilt § 1a, 1.1,2 UStG:
„Im Falle des Reihengeschäftes gilt als Erwerber ..., wer das Umsatzgeschäft mit einem im Gebiet eines anderen Mitgliedsstaates oder im Drittlandsgebiet ansässigen Lieferer abgeschlossen hat."

Im Prinzip ist also derjenige erwerbssteuerpflichtig, dem im innergemeinschaftlichen Handel von einem Verkäufer eine steuerfreie Rechnung gestellt wurde, also auch derjenige, der das Umsatzgeschäft mit einem im Gebiet eines anderen Mitgliedsstaates ansässigen Lieferer geschlossen hat.

Ist jedoch in dem Reihengeschäft ein Lieferer aus einem Drittland zwischengeschaltet, handelt es sich nach dem neuen Umsatzsteuerrecht weder um eine steuerfreie Ausfuhr (§ 6 UStG) noch um eine steuerfreie innergemeinschaftliche Lieferung (§ 6a UStG).

Sonderegelung für Kraftfahrzeuge

<u>Neue Kraftfahrzeuge:</u>

Für die innergemeinschaftliche Lieferung oder den Erwerb neuer Kraftfahrzeuge gilt immer das Bestimmungslandprinzip!

Unabhängig davon, ob der Käufer ein Unternehmer mit ID-Nr. oder eine Privatperson ist, zu versteuern ist dort, „wo das Fahrzeug erstmalig zugelassen wird". (Art. 28a, 16. EG-Richtlinie)

Verkauft ein Privater ein Neufahrzeug weiter, wird er wie ein Unternehmer behandelt und kann die im Verkaufspreis enthaltene Vorsteuer geltend machen. (§ 2a und § 15, 4a UStG)

<u>Gebrauchtfahrzeuge:</u>

Hier ist die Differenzbesteuerung nach § 25a UStG weiter anzuwenden, soweit ein Händler an Private oder nicht steuerpflichtige Unternehmer verkauft. Differenz ist der Betrag, um den der Verkaufspreis den Einkaufspreis des Händlers übersteigt. Diese Besteuerung ist in der Rechnung nicht auszuweisen.

10.2 INTRASTAT

Mit dem Wegfall der Grenzkontrollen gibt es seit dem 01.01.1993 weder ein zollrechtliches noch ein außenwirtschaftsrechtliches Überwachungs- und Meldeverfahren im innergemeinschaftlichen Warenverkehr mit Gemeinschaftswaren. Während es bei der Ausfuhr (Drittländer) auch nach dem 01.01.1993 bei der alten Regelung bleibt, also das Exemplar 2 des Einheitspapiers (Ausfuhranmeldung) als statistische Meldung dient, haben die Unternehmen innergemeinschaftliche Lieferungen getrennt von der Warenversendung direkt und periodenweise zu melden.

Das Erhebungsverfahren

Die statistischen Daten werden auf Formular (wöchentlich), auf Datenträger (monatlich) oder online (www.destatis.de unter w3stat) gemeldet. Meldepflichtig ist wie bisher derjenige, der die Versendung veranlasst hat, als der Verkäufer.

Zur Erinnerung: Verstöße gegen die Auskunftspflicht werden auch weiterhin nach dem nationalen Recht geahndet, hier also dem Bundesstatistikgesetz (BStatG). Ordnungswidrigkeiten können mit einem Bußgeld geahndet werden.

Berichtszeitraum:

Berichtszeitraum ist der Kalendermonat.

Bei Verwendung der **Intrastat-Formulare** hat die Anmeldung der fortlaufend angeschriebenen Sendungen wöchentlich zu erfolgen (Anmeldeperiode). Die Anmeldung für die letzte Woche eines Monats muss spätestens bis **zum 5. Werktag des Folgemonats** beim Statistischen Bundesamt in Wiesbaden eingetroffen sein. Die Meldeformulare können aber auch weiterhin bei der örtlichen Binnenzollstelle abgegeben werden, die sie dann nach Wiesbaden übersenden. (Sind in einem Monat fünf Wochen berührt, können die Sendungen dieses Tages der vierten Woche zugeschlagen werden.)

Für die Meldung auf Formular kann auch das Einheitspapier mit entsprechenden Ergänzungsblättern weiterverwendet werden, wobei nur die Angaben gemacht werden müssen, die auch auf dem Intrastat-Formular vorgesehen sind (Allerdings wird dies nicht gern gesehen, weil Verwechslungen mit Ausfuhranmeldungen befürchtet werden.)

Die **EDV-Meldung** kann per Diskette, Magnetband oder Magnetbandkassette erfolgen. Voraussetzung dafür, dass eine Firma an dem EDV-Meldeverfahren teilnimmt, ist ein vorheriger formloser Antrag beim Statistischen Bundesamt. Beizufügen ist eine pro-forma-Diskette, erstellt mit dem EDV-Programm, das für die Erfassung der statistischen Daten eingesetzt werden soll. Ist das Programm, ob „selbst gestrickt" oder von einem Software-Haus gekauft, genehmigt, sind die Meldungen monatlich zu machen (Anmeldeperiode = Berichtsperiode). Der Datenträger mit der Monatsmeldung muss spätestens bis zum 7. Werktag des Folgemonats an das Statistische Bundesamt übersendet werden.

Eine **Online-Meldung** kann bei jeder Versendung oder jedem Eingang auch unverzüglich unter www.destatis.de unter der Rubrik Datenerhebung mit dem Programm w3stat erfolgen. Name und Passwort sind für ein Login erforderlich.

Kumulation:

Werden immer die gleichen Lieferungen an die gleichen Empfänger getätigt, können die zu meldenden Rechnungsbeträge kumuliert werden. Vorausgesetzt ist jedoch, dass außer den Wertangaben alle anderen Angaben gleich bleiben. Bei Rückfragen muss der Anmelder allerdings in der Lage sein, die kumulierten Werte wieder aufzuschlüsseln.

Befreiungen von der Anmeldepflicht zur Intrahandelsstatistik

Privatpersonen brauchen keine statistische Meldung zu machen. Auch kleinere Unternehmen sind von der Meldepflicht befreit, wenn ihre innergemeinschaftlichen Warenumsätze eine Assimilationsgrenze nicht überschreiten. Danach braucht bis zu einem innergemeinschaftlichen Umsatz von

bis zu € 200.000,– pro Jahr bei der Versendung und
bis zu € 200.000,– beim Eingang
keine Anmeldung für die Intrastat gemacht werden.

Da in der neuen Umsatzsteuervoranmeldung ebenso die innergemeinschaftlichen Lieferungen und Bezüge angegeben werden müssen, gilt damit die Meldepflicht als erfüllt. Die Warenumsätze von Kleinunternehmern mit einem Jahresumsatz bis zu € 12.500,– werden also, soweit sie nicht optiert haben, von der Intrahandelsstatistik nicht erfasst.

Sendungsbezogene Freigrenzen wie bei der Ausfuhrstatistik (bis € 1000,– braucht keine AM ausgestellt werden), gibt es bei der Intrahandelsstatistik nicht! Liegt ein Unternehmen mit seinen innergemeinschaftlichen Umsätzen im Bereich von € 200.000,–, ist es meldepflichtig, wenn die Umsätze des Vorjahres über diesem Wert lagen. Bestand bisher keine Meldepflicht, steigen aber die Umsätze in dem neuen Geschäftsjahr, tritt ab dem Zeitpunkt eine Meldepflicht ein, ab dem der Umsatzwert von € 200.000,– überschritten wird. Die Umsätze der vorherigen Monate müssen nicht nachgemeldet werden.

Unabhängig von der Assimilationsgrenze € 200.000,– gibt es noch eine Liste von Befreiungstatbeständen, also besonderer Waren, die von der Meldung zur Intrahandelsstatistik generell befreit sind. Es ist die gleiche Liste, die für die Außenhandelsstatistik gilt.

Kontrolle der INTRASTAT-Meldungen

Für die Firmen ist es auch interessant zu wissen, wie ihre Angaben kontrolliert und überprüft werden. Wie bereits oben gesehen, droht bei Falschangaben ein Bußgeld bis € 5.000,– . Wie bei der Außenhandelsstatistik können die Anmelder aber auch zur Ergänzung oder Korrektur ihrer Angaben verpflichtet werden.

Zur Kontrolle, welche Firmen absehbar meldepflichtig sind, erfasst das Statistische Bundesamt seit 01.01.92 ein Register aller am Intrahandel beteiligten Auskunftspflichtigen anhand der den Finanzämtern gemeldeten Daten. Ein vierteljährlicher Abgleich ist zur Aktualisierung des Firmenregisters vorgesehen.

Zur laufenden Kontrolle der Richtigkeit der gemeldeten Daten werden die statistischen Daten mit den in der Umsatzsteuervoranmeldung den Finanzämtern gemeldeten Beträgen verglichen. Auf diesem Wege wird auch die Einhaltung der Wertschwellen kontrollierbar. Bei abweichenden Daten werden die Firmen angemahnt und gegebenenfalls erfolgt eine Ahndung als Ordnungswidrigkeit.

Die bisherige Zusammenarbeit von Zollverwaltung und Statistischem Bundesamt ist also für den innergemeinschaftlichen Handel abgelöst durch die Zusammenarbeit von Finanzverwaltung und Statistischem Bundesamt.

X. Anhang

1. BEGRIFFE IM AUSSENHANDEL NACH AWG/AWV, EWG, AUSSENHANDELS-STATISTIK UND ZOLLRECHT

Abgangszollstelle ist die Zollstelle, bei der das gemeinschaftliche Versandverfahren beginnt. Bei dieser Zollstelle muss der Hauptverpflichtete die Eröffnung des gVV beantragen (gemäß Zollkodex die Ausfuhrzollstelle).

Abladegeschäft ist ein Kaufvertrag über Ware, die von einem Seehafen (Abladehafen) nach einem Bestimmungshafen abzuladen und in Gestalt des sie vertretenden Konnossements zu liefern ist. Das A. ist mithin immer Dokumentengeschäft. Bei Beförderungen auf dem Landwege liegt kein A. im rechtlichen Sinne vor.

AKM siehe „Ausfuhrkontrollmeldung".

AKP Über 70 Entwicklungsländer im afrikanischen, karibischen und pazifischen Raum, die bei der Einfuhr von gewerblichen und vielen landwirtschaftlichen Produkten in die EG Zollfreiheit genießen; siehe auch „Die AKP-Länder".

Aktive Lohnveredelung Rechtsgeschäft, durch das sich ein Gebietsansässiger verpflichtet, im Wirtschaftsgebiet Waren eines Gebietsfremden zu bearbeiten oder verarbeiten.

AM Ausfuhranmeldung, die der Ausführer von Waren bei jeder Ausfuhr von Waren in ein Drittland (Nicht-EG-Land) ab einem Wert von € 1.000,00 erstellen muss. Ab einem Wert von € 3.000,– muss die AM vom Zoll vorabgefertigt werden. Beim Versand von Gemeinschaftsware innerhalb der EG entfällt dieses Dokument; an seine Stelle tritt eine Intrastatmeldung; lediglich bei Verkäufen von Nichtgemeinschaftswaren innerhalb der EG muss ebenfalls eine AM erstellt werden.

ATA Admission Temporaire de Marchandises = Carnet (Zollbegleitscheinheft) für vorübergehende Einfuhr.

ATLAS: **A**utomatisiertes **T**arif- und **L**okales **Z**oll-**A**bwicklungs-**S**ystem, IT-Verfahren für eine weitgehend automatisierte Zollabwicklung des kommerziellen Warenverkehrs mit Drittländern. Löst die bisherigen Systeme ALFA und DOUANE ab.

A.TR. Association Turquie = Warenverkehrsbescheinigung im Verkehr EG-Türkei-EG. Die A.TR. bescheinigt lediglich, dass sich die Ware im freien Verkehr der EG bzw. der Türkei befindet, sie bescheinigt keinen Ursprung.

Ausführer ist, der Waren nach fremden Wirtschaftsgebieten verbringt oder verbringen lässt. Liegt der Ausfuhr ein Ausfuhrvertrag mit einem Gebietsfremden zugrunde, so ist nur der gebietsansässige Vertragspartner A. Wer bei der Ausfuhr lediglich als Spediteur oder Frachtführer oder in einer ähnlichen Funktion tätig wird, gilt nicht als A.

Ausfuhr ist das Verbringen von Sachen und Elektrizität aus dem Wirtschaftsgebiet nach fremden Wirtschaftsgebieten. Dies ist die Definition des AWG. Zollrechtlich spricht man von Ausfuhr nur, wenn die Ware das Gebiet der EG verlässt. Exporte innerhalb der EG (innergemeinschaftlicher Handel) werden als Versendung bezeichnet.

Ausfuhrkontrollmeldung die zuständige Oberfinanzdirektion kann Ausführern, die ständig zahlreiche Sendungen ausführen und denen auf Antrag das Verfahren der Vorausanmeldung ihrer genehmigungsfreien Ausfuhren zugestanden worden ist, die Verwendung des Vordrucks Ausfuhrkontrollmeldung anstelle einer Ausfuhranmeldung gestatten, wenn bei dem betreffenden Ausführer die fortlaufende, vollständige und richtige Erfassung der Ausfuhrsendungen nach der Art des betrieblichen Rechnungswesens (insbesondere mit Hilfe einer elektronischen Datenverarbeitung) gewährleistet ist.

Ausfuhrliste enthält alle Waren, deren Ausfuhr verboten oder beschränkt ist. Die Ausfuhr bedarf einer Genehmigung durch das Bundesamt für Wirtschaft und Ausfuhrkontrolle (BAFA) bzw. die Bundesanstalt für Ernährung und Landwirtschaft.

Ausfuhrsendung ist die Warenmenge, die ein Ausführer gleichzeitig über dieselbe Ausgangszollstelle für dasselbe Käuferland nach demselben Verbrauchsland ausführt.

Ausfuhrvertrag Rechtsgeschäft, durch das sich ein Gebietsansässiger zur Lieferung einer Ware nach fremden Wirtschaftsgebieten verpflichtet (AWG).

Ausfuhrzollstelle ist die zuständige Zollstelle am Sitz des Ausführers. Dort wird z.B. die AM vorabgestempelt oder ein Versandverfahren eröffnet.

Ausgangszollstelle ist die Zollstelle, an der die Ware den Wirtschaftsraum der EG verlässt.

Auslandswert unbeweglicher Vermögenswert in fremden Wirtschaftsgebieten; Forderungen in € gegen Gebietsfremde; auf ausländische Währung lautende Zahlungsmittel, Forderungen und Wertpapiere.

Außenhandel alle Import- und Exportgeschäfte zwischen dem Inland und dem Ausland. Grundsätzlich versteht man darunter den Austausch von Waren, Dienstleistungen und – in erweitertem Sinne – auch Kapital.

Außenwirtschaft Bezeichnung für eine systematische Zusammenschau aller Probleme der Weltwirtschaft, der Außenhandels- und Währungspolitik unter dem Gesichtspunkt einer Ordnung der internationalen Wirtschaftsbeziehungen (Predöhl).

Außenwirtschaftsverkehr nach § 1 des AWG der Waren-, Dienstleistungs-, Kapital-, Zahlungs- und sonstige Wirtschaftsverkehr mit fremden Wirtschaftsgebieten sowie der Verkehr mit Auslandswerten und Gold zwischen Gebietsansässigen.

AWG Außenwirtschaftsgesetz vom 28.4.1961, das den Wirtschaftsverkehr mit dem Ausland regelt (mit Einfuhrliste).

AWV Außenwirtschaftsverordnung. Durchführungsverordnung zum AWG (mit Ausfuhrliste).

Bestimmungszollstelle ist die Zollstelle, der die Waren zur Beendigung des gVV zu gestellen sind.

Carnet ATA siehe „ATA".

Carnet TIR siehe „TIR".

Deutscher Gebrauchszolltarif Gemeinsamer Zolltarif der EG zusammengefasst mit nationalen Bestimmungen über die Einfuhr (enthält auch die Einfuhrliste) sowie Bestimmungen über die Statistik. Der DGebrZT fasst verschiedene rechtliche Bestimmungen zusammen. *In Druckform wird er nur noch von privaten Verlagen angeboten, ansonsten wurde er vom Elektronischen Zolltarif (siehe dort) abgelöst.*

Drittland Jedes Land, das nicht der EG angehört.

Drittlandswaren (auch Drittlandsgut) sind Waren, die in das Zollgebiet der EG eingeführt worden sind und sich noch nicht im zollrechtlich nicht überwachten freien Verkehr der EG befinden. Der korrekte Begriff nach dem Zollkodex ist allerdings Nichtgemeinschaftswaren.

Dual-Use-Güter sind Güter, die sowohl für zivile als auch für militärische Zwecke verwendet werden können. Dann bedarf es einer Ausfuhrgenehmigung oder einer Entscheidung, dass es keiner Genehmigung bedarf durch das Bundesamt für Wirtschaft- und Ausfuhrkontrolle (BAFA). Siehe hierzu Abschnitt 1, Ziffern 1 und 2.

Durchfuhr die Beförderung von Sachen aus fremden Wirtschaftsgebieten durch das Wirtschaftsgebiet, ohne dass die Sachen in den freien Verkehr des Wirtschaftsgebiets gelangen.

EG Europäische Gemeinschaft. Nachfolge der EWG. Die EG ist die rechtliche Grundlage der 15 Mitgliedsstaaten der Europäischen Union für: Zollunion und Binnenmarkt, Agrarpolitik, Strukturpolitik und Handelspolitik. Der Vertrag beinhaltet außerdem neue Regeln für die Wirtschafts- und Währungsunion, die Unionsbürgerschaft, Bildung und Kultur, Transeuropäische Netze, Verbraucherschutz, Gesundheitswesen, Forschung und Umwelt sowie für die Sozialpolitik.

Einführer ist, wer Waren in das Wirtschaftsgebiet verbringt oder verbringen lässt. Liegt der Einfuhr ein Vertrag mit einem Gebietsfremden über den Erwerb von Waren zum Zwecke der Einfuhr (Einfuhrvertrag) zugrunde, so ist nur der gebietsansässige Vertragspartner Einführer. Wer lediglich als Spediteur oder Frachtführer oder in einer ähnlichen Stellung bei den Verbringen der Waren tätig wird, ist nicht Einführer.

Einfuhr das Verbringen von Sachen und Elektrizität aus fremden Wirtschaftsgebieten in das Wirtschaftsgebiet; als Einfuhr gilt auch das Verbringen aus einem Zollfreigebiet, Zollausschluss oder Zollverkehr in den freien Verkehr des Wirtschaftsgebiets, wenn die Sachen aus fremden Wirtschaftsgebieten in das Zollfreigebiet, den Zollausschluss oder den Zollverkehr verbracht worden waren (AWG). Zollrechtlich spricht man von Einfuhr nur, wenn Waren aus Drittländern eingeführt werden. Bei Waren aus der EG spricht man vom Eingang.

Einfuhrabfertigung Waren werden mit der Einfuhr in das Wirtschaftsgebiet Zollgut (Nichtgemeinschaftsware); um in den freien Verkehr der EG zu gelangen, müssen sie durch eine Zollstelle abgefertigt werden. Die Abfertigung muss der Einführer bei einer Zollstelle mit der Einfuhranmeldung beantragen oder beantragen lassen. Dies ist auch auf elektronischem Weg mit dem IT-Verfahren ATLAS möglich.

Einfuhranmeldung Mit der Einfuhranmeldung (z.B. auf dem Einheitspapier) entscheidet der Einführer über die zollrechtliche Bestimmung (z.B. Abfertigung zum freien Verkehr oder Nichterhebungsverfahren).

Einfuhrgenehmigung siehe AWV § 30.

Einfuhrkontrollmeldung siehe AWV § 27a.

Einfuhrliste sie enthält in ihrer Warenliste rund 9.000 Einzelpositionen. In Verbindung mit den Länderlisten A/B und C ist bei jeder Position zu entnehmen, ob die Einfuhr einer Genehmigung bedarf. Die Länderliste A/B umfasst alle Länder ausgenommen Staatshandelsländer. Länderliste C enthält die ehemaligen Staatshandelsländer des ehemaligen Ostblocks. Darüber hinaus gibt es noch die Listen D, E, F, G, H, I und K, die für verschiedene Warengruppen bzw. Verfahren (z.B. Transit) angewendet werden

Einfuhrlizenz erforderlich für die Einfuhr bestimmter Agrarerzeugnisse, die den Vorschriften gemeinsamer Marktorganisationen oder Handelsregelungen der EG unterliegen, wenn solche Erzeugnisse aus Drittländern unmittelbar oder über einen anderen EG-Staat, in dem sie nicht in den freien Verkehr getreten sind, in den zollrechtlich freien Verkehr des Wirtschaftsgebietes gelangen.

Einfuhrsendung ist die Warenmenge, die an demselben Tage von demselben Lieferer an denselben Einführer abgesandt worden ist und von derselben Zollstelle abgefertigt wird.

Einfuhrumsatzsteuer wird bei der Einfuhr in das deutsche Zollgebiet erhoben, um Wettbewerbsunterschiede zwischen inländischen und eingeführten Waren zu vermeiden. Deshalb gelten auch die gleichen Steuersätze wie bei der MWSt. Der Besitz des Originalbeleges über die zu entrichtende EUSt berechtigt den Importeur zum Vorsteuerabzug. Für Waren, die z.B. in Sammelladungen eingeführt werden, behält der Spediteur die Originalbelege; die von ihm bei der Zollstelle zu beschaffenden Ersatzbelege berechtigen den Importeur zum Vorsteuerabzug. Anstelle der Einfuhrumsatzsteuer trat im Binnenhandel der EG ab 1.1.93 die Steuer auf den innergemeinschaftlichen Erwerb (siehe dort).

Einfuhrvertrag Vertrag zwischen einem Gebietsansässigen und Gebietsfremden über den Erwerb von Waren zum Zwecke der Einfuhr.

Einheitspapier Einheitliches Anmeldeformular für den gesamten grenzüberschreitenden Warenverkehr, also bei der Einfuhr (Einfuhranmeldung), auch bei gVV (Versandanmeldung), und bei der Ausfuhr (Ausfuhranmeldung). In der Regel nicht mehr anzuwenden im Binnenhandel der EG.

Einkaufsland ist das Land, in dem der Gebietsfremde ansässig ist, von dem der Gebietsansässige die Ware erwirbt. Dieses Land gilt auch dann als Einkaufsland, wenn die Waren an einen anderen Gebietsansässigen weiterveräußert werden. Liegt kein Rechtsgeschäft über den Erwerb von Waren zwischen einem Gebietsansässigen und einem Gebietsfremden vor, so gilt als Einkaufsland das Land, in dem die verfügungsberechtigte Person, die die Waren in das Wirtschaftsgebiet verbringt oder verbringen lässt, ansässig ist.

Elektronischer Zolltarif hat den Deutschen Gebrauchszolltarif in Druckform abgelöst. Er wird sowohl in Form von CD-ROMS in ständig aktualisierter Form als auch in Online-Version vom Verlag Bundesanzeiger angeboten, CD-ROM-Versionen gibt es auch von privaten Verlagen.

EU Europäische Union; sie ist ein politisches Gebilde ohne Rechtscharakter. Sie besteht aus drei Säulen: der Europäischen Gemeinschaft, der gemeinsamen Außen- und Sicherheitspolitik und der Zusammenarbeit bei der Innen- und Justizpolitik. Die Rechtsform ist die EG (Europäische Gemeinschaft); rechtsverbindliche Verordnungen sind bis 1993 die auch jetzt noch gültigen EWG-Verordnungen bzw. seit 1994 EG-Verordnungen. Deshalb ist es im Warenverkehr falsch, von der EU zu sprechen, Grundlage ist der EG-Vertrag.

Europäischer Wirtschaftsraum: Siehe EWR

EWG Europäische Wirtschaftgemeinschaft. Rechtsverbindlicher Zusammenschluss der fünfzehn europäischen Staaten Belgien, Dänemark, Deutschland, Spanien, Frankreich, Griechenland, Irland, Italien, Luxemburg, Niederlande, Österreich, Portugal, Finnland, Schweden und Großbritannien, inzwischen im EG-Vertrag geregelt.

EWR = Europäischer Wirtschaftsraum. Abkommen zwischen EG und EFTA, um einen homogenen Europäischen Wirtschaftsraum zu schaffen. Ziele sind der freie Warenverkehr, die Freizügigkeit, der freie Dienstleistungsverkehr, der freie Kapitalverkehr, Wettbewerbsschutz und enge Zusammenarbeit in den Bereichen wie Forschung und Entwicklung, Umwelt, Bildungswesen und Sozialpolitik. Neue Regeln zum freien Warenverkehr traten zum 1.1.93 in Kraft.

Externes Versandverfahren Zollversandverfahren für Nichtgemeinschaftswaren zwischen zwei Orten der EG. Für eine Reihe „sensibler Waren" (hochsteuerbare bzw. mit hohen Ausfuhrerstattungen versehene Produkte aus dem Agrarsektor) ist ab dem 1.2.96 eine Gesamtbürgschaft nicht mehr zulässig.

EZT: Elektronischer Zolltarif, siehe dort.

Gemeinschaftsrecht Das Gemeinschaftsrecht ist ein Faktor, den alle innerhalb des Gemeinsamen Markts Tätigen kennen und berücksichtigen müssen. EG-Recht, einschließlich der Wettbewerbsvorschriften, ist in allen Mitgliedsstaaten – oft unmittelbar – anwendbar. Im Falle einer Kollision mit einzelstaatlichen Rechtsvorschriften hat das Gemeinschaftsrecht Vorrang.

Gemeinschaftswaren sind alle Waren, die sich im zollrechtlich freien Verkehr der Gemeinschaft befinden. G. sind auch Waren, die sich aus steuerrechtlichen oder anderen Rechtsgründen noch nicht im freien Verkehr der EG befinden, deren Übergang in den freien Verkehr also noch zollamtlich überwacht werden muss. Das sind z.B. Waren, die noch einer nationalen Verbrauchssteuer unterliegen oder deren Übergang in den freien Verkehr im Hinblick auf nationale Verbote und Beschränkungen einer amtlichen Zustimmung unterliegen

Gemeinsamer Zolltarif siehe Harmonisiertes System.

Gemeinsames Versandverfahren: siehe gVV.

Gemeinschaftliches Versandverfahren siehe „gVV".

genehmigungsfreie Einfuhr siehe AWG § 10.

Genehmigungspflichtige Einfuhr siehe AWG § 12.

Gesamtbürgschaft wird beim gemeinschaftlichen Versandverfahren als Sicherheit für die Abgaben für mehrere Transporte vom Hauptverpflichteten bei der zuständigen Zollstelle hinterlegt.

GMO siehe Gemeinsame Marktordnung (für Agrarprodukte).

Grenzübergangsstelle ist die Ausgangszollstelle aus der Gemeinschaft, wenn im Verlauf eines gVV die Sendung das Gebiet der Gemeinschaft über eine Grenze zwischen einem Mitgliedsstaat und einem Drittland verlässt.

gVV gemeinschaftliches Versandverfahren in der EG; auch gemeinsames Versandverfahren mit den EFTA-(Norwegen, Island, Schweiz, Liechtenstein) und Visegrad-Staaten Polen, Slowakei, Tschechien, Ungarn und Slowenien).

Harmonisiertes System (HS) zur Bezeichnung und Codierung der Waren des internationalen Handels. Das HS ist am 1.1.1988 an die Stelle des Gemeinsamen Zolltarifs und des Warenverzeichnisses für die Außenhandelsstatistik getreten

Hauptverpflichteter ist die Person, die selbst oder durch einen befugten Vertreter durch eine zollamtlich geprüfte Anmeldung die Abfertigung zum gemeinschaftlichen Versandverfahren beantragt und damit gegenüber den zuständigen Behörden die Haftung für die ordnungsgemäße Durchführung dieses Verfahrens übernimmt. Aus diesem Grunde hat der Hauptverpflichtete insbesondere die Pflicht, die Waren innerhalb der vorgeschriebenen Frist unter Beachtung der von den zuständigen Behörden zur Nämlichkeitssicherung getroffenen Maßnahmen unverändert der Bestimmungszollstelle zu gestellen. Gegen diese Vorschrift wird häufig dadurch verstoßen, dass die Waren nicht der Bestimmungszollstelle gestellt, sondern unmittelbar dem Empfänger ausgeliefert werden. Dies kann zu empfindlichen Haftungsansprüchen des Fiskus gegenüber dem Hauptverpflichteten führen. Mit der Neuregelung der Versandverordnung zum 1.1.93 kann allerdings auch der Warenführer oder der Empfänger zur Haftung herangezogen werden.

Herstellungsland ist bei der Einfuhr das Land, in dem die Ware vollständig gewonnen oder hergestellt worden ist oder ihre letzte wesentliche und wirtschaftlich gerechtfertigte Be- oder Verarbeitung erfahren hat.

Internes gVV entfällt prinzipiell ab dem 1.1.93 bei Versand innerhalb der EG. Ausnahmen sind der Versand über Drittländer (z.B. nach Italien über Schweiz) und Versand hochsteuerbarer Waren (Tabak, Alkohol usw.).

Intrahandel Handel zwischen zwei EG-Staaten.

Intrastat Statistische Meldung über den Warenverkehr von Gemeinschaftswaren zwischen EG-Mitgliedsstaaten. Die Intrastatmeldung hat vom Verkäufer und vom Käufer zu erfolgen. Die Meldung ist auf Formular, Datenträger oder online möglich.

IT-Verfahren ATLAS: siehe ATLAS.

Käuferland Land, in dem der Gebietsfremde ansässig ist, der von dem Gebietsansässigen die Waren erwirbt.

Kleinsendungen eine zollamtliche Behandlung durch eine Versandzollstelle ist nicht erforderlich bei Kleinsendungen im Werte bis zu € 3.000,– und bei Sendungen, die durch einen Vermerk der Versandzollstelle auf der Ausfuhrerklärung von der Gestellung und Anmeldung bei der Versand(Ausfuhr-)zollstelle befreit sind.

Kontrollexemplar T Nr.5 ist eine zusätzliche Ausfertigung des gemeinschaftlichen Versandpapieres, das als Nachweis dazu dient, dass die in ihm aufgeführten Waren der angegebenen Verwendung oder Bestimmung zugeführt worden sind. Es wird bei Warenbeförderungen sowohl innerhalb eines EG-Mitgliedstaates als auch innerhalb der Gemeinschaft verwendet. Nach zollrechtlichen Vorschriften kommt es für die Überwachung der zweckgebundenen Zollfreiheit oder -ermäßigung bei besonderer Verwendung der Waren in Betracht, nach dem Marktordnungsrecht vor allem für den Nachweis der Ausfuhr in Fällen, in denen Erstattungen in Anspruch genommen werden, und nach dem Außenwirtschaftsrecht für die innergemeinschaftliche Verbleibskontrolle bei ausfuhrbeschränkten Waren (z.B. Schrott und NE-Metallabfälle). Bei der Anwendung des Systems der Währungsausgleichbeträge dient das Kontrollexemplar als Beweis für die Erfüllung der Zollförmlichkeiten bei der Einfuhr in den betreffenden Mitgliedsstaat.

LE siehe „Lieferanten-Erklärung"

Lieferanten-Erklärung zur Erleichterung bei der Beantragung der WVB durch Ausführer, die nicht selbst Hersteller der Waren sind, wurde mit der EWG-Verordnung Nr.1908/73 vom 4. Juli 1973 (in der Fassung nach VO (EWG) 3351/83, neu geregelt im Protokoll Nr. 4 zum Europäischen Wirtschaftsraum EWR, Artikel 27) als Ursprungsnachweis für „Ursprungserzeugnisse" die Lieferanten-Erklärung eingeführt (veröffentlicht im Amtsblatt der Europäischen Gemeinschaften L 19/1 vom 17. Juli 1973). Die Lieferanten-Erklärung, die vom Lieferanten (Hersteller oder Vorlieferant) in eigener Verantwortung für in einem EG-Mitgliedstaat hergestellte Waren abgegeben wird, ist der Zollstelle als Ursprungsnachweis für die Ausstellung der WVB mit vorzulegen. Die Erklärung kann vom Lieferanten auf den üblichen Geschäftspapieren abgegeben werden, sie kann auch eingedruckt oder mit Stempel angebracht oder auf besonderen Vordruck abgegeben werden.

Maßgebender Käufer ist, wer zollwertrechtlich als Eigenhändler handelt. Er muss im Zollgebiet der EG (einschl. Freihafen) ansässig sein, es sei denn, dass alle für die Zollwertermittlung einschl. einer späteren Nachprüfung erforderlichen Unterlagen im Zollgebiet der EG zur Verfügung stehen.

Maßgebender Verkauf ist der Verkauf, der die Lieferung der Waren in das Zollgebiet der EG vorsieht. Ein Verkauf liegt vor, wenn die eingeführte Ware an einen zollwertrechtlich maßgebenden Käufer verkauft worden ist.

Maßgebender Zeitpunkt ist für die Ermittlung des Zollwertes
a) für Waren, die unmittelbar zum freien Verkehr abgefertigt werden, der Tag, an dem die Zollstelle die Willenserklärung des Inhabers des Verfahrens über die Abfertigung der Waren zum freien Verkehr annimmt (also Datum der Einfuhranmeldung),
b) für Waren, die aus einem Nichterhebungsverfahren (…) in den freien Verkehr übergehen, der Zeitpunkt, der für diesen Zollverkehr in den Rechtsakten des Rates oder der Kommission oder von den Mitgliedsstaaten in Übereinstimmung mit dieser Rechtsakte festgelegt ist.

Meistbegünstigung Verpflichtung eines Staates, alle handelspolitischen Vorteile, die er irgendeinem Staat einräumt, auch dem Staat zu gewähren, mit dem die Meistbegünstigung vereinbart wird (Bestandteil zahlreicher Handelsverträge, GATT bzw. WTO). Die Meistbegünstigungsklausel verhindert die Diskriminierung bestimmter Staaten.

Nämlichkeit Identität (Übereinstimmung) der Ware mit den Angaben (in Papieren, Anmeldungen usw.).

Nämlichkeitssicherung Mittel, um einen Austausch von Waren zu verhindern. Dies geschieht in der Regel durch Raumverschluss (Packstück oder Fahrzeug) mit Hilfe von zollamtlich zugelassenen Plomben. Sie kann aber auch durch Zollsiegel, Beschreibung, Seriennummern, Fotos usw. erfolgen.

NCTS: New Computerized Transit System Papierlose elektronische Überwachung im gemeinschaftlichen Versandverfahren gVV. Die Daten werden bei der Abgangszollstelle in das System eingegeben, der Versand erhält eine MRN-Nummer und die Daten werden per DFÜ zur Bestimmungszollstelle übermittelt. Ein PDF-Ausdruck des Versandpapiers begleitet die Sendung.

Nichterhebungsverfahren und Verfahren von wirtschaftlicher Bedeutung sind nach der VO (EWG) 2913/92 die Verfahren, die früher unter dem Begriff „besondere Zollverkehre" verstanden wurden: aktive und passive Veredelung, Zolllagerung, externes Versandverfahren, Umwandlungsverfahren und vorübergehende Verwendung.

Nichtgemeinschaftswaren sind Waren aus Drittländern, die die Grenze zur EG überschritten haben und noch nicht zum freien Verkehr abgefertigt wurden. Sobald sie zum freien Verkehr abgefertigt werden, sind sie Gemeinschaftswaren.

Ort des Verbringens bei der Ermittlung des Zollwertes sind den für die eingeführten Waren tatsächlich gezahlten oder zu zahlenden Preise die Beförderungskosten bis zum Ort des Verbringens in das Zollgebiet der EG hinzurechnen. Das ist im Seeverkehr der Entladehafen oder Umladehafen, sofern die Umladung von der Zollstelle des Umladehafens bestätigt wird.

OZL offenes Zolllager. Nach dem Zollkodex abgelöst durch die Lagertypen C und D. In diesen privaten Lagern kann Zollgut ohne Erhebung von Einfuhrabgaben in unverändertem Zustand gelagert werden. Abgaben werden erst bei der Entnahme in den freien Verkehr erhoben.

Paneuropäische Kumulierung: Gegenseitige Anerkennung der Ursprungsregelungen. Die Waren können in der EG, den EFTA -Staaten, den mittel- und osteuropäischen Staaten sowie der Türkei be- und verarbeitet werden. In der Regel hat die Ware dort ihren Ursprung, wo der höchste Wertzuwachs erzielt wird (viele Ausnahmen!). Für die Ware kann dann eine Warenverkehrsbescheinigung (EUR.1) erstellt werden, die bei der Einfuhr zur Zollermäßigung führt.

Passive Veredelung Bearbeitung oder Verarbeitung, Ausbesserung von Waren, die aus dem Wirtschaftsgebiet in fremde Wirtschaftsgebiete (außerhalb der EG) verbracht und wieder eingeführt werden.

Präferenznachweise sind Dokumente, die sowohl innerhalb der EG als auch im Handel mit assoziierten Staaten zu einer Zollermäßigung bzw. Zollfreiheit führen (T2L, T2M, EUR.1 und EUR.2, A.TR, Formblatt A); siehe auch Warenverkehrsbescheinigungen.

Rückwaren: Waren, die von einem Lieferanten in Drittländer geliefert wurden und nun in das Zollgebiet der EG zurückkommen.

Stabex EC-Scheme to stabilize export earnings of AKP = EG-System zur Stabilisierung der Exporterlöse für über 40 landwirtschaftliche Erzeugnisse der AKP-Länder.

Steuer auf den innergemeinschaftlichen Erwerb: löst beim Handel innerhalb der EG vorübergehend – bis zu einer weiteren Vereinheitlichung von Mehrwertsteuersystem und -sätzen – ab 1.1.93 die EUSt ab. Steuerpflichtig ist nicht mehr das Verbringen der Ware über die Grenze, sondern das Inverkehrbringen der Ware.

Sysmin EG-System zur Förderung der Bergbauproduktion in den AKP-Ländern.

Tatsächlich gezahlter oder zu zahlender Preis bezieht sich auf den Preis für die eingeführten Waren. Somit gehören Dividenden oder andere Zahlungen des Käufers an den Verkäufer, die sich nicht auf die eingeführten Waren beziehen, nicht zum Zollwert.

TIR Transport international Routier = Zollverfahren für den internationalen Straßengüterverkehr. Transaktionswert siehe „Zollwert".

Transit/Transithandel Geschäfte, bei denen außerhalb des Wirtschaftsgebietes befindliche Waren oder in das Wirtschaftsgebiet verbrachte, jedoch einfuhrrechtlich noch nicht abgefertigte Waren durch Gebietsansassige von Geschäftsfremden erworben und an Gebietsfremde veräußert werden; ihnen stehen Rechtsgeschäfte gleich, bei denen diese Waren vor der Veräußerung an Gebietsfremde an andere Gebietsansässige veräußert werden.

ÜLG Überseeische Länder und Gebiete von EG-Staaten sind diejenigen ehemaligen Kolonien, Treuhandgebiete und Überseeprovinzen, die noch nicht selbständig sind, ÜLG sind mit der EG assoziiert. Siehe auch „Liste der ÜLG".

Unvollständige Anmeldung Sind Versender und Ausführer nicht identisch, kann der Versender für die Ausfuhr eine unvollständige Anmeldung ausfüllen, die weniger Angaben benötigt als die AM. Der Ausführer hat im Nachhinein die AM zu vervollständigen. Die Verwendung der unvollständigen Anmeldung ermöglicht die Wahrung von Geschäftsgeheimnissen zwischen mehreren an einer Ausfuhr Beteiligten (Ausführer/Versender, Ausführer/Zulieferer).

Unvollständige Zollanmeldung Auch bei der Einfuhr kann eine unvollständige Zollanmeldung abgegeben werden und die restlichen Daten mit der Sammelzollanmeldung abgegeben werden. Alle maßgebenden für die Abgabenerhebung (Warenart, Zollwert, evtl. andere Daten wie Gewicht usw.) sind anzugeben.

Ursprungs-/Herstellungsland ist das Land, in dem die Waren vollständig gewonnen oder hergestellt worden sind. Artikel 22 bis 27 Verordnung (EWG) Nr. 2913/92 des Rates vom 12. Oktober 1992 über die gemeinsame Begriffsbestimmung für den Warenursprung findet Anwendung mit der Maßgabe, dass er auch für die von der Verordnung nicht erfassten Waren gilt. Sind an der Herstellung einer Ware zwei oder mehrere Länder beteiligt, so ist Ursprungs/Herstellungsland das Land, in dem die letzte wesentliche und wirtschaftlich gerechtfertigte Bearbeitung oder Verarbeitung stattgefunden hat, sofern diese in einem dazu eingerichteten Unternehmen vorgenommen worden ist und zur Herstellung eines neuen Erzeugnisses geführt hat oder eine bedeutende Herstellungsstufe darstellt. Zubehör und Ersatzteile sowie Werkzeugausstattungen, die gleichzeitig mit Geräten, Maschinen, Apparaten oder Fahrzeugen geliefert werden, zu deren normaler Ausrüstung sie gehören, haben den Ursprung der betreffenden Geräte, Maschinen, Apparate oder Fahrzeuge.

Ursprungsland ist in der Einfuhrliste das Land, in dem die Ware vollständig gewonnen oder hergestellt worden ist. Sind an der Herstellung zwei oder mehr Länder beteiligt, so ist U. das Land, in dem die letzte wesentliche und wirtschaftlich gerechtfertigte Be- oder Verarbeitung stattgefunden hat, sofern diese in einem dazu eingerichteten Unternehmen vorgenommen worden ist und zur Herstellung eines neuen Erzeugnisses geführt hat oder eine bedeutende Herstellungsstufe darstellt.

Verbindliche Ursprungserklärung kann der Lieferer von seiner zuständigen Industrie-und Handelskammer anfordern für Ursprungszeugnisse (nichtpräferentieller Ursprung) oder von einer Zolltechnischen Prüf- und Lehranstalt für Warenverkehrsbescheinigungen (Präferentieller Ursprung).

Verbrauchs-/Bestimmungsland ist das Land, in dem die Waren gebraucht oder verbraucht; bearbeitet oder verarbeitet werden sollen; ist dieses Land nicht bekannt, so gilt als Verbrauchs-/Bestimmungsland das letzte bekannte Land, in das die Waren verbracht werden sollen.

Versandschein T1 und T2 werden bei Beförderungen im externen gVV und im internen gVV verwendet. Bei Bahnbeförderungen im gVV gilt der Frachtbrief als Versandschein, bei Luft- und Seeverkehr kann das Manifest als Versandschein gelten.

Versandzollstelle i.d.R. die Zollstelle, in deren Bezirk der inländische Ausführer seinen Sitz/eine Geschäftsstelle/eine Betriebsstelle hat (auch Ausfuhrzollstelle gemäß Zollkodex).

Versender ist, wer auf Veranlassung eines Ausführers, dem er zur Lieferung verpflichtet ist, die Ware zur Erfüllung eines Liefervertrages des Ausführers an dessen gebietsfremden Abnehmer liefert.

Versendung Bei „Exporten" innerhalb der EG spricht man nicht von Ausfuhr, sondern von Versendung.

Versendungsland im Sinne der Einfuhrliste das Land, aus dem die Ware nach dem Wirtschaftsgebiet versendet wird, ohne in einem Durchfuhrland anderen als mit der Beförderung zusammenhängenden Aufenthalten oder Rechtsgeschäften unterworfen zu werden.

Verwahrungslager ist ein allgemeiner Begriff für den Aufenthalt der Nichtgemeinschaftsware, bevor sie abgefertigt wird (also z.B. zwischen der Beendigung eines Versandverfahrens und der Abfertigung zum freien Verkehr).

Vorausanmeldung siehe „Ausfuhrkontrollmeldung".

Vorsteuer: Entrichtete Umsatzsteuern können von umsatzsteuerpflichtigen Unternehmen als Vorsteuer bei der Umsatzsteueranmeldung geltend gemacht werden. Bei inländischen Umsätzen ist dies die MWSt, bei innergemeinschaftlichen Erwerben die Steuer auf den innergemeinschaftlichen Erwerb, bei Einfuhren die EUSt.

Vorübergehende Einfuhrüberwachung: siehe § 28a AWV

VuB Verbote und Beschränkungen im Warenverkehr. Die Ein- und Ausfuhr von vielen Waren ist generell verboten oder sie ist beschränkt. Eine Ein- bzw. Ausfuhr ist nur mit Genehmigung erlaubt. Zu diesen Waren gehören Waffen und Kriegsmaterial (siehe AWG) und alles, was zu deren Herstellung dient, aber auch Pflanzen und Tiere, die dem Washingtoner Artenschutzabkommen unterliegen, Waren mit verfassungsfeindlichem Inhalt usw. usw. Welche Waren davon betroffen sind kann man der Ausfuhrliste bzw. der Einfuhrliste entnehmen.

Warenverkehrsbescheinigungen sind Präferenznachweise, die zu einer Zollermäßigung bzw. zur Zollfreiheit führen. Man unterscheidet zwischen WVB, die den Ursprung einer Ware nachweisen EUR.1, EUR.2, Form A) und solchen, die lediglich den Nachweis des Freiverkehrs erbringen (T2L, T2M, A.TR.).

Warenwert Wertgrenzen Wert einer Ware ist das dem Empfänger in Rechnung gestellte Entgelt; in Ermangelung eines Empfängers oder eines feststellbaren Entgelts der Grenzübergangswert nach der Statistik des grenzüberschreitenden Warenverkehrs.

Wirtschaftsgebiet nach dem AWG ist die BRD, jedoch nicht der Zollausschluss Büsingen/Hochrhein. Wirtschaftsgebiet der EG (EU) sind die Wirtschaftsgebiete aller Mitgliedsstaaten.

WVB siehe „Warenverkehrsbescheinigung".

Zollanschluss die österreichischen Gebiete Jungholz und Mittelberg, die deutschem Zollrecht unterstehen; spielt seit dem EG-Beitritt Österreichs zolltechnisch keine Rolle mehr.

Zölle sind Steuern, die nach dem Gemeinsamen Zolltarif der EG auf eingeführte Waren erhoben werden. Ausfuhrzölle und Durchfuhrzölle gibt es in der EG nicht. Zölle sind Schutzzölle, die zum Schutz der Wirtschaft gegen den Auslandswettbewerb erhoben werden. Finanzzölle, die früher zur Erzielung von Staatseinnahmen eingezogen wurden, gibt es nicht mehr. Seit 1.1.1975 fließen die Zölle in der Regel der EG zu.

Zollausschluss das deutsche Gebiet von Büsingen, es untersteht dem schweizerischen Zollrecht.

Zollfreigebiete sind Teile des Hoheitsgebiets, die zu keinem Zollgebiet gehören wie die Insel Helgoland, die Freihäfen und die Küstengewässer zwischen der Hoheitsgrenze und der Zollgrenze an der Küste sowie Zollfreigebiete auf Flughäfen.

Zollgebiet es gibt das deutsche Z. und das Z. der EG. Das deutsche Z. ist das deutsche Hoheitsgebiet mit den Zollanschlüssen, aber ohne Zollausschlüsse und Zollfreigebiete. Das Z. der EG umfasst die Gebiete der EG-Staaten.

Zollgut früherer Begriff für Nichtgemeinschaftswaren.

Zollkodex: Die Europäische Gemeinschaft hat Mitte Oktober 92 einen einheitlichen Zollkodex mit Drittländern beschlossen (VO (EWG) Nr. 2913/92 vom 12.10.92), der am 1.1.94 in Kraft getreten ist. Der Zollkodex hat viele frühere EG-Verordnungen ersetzt und regelt einheitlich z.B. Ausfuhrverfahren, Ursprungs- und Präferenzrecht, Zollwert, Versandverfahren, Abfertigung zum freien Verkehr und zu anderen Zollverfahren, Zollschuldrecht, Rückwaren usw. usw.

Zollpräferenzen für Waren aus bestimmten Ländern werden Vorzugszölle gewährt. Voraussetzung hierfür ist der Nachweis, dass die eingeführten Waren tatsächlich in den in Betracht kommenden Ländern und Gebieten erzeugt oder hergestellt worden sind (siehe auch Präferenznachweis und Warenverkehrsbescheinigung).

Zollunion Zusammenschluss der Zollgebiete mehrerer Staaten zu einem einheitlichen Zollgebiet. Die Binnenzölle zwischen den Mitgliedsstaaten fallen weg, auf die Wareneinfuhr aus Drittländern wenden die

Mitgliedsstaaten einheitliche Außenzölle an. In der EWG der Sechs (Gründungsstaaten) wurde die Zollunion im gewerblichen Bereich am 1. Juli1968, im landwirtschaftlichen Bereich am 1. Januar 1970 vollendet. Für die nachfolgenden Mitgliedsstaaten ist die Zollunion 1978 vollendet worden, für Spanien und Portugal zum 1.1.93 bzw. für bestimmte Waren des Agrarsektors zum 1.1.96. Finnland, Österreich und Schweden traten der Zollunion zum 1.1.95 bei. Seit dem 1. Januar 1996 ist neben den fünfzehn Mitgliedsstaaten der EG auch die Türkei Mitglied der Zollunion.

Zollwert: In allen Staaten der EG gelten die im Zollkodex festgelegten Bestimmungen über den Zollwert der Waren. Nicht mehr der theoretisch zu ermittelnde Normalpreis, d.h. der übliche Wettbewerbspreis im Einfuhrland ist der Zollwert, sondern der für den Verkauf zur Ausfuhr der Ware in das Zollgebiet der Gemeinschaft tatsächlich zu zahlende oder gezahlte Preis. In den Zollwertvorschriften wird der Zollwert als Transaktionswert bezeichnet. In der Praxis wird dies in den weitaus meisten Fällen der Rechnungspreis sein. Allerdings muss dieser Preis gewisse Voraussetzungen erfüllen, um als Zollwert verwendet werden zu können. Erfüllt er diese Voraussetzungen nicht, so ist eine entsprechende Berichtigung möglich. Für die Ermittlung des Zollwerts sind folgende Methoden vorgesehen:
I. Transaktionswert
II. Preis für gleiche Waren
III. Preis für gleichartige Waren
IV. Deduktive Methode
V. Zollwert nach einem errechneten Wert (Herstellungskosten)
VI. Schätzung des Zollwerts.
Die vorstehende Reihenfolge ist zwingend vorgeschrieben. Kann also der Zollwert nicht nach Methode I ermittelt werden, so muss Methode II angewendet werden. Ist auch dies nicht möglich, so muss versucht werden, den Zollwert nach Methode III zu ermitteln usw. Lediglich der Schritt IV kann übersprungen werden.

Zugelassener Empfänger: Der zugelassene Empfänger darf ohne direkte Mitwirkung der Zollbehörden ein Versandverfahren beenden. Er darf die Papiere entgegennehmen und Zollverschlüsse entfernen. Beides muss er den Behörden einreichen. Voraussetzung ist die Teilnahme am Atl@s-System und ggf. die Leistung einer Sicherheit.

Zugelassener Versender: Unter den gleichen Voraussetzungen wie der zugelassene Empfänger darf ein Versender ohne direkte Mitwirkung der Zollbehörden ein Zollversandverfahren eröffnen. Er ist berechtigt, zugelassene Zollverschlüsse anzubringen.

Zulieferer ist, wer auf Grund eines Vertrages mit einem Gebietsfremden Waren an einen Ausführer liefert, der sie nach Be- oder Verarbeitung oder zusammen mit anderen Waren auf Grund eines selbständigen Vertrages mit einem Gebietsfremden ausführt.

2. ZUSAMMENFASSUNG DER HAFTUNGSFRAGEN IN DEN EINZELNEN KAPITELN

Die folgende Übersicht soll Ihnen einen kurzen Überblick über die wichtigsten Haftungsfragen der einzelnen am Transport beteiligten Unternehmen geben. Die Darstellung ist sehr verkürzt und missachtet Details. Zur genaueren Information schlagen Sie bitte in den jeweiligen Kapiteln nach.

Begriffserklärungen:

Vertrag: Im Transportgewerbe entstehen als Folge eines Kaufvertrages eine Reihe weiterer Verträge, in der Regel Speditions- bzw. Frachtverträge. Die Frage, ob eine Haftung entstanden ist und wem gegenüber, kann nur beantwortet werden, wenn man weiß, wer mit wem einen Vertrag geschlossen hat und ob überhaupt ein Vertrag zustande gekommen ist. Man unterscheidet im Verkehrsgewerbe zwischen:

Konsensualvertrag: Der Vertrag kommt durch zwei übereinstimmende Willenserklärungen (Antrag und Annahme) zustande. Dies kann mündlich, schriftlich oder durch schlüssige Handlung geschehen. Wegen der Beweisbarkeit wird häufig die Schriftform gewählt.

Realvertrag: Der Vertrag bedarf nicht nur der übereinstimmenden Willenserklärungen, sondern es muss zusätzlich eine konkrete Handlung erfolgen. Bei den Landverkehrsträgern kam vor der Transportrechtsreform ein Vertrag oft (nicht immer!) erst dann zustande, wenn Gut und Frachtbrief vom Frachtführer übernommen wurden. Diese Vertragsart kommt nach der Transportrechtsreform nicht mehr zur Geltung.

Ist eine Vertraggrundlage zwingend vorgeschrieben, so lässt sich durch Einzelvertrag nichts verändern. Ist sie aber abdingbar, so können einzelvertraglich andere Regelungen getroffen werden.

Haftung: Ist die Verpflichtung, für einen verursachten Schaden bei einem Dritten (dem Geschädigten) persönlich Ersatz zu leisten – also unabhängig von der Frage, ob man diese persönliche Haftung wiederum durch eine Versicherung gedeckt hat. Im Verkehrsgewerbe gibt es die

Verschuldenshaftung, d.h., man steht für den Schaden nur gerade, wenn die Schuld entweder nachgewiesen wird oder man sich nicht entlasten kann, und die

Gefährdungshaftung, d.h., man muss unabhängig von der Schuldfrage für einen Schaden an der Ware haften, so lange man sie in Gewahrsam hat.

Manche Verkehrsunternehmen lassen eine **Haftungserhöhung** gegen Entrichtung einer Prämie zu. Schaden: Der Schaden ist der finanzielle Verlust, den der Geschädigte hat. Man unterscheidet folgende Schadensarten:

Güterschaden: Dies ist der Schaden am Gut selbst, begrenzt in der Regel durch den Warenwert. Dieses ist der Rechnungspreis oder, falls kein Verkauf vorliegt, der Wiederbeschaffungswert (handelsüblicher Wert, Marktpreis usw.).

Güterfolgeschaden: Der Güterfolgeschaden ist ein Vermögensschaden, der zusätzlich zum Güterschaden entsteht, z.B. wenn aufgrund des Güterschadens ein Produktionsausfall entsteht, Personalkosten gezahlt werden müssen usw.

Reiner Vermögensschaden: Ein reiner Vermögensschaden entsteht, ohne dass die Ware selbst beschädigt wurde, also z.B. durch verspätete Anlieferung. Auch hier ist denkbar, dass Entladepersonal bereitstand, das entlohnt werden musste, dass Produktion stillsteht usw.

Beweislast: In der Regel geht man von der Schuld des Verkehrsunternehmens aus. Dieses hat die Beweislast für Entlastungen, Haftungsausschlüsse und -einschränkungen.

Regelung	abdingbar/ zwingend	Haftungshöchstsumme bei Sachschäden	Haftungshöchstsumme bei Vermögensschäden	Haftungsart	Pfandrecht
ADSp	abdingbar	5,00 € je kg, max. 1.000.000 € je Schadenfall; Schaden beim Transport: wie Frachtführer	Das 3-fache dessen, was bei Verlust oder Beschädigung zu zahlen wäre	Gefährdungshaftung	inkonnex
HGB	Teilweise abdingbar Haftungshöhe begrenzt	8,33 SZR je kg, mind. 2 SZR, max. 40 SZR	Dreifaches Frachtentgelt	Gefährdungshaftung	inkonnex
VBGL	abdingbar	Wie HGB	Wie HGB	Gefährdungshaftung	Wie HGB
CMR	zwingend	8,33 SZR je kg	Lieferfristüberschreitung Höhe der Fracht: Nachnahme bis zum Nachnahmebetrag	Gefährdungshaftung	nicht geregelt
ALB	abdingbar	8,33 SZR je kg	keine Haftung	Gefährdungshaftung	nicht geregelt
CIM	zwingend	17,00 SZR je kg Rohgewicht	Lieferfristüberschreitung: vierfache Fracht	Gefährdungshaftung	
5. Buch HGB (See)	abdingbar	Wahlweise: 2 SZR je kg oder 666,67 SZR pro Stück/Einheit	keine Haftung	Verschuldenshaftung	konnex
Montraler Abkommen	zwingend	17 SZR je kg	17 SZR je kg	Verschuldenshaftung	nicht geregelt

SZR = Sonderziehungsrechte. Kunstwährung des Internationalen Währungsfonds (IWF)

3. STICHWORTREGISTER

Zum besseren Auffinden der Suchbegriffe sind im Stichwortregister neben den Seitenzahlen die jeweiligen Kapitel- und Artikel-Ordnungsnummern angegeben. Zudem sind in den Fußnoten die Titel der Kapitel aufgeführt.

10 ft-Pallet (VII. 7.3) 461
20 ft.-Pallet Q-Pallet (VII. 7.3) 462
3 Letter Code (VII. 5.5) 453
5. Buch Seehandelsrecht (VI. 1.1) 359

A

A-, B-, C- und D-Länder (IX. 3) 647
A2 and B2 clauses (IX. 4.3) 657
A2- und B2-Klauseln (IX. 4.2) 656
A320/A321-Container (VII. 7.3) 463
A9 clauses (IX. 4.3) 666
A9-Klausel (IX. 4.2) 662
Ab Werk (IX. 4.2) 658, 676, 682
Abfälle (IV. 1.2) 242
Abgaben (IX. 4.2) 660
Abgangsort (VII. 2.1) 400; (VII. 2.3) 404, 406
Abgangsstelle (VIII. 2.2) 480
Abholauftrag (II. 2.2.2) 57
Abholfahrzeug (IX. 4.2) 674
Abholklausel (IX. 4.2) 658
Abkommen zur Vereinheitlichung von Regeln über die Beförderung im internationalen Luftverkehr (VII. 2.1) 400
Ablader (IX. 9.1) 847
Ablieferung (III. 5.3) 182; (IV. 1.2) 245; (VII. 3.2) 424
Ablieferung des Gutes (IV. 1.2) 242; (IV. 2.3) 267
Ablieferungshindernis (III. 5.3) 182; (III. 8.2) 219; (IV. 2.2) 258
Ablieferungsnachweis (III. 5.3) 180; (IV. 1.2) 244
Ablieferungsquittung (IV. 1.2) 242
Abnahme (IX. 4.2) 658
Abrechnungsinformationen (II. 2.2.2) 57
Absatzmärkte (II. 2.1) 53
Absatzprognose-Kundenpflege-Datenbasen (II. 2.2.2) 55
Abschöpfungen (VIII. 3.1.8) 500
Absender (III. 8.2) 216; (IV. 1.2) 240, 241, 242; (IX. 9.1) 847
Absenderangabe (IX. 8.2) 814
Absenderverfügung (IX. 4.2) 680
Absendervertrag (IX. 4.2) 666, 668, 670
Absonderung (IX. 4.2) 662
Abstrakter Vertrag (IX. 5.1) 754
Abtretung von Akkreditivlösen (IX. 8.2) 826
Abtretung von Ersatzansprüchen (III. 5.3) 188
Abtretungsverbot (III. 8.2) 225
Acceptance (IX. 8.5) 841
Accord relatif aux transports internationaux denrees perissables et aux engins speciaux a utiliser pour ces transports (III. 8.3) 226

Across the ship's rail (IX. 4.3) 665, 679
Additional insurance (IX. 4.3) 675
ADN (III. 2.10) 158
ADNR (III. 2.10) 158
ADNR-Verordnung (III. 8.2) 218
ADR (III. 2.10) 158; (III. 8.2) 218; (III. 9.6) 232
ADR-Bestimmungen (III. 2.10) 158
ADSp (III. 4.2) 172; (III. 5.2) 176
Advance Payment (IX. 6.3) 775
Advice of Acceptance (IX. 8.5) 843
Advice of Payment (IX. 8.5) 843
Advising bank (IX. 8.3) 789
Affecting Performance (VI. 3.2) 376
Afloat (IX. 4.1) 669
After-Sales-Kundendienst (II. 2.29) 53
AGB (IX. 5.2) 757
AGB-Recht (IX. 5.2) 757
Agrarteilbetrag (VIII. 3.1.8) 500
Agreed timelimit (IV. 2.2) 263
AHK (IX. 2.1) 610
Air Automated Manifest System (AAMS) (VII. 5.5) 453
Air Consignment Note (VII. 5.1) 447
Air Transport Document (IX. 8.3) 811
Air Transportation (VII. 2.3) 409
Air Waybill (VII. 2.3) 405; (VII. 5.2) 448, 450; (IX. 4.3) 689
Airbus A340-300 (VII. 7.1) 458
AKA-Konsortium (IX. 7.3) 780
Akkreditiv (VII. 5.1) 447; (IX. 3) 649
Akkreditiv-Änderung (IX. 8.2) 786
Akkreditivarten (IX. 8.1) 784
Akkreditivdatum (IX. 8.2) 800
Akkreditiverlöse (IX. 8.2) 826
Akkreditiveröffnung (IX. 8.1) 784; (IX. 8.2) 788
Akkreditivformen (IX. 8.2) 792
Akkreditivgeschäft (IX. 4.2) 666, 668
Akkreditivübertragung (IX. 8.2) 824
AKM (X. 1) 867
AKP (X. 1) 867
AKP-Staaten (IX. 3) 648
Aktive Veredelung (VIII. 3.2.2) 504
Akzeptierung (IX. 8.4) 840
Akzeptierung eines Wechsels (IX. 8.1) 783
Akzeptkredit (IX. 7.2) 779
Akzeptleistung (IX. 8.2) 788, 790
Akzeptmeldung (IX. 8.4) 842
ALB (V. 1.8) 291
Allgemeine Geschäftsbedingungen (IX. 4.1) 651; (IX. 5.2) 757

Kapitel I.: Logistik, Kapitel II.: eCommerce, Kapitel III.: Spedition, Kapitel IV. Straßenverkehr, Kapitel V.: Bahnverkehr, Kapitel VI.: Seeverkehr, Kapitel VII.: Luftverkehr, Kapitel VIII.: Zoll, Kapitel IX.: Außenwirtschaft, Kapitel X.: Anhang

Allgemeine Geschäftsbedingungen der
  Transfracht (V. 5.5) 330
Allgemeine Geschäftsbedingungen für
  Kombinierte Verkehre (Intercontainer-
  Interfrigo) (V. 6.2) 335
Allgemeine Leistungsbedingungen der
  Railion Deutschland AG (V. 1.8) 291
Alliances (VI. 4.2) 380
Allocation of risk (IX. 4.3) 667
AM (X. 1) 867
Amazon (II. 1.4) 51; (II. 2.2.2) 55
An das Schiff (IX. 4.2) 678
An Deck (IX. 8.2) 814
An-Bord-Konnossement (IX. 4.2) 678
An-Bord-Vermerk (IX. 8.2) 802
Andere Stellen (IX. 4.2) 664
Änderung des Frachtvertrages (V. 2.6) 303
Andon (I. 3.4.1) 12
Angebotsabgabe (IX. 3) 647, 648
Anhänger-Höhen (IV. 2.5) 270
Anhänger-Längen (IV. 2.5) 270
Ankauf von Auslandsforderungen (IX. 7.2) 777
Ankommende Beförderungsmittel (IX. 4.2) 744
Ankunft der Ware (IX. 4.2) 670
Ankunftsklausel (IX. 4.2) 658
Ankunftsvertrag (IX. 4.2) 666, 668, 670
Anmeldung (IX. 1.1) 529
Annahme von Ladegut (III. 2.10) 163
Anschreibeverfahren (ASA) (VIII. 3.2.1) 502;
  (IX. 1.1) 529
ANSI/FACT
  (III. 2.5) 110
Antragsgebühr (IX. 6.2) 772
Antriebsachse (IV. 2.5) 270
Anwendbares Recht (III. 8.1) 213
Anwendungsbereich der ADSp (III. 5.2) 176
Anzahlungsgarantie (IX. 3) 647; (IX. 6.3) 775;
  (IX. 8.1) 785
Anzuwendendes Recht (III. 5.3) 192
APG (IX. 6.2) 773
Appropriation (IX. 4.3) 663
Arbeitsgemeinschaft (IX. 3) 649
Arbeitsgenehmigung (IV. 1.1) 238
Arbeitspläne (I. 4.3.2) 33
Arbeitsvertrag (IX. 5.1) 754
Arrival contract (IX. 4.3) 665, 669, 671
Arrival of the goods (IX. 4.3) 671
Arriving means of transport (IX. 4.3) 741, 745
ASA (VIII. 3.2.1) 502
ASC MH10 Data Identifier (III. 2.5) 110
Assignment of Proceeds (IX. 8.3) 827

ATLAS (X. 1) 867
ATP-Übereinkommen (III. 8.2) 226
Auf-Deck-Verladung (VI. 1.3) 360
Aufenthaltsgenehmigung (IV. 1.1) 238
Aufforderung zur Angebotsabgabe (IX. 3) 647
Aufrechnung (III. 5.3) 186; (III. 5.5) 195; (III. 8.2)
  225
Auftrag (IX. 5.1) 754
Auftraggeber (IV. 1.2) 242, 243, 244, 245, 246,
  248; (IX. 8.4) 828
Auftragsabwicklungsprozesse II. 2.2.2) 55
Auftragsannahme (II. 2.2.2) 56
Auftrags-Stammsätze (II. 2.2.2) 55
Auftragsübermittlungsprozesse (II. 2.2.2) 55
Aufwendungen (III. 5.3) 184
Aufwendungsersatz (IV. 1.2) 245
Ausfertigungsgebühr (IX. 6.2) 772
Ausfuhr im Eisenbahnverkehr (V. 2.10) 314
Ausfuhrabfertigung durch den Käufer (IX. 4.2)
  676
Ausfuhranmeldung (VIII. 2.1) 477
Ausfuhrbeschränkung (III. 8.2) 223
Ausfuhrbewilligung (IX. 4.2) 682, 686
Ausfuhrbürgschaft (IX. 3) 647; (IX. 6.2) 771
Ausfuhrdeckung (IX. 6.2) 772
Ausführender Frachtführer (III. 8.2) 216
Ausführender Luftfrachtführer (VII. 3.2) 436, 438
Ausführer (IX. 9.1) 847; (X. 1) 867
Ausfuhrfreimachung (IX. 4.2) 692
Ausfuhrgarantie (IX. 3) 647; (IX. 6.2) 771
Ausfuhrgenehmigung (IX. 1.1) 532
Ausfuhrgeschäft (IX. 6) 770; (IX. 7.1) 776
Ausfuhrgewährleistung (IX. 6.2) 771
Ausfuhrkontrollmeldung (X. 1) 867
Ausfuhrkredit-Gesellschaft mbH (AKA) (IX. 7.3)
  780
Ausfuhrkreditversicherung (IX. 6.2) 771; (IX. 8.1)
  784
Ausfuhrliste (IX. 1.3) 564
Ausfuhr-Pauschal-Gewährleistungen (APG)
  (IX. 6.2) 772, 773
Ausfuhrrisiken (IX. 6.2) 772
Ausfuhrverbote (IX. 1.2) 526
Ausfuhrvertrag (IX. 1.1) 511; (IX. 4.1) 651;
  (IX. 5.1) 754
Ausfuhrzollstelle (X. 1) 868
Ausgangszollstelle (X. 1) 868
Auskunftserteilung (IX. 4.2) 674
Auskunftspflicht (III. 5.3) 182
Auslagen (IX. 8.4) 838
Auslagerung sortenreiner Paletten (III. 2.6.4) 115

Kapitel I.: Logistik, Kapitel II.: eCommerce, Kapitel III.: Spedition, Kapitel IV. Straßenverkehr, Kapitel V.:
Bahnverkehr, Kapitel VI.: Seeverkehr, Kapitel VII.: Luftverkehr, Kapitel VIII.: Zoll, Kapitel IX.: Außenwirtschaft, Kapitel X.: Anhang

Ausländisches Fahrpersonal (IV. 1.1) 238; (IV. 2.4) 269
Auslands-Handelskammern (IX. 2.1) 610
Auslandswechsel (IX. 7.2) 777
Auslieferungsbestätigung (VII. 5.1) 447
Ausnahmen der Versicherungspflicht (IV. 1.1) 238
Ausnahmen vom GüKG (IV. 1.1) 235
Ausschreibende Stelle (IX. 3) 647, 648, 649, 650
Ausschreibung (IX. 3) 647, 648, 649, 650
Ausschreibungsbedingungen (IX. 3) 647
Ausschreibungsgebühr (IX. 3) 647
Ausschreibungsunterlagen (IX. 3) 647, 649
Außenhandelsgeschäft (IX. 7.1) 776
Außenhandelsverträge (IX. 4.2) 654; (IX. 4.4) 752
Außenmaße und Gewichte von Wechselbehältern (V. 4.2) 321
Außenverpackung (III. 2.1.1) 85
Außenwirtschaftsgesetz (IX. 1.1) 507
Äußere Überprüfung (III. 2.10) 138
Ausstellungsdatum von Dokumenten (IX. 8.2) 800
Austauschen (III. 2.10) 136
Authentication of the carrier (IX. 8.3) 809
Authentisierung des Frachtführers (IX. 8.2) 808
Authorizations (IX. 4.3) 683
Automated targeting System (VII. 5.5) 453
Autorisierung (II. 2.2.2) 57
Avisierende Bank (IX. 8.2) 788
AWB (VII. 5.1) 447; (IX. 9.2) 851
AWG (IX. 1.1) 507
AWV (IX. 1.1) 524

B
B2B-Transaktionen (II. 1.2) 50
B2C-Kommissionierleistungen (II. 2.2.2) 56
B9 clauses (IX. 4.3) 663
B9-Klausel (IX. 4.2) 662
Back-to-back-Letter of credit (IX. 3) 647, 649
Baggage Check (VII. 2.3) 405
Bahncontainer (V. 5.2) 325
Bahnverkehr international (V. 2) 295
Bahnverkehr national (V. 1) 289
Bankgarantie (IX. 3) 648; (IX. 8.1) 785
Bank-to-Bank Reimbursement Arrangements (IX. 8.3) 799
Bank-zu-Bank-Fazilitäten (IX. 7.1) 776
Barcodes (I. 2.8) 8; (III. 2.5) 110
Barges (VI. 3.2) 372
Barring function (IX. 4.3) 681
Batch-Kommissionierung (I. 4.2.2) 30
Be- und Entladefrist (IV. 1.2) 241, 244
Be- und Entladepflicht (IV. 1.2) 241; (IX. 4.2) 656
Beanspruchungsgerechte Verpackung (III. 2.1.1) 85
Bedarfsprognose (I. 4.3.2) 33
Bedingungen für den deutschen Spediteursammelgutverkehr (III. 7.1) 207
Befestigungskosten (III. 8.2) 220
Beförderung (VII. 3.2) 436
Beförderung gefährlicher Güter (III. 9.1) 229
Beförderung von Abfällen (IV. 1.2) 242
Beförderung von Gütern (III. 8.1) 211
Beförderung von Milch und Milcherzeugnissen (IV. 1.1) 235
Beförderungsbedingungen (VII. 5.1) 447
Beförderungseinheiten CTUs (III. 2.10) 136
Beförderungsgerät (III. 8.2) 216
Beförderungsgeschäft (IX. 5.1) 754
Beförderungshindernisse (III. 5.3) 182
Beförderungskosten (IX. 4.2) 664, 666
Beförderungsmittel (IX. 4.2) 740
Beförderungspapier (III. 2.10) 163
Beförderungsscheine (VII. 2.2) 402; (VII. 2.3) 404
Beförderungssichere Verladung (IV. 1.2) 241; (IV. 1.3) 249
Beförderungsvertrag (IV. 1.2) 240; (IV. 2.2) 254; (IV. 2.3) 266; (IX. 4.2) 654, 658, 666, 672, 674, 678, 682, 684, 686, 690, 712
Befrachter (VI. 1.5) 362; (IX. 9.1) 847
Befristung der Erlaubnis (IV. 1.1) 236
Begebbare Konnossemente (IX. 4.2) 688, 694
Begleitpapiere (IV. 1.1) 236, 238; (IV. 1.2) 240, 241; (V. 1.5) 290
Begleitpapiere im Huckepackverkehr (V. 7.4) 355
Behandlung des Frachtbriefes (V. 2.5) 301
Beherrschungsvertrag (IX. 5.1) 754
Beilader (IX. 9.1) 847
Beim Verkäufer (IX. 4.2) 662
Beladefrist (s. Be- und Entladefristen)
Beladen (III. 7.2) 209; (IV. 1.2) 241; (IV. 1.3) 249; (IV. 2.3) 267
Beladepflichten (s. Be- und Entladepflichten)
Beladezeit (IV. 1.2) 241
Benannte Bank (IX. 8.2) 792
Benchmark-Abgleich (I. 5.1) 37
Bequemlichkeit (I. 4.1.5) 21
Beratungsstellen (IX. 2) 610
Berechenbarkeit (I. 4.1.5) 21
Berufsgenossenschaft (IV. 1.1) 237
Berufszugang (IV. 1.1) 236
Berufszugangsregelungen (IV. 1.1) 236; (IV. 2.4) 268

Kapitel I.: Logistik, Kapitel II.: eCommerce, Kapitel III.: Spedition, Kapitel IV. Straßenverkehr, Kapitel V.: Bahnverkehr, Kapitel VI.: Seeverkehr, Kapitel VII.: Luftverkehr, Kapitel VIII.: Zoll, Kapitel IX.: Außenwirtschaft, Kapitel X.: Anhang

Berufszugangsvoraussetzungen (IV. 1.1) 236; (IV. 2.4) 268
Beschädigung (III. 5.3) 188, 190; (VII. 3.2) 426
Beschädigung des Gutes (IV. 1.2) 246; (IV. 2.3) 267
Beschaffungsprozesse (II. 1.4) 52
Beschau (VIII. 3.1.6) 499
Beschlagnahmung (III. 8.2) 223
Beschleunigungskräfte (III. 2.10) 137
Beschränkte Ausschreibung (IX. 3) 647
Beschränkung der Haftung aus Speditionsverträgen (IV. 1.2) 246
Besonders wertvolle Güter (IV. 1.2) 240, 243
Best Practice (II. 2.2.2) 56
Bestandsreichweite (I. 4.2.2) 29
Bestätigende Bank (IX. 8.2) 790
Bestätigtes Akkreditiv (IX. 8.1) 784
Bestätigungsschreiben (IX. 5.3) 767
Bestellerkredit (IX. 7.3) 780
Bestellvorgang (II. 1.4) 52
Bestimmung des Übergabeortes (IX. 4.2) 674
Bestimmungshafen (IX. 4.2) 662, 702, 724, 730, 734
Bestimmungsland (IX. 4.2) 670, 740
Bestimmungsort (VII. 2.1) 400; (VII. 2.3) 404, 406; (IX. 4.2) 712, 718, 734, 740
Bestimmungsstelle (VIII. 2.2) 480
Betriebssichere Verladung (IV. 1.2) 241; (IV. 1.3) 249
Bewegungen eines Schiffes (III. 2.10) 136
Beweiskraft des Frachtvertrags (V. 1.4) 290
Bezahltmeldung (IX. 8.4) 842
Bezogene (IX. 8.4) 830
BfAI (IX. 3) 647
Bietungsgarantie (IX. 3) 647, 650; (IX. 8.1) 785
Bill of Lading (B/L) (VI. 2.1) 364; (VI. 3.2) 370, 372; (IX. 4.3) 655, 669, 679
Bills of exchange (IX. 8.3) 787
BIMCO (VI. 3.2) 377
Binnenmarkt (VIII. 4.2) 506
Binnenschiff (IX. 4.2) 730, 734
Binnenschiffstransport (IX. 4.2) 692, 696, 702, 706
Binnenwasserstraßen (III. 8.2) 216
Blank back bill of lading (IX. 8.3) 803
Blanko-Rückseite-Konnossement (IX. 8.2) 802
Boeing 747-200 (VII. 7.1) 457
Boeing 747-200 F (VII. 7.2) 459
Boeing 747-400 (VII. 7.1) 457
Bona-fide-Angebot (IX. 3) 647
Bord bill of lading (IX. 4.3) 679

Border (IX. 4.3) 673
Bordereau (VII. 5.1) 447
Bordero (IX. 9.1) 847
Bordkonnossement (VI. 2.1) 364
Breakpoint (VII. 6.1) 456
Breite (IV. 2.5) 270
Briefspediteur (IX. 9.1) 847
Brokers (IX. 4.3) 663
Browser II. 1.1) 49
Brüsseler Zollrat (VIII. 1.1) 467
BSK-Bedingungen (III. 8.1) 211
Buchtlaschung (III. 2.10) 148
Budapester Übereinkommen über die Güterbeförderung in der Binnenschifffahrt (CMNI) (III. 1.1) 72
Bulk Unization (VII. 6.1) 456
Bundesamt für Güterverkehr (IV. 1.1) 238; (IV. 1.4) 250
Bundesgarantien für Bundesbürgschaften (IX. 3) 647
Bundesverband Güterkraftverkehr Logistik und Entsorgung (BGL) e.V. (III. 1.1) 63
Business to Business (B2B) (II. 1.2) 49; (II. 2.2) 53
Business to Consumer (B2C) (II. 1.2) 49; (II. 2.2) 53

C

C + F (IX. 4.2) 668; (IX. 4.3) 669
C und F (IX. 4.2) 668; (IX. 4.3) 669
C&F (IX. 4.2) 668; (IX. 4.3) 669
C.L.E.C.A.T. (III. 4.3) 173
C.O.D. (VII. 5.1) 447
Car Transport Unit (VII. 7.3) 462
Cargo Doors (VII. 7.2) 459
Carnet A.T.A. (V. 2.10) 315; (VIII. 2.3.2) 491
Carnet-TIR (V. 2.10) 312; (VIII. 2.3.1) 484
Carriage (VI. 3.2) 373
Carriage and Insurance Paid To (IX. 4.3) 659, 677, 719
Carriage of Goods by Sea Act of the United States (COGSA) (VI. 3.2) 374
Carriage Paid To (IX. 4.3) 659, 677, 713
Carrier (IV. 2.2) 257; (VI. 3.2) 372; (VII. 5.5) 453; (IX. 4.3) 667, 671, 687, 719; (IX. 9.1) 847
Carrier by Road (IV. 2.2) 253
Carrier's Applicable Tariff (VI. 3.2) 372
Carrier's Tariff (VI. 3.2) 372
Carriers Haulage (VI. 7.1) 392
Case-of-Need (IX. 8.5) 841
Cash on Delivery (VII. 5.1) 447
Cash-Logistik (II. 2.2.2) 57

Kapitel I.: Logistik, Kapitel II.: eCommerce, Kapitel III.: Spedition, Kapitel IV. Straßenverkehr, Kapitel V.: Bahnverkehr, Kapitel VI.: Seeverkehr, Kapitel VII.: Luftverkehr, Kapitel VIII.: Zoll, Kapitel IX.: Außenwirtschaft, Kapitel X.: Anhang

CBR (VI. 5.1) 382
CEMT-Genehmigung (IV. 1.1) 237
CEMT-Umzugsgenehmigung (IV. 1.1) 237
Certificate of posting (IX. 8.3) 815
CFR (IX. 4.2) 658, 664, 666, 668, 678, 702;
   (IX. 4.3) 659, 665, 667, 669, 679, 703
CFR and CIF contracts (IX. 4.3) 661
CFR- und CIF-Verträge (IX. 4.2) 654, 660
CFR-contract (IX. 4.3) 655
CFR-Vertrag (IX. 4.2) 654; (IX. 4.3) 660
Chaotische Lagerplatzzuordnung (I. 4.2.2) 30
Charges (VI. 3.2) 377; (IX. 4.2) 660; (IX. 4.3) 661;
   (IX. 8.5) 839
Charter parties (IX. 4.3) 665
Charter Party Bill of Lading (IX. 8.3) 807
Charterpartie-Konnossement (IX. 8.2) 806
Charterparty (IX. 4.3) 669
Charters (VII. 5.2) 451
Chartervertrag (VI. 1.5) 362; (IX. 4.2) 664, 668;
   (IX. 5.1) 754
Checking (IX. 4.2) 662; (IX. 4.3) 663
Checking quality (IX. 4.3) 683
CIF (IX. 4.2) 658, 664, 666, 668, 670, 674, 678,
   706; (IX. 4.3) 659, 665, 667, 669, 671, 673,
   679, 707; (IX. 8.3) 819
CIF- und CIP-Klausel (IX. 4.2) 664, 666, 670
CIF-Bestimmungshafen (III. 3.1) 167
CIF-contract (IX. 4.3) 655
CIF-Vertrag (IX. 4.2) 654; (IX. 4.3) 660
CIF-Wert (III. 3.1) 167; (IX. 8.2) 818
CIM (IV. 2.2) 262; (VI. 1.1) 359
CIM-Frachtbrief (V. 2.5) 297; (IX. 9.2) 851
CIP (IX. 4.2) 658, 674, 676, 718; (IX. 4.3) 659,
   665, 667, 671, 673, 677, 719; (IX. 8.3) 819
CIP-Wert (IX. 8.2) 818
CIRR (IX. 7.3) 780, 781
C-Klausel (IX. 4.2) 664, 666, 668
Class Rates (VII. 5.2) 449
Clean collection (IX. 8.5) 829
CMI (VI. 1.1) 359; (IX. 4.2) 680; (IX. 4.3) 681
CMR (IV. 2.1) 252; (IV. 2.2) 253, 262; (IV. 2.3)
   266
CMR-Frachtbrief (IX. 9.2) 851
CMR-Frachtvertrag (IV. 2.3) 266
CMR-Fremdunternehmer-Police (IV. 2.3) 268
CMR-Versicherung (IV. 2.3) 268
COGSA (VI. 3.2) 375
COGWA (VI. 3.2) 375
Collaborative Engineering (II. 2.2.3) 58
Collaborative Planning, Forecasting and
   Replenishment (CPFR) (I. 1) 1; (III. 2.6) 113

Collecting bank (IX. 8.5) 829
Collecting vehicle (IX. 4.3) 675
Collection (IX. 8.5) 829
Collection instruction (IX. 8.5) 829
Combined Transport (VI. 3.2) 372, 374; (IX. 4.3)
   657
Combined Transport / Multimodal Transport Bill
   of Lading (VI. 3.1) 369
Combined Transportation by Air and Land or Sea
   (VII. 2.3) 415
Comité Maritime International (IX. 4.2) 680;
   (IX. 4.3) 681
Commercial documents (IX. 8.5) 829
Commercial Interest Reference Rate (CIRR)
   (IX. 7.3) 781
Commercial invoice (IX. 4.3) 687
Commodity & Trade Financing (CTF) (IX. 7.2) 779
Commodity-Box-Rate (VI. 5.1) 382
Compensation (VI. 3.2) 375
Confirming bank (IX. 8.3) 791
Consequential Loss (VI. 3.2) 375
Consignee (VI. 3.2) 372
Consignment (VII. 5.2) 448
Consignment note (IV. 2.2) 255, 257
Consol Manifest (VII. 5.5) 453
Consolidation (VII. 5.2) 448
Consolidator (I. 4.2.1) 29; (VII. 5.2) 448; (VII. 5.5)
   453
Consolsendungen (VII. 5.5) 453
Container (VI. 3.2) 372; (VI. 7.1) 392
Container trade (IX. 4.3) 671
Containerpackzertifikat (III. 2.10) 162, 163
Containertransport (IX. 4.3) 670
Containerverkehr (V. 5.4) 326
Continuous Replenishment (CRP) (I. 4.3.3) 34
Contract of carriage (IV. 2.2) 255; (VII. 2.3) 405;
   (IX. 4.3) 655, 659, 667, 673, 675, 679, 685,
   687, 691, 713
Contract of financing (IX. 4.3) 655
Contract of insurance (IX. 4.3) 655, 685, 687,
   691, 707
Contract of sale (IX. 4.3) 655, 683
Contract of Transportation (VII. 2.3) 405
Contracts for the International Sale of Goods
   (CISG) (IX. 4.3) 659, 669, 675, 677
Convention on the Contract for the International
   Carriage of Goods by Road (CMR) (IV. 2.2)
   253
Convention relative au transport internationaux
   ferroviaires (III. 1.1) 69
Cost and freight (IX. 4.3) 659, 669, 679, 703

Kapitel I.: Logistik, Kapitel II.: eCommerce, Kapitel III.: Spedition, Kapitel IV. Straßenverkehr, Kapitel V.: Bahnverkehr, Kapitel VI.: Seeverkehr, Kapitel VII.: Luftverkehr, Kapitel VIII.: Zoll, Kapitel IX.: Außenwirtschaft, Kapitel X.: Anhang

Cost of carriage (IX. 4.3) 713, 719
Cost, Insurance and Freight (IX. 4.3) 659, 679, 707
Costs of discharge (IX. 4.3) 667
COTIF (III. 1.1) 69
Country of destination (IX. 4.3) 671, 741
Country of dispach (IX. 4.3) 667
Country of import (IX. 4.3) 671
Country of origin (IX. 4.3) 695
Country of shipment (VI. 3.2) 374; (IX. 4.3) 667, 695
Courier and Post Receipts (IX. 8.3) 815
Courier´s receipts (IX. 8.3) 821
CPFR – Collaborative Planning, Forecasting and Replennisment (I. 1) 1; (III. 2.6) 113
CPT (IX. 4.2) 658, 676, 712; (IX. 4.3) 659, 673, 677, 713
CPT-Klausel (IX. 4.2) 672
Credit Date (IX. 8.3) 801
Cross Docking Punkt (III. 2.6.6) 117
Cross-Docking (I. 1.) 1; (I. 4.2.5) 31
CSC-Sicherheits-Zulassungsschild (III. 2.10) 142
CSF-Code (VII. 5.5) 453
C-terms (IX. 4.3) 665, 667, 669
CTU Beförderungseinheiten (III. 2.10) 136
CTU-Packrichtlinien (III. 2.10) 136
Customary Freight Unit (VI. 3.2) 372
Customer Intimacy (I. 6.3.2) 44
Customer Order Penetration Point (I. 4.3.4) 34
Customer Relationship Management (II. 2.2.2) 55
Customs clearance (IX. 4.2) 674, 657; (IX. 4.3) 675
Customs clearence procedures (IX. 4.3) 671
Customs formalities (IX. 4.3) 687, 741
Customs of the port or of a particular trade (IX. 4.3) 675

D

DAC-Länder (IX. 3.) 648
DAF (IX. 4.2) 658, 676, 724; (IX. 4.3) 659, 673, 677, 725
DAF-Klausel (IX. 4.2) 672
Dangerous Goods (VI. 3.2) 373
Danmar B/L (VI. 3.1) 369
Danmar Lines Ltd. (VI. 3.1) 369; (VI. 3.2) 370
Data Identifier (III. 2.5) 111
Dates for Shipment (IX. 8.3) 823
DB Cargo AG (III. 1.1) 63
DDP (IX. 4.2) 658, 676, 734, 744; (IX. 4.3) 659, 677, 735, 745

DDP A6 (IX. 4.2) 660; (IX. 4.3) 661
DDU (IX. 4.2) 658, 676, 740; (IX. 4.3) 659, 677, 741
DDU term (IX. 4.3) 673, 735
DDU-Klausel (IX. 4.2) 672, 676, 734
Decklast (III. 8.2) 217
Declaration sur l´honneur (IX. 3) 650
Deconsolidators (VII. 5.5) 453
Deferred payment (IX. 8.3) 791
DEG (IX. 3.) 648
Delivered At Frontier (IX. 4.3) 659, 677, 725
Delivered Duty Paid (IX. 4.2) 676; (IX. 4.3) 659, 677, 745
Delivered Duty Unpaid (IX. 4.3) 659, 677, 741
Delivered Ex Quay (IX. 4.3) 659, 679, 735
Delivered Ex Ship (IX. 4.3) 659, 679, 725
Delivery (IV. 2.2) 263; (IX. 4.2) 658; (IX. 4.3) 659, 663
Delivery Order (VI. 8.1) 396
Delivery point (IX. 4.3) 665
Delkredere (IX. 6.2) 771
Delkrederefall (IX. 7.2) 777
Delkredererisiko (IX. 7.2) 777
Dell (II. 2.2.2) 56
Demographie (I. 2.2) 4
Demurrage (VI. 2.2) 366; (VI. 7.4) 394
Departure (IX. 4.3) 659
Departure (shipment) contracts (IX. 4.3) 671
DEQ (IX. 4.2) 656, 658, 670, 674, 678, 734; (IX. 4.3) 657, 659, 671, 673, 677, 679, 725, 735
DEQ-Klausel (IX. 4.2) 676, 724, 740, 741
Deregulierung (I. 2.6) 6
DES (IX. 4.2) 658, 662, 678, 724, 730, 740; (IX. 4.3) 659, 663, 679, 725, 731, 741
DESADV-Avisen (III. 2.6.2) 115
Description of Goods (VI. 3.2) 373
Destination (VII. 2.1) 400
Deutsche Auslands-Handelskammern (IX. 2.1) 610
Deutsche Post (DHL) (II. 2.3.1) 59
Deutsche Postbank AG (IX. 7.2) 779
Deutscher Gebrauchszolltarif (X. 1) 868
Devisenkurssicherung (IX. 8.1) 785
Devisenoption (IX. 6.1) 770
Devisenoptionsgeschäft (IX. 8.1) 785
Devisentermingeschäft (IX. 6.1) 770; (IX. 8.1) 785
DHL (V. 4.4) 322
DHL Danzas Air & Ocean (VI. 3.1) 369
Dienstleistungen (II. 2.1) 53

Kapitel I.: Logistik, Kapitel II.: eCommerce, Kapitel III.: Spedition, Kapitel IV. Straßenverkehr, Kapitel V.: Bahnverkehr, Kapitel VI.: Seeverkehr, Kapitel VII.: Luftverkehr, Kapitel VIII.: Zoll, Kapitel IX.: Außenwirtschaft, Kapitel X.: Anhang

Dienstleistungsmarketing (I. 6.3) 43
Dienstvertrag (IX. 5.1) 754
Dingliches Rechtsgeschäft (IX. 5.1) 754
Discharging (IX. 4.3) 735
Diskontierung (IX. 8.1) 783
Diskontkredit (IX. 7.2) 777, 779; (IX. 8.1) 785
Dispach notes (IX. 8.3) 821
Dispache (VI. 1.4) 361
Dispacheur (VI. 1.4) 361
Disposition (I. 4.1.2) 17
Divisions of costs (IX. 4.3) 665, 683, 685, 689, 691
D-Klausel (IX. 4.2) 664, 670
Documentary collection (IX. 8.5) 829
Documentary credit (IX. 4.3) 655, 667
Documentary credit transactions (IX. 4.3) 669
Documents Against Acceptance (D/A) (IX. 8.5) 833
Documents Against Payment (D/P) (IX. 8.5) 833
Dokument des Binnenschiffstransports (IX. 4.2) 694; (IX. 8.2) 812
Dokumentäres Inkasso (IX. 8.4) 828
Dokumente des Straßen-, Eisenbahn- oder Binnenschiffstransports (IX. 8.2) 812
Dokumente gegen Aktzept (D/A) (IX. 8.4) 832
Dokumente gegen Zahlung (D/P) (IX. 8.1) 783; (IX 8.4) 832
Dokumentenakkreditiv (IX. 4.2) 654, 666
Dokumenten-Inkasso (IX. 8.1) 783
Dokumentenvorlage (IX. 8.2) 820
Domänennavigation (I. 6.3.1) 43
Domänenwahl (I. 6.3.1) 43
Doppelachse (IV. 2.5) 270
Dot-Com-Blase (II. 1.3) 50
Downstream-Logistik (III. 2.6.8) 118
Draft(s) (IX. 8.3) 787
Drawee (IX. 8.5) 831
Dreifachachse (IV. 2.5) 270
Dritte Bedeutung der Logistik (I. 3.4.2) 14
Drittes Luftverkehrspaket (VII. 1.1) 399
Drittländer (IX. 1.1) 508
Drittlandswaren (X. 1) 868
Drittstaatengenehmigung (IV. 1.1) 237
DSLV (III. 4.3) 173
D-terms (IX. 4.3) 665, 671
DTV-VHV 2003/2004 (III. 6.2) 199
Dual-Use-Güter (X. 1) 868
Duplikatfrachtbrief (IX. 9.2) 852
Durchfuhrbeschränkung (III. 8.2) 223
Durchfuhrverbot (III. 8.2) 223
Durchkonnossement (III. 8.2) 224; (VI. 2.1) 365

E
EAN 128 (III. 2.5) 110
Ebay (II. 1.4) 50, 51, 52; (II. 2.2.3) 58
e-Business (II. 2.) 53; (II. 2.2) 53; (II. 2.2.3) 58
e-Business-Funktionalitäten (II. 2.2.2) 55
ECE-Lieferbedingungen (IX. 4.1) 652
e-Commerce (II. 1) 49; (II. 1.2) 49; (II. 1.4) 52; (II. 2) 53; (II. 2.1) 53; (II. 2.2) 53; (II. 2.2.2) 55; (II. 2.2.3) 58
e-Commerce-Anwendungen (II. 2.2.2) 55
e-Commerce-Geschäftsvolumen (II. 1.4) 51
e-Commerce-Logistik (II. 1.4) 52
Economic Order Quantity (I. 4.2.2) 29
ECR - Efficient Consumer Response (I. 1) 1; (I. 4.3.3) 34; (III. 2.6) 112
EDI (III. 2.6.8) 118
EDI message (IX. 4.2) 688, 694
EEF Europäischer Entwicklungsfonds (IX. 3) 648
Efficient Consumer Response (ECR) (I. 1) 1; (I. 4.3.3) 34; (II. 2.2.3) 58
EFTA (VIII. 1.1) 467
EG (VIII. 1.1) 467; (X. 1) 868
EIB Europäische Investitionsbank (IX. 3.) 648
Eigen- oder Fremdfinanzierung (IX. 7.1) 776
Eigentumsübertragung (IX. 4.2) 654
Eigentumsvorbehalt (IX. 4.1) 651; (IX. 5.4) 768
Einfaches Inkasso (IX. 8.4) 828
Einfuhrabfertigung (IX. 4.2) 676
Einfuhrabfertigung durch den Verkäufer (IX. 4.2) 676
Einfuhrabgaben (VIII. 3.1.8) 499
Einfuhranmeldung (X. 1) 869
Einfuhrbeschränkung (III. 8.2) 223
Einfuhrbewilligung (IX. 4.2) 690, 744
Einführer (IX. 9.1) 848; (X. 1) 868
Einfuhrformalitäten (IX. 4.2) 670, 672
Einfuhrgenehmigung (IX. 1.1) 541
Einfuhrkontrollmeldung (IX. 1.1) 538
Einfuhrland (IX. 4.2) 670
Einfuhrliste (IX. 1.1) 524; (IX. 1.3) 565
Einfuhrumsatzsteuer (VIII. 3.1.8) 500; (X. 1) 869
Einfuhrvertrag (IX. 5.1) 755
Einfuhrvorschriften (III. 2.1.4) 90
Einfuhrzollformalitäten (IX. 4.2) 740
Einheitliche Richtlinien für auf Anfordern zahlbarer Garantien (IX. 8.6) 844
Einheitliche Richtlinien für Inkassi (ERI 522) (IX. 8.4) 828
Einheitliche Richtlinien für Seefrachtbriefe 1990 (IX. 4.2) 680

Einheitliche Richtlinien und Gebräuche für Dokumenten-Akkreditive (ERA 500) (III. 2.1.4) 91; (IX. 4.2) 678; (IX. 8.2) 786
Einheitspapier (X. 1) 869
Einpunktklausel (IX. 4.4) 752
Einreicherbank (IX. 8.4) 828
Einreihung (VIII. 3.1.4) 496
Eintauchen (III. 2.10) 136
Einwegverpackung (III. 2.1.1) 85
Einzelachse (IV. 2.5) 270
Einzelbeförderungsschein (VII. 3.2) 420
Einzeldeckung (IX. 6.2) 773
Eisenbahnfrachtbrief (IX. 4.2) 688
Eisenbahnfrachtvertrag (IX. 5.1) 755
Eisenbahnübernahmebestätigung (EÜB) (V. 2.10) 311
Eisenbahnverkehr (IX. 4.2) 672
Eisenbahnverkehrsordnung (EVO) (I. 4.1.9) 28
E-Klausel (IX. 4.2) 664
Electronic Commerce (IX. 4.2) 678, 680; (IX. 4.3) 679
Electronic Community (II. 2.2.3) 59
Electronic data interchange (EDI) message (IX. 4.3) 689, 695
Electronic equivalent (IX. 4.3) 679
Electronic Banking (II. 2.2.2) 57
Elektronischer Datenaustausch (IX. 4.2) 688, 694
Elektronischer Katalog (II. 1.4) 52
Elektronischer Marktplatz (II. 2.2.3) 58
Elektronischer Zolltarif (X. 1) 869
Eligible Countries (IX. 3.) 648
E-Logistics (II. 2.) 53; (II. 2.3) 59; (II. 2.3.1) 59
Empfänger (III. 8.2) 216; (IV. 1.2) 242, 244, 245, 248, 249; (IV. 2.3) 267
Empfangsbescheinigung (III. 5.3) 180; (IV. 1.2) 244
Empfangsbestätigung (VII. 3.2) 422
Empfangsbestätigung über Güter (VII. 3.2) 420
Empfangsnachweis (IX. 8.2) 812
Empfangsstempel (IX. 8.2) 812
Enabling Technologies (III. 2.6) 114
Engpassorientierte Prozess-Zugangskontrolle (I. 3.4.1) 12
Enterprise Ressource Planning (ERP) (II. 2.2.2) 55
Entladefrist (s. Be- und Entladefristen)
Entladen (III. 7.2) 209; (IV. 1.2) 241; (IV. 1.3) 249; (IV. 2.3) 267; (IX. 4.2) 734
Entladepflichten (s. Be- und Entladepflichten)
Entladezeit (IV. 1.2) 241; (IV. 1.3) 250

Entladungskosten (IX. 4.2) 666
Entlöschung (III. 8.2) 219
Entsorgungstransporte (IV. 1.2) 240, 242
Entsorgungsverkehr (IV. 1.2) 242
E-Procurement (II. 1.4) 52
ERA 500 (VI. 3.1) 369; (IX. 8.2) 786
Erfüllungs- / Gewährleistungsgarantie (Performance Bond) (IX. 3) 648
Erfüllungsgarantie (IX. 3) 648, 649
Erfüllungsort (III. 5.3) 192; (III. 8.1) 213; (IV. 1.2) 249
ERI 522 (IX. 8.4) 828
Erlass (VIII. 3.1.11) 501
Erlaubnis (IV. 1.1) 236, 237, 239
Erlaubnisausfertigung (IV. 1.1) 236
Erlaubnisbehörde (IV. 1.1) 236, 237, 238
Erlaubnisfreiheit (IV. 1.1) 239
Erlaubnispflicht (IV. 1.1) 236, 237; (IV. 1.4) 250
Erlaubnisvoraussetzungen (IV. 1.1) 236
Eröffnende Bank (IX. 8.2) 786
ERP-Mittel (IX. 7.3) 781
Ersatzpflicht (VII. 2.3) 410
Erstattung (VIII. 3.1.11) 501
Erwerbsschwelle (IX. 10.1) 862
E-terms (IX. 4.3) 665
EU (X. 1) 869
Euler-Hermes-Kreditversicherungs-AG (IX. 8.1) 784
EUR 1 (VIII. 1.4) 473
Euro-Festsatzkredite (IX. 7.2) 777
Europa (III. 2.5) 110
Euro-Paletten (IV. 2.6) 287
Euro-Paletten auf Nutzfahrzeugen (IV. 2.6) 287
EVO (I. 4.1.9) 28
EWR (X. 1) 870
Ex Works (IX. 4.3) 659, 677, 683
Expedited delivery service (IX. 8.3) 815
Expenses (IX. 8.5) 839
Expiry Date (IX. 8.3) 821, 823
Export clearance (IX. 4.3) 693
Export clearance duty on the buyer (IX. 4.3) 677
Export licence (IX. 4.3) 687
Exportfactoring (IX. 7.2) 777
Exportfinanzierung (IX. 7.1) 776
Exportgeschäfte (IX. 4.1) 651
Exportkreditversicherung (IX. 7.1) 776
Exportverpackung (III. 2.1.1) 85
Exportvorschüsse (IX. 7.2) 779
Expressdienst (I. 4.1.8) 25; (IX. 8.2) 814
Externes gVV (VIII. 2.2) 481

Kapitel I.: Logistik, Kapitel II.: eCommerce, Kapitel III.: Spedition, Kapitel IV. Straßenverkehr, Kapitel V.: Bahnverkehr, Kapitel VI.: Seeverkehr, Kapitel VII.: Luftverkehr, Kapitel VIII.: Zoll, Kapitel IX.: Außenwirtschaft, Kapitel X.: Anhang

EXW (IX. 4.2) 658, 674, 676, 682, 744; (IX. 4.3) 659, 665, 675, 677, 683, 745
EXW geladen (IX. 4.2) 672
EXW loaded (IX. 4.3) 673
EXW-Klausel (IX. 4.2) 664, 676
EZT (X. 1) 870

F
FAA (VIII. 1.2) 468
Fabrikationsrisiken (IX. 6.2) 772
Fabrikationsrisikodeckung (IX. 6.2) 772
Fabrikationsrisikogarantien/-bürgschaften (IX. 6.2) 774
Fachausdrücke Containerverkehr (V. 5.4) 326
Fachliche Eignung (IV. 1.1) 236; (IV. 2.4) 268
Factoringgesellschaften (IX. 7.2) 777
Factoring-Institut (IX. 7.2) 779
Factoring-Vertrag (IX. 7.2) 779
Fahr- oder Ladeuntüchtigkeit (III. 8.2) 224
Fahrerbescheinigung (IV. 1.1) 238, 239; (IV. 2.4) 269
Fahrpersonal (IV. 1.1) 238, 239
Fährverkehre (III. 9.3) 231
Fahrzeugbeladeerklärung (III. 2.10) 162, 163
Fahrzeuge (IV. 2.1) 252
Fahrzeuggestellung (IV. 1.2) 240, 241
FAK (VII. 6.1) 456
Fakturierung (III. 2.6.8) 118
FAS (IX. 4.2) 656, 662, 676, 692; (IX. 4.3) 657, 659, 663, 665, 671, 677, 693
FAS-Klausel (IX. 4.2) 658, 662, 664, 670, 676; (IX. 4.3) 663
FBL (III. 4.1) 172; (IX. 9.2) 852
FCA (IX. 4.2) 656, 658, 676, 686; (IX. 4.3) 657, 659, 677, 679, 687
FCA A4 (IX. 4.2) 662, 664; (IX. 4.3) 663, 665
FCA-Klausel (IX. 4.2) 664, 678, 682, 696
FCA-term (IX. 4.3) 665, 683, 697
FCL (VI. 7.1) 392
FCR (III. 4.1) 172; (IX. 9.2) 852, 855
FCT (III. 4.1) 172
Feeder (VI. 7.1) 392
Feeder Ships (VI. 3.2) 372
Fehlfracht (III. 8.2) 220
Fertigungsinseln (I. 3.4.1) 12
FIATA (III. 4.3) 173
Fiata-Combined Transport-B/L (VI. 2.1) 365
Financial documents (IX. 8.5) 829
Finanzielle Leistungsfähigkeit (IV. 1.1) 236; (IV. 2.4) 268
Finanzielle Zusammenarbeit (FZ) (IX. 3) 649

Finanzierung von Auslandsgeschäften
– allgemein
– kurzfristige Finanzierung
– mittel- und langfristige Finanzierung
(IX. 7) 776; (IX. 7.2) 777; (IX. 7.3) 780
Finanzierungsvertrag (IX. 4.2) 654
Finanzkreditdeckung (IX. 6.2) 773
Finanzkreditgarantien/-bürgschaften (IX. 6.2) 772
FIRMS-Code (VII. 5.5) 453
First-In-First-Out (FIFO) (I. 4.2.2) 30
Fixkostenspediteur (III. 1.1) 78
Fixkostenspedition (III. 4.1) 171
F-Klausel (IX 4.2) 664, 666
Flat (VI. 3.2) 372
Fließsysteme (I. 3.4.2) 13
Fließsystemoptimierung (I. 5.3) 38
Flow-Management (I. 3.4) 11
Flow-Management-Logistik (I. 3.4.2) 12
Fluggepäckschein (VII. 2.3) 404
Flugschein (VII. 2.2) 402
FMCG-Bereich (III. 2.6.8) 118
FOB (IX. 4.2) 658, 664, 676, 696; (IX. 4.3) 659, 665, 677, 679, 697
FOB A4 (IX. 4.3) 663
FOB ab Werk des Verkäufers (IX. 4.2) 664
FOB Ex seller´s works (IX. 4.3) 665
FOB factory (IX. 4.3) 665
FOB plant (IX. 4.3) 665
FOB stowed (IX. 4.3) 673, 675
FOB stowed and trimmed (IX. 4.3) 675
FOB verstaut (IX. 4.2) 672, 674
FOB verstaut und getrimmt (IX. 4.2) 674
FOB-Anlage (IX. 4.2) 664
FOB-Fabrik (IX. 4.2) 664
FOB-Klausel (IX. 4.2) 656, 662, 678
FOB-Point (IX. 4.3) 657
Forecast (I. 4.3.2) 33
Forfaitierung (IX. 7.3) 780, 781
Fourth Party Logistics (4PL) (I. 1) 1; (I. 6.2.1) 42
Fracht(voraus)zahlungsvermerk (IX. 8.2) 816
Frachtberechnung (VII. 6.1) 456
Frachtbrief (III. 8.2) 217; (IV. 1.2) 240, 241, 248; (IV. 2.2) 254, 256; (IV. 2.3) 266, 267; (V. 1.3) 289; (V. 1.8) 292
Frachtbrief CIM (V. 2.1) 295
Frachtbriefdoppel (V. 2.5) 298
Frachtdokument (VI. 3.1) 369
Frachtempfangsbescheinigung (IX. 4.2) 680
Frachten (III. 5.3) 184
Frachtfrei (IX. 4.2) 658, 676, 712
Frachtfrei versichert (IX. 4.2) 658, 676, 678, 718

Kapitel I.: Logistik, Kapitel II.: eCommerce, Kapitel III.: Spedition, Kapitel IV. Straßenverkehr, Kapitel V.: Bahnverkehr, Kapitel VI.: Seeverkehr, Kapitel VII.: Luftverkehr, Kapitel VIII.: Zoll, Kapitel IX.: Außenwirtschaft, Kapitel X.: Anhang

Frachtführer (III. 4.1) 171; (III. 8.2) 216; (IV. 1.1) 239; (IV. 1.2) 240, 241, 242, 246, 248; (IV. 2.2) 256 260; (IV. 2.3) 267; (VI. 3.1) 369; (IX. 4.2) 666, 670, 686, 718; (IX. 9.1) 848
Frachtführer-Haftung (VI. 3.1) 369
Frachtkosten (IX. 4.2) 712, 718
Frachtraten (VII. 6.1) 455
Frachtrechnung (VII. 5.1) 447
Frachtsätze (III. 8.2) 220
Frachtstücke (IV. 1.2) 240
Frachtüberweisung (III. 5.3) 182; (IV. 1.2) 244
Frachturkunde (III. 8.2) 216
Frachtvereinbarung (III. 8.2) 220
Frachtvertrag (IV. 1.1) 239; (IV. 1.2) 239, 214; (IV. 2.3) 266; (V. 1.2) 289; (V. 2.4) 297; (VII. 2.3) 404; (IX. 5.1) 755
Frachtvertrag der Binnenschifffahrt (III. 8.2) 216
Frachtverzollung (VII. 5.5) 453
Fraktale (I. 2.7) 7
Franco Border (IX. 4.2) 672; (IX. 4.3) 673
Franco-frontière (IX. 4.2) 672; (IX. 4.3) 673
Franko (III. 8.2) 220; (IX. 4.2) 672
Free Alongside Ship (IX. 4.3) 659, 663, 677, 693
Free Carrier (IX. 4.3) 657, 659, 677, 687
Free On Board (IX. 4.2) 664; (IX. 4.3) 659, 665, 677, 697
Free trade areas (IX. 4.3) 675
Free-Flow-Netzwerk (I. 4.1.5) 21
Frei an Bord (IX. 4.2) 658, 664, 676, 696
Frei Ankunft Binnenschiff (III. 8.2) 220
Frei Frachtführer (IX. 4.2) 656, 658, 676, 686
Frei gestaut Binnenschiff (III. 8.2) 220
Frei Grenze (IX. 4.2) 672; (IX. 4.3) 673
Frei Haus (IX. 5.5) 768
Frei Längsseite (IX. 4.2) 658
Frei Längsseite Schiff (IX. 4.2) 662, 676, 692
Freight collect (IX. 4.2) 666; (IX. 4.3) 667
Freight receipts (IX. 4.3) 681
Freigut (VIII. 2.2) 480
Freihafen (VI. 6.1) 391
Freihandelszone (IX. 4.2) 674
freihändige Vergabe (IX. 3) 648
Fremdsprachen (III. 2.7) 119
Fremdwährungsakzepte (IX. 6.1) 770
Fremdwährungsbarkredit (IX. 6.1) 770
Fremdwährungskonto (IX. 6.1) 770
Frequenz (I. 4.1.5) 21
Fristverkürzung (III. 8.2) 226
F-terms (IX. 4.3) 665, 667
Fulfilment-System (II. 2.3.1) 59

G

Ganzcharter (s. a. Voll- (bzw. Ganz-) charter) (VI. 1.5) 363
Garantie (IX. 3) 647, 648
GCR (VII. 5.2) 449
Gebühren (IX. 8.4) 838
Gebundene Kredite (IX. 3) 649
Gefahr bei Überschreitung der Schiffsreling (IX. 4.2) 668
Gefahren- und Kostenübergang (IX. 4.2) 752
Gefahrenklasse (III. 8.2) 218
Gefahrenübergang (IX. 4.2) 666, 682, 684, 688, 690
Gefahrgut (III. 8.2) 218; (III. 9) 229; (IV. 1.2) 242; (V. 1.8) 293
Gefahrgut-Ausnahme-Verordnung (III. 9.1) 230; (III. 9.2) 231
Gefahrgutgesetz (III. 9.1) 229
Gefahrgut-Kennzeichnung (III. 2.8) 121
Gefahrgutverordnungen (III. 2.1.4) 90
Gefahrgutverpackung (III. 2.1.1) 85
Gefahrgutvorschriften (III. 2.10) 157
Gefährliche Güter (III. 9.1) 229; (V. 4.3) 322; (IV. 1.2) 242, 243
Gefahrzettel (III. 2.8) 121
Gegenakkreditiv (IX. 3) 649; (IX. 8.1) 785
Geliefert ab Kai (IX. 4.2) 658, 678, 734
Geliefert ab Schiff (DES) (IX. 4.2) 658, 662, 678, 730
Geliefert Grenze (IX. 4.2) 658, 672, 676, 724
Geliefert unverzollt (IX. 4.2) 658, 676, 740
Geliefert verzollt (IX. 4.2) 658, 676, 744
Geltungsbereich (III. 6.2) 201
Geltungsbereich der ADSp (III. 5.1) 174
Geltungsbereich der VBGL (IV. 1.2) 239
Gemeinschaftliches Versandverfahren (V. 2.10) 309; (VIII. 2.2) 479
Gemeinschaftliches/gemeinsames Versandverfahren (gVV) (V. 2.10) 309, (VIII. 2.2) 479
Gemeinschaftslizenz (IV. 1.1) 237; (IV. 2.4) 268, 269
Gemeinschaftswaren (VIII. 2.2) 480; (X. 1) 870
Gemischte Beförderung (VII. 2.3) 414; (VII. 3.2) 436
Genehmigungsstellen (IX. 1.1) 515; (IX. 2) 610
General Average (VI. 3.2) 377
General Cargo Rates (VII. 5.2) 449
Gerichtsstand (III. 5.3) 192; (III. 8.1) 213; (IV. 1.2) 249; (VII. 3.2) 434
Geschäftsbank (IX. 7.3) 780
Geschäftsbedingungen der KOMBIVERKEHR KG (V. 7.2) 344

Kapitel I.: Logistik, Kapitel II.: eCommerce, Kapitel III.: Spedition, Kapitel IV. Straßenverkehr, Kapitel V.: Bahnverkehr, Kapitel VI.: Seeverkehr, Kapitel VII.: Luftverkehr, Kapitel VIII.: Zoll, Kapitel IX.: Außenwirtschaft, Kapitel X.: Anhang

Geschäftsbesorgungsspediteur (III. 1.1) 77
Geschäftsbesorgungsvertrag (IX. 5.1) 755
Geschäftsprozesse (II. 2.2) 53; (II. 2.2.1) 53
Geschleppte oder geschobene Schiffe (III. 8.2) 216
Gestellung (VIII. 2.1) 477; (VIII. 2.2) 483; (VIII. 3.1.1) 495; (IX. 1.1) 529
Gestellungsvertrag (IX. 5.1) 755
Gewerblicher Güterkraftverkehr (IV. 1.1) 235, 236
Gewichte (IV. 2.5) 270
Gewichte Kfz (IV. 2.5) 270
Gewichts- oder Kontrollprüfung (III. 8.2) 220
Gewichtsfracht (VII. 6.1) 456
Gewinnchancen (II. 2.1) 53
Gezogene Wechsel (IX. 8.2) 786
Gieren (III. 2.10) 136
Gleiten (III. 2.10) 136
Globalisierung (I. 2.1) 2
Globalkredit (IX. 7.3) 780
Grenze (IX. 4.2) 672
Grenzübergangsstelle (X. 1.) 870
Grenzüberschreitende Transporte (IV. 2.3) 266
Grenzüberschreitender Güterkraftverkehr (IV. 2.4) 268
Grenzüberschreitender Güterkraftverkehr durch Gebietsfremde (IV. 1.1) 237
Grenzüberschreitender Warenverkehr (III. 8.3) 226
Grobes Organisationsverschulden (III. 5.3) 192
Großpackmittel (IBC) (III. 2.10) 153
Grundentgelt (IX. 6.2) 772
Grundsatz der Dokumentenprüfung (IX. 8.2) 794
GTZ (IX. 3) 649
GüKG (IV. 1.1) 235
Güter (III. 8.2) 216
Güterkraftverkehr (IV. 1.1) 235
Güterkraftverkehrsgesetz (I. 4.1.9) 28; (IV. 1.1) 235
Güterschaden (III. 5.3) 188, 190; (IV. 1.2) 246
Güterschaden-Haftpflichtversicherung (IV. 1.1) 238
Güterverkehr (I. 4.1.1) 16
Güterverkehrsaufkommen (I. 4.1.3) 18
Güterverkehrszentrum (GVZ) (I. 4.1.6) 22
gVV (VIII. 2.2) 479; (X. 1) 870

H

Haager Kaufrechtsübereinkommen (IX. 4.1) 651
Haager Protokoll (VII. 2.1) 400
Haager Regeln (VI. 1.1) 359

Haager-Visby-Regeln (VI. 1.1) 359
Häfen (IX. 4.2) 662
Hafenbrauch (IX. 4.2) 662, 698
Hafenusancen (IX. 4.2) 674
Hafen-zu-Hafen-Verladung (IX. 8.2) 800
Haftpflichtversicherung (IV. 1.1) 238; (IV. 1.2) 240, 248
Haftsumme (VII. 2.3) 412
Haftung (III. 5.3) 188; (IV. 1.1) 238; (IV. 1.2) 246; (IV. 2.3) 267; (V. 1.8) 293, 294; (VII. 3.2) 426
Haftung aus Frachtverträgen (IV. 1.2) 246
Haftung aus Lagerverträgen (IV. 1.2) 247
Haftung aus Speditionsverträgen (IV. 1.2) 246
Haftung bei logistischen Dienstleistungen (IV. 1.2) 247
Haftung des Auftraggebers (III. 8.1) 213; (IV. 1.2) 241
Haftung des Frachtführers (III. 8.2) 224; (IV. 2.1) 252; (IV. 2.2) 260
Haftung des Verfrachters (VI. 1.2) 359
Haftung für Verspätungsschäden (IV. 1.2) 247
Haftungsausschlüsse (III. 8.2) 226; (VI. 1.2) 360
Haftungsbefreiung (IV. 1.2) 246; (VII. 3.2) 428
Haftungsbegrenzung (IV. 1.2) 246, 247
Haftungsbeschränkungen (III. 8.2) 226; (VII. 3.2) 410; (VII. 3.2) 430
Haftungshöchstbeträge (VII. 3.2) 428, 430, 432
Haftungshöchstgrenzen Güterschaden (IV. 2.3) 267
Haftungsregelung (III. 8.2) 226
Haftungsversicherung des Spediteurs (III. 5.3) 192
Hague Rules (VI. 3.2) 372
Hague-Visby-Rules (VI. 3.2) 372
Handel (II. 2.1) 53
Handelsbräuche (IX. 4.2) 674
Handelsgepflogenheiten (IX. 4.2) 674
Handelsmakler (IV. 1.1) 235
Handelspapiere (IX. 8.4) 828
Handelsrechnung (IX. 4.2) 686
Handelsübliche Verpackung (III. 2.1.1) 85
Handelsvertreter (IV. 1.1) 235
Handhabungsmarkierung (III. 2.2.1) 92
Handing over the goods (IX. 4.3) 661
Handling (VI. 3.2) 373
Harter Act of the United States of America (VI. 3.2) 374
Hauptverpflichteter (V. 2.10) 312; (VIII. 2.2) 479, 483; (X. 1) 870
Haus-zu-Haus-Klausel (III. 3.1) 166
Havarie-Grosse (III. 3.1) 166; (III. 8.2) 225; (VI, 1.4) 361

Kapitel I.: Logistik, Kapitel II.: eCommerce, Kapitel III.: Spedition, Kapitel IV. Straßenverkehr, Kapitel V.: Bahnverkehr, Kapitel VI.: Seeverkehr, Kapitel VII.: Luftverkehr, Kapitel VIII.: Zoll, Kapitel IX.: Außenwirtschaft, Kapitel X.: Anhang

Havarie-grosse-Beiträge (III. 8.2) 220
H-Blocks (III. 2.10) 150
Heavy duta Pallet (VII. 7.3) 461
Herausgabepflicht des Spediteurs (III. 5.3) 182
HERMES-Kreditversicherungs AG (IX. 6.1) 770
Herstellungserklärung (IX. 9.2) 853
High Contracting Party (VII. 2.3) 403
Himalaya Clause (VI. 3.2) 373
Hinausgeschobene Zahlung (IX. 8.2) 790
Hindernisse (III. 5.3) 182
Hindrances (VI. 3.2) 376
Hinterlegung (III. 8.2) 219
Höchstdeckung (IX. 4.2) 670
Höhe (IV. 2.5) 270
Hoher vertragsschließender Teil (VII. 2.2) 402
Holder (VI. 3.2) 372
Home Delivery Services (II. 2.2.2) 56
Hotline (II. 1.4) 51
Hotspots von WLANs (II. 3.1) 60
Hours of Presentation (IX. 8.3) 823
Hub-And-Spoke (I. 4.1.5) 21
Huckepackverkehr (V. 7) 344
Hypertext Transfer Protocol (HTTP) (II. 1.1) 49

I

I&K-Technologien (I. 2.8) 8
IATA (VII. 4) 446
IATA Clearing House (VII. 4.1) 446
IATA-DGR-Handbuch (III. 9.3) 231
IATA-Luftfrachtagent (IX. 9.1) 848
IBM (II. 2.2.2) 56
ICAO (VII. 4.1) 446
ICAO-TI (III. 9.3) 231
ICC (IX. 4.1) 652; (IX. 4.2) 654; (IX. 4.3) 655
ICC arbitration (IX. 4.3) 681
ICC Rules for Documentary Credits (IX. 4.3) 679
ICC Schiedsgerichtsbarkeit (IX. 4.2) 680
ICC Uniform Customs and Practice (UCP) (IX. 4.3) 679
ICC-Richtlinien für Dokumentenakkreditive (IX. 4.2) 678
ICHCA (III. 2.10) 164
IICL (III. 2.10) 164
Illegale Beschäftigung von Fahrpersonal (IV. 1.1) 239
IMDG-Code (III. 2.10) 153, 158; (III. 9.3) 231
Immaterialität (I. 6.1) 41
IMO Recommendations on the Safe Transport of Dangerous Cargoes and Related Activities in Fort Areas (III. 2.10) 163
Import clearance (IX. 4.3) 673, 735

Import clearance duty on the seller (IX. 4.3) 677
Import licence (IX. 4.3) 691, 745
Import-/Exporteinschränkung (IX. 4.2) 674
Importfinanzierung (IX. 7.2) 779
Importfreimachung (IX. 4.2) 734
Incoterms (IX. 4.2) 654
Incoterms 2000 (IX. 4.1) 652
Indication of receipt (IX. 8.3) 813
Indirect Carrier (VII. 5.3) 452
Individualvereinbarung (III. 1.1) 61
Informationsmarkierung (III. 2.2.1) 92
Informationspflicht des Auftraggebers (IV. 1.2) 240
Inhaberkonnossement (VI. 2.1) 365
Inhalt des Frachtbriefes (V. 2.5) 297
Inkasso (IX. 8.4) 828
Inkassoauftrag (IX. 8.4) 828
Inkassobank (IX. 8.4) 828
Inkasso-Dienste (II. 2.2.2) 57
Inkassogebühr (VII. 5.1) 447
Inkassoweisung (IX. 8.4) 828
Inland Carrier for Through Transportation (VI. 3.2) 372
Inland waterway document (IX. 4.3) 693, 695
Inland waterway transport (IX. 4.3) 677, 693, 697, 703, 707, 731, 735
Innenverpackung (III. 2.1.1) 85
Innere Überprüfung (III. 2.10) 142
Innight (I. 4.1.8) 25
Innovation (I. 6.3.2) 44
Inspection (IX. 4.2) 662; (IX. 4.3) 663
Inspection of goods (VI. 3.2) 374; (IX. 4.2) 662; (IX. 4.3) 663, 687
Institute Cargo Clauses (IX. 4.2) 670; (IX. 4.3) 671
Institute of London Underwriters (IX. 4.2) 670; (IX. 4.3) 671
Insurance (= Versicherung) (VII. 5.2) 449; (IX. 4.3) 671, 673, 719
Insurance Cerificate (IX. 8.3) 817
Insurance cost (IX. 4.3) 665
Insurance cover (IX. 4.3) 671; (IX. 8.3) 817
Insurance premium (IX. 4.3) 707, 719
Intangibilität (I. 6.1) 41
Integration (II. 1.4) 52
Intel (II. 2.2.2) 56
Intended vessel (IX. 8.2) 802; (IX. 8.3) 803
Intercontainer-Interfrigo (ICF) (V. 6.1) 335
Interessenvermutung Ziffer 21 ADSp (III. 1.1) 81
Interessenwahrungspflicht (III. 5.2) 176
Interest (IX. 8.5) 839

Kapitel I.: Logistik, Kapitel II.: eCommerce, Kapitel III.: Spedition, Kapitel IV. Straßenverkehr, Kapitel V.: Bahnverkehr, Kapitel VI.: Seeverkehr, Kapitel VII.: Luftverkehr, Kapitel VIII.: Zoll, Kapitel IX.: Außenwirtschaft, Kapitel X.: Anhang

Interministerieller Ausschuss für Ausfuhrgarantien und Ausfuhrbürgschaften (IX. 6.2) 771
International Air Traffic Association (VII. 4.1) 446
International Air Transport Association (IATA) (VII. 1.1) 399; (VII. 4.1) 446
International Carriage (VII. 2.3) 403
International Chamber of Commerce (IX. 4.3) 655
International commercial terms (IX. 4.3) 657
International Convention for the Unification of Certain Rules (VI. 3.2) 374
International postal convention (IV. 2.2) 253
Internationale Ausschreibung (IX. 3) 649
Internationale Beförderung (VII. 2.1) 400
Internationale Handelskammer (IX. 4.2) 654
Internationale Handelsklauseln (IX. 4.2) 656
Internationale und öffentliche Luftverkehrsdienste (VII. 4.1) 446
Internationale Verlade- und Transportbedingungen für die Binnenschifffahrt (IVTB) (III. 1.1) 71; (III. 8.2) 216
Internationales Leasing (IX. 7.3) 780, 782
Internes gVV (VIII. 2.2) 480
Internet (II. 1.1) 49; (II. 2.1) 53; (II. 2.2) 53
Internet-Provider (II. 1.3) 50
Internetshop (II. 1.4) 51
Internetwirtschaft (II. 1.3) 50
Internetzugang (II. 1.4) 51
Intrahandel (X. 1) 871
INTRASTAT (IX. 10.2) 864; (X. 1) 871
Inventur (III. 1.1) 83; (III. 5.3) 184, 190
Investitionsgüterkreditversicherung (IX. 6.2) 771
INVOIC (III. 2.6.8) 118
IPPC-Standard (ISPM No. 15) (III. 2.1.4) 90
Irrevocable Credit (IX. 8.3) 789
ISO-genormte Container (V. 5.3) 326
ISPS-Code (III. 2.1.4) 90
Issuance (VI. 3.2) 372
Issuance Date of Documents (IX. 8.3) 801
Issuance of a Credit (IX. 8.3) 789
Issuing Agency Code (III. 2.5) 111
Issuing Bank (IX. 8.3) 787
IT-Verfahren ATLAS (X. 1) 871
IVTB (III. 8.2) 216

J

Joint Venture (IX. 3) 649
Juristische Person (IX. 5.1) 755
Just in Time (II. 2.2.2) 56
Just-in-Time-Produktion (II. 2.2.3) 58
Just-In-Time-System (I. 4.3.3) 34

K

Kabotagerecht (VII. 9.1) 465
Kabotageverkehr (IV. 1.2) 240; (IV. 2.4) 269
Kanban (I. 3.4.1) 11; (I. 4.3.3) 33
Kanten (I. 3.4.2) 12, 13
Kapitalverkehr (IX. 1.1) 551
Kaufabsichtserklärung (IX. 3) 649
Kaufmännisches Bestätigungsschreiben (IX. 5.1) 753; (IX. 5.3) 767
Kaufvertrag (IX. 4.2) 654; (IX. 5.1) 755
Kautionsversicherung (IX. 6.2) 771
Keine Verpflichtung (IX. 4.2) 672
Kennzahlen (I. 5.2) 37
Kennzeichnung (III. 2) 84
Kennzeichnung von Ladungen (III. 2.10) 159
Kennzeichnungspflichten (III. 2.1.2) 85; (III. 5.3) 180
Kennzeichnungspflichten des Auftraggebers (IV. 1.2) 243
KEP-Markt (I. 4.1.7) 23; (I. 4.1.8) 24
Kernkompetenzen (I. 2.7) 7
KfW (IX. 3) 649
Kfz-Höhen (IV. 2.5) 270
Kfz-Längen (IV. 2.5) 270
KIT-Bildung (I. 4.2.1) 29
Klassifikationsgesellschaft (III. 8.2) 224
Kleinwasserzuschläge (III. 8.2) 221
Knoten (I. 3.4.2) 12, 13
Kombinierter Transport (IX. 4.2) 656
Kombinierter Verkehr (I. 4.1.6) 22; (III. 2.10) 138; (IV. 1.2) 240; (V. 4) 320
Kommissionäre (IV. 1.1) 235
Kommissionierstrategien (I. 4.2.2) 30
Kommissionierung (I. 4.2.1) 29; (III. 2.6.4) 116
Kommunikations- und Distributionspolitik (I. 6.4.3) 45
Komplexität (I. 2.7) 7
Konferenzen (VI. 4.1) 379
Konferenzgebiete (Traffic Conference Areas – TC) (VII. 4.1) 446
Konferenzrabatte (VI. 4.1) 379
Konnossement (III. 8.2) 217; (VI. 2.1) 364; (IX. 4.2) 654, 668, 678
Konnossementabschriften (III. 8.2) 217
Konnossementsbedingungen (III. 1.1) 72
Konsolidierung (I. 4.2.1) 29
Konsulats- und Mustervorschriften (III. 2.1.4) 91
Konsulatsfaktura (IX. 9.2) 853
Konsumentenkreditversicherung (IX. 6.2) 771
Kontinuierliche Verbesserung (I. 5) 36
Kontokorrentkredite (IX. 7.2) 777

Kapitel I.: Logistik, Kapitel II.: eCommerce, Kapitel III.: Spedition, Kapitel IV. Straßenverkehr, Kapitel V.: Bahnverkehr, Kapitel VI.: Seeverkehr, Kapitel VII.: Luftverkehr, Kapitel VIII.: Zoll, Kapitel IX.: Außenwirtschaft, Kapitel X.: Anhang

Kontraktlogistik (I. 6.2.1) 42
Kontraktraten (VII. 6.1) 456
Kontrollexemplar (VIII. 2.2) 481; (X. 1) 871
Konvergenzkriterien (IX. 8.7) 845
Koordinationslogistik (I. 3.3) 10
Koproduktion (I. 6.1) 41
Korrespondenzfactoringgesellschaften (IX. 7.2) 778
Korridorlösung (III. 1.1) 78
Kosten (II. 1.4) 51, 52
Kosten und Fracht (IX. 4.2) 658, 668, 678, 702
Kosten- und Gefahrenübergang (IX. 4.2) 662
Kosten, Versicherung und Fracht (IX. 4.2) 658, 678, 706
Kostenlast (IX. 4.4) 752
Kostenteilung (IX. 4.2) 664, 682, 684, 688, 690
Kraftverkehrsordnung (KVO) (I. 4.1.9) 28
Kranarbeit (III. 8.1) 211, 212
Krangestellung (III. 8.1) 211, 212
Kreditanstalt für Wiederaufbau (KfW) (IX. 7.3) 780, 781
Kreditbrief (IX. 8.1) 785
Kreditwürdigkeitsprüfungen (II. 2.2.2) 55
Kreislaufwirtschaft (I. 2.4) 5
Kumulation (VIII. 1.4) 472
Kundenbeziehungspflege (II. 2.2) 53
Kunden-Lieferanten-Beziehungen (II. 2.2.3) 58, 59
Kundenservicezentrum von Railion Deutschland (V. 1.9) 294
Kuppelproduktion (I. 4.1.4) 19
Kurierdienste (I. 4.1.8) 25; (IX. 8.2) 814
Kurierempfangsbestätigung (IX. 8.2) 814, 820
Kurierversandnachweis (IX. 8.2) 820
Kurzform-/Blanko-Rückseite-multimodales Transportdokument (IX. 8.2) 810
Kurzform-/Blanko-Rückseite-nichtbegebbarer Seefrachtbrief (IX. 8.2) 806
Kurzfristige Finanzierung (IX. 7.2) 777
Kurzfristige Refinanzierungsformen (IX. 7.2) 777
KVO/EVO (IV. 2.2) 262

L

Labelling (VII. 5.2) 449
Lade- und Löschzeit (III. 8.2) 219
Ladefrist (IV. 1.3) 250; (V. 1.8) 292
Ladehilfsmittel (III. 5.3) 178
Ladekosten (III. 8.2) 220
Lademittel (VII. 7) 457
Laden (III. 8.2) 217
Laden von Paletten (IV. 2.6) 287

Ladeschein (IX. 9.2) 853
Ladestelle (III. 8.2) 217
Ladevorschriften (V. 1.8) 292
Ladezeit (III. 8.2) 219; (IV. 1.2) 241; (IV 1.3) 250
Ladungsbeteiligte
 – Pflichten
 – Haftung
 (III. 8.2) 217, 218
Ladungseinheiten (Unit Loads) (III. 2.10) 158
Ladungsgewicht (III. 2.10) 153
Ladungssicherung (III. 2.10) 143, 153
Ladungssicherungsmaterial (III. 2.10) 156
Ladungsverkehrsmarkt (I. 4.1.7) 23
Lagerbestände (I. 1) 1; (II. 2.2.2) 55
Lagergeschäft (III. 5.3) 184
Lagerhalter (III. 4.1) 171; (IX. 9.1) 849
Lagerhaus-Abwicklungssysteme (II. 2.2.2) 56
Lager-Management-System (III. 2.6.2) 115
Lagerschein (IX. 9.2) 853
Lagerstandort (I. 4.2.2) 29
Lagerung (III. 5.3) 184; (IV. 1.2) 245
Lagerversicherung (III. 5.3) 186; (III. 6.3) 206
Lagervertrag (IV. 1.2) 245; (IX. 5.1) 755
Lagerwirtschaft (I. 4.2.4) 31
Land- und Forstwirtschaftliche Güter (IV. 1.1) 235
Landed (IX. 4.2) 666; (IX. 4.3) 667
Länderlisten (IV. 1.4) 565
Länderrisikogruppen (IX. 6.2) 772
LASH barge(s) (IX. 8.3) 805
LASH-Leichtern (IX. 8.2) 804
Lastenhefte (IX. 3) 647, 649
Last-In-Last-Out (LIFO) (I. 4.2.2) 30
Lastzüge (IV. 2.5) 270
Laufende Police (IX. 8.2) 816
LCL (VI. 7.1) 392
LD3-Container (VII. 7.3) 463
LD9-Refrigerating-Container (VII. 7.3) 463
LDC-Länder (IX. 3) 649
Lean-Production (I. 3.4.1) 11
Lebensmittel (III. 8.3) 226)
Lebensmittelverkehre (III. 8.3) 226
Leichter (III. 8.2) 219
Leichtern (III. 8.2) 219
Leichterrecht (III. 8.2) 218
Leistungsgarantie (IX. 3) 648, 649; (IX. 8.1) 785
Leistungshindernisse (IV. 1.2) 244
Leistungsvertrag (V. 1.8) 292
Leitmarke (III. 2.2.1) 92
Letter of Intent (IX. 3) 649
Letters of undertaking (IX. 8.5) 835
Letzte Meile (II. 2.2.2) 56

Kapitel I.: Logistik, Kapitel II.: eCommerce, Kapitel III.: Spedition, Kapitel IV. Straßenverkehr, Kapitel V.: Bahnverkehr, Kapitel VI.: Seeverkehr, Kapitel VII.: Luftverkehr, Kapitel VIII.: Zoll, Kapitel IX.: Außenwirtschaft, Kapitel X.: Anhang

Leveling (I. 3.4.1) 11; (I. 5.3) 39
Liability of the carrier (IV. 2.2) 261
License (IX. 4.3) 683, 685
License Plate (III. 2.5) 110
Lieferantenerklärung (VIII. 1.4) 473; (X. 1) 871
Lieferantenkredit (IX. 7.3) 780
Lieferanten-Kunden-Beziehungsketten (I. 3.4.1) 12
Lieferfrist (III. 5.3) 182; (IV. 1.2) 244; (IV. 2.2) 262
Liefergarantie (IX. 3) 648, 649; (IX. 8.1) 785
Lieferkette (III. 2.6) 114; (III. 2.6.8) 118
Liefernachweis (IX. 4.2) 682, 686, 688 694
Lieferort (IX. 4.2) 662, 664
Lieferschwelle (IX. 10.1) 862
Lieferung (IX. 4.2) 658
Lieferverpflichtung (IX. 4.2) 662
Liegegeld (III. 8.2) 219
Lien (VI. 3.2) 377
Lift Van (VI. 3.2) 372
Line-Haul (I. 4.1.2) 16
Liner and charterparty trade (IX. 4.3) 675
Liner Terms (VI. 5.1) 381; (IX. 4.2) 666; (IX. 4.3) 667, 675
Liner waybill (IX. 4.2) 680; (IX. 4.3) 681
Linien-Abfahrten (VI. 3.1) 369
Liniendienste (VI. 3.1) 369
Linienfrachtbrief (IX. 4.2) 680
Linienschiffs- und Charterverkehr (IX. 4.2) 674
Lizenzen (IX. 4.2) 684
Lkw-Maße und Gewichte in Europa (IV. 2.5) 270, 277
LLDC-Länder (IX. 3) 649
Loading (VI. 3.2) 373; (IX. 4.3) 657
Location based Services (II. 3.1) 60
Logistik (I. 1) 1; (I. 2.5) 6; (I. 3) 9; (II. 1.4) 51; (II. 2.2.1) 53; (III. 4.1) 171, 172; (III. 4.2) 172
Logistik- und Verkehrssystem (II. 1.4) 52
Logistik-Dienstleistungsorganisationen (II. 2.3.1) 59
Logistikunternehmen (IV. 1.2) 239
Logistische Dienstleistungen (IV. 1.2) 239, 247
Lohnfuhrvertrag (IV. 1.2) 240, 242; (IX. 5.1) 755
Lorries (VI. 3.2) 372
Löschen (III. 8.2) 219
Löschhafen (III. 8.2) 219
Löschkosten (III. 8.2) 220
Löschstelle (III. 8.2) 219
Löschung (III. 8.2) 219
Löschungshafen (IX. 8.2) 802
Losgröße eins (I. 4.3.3) 34; (I. 5.3) 40
Luftbeförderung (VII 2.3) 408; (VII 3.2) 426

Luftfrachtbrief (VII. 2.3) 404; (VII. 3.2) 420, 422, 424; (VII. 5.1) 447; (VII. 5.2) 450; (VII. 5.3) 452; (IX. 4.2) 688
Luftfrachtbrief als Begleitpapier (VII. 5.1) 447
Luftfrachtführer (VII. 2.3) 404, 406
Luftfrachtrate (VII. 1.1) 399
Luftfracht-Sammellader (VII. 5.3) 452
Lufttransportdokument (IX. 8.2) 810
Luftverkehrsabkommen (VII. 9.1) 465
Luftverkehrsgesellschaften (VII. 4.1) 446
Lumpsum-Charter (VI. 1.5) 363

M

Main Carriage unpaid (IX. 4.3) 659
Make-Or-Buy-Frage (I. 4.1.2) 17
Makler (IX. 4.2) 662
Maklervertrag (IX. 5.1) 755
Mandatarkonsortium (IX. 6.2) 771
Mandatsgeschäft (IX. 6.2) 771
Mann zur Ware (I. 4.2.2) 30
Manner customary (IX. 4.3) 663
Marine/Ocean Bill of Lading (IX. 8.3) 801
Maritime document (IX. 4.3) 655
Maritime transport (IX. 4.3) 677
Maritimer Frachtbrief (IX. 4.2) 654
Markierung (III. 2.2) 92
Marking (VII. 5.2) 448; (IX. 4.2) 662; (IX. 4.3) 663
Marktplatz (II. 1.4) 52
Maschinenring (IV. 1.1) 236
Mass-Customization (I. 1) 1
Maße (IV. 2.5) 270
Maße Kfz (IV. 2.5) 270
Maße und Gewichte von ISO-genormten Containern (V. 5.3) 326
Maße und Lastgrenzen Bahncontainer (V. 5.2) 325
Massen- bzw. Bulk-Güter (I. 4.1.7) 24
Massenindividualisierung (Mass-Customization) (I. 2.2) 4
Massenleistungsfähigkeit (I. 4.1.5) 21
Master (IX. 8.2) 800, 808; (IX. 8.3) 801
Master Air Waybill (VII. 5.5) 453
Master Production Plan (I. 4.3.2) 33
Mate's Receipt (VI. 2.2) 367; (IX. 9.2) 854
Materielles Internet (II. 2.3.2) 59
Maximalverpflichtung (IX. 4.2) 744
Maximum obligation (IX. 4.3) 745
mBusiness (II. 3) 60
MD 11 F (VII. 7.1) 458
Medienbrüche (I. 5.3) 39; (II. 1.4) 52
Medium cover (IX. 4.3) 671
Megatrends (I. 2) 2

Kapitel I.: Logistik, Kapitel II.: eCommerce, Kapitel III.: Spedition, Kapitel IV. Straßenverkehr, Kapitel V.: Bahnverkehr, Kapitel VI.: Seeverkehr, Kapitel VII.: Luftverkehr, Kapitel VIII.: Zoll, Kapitel IX.: Außenwirtschaft, Kapitel X.: Anhang

Mehrere Frachtführer (IV. 2.3) 268
Mehrwegverpackung (III. 2.1.1) 85
Mengenrabatt (VII. 6.1) 456
Mengenrabatt-Raten (VII. 6.1) 455
Merchant (VI. 3.2) 372
Merchant's Packing (VI. 3.2) 373
Merchants Haulage (VI. 7.1) 392
Merge-in-Transit (II. 2.2.2) 56
Methods of Transportation (VI. 3.2) 373
Metro-Gruppe (II. 2.2.2) 56
Mindestdeckung (IX. 4.2) 670, 706, 718
Mindest-Lagermenge (II. 1.4) 51
Mindestverpflichtung (IX. 4.2) 664, 682, 744
Mindestversicherung (IV. 1.1) 238
Minimum Charges (VII. 5.2) 449
Minimum Cover ((IX. 4.3) 707, 719
Minimum obligation (IX. 4.3) 683, 745
Mitführungs- und Aushändigungspflichten im gewerblichen Güterkraftverkehr (IV. 1.1) 237
MITL (III. 2.5) 110
Mittel- und langfristige Finanzierung von Ausfuhren (IX. 7.3) 780
Mittlere Deckung (IX. 4.2) 670
Mixed Arrangement (VI. 7.1) 392
Mobile Commerce (II. 3.1) 60
Mobile Endgeräte (II. 3.1) 60
Mobile Telekommunikations- und Informationsdienste (II. 3.1) 60
Mobiler Internetzugang (II. 2.2.2) 57
Mobiltelefone (II. 3.1) 60
Modal-Mix (I. 4.1.5) 20
MOE (VIII. 1.4) 470
Montrealer Übereinkommen (VII. 3) 418; (VII. 5.1) 447; (VII. 5.3) 452
Morphologischer Kasten (II. 2.2.1) 54
Most extended cover (IX. 4.3) 671
MOU (III. 9.4) 232
MSAC-Länder (IX. 3) 649
MTO (IX. 9.1) 849
Multi-Industrie-Transport-Label-Standard (MITL) (III. 2.5) 110
Multilaterale Vereinbarungen (III. 9.2) 231
Multimodal Transport (VI. 3.1) 369; (IX. 4.2) 656, 730, 734; (IX. 4.3) 657, 731, 735
Multimodal Transport Document (IX. 4.3) 689; (IX. 8.3) 809
Multimodal Transport Operator (IX. 8.2) 808; (IX. 8.3) 809
Multimodale Transportdokumente (IX. 4.2) 688; (IX. 8.2) 808
Multimodaler Verkehr (IV 1.2) 240

N

Nachbarschaftshilfe (IV. 1.1) 236
Nachbarschaftsverkehr (VII. 9.1) 465
Nachfrage (II. 2.1) 53
Nachfragestimulation (II. 2.2.2) 56
Nachfrist bei Beladung (IV. 1.2) 241
Nachnahme (III. 5.3) 182, 184; (IV. 1.2) 244, 248
Nachträgliche Weisungen (V. 1.6) 290
Name of consignor (IX. 8.3) 815
Namenskonnossement (VI. 2.1) 365
Nämlichkeit (X. 1) 872
Nämlichkeitssicherung (VIII. 2.2) 480
National (V. 1) 289
Nationale Beförderungsbedingungen (VII. 2.1) 400
Natürliche Person (IX. 5.1) 755
NCTS (X. 1) 872
Negotiability (VI. 3.2) 372
Negotiable bill of lading (IX. 4.3) 689, 695
Negotiate (IX. 8.3) 787
Negotiation (IX. 8.3) 793
Negoziationskredit (IX. 7.2) 779
Negoziierung (IX. 8.2) 786, 792
Netzbildungsfähigkeit (I. 4.1.5) 21
Neuer Markt (II. 1.3) 50
New Economy (II. 1.2) 49
Next Day (I. 4.1.8) 25
Nichtakzeptierung (IX. 8.4) 842
Nichtbegebbare Transportdokumente (IX. 4.2) 680
Nichtbegebbarer Seefrachtbrief (IX. 4.2) 688, 694; (IX. 8.2) 804
Nichterhebungsverfahren (VIII. 3.2.2) 503; (X. 1) 872
Nichtgemeinschaftswaren (VIII. 2.2) 480
Nicht-Lagerbarkeit (I. 6.1) 41
Nichtzahlung (IX. 8.4) 842
No obligation (IX. 4.3) 673
No-disposal clause (IX. 4.3) 681
Nominated bank (IX. 8.3) 793
Non Delivery (VI. 3.2) 376
Non negotiable Sea Waybill (IX. 4.3) 689, 695; (IX. 8.3) 805
Non negotiable transport documents (IX. 4.3) 681
Non Vessel Common Carrier (VI. 3.1) 369
Non-Acceptance (IX. 8.5) 843
Non-Payment (IX. 8.5) 843
Normalraten (VII. 6.1) 455
not negotiable (VI. 2.2) 367
Notadresse (IX. 8.4) 840

Kapitel I.: Logistik, Kapitel II.: eCommerce, Kapitel III.: Spedition, Kapitel IV. Straßenverkehr, Kapitel V.: Bahnverkehr, Kapitel VI.: Seeverkehr, Kapitel VII.: Luftverkehr, Kapitel VIII.: Zoll, Kapitel IX.: Außenwirtschaft, Kapitel X.: Anhang

Notverkauf (III. 8.2) 219
NVE - Nummer der Versandeinheit (III. 2.5) 112; (III. 2.6.1) 114; (III. 2.6.3) 115
NVO (IX. 9.1) 849
NVOCC (VI. 3.2) 372; (IX. 9.1) 849

O

Objekte (I. 3.4.2) 12
Obliegenheiten (III. 6.2) 202
Ocean Carrier for Through Transportation (VI. 3.2) 372
Offene Ausschreibung (IX. 3) 647, 649
Offene Rechnung (IX. 8.1) 783
Öffentliche Abgaben (IX. 4.2) 660
Official charges (IX. 4.3) 661
Ökonomie (II. 1.4) 51
On Board (VI. 3.2) 372
On board notation (IX. 8.3) 803
On Deck (IX. 8.3) 815
On Demand (II. 2.2.2) 56
On Demand Welt (I. 2.3) 4
Online-Handel (II. 1.4) 51
Online-Kauf (II. 1.4) 50
Online-Umsatz (II. 1.4) 51
Open Cover (IX. 8.2) 816; (IX. 8.3) 817
Operational Excellence (I. 6.3.2) 44
Operative Ebene (I. 5.3) 38
Optimale Losgrößen (I. 4.3.2) 33
Optionshafen (III. 8.2) 219
Optionspartien (III. 8.2) 219
Oracle II. 2.2.2) 56
Order Tracking (II. 1.4) 52
Orderkonnossement (VI. 2.1) 365
Order-to-Payment (I. 3.4.3) 14; (II. 2.2.1) 53, 54
Order-to-Payment-Prozess (I. 3.4.3) 15; (II. 2.2.2) 56
Ordnungswidrigkeiten (IX. 1.1) 517
Organisationsverschulden (III. 5.4) 194
Originalkonnossement (III. 8.2) 217
Ort für Dokumentenvorlage (IX. 8.2) 820
Orte (IX. 4.2) 662
Ostseememorandum (III. 9.4) 232
Outsider (VI. 4.2) 380; (IX. 9.1) 849
Outsourcing (I. 2.7) 7; (III. 4.2) 172
Overnight (I. 4.1.8) 25
OZL (X. 1) 872

P

Pack- und Sicherungsmaßnahmen (III. 2.10) 153
Package (VI. 3.2) 372
Packaging (IX. 4.3) 677
Packen (III. 2.10) 136
Packen und Sichern der Ladung (III. 2.10) 143
Packgut (III. 2.1.1) 84
Packhilfsmittel (III. 2.1.1) 85
Packmittel (III. 2.1.1) 85; (III. 5.3) 178
Packstoff (III. 2.1.1) 84
Packstück (III. 2.1.1) 84; (IV. 1.2) 243, 244
Packstückidentifikation (III 2.5) 110
Packungen (III. 2.1.1) 84
Paketdienst (II. 1.4) 51
Paletten (III. 5.3) 178; (IV. 1.2) 249; (IV. 2.6) 287
Palettentausch (IV. 1.2) 249
Pallet (VI. 3.2) 372
Pallet with additional tie down track (VII. 7.3) 461
Pallet with side extensions (VII. 7.3) 461
Paramount Clause (VI. 3.2) 374
Parcel Intercity (V. 4.4) 322
Partial Invalidity (VI. 3.2) 378
Partial Shipment/Drawings (IX. 8.3) 821
Partikulier (IX. 9.1) 849
Passengers Ticket (VII. 2.2) 403
Passing of risks and costs (IX. 4.3) 663
Passive Veredelung (VIII. 3.2.2) 504
Payment Guarantee (IX. 6.3) 775
PB Factoring GmbH (IX. 7.2) 779
Perishables (III. 8.3) 226
Personalaufwand (II. 1.4) 51
Personenschaden (III. 1.1) 80, 83
Persönliche digitale Assistenten (PDAs) (II. 3.1) 60
Pfand- und Selbsthilfeverkauf (III. 8.2) 224
Pfandrecht (III. 5.3) 186; (III. 5.5) 195; (III. 8.2) 223; (IV. 1.2) 248
Pflichten des Auftraggebers (III. 8.1) 213
Physische Distribution (I. 3.2) 9
Pickpoint (II. 2.2.2) 57
Pick-Up and Delivery (I. 4.1.2) 16
Placards (III. 2.8) 121; (III. 2.10) 159, 160, 161
Place for delivery (IX. 4.3) 663
Place for Presentation of Documents (IX. 8.3) 821
Place of Delivery (VI. 3.2) 372; (IX. 4.3) 665
Place of Departure (VII. 2.3) 403
Place of Destination (VII. 2.3) 403; (IX. 4.3) 713, 719, 741
Place of Dispatch (IX. 4.3) 669
Place of Receipt (VI. 3.2) 372
Place of Shipment (IX. 4.3) 669, 675
Places (IX. 4.2) 662; (IX. 4.3) 663
Plafond A–E (IX. 7.3) 780
Plakatierung (III. 2.10) 159
Planning and Forecasting (II. 2.2.2) 55

Kapitel I.: Logistik, Kapitel II.: eCommerce, Kapitel III.: Spedition, Kapitel IV. Straßenverkehr, Kapitel V.: Bahnverkehr, Kapitel VI.: Seeverkehr, Kapitel VII.: Luftverkehr, Kapitel VIII.: Zoll, Kapitel IX.: Außenwirtschaft, Kapitel X.: Anhang

Point-of-Use (II. 2.2.2) 57
Points (IX. 4.2) 662; (IX. 4.3) 663
Poka Yoke (I. 5.3) 39
Politische Risiken (III. 3.1) 166; (IX. 6.2) 773
Port of destination (IX. 4.3) 663, 725, 735
Port of Discharge (VI. 3.2) 375; (IX. 8.3) 803
Port of Loading (VI. 3.2) 375; (IX. 8.3) 803
Port of shipment (IX. 4.3) 663, 693, 699, 703
Port to Port Shipment (VI. 3.2) 372, 374; (IX. 8.3) 801
Portionierung (I. 4.2.1) 29
Ports (IX. 4.2) 662; (IX. 4.3) 663
Post (II. 1.4) 51
Postbank (IX. 7.1) 776
Postbank Leasing GmbH (IX. 7.3) 782
Posteinlieferungsschein (IX. 8.2) 814
Postindustrielle Gesellschaft (I. 2.2) 3
Postübereinkommen (IV. 2.1) 252
Postversandbescheinigung (IX. 8.2) 814
PPS-System (I. 4.3.2) 32
Präferenzabkommen (VIII. 1.3) 469
Präferenzen (IX. 3) 649
Präferenznachweis (X. 1) 872
Präferenzursprung (VIII. 1.4) 472
Präqualifikation (IX. 3) 647, 649
Präqualifikationsverfahren (IX. 3) 649
Pre-Advised Credit (IX. 8.3) 793
Preisgefahr (IX. 4.4) 752
Preis-Leistungsverhältnis (II. 1.4) 51
Preispolitik (I. 6.4.2) 45
Preisvergleich (IX. 3) 647
Premises (IX. 4.2) 662; (IX. 4.3) 663
Presentation (IX. 8.5) 833
Presenting bank (IX. 8.5) 829
Pre-shipment inspection (IX. 4.2) 662, 676, 686; (IX. 4.3) 663, 677, 687
Principal (IX. 8.5) 829
Privatisierung (I. 2.6) 6
Proceeds (IX. 8.3) 827
Process of stowage and loading (IX. 4.3) 673
Produktionsplanung und -steuerung (II. 2.2.2) 56
Produktivitätssteigerung (II. 2.2) 53
Produktpolitik (I. 6.4.1) 45
Projektträger (IX. 3) 649
Promissory notes (IX. 8.5) 835, 841
Proof of delivery (IX. 4.3) 683, 687, 689, 695
Protocol of Brussels (VI. 3.2) 374
Provision (VII. 2.3) 413
Prozessablauf (II. 1.4) 52
Prozessketten (II. 1.4) 51, 52; (II. 2.2.1) 53
Prozessorganisation (I. 2.5) 5

Prozessorientierung (I. 2.5) 6
Prüfung der Förderungswürdigkeit (IX. 3) 649
Prüfung der Ware (IX. 4.2) 686
PSI (IX. 4.2) 676; (IX. 4.3) 677
Pull- bzw. Holsysteme (I. 5.3) 40
Pull-Mobilisierung (I. 4.3.3) 33
Push-Mobilisierung (I. 4.3.2) 32
PwC Deutsche Revision Aktiengesellschaft Wirtschaftsprüfungsgesellschaft (IX. 6.2) 771

Q
QC-Container (VII. 7.3) 463
Qualifiziertes Verschulden (III. 5.3) 192
Qualitätsprüfung (IX. 4.2) 682, 694
Qualitätsvergleich (IX. 3) 647
Quarantänebestimmungen (III. 2.10) 157
Quelle (I. 4.1.4) 19
Quick Response (I. 4.3.3) 34
Quittung (III. 5.3) 180

R
Radio Frequency Identification (RFID) (I. 2.8) 8
Rail Cars (VI. 3.2) 372
Railion Deutschland (V. 4.4) 322
Railway consignment note (IX. 4.3) 689
Railway traffic (IX. 4.3) 673
Rangierverkehr (III. 2.10) 138
Ratengefüge (VII. 6.1) 455
Rates (VII. 5.2) 449
Rationalisierungspotential (II. 1.4) 51; (II. 2.2.3) 58
Raumcharter (VI. 1.5) 363
Receiver (VI. 3.2) 372
Reception stamp (IX. 8.3) 813
Rechnungen (III. 5.3) 186
Recycling (I. 2.4) 5
Reeder (IX. 9.1) 849
Reedereiagent (IX. 9.1) 849
Re-Engineering (II. 2.2.3) 58
Referenznummer (III. 2.5) 112
Regeln für elektronische Konnossemente (IX. 4.2) 680
Registered Baggage (VII. 2.3) 405
Registrierung (IX. 3) 650
Regress (III. 6.2) 204
Regressverzicht (III. 8.2) 226
Reihengeschäfte (IX. 10.1) 863
Reimbursement (IX. 8.3) 799
Reimbursement authorisation (IX. 8.3) 799
Reimbursing Bank (IX. 8.3) 799
Re-Invention (II. 1.2) 50

Kapitel I.: Logistik, Kapitel II.: eCommerce, Kapitel III.: Spedition, Kapitel IV. Straßenverkehr, Kapitel V.: Bahnverkehr, Kapitel VI.: Seeverkehr, Kapitel VII.: Luftverkehr, Kapitel VIII.: Zoll, Kapitel IX.: Außenwirtschaft, Kapitel X.: Anhang

Reisecharter (VI. 1.5) 363
Reisegepäck (VII. 2.3) 404
Reklamation (III. 5.3) 192; (IV. 2.3) 267
Reklamationsfristen (VI. 1.2) 360
Remboursbank (IX. 8.2) 798
Remboursermächtigung (IX. 8.2) 798
Rembourskredit (IX. 7.2) 779
Remboursleistung (IX. 8.2) 798
Remboursvereinbarung (IX. 8.2) 798
Remitting bank (IX. 8.5) 829
Request for transfer (IX. 8.3) 825
Requisitionen (III. 8.2) 223
Reservation of Space (= Buchung) (VII. 5.2) 449
Restrukturierung (II. 2.2) 53
Retourensendungen (II. 2.2.2) 57
Reverse Auctions (II. 2.2.3) 58, 59
Revocable Credit (IX. 8.3) 789
Revolvierende Ausfuhrgarantie oder -bürgschaft (IX. 6.2) 773
Revolvierendes Akkreditiv (IX. 8.1) 785
RFID-Technik (II. 2.2.2) 55
RID (III. 2.10) 158
RID-Bestimmungen (III. 2.10) 158
Right of disposal (IV. 2.2) 259
Risc passes on shipment (IX. 4.3) 669
Road consignment note (IX. 4.3) 689
Road, Rail or Inland Waterway Transport Documents (IX. 8.3) 813
Roll on – roll off traffic (IX. 4.3) 679
Rollen (III. 2.10) 136
Rollgeld (III. 5.3) 184
Ro-Ro-Verkehr (IX. 4.2) 678
Routes of Transportation (VI. 3.2) 373
Rückgriff (III. 6.2) 204; (IV. 2.2) 264
Rückgriffsansprüche (IV. 2.2) 264
Rückgriffsrecht (IV. 2.2) 264
Rücknahme der Erlaubnis (IV. 1.1) 236, 237
Rückwaren (X. 1) 872
Rückwärts wirkende Kräfte (III. 2.10) 138
Rules for Electronic Bills of Lading (IX. 4.3) 681
Rules of Arbitration (IX. 4.3) 681
Rundum-Laschung (III. 2.10) 148

S
Sachschaden am Drittgut (III. 1.1) 80, 83
Said by shipper to contain (IX. 8.2) 814; (IX. 8.3) 815
Same Day (I. 4.1.8) 25
Sammelbeförderungsschein (VII. 3.2) 420
Sammeldeckung (IX. 6.2) 773
Sammelkonnossement (VI. 2.1) 365

Sammelladung (III. 4.1) 171; (III. 7.1) 207
Sammelladungsspediteur (III. 1.1) 78; (IX. 9.1) 849
Sammelspediteur (VII. 5.3) 452
SAP-Oracle (II. 2.2.2) 55
SAP-System (II. 2.2.2) 55
Sattelkraftfahrzeuge (IV. 2.5) 270
Schadenanzeige (III. 5.3) 192
Schadenbeteiligung (III. 6.2) 204
Schadenersatz (VII. 3.2) 426, 428, 432, 434, 438
Schadenshaftung (VII. 5.3) 452
Scheck (IX. 8.1) 783
Scheingeschäft (IX. 5.1) 753
Schiedsgerichtsordnung (IX. 4.2) 680
Schiedsklausel (IX. 4.1) 652
Schiedsverfahren (VII. 3.2) 434
Schifffahrtssperren (III. 8.2) 223
Schifffahrtsunfälle (III. 8.2) 223
Schiffsattest (III. 8.2) 224
Schiffsbesatzung (III. 8.2) 217
Schiffsbewegungen (III. 2.10) 136
Schiffseigner (III. 8.2) 217
Schiffsmakler (IX. 9.1) 849
Schiffsreling (IX. 4.2) 698, 702
Schiffsuntersuchungskommission (III. 8.2) 224
Schnelligkeit (I. 4.1.5) 21
Schnittstelle (III. 5.3) 180, 190
Schnittstellenkontrolle (III. 5.3) 180; (III. 5.4) 194
Schwellenländer (IX. 3) 650
Schwergut (III. 8.1) 211
Schwerguttransport (III. 8.1) 212
Schwimmend (IX. 4.2) 668
SCR (VII. 5.2) 449
Sea transport (IX. 4.3) 693, 697, 703, 707, 731, 735
See- und Binnenschiffstransport (IX. 4.2) 676
Seefrachtbrief (IX. 4.2) 668, 678, 680
Seefrachtgeschäft (IX. 5.1) 755
Seefrachtrate (VI. 5.1) 381
Seefrachtvertrag (VI. 1.5) 362; (IX. 5.1) 755
Seehandelsrecht (VI. 1.1) 359
Seekonnossement (IX. 8.2) 800
Seemäßige Verpackung (III. 2.1.1) 85
Seeschiff (IX. 4.2) 730, 734
Seetransport (IX. 4.2) 692, 696, 702, 706
Seitwärts wirkende Kräfte (III. 2.10) 138
Selbsteintretender Spediteur (III. 1.1) 78
Selbsteintritt (III. 4.1) 171; (IV. 1.2) 239, 246
Seller's delivery obligations (IX. 4.3) 663
Seller's obligations (IX. 4.3) 665
Senke (I. 4.1.4) 19

Kapitel I.: Logistik, Kapitel II.: eCommerce, Kapitel III.: Spedition, Kapitel IV. Straßenverkehr, Kapitel V.: Bahnverkehr, Kapitel VI.: Seeverkehr, Kapitel VII.: Luftverkehr, Kapitel VIII.: Zoll, Kapitel IX.: Außenwirtschaft, Kapitel X.: Anhang

Serial Shipping Container Code (SSCC) (III. 2.5) 112; (III. 2.6) 114
Service Agent (IX. 3) 650
Seven-Rights-Definition (I. 3.3) 10
Shareholder-Value-Denken (I. 2.7) 7
Ship (IX. 4.2) 662; (IX. 4.3) 663
Ship´s rail (IX. 4.3) 699, 703
Shipment contracts (IX. 4.2) 666; (IX. 4.3) 667, 669
Shipper (III. 2.10) 146; (VI. 3.2) 372; (IX. 4.2) 658; (IX. 4.3), 659; (IX. 9.1) 849
Shipper load Unit (VII. 5.5) 453
Shipper´s Letter of Instruction (VII. 5.1) 447
Shipper´s Load and Count (IX. 8.2) 814; (IX. 8.3) 815
Shipping Unit (VI. 3.2) 372
Shoplösungen (II. 1.3) 50
Shopping Box (II. 2.2.2) 57
Short form/blank back multimodal transport document (IX. 8.3) 811
Short form/blank back non-negotiable sea waybill (IX. 8.3) 807
Sicherheit (I. 4.1.5) 21
Sicherheitsleistung (V. 2.10) 312; (VIII. 2.2) 481
Sicherung von Großraum- und Schwertransporten (III. 8.1) 214
Sicherungsmaterial (III. 2.10) 156
Sichtzahlung (IX. 8.2) 788
Sight payment (IX. 8.3) 789
Simpler Shipping Marks (III. 2.3) 98
Single-source (II. 2.2.3) 59
SIREX-Certificate (IX. 9.2) 854
Solawechsel (IX. 8.1) 783; (IX 8.4) 834, 840
Sonderdeckung (IX. 6.2) 773
Sonderziehungsrechte (VII. 3.2) 428, 430
Sorgfaltspflicht (III. 5.2) 176
SPARE PARTS (VII. 5.5) 453
Specific Commodity Rates (VII. 5.2) 449
Spediteur (III. 4.1) 171; (III. 4.2) 172; (IV. 1.1) 239; (IV. 1.2) 242, 243, 244, 245, 246, 247, 248
Spedition (II. 1.4) 51
Spedition zu festen Kosten (III. 4.1) 171
Speditionsauftrag (II. 2.2.2) 55; (III. 5.2) 176; (IX. 5.1) 756
Speditionsversicherung (III. 6.1) 198
Speditionsvertrag (IV. 1.1) 239; (IV. 1.2) 239, 247; (IX. 5.1) 756
Spezialfrachtraten (VII. 6.1) 455
Sponsor (IX. 3) 650
Spring-Laschung (III. 2.10) 149
Stampfen (III. 2.10) 136

Standard Conditions (VI. 3.2) 372
Standard for Examination of Documents (IX. 8.3) 795
Standard Pallet (VII. 7.3) 461
Standby Credits (IX. 8.6) 844
Standby Letters of Credit (IX. 8.2) 786, 787
Standgeld (IV. 1.2) 241, 249; (IV. 1.3) 250
Stapeldruckprüfung (III. 2.10) 153
Stationärer Handel (II. 1.4) 52
Stauer (III. 8.2) 217; (IX. 9.1) 850
Stauerei (IX. 9.1) 850
Stauereivertrag (IX. 5.1) 756
Stauvorgang (IX. 4.2) 672
Stellen (IX. 4.2) 662
Stevedores (VI. 3.2) 373
Stock-Keeping-Units (SKUs) (I. 4.2.2) 29
Storing (VI. 3.2) 373
Strandungsfalldeckung (III. 3.1) 165
Straßenfrachtbrief (IX. 4.2) 688
Straßenfrachtführer (IV. 2.1) 252
Straßentransport (IV. 2.3) 266
Straßenverkehr (IV. 2) 252
Strategische Ebene (I. 5.3) 38
Stückgut-Container (LCL) (VI. 3.1) 369
Stückgutmarkt (I. 4.1.7) 23
Stücklisten (I. 4.3.2) 33
Sub-Contractor (VI. 3.2) 373
Supply Chain Event Management (SCEM) (I. 2.8) 8
Supply Chain Management (I. 1) 1; (I. 3.4.3) 15
Supply-Chain (I. 2.5) 6; (I. 3.4.3) 14; (II. 1.4) 51; (III. 2.6.8) 118
SWIFT (IX. 8.1) 783
Systematische Systemanalyse (I. 5.1) 36
Systemlieferanten (II. 2.2.3) 59
System-Paketdienste (I. 4.1.8) 25

T

T 2 L (VIII. 2.2) 482
Tags (II. 2.2.2) 56
Taktische Ebene (I. 5.3) 38
Tarif (III. 7.1) 207
Tatsächliches Gewicht (VII. 6.1) 456
Technische Zusammenarbeit (TZ) (IX. 3) 649
Teilcharter (VI. 1.5) 363
Teillieferungsvertrag (IX. 5.1) 756
Teilnahmeerklärung (IX. 3) 650
Teilverladungen/Teilinanspruchnahme (IX. 8.2) 820
Telearbeiter (II. 3.1) 60
Telematik-Systeme (I. 4.1.2) 17

Kapitel I.: Logistik, Kapitel II.: eCommerce, Kapitel III.: Spedition, Kapitel IV. Straßenverkehr, Kapitel V.: Bahnverkehr, Kapitel VI.: Seeverkehr, Kapitel VII.: Luftverkehr, Kapitel VIII.: Zoll, Kapitel IX.: Außenwirtschaft, Kapitel X.: Anhang

Tender agent (IX. 3) 650
Terminal handling charges (IX. 4.2) 674; (IX. 4.3) 675
TFG Transfracht International (V. 5.1) 324
THC (IX. 4.2) 674; (IX. 4.3) 675
Third Party Logistics Service Providers (3PLs) (I. 6.1) 41
Throug-B/L (VI. 2.2) 367
Time of Delivery (IX. 4.3) 661
Title to the Goods (VI. 3.2) 372
To the order of (VI. 2.2) 363
To the ship (IX. 4.3) 679
Tourenplanung (I. 4.1.2) 17
Toyota-System (I. 3.4.1) 11
Tracking und Tracing (I. 2.8) 8
Trade Terms (IX. 4.6) 752
Trade terms in foreign trade (IX. 4.3) 655
Traditionspapier (VI. 2.1) 364
Trailer (VI. 3.2) 372
Trailer-/Containerpackzertifikat (III. 9.4) 231
Trampschifffahrt (VI. 4.2) 380
TRAMP-System (I. 4.1.2) 16
Transaktion (II. 1.4) 52; (II. 2.) 53
Transaktions- und Organisationsmodell (II. 2.2) 53
Transaktionskosten (I. 2.1) 2
Transfer of ownership (IX. 4.3) 655
Transfer of riscs (IX. 4.3) 683, 685, 689, 691
Transfer of the credit (IX. 8.3) 825
Transferable Credit (IX. 8.3) 825
Transferfunktion (I. 3.2) 9
Transfergarantie (IX. 6.3) 775
Transfergenehmigung (IX. 6.3) 775
Transhipment (IX. 4.3) 667
Transithandel (IX. 1.1) 546
Transport (I. 4.1.2) 16
Transport costs (IX. 4.3) 665
Transport document (IX. 4.3) 669, 679, 695
Transportable Tank (VI. 3.2) 372
Transportation Documents (VII. 2.3) 403
Transportdokument (IX. 4.2) 668, 678, 694
Transporteur (II. 1.4) 52
Transport-Label (III. 2.5) 110
Transportmodalitäten (IX. 4.2) 684
Transportrisiko (IX. 4.4) 752
Transportsichere Verladung (IV. 1.3) 249
Transportverpackung (III. 2.1.1) 85
Transportversicherung (III. 5.3) 186; (III. 6.3) 206; (IX. 4.2) 718
Tratten (IX. 8.2) 786
Trucks (VI. 3.2) 372
Trust Receipts (IX. 8.4) 834; (IX. 8.5) 835

TUL-Logistik (I. 3.2) 9
Types of credit (IX. 8.3) 793

U

Über die Schiffsreling (IX. 4.2) 664, 678
Übereinkommen über die Beförderungsvertrag im internationalen Straßengüterverkehr (IV. 2.1) 252
Übereinkommen über internationale Beförderungen leicht verderblicher Lebensmittel und über die besonderen Beförderungsmittel, die für diese Beförderungen zu verwenden sind (ATP) (III. 8.3) 226
Übergabe der Ware (IX. 4.2) 660
Übergabe des Gutes (IV. 1.2) 240
Übergabeschein TR (V. 6.3) 341
Übergabe-Schnittstellen (II. 2.2.2) 56
Übergabestelle (IX. 4.2) 664
Überkreuz-Laschung (III. 2.10) 150
Übernahme des Gutes (IV. 2.3) 267
Übernahme- und Transportpflicht (III. 8.2) 222
Übernahme-Konnossement (VI. 2.1) 364
Überprüfung eines Containers (III. 2.10) 141
Überprüfung eines Sattelanhängers (III. 2.10) 142
Überschreitung der Lieferfrist (IV. 2.2) 262; (IV. 2.3) 267
Überseeverpackung (III. 2.1.1) 85
Übertragbares Akkreditiv (IX. 8.1) 785; (IX. 8.2) 824
Übertragungsauftrag (IX. 8.2) 824
Überwachung des Werkverkehrs (IV. 1.4) 250
Überweisung (IX. 8.1) 783
Überziehungskredite (IX. 7.2) 777
Üblich (IX. 4.2) 660
UCP (IX. 4.3) 679
UCP 500 (IX. 8.3) 787
UIC-Merkblatt Nr. 596 (III. 2.10) 142
UIRR-Vetrag (V. 7.2) 348
ULD Manifest (VII. 5.5) 453
ULD-Tarife (VII. 6.1) 456
ÜLG (X. 1) 873
Umladeklausel (IX. 4.2) 666
Umladen (III. 8.2) 219
Umladung auf den Kommissionierplatz (III. 2.6.3) 115
Umladungsrecht (III. 8.2) 218
Umsatzsteuer-Identifikationsnummer (IX. 10.1) 858
Umschlagen (I. 4.2) 28
Umschlaggebühren (IX. 4.2) 674
UMTS-Netz (II. 3.1) 60

Kapitel I.: Logistik, Kapitel II.: eCommerce, Kapitel III.: Spedition, Kapitel IV. Straßenverkehr, Kapitel V.: Bahnverkehr, Kapitel VI.: Seeverkehr, Kapitel VII.: Luftverkehr, Kapitel VIII.: Zoll, Kapitel IX.: Außenwirtschaft, Kapitel X.: Anhang

Umverpackung (III. 2.1.1) 85
Umwandlung (VIII. 3.2.2) 504
Unbestätigtes Akkreditiv (IX. 8.1) 784
UNCITRAL Modal Law on Electronic Commerce (IX. 4.3) 681
UNCITRAL Modellgesetz über Electronic Commerce (IX. 4.2) 680
UNCITRAL-Übereinkommen (IX. 1.5) 572; (IX. 4.1) 652
Underwriter (IX. 8.2) 816; (IX. 8.3) 817
Uneinbringlichkeit der Exportforderung (IX. 6.2) 773
Unfranko (III. 8.2) 220
Ungebundener Kredit (IX. 3) 650
UNIDO (IX. 3) 650
Uniform Customs and Practice for Documentary Credits (UCP 500) (IX. 8.3) 787
Uniform Rules for Collections (URS 522) (IX. 8.5) 829
Uniform Rules for Sea Waybills (IX. 4.3) 681
Unit Load Devices (ULD) Rates (VII. 5.2) 499
Unloading (VI. 3.2) 373
Unloading obligations (IX. 4.3) 657
UN-Nummer (III. 2.10) 157
Unterlassungsklagengesetz (IX. 5.2) 763
Unternehmer (IV. 1.2) 248, 249; (IV. 2.4) 269
Untersuchung (III. 5.3) 178
Unvollständige Anmeldung (VIII. 2.1) 477; (X. 1) 873
Unvollständige Zollanmeldung (VIII. 3.2.1) 502; (X. 1) 873
Unwiderrufliche Akkreditive (IX. 8.1) 784; (IX. 8.2) 788
UPS (II. 2.3.1) 59
URS 522 (IX. 8.5) 829
Ursprungserklärung (VIII. 1.4) 473; (IX. 1.1) 540
Ursprungsland (IX. 4.2) 694; (X. 1) 873
Ursprungsregelung (VIII. 1.4) 471
Ursprungszeugnis (IX. 1.1) 540; (IX. 9.2) 855
Usancen des Linienverkehrs (IX. 4.2) 674
Usual (IX. 4.2) 660; (IX. 4.3) 661

V

VARIOUS GOODS (VII. 5.5) 453
VAV (VIII. 3.2.1) 502
VBGL (IV. 1.2) 239
Vehicles (IV. 2.2) 253
Vendor Managed Inventory VMI (I. 1) 1; (II. 2.2.2) 55
Verantwortliche Erklärung (III. 2.10) 158, 163; (III. 9.4) 231
Verantwortung des Auftraggebers (IV. 1.1) 239

Verbindliche Ursprungserklärung (X. 1) 873
Verbindliche Zollauskunft (VIII. 3.1.4) 496
Verbrauchsteuern (VIII. 3.1.8) 500
Vereinfachte Versandmarkierung (III. 2.4) 99
Vereinfachtes Anmeldeverfahren (VAV) (VIII. 3.2.1) 502
Vereinfachtes gemeinschaftliches Versandverfahren für die Beförderung von Waren in Großcontainern (V. 6.3) 341
Vereinfachtes gemeinschaftliches/gemeinsames Versandverfahren (vgVV) (V. 2.10) 310
Vereinfachung der Förmlichkeiten bei der Einfuhr (V. 2.10) 313
Vereinfachungsverfahren (VIII. 3.2.1) 501
Verfalldatum (IX. 8.2) 820
Verfallfrist (IX. 8.2) 822
Verfrachter (VI. 1.5) 362; (IX. 9.1) 850
Verfügungsbeschränkung (IX. 4.2) 680
Verfügungsrecht (IV. 2.2) 258; (VII. 3.2) 424; (VII. 5.2) 448
Verfügungsverzichtsklausel (IX. 4.2) 680
Vergabe öffentlicher Aufträge (IX. 3.) 648
Vergütung (III. 5.3) 184
Verjährung (III. 8.2) 226; (IV. 2.3) 268
Verkehr (I. 4.1.2) 16
Verkehrshaftungsversicherung (III. 5.3) 192; (III. 6.2) 199
Verkehrskonferenzen (VII. 4.1) 446
Verkehrsrechte (VII. 9) 465
Verkehrssichere Verladung (IV. 1.3) 249
Verkehrsträger (I. 4.1.5) 20; (IX. 9.1) 850
Verkehrsvertrag (III. 6.2) 199; (IX. 5.1) 756
Verkehrswegenetz (I. 4.1.4) 19
Verlade- und Transportbedingungen (III. 1.1) 67
Verladefrist (III. 5.3) 182
Verladehafen (IX. 8.2) 802
Verladen (III. 7.2) 209; (IV. 1.2) 241
Verlader (IX. 4.2) 658
Verladetermin (IX. 4.2) 662; (IX. 8.2) 822
Verladevorgang (IX. 4.2) 672
Verlust (III. 5.3) 188, 190; (IV. 2.3) 267
Verlust des Gutes (IV. 1.2) 246
Vermögensschaden (III. 5.3) 190; (III. 8.2) 224
Verpacken (III. 2.10) 143
Verpackung (II. 1.4) 51; (III. 2.1.1) 84; (III. 5.3) 178; (III. 5.4) 194; (IX. 4.2) 676
Verpackungsgruppe (III. 2.10) 157
Verpackungsmaterial (III. 2.10) 156
Verpackungspflichten (III. 2.1.2) 85; (III. 5.3) 180
Verpackungspflichten des Auftraggebers (IV. 1.2) 243

Kapitel I.: Logistik, Kapitel II.: eCommerce, Kapitel III.: Spedition, Kapitel IV. Straßenverkehr, Kapitel V.: Bahnverkehr, Kapitel VI.: Seeverkehr, Kapitel VII.: Luftverkehr, Kapitel VIII.: Zoll, Kapitel IX.: Außenwirtschaft, Kapitel X.: Anhang

Verpackungsverordnung (III. 2.9) 121
Verpackungsvorschriften (III. 2) 84
VerpackV (III. 2.9) 121
Verpflichtungsschreiben (IX. 8.4) 834
Versand (III. 2.6.5) 116
Versandauftrag (VII. 5.1) 447; (IX. 5.1) 756
Versandhandelsgeschäft (II. 1.4) 51
Versandhaus-Logistik (II. 2.3.1) 59
Versandland (IX. 4.2) 666
Versandort (IX. 4.2) 668
Versandschein (X. 1) 873
Versandverpackung (III. 2.1.1) 85
Versandvorgang (II. 1.4) 51
Verschiffungshafen (IX. 4.2) 662, 692, 698, 702
Verschiffungsland (IX. 4.2) 666, 694
Verschiffungsort (IX. 4.2) 668
Versender (IX. 9.1) 850
Versicherer (IV. 1.1) 238; (IV. 1.2) 248; (IX. 8.2) 816
Versicherte Haftung (III. 6.2) 199
Versicherter (III. 6.2) 199
Versicherung (IV. 1.1) 238; (IV. 1.2) 248; (IV. 2.3) 268; (VII. 3.2) 440; (VII. 5.2) 449
Versicherung des Gutes (III. 8.1) 213; (IV. 1.2) 248
Versicherungsausschlüsse (III. 6.2) 201
Versicherungsbescheinigung (VII. 5.1) 447
Versicherungsbesorgung (IV. 1.2) 248
Versicherungsdeckung (IX. 4.2) 670; (IX. 8.2) 818
Versicherungsfreiheit (IV. 1.1) 239
Versicherungsleistung (III. 6.2) 203
Versicherungsnachweis (IV. 1.1) 238
Versicherungsnehmer (III. 6.2) 199
Versicherungspflicht (IV. 1.1) 238; (IV. 1.4) 250
Versicherungspolice und -zertifikat (IX. 9.2) 855
Versicherungsprämie (IX. 4.2) 706, 718
Versicherungsschutz (IX. 4.2) 664, 670, 674
Versicherungsvertrag (IX. 4.2) 654, 670, 672, 682, 684, 686, 690, 706
Versicherungszertifikat (IX. 8.2) 816
Versorgungskette (II. 2.2.3) 58
Versorgungskettendenken (I. 2.5) 6
Verspätung (VII. 3.2) 426, 434
Verspätungsschaden (III. 5.3) 190; (III. 8.2) 224; (IV. 2.3) 267
Versteigerungen (II. 1.4) 50
Vertikale Rundum-Laschung (III. 2.10) 147
Vertrag (IX. 5.1) 753
Verträge des internationale Warenkaufs (IX. 4.2) 668, 674, 676
Verträge des internationalen Warenkaufs (CISG) (IX. 4.2) 658
Vertraglicher Luftfrachtführer (VII. 3.2) 436, 438

Vertragsbedingungen für den Güterkraftverkehrs-, Speditions- und Logistikunternehmer (IV. 1.2) 239
Vertragsformeln (IX. 4.2) 654
Vertragsfreiheit (IX. 5.1) 753, 756
Vertrauensdienste (II. 2.2.2) 57
Vertrauensschadenversicherung (IX. 6.2) 771
Verwahrungsvertrag (IX. 5.1) 756
Verweisungsvertrag (IX. 4.1) 651
Verwiegung (III. 5.3) 178
Verwirkung von Ersatzansprüchen (III. 8.2) 225
Vessel (IX. 4.2) 662; (IX. 4.3) 663
Virtueller Marktplatz (II. 1.4) 52
Virtuelles Postamt (II. 2.2.2) 57
Visby Amendments (VI. 3.2) 372
Voll- (bzw. Ganz-) charter (VI 1.5) 363
Voll-Container (FCL) (VI. 3.1) 369
Volle Deckung (III. 3.1) 165
Volle Fracht (III. 8.2) 220
Volumenfracht (VII. 6.1) 456
Vorausanmeldeverfahren (IX. 1.1) 530
Voravise (IX. 8.2) 792
Vorbehalte (IV. 2.3) 267
Vorläufige Weiterführung der Güterkraftverkehrsgeschäfte (IV. 1.1) 239
Vorlegende Bank (IX. 8.4) 828
Vorlegung (IX. 8.4) 832
Vorlegungszeiten (IX. 8.2) 822
Vorlieferanten (II. 2.2.2) 55
Vorratsentkopplungspunkt (I. 4.3.4) 35
Vorsichtsmarkierungen (III. 2.7) 119
Vorsorgeversicherung (III. 6.2) 199
Vorübergehende Verwendung (VIII. 3.2.2) 504
Vorwärts wirkende Kräfte (III. 2.10) 138
VuB (X. 1) 874
VuB-Verzeichnis (V. 2.12) 317
VZA (Plattform) (VII. 7.3) 462

W

Wagenbestellung (V. 3.2) 319
Währungskredit (IX. 8.1) 785
Währungs-Managementstrategie (IX. 6.1) 770
Währungsrisiko (IX. 6.1) 770; (IX. 8.1) 785
Wal*Mart (II. 2.2.2) 55
Ware zum Mann (I. 4.2.2) 30
Warehouse-Management (I. 4.2.2) 29
Warehousing (VI. 3.2) 373
Waren- und Handelsfinanzierung (IX. 7.2) 779
Warenbestand (II. 1.4) 51
Warenklassenraten (VII. 6.1) 455
Warenkontrolle (IX. 4.2) 662

Kapitel I.: Logistik, Kapitel II.: eCommerce, Kapitel III.: Spedition, Kapitel IV. Straßenverkehr, Kapitel V.: Bahnverkehr, Kapitel VI.: Seeverkehr, Kapitel VII.: Luftverkehr, Kapitel VIII.: Zoll, Kapitel IX.: Außenwirtschaft, Kapitel X.: Anhang

Warenkreditversicherung (IX. 6.2) 771
Warennachschub (II. 2.2.2) 55
Warenursprung (VIII. 1.4) 470
Warenvereinnahmung (III. 2.6.2) 115
Warenverkehrsbescheinigung EUR 1 (VIII. 1.4) 473; (IX. 9.2) 855; (X. 1) 874
Warenversand (III. 2.6.1) 114
Warenwirtschaftliche Mechanismen (II. 1.4) 51
Warenzustellung (III. 2.6.7) 118
Warranty (VI. 3.2) 372
Warschauer Abkommen (VII. 2) 400; (VII. 5.1) 447
Water Carriage of Goods Act of Canada (COGWA) (VI. 3.2) 374
Website (II. 1.4) 51
Wechsel (IX. 8.1) 783
Wechselfinanzierungen (IX. 7.2) 777
Wechselkredit (IX. 7.2) 779
Wechselprotest (IX. 8.1) 783
Weisungen (III. 5.3) 182
Weisungen des Absenders (IV. 1.2) 242, 244
Weisungen des Auftraggebers (IX. 8.3) 798
Weltluftverkehr (VII. 4.1) 466
Werklieferungsvertrag (IX. 5.1) 756
Werkverkehr (IV. 1.1) 235, 239; (IV. 1.4) 250
Werkverkehrsdatei (IV. 1.4) 250; (IV. 2.4) 269
Werkvertrag (IX. 5.1) 756
Wertdichte (I. 2.2) 4
Wertschöpfung (II. 2.1) 53
Widerruf der Erlaubnis (IV. 1.1) 236, 237
Widerrufliches Akkreditiv (IX. 8.1) 784; (IX. 8.2) 788
Wirtschaftliche Risiken (IX. 6.2) 773
Wirtschaftlichstes Angebot (IX. 3) 647
Wirtschafts- und Währungsunion (IX. 8.7) 845
World-Wide-Web (WWW) (II. 1.1) 49
WTO (VIII. 1.1) 467
WWW-Homepages (II. 2.2.2) 55

X

x-Dock (III. 2.6.6) 117
XYX-Box (Hanging Garment) (VII. 7.3) 463

Y

York/Antwerp Rules (VI. 3.2) 377

Z

Zahlung der Kosten (V. 2.7) 304
Zahlungsbedingungen (IX. 8.1) 783
Zahlungsgarantie (IX. 6.3) 775; (IX. 8.1) 785
Zahlungspapiere (IX. 8.4) 828
Zahlungsverkehr (II. 2.2.2) 57; (IX. 1.1) 554
Zahlungsverpflichtungserklärung (IX. 8.1) 784
Zahlungsverzug (IV. 1.2) 249
Zeitbasierter Wettbewerb (I. 2.3) 4
Zeitcharter (VI. 1.5) 363
Zeitentgelt (IX. 6.2) 772
Zeit-Gesellschaft (I. 2.3) 4
Zeitpunkt der Lieferung (IX. 4.2) 660
Zeitpunkt der Verschiffung (IX. 4.2) 670
Zeitweiliger Aufenthalt (III. 9.1) 229
Zentrallager (III. 2.6.1) 114
Ziele logistischen Handelns (I. 3.4.3) 14
Zinsen (IX. 8.4) 838
Zivilluftfahrt-Organisation (ICAO) (III. 1.1) 75
Zollabfertigung (IX. 4.2) 674
Zollagent (IX. 9.1) 850
Zollamtliche Abwicklung (III. 5.3) 180; (IV. 1.2) 243
Zollamtliche Überwachung (V. 2.10) 309
Zollanmeldung (VIII. 3.1.2) 495
Zollbescheid (VIII. 3.1.7) 499
Zölle (VIII. 3.1.8) 500
Zollfaktura (IX. 9.2) 855
Zollformalitäten (IX. 4.2) 686
Zollfreimachung (IX. 4.2) 656
Zollgut (VIII. 2.2) 480
Zollkodex (VIII. 1.5) 475
Zolllager (VIII. 3.2.2) 503
Zollpräferenzen (X. 1) 874
Zollrechtliche Bestimmung (VIII. 3.1.2) 495
Zollschuld (VIII. 3.1.9) 500
Zollunion (X. 1) 874
Zollwert (VIII. 3.1.5) 496
Zu berechnendes Gewicht (VII. 6.1) 456:
Zugang zum Güterkraftverkehrsmarkt (IV. 2.4) 268
Zugelassener Empfänger (VIII. 2.2) 481
Zugelassener Versender (VIII. 2.2) 481
Zurückbehaltung (III. 5.3) 186
Zurückbehaltungsrecht (III. 5.3) 186; (III. 8.2) 223; (IV. 1.2) 248
Zusammenfassende Meldung (IX. 10.1) 857
Zuschlag (IX. 3) 647, 650
Zuverlässigkeit (IV. 1.1) 236; (IV. 2.4) 268
Zweipunktklausel (IX. 4.4) 752
Zwischenspediteur (IV. 1.2) 242

Kapitel I.: Logistik, Kapitel II.: eCommerce, Kapitel III.: Spedition, Kapitel IV. Straßenverkehr, Kapitel V.: Bahnverkehr, Kapitel VI.: Seeverkehr, Kapitel VII.: Luftverkehr, Kapitel VIII.: Zoll, Kapitel IX.: Außenwirtschaft, Kapitel X.: Anhang